本书为
国家社会科学基金一般项目
"两河流域乌尔第三王朝对外关系研究"
(批准号:20BSS011)

结项成果(鉴定等级:优秀)

浙江师范大学出版基金资助成果

WARFARE, DIPLOMACY, AND TRADE
Foreign Relations of the Third Dynasty of
Ur in Mesopotamia

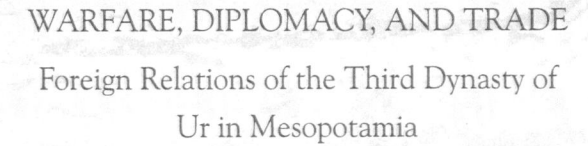

战争、外交与贸易
两河流域乌尔第三王朝对外关系研究

刘昌玉 著

中国社会科学出版社

图书在版编目（CIP）数据

战争、外交与贸易：两河流域乌尔第三王朝对外关系研究 / 刘昌玉著. -- 北京：中国社会科学出版社，2025.7. -- ISBN 978-7-5227-4778-1

Ⅰ. K124；D819

中国国家版本馆 CIP 数据核字第 2025MA9375 号

出 版 人	季为民	
责任编辑	耿晓明	
责任校对	李　军	
责任印制	李寡寡	

出　　版	中国社会科学出版社
社　　址	北京鼓楼西大街甲 158 号
邮　　编	100720
网　　址	http://www.csspw.cn
发 行 部	010-84083685
门 市 部	010-84029450
经　　销	新华书店及其他书店
印　　刷	北京明恒达印务有限公司
装　　订	廊坊市广阳区广增装订厂
版　　次	2025 年 7 月第 1 版
印　　次	2025 年 7 月第 1 次印刷
开　　本	710×1000　1/16
印　　张	45.5
字　　数	726 千字
定　　价	239.00 元

凡购买中国社会科学出版社图书，如有质量问题请与本社营销中心联系调换
电话：010-84083683
版权所有　侵权必究

献给我的父亲
（1955—2023）

目　　录

引　言 ………………………………………………………… (1)

第一章　对外战争 ………………………………………… (36)
　　第一节　资料来源 ………………………………………… (37)
　　第二节　王朝前期的扩张战争 …………………………… (50)
　　第三节　王朝后期的防御战争 …………………………… (76)
　　第四节　对外战争的目的与特征 ………………………… (90)

第二章　内外政治区域的形成 …………………………… (100)
　　第一节　内部第一层政治区域：核心区（行省） ……… (102)
　　第二节　内部第二层政治区域：边缘区（边疆） ……… (113)
　　第三节　外部政治区域：外交国（附庸国与独立国）… (128)

第三章　外国使节来访 …………………………………… (145)
　　第一节　文献来源 ………………………………………… (147)
　　第二节　外交机构及其管理 ……………………………… (160)
　　第三节　西北方诸国使节来访 …………………………… (164)
　　第四节　东北方诸国使节来访 …………………………… (202)
　　第五节　东南方诸国使节来访 …………………………… (271)

第四章　乌尔使节出访 …………………………………… (300)
　　第一节　文献来源 ………………………………………… (300)
　　第二节　信使文件中记载的外国地名 …………………… (319)

  第三节 乌尔使节出访东北部外交国 …………………（342）
  第四节 乌尔使节出访东南部外交国 …………………（393）

第五章 外交婚姻 ……………………………………………（473）
  第一节 乌尔第三王朝与西北方国家的政治婚姻 …………（476）
  第二节 乌尔第三王朝与东北方国家的政治婚姻 …………（481）
  第三节 乌尔第三王朝与东南方国家的政治婚姻 …………（493）

第六章 对外贸易 ……………………………………………（502）
  第一节 商人阶层的兴起 …………………………………（504）
  第二节 波斯湾贸易 ………………………………………（517）

结语 …………………………………………………………………（547）

附录 …………………………………………………………………（554）
  附录一：古代两河流域历史框架 ………………………………（554）
  附录二：乌尔第三王朝年名 ……………………………………（556）
  附录三：乌尔第三王朝月名 ……………………………………（564）
  附录四：度量衡、尺寸单位 ……………………………………（572）
  附录五：缩写词 …………………………………………………（573）
  附录六：原始档案目录 …………………………………………（585）

参考文献 ……………………………………………………………（627）

中外文专有名词对照表 ……………………………………………（695）

后 记 …………………………………………………………（722）

引 言

对外关系指的是一个国家与其他国家或地区的关系。包括政治、经济贸易、军事科学技术以及文化等方面的关系。这些关系通过一系列的对外活动体现，这些活动又以国家的对外政策为指导。[1] 广义的对外关系指国家同其他国家、国家联盟、国际组织的政治、经济、军事、外交、文化、宗教、意识形态等一切领域关系的总和。狭义的对外关系指国家同其他国家、国家联盟和国际组织的政治外交关系。[2] 今天意义上的"对外"或"国外"概念十分清晰，现代国际关系是1648年威斯特伐利亚体系的产物，在此之前的国际关系被称为"前现代国际关系"[3]。在古代，国家与国家之间的分界线并没有严格划分，亦未以法律形式固定下来，导致"国内"与"国外"的概念与区别有时候不是那么严格，并且某一地区可能在一个时间段属于"国内"，在另一个时间段又属于"国外"。这些都是我们研究古代国家或王朝对外关系时需要注意的问题。即便如此，研究古代国家或文明的对外关系对于我们认识当今世界的国际关系仍具有重要的指导和借鉴意义。

一　历史背景

两河流域，又称美索不达米亚（Mesopotamia），这个词源于古希腊语，

---

[1] 参见郑建邦主编《国际关系辞典》，中国广播电视出版社1992年版。
[2] 参见蒋宝德、李鑫生主编《对外交流大百科》，华艺出版社1991年版。
[3] 参见刘德斌主编《国际关系史》（第二版），高等教育出版社2018年版。

意为"河流之间的土地"①。古代两河流域人们对这个地区并没有一个统一的名称，而是以他们所居住的城市名或者王国名来命名。从今天的世界版图来看，古代两河流域的大部分位于今天伊拉克境内，少部分位于今天的叙利亚东部、土耳其南部和伊朗西南部地区。这里的"河流"指幼发拉底河（Euphrates，长约2600公里）和底格里斯河（Tigris，长约1850公里），其名称也是源于古希腊语，它们的苏美尔语名称分别是"布拉努姆"（Buranum）和"伊迪格纳"（Idigna）。② 这两条河流均发源于土耳其境内亚美尼亚高原，向东南流入波斯湾。西边的幼发拉底河流经土耳其、叙利亚和伊拉克境内，东边的底格里斯河流经土耳其和伊拉克境内，这两条大河分别有若干支流，形成了一个庞大的河流网，被称为新月形地带，其中幼发拉底河的支流自北向南有巴里赫河（Balikh）和哈布尔河（Khabur），底格里斯河的支流自北向南有大扎布河（Great Zab）、小扎布河（Little Zab）和迪亚拉河（Diyala）。今天我们知道，这两条大河在伊拉克南部巴士拉附近汇合成为一条河——阿拉伯河（Shatt al-Arab），然后才注入波斯湾，而在古代，这两条大河分别流入波斯湾。在乌尔第三王朝时期，波斯湾的沿海线要比今天向北缩进240多公里，这意味着乌尔（Ur）和埃利都（Eridu）两城在古代都是沿海城市。③

在地理上，两河流域以今伊拉克首都巴格达为界，以北称为亚述（Assyria），以南称为巴比伦尼亚（Babylonia），其中巴比伦尼亚又以尼普尔（Nippur，今伊拉克努法尔，Nuffar）为界，以南称为苏美尔（Sumer），

---

① 其中 mesos "美索"意为"在……之间"或者"在中间"，potamos "不达米"意为"河流"，ia 是表示地名的后缀。"美索不达米亚"传统上指古代历史的环境，而不是指一个确切的地理范围。在圣经作家和古典作家眼里有不同的指代。《旧约》希腊文版本将其看作古代哈兰城市附近亚伯拉罕的故乡，大致位于幼发拉底河和底格里斯河中游之间。斯特拉波使用"美索不达米亚"一词指河间低地的北部，而把南部称为"巴比伦尼亚"。老普林尼把它的范围扩大到波斯湾，大致与今天的伊拉克相当。参见[英]塞顿·劳埃德《美索不达米亚考古》，杨建华译，文物出版社1990年版，第1页。

② 在《圣经》中，源自希伯来语，底格里斯河被称为 Hiddekel，幼发拉底河被称为 Prat。

③ 关于历史上波斯湾海岸线的变迁，参见 G. A. Cooke, "Reconstruction of the Holocene Coastline of Mesopotamia", *Geoarchaeology*, Vol. 2 (1987), pp. 15-28; K. Lambeck, "Shoreline reconstructions for the Persian Gulf since the last glacial maximum", *Earth and Planetary Science Letters*, Vol. 142, No. 1/2 (1996), pp. 43-57; I. D. S. Al-Ameri and R. M. Briant, "A late Holocene Molluscan-based Palaeoenvironmental Reconstruction from Southern Mesopotamia: Implications for the Palaeogeographic evolution of the Arabo-Persian Gulf", *Journal of African Earth Sciences*, Vol. 152 (2019), pp. 1-9.

以北称为阿卡德（Akkad）。① 乌尔第三王朝的范围大致包括两河流域南部地区，也即苏美尔-阿卡德地区：东抵伊朗高原的西部及扎格罗斯山脉（Zagros），西达幼发拉底河中游，北临底格里斯河上游的亚述地区，南至波斯湾。

如同希罗多德所言"埃及是尼罗河的赠礼"，美索不达米亚也是底格里斯河和幼发拉底河的赠礼。② 两河流域南部的主要自然资源是水源和肥沃土地，培育出了世界上最早的农业，主要的农产品有大麦、小麦、芝麻、蔬菜和椰枣，③ 牲畜主要有牛、绵羊和山羊。④ 古代两河流域人们利用冲积平原区的黏土制作成泥板，用河边生长的芦苇制成笔，用笔在泥板上"压"出形同"楔子"的文字——楔形文字（cuneiform）。河流和沼泽提供了芦苇和鱼资源，⑤ 芦苇被用来编席、篮和箱，以及造船和建房。与今天中东盛产石油类似的是，古代两河流域人们已经学会了利用沥青，他们在幼发拉底河的希特（Hit）地区开采沥青，将其涂在船身上防漏，涂在墙壁和屋顶上防水，以及用来黏合泥砖等。不过，两河流域南部缺乏石料、大型木材、金属等矿产资源，只能靠从两河流域附近地区进口，这也催生了最早的跨区域贸易。⑥ 大致上，普通木材来自扎格罗斯山脉和麦鲁哈（Meluhha，印度河流域），⑦ 建造神庙和宫殿的高大杉木、柏木和雪松来自地中海沿岸的黎巴嫩山脉和阿玛努斯山（Amanus），硬石料（如闪长岩）来自伊朗和马干（Magan，今阿曼），铜来自安纳托利亚、高加索、阿曼、塞浦路斯和伊朗，锡来自伊朗、高加索和阿富汗，白银来自陶鲁斯山脉（Taurus），黄金来自埃及和印度，青金石来自阿富汗。

---

① 刘文鹏主编：《古代西亚北非文明》，中国社会科学出版社 1999 年版，第 203—204 页。
② S. Bertman, *Handbook to Life in Ancient Mesopotamia*, New York: Facts On File, 2003, p. 4.
③ 关于乌尔第三王朝的农业和食物，参见 H. Brunke, *Essen in Sumer: Metrologie, Herstellung und Terminologie nach Zeugnis der Ur Ⅲ-zeitlichen Wirtschaftsurkunden*, München: Herbert Utz Verlag, 2011; K. Maekawa, "Agricultural Production in Ancient Sumer", *Zinbun*, Vol. 13 (1974), pp. 1-60.
④ 关于乌尔第三王朝的牲畜，参见 M. Stepien, *Animal Husbandry in the Ancient Near East*, Bethesda: CDL Press, 1996.
⑤ 关于乌尔第三王朝的鱼资源和渔业，参见 R. K. Englund, *Organisation und Verwaltung der Ur Ⅲ-Fischerei*, BBVO 10, Berlin: Dietrich Reimer Verlag, 1990.
⑥ 参见刘昌玉《从"上海"到下海：早期两河流域商路初探》，中国社会科学出版社 2019 年版。
⑦ 刘昌玉：《从印度到东非：古代两河流域文献中的"麦鲁哈"地名变迁探析》，《史林》2021 年第 6 期。

乌尔第三王朝一共历时 108 年（又称乌尔王国，公元前 2112—前 2004 年），① 共历 5 位国王：乌尔纳姆（Ur-Nammu）、舒尔吉（Shulgi）、阿马尔辛（Amar-Suen）、舒辛（Shu-Suen）和伊比辛（Ibbi-Suen）。在第 1 王乌尔纳姆和第 2 王舒尔吉统治前期，他们的主要任务是征服其他苏美尔城邦（包括拉伽什，Lagash）和两河流域北部地区，完成两河流域的统一，同时在国内建设方面修建了许多水渠，还制定了迄今已知世界上最早的法典《乌尔纳姆法典》（比著名的《汉穆拉比法典》还要早三四百年）；② 舒尔吉统治后期，他吞并了邻近许多地区，通过政治联盟与军事征服相结合的手段将王国的领土不断扩张，同时在国内推行一系列改革，比如统一度量衡、统一历法、建立全国再分配中心（普兹瑞什达干，Puzrish-Dagan）等；③ 到第 3 王阿马尔辛和第 4 王舒辛统治时期，

---

① 根据《苏美尔王表》的记载，这是乌尔城第三次作为首都，所以被称为乌尔第三王朝，王表中的乌尔第一王朝和乌尔第二王朝都是处于早王朝时期的城邦政治，而乌尔第三王朝属于统一的中央集权制国家。参见 T. Jacobsen, *The Sumerian King List*, AS 11, Chicago: University of Chicago Press, 1939; T. 雅各布森编著：《苏美尔王表》，郑殿华译，生活·读书·新知三联书店 1989 年版。本书的纪年采用的是传统上被普遍接受的"中年代学"，即认为乌尔第三王朝的时间范围是从公元前 2112 年至前 2004 年。在古代两河流域年代学研究中，共存在三种不同的年代学："高年代学"（High Chronology）、"中年代学"（Middle Chronology）和"低年代学"（Low Chronology），参见 A. L. Oppenheim, *Ancient Mesopotamia: Portrait of a Dead Civilization*, Chicago: University of Chicago Press, 1964。还有一种近年来被一些学者使用的"超低年代学"（Ultra-Low Chronology），参见 V. G. Gurzadyan, "On the Astronomical Records and Babylonian Chronology", *Akkadica*, Vol. 119-120 (2000), pp. 175-184。除此之外，还有学者认为"高年代学"可能更加准确，参见 P. J. Huber, "Astronomical Dating of Babylon I and Ur III", *Monographic Journals of the Near East*, Vol. 1/4 (1982), pp. 1-19; P. J. Huber, "Astronomical Evidence for the Long and against the Middle and Short Chronologies", in P. Astrom (ed.), *High, Middle or Low? Acts of an International Colloquium on Absolute Chronology held at the University of Gothenburg 20th-22nd August 1987*, Göteborg: Paul Äströms Förlag, 1989, pp. 5-17。

② 关于《乌尔纳姆法典》，参见 S. N. Kramer, "Ur-Nammu Law Code", *Orientalia NOVA SERIES*, Vol. 23, No. 1 (1954), pp. 40-51; É. Szlechter, "Le Code d'Ur-Nammu", *Revue d'Assyriologie et d'archéologie orientale*, Vol. 49, No. 4 (1955), pp. 169-177; J. J. Finkelstein, "The Law of Ur-Nammu", *Journal of Cuneiform Studies*, Vol. 22 (1968), pp. 66-82; M. T. Roth, *Law Collections from Mesopotamia and Asia Minor*, Atlanta: Scholars Press, 1997, pp. 13-22; D. Frayne, *Ur III Period (2112-2004 BC)*, RIME 3/2, Toronto: University of Toronto Press, 1997, pp. 43-49; M. T. Roth, *Law Collections from Mesopotamia and Asia Minor*, Second Edition, Atlanta: Scholars Press, 1997, pp. 13-22; 朱承思、董为奋：《〈乌尔纳姆法典〉和乌尔第三王朝早期社会》，《历史研究》1984 年第 5 期。

③ 关于舒尔吉改革，参见 W. Sallaberger and A. Westenholz, *Mesopotamien: Akkade-Zeit und Ur III-Zeit*, OBO 160/3, Freiburg, Schweiz: Universitätsverlag / Göttingen: Vandenhoeck und Ruprecht, 1999, p. 148; J. Klein, "Shulgi of Ur: King of a Neo-Sumerian Empire", in J. M. Sasson (ed.), *Civilizations of the Ancient Near East*, Volume 2, New York: Charles Scribner's Sons, 1994, pp. 843-857; 欧阳晓莉：《何谓"中央集权"——两河流域乌尔第三王朝国王舒勒吉改革辨析》，《江海学刊》2019 年第 4 期。

引 言

乌尔第三王朝达到了历史上的极盛时期，表现为较少的对外战争以及大量的国内建设与经济发展，数以万计的经济泥板和行政泥板文献出自这一时期；可是到了舒辛统治后期，随着西方阿摩利人的大量涌入，逐渐对乌尔王朝的统治产生了威胁，使得舒辛不得不在其统治的第4年建造了"阿摩利墙"（bad₃ mar-tu mu-ri-iq-ti-id-ni-im）以防止阿摩利人的入侵，此外还有东方的埃兰人一直就是乌尔第三王朝最大的敌对势力，以至于在最后一位国王伊比辛统治前期，埃兰人的入侵与王朝内若干地方行省的独立（埃什努那，Eshnuna；伊新，Isin；拉尔萨，Larsa）最终导致了乌尔第三王朝的灭亡。①

乌尔第三王朝是中央集权制的国家。国王（苏美尔语：lugal）拥有主导一切的最高权力，相当于天下共主。② 国王代表神的旨意，主持国家祭祀活动，庆祝国家节日，在每年7月的阿基图（akiti）节日时，国王要率先耕第一犁地，象征国泰民安和丰收之意。国王之下设立两名最高权力长官，分别负责宗教事务与世俗（行政）事务。其一，负责管理宗教事务的最高长官称为大祭司官（zabar-dab₅，音译为"扎巴尔达卜"，直译为"持青铜者"），③ 在舒尔吉时期，大祭司官由南那兹沙加尔（Nanna-zishagal）担任，④ 他到阿马尔辛3—4年不再担任该职，而是

---

① 关于乌尔第三王朝的历史概况，参见 W. Sallaberger and A. Westenholz, *Mesopotamien: Akkade-Zeit und Ur Ⅲ-Zeit*, OBO 160/3, Freiburg, Schweiz: Universitätsverlag / Göttingen: Vandenhoeck und Ruprecht, 1999; P. Steinkeller, "The Sargonic and Ur Ⅲ Empires", in P. F. Bang, C. A. Bayly and W. Scheidel (eds.), *The Oxford World History of Empire*, Volume 2: *The History of Empires*, Oxford: Oxford University Press, 2021, pp. 55-72。

② 苏美尔语词 lugal 是一个复合词，来源于两个单词 lu₂"人"和 gal"大的"，所以 lugal 本义为"大人"，在早王朝时期，lugal 和 ensi₂、en 都用来指城邦的首领，而在乌尔第三王朝时期，lugal 特指国王，ensi₂ 指隶属于王朝的行省总督，en 指神庙大祭司。关于乌尔第三王朝的王权，参见 C. Wilcke, "Zum Königtum in der Ur Ⅲ-Zeit", in P. Garelli (ed.), *Le palais et la royauté* (*Archéologie et civilisation*), Paris: Librairie Orientaliste Paul Geuthner, 1974, pp. 177-232; W. W. Hallo, *Early Mesopotamian Royal Titles: A Philologic and Historical Analysis*, New Haven: American Oriental Society, 1957, pp. 77-99.

③ B. Lafont, "Zabar.dab₅ et le culte d'après les textes de Drehem", *Revue d'assyriologie et d'arche'ologie orientale*, Vol. 77 (1983), pp. 97-117; B. Lafont, "zabar-dab₅, zab/mardabbum", *Nouvelles Assyriologiques Brèves et Utilitaires*, No. 94 (1987), pp. 51-52.

④ ᵈNanna-zi-ša₃-gal₂ zabar-dab₅: MVN 6 242.

调任拉伽什-吉尔苏（Girsu）行省总督。① 这一职位由恩利尔兹沙加尔（Enlil-zishagal）继任，② 任期从阿马尔辛时期一直到舒辛时期（可能还包括伊比辛时期），他在阿马尔辛1年兼任伊利萨格里格（Irisagrig）行省总督，③ 在舒辛2年可能兼任库阿拉（Kuara）行省总督。④ 大祭司官的次一级官员是"持杯者"（sagi），他们一般作为祭祀牲畜运输与管理的监督官和检察官。在神庙系统中，主管被称为"沙布拉"（šabra）或者"桑加"（sanga），他们的具体职能和级别不是很清楚。其二，负责管理世俗事务的最高长官称为大执政官（sukkal-mah，音译为"苏卡尔马赫"，直译为"大的外事官"，其地位相当于伊斯兰国家的"维齐尔"）。⑤ 作为仅次于国王的最高行政长官，大执政官是地方行省总督的直接上司，处于地方行省和乌尔国王之间的过渡位置。这一举足轻重的职位一直以来都是由拉伽什-吉尔苏行省的家族担任，最初是拉尼（La-NI），其次是乌尔舒尔帕埃（Ur-Shulpae），最后是阿拉德南那（Arad-Nanna，或称阿拉德姆 Aradmu），任期从阿马尔辛3年到伊比辛3年。⑥ 从伊比辛3年直到乌尔第三王朝灭亡，大执政官职位可能与位于伊朗的苏萨（Susa）行省有关系。⑦ 大执政官有时身兼数职，比如阿拉

---

① ^{d}Nanna-zi-ša$_3$-gal$_2$ ensi$_2$ Gir$_2$-su^{ki}：AUCT 1, 209（AS 4 i）；Trouvaille 79（AS 4 ii）；SNAT 091（AS 4 viii）；TCL 02, 4687（AS 4 ix）．

② ^{d}En-lil$_2$-zi-ša$_3$-gal$_2$ zabar-dab$_5$：BIN 3 134（AS 7 iv 1），Nisaba 26 2（SS 7-8）．

③ zabar-dab$_5$ ensi$_2$ Iri-sa$_{12}$-rig$_7$^{ki}：AuOr 10 87 1, Hermitage 3 202.

④ ^{d}En-lil$_2$-zi-ša$_3$-gal$_2$ ensi$_2$ Kuara$_2$^{ki}：SET 68（SS 2）．

⑤ 注意，苏美尔语 sukkal-mah 的准确含义不详，大致有以下几种译法：首席执政官（chief secretary）、国务卿（secretary of state）、大维齐尔（grand vizier）。扎拉贝格尔认为这一职位是乌尔第三王朝的最高世俗官员，与最高宗教官员（zabar-dab$_5$）对应，参见 W. Sallaberger and A. Westenholz, *Mesopotamien*：*Akkade-Zeit und Ur Ⅲ-Zeit*, OBO 160/3, Freiburg, Schweiz：Universitätsverlag / Göttingen：Vandenhoeck und Ruprecht, 1999, pp. 188-190。此外，这一术语也可读为 sugal$_7$-mah，参见 W. Sallaberger, "Who is Elite? Two Exemplary Cases from Early Bronze Age Syro-Mesopotamia", in G. Chambon, M. Guichard and A. Langlois（eds.）, *De l'Argile au Numérique*：*Mélanges Assyriologiques en l'Honneur de Dominique Charpin*, Leuven：Peeters, 2019, p. 904。

⑥ W. Sallaberger, *Der kultische Kalender der Ur Ⅲ-Zeit*, Berlin and New York：Walter de Gruyter, 1993, p. 17.

⑦ W. Sallaberger and A. Westenholz, *Mesopotamien*：*Akkade-Zeit und Ur Ⅲ-Zeit*, OBO 160/3, Freiburg, Schweiz：Universitätsverlag / Göttingen：Vandenhoeck und Ruprecht, 1999, p. 177.

德南那不仅担任该职，而且同时还有若干个其他职位。[①]

二 研究综述

古代近东的对外关系是亚述学研究的重要课题之一。长期以来，与记载公元前3千纪早期埃卜拉（Ebla）的外交条约、公元前2千纪早期马里（Mari）的外交书信以及公元前2千纪晚期阿马尔那（Amarna）外交体系的文献档案之丰富性和呈体系性相比，公元前3千纪晚期乌尔第三王朝的外交关系研究始终处于一个悬而未决的研究状态，这是因为用以构建乌尔第三王朝对外关系的原始文献资料不仅零散，更重要的原因是缺失相关的对外关系档案资料（如外交条约或外交书信、对外商业档案、对外战争备忘录等呈体系化的原始史料）。即便如此，对外关系研究依然是乌尔第三王朝研究中不可或缺的一部分，也是古代两河流域国际关系研究中承上启下的关键一环，对乌尔第三王朝对外关系进行构建是我们研究乌尔第三王朝乃至古代两河流域政治史、经济史、文化史、军事史和外交史等无法规避的论题。

有关乌尔第三王朝对外关系的研究始于20世纪初，目前依然是国际亚述学界关注的热点问题之一。相关的论著涉及对外关系的综合性研究，主要集中于乌尔第三王朝对某一地区或某一方向上多个地区的对外关系个案研究，抑或从对外战争、对外贸易、外交联姻、外交使节等角度，分不同的对外主题进行的对外关系专题式研究。根据乌尔第三王朝专题的研究特点，对

[①] 原文为：Arad$_2$-^{d}Nanna / sukkal-mah / ensi$_2$ Lagaš^{ki}-ke$_4$/ sanga ^{d}En-ki-ka / šagina U$_2$-ṣa-ar-gar-ša-na^{ki}/ šagina Ba-ši-me^{ki}/ ensi$_2$ Sa-bu-um^{ki}/ u$_3$ ma-da Gu-te-bu-um^{ki}-ma / šagina Di$_3$-ma-at-^{d}En-lil$_2$-la$_2$/ ensi$_2$ A-al-^{d}Šu-^{d}Suen / šagina Ur-bi$_2$-lum^{ki}/ ensi$_2$ Ha-am$_3$-zi^{ki}/ u$_3$ Kara$_2$-har^{ki}/ šagina NI. HI^{ki}/ šagina LU$_2$. SU^{ki}/ u$_3$ ma-da Kar-da^{ki}-ka "阿拉德南那，大执政官，拉伽什的恩西，恩基（Enki）神庙的主管，乌查尔加尔沙纳（Uṣar-Garshana）的将军，帕西美（Pashime）的将军，萨布姆（Sabum）和古台布姆（Gutebum）地区的恩西，迪马特恩利拉（Dimat-Enlila）的将军，阿尔舒辛（Al-Shu-Suen）的恩西，乌尔比隆（Urbilum）的将军，哈马孜（Hamazi）和卡拉哈尔（Karahar）的恩西，尼希（NI. HI）的将军，西马什基（Shimashki）和卡尔达（Karda）地区的将军"。参见 F. Thureau-Dangin, "Troisième Collection de Tablettes", *Revue d'Assyriologie et d'Archéologie Orientale*, Vol. 5, No. 1 (1898), p. 99; H. Steible, *Die Neusumerischen Bau- und Weihinschriften, Teil 2: Kommentar zu den Gudea-Statuen Inschriften der III. Dynastie von Ur Inschriften der IV. und „V." Dynastie von Uruk Varia*, FAOS 9/2, Stuttgart: Franz Steiner Verlag Stuttgart, 1991, pp. 265-266。

外关系研究的前提依据是乌尔第三王朝的十余万块刻在泥板上的经济文献或者行政文献，这些文献主要出土于伊拉克南部的几个遗址，包括温马（Umma）、吉尔苏、普兹瑞什达干、伊利萨格里格、尼普尔、乌尔等。

（一）记载乌尔第三王朝对外关系的原始文献释读与翻译

乌尔第三王朝虽然只有短短的百余年时间，但是留下了数以十万计的文献资料，是公认的世界古代史上留传文献资料最丰富的一个时期。① 乌尔第三王朝的文献种类繁多，包括王室铭文、② 文学作品、③ 书信、④ 法律文献⑤以及经济管理文献，其中以经济管理文献的数量尤为丰富。乌尔第三王朝的文献除了王室铭文是刻写在砖块上，其他大多数文献的书写材料都是泥板（clay tablet），⑥ 主要来自以下七个遗址：温马、吉尔苏、普兹瑞什达干、尼普尔、

---

① C. Liu, *Organization, Administrative Practices and Written Documentation in Mesopotamia during the Ur Ⅲ Period* (*c. 2112-2004 BC*): *A Case Study of Puzriš-Dagan in the Reign of Amar-Suen*, KEF 3, Münster: Ugarit-Verlag, 2017, p. 3.

② D. Frayne, *Ur ⅢPeriod* (*2112-2004 BC*), RIME 3/2, Toronto: University of Toronto Press, 1997.

③ S. N. Kramer, *Sumerian Mythology: A Study of Spiritual and Literary Achievement in the Third Millennium B. C.*, Philadelphia: University of Pennsylvania Press, 1972; T. Jacobsen, *The Harps That Once…: Sumerian Poetry in Translation*, New Haven and London: Yale University Press, 1987; B. R. Foster, *From Distant Days: Myths, Tales, and Poetry of Ancient Mesopotamia*, Bethesda: CDL Press, 1995; B. Alster, *Proverbs of Ancient Sumer: The World's Earliest Proverb Collections*, Volume Ⅰ-Ⅱ, Bethesda: CDL Press, 1997; B. Alster, *Wisdom of Ancient Sumer*, Bethesda: CDL Press, 2005; J. Black, et al., *The Literature of Ancient Sumer*, Oxford: Oxford University Press, 2004; G. Rubio, "Sumerian Literature", in C. S. Ehrlich (ed.), *From an Antique Land: An Introduction To Ancient Near Eastern Literature*, Lanham: Rowman & Littlefield Publishers, 2009, pp. 11-75; N. Samet, *The Lamentation over the Destruction of Ur*, MC 18, Winona Lake: Eisenbrauns, 2014.

④ P. Michalowski, "The Royal Correspondence of Ur", PhD dissertation, Yale University, 1976; P. Michalowski, *Letters from Early Mesopotamia*, Atlanta: Scholars Press, 1993; P. Michalowski, *The Correspondence of the Kings of Ur: An Epistolary History of an Ancient Mesopotamian Kingdom*, MC 15, Winona Lake: Eisenbrauns, 2011.

⑤ A. Falkenstein, *Die neusumerischen Gerichtsurkunden*, Munich: Verlag der Bayerischen Akademie der Wissenschaften, 1956-1957; P. Steinkeller, J. N. Postgate, *Third-Millennium Legal and Administrative Texts in the Iraq Museum*, Baghdad, MC 4, Winona Lake: Eisenbrauns, 1992; M. Molina, "New Ur Ⅲ Court Records Concerning Slavery", in P. Michalowski (ed.), *On the Third Dynasty of Ur: Studies in Honor of Marcel Sigrist*, Boston: American Schools of Oriental Research, 2008, pp. 125-143. 亦可参见刘昌玉、吴宇虹《乌尔第三王朝温马地区法庭判案文件译注与简析》，《古代文明》2011 年第 2 期。

⑥ 泥板是古代两河流域楔形文字的主要书写材料。两河流域人们就地取材，将本地的黏土（其黏性十足）加水后制成泥板，写上文字，自然晒干后的泥板十分坚硬，或者将泥板经火烧制成更硬的砖。参见 M. P. Streck, "Tafel (tablet)", *Reallexikon der Assyriologie und Vorderasiatischen Archäologie*, Vol. 13 (2011-2013), pp. 400-401.

引　言

乌尔、加尔沙纳（Garshana）[①]和伊利萨格里格。[②]在目前已知的十余万篇乌尔第三王朝文献中，大约有2500篇文献中记载了外国地名或异域地名的信息，标记为"地名+限定符KI"，如埃卜拉（Eb-la^{ki}）。[③]这些文献内容涉及乌尔第三王朝的对外关系，是我们从事该研究的第一手资料。由于历史的原因，古代两河流域出土的楔形文字泥板文献主要被一些欧美发达国家的博物馆、图书馆和私人藏家保存收藏，[④]亚述学家们对这些文献进行了整理和翻译。1911年，英国亚述学家兰登出版了英国阿什摩利博物馆藏的68篇乌尔第三王朝经济泥板文献，其中有4篇文献涉及对外关系内容，[⑤]开启了乌尔第三王朝对外关系相关文献释读与翻译的大门。此后，亚述学家们陆续出版了大量的乌尔第三王朝经济文献，每次出版的数量不等，少至一篇或几篇，[⑥]多达数百篇乃至数千篇，[⑦]基本上都是依据泥板的收藏地集中出版，或者依据文献的出土地集中出版，也

[①] 主要参见 D. I. Owen, R. Mayr, *The Garšana Archives*, CUSAS 3, Bethesda: CDL Press, 2007; A. Kleinerman, D. I. Owen, *Analytical Concordance to the Garšana Archives*, CUSAS 4, Bethesda: CDL Press, 2009; D. I. Owen, *Garšana Studies*, CUSAS 6, Bethesda: CDL Press, 2011.

[②] 主要参见 D. I. Owen, *Cuneiform Texts Primarily from Iri-Saĝrig/Āl-Šarrākī and the History of the Ur III Period*, Nisaba 15/1-2, Bethesda: CDL Press, 2013.

[③] 苏美尔语KI，既可以作为名词意为"地方、地上"，也可以作为指示"地点"的限定词。注意，有两类情况的地名被排除在本书统计之外：第一，"地名+限定符KI"不仅可以表示外国地名，如马里（Ma-ri$_2$^{ki}），也可以表示乌尔本国的地名，如吉尔苏（Gir$_2$-su^{ki}），所以我们首先需要辨别某地名对于乌尔第三王朝而言，是属于外国地名，还是属于本国地名，本国地名首先被排除在外。第二，在年名中也有地名的记载，这些年名虽然也在文献中，但是并不属于文献内容部分，所以被排除在外。关于乌尔第三王朝地名的整理和检索，参见 D. O. Edzard and G. Farber, *Répertoire Géographique des Textes Cunéiformes* II: *Die Orts- und Gewässernamen der Zeit der 3. Dynastie von Ur*, Wiesbaden: Dr. Ludwig Reichert Verlag, 1974.

[④] M. Molina, "Archives and Bookkeeping in Southern Mesopotamia during the Ur III period", *Comptabilite's*, Vol. 8 (2016), p. 2.

[⑤] 文献 TAD 53; TAD 54; TAD 66; TAD 67。亦可参见 S. Langdon, *Tablets from the Archives of Drehem: With a Complete Account of the Origin of the Sumerian Calendar, Translation, Commentary and 23 Plates*, Paris: Librairie Paul Geuthner, 1911, Plate XVIII-XIX, XXII-XXIII.

[⑥] 例如，C. Liu, "An Ur III Tablet from Southwestern University", *Aula Orientalia*, Vol. 32, No. 1 (2014), pp. 175-176.

[⑦] 例如，土耳其学者耶尔德兹和日本学者五味亨（后改名尾崎亨）合作出版了土耳其伊斯坦布尔考古博物馆所藏的2234篇乌尔第三王朝的温马文献，参见 F. Yıldız and T. Gomi, *Die Umma-Texte aus den Archäologischen Museen zu Istanbul. Band III (Nr. 1601-2300)*, UTI 3, Bethesda 1993; T. Gomi and F. Yıldız, *Die Umma-Texte aus den Archäologischen Museen zu Istanbul. Band IV (Nr. 2301-3000)*, UTI 4, Bethesda 1997; F. Yıldız and T. Ozaki, *Die Umma-Texte aus den Archäologischen Museen zu Istanbul. Band V (Nr. 3001-3500)*, UTI 5, Bethesda 2000; F. Yıldız and T. Ozaki, *Die Umma-Texte aus den Archäologischen Museen zu Istanbul. Band VI (Nr. 3501-3834)*, UTI 6, Bethesda 2001.

有的学者在相关的专题研究中附带出版所需的新文献。① 其中，涉及乌尔第三王朝对外关系的文献也包括在这些出版物中。②

由于乌尔第三王朝的经济文献被分散收藏于世界各地，并被发表于不同的期刊或著作，这就为进一步研究这些文献的内容造成不便。为了解决这一问题，亚述学家们不遗余力地搜集、整理已经发表的经济文献，更重要的是建立专门的楔形文字文献档案在线数据库，便于世界各地的学者们随时随地查询、研究。1991 年，西格里斯特和五味亨合著的《乌尔第三王朝综合出版目录》一书，③ 共搜集到了 28021 篇当时已经发表的乌尔第三王朝经济文献，并且整理汇总了 1990 年以前有关乌尔第三王朝文献出版目录、文本解析、个案与专题研究的资料库，为梳理乌尔第三王朝研究的学术史提供了便利的条件。关于 1990—1997 年、1997—2014 年的资料库分别由扎拉贝格尔④和加西亚-文图拉⑤整理出版，2015 年之后的资料库由笔者整理。此外，需要强调的是，目前由美国加州大学洛杉矶分校、英国牛津大学和德国马克斯·普朗克科学史研究所共同主持的"楔形文字数字图书馆"（Cuneiform Digital Library Initiative，CDLI）项目，⑥ 以及由西班牙马德里高等科学研究院主持的"新苏美尔语文献数据库"（Database of Neo-Sumerian Texts，BDTNS）项目，⑦ 搜集了世界上最丰富的乌尔第三王朝文献资料，这些文献

---

① 例如，T. M. Sharlach, *Provincial Taxation and the Ur Ⅲ State*, CM 26, Leiden and Boston: Brill, 2004；P. Steinkeller, *Sale Documents of the Ur-Ⅲ-Period*, FAOS 17, Stuttgart: Franz Steiner Verlag Wiesbaden, 1989。

② 主要包括以下泥板汇编或者系列丛书出版物：AUCT 1-3；BIN 3；BM Messenger；BPOA 1, 2, 6, 7；CST；CTPSM 1；CUSAS 40；DAS；HLC；HSS 4；ICP varia；ITT 2, 3, 5；MVN 5, 6, 7, 11, 13, 15, 19, 22；Nisaba 3/2, 13, 15, 22；OIP 115, 121；OTR；PDT 1, 2；PPAC 5；RTC；SAT 1-3；TCTI 2；TUT 等。总的文献目录见本书附录六。

③ M. Sigrist and T. Gomi, *The Comprehensive Catalogue of Published Ur Ⅲ Tablets*, Bethesda: CDL Press, 1991.

④ W. Sallaberger and A. Westenholz, *Mesopotamien: Akkade-Zeit und Ur Ⅲ-Zeit*, OBO 160/3, Freiburg, Schweiz: Universitätsverlag / Göttingen: Vandenhoeck und Ruprecht, 1999, pp. 351-363.

⑤ A. Garcia-Ventura, "Ur Ⅲ Studies: Bibliography 1997 - 2014", *Studia Orientalia*, Vol. 3 (2015), pp. 22-47.

⑥ 现网址为 https: // cdli. mpiwg-berlin. mpg. de/，检索日期：2024 年 10 月 1 日。原网址 http：// cdli. ucla. edu/已作废。

⑦ 网址为 http: // bdtns. filol. csic. es/，检索日期：2024 年 10 月 1 日。

引　言

为研究乌尔第三王朝对外关系提供了最基本、最重要的前提条件。①

（二）乌尔第三王朝与某一具体国家或某一方向诸国家关系的个案研究

自 20 世纪中叶起，除了释读出版涉及乌尔第三王朝对外关系的文献资料这一基础工作外，亚述学家开始对乌尔第三王朝对外关系进行专题研究。鉴于文献资料所限，学者们对于乌尔第三王朝的对外政策的观点各执己见。1960 年，美国亚述学家哈罗在《苏美尔的近邻同盟》中，②利用有限的普兹瑞什达干文献，初步探讨了乌尔第三王朝的周边国家与地区环境。1963 年，德国亚述学家格策梳理了乌尔第三王朝文献中出现的许多外国高级官员，但是并没有对其作用做进一步探究。③ 1973 年，美国密歇根大学亚述学家米哈洛夫斯基以苏美尔语术语 gun₂ 入手，讨论了外国向乌尔第三王朝缴纳贡赋的情况，并且认为这些国家都是没有被乌尔第三王朝合并的国家，作者在文末还试图解释 gun₂ 和 gun₂ ma-da 的区别，但是没有给出具体的解决方案。④ 1987 年，美国哈佛大学的斯坦凯勒提出了乌尔第三王朝的三层政治区域划分模式：核心区（core）、边缘区（periphery）和附庸国（vassal state），它们分别向乌尔中央政府缴纳巴拉（bala）税、古恩马达（gun₂ ma-da）税和古恩（gun₂）税。⑤ 此观点后

---

① 当然，目前仍然还有相当数量的乌尔第三王朝文献尚未发表和编目，它们或者被收藏在某博物馆、大学图书馆、私人手中，或者仍然还在伊拉克或叙利亚的地下尚未发掘出土，这些不知数目的潜在文献资料很可能也涉及对外关系领域，甚至可能还会有意想不到的系统外交档案。对此，我们只能寄希望于将来相关文献资料的不断出现，以丰富和充实现有的研究资料和研究结论。

② W. W. Hallo, "A Sumerian Amphictyony", *Journal of Cuneiform Studies*, Vol. 14, No. 3 (1960), pp. 88-114.

③ A. Goetze, "Šakkanakkus of the Ur Ⅲ Empire", *Journal of Cuneiform Studies*, Vol. 17, No. 1 (1963), pp. 1-31; J. M. Durand, "Šakkanakku. A. Philologisch," *Reallexikon der Assyriologie und Vorderasiatischen Archäologie*, Vol. 11 (2006-2008), pp. 560-565.

④ P. Michalowski, "Foreign Tribute to Sumer during the Ur Ⅲ Period", *Zeitschrift für Assyriologie und Vorderasiatische Archäologie*, Vol. 68 (1978), pp. 34-49.

⑤ P. Steinkeller, "The Administrative and Economic Organization of the Ur Ⅲ State: The Core and the Periphery," in M. Gibson, R. D. Biggs (eds.), *The Organization of Power: Aspects of Bureaucracy in the Ancient Near East*, Chicago: The Oriental Institute of the University of Chicago, 1987, pp. 15-33. 关于乌尔第三王朝的赋税，参见刘昌玉《古代两河流域乌尔第三王朝赋税制度研究》，中国社会科学出版社 2021 年版。注意，由于乌尔第三王朝文献中没有出现关于"赋税"的专门术语，所以我们也只能对大量文献中记载的某些术语的含义及其作用的认知之后，比对今天意义上的赋税概念，从而认定这些术语接近于今天的"赋税"概念，但绝不是说它们的含义就等同于今天的赋税。最近，美国西华盛顿大学的加芬克尔使用"抽取机制"（Mechanics of Extraction）的概念来解释乌尔第三王朝的物资财产收支与再分配原则，参见 S. Garfinkle, "Co-Option and Patronage: The Mechanics of Extraction in Southern Mesopotamia under the Third Dynasty of Ur", in Jonathan Valk, Irene Soto Marin, eds., *Ancient Taxation: The Mechanics of Extraction in Comparative Perspective*, New York University Press, 2021, pp. 71-92.

来被诸多学者所热议。① 例如，日本亚述学家前田彻基于斯坦凯勒的研究，着重对 gun₂ ma-da 这一术语及其所包括的范围进行了疏证，提出了这一范围区是乌尔第三王朝的军事缓冲区的概念，并且进一步就米哈洛夫斯基未能彻底解决的 gun₂ 和 gun₂ ma-da 两个术语的关系及其准确含义做了进一步研究。②

不过，关于乌尔第三王朝对外关系的综合性研究成果目前还没有出现，较为系统的研究是斯坦凯勒的未完成论著《乌尔第三王朝的"大战略"：公元前3千纪晚期的巴比伦尼亚对外政策和地域扩张》，③ 论述中所提到的"大战略"意图，在作者最近所撰写的关于"阿卡德王朝和乌尔第三王朝"通识类文章中被再次强调。④ 此外，更多的学者主要集中于乌尔第三王朝与其周边某一地区关系的个案研究，包括西北部、东北部、东南部各个方位上的诸多异域地名。

1. 涉及乌尔第三王朝与西北部国家的个案研究

乌尔第三王朝的西北部国家包括幼发拉底河中上游及其支流哈布尔河流域（底格里斯河以西），直到东地中海沿岸的范围，又称古代叙利亚北部地区。自古以来，叙利亚地区都是链接两河流域与埃及、安纳托利亚、塞浦路斯岛乃至希腊世界的重要中转站，被称为"文明的十字路口"。在乌尔第三王朝时期，西北部国家以马里、乌尔凯什（Urkesh）、埃卜拉为主，它们与乌尔第三王朝保持着和平友好的外交和贸易联系。1971年，法国亚述学家博泰罗在为《剑桥古代史》撰写的章节中，讨论了乌尔第三王朝时期的叙利亚历史，及其与两河流域之间的关系，开启

---

① 例如，W. Sallaberger and A. Westenholz, *Mesopotamien: Akkade-Zeit und Ur Ⅲ-Zeit*, OBO 160/3, Freiburg, Schweiz: Universitätsverlag / Göttingen: Vandenhoeck und Ruprecht, 1999, pp. 121–414; M. Stepien, *From the History of State System in Mesopotamia-The Kingdom of the Third Dynasty of Ur*, Warsaw: Department of Graphic Design, University of Warsaw, 2009.

② T. Maeda, "The Defense Zone during the Rule of the Ur Ⅲ Dynasty", *Acta Sumerologica*, Vol. 14 (1992), pp. 135–172.

③ P. Steinkeller, *The Grand Strategy of the Ur Ⅲ Empire: Babylonia's Foreign Policy and Territorial Expansion at the End of the Third Millennium BC*, Forthcoming.

④ P. Steinkeller, "The Sargonic and Ur Ⅲ Empires", in P. F. Bang, C. A. Bayly and W. Scheidel (eds.), *The Oxford World History of Empire*, Volume 2: *The History of Empires*, Oxford: Oxford University Press, 2021, pp. 43–72.

了乌尔第三王朝时期叙利亚研究的大门。① 1992 年，美国亚述学家欧文依据乌尔第三王朝文献，对文献中出现的叙利亚地名和人名进行了逐一校对与梳理，为进一步研究乌尔第三王朝与西北部国家的关系奠定了文献基础。② 1998 年，埃卜拉学家博内基依据埃卜拉文献，对公元前 3 千纪两河流域上游的叙利亚地名进行了评注，尤其是哈布尔河流域的诸多地名。作者在结论中提到了公元前 3 千纪早期地名的塞姆语化现象，导致在乌尔第三王朝时期的苏美尔语文献中这些地名的读音很难进行准确对照。③ 2007 年，波兰亚述学家柯林斯基主要依据考古学证据，对公元前 3 千纪后半叶的哈布尔河上游地区进行了探讨。作者提出，在公元前 3 千纪中期开始，很可能是受到了两河流域南部文化的影响，哈布尔河流域出现了文化的转变。④ 2007 年，德国亚述学家扎拉贝格尔纵向考察公元前 3 千纪两河流域上游地区（包含哈布尔河流域）由农耕文化向游牧文化的转变过程，通过分析 16 个西部和北部国家地名，提出在乌尔第三王朝时期，西部和北部国家的重要性有所下降，不是乌尔第三王朝的主要外交方向，但是胡里人和阿摩利人游牧民族的介入，对两河流域历史的发展产生了深远影响。⑤ 其余对乌尔第三王朝西北部国家的探讨主要集中于三个国家（马里、埃卜拉、乌尔凯什）。

首先，关于乌尔第三王朝时期马里国家的讨论，米哈洛夫斯基在其诸多论述中，通过梳理马里与乌尔的政治联姻（伊丁达干，Idin-Dagan，

---

① Jean Bottéro, "Relations with Mesopotamia. Syria during the Third Dynasty of Ur", in I. E. S. Edwards, C. J. Gadd and N. G. L. Hammond (eds.), *The Cambridge Ancient History*, Volume I Part 2: *Early History of the Middle East*, Cambridge: Cambridge University Press, 1971, pp. 559-566.

② D. I. Owen, "Syrians in Sumerian Sources from the Ur Ⅲ Period", in M. W. Chavals and J. L. Hayes (eds.), *Bibliotheca Mesopotamica*, Volume Twenty-five: *New Horizons in the Study of Ancient Syria*, Malibu: Undena Publications, 1992, pp. 107-182.

③ M. Bonechi, "Remarks on the Ⅲ Millennium Geographical Names of the Syrian Upper Mesopotamia", in M. Lebeau (ed.), *Subartu* Ⅳ, 1: *About Subartu. Studies Devoted to Upper Mesopotamia*, Vol. 1- *Landscape, Archaeology, Settlement*, Turnhout: Brepols, 1998, pp. 219-241.

④ R. Kolinski, "The Upper Khabur Region in the Second Part of the Third Millennium BC", *Altorientalische Forschungen*, Vol. 34 (2007), pp. 342-369.

⑤ W. Sallaberger, "From Urban Culture to Nomadism: A History of Upper Mesopotamia in the Late Third Millennium", in C. Kuzucuoglu and C. Marro (eds.), *Sociétés humaines et changement climatique à la fin du troisième millénaire: une crise a-t-elle eu lieu en Haute Mésopotamie? Actes du Colloque de Lyon (5-8 décembre 2005)*, Istanbul: Institut Français d'Études Anatoliennes-Georges Dumézil, 2007, pp. 417-456.

家族）与外交往来，提出马里与乌尔之间保持友好外交关系的同时，也偶尔爆发冲突。① 此外，多辛、博策和沙拉克等学者对马里的著名统治者阿皮尔金（Apil-kin）的"沙吉纳"统治家族及其与乌尔第三王朝之间的关系进行了个案讨论。② 也有学者从考古学证据入手，讨论马里遗址从公元前3千纪到前2千纪的演变，从而揭示其历史的发展。③ 其次，关于乌尔第三王朝时期乌尔凯什的研究，美国加州大学洛杉矶分校的亚述学家布切拉蒂夫妇做出了大量的贡献。他们不仅亲自主持乌尔凯什遗址的考古发掘，而且还对乌尔凯什的政治经济史进行了一系列研究，提出乌尔凯什属于胡里人的传统聚集区的论断，以及乌尔凯什与两河流域通过政治联姻保持长期的友好关系。④ 值得一提的是，关于乌尔凯什考古与历史研究的学术网站，不仅整理了历年的乌尔凯什考古发掘报告，而且还将有关乌尔凯什研究的学术成果进行编目，成为国际上研究乌尔

---

① P. Michalowski, "Iddin-Dagan and his Family", *Zeitschrift für Assyriologie und Vorderasiatische Archäologie*, Vol. 95 (2005), pp. 65–76; P. Michalowski, "The Men From Mari", in K. van Lerberghe and A. Schoors (eds.), *Immigration and Emigration within the Ancient Near East: Festschrift E. Lipiński*, Leuven: Peeters, 1995, pp. 181–188; P. Michalowski, "News of a Mari Defeat from the Time of King Sulgi", *Nouvelles Assyriologiques Brèves et Utilitaires*, No. 23 (2013), pp. 36–41.

② G. Dossin, "Apil-kîn, šakkanakku de Mari", *Syria*, Vol. 25 (1946–1948), pp. 322–323; J. Boese and W. Sallaberger, "Apil-kīn von Mari und die Könige der Ⅲ. Dynastie von Ur", *Altorientalische Forschungen*, Vol. 23, No. 1 (1996), pp. 24–39; T. M. Sharlach, "Beyond Chronology: The Šakkanakkus of Mari and the Kings of Ur", in W. W. Hallo and I. J. Winter (eds.), *Proceedings of the XLVe Rencontre Assyriologique Internationale*, Part Ⅱ Yale University: Seals and Seal Impressions, Bethesda: CDL Press, 2001, pp. 59–70.

③ 例如：A. Malamat, "Mari", *The Biblical Archaeologist*, Vol. 34, No. 1 (1971), pp. 1–22; S. Lange, "The distribution of graves and the food within: Evidence from late 3rd to 2nd millennia BC Mari, Syria", in J. Bradbury and C. Scarre (eds.), *Engaging with the Dead: Exploring Changing Human Beliefs about Death, Mortality and the Human Body*, Oxford: Oxbow Books, 2017, pp. 174–187; J. Margueron, "Mari, reflet du monde syro-mésopotamien au Ⅲe millénaire", *Akkadica*, Vol. 98 (1996), pp. 11–27; A. Parrot, "Les fouilles de Mari Huitième campagne (automne 1952)", *Syria*, Vol. 30, Nos. 3-4 (1953), pp. 196–221; A. Parrot, "Les fouilles de Mari, seizième campagne (Printemps 1966)", *Syria*, Vol. 44, Nos. 1-2 (1967), pp. 1–26.

④ G. Buccellati and M. Kelly-Buccellati, "The Courtiers of the Queen of Urkesh: Glyptic Evidence from the Western Wing of the Royal Storehouse AK", in M. Lebeau (ed.), *About Subartu. Studies devoted to Upper Mesopotamia. Vol. 2-Culture, Society, Image*, Subartu 4/2, Turnhout: Brepols, 1998, pp. 195–216; G. Buccellati and M. Kelly-Buccellati, "Urkesh and the Question of the Hurrian Homeland", *Bulletin of the Georgian National Academy of Sciences*, Vol. 175, No. 2 (2007), pp. 141–150; M. Kelly-Buccellati, "Uqnitum and Taram-Agade Patronage and Portraiture at Urkesh", in J. C. Fincke (ed.), *Festschrift für Gernot Wilhelm anläßlich seines 65. Geburtstages am 28. Januar 2010*, Dresden: ISLET, 2010, pp. 185–202.

凯什问题的重要电子资料库。① 最后，关于乌尔第三王朝时期埃卜拉的研究，主要的贡献者是研究埃卜拉文献与历史的学者，阿斯特在重建埃卜拉历史的论述中，对乌尔第三王朝的埃卜拉历史及其与两河流域的关系进行了讨论，② 皮诺克通过考古学证据，讨论了公元前3千纪埃卜拉与两河流域之间的关系，提出二者之间的关系更为复杂性和多样性，并非传统观点认为的埃卜拉单线受到两河流域的文化影响。③ 此外，专门从事乌尔第三王朝研究的美国亚述学家欧文通过对乌尔第三王朝文献中出现的埃卜拉恩西麦古姆（Megum）的梳理，分析了乌尔第三王朝时期叙利亚与两河流域的关系较之阿卡德时期有了重要的变化，叙利亚地区的发展呈现出更多的同质文化和自主发展的特点。④

2. 涉及乌尔第三王朝与东北部国家的个案研究

乌尔第三王朝的东北部国家依据地理位置的不同，可以分为小扎布河以北的胡里人聚集区，迪亚拉河流域至扎格罗斯山脉西麓，以及扎格罗斯山脉东麓的西马什基地区［北至里海沿岸，南达埃兰（Elam）地区，与乌尔第三王朝东南部的界限模糊］。小扎布河以北的地区是胡里人的传统聚集区，⑤ 又被称为跨底格里斯河流域（Trans-Tigridian），或"上美索不达米亚"（Upper Mesopotamia）。1985年，沃克在其博士论文中，对这一地区从阿卡德时期到古巴比伦时期的历史进行了研究，包括乌尔第三王朝时期的诸多地名（如西穆鲁姆，Simurrum；卢卢布姆，Lullubum；哈尔西，Harshi；胡尔提，Hurti；基马什，Kimash；沙什鲁姆，

---

① http://urkesh.org.

② M. C. Astour, "Toponymy of Ebla and Ethnohistory of Northern Syria: A Preliminary Survey", *Journal of the American Oriental Society*, Vol. 108, No. 4 (1988), pp. 545-555; M. C. Astour, "A Reconstruction of the History of Ebla (Part 2)", in C. H. Gordon and G. A. Rendsburg (eds.), *Eblaitica: Essays on the Ebla Archives and Eblaite Language*, *Volume 4*, Winona Lake: Eisenbrauns, 2002, pp. 57-195.

③ F. Pinnock, "Ebla and Ur: Relations, Exchanges and Contacts between Two Great Capitals of the Ancient Near East", *Iraq*, Vol. 68 (2006), pp. 85-97.

④ D. I. Owen, "Megum, the First Ur Ⅲ Ensi of Ebla", in L. Cagni (ed.), *Ebla 1975-1985. Dieci anni di studi linguistici e filologici: Atti del Convegno Internazionale (Napoli, 9-11 ottobre 1985)*, Napoli: Istituto Universitario Orientale, 1987, pp. 263-291.

⑤ 关于胡里人历史的概述，参见 I. J. Gelb, *Hurrians and Subarians*, SAOC 22, Chicago: University of Chicago Press, 1944; G. Wilhelm, *The Hurrians*, Warminster: Aris & Phillips, 1989.

Shashrum；乌尔比隆；哈马孜；卡拉哈尔）。① 阿斯特对这一地区的若干地名进行了考证，指出这些地区是塞姆人和胡里人的共同聚集区。② 詹森·乌尔依据考古学证据，对两河流域北部从公元前 4400 年至前 2000 年间的历史发展进行了梳理，提出两河流域北部的城市化与文明演进不同于两河流域南部，有其独特的发展轨迹。③ 韦斯等学者在《科学》杂志发表的研究成果，通过对考古学证据的分析，系统考察了公元前 3 千纪两河流域北部文明的起源与崩溃。④ 两河流域北部地区在今天大致属于库尔德人聚集区，伊拉克学者艾哈迈德在其博士论文中，对公元前 2500 年至前 1500 年的古代库尔德地区进行了考察，包括乌尔第三王朝时期这一地区的综合研究。⑤ 加拿大多伦多大学的亚述学家弗雷恩通过梳理乌尔国王对东北部的军事行动，考察了乌尔第三王朝与扎格罗斯山脉诸国家之间的外交关系，尤其是乌尔统治者将这一地区视为对外关系的重点目标。⑥ 上述研究成果从整体上对小扎布河以北地区（胡里人聚集区）进行了不同程度的考察，对于我们全面认识乌尔第三王朝的东北部国家具有总览性价值。

除此，学者们还对某一个地名的地理位置及其所指地区的历史进行了考察。例如，比格斯、科隆、弗雷恩、哈罗、谢弗和欧文等学者对西

---

① M. F. Walker, "The Tigris Frontier from Sargon to Hammurabi-A Philologic and Historical Synthesis", PhD dissertation, Yale University, 1985.

② M. C. Astour, "Semites and Hurrians in Northern Transtigris", in D. I. Owen and M. A. Morrison (eds.), *Studies on the Civilization and Culture of Nuzi and the Hurrians*, Volume 2: *General Studies and Excavations at Nuzi 9/1*, SCCNH 2, Winona Lake: Eisenbrauns, 1987, pp. 3–68.

③ J. A. Ur, "Cycles of Civilization in Northern Mesopotamia, 4400—2000 BC", *Journal of Archaeological Research*, Vol. 18, No. 4 (2010), pp. 387–431.

④ H. Weiss, et al., "The Genesis and Collapse of Third Millennium North Mesopotamian Civilization", *Science*, New Series, Vol. 261, No. 5124 (1993), pp. 995–1004.

⑤ K. M. Ahmed, "The Beginnings of Ancient Kurdistan (c. 2500–1500 BC): A Historical and Cultural Synthesis", PhD dissertation, Universiteit Leiden, 2012; F. Hennerbichler, "The Origin of Kurds", *Advances in Anthropology*, Vol. 2, No. 2 (2012), pp. 64–79.

⑥ D. Frayne, "The Zagros Campaigns of Šulgi and Amar-Suena", in D. I. Owen and G. Wilhelm (eds.), *Studies on the Civilization and Culture of Nuzi and the Hurrians*, Volume 10: *Nuzi at Seventy-Five*, SCCNH 10, Bethesda: CDL Press, 1999, pp. 141–201; D. R. Frayne, "The Zagros Campaigns of the Ur Ⅲ Kings", *The Canadian Society for Mesopotamian Studies Journal*, Vol. 3 (2008), pp. 33–56.

引　言

穆鲁姆国家及其著名的统治者泰赫什阿塔尔（Tehesh-atal）的考察，① 德克森、埃皮席美尔、哈罗、米哈洛夫斯基等学者对阿淑尔（Ashur）国家的考察，以及对其统治者扎里库姆（Zariqum）任期与活动轨迹的考证，② 艾德姆等学者通过对塞姆沙拉（Shemshara）遗址的考古发掘调查，考察了沙什鲁姆国家的历史发展及其与乌尔第三王朝的关系。③ 迈克葛尼斯和米哈洛夫斯基等学者对乌尔比隆（今伊拉克埃尔比勒 Erbil 地区）历史发展及其与乌尔第三王朝的关系进行系统研究。④ 米哈洛夫斯基考察了乌尔第三王朝与西马努姆（Simanum）之间的政治联姻。⑤ 施拉卡姆普和

---

① R. D. Biggs, "Šulgi in Simurrum", in G. D. Young, M. W. Chavalas and R. E. Averbeck (eds.), *Crossing Boundaries and Linking Horizons: Studies in Honor of Michael C. Astour on His 80th Birthday*, Bethesda: CDL Press, 1997, pp. 169-178; D. Collon, "The Life and Times of Teheš-atal", Revue d'Assyriologie et d'archéologie orientale, Vol. 84, No. 2 (1990), pp. 129-136; D. R. Frayne, "On the Location of Simurrum", in G. D. Young, M. W. Chavalas and R. E. Averbeck (eds.), *Crossing Boundaries and Linking Horizons: Studies in Honor of Michael C. Astour on His 80th Birthday*, Bethesda: CDL Press, 1997, pp. 243-269; W. W. Hallo, "Simurrum and the Hurrian Frontier", Revue Hittite et Asianique, Vol. 36 (1978), pp. 71-83; A. Shaffer and N. Wasserman, "Iddi (n) -Sîn, King of Simurrum: A New Rock-Relief Inscription and a Reverential Seal", Zeitschrift für Assyriologie und Vorderasiatische Archäologie, Vol. 93 (2003), pp. 1-52; D. I. Owen, "The Royal Gift Seal of Silluš-Dagan, Governor of Simurrum", in S. Graziani (ed.), *Studi sul Vicino Oriente Antico dedicati alla memoria di Luigi Cagni*, Napoli: Istituto Orientale di Napoli DSA, 2000, pp. 815-846.

② W. W. Hallo, "Zāriqum", Journal of Near Eastern Studies, Vol. 15, No. 4 (1956), pp. 220-225; J. G. Dercksen, "Die Stadt Assur als Wirtschaftsmacht", in J. Meyer and W. Sommerfeld (eds.), *2000 v. Chr. Politische, Wirtschaftliche und Kulturelle Entwicklung im Zeitchen einer Jahrtausendwende: 3. Internationales Colloquium der Deutschen Orient-Gesellschaft 4.-7. April 2000 in Frankfurt/Main und Marburg/Lahn*, CDOG 3, Saarbrücker: Saarbrücker Druckerei und Verlag, 2004, pp. 155-169; P. Michalowski, "Aššur during the Ur Ⅲ Period", in O. Drewnowska (ed.), *Here & There Across the Ancient Near East: Studies in Honour of Krystyna Lyczkowska*, Warszawa: Agade, 2009, pp. 149-156; M. Eppihimer, "Representing Ashur: The Old Assyrian Rulers' Seals and Their Ur Ⅲ Prototype", Journal of Near Eastern Studies, Vol. 72, No. 1 (2013), pp. 35-49.

③ J. Eidem, *The Shemshāra Archives 2: The Administrative Texts*, Copenhagen: Royal Danish Academy of Sciences and Letters, 1992; J. Eidem and J. Læssøe, *The Shemshara Archives*, Vol. 1 The Letters, Copenhagen: Royal Danish Academy of Sciences and Letters, 2001.

④ J. MacGinnis, *A City from the Dawn of History: Erbil in the Cuneiform Sources*, Oxford: Oxbow Books, 2014; P. Michalowski, "Urbilum/Erbil and the Northern Frontier of the Ur Ⅲ State", in V. Déroche, et al. (eds.), *Études Mésopotamiennes-Mesopotamian Studies: Nº 1-2018*, Oxford: Archaeopress, 2018, pp. 178-187.

⑤ P. Michalowski, "The Bride of Simanum", Journal of the American Oriental Society, Vol. 95, No. 4 (1975), pp. 716-719.

克伦格等学者对卢卢布姆（或卢卢比 Lullubi）国家的历史发展及其与乌尔第三王朝关系进行考察。① 埃查德等学者对两河流域北部的马尔达曼（Mardaman）国家进行了梳理研究，尤其是近年来在伊拉克巴塞特基（Bassetki）遗址的考古发掘，将其确定为古代马尔达曼国家所在地，并且在此出土了大量的楔形文字材料，对于进一步研究马尔达曼的历史及其外交关系提供了重要的第一手资料。② 在对公元前 3 千纪扎格罗斯山脉诸国研究中，西马什基问题是其中的一个核心问题。斯坦凯勒等学者对西马什基地区的考察，考证了西马什基的名称"卢苏"，西马什基地区的范围与所包括的国家分布，以及西马什基与乌尔第三王朝之间的战和关系。③ 在对迪亚拉河流域地名研究中，德尔（Der）的地名名称及其

---

① M. Klengel, "Lullubum: Ein Beitrag zur Geschichte der altvorderasiatischen Gebirgsvölker", *Mitteilungen des Instituts für Orientforschung*, Vol. 11 (1965), pp. 349–371; R. Zadok, "Lulubi", *Encyclopaedia Iranica*, 2005 (https://www.iranicaonline.org/articles/lulubi); I. Schrakamp, "Lullubi", in R. S. Bagnall, et al. (eds.), *The Encyclopedia of Ancient History*, Oxford: Blackwell, 2013, pp. 4166-4167.

② D. O. Edzard, "Mardaman", *Reallexikon der Assyriologie und Vorderasiatischen Archäologie*, Vol. 7 (1987–1990), pp. 357–358; P. Pfälzner, "Cuneiform tablets from Bassetki reveal location of ancient royal city of Mardaman", 2018 (https://uni-tuebingen.de/en/newsfullview-landingpage/article/cuneiform-tablets-from-bassetki-reveal-location-of-ancient-royal-city-of-mardaman.html); P. Pfälzner and B. Faist, "Eine Geschichte der Stadt Mardama (n)", in J. Baldwin and J. Matuszak (eds.), *mu-zu an-za$_3$-še$_3$ kur-ur$_2$-še$_3$ he$_2$-gal$_2$: Altorientalistische Studien zu Ehren von Konrad Volk*, dubsar 17, Münster: Zaphon, 2020, pp. 347–389.

③ P. Steinkeller, "On the Identity of the Toponym LÚ.SU (.A)", *Journal of the American Oriental Society*, Vol. 108, No. 2 (1988), pp. 197–202; P. Steinkeller, "New Light on Šimaški and Its Rulers", *Zeitschrift für Assyriologie und Vorderasiatische Archäologie*, Vol. 97 (2007), pp. 215–232; P. Steinkeller, "On the Dynasty of Šimaški: Twenty Years (or so) After", in M. Kozuh, et al. (eds.), *Extraction & Control: Studies in Honor of Matthew W. Stolper*, SAOC 68, Chicago: The Oriental Institute of the University of Chicago, 2014, pp. 287–296; F. Hennerbichler, "Kar-da^{KI}-ka 21st ce. B. C. E. Karda Land of Valiant Mountain People Central Zagros East Terminological Analysis", *Advances in Anthropology*, Vol. 4 (2014), pp. 168-198; K. De Graef, "Annus Simaškensis: L' Usage des Noms d' Année Pendant la Période Simaškéenne (ca. 1930–1880 av. Notre ère) à Suse", *Iranica Antiqua*, Vol. 43 (2008), pp. 67–87; K. De Graef, "Dual power in Susa: Chronicle of a transitional period from Ur III via Šimaški to the Sukkalmas", *Bulletin of the School of Oriental and African Studies*, Vol. 75, No. 3 (2012), pp. 525–546; A. Aarab, M. E. Esmaeili Jelodar and A. Khosrowzadeh, "A Suggestion for the Toponymy of Several Elamite Regions Including Zabshali, Tukrish and LU.SU", *DTCF Dergisi*, Vol. 57, No. 1 (2017), pp. 50-70; C. Paladre, "Glyptic Art from the Ur III to the Šimaški Periods: Heritage and Overtaking of the Models", in G. Frame, J. Jeffers and H. Pittman (eds.), *Ur in the Twenty-First Century CE: Proceedings of the 62nd Rencontre Assyriologique Internationale at Philadelphia, July 11–15, 2016*, University Park: Penn State University Press, 2021, pp. 341–370.

地理位置是一个研究核心问题，米哈洛夫斯基和韦尔金德伦等学者比较研究了两个不同的地名术语 BAD$_3^{ki}$ 和 BAD$_3$.AN^{ki}，指出前者指杜鲁姆（Durum），属于乌尔第三王朝核心区内，而后者指德尔，属于乌尔第三王朝的边缘区（边疆）。①

3. 涉及乌尔第三王朝与东南部国家的个案研究

乌尔第三王朝的东南部国家依据地理位置分布，大致可以分为三个范围：一是以苏萨为中心的苏西纳（Susiana）地区，二是以安珊（Anshan）为中心的伊朗西南部法尔斯（Fars）地区，三是以马尔哈西（Marhashi）为中心的伊朗东南部克尔曼（Kerman）地区。首先，关于乌尔第三王朝时期苏西纳地区的研究，学者们主要讨论这一地区是所谓的埃兰人聚集区，即埃兰地区。例如，阿尔瓦雷斯-蒙梳理了公元前3千纪至前2千纪埃兰的历史，称其为伊朗历史上的第一个帝国。② 德格拉芙通过乌尔第三王朝文献中关于苏萨的描述，讨论公元前3千纪晚期苏萨由乌尔第三王朝控制到独立的历史演进。③ 德赛尔通过对术语 NIM（埃兰人）的考证，讨论了公元前2400年至前1800年间伊朗西南部的诸多带有"埃兰人"的地名，以及苏萨从一个乌尔附庸到独立国家的演变过程。④ 波茨依据考古学证据，对埃兰地区和埃兰人的历史进行了专题研究。⑤ 埃兰地区作为一个地理共同体，引起了诸多学者的注意，他们从考古学、文献学、地理学等多个角度对这一地区的历史文化进行了跨学

---

① P. Michalowski, "Dūrum and Uruk During the Ur Ⅲ Period", *Mesopotamia*, Vol. 12 (1977), pp. 83-96; P. Verkinderen, "Les toponymes bàd^{ki} et bàd.an^{ki}", *Akkadica*, Vol. 127 (2006), pp. 109-122.

② J. Álvarez-Mon, "Elam: Iran's First Empire", in D. T. Potts (ed.), *A Companion to the Archaeology of the Ancient Near East*, Oxford: Blackwell, 2012, pp. 740-757.

③ K. De Graef, "Susa in the Late 3rd Millennium: From a Mesopotamian Colony to an Independent State (MC 2110-1980)", in W. Sallaberger and I. Schrakamp (eds.), *ARCANE Ⅲ: History & Philology*, Turnhout: Brepols, 2015, pp. 289-296.

④ F. Desset, "Here ends the history of Elam: Toponymy, linguistics and cultural identity in Susa and south-western Iran, ca. 2400-1800 BC", *Studia Mesopotamica*, Vol. 4 (2017), pp. 1-32.

⑤ D. T. Potts, *The Archaeology of Elam: Formation and Transformation of an Ancient Iranian State*, Cambridge: Cambridge University Press, 2004, pp. 1-9; D. T. Potts, "The Elamites", in T. Daryaee (ed.), *The Oxford Handbook of Iranian History*, Oxford: Oxford University Press, 2011, pp. 37-56; D. T. Potts, "Ruhushak", in D. T. Potts, et al. (eds.), *The Encyclopedia of Ancient History: Asia and Africa*, New York: John Wiley & Sons, 2021, pp. 1-2.

科研究。① 关于苏萨附近其他地名的研究，希维尔和波茨对阿丹顿（Adamdun）的地名名称以及文献中出现的与阿丹顿相关的动物进行了分析。② 侯赛因等学者通过对帕西美（今阿布舍贾 Tell Abu Sheeja）遗址的考古发掘报告梳理，考察了帕西美的历史发展及其与乌尔第三王朝之间的关系。③ 位于苏萨与安珊之间的胡赫努里（Huhnuri），其地理位置以及历史发展一直成为学术界争议的焦点。迪谢纳首先对胡赫努里的地理位置进行了考证，将其定位于贝巴罕（Behbahan）地区，但是没有指出具体的地理位置。④ 2005 年，莫菲迪-纳斯拉巴迪通过考古发掘证据，

---

① A. Alizadeh, "The Rise of the Highland Elamite State in Southwestern Iran: 'Enclosed' or Enclosing Nomadism?" *Current Anthropology*, Vol. 51, No. 3 (2010), pp. 353–383; J. Álvarez-Mon and M. B. Garrison (eds.), *Elam and Persia*, Winona Lake: Eisenbrauns, 2011; M. Mäder, "War Elam eine Nation?" PhD dissertation, Universität Bern, 2014; K. De Graef and J. Tavernier (eds.), *Susa and Elam. Archaeological, Philological, Historical and Geographical Perspectives: Proceedings of the International Congress Held at Ghent University, December 14–17, 2009*, MDP 58, Leiden and Boston: Brill, 2013; P. Michalowski, "Observations on 'Elamites' and 'Elam' in Ur III Times", in P. Michalowski (ed.), *On the Third Dynasty of Ur: Studies in Honor of Marcel Sigrist*, JCSSS 1, Boston: American Schools of Oriental Research, 2008, pp. 109–123; B. Mofidi Nasrabadi, "Elam: Archaeology and History", in T. Stöllner, R. Slotta and A. Vatandoust (eds.), *Persia's Ancient Splendour, Mining, Handicraft and Archaeology*, Bochum: Deutsches Bergbau-Museum, 2004, pp. 294–309; E. Quintana, "The Elamite Family (The Royal Family, Adoptions)", *Mundo Elamita*, Vol. 2 (2016) (http://www.um.es/cepoat/elamita); E. A. Speiser, *Mesopotamian Origins: The Basic Population of the Near East*, Philadelphia: University of Pennsylvania Press, 1930, pp. 26–58; A. Spycket, "Transposition du Modelage au Moulage a Suse a la fin du III e Millenaire av. J.-C.", in L. De Meyer, H. Gasche and F. Vallat (eds.), *Fragmenta Historiae Elamicae: Mélanges Offerts à M. J. Steve*, Paris: Éditions Recherche sur les Civilisations, 1986, pp. 79–81; P. Steinkeller, "The Birth of Elam in History", in J. Álvarez-Mon, G. P. Basello and Y. Wicks (eds.), *The Elamite World*, London: Routledge, 2018, pp. 177–202; F. Vallat, "Éléments de Géographie Élamite (Résumé)", *Paléorient*, Vol. 11, No. 2 (1985), pp. 49–54; R. Zadok, "Elamites and Other Peoples from Iran and the Persian Gulf Region in Early Mesopotamian Sources", *Iran*, Vol. 32 (1994), pp. 31–51.

② M. Civil, "'Adamdun,' the Hippopotamus, and the Crocodile", *Journal of Cuneiform Studies*, Vol. 50 (1998), pp. 11–14; D. Potts, "Adamšah, Kimaš and the Miners of Lagaš", in H. D. Baker, E. Robson and G. Zólyomi (eds.), *Your Praise is Sweet: A Memorial Volume for Jeremy Black from Students, Colleagues and Friends*, London: British Institute for the Study of Iraq, 2010, pp. 245–254.

③ A. M. Hussein, et al., "Tell Abu Sheeja/ Ancient Pašime: Report on the First Season of Excavations, 2007", *Akkadica*, Vol. 131 (2010), pp. 47–103.

④ J. Duchene, "La Localisation de Huhnur", in L. De Meyer, H. Gasche and F. Vallat (eds.), *Fragmenta Historiae Elamicae: Mélanges Offerts à M. J. Steve*, Paris: Éditions Recherche sur les Civilisations, 1986, pp. 65–73.

引言

将胡赫努里定位于今博尔米（Tol-e Bormi）遗址，[①] 这一结论在后来虽得到了诸多学者的认同和引用，但是也有学者对此提出了质疑。[②] 关于扎格罗斯山脉的一个具体地理位置不详的国家——杜杜里（Duduli）的研究，学者们主要是从其著名的统治者胡里巴尔（Hulibar）在文献中的记载来分析杜杜里国家与乌尔第三王朝之间的关系。1953 年，德国亚述学家格策依据有限的乌尔第三王朝文献记载，对杜杜里的统治者胡里巴尔进行了初步讨论。[③] 2010 年，意大利那不勒斯大学的亚述学家诺蒂齐亚依据更为翔实的文献资料，对胡里巴尔的身份、杜杜里的地理位置，以及杜杜里与萨布姆之间的相对位置差异进行系统考证，认为杜杜里不属于乌尔第三王朝的附属国，而是一个独立国家。[④]

安珊（今伊朗马尔延，Tal-e Malyan 遗址）和马尔哈西都是距离乌尔第三王朝较远的国家，它们不仅与乌尔有着外交通使与外交联姻，而且还有密切的贸易往来。汉斯曼考察了安珊从公元前 3 千纪埃兰人统治时期直到公元前 1 千纪波斯人统治时期的历史变迁，作者在结论部分提出，安珊作为埃兰的阿万（Awan）王朝的首都，在埃兰文明演进过程中发挥了重要作用，在波斯统治时期，安珊逐渐演变为帕尔萨（Parsa），即今伊朗的法尔斯省，同时安珊在古代作为连接胡齐斯坦（Khuzestan）与法尔斯地区的重要商路据点。[⑤] 卡特主要依据考古学证据，考察了安珊从乌尔第三王朝的盟友向独立的埃兰国家前哨演变的历史。[⑥] 马尔哈西是乌尔第三王朝所有东部外交国中最为神秘的一个国家，其地理位置一直是学术界争议的热

[①] B. Mofidi-Nasrabadi, "Eine Steininschrift des Amar-Suena aus Tappe Bormi (Iran)", *Zeitschrift für Assyriologie und Vorderasiatische Archäologie*, Vol. 95 (2005), pp. 161-171; B. Mofidi-Nasrabadi, "Huhnur", in D. T. Potts, et al. (eds.), *The Encyclopedia of Ancient History: Asia and Africa*, New York: John Wiley & Sons, 2021, pp. 1-2.

[②] A. Alizadeh, "The Problem of Locating Ancient *Huhnuri* in the Ram Hormuz Region", *Nouvelles Assyriologiques Brèves et Utilitaires*, No. 37 (2013), p. 65.

[③] A. Goetze, "Hulibar of Duddul", *Journal of Near Eastern Studies*, Vol. 12, No. 2 (1953), pp. 114-123.

[④] P. Notizia, "Hulibar, Duhduh (u) ni e la Frontiera Orientale", *Quaderni di Vicino Oriente*, Vol. 5 (2010), pp. 269-291.

[⑤] J. Hansman, "Elamites, Aghaemenians and Anshan", *Iran*, Vol. 10 (1972), pp. 101-125.

[⑥] E. Carter, "Anshan from Ally of the Ur Ⅲ State to Outpost of Lowland Middle Elamite Kings", in T. Daryaee and R. Rollinger (eds.), *Iran and its Histories. From the Beginnings through the Achaemenid Empire Book Subtitle: Proceedings of the First and Second Payravi Lectures on Ancient Iranian History*, UC Irvine, March 23rd, 2018, & March 11th-12th, 2019, Wiesbaden: Harrassowitz Verlag, 2021, pp. 111-129.

点问题，尤其随着伊朗东南部吉罗夫特（Jiroft）文化的发现，马尔哈西问题再次成为包括亚述学和伊朗学在内的学者们讨论的焦点话题。斯坦凯勒对马尔哈西问题的解决做出了突出贡献。1982年，斯坦凯勒首提"马尔哈西问题"，通过楔形文字文献中对马尔哈西的记载，对马尔哈西的地理位置和历史发展进行了初探。[1] 在其之后的研究中，尤其是吉罗夫特遗址被发掘之后，斯坦凯勒进一步将马尔哈西定位于克尔曼省的吉罗夫特地区，并且对其与波斯湾沿岸的马干、乌尔第三王朝之间的关系进行了考证。[2] 其他学者也从不同角度对马尔哈西进行了考察。波茨依据考古学证据，考察了马尔哈西和乌尔之间的关系，指出马尔哈西是沟通两河流域与印度河流域的重要中转站。[3] 弗兰克福等学者依据考古学、语言学和文献学证据，将马尔哈西纳入奥克苏斯（Oxus）文明范畴，以该文明作为研究视角，讨论了公元前2300年至前1750年马尔哈西的历史演进及其与周边国家的关系。[4]

（三）分不同对外关系类型的专题研究

除了研究乌尔第三王朝同周边某一地区的外交关系外，还有学者开始将研究视角扩展到乌尔第三王朝的整体外交史以及国家治理等方面，其中代表性的有：沙拉克就乌尔第三王朝外交政策与宗教政策之间的关系进行了创新性研究，[5] 加

---

[1] P. Steinkeller, "The Question of Marhaši: A Contribution to the Historical Geography of Iran in the Third Millennium B. C.", *Zeitschrift für Assyriologie und Vorderasiatische Archäologie*, Vol. 72（1982），pp. 237-265.

[2] P. Steinkeller, "New Light on Marhaši and Its Contacts with Makkan and Babylonia", *Journal of Magan Studies*, Vol. 1（2006），pp. 1-17; P. Steinkeller, "New Light on Marhaši and Its Contacts with Makkan and Babylonia", in J. Giraud and G. Gernez（eds.），*Aux marges de l' archéologie. Hommage à Serge Cleuziou*, Paris: De Boccard, 2012, pp. 261-274; P. Steinkeller, "Marhaši and Beyond: The Jiroft Civilization in a Historical Perspective", in C. C. Lamberg-Karlovsky and B. Genito（eds.），*My Life Is Like a Summer Rose*: *Marizio Tosi e l'Archaeologia Come Mode di Vivere. Papers in Honour of Maurizio Tosi for his 70th Birthday*, Oxford: Oxford University Press, 2014, pp. 691-707.

[3] D. T. Potts, "Total Prestation in Marhashi-Ur Relations", *Iranica Antiqua*, Vol. 37（2002），pp. 343-357.

[4] H. Francfort and X. Tremblay, "Marhaši et la Civilisation de l' Oxus", *Iranica Antiqua*, Vol. 45（2010），pp. 51-224.

[5] T. M. Sharlach, "Diplomacy and the Rituals of Politics at the Ur III Court", *Journal of Cuneiform Studies*, Vol. 57（2005），pp. 17-29.

引 言

芬克以国家权力为视角,重点探讨了乌尔第三王朝的对内与对外政策,[①] 以及芬克和帕特森从乌尔第三王朝的军队与军事征服角度剖析了王朝的对外政策。[②] 不过,他们的研究基本上都是关于乌尔第三王朝同其周边某个国家和地区的个案研究,有的研究只涉及乌尔第三王朝的对外贸易或者外交婚姻单个方面,而缺乏乌尔第三王朝对外关系的综合性研究成果。

1. 关于乌尔第三王朝对外战争的研究

长期以来,关于乌尔第三王朝战争史的研究一直以来都是国际亚述学界的一个重点问题。依据仅有的零散资料,学者们分别从不同角度探讨乌尔第三王朝的对外战争与对外政策。首先,学者们在论述古代两河流域战争通史中,包括了乌尔第三王朝的对外战争史内容,如汉布林、梅尔维尔和理查德森等学者们的通史性著作。[③] 苏-古铁雷斯、黑本施特赖特、芬克、达尔、威德尔和利梅等学者分别从年名信息、[④] 战利品或战俘文献[⑤]和

[①] S. Garfinkle, "The Third Dynasty of Ur and the Limits of State Power in Early Mesopotamia", in S. Garfinkle and M. Molina (eds.), *From the 21st Century B. C. to the 21st Century A. D.: Proceedings of the International Conference on Sumerian Studies Held in Madrid 22-24 July 2010*, Winona Lake: Eisenbrauns, 2013, pp. 153-167.

[②] S. Fink, "Battle and War in the Royal Self-Representation of the Ur III Period", in T. R. Kämmerer, M. Kõiv and V. Sazonov, eds., *Kings, Gods and People. Establishing Monarchies in the Ancient World*, Münster: Ugarit Verlag, 2016, pp. 109-134; D. Patterson, "Elements of the Neo-Sumerian Military", PhD dissertation, University of Pennsylvania, 2018.

[③] W. J. Hamblin, *Warfare in the Ancient Near East to 1600 BC: Holy Warriors at the Dawn of History*, London and New York: Routledge, 2006; S. C. Melville, "Warfare in Mesopotamia", in D. C. Snell (ed.), *A Companion to the Ancient Near East*, Second Edition, New York: John Wiley & Sons, 2020, pp. 399-420; S. Richardson, "Mesopotamia and the 'New' Military History", in L. L. Brice and J. T. Roberts (eds.), *Recent Directions in the Military History of the Ancient World*, Claremont: Regina Books, 2011, pp. 11-51.

[④] M. Such-Gutiérrez, "Year Names as Source for Military Campaigns in the Third Millennium BC," in J. Luggin and S. Fink, eds., *Battle Descriptions as Literary Texts*, Wiesbaden: Springer VS, 2020, pp. 9-29; J. L. Dahl, "Naming Ur III Years", in A. Kleinerman and J. M. Sasson (eds.), *Why Should Someone Who Knows Something Conceal It? Cuneiform Studies in Honor of David I. Owen on His 70th Birthday*, Bethesda: CDL Press, 2010, pp. 85-93; M. Widell, "Reconstructing the Early History of the Ur III State: Some Methodological Considerations of the Use of Year Formulae", *Journal of Ancient Civilizations*, Vol. 17 (2002), pp. 99-111; H. Waetzoldt and F. Yildiz, "Die Jahresnamen für das 9. und das 36. Regierungsjahr Šulgi's", *Oriens Antiquus*, Vol. 22 (1983), pp. 7-12.

[⑤] L. Hebenstreit, "The Sumerian Spoils of War during Ur III", in H. von Hans Neumann, et al. (eds.), *Krieg und Frieden im Alten Vorderasien*, Münster: Ugarit Verlag, 2006, pp. 373-380; I. J. Gelb, "Prisoners of war in early Mesopotamia," *Journal of Near Eastern Studies*, Vol. 32, No. 1/2 (1973), pp. 70-98; D. T. Potts, "The Booty of Magan", *Oriens Antiquus*, Vol. 25 (1986), pp. 271-285.

战争、外交与贸易：两河流域乌尔第三王朝对外关系研究

王室铭文①着手，梳理与分析乌尔第三王朝的对外战争史。拉丰等学者对乌尔第三王朝的军队进行了系统讨论。② 此外，学者们集中于对王朝东北方的系列战争进行梳理，以不同的术语命名，如扎格罗斯远征、③ 胡里战争④等，其研究的重点是考证异域地名所在的地理位置，进而探讨其与乌尔第三王朝的对外关系。近年来，以加西亚-文图拉⑤和加芬克尔⑥为代表的年轻一代学者，以新的研究视角来讨论乌尔第三王朝的对外战争，重点讨论乌尔第三王朝的战争与战俘劳动力的关系，把研究的重点从战争过程转移到战后处理方面，又从女性视角入手，集中讨论乌尔第三王朝战争与

---

① S. Fink, "Battle and War in the Royal Self-Representation of the Ur Ⅲ Period", in T. R. Kämmerer, M. Kõiv and V. Sazonov, eds., *Kings, Gods and People. Establishing Monarchies in the Ancient World*, Münster: Ugarit Verlag, 2016, pp. 109 – 134; H. Limet, "Les conséquences des guerres sumériennes", *Res Antiquae*, Vol. 4 (2007), pp. 77 – 89; N. Brisch, "Rebellions and Peripheries in Sumerian Royal Literature", in S. Richardson (ed.), *Rebellions and Peripheries in the Cuneiform World*, AOS 91, New Haven: American Oriental Society, 2010, pp. 29–45; C. Langa-Morales, "Der Feldzugsbericht in Šū-Sîns Königsinschriften im Vergleich zu Verwaltungsurkunden: Die Grenze zwischen Erzählung und Geschichte im Rahmen der Königsdarstellung", in E. Wagner-Durand and J. Linke (eds.), *Tales of Royalty: Notions of Kingship in Visual and Textual Narration in the Ancient Near East*, Berlin: De Gruyter, 2020, pp. 139-154; G. Marchesi, "Ur-Namma (k)'s Conquest of Susa", in K. De Graef and J. Tavernier (eds.), *Susa and Elam. Archaeological, Philological, Historical and Geographical Perspectives: Proceedings of the International Congress Held at Ghent University, December 14-17, 2009*, MDP 58, Leiden and Boston: Brill, 2013, pp. 285-291; S. Ponchia, "Legitimation of War and Warriors in Literary Texts", in K. Ruffing, et al. (eds.), *Melammu Symposia 10 Societies at War: Proceedings of the tenth Symposium of the Melammu Project held in Kassel September 26-28 2016 & Proceedings of the eight Symposium of the Melammu Project held in Kiel November 11-15 2014*, Vienna: Austrian Academy of Science Press, 2020, pp. 157-176.

② B. Lafont, "The Army of the Kings of Ur: The Textual Evidence", *Cuneiform Digital Library Journal*, No. 5 (2009), pp. 1-25; B. Lafont, "The Garšana Soldiers", in D. I. Owen (ed.), *Garšana Studies*, CUSAS 6, Bethesda: CDL Press, 2011, pp. 213-219.

③ D. Frayne, "The Zagros Campaigns of Šulgi and Amar-Suena", in D. I. Owen and G. Wilhelm (eds.), *Studies on the Civilization and Culture of Nuzi and the Hurrians, Volume 10: Nuzi at Seventy-Five*, SCCNH 10, Bethesda: CDL Press, 1999, pp. 141-201; D. Frayne, "The Zagros campaigns of the Ur Ⅲ kings", *Journal of the Canadian Society for Mesopotamian Studies*, Vol. 3 (2008), pp. 33-56.

④ W. W. Hallo, "Simurrum and the Hurrian frontier," *Revue hittite et asianique*, Vol. 36 (1978), pp. 71-83.

⑤ A. Garcia-Ventura, "Women, Work and War. A Proposal to Analyze Their Relationship During the Neo-Sumerian Period", in H. von Hans Neumann, et al. (eds.), *Krieg und Frieden im Alten Vorderasien*, Münster: Ugarit Verlag, 2006, pp. 345-352.

⑥ S. J. Garfinkle, "The Economy of Warfare in Southern Iraq at the End of the Third Millennium BC", in H. von Hans Neumann, et al. (eds.), *Krieg und Frieden im Alten Vorderasien*, Münster: Ugarit Verlag, 2006, pp. 353-362.

女性战俘之间的关系,以及从战争的经济目的来讨论乌尔第三王朝对外战争的特征。

2. 关于乌尔第三王朝外交婚姻的研究

在国际学术界对于古代两河流域整体政治婚姻的研究成果,目前只有德国亚述学家勒里希在20世纪70年代的论文《古代东方的政治婚姻》[①]以及同时期他在德国亚述学辞典所撰写的词条"政治婚姻"[②],在这两篇目前已经有些"过时"的文章中,勒里希根据当时的文献资料,工具书式地收集汇总了古代两河流域的政治婚姻资料,但是缺少对这些政治婚姻的分析与进一步研究,所以只能算是对古代两河流域政治婚姻这一主题的首次涉足以及资料搜集,而随着大量考古证据以及新出土文献资料的释读与出版,关于古代两河流域文明的政治婚姻需要重新审视与研究。关于新苏美尔时期,尤其是乌尔第三王朝的政治婚姻,德国亚述学者魏尔斯霍伊泽在其《乌尔第三王朝的王室妇女》一书中,专门有一章节撰写乌尔第三王朝的政治婚姻,她将乌尔第三王朝的政治婚姻分为两大类别——王朝外部婚姻(即外交婚姻)、王朝内部婚姻(即王室成员与地方权贵联姻),并且认为乌尔第三王朝的王朝外部联姻是其外交政策实施的重要环节,而王朝内部联姻则有助于进一步研究乌尔第三王朝的权贵家族及其与中央的政治联系。[③]德国亚述学者扎拉贝格尔在其著作《乌尔第三王朝》以及美国亚述学者米哈洛夫斯基在其著作《乌尔国王的通信》中也分别有部分章节简述了乌尔第三王朝的政治婚姻。[④] 格林古斯通过对乌尔第三王朝婚姻彩礼

---

① W. Röllig, "Politische Heiraten im Alten Orient", *Saeculum*, Vol. 25 (1974), pp. 11–23.

② W. Röllig, "Heirat", *Reallexikon der Assyriologie und Vorderasiatischen Archäologie*, Vol. 4 (1972–1975), pp. 282–287.

③ F. Weiershäuser, *Die königlichen Frauen der III. Dynastie von Ur*, GBAO 1, Göttingen: Universitätsverlag Göttingen, 2008. 最新关于乌尔第三王朝王室妇女的研究成果,参见 F. Weiershäuser, "Die bildliche Darstellung königlicher Frauen der III. Dynastie von Ur und ihre sozialpolitische Aussage", in S. Schroer (ed.), *Images and Gender. Contributions to the hermeneutics of reading ancient art*, OBO 220, Fribourg / Göttingen: Academic Press / Vandenhoeck & Ruprecht, 2006, pp. 263–279。

④ W. Sallaberger and A. Westenholz, *Mesopotamien: Akkade-Zeit und Ur III-Zeit*, OBO 160/3, Freiburg, Schweiz: Universitätsverlag / Göttingen: Vandenhoeck und Ruprecht, 1999, pp. 159–161; P. Michalowski, *The Correspondence of the Kings of Ur: An Epistolary History of an Ancient Mesopotamian Kingdom*, MC 15, Winona Lake: Eisenbrauns, 2011, p. 10.

的分析，考察了政治婚姻的具体流程及其作用。① 此外，米哈洛夫斯基还对乌尔第三王朝的王室妇女进行了专题研究。② 沙拉克从宗教信仰入手，讨论了乌尔第三王朝王室妇女的宗教作用，是关于乌尔第三王朝王室妇女的最新研究成果。③ 除了这些通过专门研究王室妇女来探析乌尔第三王朝的政治婚姻外，学者们也通过剖析乌尔第三王朝与周边邦国的外交关系来研究其外部政治婚姻，比如乌尔与叙利亚城邦马里和埃卜拉、④ 两河流域北部城邦阿淑尔和西马努姆，⑤ 以及东南地区城邦马尔哈西和帕西美⑥等。

3. 关于乌尔第三王朝对外贸易的研究

关于古代两河流域贸易的研究，国外学者更倾向于个案研究，但是也有一些综合研究的成果出现。1970 年，奥本海姆以"古代近东的贸易"为题在莫斯科召开的第五届国际经济史大会上首次系统研究了古代近东（以两河

---

① S. Greengus, "Bridewealth in Sumerian Sources", *Hebrew Union College Annual*, Vol. 61 (1990), pp. 25–88.

② P. Michalowski, "Royal Women of the Ur Ⅲ Period Part I: The Wife of Shulgi", *Journal of Cuneiform Studies* 28 (1976), pp. 169–172; P. Michalowski, "Royal Women of the Ur Ⅲ Period Part Ⅱ: Geme-Ninlila", *Journal of Cuneiform Studies* 31 (1979), pp. 171–176; P. Michalowski, "Royal Women of the Ur Ⅲ Period Part Ⅲ", *Acta Sumerologica* 4 (1982), pp. 129–139; P. Michalowski, "Sumerian Royal Women in Motown", in *Libiamo ne' lieti calici: Ancient Near Eastern Studies Presented to Lucio Milano on the Occasion of his 65th Birthday by Pupils, Colleagues and Friends*, P. Corò, et al. (eds.), Münster: Ugarit-Verlag, 2016, pp. 395–403.

③ T. M. Sharlach, *An Ox of Ones Own: Royal Wives and Religion at the Court of the Third Dynasty of Ur*, SANER 18, Berlin: De Gruyter, 2017.

④ P. Michalowski, "Third Millennium Contacts: Observations on the Relationships Between Mari and Ebla", *Journal of the American Oriental Society*, Vol. 105 (1985), pp. 293–302; P. Michalowski, "The Men From Mari", in K. van Lerberghe and A. Schoors (eds.), *Immigration and Emigration within the Ancient Near East: Festschrift E. Lipiński*, Leuven: Peeters, 1995, pp. 181–188; P. Michalowski, "Iddin-Dagan and his Family", *Zeitschrift für Assyriologie und Vorderasiatische Archäologie*, Vol. 95 (2005), pp. 65–76.

⑤ P. Michalowski, "The Bride of Simanum", *Journal of the American Oriental Society*, Vol. 95 (1975), pp. 716–719; P. Michalowski, "Assur during the Ur Ⅲ Period", in O. Drewnowska-Rymarz (ed.), *Here and There Across the Ancient Near East: Studies in Honour of Krystyna Lyczkowska*, Warszawa: Agade, 2009, pp. 149–157.

⑥ P. Steinkeller, "The Question of Marhaši: A Contribution to the Historical Geography of Iran in the Third Millennium B. C.", *Zeitschrift für Assyriologie und Vorderasiatische Archäologie*, Vol. 72 (1982), p. 241 (n. 16); J. van Dijk, "Ishbi'erra, Kindattu, l'homme d'Elam, et la chute de la ville d'Ur", *Journal of Cuneiform Studies*, Vol. 30 (1978), pp. 189–208.

流域为主）的贸易特征，正式打开了研究古代两河流域贸易的大门。① 1975年，李曼斯在德国《亚述学与近东考古学专业词典》（RlA）第 4 卷的"贸易"词条中论述了两河流域从史前直到新巴比伦时期的贸易概况，是对两河流域贸易和商路研究的基本工具性参考书，同时还附有丰富的参考文献。1976 年的第 23 届国际亚述学大会（RAI），即以古代近东的贸易作为主题，与会学者们根据自己的研究专长提交了相关论文，既涉及贸易概况和理论的综合研究，又包括各个历史时期、不同区域间的贸易和商路研究，会议的次年（1977 年），这些论文被位于英国伦敦的伊拉克不列颠考古学校分别在两个不同系列出版，② 这是国际亚述学界首次组织规模庞大的学者团队专门针对古代两河流域贸易而进行的学术讨论，为古代两河流域贸易史乃至近东地区的社会经济史研究奠定了基础。1987 年，拉尔森在《古代世界的中心与边缘》其中一节"古代近东的商贸网络"中，系统梳理了古代近东的商路网络体系与机制，以古亚述贸易为例探索了古代近东贸易的运转规律。③ 1995 年，萨松编的《古代近东文明》丛书第 3 卷第 6 章"经济与贸易"，收录了 9 篇有关古代两河流域商业与贸易方面的论文，涉及古代西亚的经济、陆上商路、海上及河流商路、近东与南亚和北非贸易等内容。④ 1999 年，戴克森主编的论文集《古代两河流域的贸易与财政》收录九篇两河流域贸易与金融的论文，涉及私人经济、资本投资、信贷、货币和商业模式等领域。⑤ 通过研讨会和论文集、丛书等形式集结各领域的学者就所专长方向各自研究，然后系统组织成为一个两河流域商路的系列，这是国外综合研究两河流

---

① A. L. Oppenheim, "Trade in the Ancient Near East", in S. D. Skazkin (ed.), Problemy genezisa kapitalizma: Sbornik statej k Meždunarodnomu kongressu ekonomičeskoj istorii v Leningrade v 1970 g, Moskva: Nauka, 1970, pp. 1-37.

② 一是发表在期刊《伊拉克》，D. J. Wiseman and J. D. Hawkins (eds.), *Iraq* 39/1 (1977), pp. 1-320；二是出版于系列丛书《国际亚述学大会论文集》第 23 卷，J. D. Hawkins (ed.), *Trade in the Ancient Near East: Papers presented to the XXIII Rencontre Assyriologique Internationale University of Birmingham 5-9 July, 1976*, London: British School of Archaeology in Iraq, 1977.

③ M. T. Larsen, "Commercial networks in the Ancient Near East", in M. Rowlands, M. Larsen and K. Kristiansen (eds.), *Centre and Periphery in the Ancient World*, Cambridge: Cambridge University Press, 1987, pp. 47-56.

④ J. M. Sasson (ed.), *Civilizations of the Ancient Near East*, Vol. 3, New York: Charles Scribner's Sons, 1995, pp. 1373-1500 (Chapter 6 "Economic and Trade").

⑤ J. G. Dercksen (ed.), *Trade and Finance in Ancient Mesopotamia*, Leiden: Nederlands Instuut voor het Nabije Oosten, 1999.

域商路的一种行之有效的方式。此外，学者们还从理论角度，结合现代经济学知识，对古代两河流域的贸易和商路进行了研究。其中最有名的要数卡尔·波兰尼这位经济学家，他套用现代经济学原理，来研究古代两河流域的贸易特征，在其所主编的《早期帝国的贸易和市场》中认为古代两河流域的贸易具有非市场化特征。[1] 他的这一观点也得到了部分亚述学家的认可。[2] 李曼斯利用现代贸易知识来解读古代两河流域贸易的特征，尤其是长途贸易方面，并且分析了影响贸易发展和变化的因素，以及古代贸易与近现代贸易的比较研究。[3] 埃登斯将经济学家沃勒斯坦的"世界体系"理论嵌入古代两河流域贸易的研究中，讨论波斯湾贸易的特征。[4] 总体上讲，这些学者们不管是从纵向梳理古代两河流域的贸易历史，还是利用现代经济学手段来分析古代两河流域贸易，都具有一定的历史局限性和主观性，古代两河流域贸易和商路作为一个十分复杂的系统，不是简单套用一两个理论或者公式所能够解决的。故此，更多的学者倾向于分离式研究，即要么只研究某个区域的贸易，要么只研究某个时间段内的贸易情况，要么只研究一种或几种商品的贸易情况，这些个案研究则是学术界对古代两河流域商路贸易研究的主流。

这里讲的分区域研究，主要是与两河流域地区发生联系的区域，或者是以两河流域地区为中心向四周辐射，其中两河流域以北地区包括安纳托利亚（今土耳其），以南地区包括阿拉伯南部、波斯湾沿岸地区（狄勒蒙，Dilmun；马干）以及沿印度洋抵达印度河流域地区（麦鲁哈），以东地区包括伊朗高原、高加索地区和阿富汗等地，以西地区包括叙利亚-巴勒斯坦（东地中海沿岸）、埃及、塞浦路斯岛、爱琴海诸岛（克里特岛）等地。由于所涉及地区跨越多个文明，各文明之间的交流也成为学者们研究的重点，这些地区与两河流域之间的贸易和商路研究，不仅是亚述学研究范畴，而且还涉及埃及学、赫梯学、希伯来学、埃卜拉学、伊朗学和西方古典学等研究各个文明文字的学科领域，以及考古学、人类学、民族学、海洋学等其他专业的知识。

---

[1] K. Polanyi, et al. (eds.), *Trade and Market in the Early Empire*, Chicago: Regnery, 1957.

[2] D. C. Snell, "Marketless Trading in Our Time", *Journal of the Economic and Social History of the Orient*, Vol. 34, No. 3 (1991), pp. 129–141.

[3] W. F. Leemans, "The Importance of Trade. Some Introductory Remarks", *Iraq*, Vol. 39, No. 1 (1977), pp. 1–10.

[4] C. Edens, "Dynamics of Trade in the Ancient Mesopotamian 'World System'", *American Anthropologist*, New Series, Vol. 94, No. 1 (1992), pp. 118–139.

引　言

关于乌尔第三王朝对外贸易的研究，诸多学者们关注的重点是波斯湾贸易，不仅依据考古发掘成果，还根据楔形文字文献证据，主要探讨波斯湾沿岸的狄勒蒙、马干以及印度河流域的麦鲁哈等国家与乌尔第三王朝之间的贸易往来以及历史变迁。[①] 还有的学者集中于单独考察狄勒蒙、马干、麦鲁哈的地理位置，[②]及其与乌尔第三王朝之间的贸易往来。除了学术界热

[①] N. A. Al-Mutawalli, "An Introduction to the Foreign Trade of Mesopotamia: In the Light of Cuneiform Documentation of the Third and Second Millennium BC", *Al-Adab Journal*, No. 120 (2017), pp. 91–104; C. Ambos, "Reconsidering the nature of the contacts between the cuneiform cultures of the Near East and India", *Die Welt des Orients*, Vol. 50, No. 1 (2020), pp. 31–78; R. Carter, "The Sumerians and the Gulf", in H. Crawford (ed.), *The Sumerian World*, London and New York: Routledge, 2013, pp. 579–599; H. Crawford, "Mesopotamia and the Gulf: The History of a Relationship", *Iraq*, Vol. 67, No. 2 (2005), pp. 41–46; H. Limet, "Les schemas du commerce neo-sumerien", *Iraq*, Vol. 39, No. 1 (1977), pp. 51–58; A. L. Oppenheim, "Trade in the Ancient Near East", in H. van der Wee, et al. (eds.), *Vth International Congress of Economic History*, Moscow: Nauka, 1970, pp. 1–37; D. T. Potts, "The Persian Gulf", in B. Jacobs and R. Rollinger (eds.), *A Companion to the Achaemenid Persian Empire*, Volume I, New York: John Wiley & Sons, 2021, pp. 519–528; D. T. Potts, "Trade in the Early Ancient Near East", in N. Crüsemann, et al. (eds.), *Uruk: First City of the Ancient World*, Los Angeles: The J. Paul Getty Museum, 2019, pp. 235–241; S. Laursen and P. Steinkeller, *Babylonia, the Gulf Region, and the Indus: Archaeological and Textual Evidence for Contact in the Third and Early Second Millennium B. C.*, MC 21, Winona Lake: Eisenbrauns, 2017; P. Steinkeller, "Trade Routes and Commercial Networks in the Persian Gulf during the Third Millennium BC", in C. Faizee (ed.), *Collection of Papers presented at the Third International Biennial Conference of the Persian Gulf (History, Culture, and Civilization)*, Tehran: University of Tehran Press, 2013, pp. 413–431.

[②] 关于狄勒蒙的研究，参见 A. Andersson, "Beads, pendants and other ornaments from late 3rd-2nd millennium BC occupation on Failaka, Kuwait", *Polish Archaeology in the Mediterranean*, Vol. 23, No. 2 (2014), pp. 209–224; H. J. Ashkanani, "Interregional Interaction and Dilmun Power in the Bronze Age: A Characterization Study of Ceramics from Bronze Age Sites in Kuwait", PhD dissertation, University of South Florida, 2014; P. B. Cornwall, "Two Letters from Dilmun", *Journal of Cuneiform Studies*, Vol. 6, No. 4 (1952), pp. 137–145; H. Crawford, "Dilmun, victim of world recession", *Proceedings of the Seminar for Arabian Studies*, Vol. 26 (1996), pp. 13–22; F. Højlund, "The Formation of the Dilmun State and the Amorite Tribes", *Proceedings of the Seminar for Arabian Studies*, Vol. 19 (1989), pp. 45–59; T. Howard-Carter, "Dilmun At Sea or Not at Sea?: A Review Article", *Journal of Cuneiform Studies*, Vol. 39, No. 1 (1987), pp. 54–117; G. Komoróczy, "Tilmun als 'speicher des landes' im epos 'enki und ninhursag'", *Iraq*, Vol. 39, No. 1 (1977), pp. 67–70; S. T. Laursen, "Dilmun Boat shaped votive bowls for the Moon-god Nanna," *Arabian Archaeology and Epigraphy*, Vol. 32 (2021), pp. 291–300; S. T. Laursen, "Early Dilmun and its rulers: new evidence of the burial mounds of the elite and the development of social complexity, c. 2200–1750 BC", *Arabian Archaeology and Epigraphy*, Vol. 19 (2008), pp. 155–166; S. T. Laursen, "The decline of Magan and the rise of Dilmun: Umm an-Nar ceramics from the burial mounds of Bahrain, c. 2250–2000 BC", *Arabian Archaeology and Epigraphy*, Vol. 20 (2009), pp. 134–155; S. T. Laursen, "The westward transmission of Indus Valley sealing technology: origin and development of the 'Gulf Type' seal and other administrative technologies in Early Dilmun, c. 2100–2000 BC", *Arabian*

衷讨论的波斯湾贸易之外，有的学者也就乌尔第三王朝与其他方向国家之

Archaeology and Epigraphy, Vol. 21 (2010), pp. 96-134; K. Nashef, "The Deities of Dilmun", *Akkadica*, Vol. 38 (1984), pp. 1-33; E. Olijdam, "From rags to riches: three crucial steps in Dilmun's rise to fame (poster)", *Proceedings of the Seminar for Arabian Studies*, Vol. 44 (2014), pp. 277-286; E. Olijdam, "Humble beginnings? A closer look at social formation during Early Dilmun's formative phase (c. 2200-2050 BC)", *Proceedings of the Seminar for Arabian Studies*, Vol. 46 (2016), pp. 211-225。关于马干的研究，参见 J. M. Kenoyer and D. Frenez, "Stone Beads in Oman during the 3rd to 2nd Millennium BCE: New Approaches to the Study of Trade and Technology", *BEADS: Journal of the Society of Bead Researchers*, Vol. 30 (2018), pp. 63-76; C. A. Petrie, A. A. Chaverdi and M. Seyedin, "From Anshan to Dilmun and Magan: The Spatial and Temporal Distribution of Kaftari and Kaftari-Related Ceramic Vessels", *Iran*, Vol. 43 (2005), pp. 49-86; T. Vosmer, "The Magan Boat Project: a process of discovery, a discovery of process", *Proceedings of the Seminar for Arabian Studies*, Vol. 33 (2003), pp. 49-58; J. Zarins, "Magan Shipbuilders at the Ur III Lagash State Dockyards (2062-2025 B. C.)", in E. Olijdam and R. H. Spoor (eds.), *Intercultural Relations between South and Southwest Asia. Studies in Commemoration of E. C. L. During Caspers (1934-1996)*, Oxford: Archeaopress, 2008, pp. 209-229。关于麦鲁哈的研究，参见 C. Ambos, "Reconsidering the nature of the contacts between the cuneiform cultures of the Near East and India", *Die Welt des Orients*, Vol. 50, No. 1 (2020), pp. 31-78; G. Weisgerber, et al. , "Trade and the Beginnings of Seafaring in the Indian Ocean", in S. Cleuziou and M. Tosi (eds.), *In the Shadow of the Ancestors: The Prehistoric Foundations of the Early Arabian Civilization in Oman: Second Expanded Edition*, Oxford: Archaeopress, 2020, pp. 269-328; E. C. L. During Caspers, "Harappan Trade in the Arabian Gulf in the Third Millennium B. C. ", *Proceedings of the Seminar for Arabian Studies*, Vol. 3 (1973), pp. 3-20; J. M. Kenoyer, T. D. Price and J. H. Burton, "A new approach to tracking connections between the Indus Valley and Mesopotamia: initial results of strontium isotope analyses from Harappa and Ur", *Journal of Archaeological Science*, Vol. 40 (2013), pp. 2286-2297; J. M. Kenoyer, "Indus and Mesopotamian Trade Networks: New Insights from Shell and Carnelian Artifacts", in E. Olijdam and R. H. Spoor (eds.), *Intercultural Relations between South and Southwest Asia. Studies in Commemoration of E. C. L. During Caspers (1934-1996)*, Oxford: Archeaopress, 2008, pp. 19-28; C. C. Lamberg-Karlovsky, "Trade Mechanisms in Indus-Mesopotamian Interrelations", *Journal of the American Oriental Society*, Vol. 92, No. 2 (1972), pp. 222-229; S. H. Levitt, "The Ancient Mesopotamian Place Name 'Meluhha' ", *Studia Orientalia*, Vol. 107 (2009), pp. 135-176; S. Parpola, A. Parpola and R. H. Brunswig, "The Meluhha Village: Evidence of Acculturation of Harappan Traders in Late Third Millennium Mesopotamia?" *Journal of the Economic and Social History of the Orient*, Vol. 20, No. 2 (1977), pp. 129-165; G. L. Possehl, "Indus-Mesopotamian Trade: The Record in the Indus", *Iranica Antiqua*, Vol. 37 (2002), pp. 325-342; J. Reade, "The Indus-Mesopotamia Relationship Reconsidered", in E. Olijdam and R. H. Spoor (eds.), *Intercultural Relations between South and Southwest Asia. Studies in Commemoration of E. C. L. During Caspers (1934-1996)*, Oxford: Archeaopress, 2008, pp. 12-18。关于狄勒蒙和马干的综合研究，参见 D. T. Potts, "The Gulf: Dilmun and Magan", in J. Aruz (ed.), *Art of the First Cities: The Third Millennium B. C. from the Mediterranean to the Indus*, New Haven: Yale University Press, 2003, pp. 307-317。关于马干和麦鲁哈的综合研究，参见 I. J. Gelb, "Makkan and Meluhha in Early Mesopotamian Sources", *Ruvue d' Assyriologie et d' Archéologie Orientale*, Vol. 64, No. 1 (1970), pp. 1-8; J. Hansman, "A 'Periplus' of Magan and Meluhha", *Bulletin of the School of Oriental and African Studies, University of London*, Vol. 36, No. 3 (1973), pp. 554-587; M. E. L. Mallowan, "The Mechanics of Ancient Trade in Western Asia: Reflections on the Location of Magan and Meluhha", *Iran*, Vol. 3 (1965), pp. 1-7; D. Michaux-Colombot, "Bronze Age Reed Boats of Magan and *Magillum* Boats of Meluhha in Cuneiform Literature", in A. Manzo, C. Zazzaro and D. J. de Falco (eds.), *Stories of Globalisation: The Red Sea and the Persian Gulf from Late Prehistory to Early Modernity*, Leiden and Boston: Brill, 2019, pp. 119-153; S. Prathapachandran, "The Meluhhans and the Magans: A Look at Their Influences", *Heritage: Journal of Multidisciplinary Studies in Archaeology*, Vol. 1 (2013), pp. 171-180; J. Reade, "Magan and Meluhhan merchants at Ur? (Plates 43-45)", in U. Finkbeiner, R. Dittmann and H. Hauptmann (eds.), *Beiträge zur Kulturgeschichte Vorderasiens: Festschrift für Rainer Michael Boehmer*, Mainz: Verlag Philipp von Zabern, 1995, pp. 597-600。

间的贸易进行了考察，比如两河流域到伊朗高原的陆上贸易（以青金石商路为代表）、① 两河流域与西部叙利亚地区以及北部安纳托利亚地区的贸易。② 虽然限于考古和文献证据的匮乏，这方面的研究成果略显单薄，但是对于我们重建完整的乌尔第三王朝对外贸易史具有重要的参考价值。

由于古代语言文字的障碍及原始材料的缺乏，国内学者关于乌尔第三

---

① D. T. Potts, "The Zagros Frontier: Physical Feature, Cultural Boundary, Political Divide", in T. Daryaee and R. Rollinger (eds.), *Iran and its Histories: From the Begingings through the Achaemenid Empire: Proceedings of the First and Second Payravi Lectures on Ancient Iranian History, UC Irvine, March 23rd, 2018, & March 11th–12th, 2019*, Classica et Orientalia 29, Wiedbaden: Harrassowitz Verlag, 2021, pp. 45–61; D. T. Potts, "Trade in the Early Ancient Near East", in N. Crüsemann, et al. (eds.), *Uruk: First City of the Ancient World*, Los Angeles: The J. Paul Getty Museum, 2019, pp. 235–241; P. Steinkeller, "The Role of Iran in the Inter-Regional Exchange of Metals: Tin, Copper, Silver and Gold in the Second Half of the Third Millennium BC", *Ancient Text Studies in the National Museum*, Vol. 2 (2016), pp. 127–150; M. Tosi, "The Lapis Lazuli Trade across the Iranian Plateau in the 3rd Millennium B. C.", in *Gururajamanjarika: Studi in Onore di Giuseppe Tucci, Volime I*, Napoli: Istituto Universitario Orientale, 1974, pp. 3–22; M. C. Astour, "Overland Trade Routes in Ancient Western Asia", in J. M. Sasson (ed.), *Civilizations of the Ancient Near East, Volume III*, New York: Charles Schribner's Sons, 1995, pp. 1401–1420; T. W. Beale, "Early Trade in Highland Iran: A View from a Source Area", *World Archaeology*, Vol. 5, No. 2 (1973), pp. 133–148; E. Cortesi, et al., "Cultural Relationships beyond the Iranian Plateau: The Helmand Civilization, Baluchistan and the Indus Valley in the 3rd Millennium BCE", *Paléorient*, Vol. 34, No. 2 (2008), pp. 5–35; H. Francfort, "Iran and Central Asia: The Grand' Route of Khorasan (Great Khorasan Road) during the third millennium BC and the 'dark stone' artefacts", in J. Meyer, et al. (eds.), *The Iranian Plateau during the Bronze Age: Development of Urbanisation, Production and Trade*, Lyon: Maison de l' Orient et de la Méditerranée-Jean Pouilloux, 2019, pp. 247–266; G. Herrmann, "Lapis Lazuli: The Early Phases of Its Trade", *Iraq*, Vol. 30, No. 1 (1968), pp. 21–57; Y. Majidzadeh, "Lapis Lazuli and the Great Khorasan Road", *Paléorient*, Vol. 8, No. 1 (1982), pp. 59–69; F. Pinnock, "The Lapis Lazuli Trade in the Third Millennium B. C. and the Evidence from the Royal Palace G of Ebla", in M. Kelly-Buccellati (ed.), *Insight throught Images: Studies in Honor of Edith Porada*, BiMes 21, Malibu: Undena Publications, 1986, pp. 221–228; T. F. Potts, "Patterns of Trade in Third-Millennium BC Mesopotamia and Iran", *World Archaeology*, Vol. 24, No. 3 (1993), pp. 379–402.

② A. Ben-Tor, "The Trade Relations of Palestine in the Early Bronze Age", *Journal of the Economic and Social History of the Orient*, Vol. 29, No. 1 (1986), pp. 1–27; M. Kelly-Buccellati, "Trade in Metals in the Third Millennium: Northeastern Syria and Eastern Anatolia", in P. Matthiae, M. Van Loon and H. Weiss (eds.), *Resurrecting the Past: A Joint Tribute to Adnan Bounni*, Istanbul: Nederlands Historisch-Archaeologisch Instituut te Istanbul, 1990, pp. 117–131; J. M. Sasson, "A Sketch of North Syrian Economic Relations in the Middle Bronze Age", *Journal of the Economic and Social History of the Orient*, Vol. 9, No. 3 (1966), pp. 161–181; O. Tufnell and W. A. Ward, "Relations between Byblos, Egypt and Mesopotamia at the End of the Third Millennium B. C. a Study of the Montet Jar", *Syria*, Vol. 43, No. 3/4 (1966), pp. 165–241; K. R. Veenhof, "Ancient Assur: The City, its Traders, and its Commercial Network", *Journal of the Economic and Social History of the Orient*, Vol. 53, No. 1/2 (2010), pp. 39–82.

王朝对外关系的综合研究尚未起步。目前仅有袁指挥《阿马尔那泥板中所见的近东大国外交》①以及郭丹彤《古代埃及对外关系研究》②等研究成果，以及其他涉及古代世界对外关系的研究成果，③对于乌尔第三王朝对外关系研究具有一定的参考价值。

---

① 参见袁指挥《阿马尔那泥板中所见的近东大国外交》，博士学位论文，东北师范大学，2006年。关于袁指挥其他相关研究成果，参见袁指挥《阿马尔那泥板书信中所见的古代近东大国外交方式》，《古代文明》2008年第3期；《阿马尔那时代近东大国外交研究述评》，《西南大学学报》（社会科学版）2011年第3期；《阿马尔那时代近东外交体系的特征》，《东北师大学报》（哲学社会科学版）2018年第1期；《阿马尔那时代近东大国的礼物交换》，《东北师大学报》（哲学社会科学版）2019年第2期。

② 参见郭丹彤《古代埃及对外关系研究》，黑龙江人民出版社2005年版；郭丹彤：《埃及与东地中海世界的交往》，社会科学文献出版社2011年版。关于郭丹彤其他相关研究成果，参见《论新王国时期埃及和利比亚的关系》，《东北师大学报》2003年第5期；《论新王国时期埃及和巴勒斯坦地区的关系》，《东北师大学报》2004年第2期；《论第十八王朝时期埃及和米坦尼王国的关系》，《东北师大学报》2006年第6期；《米格都战役·卡代什战役·海上民族入侵——论新王国时期的埃及对外战争》，《历史教学》（高校版）2009年第6期；《公元前1600年—前1200年古代东地中海世界的联盟和联姻》，《东北师大学报》（哲学社会科学版）2009年第6期；《论公元前1600年至前1100年东地中海世界的战争》，《历史教学》（下半月刊）2011年第2期；《古代埃及国王沙桑克一世巴勒斯坦战争考》，《东北师大学报》（哲学社会科学版）2014年第3期；《古代埃及文献中的沙苏人》，《世界民族》2014年第4期；郭丹彤《论中王国时期埃及与迦南的关系》，《外国问题研究》2016年第2期；《埃及与西亚的关系——以古代埃及inw税为中心》，《东北师大学报》（哲学社会科学版）2020年第1期；以及郭丹彤、李成彬《新王国时期的对外战争对古代埃及文明的影响》，《东北师大学报》（哲学社会科学版）2007年第6期。

③ 主要参见刘欣如《印度河文明的对外贸易》，《南亚研究》1987年第1期；李政《赫梯文明与外来文化》，江西人民出版社1996年版；陈文兵《古希腊国际体系中的城邦反霸同盟外交》，《东北师大学报》1999年第5期；王海利《古埃及"只娶不嫁"的外交婚姻》，《历史研究》2002年第6期；李政《赫梯条约研究》，昆仑出版社2006年版；韩翔《托勒密二世时代对外关系研究》，博士学位论文，上海师范大学，2012年；李海峰《亚述地区的民族冲突与文化融合》，《重庆工商大学学报》（社会科学版）2014年第3期；马一舟《第二十六王朝时期埃及对外交往研究》，博士学位论文，东北师范大学，2014年；王献华《两河流域早王朝时期作为地理概念的"苏美尔"》，《四川大学学报》（哲学社会科学版）2015年第4期；国洪更《亚述帝国邮驿制度辨析》，《安徽史学》2016年第3期；孙宝国：《阿玛纳时代的东地中海世界政治生态》，《上海师范大学学报（哲学社会科学版）》2017年第4期；孙宝国《跨文化交流视阈下的阿玛纳时代东地中海世界跨境移民活动考略》，《史林》2019年第2期；龙沛《罗马波斯战争研究（66BC-628AD）》，博士学位论文，西北大学，2021年；郭智韫《实践中的外交：哈图什里三世时期赫梯与埃及外交书信整理与研究》，博士学位论文，东北师范大学，2021年；刘健《古代两河流域国家对海湾政策的演变和调整》，《史林》2021年第6期；Z. Li, "Support for Messengers: Road Stations in the Ur Ⅲ Period", PhD dissertation, Ludwig-Maximilians-Universität, 2021; X. Dong, "Warfare in Ur Ⅲ Dynasty A Comprehensive Study about Military and Diplomacy", PhD dissertation, University of Liverpool, 2022；王欢《青铜时代晚期的东地中海世界：以赫梯国家的引渡为中心》，上海书店出版社2023年版。

引　言

总起来说，国内外学者对乌尔第三王朝对外关系的研究颇具有启发性，是本书研究的前提和基础。同时，他们的研究不足也是本研究力图突破的地方。近年来，随着新泥板文献不断被释读出版以及新的考古发掘成果的涌现，之前的相关研究成果与结论略显陈旧，亟须完善和创新，所以乌尔第三王朝对外关系的研究依然具有广阔的空间。

三　基本思路

乌尔第三王朝政治经济史研究，要特别强调对未发表的新文献资料进行释读与编辑的重要性。通过对新文献资料的整理，补充前人研究之不足，把握研究前沿，从而得出新结论，建立新理论体系。本书注重实证研究，坚持论从史出，利用笔者掌握苏美尔语、阿卡德语的有利条件，在分析前人关于两河流域国际关系的研究成果基础上，从原始楔形文字文献资料入手，综合研究乌尔第三王朝的对外策略，总结乌尔第三王朝对外关系的类型、特征与历史意义。

本书写作的总体思路包括如下。首先，辨析乌尔第三王朝对外关系的概念及类型。主要包括对外战争、外交婚姻和对外贸易三个方面的内容。通过辨析乌尔第三王朝的地理范围，区分王朝的"内""外"界限，进而梳理乌尔第三王朝对外关系的基本概念与范畴，为研究乌尔第三王朝的对外策略提供前提条件。其次，探索乌尔第三王朝处理对外关系的基本原则以及对外策略。运用 Filemaker 软件，建立乌尔第三王朝对外关系档案资料数据库，整理乌尔第三王朝的涉外决策机构和人员，探索乌尔第三王朝的对外决策机制。从空间上，详细探索乌尔第三王朝同其周边地区的关系，包括对王朝东部的伊朗地区［扎布沙里（Zabshali）、西马什基、胡赫努里、帕西美、安珊、马尔哈西］、西部的叙利亚地区［马里、埃卜拉、古布拉（Gubla）］、南部的波斯湾—印度洋沿岸地区（狄勒蒙、马干、麦鲁哈）以及东北部地区［西马努姆、马尔达曼、尼尼微（Ninua）、阿淑尔、乌尔比隆、西穆鲁姆、卡拉哈尔］的策略方针。再次，总结乌尔第三王朝对外关系的特征及影响。"西和东战"与"时战时和"的外交策略，战争、贸易与联姻并用的对外方针，客观上促进了民族融合与文明交流互鉴。此外，通过对乌尔第三王朝对外关系演变的梳理，深入研究乌尔第三

33

王朝的兴衰及影响，探索乌尔第三王朝的国家治理体系。

第一章介绍乌尔第三王朝的对外战争。对外战争是乌尔第三王朝对外关系的起点与基础，乌尔第三王朝的对外关系以及内外界限的形成是其对外战争的结果。首先介绍乌尔第三王朝对外战争研究所依据的原始文献资料类型与内容，接着分乌尔纳姆、舒尔吉、阿马尔辛、舒辛、伊比辛每位国王统治时期的对外战争依次论述。最后总结乌尔第三王朝对外战争的目的与特征，并且引出对外战争的结果，即乌尔第三王朝统治区域的逐渐形成与定型。

第二章介绍乌尔第三王朝的内外政治区域的划分。随着不断的对外扩张战争，乌尔第三王朝的统治区域不断变化与扩展，直至最终成型。通过对乌尔第三王朝行省、边疆、外交国三层政治区域的分析，进而引出乌尔第三王朝时期的"内""外"界限，尤其是对附属国和独立国的区分，以及乌尔第三王朝对外关系"外"的范围与具体包括区域的定位，为接下来准确考察乌尔第三王朝的外交关系奠定了基础。

第三章介绍乌尔第三王朝的外国使节来访活动，是探讨乌尔第三王朝外交关系的第一部分。首先介绍了记载外国使节来访活动的原始文献资料，即普兹瑞什达干出土的楔形文字文献档案。接着介绍了乌尔第三王朝的外交机构组成，包括负责外交事务的最高长官"苏卡尔马赫"职位，以及外交机构其他官员组成与职责。然后，根据距离乌尔第三王朝的区位方向不同，分西北部、东北部、东南部三个方位来逐一考察这些国家的使节出访乌尔第三王朝的具体情况，包括出访的时间、人员、时长、访问期间的行程、获得的配给和礼物，以及到达乌尔后负责接待的外交服务人员。

第四章介绍乌尔第三王朝的使节出访外交国的情况，是探讨乌尔第三王朝外交关系的第二部分。首先介绍了记载乌尔使节出访活动的原始文献资料来源，主要是吉尔苏、伊利萨格里格和温马出土的信使文件。其次，分东北部、东南部两个方位，每个方位又细分为不同的外交国，进而对乌尔使节出访每个外交国的情况进行分析，包括出访的乌尔第三王朝使节的身份头衔（职业）、出访的时间、出访的任务、出访期间接收的配给（路资），尤其考察了其出访任务之一的负责经办东部外交国的埃兰人来往乌尔第三王朝从事雇佣劳动的外交事务。

第五章介绍乌尔第三王朝的外交婚姻，是探讨乌尔第三王朝外交关系的第三部分。分西北部、东北部、东南部不同方位的外交国，逐一考察每个外交国与乌尔第三王朝之间的政治联姻。最后总结乌尔第三王朝外交婚姻的主要形式和特征，以及外交婚姻对乌尔第三王朝兴衰的作用。

  第六章介绍乌尔第三王朝的对外贸易。分两部分进行论述。第一部分介绍乌尔第三王朝的商人阶层，包括商人的术语解析、商人的性质和职能，其中一个重要的职能是协助官方机构从事对外贸易活动。第二部分主要介绍波斯湾贸易的情况，鉴于文献资料的分布不均，我们对其他方位与乌尔第三王朝的贸易情况了解有限，而文献资料和考古资料丰富的波斯湾贸易成为考察乌尔第三王朝对外贸易的主要方向。根据波斯湾贸易的客体不同，分为狄勒蒙、马干和麦鲁哈三个国家，分别考察其与乌尔第三王朝之间的贸易往来，包括贸易形式（直接贸易或间接贸易）的演变，贸易具体位置的变迁，交通运输条件的进步，交易商品种类的介绍等。

  在结论部分，我们归纳和总结了乌尔第三王朝对外关系的特点和承上启下的历史意义，以及对外关系与乌尔第三王朝的政治、经济与文化发展之间的关系。

第一章　对外战争

乌尔第三王朝的对外关系发端于对外战争。战争是对外关系的一种暴力手段，也是古代最常用的一种对外交往方式。战争是社会矛盾锐化的最激烈表现形式，也是解决社会矛盾的最惨烈的手段。战争带来灾难，但没有战争，人类社会无法进步。所有的科技进步都得益于战争，一切最先进的发明都最先应用于军事。王朝战争是古代社会战争的主体。奴隶社会和封建社会所发生的战争，绝大多数都以王朝作为一方，因此成为古代社会战争的主体。这些战争的历史背景和社会环境各不相同，有时各种不同性质的战争又互相交织在一起，其历史作用有的顺应历史潮流，推动了历史的前进；有的维护腐朽统治，阻碍社会发展，甚至对社会经济、文化造成严重破坏；有的又有双重作用。但无论何种战争，作为王朝一方，基本出发点都是奴隶制或封建制的君主们为自身及其阶级利益而进行的。[1]

乌尔第三王朝的对外关系的对象不是一成不变的。比如，起初的外国地区，一旦被乌尔所征服，即被变为乌尔王国的内部地区，对外关系即转变为乌尔的对内关系。乌尔第三王朝对外战争的结果是王朝内、外界限的形成。本章在前人研究基础上，基于楔形文字原始文献，从整体上梳理与分析乌尔第三王朝对外战争的演变过程，结合王朝的外交政策与内政管理，总结乌尔第三王朝对外战争的特征。

---

[1] 参见中国军事百科全书编审室编《中国大百科全书·军事》，中国大百科全书出版社2007年版；李安山、易建平：《战争与古代社会》，江西人民出版社2012年版；［英］哈里·西德博特姆：《古代战争简史》，晏绍祥译，外语教学与研究出版社2015年版；［德］卡尔·冯·克劳塞维茨：《战争论》，时殷弘译，商务印书馆2016年版；［英］J. F. C. 富勒：《西洋世界军事史》（全三卷），钮先钟译，广西师范大学出版社2004年版。

第一章 对外战争

第一节 资料来源

乌尔第三王朝对外战争的主要资料来源是年名信息、记载战利品（nam-ra-ak）和远征（kaskal）的经济文献、王室铭文和书信材料。与两河流域后期有详细记载国王对外作战的年代记不同，[①] 关于乌尔第三王朝对外战争的文献记载比较零散，尚无发现关于战争战术的军事文件与法律文件，现有零散资料也缺乏对战争的起因与背景、详细作战经过、战争双方兵力与武器装备、后勤保障、战后处理的详细记载。

一 年名信息

年名是古代两河流域的一种纪年方式之一，[②] 起源于早王朝时期，成为阿卡德王朝、乌尔第三王朝、伊新王朝、拉尔萨王朝和古巴比伦王国时期的

[①] 亚述的对外战争年代记主要被记录在王室铭文中，参见 A. K. Grayson, *Assyrian Rulers 3rd and 2nd Millenia BC* (*to 1115 BC*), RIMA 1, Toronto: University of Toronto Press, 1987; A. K. Grayson, *Assyrian Rulers of the Early First Millennium BC I* (*1114－859 BC*), RIMA 2, Toronto: University of Toronto Press, 1991; A. K. Grayson, *Assyrian Rulers of the Early First Millennium BC II* (*858－745 BC*), RIMA 3, Toronto: University of Toronto Press, 1996; H. Tadmor and S. Yamada, *The Royal Inscriptions of Tiglath-Pileser III* (*744－727 BC*) *and Shalmaneser V* (*726－722 BC*), Kings of Assyria, RINAP 1, Winona Lake: Eisenbrauns, 2011; G. Frame, *The Royal Inscriptions of Sargon II*, *King of Assyria* (*721－705 BC*), RINAP 2, University Park: Eisenbrauns, 2021; A. K. Grayson and J. Novotny, *The Royal Inscriptions of Sennacherib*, *King of Assyria* (*704－681 BC*), Part 1, RINAP 3/1, Winona Lake: Eisenbrauns, 2012; A. K. Grayson and J. Novotny, *The Royal Inscriptions of Sennacherib*, *King of Assyria* (*704－681 BC*), Part 2, RINAP 3/2, Winona Lake: Eisenbrauns, 2014; E. Leichty, *The Royal Inscriptions of Esarhaddon*, *King of Assyria* (*680－669 BC*), RINAP 4, Winona Lake: Eisenbrauns, 2011; J. Novotny and J. Jeffers, *The Royal Inscriptions of Ashurbanipal* (*668－631 BC*), *Aššur-etel-ilāni* (*630－627 BC*), *and Sîn-šarra-iškun* (*626－612 BC*), Kings of Assyria, Part 1, RINAP 5/1, Univeristy Park: Eisenbrauns, 2018; J. Jeffers and J. Novotny, *The Royal Inscriptions of Ashurbanipal* (*668－631 BC*), *Aššur-etel-ilāni* (*630－627 BC*), *and Sîn-šarra-iškun* (*626－612 BC*), Kings of Assyria, Part 2, RINAP 5/2, Univeristy Park: Pennsylvania State University Press, 2023。

[②] 除了年名纪年，古代两河流域历史上还采用统治者在位数字纪年、名年官纪年等方式。关于古代两河流域的纪年方式，参见吴宇虹《古代两河流域文明史年代学研究的历史与现状》，《历史研究》2002 年第 4 期；王献华：《卢伽尔扎吉西数字标记计时法与早王朝末期南部两河流域年代学》，《历史研究》2016 年第 3 期。关于亚述时期的名年官纪年，参见 K. R. Veenhof and J. Eidem, *Mesopotamia: The Old Assyrian Period*, OBO 160/5, Göttingen: Academic Press Fribourg Vandenhoeck and Ruprecht, 2008, pp. 28-31, 59-60; A. Millard, *The Eponyms of the Assyrian Empire: 910-612 BC*, Helsinki: The University of Helsinki Press, 1994, pp. 1-14。

标准纪年方式，一直使用到加喜特巴比伦王朝前期。① 一般而言，每个统治者在位的第一年的年名一般都是"某某称王之年"（mu PN lugal）。从第二年至其统治最后一年，年名记载的主要是前一年国家最重要的事件，包括对内事件和对外事件，如修建神庙、任命神庙祭司、外交联姻、对外战争等。还有一种情况，即暂时的年名，其形式是前一年年名之"次年"（us₂-sa），或者之"次年的次年"。使用暂时年名的原因是，或者前一年没有重大事件发生，或者为了突出这一事件的重要性。有的"次年"年名是当年唯一的年名，有的"次年"年名同当年的新年名同时使用，在不同文献中选择使用（或者次年年名或暂时年名用在年初，新年名确立后使用新年名）。如普兹瑞什达干机构设置之年，后面的连续几年都是记录这一事件。另如拉尔萨灭亡伊新之年的年名，在后面的30年里一直使用"灭亡伊新之N年"来记载，就是为了强调这一历史事件的重要性。此外需要注意的是年名的缩写格式，年名分为全称与缩称，缩称很容易使现代学者产生混淆。比如阿马尔辛2年与舒尔吉45年的缩写年名形式，在普兹瑞什达干文献中，前两个月的缩写年名表示阿马尔辛2年，从第3月至第12月的缩写年名表示舒尔吉45年。② 有些缩写年名所对应的年份的认定与区分需要根据所在文献内容中包含的信息来判断（比如出现的人名、地名、事件等）。

年名信息主要见于经济文献中，和月名、日名格式同时使用，表示该文献档案的具体记载日期。年名一般出现在一篇文献的结尾部分，有时也出现在文献的中间部分。这些经济文献一般只记载了一年的信息，即文献最后只有一个年名信息。比如下面这篇文献：

---

① 关于古代两河流域的年名纪年方式，参见 A. Ungnad, "Datenlisten", *Reallexikon der Assyriologie und Vorderasiatischen Archäologie*, Vol. 2（1938），pp. 131–194; T. Sharlach, "Calendars and Counting", in Harriet Crawford（ed.）, *The Sumerian World*, New York: Routledge, 2013, pp. 311–312。注意，除了两河流域地区，年名纪年还适用于公元前3千纪的叙利亚埃卜拉城邦，公元前2千纪的马里、阿拉拉赫（Alalakh）、阿勒颇（Aleppo），以及早王朝至古王国时期的埃及，参见 M. J. A. Horsnell, "On the Use of Year-Names in Reconstructing the History of the First Dynasty of Babylon", in G. Frame（ed.）, *From the Upper Sea to the Lower Sea: Studies on the History of Assyria and Babylonia in Honour of A. K. Grayson*, Leiden: Nederlands Instituut voor het Nabije Oosten, 2004, p. 165。

② M. Hilgert, *Cuneiform Texts from the Ur III Period in the Oriental Institute, Volume 2: Drehem Administrative Documents from the Reign of Amar-Suena*, OIP 121, Chicago: The Oriental Institute, 2003, pp. 19–20; C. Liu, "Šulgi 45 or Amar-Suen 2: an ambiguous Ur III Year Name", *Nouvelles Assyriologiques Brèves et Utilitaires*, No. 3（2015），pp. 101–102.

第一章 对外战争

文献 HSS 68, 102（AS 8 ix 1, PD）[1]

obv.

1）1 gukkal1　　　　　　　只肥尾绵羊

2）u$_4$ 1-kam　　　　　　在第 1 日

3）ki Ab-ba-sa$_6$-ga-ta　　从阿巴萨伽处

4）U$_2$-ta$_2$-mi-šar-ra-am　乌塔米沙拉姆

rev.

1）i$_3$-dab$_5$　　　　　　接管了

2）iti ezem-mah　　　　　"大节"之月

3）mu en Eridu^{ki} ba-hun　埃利都的恩女祭司被任命之年。

此外，有些较大的泥板文献记载了多年的信息，包括多个年名及其之间的时段，这些信息对于现代学者推断不同年名的顺序具有重要价值。例如：

文献 Nisaba 8 55（AS 6-9, PD）

obv.

1）10 udu kišib Ar-ši-ah　　　　　　　10 只绵羊，阿尔希阿赫加印

2）4 udu kišib Ba-ir　　　　　　　　　4 只绵羊，巴依尔加印

3）mu Ša-aš-ru^{ki} ba-hul　　　　　在阿马尔辛 6 年；

4）1 maš$_2$ kišib Puzur$_4$-^{d}Suen　　1 只山羊羔，普朱尔辛加印

5）2 sila$_4$ kišib E$_2$-gissu　　　　　2 只绵羊羔，埃吉苏加印

6）2 udu 3 maš$_2$ kišib Ba-ir　　　　2 只绵羊，3 只山羊羔，巴依尔加印

7）mu Hu-uh$_2$-nu-ri^{ki} ba-hul　　在阿马尔辛 7 年；

8）3 gu$_4$ niga kišib Ur-sa$_6$-ga dumu ^{d}En-lil$_2$-la$_2$　　3 头育肥牛，恩利拉之子乌尔萨伽加印

---

[1] 注意，楔形文字原始文献的标注方式参照国际亚述学规范，文献缩写参见本书附录五，文献后面括号内为日期和来源地，缩写形式表示如下：SH 舒尔吉，AS 阿马尔辛，SS 舒辛，IS 伊比辛；月份和日份使用阿拉伯数字表示，月份使用罗马数字表示，例如 AS 8 ix 1 表示阿马尔辛 8 年 9 月 1 日；—表示不详；来源地表示如下：PD 普兹瑞什达干，Girsu 吉尔苏，Umma 温马，Irisagrig 伊利萨格里格，Ur 乌尔；在原文中，obv. 表示泥板正面，rev. 表示泥板背面，left 表示泥板左侧铭文，seal 表示泥板中印章铭文，col. 1 表示第 1 栏。下同。

9）1 udu kišib［Lugal］-ku₃-zu　　　　1只绵羊，卢伽尔库朱加印

10）1 sila₄ kišib Ur-Tum-ma-al　　　　1只绵羊羔，乌尔吐玛尔加印

11）1 sila₄ kišib En-nam-ᵈSuen nu-banda₃　　1只绵羊羔，军尉恩纳姆辛加印

12）mu en Eriduᵏⁱ ba-hun　　　　在阿马尔辛8年；

13）2 udu niga kišib Ur-šu muhaldim　　2只育肥绵羊，厨师乌尔舒加印

14）1 sila₄ kišib IŠ-MES　　　　1只绵羊羔，伊什梅斯加印

15）1 udu niga Ur-ᵈAmar-ᵈSuen　　　1只育肥绵羊，给乌尔阿马尔辛

rev.

1）1 maš₂ kišib Li-bur-ni-mit　　　1只山羊羔，里布尔尼米特加印

2）1 maš₂ kišib Ir₃-ib　　　　1只山羊羔，伊里卜加印

3）7 maš₂-gal sukkal-mah　　　　7只山羊，给大执政官

4）mu en ᵈNanna Kar-zi-daᵏⁱ ba-hun　　在阿马尔辛9年；

5）šu-nigin₂ 3 gu₄ niga　　　　共计：3头育肥牛

6）šu-nigin₂ 3 udu niga　　　　共计：3只育肥绵羊

7）šu-nigin₂ 17 udu　　　　　共计：17只绵羊

8）šu-nigin₂ 6 sila₄　　　　　共计：6只绵羊羔

9）šu-nigin₂ 7 maš₂-gal 6 maš₂　　共计：7只山羊，6只山羊羔

10）3 gu₄ niga 3 udu niga 36 udu　　（合计：）4头育肥牛，3只育肥羊，36只羊

11）šu-la₂-a e₃-de₃　　　　　作为"舒拉亚"贡赋

12）ki Ab-ba-sa₆-ga-ta　　　　从阿巴萨伽

13）Lu₂-ᵈUtu šu ba-an-ti　　　　卢乌图接收

14）mu Ša-aš-ruᵏⁱ ba-hun！（hul）-ta　从阿马尔辛6年

15）mu en ᵈNanna Kar-zi-daᵏⁱ ba-hun-še₃　到阿马尔辛9年。

再如，泥封（即装泥板的信封，苏美尔语：pisan-dub-ba）中更多记录多个年份日期信息。

文献 Princeton 2 331（AS 1—8，PD）

obv.

1）pisan-dub-ba　　　　　　档案管理员

2）nig₂-kas₇-ak　　　　　　平衡账目

3) la$_2$-ia$_3$ diri-ta su-ga　　　　　偿还拖欠
4) sipa unu$_3$-e-ne　　　　　　　　牧羊人和牧牛人们
rev.
1) mu ^{d}Amar-^{d}Suen lugal-ta　　　从阿马尔辛 1 年
2) mu en Eridu^{ki} ba-hun-še$_3$　　　到阿马尔辛 8 年
3) mu 8-kam i$_3$-gal$_2$　　　　　　共计 8 年。

更重要的是，目前已发现了一些古巴比伦时期的泥板文献及残片，列举了乌尔第三王朝国王所使用的较为完整的系列年名，这些系统档案的发现对于现代学者复原乌尔第三王朝的年名具有突出贡献。① 如下所示：

文献 BE 1-2 pl. 55 no. 125 (——, Nippur, Old Babylonian)
obv.
1') mu BAD$_3$. GAL. AN^{ki} [… (us$_2$-sa)]　　　舒尔吉 6 年
2') mu giri$_3$ Nibru^{ki} [(…)]　　　　　　　舒尔吉 7 年
3') mu lugal-e Uri$_5^{ki}$-ta […]　　　　　　　舒尔吉 7 年
4') mu ma$_2$ ^{d}Nin-lil$_2$-la$_2$ ba-du$_8$　　　　　舒尔吉 8 年
5') mu ^{d}Nanna Kar-zi-da e$_2$-a ba-ku$_4$　　　舒尔吉 9 年
6') mu E$_2$-hur-sag lugal ba-du$_3$　　　　　　舒尔吉 10 年
7') mu ^{d}Ištaran BAD$_3$. GAL. AN^{ki} e$_2$-a ba-ku$_4$　舒尔吉 11 年
8') mu ^{d}Nu-umuš^{muš}-da Ka-zal-lu^{ki} e$_2$-a ba-ku$_4$　舒尔吉 12 年
9') mu E$_2$-hal-bi lugal ba-du$_3$　　　　　　舒尔吉 13 年
10') mu ^{d}Nanna Nibru^{ki} e$_2$-a ba-ku$_4$　　　舒尔吉 14 年
11') mu En-nir-zi-an-na en ^{d}Nanna maš$_2$-e i$_3$-pad$_3$　舒尔吉 15 年
12') mu nu$_2$ ^{d}Nin-lil$_2$-la$_2$ ba-dim$_2$　　　　　舒尔吉 16 年
13') mu En-nir-zi-an-na en^{d}Nanna ba-hun-ga$_2$　舒尔吉 17 年
14') mu Li$_2$-wir-mi-ta$_2$-šu dumu-munus lugal　　舒尔吉 18 年
　　　nam-nin Mar-ha-ši^{ki}-še$_3$ ba-il$_2$

---

① A. Ungnad, "Datenlisten", *Reallexikon der Assyriologie und Vorderasiatischen Archäologie*, Vol. 2 (1938), pp. 131-194; F. R. Kraus, "Zur Chronologie der Könige Ur-Nammu und Šulgi von Ur", *Orientalia Nova Series*, Vol. 20 (1951), pp. 385-398; C. Wilcke, "Neue Quellen aus Isin zur Geschichte der Ur Ⅲ-Zeit und der I. Dynastie von Isin", *Orientalia Nova Series*, Vol. 54 (1985), pp. 299-318.

15') mu Kisig^{ki} ki-bi ba-ab-gi$_4$　　　　　　　　　舒尔吉 19 年

16') mu dumu Uri$_5$^{ki}-ma lu$_2$ giš-gid$_2$-še$_3$　　　　　舒尔吉 20 年
　　　KA ba-ab-keš$_2$

17') mu ^{d}Nin-urta ensi$_2$-gal ^{d}En-lil$_2$-la$_2$-ke$_4$　　　舒尔吉 21 年

18') e$_2$ ^{d}En-lil$_2$ ^{d}Nin-lil$_2$-la$_2$-ke$_4$

19') [eš-bar] kin ba-du$_{11}$-ga [x]

20') [mu BAD$_3$.AN^{ki} ba-hul]　　　　　　　　　　　舒尔吉 21 年

rev.

1) mu us$_2$-sa BAD$_3$.AN^{ki} [ba-hul]　　　　　　　　舒尔吉 22 年

2) mu lugal a$_2$ mah　　　　　　　　　　　　　　　舒尔吉 23 年

3) mu Kara$_2$-har^{ki} ba-hul　　　　　　　　　　　　舒尔吉 24 年

4) mu Si-mu-ru-um^{ki} ba-hul　　　　　　　　　　　舒尔吉 25 年

5) mu Si-mu-ru-um^{ki} a-ra$_2$ 2-kam-ma-aš ba-hul　　　舒尔吉 26 年

6) mu Ha-ar-ši^{ki} ba-hul　　　　　　　　　　　　　舒尔吉 27 年

7) mu en Eridu^{ki}-ga ba-hun-ga$_2$　　　　　　　　　舒尔吉 28 年

8) mu us$_2$-sa en Eridu^{ki}-ga ba-hun-ga$_2$　　　　　　舒尔吉 29 年

9) mu dumu-munus lugal ensi$_2$ An-ša-an^{ki}-ke$_4$　　　舒尔吉 30 年
　　　ba-tuku

10) mu Kara$_2$-har^{ki} a-ra$_2$ 2-kam-aš ba-hul　　　　　　舒尔吉 31 年

11) mu Si-mu-ru-um^{ki} a-ra$_2$ 3-kam-aš ba-hul　　　　　舒尔吉 32 年

12) mu us$_2$-sa Si-mu-ru-um^{ki} a-ra$_2$ 3-kam-aš ba-hul　　舒尔吉 33 年

13) mu An-ša-an^{ki} ba-hul　　　　　　　　　　　　　舒尔吉 34 年

14) mu us$_2$-sa An-ša-an^{ki} ba-hul　　　　　　　　　　舒尔吉 35 年

15) mu ^{d}Nanna Kar-zi-da^{ki} a-ra$_2$ 2-kam-aš e$_2$-a　　　舒尔吉 36 年
　　　ba-ku$_4$

16) mu bad$_3$ ma-da^{ki} ba-du$_3$　　　　　　　　　　　舒尔吉 37 年

17) mu us$_2$-sa bad$_3$ ma-da^{ki} ba-du$_3$　　　　　　　　舒尔吉 38 年

18) mu e$_2$ Puzur$_4$-iš-^{d}Da-gan-na ba-du$_3$　　　　　　　舒尔吉 39 年

19) mu us$_2$-sa e$_2$ Puzur$_4$-iš-^{d}Da-gan-na ba-du$_3$　　　　舒尔吉 40 年

20) mu us$_2$-sa e$_2$ Puzur$_4$-iš-^{d}Da-gan-na ba-du$_3$　　　　舒尔吉 41 年
　　　mu us$_2$-sa-bi

21) mu Ša-aš-ru^{ki} ba-hul　　　　　　　　　　　　　舒尔吉 42 年

由于乌尔第三王朝第一位国王乌尔纳姆统治时期的年名顺序尚未复原，我们无法对其18年的年名进行一一对应，也就无法根据年名信息来还原历史事实。[①] 所以我们所使用的乌尔第三王朝年名信息是从第二位国王舒尔吉1年直到最后一王伊比辛24年（一说25年，第25年的年名不详）共计90个年名。通过对这些文献的梳理与分析，加之《苏美尔王表》等王表文献中所记载的统治者的统治年限信息，目前学者们大概复原了除乌尔纳姆统治时期的其他年名的排列顺序及其所对应的具体年份（见本书附录）。从这些信息中，我们可以将包含战争信息的年名摘录出来，然后将这些年名中所包含的异域地名在地图上进行标注，大致可以勾勒出一幅乌尔第三王朝对外战争的草图。

二　记载战利品和远征的经济文献

乌尔第三王朝时期的经济文献，又叫行政文献（administrative texts）或档案（archive），是数量最多的一类文献，共计十余万件之多。需要注意的是，虽然乌尔第三王朝的经济文献数量非常多，但是并不是所有文献都是本书所需要的资料，因此如何从如此数量庞大的文献资料库中选取有用的资料成为本研究的前提和基础。通过创建数据库，选取、收集包含异域地名、战利品、远征相关术语和信息的相关文献资料，并且对其时间、地点、人物、格式等信息进行列表分类，这成为本研究需要完成的又一项准备工作。

目前，我们只发现了百余篇记载战利品（nam-ra-ak）和远征（kaskal）的文献，记录在收支类经济文献中。虽然这些文献中所包括的战争信息十分有限，但是它们对于补充与还原乌尔第三王朝的对外战争具有一定的价值。战利品一般指战争胜利后带回的牲畜、人员（即战

[①] 乌尔纳姆统治时期的年名信息几乎都来源于吉尔苏文献，关于乌尔纳姆年名的研究，参见 D. Frayne, *Ur Ⅲ Period（2112-2004 BC）*, RIME 3/2, Toronto: University of Toronto Press, 1997, p.9; F. R. Kraus, "Zur Chronologie der Könige Ur-Nammu und Sulgi von Ur", *Orientalia, Nova Series*, Vol. 20（1951）, pp. 385-398; E. Sollberger, "Sur la chronologie des rois d'Ur et quelques problèmes connexes", *Archiv für Orientforschung*, Vol. 17（1954-1956）, pp. 10-14。

俘）和贵金属等。① 在普兹瑞什达干的经济文献中，战利品术语 nam-ra-ak 一般后面加上其来源地，多数文献记载的来源地是"阿摩利之地"或"阿摩利之山"（nam-ra-ak kur mar-tu），其具体位置存在争议。② 此外，还有一些文献记载了战利品的具体来源地，包括安珊、乌尔比隆、哈尔西、基马什、胡尔提、舒鲁特胡姆（Shuruthum）、沙什鲁姆等，这些信息可以与年名中简单记载的战争事件相互补充。例如，舒尔吉45年的年名为"乌尔比隆被毁之年"（mu Ur-bi$_2$-lum^{ki} ba-hul），表示前一年（44年）乌尔第三王朝对乌尔比隆作战取胜。与此相对应的是，在舒尔吉45年的一篇经济文献中，记载了22只绵羊支出给22个阿摩利人，这些羊是来自乌尔比隆的战利品（ša$_3$ nam-ra-ak Ur-bi$_2$-lum^{ki}）。如下所示：

文献 MVN 13 423（SH 45 xi 15, PD）
obv.
1）1 sila$_4$ ^{d}Na-na-［a］   1只绵羊羔，为娜娜娅
2）mu-DU ensi$_2$ Ka-zal-lu$^{[ki]}$ 由卡扎鲁恩西带来

---

① 关于乌尔第三王朝的战利品讨论，参见 I. J. Gelb, "Prisoners of war in early Mesopotamia", *Journal of Near Eastern Studies*, Vol. 32, No. 1/2 (1973), pp. 70-98; D. T. Potts, "The Booty of Magan", *Oriens Antiquus*, Vol. 25 (1986), pp. 271-285; L. Hebenstreit, "The Sumerian Spoils of War during Ur Ⅲ", in H. von Hans Neumann, et al. (eds.), *Krieg und Frieden im Alten Vorderasien*, Münster: Ugarit Verlag, 2006, pp. 373-380; S. J. Garfinkle, "The Economy of Warfare in Southern Iraq at the End of the Third Millennium BC", in H. Neumann, et al. (eds.), *Krieg und Frieden im Alten Vorderasien: 52e Recontre Assyriologique Internationale International Congress of Assyriology and Near Eastern Archaeology Münster, 17.-21. Juli 2006*, AOAT 401, Münster: Ugarit-Verlag, 2014, pp. 353-362。

② 见文献 Nisaba 08, App. 3; JCS 22, 057; RA 062, 008 11; SAT 2, 0800; PDT 1, 0032; SumRecDreh 09; Ontario 1, 050; HSS 68, 206; Amorites 11; BIN 03, 321; OPMS 53, 267-268。关于"阿摩利之地"的讨论，参见 G. Buccellati, *The Amorites of the Ur Ⅲ Period*, Naples: Istituto Orientale di Napoli, 1966; C. Wilcke, "Zur Geschichte der Amurriter in der Ur-Ⅲ-Zeit", *Die Welt des Orients*, Vol. 5, No. 1 (1969), pp. 1-31; B. Lafont, "Représentation et légitimation du pouvoir royal aux époques néo-sumérienne et amorrite", in P. Charvat and P. M. Vlckova (eds.), *Who Was King? Who Was Not King? The Rulers and the Ruled in the Ancient Near East*, Prague: Institute of Archaeology of the Academy of Sciences of the Czech Republic, 2010, pp. 23-37; L. Verderame, "Mar-tu nel Ⅲ Millennio: Fonti e Interpretazioni", *Rivista degli Studi Orientali*, Vol. 82 (2009), pp. 229-260; M. Silver, "Climate Change, the Mardu Wall, and the Fall of Ur", in O. Drewnowska and M. Sandowicz (eds.), *Fortune and Misfortune in the Ancient Near East: Proceedings of the 60th Rencontre Assyriologique Internationale Warsaw, 21-25 July 2014*, University Park: Penn State University Press, 2017, pp. 271-295。

3）zabar-dab₅ maškim　　　　　　大祭司官监办；

4）1 udu Ba-ga-[x]　　　　　　1只绵羊，为巴伽某

5）1 udu Er₃-re-šum　　　　　　 1只绵羊，为埃莱舒姆

6）1 udu Bu-nu-ni-lum　　　　　 1只绵羊，为布努尼鲁姆

7）1 udu I₃-la-ti-a　　　　　　 1只绵羊，为伊拉提亚

8）1 udu Ši-ni-na-nu-um　　　　 1只绵羊，为希尼纳努姆

9）1 udu La-u₃-ša　　　　　　　 1只绵羊，为拉乌沙

10）1 udu Lu-ba-um　　　　　　　1只绵羊，为卢巴乌姆

11）1 udu Ar-ma-nu-um　　　　　 1只绵羊，为阿尔马努姆

12）1 udu A-mu-ni-num₂　　　　　1只绵羊，为阿姆尼努姆

13）1 udu A-bi₂-i₃-lum　　　　　1只绵羊，为阿比伊鲁姆

14）1 udu Ba-ma-nu-um　　　　　 1只绵羊，为巴马努姆

15）1 udu La-ba-ti-um　　　　　 1只绵羊，为拉巴提乌姆

16）1 udu I₃-ba-um　　　　　　　1只绵羊，为伊巴乌姆

17）1 udu Il-wi-mi　　　　　　　1只绵羊，为伊尔韦米

rev.

1）1 udu A-bil₂-sa-um　　　　　 1只绵羊，为阿比尔萨乌姆

2）1 udu Ma-ni-zu　　　　　　　 1只绵羊，为马尼祖

3）1 udu Mi-da-nu-um　　　　　　1只绵羊，为米达努姆

4）1 udu Ga-lu₅-da　　　　　　　1只绵羊，为伽卢达

5）1 udu I-mu-da　　　　　　　　1只绵羊，为伊姆达

6）1 udu Ma-du-ni　　　　　　　 1只绵羊，为马杜尼

7）1 udu Na-ba-lu₅-zu　　　　　 1只绵羊，为纳巴卢祖

8）1 udu Na-ap-la-nu-um　　　　 1只绵羊，为纳普拉努姆

9）mar-tu-me　　　　　　　　　　他们是阿摩利人

10）ša₃ nam-ra-ak Ur-bi₂-lum^ki　在乌尔比隆的战利品中

11）ugula E₂-a-i₃-li₂　　　　　 埃阿伊里督办

12）Na-ra-am-i₃-li₂ maškim　　　纳拉姆伊里监办；

13）1 maš₂ ba-uš₂ e₂-kišib-ba-še₃　1只死山羊羔，到仓库

14）zi-ga u₄ 15-kam　　　　　　　被支出，在第15日

15）iti ezem Me-ki-gal₂　　　　　第11月

16）mu Ur-bi₂-lum^ki ba-hul　　　舒尔吉45年。

45

此外，有些经济文献记载了军事远征（kaskal）的零散信息，遗憾的是这些记载中并没有关于远征目的地的信息。① 例如，下文记载了 155 只羊被送到厨房（宰杀），然后供给从远征中归来的士兵。

文献 MVN 5 115 (AS 6 vii 25, PD)

obv.

1) 12 udu   12 只公绵羊

2) 83 u$_8$ 83 只母绵羊

3) 25 maš$_2$ 25 只公山羊

4) 35 ud$_5$ 35 只母山羊

5) mu aga$_3$-us$_2$ kaskal-ta er-ra-ne-še$_3$ 为从旅途中回来的卫兵

6) DINGIR-dan sukkal maškim   外事官伊鲁姆丹监办；

7) 9 udu 11 u$_8$ 9 只公绵羊，11 只母绵羊

rev.

1) 1 ud$_5$ 1 只母山羊

2) mu aga$_3$-us$_2$-e-ne-še$_3$ 为卫兵们

3) šu-gid$_2$ e$_2$-muhaldim-še$_3$ 作为"舒基德"供应，到厨房

4) 11 udu ba-ug$_7$ e$_2$-kišib-ba-še$_3$ 11 只死绵羊，到仓库

5) u$_4$ 25-kam   在第 25 日

6) ki In-ta-e$_3$-a-ta ba-zi   从因塔埃阿，被支出

7) iti ezem^{d}Šul-gi   第 7 月

8) mu Ša-aš-ru^{ki} ba-hul   阿马尔辛 6 年

left

1) 196 udu   （共计:）196 只羊

三　王室铭文

王室铭文（royal inscriptions）是古代两河流域历史从早王朝直到新巴比伦时期的一种重要的文献类型，主要记载与国王（统治者）有关的事迹以及歌颂国王的言论，铭文多刻写在石碑、泥砖、泥锥、方尖碑、棱柱、

---

① 注意在信使文献中也有关于术语 kaskal 的记载，但是指"路途、旅途"，指信使们的旅途，而非指军事远征，故在此不提。参见 D. Patterson, "Elements of the Neo-Sumerian Military", PhD dissertation, University of Pennsylvania, 2018, p. 53。关于信使文献的论述，详见本书第四章。

雕像、浮雕和金属等材质上，使用最为标准与经典的楔形文字，具有纪念性质。王室铭文不仅具有重要的史料价值，还因为其楔形文字符号与语言的标准化而成为现代学者学习与研究楔形文字的重要资料和教材。① 由于王室铭文资料的分散性，根据时期与年代汇编王室铭文成为亚述学家的一项重要任务。从 20 世纪初开始，针对古代两河流域王室铭文的汇编在国际亚述学界开展了由各国学者们参与的若干项目。② 值得注意的是，自 1978 年起，由加拿大多伦多大学编纂的大型系列丛书《两河流域王室铭文》（RIM），包括几个次系列《两河流域王室铭文·早期系列》（RIME）、《两河流域王室铭文·巴比伦时期系列》（RIMB）、《两河流域王室铭文·亚述时期系列》（RIMA）、《两河流域王室铭文·补编》（RIMS），以及《新亚述时期王室铭文》（RINAP）和《新巴比伦帝国王室铭文》（RINAB）。其中，《两河流域王室铭文·早期系列》第三卷第二部分（RIME 3/2）是关于乌尔第三王朝的王室铭文。③

乌尔第三王朝时期的王室铭文多为建筑铭文，主要的书写材料包括砖、泥锥、奠基板和小雕像等，④ 记载的内容是国王在位时期有关神庙和城墙等国家建筑工程，多为 5—10 行的短小篇幅，也有较长篇幅的铭文（例如《乌尔纳姆地籍》和《乌尔纳姆法典》等），尤其以神庙修建居多，试举一例：

---

① 关于王室铭文不能被视作可信的史料的讨论，参见 S. Richardson, "Mesopotamia and the 'New' Military History", in L. L. Brice and J. T. Roberts (eds.), *Recent Directions in the Military History of the Ancient World*, Claremont: Regina Books, 2011, pp. 11-51；关于王室铭文部分篇章被纳入到现代楔形文字教材，参见 K. Volk, *A Sumerian Reader, Second Edition, Revised*, Rome: Biblical Institute Press, 1999; J. L. Hayes, *A Manual of Sumerian Grammar and Texts: Third, Revised and Expanded, Edition*, Malibu: Undena Publications, 2018。

② 例如，F. Thureau-Dangin, *Les inscriptions de Sumer et d'Akkad*, Paris: Ernest Leroux, 1905; F. Thureau-Dangin, *Die sumerischen und akkadischen Königschriften*, Leipzig: J. C. Hinrichs'sche Buchhandlung, 1907; T. Paffrath, *Zur Götterlehre in den altbabylonischen Königsinschriften*, Paderborn: F. Schöningh, 1913; G. A. Barton, *The Royal Inscriptions of Sumer and Akkad*, London: Milford, 1929。关于两河流域王室铭文的早期综述，亦可参见 W. W. Hallo, "The Royal Inscriptions of Ur: A Typology", *Hebrew Union College Annual*, Vol. 33 (1962), pp. 1-43; D. O. Edzard, "Königsinschriften. A. Sumerisch", *Reallexikon der Assyriologie und vorderasiatischen Archaologie*, Vol. 6 (1980-1983), pp. 59-65。

③ D. Frayne, *Ur Ⅲ Period (2112-2004 BC)*, RIME 3/2, Toronto: University of Toronto Press, 1997.

④ D. Frayne, *Ur Ⅲ Period (2112-2004 BC)*, RIME 3/2, Toronto: University of Toronto Press, 1997, p. 3.

文献 RIME 3/2.1.14（Ur-Nammu）

1) ^{d}Nanna　　　　　　　为了南那
2) lugal-a-ni　　　　　　他的主人
3) Ur-^{d}Nammu　　　　　乌尔纳姆
4) lugal Uri$_5^{ki}$-ma-ke$_4$　乌尔之王
5) e$_2$-a-ni　　　　　　　他的神庙
6) mu-na-du$_3$　　　　　建造了；
7) bad$_3$ Uri$_5^{ki}$-ma　　　乌尔的城墙
8) mu-na-du$_3$　　　　　建造了。

乌尔第三王朝王室铭文中关于战争的记载不多，但是与年名和经济文献中的简短记载相比，王室铭文中的战争记载内容较为详细，包括战后战利品的处置相关事宜。[①] 例如，在国王舒辛的铭文中，将对外战争的胜利原因归于神的庇护。

"舒辛，安（An）神所命名之人，恩利尔（Enlil）神所喜爱与所选之人，四方之王，恩利尔神赐予舒辛长寿、王冠、王座与武器，其威力震慑从'上海'到下海的反叛者……当时，扎布沙里的西马什基人，如蝗虫般席卷从安珊边界到下海之地。诸城的统治者在战场与舒辛对峙，舒辛依靠恩利尔神与宁利尔（Ninlil）神的威力，取得了这些战役的胜利。他砍下了敌人的头颅，使他们疲于奔命，杀死了强者与弱者，将其头颅像种子般播撒，敌人的尸体堆积如山……他将来自扎布沙里诸城的首领们作为战俘从战场带回……他将他们的城市村庄夷为废墟，摧毁城墙。他将城中的男子弄瞎，让他们在神庙的果园中作为仆人。他将城中的女子作为礼物赠到神庙中从事纺织工作。他将他们（敌人）的牛、羊、驴奉献给神庙。"[②]

总之，由于王室铭文是一种介于文学记述与历史记述之间的文献类型，既有包括对诸神歌颂（类似于文学作品中的赞美诗）与崇拜的记载，也记载有相关的历史事件，所以我们需要对这类史料进行甄别利用。

[①] S. Fink, "Battle and War in the Royal Self-Representation of the Ur Ⅲ Period", in T. R. Kämmerer, M. Kõiv and V. Sazonov (eds.), *Kings, Gods and People. Establishing Monarchies in the Ancient World*, Münster: Ugarit Verlag, 2016, pp.109-134.

[②] 文献 RIME 3/2.1.4.1。参见 D. Frayne, *Ur Ⅲ Period (2112-2004 BC)*, RIME 3/2, Toronto: University of Toronto Press, 1997, pp.295-300。

四 书信

古代近东历史上最著名的两大书信档案无疑是公元前2千纪前期的马里书信档案[①]以及公元前2千纪后期的阿马尔那书信档案,[②] 二者都属于王室外交档案,记载的多是国王与外国统治者之间的通信往来。而在公元前3千纪晚期的乌尔第三王朝,书信档案一般可以分为王室书信和私人书信,[③] 其中前者是本书研究资料来源之一。目前已知的乌尔第三王朝王室书信文献几乎都是古巴比伦时期的抄本及残片,作为学校教学文本,原件尚未发现,主要出土于尼普尔、乌尔、伊新、基什(Kish)、苏萨和西帕尔(Sippar)等遗址,以尼普尔居多。[④] 与马里、阿马尔那档案不同,乌尔第三王朝的王室书信主要记载的是国王与本国臣属(尤其是地方行省总督)之间的通信。通信的内容涉及对外战争和军事方面的主要是修建王朝北部的防御工事——阿摩利墙、处理边境事宜以及王朝末年各种社会危机〔例如伊比辛与伊什比埃拉(Ishbi-Erra)的通信〕。

---

① 关于马里书信档案,参见 G. Dossin, "Les Archives épistolaires du Palais de Mari", *Syria*, Vol. 19, No. 2 (1938), pp. 105-126; A. Parrot, *Mission Archéologique de Mari*, Vol. Ⅰ-Ⅳ, Paris: Librairie Orientaliste Paul Geuthner, 1956-1968; J. Durand, *Les documents épistolaires du palais de Mari*, Tome Ⅰ-Ⅲ, Paris: Les Éditions du Cerf, 1997-2000。以及参见32卷丛书《马里王室档案》(Archives royales de Mari, 简称 ARM, 1950-2012)。

② 关于阿马尔那书信档案,参见 W. L. Moran, *The Amarna Letters*, Baltimore: Johns Hopkins University Press, 1992; R. Cohen and R. Westbrook (eds.), *Amarna Diplomacy: The Beginnings of International Relations*, Baltimore: Johns Hopkins University Press, 2000; A. F. Rainey and W. M. Schniedewind, *The El-Amarna Correspondence: A New Edition of the Cuneiform Letters From the Site of El-Amarna Based On Collations of All Extant Tablets*, Boston: Brill, 2014。

③ 关于乌尔第三王朝的王室书信和私人书信文献,参见 F. A. Ali, "Sumerian Letters: Two Collections from the Old Babylonian Schools", PhD dissertation, University of Pennsylvania, 1964; P. Michalowski, *Letters from Early Mesopotamia*, Atlanta: Scholars Press, 1993; B. Kienast and K. Volk, *Die sumerischen und akkadischen Briefe des Ⅲ. Jahrtausends aus der Zeit vor der Ⅲ. Dynastie von Ur*, FAOS 19, Stuttgart: Steiner, 1995; F. Huber, "La Correspondance Royale d'Ur: un corpus apocryphe", *Zeitschrift für Assyriologie und Vorderasiatische Archäologie*, Vol. 91 (2001), pp. 169-206; W. W. Hallo, "A Sumerian Apocryphon? The Royal Correspondence of Ur Reconsidered", in P. Michalowski and N. Veldhuis (eds.), *Approaches to Sumerian Literature: Studies in Honour of Stip (H. L. J Vanstiphout)*, CM 35, Leiden: Brill, 2006, pp. 85-104; P. Michalowski, *The Correspondence of the Kings of Ur: An Epistolary History of an Ancient Mesopotamian Kingdom*, MC 15, Winona Lake: Eisenbrauns, 2011。

④ P. Michalowski, *The Correspondence of the Kings of Ur: An Epistolary History of an Ancient Mesopotamian Kingdom*, MC 15, Winona Lake: Eisenbrauns, 2011, pp. 36-48。

此外，在文学作品（如赞美诗）和预兆文献中也有关于乌尔第三王朝对外战争的间接证据，[①] 这些记载穿插在相关主题的描述中，我们需要对其进行甄别利用，可以与上述文献资料进行互补。

第二节　王朝前期的扩张战争

大约公元前2154年，库提人灭亡了阿卡德王国。关于他们对两河流域进行统治的具体情况，由于没有留下多少资料证据，我们不是特别清楚。但是很可能，库提人对两河流域的统治范围主要维持在两河流域北部地区，[②] 而南部地区的许多苏美尔城邦趁机独立，恢复到了早王朝时期的城邦并立状态，以拉伽什城邦为代表，其中的著名统治者古地亚（Gudea）发展国内经济，为自己建造了大量的雕像，留下了丰富的修建神庙的记录，这一时期苏美尔文化的复苏为接下来的乌尔第三王朝的繁荣奠定了文化基础。[③] 与此同时，在政治上，库提人对两河流域的统治也激起了两河流域人们的激烈反抗，其中以乌鲁克（Uruk）的乌图赫伽尔（Utu-hegal）为首的起义军最终击败了库提王国，打败库提末王提里干（Tirigan），把库提人赶出了两河流域。王室铭文记载如下：

文献 RIME 2.13.6.4（Nippur，古巴比伦副本）

101) ^{d}Utu-he$_2$-gal$_2$ nita-kalag-ga　　　　乌图赫伽尔，强大的男人

102) GIN$_2$. KAR$_2$ im-mi-si$_3$　　　　击败

103) GIR$_3$. NITA$_2$-bi u$_4$-ba Ti-ri$_2$-ga-a-an　　他们的将军，当提里干

104) lugal Gu-ti-um^{ki}　　　　库提的国王

105) aš-a-ni giri$_3$ ba-da-an-kar　　　　徒步逃跑

106) ki zi-ni　　　　在这个地方

107) ba-da-an-kar-ra　　　　他试图救命

---

① 关于乌尔第三王朝时期的文学类文献，参见牛津大学"苏美尔文学电子文集"（The Electronic Text Corpus of Sumerian Literature，简称ETCSL），网址：https：//etcsl. orinst. ox. ac. uk/，检索日期：2024年10月1日。

② D. Frayne, *Sargonic and Gutian Periods（2334-2113 BC）*, RIME 2, Toronto：University of Toronto Press, 1993.

③ D. Edzard, *Gudea and His Dynasty*, RIME 3/1, Toronto：University of Toronto Press, 1997; W. H. Ph. Römer, *Die Zylinderinschriften von Gudea*, AOAT 376, Münster：Ugarit-Verlag, 2010.

第一章 对外战争

108) Dab₆-ru-umki-ma ba-an-sa₆　　达布鲁姆，他安全了

109) lu₂ Dab₆-ru-umki-ma-ke₄　　达布鲁姆的人们意识到

110) ᵈUtu-he₂-gal₂　　乌图赫伽尔

111) bar lugal ᵈEn-lil₂-le a₂-sum-ma　　是恩利尔授予权力的国王

112) i₃-me-a i₃-zu-a-ke₄-eš₂　　于是他们没有让

113) Ti-ri₂-ga-a-an-ra　　提里干

114) šu nu-ni-ba　　走。

115) lu₂-kin-gi₄-a ᵈUtu-he₂-gal₂　　乌图赫伽尔的信使

116) Ti-ri₂-ga-a-an　　抓捕提里干

117) u₃ dam-dumu-ni　　及其妻、子

118) Dab₆-ru-umki-ma mu-［un］-dab₅　　在达布鲁姆。

119) šu-na giš bi₂-gar　　他们（给他们）戴上手铐

120) igi-na tug₂ bi₂-si　　（给他）蒙上眼睛

121) ᵈUtu-he₂-gal₂ igi ᵈUtu-še₃　　乌图赫伽尔（让他）在乌图面前

122) giri₃-ni-še₃ mu-na-　　站立

123) gu₂-na giri₃ bi₂-gub　　把他的脚放在脖子上（以示惩罚）。

124) Gu-ti-umki muš-GIR₂-hur-sag-ga₂　　库提人（如同）山中有牙的蛇蝎

125) ki-in-du-a bi₂-nag　　他们从水沟里喝水

126)［…］

127) giš bi₂-［x］

128)［x］ma₂-gid₂ za₃-ba im-ta-gar　　（乌图赫伽尔）废除这些（陋习）

129) nam-lugal ki-en-gi-ra šu-ba im-mi-gi₄　　使苏美尔大地重回王化。

乌图赫伽尔以乌鲁克为都，建立了乌鲁克第五王朝（因乌鲁克城第五次作为王朝首都，故名）。[①] 他任命乌尔纳姆（可能是乌图赫伽尔的兄弟）[②] 为乌尔城的总督。但是乌图赫伽尔的统治只有短短7年，王位就被乌尔纳姆取

---

① W. Sallaberger and A. Westenholz, *Mesopotamien：Akkade-Zeit und Ur Ⅲ-Zeit*, OBO 160/3, Freiburg, Schweiz：Universitätsverlag / Göttingen：Vandenhoeck und Ruprecht, 1999, p.132.

② C. Wilcke, "Zum Königtum in der Ur Ⅲ-Zeit", in P. Garelli (ed.), *Le Palais et la Royauté (Archéologie et Civilisation)*, RAI 19, Paris：Librairie Orientaliste Paul Geuthner, 1974, pp.192-193；D. Frayne, *Ur Ⅲ Period (2112-2004 BC)*, RIME 3/2, Toronto：University of Toronto Press, 1997, p.9.

得。[1] 乌尔纳姆将首都从乌鲁克迁到乌尔，建立了乌尔第三王朝。

乌尔第三王朝历时 108 年（公元前 2112—前 2004 年），共有 5 位国王（lugal）组成，他们分别是：

> 乌尔纳姆（公元前 2112—前 2095 年在位，共 18 年）
> 舒尔吉（公元前 2094—前 2047 年在位，共 48 年）
> 阿马尔辛（公元前 2046—前 2038 年在位，共 9 年）
> 舒辛（公元前 2037—前 2029 年在位，共 9 年）
> 伊比辛（公元前 2028—前 2004 年在位，共 24 或 25 年）

根据《苏美尔王表》的记载，这 5 位国王之间的关系为：前一任国王是后一任国王的父亲，后一任国王是前一任国王的儿子，即父子关系。[2]《苏美尔王表》记录如下：[3]

> Unug$^{ki\,giš}$tukul ba-an-sag$_3$ 乌鲁克被武力打败，
> nam-lugal-bi uri$_2$^{ki}-še$_3$ ba-DU   其王权被带到乌尔。
> Uri$_2$^{ki}-ma Ur-^{d}Nammu lugal   （在）乌尔，乌尔纳姆为王，

---

[1] 关于乌图赫伽尔之死，参见 N. De Zorzi, "The Death of Utu-hegal and Other Historical Omens", *Journal of Cuneiform Studies*, Vol. 68 (2016), pp. 129-151。

[2] 关于乌尔第三王朝的 5 位国王之间的谱系关系，一直以来是学术界争议比较大的问题。显然，从诸多文献证据中，学者们否认了《苏美尔王表》有关乌尔国王们之间"父子继承"的论述。从文献的蛛丝马迹证据，我们大致可以肯定，舒尔吉是乌尔纳姆之子，而王朝最后三位国王阿马尔辛、舒辛和伊比辛很可能都是舒尔吉的儿子，即三人之间是兄弟关系。参见 J. Dahl, *The Ruling Family of Ur Ⅲ Umma: A Prosopographical Analysis of an Elite Family in Southern Iraq 4000 Years Ago*, PIHANS 108, Leiden: Nederlands Instituut voor het Nabije Oosten, 2007, p. 2。但是，美国密歇根大学的米哈洛夫斯基从新的资料中推论出更为复杂的谱系关系，他认为，乌尔纳姆是舒尔吉的亲生父亲，舒辛和伊比辛是舒尔吉的亲生父亲，而阿马尔辛则是舒尔吉的侄子。具体来言，乌尔纳姆与瓦塔尔图姆（Watartum）生了舒尔吉，舒尔吉与舒尔吉西姆提（Shulgi-simti）生了舒辛，舒尔吉与阿比西姆提（Abi-simti）生了伊比辛，而乌尔第三王朝第三位国王阿马尔辛则是乌尔纳姆与瓦塔尔图姆所生的另一个儿子（名字不详）与塔兰乌兰（Taram-Uram，她是阿皮尔金与一不知名女子所生）所生。参见 P. Michalowski, "Of Bears and Men: Thoughts on the End of Šulgi's Reign and on the Ensuing Succession", in D. Vanderhooft and A. Winitzer (eds.), *Literature as Politics, Politics as Literature: Essays on the Ancient Near East in Honor of Peter Machinist*, Winona Lake: Eisenbrauns, 2013, pp. 285-320。

[3] T. Jacobsen, *The Sumerian King List*, AS 11, Chicago: University of Chicago Press, 1939；T. 雅各布森编著：《苏美尔王表》，郑殿华译，生活·读书·新知三联书店 1989 年版，第 39—42 页。

mu 18 i₃-ak	（他）统治了18年。
ᵈŠul-gi dumu ᵈUr-Nammu-ke₄	乌尔纳姆之子舒尔吉（继任为王），
mu 48 i₃-ak	（他）统治了48年。
ᵈAmar-ᵈEN.ZU dumu ᵈŠul-gi-ke₄	舒尔吉之子阿马尔辛（继任为王），
mu 9 i₃-ak	（他）统治了9年。
Šu-ᵈEN.ZU dumu ᵈAmar-ᵈEN.ZU	阿马尔辛之子舒辛（继任为王），
mu 9 i₃-ak	（他）统治了9年。
I-bi₂-ᵈEN.ZU dumu Šu-ᵈEN.ZU-ke₄	舒辛之子伊比辛（继任为王），
mu 24 i₃-ak	（他）统治了24年。
5 lugal	五位国王
mu-bi 108 ib₂-ak	共统治了108年。
Uri₂ᵏⁱ-ma ᵍⁱˢtukul ba-an-sag₃	乌尔被武力打败，
nam-lugal-bi I₃-si-inᵏⁱ-še₃ ba-DU	其王权被带到伊新，
I₃-si-inᵏⁱ-na Iš-bi-Er₃-ra lugal	（在）伊新，伊什比埃拉为王。

乌尔第三王朝的起源问题还没有得到彻底地解决，王朝的建立者乌尔纳姆①很可能起源于一个叫做埃舒（eš∶šuᵏⁱ）或阿舒（aš-šuᵏⁱ）的地区，可能位于乌尔附近。② 乌尔纳姆的母亲据说是达米克图姆（Damiqtum）。③ 关于乌尔纳姆是如何取得王位这一问题，学术界存在不同的争议。关于乌尔纳姆和乌图赫伽尔之间的关系，学界也有不同的观点。据不同的文献证据记载，乌尔纳姆的身份要么是乌图赫伽尔的兄弟，④ 要么是乌图赫伽尔

---

① 关于乌尔纳姆（或乌尔纳玛）名称的讨论，参见 D. Frayne, *Ur Ⅲ Period (2112-2004 BC)*, RIME 3/2, Toronto: University of Toronto Press, 1997, p.9. 乌尔纳姆名字的本义是"纳姆（或纳玛）神的仆人"。关于纳姆（Nammu）神，参见 D. Frayne and J. Stuckey, *A Handbook of Gods and Goddesses of the Ancient Near East: Three Thousand Deities of Anatolia, Syria, Israel, Sumer, Babylonia, Assyria, and Elam*, University Park: Eisenbrauns, 2021, p.222.

② D. Frayne, *Ur Ⅲ Period (2112-2004 BC)*, RIME 3/2, Toronto: University of Toronto Press, 1997, p.9.

③ J. Boese and W. Sallaberger, "Apil-kīn von Mari und die Könige der Ⅲ. Dynastie von Ur", *Altorientalische Forschungen*, Vol.23 (1996), pp.24-39.

④ C. Wilcke, "Zum Königtum in der Ur Ⅲ-Zeit", in P. Garelli (ed.), *Le palais et la royauté (Archéologie et Civilisation)*, RAI 19, Paris: Librairie Orientaliste Paul Geuthner, 1974, pp.192-193; C. Wilcke, *Isin-Išān Bahriyāt Ⅲ*, BAW 94, München: Verlag der Bayerischen Akademie der Wissenschaften, 1987, pp.108-111; 参见文献 UET 1 30 (= Utu-hegal 6)。

的女婿。① 乌尔纳姆被乌图赫伽尔任命为乌尔的将军（或总督）。但是目前没有证据表明二人产生过冲突，大量文献证据表明，在乌尔第三王朝时期，乌鲁克的地位十分重要，相当于王朝的另一个首都，王室成员大多居住于乌鲁克。而且乌图赫伽尔在乌尔第三王朝时期也被奉为神（文献 MVN 16 1496）。乌尔纳姆自称是女神宁荪（Ninsun）的儿子，吉尔伽美什（Gilgamesh）的兄弟，伊南娜（Inanna）女神的配偶。②

一 乌尔纳姆的王朝统一战争

据《苏美尔王表》记载，乌尔纳姆一共统治了18年，这当然不包括他担任乌图赫伽尔统治下的乌尔将军期间。乌尔第三王朝的纪年方式是年名纪年，往往以前一年所发生的最重要事件作为当年的年名内容，是我们研究乌尔第三王朝历史的重要参考资料。同后面四位国王的年名排列清楚相比，乌尔纳姆年名的先后时间顺序已经无法复原。③ 我们只知道乌尔纳姆在其统治时期大致做了哪些事情，但是不知道某一事件具体是在哪一年发生。

乌尔纳姆建立乌尔第三王朝之后，其统一战争大致可以分为三个阶段。④

---

① 原文：^{d}Šul-gi dumu-munus ^{d}Utu-he$_2$-gal$_2$ lugal Unug^{ki} "乌鲁克国王乌图赫伽尔之女儿之子舒尔吉"，参见 H. Hunger, *Spätbabylonische Texte aus Uruk*, I, Berlin: Mann Verlag, 1976, pp. 19-20; J. -J. Glassner, *Chroniques mésopotamiennes*, Paris: Les Belles Lettres, 1993, pp. 229-230。

② C. Wilcke, "Genealogical and Geographical Thought in the Sumerian King List", in H. Behrens, D. Loding and T. M. Roth (eds.), *DUMU-E$_2$-DUB-BA-A: Studies in Honor of Åke W. Sjöberg*, OPKF 11, Philadelphia: The University Museum, 1989, pp. 563-565. 关于苏美尔文学中的乌尔纳姆记载，参见 E. Flückiger-Hawker, *Urnamma of Ur in Sumerian Literary Tradition*, OBO 166, Fribourg/Göttingen: University Press/Vandenhoeck & Ruprecht, 1999.

③ 有些学者试图复原乌尔纳姆的年名时间顺序，做了一些研究，但是也没有取得令人满意的答案。参见 F. R. Kraus, "Zur Chronologie der Könige Ur-Nammu und Šulgi von Ur", *Orientalia*, *Nova Series*, Vol. 20 (1951), pp. 385-398; E. Sollberger, "Sur la chronologie des rois d'Ur et quelques problèmes connexes", *Archiv für Orientforschung*, Vol. 17 (1954-1956), pp. 10-39; D. Frayne, *Ur III Period (2112-2004 BC)*, RIME 3/2, Toronto: University of Toronto Press, 1997, pp. 9-20。

④ 需要注意的是，我们所说的乌尔第三王朝对外战争中的"外"范围不是固定的外国或者域外，而是相当于乌尔第三王朝所直接统治区域的"内"而言，所以对外战争中的"外"在不同的时间段所指的地理范围也不相同。比如一个地区 A，在乌尔纳姆时期尚未被乌尔王朝占领或统治，那么 A 相当于乌尔第三王朝而言就是域外，乌尔对 A 的战争行动可以称为对外战争，但是如果在舒尔吉时期 A 被乌尔王朝占领，并且成为王朝的直接统治区域，那么此时的 A 对于乌尔第三王朝而言就不再是域外，而是域内。

第一章 对外战争

第一阶段是统一巴比伦尼亚南部的苏美尔地区，将原先的独立城邦纳入王朝的版图内，他以乌尔城为起点，首先占领乌鲁克，进而统一了除拉伽什城邦之外的其他苏美尔地区。① 乌尔纳姆在统治中期统一了巴比伦尼亚，之前的时期与拉伽什第二王朝重合。至此，在两河流域南部尚有拉伽什城邦保持独立，库提人被驱逐后的巴比伦尼亚北部阿卡德地区和迪亚拉河流域被埃兰人占据。乌尔纳姆首先面临的对外任务是完成两河流域南部的统一。所以说，在乌尔纳姆时期的对外战争，也可以被称为王朝统一战争。②

乌尔纳姆统一战争的第二阶段是驱逐埃兰人，统一巴比伦尼亚北部。自阿卡德王国亡后，埃兰统治者普朱尔因舒西纳克（Puzur-Inshushinak）③

---

① P. Steinkeller, "The Sargonic and Ur Ⅲ Empires", in P. F. Bang, C. A. Bayly and W. Scheidel（eds.）, *The Oxford World History of Empire*, Volume 2: *The History of Empires*, Oxford: Oxford University Press, 2021, p. 55.

② 注意，乌尔纳姆时期的主要贡献在于对内建设方面。第一，修建了许多水渠和运河，在"乌尔纳姆的加冕"（女神伊南娜为死去的国王进行的一种仪式）或者"乌尔纳姆之死"的铭文中，多次提到了乌尔纳姆的修建运河功绩，这些水利工程不仅疏通了乌尔第三王朝的内河航运，更为区域水路贸易的开展奠定了基础。参见 H. Steible, *Die neusumerischen Bau-und Weihinschriften*, Teil 2: *Kommentar zu den Gudea-Statuen Inschriften der* Ⅲ. *Dynastie von Ur Inschriften der* Ⅳ. *und „V. "Dynastie von Uruk Viria*, FAOS 9/2, Stuttgart: Franz Steiner Verlag Stuttgart, 1991; M. Sigrist and T. Gomi, *The Comprehensive Catalogue of Published Ur* Ⅲ *Tablets*, Bethesda: CDL Press, 1991, p. 320. 第二，制定了迄今已知世界上最早的法典《乌尔纳姆法典》，比著名的《汉穆拉比法典》还要早三四百年。参见 M. T. Roth, *Law Collections from Mesopotamia and Asia Minor*, Atlanta: Scholars Press, 1995, pp. 13-22; P. Steinkeller, "The Administrative and Economic Organization of the Ur Ⅲ State: The Core and the Periphery", in M. Gibson and R. D. Biggs（eds.）, *The Organization of Power: Aspects of Bureaucracy in the Ancient Near East*, SAOC 46, Chicago: The Oriental Institute of the University of Chicago, 1987, p. 17. 关于《乌尔纳姆法典》的编撰者是舒尔吉这一说法，参见 C. Wilcke, "Der Kodex Urnamma（CU）: Versuch einer Rekonstruktion", in T. Abusch（ed.）, *Riches Hidden in Secret Places: Ancient Near Eastern Studies in Memory of Thorkild Jacobsen*, Winona Lake: Eisenbrauns, 2002, pp. 291-333. 第三，修建了大量的建筑工事，这些信息保存在他的建筑铭文中，这些建筑包括宗教建筑（即神庙和塔庙），以及城市建筑（如宫殿和城墙）。除此，他还继承了拉伽什第二王朝的传统（乌尔巴巴 Ur-Baba 任命其女儿担任吉尔苏神庙的女祭司），任命其女儿恩尼尔伽尔安娜（En-nirgal-anna）担任乌尔城南那（Nanna）神庙的最高女祭司，这一传统在两河流域一直沿用至新巴比伦时期。参见 D. Frayne, *Ur* Ⅲ *Period (2112-2004 BC)*, RIME 3/2, Toronto: University of Toronto Press, 1997, pp. 87-88.

③ 普朱尔因舒西纳克一说读作库提克因舒西纳克（Kutik-Inshushinak），参见 P. Steinkeller, "Puzur-Inšušinak at Susa", in K. De Graef and J. Tavernier（eds.）, *Susa and Elam. Archaeological, Philological, Historical and Geographical Perspectives: Proceedings of the International Congress Held at Ghent University, December 14-17, 2009*, MDP 58, Leiden and Boston: Brill, 2013, p. 293.

占据了迪亚拉河流域以及底格里斯河的哈姆林（Hamrin）地区。① 据古巴比伦时期的阿万与西马什基王表的抄本记载，普朱尔因舒西纳克是阿万王朝的最后一位（即第12位）国王，其早期的头衔为"苏萨的总督与埃兰地区的将军，西姆皮伊什胡克（Shimpi-ishhuk）之子"②。

此后，乌尔纳姆发动了扎格罗斯战役，东至胡赫努里，西北到哈马丹（Hamadan）。据其铭文记载，他的主要对手或者目标是基马什和胡尔提地区。③ 以这两地为战略前线，进军迪亚拉河流域以及巴比伦尼亚北部地区。据乌尔纳姆王室铭文记载，他战胜普朱尔因舒西纳克，占领阿瓦尔（Awal）、基斯马尔（Kismar）、马什堪沙鲁姆（Mashkan-sharrum）、埃什努那、图图布（Tutub）、孜姆达尔（Zimudar）以及阿卡德。④ 如下所示：

文献 RIME 3/2.1.1.29（Ur-Nammu）

col. v'

1'）	[x x] Ur-^{d}Nammu	乌尔纳姆
2'）	nita kalag-ga	强大的男人
3'）	lugal Uri$_5$^{ki}-ma	乌尔之王
4'）	lugal ki-en-gi ki-uri	苏美尔与阿卡德之王
5'）	nam-ti-la-ni-še$_3$	为了他的生命
6'）	a mu-na-ru	奉献了（这个物件）。
7'）	u$_4$-ba ^{d}En-lil$_2$-le	当恩利尔
8'）	Elam-ra	为埃兰人

---

① C. Wilcke, "Die Inschriftenfunde der 7. und 8. Kampagnen (1983 und 1984)", in B. Hrouda (ed.), *Isin-Išān Bahrīyāt* III. *Die Ergebnisse der Ausgrabungen 1983-1984*, München: Verlag der Bayerischen Akademie der Wissenschaften, 1988, p. 110.

② 原文为：ensi$_2$ Šušin^{ki} šagina ma-ti Elam^{ki} dumu Šim-bi-iš-hu-uk, 参见 I. J. Gelb and B. Kienast, *Die altakkadischen Konigsinschriften des dritten Jahrtausends v. Chr.*, FAOS 7, Stuttgart: Franz Steiner Verlag Stuttgart, 1990, pp. 321-336 (Elam 2, 3, 4, 5, 6, 9, 10, 11).

③ I. J. Gelb and B. Kienast, *Die altakkadischen Konigsinschriften des dritten Jahrtausends v. Chr.*, FAOS 7, Stuttgart: Franz Steiner Verlag Stuttgart, 1990, pp. 321-324 (Elam 2: 5-10): i$_3$-nu-me Ki-maš^{ki} u$_3$ ma-at Hu-ur$_2$-tim^{ki} i-ge-ru-uš. 这两个地区都是在舒尔吉时期才被乌尔第三王朝所征服。

④ D. Frayne, *Ur* III *Period (2112-2004 BC)*, RIME 3/2, Toronto: University of Toronto Press, 1997, pp. 65-66.

第一章 对外战争

9') NIG$_2$. A$_2$. TAG. GA……
10') ha-mu-ne-sum　　　　　　　给
11') ma-da kur Elam^{ki}-ma　　　在埃兰高地
12') me$_3$-še$_3$ ni$_2$-ba　　　　他们彼此作战
13') hu-mu-ši-DU　　　　　　　在战场上。
14') lugal-bi　　　　　　　　　他们的国王
15') Puzur$_4$-^{d}MUŠ$_3$. EREN-ke$_4$　普朱尔因舒西纳克
16') A-wa-al^{ki}　　　　　　　阿瓦尔
17') Ki-is-ma-ar^{ki}　　　　　基斯马尔
18') Maš-kan$_2$-LUGAL^{ki}　　　马什堪沙鲁姆
19') ma-da Eš$_2$-nun-na^{ki}　　埃什努那地区
20') ma-da Tu-tu-ub$_2$^{ki}　　 图图布地区
21')［ma］-da Zi-mu-dar^{ki}　　孜姆达尔地区
22')［ma］-da A-ga-de$_3$^{ki}　　阿卡德地区
23') LU$_2$-［…］（……）

col. vi'

1')［…］lugal……
2')［…］us$_2$-a……
3')［x］+45 anše-bi45　　　　　多头驴
4') nam-ra-aš　　　　　　　　我作为战利品获取了。
5') ha-mu-ak
6') ^{d}En-lil$_2$　　　　　　　　我将（战利品）带给恩利尔
7') lugal-mu　　　　　　　　　我的主人
8') Nibru^{ki}-še$_3$　　　　　　到尼普尔
9') he$_2$-na-lah$_5$
10') za$_3$ he$_2$-na-šu$_4$　　　　（并且）为他标记。
11') ni$_3$-egir-bi　　　　　　　剩余的
12') ugnim-mu　　　　　　　　我赐给我的军队
13') ni$_3$-ba-a　　　　　　　　作为礼物。
14') ha-ba-ni-gar

在《乌尔纳姆法典》序言中记载，他征服的巴比伦尼亚北部城市又增加了马腊德（Marad）、吉尔卡尔（GIRkal）、卡扎鲁（Kazallu）、乌查鲁姆

57

(Usarum)。① 乌尔纳姆很可能联合拉伽什统治者古地亚，共同驱逐埃兰人，占领苏西亚纳地区的苏萨城，② 以及乌鲁阿（Urua）、萨布姆和帕西美。向东征战直到普朱尔因舒西纳克的故土安珊。据古地亚王室铭文记载，他唯一的一次对外战争是击败了埃兰的安珊城，并且将此次战役的战利品献给宁吉尔苏（Ningirsu）的埃宁努神庙。③ 这一事件也被记录在古地亚的一个年名中。④ 另据《乌尔纳姆法典》序言记载，这场战争之后，乌尔纳姆很可能与拉伽什瓜分了埃兰人所占的土地，乌尔纳姆控制了巴比伦尼亚北部、苏西亚纳地区以及迪亚拉河部分地区，而拉伽什的古地亚获得了阿丹顿地区。原普朱尔因舒西纳克所统治的东部地区落入西马什基王朝建立者基尔纳美（Kirname）之手，其成为乌尔第三王朝后来的主要对手之一。⑤ 此外，乌尔纳姆还完成乌图赫伽尔未竟的事业，继续驱逐、肃清库提人的残余势力，征服了两河流域中部地区。⑥ 据乌尔纳姆的一个年名记录，"库

---

① D. Frayne, *Ur Ⅲ Period (2112-2004 BC)*, RIME 3/2, Toronto: University of Toronto Press, 1997, pp. 48-49（第125—130行）.

② G. Marchesi, "Ur-Namma (k)'s Conquest of Susa", in K. De Graef and J. Tavernier (eds.), *Susa and Elam. Archaeological, Philological, Historical and Geographical Perspectives: Proceedings of the International Congress Held at Ghent University, December 14-17, 2009*, MDP 58, Leiden and Boston: Brill, 2013, pp. 285-291; P. Steinkeller, "The Date of Gudea and His Dynasty", *Journal of Cuneiform Studies*, Vol. 40, No. 1 (1988), pp. 47-53. 关于乌尔纳姆联手拉伽什第二王朝的统治者古地亚的论述，参见 P. Steinkeller, "Puzur-Inšušinak at Susa: A Pivotal Episode of Early Elamite History Reconsidered", in K. De Graef and J. Tavernier (eds.), *Susa and Elam. Archaeological, Philological, Historical and Geographical Perspectives: Proceedings of the International Congress Held at Ghent University, December 14-17, 2009*, MDP 58, Leiden and Boston: Brill, 2013, p. 298; A. R. George, *Cuneiform Royal Inscriptions and Related Texts in the Schøyen Collection*, CUSAS 17, Bethesda: CDL Press, 2011, pp. 29-47.

③ 原文：^{giš}tukul uru An-ša-an Elam^{ki} mu-sig$_3$ nam-ra-ak-bi E$_2$-ninnu-a mu-na-ni-ku$_4$，参见 D. O. Edzard, *Gudea and His Dynasty*, RIME 3/1, Toronto: Univeristy of Toronto Press, 1997, p. 35。

④ 该年名信息部分保留，现代学者复原为：[mu An-ša-an$^{ki?}$] ^{giš}tukul ba-sig$_3$-a，参见 P. Steinkeller, "The Date of Gudea and His Dynasty", *Journal of Cuneiform Studies*, Vol. 40 (1988), p. 52。

⑤ P. Steinkeller, "The Sargonic and Ur Ⅲ Empires", in P. F. Bang, C. A. Bayly and W. Scheidel (eds.), *The Oxford World History of Empire, Volume 2: The History of Empires*, Oxford: Oxford University Press, 2021, p. 55.

⑥ P. Steinkeller, "The Sargonic and Ur Ⅲ Empires", in P. F. Bang, C. A. Bayly and W. Scheidel (eds.), *The Oxford World History of Empire, Volume 2: The History of Empires*, Oxford: Oxford University Press, 2021, p. 56; M. Civil, "On Some Texts Mentioning Ur-Namma", *Orientalia, Nova Series*, Vol. 54 (1985), p. 28; W. W. Hallo, "Gutium (Qutium)", *Reallexikon der Assyriologie und Vorderasiatischen Archäologie*, Vol. 3 (1957-1971), p. 714.

提被毁之年"（mu Gu-ti-um^{ki} ba-hul）。[1] 此外，乌尔纳姆的两篇赞美诗也提到了类似经历，列举如下：[2]

(1) 文献 hymn Ur-Nammu C, line 90
Gu-ti-um^{ki} lu$_2$-x-a-ke$_4$ šu-uri$_3$-na mu-du$_8$
我捆住了库提人的血腥之手。

(2) 文献 Ni 4375 (iv 1'-5')
^{d}[Ur-^{d}Nammu] lugal- [...] Gu-t[i-um^{ki}] lu$_2$-x- [x] kur-ba- im-m [i-...]
（我），【乌尔纳姆】，【某某】国王，库提人，......，在他们山上......

乌尔纳姆统一战争的第三阶段是征服拉伽什城邦。拉伽什城邦自库提人灭亡阿卡德王国之后独立，占据巴比伦尼亚南部地区，与库提王朝对峙，被称为拉伽什第二王朝（有别于早王朝时期的拉伽什第一王朝），大约共有13位恩西（统治者）。[3] 其中，古地亚最为出名，故该王朝也被称为古地亚王朝。[4] 据《乌尔纳姆法典》序言记载，在两河流域南部，乌尔纳姆打败了拉伽什第二王朝的统治者纳姆哈尼（Namhani），[5] 以及其他两

---

[1] S. Fink, "Battle and War in the Royal Self-Representation of the Ur Ⅲ Period," in T. R. Kämmerer, M. Kõiv and V. Sazonov, eds., *Kings, Gods and People. Establishing Monarchies in the Ancient World*, Münster: Ugarit Verlag, 2016, p. 112.

[2] D. Frayne, *Ur Ⅲ Period (2112-2004 BC)*, RIME 3/2, Toronto: University of Toronto Press, 1997, p. 11.

[3] 分别为：乌尔宁吉尔苏一世（Ur-Ningirsu I）、皮里格美（Pirig-me）、卢巴巴（Lu-Baba）、卢古拉（Lugula）、卡库（Kaku）、乌尔巴巴、古地亚、乌尔宁吉尔苏二世（Ur-Ningirsu Ⅱ）、乌尔加尔（Ur-GAR）、乌尔阿亚巴（Ur-ayabba）、乌尔马马（Ur-Mama）、纳姆哈尼、哈拉巴乌（Hala-Bau）。

[4] 关于拉伽什第一王朝，参见 D. Frayne, *Ur Ⅲ Period (2112-2004 BC)*, RIME 3/2, Toronto: University of Toronto Press, 1997；关于拉伽什第二王朝，参见 D. O. Edzard, *Gudea and His Dynasty*, RIME 3/1, Toronto: Univeristy of Toronto Press, 1997。

[5] D. Frayne, *Ur Ⅲ Period (2112-2004 BC)*, RIME 3/2, Toronto: University of Toronto Press, 1997, p. 47: Nam-ha-ni ensi$_2$ Lagaš^{ki}-ke$_4$ he$_2$-mi-il$_2$. 关于乌尔纳姆与拉伽什统治者纳姆哈尼处于同一时期的考证，参见 W. Sallaberger and A. Westenholz, *Mesopotamien: Akkade-Zeit und Ur Ⅲ-Zeit*, OBO 160/3, Freiburg, Schweiz: Universitätsverlag / Göttingen: Vandenhoeck und Ruprecht, 1999, pp. 134-135；P. Steinkeller, "The Date of Gudea and His Dynasty", *Journal of Cuneiform Studies*, Vol. 40, No. 1 (1988), pp. 47-53.

河流域南部城邦，最终完成了两河流域的统一，自称"苏美尔和阿卡德之王"（lugal ki-en-gi ki-uri）。随着巴比伦尼亚南部拉伽什城邦以及东部地区的占领，到乌尔纳姆统治末期，乌尔第三王朝统治的区域包括整个巴比伦尼亚、东部的苏萨和阿丹顿地区以及迪亚拉河流域部分地区。记载乌尔纳姆时期的乌尔第三王朝版图文献资料主要是《乌尔纳姆法典》和《乌尔纳姆地籍》，[①] 前者列出的管辖地名有温马、马腊德、吉尔卡尔、卡扎鲁、乌查鲁姆；后者列出的管辖地名有基里塔卜（Kiritab）、阿皮亚克（Apiak）、乌查鲁姆、乌鲁姆（Urum）、马腊德。

文献 RIME 3/2.1.1.20（Ur-Nammu）
Col. iii

125) u_4-ba	在那时
126) Umma^{ki}	温马
127) Mar$_2$-da^{ki} Gir$_2$-kal^{ki}	马腊德、吉里卡尔
128) Ka-za-lu^{ki}	卡扎鲁
128a) u_3 Maš-kan$_2$-bi	和马什堪比
129) U_2-sa-ru-um^{ki}	乌查鲁姆
130) ni$_3$ An-ša-an^{ki}-a name-ir$_3$ he$_2$-eb-ak-e	那些（城市）已经被安珊征服
131) a$_2$ ^{d}Nanna	通过南那的力量
132) lugal-ga$_2$-ta	我的主人
133) ama-ar-gi$_4$-bi	我使
134) hu-mu-gar	他们获得自由。

总结一下，乌尔纳姆时期的版图大致是：从温马到底格里斯河东岸，北部到迪亚拉河流域。乌尔纳姆宣称，埃兰也被他所征服，纳入乌尔第三

[①] F. R. Kraus, "Provinzen des neusumerischen Reiches von Ur", *Zeitschrift für Assyriologie und Vorderasiatische Archäologie*, Vol. 51（1955）, pp. 45-75; D. Frayne, *Ur III Period（2112-2004 BC）*, RIME 3/2, Toronto: University of Toronto Press, 1997, pp. 16, 50-56; A. R. George, *Cuneiform Royal Inscriptions and Related Texts in the Schøyen Collection*, CUSAS 17, Bethesda: CDL Press, 2011, pp. 25-28; 刘昌玉：《〈乌尔那穆地籍〉译注》，《古代文明》2017年第1期，确定了基里塔卜、阿皮亚克和马腊德的边界。

王朝的版图中。① 在文学作品《乌尔纳姆之死》中,② 总结了乌尔纳姆一生的功绩,在对内方面,他以伊南娜的名义修筑了若干条运河水道,沟通了首都乌尔和乌鲁克、吉尔苏等城市的联系,并且修建了若干神庙和塔庙,开启了乌尔第三王朝修建神庙的序幕,同时他还编制了世界上第一部成文法典,开辟了同海外的贸易往来;在对外方面,他战胜了库提人和埃兰人,征服了两河流域东北部地区,并且通过和亲政策建立了同西邻马里的友好关系。可以说,乌尔纳姆统治时期,乌尔第三王朝的中央集权统治处于初创阶段,王朝的许多规章制度初步建立,王朝的统治初具规模,为后来继承者的国家治理奠定了基础。

二 舒尔吉统治前半期的战争尝试

据《苏美尔王表》记载,舒尔吉是乌尔纳姆的儿子,乌尔纳姆死后,舒尔吉继任王位,共在位48年,是古代两河流域历史上在位时间较长的君主之一。有的学者指出,相较于前任乌尔纳姆,舒尔吉才是乌尔第三王朝或者乌尔帝国的"真正建立者"③。舒尔吉的统治大概可以划分为两个阶段,第一阶段是从其统治第1年到第21年,第二阶段是从其统治第22年到第48年。

舒尔吉统治的第一阶段由于现有文献匮缺,我们对其所知甚少。据王室铭文记载,乌尔纳姆在战场战死后,④ 舒尔吉发动了对库提人的战争,为乌尔纳姆报仇。在其统治第7年,从安珊边界到下海而来的高地(扎格

---

① P. Steinkeller, "The Administrative and Economic Organization of the Ur Ⅲ State: The Core and the Periphery", in M. Gibson and R. D. Biggs (eds.), *The Organization of Power: Aspects of Bureaucracy in the Ancient Near East*, SAOC 46, Chicago: The Oriental Institute of the University of Chicago, 1987, p. 15.

② C. Wilcke, "Eine Schicksalsentscheidung für den toten Urnammu", in A. Finet (ed.), *Actes de la XVIIe Recontre Assyriologique Internationale: Université Libre de Bruxelles, 30 juin-4 juillet 1969*, Ham-sur-Heure: Comité belge de recherches en Mésopotamie, 1970, pp. 81-92; S. N. Kramer, "The death of Ur-Nammu", in M. Mori, et al. (eds.), *Near Eastern Studies Dedicated to H. I. H. Prince Takahito Mikasa*, Wiesbaden: Otto Harrassowitz, 1991, pp. 193-214.

③ P. Steinkeller, "The Sargonic and Ur Ⅲ Empires", in P. F. Bang, C. A. Bayly and W. Scheidel (eds.), *The Oxford World History of Empire, Volume 2: The History of Empires*, Oxford: Oxford University Press, 2021, p. 56.

④ 关于乌尔纳姆之死,参见 D. Frayne, *Ur Ⅲ Period (2112-2004 BC)*, RIME 3/2, Toronto: University of Toronto Press, 1997, pp. 19-20。

罗斯山脉）西马什基人以及扎布沙里敌人，像蝗虫般入侵两河流域。舒尔吉发动反击，打败他们。① 从年名信息中得知，这一阶段主要是国内建设时期，但是也可以看到在边缘区有限地区扩张的对外政策，也是乌尔第三王朝首次尝试突破巴比伦尼亚，对外扩张。大约在其统治的第 20 年，舒尔吉进行了一系列改革，乌尔第三王朝成为一个高度中央集权制的世袭国家。② 同时，经过近 20 年的积累，乌尔第三王朝的国内经济得到发展与繁盛，常备军的设立也增强了军事实力，这些都为舒尔吉后半期的对外军事扩张奠定了基础。

除此，舒尔吉在其统治的前半期，主要的对外作战对象是德尔。③ 德尔是乌尔通往东部扎格罗斯山区商路的必经中转地，具有极为重要的战略价值。从舒尔吉 6 年至 21 年，④ 一共大约间断持续了 17 年，至少进行了两次战役，才最终占据该地。据舒尔吉 6 年的年名（有残损，现代学者恢复）记载，"德尔被恢复之年"（mu BAD$_3$. GAL. AN^{ki} ki-be$_2$ gi$_4$-a），⑤ 证明

---

① T. Maeda, "The Defense Zone during the Rule of the Ur Ⅲ Dynasty", *Acta Sumerologica*, Vol. 14 (1992), pp. 138–139; W. Hamblin, *Warfare in the Ancient Near East to 1600 BC: Holy Warriors at the Dawn of History*, London and New York: Routledge, 2006, pp. 109–110.

② P. Steinkeller, "The Administrative and Economic Organization of the Ur Ⅲ State: The Core and the Periphery", in M. Gibson, R. D. Biggs (eds.), *The Organization of Power: Aspects of Bureaucracy in the Ancient Near East*, Chicago: The Oriental Institute of the University of Chicago, 1987, pp. 15–33; P. Steinkeller, "Corvée Labor in Ur Ⅲ Times", in S. Garfinkle and M. Molina (eds.), *From the 21st Century B. C. to the 21st Century A. D.: Proceedings of the International Conference on Sumerian Studies Held in Madrid 22–24 July 2010*, Winona Lake: Eisenbrauns, 2013, pp. 347–424; 欧阳晓莉：《何谓"中央集权"——两河流域乌尔第三王朝国王舒勒吉改革辨析》，《江海学刊》2019 年第 4 期。

③ 关于德尔的地理位置，参见 P. Verkinderen, "Les toponymes bàd^{ki} et bàd. an^{ki}", *Akkadica*, Vol. 127 (2006), pp. 109–122; D. Patterson, "Elements of the Neo-Sumerian Military", PhD dissertation, University of Pennsylvania, 2018, pp. 103–105.

④ 一说舒尔吉 5—21 年，P. Steinkeller, "The Sargonic and Ur Ⅲ Empires", in P. F. Bang, C. A. Bayly and W. Scheidel (eds.), *The Oxford World History of Empire, Volume 2: The History of Empires*, Oxford: Oxford University Press, 2021, p. 63.

⑤ [m] u [B] A [D$_3$. G] A [L. A] N^{ki} [ki-bi gi$_4$-a] (BE 125: 1'), mu BAD$_3$<. AN>^{ki} ki-bi -gi$_4$-a (UET 3 292: 10). 参见 P. Steinkeller, "The Sargonic and Ur Ⅲ Empires", in P. F. Bang, C. A. Bayly and W. Scheidel (eds.), *The Oxford World History of Empire, Volume 2: The History of Empires*, Oxford: Oxford University Press, 2021, p. 63; D. Frayne, *Ur Ⅲ Period (2112–2004 BC)*, RIME 3/2, Toronto: University of Toronto Press, 1997, p. 95. 关于年名所记载的事件发生在前一年的说法与讨论，参见 M. Such-Gutiérrez, "Year Names as Source for Military Campaigns in the Third Millennium BC", in J. Luggin and S. Fink, eds., *Battle Descriptions as Literary Texts*, Wiesbaden: Springer VS, 2020, pp. 9–29.

第一章 对外战争

在舒尔吉统治第 5 年，发动了一次对德尔的战役，至少到舒尔吉第 11 年，德尔一直被乌尔第三王朝占据，因为舒尔吉 11 年的年名是"（德尔的主神）伊什塔兰（Ishtaran）神（的雕像被安置）进入神庙之年"（mu ^{d}Ištaran BAD$_3$.GAL.AN^{ki} e$_2$-a ba-ku$_4$）。[①] 但是，很可能在此之后的某个时间段，德尔发生叛乱，脱离乌尔统治。所以，舒尔吉在其统治第 21 年，再次发动对德尔的战役，据舒尔吉第 21 年的年名记载 mu BAD$_3$.AN^{ki} ba-hul "德尔被毁之年"[②]，在此后的文献中并没有关于德尔战争的记载，由此可推断舒尔吉通过此次战役征服了德尔。

德尔的占领，是舒尔吉对外战争的首次尝试，以德尔为起点，舒尔吉开启了统治后半期长达 20 多年的连年征战经历。

三 舒尔吉统治后半期的对外扩张

舒尔吉统治后半期的主要事迹是对外战争，其信息主要来源于年名。列举如下：

表 1-1　　　　　　舒尔吉统治后半期涉及战争的年名统计

年份	年名	翻译
舒尔吉 24 年	mu Kara$_2$-har^{ki} ba-hul	卡拉哈尔被毁之年
舒尔吉 25 年	mu Si-mu-ru-um^{ki} ba-hul	西穆鲁姆被毁之年
舒尔吉 26 年	mu Si-mu-ru-um^{ki} a-ra$_2$ 2-kam-ma-aš ba-hul	西穆鲁姆第二次被毁之年
舒尔吉 27 年	mu Ha-ar-ši^{ki} ba-hul	哈尔西被毁之年
舒尔吉 31 年	mu Kara$_2$-har^{ki} a-ra$_2$ 2-kam-ma-aš ba-hul	卡拉哈尔第二次被毁之年
舒尔吉 32 年	mu Si-mu-ru-um^{ki} a-ra$_2$ 3-kam-ma-aš ba-hul	西穆鲁姆第三次被毁之年
舒尔吉 33 年	mu us$_2$-sa Si-mu-ru-um^{ki} a-ra$_2$ 3-kam-ma-aš ba-hul	西穆鲁姆第三次被毁之次年

---

① D. Frayne, *Ur Ⅲ Period*（2112-2004 BC），RIME 3/2，Toronto：University of Toronto Press，1997，p.99.

② C. Wilcke, "Neue Quellen aus Isin zur Geschichte der Ur Ⅲ-Zeit und der I. Dynastie von Isin", *Orientalia Nova Series*, Vol.54（1985），p.302；D. Frayne, *Ur Ⅲ Period*（2112-2004 BC），RIME 3/2，Toronto：University of Toronto Press，1997，p.103.

续表

年份	年名	翻译
舒尔吉 34 年	mu An-ša-an^{ki} ba-hul	安珊被毁之年
舒尔吉 42 年	mu Ša-aš-ru^{ki} ba-hul	沙什鲁姆被毁之年
舒尔吉 44 年	mu Si-mu-ru-um^{ki} u$_3$ Lu-lu-bi^{ki} a-ra$_2$ 10-la$_2$-1-kam-aš ba-hul	西穆鲁姆和卢卢布姆第九次被毁之年
舒尔吉 45 年	mu ^{d}Šul-gi nita kala-ga lugal Uri$_5^{ki}$-ma lugal an-ub-da-limmu$_2$-ba-ke$_4$ Ur-bi$_2$-lum^{ki} Si-mu-ru-um^{ki} Lu-lu-bu^{ki} u$_3$ Kara$_2$-har^{ki}-ra aš-eš šu du$_{11}$-ga šu-tibir-ra im-mi-ra	强大的男人、乌尔之王、四方之王舒尔吉同时征服乌尔比隆、西穆鲁姆、卢卢布姆和卡拉哈尔之年
舒尔吉 46 年	mu ^{d}Šul-gi nita kala-ga lugal Uri$_5^{ki}$-ma lugal an-ub-da-limmu$_2$-ba-ke$_4$ Ki-maš^{ki} Hu-ur$_5$-ti^{ki} u$_3$ ma-da-bi u$_4$-aš-a mu-hul	强大的男人、乌尔之王、四方之王舒尔吉在同一天摧毁基马什、胡尔提及其地区之年
舒尔吉 48 年	mu Ha-ar-ši^{ki} Ki-maš^{ki} Hu-ur$_5$-ti^{ki} u$_3$ ma-da-bi u$_4$ aš-a ba-hul	哈尔西、基马什、胡尔提及其地区在同一天被毁之年

从舒尔吉 24 年至 48 年的 25 年间，共有 13 个年名记录的是战争事件。在空间上，涉及的地名依次包括：卡拉哈尔、西穆鲁姆、哈尔西、安珊、沙什鲁姆、卢卢布姆、乌尔比隆、基马什、胡尔提、哈尔西。这些地名中除了安珊位于王朝东南部的埃兰地区外，其他地名基本上都位于王朝东北部的扎格罗斯山脉。弗雷恩将舒尔吉的这一系列战争称为"扎格罗斯远征"①。又因为这些地区是胡里人的聚集区，所以哈罗将这些战争称为"胡里战争"②。而斯坦凯勒从罗马史中汲取经验，将舒尔吉的战争意图或抱负称为"大战略"③。

在时间上，舒尔吉后半期的战争大致可以分为三个阶段：第一阶段从

---

① D. R. Frayne, "The Zagros Campaigns of the Ur Ⅲ Kings", *The Canadian Society for Mesopotamian Studies Journal*, Vol. 3 (2008), pp. 33-56.

② W. W. Hallo, "Simurrum and the Hurrian Frontier", *Revue Hittite et Asianique*, Vol. 36 (1978), pp. 71-83. 关于这一地区是否胡里人聚集和统治，学者们之间存在争议，斯坦凯勒不同意哈罗的观点，参见 P. Steinkeller, *The Grand Strategy of the Ur Ⅲ Empire: Babylonia's Foreign Policy and Territorial Expansion at the End of the Third Millennium BC*, Forthcoming, p. 24。

③ P. Steinkeller, "The Sargonic and Ur Ⅲ Empires", in P. F. Bang, C. A. Bayly and W. Scheidel (eds.), *The Oxford World History of Empire, Volume 2: The History of Empires*, Oxford: Oxford University Press, 2021; 以及未出版的 P. Steinkeller, *The Grand Strategy of the Ur Ⅲ Empire: Babylonia's Foreign Policy and Territorial Expansion at the End of the Third Millennium BC*, Forthcoming.

第 24 年至第 27 年,第二阶段从第 31 年至第 34 年,第三阶段从第 42 年至第 48 年。①

(一) 第一阶段:北线暂时开路与南线尝试(第 24 年至第 27 年)

第一阶段的主要作战目标是西穆鲁姆地区(位于迪亚拉河上游),是通往伊朗西北部哈马丹平原的呼罗珊大道北路的必经之地。② 要经过西穆鲁姆,首先要经过卡拉哈尔。舒尔吉 24 年,发动了对卡拉哈尔的战役,这是舒尔吉打通呼罗珊大道的第一步。卡拉哈尔位于西穆鲁姆附近南部。卡拉哈尔"被毁"之后,③ 次年(第 25 年),乌尔军队直取西穆鲁姆,西穆鲁姆被毁。第 26 年,西穆鲁姆第二次被毁。舒尔吉基本上实现了初步

---

① P. Steinkeller, *The Grand Strategy of the Ur Ⅲ Empire: Babylonia's Foreign Policy and Territorial Expansion at the End of the Third Millennium BC*, Forthcoming, p. 23; P. Steinkeller, "The Sargonic and Ur Ⅲ Empires", in P. F. Bang, C. A. Bayly and W. Scheidel (eds.), *The Oxford World History of Empire*, Volume 2: *The History of Empires*, Oxford: Oxford University Press, 2021, p. 63; 认为三个阶段为:5—21 年、24—45 年、46—48 年。

② 西穆鲁姆作为两河流域的战略目标,从阿卡德王国时期已有记载:m [u] ᵈNa-ra-am-ᵈE [N. ZU] kas. ŠUDUL Si-mu-ur₄-ri- [im]ᵏⁱ in Ki-ra-še₃-ni-weᵏ[ⁱ] iš₁₁-a-ru u₃ Ba-ba ENSI₂ Si-mu-ur₄-ri-imᵏⁱ MES-U-DUG ENSI₂ [A-r] a-meᵏⁱ ik-mi-ME"纳拉姆辛在吉拉舍尼韦(Kirasheniwe)击败西穆鲁姆,俘虏西穆鲁姆的恩西巴巴(Baba)和阿拉美(Arame)恩西美苏杜格(Mesudug)之年",参见 W. Sallaberger and I. Schrakamp, "Philological Data for a Historical Chronology of Mesopotamia in the 3rd Millennium", in W. Sallaberger and I. Schrakamp (eds.), *ARCANE Ⅲ: History & Philology*, Turnhout: Brepols, 2015, p. 45。

③ 学术界对乌尔第三王朝年名中的 hul 一词是译为"摧毁"还是"击败、袭击"存在争议。斯坦凯勒根据这些地区在舒尔吉 48 年之后不再出现在乌尔的军事目标中,认为它们实际上已经被乌尔王朝征服,参见 P. Steinkeller, "The Sargonic and Ur Ⅲ Empires", in P. F. Bang, C. A. Bayly and W. Scheidel (eds.), *The Oxford World History of Empire*, Volume 2: *The History of Empires*, Oxford: Oxford University Press, 2021, p. 63; 而波茨、加芬克尔、米哈洛夫斯基、马尔凯西等学者以"西穆鲁姆被 hul 九次"为例,认为这些地区是乌尔王朝的长期军事掠夺目标,术语 hul 指"暂时占领",或者"袭击"之义,而非彻底的征服或摧毁,参见 T. Potts, *Mesopotamia and the East: An Archaeological and Historical Study of Foreign Relations ca. 3400-2000 BC*, Oxford: Oxbow Books, 1994, p. 125; S. Garfinkle, "The Third Dynasty of Ur and the Limits of State Power in Early Mesopotamia", in S. Garfinkle and M. Molina (eds.), *From the 21st Century B. C. to the 21st Century A. D.: Proceedings of the International Conference on Sumerian Studies Held in Madrid 22-24 July 2010*, Winona Lake: Eisenbrauns, 2013, p. 163; P. Michalowski, "News of a Mari Defeat from the Time of King Sulgi", *Nouvelles Assyriologiques Brèves et Utilitaires*, No. 23 (2013), pp. 36-41; G. Marchesi, "Ur-Namma (k)'s Conquest of Susa", in K. De Graef and J. Tavernier (eds.), *Susa and Elam. Archaeological, Philological, Historical and Geographical Perspectives: Proceedings of the International Congress Held at Ghent University, December 14-17, 2009*, MDP 58, Leiden and Boston: Brill, 2013, p. 287。

战略目标。但是在舒尔吉27年，很可能是北线诸国（卡拉哈尔、西穆鲁姆、卢卢布姆，甚至沙什鲁姆、乌尔比隆）结盟的原因，乌尔军队一改之前战略部署（从西穆鲁姆到基马什、胡尔提再到哈马丹），改由南路进入哈尔西。[①] 虽然第27年的年名记载哈尔西被毁，但是乌尔军队在接下来并没有沿着哈尔西继续进军基马什和胡尔提，而是停止了南线进军计划。很可能是在哈尔西战役中遇到了顽强抵抗，或者是哈尔西与基马什和胡尔提结盟，导致舒尔吉南线进军路线受阻。所以，舒尔吉只能再次尝试北线进军，由此拉开了第二阶段战争序幕。

（二）第二阶段：北线阶段性胜利与安珊战争（第31年至第34年）

第一次南线经哈尔西到基马什的尝试搁浅后，舒尔吉重新制定作战政策，采取北线孤军深入，欲占领基马什和胡尔提两个重要通道站点，必须彻底夺取西穆鲁姆和卢卢布姆。舒尔吉31年，发动对卡拉哈尔的第2次战役，卡拉哈尔被毁；次年（舒尔吉32年），西穆鲁姆第3次被毁；舒尔吉33年，卡拉哈尔第3次被毁。舒尔吉似乎取得了占据西穆鲁姆地区的战略目标。舒尔吉32—33年对卡拉哈尔与西穆鲁姆的战役取得了阶段性胜利。根据乌尔第三王朝的经济文献记载，西穆鲁姆的统治者塔潘塔拉赫（Tappan-tarah）及其妻女被（作为战俘）带回乌尔。[②] 例如，下列文献记载了舒尔吉33年塔潘塔拉赫在乌尔王朝的普兹瑞什达干接收牲畜。

文献 Princeton 1 93（SH 33 vii, PD）
obv.

1) ［x］+2 udu niga e₂-muhaldim　　2+只育肥绵羊，到厨房
2) ［x］+22 udu niga　　　　　　　22+只育肥绵羊
3) ki-a-nag　　　　　　　　　　　到祭祀地

[①] 有学者认为可能是联合作战任务，或者双线进军战略，参见 P. Steinkeller, *The Grand Strategy of the Ur Ⅲ Empire: Babylonia's Foreign Policy and Territorial Expansion at the End of the Third Millennium BC*, Forthcoming, p. 25.

[②] W. W. Hallo, "Simurrum and the Hurrian Frontier", *Revue Hittite et Asianique*, Vol. 36 (1978), pp. 74-75; R. D. Biggs, "Šulgi in Simurrum", in G. D. Young, M. W. Chavalas and R. E. Averbeck (eds.), *Crossing Boundaries and Linking Horizons: Studies in Honor of Michael C. Astour on His 80th Birthday*, Bethesda: CDL Press, 1997, pp. 169-178.

4) [x] +30 udu niga　　　　　　　　　30+只育肥绵羊

5) Gu-ru-ru-a　　　　　　　　　　　给古鲁鲁阿

6) 2 udu niga ^{d}Nun-gal　　　　　　　2只育肥绵羊，给努恩伽尔

7) 3 udu niga sa$_2$-du$_{11}$ Ta$_2$-ba-da-ra-ah　　3只育肥绵羊，为塔潘塔拉赫的固定供应

8) 4 udu niga sa$_2$-du$_{11}$　　　　　　　4只育肥绵羊，为宁吉尔苏的固定供应

rev.

1) ^{d}Nin-gir$_2$-su^{ki}-ka

2) šu-nigin$_2$ 311 udu niga　　　　　共计：311只育肥绵羊

3) zi-ga bala ensi$_2$ Umma^{ki}-ka　　　从温马恩西的巴拉税中支出

4) [ki] Na-ra-am-i$_3$-li$_2$-ta　　　　　从纳拉姆伊里

5) iti ezem ^{d}Šul-gi　　　　　　　　第7月

6) mu us$_2$-sa a-ra$_2$ 3-kam [Si]-mu-ru-um^{ki} ba-hul　　舒尔吉33年。

另两篇文献分别记载了舒尔吉33年塔潘塔拉赫的女儿、舒尔吉35年塔潘塔拉赫的妻子在乌尔王朝的普兹瑞什达干接收牲畜。如下所示：

文献 AnOr 7 53（SH 33 ix, PD）

obv.

1) 2 udu niga　　　　　　　　　　2只育肥绵羊

2) siskur$_2$ ^{d}Be-la-at-suh-nir　　　　为贝拉特苏赫尼尔

3) u$_3$ ^{d}Be-la-at-[dar-ra]-ba-an　　和贝拉特达拉班的节日

4) Ma-šum maškim　　　　　　　　马舒姆监办；

5) 2 udu niga　　　　　　　　　　2只育肥绵羊

6) An-nu-ni-tum　　　　　　　　　为安努尼图姆

7) 1 udu niga　　　　　　　　　　1只育肥绵羊

8) ^{d}Ul-ma-ši$_2$-tum　　　　　　　　为乌尔马希图姆

9) 1 udu niga　　　　　　　　　　1只育肥绵羊

10) ^{d}Al-la-tum　　　　　　　　　为阿拉图姆

11) 1 udu niga　　　　　　　　　　1只育肥绵羊

12) ^{d}Iš-ha-ra　　　　　　　　　　为伊什哈拉

13) giri$_3$ Nin-ga$_2$　　　　　　　　宁伽经办

67

14）2 udu niga　　　　　　　　　　2只育肥绵羊
15）Ne-ne-gar　　　　　　　　　　 为奈奈伽尔
16）e$_2$ ^{d}Be-la-at-suh-nir　　　　　　 到贝拉特苏赫尼尔
rev.
1）u$_3$ ^{d}Be-la-at-suh！-nir！(-dar-ra-ba-an)　和贝拉特达拉班的神庙
2）giri$_3$ A$_2$-pi$_5$-la-tum　　　　　　阿皮拉图姆经办
3）2 udu niga　　　　　　　　　　2只育肥绵羊
4）^{d}Be-la-at-suh-nir　　　　　　　为贝拉特苏赫尼尔
5）u$_3$ ^{d}Be-la-at-dar-ra-ba-an　　　　和贝拉特达拉班
6）giri$_3$ dumu-munus Tab-ba-da-ra-ah　塔潘塔拉赫的女儿经办
7）Ma-šum maškim　　　　　　　　马舒姆监办；
8）1 udu niga ge-ra-num$_2$ ^{d}Inana-da-bad$_3$　1只育肥绵羊，为伊南娜达巴德的哀悼仪式
9）giri$_3$ Nin-ga$_2$　　　　　　　　　宁伽经办
10）1 udu niga　　　　　　　　　　1只育肥绵羊
11）kaš-de$_2$-a ^{d}Nin-e$_2$-gal-ka　　　　为宁埃伽尔的祭酒仪式
12）2 udu niga Unug^{ki}-še$_3$　　　　　2只育肥绵羊，到乌鲁克
13）giri$_3$ Ur-^{d}Dumu-zi-da　　　　　乌尔杜姆孜达经办
14）zi-ga A-hi-ma　　　　　　　　从阿希马支出
15）iti ezem-mah　　　　　　　　　第9月
16）mu us$_2$-sa a-ra$_2$ 3-kam-aš Si-mu-ru-um^{ki} ba-hul　舒尔吉33年

再如，下面这篇文献记载：

文献 BPOA 7 3005（SH 35 v, PD）
obv.
1）8 udu 2 maš$_2$　　　　　　　　8只绵羊，2只山羊
2）mu dam Tab-ba-da-ra-ah-še$_3$　　为塔潘塔拉赫之妻
3）zi-ga　　　　　　　　　　　　支出
rev.
1）iti ezem ^{d}Nin-a-zu　　　　　　第5月
2）mu us$_2$-sa An-ša-an^{ki} ba-hul　　舒尔吉35年。

很可能是在乌尔军队正要顺下进军基马什和胡尔提时，王朝东南部的友邦安珊与乌尔关系突然恶化。舒尔吉34年，乌尔不得不暂时调整军事策略，转而进军东南部的安珊，安珊被毁。据一篇年名为舒尔吉33年（实际可能发生在34年战争之后）的文献记载，有44只羊是作为来自安珊的战利品。如下所示：

文献 AOAT 240 80 6（SH 33 xi, PD）

obv.
1）44 udu hi-a ba-ug$_7$　　　　　　　　44只白条杂羊
2）nam-ra-ak An-ša-an^{ki}　　　　　　是来自安珊的战利品
3）ki Ur-^{giš}gigir ensi$_2$ A-dam-dun^{ki}-ta　　从阿丹顿恩西乌尔吉吉尔
4）giri$_3$ Ab-ba-na-ka　　　　　　　　阿巴纳卡经办
rev.
1）udu-bi su-su-dam　　　　　　　　这些羊被扣除
2）ugu$_2$ Na-ra-am-i$_3$-li$_2$-ka　　　　　是纳拉姆伊里的入账
3）i$_3$-im-gal$_2$
4）iti ezem Me-gi$_8$-gal$_2$　　　　　　第11月
5）mu us$_2$-sa a-ra$_2$ 3-kam Si-mu-ru-um^{ki} ba-hul　舒尔吉33年。

乌尔虽然在安珊战争取得了胜利，化解了王朝东南部危机，但是很可能打乱了舒尔吉原先的既定战略方针，使得继续进军基马什和胡尔提的最终计划被迫搁浅。

（三）第三阶段：北线与南线道路打通（第42年至第48年）

据舒尔吉44年的年名记载，"西穆鲁姆和卢卢布姆第9次被毁"，加之舒尔吉第32年的年名是"西穆鲁姆第3次被毁"，由此可以推知，在舒尔吉第33—43年之间，乌尔与西穆鲁姆（和卢卢布姆）还有5次（第4—8次）战役。[①] 所以说，第三阶段战役的第一个任务是彻底征服西穆鲁姆和卢卢布姆地区，从而打通由此进入基马什和胡尔提的北线道路。

[①] 可能由于这些战争并没有取得大胜，或者这些事件的重要性没有第33—43年的其他事件重要，乌尔与西穆鲁姆（和卢卢布姆）的这些战争并没有记录在年名中。

可是，在既定战略目标下，舒尔吉第 42 年却首先对更北部的沙什鲁姆作战，很可能是因为沙什鲁姆与西穆鲁姆、卢卢布姆结盟。这次征服对象很可能还包括沙什鲁姆附近的舒鲁特胡姆（如文献 TCL 02, 5545，记载了阿马尔辛 4 年来自沙什鲁姆和舒鲁特胡姆的战利品，见下文详解）。据一篇舒尔吉 44 年的文献记载，有若干牛皮和羊皮作为来自舒鲁特胡姆的战利品，很可能是这一系列战役之后所获得的。该文献列举如下：

文献 MVN 20 193（SH 44 iv, PD）

obv.

1) 4 kuš gu₄   4 个牛皮
2) 11 kuš udu   11 个绵羊皮
3) 3 kuš maš₂   3 个山羊皮
4) nam-ra-ak Šu-ru-ut-hu-um^{ki}-ma   是来自舒鲁特胡姆的战利品

rev.

1) ki A₂-pil₂-la-ša-ta①   从阿皮拉沙
2) giri₃ Ur-nigar^{gar} nu-banda₃   军尉乌尔尼伽尔经办
3) iti ki-siki ^{d}Nin-a-zu   第 4 月
4) mu Si-mu-ru-um^{ki} u₃ Lu-lu-bu^{ki} a-ra₂   舒尔吉 44 年
  10-la₂-1-kam-aš ba-hul

舒尔吉暂时战胜沙什鲁姆，但是之前多次征战的西穆鲁姆和卡拉哈尔再次成为巨大威胁，更重要的是，这两个地区很可能已与乌尔比隆和卢卢布姆结成联盟，共同对抗乌尔。② 在舒尔吉第 44 年，西穆鲁姆和卢卢布姆第 9 次被毁。次年（第 45 年），乌尔比隆、西穆鲁姆、卢卢布姆、卡拉哈尔在同一天被毁。其中，西穆鲁姆、卢卢布姆至少已经是第 10 次被毁。经过多次的连年征战，可以说舒尔吉终于在其统治的第 45 年，发动大规模征战，征服

---

① 关于阿皮拉沙（Apilasha）运输来自舒鲁特胡姆的战利品，亦可参见 P. Michalowski, *The Correspondence of the Kings of Ur: An Epistolary History of an Ancient Mesopotamian Kingdom*, MC 15, Winona Lake: Eisenbrauns, 2011, p. 71。

② P. Steinkeller, "The Sargonic and Ur Ⅲ Empires", in P. F. Bang, C. A. Bayly and W. Scheidel (eds.), *The Oxford World History of Empire*, Volume 2: *The History of Empires*, Oxford: Oxford University Press, 2021, p. 63.

了卡拉哈尔、西穆鲁姆、卢卢布姆，甚至乌尔比隆和沙什鲁姆（或者隔离这两地与前三地），从大扎布河到迪亚拉河流域之间的底格里斯河左岸地区，已经都被乌尔征服。据一篇舒尔吉45年的文献记载，大量的白银作为来自乌尔比隆的战利品，由普兹瑞什达干官员接收。例如：

文献 AUCT 2 326+336（SH 45 xii 4, PD）

obv.

1）5 1/2 gin$_2$ ku$_3$-babbar al-hul-a　　　　5.5 津白银
2）nam-ra-ak Ur-bi$_2$-lum^{ki}　　　　　　是乌尔比隆被毁时的战利品
3）im-［……］šagina　　　　　　　　　　将军……
4）šu im-mi-in-us$_2$　　　　　　　　　　　带走
5）mu-DU　　　　　　　　　　　　　　　贡入

rev.

1）giri$_3$［PN］　　　　　　　　　　　　某某经办
2）Puzur$_4$-Er$_3$-ra　　　　　　　　　　　普朱尔埃拉
3）šu ba-ti　　　　　　　　　　　　　　 收到
4）ša$_3$ Puzur$_4$-iš-^{d}Da-gan　　　　　　　 在普兹瑞什达干
5）iti še-sag$_{11}$-ku$_5$ u$_4$ 4 ba-zal　　　　 第12月，第4日
6）mu Ur-bi$_2$-lum^{ki} ba-hul　　　　　　 舒尔吉45年。

left

1）5 1/2 gin$_2$　　　　　　　　　　　　　（共计:）5.5 津（白银）

舒尔吉也打通了从卡拉哈尔、西穆鲁姆，到达基马什的北线道路。此外，这一地区另一被征服的是阿拉普胡姆（Arraphum，今基尔库克附近）。例如，在阿马尔辛5年，阿拉普胡姆向乌尔进贡了20头牛、300只羊，由哈西普阿塔尔（Haship-atal）负责监管。

文献 PDT 1 166（AS 5 v 25, PD）

obv.

1）18 gu$_4$　　　　　　　　　　　　　　18头牛
2）2 gu$_4$ giš-du$_3$　　　　　　　　　　　2头种牛
3）239 udu 60 sila$_4$　　　　　　　　　　239只绵羊，60只绵羊羔
4）gu$_2$ šu-a-gi-na　　　　　　　　　　　是"舒阿基纳"贡赋；

5）30 gu$_4$ niga   30 头育肥牛
6）70 maš$_2$-gal   70 只山羊
7）kaš-de$_2$-a   为祭酒仪式
8）Ha-ši-pa$_2$-tal   来自哈西普阿塔尔
9）19 gu$_4$ 1 ab$_2$ 19 头公牛，1 头母牛
10）256 udu 44 maš$_2$-gal   256 只绵羊，44 只山羊
rev.
1）erin$_2$ Ar-ra-ap-hu-um^{ki} 来自阿拉普胡姆的军队
2）1 gu$_4$ 10 udu Zu-zu nu-banda$_3$ 1 头牛，10 只绵羊，来自军尉朱朱
3）1 gu$_4$ 10 udu Mu$_6$-ha-a nu-banda$_3$ 1 头牛，10 只绵羊，来自军尉穆哈亚
4）ugula Ha-ši!（AR）-pa$_2$-tal   哈西普阿塔尔督办；
5）2 sila$_4$ Wa-ta$_2$-ru-um sanga   2 只绵羊羔，来自神庙主管瓦塔鲁姆
6）1 sila$_4$ ensi$_2$ Nibru^{ki} 1 只绵羊羔，来自尼普尔恩西
7）1 sila$_4$ Ur-mes ensi$_2$ 1 只绵羊羔，来自恩西乌尔梅斯
8）420 maš-da$_3$ 120 maš-da$_3$ šu-gid$_2$ 420 只羚羊，120 只"舒基德"羚羊
9）Ša$_3$-ga-na-kum   来自沙伽纳库姆
10）u$_4$ 25-kam   第 25 日
11）mu-DU Ab-ba-sa$_6$-ga i$_3$-dab$_5$ 带来，阿巴萨伽接收；
12）iti ezem ^{d}Nin-a-zu   第 5 月
13）mu En-unu$_6$-gal ^{d}Inana Unug^{ki} ba-hun 阿马尔辛 5 年。
left
1）72 gu$_4$ 1233 udu   （共计：）72 头牛，1233 只羊。

第三阶段的第二个任务是完成经由扎格罗斯山脉通往伊朗高原的通道，此时只剩下了两个障碍，分别是基马什和胡尔提，这两个地区是呼罗珊大道的必经之地，位于沙哈巴德（Shahabad）和克尔曼沙（Kermanshah）之间，战略位置十分重要。首先，舒尔吉第46年，很可能乌尔军队从西穆鲁姆的北线进军，基马什和胡尔提被毁。例如，一篇文献提到了舒尔吉46年来自胡尔提的战利品。

文献 MVN 15 201（SH 46 iv 14，PD）
obv.
1）1 maš$_2$ ^{d}En-lil$_2$ 1 只山羊羔，为恩利尔

2) mu-DU Ša$_3$-gul-lum nu-banda$_3$　　　军尉沙古卢姆带来

3) 1 sila$_4$ ^{d}Nin-lil$_2$　　　1 只绵羊羔，为宁利尔

4) mu-DU Tuš-u$_3$ nu-banda$_3$　　　军尉图舒带来

5) 1 sila$_4$ ^{d}Inana　　　1 只绵羊羔，为伊南娜

6) mu-DU zabar-dab$_5$ 大祭司官带来

7) zabar-dab$_5$ maškim　　　大祭司官监办；

8) 3 dusu$_2$ nita$_2$　　　3 头公驴

9) 2 dusu$_2$ munus　　　2 头母驴

10) 70 udu 30 u$_8$　　　70 只公绵羊，30 只母绵羊

11) 70 maš$_2$ 30 ud$_5$　　　70 只公山羊，30 只母山羊

12) ki Na-ap-la-nu-um mar-tu-še$_3$　　　为阿摩利人纳普拉努姆

13) giri$_3$ Nam-ha-ni aga$_3$-us$_2$　　　卫兵纳姆哈尼经办

14) 6 gu$_4$ 60 udu　　　6 头牛，60 只绵羊

15) ki Lu-ma-nu-um mar-tu-še$_3$　　　为阿摩利人卢马努姆

rev.

1) giri$_3$ A-bi$_2$-du$_{10}$ lu$_2$-kas$_4$　　　行使阿比杜经办

2) 6 gu$_4$ U$_2$-u$_2$-mu aga$_3$-us$_2$ ugula E$_2$-a-i$_3$-li$_2$　　　6 头牛，为卫兵乌乌姆，埃阿伊里督办

3) ša$_3$ nam-ra-ak Hu-ur$_5$-ti^{ki}　　　在胡尔提的战利品中

4) 4 gu$_4$ E$_2$-gissu ra$_2$-gaba　　　4 头牛，为骑使埃吉苏

5) ša$_3$ mu-DU sipa Gir$_2$-su^{ki}-ke$_4$-ne　　　在吉尔苏牧羊人带来的中

6) 3 gu$_4$ 1 ab$_2$　　　3 头公牛，1 头母牛

7) 36 u$_8$ 3 udu　　　36 只母绵羊，3 只公绵羊

8) 1 ud$_5$ šu-gid$_2$ e$_2$-muhaldim　　　1 只母山羊，"舒基德"贡赋，到厨房

9) mu aga$_3$-us$_2$-e-ne-še$_3$　　　为卫兵们

10) Arad$_2$-mu maškim　　　阿拉德姆监办；

11) zi-ga u$_4$ 14-kam　　　被支出，在第 14 日

12) iti ki-siki ^{d}Nin-a-zu　　　第 4 月

13) mu Ki-maš^{ki} u$_3$ Hu-ur$_5$-ti^{ki} ba-hul　　　舒尔吉 46 年。

但是，这场战争并没有彻底征服两地。舒尔吉第 48 年（即其统治最后一年），很可能基马什和胡尔提反叛，并且联合哈尔西。所以在这一年，

乌尔军队很可能并非从迪亚拉河流域,而是转战从德尔出发,据该年的年名记载,哈尔西、基马什、胡尔提在同一天被毁。另据一篇破损的文献记载,可能至少有255只羊,是来自哈尔西和基马什的战利品,应该是从这次战争之后获得的。该文献列举如下:

文献 AUCT 2 364(——12,PD)

obv.

[…]

rev.

1) e₂ ki Dub- […]   杜布某某之房
2) u₄ 1-kam   第1日
3) 35 [x]   35某某
4) gun₂ Šušin^{ki} 来自苏萨的古恩贡赋
5) u₄ 12-kam   第12日
6) 224 [x]   224某某
7) 31 [x]   31某某
8) nam-ra-ak Ha-ar-ši u₃ Ki-maš^{ki} 来自哈尔西和基马什的战利品
9) [u₄ N] -kam   第某日

[…]

至此,舒尔吉打通从德尔、哈尔西、基马什、胡尔提,穿过扎格罗斯山脉,到达伊朗高原哈马丹的南线道路,[①] 加上之前已经打通的从迪亚拉河流域到卡拉哈尔、西穆鲁姆,经基马什、胡尔提,穿过扎格罗斯山脉,到达伊朗高原哈马丹的北线道路。乌尔第三王朝与东方的商路彻底打通。[②] 这些被舒尔吉征服的王朝东北部地区,也被纳入王朝的边缘区(边疆)或附属国范畴,同时作为乌尔第三王朝的军事缓冲区,每年需要向乌尔中央缴纳古恩马达税。

[①] 大约70年前,基马什和胡尔提两地被埃兰统治者普朱尔因舒西纳克征服,并且由此南下占据迪亚拉河流域和巴比伦尼亚北部地区。所以舒尔吉征服这两个地区,也是对普朱尔因舒西纳克的胜利。

[②] P. Steinkeller, "Puzur-Inšušinak at Susa: A Pivotal Episode of Early Elamite History Reconsidered", in K. De Graef and J. Tavernier (eds.), *Susa and Elam: Archaeological, Philological, Historical and Geographical Perspectives*, MDP 58, Leiden and Boston: Brill, 2013, pp. 293-317.

第一章 对外战争

征服基马什和胡尔提是舒尔吉王室铭文中唯一提到的军事事件，同时也是唯一记录在尼普尔的恩利尔和宁利尔神庙中的军事胜利纪念活动。如下所示：

文献 RIME 3/2.1.2.33（SH, Ur Ⅲ）

1) ^{d}Šul-gi　　　　　　　舒尔吉
2) dingir ma-ti-šu　　　　他的土地的神
3) da-num$_2$　　　　　　强大的
4) lugal Urim$_5$^{ki}　　　　乌尔之王
5) lugal ki-ib-ra-tim　　　四方之王
6) ar-ba-im
7) i$_3$-nu　　　　　　　　当
8) ma-at Ki-maš^{ki}　　　他摧毁基马什
9) u$_3$ Hu-ur-tim^{ki}　　　和胡尔提地区
10) u$_3$-ha-li-qu$_2$-na
11) hi-ri-tam$_2$　　　　　　建了一条
12) iš-ku-un　　　　　　　护城河
13) u$_3$ bi$_2$-ru-tam$_2$　　　以及堆了一堆尸体
14) ib-ni

阿摩利人与西马什基人在呼罗珊大道沿线地区活动积极，对乌尔控制商路造成威胁，随着西穆鲁姆与卢卢布姆的衰落，阿摩利人与西马什基人成为乌尔第三王朝主要安全因素。舒尔吉 37 年，建造了"边界墙"（bad$_3$-ma-da），以阻止阿摩利人等游牧民族南下入侵。舒尔吉修筑的"边界墙"很可能位于哈姆林地区，在王朝东北部构建了一个军事防御带（缓冲区），位于底格里斯河与扎格罗斯山脉之间，北至乌尔比隆，南达帕西美的带状区域。其目的是确保这一地区的稳定，保护商路免遭阿摩利人、西马什基人和胡里人的侵扰，类似于后来的罗马长城或罗马界墙（limes）的作用。舒尔吉 39 年普兹瑞什达干机构的设立，目的是处理来自边缘区的作为古恩马达税的动物，是舒尔吉防御政策的主要成果。

阿马尔辛时期，附属国体系日渐成熟，在巴比伦尼亚东北部边境构建起第二道防线。附属国需要向乌尔国王宣誓效忠，缴纳贡赋，为乌尔提供兵源，附属国与乌尔关系通过政治联姻加强与巩固。附属国的后代需要

75

（作为人质）住在巴比伦尼亚，以确保其父辈对乌尔效忠。

第三节　王朝后期的防御战争

舒尔吉48年征服基马什和胡尔提，是乌尔第三王朝对外扩张的极点。随着舒尔吉的去世，他的继任者并没有继承他对外扩张的雄心和战略方针，而是以巩固与维持舒尔吉开辟的王朝疆域为己任，把更多的精力放在经营与管理被征服区以及处理与外交国关系方面。记载战争的年名列举如下：

表1-2　　阿马尔辛至伊比辛统治时期涉及战争的年名统计

年份	年名	翻译
阿马尔辛2年（全称）	mu ^{d}Amar-^{d}Suen lugal-e Ur-bi$_2$-lum^{ki} mu-hul	国王阿马尔辛摧毁乌尔比隆之年
阿马尔辛2年（简称）	mu Ur-bi$_2$-lum^{ki} ba-hul	乌尔比隆被毁之年
阿马尔辛6年（全称）	mu ^{d}Amar-^{d}Suen lugal-e Ša-aš-ru-um^{ki} a-ra$_2$ 2-kam u$_3$ Šu-ru-ud-hu-um^{ki} mu-hul	国王阿马尔辛第二次摧毁沙什鲁姆和舒鲁特胡姆之年
阿马尔辛6年（简称）	mu Ša-aš-ru^{ki} ba-hul	沙什鲁姆被毁之年
阿马尔辛7年（全称）	mu ^{d}Amar-^{d}Suen lugal-e Bi$_2$-tum-ra-bi$_2$-um^{ki} I$_3$-ab-ru^{ki} ma-da ma-da-bi u$_3$ Hu-uh$_2$-nu-ri^{ki} mu-hul	国王阿马尔辛摧毁比图姆拉比乌姆、雅布鲁地区和胡赫努里之年
阿马尔辛7年（简称）	mu Hu-uh$_2$-nu-ri^{ki} ba-hul	胡赫努里被毁之年
舒辛3年	mu ^{d}Šu-^{d}Suen lugal Uri$_5^{ki}$-ma-ke$_4$ Si-ma-num$_2^{ki}$ mu-hul	乌尔之王舒辛摧毁西马努姆之年
舒辛7年	mu ^{d}Šu-^{d}Suen lugal Uri$_5^{ki}$-ma-ke$_4$ ma-da Za-ab-ša-li^{ki} mu-hul	乌尔之王舒辛摧毁扎布沙里地区之年
伊比辛3年	mu ^{d}I-bi$_2$-^{d}Suen lugal Uri$_5^{ki}$-ma-ke$_4$ Si-mu-ru-um^{ki} mu-hul	乌尔之王伊比辛摧毁西穆鲁姆之年
伊比辛9年	mu ^{d}I-bi$_2$-^{d}Suen lugal Uri$_5^{ki}$-ma-ke$_4$ Hu-uh$_2$-nu-ri KA.BAD ma-da An-ša-an^{ki}-še$_3$ a$_2$-dugud ba-ši-in-gin［…］-ra-gin$_7$ a$_2$-mah si$_3$-bi sa bi$_2$-in-gar	乌尔之王伊比辛带领重装军队进军胡赫努里，安珊地区的"开口"，如……一样，将其包围，用网将其抓住

第一章　对外战争

续表

年份	年名	翻译
伊比辛14年	mu ^{d}I-bi$_2$-^{d}Suen lugal Uri$_5$^{ki}-ma-ke$_4$ Šušin^{ki} A-dam-dun^{ki} ma-da A-wa-an^{ki}-ka u$_4$-gin$_7$ ŠID bi$_2$-in-gi$_7$ u$_4$-AŠ-a mu-un-GAM u$_3$ en-bi LU$_2$ xKAR$_2$-a mi-ni-in-dab$_5$-ba-a	乌尔之王伊比辛席卷苏萨、阿丹顿和阿万地区，在一天内使他们投降，将他们的统帅作为俘虏抓获之年
伊比辛17年	mu ^{d}I-bi$_2$-^{d}Suen lugal Uri$_5$^{ki}-ma-ra mar-tu a$_2$-IM-ulu$_3$ ul-ta uru^{ki} nu-zu gu$_2$ im-ma-na-na-ga$_2$-ar	南方边界的阿摩利人，自古至今没有城市，向乌尔之王伊比辛屈服之年
伊比辛23年	mu ^{d}I-bi$_2$-^{d} Suen lugal Uri$_5$^{ki}-ma-ra ugu$_2$^{ku}-bi-dugud kur-bi mu-na-e-ra	外国人给乌尔之王伊比辛带来一只"蠢猴"之年

所以说，从阿马尔辛到伊比辛统治时期，乌尔第三王朝统治者的对外战争方略从主动扩张转变为被动防御，产生这种转变的原因是多方面的，内因上主要是王朝统治内部的问题，外因方面可能有外来势力的威胁，比如阿摩利人的潜在威胁，导致乌尔统治者不得不改变王朝初期的对外战略，采取以联姻和外交方式来处理对外关系。

一　阿马尔辛时期的王朝巩固战争

据《苏美尔王表》记载，舒尔吉在位48年去世，由其子阿马尔辛继位，在位9年（公元前2046—前2037年）。[1] 阿马尔辛继位初期，发动了对乌尔比隆的战争。前文讲到，乌尔比隆在舒尔吉45年被征服。很可能

---

[1] 关于舒尔吉之死，一说是在宫廷政变中被谋杀，另一说是寿终正寝。参见 P. Steinkeller, "The Sargonic and Ur Ⅲ Empires", in P. F. Bang, C. A. Bayly and W. Scheidel (eds.), *The Oxford World History of Empire*, Volume 2: *The History of Empires*, Oxford: Oxford University Press, 2021, p.64. 舒尔吉去世后与阿马尔辛继任之间的历史比较混乱，据说阿马尔辛不是舒尔吉的指定继承人，阿马尔辛的名字在舒尔吉时期的文献中从未出现，他可能在舒尔吉时被放逐在马里（作为人质），也可能他是马里公主塔兰乌兰之子。如果猜测无误，那么马里很可能干预了乌尔的王位继承。关于阿马尔辛的继位与世系争议，参见 P. Michalowski, "Of Bears and Men: Thoughts on the End of Šulgi's Reign and on the Ensuing Succession", in D. Vanderhooft and A. Winitzer (eds.), *Literature as Politics, Politics as Literature: Essays on the Ancient Near East in Honor of Peter Machinist*, Winona Lake: Eisenbrauns, 2013, pp.285-320。

是趁乌尔新王登基，立足未稳，发动叛乱。① 从地理上，乌尔比隆位于西穆鲁姆和卢卢布姆的更北部，处于王朝边缘区的最外层，乌尔对其占领根基不厚。阿马尔辛 2 年，乌尔比隆被毁，这次战争基本上征服了乌尔比隆，使其不再成为王朝的威胁力量。

但是王朝边缘区的外层区域并不安定，同处于外层地区的沙什鲁姆，曾在舒尔吉 42 年被乌尔战败。但是在阿马尔辛 4 年、6 年，乌尔与沙什鲁姆发生了两次战争。据乌尔第三王朝经济文献记载，阿马尔辛 4 年，沙什鲁姆与舒鲁特胡姆第一次被摧毁。有两篇普兹瑞什达干文献记载了在乌尔和尼普尔举行的两次宴会，以庆祝对沙什鲁姆和舒鲁特胡姆的战争胜利。② 如下所示：

文献 Trouvaille 2（AS 4 viii, PD）
obv.

1）2 gu$_4$ niga　　　　　　　　　　　2 头育肥公牛
2）2 ab$_2$ mu-2 niga　　　　　　　　2 头两年育肥母牛
3）1 lulim niga　　　　　　　　　　　1 只育肥鹿
4）1 šeg$_9$-bar niga　　　　　　　　 1 只育肥野鹿
5）2 udu niga sig$_5$　　　　　　　　2 只头等育肥绵羊
6）2 maš$_2$-gal niga sig$_5$　　　　2 只头等育肥山羊
7）4 udu niga　　　　　　　　　　　　4 只育肥公绵羊
8）1 u$_8$ hur-sag niga　　　　　　　1 只育肥野母绵羊
9）2 u$_8$ niga　　　　　　　　　　　2 只育肥母绵羊
10）10 udu u$_2$　　　　　　　　　　10 只食草绵羊
11）1 maš-da$_3$　　　　　　　　　　 1 只羚羊
12）2 sila$_4$　　　　　　　　　　　　2 只绵羊羔
13）2 maš$_2$　　　　　　　　　　　　2 只山羊羔
rev.
1）^{d}En-lil$_2$ ^{d}Nin-lil$_2$　　　　为恩利尔和宁利尔
2）40 udu šu-gid$_2$　　　　　　　　 40 只"舒基德"绵羊

---

① P. Steinkeller, *The Grand Strategy of the Ur Ⅲ Empire：Babylonia's Foreign Policy and Territorial Expansion at the End of the Third Millennium BC*, Forthcoming, p. 35.
② 文献 RA 10 209 BM 103435：1-44（AS4 vii）, Trouvaille 2：1-19（AS4 viii）.

3) e₂-muhaldim-še₃	到厨房
4) 73	（共计）73 只动物
5) kaš-de₂-a ᵈEn-lil₂ ᵈNin-lil₂-la₂	为恩利尔和宁利尔的祭酒仪式
6) u₄ ᵈAmar-ᵈSuen-ke₄ Ša-aš-ruki u₃ Šu-ru-ut-hu-umki mu-hul-a	当阿马尔辛摧毁沙什鲁姆和舒鲁特胡姆时；
7) iti šu-eš-ša	第 8 月
8) mu En-mah-gal-an-na en ᵈNanna ba-hun-a	阿马尔辛 4 年。

也有文献记载了阿马尔辛 4 年来自沙什鲁姆和舒鲁特胡姆的战利品。① 例如：

文献 TCL 2 5545 (AS 4 viii 29, PD)

obv.

1) 30 maš₂-gal su₄ LU₂. SU. A	30 只西马什基红公山羊
2) 20 ud₅ su₄ LU₂. SU	20 只西马什基红母山羊
3) I₃-lal₃-lum	为伊拉卢姆
4) ša₃ mu-DU nam-ra-ak Ša-aš-ruki u₃ Šu-ru-ut-hu-umki	是从沙什鲁姆和舒鲁特胡姆被带来的战利品
5) Arad₂-mu	阿拉德姆（监办）；

rev.

1) u₄ 30-la₂-1-kam	第 29 日
2) ki Ab-ba-sa₆-ga-ta ba-zi	从阿巴萨伽支出
3) iti šu-eš₅-ša	第 8 月
4) mu En-mah-gal-an-na en ᵈNanna ba-hun	阿马尔辛 4 年。

left

1) 50	（共计:）50 只羊。

据阿马尔辛第 6 年的年名记载，阿马尔辛第二次摧毁沙什鲁姆

---

① 文献 RA 24 45 no. 1 = YOS 4 67, AS 4 viii. D. Frayne, "The Zagros Campaigns of Šulgi and Amar-Suena", in D. I. Owen and G. Wilhelm (eds.), *Studies on the Civilization and Culture of Nuzi and the Hurrians*, Volume 10: *Nuzi at Seventy-Five*, SCCNH 10, Bethesda: CDL Press, 1999, pp. 171–172 (nam-ra-ak a-ru-a ᵈŠara₂ uru Ša-ri₂-ip-hu-um-maki).

(^{d}Amar-^{d}Suen ··· Ša-aš-ru-um^{ki} a-ra$_2$ 2-kam-ma mu-hul)。这次战役在同年的温马经济文献中也有所提及,文献记载了许多礼物给那些带来击败沙什鲁姆好消息的人员。[1]

文献 UTI 4 2315（AS 6 i, Umma）
obv.
1) 1 ma-na har ku$_3$-babbar$_2$　　　　　1 米纳银环
2) nig$_2$-ba Lugal-an-dul$_3$　　　　　是卢伽尔安杜尔的礼物
3) a$_2$-ag$_2$-ga$_2$ sig$_5$　　　　　　　　高级的分配品
4) Ša-aš-ru-um^{ki} hul-a de$_6$-a　　　　当沙什鲁姆被毁时被带来
rev.
1) ki Lu$_2$-kal-la-ta　　　　　　　　从卢卡拉
2) kišib ensi$_2$-ka　　　　　　　　　恩西加印
3) iti še-sag$_{11}$-ku$_5$　　　　　　　　第 1 月
4) mu Ša-aš-ru-um^{ki} ba-hul　　　　阿马尔辛 6 年。

阿马尔辛战胜或者平定乌尔比隆与沙什鲁姆的战争,实际上是为了巩固之前舒尔吉的胜利成果,并没有进行额外的对外扩张。这两个地区的平定,为王朝的东北部边缘区提供了暂时的稳定局面。但是,王朝东南部不知何故引发危机。

据阿马尔辛第 7 年年名记载,阿马尔辛摧毁比图姆拉比乌姆（Bitum-rabium）、雅布鲁（Iabru）和胡赫努里。前两个地名位置不详,胡赫努里位于今伊朗的博尔米（靠近拉姆霍尔木兹 Ramhormoz）,位于王朝的东南部,很可能这三个地区位置相近。[2] 胡赫努里是通往安珊和马尔哈西商路

---

[1] 文献 UTI 4 2315: 1–5, AnOr 1 83: 1–5. 参见 W. Sallaberger, "Nachrichten an den Palast von Ebla. Eine Deutung von *níg-mul-*（ *an* ）", in *Semitic and Assyriological Studies Presented to Pelio Fronzaroli*, Wiesbaden: Harrassowitz Verlag, 2003, p. 612.

[2] 据温马经济文献 BPOA 7 2295: 1–6（AS7 i）记录,一位匿名的胡赫努里的恩西接收了食物和一个大罐,由大执政官监管。这位匿名的恩西或者是作为胡赫努里战役的战俘,或者是阿马尔辛新任命的恩西。关于胡赫努里位于博尔米的质疑,参见 R. Zadok, "Issues in the Historical Geography and the Ethno-Linguistic Character of the Zagros and Adjacent Regions", in D. R. Katz, N. Hacham, G. Herman and L. Sagiv (eds.), *A Question of Identity: Social, Political, and Historical Aspects of Identity Dynamics in Jewish and Other Contexts*, Berlin: De Gruyter, 2019, pp. 81–82.

第一章 对外战争

的重要节点。据新发现的来自胡赫努里的文献记载,① 阿马尔辛采取三管齐下的军事策略,战胜了胡赫努里。作为惩罚,阿马尔辛从胡赫努里当地神庙拆除了主神鲁胡拉特尔(Ruhurater)的雕像。不过,在宁胡尔萨格(Ninhursag)女神的干预下,该神庙又被恢复。阿马尔辛将胡赫努里重命名为比特阿马尔辛城(Bit-Amar-Suen)。

文献 ZA 95 166(Ur Ⅲ, Huhnuri)

col. i

1) ^{d}Amar-^{d}[Suen]　　　阿马尔辛
2) da-num$_2$　　　强大的
3) lugal Urim$_5^{ki}$　　　乌尔之王
4) u$_3$ lugal　　　和四方之王
5) ki-ib-ra-tim
6) ar-ba-im
7) i$_3$-nu　　　当
8) i$_3$-na　　　他从
9) a-wa-at ^{d}En-lil$_2$　　　恩利尔的伟大的话语中
10) ra-bi$_2$-tim
11) qar-di$_3$-šu　　　他的"卡尔迪"军队
12) in 30 kak-tim　　　在 30 战役中
13) iš-ti-na-a　　　每个人
14) iš-pu-ur$_2$-ma　　　被派送到
15) Hu-uh$_2$-nu-ri^{ki}　　　胡赫努里
16) u$_3$-ša-ri-id-u$_2$　　　率领
17) u$_3$ ^{d}Ru-hu-ra-[ti-ir]　　　以及将鲁胡拉提尔
18) iš-lu-ul-[…]　　　带走;
19) [a]-na ma-ha-ar　　　在

col. ii

1) ^{d}En-lil$_2$　　　恩利尔面前
2) be-li$_2$-su　　　他的主人

---

① B. M. Nasrabadi, "Eine Steinschrift des Amar-Suena aus Tappeh Bormi (Iran)", *Zeitschrift für Assyriologie und Vorderasiatische Archäologie*, Vol. 95 (2005), pp. 161-171.

3) u₃-ru-aš₂-šu	把他（鲁胡拉提尔）带到此
4) ᵈNin-hur-sag	宁胡尔萨格
5) a-na ᵈAmar-ᵈSuen	对阿马尔辛
6) ma-ri-ša	她的儿子
7) di₃-in-su	关于他的评价
8) i₃-di₃-in-ma	说：
9) a-na uruᵏⁱ-su	他（阿马尔辛）将其（鲁胡拉提尔）安置在他的城市
10) u₃-ti-ir-šu	带回
11) […]-šu	
12) e₂-su₂	他的神庙
13) ib-ni-šum	为他建造
14) u₃ uruᵏⁱ-am	以及城市
15) E₂-ᵈAmar-ᵈSuen	埃阿马尔辛
16) šum-šu	作为他的名字
17) iš-ku-un	被命名。

另一说，胡赫努里并没有并入乌尔第三王朝的版图，而是作为一个附属国。① 关于胡赫努里战役的缘由，有学者猜测可能仅是为了惩罚不服从的附属国行为，② 或者可能仅仅是胡赫努里位于防御区不远，干涉乌尔第三王朝的防御区，阿马尔辛发动这场战争不是为了扩张版图，而是为了警示作用。

阿马尔辛统治时期，是乌尔第三王朝核心区（巴比伦尼亚）和边缘区的巩固时期。在边缘区，即对外扩张新征服地区，军事防御区的建设与管理进一步完善，外交联系与国际交流更加频繁。可以说，阿马尔辛统治时期是乌尔第三王朝发展的顶峰。

---

① P. Steinkeller, *The Grand Strategy of the Ur Ⅲ Empire: Babylonia's Foreign Policy and Territorial Expansion at the End of the Third Millennium BC*, Forthcoming, p. 38.
② P. Steinkeller, "The Sargonic and Ur Ⅲ Empires", in P. F. Bang, C. A. Bayly and W. Scheidel (eds.), *The Oxford World History of Empire*, Volume 2: *The History of Empires*, Oxford: Oxford University Press, 2021, p. 65.

第一章 对外战争

二 舒辛时期的防御战争

阿马尔辛在位9年去世,由其子舒辛继位,在位9年(公元前2037—前2029年)。舒辛统治时期一共只发生过两次对外战争,分别是舒辛3年对西马努姆以及舒辛7年对扎布沙里地区的战争。另外,舒辛4年为了防御阿摩利人等游牧民族的南下,修建了阿摩利墙,标志着乌尔第三王朝的对外政策由主动扩张阶段过渡到被动防御阶段。

舒辛在其统治时期宣传自己的神性,他在王朝各地建造自己的神庙,甚至远及乌尔比隆。[①] 例如:

文献 SAT 1 377 (SS 7, Girsu)
obv.
1) 32 ur$_2$ ^{giš}u$_3$-suh$_5$ 32个松树根
2) eš$_2$-dim$_2$ ma$_2$ 60 gur   作为60古尔船的绳
3) gid$_2$-bi 9 kuš$_3$-ta   每条的长度是9库比特
4) ^{giš}u$_3$-suh$_5$ sukkal-mah   给大执政官的绳
5) e$_2$-kikken$_2$-ta   从磨坊中
6) e$_2$ ^{d}Šu-^{d}Suen-ka   到乌尔比隆的舒辛的神庙
7) Ur-bi$_2$-lum^{ki}-še$_3$
rev.
1) kišib Ab-ba lu$_2$-kin-gi$_4$-a lugal   王室信使阿巴加印
2) Ur-^{d}En-ki sukkal   外事官乌尔恩基
3) šeš Lu$_2$-giri$_{17}$-zal maškim   卢吉里扎尔之兄监办;
4) mu ^{d}Šu-^{d}Suen lugal-e ma-da Za-ab-ša-li^{ki} mu-hul 舒辛7年。

据舒辛3年的年名记载,西马努姆被毁,波及邻近地区哈布拉

[①] N. Britsch, "The Priestess and the King: The Divine Kingship of Šū-Sîn of Ur", *Journal of the American Oriental Society*, Vol. 126 (2006), pp. 161–176; P. Steinkeller, "The Sargonic and Ur Ⅲ Empires", in P. F. Bang, C. A. Bayly and W. Scheidel (eds.), *The Oxford World History of Empire, Volume 2: The History of Empires*, Oxford: Oxford University Press, 2021, p. 67.

(Habura)。这场战役可能发生在舒辛2年。① 其目的不是为了军事扩张，而是帮助嫁入西马努姆的乌尔公主夺权。② 西马努姆是乌尔第三王朝在北方的传统战略伙伴，而非对手。在阿马尔辛时期，西马努姆与乌尔第三王朝建立政治联姻关系。③ 舒尔吉的女儿昆西马图姆（Kunshi-matum）嫁给了西马努姆统治者之子布沙姆（Busham）。在舒尔吉47年普兹瑞什达干文献中，提到"西马努姆之人（或统治者）"④。西马努姆战役是乌尔第三王朝少数在北方的战争，也是最偏远的作战目标之一。由于这场战争的特殊性，所以属于个例，不属于乌尔第三王朝的常规对外方针，更像是被动的一次无奈之举。不过，战争还是达到了既定目标，战后昆西马图姆及其王室成员重新掌权西马努姆，继续成为乌尔第三王朝在偏北方的盟友。另外，大量的战俘被带回巴比伦尼亚，尤其被安置在尼普尔附近地区。⑤

一说，西马努姆叛乱可能是由新的阿摩利部落提达努姆（Tidanum）

---

① 有的学者基于西马努姆最早出现在舒辛3年第3月文献中，认为这场战役发生于舒辛3年初。另一说发生于舒辛2年，基于经济文献中出现的一个人名舒辛乌朱姆伊沙里（Shu-Suen-wuzum-isharri，直译为"舒辛是所有国王中最胜任的一位"），见于舒辛2年第9月的文献（Princeton 1 83；PDT 2 904；Or. 47-49 36），可能是西马努姆的王室成员，昆西马图姆之子。参见 P. Steinkeller, "Tiš-atal's Visit to Nippur", *Nouvelles Assyriologiques Brèves et Utilitaires*, No. 15 (2007), pp. 14-16；W. Sallaberger, "From Urban Culture to Nomadism: A History of Upper Mesopotamia in the Late Third Millennium", in C. Kuzucuoglu and C. Marro (eds.), *Sociétés humaines et changement climatique à la fin du troisième millénaire: une crise a-t-elle eu lieu en Haute Mésopotamie? Actes du Colloque de Lyon (5-8 décembre 2005)*, Istanbul: Institut Français d'Études Anatoliennes-Georges Dumézil, 2007, p. 443。

② P. Michalowski, "The Bride of Simanum", *Journal of the American Oriental Society*, Vol. 95, No. 4 (1975), pp. 716-719；P. Steinkeller, "Tiš-atal's Visit to Nippur", *Nouvelles Assyriologiques Brèves et Utilitaires*, No. 15 (2007), pp. 14-16；W. Sallaberger, "From Urban Culture to Nomadism: A History of Upper Mesopotamia in the Late Third Millennium", in C. Kuzucuoglu and C. Marro (eds.), *Sociétés humaines et changement climatique à la fin du troisième millénaire: une crise a-t-elle eu lieu en Haute Mésopotamie? Actes du Colloque de Lyon (5-8 décembre 2005)*, Istanbul: Institut Français d'Études Anatoliennes-Georges Dumézil, 2007, pp. 441-44.

③ 详见本书第5章。

④ 文献 BCT 1 68；CST 193。

⑤ D. Frayne, *Ur III Period (2112-2004 BC)*, RIME 3/2, Toronto: University of Toronto Press, 1997, pp. 295-300；W. Sallaberger, "From Urban Culture to Nomadism: A History of Upper Mesopotamia in the Late Third Millennium", in C. Kuzucuoglu and C. Marro (eds.), *Sociétés humaines et changement climatique à la fin du troisième millénaire: une crise a-t-elle eu lieu en Haute Mésopotamie? Actes du Colloque de Lyon (5-8 décembre 2005)*, Istanbul: Institut Français d'Études Anatoliennes-Georges Dumézil, 2007, p. 443.

第一章　对外战争

引起。阿摩利人的威胁陡增。有证据表明，阿摩利人参与了西马努姆的战斗，为了保障北境安全，军队驻扎在哈布拉、尼尼微、乌拉埃（Urae）。尼尼微很可能是舒辛的盟友，共同对抗西马努姆。其身份是自治领，乌尔的第一流附属国。①

在舒辛的记载西马努姆战役的王室铭文中，将阿摩利人视为参与者。②关于阿摩利人到底是支持哪一方，由于缺少直接证据，我们无法判断。但是可以肯定的是，在舒辛统治初期，阿摩利人就已经成为王朝北部边境的威胁因素。还有新的来自西方的游牧部落，如亚马迪乌姆（Yamadium）。③为了应对北境威胁，舒辛在边缘区加强防御力量。舒辛4年的年名记载，他修建了一条阿摩利墙，名叫穆里克提德尼姆（Muriq-Tidnim，直译为"防范提达努姆[部落]的界墙"）。④在舒辛的王室铭文中，记载了阿摩利墙修建的详细信息，舒辛"让提达努姆（部落）的脚回到他们的土地"⑤，表明其防御的属性。

文献 RIME 3/2.1.4.17（Ur Ⅲ）

1) ^{d}Šara$_2$　　　　　　　　　　为沙拉

2) nir-gal$_2$ An-na　　　　　　　安之卓越者

3) dumu ki-ag$_2$　　　　　　　　伊南娜

4) ^{d}Inana　　　　　　　　　　所爱之子

---

① P. Steinkeller, "Tiš-atal's Visit to Nippur", *Nouvelles Assyriologiques Brèves et Utilitaires*, No. 15 (2007), p. 15.

② D. Frayne, *Ur Ⅲ Period（2112-2004 BC）*, RIME 3/2, Toronto: University of Toronto Press, 1997, pp. 295-300.

③ W. Sallaberger, "From Urban Culture to Nomadism: A History of Upper Mesopotamia in the Late Third Millennium", in C. Kuzucuoglu and C. Marro (eds.), *Sociétés humaines et changement climatique à la fin du troisième millénaire: une crise a-t-elle eu lieu en Haute Mésopotamie? Actes du Colloque de Lyon (5-8 décembre 2005)*, Istanbul: Institut Français d'Études Anatoliennes-Georges Dumézil, 2007, p. 449.

④ 年名为：mu ^{d}Šu-^{d}Suen lugal Uri$_5^{ki}$-ma-ke$_4$ bad$_3$ mar-tu Mu-ri-iq-ti-id-ni-im mu-du$_3$。注意舒尔吉37年修建的是 bad$_3$-ma-da 长墙。阿摩利墙可能是其延伸。据说古巴比伦国王萨姆苏伊鲁纳（Samsu-iluna）在巴比伦尼亚北部修建，终点位于迪亚拉河流域的孜姆达尔。参见 D. Frayne, *Old Babylonian Period（2003-1595 BC）*, RIME 4, Toronto: University of Toronto Press, 1990, pp. 380-383.

⑤ 原文为：ud Bad$_3$-MAR.TU Mu-ri-iq-Ti-id-ni-im mu-du$_3$-a u$_3$ giri$_3$ MAR.TU ma-da-ni-e bi$_2$-in-gi$_4$-a，参见 D. Frayne, *Ur Ⅲ Period（2112-2004 BC）*, RIME 3/2, Toronto: University of Toronto Press, 1997, pp. 327-328.

5) ad-da-ni-ir   他（舒辛）的父亲，

6) ᵈŠu-ᵈSuen   舒辛

7) išib An-na   安的净礼祭司

8) gudu₄ šu-daddag   恩利尔、宁利尔

9) ᵈEn-lil₂

10) ᵈNin-lil₂-ka

11) u₃ dingir-gal-gal-e-ne   及众神的涂油祭司

12) lugal ᵈEn-lil₂-le   恩利尔

13) ki-ag₂   用心所选之人

14) ša₃-ga-na

15) in-pad₃

16) sipa-kalam-ma-še₃   为国家的牧羊人

17) lugal kalag-ga   强大的国王

18) lugal Uri₅ᵏⁱ-ma   乌尔之王

19) lugal an-ub-da limmu₂-ba-ke₄   四方之王，

20) u₄ bad₃ mar-tu   当他建造阿摩利墙

21) Mu-ri-iq-   穆里克提达努姆

22) ti-id-ni-im

23) mu-du₃-a

24) u₃ giri₃ mar-tu   将阿摩利人的"足"

25) ma-da-ne₂-e   退到他们的地方，

26) bi₂-in-gi₄-a

27) E₂-ša₃-ge-pad₃-da   他（舒辛）为他（沙拉）建造

28) e₂ ki-ag₂-ga₂-ni   埃沙吉帕达，他（沙拉）喜爱的神庙

29) nam-ti-la-ni-še₃   为了他（舒辛）的长生。

30) mu-na-du₃

  鉴于舒辛 4 年阿摩利墙已经建好，可以推知它肯定在舒辛 2 年的西马努姆战役之前就开始修建了，甚至这两件事情之间有着某种因果联系。[①]

[①] P. Steinkeller, *The Grand Strategy of the Ur Ⅲ Empire: Babylonia's Foreign Policy and Territorial Expansion at the End of the Third Millennium BC*, Forthcoming, p. 42. P. Steinkeller, "The Sargonic and Ur Ⅲ Empires", in P. F. Bang, C. A. Bayly and W. Scheidel (eds.), *The Oxford World History of Empire, Volume 2: The History of Empires*, Oxford: Oxford University Press, 2021, p. 67.

第一章　对外战争

　　与阿摩利人威胁同时，王朝东北方的西马什基人也逐渐成为乌尔第三王朝的另一支潜在威胁力量。为了化解危机，乌尔统治者一直奉行分化瓦解的策略，使西马什基诸国保持分裂与中立状态。[1] 不知出于何故，在舒辛6年，西马什基诸国结成反巴比伦尼亚联盟，其联盟首领是扎布沙里的统治者。这个联盟直接威胁到乌尔通往伊朗高原的商路，控制了呼罗珊大道。作为回应，舒辛在第7年发动扎布沙里战役，扎布沙里地区被毁。据其王室铭文记载，这场战争乌尔取得了彻底胜利。[2] 所有的叛乱者都被击败，大量战利品被带回巴比伦尼亚，包括男女战俘。西马努姆战役中的战俘到乌尔后被安置在农田，以及成为 $erin_2$ 军队成员。[3] 而扎布沙里战役中的战俘完全变为奴隶，男性被弄瞎，到尼普尔果园工作，女性被安置在纺织房工作。可见，乌尔统治者对扎布沙里的反叛者痛恨至极。斯坦凯勒将其比喻为瓦鲁斯战役（Varusschlacht）。[4]

　　扎布沙里战役的平定，加紧了乌尔对该地区的控制，以防止再次发生反巴比伦尼亚联盟的局面。苏卡尔马赫（大执政官）阿拉德姆被授予新的职务"西马什基与卡尔达地区的将军"。卡尔达被认为是西马什基地区的一个小国。[5] 此外，哈布拉与马尔达曼人被重新安置到西马什基地区，从事开采黄金、白银的工作。[6] 这是乌尔对待战俘的新做法。如下所示：

文献 RIME 3/2.1.4.3（Ur Ⅲ）

col. vi

8) [na] m-l [u_2-ulu_3] Ha-[bu-ra]^{ki}　对于哈布拉

---

[1] 西马什基地区的霸主雅布拉特（Yabrat），作为乌尔的盟友，监管其他西马什基政权。甚至协助舒辛参与西马努姆战役。P. Steinkeller, "New Light on Šimaški and Its Rulers", *Zeitschrift für Assyriologie und Vorderasiatische Archäologie*, Vol. 97 (2007), p. 227.

[2] D. Frayne, *Ur Ⅲ Period (2112-2004 BC)*, RIME 3/2, Toronto: University of Toronto Press, 1997, pp. 301-306.

[3] 文献 Nisaba 15, 0369; CUSAS 40, 0314; CUSAS 40, 0097; Nisaba 15, 0596.

[4] P. Steinkeller, *The Grand Strategy of the Ur Ⅲ Empire: Babylonia's Foreign Policy and Territorial Expansion at the End of the Third Millennium BC*, Forthcoming, p. 45.

[5] P. Steinkeller, "On the Dynasty of Šimaški: Twenty Years (or so) After", in M. Kozuh, et al. (eds.), *Extraction & Control: Studies in Honor of Matthew W. Stolper*, SAOC 68, Chicago: The Oriental Institute of the University of Chicago, 2014, pp. 287-296.

[6] D. Frayne, *Ur Ⅲ Period (2112-2004 BC)*, RIME 3/2, Toronto: University of Toronto Press, 1997, pp. 301-306.

9）u₃ 和
10）[Mar]-da-ma-an^ki 马尔达曼的人，
11）ᵈŠu-ᵈSuen 舒辛
12）lugal sipa-sag-gi₆-ga-ke₄ 黑头人之王
13）nam-ir₁₁-da-ni-še₃ 奴役他们
14）ba-ni-zi
15）tug₂-ba bi₂-dul₄ 用布蒙着他们。
16）ku₃-GI ku₃-babbar 为了开采黄金和白银，
17）ba-al-e-de₃ 他（舒辛）将他们从那里（布尔马）
18）im-ma-ta-an-gar 安置到（扎布沙里）工作。

西马什基战役很可能是乌尔防御政策的开端，然而随着乌尔军队占领西马什基地区，这种原先的防御行为转变为掠夺行为。类似于舒尔吉 34 年对安珊的战役，后来转变为一次掠夺行为。① 虽然西马什基战役似乎取得了大胜，但是到舒辛晚年，王朝的危机再现。舒辛晚年似乎王朝由大执政官阿拉德姆实际统治，他成为王朝边缘防御区的实际领导人。

三 伊比辛时期的保卫战争

舒辛在位第 9 年去世，由其子伊比辛继位，在位 24 年（公元前 2028—前 2004 年）。② 伊比辛继位后，乌尔的外部环境开始恶化。最初的王朝危机来自老对手西穆鲁姆。伊比辛第 3 年，发动对西穆鲁姆的战争。这个对手自舒尔吉 45 年征服之后，一直作为乌尔的边缘区，但是到伊比辛统治初年开始反叛，引发了乌尔东北部经营若干年的防御区政策逐渐土崩瓦解。虽然伊比辛 3 年的年名记载"西穆鲁姆被毁"，但是这很可能只是一种传统的宣传口号，实际上这场战争很可能是乌尔失败了，因为自伊比辛 3 年开始边缘区的古恩马达税突然停止缴纳了，乌尔失去了东北部的边缘区。西穆鲁姆的失

---

① P. Steinkeller, "The Sargonic and Ur Ⅲ Empires", in P. F. Bang, C. A. Bayly and W. Scheidel (eds.), *The Oxford World History of Empire*, Volume 2: *The History of Empires*, Oxford: Oxford University Press, 2021, p. 227 n. 46.

② 一说在位 25 年。第 25 年的年名不详。参见 W. Sallaberger and A. Westenholz, *Mesopotamien: Akkade-Zeit und Ur Ⅲ-Zeit*, OBO 160/3, Freiburg, Schweiz: Universitätsverlag / Göttingen: Vandenhoeck und Ruprecht, 1999, p. 172; D. Frayne, *Ur Ⅲ Period (2112-2004 BC)*, RIME 3/2, Toronto: University of Toronto Press, 1997, pp. 361-366.

第一章 对外战争

去，意味着乌尔失去了对呼罗珊大道的控制。西穆鲁姆成为东北部边缘区反叛的始作俑者，此外阿摩利人作为另一支威胁力量此时也对乌尔虎视眈眈。随着防御区的崩溃，乌尔控制的东部商路也暂停。

伊比辛3年，西马什基的统治者雅布拉特（原为乌尔最稳固的盟友之一）占领苏萨以及苏西亚纳其余地区。伊比辛试图挽回，但是事态持续恶化，已无力回天。在伊比辛5年，乌尔与扎布沙里政治联姻，意在孤立雅布拉特。① 乌尔取得了对雅布拉特的暂时胜利。伊比辛在其统治第8年后，所统治的区域只限于乌尔城周围地区，巴比伦尼亚北部与中部已经被伊新占据，这段时间一直到伊比辛结束，乌尔第三王朝与伊新王朝重合。②

伊比辛9年和14年，发动对王朝东南部的胡赫努里、苏萨、阿丹顿的战争。可能在伊比辛6年，建造尼普尔和乌尔的伟大界墙，可能是遭到了阿摩利人的威胁，或者是东南部的危机？据文献记载，伊比辛3年支出超过20万升大麦和二粒小麦给远征阿摩利人的士兵，③ 根据60升大麦是一个士兵一个月的配额，可以推知这支部队的数量是庞大的。④ 随着伊什比埃拉的崛起，乌尔被西马什基人征服。⑤

---

① P. Steinkeller, "The Sargonic and Ur Ⅲ Empires", in P. F. Bang, C. A. Bayly and W. Scheidel (eds.), *The Oxford World History of Empire*, Volume 2: *The History of Empires*, Oxford: Oxford University Press, 2021, p. 228.

② W. Sallaberger and I. Schrakamp, "Philological Data for a Historical Chronology of Mesopotamia in the 3rd Millennium", in W. Sallaberger and I. Schrakamp (eds.), *ARCANE* Ⅲ: *History & Philology*, Turnhout: Brepols, 2015, p. 4. 关于伊比辛统治时期与伊什比埃拉统治时期重合，伊比辛第24或25年的年名见于经济文献中，参见 D. Frayne, *Ur Ⅲ Period (2112-2004 BC)*, RIME 3/2, Toronto: University of Toronto Press, 1997, pp. 361-366. 伊什比埃拉统治了33年，二人重合了17年（伊什比埃拉第1年等于伊比辛第8年）。所以，他们加起来共统治的时间不是如《苏美尔王表》所言的24+33=57年，而应该是50年，参见 P. Steinkeller, "On Birbirrum, the Alleged Earliest-Documented *rabiānum* Official, and on the End of Ibbi-Suen's Reign", *Nouvelles Assyriologiques Brèves et Utilitaires*, No. 3 (2008), pp. 3-5。

③ D. I. Owen, "Miscellanea Neo-Sumerica Ⅰ-Ⅲ", in H. A. Hoffner (ed.), *Orient and Occident: Essays presented to Cyrus H. Gordon on the Occasion of his Sixty-fifth Birthday*, AOAT 22, Neukirchen-Vluyn: Neukirchener Verlag, 1973, p. 135.

④ B. Lafont, "The Army of the Kings of Ur: The Textual Evidence", *Cuneiform Digital Library Journal*, No. 5 (2009), p. 5.

⑤ 关于乌尔第三王朝的灭亡，参见 P. Steinkeller, "The Sargonic and Ur Ⅲ Empires", in P. F. Bang, C. A. Bayly and W. Scheidel (eds.), *The Oxford World History of Empire*, Volume 2: *The History of Empires*, Oxford: Oxford University Press, 2021, pp. 69-70；刘昌玉：《两河流域乌尔第三王朝灭亡原因新探》，《浙江师范大学学报》（社会科学版）2018年第5期。

第四节　对外战争的目的与特征

乌尔第三王朝统治者吸取阿卡德王国灭亡的教训，放弃大举对外扩张的政策，建设一个袖珍的、中央集权式的国家，周边一群防御性质的边缘区。不仅采取战争手段，而且综合运用外交、贸易等方式加强同外国联系。这是一种"精心设计的自我设限的、较强防御性的帝国策略"[①]。归纳起来，乌尔第三王朝对外战争的目的主要包括三个：纯粹的资源掠夺，打通与控制贸易通道，王权中心观传播。

第一，乌尔第三王朝对外战争的目的主要是为了掠夺资源与财富。在普兹瑞什达干的经济文献中记载有大量的牲畜作为战利品以及男女战俘，从战败区被带到乌尔王国。例如，在舒尔吉47年，779只绵羊、782只山羊作为战利品，从西马什基和阿摩利山区被带回乌尔。[②] 再如，舒尔吉48年，多达231头牛、10736只羊作为战利品，从基马什和哈尔西被带回乌尔。如下所示：

文献 Princeton 1 60（SH 48 vii, PD）
obv.

1）165 ab$_2$	165头母牛
2）514+ udu	514+只公绵羊
3）441+ maš$_2$	441+只公山羊
4）1354 ud$_5$ gun$_3$-a	1354只斑点母山羊
5）1827 ud$_5$	1827只母山羊
6）165 ab$_2$	（共计：）165头牛
7）7736 udu	（共计：）7736只羊
8）giri$_3$ Bu-bu	布布经办；
9）66 ab$_2$	66头母牛
10）3000 udu maš$_2$ hi-a	3000只绵羊和山羊

[①] P. Steinkeller, "The Sargonic and Ur Ⅲ Empires", in P. F. Bang, C. A. Bayly and W. Scheidel（eds.）, *The Oxford World History of Empire, Volume 2：The History of Empires*, Oxford：Oxford University Press, 2021, pp. 60-61.

[②] 文献 PDT 2 802（SH47 v）。

11) giri₃ Šu-ᵈEn-lil₂　　　　　　　　舒恩利尔经办；
12) nam-ra-ak Ki-mašᵏⁱ Ha-ar-šiᵏⁱ　（这些）是来自基马什和哈尔西的战利品；

rev.

1) [⋯]ᵏⁱ　　　　　　　　　　　　　（……）
2) Šušin [⋯]-ra　　　　　　　　　苏萨……
3) kišib Sa₃-si₂ [⋯]　　　　　　　萨斯某某加印
4) Šu-ᵈ [⋯] -ti-a [⋯] di-ku₅　　　法官舒某提亚
5) tum₃-dam　　　　　　　　　　　带来；
6) 2 [⋯] 536 [⋯]　　　　　　　　（……）
7) iti ezem ᵈŠul-gi　　　　　　　　第7月
8) mu Ha-ar-šiᵏⁱ u₃ Ki-mašᵏⁱ ba-hul　舒尔吉48年。

这些战利品明显对应于舒尔吉48年年名中提到的对哈尔西、胡尔提和基马什的战役。关于乌尔军队掠夺战利品和战俘的目的，有的学者认为，其目的是征服这些地区，战利品作为征服的成果或者给军队的奖励。[1]

第二，乌尔第三王朝有限范围内的区域扩张，其最终目的是取得东西商路的控制权。乌尔第三王朝对外扩张区域沿着底格里斯河左岸形成了一个带状区域，西北至乌尔比隆、阿拉普胡姆和沙什鲁姆，东南到胡赫努里。与阿卡德时期不同，乌尔第三王朝统治者从未尝试对西部进行扩张。乌尔的结盟方有：马尔哈西、安珊、马里、西马努姆。在东方，乌尔的盟友是马尔哈西和安珊，通过政治联姻巩固关系（舒尔吉18年和30年）。乌尔与马尔哈西的联盟直到伊比辛时期才破裂。在西方，乌尔的盟友是马里，在乌尔纳姆时期已经确立，马里与乌尔通过商路沟通。在北方，乌尔的盟友是西马努姆，监视乌尔的北部属国尼尼微和哈马孜。由于乌尔第三王朝核心区地处两河流域平原，灌溉农业发达，盛产小麦、大麦、椰枣等农作物以及牛羊等牲畜，但是矿产、木材等资源匮乏，所以两河流域在很早就与周边地区进行对外贸易活动，形成了诸多商路网，其中跨越扎格罗

---

[1] I. J. Gelb, "Prisoners of war in early Mesopotamia", *Journal of Near Eastern Studies*, Vol. 32, No. 1/2 (1973), pp. 70-98; L. Hebenstreit, "The Sumerian Spoils of War during Ur Ⅲ", in H. von Hans Neumann, et al. (eds.), *Krieg und Frieden im Alten Vorderasien*, Münster: Ugarit Verlag, 2006, pp. 373-380.

斯山脉到达伊朗高原的商路——即呼罗珊大道是其中最重要的商路之一。[1]根据舒尔吉统治后期的年名记载，乌尔持续对卡拉哈尔、西穆鲁姆、卢卢布姆、哈尔西、基马什和胡尔提战争，除了最基本的掠夺资源之外，更重要的是因为这些地名都处于呼罗珊大道的沿线，[2] 乌尔军队进攻的方向也是沿着呼罗珊大道逐步推进的，这也进一步证明了乌尔第三王朝对外扩张的贸易目的与特色。

第三，乌尔第三王朝对外战争的目的还包括传播王权，体现两河流域中心主义思想。乌尔第三王朝的对外战争具有两河流域王朝对外战争的一般特征。一方面，在思想观念上，两河流域的国王们一向以战士的形象出现，如吉尔伽美什和萨尔贡（Sargon）等著名统治者，皆因其卓著战功而被后人铭记和神化，这也导致后代国王们大多以对外军事行动为头等要务，对外战争的胜利可以增强其权威和统治正当性。[3] 另一方面，在地理因素上，两河流域地处平原，缺乏险要地形，容易遭受北部和东部山区游牧民族的袭扰；盛产农业作物，但缺乏矿产、木材等资源，对贸易有较大需求。这就要求两河流域的王朝为巴比伦尼亚核心区建立边缘防御区，保护核心区的生产生活，并控制主要贸易路线，保证商品的流通。

但是，乌尔第三王朝的对外战争也具有不同特征。与前代相比，乌尔第三王朝统治者放弃了阿卡德王国大举对外扩张的政策，采取有选择性、有目的性的扩张方针，致力于建设一个精致的、中央集权式的国家，周边由若干具有防御性质的边缘区构成。乌尔第三王朝不仅采取战争手段，而且综合运用外交、贸易等方式加强同外国联系。具体而言，乌尔第三王朝的对外战争的特征有三：一是东战西和，二是反复征战，三是战和相兼。

首先，乌尔第三王朝的对外战争是有选择性的、精细化的扩张设计。

---

[1] 刘昌玉：《从"上海"到下海：早期两河流域商路初探》，中国社会科学出版社2019年版，第43—65页；P. Steinkeller, "The Sargonic and Ur Ⅲ Empires", in P. F. Bang, C. A. Bayly and W. Scheidel (eds.), *The Oxford World History of Empire, Volume 2: The History of Empires*, Oxford: Oxford University Press, 2021, pp. 61-63。

[2] D. I. Owen, *Cuneiform Texts Primarily from Iri-Saĝrig/Āl-Šarrākī and the History of the Ur Ⅲ Period*, Nisaba 15/1, Bethesda: CDL Press, 2013, p. 153.

[3] P. Michalowski, "The Ideological Foundations of the Ur Ⅲ State", in J. Meyer and W. Sommerfeld (eds.), *2000 v. Chr. Politische, Wirtschaftliche und Kulturelle Entwicklung im Zeitchen einer Jahrtausendwende: 3. Internationales Colloquium der Deutschen Orient-Gesellschaft 4. -7. April 2000 in Frankfurt/Main und Marburg/Lahn*, CDOG 3, Saarbrücker: Saarbrücker Druckerei und Verlag, 2004, pp. 219-235.

第一章 对外战争

乌尔第三王朝对外扩张方向集中于对王朝的东北方地区，个别涉及北方和东南方，而西北部地区并未动武，具有"东战西和"的特征。① 据乌尔第三王朝年名记载，从舒尔吉第21年至伊比辛第14年共有22个年名记载的是战争事件，其中涉及王朝对东北方战争的年名有17个（涉及德尔、卡拉哈尔、西穆鲁姆、哈尔西、沙什鲁姆、卢卢布姆、乌尔比隆、基马什、胡尔提），对东南方战争的年名4个（涉及安珊、胡赫努里、苏萨、阿丹顿、阿万），对北方战争的年名1个（西马努姆）。对于舒尔吉最大的战略挑战是获得扎格罗斯山脉诸国，如西穆鲁姆和卢卢布姆，它们是巴比伦尼亚通往基马什和胡尔提的阻碍，而基马什和胡尔提是呼罗珊大道上的重要节点。② 舒尔吉战略的第一步是征服西马努姆和卢卢布姆。从长远来看，乌尔的最大挑战（对手）则是伊朗高原的西马什基诸国，大约20个国家，分布在扎格罗斯山脉，西北至里海，东南到安珊。另一支威胁力量是阿摩利人聚集区，分布在从哈姆林山脉到苏西亚纳一带，与西马什基诸国平行分布。西马什基人和阿摩利人是乌尔用兵扎格罗斯山脉的主要敌对目标。乌尔第三王朝对外战争的目的是开辟商路，而不是简单地对被征服地区进行掠夺。③

其次，乌尔第三王朝对外战争具有反复对同一地区作战的特征。这一特征主要体现在舒尔吉统治后半期，作战目标以王朝东北部的卡拉哈尔、西穆鲁姆、卢卢布姆等为代表。例如，据乌尔第三王朝年名信息记载，西穆鲁姆分别于舒尔吉25年、舒尔吉26年、舒尔吉32年、舒尔吉44年、舒尔吉45年，至少10次被毁（hul）；同样舒尔吉44年年名记载卢卢布姆也是第9次被毁，舒尔吉45年年名又记载卢卢布姆被毁，即第10次被毁。为何乌尔军队对同一地区反复征战呢？笔者认为，不可能是这些地区彻底

---

① C. Liu, "Eastward Warfare and Westward Peace: the 'One-Sided' Foreign Policy of the Ur Ⅲ Dynasty (2112-2004 BC)", *The Digital Archive of Brief Notes & Iran Review* (*DABIR*), No. 9 (2022), pp. 53-57.

② P. Steinkeller, "Puzur-Inšušinak at Susa: A Pivotal Episode of Early Elamite History Reconsidered", in K. De Graef and J. Tavernier (eds.), *Susa and Elam. Archaeological, Philological, Historical and Geographical Perspectives: Proceedings of the International Congress Held at Ghent University, December 14-17, 2009*, MDP 58, Leiden and Boston: Brill, 2013, pp. 293-317.

③ P. Steinkeller, "The Sargonic and Ur Ⅲ Empires", in P. F. Bang, C. A. Bayly and W. Scheidel (eds.), *The Oxford World History of Empire, Volume 2: The History of Empires*, Oxford: Oxford University Press, 2021, p. 64.

被毁，而且多次被毁，这不符合逻辑，如果是乌尔军队每次都没有彻底征服该地，说明乌尔军队未能彻底取得胜利，也不会作为光彩的事情被记录在年名中。最近，美国西华盛顿大学的学者加芬克尔从新、旧精英集团博弈的视角，认为乌尔国王对外战争的目的是培植支持王权的军人和商人新精英阶层，通过分配战利品和战俘来满足这些新贵的利益，形成与行省总督和神庙集团等为代表的旧精英集团之间相互制衡的局面，最终使以国王为代表的王室集团获益。① 通过对年名中多次出现的有争议术语 hul 的讨论，笔者同意，乌尔第三王朝对外战争并非为了彻底征服这些地区，而是通过多次袭击相同地区，从而获取源源不断的资源财富，使物质财富不断集中于王室集团，从而体现中央集权的统治。

再次，乌尔第三王朝对外战争具有战和相兼的特征。乌尔第三王朝对王朝东北方地区的战争属于常规战争，而对东南方和北方的战争属于偶然性事件，例如舒尔吉 34 年对安珊、舒辛 3 年对西马努姆的战争都是因为之前的政治联姻出现问题，为了解决政治联姻的问题从而发生的战争。② 而伊比辛 14 年对苏萨、阿丹顿和阿万的战争更像是王朝保卫或平叛战争。与阿卡德时期不同，乌尔第三王朝统治者从未尝试对西部进行扩张。乌尔的结盟方有：马尔哈西、安珊、马里、西马努姆。在东方，乌尔的盟友是马尔哈西和安珊，通过政治联姻巩固友好关系（舒尔吉 18 年和 30 年）。乌尔与马尔哈西的联盟直到伊比辛时期才破裂。在西方，乌尔的盟友是马里，在乌尔纳姆时期已经确立，马里与乌尔通过商路沟通。在北方，乌尔的盟友是西马努姆，作为监视乌尔的北部属国尼尼微和哈马孜的重要伙伴。

最后，乌尔第三王朝对外战争的成果是建立了保卫核心区的边缘区（边疆）。边缘区共包括约一百个地名，其地理范围包括王朝东北部、东南部和迪亚拉河流域，连接了核心区与外交国，在政治和经济方面具有双重战略意义。边缘区不仅在政治军事上起到防御区和军事缓冲区的作用，还

---

① S. J. Garfinkle, "The Kingsom as Sheepfold: Frontier Strategy Under the Third Dynasty of Ur: A View from the Center", in G. Frame, J. Jeffers and H. Pittman (eds.), *Ur in the Twenty-First Century CE: Proceedings of the 62nd Recontre Assyriologique Internationale at Philadelphia, July 11-15, 2016*, University Park: Eisenbrauns, 2021, pp. 245-251.

② 刘昌玉：《政治婚姻与两河流域乌尔第三王朝的治理》，《社会科学》2018 年第 8 期。

第一章　对外战争

在经济功能上作为乌尔王朝的重要物资供给地,[①] 在王朝的物资再分配与整合方面发挥了重要作用。边缘区的主要特征是向乌尔中央缴纳贡赋,贡物多是该区域所牧养的牛羊等牲畜,大多数边缘区是由军队（erin₂）负责纳贡义务,少数由地区长官或代表（lu₂或 ensi₂）负责纳贡并且亲自督办（ugula）。例如,在阿马尔辛 5 年 7 月,舍提尔沙（Shetirsha）军队向乌尔进贡 5 头牛,由其首领塔希塞恩（Tahishen）负责督办,他自己也进贡了 1 头牛。[②]

文献 OIP 121, 092（AS 5 vii 11, PD）

obv.

1）1 gu₄ Ta₂-hi-še-en　　　　1 头牛,由塔希塞恩
2）5 gu₄ erin₂ Še₂-ti-ir-ša^ki　　5 头牛,由舍提尔沙军队
3）ugula Ta₂-hi-še-en　　　　塔希塞恩督办
4）1 sila₄ ensi₂ Nibru^ki　　　1 只绵羊羔,由尼普尔的恩西

rev.

1）1 sila₄ Igi-an-na-ke₄-zu　　1 只绵羊羔,由伊吉安纳凯祖
2）1 maš-da₃　　　　　　　1 只羚羊
3）ama Eš₁₈-tar₂-il-šu　　　　由伊什塔尔伊尔舒
4）u₄ 11-kam　　　　　　　在第 11 日
5）mu-DU 带来
6）Ab-ba-sa₆-ga i₃-dab₅　　　阿巴萨伽接收；
7）iti ezem ᵈŠul-gi　　　　　第 7 月
8）mu En-unu₆-gal ᵈInana Unug^ki　阿马尔辛 5 年。

left

1）10-la₂-1　　　　　　　（共计:）9（牛羊）

在舒辛 3 年,为了规范并加强对边缘区的管理,乌尔第三王朝设置专

[①] S. J. Garfinkle, "The Kingsom as Sheepfold: Frontier Strategy Under the Third Dynasty of Ur: A View from the Center", in G. Frame, J. Jeffers and H. Pittman (eds.), *Ur in the Twenty-First Century CE: Proceedings of the 62nd Recontre Assyriologique Internationale at Philadelphia, July 11-15, 2016*, University Park: Eisenbrauns, 2021, pp. 245-251.

[②] 其他两篇文献中记载了塔希塞恩是舍提尔沙的首领（lu₂）,见文献 Fs Astour Ⅱ 372；TCL 02, 5515。

门的古恩马达税，对应于核心区的巴拉税。① 与上个例子的地区和人名一样，在舒辛 7 年 8 月，舍提尔沙军队向乌尔缴纳 4 头牛，由其首领塔希塞恩负责经办，他自己也缴纳了 1 头牛，最后由乌尔第三王朝的大执政官阿拉德姆负责督办，这些缴纳品属于古恩马达税。

文献 CHEU 006（SS 7 viii 13, PD）

obv.

col. 1

1）20 gu$_4$ niga	20 头育肥牛
2）10 gu$_4$ u$_2$	10 头食草牛
3）233 udu u$_2$	233 只食草绵羊
4）6 maš$_2$-gal u$_2$	6 只食草山羊
5）1 sila$_4$	1 只绵羊羔
6）U$_2$-na-ab-a-tal	由乌纳卜阿塔尔
7）1 sila$_4$ niga	1 只育肥绵羊羔
8）1 udu u$_2$	1 只食草绵羊
9）Šar-ra-a	由沙拉亚
10）1 gu$_4$ u$_2$	1 头食草牛
11）1 udu u$_2$	1 只食草绵羊
12）Da-še	由达塞
13）1 gu$_4$ u$_2$	1 头食草牛
14）1 sila$_4$	1 只绵羊羔
15）Ge-eb-la-ta-gu$_2$	由格布拉塔古

col. 2

1）1 gu$_4$ niga	1 头育肥牛
2）1 sila$_4$	1 只绵羊羔
3）Ha-na-am	由哈纳姆
4）1 gu$_4$ u$_2$	1 头食草牛
5）1 sila$_4$	1 只绵羊羔
6）E-ni-iš-a-gu-um ［…］	由埃尼沙古姆

---

① P. Steinkeller, "The Administrative and Economic Organization of the Ur III State: The Core and the Periphery", in M. Gibson, R. D. Biggs (eds.), *The Organization of Power: Aspects of Bureaucracy in the Ancient Near East*, Chicago: The Oriental Institute of the University of Chicago, 1987, pp. 15–33.

第一章　对外战争

7) 1 [...]　　　　　　　　　　　1（……）

8) 1 [...]　　　　　　　　　　　1（……）

9) [...]

10) 1 [...]　　　　　　　　　　1（……）

11) 1 [...]　　　　　　　　　　1（……）

12) [...]

13) 1 [...]　　　　　　　　　　1（……）

14) [...]

15) [...]

rev.

col. 1

1) [...]

2) [...]

3) 8 maš₂ [...]　　　　　　　　8 只山羊（……）

4) 1 [...]　　　　　　　　　　　1（……）

5) A-da-nu-x　　　　　　　　　由阿达努某

6) nu-banda₃-me-eš₂　　　　　　他们都是军尉；

7) 70 gu₄ u₂　　　　　　　　　　70 头食草牛

8) erin₂ Ur-bi₂-lum^{ki}　　　　　由乌尔比隆军队

9) giri₃ U₂-na-ab-a-tal　　　　　乌纳卜阿塔尔经办；

10) 1 gu₄ niga　　　　　　　　　1 头育肥牛

11) Ta₂-hi-še-en　　　　　　　　由塔希塞恩

12) 4 gu₄ u₂　　　　　　　　　　4 头食草牛

13) erin₂ Še-ti-ir-ša^{ki}　　　　　由舍提尔沙军队

col. 2

1) giri₃ Ta₂-hi-še-en　　　　　　塔希塞恩经办；

2) ugula Arad₂-mu　　　　　　　阿拉德姆督办

3) gun₂ ma-da　　　　　　　　　这些是古恩马达税

4) mu-DU　　　　　　　　　　　带来

5) In-ta-e₃-a　　　　　　　　　　因塔埃阿

6) i₃-dab₅　　　　　　　　　　　接收

7) giri₃ ^{d}Nanna-ma-ba dub-sar　书吏南那马巴总经办；

8) u₄ 13-kam　　　　　　　　　　第 13 日

9) iti ezem ^{d}Šul-gi　　　　　　　第 8 月

97

10) mu ᵈŠu-ᵈSuen lugal Uri₅ᵏⁱ-ma-ke₄ ma-da　　舒辛 7 年
　　 Za-ab-ša-liᵏⁱ mu-hul

left

1) 115 gu₄ 268 udu　　　　　　　　　　　　（共计：）115 头牛，268 只羊。

边缘区向乌尔中央缴纳的牲畜贡赋，除了被用于宗教祭祀活动，还作为巴拉税回赠给核心区行省，或者作为赠礼给外交国的来访使节。从这一角度讲，边缘区在经济上起到连接核心区和外交国的枢纽作用。舒尔吉之后的乌尔第三王朝统治者较少对外战争，主要的任务是巩固边缘区的统治，维持对东部商路的控制，不断加强同外交国之间的交往与联系。

乌尔第三王朝作为古代两河流域历史上第二个统一王朝，实行君主专制的中央集权统治，其对内统治政策体现了核心区与边缘区的区域划分特色，对外战争方面经历了从主动扩张到被动防御的演变。具体的战争过程可以概括为：首先，第一任国王乌尔纳姆驱逐库提人势力，击败拉伽什等城邦，完成巴比伦尼亚地区的统一，此后这个地区成为乌尔第三王朝的核心地区。其次，第二任国王舒尔吉发动针对王朝东北部的一系列军事行动，打通穿越扎格罗斯山脉的商路，并限制东北山区的游牧民族深入核心地区，这一时期也是乌尔第三王朝的扩张顶峰。最后，在后三任国王统治期间，乌尔第三王朝采取防御策略，应对北方游牧势力的措施由主动出击转为建设防御设施，王朝领土逐渐萎缩至乌尔城附近，最终被伊新和西马什基所灭。

但因其他客观因素的影响，乌尔第三王朝的对外战争也有其特殊性。首先，乌尔第三王朝没有实力或意愿对被征服地区保持长期控制和建设，其对外战争的目的是掠夺资源与财富，用于维持中央集权的统治。但这种战争模式是不可持续的，边缘地区和核心地区的财富差距增加了边缘地区混乱和叛乱的几率，而军事行动本身也要耗费大量的财富，一旦乌尔国王无法获得军事胜利或掠得大量财富，核心地区的稳定性也会受到影响。其次，乌尔第三王朝统治者有清晰的对外政策，他们针对不同方位采取不同的外交手段，乌尔的军事行动大多针对东北方向，而对其他地区则采用联姻、结盟等方式保持和平。乌尔第三王朝没有穷兵黩武、无序扩张，避免了因过度使用武力造成国家实力大幅削弱，或因强力统治者的去世造成国家的快速崩溃，军事力量的集中使用是乌尔第三王朝强大的原因之一。最后，乌尔第三王朝的对外战争具有一定目的性，根据自身经济需求和安全需求，进行有选择性的战争。乌尔第三王朝对外战争的主要目的是取得东西商路的控制权，并保护核心地区免遭游牧民族的袭扰。因此，乌尔统治者对扎格罗斯山区频频进行军事行动以保持对呼罗珊大道的控制权，打击西马什基人和阿摩利人部落或国家。

第二章　内外政治区域的形成

乌尔第三王朝内外政治区域的形成，是第二王舒尔吉统治后半期对外战争的结果，一方面奠定了王朝的统治区域——核心区和边缘区，另一方面也基本上确定了王朝的外部界限与范围，为研究乌尔第三王朝的对外关系提供了前提条件。长期以来，学术界将乌尔第三王朝的政治区域划分为核心区、边缘区和附庸国三层区域。核心区与边缘区属于乌尔第三王朝的统治区域，通过缴税与纳贡方式履行不同的地方性义务，体现了乌尔第三王朝对二者的不同治理策略。关于第三层区域到底是附庸国还是独立国家，学术界存在争议。基于楔形文字文献记录，这一区域并未向乌尔第三王朝缴纳贡赋及履行其他义务，将其定性为乌尔第三王朝的外交国较妥。核心区、边缘区和外交国的政治区域划分，是乌尔第三王朝内政与外交政策实践的结果，是王朝中央集权统治的内外基础，也是其"天下四方之王"政治理念的现实操作，为后来的两河流域王朝的国家治理提供了借鉴。

长期以来，国际学界在对乌尔第三王朝的政治区域以及内外区域划分的问题上存在争议。1987 年，美国哈佛大学的斯坦凯勒提出了乌尔第三王朝的三层政治区域划分模式：核心区（core）、边缘区（periphery）和附庸国（vassal state），它们分别向乌尔中央政府缴纳巴拉（bala）税、古恩马达（gun$_2$ ma-da）税和古恩（gun$_2$）税。[①] 斯坦凯勒的三层区划模式，基于

[①] P. Steinkeller, "The Administrative and Economic Organization of the Ur Ⅲ State: The Core and the Periphery", in M. Gibson, R. D. Biggs (eds.), *The Organization of Power: Aspects of Bureaucracy in the Ancient Near East*, Chicago: The Oriental Institute of the University of Chicago, 1987, pp. 15-33. 在此之前关于乌尔第三王朝区域划分的讨论，参见 W. W. Hallo, "A Sumerian Amphictyony", *Journal of Cuneiform Studies*, Vol. 14 (1960), pp. 88-114; P. Michalowski, "Foreign Tribute to Sumer during the Ur Ⅲ Period", *Zeitschrift für Assyriologie und Vorderasiatische Archäologie*, Vol. 68 (1978), pp. 34-49。关于

第二章　内外政治区域的形成

不同地区向乌尔中央缴纳不同赋税的判断标准，这一标准虽适用于核心区，但是在用于边缘区和附庸国时存在颇多争议。此外，学界对于附庸国的定性、古恩马达与古恩两个术语的内涵也存在分歧。在前人研究基础上，基于楔形文字原始文献，主要是普兹瑞什达干出土的两类行政管理文献——"贡入"（mu-DU）类[①]和"支出"（ba-zi 或 zi-ga）类，通过这些文献中所记载的大量异域地名[②]与乌尔中央政府之间的权利义务关系，佐之年名铭文、王室铭文以及吉尔苏和伊利萨格里格信使文献中所载异域地名信息，将几类文献证据相互印证，重建乌尔第三王朝的政治区域划分。笔者基本认同斯坦凯勒的核心区与边缘区划分，但是强调存在若干过渡地

乌尔第三王朝的赋税，参见刘昌玉《古代两河流域乌尔第三王朝赋税制度研究》，中国社会科学出版社2021年版。注意，由于乌尔第三王朝文献中没有出现关于"赋税"的专门术语，所以我们也只能对大量文献中记载的某些术语的含义及其作用的考证之后，比对今天意义上的赋税概念，从而认定这些术语接近于今天的"赋税"概念，但绝不是说它们的含义就等同于今天的赋税。最近，美国西华盛顿大学的加芬克尔使用"抽取机制"（Mechanics of Extraction）的概念来解释乌尔第三王朝的物资财产收支与再分配原则，参见 S. Garfinkle, "Co-Option and Patronage: The Mechanics of Extraction in Southern Mesopotamia under the Third Dynasty of Ur", in Jonathan Valk, Irene Soto Marin (eds.), *Ancient Taxation: The Mechanics of Extraction in Comparative Perspective*, New York: New York University Press, 2021, pp. 71-92。

[①] 关于苏美尔语术语 mu-DU 中动词 DU 的读音，有的学者读作 ar_x，意为"运送"，参见 W. W. Hallo, "A Sumerian Amphictyony", *Journal of Cuneiform Studies*, Vol. 14 (1960), p. 89；有的学者认为读 tum_2，意为"带来"，参见 T. Maeda, "Bringing (mu-túm) Livestock and the Puzuriš-Dagan Organization in the Ur III Dynasty", *Acta Sumerologica*, Vol. 11 (1989), pp. 69-111；也有学者建议读为 ku_x，意为"进入、贡入"，参见 J. Krecher, "DU = ku_x(-r),eintreten,,hineinbringen'", *Zeitschrift für Assyriologie und Vorderasiatische Archäologie*, Vol. 77 (1987), pp. 7-21。本书采取最后一种观点，将其译为"贡入、进贡"。

[②] 在乌尔第三王朝的文献中，地名后面一般加上苏美尔语限定符 KI。在地理范围上，这些地名包括本土（巴比伦尼亚）地名和异域地名。在乌尔第三王朝楔形文字文献中，记载异域地名的文献主要包括：行政管理文献中所包含的年名信息（记述乌尔对许多异域地区的军事活动），行政管理文献中关于战利品（nam-ra-ak）的记载，普兹瑞什达干行政管理文献中记载的异域地名的 mu-DU 文献和 ba-zi 文献，吉尔苏和伊利萨格里格的信使文献，以及王室铭文和书信材料。本土地名一般指一个城市，如吉尔苏，或者一个行省的中心城市或首府，如吉尔苏指拉伽什行省的中心城市，也可以泛指该省，如温马既可以指温马城，也可以指马行省，除温马城外，温马行省还包括阿皮萨尔（Apisal）、扎巴拉（Zabala）、基安（KI.AN）、古埃丁纳（Guedena）、穆什比阿纳（Mushbiana）、达温马（Da-Umma）等城市，参见 J. L. Dahl, *The Ruling Family of Ur III Umma: A Prosopographical Analysis of an Elite Family in Southern Iraq 4000 Years Ago*, PIHANS 108, Leiden: Nederlands Instituut voor het Nabije Oosten, 2007, pp. 33-35。对于异域地名，一个地名既可以指一个城市（如苏萨），也可以指一个地区或国家（如西马什基）。如果没有特殊说明，本文中出现的核心区地名一般指一个行省，边缘区地名指一个城市或定居点，外交国的地名指一个地区或国家。

带，同时不同意其关于"附庸国"的定性，认为最外层区域是与乌尔第三王朝有外交关系的独立国家，而非乌尔王朝的附庸国。通过对乌尔第三王朝核心区（行省）、边缘区（边疆）和外交国政治区域的划分，进一步探析乌尔第三王朝的内政与外交政策。

第一节　内部第一层政治区域：核心区（行省）

乌尔第三王朝是古代两河流域历史上的第二个统一王朝，共历五王108年：乌尔纳姆、舒尔吉、阿马尔辛、舒辛和伊比辛。乌尔纳姆建立乌尔第三王朝，定都乌尔城，战胜拉伽什等城邦，驱逐占据迪亚拉河流域的埃兰人，[①] 统一了苏美尔（苏美尔语为 ki-en-gi）和阿卡德（苏美尔语为 ki-uri），又称巴比伦尼亚，即苏美尔人的"本土"概念，属于乌尔第三王朝的核心区。[②] 核心区的行省由国王任命的总督（ensi₂，音译为"恩西"）负责管理行政事务，恩西大都出自当地贵族家族，为了对其牵制，乌尔国王又任命将军（šagina，音译为"沙吉纳"）主管行省的军务。[③]

[①] P. Steinkeller, "Puzur-Inšušinak at Susa: A Pivotal Episode of Early Elamite History Reconsidered", in K. De Graef and J. Tavernier (eds.), *Susa and Elam. Archaeological, Philological, Historical and Geographical Perspectives*: Proceedings of the International Congress Held at Ghent University, December 14-17, 2009, MDP 58, Leiden and Boston: Brill, 2013, pp. 293-318.

[②] 关于两河流域地理上的"苏美尔"概念，参见王献华《两河流域早王朝时期作为地理概念的"苏美尔"》，《四川大学学报》（哲学社会科学版）2015年第4期；刘健《苏美尔文明基本特征探析》，《外国问题研究》2016年第2期。

[③] 关于乌尔第三王朝的行省制度，参见刘昌玉《乌尔第三王朝行省制度探析》，《社会科学》2017年第1期。另参见国洪更《亚述行省制度探析》，《世界历史》2014年第6期。注意，"恩西"术语在早王朝时期与"恩"（en）和"卢伽尔"（lugal）都指独立城邦的统治者。阿卡德王国建立后，"卢伽尔"特指王国的国王，"恩"指神庙最高祭司，"恩西"指王国治下的地方行省的行政最高长官，又称行省总督，与之相对应的军事最高长官称"沙吉纳"。阿卡德王国灭亡后，两河流域许多城邦再次独立，"恩西"恢复指独立城邦的首领。乌尔第三王朝统一巴比伦尼亚之后，"恩西"具有双重含义：既可以指乌尔王朝的地方行省总督，也可以指不属于乌尔王朝管辖的外国统治者。参见国洪更《古代两河流域早期王衔的沿革与国家形态的演变》，《史学集刊》2021年第3期。关于乌尔第三王朝的"恩西"论述，参见 C. E. Keiser, *Patesis of the Ur Dynasty*, New Haven: Yale University Press, 1919; W. W. Hallo, "The Ensi's of the Ur Ⅲ Dynasty", Master thesis, University of Chicago, 1953; M. Stepien, *Ensi w czasach Ⅲdynastii z Ur: aspekty ekonomiczne i administracyjne pozycji namiestnika prowincji w swietle archiwum z Ummy*, Warsaw: Wydawnictwa Uniwersytetu Warszawskiego, 2006; L. Allred, "The Tenure of Provincial Governors: Some Observations", in S. Garfinkle and M. Molina (eds.), *From the 21st Century B. C. to the 21st Century A. D.*: Proceedings of the International Conference on Sumerian Studies Held in Madrid 22-24 July 2010, Winona Lake: Eisenbrauns, 2013, pp. 115-123.

核心区向乌尔中央缴纳巴拉税，其直接证据见于吉尔苏和温马行省出土文献，包括赋税形式、纳税时间、税率等信息。① 另据普兹瑞什达干文献记载，乌尔中央支出给各行省不同种类的动物，作为其缴纳巴拉税的回赠，体现了乌尔第三王朝的物资再分配概念。

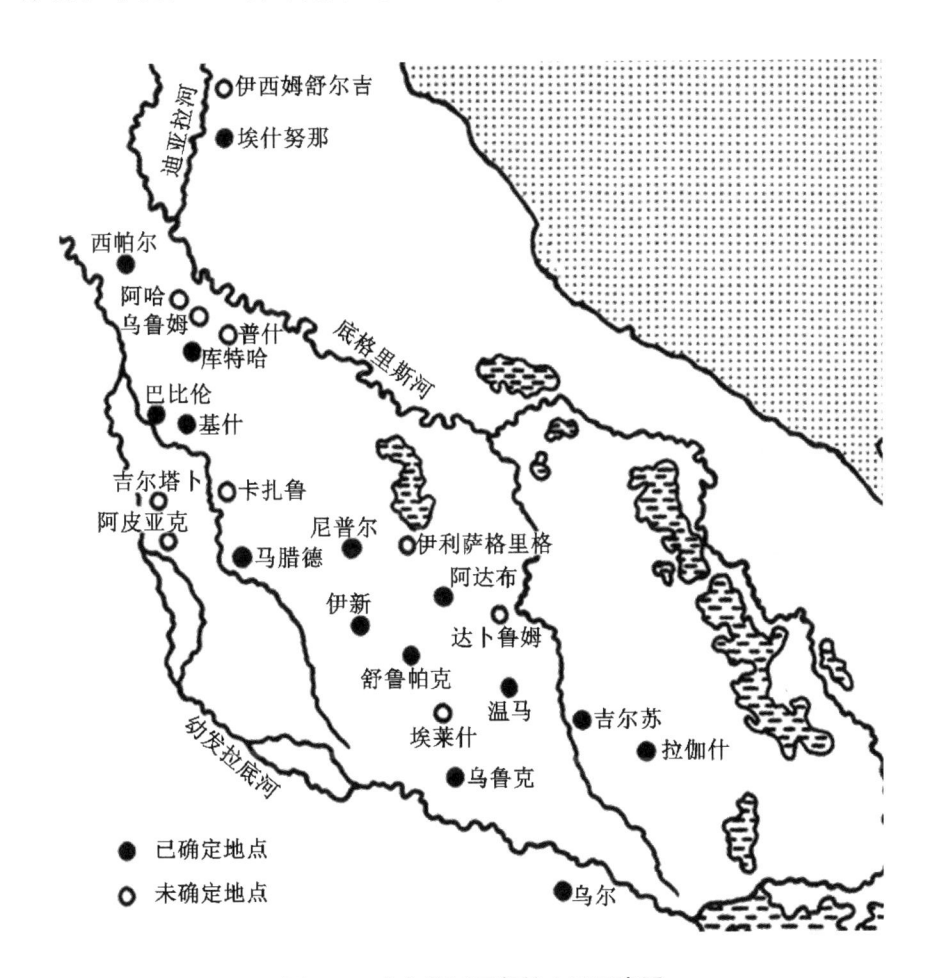

图 2-1 乌尔第三王朝核心区示意图

(资料来源：P. Steinkeller, "The Administrative and Economic Organization of the Ur III State: The Core and the Periphery", in M. Gibson, R. D. Biggs (eds.), *The Organization of Power: Aspects of Bureaucracy in the Ancient Near East*, Chicago: The Oriental Institute of the University of Chicago, 1987, p. 18.)

① 参见 T. M. Sharlach, *Provincial Taxation and the Ur III State*, CM 26, Leiden: Brill, 2004；刘昌玉：《税制与乌尔第三王朝的国家治理》，《古代文明》2021 年第 1 期。

核心区属于乌尔第三王朝的直接管辖区域，这一观点在学界没有异议，有争议的是核心区的行省总体数量以及个别地名的归属。关于核心行省的数目，斯坦凯勒认为有23个，① 沙拉克认为有19个，除去达卜鲁姆、埃莱什、埃什努那、伊西姆舒尔吉。② 斯滕平列举了23个行省的地名，除去斯坦凯勒列举的埃什努那和伊西姆舒尔吉，建议加上吉尔塔卜（Girtab）和伊什西（ISH.SHI）两个，认为这两个地区虽然没有巴拉税记录，但是有行省总督头衔"恩西"③。美国宾夕法尼亚大学的帕特森引用沙拉克的观点，列举了19个行省地名，其中位于巴比伦尼亚北部的有10个，南部的有9个。④

关于行省的属性，德国慕尼黑大学的扎拉贝格尔基本同意斯坦凯勒的观点，认为核心区大约有20个行省地名，有的是由早期的城邦（阿达布、温马、吉尔苏）演变而来，并且认为核心区的范围是北到西帕尔（包括迪亚拉河流域部分地区，如埃什努那），南到乌尔，西到阿拉伯沙漠，东到底格里斯河畔。⑤

笔者基本同意斯坦凯勒所列的23个地名，此外还建议加上苏萨、吉尔塔卜⑥和伊什苏（ISH-su，或伊什西）⑦三个地名，共计26个属于核心

---

① 包括：阿达布（Adab）、阿哈（A.HA）、阿皮亚克、巴比伦（Babylon）、达卜鲁姆（Dabrum）、埃莱什（Eresh）、埃什努那、吉尔苏-拉伽什、伊利萨格里格、伊新、伊西姆舒尔吉（Ishim-Shulgi）、卡扎鲁、基什、库特哈（Kutha）、马腊德、尼普尔、普什（Push）、西帕尔、舒鲁帕克（Shuruppak）、温马、乌尔、乌鲁克、乌鲁姆。参见 P. Steinkeller, "The Administrative and Economic Organization of the Ur Ⅲ State: The Core and the Periphery", in M. Gibson, R. D. Biggs (eds.), *The Organization of Power: Aspects of Bureaucracy in the Ancient Near East*, Chicago: The Oriental Institute of the University of Chicago, 1987, p. 19。

② T. M. Sharlach, *Provincial Taxation and the Ur Ⅲ State*, CM 26, Leiden: Brill, 2004, pp. 7-8。

③ M. Stepien, *From the History of State System in Mesopotamia-The Kingdom of the Third Dynasty of Ur*, Warsaw: Department of Graphic Design, University of Warsaw, 2009, p. 56. 伊西（IŠ.ŠI）一说读作伊苏（IŠ.ŠU），参见 T. M. Sharlach, *Provincial Taxation and the Ur Ⅲ State*, CM 26, Leiden: Brill, 2004, p. 7；一说读作伊什苏（IŠ-su^{ki}），见温马文献 Princeton 1 562（SH 23）、BPOA 6 928（SH 43）、BPOA 7 1947（SH 43）、YOS 4 66（SH 44）、BPOA 1 686（AS 9）、BPOA 1 1096（SS 2）。

④ D. Patterson, "Elements of the Neo-Sumerian Military", PhD dissertation, University of Pennsylvania, 2018, p. 43.

⑤ W. Sallaberger and A. Westenholz, *Mesopotamien: Akkade-Zeit und Ur Ⅲ-Zeit*, OBO 160/3, Freiburg, Schweiz: Universitätsverlag / Göttingen: Vandenhoeck und Ruprecht, 1999, p. 190.

⑥ 位于巴比伦与卡扎鲁之间，属于核心区以内，参见 W. Sallaberger and I. Schrakamp, "Philological Data for a Historical Chronology of Mesopotamia in the 3rd Millennium", in W. Sallaberger and I. Schrakamp (eds.), *ARCANE Ⅲ: History & Philology*, Turnhout: Brepols, 2015, p. 132。

⑦ 根据文献 YOS 4 66 所载，伊什苏的恩西与阿达布、马腊德、巴比伦、阿哈、温马的核心区恩西一同出现，可以确定伊什苏位于温马的附近，即核心区以内。

第二章 内外政治区域的形成

区的地名。对于学者们有分歧的达卜鲁姆和埃莱什两个地名，笔者认为它们有行省总督头衔"恩西"，虽然没有关于它们缴纳巴拉税的记载，但是在地理位置上，这两个地名都位于核心区以内。①

表 2-1　　　　　　　　　乌尔第三王朝行省统计

编号	地名汉译	地名英译	地名原文
1	阿达布	Adab	Adab^{ki}
2	阿哈②	A. HA	A. HA^{ki}
3	阿皮亚克	Apiak	A-pi$_2$-ak^{ki}
4	巴比伦	Babylon	Babila^{ki}
5	达卜鲁姆	Dabrum	Da-ab-ru-um^{ki}
6	埃莱什	Eresh	Ereš$_2$^{ki}
7	埃什努那	Eshnuna	Aš$_2$-nun-na^{ki}
8	吉尔苏	Girsu	Gir$_2$-su^{ki}
9	伊利萨格里格	Irisagrig	Iri-sag-rig$_7$^{ki}
10	伊新	Isin	Isin$_2$$^{si. ki}$
11	伊西姆舒尔吉	Ishim-Shulgi	I-šim-^{d}Šul-gi^{ki}
12	卡扎鲁	Kazallu	Ka-zal-lu^{ki}
13	基什	Kish	Kiš^{ki}
14	库特哈	Kutha	Gu$_2$-du$_8$-a^{ki}
15	马腊德	Marad	Mar$_2$-da^{ki}
16	尼普尔	Nippur	Nibru^{ki}

---

① 关于达卜鲁姆，参见 M. A. Powell, "Karkar, Dabrum, and Tall Ǧidr: An Unresolved Geographical Problem", *Journal of Near Eastern Studies*, Vol. 39, No. 1 (1980), pp. 47-52；关于埃莱什，参见 B. De Shong Meador, "Nisaba of Eresh: Goddess of Grain, Goddess of Writing", in P. Monaghan (ed.), *Goddesses in World Culture, Volume 2: Eastern Mediterranean and Europe*, Santa Barbara: Praeger, 2011, pp. 1-2。

② 又读为库阿拉（Kuara$_2$^{ki}）。

105

续表

编号	地名汉译	地名英译	地名原文
17	普什	Push	Pu-uš^{ki}
18	西帕尔	Sippar	Zimbir^{ki}
19	舒鲁帕克	Shuruppak	Šuruppak^{ki}
20	温马	Umma	Umma^{ki}
21	乌尔	Ur	Urim$_5$^{ki}
22	乌鲁克	Uruk	Unug^{ki}
23	乌鲁姆	Urum	Urum$_x$（UR$_2$xU$_2$）^{ki}
24	苏萨	Susa	Šušin^{ki}
25	吉尔塔卜	Girtab	Gir$_{13}$-tab^{ki}
26	伊什苏	ISH-su	IŠ-su^{ki}

埃什努那、伊西姆舒尔吉以及苏萨三个地区既缴纳巴拉税，也缴纳古恩马达税，其身份介于核心区与边缘区之间，或者在不同时期的身份有所不同。① 首先，关于苏萨（位于今伊朗胡齐斯坦省）何时被并入乌尔第三王朝的版图存有争议，一般认为是在舒尔吉统治时期，舒尔吉的铭文记载他在苏萨重建因舒西纳克（Inshushinak）神庙,② 也有学者认为早在乌尔纳姆统治时期苏萨已被乌尔征服。③ 但是，基于苏萨向乌尔中央缴纳巴拉税的记录仅见于阿马尔辛4年的文献,④ 笔者认为苏萨只在阿马尔辛统治

---

① T. M. Sharlach, *Provincial Taxation and the Ur Ⅲ State*, CM 26, Leiden: Brill, 2004, p. 8; D. Patterson, "Elements of the Neo-Sumerian Military", PhD dissertation, University of Pennsylvania, 2018, p. 452.

② P. Collins, *Mountains and Lowlands: Ancient Iran and Mesopotamia*, Oxford: Ashmolean Museum, 2016, p. 87; D. Patterson, "Elements of the Neo-Sumerian Military", PhD dissertation, University of Pennsylvania, 2018, p. 445.

③ G. Marchesi, "Ur-Namma(k)'s Conquest of Susa", in K. De Graef and J. Tavernier (eds.), *Susa and Elam. Archaeological, Philological, Historical and Geographical Perspectives: Proceedings of the International Congress Held at Ghent University, December 14–17, 2009*, MDP 58, Leiden and Boston: Brill, 2013, pp. 285–291.

④ 见文献 AAICAB 1/4 Bod S 322（AS 4 ix m 24）, PDT 1 557（AS 4 i-xii）。

第二章 内外政治区域的形成

时期短暂作为乌尔第三王朝的核心区行省，而在其他时间属于王朝的边缘区。在伊比辛统治末年，苏萨被西马什基王朝占领，结束乌尔统治。① 需要注意的是，不同于巴比伦尼亚的行省，苏萨在乌尔第三王朝具有特殊的地位。据吉尔苏信使文献记载，苏萨出现的次数在所有的异域地名中是最多的（达1018次，约占所有异域地名的50%），文献记载乌尔使节频繁往返于吉尔苏与苏萨之间，以及途经苏萨到达王朝的东南方诸国，② 表明苏萨是乌尔王朝通往东南部国家的重要中转站。

此外，学者们关于迪亚拉河流域的埃什努那和伊西姆舒尔吉这两个地名的定性存在分歧。斯坦凯勒、扎拉贝格尔认为，迪亚拉河流域应该被纳入乌尔王朝的核心区。③ 沙拉克、斯滕平没有将迪亚拉河流域的埃什努那和伊西姆舒尔吉纳入核心区范围。④ 笔者通过梳理原始文献，对这两个争议颇多的地名进行考证，进而探讨迪亚拉河流域在乌尔第三王朝时期的身份认同问题。

关于迪亚拉河流域的地名埃什努那的定性问题较为复杂。早在1930年，美国芝加哥大学东方研究所考古队就对埃什努那遗址进行了系统的考古发掘，出土楔形文字泥板文献数千件，但是由于种种因素，这批宝贵的文献材料至今仍未公开发表，成为学术界研究埃什努那问题的一大遗憾。⑤

---

① K. De Graef, "Dual power in Susa: Chronicle of a transitional period from Ur Ⅲ via Šimaški to the Sukkalmas", *Bulletin of the School of Oriental and African Studies*, Vol. 75, No. 3 (2012), pp. 525-546; P. Steinkeller, "On the Dynasty of Šimaški: Twenty Years (or so) After", in M. Kozuh, et al. (eds.), *Extraction & Control: Studies in Honor of Matthew W. Stolper*, SAOC 68, Chicago: The Oriental Institute of the University of Chicago, 2014, pp. 287-296; P. Collins, *Mountains and Lowlands: Ancient Iran and Mesopotamia*, Oxford: Ashmolean Museum, 2016, p. 91.

② D. Patterson, "Elements of the Neo-Sumerian Military", PhD dissertation, University of Pennsylvania, 2018, pp. 422-424.

③ P. Steinkeller, "The Administrative and Economic Organization of the Ur Ⅲ State: The Core and the Periphery", in M. Gibson, R. D. Biggs (eds.), *The Organization of Power: Aspects of Bureaucracy in the Ancient Near East*, Chicago: The Oriental Institute of the University of Chicago, 1987, p. 19; W. Sallaberger and A. Westenholz, *Mesopotamien: Akkade-Zeit und Ur Ⅲ-Zeit*, OBO 160/3, Freiburg, Schweiz: Universitätsverlag / Göttingen: Vandenhoeck und Ruprecht, 1999, p. 190.

④ T. M. Sharlach, *Provincial Taxation and the Ur Ⅲ State*, CM 26, Leiden: Brill, 2004, p. 8; M. Stepien, *From the History of State System in Mesopotamia-The Kingdom of the Third Dynasty of Ur*, Warsaw: Department of Graphic Design, University of Warsaw, 2009, p. 57.

⑤ 参与考古发掘的亨利·法兰克福等学者于1940年出版了部分文献的目录，但是未公开文献内容。参见 H. Frankfort, S. Lloyd and T. Jacobsen, *The Gimilsin Temple and the Palace of the Rulers at Tell Asmar*, Chicago: University of Chicago Press, 1940。

不过，近年来芝加哥大学博士雷赫尔依据埃什努那考古发掘成果以及部分未发表的新文献材料，对埃什努那进行了系统研究。尤其是他对埃什努那舒辛神庙遗址的考察，证实了乌尔第三王朝第四王舒辛在其统治时期，为了加强对埃什努那的控制，在埃什努那建立神王舒辛的神庙，以此来彰显乌尔对埃什努那的意识形态的控制。[1] 结合普兹瑞什达干经济文献以及伊利萨格里格和吉尔苏信使文献，我们可以得出如下结论：至少从阿马尔辛至舒辛统治时期，埃什努那已被纳入乌尔第三王朝行省范围，但是由于其地理位置处于行省与边疆过渡地带的特殊性，其在舒尔吉统治时期更倾向于被定性为王朝的边缘区（边疆）。[2]

根据普兹瑞什达干文献记载，从舒尔吉47年到伊比辛1年，[3] 埃什努那向乌尔中央缴纳巴拉税，并且从乌尔中央获得牲畜形式的税收回赠。例如：

文献 CST 362（AS 7 vi, PD）

obv.

1) 1 gu$_4$ niga sag-gu$_4$　　　　1 头高级育肥牛

2) 10-la$_2$-1 gu$_4$ niga　　　　　9 头育肥牛

---

[1] C. Reichel, "Political Changes and Continuity in the Palace of the Rulers at Eshnunna (Tell Asmar) from the Ur Ⅲ Period to the Isin-Larsa Period (ca. 2070–1850 B. C.)", PhD dissertation, University of Chicago, 2001; C. Reichel, "Centre and Periphery—the Role of the 'Palace of the Rulers' at Tell Asmar in the History of Ešnunna (2, 100–1, 750 BCE)", *Journal of the Canadian Society for Mesopotamian Studies*, Vol. 11–12 (2018), pp. 29–53.

[2] 见文献 MVN 21 8（SH 36 v）, PDT 1 580（AS 3 iii）, SNAT 23（AS 6 ix）, NATN 477（AS 7 ii 24）, JCS 28 179（SS 3）, CUSAS 40 1587（SS 5）, CUSAS 40 423（SS 6）, MVN 13 174（SS 7 v）, JAOS 108 120 3（IS 2）, MVN 15 179（IS 2）, NRVN 1 176（IS 2）, MVN 3 321（IS 2 ix）。有学者认为其特殊性的原因可能是，埃什努那与乌尔王室之间有密切的联系，表现在国王舒尔吉的妻子舒尔吉西姆提来自埃什努那，她对埃什努那的两位神贝拉特达拉班（Belat-daraban）和贝拉特苏赫尼尔（Belat-suhnir）极为崇拜，并且在巴比伦尼亚为其进行祭祀活动。参见 C. Reichel, "The King is Dead, Long Live the King: The Last Days of the Šu-Sîn Cult at Ešnunna and Its Adtermath", in N. Brisch（ed.）, *Religion and Power: Divine Kingship in the Ancient World and Beyond*, Chicago: The Oriental Institute of the University of Chicago, 2008, p. 138。

[3] 目前共发现12篇记录埃什努那巴拉税的文献，分别为 P272550（SH 47 v）, Hermitage 3 249（AS 5 vi）, CST 362（AS 7 vi）, JCS 14 111 14（SS 1 ix 17）, BIN 3 353（SS 1 ix 18）, Hermitage 3 359（SS 1 ix 23）, AUCT 2 254（SS 2 ix）, Babyloniaca 8 pl. 11 HG 11（SS 3 viii 28）, JCS 14 114 22（SS 4 viii）, TCL 2 4691（SS 9 vi）, BIN 3 586（SS 9 vi 21）, YOS 4 73（IS 1）。

3）52 udu niga　　　　　　　52只育肥绵羊

4）bala Kal-la-mu ensi$_2$ Aš$_2$-nun^{ki}-　作为给埃什努那恩西卡拉姆的巴拉税支出
ka ba-an-zi

5）ki A-hu-We-er-ta　　　　从阿胡威尔

rev.

1）Lu$_2$-sa$_6$-ga　　　　　　卢萨伽

2）i$_3$-dab$_5$　　　　　　　　收到

3）iti a$_2$-ki-ti　　　　　　　第6月

4）mu Hu-uh$_2$-nu-ri^{ki} ba-hul　阿马尔辛7年

left

1）10 gu$_4$ 52 udu　　　　　（共计:）10头牛，52只羊。

这表明，这段时期内埃什努那具备核心区行省的属性。而在舒尔吉44年至46年，埃什努那的总督也向乌尔中央"进贡"数量不等的牛或驴，由普兹瑞什达干中心官员接管（i$_3$-dab$_5$）。[1] 例如:

文献 PDT 2 1246（SH 45 x, PD）

obv.

1）30-la$_2$-1 gu$_4$　　　　　　29头公牛

2）7 ab$_2$　　　　　　　　　　7头母牛

3）ki Ba-mu ensi$_2$ Aš$_2$-nun-na^{ki}-ta　从埃什努那恩西巴姆

4）mu-DU　　　　　　　　　被带来

rev.

1）Na-sa$_6$ i$_3$-dab$_5$　　　　　那萨收到；

2）iti ezem An-na　　　　　　第10月

3）mu Ur-bi$_2$-lun^{ki} ba-hul　　舒尔吉45年。

此外还需要注意的是，在舒尔吉47年和48年，埃什努那的"市长"（ha-za-num$_2$ lu$_2$）、埃什努那军队（erin$_2$）分别向乌尔中央"进贡"1牛20

---

[1] 见文献 Princeton 1 51（SH 44 iv）, PDT 2 1246（SH 45 x）, CST 119（SH 46 vii）。

羊、6牛60羊，[①] 牲畜的数目以及负责"进贡"的主体十分符合边缘区古恩马达税的特征，有学者由此推断埃什努那也兼备边缘区的属性。[②]

文献 OrSP 2 62 6 Wengler 22 (SH 48 viii 3, PD)

obv.

1)	6 gu$_4$ 40 udu	6头牛，40只绵羊
2)	20 maš$_2$-gal	20只山羊
3)	erin$_2$ Aš$_2$-nun^{ki}	由埃什努那军队，
4)	6 gu$_4$ 52 udu	6头牛，52只绵羊
5)	8 maš$_2$-gal	8只山羊
6)	erin$_2$ A-ra-mi^{ki}	由阿拉米军队，
7)	6 gu$_4$ 42 udu	6头牛，42只绵羊
8)	18 maš$_2$-gal1	8只山羊
9)	erin$_2$ Bi-da-dun^{ki}	由比达顿军队，
10)	ugula A-bu-ni	阿布尼督办；
11)	1 sila$_4$ Tuš-u$_3$	1只绵羊羔，由图舒
12)	1 sila$_4$ In-ta-e$_3$-a	1只绵羊羔，由因塔埃阿

rev.

1)	1 sila$_4$ Šu-ru-uš-ki-in	1只绵羊羔，由舒鲁什金
2)	1 sila$_4$ Ta-la-a	1只绵羊羔，由塔拉亚
3)	2 sila$_4$ Nu-ni-da	2只绵羊羔，由努尼达
4)	2 udu 1 sila$_4$ Šu-^{d}Da-gan	2只绵羊，1只绵羊羔，由舒达干
5)	1 sila$_4$ ensi$_2$ Ka-zal-lu^{ki}	1只绵羊羔，由卡扎鲁的恩西

[①] 见文献 AAICAB 1/4 Bod S 584 (SH 47 x 8), OrSP 2 62 6 Wengler 22 (SH 48 viii 3)。关于乌尔第三王朝的军队（erin$_2$），参见 B. Lafont, "The Army of the Kings of Ur: The Textual Evidence", *Cuneiform Digital Library Journal*, No. 5 (2009), pp. 1–25; D. Patterson, "Elements of the Neo-Sumerian Military", PhD dissertation, University of Pennsylvania, 2018, pp. 277–306. 关于术语 ha-za-num$_2$ 的含义，参见 P. Steinkeller, "City and Countryside in Third-Millennium Southern Babylonia", in E. C. Stone (ed.), *Settlement and Society: Essays Dedicated to Robert McCormick Adams*, Los Angeles: Cotsen Institute of Archaeology Press, 2007, pp. 185–211; J. Taylor, "Hazannum: The Forgotten Mayor", in L. Kogan, et al. (eds.), *City Administration in the Ancient Near East: Proceedings of the 53e Rencontre Assyriologique Internationale*, Vol. 2, Winona Lake: Eisenbrauns, 2010, pp. 207–222。

[②] D. Patterson, "Elements of the Neo-Sumerian Military", PhD dissertation, University of Pennsylvania, 2018, p. 370.

6）1 sila₄ E₂-a-i₃-li₂	1 只绵羊羔，由埃阿伊里
7）1 sila₄ zabar-dab₅	1 只绵羊羔，由大祭司官
8）2 sila₄ ensi₂ Pu-uš^ki	2 只绵羊羔，由普什的恩西
9）mu-DU Na-sa₆ i₃-dab₅	带来，那萨收到；
10）iti šu-eš-ša	第 8 月
11）mu Ha-ar-ši^ki Ki-maš^ki Hu-ur₅-ti^ki u₃ ma-da-bi u₄ aš-a ba-hul	舒尔吉 48 年
left	
1）u₄ 3-kam	第 3 日。

笔者同意这一观点，认为埃什努那在舒尔吉 44 年至 46 年属于边缘区范畴，在舒尔吉 47 年和 48 年介于核心区与边缘区，而从阿马尔辛 1 年到伊比辛 1 年期间属于核心区。不过相比于巴比伦尼亚的核心行省，埃什努那处于巴比伦尼亚与边缘区的过渡地带，其行省属性具有特殊性。有学者认为其特殊性的原因可能是，埃什努那与乌尔王室之间有密切的联系，表现在国王舒尔吉的妻子舒尔吉西姆提来自埃什努那，她对埃什努那的两位神贝拉特达拉班和贝拉特苏赫尼尔极为崇拜，并且在巴比伦尼亚为其进行祭祀活动。①

另据尼普尔、埃什努那、伊利萨格里格和吉尔苏文献记载，从舒尔吉 36 年至伊比辛 2 年，埃什努那由总督负责向乌尔"进贡"劳动力、大麦、面粉、啤酒等。② 在伊比辛 3 年，埃什努那总督舒伊利亚（Shu-iliya）自立为王，摆脱乌尔独立。③

另一个位于迪亚拉河流域、既有巴拉税也有古恩马达税记录的地名是

---

① C. Reichel, "The King is Dead, Long Live the King: The Last Days of the Šu-Sîn Cult at Ešnunna and Its Adtermath", in N. Brisch (ed.), *Religion and Power: Divine Kingship in the Ancient World and Beyond*, Chicago: The Oriental Institute of the University of Chicago, 2008, p. 138.
② 见文献 MVN 21 8 (SH 36 v), PDT 1 580 (AS 3 iii), SNAT 23 (AS 6 ix), NATN 477 (AS 7 ii 24), JCS 28 179 (SS 3), CUSAS 40 1587 (SS 5), CUSAS 40 423 (SS 6), MVN 13 174 (SS 7 v), JAOS 108 120 3 (IS 2), MVN 15 179 (IS 2), NRVN 1 176 (IS 2), MVN 3 321 (IS 2 ix)。
③ Y. Wu, *A Political History of Eshnunna, Mari and Assyria during the Early Old Babylonian Period (From the End of Ur III to the Death of Šamši-Adad)*, Changchun: Institute of History of Ancient Civizations, 1994, pp. 2-5; C. Reichel, "Centre and Periphery—the Role of the 'Palace of the Rulers' at Tell Asmar in the History of Ešnunna (2, 100 - 1, 750 BCE) ", *Journal of the Canadian Society for Mesopotamian Studies*, Vol. 11/12 (2018), pp. 29-53.

伊西姆舒尔吉。相比埃什努那，伊西姆舒尔吉缴纳巴拉税的文献记载十分稀少，目前只发现一篇日期明确的文献是在阿马尔辛7年。①

文献 PDT 2 1097（AS 7 vi, PD）
obv.
1）30 udu niga　　　　　　　　　　　30 只育肥绵羊
2）bala-a zi-ga　　　　　　　　　　　是被支出的巴拉税
3）kišib Ur-sa₆-sa₆-ga ensi₂ I-šim-ᵈŠul-giᵏⁱ-ra　由伊西姆舒尔吉的恩西乌尔萨萨伽加印收到
4）ki Lu₂-sa₆-ga-ta　　　　　　　　　从卢萨伽
rev.
1）ba-zi　　　　　　　　　　　　　　支出；
2）iti a₂-ki-ti　　　　　　　　　　　　第6月
3）mu Hu-uh₂-nu-riᵏⁱ ba-hul　　　　　阿马尔辛7年。
left
1）30 udu　　　　　　　　　　　　　（共计:）30 只羊。

而更多的记载是伊西姆舒尔吉的军队与其他边缘区军队一同，向乌尔中央"进贡"（mu-DU）数量固定的牛羊（牛和羊的比例大约为1:10），②这种"进贡"牲畜规律符合边缘区古恩马达税的特征。③ 由此笔者推断，伊西姆舒尔吉只在阿马尔辛统治时期短暂属于核心区，而在其他大部分时

---

① 此外，还有一篇日期残缺的文献（RSO 9 472 P368），记载三位伊西姆舒尔吉恩西——卢伽尔帕埃（Lugal-pae）、南那伊萨（Nanna-isa）和乌尔乌图（Ur-Utu）在某年某月的第3日同时向乌尔缴纳巴拉税，由普兹瑞什达干机构总管那萨（Nasa）接收。基于那萨接收牲畜的记录见于普兹瑞什达干文献的时间是从舒尔吉43年（OIP 115 257）至阿马尔辛2年（Fs Szarzynska 102），可以推断该文献的时间约为舒尔吉43年至阿马尔辛2年之间。关于那萨在普兹瑞什达干机构的任职，参见 C. Tsouparopoulou, "The Material Face of Bureaucracy: Writing, Sealing and Archiving Tablets for the Ur Ⅲ State at Drehem", PhD dissertation, University of Cambridge, 2008, pp. 149-151; Y. Wu, "The Anonymous Nasa and Nasa of the Animal Center during Šulgi 44-48 and the Wild Camel (gú-gur₅), Hunchbacked Ox (gur₈-gur₈), ubi, habum and the Confusion of the Deer (lulim) with Donkwy (anše) or šeg₉", *Journal of Ancient Civilizations*, Vol. 25 (2010), pp. 1-17。

② 见文献 AAICAB 1/4 Bod S 584（SH 47 x 8），JCS 35 177 2（AS 4 viii 3），SET 10（AS 5 ix 11），Fs Astour Ⅱ 369（AS 8 iii 13），CT 32, pl. 19-22 BM 103398（IS 2 iv 29）。

③ D. Patterson, "Elements of the Neo-Sumerian Military", PhD dissertation, University of Pennsylvania, 2018, p. 370.

间内则属于边缘区。

需要指出的是，除埃什努那和伊西姆舒尔吉两地之外，迪亚拉河流域还有图图布、阿巴尔（Abal）、孜姆达尔等地名。其中，文献证明图图布曾向乌尔中央缴纳古恩马达税，[①] 孜姆达尔缴纳古恩税。[②] 不过有趣的是，这些地区没有向乌尔中央缴纳巴拉税，应不属于核心区，而属于边缘区范畴。尽管如此，迪亚拉河流域在乌尔第三王朝时期是一个十分特殊的存在，作为乌尔第三王朝对外军事扩张与外交活动的前线，起着连接王朝内、外的重要纽带作用。

第二节 内部第二层政治区域：边缘区（边疆）

边缘区，又称边疆，主要指乌尔第三王朝第二位国王舒尔吉在其统治后半期（第 21 年至第 48 年）所征服的地区，大致位于核心区的东北和东南两个方向，横向距离东从扎格罗斯山脉西麓、西到底格里斯河东岸，纵向距离北从乌尔比隆、南到埃兰的环状区域。舒尔吉在其统治前期，力主发展国内经济。大约自其统治第 20 年起，至其统治最后一年（第 48 年），

[①] 见文献 CT 32 pl. 19-22 BM 103398。图图布位于今伊拉克首都巴格达东部的卡法捷遗址（Khafajeh），参见 M. Heinz, "Public Buildings, Palaces and Temples", in H. Crawford (ed.), *The Sumerian World*, London: Routledge, 2013, pp. 185-192。

[②] 见文献 ZA 68 37 NCBT 1628, ZA 68 40 YBC 6805。关于孜姆达尔，参见 D. O. Edzard and G. Farber, *Répertoire Géographique des Textes Cunéiformes* Ⅱ: *Die Orts- und Gewässernamen der Zeit der 3. Dynastie von Ur*, Wiesbaden: Dr. Ludwig Reichert Verlag, 1974, pp. 166-167; P. Michalowski, *The Correspondence of the Kings of Ur: An Epistolary History of an Ancient Mesopotamian Kingdom*, MC 15, Winona Lake: Eisenbrauns, 2011, p. 134。另据乌尔纳姆的王室铭文记载（D. R. Frayne, "The Zagros Campaigns of the Ur Ⅲ Kings", *The Canadian Society for Mesopotamian Studies Journal*, Vol. 3 (2008), pp. 35-36），在乌尔纳姆统治初期，埃兰人占据迪亚拉河流域的阿瓦尔、基斯马尔、马什堪沙鲁姆、埃什努那、图图布、孜姆达尔、阿卡德等地。乌尔纳姆统一巴比伦尼亚之后，将埃兰人从迪亚拉河流域驱逐出去。关于阿瓦尔与阿巴尔的关系，参见 P. Steinkeller, "Puzur-Inšušinak at Susa: A Pivotal Episode of Early Elamite History Reconsidered", in K. De Graef and J. Tavernier (eds.), *Susa and Elam. Archaeological, Philological, Historical and Geographical Perspectives: Proceedings of the International Congress Held at Ghent University, December 14-17, 2009*, MDP 58, Leiden and Boston: Brill, 2013, p. 295; D. I. Owen, *Cuneiform Texts Primarily from Iri-Saĝrig / Āl-Šarrākī and the History of the Ur Ⅲ Period, Volume I: Commentary and Indexes*, Nisaba 15/1, Bethesda: CDL Press, 2013, p. 548。关于这些地名的地理位置，参见 W. Sallaberger and I. Schrakamp, "Philological Data for a Historical Chronology of Mesopotamia in the 3rd Millennium", in W. Sallaberger and I. Schrakamp (eds.), *ARCANE* Ⅲ: *History & Philology*, Turnhout: Brepols, 2015, p. 132。

对内进行改革,① 对外军事扩张,相继出兵德尔（第 21 年）、卡拉哈尔（第 24、31、33、45 年）、西穆鲁姆（第 25、26、32、44、45 年）、哈尔西（第 27、48 年）、乌尔比隆（第 45 年）、卢卢布姆（第 45 年）、胡尔提（第 46、48 年）、基马什（第 46、48 年），其扩张方向主要是王朝东北部的扎格罗斯山区,这一系列军事征服奠定了王朝的政治区域,② 这些新征服的地区被归属为边缘区。

由于文献资料的缺乏,我们对于乌尔第三王朝的边缘区的认识程度远远不及核心区,我们只能大概确定边缘区的总体地理范畴,但是对于每一个地区的具体地理位置,目前还是很难定位。另外,对于边缘区政治和经济的具体情况,我们更是知之甚少,仅有的文献资料来源就是普兹瑞什达干文献和王室铭文的间接证据,而几乎没有来自这些边缘区遗址的考古发掘成果。③

首先,关于边缘区的属性,学术界大致存在两种不同的观点。美国密歇根大学的米哈洛夫斯基认为,边缘区是未被乌尔第三王朝合并的地区。④ 而哈佛大学亚述学家斯坦凯勒认为,边缘区是乌尔第三王朝已合并的地区,对边缘区的管理属于乌尔第三王朝的内部事务,核心区与边缘区的关

---

① 关于舒尔吉改革,参见欧阳晓莉《何谓"中央集权"——两河流域乌尔第三王朝国王舒勒吉改革辨析》,《江海学刊》2019 年第 4 期；W. Sallaberger and A. Westenholz, *Mesopotamien：Akkade-Zeit und Ur Ⅲ-Zeit*, OBO 160/3, Freiburg, Schweiz：Universitätsverlag / Göttingen：Vandenhoeck und Ruprecht, 1999, p. 148。

② 其继任者阿马尔辛、舒辛和伊比辛统治时期主要是巩固舒尔吉的扩张成果。但是,乌尔第三王朝末期,不断有被征服地区摆脱王朝的控制而独立,使王朝的实际控制区域不断萎缩。伊比辛统治初期,核心区许多行省独立,进一步将王朝控制区域压缩到仅剩首都乌尔附近,乌尔第三王朝名存实亡。参见 W. Sallaberger and I. Schrakamp, "Philological Data for a Historical Chronology of Mesopotamia in the 3rd Millennium", in W. Sallaberger and I. Schrakamp (eds.), *ARCANE Ⅲ：History & Philology*, Turnhout：Brepols, 2015, pp. 49-50；P. Steinkeller, "The Sargonic and Ur Ⅲ Empires", in P. F. Bang, C. A. Bayly and W. Scheidel (eds.), *The Oxford World History of Empire, Volume 2：The History of Empires*, Oxford：Oxford University Press, 2021, pp. 56-70。

③ 迪亚拉河流域和哈姆林地区有一些考古发掘,很少有乌尔第三王朝的遗迹。参见 D. Patterson, "Elements of the Neo-Sumerian Military", PhD dissertation, University of Pennsylvania, 2018, p. 27。

④ P. Michalowski, "Foreign Tribute to Sumer during the Ur Ⅲ Period", *Zeitschrift für Assyriologie und Vorderasiatische Archäologie*, Vol. 68 (1978), pp. 34-49。

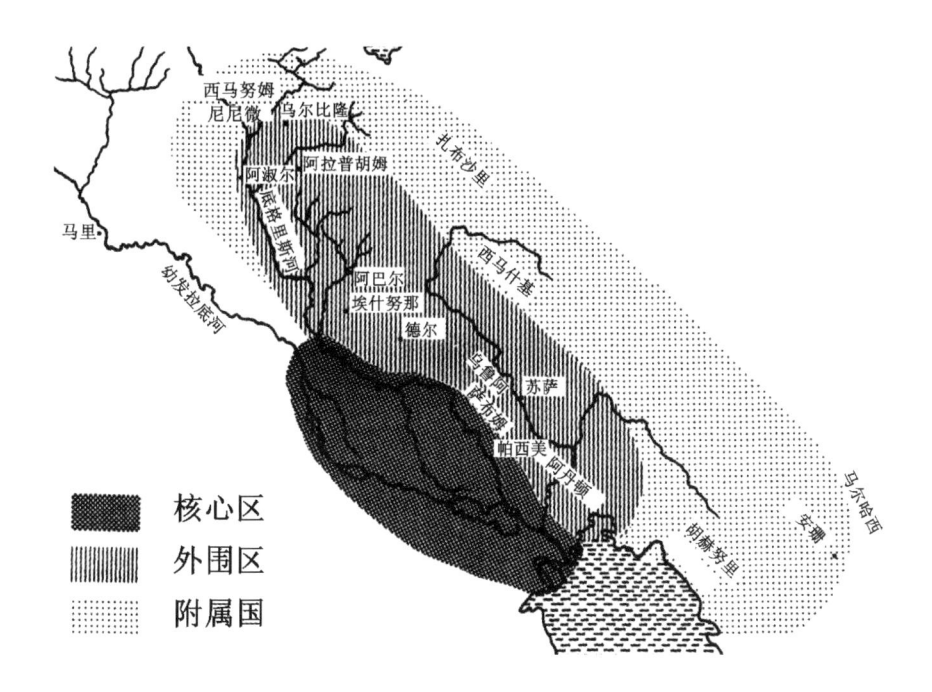

图 2-2 乌尔第三王朝边缘区示意图

(资料来源: P. Steinkeller, "The Administrative and Economic Organization of the Ur Ⅲ State: The Core and the Periphery", in M. Gibson, R. D. Biggs (eds.), *The Organization of Power: Aspects of Bureaucracy in the Ancient Near East*, Chicago: The Oriental Institute of the University of Chicago, 1987, p. 31; F. Pomponio and L. Verderame, "L'economia neo-sumerica", *Rivista di Storia Economica*, Vol. 31, No. 1 (2015), p. 27.)

系不属于对外关系范畴。① 扎拉贝格尔认为，边缘区位于底格里斯河以东、扎格罗斯山脉以西的带状区域，东北至阿淑尔和乌尔比隆，东南达萨布姆、苏萨和阿丹顿。② 斯滕平认为，边缘区与军事驻地结合，不仅是包围核心区的一个保护区（防护区），而且是连接核心区的一个经济

---

① P. Steinkeller, "The Administrative and Economic Organization of the Ur Ⅲ State: The Core and the Periphery", in M. Gibson, R. D. Biggs (eds.), *The Organization of Power: Aspects of Bureaucracy in the Ancient Near East*, Chicago: The Oriental Institute of the University of Chicago, 1987, p. 28.

② W. Sallaberger and A. Westenholz, *Mesopotamien: Akkade-Zeit und Ur Ⅲ-Zeit*, OBO 160/3, Freiburg, Schweiz: Universitätsverlag / Göttingen: Vandenhoeck und Ruprecht, 1999, p. 198.

单元。换言之，边缘区在人口和经济上，构建了核心区的战略背景。①加芬克尔则认为，核心区和边缘区的概念不能简单解释，而应该关注该地区的地形，运用冲积区和放牧区之间以及城市化和非城市化地区之间的二分法原则。②笔者同意斯坦凯勒关于边缘区属于乌尔第三王朝已合并地区的观点，但是认为边缘区带有明显的"边疆"（frontier）特色，③其统治管理方式与核心区明显不同，边缘区虽属于王朝的一部分，却具有很强的异域特色。在文化上，边缘区与巴比伦尼亚本土的苏美尔文化有明显的区别，从词源学角度，苏美尔语单词 kalam 特指"苏美尔之地"，即巴比伦尼亚本土，与之相对的一个词是 kur，意为"山地""外国"，指位于山区（kur）的外区域。另一个苏美尔语单词 ma-da 译为"地区"，被用于许多边缘区地名，指位于平原的外区域，在地理上介于 kalam 和 kur 之间。④也有学者认为，术语 ma-da 指被乌尔第三王朝所征服之地。⑤笔者认为，除地理位置和文化上的不同之外，边缘区与核心区最大的区别还体现在权利义务关系方面，边缘区向乌尔中央的纳贡是一种单向的强制进贡行为，并不从乌尔中央获取贡赋回赠，体现乌尔第三王朝对这两个区域在管理策略上的差异。

其次，到底有多少地名属于乌尔第三王朝的边缘区？由于采用的判断标准以及文献数量不同，学者们对边缘区地名数量的统计和认定也存在分歧。

---

① M. Stepien, *From the History of State System in Mesopotamia-The Kingdom of the Third Dynasty of Ur*, Warsaw: Department of Graphic Design, University of Warsaw, 2009, p. 70.

② S. Garfinkle, "Ur Ⅲ Administrative Texts: Building Blocks of State Community", in P. Delnero and J. Lauinger (eds.), *Texts and Contexts: The Circulation and Transmission of Cuneiform Texts in Social Space*, Berlin: De Gruyter, 2015, p. 154.

③ P. Michalowski, *The Correspondence of the Kings of Ur: An Epistolary History of an Ancient Mesopotamian Kingdom*, MC 15, Winona Lake: Eisenbrauns, 2011, pp. 125-127. 关于古代两河流域的"边疆"概念，参见 B. Gandulla, "The Concept of Frontier in the Historical Process of Ancient Mesopotamia", in L. Milano, et al. (eds.), *Landscapes. Territories, Frontiers and Horizons in the Ancient Near East: Papers presented to the XLIV Rencontre Assyriologique Internationale, Venezia, 7-11 July 1997*, Padova: Sargon, 1999, pp. 39-43; S. Grosby, "Borders and States", in D. C. Snell (ed.), *A Companion to the Ancient Near East*, Second Edtion, New York: John Wiley & Sons, 2020, pp. 225-241。

④ H. Limet, "Étude sémantique de MA. DA, KUR, KALAM", *Revue d'Assyriologie et d'Archéologie Orientale*, Vol. 72 (1978), pp. 1-12.

⑤ M. Stepien, *From the History of State System in Mesopotamia-The Kingdom of the Third Dynasty of Ur*, Warsaw: Department of Graphic Design, University of Warsaw, 2009, p. 67.

第二章 内外政治区域的形成

根据普兹瑞什达干文献记载，舒辛在其统治第3年设立古恩马达税，对应于向核心区征收的巴拉税，使得乌尔王朝对边缘区的征税固定化与规范化。由于现存记载古恩马达税的文献数量有限，且有限文献中所记录的边缘区地名只有20个。[①] 所以，仅凭古恩马达税文献来统计边缘区的地名并非良策，需要另辟蹊径。在舒辛3年之前，边缘区向乌尔中央缴纳的贡赋没有固定的名称，在文献中均使用"贡入"（mu-DU）这一术语，记为："动物，由边缘区某地的军队、地区长官或来访使节'贡入'，被普兹瑞什达干王室动物中心官员接收（i_3-dab_5）。"[②] 依据这一"贡入"原则，1987年，斯坦凯勒在文中提到90个属于边缘区的地名，而在注释中只列举了89个。[③] 1992年，日本学者前田彻对斯坦凯勒所列的89个地名进行逐一核实与补充，共列举97个地名。[④] 2018年，美国宾夕法尼亚大学的帕特森在其博士论文中，基于斯坦凯勒的统计共列出96个属于边缘区的地名。[⑤] 这是对边缘区地名的最新一次统计与整理，但是依然未能解决边缘区到底有多少个地名的难题。

笔者依据"贡入"原则，并且结合地名所处的地理位置，共列出81个属于边缘区的地名，位于迪亚拉河流域或者迪亚拉河与小扎布河之间，此外还有一个位于东南部埃兰地区的苏萨。[⑥]

[①] 这些地名包括：伊舒姆（Ishum）、里卜利（Libri）、德尔、舒辛伊杜（Shu-Suen-idu）、达尔图姆（Daltum）、普图里乌姆（Puttulium）、乌尔比隆、舍提尔沙、阿尔曼（Arman）、伊西姆舒尔吉、沙米（Shami）、图姆巴尔（Tumbal）、阿比巴纳（Abibana）、普赫孜加尔（Puhzigar）、卡库拉图姆（Kakkulatum）、马什堪乌舒里（Mashkan-ushure）、普特沙达尔（Putshadar）、基什加提（Kishgati）、图图布、马什堪阿比（Mashkan-abi），见文献P235549（SS 3 x 23），SA 4（SS 3 xi 13），AUCT 3 198（SS 6 ix 13），RA 9 54 AM 14（SS 7 iii 25），CHEU 6（SS 7 viii 13），AnOr 7 44（SS 7 xi 2），MVN 8 222（SS--），CT 32 pl. 19-22 BM 103398（IS 2 iv 29）。另参见刘昌玉《古代两河流域乌尔第三王朝赋税制度研究》，中国社会科学出版社2021年版，第141—145页。

[②] C. Liu, "Prosopography of individuals delivering animals to Puzriš-Dagan in Ur Ⅲ Mesopotamia", *Akkadica*, Vol. 142（2021），pp. 1-30.

[③] P. Steinkeller, "The Administrative and Economic Organization of the Ur Ⅲ State: The Core and the Periphery", in M. Gibson, R. D. Biggs（eds.），*The Organization of Power: Aspects of Bureaucracy in the Ancient Near East*, Chicago: The Oriental Institute of the University of Chicago, 1987, p. 28.

[④] T. Maeda, "The Defense Zone during the Rule of the Ur Ⅲ Dynasty", *Acta Sumerologica*, Vol. 14（1992），pp. 165-172.

[⑤] D. Patterson, "Elements of the Neo-Sumerian Military", PhD dissertation, University of Pennsylvania, 2018, pp. 375-376.

[⑥] 注意，这些地名有的可能是附属国或外交国，或者在某个时期内是边疆，尤其缺乏从这些地区的考古和文献证据，所以我们的列举也只是暂时性的。

表 2-2　　乌尔第三王朝边缘区地名统计表

编号	地名汉译	地名音译	地名原文
1	阿巴尔	Abal	A-ba-al^{ki}
2	阿比巴纳	Abibana	A-bi$_2$-ba-na^{ki}
3	阿加孜	Agaz	A-gaz^{ki}
4	阿拉米	Arami	A-ra-mi^{ki}
5	阿尔曼	Arman	Ar-ma-an^{ki}
6	巴亚比	Ba'abi	Ba-a-bi$_2$^{ki}
7	巴鲁埃	Balue	Ba-lu-e^{ki}
8	巴尔曼	Barman	Bar-ma-an^{ki}
9	比达顿	Bidadun	Bi-da-dun^{ki}
10	比尔加	Birga	Bi$_2$-ir-ga^{ki}
11	达巴	Daba	Da-ba^{ki}
12	达尔图姆	Daltum	Da-al-tum^{ki}
13	达西比韦	Dashibiwe	Da-ši-bi$_2$-we^{ki}
14	德尔	Der	BAD$_3$.AN^{ki}
15	德尔吉孜	Der-kizi	BAD$_3$.AN-ki-zi^{ki}
16	杜尔埃卜拉	Dur-Ebla	Dur-eb-la^{ki}
17	杜尔马什	Durmash	Dur-maš^{ki}
18	埃巴尔	Ebal	E-ba-al^{ki}
19	埃杜鲁舒尔吉	Eduru-Shulgi	E$_2$-duru$_5$-^{d}Šul-gi^{ki}
20	埃鲁特	Erut	E-ru-ut^{ki}
21	埃什努那	Eshnuna	Aš$_2$-nun^{ki}
22	加卜拉什	Gablash	Gab$_2$-la-aš^{ki}
23	加尔奈奈①	Garnene	Gar$_3$-ne-ne^{ki}

---

① 可能位于伊朗地区，参见 P. Steinkeller, "The Birth of Elam in History", in J. Álvarez-Mon, G. P. Basello and Y. Wicks (eds.), *The Elamite World*, London: Routledge, 2018, p. 184。

第二章 内外政治区域的形成

续表

编号	地名汉译	地名音译	地名原文
24	古赫孜加	Guhziga	Gu-uh$_2$-zi-ga^{ki}
25	胡布尼	Hubni	Hu-ub-ni^{ki}
26	卡库拉图姆	Kakkulatum	Gag-gu-la-tum^{ki}
27	基什加提	Kishgati	Ki-iš-ga-ti^{ki}
28	基斯马尔	Kismar	Ki-is-mar^{ki}
29	里卜利	Libri	Li-ib-ri^{ki}
30	卢鲁鲁	Lululu	Lu$_2$-lu-lu^{ki}
31	马哈祖姆	Mahazum	Ma-ha-zum^{ki}
32	马尔曼	Marman	Mar$_2$-ma-an^{ki}
33	马沙图姆	Mashatum	Ma-ša-tum^{ki}
34	马什堪阿比	Mashkan-abi	Maš-kan$_2$-a-bi$_2$^{ki}
35	马什堪杜杜	Mashkan-dudu	Maš-kan$_2$-du-du^{ki}
36	马什堪加埃什	Mashkan-gaesh	Maš-kan$_2$-ga：eš$_8$$^{sar.ki}$
37	马什堪加拉图姆	Mashkan-galatum	Maš-kan$_2$-ga-la-tum^{ki}
38	马什堪沙布拉	Mashkan-shabra	Maš-kan$_2$-šabra^{ki}
39	马什堪沙鲁姆	Mashkan-sharrum	Maš-kan$_2$-šar-ru-um^{ki}
40	马什堪乌舒里	Mashkan-ushure	Maš-kan$_2$-u$_2$-šu-re$_2$^{ki}
41	奈贝尔阿马尔辛	Neber-Amar-Suen	Ne-be$_2$-er-^{d}Amar-^{d}Suen^{ki}
42	奈贝鲁姆	Neberum	Ne-be$_2$-ru-um^{ki}
43	奈里加尔	Nerigal	^{d}Ne$_3$-eri$_{11}$-gal^{ki}
44	尼达拉什皮	Nidarashpi	Ni-da-ra-aš-pi^{ki}
45	尼姆孜乌姆	Nimzium	Nim-zi$_2$-um^{ki}
46	努加尔	Nugar	Nu-ga-ar^{ki}
47	皮伊尔	PI-il	PI-il^{ki}
48	普赫孜加尔	Puhzigar	Pu-uh$_2$-zi-gar$_3$^{ki}

119

续表

编号	地名汉译	地名音译	地名原文
49	普特沙达尔	Putshadar	Pu-ut-ša-dar^{ki}
50	普图里乌姆	Puttulium	Pu-ut-tu-li-um^{ki}
51	拉比	Rabi	Ra-bi$_2$^{ki}
52	萨拉奈韦	Sallanewi	Sal-la-NE-wi^{ki}
53	西乌米	Siummi	Si-um-mi^{ki}
54	沙米	Shami	Ša-mi^{ki}
55	沙尼达特	Shanidat	Ša-ni-da-at^{ki}
56	舒阿赫	Shuahi	Šu-a-hi^{ki}
57	舒伊尔胡姆	Shu-irhum	Šu-ir-hu-um^{ki}
58	舒恩提	Shunti	Šu-un-ti^{ki}
59	舒辛伊杜	Shu-Suen-idu	^{d}Šu-^{d}Suen-i$_3$-du$_{10}$^{ki}
60	苏萨	Susa	Šušin^{ki}
61	塔卜拉拉	Tablala	Tab-la-la^{ki}
62	塔卜腊	Tabra	Tab-ra^{ki}
63	塔希尔	Tashil	Ta$_2$-ši-il^{ki}
64	提兰	Tiran	Ti-ra-an^{ki}
65	台尔喀	Tisaga	Ti-sa-ga^{ki}
66	图姆巴尔	Tumbal	Tum-ba-al^{ki}
67	图图布	Tutub	Tu-tu-ub^{ki}
68	乌拉埃	Urae	U$_2$-ra-e^{ki}
69	乌尔古哈拉姆	Urguhalam	Ur-gu-ha-lam^{ki}
70	乌扎尔舒尔吉	Uzar-Shulgi	U$_2$-za-ar-^{d}Šul-gi^{ki}
71	韦努姆	Winum	Wi-nu-um^{ki}
72	雅米什	Iamish	Ia$_3$-a-mi-iš^{ki}
73	因纳巴	Innaba	In-na-ba^{ki}
74	伊西姆舒尔吉	Ishim-Shulgi	I-šim-^{d}Šul-gi^{ki}

第二章　内外政治区域的形成

续表

编号	地名汉译	地名音译	地名原文
75	伊西姆舒辛	Ishim-Shu-Suen	I-šim-^{d}Šu-^{d}Suen^{ki}
76	伊舒尔	Ishur	I-šur$_6^{ki}$
77	伊舒姆	Ishum	I-šum^{ki}
78	扎巴巴	Zababa	^{d}Za-ba$_4$-ba$_4^{ki}$
79	扎图姆	Zatum	Za-tum^{ki}
80	孜比莱	Zibire	Zi-bi$_2$-re^{ki}
81	孜姆达尔	Zimudar	Zi-mu-dar^{ki}

在地理上，这些地名大致分布位于迪亚拉河流域的东部和北部区域，即巴比伦尼亚的东北部区域。位于迪亚拉河流域的地名有阿巴尔、德尔、埃什努那、伊西姆舒尔吉、图图布、孜姆达尔等。埃什努那、伊西姆舒尔吉的身份如前所述，介于核心区与边缘区之间，伊西姆舒尔吉在更多时间内作为边缘区存在。苏萨和加尔奈奈位于伊朗西南部的埃兰地区。

在行政组织上，边缘区根据行政区域大小以及管辖的范围不同可以划分为三类：[1] 第一类是大型地区，由将军（或军事总督）负责管理，少数是由总督负责管理；第二类是中型地区，由高级军尉负责管理，一般是每个军尉需向中央缴纳两头牛和20只羊的税额；第三类是小型地区，由低级军尉负责管理，一般每个军尉需向中央缴纳一头牛和10只羊的税额。需要注意的是，前两类地区的管理者都是该地区的最高军事和行政长官，而第三类地区的管理者是隶属于前两类最高长官的低级官员。

在管理方式上，边缘区的大部分地名纳贡是由军队负责，有的地名不仅由军队负责纳贡，也有记载显示由"市长"（ha-za-num$_2$）、长老（ab-ba）、牧羊官（sipa）、军尉（nu-banda$_3$）、士兵（aga$_3$-us$_2$）等人员团队负责纳贡。其中，达巴、达尔图姆、古赫孜加、胡布姆、马沙图姆、皮伊尔、萨拉奈韦、乌扎尔舒尔吉、韦努姆、扎巴巴这些地区不是由军队，而是由地区长官（lu$_2$）负责纳贡义务。马什堪杜杜和马什堪沙布拉则是由牧羊官负责纳贡。

---

[1] 刘昌玉：《古代两河流域乌尔第三王朝赋税制度研究》，中国社会科学出版社2021年版，第120页。

军队负责纳贡活动的边缘区，一般是由监督官（ugula）统领，并且缴纳的牛、羊类贡品要严格遵循1∶10的比例。[1] 需要注意的是，这些属于边缘区的地名，并非一个地名代表一个边缘区。同一个监督官可以只负责一个大地区的监管，这个大地区可以是单独一个边缘区，一个监督官也可以同时负责几个小地区，这几个小地区隶属于同一个边缘区。依据大小不同，较大的边缘区由将军或总督负责管理，较小的边缘区由高级军尉负责管理。每个边缘区不仅包括一个主要城市，作为该区的首府以及最高长官的驻地，还包括若干个更小的、依附于首府的小城市或者农村居民点，由低级军尉负责管理。例如，阿比巴纳边缘区的首府是阿比巴纳城，此外还有卡库拉图姆和普赫兹伽尔两座附属小城。阿比巴纳的将军是伊里布姆（Iribum），其子阿胡尼（Ahuni）是高级军尉，后来继承其父的将军一职。卡库拉图姆和普赫兹伽尔由低级军尉负责管理。根据文献记载，首府阿比巴纳大约有1200士兵，而卡库拉图姆和普赫兹伽尔分别只有900和300驻军。[2] 另一个例子是关于将军尼里达伽尔（Niridagal）的边缘区，其具体名字和首府不详，这个边缘区包括两个附属小城：加尔奈奈和塔卜拉拉。[3] 我们知道，大多数边缘区的最高长官都是将军，而苏萨是由总督负责管理的，类似于附属国（或外交国）阿丹顿、哈马孜、萨布姆、西穆鲁姆以及乌鲁阿。

关于边缘区的官制方面，最高长官是由乌尔国王直接任命，比如扎里库姆既是阿淑尔的将军，也是阿淑尔的总督，后来又被调任为苏萨的总督。[4] 这说明边缘区的官员也可以随时随地进行调动。在一些边缘区，将军或者总督一职是世袭的，儿子在继承父亲的将军或者总督职位之前，一般先担任军尉（nu-banda$_3$），比如上文中所提到的阿比巴纳的将军伊里布

---

[1] P. Steinkeller, "The Administrative and Economic Organization of the Ur III State: The Core and the Periphery", in M. Gibson, R. D. Biggs (eds.), *The Organization of Power: Aspects of Bureaucracy in the Ancient Near East*, Chicago: The Oriental Institute of the University of Chicago, 1987, pp. 29-32. 关于 ugula 的作用，参见 M. Molina, "Who watches the watchers? New evidence on the role of foremen in the Ur III administration", in A. Jördens and U. Yiftach (eds.), *Legal Documents in Ancient Societies: Accounts and Bookkeeping in the Ancient World*, Wiesbaden: Harrassowitz Verlag, 2020, pp. 3-25。

[2] 文献 PDT 15 (SH 47), YBC 3635 (AS 2), CT 32 pl. 19-22 (IS 2)。

[3] 文献 SACT 1 65 (SH 48), SET 10 (AS 5)。

[4] W. W. Hallo, "Zāriqum", *Journal of Near Eastern Studies*, Vol. 15, No. 4 (1956), pp. 220-225; R. Kutscher, "A Note on the Early Careers of Zariqum and Šamši-illat", *Revue d'Assyriologie et d'Archéologie Orientale*, Vol. 73 (1979), p. 81.

第二章　内外政治区域的形成

姆及其子阿胡尼，阿胡尼在其父伊里布姆担任将军时，担任的是军尉一职，作为其父的副手，后来才继承其父担任将军一职。另外一个例子是阿拉普胡姆的将军哈西普阿塔尔及其子普朱尔舒尔吉（Puzur-Shulgi）。[①]边缘区的将军或者总督直属于乌尔第三王朝中央政府的最高行政长官——"苏卡尔马赫"（大执政官）。"苏卡尔马赫"派遣"苏卡尔"（外事官）到边缘区全权代表其进行巡视和监督工作。[②]

关于边缘区的经济结构以及经济地位，由于缺乏文献证据，我们知之甚少。虽然边缘区具有显著的军事防御和驻军性质，但是边缘区的军民很可能也是从中央政府获取土地配给，不过他们的主业可能不是农耕业，而是畜牧业。在地理上，边缘区没有大河流经，无法开展灌溉农业，这一地带处于200—400毫米等降雨量线之间，被称为"旱作农业区"（dimorphic zone）[③]，是雨养农业和游牧业的过渡地带，牧场的面积要大于耕地的面积。

在这些地名中，有两个特殊的边缘区——德尔和苏萨。首先，德尔是乌尔第三王朝的一个战略要地，[④]约在舒尔吉20年被乌尔征服，是核心区通往外部世界的重要中转站，主要由乌尔第三王朝王室成员（如乌尔辛（Ur-Suen）、舒辛、阿胡尼）担任将军负责管理军政，体现了其战略的重要性。[⑤]根据文献记载，担任德尔将军的包括：

乌尔辛[⑥]：舒尔吉48年至阿马尔辛1年

---

① 文献 PDT 16（AS 5）；JCS 31, pp. 166-167（AS 8）.

② M. Stepien, *From the History of State System in Mesopotamia-The Kingdom of the Third Dynasty of Ur*, Warsaw: Department of Graphic Design, University of Warsaw, 2009, p. 71.

③ M. B. Rowton, "Dimorphic Structure and Topology", *Oriens Antiquus*, Vol. 15 (1976), pp. 17-31.

④ 目前一共发现有416篇记载德尔的文献，其中387篇来自伊利萨格里格（375篇均是乌尔使节来往德尔），26篇来自普兹瑞什达干，2篇温马，4篇尼普尔印纹。伊比辛时期，德尔的将军是普舒伊鲁姆（Pushu-ilum），文献 NATN 108（IS 1 xiid）；NATN 133（IS--vii）；NRVN 1, 168（IS 2 iii）；TMH NF 1-2, 052（IS 2 iii 10）.

⑤ 见文献 NYPL 228；MVN 15 15；PDT 1 171；OrAnt 16 290 5。另参见 P. Verkinderen, "Les toponymes bàd^{ki} et bàd. an^{ki}", *Akkadica*, Vol. 127 (2006), pp. 109-122；P. Michalowski, "Of Bears and Men: Thoughts on the End of Šulgi's Reign and on the Ensuing Succession", in D. S. Vanderhooft and A. Winitzer (eds.), *Literature as Politics, Politics as Literature: Essays on the Ancient Near East in Honor of Peter Machinist*, Winona Lake: Eisenbrauns, 2013, pp. 303-314。

⑥ 乌尔辛为乌鲁克和德尔的将军（Ur-^{d}Suen šagina Unu^{ki}-ga u$_3$ BAD$_3$. AN^{ki}）。文献 RA 013, 021 7（SH 48）；Trouvaille 74（AS 1 i）；BIN 05, 316（-- --）.

舒辛①：阿马尔辛 9 年

阿胡尼②：舒辛时期

普舒伊鲁姆（Pushu-ilum）③：伊比辛 1 年至 2 年

恩伊里（En-ili）④：伊比辛 3 年

在舒尔吉时期，德尔由军队负责纳贡，在阿马尔辛时期改由士兵负责，而从舒辛 3 年开始，德尔被纳入古恩马达税范围区。⑤

文献 SA 004（SS 3 xi 13, PD）
obv.

1）1 gu₄ niga	1 头育肥牛
2）8 udu u₂	8 只食草绵羊
3）1 maš₂-gal u₂	1 只食草山羊
4）1 sila₄	1 只绵羊羔
5）Za-li-a nu-banda₃ lu₂ BAD₃.AN^ki	由德尔首领的军尉扎里亚
6）ugula Nir-i₃-da-gal₂	尼里达伽尔督办；

rev.

1）gun₃ ma-da	作为古恩马达税
2）u₄ 13-kam	第 13 日
3）mu-DU	带来
4）In-ta-e₃-a i₃-dab₅	因塔埃阿收到，
5）giri₃ Nu-ur₂-ᵈSuen dub-sar	书吏努尔辛总经办；
6）iti ezem Me-ki-gal₂	第 11 月
7）mu ᵈŠu-ᵈSuen lugal Si-ma-num₂^ki mu-hul	舒辛 3 年。

left

1）1 gu₄ 10 udu	（共计：）1 头牛，10 只羊。

---

① 文献 Mes 12, 093 A（AS 9 iii）.
② P. Michalowski, "Of Bears and Men: Thoughts on the End of Šulgi's Reign and on the Ensuing Succession", in *Literature as Politics, Politics as Literature: Essays on the Ancient Near East in Honor of Peter Machinist*, D. S. Vanderhooft and A. Winitzer (eds.), Winona Lake: Eisenbrauns, 2013, p. 302.
③ 文献 NATN 133（IS 1 vii）；NRVN 1, 168（IS 1 xiid）；NATN 108（IS 1 xii d）；TMH NF 1-2, 052（IS 2 iii）.
④ 文献 NABU 612（IS 3）.
⑤ 文献 OIP 115 345（SH 48）；AUCT 2 285（AS 2）；MVN 11 214（AS 4）；SA 4（SS 3）。

第二章　内外政治区域的形成

作为王朝东北方外交的前哨和中转站，德尔是沟通乌尔第三王朝与外交国的重要枢纽。伊利萨格里格的信使文献记载了大量信使往返于德尔之间，从外交国到德尔，再从德尔到王朝内地（ki lugal"国王之地"）。

其次，苏萨（拼写形式为 Šušin^{ki}或 Su-sin$_2$^{ki}）位于今伊朗胡齐斯坦省的舒什（Shush）。关于苏萨与乌尔第三王朝之间的关系，苏萨的身份属性，是属于乌尔王国直接统治地区，还是其附属国？在学术界存在争议。早期有学者错误认为，苏萨、埃什努那和伊西姆舒尔吉三地的巴拉税仅限于牲畜的形式。实际上那是交付给它们的巴拉税回赠。[1] 前田彻认为，苏萨和胡齐斯坦地区是乌尔第三王朝的附庸国，有本土的埃兰统治者，不属于"防御区"（边缘区），但是也有别于其他的附庸国（马里、埃卜拉等）。[2] 许多学者认为，苏萨被并入乌尔王国，可能有不同于核心区行省的地位。[3]由于舒尔吉在苏萨建造神庙，表明苏萨处于乌尔的牢固控制。[4] 早在乌尔纳姆时期，苏萨已经被乌尔第三王朝征服，这在乌尔纳姆的王室铭文中有记载。[5] 最早提到苏萨的经济文献是舒尔吉32年的吉尔苏文献。[6]

---

[1] D. Patterson, "Elements of the Neo-Sumerian Military", PhD dissertation, University of Pennsylvania, 2018, pp. 452, 454.

[2] T. Maeda, "The Defense Zone during the Rule of the Ur III Dynasty", *Acta Sumerologica*, Vol. 14 (1992), 148-152.

[3] P. Michalowski, "Foreign Tribute to Sumer during the Ur III Period", *Zeitschrift für Assyriologie und Vorderasiatische Archäologie*, Vol. 68 (1978), p. 44; D. T. Potts, *The Archaeology of Elam: Formation and Transformation of an Ancient Iranian State*, Cambridge: Cambridge University Press, 2004, pp. 130-135; P. Steinkeller, "Puzur-Inšušinak at Susa: A Pivotal Episode of Early Elamite History Reconsidered", in K. De Graef and J. Tavernier (eds.), *Susa and Elam. Archaeological, Philological, Historical and Geographical Perspectives: Proceedings of the International Congress Held at Ghent University, December 14-17, 2009*, MDP 58, Leiden and Boston: Brill, 2013, p. 298; K. De Graef, "Susa in the Late 3rd Millennium: from a Mesopotamian Colony to an Independent State (MC 2110-1980)", in W. Sallaberger and I. Schrakamp (eds.), *ARCANE III: History & Philology*, Turnhout: Brepols, 2015, p. 289.

[4] W. Sallaberger and A. Westenholz, *Mesopotamien: Akkade-Zeit und Ur III-Zeit*, OBO 160/3, Freiburg, Schweiz: Universitätsverlag / Göttingen: Vandenhoeck und Ruprecht, 1999, p. 158.

[5] G. Marchesi, "Ur-Namma (k)'s Conquest of Susa", in K. De Graef and J. Tavernier (eds.), *Susa and Elam. Archaeological, Philological, Historical and Geographical Perspectives: Proceedings of the International Congress Held at Ghent University, December 14-17, 2009*, MDP 58, Leiden and Boston: Brill, 2013, pp. 285-291.

[6] 文献 MVN 7, 211, 参见 D. T. Potts, *The Archaeology of Elam: Formation and Transformation of an Ancient Iranian State*, Cambridge: Cambridge University Press, 2004, p. 130.

据文献记载，苏萨既向乌尔第三王朝缴纳巴拉税，也缴纳古恩马达税（文献中是 gun_2 术语）。但是，与其他缴纳古恩马达税地区都是由军队（$erin_2$）负责不同，苏萨没有关于 $erin_2$ 的记载。[①] 苏萨作为乌尔第三王朝重要的牲畜来源地，向乌尔缴纳大量的牲畜（牛羊）贡赋。例如，在舒尔吉 46 年 7 月 8 日（文献 CST 124），55 牛 1814 羊，是苏萨的古恩（gun_2 $Šušin^{ki}$）贡赋；在舒尔吉 48 年 7 月 12 日（文献 OIP 115，343），1 只羊属于苏萨的古恩贡赋（$ša_3$ mu-DU gun_2 $Šušin^{ki}$），被支出给乌尔纳姆的祭祀地（ki-a-nag）；在伊比辛 2 年 4 月 7 日（文献 BCT 1，117），有 132 只羊是来自苏萨的古恩贡赋（$ša_3$ gun_2 $Šušin^{ki}$）。[②]

苏萨作为乌尔第三王朝重要的牲畜饲养培育基地。阿马尔辛 6 年 3 月 9 日（文献 Nik 2，479），有 3600 只羊被运送到在苏萨的育肥羊基地（e_2-udu-niga $ša_3$ $Šušin^{ki}$），由王室信使乌尔尼萨巴（Ur-Nisaba）经办。据一篇温马文献记载（文献 NYPL 366），在阿马尔辛 5 年，有 1 古尔 1 巴里格 4 班大麦，作为优质育肥绵羊的饲料，给苏萨恩西扎里克（Zariq，又名扎里库姆），当他从苏萨到乌尔，由王室信使经办，温马恩西加印。很显然，这些大麦来自温马行省，要被运送到苏萨，作为那里的育肥基地的饲料。

苏萨不仅向乌尔进贡牲畜，而且还从乌尔接收赠礼或配给，都是由其统治者（恩西）负责。[③]

表 2-3　　　　　普兹瑞什达干文献记载的苏萨首领统计

日期	称呼	名字	文献出处
不详	恩西	$ensi_2$ $Šušin^{ki}$	SET 096
SH 40 xi	恩西	Za-ri_2-iq $ensi_2$	TIM 06，06
SH 41 vii	恩西	dam Za-ri-iq $ensi_2$ $Šušin^{ki}$	AUCT 1，954

[①] 文献 SACT 1，189。
[②] 还有一篇日期破损的文献（AUCT 2，364），记载某某作为苏萨的古恩贡赋（gu_2 $Šušin^{ki}$），具体的动物或物品种类破损不详，文献还记载了来自哈尔西和基马什的战利品。
[③] 舒尔吉 46 年（文献 PDT 2，1113），植物油给去苏萨的士兵（$siskur_2$ dingir-ra u_3 aga_3-us_2 $Šušin^{ki}$-$še_3$ gen-na-me）。

第二章　内外政治区域的形成

续表

日期	称呼	名字	文献出处
SH 47 i 25	人	Ik-bu-zum lu$_2$ Šušin^{ki}	OIP 115, 324
AS 3 xii 19	人	Za-ri$_2$-iq lu$_2$ Su-sin$_2$^{ki}	PDT 2, 1266
AS 4 vi	恩西	Za-ri$_2$-iq ensi$_2$ Šušin^{ki}	RT 37, 134
AS 4 ix 24	恩西	Za-ri$_2$-iq ensi$_2$ Šušin^{ki}	AAICAB 1/4, Bod S 322
AS 4	恩西	Za-ri$_2$-iq ensi$_2$ Šušin^{ki}	PDT 1, 0557
AS 5 iii 25	人	I-di$_3$-zu lu$_2$ Šušin^{ki}	AAICAB 1/2, pl. 155, 1971–395
AS 5 温	恩西	Za-ri$_2$-qum$_3$ ensi$_2$ Su-sin$_2$^{ki}	NYPL 366
AS 6 iii	人	lu$_2$ Šušin^{ki}	JCS 10, 031 11
SS 8 xii	恩西	Be-li$_2$-a-ri$_2$-ik ensi$_2$ Šušin^{ki}	TÉL 046
不详	恩西	Be-li$_2$-a-ri$_2$-ik ensi$_2$ Šušin^{ki}	SACT 1, 189 ITT 3, 05241 ITT 5, 06779 RT 22, 153 3 P430435 印章

例如，在舒尔吉40年11月（文献TIM 06, 06），苏萨恩西扎里克接收14双鞋，将军乌图伊拉特（Utu-illat）接收5双鞋，在埃萨格达纳（埃萨格达纳 Esagdana，拼写为 E$_2$-sag-da-na，即普兹瑞什达干），当他们从尼普尔到苏萨时。这些鞋作为他们回苏萨的路上消费品。在舒尔吉41年7月（文献AUCT 1, 954），苏萨恩西扎里克之妻接收1个青铜锅，重38$\frac{1}{3}$米纳。在阿马尔辛3年12月19日（文献PDT 2, 1266），苏萨首领扎里克进贡9头牛。注意，这里的扎里克没有写恩西，而是使用一般概念的"人"（lu$_2$）表示。此外，苏萨在阿马尔辛4年，还向乌尔缴纳巴拉税，而这种税只有乌尔第三王朝的核心行省才缴纳，所以很可能至少在阿马尔辛4年，苏萨被短暂纳入乌尔第三王朝的核心区。例如，在阿马尔辛4年9月24日（文献AAICAB 1/4, Bod S 322），有13只羊作为苏萨恩西扎里克的巴拉税回赠，由王宫书记官乌尔舒加拉马（Ur-shugalama）经办。另外，据乌尔舒加拉马的一份平衡账目（nig$_2$-ka$_9$-ak，文献PDT 1, 0557）记载，在阿马尔辛4年，11头牛作

为巴拉税回赠，被支出给苏萨恩西扎里克。①

在吉尔苏信使文件中，有大量的关于乌尔使节往返苏萨的记载，这表明苏萨是乌尔第三王朝通往东南方国家的重要中转站。但是可惜的是，由于吉尔苏信使文件大多数都没有提供年份信息，我们无法从年代学上复原乌尔使节往返苏萨的经过。

综上所述，乌尔第三王朝边疆（边缘区）治理的特色包括如下：第一，边疆的统治管理方式与行省明显不同，边疆虽属于王朝的一部分，但是乌尔中央对边疆的统治属于间接统治。第二，边疆与行省区别还体现在权利义务关系方面，行省向乌尔中央纳税是一种双向行为，而边疆向乌尔中央的纳贡是一种单向的强制进贡行为，并不从乌尔中央获取贡赋回赠，体现乌尔第三王朝对这两个区域在管理策略上的差异。第三，乌尔第三王朝对于东北边疆和东南边疆采取了不同的治理措施，分别设立了边疆军管区和自治区，体现出王朝的"二元"边疆政策。第四，位于边疆最外层的介于边疆与外交国之间的政区，作为乌尔第三王朝的边疆军管区仅存在于个别年份，② 乌尔政府对其军事控制较弱，它们在其他大部分时间里很可能作为乌尔第三王朝的外交国，与乌尔王朝之间保持着较为密切的外交关系。

第三节 外部政治区域：外交国（附庸国与独立国）

关于乌尔第三王朝的第三层区域，斯坦凯勒认为是附庸国（vassal state），它们向乌尔中央政府缴纳古恩税。③ 斯滕平认为这一层区域是乌尔王朝的"影

---

① 其他相关记录如：阿马尔辛4年6月（文献 RT 37, 134），苏萨恩西扎里克运送（šu in-mi-nu-us₂）1个镶嵌白银的青铜物品（zabar ab₂-ša₃ ku₃-babbar）；阿马尔辛5年3月25日（文献 AAICAB 1/2, pl. 155, 1971-395），苏萨人伊丁祖（Idin-zu）进贡1牛1羊；阿马尔辛6年3月（文献 JCS 10, 031 11），有2个重8津的白银戒指，1个白银头冠，给军尉沙鲁姆伊里（Sharrum-ili）的妻子卢伽尔安娜卜图姆（Lugal-annabtum）的女儿。

② 见文献 AAICAB 1/2 pl. 119 1967-1486, SAT 2 551, CST 193, Ontario 1 20, PDT 2 1163, SA 1e, JCS 31 166, BCT 1 4, SDSU 1, AUCT 3 198, OIP 121 92, CHEU 6。

③ 关于 gun₂ 贡赋的文献记录非常稀少，主要涉及8个异域地名：阿丹顿、苏萨、萨布姆、乌鲁阿、孜姆达尔、埃卜拉、安珊、马尔哈西。米哈洛夫斯基认为，这不是一种常规税目（tax），而具有外国"礼物"（gift）的性质，或者类似于"贡赋"（tribute），参见 P. Michalowski, "Foreign Tribute to Sumer during the Ur III Period", *Zeitschrift für Assyriologie und Vorderasiatische Archäologie*, Vol. 68 (1978), pp. 34-49。

第二章　内外政治区域的形成

响范围",并且认为埃卜拉、古布拉和马干不属于附庸国,而属于独立国家。① 美国南伊利诺伊大学的阿斯特认为位于王朝西北方的国家都是乌尔的附庸国。② 前田彻扩大了附庸国的范围,认为所有来到乌尔第三王朝的信使（lu$_2$-kin-gi$_4$-a）或首领（ensi$_2$）所在的外国地区,都属于乌尔第三王朝的附庸国。③ 附庸国这一概念的提出是否恰当,抑或乌尔第三王朝是否存在附庸国,颇值得怀疑。从词义上理解,附庸国"最初指封建时代那些内政基本自治,但外交上受宗主国控制的国家,是'宗主国'的对称"④。最近,有学者认为这一源自封建社会的"附庸"（vassal）概念用于古代近东在理论上是不成立的,易造成"概念的时代错乱以及误导性的解读"⑤。斯坦凯勒提出乌尔第三王朝附庸国的四个特征：一是向乌尔纳贡,二是向乌尔提供军事援助,三是向乌尔宣誓效忠,四是其人质被扣留在乌尔。⑥ 对照斯坦凯勒提出的这四个特征,笔者也从四个方面对附庸国与外交国的概念加以区分：第一,从来源上,外交国是乌尔第三王朝未能征服的区域,它们从未向乌尔第三王朝纳贡,也不需要履行任何

---

① M. Stepien, *From the History of State System in Mesopotamia-The Kingdom of the Third Dynasty of Ur*, Warsaw: Department of Graphic Design, University of Warsaw, 2009, p. 73. 关于古布拉即比布鲁斯（Byblos）,参见 D. O. Edzard and G. Farber, *Répertoire Géographique des Textes Cunéiformes* Ⅱ: *Die Orts-und Gewässernamen der Zeit der 3. Dynastie von Ur*, Wiesbaden: Dr. Ludwig Reichert Verlag, 1974, p. 66; L. Nigro, "Byblos, an ancient capital of the Levant", in G. Salameh (ed.), *La Revue Phenicienne*: Fondation Charles Corm, Beirut: Raidy, 2020, pp. 61-74.

② M. C. Astour, "A Reconstruction of the History of Ebla (Part 2)", in C. H. Gordon and G. A. Rendsburg (eds.), *Eblaitica*: *Essays on the Ebla Archives and Eblaite Language*, Volume 4, Winona Lake: Eisenbrauns, 2002, pp. 85-132.

③ T. Maeda, "The Defense Zone during the Rule of the Ur Ⅲ Dynasty", *Acta Sumerologica*, Vol. 14 (1992), pp. 138-149. 关于古代近东附庸国的探讨,参见李政《论赫梯国王的对外政策》,《世界历史》2007 年第 2 期；尹蔚婷：《论赫梯王国附庸国的独立性》,《古代文明》2013 年第 2 期；刘凤华、袁指挥：《论巴勒斯坦地区的埃及附庸国的对外扩张——以阿马尔那泥板书信为材料》,《历史教学问题》2021 年第 5 期。

④ 胡德明主编：《政治学词典》,浙江教育出版社 1989 年版,第 451 页。在现代语境中,附庸国"指在外交上完全或大部分由另一个国家代表,但在国家内部事务上仍然享有独立地位的国家",参见王邦佐等《政治学辞典》,上海辞书出版社 2009 年版,第 374 页；夏征农、陈至立主编《大辞海·政治学·社会学卷》,上海辞书出版社 2010 年版,第 240 页。

⑤ E. Pfoh, "Feudalism and Vassalage in Twentieth-Century Assyriology", in A. Garcia-Ventura and L. Verderame (eds.), *Perspectives on the History of Ancient Near Eastern Studis*, University Park: Eisenbrauns, 2020, pp. 186-187.

⑥ P. Steinkeller, "The Sargonic and Ur Ⅲ Empires", in P. F. Bang, C. A. Bayly and W. Scheidel (eds.), *The Oxford World History of Empire*, Volume 2: *The History of Empires*, Oxford: Oxford University Press, 2021, p. 64.

附庸国附加义务，实际上它们与乌尔王朝之间并不存在依附关系；第二，外交国不向乌尔提供军事援助，从目前已知的文献中并未发现这些国家向乌尔提供军事援助的直接证据；[①] 第三，外交国不向乌尔宣誓效忠（nam-erim$_2$），目前已知文献涉及向乌尔宣誓效忠的地名只有7个：希比拉特（Hibilat，阿马尔辛8年）、哈尔西（舒辛1年）、西马什基（舒辛1年）、孜达赫里（Zidahri，舒辛1年）、舒尔布（Shurbu，舒辛1年）、卢卢布姆（舒辛9年）、基马什（伊比辛2年），[②] 且大多为介于边缘区与外交国之间的地名，并且宣誓仅发生在个别年份，未涉及其他属于外交国的地名，更无法就此判断这些国家属于附属国；第四，外交国其人质没有被扣留在乌尔。虽然在普兹瑞什达干文献中记载若干外国使节长期住在乌尔及其附近城市，从几日到几月不等，但是他们的身份是背负外交使命的使节，[③] 没有证据表明这些人就是外国的人质。综上所述，笔者认为斯坦凯勒所谓的乌尔第三王朝第三层区域，不应该被称为附庸国，其身份应理解为与乌尔第三王朝有外交关系的外交国。

综上所述，笔者认为根据是否向乌尔第三王朝纳贡与宣誓等行为，外交国包括两类：一类是乌尔第三王朝的附庸国，另一类是不受乌尔第三王朝控制的独立国家。

乌尔第三王朝的附庸国共有21个，位于边缘区与独立国家的中间，

---

① 目前只发现一篇尼普尔文献（TMH NF 1-2 313），记载埃卜拉向乌尔王朝提供500支木制投掷器和500个木制器皿，关于这些提供是否属于贡赋，在学术界存在争议。参见 M. C. Astour, "A Reconstruction of the History of Ebla (Part 2)", in C. H. Gordon and G. A. Rendsburg (eds.), *Eblaitica: Essays on the Ebla Archives and Eblaite Language*, Volume 4, Winona Lake: Eisenbrauns, 2002, pp. 128-129。米哈洛夫斯基认为这仅是一种个人借贷行为，不涉及两个国家之间，参见 P. Michalowski, "Foreign Tribute to Sumer during the Ur Ⅲ Period", *Zeitschrift für Assyriologie und Vorderasiatische Archäologie*, Vol. 68 (1978), p. 146。由于向乌尔提供军队援助的个案只涉及杜杜里一个地名，这种军事援助性质与目的也存在争议。斯坦凯勒引用意大利学者诺蒂齐亚研究成果，认为杜杜里向乌尔提供大量军队，不过矛盾的是，诺蒂齐亚将杜杜里认定为独立国家。参见 P. Steinkeller, "The Birth of Elam in History", in J. Álvarez-Mon, G. P. Basello and Y. Wicks (eds.), *The Elamite World*, London: Routledge, 2018, p. 196; P. Notizia, "Hulibar, Duhduh (u) ni e la Frontiera Orientale", *Quaderni di Vicino Oriente*, Vol. 5 (2010), pp. 269-292。由于目前只发现这一存在争议的孤例，无法证明这些国家向乌尔提供过军事援助，所以斯坦凯勒提出乌尔第三王朝附庸国向乌尔提供军事援助的观点值得商榷。

② 见文献 SAT 2 1075, Hermitage 3 359, JCS 14 111 14, SACT 1 172, AUCT 3 413, MVN 13 128 = 829。

③ T. M. Sharlach, "Diplomacy and the Rituals of Politics at the Ur Ⅲ Court", *Journal of Cuneiform Studies*, Vol. 57 (2005), pp. 17-29.

第二章　内外政治区域的形成

其中有些地区的属性介于边缘区和附庸国之间，其特征是既向乌尔中央纳贡，也从乌尔中央接收赠礼，[①] 与上述地名不同，它们极少由军队负责纳贡，表明其非军事区的特征，并且距离乌尔第三王朝的本土较远。

表 2-4　　　　　　　　乌尔第三王朝的附庸国统计

区域	编号	地名汉译	地名英译	地名原文
大扎布河以北（2个）	1	哈布拉	Habura	Ha-bu-ra^{ki}
	2	尼尼微	Ninua	Ni-nu-a^{ki}
大、小扎布之间（6个）	3	阿拉普胡姆	Araphum	A-ra-ap-hu-um^{ki}
	4	阿淑尔	Ashur	A-šur$_5$^{ki} [②]
	5	哈马孜	Hamazi	Ha-ma-zi$_2$^{ki}
	6	舍提尔沙	Shetirsha	Še$_{(2)}$-ti-ir-ša^{ki}
	7	乌尔比隆	Urbilum	Ur-bi$_2$-lum^{ki}
	8	希比拉特	Hibilat	Hi-bi$_2$-la-at^{ki}
迪亚拉河上游至扎格罗斯山脉（8个）	9	哈尔西	Harshi	Ha-ar-ši^{ki}
	10	胡尔提	Hurti	Hu-ur$_{(5)}$-ti^{ki}
	11	基马什	Kimash	Ki-maš^{ki}
	12	卡拉哈尔	Karahar	Kar$_2$-har^{ki}
	13	卢卢布姆	Lulubum	Lu-lu-bu^{ki}
	14	希希尔[③]	Shishil	Še-še-il^{ki}，Ši-ši-il^{ki}
	15	尼希	NI.HI	NI.HI^{ki}
	16	舒尔布	Shurbu	Šu-ur$_2$-bu^{ki}
东南方（5个）	17	阿丹顿	Adamdun	A-dam-dun^{ki}
	18	胡布姆[④]	Hubum	Hu-bu-um^{ki}
	19	帕西美	Pashime	Ba-šim-e^{ki}
	20	萨布姆	Sabum	Sa-bu-um^{ki}
	21	乌鲁阿	Urua	Urua^{ki}

① 其文献格式为："某动物，为某异域地区人员，从普兹瑞什达干官员处，被支出（ba-zi）。"
② 其他拼写形式为：Aš-šur$_5$^{ki}，^{d}A-šur$_3$^{ki}，Aš-šur$_6$^{ki}.
③ 位于西马什基地区。
④ 位于苏萨附近。

其中，阿丹顿的地位比较特殊，在21个地名中，仅它的首领拥有"恩西"头衔，最早由"恩西"乌巴亚（Uba'a）负责纳贡，直到阿马尔辛9年才由军队负责，而且贡品的种类繁多（比如牲畜、羊毛和木制品等），不像其他边缘区只进贡牲畜。①

不过，这些地名的身份与属性也存在差别。第一，据乌尔第三王朝年名记载，② 卡拉哈尔、卢卢布姆、哈尔西、乌尔比隆、胡尔提、基马什在舒尔吉统治后半期多次被击败（hul），是王朝的主要军事扩张目标，其地位比较特殊。据文献记载，基马什和哈尔西由军队负责纳贡仅出现在舒尔吉时期，胡尔提和卢卢布姆由军队负责纳贡仅在阿马尔辛时期，乌尔比隆由军队负责纳贡仅在舒辛时期。③ 第二，阿淑尔向乌尔纳贡的时间是从舒尔吉44年至阿马尔辛5年，主要由其地区长官（lu$_2$）扎里克负责，在舒尔吉47年时扎里克还从乌尔接收赠礼。从阿马尔辛时期开始，阿淑尔军队（erin$_2$）开始负责纳贡，当然此时扎里克依然是阿淑尔首领，他后来转任苏萨行省总督。④ 第三，帕西美（舒尔吉43年）、希希尔（舒尔吉46

---

① P. Michalowski, "Observations on 'Elamites' and 'Elam' in Ur Ⅲ Times", in P. Michalowski (ed.), *On the Third Dynasty of Ur: Studies in Honor of Marcel Sigrist*, JCSSS 1, Boston: American Schools of Oriental Research, 2008, pp. 114-121.

② 关于乌尔第三王朝年名的整理与翻译，参见 D. Frayne, *Ur Ⅲ Period (2112-2004 BC)*, RIME 3/2, Toronto: University of Toronto Press, 1997; M. Sigrist and T. Gomi, *The Comprehensive Catalogue of Published Ur Ⅲ Tablets*, Bethesda: CDL Press, 1991, pp. 317-329。关于乌尔第三王朝年名中的战争研究，参见 M. Widell, "Reconstructing the Early History of the Ur Ⅲ State: Some Methodological Considerations of the Use of Year Formulae", *Journal of Ancient Civilizations*, Vol. 17 (2002), pp. 99-111; J. L. Dahl, "Naming Ur Ⅲ Years", in A. Kleinerman and J. M. Sasson (eds.), *Why Should Someone Who Knows Something Conceal It? Cuneiform Studies in Honor of David I. Owen on His 70th Birthday*, Bethesda: CDL Press, 2010, pp. 85-93; M. Such-Gutiérrez, "Year Names as Source for Military Campaigns in the Third Millennium BC", in J. Luggin and S. Fink, eds., *Battle Descriptions as Literary Texts*, Wiesbaden: Springer VS, 2020, pp. 9-29; C. Liu, "Eastward Warfare and Westward Peace: On the 'One-Sided' Foreign Policy of Ur Ⅲ Dynasty (2112-2004 BC)", *The Digital Archive of Brief Notes & Iran Review (DABIR)*, Vol. 9 (2021), pp. 53-57。

③ 关于基马什军队纳贡，见文献 BPOA 7 2875 (SH 44 ii 26); Hirose 50 (SH 46 iii 17); 关于哈尔西军队纳贡，参见文献 BPOA 7 2603 (SH 47 iv 14); 关于胡尔提军队纳贡，见文献 PDT 1 356 (AS 1 i 12); 关于卢卢布姆军队纳贡，见文献 JCS 31 166 (AS 8 v 8); 关于乌尔比隆军队纳贡，参见文献 CHEU 6 (SS 7 viii 13); 此外，卡拉哈尔军队纳贡，见一篇日期残缺文献 PDT 2 959。

④ 见文献 AAICAB 1/2 pl. 119 1967-1486; SAT 2 551; CST 193。关于阿淑尔和扎里克，参见 W. W. Hallo, "Zāriqum", *Journal of Near Eastern Studies*, Vol. 15, No. 4 (1956), pp. 220-225; P. Michalowski, "Aššur during the Ur Ⅲ Period", in O. Drewnowska (ed.), *Here & There Across the Ancient Near East: Studies in Honour of Krystyna Lyczkowska*, Warszawa: Agade, 2009, pp. 149-156.

第二章　内外政治区域的形成

年)、尼希(舒尔吉 48 年)、哈马孜(阿马尔辛 8 年)、哈布拉(舒辛 3 年)、希比拉特(舒辛 3 年)、尼尼微(舒辛 3 年)、舒尔布(舒辛 6 年)由军队负责纳贡仅出现在一年,① 舍提尔沙(阿马尔辛 5 年、舒辛 7 年)仅出现在两年,② 其他时间里未见军队纳贡的记录。由此可知,上述这些地名作为乌尔第三王朝的军事防御区仅存在于个别年份,乌尔对其的军事控制较弱,其他时间段很可能作为乌尔王朝的外交国。

值得注意的是,乌尔第三王朝的附庸国与独立国家的最重要区别,是后者并不需要向乌尔第三王朝纳贡,但是其出访乌尔的使节可以从乌尔第三王朝获取赠礼。③ 据普兹瑞什达干的支出文献(ba-zi)记载,④ 符合这一标准的有 47 个异域地名,⑤ 属于乌尔第三王朝的外交国范畴。在地理位置上,外交国主要分布在乌尔第三王朝的西北方(幼发拉底河西岸至东地中海沿岸,含哈布尔河流域)、东南方(西马什基地区以南的埃兰地区至波斯湾沿岸)和东北方(底

---

① 见文献 Ontario 1 20, PDT 2 1163, SA 1e, JCS 31 166, BCT 1 4, SDSU 1, AUCT 3 198。

② 见文献 OIP 121 92, CHEU 6。

③ 礼物互换是古代外交关系中十分重要的一个环节,但是在乌尔第三王朝文献中并没有关于外国使节与乌尔王室之间礼物互换的相关记录,参见 D. I. Owen, "Syrians in Sumerian Sources from the Ur III Period", in M. W. Chavals and J. L. Hayes (eds.), *Bibliotheca Mesopotamica*, *Volume Twenty-five*: *New Horizons in the Study of Ancient Syria*, Malibu: Undena Publications, 1992, p.116。除极个别文献记载乌尔国王接收外国礼物,如伊比辛接收一只来自马尔哈西的斑点狗(可能是豹)之外,大多文献记载的是外国使节从乌尔获取礼物,包括食物配给、仆人、交通工具、牲畜、奢侈品、纺织品等,参见 P. Michalowski, "Foreign Tribute to Sumer during the Ur III Period", *Zeitschrift für Assyriologie und Vorderasiatische Archäologie*, Vol.68 (1978), p.43; D. T. Potts, "Total Prestation in Marhashi-Ur Relations", *Iranica Antiqua*, Vol.37 (2002), pp.347–353; P. Steinkeller, "New Light on Marhaši and Its Contacts with Makkan and Babylonia", *Journal of Magan Studies*, Vol.1 (2006), pp.1–17; T. M. Sharlach, "Diplomacy and the Rituals of Politics at the Ur III Court", *Journal of Cuneiform Studies*, Vol.57 (2005), p.20。

④ 记载这些外国使节来访乌尔的文献都来自普兹瑞什达干,其文本记录格式统一为:"牲畜,给外国使节,经办人(giri₃),总负责人或监办人(maškim),从某某机构处被支出,日期。"

⑤ 此外,还有 18 个地名的准确读音、地理位置不详,且只出现于一两篇文献中,包括:布伊尔(Buir, 原文 Bu₃-ir^ki)、达里巴(Dariba, 原文 Da-ri-ba^ki)、哈舒安努姆(Hashuanum, 原文 Ha-šu-an-num₂^ki)、赫舒姆马(Heshuma, 原文 He₂-šu-um-ma^ki)、雅达乌(Iadau, 原文 Ia₃-da-u₃^ki)、雅比布姆(Iabibum, 原文 Ia₃-bi-bu-um^ki)、因布(Inbu, 原文 In-bu^ki)、基尼胡姆马(Kinihuma, 原文 Ki-ni-hu-um-ma^ki)、库卢姆(KU-lum, 原文 KU^?-lu-um^ki)、里比(Libi, 原文 Li-bi^ki)、尼卡卜(NI-kab, 原文 NI-kab^ki)、沙胡安(Shahuan, 原文 Ša-hu-a-an^ki)、塞库布(Shekubu, 原文 Še-ku-bu^ki)、舒米乌姆(Shumium, 原文 Šu-mi-um^ki)、乌尔珊(Urshan, 原文 Ur₂-ša-an^ki)、乌乌勒(Uwul, 原文 U₃-ul^ki)、孜纳姆(Zinam, 原文 Zi-nam^ki)。由于其所含信息量极少,地理位置不详,又无佐证材料,故本书暂且对其忽略不计。

133

格里斯河中上游地区，包括大扎布河、小扎布河、迪亚拉河流域，以及扎格罗斯山脉中、北段的西马什基地区)① 三个方向。

表 2-5　　　　　　　　　乌尔第三王朝时期的独立国家统计

区域	编号	地名汉译	地名英译	地名原文
西北方（13 个）	1	阿巴尔尼乌姆	Abarnium	A-ba-ar-ni-um^{ki}
	2	埃卜拉	Ebla	Eb-la^{ki}
	3	古布拉	Gubla	Gu$_5$-ub-la^{ki}
	4	哈胡姆	Hahum	Ha-hu-um^{ki}
	5	马里	Mari	Ma-ri$_2$^{ki}

---

① 关于乌尔第三王朝东北方外交国，参见 D. Frayne, "The Zagros Campaigns of Šulgi and Amar-Suena", in D. I. Owen and G. Wilhelm (eds.), *Studies on the Civilization and Culture of Nuzi and the Hurrians*, Volume 10: *Nuzi at Seventy-Five*, SCCNH 10, Bethesda: CDL Press, 1999, pp. 141-201; P. Steinkeller, "On the Dynasty of Šimaški: Twenty Years (or so) After", in M. Kozuh, et al. (eds.), *Extraction & Control: Studies in Honor of Matthew W. Stolper*, SAOC 68, Chicago: The Oriental Institute of the University of Chicago, 2014, pp. 287-296; D. T. Potts, "The Zagros Frontier: Physical Feature, Cultural Boundary, Political Divide", in T. Daryaee and R. Rollinger (eds.), *Iran and its Histories: From the Beginnings through the Achaemenid Empire: Proceedings of the First and Second Payravi Lectures on Ancient Iranian History*, UC Irvine, March 23rd, 2018, & March 11th-12th, 2019, Classica et Orientalia 29, Wiedbaden: Harrassowitz Verlag, 2021, pp. 45-64; 关于王朝西北方外交国，参见 D. I. Owen, "Syrians in Sumerian Sources from the Ur III Period", in M. W. Chavals and J. L. Hayes (eds.), *Bibliotheca Mesopotamica*, Volume Twenty-five: *New Horizons in the Study of Ancient Syria*, Malibu: Undena Publications, 1992, pp. 108-182; W. Sallaberger, "From Urban Culture to Nomadism: A History of Upper Mesopotamia in the Late Third Millennium", in C. Kuzucuoglu and C. Marro (eds.), *Sociétés humaines et changement climatique à la fin du troisième millénaire: une crise a-t-elle eu lieu en Haute Mésopotamie? Actes du Colloque de Lyon (5-8 décembre 2005)*, Istanbul: Institut Français d'Études Anatoliennes-Georges Dumézil, 2007, pp. 417-456; 关于王朝东南方外交国，参见 P. Steinkeller, "New Light on Marhaši and Its Contacts with Makkan and Babylonia", *Journal of Magan Studies*, Vol. 1 (2006), pp. 1-17; P. Steinkeller, "New Light on Marhaši and Its Contacts with Makkan and Babylonia", in J. Giraud and G. Gernez (eds.), *Aux marges de l'archéologie. Hommage à Serge Cleuziou*, Paris: De Boccard, 2012, pp. 261-274; P. Steinkeller, "Marhaši and Beyond: The Jiroft Civilization in a Historical Perspective", in C. C. Lamberg-Karlovsky and B. Genito (eds.), *"My Life Is Like a Summer Rose": Marizio Tosi e l'Archaeologia Come Mode di Vivere. Papers in Honour of Maurizio Tosi for his 70th Birthday*, Oxford: Oxford University Press, 2014, pp. 691-707; S. Laursen and P. Steinkeller, *Babylonia, the Gulf Region, and the Indus: Archaeological and Textual Evidence for Contact in the Third and Early Second Millennium B. C.*, MC 21, Winona Lake: Eisenbrauns, 2017。

第二章　内外政治区域的形成

续表

区域	编号	地名汉译	地名英译	地名原文
西北方（13个）	6	穆基什	Mukish	Mu-ki-iš^{ki}
	7	纳瓦尔	Nawar	Na-wa-ar^{ki}
	8	舒达埃	Shudae	Šu-da-e^{ki}
	9	塔尔哈特	Talhat	Tal-ha-at^{ki}
	10	图图勒	Tutul	Tu-tu-ul^{ki}
	11	乌尔凯什	Urkesh	Ur-kiš^{ki}
	12	乌尔舒	Urshu	Ur-šu^{ki}
	13	亚马迪乌姆	Iamadium	Ia$_3$-a-ma-di$_3$-um^{ki}
东南方（8个）	14	安珊	Anshan	An-ša-an^{ki}
	15	杜杜里	Duduli	Du$_8$-du$_8$-li$_2$^{ki}
	16	埃古拉	Egula	E$_2$-gu-la^{ki}
	17	胡赫努里	Huhnuri	Hu-uh$_2$-nu-ri^{ki}
	18	马尔哈西	Marhashi	Mar-ha-ši^{ki}
	19	马干	Magan	Ma$_2$-gan^{ki}
	20	沙孜比	Shazibi	Ša-zi-bi$_{(2)}$^{ki}
	21	雅布鲁	Iabru	Ia$_3$-a-ab-ru^{ki}
东北方（26个）	22	马尔达曼	Mardaman	Mar-da-ma-an^{ki}①
	23	西马努姆	Simanum	Si-ma-num$_2$^{ki}②
	24	塔尔穆什	Talmush	Tal-muš^{ki}
	25	乌拉乌姆	Uraum	U$_3$-ra-um^{ki}
	26	阿鲁努姆	Arunum	A-ruh-nu-um^{ki}
	27	巴尔巴纳祖	Barbanazu	Bar-ba-na-zu^{ki}

---

① 其他拼写形式为：Mar-da-ma-ni^{ki}，Mar-da-ma-ni-um^{ki}，Ma-ar-da-ma-na^{ki}，Ma-ar-da-ma-an^{ki}。
② 其他拼写形式为：Si-ma-nu-um^{ki}，Ši-ma-nu-um^{ki}，Ši-ma-ni-um^{ki}，Ši-ma-num$_2$^{ki}。

续表

区域	编号	地名汉译	地名英译	地名原文
东北方（26个）	28	布里	Buli	Bu-li^{ki}
	29	古马拉西	Gumarashi	Gu-ma-ra-ši^{ki}
	30	吉吉比尼乌姆	Gigibinium	Gi-gi-bi-ni-um^{ki}
	31	基里乌里	Kirriuri	Ki-ri-u$_2$-ri^{ki}
	32	卡克米	Kakmi	Kak-mi^{ki}
	33	库米	Kumi	Ku-mi^{ki}，Ku-um-mi^{ki}
	34	马赫里	Mahli	Ma-ah-li^{ki}
	35	沙里特胡姆	Sharithum	Ša-ri-it-hu-um^{ki}
	36	沙什鲁姆	Shashrum	Ša-aš-ru^{ki}
	37	舒鲁特胡姆	Shuruthum	Šu-ru-ut-hu-um^{ki}
	38	提基廷希	Tikitinhi	Ti-ki-ti-in-hi^{ki}
	39	乌里	Ulli	Ul-li^{ki}
	40	西格里什	Shigrish	Ši-ig-ri$_2$-iš^{ki}
	41	西格沙比	Shigshabi	Ši-ig-ša-bi^{ki}
	42	西马什基	Shimashki	Šimaški^{ki}①
	43	西穆鲁姆	Simurum	Si-mu-ru-um^{ki}
	44	雅比鲁	Iabilu	Ia$_3$-bi$_2$-lu^{ki}
	45	扎布沙里	Zabshali	Za-ab-ša-li^{ki}
	46	孜达赫里	Zidahri	Zi-da-ah-ri^{ki}
	47	孜达努姆	Zidanum	Zi-da-num$_2$^{ki}②

① 其他拼写形式为：Šimaški（LU.SU），Šimaški$_2$（LU.SU.A），Šimaški$_2$^{ki}。在伊里萨格文献中的书写形式为 Si-maš-kum^{ki}。

② 又名孜提安（Zitian，原文 Zi-ti-an^{ki}）。其他拼写形式为：Zi-da-nu-um^{ki}，Zi-da-ni-num$_2$^{ki}，Zi-da-ni-um^{ki}，Zi$_2$-da-num$_2$^{ki}。

第二章　内外政治区域的形成

其中9个地名，即东南方的安珊、杜杜里，王朝东北的库米、西马什基、孜达赫里，王朝西北的马里、马尔达曼、西马努姆、塔尔穆什，偶尔由其使节或首领（lu₂或ensi₂）向乌尔中央进献牲畜，涉及文献十分稀少，属于一种外交赠礼。①

据现有文献记载，乌尔第三王朝与外交国（附庸国与独立国家）之间的联系主要包括三个方面：一是外交国使节来访乌尔，二是乌尔王朝派出使节出访外交国，三是乌尔王朝与外交国之间政治联姻。②

首先，外国使节来访乌尔第三王朝的外交活动主要集中于阿马尔辛和舒辛统治时期。据CDLI数据库统计，③目前共发现有278篇文献记载外国使节来访乌尔，大多数文献的时间是在阿马尔辛统治时期（175篇），其次是舒辛（70篇）、舒尔吉（22篇）和伊比辛时期（3篇），另有8篇文献日期残缺。在文献中，外国使节的常见表述方式是："使节名字，lu₂-kin-gi₄-a，统治者名字，地名"，例如西马什基的统治者雅布拉特的使节朱布什（Zubush），④或者马尔哈西的统治者（恩西）里巴纳什古比（Liban-ashgubi）的使节阿穆尔伊鲁姆（Amur-ilum）。⑤另一种表述方式是："某

---

① 关于杜杜里，参见 P. Notizia, "Hulibar, Duhduh (u) NI e la frontiera orientale", *Vicino Oriente Quaderno*, Vol. 5 (2010), pp. 269-292；关于马里，参见 P. Michalowski, "The Men From Mari", in K. van Lerberghe and A. Schoors (eds.), *Immigration and Emigration within the Ancient Near East: Festschrift E. Lipiński*, Leuven: Peeters, 1995, pp. 181-188；关于西马努姆，参见 P. Michalowski, "The Bride of Simanum", *Journal of the American Oriental Society*, Vol. 95, No. 4 (1975), pp. 716-719；关于塔尔穆什，参见 W. Sallaberger, "From Urban Culture to Nomadism: A History of Upper Mesopotamia in the Late Third Millennium", in C. Kuzucuoglu and C. Marro (eds.), *Sociétés humaines et changement climatique à la fin du troisième millénaire: une crise a-t-elle eu lieu en Haute Mésopotamie? Actes du Colloque de Lyon (5-8 décembre 2005)*, Istanbul: Institut Français d'Études Anatoliennes-Georges Dumézil, 2007, pp. 439-440；关于孜达赫里和西马什基，参见 P. Steinkeller, "On the Dynasty of Šimaški: Twenty Years (or so) After", in M. Kozuh, et al. (eds.), *Extraction & Control: Studies in Honor of Matthew W. Stolper*, SAOC 68, Chicago: The Oriental Institute of the University of Chicago, 2014, pp. 287-296。

② 分别详见本书第三章、第四章、第五章。

③ 旧网址：https://cdli.ucla.edu/，新网址：https://cdli.mpiwg-berlin.mpg.de/，检索日期：2024年10月1日。

④ 见文献 CST 466：Zu-bu-uš lu₂-kin-gi₄-a Ia₃-ab-ra-at Šimaški^ki。

⑤ 见文献 MVN 5 111：A-mur-DINGIR lu₂-kin-gi₄-a Li-ba-nu-uk-ša-ba-aš ensi₂ Mar-ha-ši^ki。

某，某地"，如乌尔舒使节布杜尔（Budur）、西马努姆的使节布沙姆。[①] 外国使节来到巴比伦尼亚后，居住在哪里？他们是直接居住在乌尔王宫，还是住在由国王所安排的王宫附近住处？据普兹瑞什达干经济文献记载，外国使节住在一个叫做"埃杜鲁"（e_2-$duru_5$-ne-ne）或者"阿沙"（a-$ša_3$）的地方。[②] 此外，外国使节的来访目的地不仅局限于首都乌尔城，他们还到访王朝的其他城市，例如，普兹瑞什达干文献中记载的外国使节在尼普尔（$ša_3$ $Nibru^{ki}$）、乌鲁克（$ša_3$ Unu^{ki}-ga）、埃利都（$ša_3$ $Eridu^{ki}$）等城市接收礼物，又如来自马尔哈西的使节曾到伊新访问。[③] 值得注意的是，外国使节还作为受邀的外宾，参加在巴比伦尼亚举行的重大节日庆典活动，包括在乌尔城举办的"阿基图"新年庆典（第二个新年庆典，在秋天举行），每年第8月在吐玛尔举办的节日庆典，以及王室洁净仪式（a-tu_5-a lugal）等。[④]

乌尔第三王朝设有专门处理外交事务的机构，包括处理外国使节来访以及本国使节出访的事务。这一机构的负责人被称为大执政官（sukkal-mah）。最著名的是阿拉德南那（又名阿拉德姆），在处理外国使节接收赠礼时担任监办（maškim）官员。在大执政官之下，是对外服务人员，包括被国王委任的使节，其头衔是王室信使（lu_2-kin-gi_4-a lugal），代表国王出

[①] 见文献 PDT 594：Bu-du-ur_2 lu_2 Ur-$šu^{ki}$，文献 PDT 2 1092：Bu-ša-am lu_2 Ši-ma-ni-um^{ki}。注意，"某地之人"（lu_2GN）的表述有多个含义，既可以指某地的统治者本人，也可以指统治者的代表或者使节。参见 P. Michalowski, "The Men from Mari", *Orientalia Lovaniensia analecta*, Vol. 65 (1995), p. 187; T. Maeda, "The Defense Zone during the Rule of the Ur Ⅲ Dynasty", *Acta Sumerologica*, Vol. 14 (1992), pp. 159-160; D. Patterson, "Elements of the Neo-Sumerian Military", PhD dissertation, University of Pennsylvania, 2018, p. 446。

[②] M. Sigrist, *Drehem*, Bethesda: CDL Press, 1992, p. 371. e_2-$duru_5$-ne-ne 的基本意思是"他们的农村"，另一说读作 e_2-a-ne-ne，意为"他们的房子（住处）"。参见 C. Lecompte, "Zu Dörfern, Weilern und Ländlichen Siedlungen in vorsargonischer Zeit: Die Entwicklung der Bezeichungen e_2 und e_2-$duru_5$", *Rivista degli Studi Orientali*, Vol. 86 (2013), pp. 103-120。

[③] 见文献 Hirose 403（AS 5）：u_4 kas_4 lu_2 Mar-ha-$ši^{ki}$-ke_4 iri mu-$nigin_2$-na-a $Isin_2^{si.ki}$ $gurum_2$-ma gub-ba。

[④] T. M. Sharlach, "Diplomacy and the Rituals of Politics at the Ur Ⅲ Court", *Journal of Cuneiform Studies*, Vol. 57 (2005), pp. 20-23. 关于乌尔第三王朝的新年庆典，参见尹凌《古代两河流域新年仪式研究》，《古代文明》2011年第3期；刘健《古代两河流域新年礼俗、观念及其政治功能的演进》，《贵州社会科学》2017年第10期。

第二章　内外政治区域的形成

访外国。[①] 这一机构的另一分支是处理外国使节来访事务，设有专门的官员负责管理，他们的头衔一般为外事官（sukkal），他们主要在乌尔国内工作，[②] 作为处理外国使节来访事务的经办人（giri₃），是外国使节与乌尔本国君臣之间的中间人。此外，外事官也身兼翻译官职务。例如，文献中有为来自马尔哈西的使节提供翻译的外事官的记载。[③] 值得注意的是，不同的外事官会被委派负责不同的外国使节，即对不同国家的来访使节，乌尔外交部门配备专门的外交官员负责处理相关事宜。

其次，乌尔第三王朝经常派出使节出访外交国，主要集中于王朝的东南部和东北部国家。据文献记载，乌尔国王经常派遣信使（lu₂-kin-gi₄-a）、行使（lu₂-kaš₄）、骑使（ra₂-gaba）等外交人员经过各地的驿站，[④] 往返于王朝的核心区行省与各个外交国之间。这些外交活动主要记载于所谓的"信使文献"（messenger texts）中，来自王朝的三个核心区行省：吉尔苏（舒尔吉32年至伊比辛3年）、伊利萨格里格（阿马尔辛7年至伊比辛3年）和温马（舒尔吉33年至伊比辛1年）。[⑤] 其中，吉尔苏文献记载的格式为："配给，给某使节，当他去某地时（GN-še₃ gen-na），被支出，日期"或者"配给，给某使节，当他从某地回来时（GN-ta gen-na），被支

[①] 苏美尔语 lu₂-kin-gi₄-a 的本义是"转向或回来工作的人"。
[②] 苏美尔语 sukkal 有多个译法，例如"秘书"（secretary）、"公务员"（civil servant）、"公使"（minister）、"使节"（envoy）、"信使"（messenger）等。参见 T. M. Sharlach, "Diplomacy and the Rituals of Politics at the Ur Ⅲ Court", *Journal of Cuneiform Studies*, Vol. 57 (2005), p. 18。
[③] 见文献 Amorites 22, JCS 7 106。
[④] 李智：《苏美尔人驿站系统的形成及其作用》，《世界历史》2021年第1期。
[⑤] 关于吉尔苏和温马信使文献的论述，参见 R. C. McNeil, "The 'Messenger Texts' of the Third Ur Dynasty", PhD dissertation, University of Pennsylvania, 1971; W. Sallaberger and A. Westenholz, *Mesopotamien: Akkade-Zeit und Ur Ⅲ-Zeit*, OBO 160/3, Freiburg, Schweiz: Universitätsverlag / Göttingen: Vandenhoeck und Ruprecht, 1999, pp. 295-314; P. Mander, "The 'messenger texts' from Girsu", in S. J. Garfinkle and J. C. Johnson (eds.), *The Growth of an Early State in Mesopotamia: Studies in Ur Ⅲ Administration*, BPOA 5, Madrid: Consejo Superior de Investigaciones Cientificas, 2008, pp. 119-124; F. D'Agostino and F. Pomponio, "The Umma 'messenger texts'", in S. J. Garfinkle and J. C. Johnson (eds.), *The Growth of an Early State in Mesopotamia: Studies in Ur Ⅲ Administion*, BPOA 5, Madrid: Consejo Superior de Investigaciones Cientificas, 2008, pp. 125-128; 关于伊利萨格里格信使文献的论述，参见 D. I. Owen, *Cuneiform Texts Primarily from Iri-Saĝrig / Āl-Šarrākī and the History of the Ur Ⅲ Period*, Volume I: Commentary and Indexes, Nisaba 15/1, Bethesda: CDL Press, 2013, pp. 1-334; D. I. Owen, "New Iri-Saĝrig Ration Distribution and Related Texts", in P. S. Avetisyan, R. Dan and Y. H. Grekyan (eds.), *Over the Mountains and Far Away: Studies in Near Eastern History and Archaeology presented to Mirjo Salvini on the Occasion of his 80th Birthday*, Oxford: Archaeopress, 2019, pp. 389-398。

出，日期"。伊利萨格里格文献记载的格式为："配给，给某使节，当他去某地时（u₄ GN-še₃ ba-gen-na-a），被支出，日期"或者"配给，给某使节，当他从某地回来时（u₄ GN-ta ba-gen-na-a），被支出，日期"。根据CDLI数据库统计，[①] 记载异域地名的信使文献目前共发现有1711篇。其中，吉尔苏文献1124篇，伊利萨格里格文献541篇，温马文献46篇。这些文献的时间分布不均，大多数吉尔苏文献缺少年名，其具体的年份不详。

表2-6　　　　乌尔第三王朝涉及外国地名的信使文件统计

文献数量	吉尔苏	伊利萨格里格	温马	合计
舒尔吉时期	17	0	3	20
阿马尔辛时期	64	123	9	196
舒辛时期	25	151	24	200
伊比辛时期	1	253	2	256
年份不详	1017	14	8	1039
共计	1124	541	46	1711

从上述统计数据可以看出，吉尔苏和温马的信使文献在阿马尔辛和舒辛时期数量居多，而伊利萨格里格信使文献在伊比辛时期（伊比辛1年至3年）数量最多。由于吉尔苏地处核心区的南部，伊利萨格里格地处核心区中北部，所以吉尔苏信使文献记载的主要是乌尔使节往返于王朝东南方向的安珊、胡赫努里、杜杜里、马尔哈西等外交国（位于今伊朗胡齐斯坦省和法尔斯省一带），以边缘区苏萨为中转站；而伊利萨格里格信使文献记载的主要是乌尔使节往返于王朝东北方向的西马什基、西格里什、孜达赫里、孜提安（Zitian）等外交国（位于今伊朗克尔曼沙省、洛雷斯坦 Luristan 省和伊拉姆 Ilam 省一带），以边缘区德尔作为中转站。[②] 值得注意的是，乌尔信使出访的路线正好对应于乌尔王朝与东方的两条传统商路，一条北线是经德尔穿越扎格罗斯山脉的重要据点哈尔西、基马什、胡尔提到

[①] 旧网址：https://cdli.ucla.edu/，新网址：https://cdli.mpiwg-berlin.mpg.de/，检索日期：2024年10月1日。

[②] D. Patterson, "Elements of the Neo-Sumerian Military", PhD dissertation, University of Pennsylvania, 2018, pp. 395, 422-424.

第二章 内外政治区域的形成

达伊朗高原，即后来的呼罗珊大道，另一条南线是经苏萨到达王朝东南方的埃兰地区，以及经吉尔苏行省的古阿巴（Guabba）、基努尼尔（Kinunir）等港口城市沿波斯湾海运、再从卡伦河（Karun）口经河运到达埃兰、马尔哈西、马干等地区，即波斯湾商路。① 由此可知，乌尔派遣使节到王朝东部的外交国，其目的一方面是为了加强同这些国家的外交关系，更重要的是为了维持与这些地区的贸易往来，以便更好地控制东西商路。

最后，乌尔第三王朝与外交国之间通过政治联姻加强外交联系与交往。这些与乌尔有政治联姻的外交国包括：西北方的马里、尼尼微，北方的西马努姆，以及东南方的马尔哈西、安珊、帕西美、哈马孜、阿丹顿、扎布沙里。② 乌尔第三王朝对不同方向的外交国采取不同的政治婚姻形式：一方面，对西北方的马里和尼尼微，主要是乌尔国王迎娶这些国家的公主或权贵的女儿为妻；③ 另一方面，在东南方的埃兰地区，主要的联姻方式是乌尔的公主外嫁给这些国家的统治者或其儿子。后者的目的，显然是乌尔第三王朝为了稳固同东南方外交国关系所采取的政治措施。需要注意的是，政治联姻并不都能起到巩固外交关系的作用，有时也表现出不稳定性。例如，舒尔吉在其统治第 30 年与安珊政治联姻，但是仅过了四年

---

① P. Steinkeller, "Trade Routes and Commercial Networks in the Persian Gulf during the Third Millennium BC", in C. Faizee (ed.), *Collection of Papers presented at the Third International Biennial Conference of the Persian Gulf (History, Culture, and Civilization)*, Tehran: University of Tehran Press, 2013, pp. 413-431; D. I. Owen, *Cuneiform Texts Primarily from Iri-Saĝrig / Āl-Šarrākī and the History of the Ur III Period, Volume I: Commentary and Indexes*, Nisaba 15/1, Bethesda: CDL Press, 2013, pp. 128-155; D. Patterson, "Elements of the Neo-Sumerian Military", PhD dissertation, University of Pennsylvania, 2018, pp. 152-155. 关于这一时期的相关考古学证据，参见 T. F. Potts, "Patterns of Trade in Third-Millennium BC Mesopotamia and Iran", *World Archaeology*, Vol. 24, No. 3 (1993), pp. 379-402; C. A. Petrie, A. A. Chaverdi and M. Seyedin, "From Anshan to Dilmun and Magan: The Spatial and Temporal Distribution of Kaftari and Kaftari-Related Ceramic Vessels", *Iran*, Vol. 43 (2005), pp. 49-86; P. Collins, *Mountains and Lowlands: Ancient Iran and Mesopotamia*, Oxford: Ashmolean Museum, 2016, p. 89; S. Laursen and P. Steinkeller, *Babylonia, the Gulf Region, and the Indus: Archaeological and Textual Evidence for Contact in the Third and Early Second Millennium B. C.*, MC 21, Winona Lake: Eisenbrauns, 2017, pp. 47-52. 亦可参见刘昌玉《丝绸之路开辟前以两河流域为中心的跨区域贸易探析》，《中南大学学报》（社会科学版）2019 年第 3 期；刘健《古代两河流域国家对海湾政策的演变和调整》，《史林》2021 年第 6 期。关于波斯湾商路和贸易，详见本书第六章第二节。

② 刘昌玉：《政治婚姻与两河流域乌尔第三王朝的治理》，《社会科学》2018 年第 8 期。

③ R. M. Whiting, "Tiš-atal of Nineveh and Babati, Uncle of Šu-Sin", *Journal of Cuneiform Studies*, Vol. 28, No. 3 (1976), pp. 173-182; J. Boese and W. Sallaberger, "Apil-kīn von Mari und die Könige der III. Dynastie von Ur", *Altorientalische Forschungen*, Vol. 23, No. 1 (1996), pp. 24-39.

（舒尔吉 34 年），乌尔就同安珊爆发了战争。① 不过从总体而言，政治联姻仍然是乌尔第三王朝加强同其外交国和平友好关系的主要手段。

乌尔第三王朝作为古代两河流域历史上第二个统一王朝，实行君主专制的中央集权统治，其对内统治政策体现了核心区与边缘区的区域划分特色。核心区的确立是王朝第一位国王乌尔纳姆统一巴比伦尼亚的结果，在其后的舒尔吉、阿马尔辛、舒辛统治时期以及伊比辛统治初年一直处于乌尔第三王朝直接控制之下，从末王伊比辛统治第 3 年开始，首先是迪亚拉河流域的埃什努那和埃兰地区的苏萨独立，紧接着王朝传统的巴比伦尼亚行省也陆续摆脱中央统治，包括温马（伊比辛 4 年）、拉伽什（伊比辛 5 年）和尼普尔（伊比辛 8 年），核心区统治土崩瓦解，王朝所能统治的区域仅局限于首都乌尔城及周边区域，乌尔第三王朝名存实亡。② 核心区在文化上具有王朝"本土"的属性，在政治上由国王任命恩西（总督）负责政务、沙吉纳（将军）负责军务，在经济上的特征是需向乌尔中央缴纳巴拉税，并且从乌尔中央获取牲畜形式的税收回赠，是一种双向的赋税权利义务关系，体现了乌尔第三王朝的物资再分配特点。同时，埃什努那、伊西姆舒尔吉和苏萨地处巴比伦尼亚与边缘区的过渡地带，既缴纳巴拉税，也缴纳古恩马达税，其属性介于核心区与边缘区之间，抑或在不同时期的属性不同。苏萨只在阿马尔辛统治时期短暂作为乌尔第三王朝的核心区行省，而在其他时间属于王朝的边缘区，作为乌尔王朝通往东南部国家的重要中转站。埃什努那在舒尔吉时期属于边缘区范畴，在阿马尔辛到伊比辛初年属于核心区。伊西姆舒尔吉只在阿马尔辛统治时期短暂属于核心区，而在其他大部分时间属于边缘区。

---

① E. Carter, "Anshan from Ally of the Ur Ⅲ State to Outpost of Lowland Middle Elamite Kings", in T. Daryaee and R. Rollinger (eds.), *Iran and its Histories. From the Beginnings through the Achaemenid Empire Book Subtitle*: *Proceedings of the First and Second Payravi Lectures on Ancient Iranian History*, UC Irvine, March 23rd, 2018, & March 11th-12th, 2019, Wiesbaden: Harrassowitz Verlag, 2021, pp. 111-132.

② W. Sallaberger and A. Westenholz, *Mesopotamien*: *Akkade-Zeit und Ur Ⅲ-Zeit*, OBO 160/3, Freiburg, Schweiz: Universitätsverlag / Göttingen: Vandenhoeck und Ruprecht, 1999, pp. 174-176. 关于乌尔第三王朝灭亡的论述，参见刘昌玉《两河流域乌尔第三王朝灭亡原因新探》，《浙江师范大学学报》（社会科学版）2018 年第 5 期；P. Steinkeller, "The Sargonic and Ur Ⅲ Empires", in P. F. Bang, C. A. Bayly and W. Scheidel (eds.), *The Oxford World History of Empire*, Volume 2: *The History of Empires*, Oxford: Oxford University Press, 2021, pp. 69-70。

第二章　内外政治区域的形成

乌尔第三王朝的边缘区是第二位国王舒尔吉对外征服的结果,至伊比辛3年停止向乌尔中央纳贡。边缘区共包括86个地名,其地理范围包括王朝东北部、东南部和迪亚拉河流域,连接了核心区与外交国,在政治和经济方面具有双重战略意义。边缘区不仅在政治军事上起到防御区和军事缓冲区的作用,还在经济功能上作为乌尔王朝的重要物资供给地,[①] 在王朝的物资再分配与整合方面发挥了重要作用。边缘区的主要特征是向乌尔中央缴纳贡赋,贡物多是该区域所牧养的牛羊等牲畜（阿丹顿除外),大多数边缘区是由军队（erin$_2$）负责纳贡义务,少数由地区长官或代表（lu$_2$ 或 ensi$_2$）负责纳贡。在舒辛3年,为了规范并加强对边缘区的管理,乌尔王朝设置专门的古恩马达税,对应于核心区的巴拉税。相较于核心区,边缘区是一种单向的纳贡活动,因为边缘区并没有从乌尔中央获取回赠。边缘区向乌尔中央缴纳的牲畜贡赋,除了被用于宗教祭祀活动,还作为巴拉税回赠给核心区行省,或者作为赠礼给外交国的来访使节。从这一角度讲,边缘区在经济上起到连接核心区和外交国的枢纽作用。舒尔吉之后的乌尔第三王朝统治者较少对外战争,主要的任务是巩固边缘区的统治,维持对东部商路的控制,不断加强同外交国之间的交往与联系。

乌尔第三王朝与外交国之间的联系主要包括：一方面,外交国使节来访乌尔。外国使节来访主要发生在阿马尔辛统治时期,文献中记载大量外国使节到访过乌尔第三王朝,包括西北方、东南方和东北方三个方向。从不同地名在文献出现的时间及频率,得知与乌尔王朝较少发生战争冲突的西北方和东南方的外交国来访乌尔的期限与频率要远远高于乌尔王朝的军事袭击目标——东北方的外交国,这一规律同样适合于乌尔王朝外交联姻的目标方向。另一方面,乌尔王朝派出使节出访外交国被记载于信使文献中,主要在舒辛统治时期和伊比辛统治初期,这些外交国集中于王朝的东南方和东北方,其目的主要是为了维持乌尔与外交国的贸易往来。目前发现的信使文献只有乌尔对东部国家的外交使节派遣,其中吉尔苏文献记载了王朝与东南方外交国的联系,以苏萨为中转站,而伊利萨格里格文献记

---

① S. J. Garfinkle, "The Kingdom as Sheepfold: Frontier Strategy under the Third Dynasty of Ur: A View from the Center", in G. Frame, J. Jeffers and H. Pittman (eds.), *Ur in the Twenty-First Century CE: Proceedings of the 62nd Recontre Assyriologique Internationale at Philadelphia, July 11-15, 2016*, University Park: Penn State University Press, 2021, pp. 245-251.

载了王朝与东北方外交国的联系,以德尔为中转站,文献中并没有关于乌尔向北方和西北方诸国派遣使节的记载。[①] 此外,乌尔第三王朝还设有专门处理外交事务的机构,包括处理外国使节来访以及本国使节出访的事务,其总负责人被称为"苏卡尔马赫",其下设有若干"苏卡尔"职位的外交官员,体现了乌尔第三王朝外交的体系性与专业性。

---

① 其原因有二:一是乌尔王朝的确没有派遣使节到北部和西部外交国,二是相关的信使文献目前还没有发现,比如在埃什努那发现一篇可能属于信使文献,参见 D. Patterson, "Elements of the Neo-Sumerian Military", PhD dissertation, University of Pennsylvania, 2018, p. 390。

第三章　外国使节来访

外交（diplomacy）是指一个国家、城市或组织等在国际关系上的活动，其目的在于建立能够满足彼此需求的关系。[①] 现代外交概念 Diplomacy 一词，源自古希腊文 δίπλωμά（diplōma），由 diplo "折叠为二"以及 ma "物件"所组成。[②] 现代外交与古代外交不同。现代外交一般被看作是从文艺复兴早期的意大利北部开始的，是国家之间通过外事官就和平、文化、经济、科技、贸易或战争等问题进行协商的过程。古代外交一般认为源自近东地区。

关于古代近东外交关系的起源或开端，传统的观点认为是公元前2千纪下半叶的晚期青铜时代（约公元前1550—前1200年），[③] 以阿马尔那外交书信的发现为代表，[④] 以及同时代在安纳托利亚发现的赫梯（Hittie）外交文书[⑤]和叙利亚的乌加里特（Ugarit）发现的外交档案。[⑥] 这一时代也被

[①] R. Trager, "The Diplomacy of War and Peace", *Annual Review of Political Science*, Vol. 19, No. 1 (2016), pp. 205-228; R. Barston, *Modern diplomacy*, London: Pearson, 2006, p. 1; A. I. Aissaoui, "Diplomacy in Ancient Times: The Figure of Udjahorresnet: An International Relations Perspective", *Journal of Ancient Egyptian Interconnections*, Vol. 26 (2020), p. 16.

[②] H. Leira, "A Conceptual History of Diplomacy", in C. Constantinou, P. Kerr and P. Sharp (eds.), *The SAGE Handbook of Diplomacy*, London: SAGE, 2016, pp. 31-32.

[③] R. Cohen and R. Westbrook (eds.), *Amarna Diplomacy: The Beginnings of International Relations*, Baltimore and London: Johns Hopkins University Press, 2000. 关于古代东地中海地区的外交关系，参见 P. Kousoulis and K. Magliveras (eds.), *Moving Across Borders: Foreign Relations, Religion and Cultural Interactions in the Ancient Mediterranean*, OLA 159, Leuven: Peeters, 2007.

[④] W. L. Moran, *The Amarna Letters*, Baltimore and London: Johns Hopkins University Press, 1992; M. Liverani, *Le lettere di el-Amarna*, I-II, Brescia: Paideia, 1998-1999.

[⑤] E. Laroche, *Catalogue des textes hittites*, Paris: Klincksieck, 1971.

[⑥] P. Bordreuil and D. Pardee, *La trouvaille épigraphique de l'Ougarit 1. Concordance*, Paris: Éditions Recherche sur les civilisations, 1989.

认为是古代近东世界的外交活动盛世。有学者认为,将古代近东外交的开端定为晚期青铜时代这一观点有待商榷。[①] 随着马里外交书信的发现,[②] 古代近东的外交活动开端又被向前推到了公元前 2 千纪上半叶的古巴比伦时期(公元前 18—前 17 世纪)。[③] 埃卜拉档案的发现,[④] 包括大量涉及外交的文书,古代近东的外交活动开端又被向前推到了公元前 3 千纪中叶(约公元前 24 世纪)。

在古代近东,外交的目的是确立与维持大国统治者之间的兄弟关系。[⑤] 一方面,"兄弟关系"体现的是一种现代意义上的友情关系或友好关系,另一方面,外交婚姻形式的结盟体现的又是一种亲情关系。[⑥] 与公元前 3 千纪的埃卜拉、公元前 2 千纪前期的马里以及公元前 2 千纪后期的阿马尔那不同的是,迄今并没有发现在公元前 3 千纪的苏美尔有外交条约或外交书信等文本记录。尤其在乌尔第三王朝,关于外交活动的记载主要是经济文献以及信使文献,其所包括的信息量十分有限且零散。乌尔第三王朝是否存在系统的外交书信或者外交条约档案,目前依然是一个谜。但是可以肯定的是,从经济文献中的零星片段可以得知,乌尔第三王朝的外交活动十分频繁,既有外国使节来访乌尔,亦有乌尔使节出访,穿梭于乌尔境内与国外之间。

据乌尔第三王朝的经济文献记载,大量的外国使节来访并且住在巴比伦尼亚,乌尔第三王朝有成熟的外交机构和管理服务体系。外国使节包括

[①] M. Liverani, *International Relations in the Ancient Near East*, *1600-1100 BC*, New York: Palgrave, 2001, p. 2. 但是,晚期青铜时代的近东外交依然被认为是"成熟的外交体系",参见 G. R. Berridge, "Amarna Diplomacy: A Full-fledged Diplomatic System?" in R. Cohen and R. Westbrook (eds.), *Amarna Diplomacy: The Beginnings of International Relations*, Baltimore and London: Johns Hopkinds University Press, 2000, pp. 212-224.

[②] J. M. Durand, *Documents épistolaires du palais de Mari*, I-Ⅲ, Paris: Les Éditions du Cerf, 1997-2000.

[③] 关于公元前 2 千纪早期的近东外交活动,参见 J. M. Munn-Rankin, "Diplomacy in Western Asia in the Early Second Millennium B. C.", *Iraq*, Vol. 18, No. 1 (1956), pp. 68-110. 他比较了公元前 2 千纪前期的马里外交文献与公元前 2 千纪后期的阿马尔那外交文献的异同。

[④] A. Archi, et al., *Archivi Reali di Ebla*, I-Ⅺ, Rome: Missione Archeologica Italiana in Siria, 1985-1993.

[⑤] M. Liverani, *Prestige and Interest*, Padova: Sargon, 1992, pp. 197-202.

[⑥] T. M. Sharlach, "Diplomacy and the Rituals of Politics at the Ur Ⅲ Court", *Journal of Cuneiform Studies*, Vol. 57 (2005), p. 17.

第三章　外国使节来访

外国统治者本人、其儿子或者其代表，他们从东西南北各个方向来到巴比伦尼亚，这些国家与乌尔结成同盟关系，但是它们并不是乌尔的附属国。[1] 不过，从乌尔第三王朝的文献记载可以看出，乌尔王国处于外交关系的最重要一环，而其他外交国处于次一级别。[2]

第一节　文献来源

外国使节来访乌尔，主要被记载于乌尔第三王朝普兹瑞什达干的支出（bazi）类经济文献中。乌尔第三王朝时期的经济文献，又叫行政文献（administrative texts）或档案（archive），是数量最多的一类文献，截至目前已有十余万件的经济管理文献被发表公布于世，这些文献大约被收藏在世界上40个国家的至少758个博物馆、图书馆和私人手里，[3] 另外还有数量不确定的文献依然分布在世界各地的拍卖机构进行交易，甚至依然被埋藏于伊拉克的土堆之下，尚未被发掘出土，不为学者们所知。乌尔第三王朝的经济文献几乎都书写在泥板上（clay tablet）。由于这些泥板文献分布极为分散，为学者们系统研究乌尔第三王朝的历史造成了不小的困难，学者们通过不懈努力，搜集、整理已经发表的文

---

[1] T. M. Sharlach, "Diplomacy and the Rituals of Politics at the Ur Ⅲ Court", *Journal of Cuneiform Studies*, Vol. 57（2005）, p. 18. 沙拉克列举了20个地名：杜杜里、埃卜拉、古卜拉、哈尔西、雅比鲁、雅布拉特（国家）、亚马迪乌姆、马里、马尔哈西、马赫里、穆基什、西马努姆、西穆鲁姆、西马什基、塔尔穆什、提基廷希、图图勒、乌尔舒、孜达努姆、孜达赫里。

[2] 注意，这是一种乌尔第三王朝的"巴比伦中心主义"世界观，抑或两河流域"中心—边缘"概念的体现，例如古代两河流域许多王朝（包括乌尔第三王朝）的统治者都自称为"四方之王"。这种出于乌尔自身利益或者以乌尔为主体的记载，与后来的马里外交书信以及阿马尔辛外交书信中所宣扬的"兄弟外交关系"截然不同。关于"四方之王"的头衔论述，参见 W. W. Hallo, *Early Mesopotamian Royal Titles: A Philologic and Historical Analysis*, New Haven: American Oriental Society, 1957, pp. 49-51; W. Sallaberger and A. Westenholz, *Mesopotamien: Akkade-Zeit und Ur Ⅲ-Zeit*, OBO 160/3, Freiburg, Schweiz: Universitätsverlag / Göttingen: Vandenhoeck und Ruprecht, 1999, p. 37; J. S. Cooper, *Sumerian and Akkadian Royal Inscriptions*, New Haven, Connecticut: American Oriental Society, 1986, p. 94; T. Maeda, "King of the Four Regions in the Dynasty of Akkade", *Orient*, Vol. 20（1984）, pp. 67-82; P. Michalowski, "Masters of the Four Corners of the Heavens: Views of the Universe in Early Mesopotamian Writings", in K. A. Raaflaub and R. J. A. Talbert（eds.）, *Geography and Ethnography: Perceptions of the World in Pre-Modern Societies*, Oxford: Wiley-Blackwell, 2010, pp. 147-168.

[3] M. Molina, "Archives and Bookkeeping in Southern Mesopotamia during the Ur Ⅲ Period", *Comptabilite's*, Vol. 8（2016）, p. 2.

献信息，① 并且统一汇编入数据库中保存，为乌尔第三王朝的研究提供了方便。目前，在国家亚述学界，有两个关于乌尔第三王朝经济泥板文献最重要的网上在线数据库，一个是美国加利福尼亚大学洛杉矶分校、英国牛津大学和德国马克斯·普朗克历史科学研究所共同资助的"楔形文字数字图书馆计划"（Cuneiform Digital Library Initiative，简称 CDLI），② 该数据库包含目前世界上最齐全的楔形文字文献资料，乌尔第三王朝的经济文献是其中十分重要的组成部分，共有文献 110401 件（截至 2024 年 10 月 1 日统计数据）。另一个是西班牙马德里高等科学研究院资助的"新苏美尔语文献数据库"（Database of Neo-Sumerian Texts，简称 BDTNS），③ 包含乌尔第三王朝经济文献共计 103790 件（截至 2024 年 10 月 1 日统计数据）。以 BDTNS 的数据为例，乌尔第三王朝的经济文献主要来自以下七个遗址：温马、吉尔苏、普兹瑞什达干、尼普尔、乌尔、加尔沙纳④和伊利萨格里格⑤，其中又以前三个遗址（温马、吉尔苏、普兹瑞什达干）的文献数量为最多，具体的统计数字如下：⑥

温马	33825
吉尔苏	29154
普兹瑞什达干	17088
乌尔	4492
尼普尔	3656
伊利萨格里格	2849

---

① 参见 M. Sigrist and T. Gomi, *The Comprehensive Catalogue of Published Ur Ⅲ Tablets*, Bethesda：CDL Press, 1991, 该书搜集整理了 1991 年以前已经发表的乌尔第三王朝经济文献情况。

② 网址为https：//cdli. mpiwg-berlin. mpg. de/，检索日期：2024 年 10 月 1 日。

③ 网址为http：//bdtns. filol. csic. es/，检索日期：2024 年 10 月 1 日。

④ 主要参见 D. I. Owen and R. Mayr, *The Garšana Archives*, CUSAS 3, Bethesda：CDL Press, 2007；A. Kleinerman and D. I. Owen, *Analytical Concordance to the Garšana Archives*, CUSAS 4, Bethesda：CDL Press, 2009；D. I. Owen, *Garšana Studies*, CUSAS 6, Bethesda：CDL Press, 2011。

⑤ 主要参见 D. I. Owen, *Cuneiform Texts Primarily from Iri-Saĝrig/Āl-Šarrākī and the History of the Ur Ⅲ Period*, Nisaba 15/1-2, Bethesda：CDL Press, 2013。

⑥ 注意：这里统计的文献包括已经出版的文献和未出版的文献，有些文献的来源地存在一些争议和错误之处。包括不清楚来源地的文献和其他来源地的文献。其他来源地文献包括西阿亚（SI. A-a）档案、图兰伊里（Turam-ili）档案和乌尔努斯卡档案（Ur-Nuska），参见 S. Garfinkle, *Entrepreneurs and Enterprise in Early Mesopotamia：A Study of three Archives from the Third Dynasty of Ur*, CUSAS 22, Bethesda：CDL Press, 2012。

加尔沙纳	1701
其他	11025

乌尔第三王朝的经济文献按照档案性质，可以分为私人档案（尼普尔私人档案、图兰伊里档案、西阿亚档案），乡村不动产档案（阿拉德姆档案、舒伊什塔尔 Shu-Eshtar 档案、加尔沙纳档案），神庙档案（尼普尔），行省档案（温马、吉尔苏、伊利萨格里格），以及王家机构档案（乌尔、普兹瑞什达干）。

乌尔第三王朝的经济文献的时间分布也是不均匀的，首王乌尔纳姆时期和末王伊比辛中后期的文献数量极少，绝大多数文献主要集中于舒尔吉后半期、阿马尔辛和舒辛时期，以及伊比辛初期。根据 BDTNS 数据库的统计，其具体文献分布如下（截至 2024 年 10 月 1 日统计数据）：[1]

乌尔纳姆	19
舒尔吉	19001
阿马尔辛	24593
舒辛	22095
伊比辛	8374

乌尔第三王朝的经济文献有其不同的记录特征、记录内容和记录格式，由于这些文献大都没有经过系统的考古发掘出土，而是由非法的盗挖并且流向文物市场而获得，所以需要对其来源地进行重新认定。我们判定一件乌尔第三王朝经济文献的依据和原则一般是，从其记录内容、记录格式、文献中所含月名格式、专有名词（人名、地名等）等信息来综合认定。[2] 这些泥板文献的大小长短不一，目前已知的最大的一块泥板长达

---

[1] 其余文献的日期不详，或者原文破损，或者原文中没有提供日期信息。亦可参见 M. Molina, "The Corpus of Neo-Sumerian Tablets: An Overview", in S. J. Garfinkle and J. C. Johnson (eds.), *The Growth of an Early State in Mesopotamia: Studies in Ur III Administration*, BPOA 5, Madrid: Consejo Superior de Investigaciones Científicas, 2008, pp. 19-53; M. Molina, "Archives and Bookkeeping in Southern Mesopotamia during the Ur III Period", *Comptabilite's*, Vol. 8 (2016), pp. 1-19.

[2] W. Sallaberger and A. Westenholz, *Mesopotamien: Akkade-Zeit und Ur III-Zeit*, OBO 160/3, Freiburg, Schweiz: Universitätsverlag / Göttingen: Vandenhoeck und Ruprecht, 1999, pp. 207-210.

1663 行,① 而大部分泥板的长度是在 5—15 行之间，尺寸在 4—5 厘米。大约有 1/3 的泥板文献被加印，即使用滚筒印章在泥板上滚压印纹，印纹有图有文，印文内容大都是印章持有者的信息。② 如下所示：

文献 BCT 2 146 (SS 4 viii 4, Umma)
col. 1
1) ^{d}Šu-^{d}Suen　　　　　　舒辛
2) lugal kalag-ga　　　　　强大的国王
3) lugal Uri$_5^{ki}$-ma　　　　乌尔之王
4) lugal an-ub-da limmu$_2$-ba　　四方之王
col. 2
1) A-a-kal-la　　　　　　阿亚卡拉
2) ensi$_2$　　　　　　　温马的恩西
3) Umma^{ki}
4) arad$_2$-zu　　　　　　您的仆人。

在内容上，乌尔第三王朝经济文献处理的是资本（如劳动力、动物、物品、工时、商品等）的运转情况，记录的是资本从一个机构（地区）到另一个机构（地区）的进出情况，或者在一个机构内部的运转情况，或者在特殊地点和时间里的存在状况。从记录内容和记录格式上划分，乌尔第三王朝的经济文献（又称为账目、档案）可以分为年账、月账和日账文献。

年账一般都是总结性的账目，或者平衡账目（结算），包括数个年名，行文上包含十余行至数十行之多，有的还分为多栏。比如下面一个例子：

文献 PDT 1 552 (AS 1 i–AS 6 xii)
obv.
1) 181. 2. 4 1 ½ sila$_3$ še gur　　　181 古尔 2 巴利格 4 班 1.5 希拉王家大麦③

---

① 文献 MVN 15 390.
② 刘昌玉：《乌尔第三王朝滚印研究》，《西泠艺丛》2016 年第 12 期。
③ 古尔（gur）、巴利格（barig）、班（ban$_2$）和希拉（sila$_3$）都是古代两河流域的容量单位，1 古尔 = 5 巴利格 = 30 班 = 300 希拉（约等于今天的 300 升），1 希拉 = 60 津（gin$_2$，或"舍客勒"）。详见本书附录四。

第三章 外国使节来访

2）mu ^{د}Amar-^{d}Suen lugal　　　　　　于阿马尔辛 1 年；

3）208.0.1 7 sila$_3$ še gur　　　　　　208 古尔 1 班 7 希拉王家大麦

4）mu ^{d}Amar-^{d}Suen lugal-e Ur-bi$_2$-lum^{ki} mu-hul　　于阿马尔辛 2 年；

5）58.2.2 5 sila$_3$ še gur　　　　　　58 古尔 2 巴利格 2 班 5 希拉王家大麦

6）mu gu-za ^{d}En-lil$_2$-la$_2$ ba-dim$_2$　　　　于阿马尔辛 3 年；

7）188.1.0 ½ sila$_3$ še gur　　　　　　188 古尔 1 巴利格 0.5 希拉王家大麦

8）mu En-mah-gal-an-na en ^{d}Nanna ba-hun　　于阿马尔辛 4 年；

9）180.0.0 še gur　　　　　　　　180 古尔王家大麦

10）mu En-unu$_6$-gal-an-na en ^{d}Inana ba-hun　　于阿马尔辛 5 年；

11）140.0.0 še gur140　　　　　　古尔王家大麦

12）mu Ša-aš-ru^{ki} ba-hul　　　　　　于阿马尔辛 6 年；

rev.

1）šu-nigin$_2$ 956.1.2 4 sila$_3$ še gur　　共计 956 古尔 1 巴利格 2 班 4 希拉王家大麦

2）sa$_2$-du$_{11}$ ku$_5$-ra$_2$ guru$_7$-a tak$_4$-a　　作为定期供品被存于谷仓，

3）giri$_3$ Na-lu$_5$　　　　　　　　由纳鲁亲自经手，

4）ša$_3$ Nibru^{ki}　　　　　　　　　在尼普尔城，

5）kišib Lu$_2$-uru-ki ka-guru$_7$　　　　谷仓负责人卢乌鲁基加印，

6）ki ^{d}Šara$_2$-kam-ta　　　　　　　从沙拉卡姆处

7）a-gu$_3$-a ga$_2$-ga$_2$-de$_3$　　　　　作为固定资本

8）Ba-ba-ti šu ba-ti　　　　　　　巴巴提接收了，

9）giri$_3$ Lugal-iti-da　　　　　　　卢伽尔伊提达亲自经手；

10）iti maš-da$_3$-gu$_7$-ta　　　　　　从阿马尔辛 1 年第 1 月

11）mu ^{d}Amar-^{d}Suen lugal

12）iti še-KIN-ku$_5$-še$_3$　　　　　　至阿马尔辛 6 年第 12 月

13）mu ^{d}Amar-^{d}Suen lugal-e Ša-aš-ru^{ki} mu-hul

14）mu 6-kam　　　　　　　　　一共 6 年。

月账是一个月的账目统计情况，不一定包括所有的天数，从几天到 30 天不等，最后以月名结束。如下例子：

文献 OrSP 47-49 113（AS 8 i–xii）
obv.

1）12 udu 8 u$_8$ 10 maš$_2$-gal　　　12 只公绵羊、8 只母绵羊、10 只公山羊

2）iti maš-da$_3$-gu$_7$　　　于第 1 月；

3）34 udu iti šeš-da-gu$_7$　　　34 只公绵羊于第 2 月；

4）34 udu iti u$_5$-bi$_2$-gu$_7$　　　34 只公绵羊于第 3 月；

5）34 udu iti ki-siki-^{d}Nin-a-zu　　　34 只公绵羊于第 4 月；

6）34 udu iti ezem-^{d}Nin-a-zu　　　34 只公绵羊于第 5 月；

7）34 udu iti a$_2$-ki-ti　　　34 只公绵羊于第 6 月；

8）34 udu iti ezem-^{d}Šul-gi　　　34 只公绵羊于第 7 月；

9）34 udu iti šu-eš$_5$-ša　　　34 只公绵羊于第 8 月；

10）34 udu iti ezem-mah　　　34 只公绵羊于第 9 月；

rev.

1）34 udu iti ezem-an-na　　　34 只公绵羊于第 10 月；

2）34 udu iti ezem-Me-ki-gal$_2$　　　34 只公绵羊于第 11 月；

3）36 udu iti še-KIN-ku$_5$　　　36 只公绵羊于第 12 月；

4）sa$_2$-du$_{11}$ ^{d}Nin-sun$_2$-še$_3$　　　作为给宁苏神的定期供品，

5）ki Na-lu$_5$-ta　　　从纳鲁处，

6）Ku$_3$-^{d}Nin-gal šabra i$_3$-dab$_5$　　　神庙主管库宁伽尔接管了，

7）ša$_3$ Uri$_5^{ki}$-ma　　　在乌尔城，

8）mu en Eridu^{ki} ba-hun　　　阿马尔辛 8 年。

left edge

1）406　　　（共计）406（只羊）

日账最为常见，出现的也最多，多是短小的账目文献，大多 5—8 行，往往包含详细的日名、月名和年名信息。例如：

文献 AUCT 1 135（AS 6 vi 25）
obv.

1）1 sila$_4$　　　1 只羊羔

2）u$_4$ 25-kam　　　于第 25 日

3）ki Ab-ba-sa$_6$-ga-ta　　　从阿巴萨伽处

4) In-ta-e$_3$-a	因塔埃阿
5) i$_3$-dab$_5$	接管了。
rev.	
1) iti a$_2$-ki-ti	第6月
2) mu Ša-aš-ru^{ki} ba-hul	阿马尔辛6年。
left edge	
1) 1	（共计）1（只羊羔）

普兹瑞什达干（位于今伊拉克南部的德莱海姆 Drehem）[①] 是乌尔第三王朝时期所设立的一个针对动物（尤其是牲畜）和其他产品（如财宝、农副产品、鞋子等）的国有大型再分配中心或集散地，于舒尔吉统治的第39年设立，约于伊比辛统治的第二年废止，大约存在了31年。普兹瑞什达干的楔形文字拉丁化拼写形式为 Puzur$_4$-iš-^{d}Da-gan 或 PU$_3$.ŠA-iš-^{d}Da-gan，直译为"处于达干（Dagan）神庇佑之中"[②]，前身很可能是被称为埃萨格达纳的机构。[③] 在20世纪前半期的研究时，学者们将其读为塞卢什达干（Ṣellush-Dagan）[④]。普兹瑞什达干并不是乌尔第三王朝的一

[①] 关于普兹瑞什达干的地理位置，参见 G. Buccellati, *The Amorites of the Ur III Period*, Naples: Istituto Orientale di Napoli, 1966, pp. 281-282; R. Adams, *Heartland of Cities. Surveys of Ancient Settlement and Land Use on the Central Floodplain of the Euphrates*, Chicago and London: University of Chicago Press, 1981, p. 269; C. Tsouparopoulou, "'Counter-archaeology': Putting the Ur III Drehem Archives Back to the Ground", in Y. Heffron and A. Stone (eds.), *At the Dawn of History: Ancient Near Eastern Studies in Honour of J. N. Postgate*, Winona Lake: Eisenbrauns, 2017, pp. 611-630。

[②] W. Sallaberger and A. Westenholz, *Mesopotamien: Akkade-Zeit und Ur III-Zeit*, OBO 160/3, Freiburg, Schweiz: Universitätsverlag / Göttingen: Vandenhoeck und Ruprecht, 1999, pp. 238-239; M. Hilgert, *Cuneiform Texts from the Ur III Period in the Oriental Institute*, Volume 2: *Drehem Administrative Documents from the Reign of Amar-Suena*, OIP 121, Chicago: The Oriental Institute of the University of Chicago, 2003, p. 1 (note 1).

[③] C. Wilcke, "É-saĝ-da-na Nibru^{ki}: An Early Administrative Center of the Ur III Empire", in M. Ellis (ed.), *Nippur at the Centennial: Papers Read at the 35e Rencontre Assyriologique Internationale, Philadelphia, 1988*, OPSNKF 14, Philadelphia: The University Museum, 1992, pp. 311-324; P. Steinkeller, "Archival Practices at Babylonia in the Third Millennium", in M. Brosius (ed.), *Ancient Archives and Archival Traditions: Concepts of Record-Keeping in the Ancient World*, Oxford: Oxford University Press, 2011, pp. 37-77; T. Sharlach, *Provincial Taxation and the Ur III State*, CM 26, Leiden and Boston: Brill, 2004, pp. 12-14.

[④] D. Edzard, "Puzriš-Dagān—Ṣilluš-Dagān", *Zeitschrift für Assyriologie und Vorderasiatische Archäologie*, Vol. 63 (1973), pp. 288-294.

个地方行省，而是处于国家控制下的货物再分配中心，在地理上位于尼普尔的东南约 8 公里，属于尼普尔行省范围之内。① 在 2007 年之前，普兹瑞什达干遗址并没有经过系统的考古发掘，② 当地人非法盗挖了大量的泥板文献，流散到文物市场，被世界各国的博物馆、大学图书馆和私人藏家收藏。③

在记录内容上，普兹瑞什达干文献可以分为以下四个档案：财宝档案、鞋档案、④ 早期档案（或舒尔吉西姆提档案）⑤ 和王家动物中心档案（或贡牲中心档案），其中以王家动物中心档案的数量最多，也是本书研究乌尔第三王朝赋税制度最重要的资料之一。⑥ 1910 年，法国亚述

---

① G. Buccellati, *The Amorites of the Ur Ⅲ Period*, Naples: Istituto Orientale di Napoli, 1966, pp. 281-282; R. Adams, *Heartland of Cities. Surveys of Ancient Settlement and Land Use on the Central Floodplain of the Euphrates*, Chicago: University of Chicago Press, 1981, p. 269; C. Tsouparopoulou, "The Material Face of Bureaucracy: Writing, Sealing and Archiving Tablets for the Ur Ⅲ State at Drehem", PhD dissertation, University of Cambridge, 2008, pp. 6-9.

② N. Al-Mutawalli and W. Sallaberger, "The Cuneiform Documents from the Iraqi Excavation at Drehem", *Zeitschrift für Assyriologie und Vorderasiatische Archäologie*, Vol. 107 (2017), p. 151.

③ 具体的泥板藏地分布情况，参见 M. Molina, "The Corpus of Neo-Sumerian Tablets: An Overview", in S. J. Garfinkle and J. C. Johnson (eds.), *The Growth of an Early State in Mesopotamia: Studies in Ur Ⅲ Administration*, BPOA 5, Madrid: Consejo Superior de Investigaciones Científicas, 2008, pp. 19-53.

④ 有关财宝档案和鞋档案，参见 P. Paoletti, *Der König und sein Kries: Das staatliche Schatzarchiv der Ⅲ. Dynastie von Ur*, BPOA 10, Madrid: Consejo Superior de Investigaciones Cientificas, 2012.

⑤ F. Weiershäuser, *Die königlichen Frauen der Ⅲ. Dynastie von Ur*, Göttingen: Universitätsverlag Göttingen, 2008, pp. 31-105; J. Wang, Y. Wu, "A Research on the Incoming (mu-túm) Archive of Queen Šulgi-simti's Animal Institution", *Journal of Ancient Civilizations*, Vol. 26 (2011), pp. 41-60.

⑥ 有关普兹瑞什达干机构及其文献的综合研究，参见 T. B. Jones and J. W. Snyder, *Sumerian Economic Texts from the Third Ur Dynasty: A Catalogue and Discussion of Documents from Various Collections*, Minneapolis: University of Minnesota Press, 1961; T. Maeda, "Bringing (mu-túm) livestock and the Puzurish-Dagan organization in the Ur Ⅲ Dynasty", *Acta Sumerologica*, Vol. 11 (1989), pp. 69-111; M. Sigrist, *Drehem*, Bethesda: CDL Press, 1992; M. Hilgert, *Cuneiform Texts from the Ur Ⅲ Period in the Oriental Institute, Volume 1: Drehem Administrative Documents from the Reign of Šulgi*, OIP 115, Chicago: The Oriental Institute of the University of Chicago, 1998; M. Hilgert, *Cuneiform Texts from the Ur Ⅲ Period in the Oriental Institute, Volume 2: Drehem Administrative Documents from the Reign of Amar-Suena*, OIP 121, Chicago: The Oriental Institute of the University of Chicago, 2003; C. Tsouparopoulou, "The Material Face of Bureaucracy: Writing, Sealing and Archiving Tablets for the Ur Ⅲ State at Drehem", PhD dissertation, University of Cambridge, 2008; C. Liu, *Organization, Administrative Pratices and Written Documentation in Mesopotamia during the Ur Ⅲ Period (c. 2112-2004 BC): A Case Study of Puzriš-Dagan in the Reign of Amar-Suen*, KEF 3, Münster: Ugarit-Verlag, 2017.

第三章 外国使节来访

学家蒂罗-丹然发表了第一块普兹瑞什达干泥板文献以来,[①] 在一个多世纪里,国内外学者们陆陆续续发表了为数众多的普兹瑞什达干泥板文献,为该机构以及乌尔第三王朝的对外关系研究提供了十分宝贵的文献资料。普兹瑞什达干的王家动物中心档案在记录格式上十分有规律,主要可以分为四种基本格式:mu-DU 格式、ba-zi 格式、i$_3$-dab$_5$ 格式和 šu ba-ti 格式。[②]

第一,mu-DU 格式主要记载的是动物从各地以贡品或者赋税形式被运到(mu-DU)普兹瑞什达干的中心机构,然后在此进行再分配。其基本格式的具体表述为:

S	动物
PN1	(作为)某人的
mu-DU	运送(贡入)
PN2 i$_3$-dab$_5$	被中心机构官员所接收

在内容上,mu-DU 文献记录了牛羊等牲畜和其他动物作为各种不同种类的赋税,从乌尔第三王朝的各地被运送到乌尔的中央机构。mu-DU 的意思大概是"进入、贡入",指示了资源或货物从地方向中央的流动方向。这里的 PN2 特指接收这些运送动物的普兹瑞什达干机构官员(几乎都是中心机构的官员),他们代表王朝中央,对从各地运送过来的动物进行再分配。在乌尔第三王朝一个多世纪里,担任接收动物任务的中心机构官员共有四位,依次为:那萨、阿巴萨伽(Abba-saga)、卢伽尔阿马尔库(Lugal-amarku)和因塔埃阿(Intaea)。PN1 特指运送动物的人,他们的身份很复杂,但多是权贵阶层,包括:王室成员、行省总督、外国使节和外

[①] F. Thureau-Dangin, "Notes assyriologiques", *Revue d'Assyriologie et d'Archéologie Orientale*, Vol. 7 (1910), pp. 186–191.

[②] W. Sallaberger and A. Westenholz, *Mesopotamien: Akkade-Zeit und Ur Ⅲ-Zeit*, OBO 160/3, Freiburg, Schweiz: Universitätsverlag / Göttingen: Vandenhoeck und Ruprecht, 1999, pp. 262–273; C. Liu, *Organization, Administrative Pratices and Written Documentation in Mesopotamia during the Ur Ⅲ Period (c. 2112–2004 BC): A Case Study of Puzriš-Dagan in the Reign of Amar-Suen*, KEF 3, Münster: Ugarit-Verlag, 2017, pp. 11–12.

国人（如阿摩利人、埃兰人等），以及若干其他行业的人。① 他们负责将动物从乌尔第三王朝各地运送到普兹瑞什达干等王朝的再分配中心，这既是一种全国货物的大集散，也可以看作是中央向地方所征收的一种特殊赋税形式。② 其中，附属国进贡的动物作为一种贡品，外交国使节带来的动物作为一种礼物。例如：

文献 TRU 30（SH 46 i 13，PD）

obv.

1) 4 udu 1 sila$_4$　　　　　　　　　4 只绵羊，1 只绵羊羔
2) Ur-sa$_6$-ga muhaldim　　　　　　由厨师乌尔萨伽
3) 1 az Ša-lu lu$_2$ Ha-ar-ši^{ki}　　　1 只熊，由哈尔西人沙鲁
4) 3 amar maš-da$_3$　　　　　　　　3 只羚羊崽
5) ensi$_2$ Umma^{ki}　　　　　　　　由温马的恩西

rev.

1) 2 sila$_4$　　　　　　　　　　　　2 只绵羊羔
2) en ^{d}Inana　　　　　　　　　　由伊南娜神庙的恩祭司
3) mu-DU　　　　　　　　　　　　带来，
4) iti maš-da$_3$-gu$_7$　　　　　　　　第 1 月
5) mu us$_2$-sa Ur-bi$_2$-lum^{ki} ba-hul　舒尔吉 46 年

---

① 医生（a-zu）、城市长老（ab-ba-iri）、"阿卜里格"神庙官员（ab$_2$-rig，或意为"管家"）、卫兵（aga$_3$-us$_2$）、商人（dam-gar$_3$）、法官（di-ku$_5$）、书吏（dub-sar）、"埃吉孜"女祭司（egi-zi）、恩女祭司（en）、农民（engar）、哀歌手（gala）、大哀歌手（gala-mah）、持座官（gu-za-la$_2$）、涂油祭司（gudu$_4$）、市长（ha-za-num$_2$）、净化或咒语祭司（išib）、粮仓监管（ka-guru$_7$）、行者（^{lu2}kaš$_4$）、"库伽尔"官员（ku$_3$-gal$_2$）、育肥官（kurušda）、侍从官（kuš$_7$）、果园管理员（lu$_2$ kiri$_6$-mah）、"卢马赫"祭司（lu$_2$-mah）、"卢库尔"女祭司（lukur）、半自由民（maš-en-gag）、厨师（muhaldim）、养鸟官（mušen-du$_3$）、牧牛官（na-gada）、歌手（nar）、"宁丁吉尔"女祭司（nin-dingir）、军尉（nu-banda$_3$）、骑使（ra$_2$-gaba）、持杯官（sagi）、神庙主管（sanga）、牧羊官（sipa）、外事官（sukkal）、档案管理官（ša$_{13}$-dub-ba）、神庙主持（šabra）、将军（šagina）、园丁或花匠（šandana）、建筑师（šidim）、渔夫（šu-ku$_6$）、牧人长官（u$_2$-du-lu）、"乌库尔"官员（u$_3$-kul）、小丑（u$_4$-da-tuš）、六十人主管（ugula-giš$_2$-da）、搬运主管（ugula-ug$_3$-IL$_2$）、编织主管（ugula-uš-bar）、工艺师（um-mi-a）、大祭司官（zabar-dab$_5$，"持青铜者"）。

② C. Liu, "Prosopography of individuals delivering animals to Puzriš-Dagan in Ur Ⅲ Mesopotamia", *Akkadica*, Vol. 142, No. 2（2021），pp. 113-142.

第三章 外国使节来访

left

1) u₄ 13-kam　　　　　　　　第 13 日。

第二，šu ba-ti 格式记载的是动物从分支机构送到其最终目的地或者消费地，其中被屠宰的动物将被送到厨房（šu ba-ti），再分配给士兵或者其他消费者；其基本格式的具体表述为：

S ba-ug₇　　　　　　　屠宰动物
ki PN1-ta　　　　　　　从 PN1 处
PN2 šu ba-ti　　　　　　PN2 接收了

这一类型的交易专门处理屠宰的动物，PN1 特指分支机构的官员，PN2 作为接收官员，初期是乌尔尼伽尔（Ur-nigar），继任者是舒尔吉伊里姆（Shulgi-irimu）。例如：

文献 ArOr 87 33-57 5（AS 6 x 14, PD）
obv.

1) 1 amar gu₄ ga　　　　　　1 头吃奶牛崽
2) 1 gukkal niga sig₅　　　　 1 只头等育肥肥尾绵羊
3) 2 udu niga　　　　　　　 2 只育肥绵羊
4) 1 maš₂-gal niga　　　　　 1 只育肥山羊
5) 4 sila₄　　　　　　　　　4 只绵羊羔
6) ba-ug₇ u₄ 14-kam　　　　 被屠宰，第 14 日

rev.

1) ki A-hu-We-er-ta　　　　　从阿胡威尔
2) ᵈŠul-gi-iri-mu　　　　　　舒尔吉伊里姆
3) šu ba-ti　　　　　　　　　收到了；
4) iti ezem An-na　　　　　　第 10 月
5) mu Ša-aš-ruᵏⁱ ba-hul　　　 阿马尔辛 6 年。

left

1) 1 gu₄ 8 udu　　　　　　　（共计:）1 头牛，8 只羊。

第三，i₃-dab₅格式记载的是动物从中心机构被转运至各个分支机构（i₃-dab₅）；其基本格式的具体表述为：

	类型1	类型2	类型3
S	动物	动物	动物
ki PN1-ta	从中心机构处	从中心机构处	从分支机构处
PN2 i₃-dab₅	分支机构接管了	某人接管了	某人接管了

如下面一个例子所示：

文献 HSS 68 191（AS 7 x 12, PD）
obv.
1）5 gu₄   5头牛
2）16 udu   16只绵羊
3）2 maš₂-gal   2只山羊
4）u₄ 12-kam   第12日
5）ki Ab-ba-sa₆-ga-ta 从阿巴萨伽
rev.
1）In-ta-e₃-a   因塔埃阿
2）i₃-dab₅   接收；
3）iti ezem An-na   第10月
4）mu Hu-uh₂-nu-ri^ki ba-hul 阿马尔辛7年。
left
1）5 gu₄ 18 udu   （共计:）5头牛，18只羊。

需要注意的是，当中心机构官员接收动物之后，他除了将一部分动物直接交付（ba-zi）到其最终目的地，还将大量动物转运至分支机构的官员，或者直接运送到地方总督及其他人处，而分支机构官员在接收了中心机构转运来的动物后，又将其转运给地方总督及其他人处，甚至再次转运给其他分支机构的官员，进行多次转运活动。这一类交易文献的数量是最多的，可见当时国家再分配机制运作的频繁与兴盛。

第四，ba-zi 格式记载的是动物被直接送到其最终目的地或者直接消费

(ba-zi)。其中，有许多动物被作为礼物或者配给品被支出给来访乌尔的外国使节。其基本格式的具体表述为：

S　　　　　　　　动物
D　　　　　　　　被送到其目的地
ki PN-ta ba-zi　　从中心机构或分支机构官员处

如下例所示：

文献 Babyloniaca 8 pl. 7 Pupil 30（SS 2 xi 24，PD）
obv.

1) 1 udu niga 1 udu　　　　　　　　1只育肥绵羊，1只绵羊
2) Ba-ab-du-ša lu$_2$-kin-gi$_4$-a　　给西马什基的雅布拉特之信使巴布杜沙
　　Ia$_3$-ab-ra-at Šimaški^{ki}
3) 1 udu niga Ši-la-ti-ir lu$_2$-kin-gi$_4$-a　　1只育肥绵羊，给安珊人达亚孜特之
　　Da-a-zi-te lu$_2$ An-ša-an^{ki}　　信使希拉提尔
4) giri$_3$ Ba-za-za sukkal　　　　　外事官巴扎扎经办，
5) 1 udu niga Ki-ri$_2$-ib-ul-me lu$_2$　　1只育肥绵羊，给西穆鲁姆人
　　Si-mu-ru-um^{ki}　　　　　　基里布尔美
6) giri$_3$ Šu-ku-bu-um sukkal　　　外事官舒库布姆经办，
7) 1 udu niga A-ri-du-bu-uk lu$_2$　　1只育肥绵羊，给沙什鲁姆人
　　Ša-aš-ru^{ki}　　　　　　　　阿里杜布克
8) giri$_3$ La-qi$_3$-pu-um sukkal　　外事官拉齐普姆经办，
9) 1 udu niga1　　　　　　　　　只育肥绵羊
rev.
1) Še-id-pa$_2$-tal lu$_2$ Gi-gi-ib-ni^{ki}　　给吉吉比尼乌姆人塞德帕塔尔
2) giri$_3$ La-la-mu sukkal　　　　　外事官拉拉姆经办，
3) Arad$_2$-mu maškim　　　　　　阿拉德姆监办；
4) 1 sila$_4$ ga A-bi$_2$-si$_2$-im-ti　　1只吃奶绵羊羔，给阿比西姆提
5) Ku-ub-za-gi-mu maškim　　　　库卜扎吉姆监办；
6) iti u$_4$ 24 ba-zal　　　　　　　第24日
7) ki A-hu-We-er-ta ba-zi　　　　从阿胡威尔，支出
8) giri$_3$ Ur-^{d}Lugal-banda$_3$^{da}　　乌尔卢伽尔班达

9) u₃ A-ha-ni-šu šar₂-ra-ab-du　　和行政官阿哈尼舒总经办；
10) iti ezem Me-ki-gal₂　　第 11 月
11) mu ma₂ ᵈEn-ki ba-ab-du₈　　舒辛 2 年。

这里的动物最终目的地主要包括用于宗教祭祀活动（献给神），送到厨房、埃乌孜伽（Euzga）机构、农村，赠给外国使节、地方权贵，制作腌肉或腊肉等目的。PN 一般是指动物接收官员（中心机构官员），他们将接收来的动物交付给其目的地，也可以指分支机构的官员，他们将从中心机构官员处转运的动物交付给其目的地。在这种交易过程中，不管是中心机构官员，还是分支机构官员，都不是亲自经手动物的再分配过程，而是往往会有一些专门的负责人员，比如亲自经手官员（giri₃）和监督官员（maškim），他们都是乌尔第三王朝外交机构的重要官员。

第二节　外交机构及其管理

乌尔第三王朝有处理外交事务的专门机构，包括处理外国使节来访和本国使节出访的事务。

一　管理与服务人员

这一机构的负责人是大执政官（sukkal-mah，音译"苏卡尔马赫"）。其职位仅在国王之下。在舒尔吉死后，这一官职还获得了军队、外交事务，甚至可能还有王室经济运营的领导权。最著名的大执政官是阿拉德姆（或阿拉德南那），也负责国家的军事活动。在舒尔吉 45 年，阿拉德姆担任该职，成为统治者实施国家战略的实际执行人。

在"苏卡尔马赫"之下，是对外服务人员，包括被国王委任的使节，代表国王出访外国，其头衔是"王室信使"（lu₂-kin-gi₄-a lugal）。[①] 阿拉德姆在担任大执政官之前，也曾经出任过王室信使一职。这一机构的另一分支是处理外国使节来访，设有专门的官员负责管理，他们的头衔一般为外

[①] 苏美尔语 lu₂-kin-gi₄-a 的本义是"转向或回来工作的人"。

事行政长官①——外事官（sukkal，音译为"苏卡尔"），他们主要在乌尔国内工作。② 设置外事官的目的是满足来访巴比伦尼亚的外国使节，外事官作为外国使节与乌尔本国君臣之间的中间人。③ 此外，外事官也身兼翻译官职能。例如，为来自马尔哈西的使节提供翻译的外事官。④ 有的外事官的名字是外国名字，如拉布胡提（Rabhuti）、胡兹里（Huziri）等。一个外事官会被委派负责专门的外国人，即对不同国家的来访使节，乌尔外交部门配备专门的外事官负责处理相关事宜。例如，前文提到的外事官拉布胡提，专门负责接待来自哈尔西的使节马尔胡尼（Marhuni），外事官舒舒尔吉（Shu-Shulgi）或卢达姆（Lu-Damu）专门负责接待来自马尔哈西的使节里巴纳什古比。

外国使节一般在文献中常见的表述方式是："使节名字，lu$_2$-kin-gi$_4$-a，统治者名字，地名"，例如西马什基的统治者雅布拉特的使节朱布什（文献 CST 466），或者马尔哈西的统治者（恩西）里巴纳什古比的使节阿穆尔伊鲁姆（文献 MVN 5 111）。另一种表述方式是："某人，某地"，如乌尔舒的（"人"或使节）布杜尔（文献 PDT 594），西马努姆的使节布沙姆

---

① 公元前242年，罗马出现了专门负责外部事务的外事行政长官。参见杨俊明《古罗马政体与官制史》，湖南师范大学出版社1998年版；王桂玲《罗马帝国早期的官制研究》，《历史教学》（下半月刊）2013年第8期。

② 苏美尔语 sukkal 有多个译法，例如"秘书"（secretary）、"公务员"（civil servant）、"公使"（minister）、"使节、使节"（envoy）、"信使"（messenger）等。参见 F. Pomponio and G. Visicato, *Early Dynastic Administrative Tablets of Šuruppak*, Napoli: Istituto Universitario Orientalo di Napoli, 1994, pp. 63-64. 关于 sukkal 被误译为"信使"的观点，参见 T. M. Sharlach, "Diplomacy and the Rituals of Politics at the Ur III Court", *Journal of Cuneiform Studies*, Vol. 57（2005），p. 18. 拉丰将古巴比伦时期马里文献中记载的 sukkal 译为"外交部长、外事大臣"（ministre des affaires étrangères），参见 B. Lafont, "Messagerset ambassadeursdans les archivesde Mari", in D. Charpin（ed.）, *La circulationdes biens, des personnes et des idees dans le Proche-Orientancien*, Paris: Editions Recherchesur les Civilisations, 1992, p. 183.

③ 在古巴比伦时期的马里，sukkal 具有相似的职能，参见 B. Lafont, "Messagerset ambassadeursdans les archivesde Mari", in D. Charpin（ed.）, *La circulationdes biens, des personnes et des idees dans le Proche-Orientancien*, Paris: Editions Recherchesur les Civilisations, 1992, pp. 174-175.

④ 据文献 Amorites 22（SS6）; JCS 7 106 = ŠA LXXI 85 记载，木材和其他物品被配给若干使节，包括马尔哈西人巴纳纳（Banana），以及给"苏卡尔，翻译官，他们与马尔哈西人住在一起"（sukkal eme-bal ki lu$_2$ Mar-ha-ši^{ki} gub-ba-me-še$_3$）。

(文献 PDT 2 1092)。① 据文献统计表明，有些外国使节只在文献中出现一两次，他们可能只负责传递信息、发送礼物，任务结束后即刻离开，相当于信使。还有一些使节在文献中每周、每月、每年都出现，他们是外国统治者的代理人，代表统治者来往本国与巴比伦尼亚之间，处理外交事务。② 这些使节的身份一般是高级官员，甚至是王子。③

礼物交换是外交关系中十分重要的一个环节，但是在乌尔第三王朝文献中并没有关于外国使节与乌尔王室之间礼物交换的相关记录。④ 除了极个别记载了乌尔国王接收外国礼物，如伊比辛接收了一只来自马尔哈西的斑点猫（可能是豹），⑤ 除此之外文献中记载都是外国使节从乌尔获取礼物，包括食物配给、仆人、交通工具、牲畜、奢侈品、纺织品等。⑥

二 外交机构（驿站、农村）

外国使节来到巴比伦尼亚后，居住在哪里？他们是直接居住在乌尔

---

① 注意，"某地之人"（lu₂ GN）的表述有多个含义，既可以指某地的统治者本人，也可以指统治者的代表人或者使节。参见 P. Michalowski, "The Men from Mari", *Orientalia Lovaniensia analecta*, Vol. 65 (1995), p. 187; T. Maeda, "The Defense Zone during the Rule of the Ur Ⅲ Dynasty", *Acta Sumerologica*, Vol. 14 (1992), pp. 135-172.

② 埃卜拉人伊里达干（Ili-Dagan）见于阿马尔辛 2—3 年文献，参见 D. I. Owen, "Syrians in Sumerian Sources from the Ur Ⅲ Period", in M. W. Chavals and J. L. Hayes (eds.), *Bibliotheca Mesopotamica, Volume Twenty-five: New Horizons in the Study of Ancient Syria*, Malibu: Undena Publications, 1992, pp. 117-119; 而马尔哈西人阿穆尔伊鲁姆出现于阿马尔辛 3—4 年文献，如 CST286; TCL2 5508; SAT2 806; AUCT 2 278; TLB3 24; AnOr7 99; MVN5 111; BCT 90。

③ 关于马里与阿马尔那文献记载，参见 M. Munn-Rankin, "Diplomacy in Western Asia in the Early Second Millennium B.C.", *Iraq*, Vol. 18, No. 1 (1956), p. 99; S. Meier, *The Messenger in the Ancient Semitic World*, Atlanta: Scholars Press, 1988, pp. 19-20; W. Moran, *The Amarna Letters*, Baltimore: The Johns Hopkins University Press, 1992, p. 42.

④ D. I. Owen, "Syrians in Sumerian Sources from the Ur Ⅲ Period", in M. W. Chavals and J. L. Hayes (eds.), *Bibliotheca Mesopotamica, Volume Twenty-five: New Horizons in the Study of Ancient Syria*, Malibu: Undena Publications, 1992, p. 116.

⑤ P. Steinkeller, "The Question of Marhaši: A Contribution to the Historical Geograhy of Iran in the Third Millennium B.C.", *Zeitschrift für Assyriologie und Vorderasiatische Archäologie*, Vol. 72 (1982), p. 253.

⑥ T. M. Sharlach, "Diplomacy and the Rituals of Politics at the Ur Ⅲ Court", *Journal of Cuneiform Studies*, Vol. 57 (2005), p. 20, note 23.

第三章 外国使节来访

王宫，还是住在由国王所安排的王宫附近的住处？乌尔第三王朝文献中并没有直接的证据。很可能他们是被安置在王宫附近的专门住处。[①] 外国使节不局限于首都乌尔城，很可能还去巴比伦尼亚其他城市访问，比如来自马尔哈西的使节曾到伊新访问。[②] 据普兹瑞什达干经济文献记载，外国使节住在一个叫做"埃杜鲁"（e_2-$duru_5$-ne-ne）或者"阿沙"（a-$ša_3$）的地方。术语 e_2-$duru_5$-ne-ne 的基本意思是"他们的农村"，另一说读作 e_2-a-ne-ne，意为"他们的房子（住处）"。有学者认为，这种农村或露营地不是为本国人提供的，而是专门为外国使节提供的住所。[③] 但是，由于文献中相关的记载太少，难以形成有力的证据，目前该问题尚存争议。

特别需要指出的是，外国使节作为受邀请的外宾，参加在巴比伦尼亚举行的重大节日庆典活动。这些由外国使节参加的节日或仪式包括在乌尔城举办的"阿基图"新年庆典（第二个新年庆典，在秋天举行），每年第8月在吐玛尔（Tummal）举办的节日庆典，王室洁净仪式（a-tu_5-a lugal）。[④] 邀请外宾参加本国重大节日庆典仪式，是古代两河流域的传统。这些活动主要见于阿马尔辛时期的普兹瑞什达干经济文献。外国使节出席节日庆典的详细过程没有记载，在文献中只记载了献祭的动物支出给节日中的各个神、王室成员、高级官员以及外国使节（如文献 SACT 1 160）。[⑤]

在乌尔第三王朝，来访乌尔的外交使节共来自三个方向：西北方，包括底格里斯河以西，直到地中海东岸之间的区域；东北方，包括底格里斯河以东，德尔以北，直到扎格罗斯山脉的区域；东南方，包括底格里斯河

[①] 从古巴比伦时期的马里书信记载，如果来访的使节及其随从人数超过1000人，他们需要在城外扎营；如果人数在200—300人，他们可以进入外城，住在被安置的住处。参见 R. D. Biggs (ed.), *The Assyrian Dictionary*, Volume 11 N, Part I, CAD N/1, Chicago: The Oriental Institute, 1980, p. 325.

[②] 文献 Hirose 403 (AS 5).

[③] M. Sigrist, *Drehem*, Bethesda: CDL Press, 1992, p. 371.

[④] T. M. Sharlach, "Diplomacy and the Rituals of Politics at the Ur III Court", *Journal of Cuneiform Studies*, Vol. 57 (2005), pp. 17–29.

[⑤] 一篇经济文献中记载了多次支出给不同的对象，可能不是一次活动，而是发生在同一天的不同次支出，在同一篇文献中汇总记录下来。

以东，德尔以南，直到波斯湾沿岸的区域。①

第三节　西北方诸国使节来访

乌尔第三王朝的西北方诸国指的是位于底格里斯河以西、直到东地中海沿岸的大片区域。主要可以划分为三个地区（自西向东）：幼发拉底河以西至地中海东岸之间、幼发拉底河上游至中游、哈布尔河上游。注意，有的学者将底格里斯河以东、大扎布河以北的区域也归属于乌尔第三王朝的西北方或者北方国家，本书将其定位于乌尔第三王朝的东北方地区（详见本章第四节）。位于乌尔第三王朝西北方的外交国见于文献的大约有13

---

① 此外，还有一些地名位置不详或名称具体读音不确定，这些地名大多数只见于一篇文献，以字母顺序列举如下：布伊尔（文献 PPAC 4, 117 + 123）、达里巴（文献 CTMMA 1, 017）、赫舒姆马（文献 PDT 2, 1151）、因布（文献 BIN 03, 502）、基孜如（Kiziru，原文 Ki-zi-ru^ki，文献 CST 354; JCS 31, 035 BMC 2）、库卢姆（文献 TAD 67）、里比（文献 TAD 67）、尼希（文献 SA 001e、PDT 1, 0548）、尼卡卜（文献 ZA 80, 38; UDT 092）、沙胡安（文献 DoCu 274）、塞库布（文献 Fs Astour Ⅱ 375）、舒米乌姆（文献 PDT 1, 0419）、舒尔布（文献 SACT 1, 172; AUCT 3, 198; MVN 03, 338）、乌里（文献 MVN 01, 113）、乌乌勒（文献 PDT 1, 0548）、乌尔珊（文献 JCS 31, 035 BMC 2）、雅比布姆（文献 PDT 2, 1147; TCL 02, 5500）、雅比鲁（文献 SNAT 271）、雅达乌（文献 PDT 1, 0419）、孜纳姆（文献 JCS 46, 017 01, RSO 09, 472 P368）。注意，基孜如位于迪亚拉河上游，参见 D. Frayne, "The Zagros campaigns of the Ur Ⅲ Kings," *Journal of the Canadian Society for Mesopotamian Studies*, Vol. 3 (2008), p. 47; 尼希可能等于尼库姆（Niqum），位于迪亚拉河支流胡尔万（Hulwan）河沿线（今哈纳钦 Khanaqin），或迪亚拉河上游与卡尔肯（Karkhen）河上游，卡拉哈尔的西部，参见 D. Frayne, "The Zagros Campaigns of Šulgi and Amar-Suena," in D. I. Owen and G. Wilhelm (eds.), *Studies on the Civilization and Culture of Nuzi and the Hurrians*, Volume 10: *Nuzi at Seventy-Five*, SCCNH 10, Bethesda: CDL Press, 1999, p. 149; K. M. Ahmed, "The Beginnings of Ancient Kurdistan (c. 2500-1500 BC): A Historical and Cultural Synthesis", PhD dissertation, Universiteit Leiden, 2012, pp. 197, 304, 328; 舒尔布位于迪亚拉河，德尔附近，属于乌尔第三王朝的边缘区，参见 P. Steinkeller, "Puzur-Inšušinak at Susa," in K. De Graef and J. Tavernier (eds.), *Susa and Elam. Archaeological, Philological, Historical and Geographical Perspectives: Proceedings of the International Congress Held at Ghent University, December 14-17, 2009*, MDP 58, Leiden and Boston: Brill, 2013, p. 295 note 17; 孜纳姆位于迪亚拉河流域，参见 D. O. Edzard and G. Farber, *Répertoire Géographique des Textes Cunéiformes* Ⅱ: *Die Orts- und Gewässernamen der Zeit der 3. Dynastie von Ur*, Wiesbaden: Dr. Ludwig Reichert Verlag, 1974, p. 243; T. Sharlach, "Princely Employments in the Reign of Shulgi", *Journal of Ancient Near Eastern History*, Vol. 9, No. 1 (2022), pp. 1-68。

第三章 外国使节来访

个，按照其不同的地理位置可以分为以下几类：①

表 3-1　　　　　　乌尔第三王朝的西北部外交国统计

区域	编号	地名汉译	地名英译	地名原文
幼发拉底河以西至地中海东岸之间（3个）	1	穆基什	Mukish	Mu-ki-iš^{ki}
	2	埃卜拉	Ebla	Eb-la^{ki}
	3	古布拉	Gubla	Gu$_5$-ub-la^{ki}
幼发拉底河上游至中游（自北向南）6个	4	阿巴尔尼乌姆	Abarnium	A-ba-ar-ni-um^{ki}
	5	哈胡姆	Hahum	Ha-hu-um^{ki}
	6	乌尔舒	Urshu	Ur-šu^{ki}
	7	塔尔哈特	Talhat	Tal-ha-at^{ki}
	8	图图勒	Tutul	Tu-tu-ul^{ki}
	9	马里	Mari	Ma-ri$_2$^{ki}
哈布尔河上游4个	10	乌尔凯什	Urkesh	Ur-kiš^{ki}
	11	纳瓦尔	Nawar	Na-wa-ar^{ki}
	12	舒达埃	Shudae	Šu-da-e^{ki}
	13	亚马迪乌姆	Iamadium	Ia$_3$-a-ma-di$_3$-um^{ki}

其中，底格里斯河上游、大扎布河以北是乌尔的政治影响最北区域，并非征服区域；而底格里斯河中游地区（底格里斯河东岸与扎格罗斯山脉之间、大扎布河至迪亚拉河之间区域）被舒尔吉及其后继者征服。② 这两块区域都是胡里人的活动区域，许多人名、地名都带有胡里语。在这些国

---

① 参见 W. Sallaberger, "From Urban Culture to Nomadism: A History of Upper Mesopotamia in the Late Third Millennium", in C. Kuzucuoglu and C. Marro (eds.), Sociétés humaines et changement climatique à la fin du troisième millénaire: une crise a-t-elle eu lieu en Haute Mésopotamie? Actes du Colloque de Lyon (5-8 décembre 2005), Istanbul: Institut Français d'Études Anatoliennes-Georges Dumézil, 2007, pp. 417-456.

② M. C. Astour, "Semites and Hurrians in Northern Transtigris", in D. I. Owen and M. A. Morrison (eds.), Studies on the Civilization and Culture of Nuzi and the Hurrians, Volume 2: General Studies and Excavations at Nuzi 9/1, SCCNH 2, Winona Lake: Eisenbrauns, 1987, p. 41.

家中，底格里斯河上游的诸国以及幼发拉底河中游的马里既从乌尔获取赠礼，也偶尔向乌尔进贡（"带来礼物"），其余国家均没有向乌尔进贡，只从乌尔获取礼物。

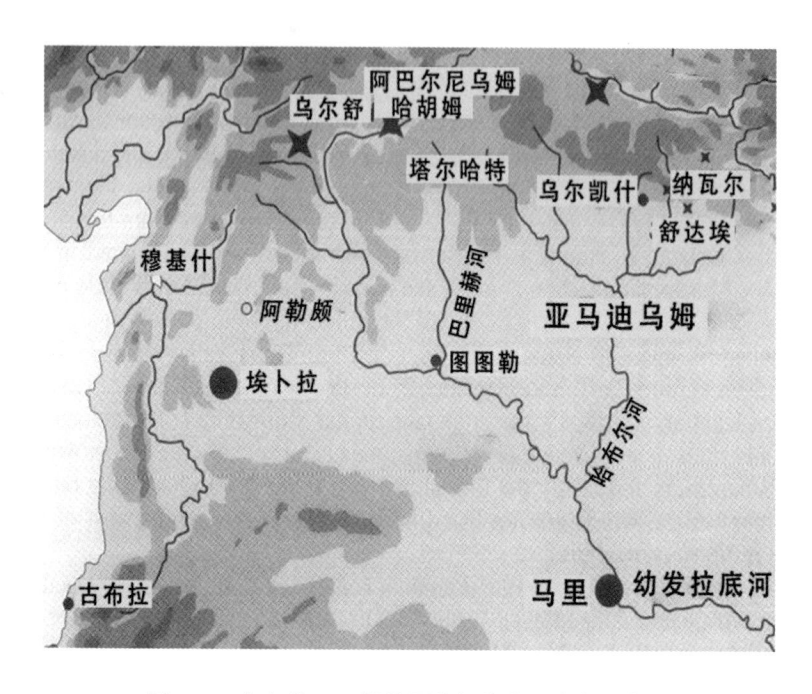

图 3-1　乌尔第三王朝的西北部外交国分布示意图

（资料来源：W. Sallaberger, "From Urban Culture to Nomadism: A History of Upper Mesopotamia in the Late Third Millennium", in C. Kuzucuoglu and C. Marro (eds.), *Sociétés humaines et changement climatique à la fin du troisième millénaire: une crise a-t-elle eu lieu en Haute Mésopotamie? Actes du Colloque de Lyon (5-8 décembre 2005)*, Istanbul: Institut Français d'Études Anatoliennes-Georges Dumézil, 2007, p. 440.）

一　幼发拉底河以西至地中海东岸之间

（一）穆基什

穆基什（楔形文字：Mu-ki-iš^{ki}）可能位于阿米克平原或安提柯平原（位于今土耳其南部地中海沿岸、与叙利亚交界的哈塔伊省境内）的阿米克（Amuq）湖附近，其具体遗址位置不详。[1]

---

[1] K. M. Ahmed, "The Beginnings of Ancient Kurdistan (*c.* 2500–1500 BC): A Historical and Cultural Synthesis", PhD dissertation, Universiteit Leiden, 2012, p. 180.

第三章 外国使节来访

目前只有两篇文献记载了穆基什使节来访乌尔,时间上分别位于阿马尔辛9年11月3日、4日。其中,第3日的文献列举如下:

文献 OIP 121 575（AS 9 xi 3, PD）
obv.

1）1 udu niga	1只育肥绵羊
2）Ki-ri-ib-ul-me lu₂ Si-mu-ru-um^{ki}	给西穆鲁姆人基里布尔美
3）giri₃ Hu-zi-ri sukkal	外事官胡兹里经办,
4）1 udu niga	1只育肥绵羊
5）Ga-ba-ba lu₂ Mu-ki-iš^{ki}	给穆基什人伽巴巴

rev.

1）giri₃ Gir-ba-tal sukkal	外事官吉尔卜阿塔尔经办,
2）Arad₂-mu maškim	阿拉德姆监办;
3）iti u₄ 3 ba-zal	第3日
4）ki Zu-ba-ga-ta ba-zi	从朱巴伽,支出
5）giri₃ Ad-da-kal-la dub-sar	书吏阿达卡拉总经办;
6）iti ezem Me-ki-gal₂	第11月
7）mu en ^{d}Nanna Kar-zi-da ba-hun	阿马尔辛9年。

left

1）2 udu	（共计:）2只羊。

其次,第4日的文献列举如下:

文献 Tavolette 203（AS 9 xi 4, PD）
obv.

1）2 udu niga	2只育肥绵羊
2）^{d}Inana Unug^{ki}-še₃	到乌鲁克的伊南娜（神庙）
3）^{d}En-lil₂-a₂-mah sagi maškim	持杯者恩利拉马赫监办;
4）1 udu niga	1只育肥绵羊
5）Ki-ri-ib-ul-me lu₂ Si-mu-ru-um^{ki}	给西穆鲁姆人基里布尔美

rev.

1）giri₃ Hu-zi-ri sukkal	外事官胡兹里经办,
2）1 udu niga Ga-ba-ba lu₂ Mu-ki-iš^{ki}	1只育肥绵羊,给穆基什人伽巴巴

167

3) giri₃ Gir-ba-tal sukkal 外事官吉尔卜阿塔尔经办，
4) Arad₂-mu maškim 阿拉德姆监办；
5) iti u₄ 4 ba-zal 第4日
6) ki Zu-ba-ga-ta ba-zi 从朱巴伽，支出，
7) giri₃ Ad-da-kal-la dub-sar 书吏阿达卡拉总经办；
8) iti ezem Me-ki-gal₂ 第11月
9) mu en ᵈNanna Kar-zi-da ba-hun 阿马尔辛9年。

据上述文献记载，只有一位穆基什使节伽巴巴（Gababa）于阿马尔辛9年第11月出访乌尔，从普兹瑞什达干的分支机构纳卡布图姆（Nakabtum）机构官员朱巴伽（Zubaga）处接收2只育肥绵羊（3日与4日共两次，每次1只），经办人是吉尔卜阿塔尔（Girb-atal），总负责人是阿拉德姆，同文献中还记载了西穆鲁姆的使节信息。

(二) 埃卜拉

埃卜拉（楔形文字：Eb-laᵏⁱ）位于现在叙利亚的伊德利卜（Idlib）省的马尔迪克（Tell Mardikh）遗址，是叙利亚历史上最早的王国之一，从大约公元前3500年一直存在到公元前7世纪。从1964年开始，意大利考古队长期在这里进行考古发掘工作，出土楔形文字泥板文书2万多块以及其他数量不计的精品文物。埃卜拉人的语言是埃卜拉语，他们借用了苏美尔人发明的楔形文字来书写自己的语言，埃卜拉语属于闪米特语族（或塞姆语族）中的东闪米特语支，是仅次于阿卡德语的最古老的闪米特语。研究埃卜拉语楔形文字文献和埃卜拉历史的学科被称为埃卜拉学（Eblaitology），是亚述学的一个分支。[①]

埃卜拉的历史可以分为三个时期：埃卜拉第一王国（约公元前3000—前2300年，对应于两河流域历史上的早王朝时期）、埃卜拉第二王国（约

[①] 关于埃卜拉遗址的考古发掘，参见 P. Matthiae, *Ebla. Un impero ritrovato*, Torino: Giulio Einaudi editore, 1977; P. Matthiae and N. Marchetti (eds.), *Ebla and Its Landscape: Early State Formation in the Ancient Near East*, Walnut Creek: Left Coast Press, 2013; P. Matthiae, *Ebla: Archaeology and History*, Abingdon: Routledge, 2021; 刘昌玉、朱方云：《古叙利亚埃卜拉城的考古发掘与埃卜拉学研究》，《西北大学学报》（哲学社会科学版）2021年第6期。关于埃卜拉学的综合研究目录，参见 E. Scarpa, *The City of Ebla: A Complete Bibliography of Its Archaeological and Textual Remains*, Venezia: Edizioni Ca' Foscari, 2017.

第三章 外国使节来访

公元前 2300—前 2000 年，对应于两河流域的新苏美尔时期）和埃卜拉第三王国（约公元前 2000—前 1600 年，对应于两河流域的古巴比伦时期）。埃卜拉在青铜时代早期（约公元前 3500 年）从一个小居民点为起点，逐渐发展成为一个商业帝国，后来施行扩张主义道路，对叙利亚北部和东部地区的小国施以霸权统治，直到公元前 23 世纪被灭亡。第二王国由一个新的王朝家族统治，是第一王国的继续。公元前 3 千纪末，随着阿摩利部落席卷两河流域大潮，埃卜拉再次被毁。重建的埃卜拉第三王国难以恢复昔日风采，作为一个商业中心而繁荣，在政治上受制于叙利亚大国延哈德（Yamhad），直到约公元前 1600 年最终被赫梯国王穆尔西里一世（Murshili I）所灭，在历史舞台上消失。埃卜拉历史上的第二王国后期在时间上对应于两河流域的乌尔第三王朝时期。[①]

在乌尔第三王朝的普兹瑞什达干档案中，有不少关于埃卜拉使节的记载，目前一共发现有 37 篇文献，时间上从舒尔吉 44 年[②]至舒辛 6 年。[③] 这些经济账目文献记载的内容十分简略：牛羊等作为礼物，从普兹瑞什达干机构支出，给埃卜拉的使节，经办人和总负责人。[④] 至于埃卜拉使节来访乌尔国家的目的是什么，在乌尔的访问经过，随从人员，访问的结果等问题，目前的文献都没有记载。主要集中于阿马尔辛 2 年和 6 年。

埃卜拉出访乌尔第三王朝的使节共有 5 位，其头衔一般表述为 lu$_2$-kin-gi$_4$-a lu$_2$ Eb-la^{ki} "埃卜拉（统治者）的使节"，但是也有略写形式和全称。根据时间顺序分别是：

[①] G. Pettinato, *Ebla, a new look at history*, Baltimore: Johns Hopkins University Press, 1991, p. 135; M. C. Astour, "A Reconstruction of the History of Ebla (Part 2)", in C. H. Gordon and G. A. Rendsburg (eds.), *Eblaitica: Essays on the Ebla Archives and Eblaite Language*, Volume 4, Winona Lake: Eisenbrauns, 2002, p. 83. 关于埃卜拉应该算作帝国、王国还是城邦，参见 M. C. Astour, "The Geographical and Political Structure of the Ebla Empire", in Hartmut Waetzoldt and Harald Hauptmann (eds.), *Wirtschaft und Gesellschaft von Ebla: Akten der Internationalen Tagung Heidelberg 4. -7. November 1986*, HSAO 2, Heidelberg: Heidelberger Orientverlag, 1988, pp. 139-158.

[②] 文献 AAICAB 1/2, pl. 144, 1971-363.

[③] 文献 Amorites 22; SA 85.

[④] 注意，有一篇尼普尔文献（TMF NF 1-2, 313）记载的是埃卜拉向乌尔带来大量物品，这些很可能是作为礼物赠给乌尔，而不是向乌尔纳贡。

表 3-2　　　　　　来访乌尔第三王朝的埃卜拉使节统计

人名汉译	人名英译 & 时间	原文表述
伊里达干	Ili-Dagan，舒尔吉 44 年，阿马尔辛 1—7 年	I₃-li₂-ᵈDa-gan lu₂-kin-gi₄-a lu₂ Eb-laᵏⁱ I₃-li₂-ᵈDa-gan lu₂ Eb-laᵏⁱ I₃-li₂-ᵈDa-gan lu₂-kin-gi₄-a Me-gu-um ensi₂ Eb-laᵏⁱ
祖里姆	Zurim，舒尔吉 46—47 年	Zu-ri₂-um lu₂ Eb-laᵏⁱ Zu-ri-im lu₂-kin-gi₄-a lu₂ Eb-laᵏⁱ lu₂ Eb-laᵏⁱ
卡库努姆	Kakkunum，阿马尔辛 8 年	Kak-ku-nu-um lu₂ Eb-laᵏⁱ
伊孜因达干	Izin-Dagan 或 Ezun-Dagan，舒辛 3 年，舒辛 6 年	E-zu-un-ᵈDa-gan lu₂ Eb-laᵏⁱ I-zi-in-ᵈDa-gan lu₂ Eb-laᵏⁱ
库尔比拉克	Kurbilak，舒辛 6 年	Kur-bi-la-ak lu₂ Eb-laᵏⁱ

其中，伊里达干只是在舒尔吉 44 年到访乌尔，后来被祖里姆取代，直到阿马尔辛继位，伊里达干重新作为埃卜拉使节出访乌尔，从阿马尔辛 1 年直到 7 年，是出访乌尔次数最多，也是住在巴比伦尼亚时间最久的埃卜拉使节。

埃卜拉使节获赠的礼物多为一只育肥绵羊（udu niga）或山羊（maš₂-gal niga），也有 1 头牛、10 只羊（或 5 只羊）的情况。例如：

文献 MCS 7, 19 Liv 51 63 51 (SH 47 ii 28, PD)
obv.

1) 1 sila₄ ᵈEn-lil₂　　　　　　　　1 只绵羊羔，给恩利尔

2) 1 sila₄ ᵈNin-lil₂　　　　　　　　1 只绵羊羔，给宁利尔

3) mu-DU en ᵈInana　　　　　　由伊南娜神庙的恩祭司带来，

4) 1 sila₄ ᵈEn-lil₂　　　　　　　　1 只绵羊羔，给恩利尔

5) 1 sila₄ ᵈNin-lil₂　　　　　　　　1 只绵羊羔，给宁利尔

6) mu-DU Šeš-Da-da sanga　　由神庙主管塞什达达带来，

7) 1 sila₄ ᵈInana　　　　　　　　1 只绵羊羔，给伊南娜

8) mu-DU Ur-nigarᵍᵃʳ ka-guru₇　由仓库官乌尔尼伽尔带来，

9) 1 udu niga 1 sila₄ ᵈEn-lil₂　　1 只育肥绵羊，1 只绵羊羔，给恩利尔

10）1 udu niga 1 sila₄ ᵈNin-lil₂　　　1 只育肥绵羊，1 只绵羊羔，给宁利尔

11）mu-DU ensi₂ Mar₂-daᵏⁱ　　　由马腊德的恩西带来，

12）zabar-dab₅ maškim　　　大祭司官监办；

13）1 ᵐᵘⁿᵘˢaš₂-gar₃ niga e₂-uz-ga　　　1 只育肥母山羊羔，到屠宰房

rev.

1）mu-DU ensi₂ Nibruᵏⁱ　　　由尼普尔的恩西带来，

2）Da-a-a-ni maškim　　　达亚亚尼监办；

3）1 gu₄ niga 5 udu niga Zu-ri-im　　　1 头育肥牛，5 只育肥绵羊，给埃卜拉人的

　　lu₂-kin-gi₄-a lu₂ Eb-laᵏⁱ　　　信使祖里姆

4）mu-DU Id-da-a　　　由伊达亚带来，

5）Arad₂-mu maškim　　　阿拉德姆监办；

6）2 gu₄ 2 ab₂ 24 udu　　　2 头公牛，2 头母牛，24 只公绵羊

7）13 u₈ 8 maš₂　　　13 只母绵羊，8 只山羊

8）šu-gid₂ e₂-muhaldim-še₃　　　作为"舒基德"贡赋，到厨房

9）zi-ga u₄ 28-kam　　　被支出，第 28 日

10）iti ses-da-gu₇　　　第 2 月

11）mu Ki-mašᵏⁱ u₃ Hu-ur₅-tiᵏⁱ ba-hul　　　舒尔吉 47 年。

除了牛羊外，埃卜拉使节也偶尔可以获得驴（dur₃ 或 dusu₂）。例如：

文献 Ontario 1，032（SH 44 iii 18，PD）

rev.

2）1 dur₃　　　1 头公驴

3）I₃-li₂-ᵈDa-gan　　　给伊里达干

4）lu₂-kin-gi₄-a lu₂ Eb-laᵏⁱ　　　埃卜拉人的信使

5）Arad₂-mu maškim　　　阿拉德姆监办；

6）zi-ga u₄ 18-kam　　　被支出，第 18 日

7）iti u₅-bi₂-gu₇　　　第 3 月

8）mu Si-mu-ru-umᵏⁱ u₃ Lu-lu-buᵏⁱ a-ra₂ 10-la₂-1-kam ba-hul　　　舒尔吉 44 年。

在阿马尔辛 8 年以及舒辛 6 年，埃卜拉使节接收啤酒、面包、"阿巴"鱼（？）等食物。如下所示：

文献 PPAC 5, 1775（AS 8 viii 5, PD）
obv.

1) 5 sila₃ kaš 5 sila₃ zi₃　　　　　5 希拉啤酒，5 希拉面粉
2) Kak-ku-nu-um lu₂ Eb-la^ki　　　给埃卜拉人卡库努姆，
3) 0.0.1 kaš 0.0.1 zi₃　　　　　　1 班啤酒，1 班面粉
4) 2 sa gi　　　　　　　　　　　2 束芦苇
5) Ni-iš-te-ni lu₂ Ki-maš^ki　　　 给基马什人尼什特尼

rev.

1) šu-a-gi-na　　　　　　　　　　是"舒阿基纳"供应
2) kas₄ ki ᵈNanna-kam sukkal　　　由行使从外事官南纳卡姆（执行），
3) giri₃ Lu₂-gi-na　　　　　　　　卢吉纳
4) u₃ DINGIR-ba-ni　　　　　　　和伊鲁姆巴尼经办；
5) bala ensi₂ Umma^ki　　　　　　这些来自温马恩西的巴拉税；
6) u₄ 5-kam　　　　　　　　　　 第 5 日
7) iti šu-eš-ša　　　　　　　　　　第 8 月
8) mu en Eridu^ki ba-hun　　　　　阿马尔辛 8 年。

由于这些牲畜及食物的数量有限，埃卜拉使节不可能将其带回国，很可能是用于旅途消费或路资。从一篇文献中可以看出，这些牛羊牲畜首先被带到厨房宰杀，然后分发给各国使节消费。例如：

文献 AAICAB 1/2, pl. 144, 1971-363（SH 46 iii 7, PD）
obv.

1) 1 gu₄ niga　　　　　　　　　　1 头育肥牛
2) 6 udu niga　　　　　　　　　　6 只育肥绵羊
3) 2 udu a-lum niga　　　　　　　 2 只育肥长毛绵羊
4) 2 maš₂-gal niga babbar　　　　　2 只育肥白色山羊
5) e₂-muhaldim-še₃　　　　　　　到厨房
6) mu Iš-bi₂-ᵈDa-gan lu₂ Ma-ri^ki　给马里人伊什比达干
7) Bu₃-u₂-da-zu lu₂ Ur-šu^ki　　　 乌尔舒人布乌达祖
8) Zu-ri₂-um lu₂ Eb-la^ki　　　　　埃卜拉人祖里姆

rev.

1) u₃ kas₄-ke₄-ne-eš₂　　　　　　　和行使们，

2) 2 udu niga　　　　　　　　　　2只育肥绵羊

3) E₂-a-bu-la mar-tu šeš Na-ap-la-num₂　给阿摩利人纳普拉努姆之弟阿摩利人
　　mar-tu-še₃　　　　　　　　　　埃阿布拉

4) giri₃ Lugal-inim-gi-na　　　　　卢伽尔伊尼姆基纳经办，

5) Arad₂-mu maškim　　　　　　　阿拉德姆监办；

6) iti u₄ 7 ba-zal　　　　　　　　　第7日

7) ša₃ Unu^ki-ga　　　　　　　　　在乌鲁克

8) zi-ga ki Lu₂-dingir-ra　　　　　被支出，从卢丁吉尔拉；

9) iti u₅-bi₂-gu₇　　　　　　　　　第3月

10) mu Ki-maš^ki u₃ Hu-ur₅-ti^ki ba-hul　舒尔吉46年。

left

1) 1 gu₄ 12 udu　　　　　　　　　（共计：）1头牛，12只羊。

埃卜拉使节来到乌尔后，并不是立刻返回，而是要在巴比伦尼亚居住一段时间，少则几日，多则几个月。除了访问首都乌尔外，他们还去巴比伦尼亚其他城市访问，比如尼普尔、乌鲁克、吐玛尔等。例如，据文献记载，阿马尔辛1年第2月14日、23日、26日，[①] 埃卜拉使节伊里达干先后在乌尔获赠1只羊，而在同年第3月4日（文献PDT 1, 0594），伊里达干在尼普尔获赠1只羊，表明在第2月26日至第3月4日之间，他从乌尔旅途到尼普尔访问。甚至，埃卜拉使节每日都从乌尔接收一只羊消费，例如阿马尔辛2年第6月3日、4日、5日、8日连续几日都有埃卜拉使节接收一只羊的文献记载。[②]

埃卜拉使节从乌尔接收牲畜等礼物，一般都是由经办人（giri₃）具体负责，最后由总负责人（maškim，监办）签署批复。担任经办人的一般都是乌尔外事官（sukkal），担任总负责人的是大执政官阿拉德姆，其头衔sukkal-mah一般不出现在文献中，可能是约定俗成，或者该头衔独一无二，在当时无人不知，无需具体写出，此外担任总负责人的也有外事官。具体而言，负责埃卜拉使节的经办人包括：卢伽尔伊尼姆基纳（Lugal-inimgina，舒尔吉46

---

① 文献 P424375（AS 1 ii 14）；JCS 57 28 4（AS 1 ii 23）；Ebla 1975-1985 289 K（AS 1 ii 26）.

② 文献 CST 254（AS 2 vi 3）；TRU 305（AS 2 vi 4）；P453367（AS 2 vi 5）；Ebla 1975-1985, 287 A（AS 2 vi 8）.

年—阿马尔辛 2 年)、纳比辛(Nabi-Suen,阿马尔辛 6 年 4 月,7 年)、普乌埃阿姆-某(Puwueam-x,阿马尔辛 6 年 8 月)、卢吉纳(Lugina)和伊鲁姆巴尼(Ilum-bani,阿马尔辛 8 年)、纳拉姆伊什库尔(Naram-Ishkur,舒辛 3 年)、卢恩利尔(Lu-Enlil,舒辛 6 年)。由此可以推知,每次使节来访,都会有专门的乌尔外交官员负责。总负责人主要是阿拉德姆(舒尔吉 44 年—舒辛 6 年),此外还有卢伽尔马古莱(Lugal-magure,阿马尔辛 2 年)、伊鲁姆丹(Ilum-dan,阿马尔辛 6 年)、乌尔沙鲁金(Ur-sharrugin,阿马尔辛 6 年)等外事官担任总负责人,很可能是作为阿拉德姆的副手。

这些给埃卜拉使节的牲畜,是从普兹瑞什达干分支机构支出(ba-zi 或 zi-ga),包括:卢丁吉尔拉(Lu-dingira)、乌尔库努纳(Ur-kununa)、那萨、阿胡尼、舒尔吉阿亚姆(Shulgi-ayamu)、阿胡威尔(Ahu-Wer)、恩丁吉尔姆(En-dingirmu)、阿巴恩利尔金(Aba-Enlilgin)。其中,那萨是普兹瑞什达干机构中心官员,恩丁吉尔姆是吐玛尔分支官员,卢丁吉尔拉、阿胡尼、舒尔吉阿亚姆、阿胡威尔是纳卡布图姆分支机构官员。①

值得注意的是,在同一文献中往往记载多个外交国家使节接收赠礼,同埃卜拉使节一起被记载的其他国家使节还包括:马里、乌尔舒、杜杜里、孜达努姆、亚马迪乌姆、马尔哈西、哈尔西、希比拉特、图图勒、西马什基等。其中,马里、乌尔舒、埃卜拉一同出现的次数最多,表明这三个西北方国家很可能是一起受邀出访乌尔。例如,舒辛 6 年的一篇破损文献记载有 10 个国家的使节出访乌尔,包括埃卜拉、马里、亚马迪乌姆、雅布拉特、西马什基、沙力特某某、胡尔提、马尔哈西、西克里(Shikri,可能西格里什)、乌尔比隆。文献列举如下:

文献 Amorites 22 (SS 6--20, PD)
obv.
col. 1
[…]
1') […] kaš sig$_5$ 4 sila$_3$ zi$_3$-gu-ta   (……),每人 n 优质啤酒,4 希拉粗面粉

---

① 关于普兹瑞什达干机构官员分类,参见 C. Liu, *Organization, Administrative Pratices and Written Documentation in Mesopotamia during the Ur Ⅲ Period* (*c.* 2112–2004 BC): *A Case Study of Puzriš-Dagan in the Reign of Amar-Suen*, KEF 3, Münster: Ugarit-Verlag, 2017.

第三章 外国使节来访

2') 10 guruš 2 sila$_3$ kaš 2 sila$_3$ zi$_3$-ta	10个劳动力，每人2希拉啤酒，2希拉面粉
3') lu$_2$ Šimaški^{ki}-me-eš$_3$	这些是西马什基人
4') 1 guruš 6 sila$_3$ kaš sig$_5$ 4 sila$_3$ zi$_3$-gu	1个劳动力，6希拉优质啤酒，4希拉粗面粉
5') lu$_2$ Ša-ri-it-x^{ki}	是沙里特某人
6') 2 guruš 2 sila$_3$ kaš 2 sila$_3$ zi$_3$-ta	2个劳动力，每人2希拉啤酒，2希拉面粉
7') lu$_2$ Hu-ur-ti^{ki}-me-eš$_2$	这些是胡尔提人
8') 10 sa gi	10束芦苇
9') kas$_4$-me-eš$_2$ ša$_3$ en-nu-ga$_2$	给监狱的行使
10') giri$_3$ Be-li$_2$-šar	贝里沙尔经办，
11') ki Na-we-er-DINGIR	从纳威尔伊里；
12') 0.0.4 kaš sig$_5$	4班优质啤酒
13') 0.n.0 kaš dun	巴里格普通啤酒
14') 0.0.2 zi$_3$-gu sig$_5$	2班优质粗面粉
15') 0.0.5 dabin sa	5班小麦粉
16') 20 sa gi	20束芦苇
17') 1 gu$_2$^{giš}ma-nu	1塔兰特柳木
18') Ba-na-na lu$_2$ Mar-ha-ši^{ki}	给马尔哈西人巴纳纳，
19') 1 guruš 0.0.1 kaš sig$_5$ 0.0.1 zi$_3$-gu	1个劳动力，1班优质啤酒，1班粗面粉
20') 2 guruš 0.0.1 kaš sig$_5$ 5 sila$_3$ zi$_3$-gu-ta	2个劳动力，每人1班优质啤酒，5希拉粗面粉
21') sukkal eme-bala lu$_2$ Mar-ha-ši^{ki} gub-ba-me-eš$_2$	给委派的马尔哈西人的外事官和翻译官
22') 0.0.n kaš sig$_5$ 0.0.1 zi$_3$-gu sig$_5$	n班优质啤酒，1班优质粗面粉
23') n sa gin	束芦苇
24') A-ri-du-bu-uk	给阿里杜布克
25') x dumu-ni 5 sila$_3$ kaš sig$_5$ 5 sila$_3$ zi$_3$-gu-ta	他的儿子，每人5希拉优质啤酒，5希拉粗面粉
26') x guruš 2 sila$_3$ kaš 2 sila$_3$ zi$_3$-ta	x个劳动力，每人2希拉啤酒，2希拉面粉
27') x guruš 2 sila$_3$ zi$_3$	x个劳动力，2希拉面粉

175

28') [……] 1 sila₃ kaš　　　　　　　　　　（n 个劳动力，每人）1 希拉啤酒

29') [……] zi₃　　　　　　　　　　　　　（n 个劳动力，每人 n）面粉

[……]

col. 2

[……]

1') lu₂ [……]　　　　　　　　　　　　　（……）

2') 2 guruš 4 [……]　　　　　　　　　　2 个劳动力，每人 4（……）

3') lu₂ Hu-la-[……]　　　　　　　　　　这些是胡拉某某人

4') 0.0.2 kaš sig₅ [……]　　　　　　　　2 班优质啤酒……

5') 3 [……] 3……　　　　　　　　　　　3……　　3……

6') Hu-un-zi-[……]　　　　　　　　　　给胡恩孜某某

7') 0.0.1 kaš 0.0.1 zi₃ 2 [……]　　　　　1 班啤酒，1 班面粉……

8') Še₃-eš₃-ba mar-[tu]　　　　　　　　给阿摩利人塞什巴，

9') 5 sila₃ kaš 5 sila₃ [……]　　　　　　5 希拉啤酒，5 希拉（面粉）

10') Ša-bu-lum sag-[……]　　　　　　　给沙布卢姆

11') 0.0.2 kaš sig₅ 0.0.1 zi₃-gu sig₅　　　2 班优质啤酒，1 班优质粗面粉

12') 300 sa gi　　　　　　　　　　　　300 束芦苇

13') Kal-ad-da　　　　　　　　　　　　给卡拉达

14') 5 lu₂ us₂-sa-ni-me-eš₂　　　　　　　5 个随从

15') 0.1.0 2 sila₃ kaš 2 sila₃ zi₃-ta　　　　每人 1 巴里格 2 希拉啤酒，2 希拉面粉，

16') 0.0.2 kaš sig₅ 0.0.2 kaš du　　　　　2 班优质啤酒，2 班普通啤酒

17') 0.0.1 zi₃-gu sig₅　　　　　　　　　1 班优质粗面粉

18') 10 sa gi　　　　　　　　　　　　　10 束芦苇

19') A-bu-du₁₀ lu₂ Ma-ri₂^ki　　　　　　　给马里人阿布杜

20') 2 ab-ba 0.0.1 kaš 5 sila₃ zi₃ 1 [……]　2 个阿巴木，1 班啤酒，5 希拉面粉……

21') 15 lu₂ us₂-sa-ni 2 sila₃ kaš-ta　　　　15 个随从，每人 2 希拉啤酒

22') 0.0.2 kaš sig₅ 0.0.2 kaš du　　　　　2 班优质啤酒，2 班普通啤酒

23') 0.0.n zi₃-gu sig₅　　　　　　　　　n 班优质粗面粉

24') 10 sa gi　　　　　　　　　　　　　10 束芦苇

25') I-zi-in-^dDa-gan　　　　　　　　　给伊孜因达干

26') 0.0.2 kaš sig₅ 300 sa gi　　　　　　2 班优质啤酒，300 束芦苇

27') Kur-bi-la-ak　　　　　　　　　　　给库尔比拉克，

第三章　外国使节来访

28') 15 guruš 2 sila$_3$ kaš 2 sila$_3$ zi$_3$-[ta]   15个劳动力，每人2希拉啤酒，2希拉面粉

29') lu$_2$ Eb-la^{ki}-me-eš$_2$ 这些是埃卜拉人

30') 0.0.2 kaš sig$_5$ 300 sa gi   2班优质啤酒，300束芦苇

31') I-pi$_2$-iq-re-e-u$_2$ mar-tu Ia$_3$-a-ma-di$_3$-um   给亚马迪乌姆的阿摩利人伊皮克莱乌

32') 4 sila$_3$ zi$_3$ lu$_2$ us$_2$-sa-ni-[…]   4希拉面粉，给随从

33') 4 sila$_3$ zi$_3$ Si-mu lu$_2$ […]   4希拉面粉，给某某人西穆

34') 0.0.1 kaš sig$_5$ 5 sila$_3$ zi$_3$ […]   1班优质啤酒，5希拉面粉……

35') 10 sa gi   10束芦苇

rev.
col. 1

1) e$_2$-gi$_4$-a […]   给某某的儿媳

2) 4 guruš 3 sila$_3$ […]   4个劳动力，每人3希拉……

3) 10 geme$_2$ 1 sila$_3$ kaš x-ta   10个女劳力，每人1希拉啤酒

4) lu$_2$ us$_2$-sa-ni-me-eš$_2$ 这些是随从

5) 0.0.3 kaš sig$_5$ 0.0.3 kaš du   3班优质啤酒，3班普通啤酒

6) 0.0.1 zi$_3$-gu sig$_5$ 1班优质粗面粉

7) 10 sa gi   10束芦苇

8) Ni-im-zi lu$_2$ Ia$_3$-ab-ra-at^{ki} 给雅布拉特人尼姆孜，

9) 7 lu$_2$ us$_2$-sa-ni 2 sila$_3$ kaš-ta   7个随从，每人2希拉啤酒

10) šu-a-gi-na   "舒阿基纳"；

11) 0.0.3 zi$_3$ I-za lu$_2$ X-NI-^{d}Šu-^{d}Suen   3班面粉，给某尼舒辛人伊扎，

12) 6 lu$_2$ us$_2$-sa-ni 0.0.2 zi$_3$-ta   6个随从，每人2班面粉

13) 0.0.3 zi$_3$ HU-še-ri-gaz lu$_2$ hu-na x   3班面粉，给胡纳某人胡塞里伽孜

14) 6 lu$_2$ us$_2$-sa-ni 0.0.2 zi$_3$-ta   6个随从，每人2班面粉

15) 0.0.2 zi$_3$ Ar$_3$-ti lu$_2$ Ši-ik-ri^{ki} 2班面粉，给西格里什人阿尔提

16) 6 lu$_2$ us$_2$-sa-ni 0.0.2 zi$_3$-ta   6个随从，每人2班面粉

17) 0.0.3 zi$_3$ x-x-a   3班面粉，给某某阿

18) 0.0.2 zi$_3$ Šar-ri-a   2班面粉，给沙利亚

19) 0.0.3 zi$_3$ U$_2$-bi$_2$-ni-um   3班面粉，给乌比尼乌姆

20) 0.0.3 zi$_3$ Ša-lim-be-li$_2$ 3班面粉，给沙里姆贝里

21) 0.0.2 Bu-u$_2$-la   2班（面粉），给布乌拉

22) 20 guruš 0.0.2 zi$_3$-ta   20个劳动力，每人2班面粉

23) lu₂ A-x^ki-me-eš₂ 　　　　　　　这些是阿某某人

24) 0. 0. 2 zi3 I-na-num₂ 　　　　　　2 班面粉，给伊纳努姆

25) 0. 0. 2 zi₃ Hi-bi-tum 　　　　　　2 班面粉，给希比图姆

26) 12 guruš 0. 0. 1 5 sila₃ zi₃-ta 　　12 个劳动力，每人 1 班 5 希拉面粉

27) lu₂ Šu-ru-uš-ki₂-in 　　　　　　 这些是舒鲁什金之人

28) 0. 0. 2 zi₃ lu₂ dam-x-hu-a 　　　 2 班面粉，给……

29) 8 lu₂ us₂-sa-ni x-ta 　　　　　　 8 个随从，每人……

30) 0. 0. 3 zi₃ A-ri₂-x x 　　　　　　3 班面粉，给阿里某某

31) 19 guruš 0. 0. 2 zi₃-ta 　　　　　19 个劳动力，每人 2 班面粉

32) lu₂ Ur-bi₂-lum^ki-me-eš₂ 　　　　这些是乌尔比隆人

［…］

col. 2

1) ［…］^ki

2) šu-nigin₂ 0. 4. 4 3 sila₃ kaš sig₅ 　　共计：4 巴里格 4 班 3 希拉优质啤酒

3) šu-nigin₂ 1. 1. 0 1 sila₃ kaš du 　　 共计：1 古尔 1 巴里格 1 希拉普通啤酒

4) šu-nigin₂ 0. 1. 1 5 sila₃ zi₃-gu sig₅ 　共计：1 巴里格 1 班 5 希拉优质粗面粉

5) šu-nigin₂ 0. 0. 5 8 sila₃ zi₃-gu du 　共计：5 班 8 希拉普通粗面粉

6) šu-nigin₂ 1. 3. 0 9 sila₃ dabin 　　 共计：1 古尔 3 巴里格 9 希拉小麦粉

7) šu-nigin₂ 0. 0. 5 dabin sa 　　　　共计：5 班炒小麦粉

8) še-bi 3. 4. 3 3 1/2 sila₃ 　　　　 它们的重量为 3 古尔 4 巴里格 3 班 3.5 希拉（大麦）

9) šu-nigin₂ 104 sa gi 　　　　　　　共计：104 束芦苇

10) šu-nigin₂ 1 gu₂^giš ma-nu 　　　　共计：1 塔兰特柳木

11) u₄ 20-kam 　　　　　　　　　　第 20 日

12) giri₃ Lu₂-^d En-lil₂ 　　　　　　　卢恩利尔经办；

13) mu ^d Šu-^d Suen lugal-e na-ru₂-a-mah 　舒辛 6 年。
　　^d En-lil₂ u₃ ^d Nin-lil₂-ra mu-du₃

他们访问乌尔的目的是什么？大致有以下几种解释：一是可能为了庆贺新王登基，一般新王登基第 2 年来贺，二是受邀参加乌尔的新年庆典仪

178

式，三是可能是一种外交习惯，有固定的时间段。

因为埃卜拉与乌尔之间的直线距离约为1200公里，按照一个普通人每天步行40公里推算，从埃卜拉到乌尔大约需要花费一个月时间，来回两个月，所以在文献中记载埃卜拉使节在一个月之内多次接收礼物，肯定不是他们将礼物带回埃卜拉，再返回乌尔再次接收礼物，而是他们在这段时间内一直住在巴比伦尼亚，并且多次从乌尔获取物资。许多文献提到，伊里达干居住在"农村"（e_2-$duru_5$，或驿站、外国使节居所）。据此，我们可以根据不同日期文献中记载的埃卜拉使节，推断他们出访乌尔的大致次数，以及每次出访的时限（其中，编号2-4、5-8、9-11可能指同一次出访）。

表3-3　　　　　　　　埃卜拉使节来访日期统计表

编号	来访时间	使节
1	SH 44 iii 18	伊里达干
2	SH 46 iii 7	祖里姆
3	SH 47 ii 28	祖里姆
4	SH 47 ix 9	祖里姆
5	AS 1 ii 14–iii 4	伊里达干
6	AS 1 xii 29	伊里达干
7	AS 2 iii 13–iv 16	伊里达干
8	AS 2 vi 3–viii	伊里达干
9	AS 6 iv 1–26	伊里达干
10	AS 6 viii 10–29	伊里达干
11	AS 7 v 21	伊里达干
12	AS 8 viii 5	卡库努姆
13	SS 3 iii 6	伊孜因达干
14	SS 6 ix 14	伊孜因达干、库尔比拉克

（三）古布拉

古布拉的拼写形成 Ku-ub-la^{ki} 或 Gu$_5$-ub-la^{ki}。据考证，古布拉即毕布罗

斯（Byblos，今 Jbail，或译为 Jubayl 或 Jebeil，《圣经》中称之为 Gebal），位于地中海东岸的海港城市，距离黎巴嫩首都贝鲁特以北约 30 公里。[①] 在埃卜拉文献中，古布拉名称被拼写为 DU-lu 或 Gub-lu。[②]

目前文献中只记载了一次古布拉使节出访乌尔，分别在两天各接收一只育肥羊。在阿马尔辛 4 年 5 月 6 日的文献如下：

文献 AnOr 07, 099 (AS 4 v 6, PD)
obv.

1) x udu niga　　　　　　　　　　　　x 只育肥绵羊
2) x maš$_2$-gal niga　　　　　　　　　x 只育肥山羊
3) igi-kar$_2$ ^{d}Nin-lil$_2$-e-ma-na! 　　是宁利莱马纳格生孩子时的配给
　（KI）-ag$_2$ u$_4$ dumu in-tu-da-a
4) giri$_3$ Lugal-inim-gi-na sukkal 　　　外事官卢伽尔伊尼姆基纳经办，
5) 1 udu niga mu ama KI.KAL^{ki}-še$_3$ 　1 只育肥绵羊，给吉卡尔之母
6) giri$_3$ Ur-^{d}Dumu-zi-da sukkal 　　 外事官乌尔杜姆孜达经办
7) e$_2$-muhaldim-še$_3$ 　　　　　　　　到厨房；
8) 5 udu niga 　　　　　　　　　　　　5 只育肥绵羊
9) ki Na-ap-la-num$_2$ mar-tu-še$_3$ 　　 给阿摩利人纳普拉努姆
10) giri$_3$ Ad-da-sa$_6$-ga aga$_3$-us$_2$ 　卫兵阿达萨加经办
11) 2 udu niga gu$_4$-e-us$_2$-sa 　　　　2 只"次牛级"育肥绵羊
12) ^{d}Nin-tu 　　　　　　　　　　　　给宁图
13) giri$_3$ Kur-giri$_3$-ni-ni-še$_3$ 　　库尔基里尼尼塞经办
14) 1 maš$_2$-gal niga A-mur-DINGIR 　　1 只育肥山羊，给马尔哈西恩西
　　lu$_2$-kin-gi$_4$-a Li-ba-nu-uk-ša-ba-aš 里巴努克沙巴什的信使阿穆尔伊
　　ensi$_2$ Mar-ha-ši^{ki} 　　　　　　鲁姆
15) 1 maš$_2$-gal niga Gu-ra-a lu$_2$ Ur-šu^{ki} 1 只育肥山羊，给乌尔舒人古拉亚

[①] O. Tufnell and W. A. Ward, "Relations between Byblos, Egypt and Mesopotamia at the end of the third millennium BC. A study of the Montet jar", *Syria*, Vol. 43, No. 3/4 (1966), pp. 165-241; L. Nigro, "Byblos, an ancient capital of the Levant", *La Revue Phenicienne*, Vol. 100 (2020), pp. 61-74.

[②] R. D. Winters, "Negotiating Exchange: Ebla and the International System of the Early Bronze Age", PhD dissertation, Harvard University, 2019, p. 19. 注意，全大写的 DU 形式表示该符号的读音不定。

第三章 外国使节来访

rev.
1) 1 maš$_2$-gal niga A$_3$-um lu$_2$ Ma-ri$_2^{ki}$　　1 只育肥山羊，给马里人阿乌姆
2) giri$_3$ Hu-zi-ri sukkal　　外事官胡兹里经办
3) 1 maš$_2$-gal niga ^{d}Da-gan-a-bu lu$_2$-kin-gi$_4$-a Ia$_3$-ši-li-im ensi$_2$ Tu-tu-la^{ki}　　1 只育肥山羊，给图图勒恩西亚西里姆信使达干阿布
4) 1 maš$_2$-gal niga I-ba-ti lu$_2$-kin-gi$_4$-a Ib-da-ti ensi$_2$ Gu$_5$-ub-la^{ki}　　1 只育肥山羊，给古布拉的恩西伊布达提信使伊巴提
5) giri$_3$ Bu$_3$-ša-am sukkal　　外事官布沙姆经办
6) Arad$_2$-mu maškim　　阿拉德姆监办；
7) iti u$_4$ 6 ba-zal　　第 6 日
8) ki ^{d}Šul-gi-a-a-mu-ta　　从舒尔吉阿亚姆
9) ba-zi　　支出；
10) iti ezem ^{d}Nin-a-zu　　第 5 月
11) mu En-mah-gal-an-na en ^{d}Nanna ba-hun　　阿马尔辛 4 年。

left
1) 16 udu　　（共计：）16 只羊。

在阿马尔辛 4 年 5 月 9 日的文献如下：

文献 MVN 05，111（AS 4 v 9, PD）
obv.
1) 2 udu niga ^{d}Inana Unug^{ki}-še$_3$　　2 只育肥绵羊，给乌鲁克的伊南娜
2) giri$_3$ ^{d}Šul-gi-ad-lal$_3$ sagi　　持杯者舒尔吉阿德拉尔经办
3) 1 udu niga ^{d}Nun-gal　　1 只育肥绵羊，给努恩伽尔
4) ^{d}Nanše-ul$_4$-gal maškim　　南塞乌尔伽尔监办；
5) 1 udu niga gu$_4$-e-us$_2$-sa　　1 只"次牛级"育肥绵羊
6) 2 maš$_2$-gal niga gu$_4$-e-us$_2$-sa　　2 只"次牛级"育肥山羊
7) a-ra$_2$ 1-kam　　第一次
8) 6 udu　　6 只绵羊
9) 4 sila$_4$　　4 只绵羊羔
10) 10 maš$_2$ e-［…］　　10 只山羊……
11) a-ra$_2$ 2-kam　　第二次
12) šu-gid$_2$ e$_2$-muhaldim-še$_3$　　"舒基德"，到厨房

181

13) mu aga$_3$-us$_2$-ke$_4$-ne-še$_3$ 给卫兵们

14) giri$_3$ ^{d}Šul-gi-iri-mu ra$_2$-gaba 骑使舒尔吉伊里姆经办

15) 1 udu niga A-mur-DINGIR lu$_2$-kin-gi$_4$-a 1只育肥绵羊，给马尔哈西恩西里
Li-ba-nu-uk-ša-ba-aš ensi$_2$ Mar-ha-ši^{ki} 巴努克沙巴什的信使阿穆尔伊鲁姆

rev.

1) 1 udu niga Gu-ra-a lu$_2$ Ur-šu^{ki} 1只育肥绵羊，给乌尔舒人古拉亚

2) 1 udu niga A$_3$-um lu$_2$ Ma-ri$_2^{ki}$ 1只育肥绵羊，给马里人阿乌姆

3) 1 udu niga ^{d}Da-gan-a-bu lu$_2$-kin-gi$_4$-a 1只育肥绵羊，给图图勒恩西亚西
Ia$_3$-ši-li-im ensi$_2$ Tu-tu-la^{ki} 里姆的信使达干阿布

4) 1 udu niga I-ba-ti lu$_2$-kin-gi$_4$-a Ib-da-ti 1只育肥绵羊，给古布拉恩西伊布
ensi$_2$ Gu$_5$-ub-la^{ki} 达提的信使伊巴提

5) giri$_3$ Bu$_3$-ša-am sukkal 外事官布沙姆经办

6) Arad$_2$-mu maškim 阿拉德姆监办；

7) iti u$_4$ 10-la$_2$-1 ba-zal 第9日

8) ki ^{d}Šul-gi-a-a-mu-ta ba-zi 从舒尔吉阿亚姆，支出

9) iti ezem ^{d}Nin-a-zu 第5月

10) mu En-mah-gal-an-na en ^{d}Nanna ba-hun 阿马尔辛4年。

left

1) 31 udu （共计：）31只羊。

在阿马尔辛4年第5月，古布拉的统治者（恩西）伊布达提（Ibdati）的使节伊巴提（Ibati）出访乌尔，在第6日接收1只育肥山羊，在9日接收1只育肥绵羊，都是由布沙姆经办，由阿拉德姆总监，从普兹瑞什达干机构官员舒尔吉阿亚姆处支出。同时经办和总监的还有图图勒来访的使节。

二 幼发拉底河上游至中游

在幼发拉底河上游至中游，出使乌尔第三王朝的外交国共有6个，自北向南排列分别是：阿巴尔尼乌姆、哈胡姆、乌尔舒、塔尔哈特、图图勒、马里。

（一）阿巴尔尼乌姆

阿巴尔尼乌姆（A-ba-ar-ni-um^{ki}）的具体地理位置很难确定。格尔布认

第三章 外国使节来访

为，乌尔第三王朝文献中的 Abarnium 等同于古亚述文献中的 A-bar-ni-u$_2$，即古典文献中的 Abarne（今土耳其的谢尔穆克，Çermük），位于马拉蒂亚（Malatya）和阿米达（Amida）之间。① 阿斯特认为格尔布的提议十分合理，并且做了进一步解释，在罗马统治时期，阿巴尔尼乌姆是美索不达米亚行省最北部，在陶鲁斯山脚，从两河流域到卡帕多西亚的古代商路西南35 公里。② 欧文也同意这一定位，并且认为舒辛王铭中提到的 Abarnum 和阿巴尔尼乌姆是同一个地名，它与埃卜拉、马里和图图勒一起出现于文献中。③ 在阿卡德王朝国王纳拉姆辛的王室铭文中，记载了他击败阿巴尔尼乌姆的军队。④

阿巴尔尼乌姆的使节来访乌尔的记录，只见于一篇文献中。如下所示：

文献 CST 468（AS 6 iv 1，PD）
obv.

1) 1 udu […]　　　　　　　　　　　　1 只……
2) inim […]-še$_3$　　　　　　　　　　到……
3) ^{d}Šul-gi-iri-mu maškim　　　　　舒尔吉伊里姆监办；
4) 1 maš$_2$-gal niga Li-ba-an-aš-gu-bi lu$_2$-kin-gi$_4$-a Li-ba-nu-uk-ša-ba-aš ensi$_2$ Mar-ha-ši^{ki}　　1 只育肥山羊，给马尔哈西恩西里巴努克沙巴什的信使里巴纳什古比

---

① I. J. Gelb, "Studies in the Topography of Western Asia", *The American Journal of Semitic Language and Literatures*, Vol. 55, No. 1 (1938), pp. 66–67; D. O. Edzard and G. Farber, *Répertoire Géographique des Textes Cunéiformes* Ⅱ: *Die Orts-und Gewässernamen der Zeit der 3. Dynastie von Ur*, Wiesbaden: Dr. Ludwig Reichert Verlag, 1974, p. 1; M. Civil, "Šū-Sîn's Historical Inscriptions: Collection B", *Journal of Cuneiform Studies*, Vol. 21 (1967), p. 38. 据维恩霍夫考证，在古亚述文献中，abarnium 指一种纺织品类别，很可能是源自这一地区的，参见 K. R. Veenhof, *Aspects of Old Assyrian Trade and Its Terminology*, Leiden: Brill, 1972, pp. 156–157.

② M. C. Astour, "A Reconstruction of the History of Ebla (Part 2)", in C. H. Gordon and G. A. Rendsburg (eds.), *Eblaitica: Essays on the Ebla Archives and Eblaite Language*, Volume 4, Winona Lake: Eisenbrauns, 2002, pp. 93–94.

③ D. I. Owen, "Megum, the First Ur Ⅲ Ensi of Ebla", in L. Cagni (ed.), *Ebla 1975–1985. Dieci anni di studi linguistici e filologici: Atti del Convegno Internazionale (Napoli, 9–11 ottobre 1985)*, Napoli: Istituto Universitario Orientale, 1987, p. 276.

④ I. Schrakamp, "Akkadian Empire", in J. M. MacKenzie (ed.), *The Encyclopedia of Empire*, First Edition, New York: John Wiley & Sons, 2016, p. 6.

5) giri₃ Šu-ᵈŠul-gi sukkal 外事官舒舒尔吉经办

6) 1 udu niga I₃-li₂-ᵈDa-gan lu₂ Eb-laᵏⁱ 1只育肥绵羊，给埃卜拉人伊里达干

7) giri₃ Na-bi₂-ᵈSuen sukkal 外事官纳比辛经办

8) 1 maš₂-gal niga 1只育肥山羊

rev.

1) Šu-ᵈIš-ha-ra lu₂ Ma-ri₂ᵏⁱ 给马里人舒伊什哈拉

2) giri₃ Sig₄-te-li sukkal 外事官西格特里经办

3) 1 udu niga 1只育肥绵羊

4) [⋯]-gi-zi lu₂-kin-gi₄-a ensi₂ A-ba-ar-ni-umᵏⁱ 给阿巴尔尼乌姆的恩西的信使某某吉孜

5) giri₃ Nam-ha-ni 纳姆哈尼经办

6) Arad₂-mu maškim 阿拉德姆监办；

7) iti u₄ 1 ba-zal 第1日

8) ki A-hu-We-er-ta ba-zi 从阿胡威尔，支出

9) iti ki-siki ᵈNin-a-zu 第4月

10) mu Ša-aš-ruᵏⁱ ba-hul 阿马尔辛6年。

left

1) 5 udu （共计：）5只羊。

文献记载了阿马尔辛6年第4月第1日，有一只育肥绵羊给阿巴尔尼乌姆统治者（恩西）的使节某某吉孜（[⋯]-gi-zi lu₂-kin-gi₄-a ensi₂ A-ba-ar-ni-umᵏⁱ），经办人是外事官纳姆哈尼，① 阿拉德姆为总负责人，这只羊从阿胡威尔处支出。同一文献中还记录了来自埃卜拉和马里使节接收1只羊的情况。

值得注意的是，在一篇温马文献中（UTI 4, 2948 年份残缺），记载了5捆芦苇给匿名的阿巴尔努姆之"人"（使节或统治者）（lu₂ A-bar-nu-um），这些芦苇来自行省缴纳的巴拉税。同时接收芦苇的还有来自马里和乌尔舒的使节。这里的阿巴尔努姆和阿巴尔尼乌姆应该是指同一地名。

---

① 在本文献中，纳姆哈尼的头衔没有给出，但是从其他文献中他作为经办人时的头衔是外事官（sukkal），参见以下文献：AUCT 1, 121, AUCT 2, 278, BPOA 07, 2695, CST 394, CST 466, CT 32, pl. 30-31 BM 103402, CTMMA 4, 182, Hermitage 3, 232, MVN 03, 333, MVN 13, 536, OIP 121, 425, OIP 121, 446, OIP 121, p. 052, RA 010, 209 BM 103435, SET 063, StLouis 137。

（二）哈胡姆

哈胡姆（拼写为 Ha-hu-um^{ki}）位于幼发拉底河上游，陶鲁斯山脉南侧，具体地理位置不详。① 利维拉尼认为，哈胡姆可能位于今土耳其的利达尔休余（Lidar Höyük）遗址。② 在阿卡德王朝国王纳拉姆辛（Naram-Sin）的王室铭文中记载了他征服包括哈胡姆在内的幼发拉底河上游地区。③ 古地亚铭文记载，来自哈胡姆山的黄金。④ 在古亚述时期，哈胡姆是古亚述商路上重要的贸易据点。⑤ 据赫梯文献记载，赫梯国王哈图西里一世（Hattusili I）在其第二次叙利亚战役中击败了哈胡姆，并且将其征服。⑥

在乌尔第三王朝，哈胡姆使节来访乌尔只见于一篇文献（残缺），如下所示：

文献 RA 074, 047 116（-- --, PD）

obv.

1) x gu$_4$　　　　　　　　　n 头牛……
2) x gu$_4$　　　　　　　　　n 头牛……
3) giri$_3$ Ur-^{d}Ba-ba$_6$ u$_3$ da-[…]　　乌尔巴巴……经办

---

① M. Salvini, "The Earliest Evidences of the Hurrians Before the Formation of the Reign of Mittanni", in G. Buccellati and M. Kelly-Buccellati (eds.), *Urkesh and the Hurrians: Studies in Honor of Lloyd Cotsen*, BiMes 26, Malibu: Undena Publications, 1998, p.101; K. M. Ahmed, "The Beginnings of Ancient Kurdistan (c. 2500–1500 BC): A Historical and Cultural Synthesis", PhD dissertation, Universiteit Leiden, 2012, p.173; D. Frayne, "The Zagros Campaigns of Šulgi and Amar-Suena", in D. I. Owen and G. Wilhelm (eds.), *Studies on the Civilization and Culture of Nuzi and the Hurrians*, Volume 10: *Nuzi at Seventy-Five*, SCCNH 10, Bethesda: CDL Press, 1999, p.185。

② T. Bryce, *The Routledge Handbook of the Peoples and Places of Ancient Western Asia: The Near East from the Early Bronze Age to the fall of the Persian Empire*, London: Routledge, 2009, p.274.

③ D. Frayne, *Sargonic and Gutian Periods (2334–2113 BC)*, RIME 2, Toronto: University of Toronto Press, 1993, p.86.

④ 文献 Statue B Ⅴ 23-Ⅵ 63。W. Heimpel, "The Location of Madga", *Journal of Cuneiform Studies*, Vol.61 (2009), p.27.

⑤ K. R. Veenhof, "The Old Assyrian Period (20th-18th Century BCE)", in E. Frahm (ed.), *A Companion to Assyria*, Hoboken: Wiley Blackwell, 2017, pp.63-69.

⑥ M. Liverani, "The Fire of Hahhum", *Oriens Antiquus*, Vol.27 (1988), pp.165-172; M. Salvini, "Una Lettera di Hattusili relativa alla spedizione contro Hahhum", *Studi Micenei ed Egeo-Anatolici*, Vol.34 (1994), pp.61-80.

4) 7 gu$_4$ niga 2 gu$_4$ giri$_3$ Šu-^{d}[…]　　　　7头育肥牛，2头牛，舒某某经办

5) 1 gu$_4$ ša$_3$ 5 giri$_3$ A-hu-a　　　　　　　1头牛在5头中，阿胡阿经办

6) 8 gu$_4$ niga Sag-da-na-ta　　　　　　　　8头育肥牛，从普兹瑞什达干

7) 4 gu$_4$ Uri$_5^{ki}$-ta　　　　　　　　　　　4头牛，从乌尔

8) 3 gu$_4$ ša$_3$-gu$_4$ A-ba-^{d}En-lil$_2$-gin$_7$　　3头牛，驭牛者阿巴恩利尔金

9) 7 gu$_4$ ensi$_2$ Nibru^{ki}　　　　　　　　　7头牛，尼普尔恩西

10) 4 gu$_4$ Gar$_3$-ne-ne^{ki}　　　　　　　　4头牛，加尔奈奈

11) 10 gu$_4$ sanga Nibru^{ki}　　　　　　　10头牛，尼普尔神庙主管

12) 3 gu$_4$ kas$_4$　　　　　　　　　　　　3头牛，行使

13) 71 gu$_4$　　　　　　　　　　　　　　71头牛

14) sag-nig$_2$-gur$_{11}$-ra-kam　　　　　　是可用资产；

15) 7 gu$_4$ Sag-da-na-še$_3$　　　　　　　　7头牛，到普兹瑞什达干

rev.

1) 2 gu$_4$ niga Geme$_2$-^{d}Nin-lil$_2$-la$_2$　　　2头育肥牛，给吉美宁利拉

2) 1 gu$_4$ niga Ta$_2$-di$_3$-Eš$_{18}$-tar$_2$　　　　1头育肥牛，给塔丁伊什塔尔

3) 1 gu$_4$ niga ^{d}Šul-gi-si$_2$-im-ti　　　　　1头育肥牛，给舒尔吉西姆提

4) 1 gu$_4$ niga kas$_4$ lu$_2$ Ur-kiš^{ki}　　　　1头育肥牛，给乌尔凯什人的行使

5) 2 gu$_4$ niga Ur-^{d}Su$_4$-an-na　　　　　2头育肥牛，给乌尔苏安纳

6) 1 gu$_4$ niga lu$_2$ Tal-ha-at^{ki}　　　　　1头育肥牛，给塔尔哈特人

7) 1 gu$_4$ niga lu$_2$ Ha-hu-um^{ki}　　　　1头育肥牛，给哈胡姆人

8) 1 gu$_4$ niga lu$_2$ Tu-tu^{ki}　　　　　　1头育肥牛，给图图勒人

9) 1 gu$_4$ ba-uš$_2$　　　　　　　　　　1头宰好的牛

10) 14 gu$_4$ niga e$_2$-a gub-ba　　　　　14头育肥牛，被运到神庙

11) 2 gu$_4$ niga u$_4$ 1-kam　　　　　　　2头育肥牛，第1日

12) 6 gu$_4$ niga u$_4$ 2-kam　　　　　　　6头育肥牛，第2日

13) 6 gu$_4$ niga u$_4$ 3-kam　　　　　　　6头育肥牛，第3日

14) 1 gu$_4$ niga u$_4$ 4-kam　　　　　　　1头育肥牛，第4日

15) 5 gu$_4$ niga giri$_3$ Gu-za-ni　　　　　5头育肥牛，古扎尼经办

16) 8 gu$_4$ niga giri$_3$ Gu-za-ni u$_3$ ^{d}En-lil$_2$-la$_2$　8头育肥牛，古扎尼和恩利拉经办

17) 4 gu$_4$ giri$_3$ Ur-^{d}Šul-pa-e$_3$　　　　　4头牛，乌尔舒尔帕埃经办

18) 3 gu$_4$ giri$_3$ Lu$_2$-^{d}Utu　　　　　　　3头牛，卢乌图经办

19) 1 gu$_4$ ša$_3$ 5　　　　　　　　　　　1头牛，在5（头牛）中

20) 2 gu$_4$ Ur-^{d}Suen　　　　　　　　　2头牛，给乌尔辛

21）1 gu₄ Lu₂-gi-na　　　　　1 头牛，给卢吉纳
22）71 gu₄　　　　　　　　　71 头牛
23）u₄ 13-kam　　　　　　　　第 13 日。
　　［⋯］

该文献记载了哈胡姆的统治者或使节（lu₂Ha-hu-um^ki）接收了一头育肥牛。同一文献还记载了来自乌尔凯什、塔尔哈特和图图勒的使节接收育肥牛。只可惜文献的日期与其他信息残损，我们对于这次的西北方国家使节来访的具体情况不清楚。

（三）乌尔舒

乌尔舒（原文：Ur-šu^ki）位于两河流域西北方的叙利亚地区。可能位于今土耳其加济安泰普（Gaziantep）的广泛地区。[①] 有学者认为，乌尔舒可能位于今叙利亚西北部的图堪（Tell Touqan）遗址。[②] 乌尔舒在埃卜拉文献中有大量的记载。古地亚铭文记载为宁吉尔苏神庙建筑的木材来自埃卜拉山地的乌尔舒城。[③] 在古亚述时期，乌尔舒处于古亚述商路（阿淑尔——卡尼什 Kanesh）的重要据点，位于卡尔凯美什（Carchemish）稍北部。[④]

在乌尔第三王朝时期，乌尔舒与马里、埃卜拉都是西北方重要的国家，也是出访乌尔最多的西北方国家之一。乌尔舒使节出访乌尔，在时间上从舒尔吉 46 年至舒辛 2 年。[⑤] 据现有文献记载，共有大约 7 位乌尔舒使

---

① W. Sallberger, "From Urban Culture to Nomadism. A History of Upper Mesopotamia in the Late Third Millennium", in C. Kuzucuoglu and C. Marro, eds., *Sociétés humaines et changement climatique à la fin du troisième millénaire：Une crise a-t-elle eu lieu en Haute Me'sopotamie? Actes du Colloque de Lyon*, 5-8 décembre 2005, Paris: De Boccard, 2007, pp. 417-456.

② H. Weiss, "Excavations at Tell Leilan and the Origins of North Mesopotamian Cities in the Third Millennium B. C.", *Paléorient*, Vol. 9, No. 2 (1983), p. 49; T. J. Wilkinson, et al., "The Structure and Dynamics of Dry-Farming States in Upper Mesopotamia [and Comments and Reply]", *Current Anthropology*, Vol. 35, No. 5 (1994), p. 488; D. I. Owen, *The Nesbit Tablets*, Nisaba 30, Winona Lake: Eisenbrauns, 2015, p. 14.

③ F. Pinnock, "Ebla and Ur: Relations, Exchanges and Contacts between Two Great Capitals of the Ancient Near East", *Iraq*, Vol. 68 (2006), pp. 93-94.

④ M. Van de Mieroop, *A History of the Ancient Near East, ca. 3000-323 BC*, Third Edition, West Sussex: Wiley Blackwell, 2016, p. 108.

⑤ 还有 1 篇日期残缺（MVN 3 384），1 篇文献舒尔吉 31 年（SumRecDreh 3）。

节访问过乌尔。① 根据使节及其出访时间，可以列举如下：

布乌达祖（Buwudazu）	舒尔吉 46 年
布德拉（Budra）	舒尔吉 47 年
布杜尔	阿马尔辛 1 年
纳纳乌（Nanau）	阿马尔辛 2 年
古拉亚（Gura'a）	阿马尔辛 4 年
x-ri-iš-ti-ši-ri	阿马尔辛 7 年
达萨利卜里（Dasalibri）	舒辛 2 年

乌尔舒使节每次都是接收 1 只羊。唯一例外是舒尔吉 46 年第 3 月 7 日，乌尔舒使节布乌达祖同马里、埃卜拉使节一同接收 1 头牛、10 只羊的礼物。如下所示：

文献 AAICAB 1/2, pl. 144, 1971-363 (SH 46 iii 7, PD)
obv.
1) 1 gu$_4$ niga　　　　　　　　1 头育肥牛
2) 6 udu niga　　　　　　　　6 只育肥绵羊
3) 2 udu a-lum niga　　　　　2 只育肥长毛绵羊
4) 2 maš$_2$-gal niga babbar　2 只育肥白色山羊
5) e$_2$-muhaldim-še$_3$　　　　到厨房
6) mu Iš-bi$_2$-^{d}Da-gan lu$_2$ Ma-ri$_2$^{ki}　给马里人伊什比达干
7) Bu$_3$-u$_2$-da-zu lu$_2$ Ur-šu^{ki}　乌尔舒人布乌达祖
8) Zu-ri$_2$-um lu$_2$ Eb-la^{ki}　埃卜拉人祖里姆
rev.
1) u$_3$ kas$_4$-ke$_4$-ne-eš$_2$　　　和行使们，

这些牲畜基本上都是从普兹瑞什达干分支机构纳卡布图姆官员（包括阿胡尼、卢丁吉尔拉、舒尔吉阿亚姆、舒马马［Shu-Mama］、阿胡威尔）支出。此外还有中心官员那萨和乌尔库努纳。他们在同一日支出 1 只羊给

---

① 其中，布德拉和布杜尔（甚至布乌达祖）很可能是同一个人的不同名字拼写形式。包括一位名字残缺，拼写为 x-ri-iš-ti-ši-ri。

乌尔舒使节布德拉。① 注意，在从乌尔库努纳支出（zi-ga）文献中，乌尔舒使节使用的是简称（lu₂ Urshu）。

负责支出牲畜的经办人都是外事官（sukkal），包括：卢伽尔伊尼姆基纳（SH 47-AS 2）、比利亚（Bilia, AS 4）、胡兹里（AS 4, SS 2）、布沙姆（AS 4）、哈尼（Hani, AS 7）、西格特里（Sigteli, AS 7）、伊里贝利（Ili-beli, SS 2）。总负责人（maškim）基本上都是阿拉德姆，除了阿马尔辛 2 年第 3 月有两次是由卢伽尔马古莱作为总负责人。

从舒尔吉 46 年至阿马尔辛 2 年，乌尔舒使节经常与马里、埃卜拉使节一起访问乌尔。从阿马尔辛 4 年至 7 年，乌尔舒使节经常与马里、马尔哈西使节一起访问乌尔。甚至在阿马尔辛 4 年第 5 月（文献 MVN 05, 111），乌尔舒使节与马尔哈西、马里、图图勒、古布拉使节一起各接收 1 只羊。在这些国家中，除了马尔哈西位于王朝东南方，其余国家都位于王朝西北方。

乌尔舒使节在乌尔第三王朝的访问路径基本上都是在首都乌尔，只有在阿马尔辛 1 年第 3 月 4 日，乌尔舒使节布杜尔在尼普尔访问。② 据文献记载，在阿马尔辛 1 年 2 月 14、23、26 日，布杜尔都是在乌尔，到 3 月 4 日在尼普尔，其间他应该是从乌尔到达尼普尔。而在同年 12 月 29 日，布杜尔再次出现在乌尔，可能有两种解释，一是他在此期间从尼普尔返回乌尔继续访问，二是他在 3 月左右离开巴比伦尼亚返回乌尔舒，到 12 月再次访问乌尔。结合 3 月至 12 月之间跨度略大，所以第二种可能性较大。

（四）塔尔哈特

塔尔哈特的拼写形式为 Tal-ha-at^{ki}。最早记录于阿卡德王朝纳拉姆辛的王室铭文中、古亚述文献以及马里文献中。在古亚述文献中，对于卡尼什居民而言，塔尔哈特是一个外国城市，位于幼发拉底河流域，今土耳其东南部的维兰瑟希（Viransehir）以南地区。在马里文献中，塔尔哈特又称塔尔哈余姆（Talhayum），是位于哈布尔河流域西北部，以及哈布尔河与巴

---

① 文献 AUCT 1 494 和 MMFM 2005 20 3。
② 文献 PDT 1 594。

里赫河上游之间的国家亚普图鲁姆（Japturum）的首都。① 杜兰认为，塔尔哈特位于今叙利亚北部的丘埃拉（Tall Chuera）遗址，靠近纳胡尔（Nahur）、齐尔达哈特（Qirdahat）、阿什纳昆（Ashnakkum）和埃贝赫山（Mount Ebeh）。②

在乌尔第三王朝，塔尔哈特使节出访乌尔的记录仅见于两篇文献。在一篇舒辛2年第6月第27日的文献中，塔尔哈特的使节沙鲁姆伊里接收一只育肥绵羊，经办人为外事官舒舒尔吉，总负责人为阿拉德姆，这只绵羊从阿胡威尔处支出。同一文献中还记载了来自马里和乌尔舒的使节分别接收1只育肥绵羊，其经办人为外事官伊里贝利。文献列举如下：

文献 Hermitage 3, 367 (SS 2 vi 27, PD)
obv.
1) 1 udu niga sig$_5$ 1 只头等育肥绵羊
2) 1 udu niga 3-kam-us$_2$ 1 只三等育肥绵羊
3) 1 maš$_2$-gal niga 4-kam-us$_2$ 1 只四等育肥山羊
4) ^{d}En-lil$_2$ 给恩利尔
5) 1 udu niga sig$_5$ 1 只头等育肥绵羊
6) 1 udu niga 3-kam-us$_2$ 1 只三等育肥绵羊
7) 1 maš$_2$-gal niga 4-kam-us$_2$ 1 只四等育肥山羊
8) ^{d}Nin-lil$_2$ 给宁利尔
9) lugal ku$_4$-ra   国王监办；
10) 3 udu niga 4-kam-us$_2$ Ga$_2$-da   3 只四等育肥绵羊，给伽达
11) A-tu sagi maškim   持杯者阿图监办；
12) ša$_3$ Nibru^{ki} 在尼普尔。
13) 1 udu niga E$_2$-um lu$_2$ Ma-ri$_2$^{ki} 1 只育肥绵羊，给马里人埃乌姆
rev.
1) 1 udu niga Da-sal-ib-ri lu$_2$ Ur-šu^{ki} 1 只育肥绵羊，给乌尔舒人达萨里卜利

---

① C. Michel, "Talhayum, Talhat", *Reallexikon der Assyriologie und vorderasiatischen Archaologie*, Vol. 13 (2013), pp. 420-421.
② J.-M. Durand, "L'emploi des toponymes dans l'onomastique d'époque amorrite (I): les noms en mut-", *Studi Epigrafici e Linguistici sul Vicino Oriente Antico*, Vol. 8 (1991), p. 85.

2) giri₃ I₃-li₂-be-li₂ sukkal　　　　　　外事官伊里贝利经办

3) 1 udu niga Šar-ru-um-i₃-li₂ lu₂ Tal-ha-at^ki　1 只育肥绵羊，给塔尔哈特人沙鲁姆伊里

4) giri₃ Šu-^dŠul-gi sukkal　　　　　　外事官舒舒尔吉经办

5) Arad₂-mu maškim　　　　　　　　阿拉德姆监办；

6) iti u₄ 27 ba-zal　　　　　　　　　第 27 日

7) ki A-hu-We-er-ta ba-zi　　　　　　从阿胡威尔，支出

8) giri₃ Ur-^dLugal-banda₃^da dub-sar　书吏乌尔卢伽尔班达

9) u₃ Ad-da-kal-la šar₂-ra-ab-du　　　和行政官阿达卡拉总经办

10) iti a₂-ki-ti　　　　　　　　　　第 6 月

11) mu ma₂-dara₃-abzu ^dEn-ki ba-ab-du₈　舒辛 2 年。

left

1) 12 udu　　　　　　　　　　　　（共计：）12 只羊。

在另一篇日期残损的文献（RA 074, 047 116）中，记载了塔尔哈特的匿名使节（lu₂ Tal-ha-at^ki）接收一头育肥牛，同文献还记载了乌尔凯什、哈胡姆和图图勒的使节分别接收一头育肥牛。由此可见，这些来自乌尔第三王朝西北方、幼发拉底河上游遥远国家的使节很可能是结队组团出访乌尔，乌尔统治者对他们一同款待。

（五）图图勒

图图勒位于幼发拉底河与其支流巴里赫河交汇处附近的比亚（Tell Bi'a，今叙利亚北部）遗址。① 在乌尔第三王朝文献中，图图勒地名的拼写形式有两种：Tu-tu-ul^ki 和 Tu-tu-la^ki。在古巴比伦时期，图图勒很可能是马里王国的一部分。②

图图勒使节出访乌尔见于 5 篇文献，一共有三次活动，在时间上分别位于舒尔吉 47 年、阿马尔辛 4 年和阿马尔辛 7 年。来访乌尔的图图勒使节按照时间列举如下：

---

① 参见 E. Strommenger and K. Kohlmeyer, *Tall Bi'a / Tuttul / Die altorientalischen Bestattungen*, WVDOG 96, Wiesbaden: Harrassowitz Verlag, 1998; E. Strommenger and K. Kohlmeyer, *Tall Bi'a / Tuttul-Ⅲ: Die Schichten Des 3. Jahrtausends V. Chr. Im Zentralhugel*, Wiesbaden: Harrassowitz Verlag, 2000.

② L. Ristvet, "'Assyria' in the Third Millennium BCE", in E. Frahm (ed.), *A Companion to Assyria*, Malden: Wiley Balckwell, 2017, p. 49.

表 3-4　　　　　　来访乌尔第三王朝的图图勒使节统计

时间	人名	原文记载
舒尔吉 47 年	图图勒人朱阿马	Zu-am-ma lu$_2$ Tu-tu-ul^{ki}
阿马尔辛 4 年 5 月	图图勒恩西雅西里姆的使节达干阿布	^{d}Da-gan-a-bu lu$_2$-kin-gi$_4$-a Ia$_3$-ši-li-im ensi$_2$ Tu-tu-la^{ki}
阿马尔辛 7 年 3 月	图图勒人	lu$_2$ Tu-tu-ul^{ki}
阿马尔辛 7 年 5 月	图图勒人普朱尔达干	Puzur$_4$-^{d}Da-gan lu$_2$ Tu-tu-ul^{ki}

第一次发生在舒尔吉 47 年，记载了图图勒的使节（或统治者）朱阿马（Zuamma）接收了一只育肥山羊，到"农村"（外国人暂居地"埃杜鲁"），经办的外事官是卢伽尔伊尼姆基纳，总监为阿拉德姆，从纳卡布图姆机构官员卢丁吉尔拉处支出。① 同篇文献还记载了来自西格里什、古马拉西、哈尔西、基马什、西马什基和乌尔比隆来访的使节。第二次发生在阿马尔辛 4 年第 5 月，记载了图图勒的恩西雅西里姆（Iashilim）的使节达干阿布（Dagan-abu），在第 6 日接收了 1 只育肥山羊，② 在第 9 日又接收了 1 只育肥绵羊，经办的外事官都是布沙姆，总监是阿拉德姆，从纳卡布图姆机构官员舒尔吉阿亚姆处支出。同篇文献还记载了来自古布拉的使节。③

第三次发生在阿马尔辛 7 年，记载了在第 3 月图图勒的匿名使节（或统治者，lu$_2$ Tu-tu-ul^{ki}）接收了 1 只育肥山羊，经办的外事官是哈尼，总监为阿拉德姆，④ 从纳卡布图姆机构官员舒马马处支出。外事官哈尼同时经办的还有马里和乌尔舒的使节来访。在第 5 月，图图勒的使节普朱尔达干（Puzur-Dagan）接收了一只育肥绵羊，经办此事的外事官是西格特里，总监为阿拉德姆，⑤ 从纳卡布图姆机构官员阿胡威尔处支出。同篇文献还记载了马里、埃卜拉、乌尔舒、西马什基的使节来访，但是由不同的外事官经办。

---

① Zu-am-ma lu$_2$ Tu-tu-ul^{ki}，文献 Hermitage 3, 177（SH 47 ii 23）.
② ^{d}Da-gan-a-bu lu$_2$-kin-gi$_4$-a Ia$_3$-ši-li-im ensi$_2$ Tu-tu-la^{ki}，文献 AnOr 07, 099（AS 4 v 6）.
③ 文献 MVN 05, 111（AS 4 v 9）.
④ 文献 MVN 05, 116（AS 7 iii 9）.
⑤ 文献 Ebla 1975-1985, 267（AS 7 v 21）.

（六）马里

马里（拼写形式为 Ma-ri₂^ki）位于幼发拉底河中游（今叙利亚哈里里 Tell Hariri），是古代两河流域历史上重要的邦国之一。据《苏美尔王表》记载，在早王朝时期，马里曾经战胜阿达布，占据两河流域，建立马里王朝，共历 6 王 136 年。阿卡德王国建立后，马里成为阿卡德王国的一个行省（或附属国），其统治者被称为"将军"（šakkanakkum），阿卡德灭亡后，马里独立。在乌尔第三王朝建立后，马里与乌尔结盟。乌尔第三王朝灭亡后，马里再次独立。在古巴比伦前期，马里先是被亚述的沙姆西阿达德一世（Shamshi-Adad）征服，由其幼子雅斯马赫阿杜（Yasmah-Addu）统治，沙姆西阿达德一世死后，马里再次独立，由金瑞林（Zimri-Lim）统治，后来被古巴比伦国王汉谟拉比（Hammurabi）征服并毁城，此后再无强大政权存在。①

马里是乌尔第三王朝最重要的外交国之一，从乌尔纳姆时期就已经同马里通过政治联姻结盟，可见乌尔与马里一直保持友好关系。马里使节出访乌尔，共有 67 篇文献记载，是王朝西北方乃至所有乌尔第三王朝外交国中出访乌尔次数与文献记载最多的国家。在时间上，从舒尔吉 45 年至舒辛 6 年，在阿马尔辛统治时期马里使节出访乌尔的文献记载数量最多。

马里使节出访乌尔的时间跨度比较大，从舒尔吉 45 年直到舒辛 6 年。马里出访乌尔的使节数量比较多，在文献中的表述方式都是 PN lu₂ Mari "马里人（使节）某某"。根据时间顺序列举如下：

卡什 Kash（SH 45）
阿达图姆 Adatum（SH 45）
伊什比达干 Ishbi-Dagan（SH 46）
伊特拉克伊里 Itrak-ili（SH 47）
阿米尔舒尔吉 Amir-Shulgi 或阿穆尔舒尔吉 Amur-Shulgi（SH 47/48/AS 2/SS 4）

---

① 关于马里的历史与考古发掘，参见 J. Kupper, "Mari. A. Philologisch", *Reallexikon der Assyriologie und Vorderasiatischen Archäologie*, Vol. 7（1987-1990），pp. 382-390; A. Spycket, "Mari. B. Archäologisch", *Reallexikon der Assyriologie und Vorderasiatischen Archäologie*, Vol. 7（1987-1990），pp. 390-418; J. Margueron, *Mari, métropole de l'Euphrate aux IIIe et IIe millénaires*, Paris: Picard, 2004; J. Margueron, "The Kingdom of Mari", in H. Crawford (ed.), *The Sumerian World*, London and New York: Routledge, 2013, pp. 517-537.

舒尔吉帕里尔 Shulgi-palil（SH 47/AS 2）

伊什美达干 Ishme-Dagan（SH 47/AS 1）

阿克巴尼 Aqbani（SH 48/AS 1/2/4/5）AS 5

伊里什提伽尔 Ili-ishtigal（SH 48）

伊里阿希 Ili-ahi（AS 1）

普朱尔马马 Puzur-Mama（AS 2）

图兰达干 Turam-Dagan（AS 3）

埃乌姆 Eum（AS 4/SS 2）

塞达库库 Sheda-kuku（AS 4）

舒达干 Shu-Dagan（AS 5-6）

舒伊什哈拉 Shu-Ishhara（AS 6）

伊丁阿克 Idin-ak（AS 6）

阿布杜 Abudu（AS 7/SS 1/3/6）

拉齐普姆 Laqipum（AS 8）

注意，在普兹瑞什达干文献中，记载了若干马里人名，但是没有带"马里"的来源术语，只有人名，根据其他文献佐证，我们可以知道，这些人也是马里人。但是为何这些人没有记录其来源地，很可能是一种当时书吏的简写方式。这些没有带"马里"来源地的马里人一般在文献中一同出现，包括：阿穆尔舒尔吉（或阿米尔舒尔吉）、阿克巴尼、舒尔吉阿比（Shulgi-abi）、舒尔吉伊里（Shulgi-ili）、舒尔吉帕里尔、胡恩舒尔吉（Hun-Shulgi）。① 例如：

文献 TCL 02, 5500（AS 8 x 17, PD）
obv.
col. 2
6) 2 udu A-mi-ir-^{d}Šul-gi　　　　2 只绵羊，给阿米尔舒尔吉
7) 1 maš$_2$-gal ^{d}Šul-gi-pa-li$_2$-il　　1 只山羊，给舒尔吉帕里尔
8) 1 maš$_2$-gal Aq-ba-ni　　　　1 只山羊，给阿克巴尼
9) 2 udu Hu-un-^{d}Šul-gi　　　　2 只绵羊，给胡恩舒尔吉
10) 2 udu ^{d}Šul-gi-a-bi$_2$　　　　2 只绵羊，给舒尔吉阿比

---

① 文献 PDT 1, 0548（AS 8）；TCL 02, 5500（AS 8）；UDT 092（AS 8）.

11) 1 maš₂-gal ᵈŠul-gi-i₃-li₂　　　1只山羊，给舒尔吉伊里

12) 1 gu₄ niga　　　　　　　　　1头育肥牛

13) 2 udu niga gu₄-e-us₂-sa　　　2只次牛级育肥绵羊

14) 2 udu 1 maš₂-gal　　　　　　2只绵羊，1只山羊

15) Hu-li-bar　　　　　　　　　　给胡里巴尔①

……　　　　　　　　　　　　　　……

rev.

col. 1

16) 1 gu₄ niga　　　　　　　　　1头育肥牛

17) 2 udu niga gu₄-e-us₂-sa　　　2只次牛级育肥绵羊

18) 2 udu 1 maš₂-gal　　　　　　2只绵羊，1只山羊

19) Na-ni-pa₂-tal　　　　　　　　给纳尼普阿塔尔②

20) 24 udu kas₄ didli-me　　　　24只绵羊，给多位行使

21) 1 udu A-mur-DINGIR　　　　 1只绵羊，给阿穆尔伊鲁姆③

22) giri₃ ᵈNanna-kam sukkal　　　外事官南纳卡姆经办

23) Arad₂-mu maškim　　　　　　阿拉德姆监办。

　　马里使节接收的礼物一般是1只绵羊。如果多名马里使节一起出访乌尔时，他们每人获得5只绵羊。例如，在舒尔吉47年，阿米尔舒尔吉和舒尔吉帕里尔一起出访乌尔，每人获得5只绵羊（当他们乘船到阿胡提 Ahuti 时）。④ 再如，舒尔吉48年，阿米尔舒尔吉、阿克巴尼、伊里什提伽尔一起出访乌尔，每人获得5只绵羊。⑤ 其中，阿克巴尼可能地位略高，他获得的

---

① 关于胡里巴尔的身份是杜杜里首领，参见 A. Goetze, "Hulibar of Duddul", *Journal of Near Eastern Studies*, Vol. 12, No. 2 (1953), pp. 114-123; P. Notizia, "Hulibar, Duhduh (u) ni e la Frontiera Orientale", *Quaderni di Vicino Oriente*, Vol. 5 (2010), pp. 269-291.

② 注意，这位没有记录来源地的纳尼普阿塔尔（Nanip-atal）是乌尔比隆的首领或使节，参见文献 CUSAS 40, 0061 (AS 8 xi): Na-ni-pa₂-tal lu₂ Ur-bi₂-lum^ki。

③ 注意，阿穆尔伊鲁姆的身份是马尔哈西的使节，参见文献 CST 286 (AS 3 xii 28); AUCT 2, 278 (AS 4 ii 25); CDLJ 2012/1 § 4.35 (AS 4 iii 16); TLB 03, 025 (AS 4 iii 22); TCL 02, 5508 (AS 4 i 6); MVN 03, 228 (AS 4 i 14); OIP 121, 020 (AS 4 i 23); SAT 2, 0806 (AS 4 i 27); AnOr 07, 099 (AS 4 v 6); MVN 05, 111 (AS 4 v 9); BCT 1, 090 (AS 4 v 15); MVN 03, 384 (--iii 7)。

④ 文献 MVN 15 189 (SH 47 viii 28)。

⑤ 文献 OrSP 18 pl. 5 17 (SH 48 ix 9)。

动物数量一般多于 1 只。例如，他获得 3 只绵羊，① 获得 5 只绵羊，② 获得 2 只绵羊，③ 获得 7 头牛和 8 头驴。④ 除了 7 头牛和 8 头驴可能会被运回马里之外，其他马里使节获得的礼物一般都是在乌尔暂住期间用于个人消费或者路资。因为数量太少，马里与乌尔路途遥远，不可能将这仅有的 1 只绵羊运回马里，或者是将这些陆续获得的动物暂时收集起来，等出访任务结束一同运回马里。不过，阿马尔辛 2 年，阿穆尔舒尔吉和舒尔吉帕里尔作为马里使节，从普兹瑞什达干中心官员阿巴萨伽处获得 600 只羊，作为乌尔国王的礼物（nig$_2$-ba lugal），阿拉德姆作为总负责人。可以肯定的是，这些数量庞大的动物肯定被作为乌尔的国礼运回马里。例如：

文献 Hermitage 3, 216（AS 2 xii, PD）
obv.

1）240 udu	240 只公绵羊
2）180 u$_8$	180 只母绵羊
3）50-la$_2$-1 maš$_2$-nita$_2$	49 只公山羊
4）11 maš$_2$ gub	11 只断奶山羊羔
5）120 ud$_5$	120 只母山羊
6）nig$_2$-ba lugal	作为王室礼物
7）A-mur-^{d}Šul-gi u$_3$ ^{d}Šul-gi-pa$_2$-li$_2$-il	给阿穆尔舒尔吉和舒尔吉帕里尔
8）lu$_2$ Ma-ri$_2$^{ki}-me	（他们）是马里人

rev.

1）Arad$_2$-mu maškim	阿拉德姆监办；
2）ki Ab-ba-sa$_6$-ga-ta	从阿巴萨伽
3）ba-zi	支出
4）iti še-sag$_{11}$-ku$_5$	第 12 月
5）mu ^{d}Amar-^{d}Suen lugal-e Ur-bi$_2$-lum^{ki} mu-hul	阿马尔辛 2 年

left

1）600	（共计：）600（只羊）

---

① 文献 AUCT 1 244（AS 1 ii 2）。
② 文献 BCT 1 77（AS 2 viii 6）。
③ 文献 TCL 2 5508（AS 4 i 6）。
④ 文献 MVN 8 129（AS 4 iv 5）。

第三章 外国使节来访

马里使节接收礼物,都是经由普兹瑞什达干再分配中心处理,动物从下列官员处支出:纳鲁(Nalu)、卢丁吉尔拉、乌尔库努纳、那萨、阿胡尼、舒尔吉阿亚姆、阿巴萨伽、因塔埃阿、阿胡威尔、舒马马、伊吉恩利尔塞(Igi-Enlilshe)、朱巴伽、阿巴恩利尔金等。

负责支出动物的经办人身份都是外事官(sukkal),包括卢伽尔伊尼姆基纳(SH 46, AS 1, 2, 4)、库南那(Ku-Nanna, SH 47)、巴亚亚(Bayaya, SH 47)、比利亚(AS 4)、胡兹里(AS 4, SS 2)、阿胡瓦卡尔(Ahu-waqar, AS 4)、布沙姆(AS 4)、伊里巴尼(Ili-bani, AS 5)、西格特里(AS 6, 7)、哈尼(AS 7)、舒阿巴(Shu-abba, AS 8)、南纳卡姆(Nanna-kam, SS 1)、伊里贝利(SS 1, 2)、纳拉姆阿达德(Naram-Adad, SS 3)、阿曼奈恩(Amannen, SS 4)。总负责人(maškim)包括:阿拉德姆(SH 45-SS 6)、外事官卢伽尔马古莱(AS 2)、外事官伊里丹(Ilidan, AS 6, 8)。

许多马里使节长期住在乌尔王国,除了首都乌尔之外,还访问尼普尔、乌鲁克、吐玛尔等城市。从现有文献中,我们可以大致恢复他们在乌尔王国的访问足迹以及期限。

除了接收礼物,马里使节还负责"带来"(交付)动物到普兹瑞什达干机构。这种到底是否属于纳贡行为,在学术界尚存争议。可能属于个人行为,这些马里人可能不是马里的使节,故不在本讨论范畴。

三 哈布尔河上游

幼发拉底河的支流——哈布尔河的上游地区是传统胡里人的居住区,有乌尔凯什、纳瓦尔和舒达埃等国家,以及亚马迪乌姆部落。这一地区靠近底格里斯河上游、大扎布河的西北部,距离乌尔第三王朝较远,与乌尔第三王朝的外交联系不是很频繁,目前只有个别文献记载了这一地区使节出访乌尔。有学者认为,这一地区连接北部的亚述与小亚细亚,是两河流域同小亚细亚(安纳托利亚)进行贸易文化交流的中转站。[①] 乌尔第三王朝与这些地

[①] M. Kelly-Buccellati, "Trade in Metals in the Third Millennium: Northeastern Syria and Eastern Anatolia", in P. Matthiae, M. Van Loon and H. Weiss (eds.), *Resurrecting the Past: A Joint Tribute to Adnan Bounni*, Istanbul: Nederlands Historisch-Archaeologisch Instituut te Istanbul, 1990, pp. 117-131; R. Kolinski, "The Upper Khabur Region in the Second Part of the Third Millennium BC", *Altorientalische Forschungen*, Vol. 34 (2007), pp. 342-369.

区的外交往来，间接上为之后的古亚述商路的繁荣奠定了基础。

（一）乌尔凯什

乌尔凯什（拼写为 Ur-kiš^{ki}）位于哈布尔河上游，今叙利亚东北部哈塞克省陶鲁斯山脚下的莫赞（Tell Mozan）遗址，靠近土耳其和伊拉克的边界。① 该城大约始建于公元前 4 千纪，由胡里人所建，是胡里人的居住中心。20 世纪 80 年代，由美国加州大学洛杉矶分校的布切拉蒂与其妻凯莉-布切拉蒂组成考古队在此进行考古发掘。② 据记载，阿卡德国王纳拉姆辛的女儿嫁给了乌尔凯什的国王，两国进行政治婚姻。在公元前 2 千纪早期，乌尔凯什成为新兴起的马里王国的附属国。

在乌尔第三王朝时期，乌尔凯什使节出访乌尔，共见于 5 篇文献。除一篇文献日期不详外，③ 其余 4 篇文献的时间分别为舒尔吉 47 年、阿马尔辛 3 年。

来访乌尔第三王朝的乌尔凯什使节有两位，以及一位匿名使节：尼达古（Nidagu，舒尔吉 47 年 12 月）、安纳塔尔（Annatal，阿马尔辛 3 年 11 月）、匿名行者（kas$_4$ lu$_2$ Ur-kiš^{ki}，时间不详）。

在舒尔吉 47 年第 12 月第 23 日（文献 JCS 57, 028 06）和第 27 日（文献 Kyoto 15），分别有 1 只育肥绵羊和 1 只育肥山羊被送入乌尔凯什统治者的使节尼达古的（驿站）住所，由外事官卢伽尔伊尼姆基纳经办，阿拉德姆总监，（这两只羊）从纳卡布图姆机构官员卢丁吉尔拉处支出。同一文献中还记载了舒达埃的使节。乌尔凯什使节第二次出访乌尔发生在阿马尔辛 3 年第

---

① P. Steinkeller, "The Historical Background of Urkesh and the Hurrian Beginnings in Northern Mesopotamia", in G. Buccellati and M. Kelly-Buccellati (eds.), *Urkesh and the Hurrians: Studies in Honor of Lloyd Cotsen*, BiMes 26, Malibu: Undena Publications, 1998, pp. 75–98; K. M. Ahmed, "The Beginnings of Ancient Kurdistan (*c.* 2500–1500 BC): A Historical and Cultural Synthesis", PhD dissertation, Universiteit Leiden, 2012, p. 204.

② G. Buccellati and M. Kelly-Buccellati, "The Identification of Urkeš with Tell Mozan", *Orient Express*, Vol. 3 (1995), pp. 67–70; G. Buccellati and M. Kelly-Buccellati, "The Royal Storehouse of Urkesh: The Glyptic Evidence from the Southwestern Wing", *Archiv für Orientforschung*, Vol. 42–43 (1995–1996), pp. 1–36; G. Buccellati and M. Kelly-Buccellati, "The Seals of the King of Urkesh: Evidence from the Western Wing of the Royal Storehouse AK", *Wiener Zeitschrift für die Kunde des Morgenlandes*, Vol. 86 (1996), pp. 65–99. 亦可参见网址：http://urkesh.org.

③ 文献 RA 074, 047 116, 记载了一只育肥牛被赠给乌尔凯什的行者（1 gu$_4$ niga kas$_4$ lu$_2$ Ur-kiš^{ki}）。同一文献还记载了塔尔哈特、哈胡姆、图图勒的使节。

11月。① 据文献记载，在该月第3日，乌尔凯什的使节（或统治者）安纳塔尔从纳卡布图姆机构官员舒尔吉阿亚姆处，接收了一只育肥山羊，由外事官布沙姆经办，阿拉德姆总监。此外，安纳塔尔在该月还从普兹瑞什达干机构官员迪库米沙尔（Diku-mishar）处接收了2捆皮鞭（giš ^{kuš}usan$_3$ sa la$_2$-a），当他从乌尔凯什来时，它们被赠送给他（u$_4$ Ur-kiš^{ki}-ta i$_3$-im-gen-na-a in-ba），此事由外事官卢伽尔伊尼姆基纳经办，大执政官阿拉德南那（阿拉德姆）总监。注意，这里的总监不是简称的阿拉德姆，而是其名字的另一种表达阿拉德南那，并且加上了其职位大执政官（或直译"苏卡尔马赫"）。

（二）纳瓦尔

纳瓦尔（拼写为 Na-wa-ar^{ki}），或称纳伽尔（Nagar），位于哈布尔河谷北部，今叙利亚的布拉克（Tell Brak）遗址。在公元前3千纪，纳瓦尔作为乌尔凯什王国的一部分。和乌尔凯什一样，纳瓦尔也是胡里人主要居住地之一。②

在乌尔第三王朝，只有一篇阿马尔辛5年第7月的文献记载了纳瓦尔使节出访乌尔。该文献列举如下：

文献 Trouvaille 83（AS 5 vii, PD）
obv.

1）1 har ku$_3$-babbar 10 gin$_2$	1个银环，重10津
2）Ṣe-ri dumu Še-eb-ba lu$_2$ Bu-li^{ki}	给布里人塞巴之子蔡里
3）u$_4$ Bu-li^{ki}-ta	当他从布里来时，
4）2 har ku$_3$-babbar 8 gin$_2$-ta	2个银环，每个重8津
5）Da-šu-ug Šimaški$_2$^{ki}	给西马什基人达舒格
6）u$_4$ Šimaški$_2$^{ki}-ta	当他从西马什基来时，

---

① 文献 TCL 02, 5565；Babyloniaca 07, pl. 21 14。
② K. M. Ahmed, "The Beginnings of Ancient Kurdistan (c. 2500–1500 BC): A Historical and Cultural Synthesis", PhD dissertation, Universiteit Leiden, 2012, pp. 210–211. 关于纳瓦尔的考古发掘，参见 W. Sallaberger and J. A. Ur, "Tell Beydar/Nabada in its regional setting", in L. Milano, et al. (eds.), *Third Millennium Cuneiform Texts from Tell Beydar (Season 1996–2002)*, Turnhout: Brepols, 2004, pp. 51–71; D. Oates (ed.), *Excavations at Tell Brak Volume 2: Nagar in the 3rd Millennium BC*, London: British School of Archaeology in Iraq, 2011; J. A. Ur, "Urban Form at Tell Brak Across Three Millennia", in A. McMahon and H. Crawford (eds.), *Preludes to Urbanism: Studies in the Late Chalcolithic of Mesopotamia in Honour of Joan Oates*, Cambridge: McDonald Institute for Archaeological Research and the British School of Archaeology in Iraq, 2014, pp. 49–62.

7) 1 har ku₃-babbar 8 gin₂　　　　　　1个银环，重8津
8) Na-wa-ar-še-en gudu₄ᵈNin-hur-sag-ga₂　给纳瓦尔人宁胡尔萨格涂油祭司
   lu₂ Na-wa-arᵏⁱ　　　　　　　　　　　纳瓦尔辛
9) u₄ Na-wa-arᵏⁱ-ta　　　　　　　　　当他从纳瓦尔来时，
10) i₃-im-e-re-eš₂-ša-a

rev.

1) Arad₂-ᵈNanna sukkal-mah maškim　　大执政官阿拉德南那监办；
2) 1 har ku₃-babbar 7 gin₂　　　　　　1个银环，重7津
3) Kal-bi-si aga₃-us₂ lu₂ dun-a A-bu-ni šagina　给将军阿布尼的卫兵卡尔比斯
4) Lugal-ma₂-gur₈-re sukkal maškim　　外事官卢伽尔马古莱监办；
5) in-be₆-e-eš₂
6) ki Lu₂-dingir-ra-ta　　　　　　　　从卢丁吉尔拉
7) ba-zi　　　　　　　　　　　　　　支出
8) ša₃ Puzur₄-iš-ᵈDa-gan　　　　　　　在普兹瑞什达干
9) iti ezemᵈŠul-gi　　　　　　　　　　第7月
10) mu en Unuᵏⁱ-ga ba-hun　　　　　　阿马尔辛5年。

left

1) 7　　　　　　　　　　　　　　　　（共计:）7个（银环）

据该文献记载，1个重8津（gin₂）的银环或戒指（har ku₃-babbar），赠给纳瓦尔的宁胡尔萨格神庙涂油祭司纳瓦尔辛（Nawar-shen），当他从纳瓦尔来的时候，同篇文献还记载了来自布里和西马什基的使节。由最高行政长官阿拉德南那总监，在普兹瑞什达干，从卢丁吉尔拉处支出。注意，这里的纳瓦尔出访乌尔的使节身份是涂油祭司，这是十分特别的现象，其原因可能是受邀到乌尔参加宁胡尔萨格神庙的祭司活动。

（三）舒达埃

舒达埃（拼写为 Šu-da-eᵏⁱ）位于哈布尔河上游，其具体位置不详。目前只发现有2篇文献记载了舒达埃的使节出访乌尔。[①] 舒达埃使节包括：

[①] W. Sallaberger, "From Urban Culture to Nomadism: A History of Upper Mesopotamia in the Late Third Millennium", in C. Kuzucuoglu and C. Marro (eds.), *Sociétés humaines et changement climatique à la fin du troisième millénaire: une crise a-t-elle eu lieu en Haute Mésopotamie? Actes du Colloque de Lyon (5-8 décembre 2005)*, Istanbul: Institut Français d'Études Anatoliennes-Georges Dumézil, 2007, p. 425.

库杜马（Kuduma，舒尔吉47年12月）、泽纳（Zena）和乌杜鲁（Uduru，均为阿马尔辛1年9月）。

第一次发生在舒尔吉47年第12月第27日（文献Kyoto 15），有2只育肥绵羊被送入厨房屠宰加工，赠给舒达埃的统治者的使节库杜马，另外还有1头育肥牛、4只育肥绵羊、1只育肥山羊，被送入舒达埃的统治者的使节库杜马的驿站住处，由阿拉德姆总监，从纳卡布图姆机构官员卢丁吉尔拉处支出。同篇文献还记载了来自乌尔凯什的使节接收1只育肥山羊。

舒达埃使节第二次出访乌尔发生在阿马尔辛1年第9月第21日（文献MVN 13, 529），有1头育肥牛、3只育肥绵羊、2只育肥山羊，被赠给舒达埃的使节泽纳和乌杜鲁。他们被带入外国人临时住所——埃杜鲁驿馆，由阿拉德姆总监，从纳卡布图姆机构官员卢丁吉尔拉处支出。

（四）亚马迪乌姆

亚马迪乌姆（拼写为 Ia$_3$-a-ma-di$_3$-um^{ki} 或 Ia$_3$-a-ma-di$_3$）是位于哈布尔河中下游的一个部落名称，很可能是游牧民族阿摩利人的集聚地，其具体的地理位置不详。[①]

目前共发现有4篇文献记载了亚马迪乌姆的使节出访乌尔，在时间上位于阿马尔辛2年和舒辛6年。亚马迪乌姆的使节很可能就是其部落首领（lu$_2$），属于阿摩利人，包括：杜尔加努姆（Dulganum，阿马尔辛2年）、[②] 伊皮克莱乌（Ipiqreu，舒辛6年）。

在阿马尔辛2年第7月第21日（文献Fs Hallo 182），亚马迪乌姆的使节杜尔加努姆接收了1只育肥山羊，由阿拉德姆总监，从纳卡布图姆机构官员舒尔吉阿亚姆处支出。在该年第8月，亚马迪乌姆的阿摩利人

[①] W. Sallaberger, "From Urban Culture to Nomadism: A History of Upper Mesopotamia in the Late Third Millennium", in C. Kuzucuoglu and C. Marro (eds.), *Sociétés humaines et changement climatique à la fin du troisième millénaire: une crise a-t-elle eu lieu en Haute Mésopotamie? Actes du Colloque de Lyon (5–8 décembre 2005)*, Istanbul: Institut Français d'Études Anatoliennes-Georges Dumézil, 2007, p. 440; V. Orsi, *Crisi e Rigenerazione nella valle dell' Alto Khabur (Siria): La produzione ceramica nel passaggio dal Bronzo Antico al Bronzo Medio, Volume II*, Firenze: Firenze University Press, 2011, p. 58; T. P. Schou, "Mobile pastoralist groups and the Palmyrene in the late Early to Middle Bronze Age (c. 2400–1700 BCE): An archaeological synthesis based on a multidisciplinary approach focusing on satellite imagery studies, environmental data, and textual sources", PhD dissertation, University of Bergen, 2014, pp. 103–104.

[②] 写法为：Du-ul-ga-nu-um lu$_2$ Ia$_3$-a-ma-di$_3$-um^{ki} 或 Du$_2$-ul-ga-num$_2$ mar-tu Ia$_3$-a-ma-di$_3$。

杜尔加努姆接收了 1 头公驴，由阿拉德姆总监。注意，在这篇文献中，杜尔加努姆的身份是阿摩利人。这两篇文献也都记载了来自马里和埃卜拉的使节。

在舒辛 6 年第 8 月第 14 日（文献 Amorites 21），亚马迪乌姆的阿摩利人伊皮克莱乌接收了 5 只"次于牛级"育肥绵羊，当他回他的城市时，这些羊被装上船。由乌尔某某经办，阿拉德姆总监，在尼普尔，从阿巴恩利尔金处支出。同时文献还记载了来自埃卜拉、马里和西马什基的使节。另外，还有一篇舒辛 6 年的文献（文献 JCS 07，105 NBCT 01593）记载，2 班优质啤酒、5 捆（或 300 捆）芦苇，赠给亚马迪乌姆的阿摩利人伊皮克莱乌。

第四节　东北方诸国使节来访

乌尔第三王朝的东北方国家泛指底格里斯河以东、德尔和西马什基一线以北的区域。① 这一区域是乌尔第三王朝的主要战争目标区域，涉及地名（可能指一个城市、地区或国家）十分繁杂，许多地名的具体地理位置不详或者存在争议。根据其与乌尔第三王朝核心区的距离远近以及地理位置特点，可以分为以下几个区域。

一　大扎布河以北区域

这一区域的地理位置具体为底格里斯河上游以东、大扎布河以北，共包括 7 个地名。由北向南的顺序为：马尔达曼、库米、哈布拉、西马努姆、塔尔穆什、乌拉乌姆和尼尼微。

（一）马尔达曼

马尔达曼，拼写形式有以下几种：Mar-da-ma-ni[ki]；Mar-da-ma-an[ki]；Mar-da-ma-ni-um[ki]；Ma-ar-da-ma-na[ki]；Ma-ar-da-ma-an[ki]。关于马尔达曼的地理位置，在学术界存在两种观点，一种观点认为马尔达曼位于哈布尔河上

---

① 本书认为，西马什基属于东北方，西马什基以南属于东南方。

第三章 外国使节来访

游（即底格里斯河西岸），① 靠近土耳其东南部、叙利亚西北部的马尔丁（Mardin）地区，延伸至南部的拉尼亚（Rania，今伊拉克东北部）平原；② 另一种观点认为，马尔达曼位于尼尼微北部（即底格里斯河东岸），底格里斯河与大扎布河之间。③ 根据最新考古证据表明，马尔达曼具体位于今伊拉克库尔德自治区杜胡克（Dohuk）省的巴塞特基遗址。④ 笔者同意最新的观点。

据乌尔第三王朝文献记载，马尔达曼使节来访乌尔主要发生在舒尔吉47年和阿马尔辛8年。在舒尔吉47年第3月第9日（文献OLP 08, 0906），马尔达曼的使节与哈布拉、吉吉比尼乌姆、杜杜里以及来自"东方"（sa$_{12}$-ti-um）某地的使节一起接收了2头育肥牛、20只育肥羊；在第14日（文献 CST 168），马尔达曼的使节又与哈布拉使节以及行使们一起接收了10只育肥牛；这些牛羊都是先被送入厨房屠宰，然后分发给这些使节，由阿拉德姆总监，从卢丁吉尔拉处支出，在尼普尔。

---

① P. Steinkeller, "The Administrative and Economic Organization of the Ur Ⅲ State: The Core and the Periphery", in M. Gibson, R. D. Biggs (eds.), *The Organization of Power: Aspects of Bureaucracy in the Ancient Near East*, Chicago: The Oriental Institute of the University of Chicago, 1987, p. 31; W. Sallaberger and A. Westenholz, *Mesopotamien: Akkade-Zeit und Ur Ⅲ-Zeit*, OBO 160/3, Freiburg, Schweiz: Universitätsverlag / Göttingen: Vandenhoeck und Ruprecht, 1999, p. 157; M. Liverani, *The Ancient Near East: History, society and economy*, London and New York: Routledge, 2014, p. 157.

② M. F. Walker, "The Tigris Frontier from Sargon to Hammurabi-A Philologic and Historical Synthesis", PhD dissertation, Yale University, 1985, p. 103.

③ F. Pomponio and L. Verderame, "L'economia neo-sumerica", *Rivista di Storia Economica*, Vol. 31, No. 1 (2015), p. 27.

④ P. Pfälzner and B. Faist, "Eine Geschichte der Stadt Mardama(n)", in J. Baldwin and J. Matuszak (eds.), *mu-zu an-za$_3$-še$_3$ kur-ur$_2$-še$_3$ he$_2$-gal$_2$: Altorientalistische Studien zu Ehren von Konrad Volk*, dubsar 17, Münster: Zaphon, 2020, pp. 347–389. 自2013年开始，德国图宾根大学考古队在马尔达曼遗址的发掘，参见 P. Pfälzner and H. A. Qasim, "The first and second seasons of the german-kurdish excavations at Bassetki in 2015 and 2016", *Zeitschrift für Orient-Archäologie*, Vol. 10 (2017), pp. 10–43; P. Pfälzner et al., "Urban developments in northeastern Mesopotamia from the ninevite V to the neo-assyrian periods: excavations at Bassetki", *Zeitschrift für Orient-Archäologie*, Vol. 11 (2018), pp. 42–87; P. Pfälzner and H. A. Qasim, "From Akkadian Maridaban to Middle-Assyrian Mardama. Excavations at Bassetki in 2018 and 2019", *Zeitschrift für Orient-Archäologie*, Vol. 13 (2020), pp. 12–89. 此前，马尔达曼出土了一个阿卡德王国时期的雕像铭文，参见 D. Frayne, *Sargonic and Gutian Periods (2334–2113 BC)*, RIME 2, Toronto: University of Toronto Press, 1993, pp. 113–114; A. H. Ai-Fouadi, "Bassetki statue with an Old Akkadian royal inscription of Naram-Sin of Agade, B. C. 2291–2255", *Sumer*, Vol. 32 (1976), pp. 63–76.

图 3-2　乌尔第三王朝东北方大扎布河以北外交国示意图

资料来源：M. C. Astour, "A Reconstruction of the History of Ebla (Part 2)", in C. H. Gordon and G. A. Rendsburg (eds.), *Eblaitica*: *Essays on the Ebla Archives and Eblaite Language*, Volume 4, Winona Lake: Eisenbrauns, 2002, p.97; F. Pomponio and L. Verderame, "L'economia neo-sumerica", *Rivista di Storia Economica*, Vol.31, No.1 (2015), p.27.

注意，在阿马尔辛 5 年第 10 月第 6 日（文献 NYPL 005），马尔达曼的统治者奈里什阿塔尔（Nerish-atal）进贡（"带来了"）2 只鹿（1 公 1 母），由阿巴萨伽接收。这一进贡行为很可能是作为马尔达曼国礼，赠送给乌尔王国，这种进贡行为不是定期常规操作，而是一种偶尔的赠送行为，不能证明马尔达曼作为乌尔的附属国关系。

在阿马尔辛 8 年，马尔达曼使节与其他同一地区的小国使节一起，有三次接收赠礼。第一次发生在第 10 月第 13 日（文献 PDT 2, 1147），马尔达曼的匿名统治者或使节接收一只绵羊（同时还有提基廷希、雅比布姆、西穆鲁姆、杜杜里的使节和阿摩利人），在乌尔，从杜伽（Duga）处支出；第二次发生在第 10 月第 17 日（文献 TCL 02, 5500），马尔达曼统治者纳克达马里（Nakdamari）接收了 1 头育肥牛、5 只育肥羊，从阿巴萨伽处支出。第三次发生在第 12 月第 29 日（文献 UDT 092），马尔达曼统治者古朱朱（Guzuzu）接收了若干只育肥羊（具体数量破损不详，同时还有阿摩利人纳普拉努姆［Naplanum］、西马努姆人、塔尔穆什人、尼卡卜人、基希尔［Kishir］的姐姐帕帕［Papa］、马里人舒尔吉帕里尔、阿克巴尼、舒尔吉伊里），在乌尔，从阿巴萨伽处支出。这三次都是由外事官南纳卡姆经办，阿拉德姆总监。由于第12月的这次出访与第10月的使节不同，所以应该是两次不同的出访任务。如果lu$_2$翻译为"统治者"，那么可以推断在这2个月之间，马尔达曼可能发生了统治者更替的现象，但是lu$_2$很可能指的是"使节"的意思。

（二）库米

库米（拼写形式为Ku-mi^{ki}或Ku-um-mi^{ki}），又读为库美（Kumme），是一个城市和国家的名称，一般认为位于大扎布河北部地区。关于库米的具体地理位置众说纷纭。一说其位于今伊拉克库尔德自治区杜胡克省的扎胡（Zakho）市，靠近底格里斯河上游的支流小哈布尔河（Little Khabur）河谷。[①] 阿斯特认为，库米位于大扎布河北部、哈布拉的东部。[②] 罗利格等学者则认为，库米城是阿达德（Adad）或特苏普（Tessup）神的祭祀地，位于尼尼微北部某地，一般认为是古巴比伦文献中 *māt Haburātim* 的变体（文献 ARM Ⅶ 219, 7）。[③] 此外，威廉对这一地名的词源学含义进行了考证与分析。[④]

[①] K. M. Ahmed, "The Beginnings of Ancient Kurdistan (*c.* 2500–1500 BC): A Historical and Cultural Synthesis", PhD dissertation, Universiteit Leiden, 2012, pp. 346–348; M. Salvini, "The Earliest Evidences of the Hurrians Before the Formation of the Reign of Mittanni", in G. Buccellati and M. Kelly-Buccellati (eds.), *Urkesh and the Hurrians: Studies in Honor of Lloyd Cotsen*, BiMes 26, Malibu: Undena Publications, 1998, p. 101.

[②] M. C. Astour, "Semites and Hurrians in Northern Transtigris", in D. I. Owen and M. A. Morrison (eds.), *Studies on the Civilization and Culture of Nuzi and the Hurrians*, Volume 2: *General Studies and Excavations at Nuzi 9/1*, SCCNH 2, Winona Lake: Eisenbrauns, 1987, p. 9; M. C. Astour, "A Reconstruction of the History of Ebla (Part 2)", in C. H. Gordon and G. A. Rendsburg (eds.), *Eblaitica: Essays on the Ebla Archives and Eblaite Language*, Volume 4, Winona Lake: Eisenbrauns, 2002, pp. 96–97, 142.

[③] N. Ziegler, "Kaknum et le Gutium", in L. Marti, C. Hicolle and K. Shawaly (eds.), *Recherches en Haute-Mésopotamie Ⅱ: Mission Archéologique de Bash Tapa (Campagnes 2012–2013) et les Enjeux de la Recherche dans la Région d'Erbil, Mémoires de N. A. B. U. 17*, Paris: SEPOA, 2015, p. 34. J. Eidem and J. Læssøe, *The Shemshara Archives*, Vol. 1 *The Letters*, Copenhagen: Royal Danish Academy of Sciences and Letters, 2001, p. 74; W. Röllig, "Kumme", *Reallexikon der Assyriologie und vorderasiatischen Archaologie*, Vol. 6 (1980–1983), p. 336.

[④] G. Wilhelm, "Kumme und *Kumar: Zur hurritischen Ortsnamenbildung", in P. Calmeyer, et al. (eds.), *Beiträge zur Altorientalischen Archäologie und Altertumskunde: Festschrift für Barthel Hrouda zum 65. Geburtstag*, Wiesbaden: Harrassowitz, 1994, pp. 315–320.

在乌尔第三王朝时期，库米与乌尔之间的联系不多，目前只发现有两篇文献记载了库米使节出访乌尔，均发生在舒尔吉 47 年。在该年第 4 月第 10 日（文献 Princeton 1,086），有 5 只育肥羊，被送入厨房屠宰，然后供给库米的统治者纳哈普阿塔尔（Nahap-atal）的使节以及诸多行使，还有 2 只育肥羊被送入库米统治者纳哈普阿塔尔的使节的住处（驿站），由外事官卢伽尔伊尼姆基纳经办，阿拉德姆总监，在尼普尔从卢丁吉尔拉处支出。很可能库米使节的这次出访乌尔行为，促使了库米统治者亲自携带礼物再次出访乌尔。在第 5 月第 1 日，库米统治者纳哈普阿塔尔携带 1 只熊（az，注意熊在两河流域用于杂技表演，供上层人士娱乐），[①] 由普兹瑞什达干中心机构官员那萨接收。

文献 BPOA 06,0298 (SH 47 v 1, PD)
obv.
1) 1 az Na-ha-pa$_2$-tal lu$_2$ Ku-um-mi^{ki} 1 只熊，由库米人纳哈普阿塔尔
2) 2 sila$_4$ zabar-dab$_5$ 2 只绵羊羔，由大祭司官
3) 2 ud$_5$ a-lum sila$_4$ nu$_2$-a   2 只长毛哺乳母山羊
4) 1 sila$_4$ 1 只绵羊羔
5) ensi$_2$ Šuruppak^{ki} 由舒鲁帕克的恩西
6) 1 gu$_4$ 4 udu   1 头牛，4 只绵羊
rev.
1) 5 maš$_2$-gal 1 sila$_4$ 5 只山羊，1 只绵羊羔
2) Šar-ru-um-i$_3$-li$_2$ 由沙鲁姆伊里
3) mu-DU   带来，
4) Na-sa$_6$ i$_3$-dab$_5$ 那萨接收，
5) iti ezem ^{d}Nin-a-zu   第 5 月
6) mu us$_2$-sa Ki-maš^{ki} ba-hul   舒尔吉 47 年，
left
1) u$_4$ 1-kam   第 1 日。

[①] P. Michalowski, "Of Bears and Men: Thoughts on the End of Šulgi's Reign and on the Ensuing Succession", in *Literature as Politics, Politics as Literature: Essays on the Ancient Near East in Honor of Peter Machinist*, D. S. Vanderhooft and A. Winitzer (eds.), Winona Lake: Eisenbrauns, 2013, pp. 285–320.

需要注意的是，库米统治者的这次"带来"的动物是熊，并非两河流域传统的牲畜牛羊，有别于同一篇文献中所记载的其他官员——大祭司官带来2只羊，舒鲁帕克的恩西带来3只羊，沙鲁姆伊里（其身份可能是军尉 nu-banda$_3$）带来1头牛、10只羊。这三位官员的"带来"行为属于缴纳贡税，尤其是沙鲁姆伊里的进贡牛羊数量符合边缘区古恩马达税的特点。

（三）哈布拉

哈布拉（拼写形式为 Ha-bu-ra^{ki}）位于大扎布河北部、西马努姆以北地区，其具体位置不详。①

在舒尔吉46年第1月第6日，1头育肥牛、10只育肥羊，被送入厨房屠宰，供给哈布拉统治者的使节舒胡尔达（Shuhurda）和沙胡安统治者的使节某某，由阿拉德姆总监，从卢丁吉尔拉处支出。② 在同年第9月4日（文献 JCS 31, 035 BMC 2），1头育肥牛、5只育肥羊，赠给哈布拉的统治者或使节，由阿拉德姆总监，从匿名官员处支出（zi-ga）。在这篇大的破损文献中，还记载数量规则的牛羊赠给若干外国统治者或使节。注意，除了明确来源的外国人（阿摩利人、哈尔西、希希尔、马尔哈西、西马什基的雅布拉特、巴尔巴纳祖、乌尔珊、哈布拉、阿里布姆［Aribum］、基马什）外，还有6个人名没有附带来源地信息，但是根据其他文献的佐证，这些人应该也是外国人，而且他们经常一起（或其中几位一起）出现在同一篇文献中，作为乌尔赠送动物的对象或受益者。③

---

① D. Frayne, "The Zagros Campaigns of Šulgi and Amar-Suena", in D. I. Owen and G. Wilhelm (eds.), *Studies on the Civilization and Culture of Nuzi and the Hurrians*, Volume 10: *Nuzi at Seventy-Five*, SCCNH 10, Bethesda: CDL Press, 1999, p. 177; M. C. Astour, "A Reconstruction of the History of Ebla (Part 2)", in C. H. Gordon and G. A. Rendsburg (eds.), *Eblaitica*: *Essays on the Ebla Archives and Eblaite Language*, Volume 4, Winona Lake: Eisenbrauns, 2002, pp. 96-97; K. M. Ahmed, "The Beginnings of Ancient Kurdistan (c. 2500-1500 BC): A Historical and Cultural Synthesis", PhD dissertation, Universiteit Leiden, 2012, p. 190; D. I. Owen, *The Nesbit Tablets*, Nisaba 30, Winona Lake: Eisenbrauns, 2016, p. 53.

② e$_2$ muhaldim-še$_3$ mu Šu-hur-da lu$_2$-kin-gi$_4$-a lu$_2$ Ha-bu-ra^{ki} u$_3$ lu$_2$-kin-gi$_4$-a lu$_2$ Ša-hu-a-an^{ki}-še$_3$, 文献 DoCu 274.

③ En-i$_3$-li$_2$, Šu-sal-la, Šu-ru-uš-ki-in, Ti-ša-^{d}Da-hi (Ti-ša-an-da-hi/kam), ^{d}Šul-gi-i$_3$-li$_2$, Nu-ur$_2$-i$_3$-li$_2$, 文献 AAICAB 1/2, pl. 119, 1967-1486; Nik 2, 474; CST 193。还有文献记载了作为 mu-DU 人员，文献 AnOr 07, 024; AfO 24, pl. 15 S 213。

在舒尔吉 47 年第 3 月，哈布拉的使节和其他诸多外国使节一起，在尼普尔接收（食用）经厨房屠宰加工的育肥牛羊。在第 9 日（文献 OLP 08, 09 06），2 头育肥牛、20 只育肥羊，被送入厨房，供给马尔达曼的使节、哈布拉的使节、吉吉比尼乌姆的使节、杜杜里的使节，以及"东方人"（sa_{12}-ti-um）舒萨拉（Shu-salla）和某某地的使节恩乌乌。在第 14 日（文献 CST 168），10 只育肥羊被送入厨房，供给马尔达曼的使节、哈布拉的使节以及诸多行使。这两次都是由阿拉德姆总监，在尼普尔从卢丁吉尔拉处支出。

在阿马尔辛 7 年第 10 月某日（文献 Fs Astour II 372），哈布拉的匿名使节或统治者接收了 1 只绵羊和 1 只山羊（普通级），由阿拉德姆总监，从阿巴萨伽处支出。其他外国人还有卡拉哈尔、舍提尔沙、哈比德阿塔尔（Habid-atal）的使节以及其他没有来源地的外国人。

注意，在舒辛 3 年第 3 月第 18 日，哈布拉的军队带来了 23 头牛，由普兹瑞什达干机构匿名官员接收（注意，匿名接收官员只出现在舒尔吉时期，舒辛时期没有匿名官员，所以这篇文献值得怀疑）。同时带来牛的还有塔尔穆什人希里什（Hilish）（6 牛）、阿摩利人利马努姆（Rimanum）之妻（2 牛）、尼尼微军队（2 牛）、乌拉埃军队（1 牛）。例如：

文献 BCT 1, 004（SS 3 iii 18, PD）
obv.

1）8 ab_2 15 gu_4	8 头母牛，15 头公牛
2）$erin_2$ Ha-bu-ra^{ki}	由哈布拉军队
3）4 ab_2 2 gu_4	4 头母牛，2 头公牛
4）Hi-li-iš lu_2 Tal-muš^{ki}	由塔尔穆什人希里什
5）1 gu_4 1 udu	1 头公牛，1 只绵羊
6）dam Ri-ma-nu-um mar-tu	由阿摩利人利马努姆

rev.

1）1 ab_2 1 gu_4	1 头母牛，1 头公牛
2）$erin_2$ Ni-nu_2-a^{ki}	由尼尼微军队
3）1 gu_4 $erin_2$ U_2-ra-e^{ki}	1 头公牛，由乌拉埃军队
4）mu-DU	带来
5）u_4 18-kam	第 18 日

6) iti u₅-bi₂-gu₇　　　　　　　　　　第 3 月
7) mu us₂-sa ma₂-dara₃-abzu ba-ab-du₈　舒辛 3 年
left
1) 33 gu₄ ab₂ hi-a 1 udu　　　　　　（共计：）33 头公牛和母牛，1 只羊。

这种由军队"带来"（mu-DU）动物的活动发生在舒辛 3 年，该年古恩马达税的名称正式使用，且该文献中牛羊数量不符合 1∶10 的比例，所以笔者认为，这种"带来"动物的活动不属于古恩马达税，更可能是这些国家向乌尔提供礼物，由于是牛这种大型动物，需要由军队负责运送。

（四）西马努姆

西马努姆（拼写形式为 Si-ma-num₂ᵏⁱ,Ši-ma-num₂ᵏⁱ, Si-ma-nu-umᵏⁱ, Ši-ma-nu-umᵏⁱ, Ši-ma-ni-umᵏⁱ）位于尼尼微稍北，大扎布河与底格里斯河之间。① 阿斯特认为其位于大扎布河北部、塔尔穆什北部，今伊拉克北部的巴西特卡（Basitka）地区附近。② 但是也有学者认为，西马努姆位于哈布尔河上游地区，即底格里斯河以西。③

在乌尔第三王朝，西马努姆使节出访乌尔的次数和频率较多，其时间跨度从舒尔吉 45 年到伊比辛 1 年。出访乌尔的西马努姆使节（可能是统治者直接出访）列举如下：

---

① P. Steinkeller, "The Administrative and Economic Organization of the Ur Ⅲ State: The Core and the Periphery", in M. Gibson, R. D. Biggs (eds.), *The Organization of Power: Aspects of Bureaucracy in the Ancient Near East*, Chicago: The Oriental Institute of the University of Chicago, 1987, p. 31; W. Sallaberger and A. Westenholz, *Mesopotamien: Akkade-Zeit und Ur Ⅲ-Zeit*, OBO 160/3, Freiburg, Schweiz: Universitätsverlag / Göttingen: Vandenhoeck und Ruprecht, 1999, p. 157; J. L. Dahl, *The Ruling Family of Ur Ⅲ Umma: A Prosopographical Analysis of an Elite Family in Southern Iraq 4000 Years Ago*, PIHANS 108, Leiden: Nederlands Instituut voor het Nabije Oosten, 2007, p. 6.

② M. C. Astour, "Semites and Hurrians in Northern Transtigris", in D. I. Owen and M. A. Morrison (eds.), *Studies on the Civilization and Culture of Nuzi and the Hurrians*, Volume 2: *General Studies and Excavations at Nuzi 9/1*, SCCNH 2, Winona Lake: Eisenbrauns, 1987, p. 9; M. C. Astour, "A Reconstruction of the History of Ebla (Part 2)", in C. H. Gordon and G. A. Rendsburg (eds.), *Eblaitica: Essays on the Ebla Archives and Eblaite Language*, Volume 4, Winona Lake: Eisenbrauns, 2002, pp. 96-97.

③ M. Liverani, *The Ancient Near East: History, society and economy*, London and New York: Routledge, 2014, p. 157; P. Steinkeller, "The Birth of Elam in History", in J. Álvarez-Mon, G. P. Basello and Y. Wicks (eds.), *The Elamite World*, London: Routledge, 2018, p. 178.

阿里卜阿塔尔（Arib-atal）（SH 45）

布沙姆（AS 2-5）

普朱尔阿淑尔（Puzur-Ashur）（AS 6）

阿尔帕塔尔（Arpatal）（AS 9-SS 1）

昆西马图姆（SS 1）

舒辛乌朱姆伊沙里（SS 2）

布沙姆（SS 5）

伊普胡哈（Iphuha）（IS 1）

西马努姆的使节一般都是其统治者，在阿马尔辛6年称恩西（可能是乌尔国王册封的），其余时间为简单的"某地之人"（lu$_2$），意指某地区的统治者。

另一个特点是：西马努姆使节在很多文献中，并不是出现在乌尔，而是在乌尔王国的其他城市，包括尼普尔、乌鲁克、吐玛尔、普兹瑞什达干，其中在尼普尔的最多。

经办人是外事官，包括：胡兹里（AS 2）、乌尔沙鲁金（AS 5）、布沙姆（AS 5，不知道是否与西马努姆使节布沙姆是同一人）、吉尔卜阿塔尔（AS 9）、埃拉亚（Erraya, SS 1）、舒伊什塔尔（SS 1-2）。总负责人是阿拉德姆（SH 47-IS 1）、外事官库南那（AS 9-SS 1）。

此外，在信使文件中也有关于西马努姆的记载。[①] 例如，据一篇吉尔苏信使文件记载，西马努姆人布沙姆之子伊普胡哈及其随从（lu$_2$ us$_2$-sa）在乌尔接收啤酒配给。如下所示：

文献 SET 297（-- --, Girsu）

obv.

col. 2

8）0.0.2 kaš sig$_5$ Ip-hu-ha dumu Bu-ša-am　　2班优质啤酒，给布沙姆之子伊普胡哈

9）10 lu$_2$ us$_2$-sa n sila$_3$ kaš-ta　　10个随从，每人n希拉啤酒

10）lu$_2$ Si-ma-num$_2$^{ki}-me　　他们是西马努姆人。

[①] 伊利萨格里格信使文件记载了若干西马努姆的战俘（从舒辛6年至伊比辛2年），这些战俘很可能是乌尔对西马努姆战役的结果。文献 CUSAS 40, 0990（SS 6 iii）；Nisaba 15, 0369（SS 6 x）；CUSAS 40, 0035（SS 7 ii）；CUSAS 40, 1533（SS 7 iii）；CUSAS 40, 0675（SS 7 vii）；Nisaba 15, 0623（IS 1 viii）；CUSAS 40, 0673（IS 2 viii）。

第三章 外国使节来访

在普兹瑞什达干文献中,我们已知布沙姆是西马努姆人(或首领)。[1] 在一篇普兹瑞什达干文献中,记载了布沙姆及其子伊普胡哈,其儿媳昆西马图姆,其女婿普希伊兹(Puhi-izi),向乌尔进献了鹿和羊等,但是文献中都没有记录他们的来源地。

文献 SA 035(AS 5 vi 12, PD)

obv.

1)	8 lulim nita$_2$	8 只公鹿
2)	2 lulim munus	2 只母鹿
3)	1 amar lulim munus ga	1 只吃奶母鹿崽
4)	1 ^{anše}si$_2$-si$_2$ munus	1 只母马
5)	Bu-ša-am	由布沙姆,
6)	3 lulim nita$_2$ 2 lulim munus	3 只公鹿,2 只母鹿
7)	Ip-hu-ha dumu-ni	由他的儿子伊普胡哈,
8)	1 lulim nita$_2$ 3 lulim munus	1 只公鹿,3 只母鹿
9)	1 šeg$_9$-bar munus 7 az 1 gukkal	1 只母野鹿,7 只熊,1 只肥尾绵羊
10)	1 gukkal giš-du$_3$ 1 udu a-lum	1 只育种肥尾绵羊,1 只长毛绵羊
11)	1 U$_8$+HUL$_2$ 16 maš$_2$-gal	1 只肥尾母绵羊,16 只山羊
12)	Ku-un-si-ma-tum e$_2$-gi$_4$-a-ni	由他的儿媳昆西马图姆,

rev.

1)	1 gu$_4$ 5 udu 5 maš$_2$-gal	1 头牛,5 只绵羊,5 只山羊
2)	Pu-hi-i$_3$-zi mu$_{10}$-us$_2$-sa$_2$-a-ni	由他的女婿普希伊兹,
3)	1 amar maš-da$_3$ Ha-ab-ru-ša	1 只羚羊崽,由哈布鲁沙,
4)	1 amar maš-da$_3$ Puzur$_4$-Eš$_{18}$-tar$_2$	1 只羚羊崽,由普朱尔伊什塔尔,
5)	1 sila$_4$ Iq-bi$_2$-DINGIR	1 只绵羊羔,由伊克比伊里
6)	1 sila$_4$ Id-da-a	1 只绵羊羔,由伊达亚

---

[1] 见文献 AAICAB 1/4, Bod S 327(-- --, Bu-ša-am lu$_2$ Ši-ma-nu-um^{ki});RA 009, 056 SA 241(-- --, Bu-ša-am lu$_2$ Ši-ma-nu-um);MCS 7, 24 Liv 51 63 81(AS 2 i 16, Bu-ša-am lu$_2$ Ši-ma-ni-um^{ki});Nisaba 08, 156(AS 2 i 20, Bu-ša-am lu$_2$ Ši-ma-ni-um^{ki});PDT 2, 1092(AS 2 i 30, Bu-ša-am lu$_2$ Ši-ma-ni-um^{ki});MVN 05, 113(AS 5 vii 5, Bu-ša-am lu$_2$ Ši-ma-nu-um);ZA 080, 028(AS 5 viii 3, Bu-ša-am lu$_2$ Ši-ma-num$_2$^{ki});Trouvaille 84(AS 6 iv, Bu-ša-am lu$_2$ Si-ma-num$_2$);OIP 871, 458(AS 7 vii 9, Bu-ša-am lu$_2$ Ši-ma-nu-um);UDT 092(AS 8 xii 29, Bu-ša-am lu$_2$ Ši-ma-nu-um^{ki});SET 091(SS 5 xi 16, Bu-ša-am lu$_2$[Si]-ma-num$_2$^{ki})。

7) 1 sila₄ ensi₂ Mar₂-da^(ki)　　　　　　1 只绵羊羔，由马腊德的恩西
8) 8 dara₄ nita₂ 2 dara₄ nita₂ šu-gid₂　　8 只公野山羊，2 只舒基德公野山羊
9) Nir-i₃-da-gal₂　　　　　　　　　　由尼里达伽尔
10) u₄ 12-kam　　　　　　　　　　　第 12 日
11) mu-DU　　　　　　　　　　　　带来，
12) Ab-ba-sa₆-ga i₃-dab₅　　　　　　　阿巴萨伽接收
13) iti a₂-ki-ti　　　　　　　　　　　　第 6 月
14) mu En-unu₆-gal ^dIanna ba-hun　　阿马尔辛 5 年。
left
1) 75　　　　　　　　　　　　　　（共计：）75（动物）。

（五）塔尔穆什

塔尔穆什（拼写形式为 Tal-muš-ša^(ki), Tal-muš^(ki), Tal-mu-uš^(ki)）位于大扎布河北部、尼尼微北部。[1]有的学者认为，塔尔穆什是一个胡里语地名，位于跨底格里斯河流域。该地名之前被读为"里姆什"（Rimush），美国亚述学家米哈洛夫斯基将其正式读为"塔尔穆什"[2]。

在乌尔第三王朝，塔尔穆什既有从乌尔接收赠礼（动物），也有向乌尔进贡或赠送礼物，而且负责出访乌尔或者进贡的一般不是使节，而是塔尔穆什的统治者本人。

在舒尔吉 47 年第 5 月第 16 日（文献 BIN 03, 505），塔尔穆什的统治者或使节（塔尔穆什人）希里什带来 10 头公驴（dusu₂ nita₂），由那萨接收。

在阿马尔辛 7 年第 8 月，有三篇文献记载了塔尔穆什的恩西阿巴亚（Abbaya）出访乌尔王国的吐玛尔，分别在第 23 日（文献 JCS 39, 122 06）

---

[1] M. C. Astour, "Semites and Hurrians in Northern Transtigris", in D. I. Owen and M. A. Morrison (eds.), *Studies on the Civilization and Culture of Nuzi and the Hurrians*, Volume 2: *General Studies and Excavations at Nuzi 9/1*, SCCNH 2, Winona Lake: Eisenbrauns, 1987, p. 9; M. C. Astour, "A Reconstruction of the History of Ebla (Part 2)", in C. H. Gordon and G. A. Rendsburg (eds.), *Eblaitica: Essays on the Ebla Archives and Eblaite Language*, Volume 4, Winona Lake: Eisenbrauns, 2002, pp. 96-97.

[2] P. Michalowski, "Mental Maps and Ideology: Reflections on Subartu", in H. Weiss (ed.), *Origins of Cities in Dry-Farming Syria and Mesopotamia in the Third Millennium*, Guilford: Four Quarters Publishing, 1986, p. 139; K. M. Ahmed, "The Beginnings of Ancient Kurdistan (c. 2500-1500 BC): A Historical and Cultural Synthesis", PhD dissertation, Universiteit Leiden, 2012, p. 170.

接收 1 只育肥绵羊，第 25 日（文献 OIP 121, 472）接收 1 只育肥山羊，第 29 日（文献 MVN 03, 235）接收 1 只育肥绵羊，这三次都是由舒舒尔吉经办，阿拉德姆总监，在从恩丁吉尔姆处支出。很可能在阿马尔辛第 7 年短暂时期，塔尔穆什名义上附属于乌尔第三王朝，其统治者向乌尔自称为"恩西"，名义上低于乌尔国王"卢伽尔"。

这一情况在阿马尔辛 8 年发生了变化。在阿马尔辛 8 年第 12 月第 29 日（文献 UDT 092），塔尔穆什的统治者阿里卜胡比（Aribhubbi）出访乌尔，在乌尔城接收 1 只育肥绵羊、1 只普通绵羊，由外事官南纳卡姆经办，阿拉德姆总监，从阿巴萨伽处支出。其他的出访者还有西马努姆、马尔达曼和尼卡卜的使节，以及来自马里的 4 人——舒尔吉阿比、舒尔吉帕里尔、阿克巴尼、舒尔吉伊里，还有基希尔①的姐姐帕帕、阿摩利人纳普拉努姆。注意，这里的塔尔穆什人阿里卜胡比的称号不是"恩西"，而是"人"（lu₂）。

从阿马尔辛 9 年的一篇文献中（Sumer 59, 098 03），② 我们知道阿里卜胡比的身份是塔尔穆什的铁匠，而不是统治者，很可能是作为使节出访乌尔。在该年第 3 月，塔尔穆什统治者的铁匠阿里卜胡比发送 1 把青铜斧（ha-zi₂ zabar），作为贡品，由木匠孜祖乌（Zizuwu）经办此事，在普兹瑞什达干由迪库米沙尔接收。

然而，在舒辛统治时期，之前出访过乌尔的希里什再次出访乌尔。是否他重新成为塔尔穆什的统治者，还是以使节的身份，我们不得而知。在舒辛 2 年第 10 月第 17 日（文献 BIN 03, 558），作为 17 天的常规供应（sa₂-du₁₁ u₄ 17-kam）的 17 只绵羊，赠给塔尔穆什人希里什，③ 作为一个月的常规供应（sa₂-du₁₁ šu-a gi-na iti 1-kam），从纳卡布图姆机构官员阿胡威尔处支出。

---

① 关于基希尔其人，参见 C. Liu, "On a personal name Kiššer in Ur Ⅲ source", *Nouvelles Assyriologiques Bréves et Utilitaires*, No. 32 (2017), pp. 58–59.
② 关于该文献分析，参见 D. I. Owen, "Random Notes on a Recent Ur Ⅲ Volume", *Journal of the American Oriental Society*, Vol. 108 (1988), p. 112; N. Al-Mutawalli and W. Sallaberger, "The Cuneiform Documents from the Iraqi Excavation at Drehem", *Zeitschrift für Assyriologie und Vorderasiatische Archäologie*, Vol. 107 (2017), p. 167.
③ 或米尼什（Min-ni-iš lu₂ Tal-mu-uš^ki）。注意，这里的米尼什（Min-ni-iš）很可能是希里什（Hi-li₂-iš）的误写。由于该文献的泥板图片无法得到，其临摹图很可能是错误的，临摹者将符号 HI 误认为 MIN。

在舒辛 3 年第 3 月第 18 日（文献 BCT 1, 004），塔尔穆什人希里什带来了 6 头牛（4 母 2 公），同篇文献还记载了哈布拉、尼尼微、乌拉埃（乌拉乌姆）的军队以及阿摩利人利马努姆之妻带来不同数量的牛。[①]

（六）乌拉乌姆

乌拉乌姆（拼写形式为 U_3-ra-um^{ki}），又称乌拉埃（拼写形式为 U_2-ra-e^{ki}），位于大扎布河北部，尼尼微的东部。[②] 只有 1 篇文献记载了乌拉乌姆使节出访乌尔，另外还有 1 篇文献记载乌拉埃军队进贡牛给乌尔。具体记录如下：

在阿马尔辛 7 年第 2 月第 11 日，乌拉乌姆的恩西杜里比克马（Durib-bikma）接收 1 只育肥绵羊，由外事官胡兹里经办，阿拉德姆总监，从阿胡威尔处支出。如下所示：

文献 JAOS 108, 119 3 = OIP 121, 026 (AS 7 ii 11, PD)
obv.

1) 1 udu niga　　　　　　　　　　　　1 只育肥绵羊
2) Du-ri-ib-bi$_2$-ik-ma ensi$_2$ U_3-ra-um^{ki}　给乌拉埃的恩西杜里比克马
3) giri$_3$ Hu-zi-ri sukkal　　　　　　　外事官胡兹里经办

rev.

1) Arad$_2$-mu maškim　　　　　　　　阿拉德姆监办

---

① 关于该文献的分析，见 D. I. Owen, "Ur Ⅲ Geographical and Prosopographical Notes", in G. D. Young, M. W. Chavalas and R. E. Averbeck (eds.), *Crossing Boundaries and Linking Horizons: Studies in Honor of Michael C. Astour on His 80th Birthday*, Bethesda: CDL Press, 1997, p. 396.

② 注意，Uraum 是 Urae 的阿卡德语化形式。参见 D. O. Edzard and G. Farber, *Répertoire Géographique des Textes Cunéiformes* Ⅱ: *Die Orts-und Gewässernamen der Zeit der 3. Dynastie von Ur*, Wiesbaden: Dr. Ludwig Reichert Verlag, 1974, p. 217; M. C. Astour, "Semites and Hurrians in Northern Transtigris", in D. I. Owen and M. A. Morrison (eds.), *Studies on the Civilization and Culture of Nuzi and the Hurrians, Volume 2: General Studies and Excavations at Nuzi 9/1*, SCCNH 2, Winona Lake: Eisenbrauns, 1987, pp. 9, 38; D. I. Owen, "Random Notes on a Recent Ur Ⅲ Volume", *Journal of the American Oriental Society*, Vol. 108 (1988), pp. 113-119; J. Klein, "Šeleppūtum a hitherto Unknown Ur Ⅲ Princess", *Zeitschrift für Assyriologie und Vorderasiatische Archäologie*, Vol. 80 (1990), p. 33; M. C. Astour, "A Reconstruction of the History of Ebla (Part 2)", in C. H. Gordon and G. A. Rendsburg (eds.), *Eblaitica: Essays on the Ebla Archives and Eblaite Language*, Volume 4, Winona Lake: Eisenbrauns, 2002, pp. 96-97。

2) iti u₄ 11 [ba-zal]　　　　　　　　　第 11 日

3) ki A-hu-We-[er-ta]　　　　　　　　从阿胡威尔

4) ba-zi　　　　　　　　　　　　　　支出

5) iti ses-da-gu₇　　　　　　　　　　第 2 月

6) mu Hu-uh₂-nu-ri^ki ba-hul　　　　　阿马尔辛 7 年

left

1) 1 udu　　　　　　　　　　　　　　（共计：）1 只羊。

此外，在舒辛 3 年第 3 月第 18 日（文献 BCT 1，004），乌拉埃的军队带来了 1 头牛，同篇文献还记载了哈布拉、尼尼微、塔尔穆什人希里什以及阿摩利人利马努姆之妻带来不同数量的牛。

（七）尼尼微

尼尼微（拼写形式为 Ni-nu-a^ki），是古代两河流域北部重要的城市，位于今伊拉克的摩苏尔市。① 在亚述帝国时期成为帝国的首都。

在乌尔第三王朝，关于尼尼微的记载稀少，只有 3 篇文献记载，其中 1 篇文献涉及尼尼微的使节或统治者出访乌尔。在伊比辛 3 年 10 月（文献 JCS 28，179），1 巴里格"孜古"粗面粉、13（希拉）"孜"面粉，从埃什努那总督处支出，给尼尼微统治者或使节提什阿塔尔（Tish-atal），由王室成员巴巴提（Babati）加印确认。

此外，在舒尔吉 46 年第 12 月第 19 日（文献 AnOr 07，079），1 只育肥绵羊羔献给尼尼微的沙乌沙神（Shausha），从纳鲁处支出。在舒辛 3 年第 3 月第 18 日（文献 BCT 1，004），尼尼微的军队带来了 2 头牛（1 公 1 母），同篇文献还记载了哈布拉、乌拉埃、塔尔穆什人希里什以及阿摩利人利马努姆之妻带来不同数量的牛。

---

① R. M. Whiting, "Tiš-atal of Ninevah and Babati, Uncle of Šu-Sin", *Journal of Cuneiform Studies*, Vol. 28, No. 3 (1976), pp. 173-182; R. L. Zettler, "Tišatal and Nineveh at the End of the 3rd Millennium BCE", in A. K. Guinan, et al. (eds.), *If a Man Builds a Joyful House: Assyriological Studies in Honor of Erle Verdun Leichty*, CM 31, Leiden and Boston: Brill, 2006, pp. 503-514; R. Gut, J. Reade and R. M. Boehmer, "Nineve—Das späte 3. Jarhtausend v. Chr.", in J. Meyer, M. Nova'k and A. Pruss (eds.), *Beiträge zur vorderasiatischen Archäologie Winfried Orthmann gewidmet*, Frankfurt am Main: Johann Wolfgang Geothe-Universität, Archäologisches Institut, Archäologie und Kulturgeschichte des Vorderen Orient, 2001, pp. 74-192.

二　大扎布河与小扎布河之间区域

这一地区处于底格里斯河流域中游以东，大扎布河、小扎布河之间的区域，在乌尔第三王朝文献中记载这一地区的地名较多，且多数地名的具体地理位置不清楚，共包括的外国地名有 16 个，自西向东分别为：阿淑尔、哈马孜、马赫里、乌尔比隆、西格沙比、提基廷希、卡克米、古马拉西、舒鲁特胡姆、沙什鲁姆，还有 6 个地名的大致地理位置不清楚，依据首字母顺序分别为：阿里布姆、巴尔巴纳祖、吉吉比尼乌姆、哈舒安努姆、希比拉特、舍提尔沙。据记载，到舒尔吉统治中期，乌尔控制了大、小扎布河之间的区域。沿着扎格罗斯山麓建立起前哨，包括卢卢布姆、阿拉普胡姆、杜尔埃卜拉和哈马孜。①

（一）阿淑尔

阿淑尔（拼写形式为 A-šur$_5^{ki}$, Aš-šur$_5^{ki}$, ^{d}A-šur$_3^{ki}$, Aš-šur$_6^{ki}$）位于小扎布河稍北，底格里斯河西岸，今伊拉克萨拉丁省的卡拉特-舍尔卡特（Qal'at Sherqat）遗址。阿淑尔是古代两河流域最重要的城市之一，是亚述的发源地和都城之一。在乌尔第三王朝，阿淑尔由扎里库姆或扎里克家族统治，其与乌尔王国的关系较为复杂，介于边缘区、附属国甚至外交国之间。②

阿淑尔出访乌尔的使节只有其统治者扎里克。在舒尔吉 44 年和阿马尔辛 5 年，扎里克向乌尔进贡牲畜。其中，在舒尔吉 44 年第 9 月第 29 日（文献 MVN 13, 706），扎里克向乌尔"带来"（mu-DU）1 只山羊羔，匿名官员接收。在一篇月账汇总文献中，记载了阿马尔辛 5 年第 12 月（文献 Amorites 18），扎里克向乌尔"带来"1 只绵羊羔（第 18 日）；第 22 日，扎里克"带来"1 只野鹿（šeg$_9$-bar）、16 只绵羊、1 只绵羊羔、4 只山羊、1 只狮子（pirig?）以及数量不详的其他动物；由阿巴萨伽接收。

---

① 参见 M. F. Walker, "The Tigris Frontier from Sargon to Hammurabi-A Philologic and Historical Synthesis", PhD dissertation, Yale University, 1985, p. 108。
② 参见 J. L. Dahl, *The Ruling Family of Ur Ⅲ Umma: A Prosopographical Analysis of an Elite Family in Southern Iraq 4000 Years Ago*, PIHANS 108, Leiden: Nederlands Instituut voor het Nabije Oosten, 2007, p. 10。

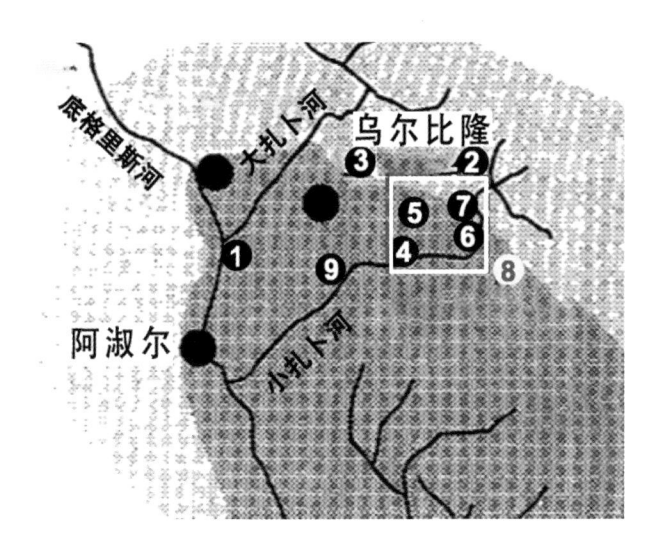

图 3-3　乌尔第三王朝大小扎布河之间区域示意图

（注释：①哈马孜；②沙什鲁姆；③西格沙比；④提基廷希；⑤卡克米；⑥舒鲁特胡姆；⑦古马拉西；⑧方框内地名包括（地图中无显示位置，只有文字描述）：巴尔巴纳祖、吉吉比尼乌姆、希比拉特、舍提尔沙、阿里布姆、哈舒安努姆；⑨马赫里。资料来源：D. Frayne, "The Zagros Campaigns of Šulgi and Amar-Suena", in D. I. Owen and G. Wilhelm (eds.), *Studies on the Civilization and Culture of Nuzi and the Hurrians*, Volume 10: *Nuzi at Seventy-Five*, SCCNH 10, Bethesda: CDL Press, 1999, p. 170; K. M. Ahmed, "The Beginnings of Ancient Kurdistan (c. 2500-1500 BC): A Historical and Cultural Synthesis", PhD dissertation, Universiteit Leiden, 2012, p. 180; M. C. Astour, "Semites and Hurrians in Northern Transtigris", in D. I. Owen and M. A. Morrison (eds.), *Studies on the Civilization and Culture of Nuzi and the Hurrians*, Volume 2: *General Studies and Excavations at Nuzi 9/1*, SCCNH 2, Winona Lake: Eisenbrauns, 1987, pp. 11, 22; D. O. Edzard and G. Farber, *Répertoire Géographique des Textes Cunéiformes* Ⅱ: *Die Orts-und Gewässernamen der Zeit der 3. Dynastie von Ur*, Wiesbaden: Dr. Ludwig Reichert Verlag, 1974, pp. 319-320.）

具体而言，有 3 篇文献记载了在舒尔吉 47 年第 10 月，扎里克出访乌尔，接收乌尔赠给的牲畜。在这一个月期间，扎里克出访了乌尔王国的乌鲁克（第 13 日）、普兹瑞什达干（第 15 日）和尼普尔（第 25 日），具体分析如下：

在第 13 日（文献 AAICAB 1/2, pl. 119, 1967-1486），在乌鲁克：2 只育肥绵羊、1 只育肥山羊，给扎里克，其他人员还有舒鲁什金（Shurushkin）、提什达希（Tish-Dahi）、舒尔吉伊里、恩伊里，被送入"农村"（e_2-

duru₅-ne-ne-eš₂），由普朱尔拉巴（Puzur-laba）经办，阿拉德姆总监，从卢丁吉尔拉处支出。

在第 15 日（文献 SAT 2, 0551），在普兹瑞什达干：1 头育肥牛，给扎里克，其他人员还有舒鲁什金、舒尔吉伊里，由阿拉德姆总监，从那萨处支出。

在第 25 日（文献 CST 193），在尼普尔：6 只育肥绵羊、4 只育肥山羊，送入厨房屠宰，供给阿淑尔人扎里克、舒舒尔吉、提沙达希（Tisha-Dahi）和西马努姆人，由阿拉德姆总监，从卢丁吉尔拉处支出。

此外，在阿马尔辛时期，阿淑尔的军队向乌尔缴纳牛羊 1 比 10 的古恩马达税。① 还有一些文献记载阿淑尔，但是其日期破损或缺失，对于研究没有帮助，故略之。②

（二）哈马孜

哈马孜（拼写形式为 Ha-ma-zi₂^{ki}）位于底格里斯河东侧，大、小扎布河之间，其具体位置不详，并且存在诸多争议。有学者认为其靠近胡尔提和哈尔西，在阿戴姆河（Adheim）上游，即胡尔提与沙什鲁姆之间。③ 有学者认为其位于大、小扎布河之间，以及大扎布河与底格里斯河交汇处。④ 斯坦凯勒认为，哈马孜位于大、小扎布河之间，位于大扎布与底格里斯河交汇处南部。⑤ 雅各布森认为其位于伊拉克的基尔库克东部，大扎布河与迪亚拉之间，靠近今苏莱曼尼亚（Sulaimaniyyah）。⑥ 沃克认为，哈马孜位于底格里斯河东部。至少从阿马尔辛 2 年到舒辛时期，被乌尔控制，有大量动物被发送到普兹瑞什达干。⑦

---

① 文献 PDT 2, 0811；SAT 2, 0796；AAICAB 1/2, pl. 155, 1971-395（AS 5, ha-za-num₂）.
② 文献 Trouvaille 54；PPAC 4, 117 + 123.
③ M. Liverani, *The Ancient Near East*: *History*, *Society and Economy*, London and New York: Routledge, 2014, p. 157.
④ K. M. Ahmed, "The Beginnings of Ancient Kurdistan (*c.* 2500-1500 BC): A Historical and Cultural Synthesis", PhD dissertation, Universiteit Leiden, 2012, p. 103.
⑤ P. Steinkeller, "The Historical Background of Urkesh and the Hurrian Beginnings in Northern Mesopotamia", in G. Buccellati and M. Kelly-Buccellati (eds.), *Urkesh and the Hurrians*: *Studies in Honor of Lloyd Cotsen*, BiMes 26, Malibu: Undena Publications, 1998, p. 86.
⑥ D. O. Edzard, "Hamazi", *Reallexikon der Assyriologie und Vorderasiatischen Archäologie*, Vol. 4 (1972-1975), p. 70.
⑦ M. F. Walker, "The Tigris Frontier from Sargon to Hammurabi-A Philologic and Historical Synthesis", PhD dissertation, Yale University, 1985, pp. 13, 133.

第三章　外国使节来访

目前共有 20 篇文献记载了哈马孜，其中有 4 篇文献的日期残损。[①] 出访乌尔的哈马孜使节是哈马孜的恩西（统治者）及其儿子，涉及哈马孜与乌尔王国之间的政治婚姻。列举如下：

表 3-5　　　　　　　出访乌尔第三王朝的哈马孜使节统计

时间	活动	出访人员及活动	其他信息	文献出处
AS 1 ix	进贡	16 骡，来自哈马孜，从纳姆哈尼之子卢南那（带来）	卢伽尔安纳卜图姆接收	AUCT 1, 798
AS 1 ix	进贡	16 骡，从哈马孜恩西纳姆哈尼之子卢南那（带来）	纳拉姆伊里（Naram-ili）接收	MVN 03, 217
AS 2 ii	接收	银环，给哈马孜恩西纳姆哈尼之子卢南那，当我的国王举办祭酒仪式	从普朱尔埃拉处支出在普兹瑞什达干	JCS 10, 031 12
AS 2 iii	进贡	35 绵羊、25 山羊，从纳姆哈尼之子卢南那（带来）	从神庙主管带来阿巴萨伽接收	PDT 1, 0171
AS 5 iv 10	进贡	30 绵羊，是来自哈马孜恩西乌尔伊什库尔的绵羊[②]	行使阿达拉尔经办阿巴萨伽接收	AUCT 1, 093
AS 7 iv 11	进贡	30 牛、1021 羊，是哈马孜的舒基德牛羊贡赋，从哈马孜恩西乌尔伊什库尔（带来）	王室信使苏胡尔什金举办，从恩西和神庙主管阿巴萨伽接收	JCS 14, 109 09
AS 7 xi X	进贡	12 牛、87 羊，由哈马孜恩西伊什库尔为满月节宴会带来，扣除给巴比伦恩西阿尔西阿赫作为巴拉税牛羊回赠	阿巴萨伽接收	TAD 53
AS 8 v 8	进贡	N 牛，由哈马孜军队带来，乌尔伊什库尔经办	阿巴萨伽的平衡账目	JCS 31, 166
AS 9 xi 15	接收	17 绵羊，到厨房，当哈马孜恩西乌尔伊什库尔为其儿媳带来	阿拉德姆监办从杜伽处支出	AUCT 3, 084

① 文献 BIN 03, 534；P341941；PDT 2, 0959；MVN 15, 179.
② 其他同一经办的还有：30 只西马什基山羊来自塞卢什达干（Selush-Dagan, 西穆鲁姆），20 只绵羊来自乌尔宁苏（Ur-Ninsun, 卢卢布姆，见 BPOA 07, 2912），20 只绵羊来自哈西普阿塔尔（乌尔比隆，见 P390101）或马尔哈西 BIN 03, 012；又见 TRU 110: nin-he$_2$-du$_7$ e$_2$-gi$_4$-a Ha-ši-pa$_2$-tal）。

续表

时间	活动	出访人员及活动	其他信息	文献出处
AS 9 xi 17	接收	1 育肥牛、2 育肥羊，由哈马孜恩西乌尔伊什库尔带来为祭祀	骑使舒宁舒布尔监办从朱巴伽处支出	BIN 03, 382
AS 9 xi 18	接收	3 育肥绵羊，作为哈马孜恩西乌尔伊什库尔的配给	骑使舒宁舒布尔监办从朱巴伽处支出	Ontario 1, 160
AS 9 xi 19	接收	3 育肥山羊，作为哈马孜恩西乌尔伊什库尔的配给	骑使舒宁舒布尔监办从朱巴伽处支出	Aegyptus 17, 053 070
SS 2 ii 11	进贡	1448 绵羊、1266 山羊，到育肥羊房，从哈马孜恩西乌尔伊什库尔	巴巴提的书吏乌尔乌什姆经办因塔埃阿接收	PDT 1, 0449
SS 7 xi 29	接收	10 绵羊、10 山羊，给乌尔伊什库尔儿媳塔布尔帕图姆，当她到哈马孜时，它们被装上船	里巴伽达监办从乌尔库努纳处支出	PDT 1, 0454
SS 8 v 16	进贡	234 羊，是哈马孜舒基德羊贡	从因塔埃阿乌尔库努纳接收	Trouvaille 69

在阿马尔辛1—2年，哈马孜的统治者（恩西）是纳姆哈尼，他至少有两个儿子——乌尔伊什库尔（Ur-Ishkur）和卢南那（Lu-Nanna），[①] 其中卢南那在阿马尔辛1—2年，代表其父出访乌尔，进贡驴和牛羊，接收银饰等礼物。卢南那很可能在乌尔王国担任神庙主管（šabra）一职（文献PDT 1, 0171）。大约在阿马尔辛5年，乌尔伊什库尔继任哈马孜的恩西，直到舒辛统治时期。

乌尔伊什库尔向乌尔王国进贡了大量的动物，进贡的时间和动物数量分别为：阿马尔辛5年（30只羊）、阿马尔辛7年（42头牛、1108只羊）、阿马尔辛8年（N头牛）、舒辛2年（2714只羊）、舒辛8年（234只羊）。哈马孜很可能作为重要的牧场，是乌尔第三王朝进口牲畜的主要来源地之一。

在阿马尔辛9年第11月，哈马孜的恩西乌尔伊什库尔的儿媳妇从乌尔接收了若干育肥牛羊，是两国之间政治婚姻的产物。在舒辛7年，乌尔伊什库尔的儿媳妇塔布尔帕图姆（Tabur-patum，国王的女儿）很可能回到乌

[①] 关于纳姆哈尼和乌尔伊什库尔的父子关系，参见文献 P457674；MVN 04, 181；Orient 16, 087 130；SAT 1, 078。

尔探求（省亲），当她去哈马孜时，接收了 20 只羊的赠礼，它们被装上船。① 据此推测，她很可能是沿着底格里斯河乘船去哈马孜。

（三）马赫里

马赫里（拼写形式为 Ma-ah-li^{ki}）或马希里（Mahili）位于小扎布河北部，靠近乌尔比隆（今伊拉克埃尔比勒，Erbil），② 其具体位置不详。有学者认为，马赫里位于迪亚拉河上游。③ 在乌尔第三王朝，马赫里只出现在阿马尔辛 8 年至舒辛 1 年这三年的 4 篇文献中。

在阿马尔辛 8 年第 5 月第 9 日（或 19 日，文献 SANTAG 7, 114），马赫里的统治者或使节瓦拉拉（Walala）接收了 1 只绵羊，由外事官西格特里经办（还有杜杜里的统治者胡里巴尔接收 4 只绵羊），（阿拉德姆）总监，从朱巴伽处支出。

在同年第 10 月第 17 日（文献 TCL 02, 5500），马赫里的统治者塞达克古古（Shedak-gugu）接收了 1 头牛、5 只羊，（与其他外国使节一起，如提基廷希、雅比布姆、沙什鲁姆、古马拉西、马尔达曼、西穆鲁姆，）均由外事官南纳卡姆经办，阿拉德姆总监，从阿巴萨伽处支出。

在阿马尔辛 9 年第 2 月第 26 日（文献 SET 066），马赫里的统治者或使节瓦拉拉接收了 1 只育肥绵羊，由外事官辛卡希德（Suen-gashid）经办（还有西穆鲁姆、西马什基、埃古拉的使节），阿拉德姆总监，从朱巴伽处支出。

在舒辛 1 年第 10 月第 20 日（文献 SNAT 271），马赫里的统治者或使节瓦拉拉④接收了 1 只育肥绵羊，由外事官阿提（Ati）经办（还有西穆鲁姆、雅比鲁的使节），阿拉德姆总监，在乌尔，从纳鲁处支出。

此外，还有 4 篇吉尔苏的信使文献（日期不详）记载了配给品分配给马赫里的埃兰人 [文献 ITT 2, 00684; HLC 085（pl. 058）]，有一篇文献

---

① 原文：Ta$_2$-bur-PA-tum e$_2$-gi$_4$-a Ur-^{d}Iškur u$_4$ Ha-ma-zi$_2^{ki}$-še$_3$ i$_3$-gen-na-a ma$_2$-a ba-na-a-gub.

② A. Goetze, "Hulibar of Duddul", *Journal of Near Eastern Studies*, Vol. 12, No. 2 (1953), p. 119; D. O. Edzard and G. Farber, *Répertoire Géographique des Textes Cunéiformes* Ⅱ: *Die Orts-und Gewässernamen der Zeit der 3. Dynastie von Ur*, Wiesbaden: Dr. Ludwig Reichert Verlag, 1974, pp. 115-116; D. O. Edzard, "Mah(i)li", *Reallexikon der Assyriologie und Vorderasiatischen Archäologie*, Vol. 7 (1987-1990), p. 258.

③ D. R. Frayne, "The Zagros Campaigns of the Ur Ⅲ Kings", *The Canadian Society for Mesopotamian Studies Journal*, Vol. 3 (2008), p. 47.

④ 或读为巴拉拉（Ba-la-la lu$_2$ Ma-ah-li^{ki}）。

记载了马赫里的骑使从苏萨来时，接收配给品（文献 RA 019，042 086），证明苏萨作为沟通乌尔王国与马赫里的中转站。另有一篇文献（RA 019，043 095）记载了马赫里恩西（统治者）塞达克古古的信息，当他和埃兰人（随从或劳动力）去苏萨时，接收啤酒、面粉、油配给品。

（四）乌尔比隆

乌尔比隆（拼写形式为 Ur-bi$_2$-lum^{ki}，Ur-bil$_3$-lum^{ki}）位于大、小扎布河之间，今伊拉克的埃尔比勒。[①]多尔斯认为其位于大扎布河以北，尼尼微以南。[②]乌尔比隆是胡里人的居住地之一（乌尔比隆许多人名是胡里语）。据乌尔第三王朝年名记载，乌尔比隆在舒尔吉 45 年、阿马尔辛 2 年与乌尔王国发生战争。有 4 篇舒尔吉 45—46 年的文献记载了前一次战争之后，乌尔王国从乌尔比隆获得战利品（nam-ra-ak）。[③]

乌尔比隆的使节出访乌尔可以分为三个时间段：舒尔吉 46—47 年、阿马尔辛 7—8 年、舒辛 6—7 年。

第一个阶段发生在乌尔比隆刚被乌尔袭击不久之后，很可能作为乌尔王国的附属国或者边缘区。在舒尔吉 46 年第 5 月第 14 日（文献 PDT 2，1151），6 只羊被送入厨房屠宰，赠给乌尔比隆的统治者、赫舒姆马

[①] P. Steinkeller, "The Administrative and Economic Organization of the Ur Ⅲ State: The Core and the Periphery", in M. Gibson, R. D. Biggs (eds.), *The Organization of Power: Aspects of Bureaucracy in the Ancient Near East*, Chicago: The Oriental Institute of the University of Chicago, 1987, p. 31; M. C. Astour, "A Reconstruction of the History of Ebla (Part 2)", in C. H. Gordon and G. A. Rendsburg (eds.), *Eblaitica: Essays on the Ebla Archives and Eblaite Language*, Volume 4, Winona Lake: Eisenbrauns, 2002, pp. 96-97; W. Sallaberger and I. Schrakamp, "Philological Data for a Historical Chronology of Mesopotamia in the 3rd Millennium", in W. Sallaberger and I. Schrakamp (eds.), *ARCANE Ⅲ: History & Philology*, Turnhout: Brepols, 2015, p. 132; K. M. Ahmed, "The Beginnings of Ancient Kurdistan (c. 2500-1500 BC): A Historical and Cultural Synthesis", PhD dissertation, Universiteit Leiden, 2012, p. 158; M. F. Walker, "The Tigris Frontier from Sargon to Hammurabi-A Philologic and Historical Synthesis", PhD dissertation, Yale University, 1985, p. 132. 关于乌尔比隆的历史概述，参见 P. Michalowski, "Urbilum/Erbil and the Northern Frontier of the Ur Ⅲ State", in V. Déroche, et al. (eds.), *Études Mésopotamiennes-Mesopotamian Studies: N° 1-2018*, Oxford: Archaeopress, 2018, pp. 178-187。

[②] R. Dolce, "Political Supremacy and Cultural Supermacy, A Hypothesis of Symmetrical Alternations between Upper Mesopotamia and Northern Syria in the Fourth and Third Millennium BC", in L. Milano, et al. (eds.), *Landscapes. Territories, Frontiers and Horizons in the Ancient Near East: Papers presented to the XLIV Rencontre Assyriologique Internationale Venezia, 7-11 July 1997, Part Ⅱ Geography and Cultural Landscapes*, HAMEM 3/2, Padova: Sargon, 2000, p. 117.

[③] 文献 AUCT 2, 326 + 336；MVN 13, 423；Trouvaille 86；Ontario 1, 053。

的统治者和阿摩利人，从阿胡尼处支出，由阿胡尼亲自总监。在舒尔吉47年第1月（文献 BIN 03，018），乌尔比隆"人"沙达孜（Shadazi）带来1头牛，还有10头牛作为乌尔比隆地区的 maš-da-re-a 税，贝里阿祖（Beli-azu）接收。在舒尔吉47年第2月（文献 Hermitage 3，177），1只育肥羊赠给乌尔比隆"人"达某塔尔（Da-x-tal），1只育肥羊赠给乌尔比隆"人"纳哈普阿塔尔，被送入"农村"，由（外事官）卢伽尔伊尼姆基纳经办，阿拉德姆总监，从卢丁吉尔拉处支出。在舒尔吉47年第3月（文献 BPOA 06，0644），18头牛赠给乌尔比隆的将军卢南那，阿拉德姆总监，从那萨处支出。这里，卢南那可能是乌尔王朝的王子，被国王任命到乌尔比隆担任将军。[①] 在舒尔吉47年第5月，可能由乌尔比隆"人"某某加卡孜带来了若干青铜制品（文献 AUCT 2，384），由于该文献破损严重，其具体内容不详。

在第二个阶段，主要是关于乌尔比隆统治者纳尼普阿塔尔与乌尔王国的政治联姻，纳尼普阿塔尔的儿媳妇是乌尔的公主。很可能两国之间通过联姻，达成了暂时的和平关系。

在阿马尔辛7年第5月第7日（文献 CT 32, pl. 26-29 BM 103450，月账，从阿巴萨伽支出的王室支出 zi-ga lugal 和王室礼物 nig-ba lugal，注意该文献的年名是全称形式），[②] 有300只绵羊，赠给纳尼普阿塔尔的儿媳妇，当她去乌尔比隆时，由舒尔吉哈西斯（Shulgi-hasis）经办，阿拉德姆总监。

据一篇伊利萨格里格的信使文献（CUSAS 40，0061）记载，在阿马尔辛8年第11月，3班面包给乌尔比隆的统治者纳尼普阿塔尔，以及分别给基马什统治者普朱尔马马、沙提乌姆（Shatium）的统治者舒萨拉之兄阿胡阿（Ahua）3班面包，都是由外事官伊帕里斯（Ipalis）经办。

有两篇文献记载了舒辛6年，乌尔比隆使节或统治者接收面粉（文献 Amorites 22；SA 085），和其他若干外国使节。此外，在舒辛7年第6月第13日（文献 CHEU 006），乌尔比隆的（将军或统治者）乌纳卜阿塔尔（Unabatal），若干军尉以及乌尔比隆军队进贡大量的牛羊，作为古恩马达税，因塔埃阿接收。乌尔比隆作为乌尔王国重要的牲畜来源地，在舒辛设立古恩马达

[①] 文献 AnOr 01，105；CUSAS 40，1889。亦可参见 D. Frayne, *Ur Ⅲ Period (2112-2004 BC)*, RIME 3/2, Toronto: University of Toronto Press, 1997, p. 168。

[②] 该月账的具体日账文献为 P453103，记载了同一件事情。

税后，正式纳入古恩马达税管理下，成为乌尔王国的边缘区（或附属国）。一篇日期破损的文献记载，乌尔比隆的军队（带来）7头牛（文献 MVN 11, 180）。另一篇日期破损的文献（MVN 13, 726），记载乌尔比隆的匿名使节（lu$_2$-kin-gi$_4$-a Ur-bi$_2$-lum^{ki}）接收1普通啤酒（作为路资）。[1]

（五）西格沙比

西格沙比（拼写形式为 Ši-ig-ša-bi^{ki}），其阿卡德语化的名字为西克沙布姆（Shikshabbum），位于小扎布河上游，杜坎（Dukan）湖稍东部的塞姆沙拉遗址以南，拉尼亚平原的塔克塔克（Taqtaq）城西南部，即今伊拉克库尔德自治区苏莱曼尼亚省的卡拉迪扎（Qaladiza）地区。[2]有的学者读其为西克沙卜（Shikshab），位于大、小扎布河之间，乌尔比隆北部。[3] 在亚述帝国时期，西格沙比是亚述附属国阿哈祖姆（Ahazum）的首都。[4] 阿哈祖姆位于拉尼亚平原和埃尔比勒之间，即今凯伊-桑雅克（Koi Sanjaq）附近。[5]

在乌尔第三王朝，关于西格沙比使节出访乌尔，目前只发现有3篇文献，在时间上位于舒尔吉47年和阿马尔辛1年。在舒尔吉47年第10月第17日（文献 CST 191），有1头牛、14+只羊，赠给西格沙比的匿名统治

---

[1] 还有一篇舒尔吉45年的文献（AUCT 2, 316），记载乌尔比隆，但是具体情况不详。

[2] A. Shaffer and N. Wasswerman, "Iddi (n) -Sîn, King of Simurrum: A New Rock-Relief Inscription and a Reverential Seal", *Zeitschrift für Assyriologie und Vorderasiatische Archäologie*, Vol. 93 (2003), p. 18; K. M. Ahmed, "The Beginnings of Ancient Kurdistan (c. 2500-1500 BC): A Historical and Cultural Synthesis", PhD dissertation, Universiteit Leiden, 2012, pp. 266, 328.

[3] D. Frayne, "The Zagros Campaigns of Šulgi and Amar-Suena", in D. I. Owen and G. Wilhelm (eds.), *Studies on the Civilization and Culture of Nuzi and the Hurrians*, Volume 10: *Nuzi at Seventy-Five*, SCCNH 10, Bethesda: CDL Press, 1999, pp. 170-181.

[4] D. O. Edzard and G. Farber, *Répertoire Géographique des Textes Cunéiformes* II: *Die Orts-und Gewässernamen der Zeit der 3. Dynastie von Ur*, Wiesbaden: Dr. Ludwig Reichert Verlag, 1974, p. 181; J. Lassøe, "Šikšabbum: An Elusive City", *Orientalia, Nova Series*, Vol. 54 (1985), pp. 182-188; J. Durand, "Šikšabum: An Elusive City", *Nouvelles Assyriologiques Brèves et Utilitaires*, Vol. 4, No. 68 (1988), pp. 47-48; J. Kupper, "Notes de lecture: Šikšabbum Again", *Mari Annales de Recherches Interdisciplinaires*, Vol. 8 (1997), pp. 785-786; D. Frayne, "The Zagros Campaigns of Šulgi and Amar-Suena", in D. I. Owen and G. Wilhelm (eds.), *Studies on the Civilization and Culture of Nuzi and the Hurrians*, Volume 10: *Nuzi at Seventy-Five*, SCCNH 10, Bethesda: CDL Press, 1999, pp. 170, 180; T. Bryce, *The Routledge Handbook of The Peoples and Places of Ancient Western Asia: The Near East from the Early Bronze Age to the fall of the Persian Empire*, London and New York: Routledge, 2009, p. 640.

[5] J. Eidem and J. Læssøe, *The Shemshara Archives*, Vol. 1 *The Letters*, Copenhagen: Royal Danish Academy of Sciences and Letters, 2001, p. 22.

者，由库南那经办，在乌鲁克。

在阿马尔辛 1 年第 1 月第 16 日（文献 PDT 1，0473），有 3 只育肥羊，赠给西格沙比统治者的使节希尔尼基（Shilnigi），在乌鲁克；在同年第 9 月第 21 日（文献 MVN 13，529），有 1 头育肥牛、5 只育肥羊，赠给西格沙比的统治者比杜库尔（Bidukul），此外文献中还记载了舒达埃、卡克米、西马什基等；它们都是先被送入"农村"（e_2-$duru_5$-ne-ne-$še_3$），由外事官卢伽尔伊尼姆基纳经办。这三次都是由阿拉德姆总监，从卢丁吉尔拉处支出。

（六）提基廷希

提基廷希（或提基提胡姆 Tikitihum），有多种拼写形式：Ti-ki-ti-in-hi^{ki}，Ne-gi-ne-hu-um^{ki}，Ti-ik-ti-he$_2$^{ki}，Ti-ki-ti-hu-um。欧文将其读为德基德胡姆（Degidehum，拼写 De$_3$-gi-de$_3$-hu-um）。[1] 一般认为，提基廷希位于小扎布河沿岸。具体上，弗雷恩认为其位于小扎布河的一个浅滩地塔克塔克遗址。[2]沃克则认为，提基廷希是西穆鲁姆国家附近的一个小城，位于扎格罗斯山脚。[3]

在乌尔第三王朝，提基廷希的使节出访乌尔，只发生在阿马尔辛 8 年和舒辛 2 年。列举如下：

表 3-6　　出访乌尔第三王朝的提基廷希使节统计

日期	动物	使节	经办人	总监	支出来源	文献
AS 8 i 18	1 羊	提基廷希人伽达比	外事官阿胡舒尼	外事官伊鲁姆丹	舒马马	BIN 03，477

---

[1] D. O. Edzard and G. Farber, *Répertoire Géographique des Textes Cunéiformes II: Die Orts-und Gewässernamen der Zeit der 3. Dynastie von Ur*, Wiesbaden: Dr. Ludwig Reichert Verlag, 1974, p.192; D. Frayne, "The Zagros Campaigns of Šulgi and Amar-Suena", in D. I. Owen and G. Wilhelm (eds.), *Studies on the Civilization and Culture of Nuzi and the Hurrians*, Volume 10: *Nuzi at Seventy-Five*, SCCNH 10, Bethesda: CDL Press, 1999, pp.169-170.

[2] D. Frayne, "The Zagros Campaigns of Šulgi and Amar-Suena", in D. I. Owen and G. Wilhelm (eds.), *Studies on the Civilization and Culture of Nuzi and the Hurrians*, Volume 10: *Nuzi at Seventy-Five*, SCCNH 10, Bethesda: CDL Press, 1999, pp.149-155, 169-170; K. M. Ahmed, "The Beginnings of Ancient Kurdistan (c. 2500-1500 BC): A Historical and Cultural Synthesis", PhD dissertation, Universiteit Leiden, 2012, p.198.

[3] M. F. Walker, "The Tigris Frontier from Sargon to Hammurabi-A Philologic and Historical Synthesis", PhD dissertation, Yale University, 1985, pp.39, 102.

续表

日期	动物	使节	经办人	总监	支出来源	文献
AS 8 i--	1羊	提基廷希人伽达比	外事官杜阿	【破损】	【破损】在尼普尔	MVN 13, 636
AS 8 x 13	1羊	提基廷希人伽达比	外事官南纳卡姆	阿拉德姆	杜伽在乌尔	PDT 2, 1147
AS 8 x 17	4羊 2羊	提基廷希人伽达比 伽达比之子卡尔阿马尔辛	外事官南纳卡姆	阿拉德姆	阿巴萨伽	TCL 02, 5500
SS 2 ix 9	1羊	提基廷希人伽达比	外事官辛伊尔舒		阿胡威尔	Princeton 1, 083
SS 2 ix 17	1羊	提基廷希人伽达比	外事官哈尼	阿拉德姆	阿胡威尔	PDT 2, 0904
SS 2 ix 18	1羊	提基廷希人伽达比	外事官哈尼	阿拉德姆	阿胡威尔	BIN 03, 442
SS 2 ix 20	1羊	提基廷希人伽达比	外事官哈尼	阿拉德姆	阿胡威尔	BIN 03, 551
SS 2 ix 23	1羊	提基廷希人伽达比	外事官哈尼	阿拉德姆	阿胡威尔	BIN 03, 559
SS 2 ix--	1羊	提基廷希人伽达比	外事官哈尼	阿拉德姆	（破损）	OrSP 47-49, 036

提基廷希出访乌尔王国的使节是其统治者伽达比（Gadabi），有一次是与其子卡尔阿马尔辛（Kal-Amar-Suen）一起（文献 TCL 02, 5500）。据目前文献记载，提基廷希出访乌尔，大致可以分成三次：第一次发生在阿马尔辛 8 年第 1 月，第二次是在同年第 10 月，第三次是在舒辛 2 年第 9 月。在不同文献中，对这一地名的拼写形式也不同。在舒辛 2 年 9 月第 17、第 18、第 20 和第 23 日这 4 天，提基廷希使节每日获得 1 只育肥羊食用。

（七）卡克米

卡克米（拼写形式为 Kak-mi^{ki}），或读为其阿卡德语化的名字卡克穆姆（Kakmum），是跨底格里斯河区域的一个重要国家，位于底格里斯河岸附近的阿淑尔（或尼尼微）附近。关于其具体位置，不同学者说法略有差异。例如，艾哈迈德认为其可能位于皮什德尔（Pishder）平原，即今伊拉克库尔德自治区苏莱曼尼亚省的卡拉迪扎地区，更可能位于拉万迪兹

（Rawandiz）。① 弗雷恩认为位于今凯伊-桑雅克。②艾德姆则认为位于西穆鲁姆与卢卢布姆之间，即小扎布河以南的扎格罗斯山脉。③齐格勒认为其位于小扎布河南部，大、小扎布河之间的卡拉克（Qarag）平原，其北部边界离拉尼亚平原不远，很可能位于凯姆凯马尔（Chemchemal）与苏莱曼尼亚之间的山谷。④ 其他学者则认为其位于埃卡拉图姆（Ekallatum）和埃尔比勒之间。⑤ 有学者认为，存在两个叫卡克米的地名，一个位于大、小扎布河之间，另一个则位于叙利亚地区。⑥

在乌尔第三王朝，记载卡克米的文献只有4篇，除了1篇文献日期不详（PDT 2, 0807），其余3篇文献中，一篇是阿马尔辛1年，另外2篇文

---

① K. M. Ahmed, "The Beginnings of Ancient Kurdistan (c. 2500–1500 BC): A Historical and Cultural Synthesis", PhD dissertation, Universiteit Leiden, 2012, pp. 268, 328；艾哈迈德认为，这些胡里人名一般与以下地名联系，吉吉比尼乌姆、希比拉特、卡克米、阿拉普胡姆、古马拉西、沙什鲁姆、舍提尔沙、乌尔比隆等，都位于跨底格里斯河流域。参见 K. M. Ahmed, "The Beginnings of Ancient Kurdistan (c. 2500–1500 BC): A Historical and Cultural Synthesis", PhD dissertation, Universiteit Leiden, 2012, p. 180; T. Richter, "Die Ausbreitung der Hurriter bis zur altbabylonischen Zeit: eine Kurze Zwischenbilanz", in J. W. Meyer and W. Sommerfeld (eds.), *2000 v. Chr., politische, wirtschaftliche und kulturelle Entwicklung im Zeichen einer Jahrtausendwende, 3. Internationales Colloquium der Deutschen Orient-Gesellschaft 4. –7. April 2000 in Frankfurt/ Main und Marburg/Lahn*, CDOG 3, Saarbrücken: Saarbrücker Druckerei und Verlag, 2004, pp. 295, 300.

② D. Frayne, "The Zagros Campaigns of Šulgi and Amar-Suena", in D. I. Owen and G. Wilhelm (eds.), *Studies on the Civilization and Culture of Nuzi and the Hurrians, Volume 10: Nuzi at Seventy-Five*, SCCNH 10, Bethesda: CDL Press, 1999, pp. 169–171.

③ J. Eidem and J. Læssøe, *The Shemshara Archives, Vol. 1 The Letters*, Copenhagen: Royal Danish Academy of Sciences and Letters, 2001, pp. 20, 23–24.

④ N. Ziegler, "Kaknum et le Gutium", in L. Marti, C. Hicolle and K. Shawaly (eds.), *Recherches en Haute-Mésopotamie Ⅱ: Mission Archéologique de Bash Tapa (Campagnes 2012–2013) et les Enjeux de la Recherche dans la Région d'Erbil*, Mémoíres de N. A. B. U. 17, Paris: SEPOA, 2015, pp. 24–25.

⑤ W. Röllig, "Kakmum", *Reallexikon der Assyriologie und Vorderasiatischen Archäologie*, Vol. 5 (1976–1980), p. 289; M. F. Walker, "The Tigris Frontier from Sargon to Hammurabi-A Philologic and Historical Synthesis", PhD dissertation, Yale University, 1985, p. 13; M. C. Astour, "Semites and Hurrians in Northern Transtigris", in D. I. Owen and M. A. Morrison (eds.), *Studies on the Civilization and Culture of Nuzi and the Hurrians, Volume 2: General Studies and Excavations at Nuzi 9/1*, SCCNH 2, Winona Lake: Eisenbrauns, 1987, p. 9.

⑥ 关于埃卜拉西部的卡克米（埃卜拉与阿尔米之间），参见 R. D. Winters, "Negotiating Exchange: Ebla and the International System of the Early Bronze Age", PhD dissertation, Harvard University, 2019, pp. 13, 20–21；关于存在两个卡克米，参见 K. M. Ahmed, "The Beginnings of Ancient Kurdistan (c. 2500–1500 BC): A Historical and Cultural Synthesis", PhD dissertation, Universiteit Leiden, 2012, p. 82。

献是阿马尔辛 2 年。

在阿马尔辛 1 年第 9 月第 21 日（MVN 13, 529），1 头育肥牛、5 只育肥羊，赠给卡克米统治者杜克拉（Dukra），送入农村（"埃杜鲁"），由外事官卢伽尔伊尼姆基纳经办，阿拉德姆总监，从卢丁吉尔拉处支出。

在阿马尔辛 2 年第 9 月第 23 日（日账 TAD 67 是月账 SAT 2, 0724 的副本），2 只羊给希沙里（Hishari）、纳鲁克（Naluk）和利胡卜（Rihub），2 只羊给杜克拉，他们都是卡克米人（lu$_2$ Kak-mi^{ki}-me）。由卢伽尔马古莱总监。从阿巴萨伽处支出。

一篇日期破损的文献（PDT 2, 0807, 很可能是阿马尔辛 2 年）也记载了卡克米的这 4 个人：希沙里、纳鲁克、舒比什胡哈（Shubish-huha）、杜克拉（他们都是卡克米人），每人接收 1 头育肥牛、5 只育肥羊。

（八）古马拉西

古马拉西（拼写形式为 Gu-ma-ra-ši^{ki}）位于小扎布河稍北的拉尼亚地区。[①]其具体地理位置不详。艾德姆认为古马拉西、卡克米、舍尔希（Shershi）、舍沙比（Sheshabi）这些很少出现在乌尔第三王朝文献中的地名，都位于两河流域的东北部。[②]艾哈迈德认为，古马拉西、吉吉比尼乌姆、希比拉特、卡克米、阿拉普胡姆、沙什鲁姆、舍提尔沙、乌尔比隆都是位于跨底格里斯河流域，是胡里人的主要聚集地。[③]

在乌尔第三王朝，有 5 篇文献记载了古马拉西，在时间上从舒尔吉 44

[①] I. J. Gelb, *Hurrians and Subarians*, SAOC 22, Chicago: University of Chicago Press, 1944, p. 112; D. Frayne, "The Zagros Campaigns of Šulgi and Amar-Suena", in D. I. Owen and G. Wilhelm (eds.), *Studies on the Civilization and Culture of Nuzi and the Hurrians, Volume 10: Nuzi at Seventy-Five*, SCCNH 10, Bethesda: CDL Press, 1999, pp. 170, 175.

[②] J. Eidem and J. Læssøe, *The Shemshara Archives, Vol. 1 The Letters*, Copenhagen: Royal Danish Academy of Sciences and Letters, 2001, p. 23; M. C. Astour, "Semites and Hurrians in Northern Transtigris", in D. I. Owen and M. A. Morrison (eds.), *Studies on the Civilization and Culture of Nuzi and the Hurrians, Volume 2: General Studies and Excavations at Nuzi 9/1*, SCCNH 2, Winona Lake: Eisenbrauns, 1987, p. 10.

[③] T. Richter, "Die Ausbreitung der Hurriter bis zur altbabylonischen Zeit: eine Kurze Zwischenbilanz", in J. W. Meyer and W. Sommerfeld (eds.), *2000 v. Chr., politische, wirtschaftliche und kulturelle Entwicklung im Zeichen einer Jahrtausendwende, 3. Internationales Colloquium der Deutschen Orient-Gesellschaft 4.-7. April 2000 in Frankfurt/ Main und Marburg/Lahn*, CDOG 3, Saarbrücken: Saarbrücker Druckerei und Verlag, 2004, pp. 295, 300; K. M. Ahmed, "The Beginnings of Ancient Kurdistan (c. 2500–1500 BC): A Historical and Cultural Synthesis", PhD dissertation, Universiteit Leiden, 2012, p. 180.

年至阿马尔辛 8 年。

表 3-7　　出访乌尔第三王朝的古马拉西使节统计

时间	内容	文献中记载其他国家	文献出处
SH 44 ix	1只育肥羊,被送入厨房屠宰,提供给古马拉西的行使和哈尔西统治者。	哈尔西	AUCT 2, 344
SH 46 ix 4	1头育肥牛、5只育肥羊,赠给古马拉西的统治者,阿拉德姆总监,从匿名官员支出。	哈尔西、希希尔、马尔哈西、雅布拉特、巴尔巴尔纳祖、乌尔珊、哈布拉、阿里比乌姆、基马什	JCS 31, 035 BMC 2
SH 47 ii 23	2只育肥羊,赠给古马拉西统治者达胡姆阿塔尔,送入农村,卢伽尔伊尼姆基纳经办,阿拉德姆总监,卢丁吉尔拉支出。	西格里什、哈尔西、基马什、西马什基、图图勒、乌尔比隆	Hermitage 3, 177
AS 2 ix 23	2只羊,赠给古马拉西的统治者杜布基舍尼?(dub-ki-še-ni!),① 卢伽尔马古莱总监,阿巴萨伽支出。	卡克米、库卢姆、里比	TAD 67
AS 8 x 17	1只育肥羊,赠给古马拉西统治者舒卡吉阿塔尔,外事官南纳卡姆经办,阿拉德姆总监,阿巴萨伽支出。	提基廷希、雅比布姆、沙什鲁姆、沙里特胡姆、马尔达曼、马赫里、西穆鲁姆、(马里、杜杜里)	TCL 02, 5500

(九) 舒鲁特胡姆

舒鲁特胡姆 (拼写形式为 Šu-ru-ut-hu-um^{ki}),可能等同于沙里特胡姆 (Ša-ri-it-hu-um^{ki})。② 但是有的学者持否定意见。弗雷恩认为,沙里特胡姆位于小扎布河北部,沙什鲁姆的北部,而舒鲁特胡姆位于小扎布河沿岸的拉尼亚平原。③ 艾哈迈德认为,舒鲁特胡姆位于西穆鲁姆北部,沙里特胡姆

---

① 怀疑是 ama Ki-še-er (基希尔的母亲) 的误读。
② A. Goetze, "Four Ur Dynasty Tablets Mentioning Foreigners", *Journal of Cuneiform Studies*, Vol. 7 (1953), p. 106; D. O. Edzard and G. Farber, *Répertoire Géographique des Textes Cunéiformes* Ⅱ: *Die Orts-und Gewässernamen der Zeit der 3. Dynastie von Ur*, Wiesbaden: Dr. Ludwig Reichert Verlag, 1974, p. 178.
③ D. Frayne, "The Zagros Campaigns of Šulgi and Amar-Suena", in D. I. Owen and G. Wilhelm (eds.), *Studies on the Civilization and Culture of Nuzi and the Hurrians*, Volume 10: *Nuzi at Seventy-Five*, SCCNH 10, Bethesda: CDL Press, 1999, pp. 170, 174-175.

很可能位于伊拉克苏莱曼尼亚地区的杜坎通道，在伊丁辛（Iddin-Sin）时期是通往西北部方向的重要据点。① 也有学者认为，舒鲁特胡姆位于小扎布河与迪亚拉河之间。② 除了这两个地名混淆之外，还有一个类似的地名拼写沙里普胡姆（Shariphum），有的学者也认为和舒鲁特胡姆是同一个地名，是其拼写形式的变体，但是这一观点并没有得到公认。③

乌尔第三王朝阿马尔辛6年的年名全称为："国王阿马尔辛第二次摧毁沙什鲁姆以及摧毁舒鲁特胡姆之年"④。表明舒鲁特胡姆和沙什鲁姆距离较近，被记录在阿马尔辛的同一轮战役中。根据舒尔吉44年的一篇文献（MVN 20, 193）记载有来自舒鲁特胡姆的战利品，由于舒尔吉42年的年名为沙什鲁姆被毁之年，很可能这些战利品是舒尔吉42年战役之后取得的，舒尔吉在42年对沙什鲁姆战役同时也对其附近的舒鲁特胡姆作战（类似于阿马尔辛6年的年名）。另外，阿马尔辛4年的文献（TCL 02, 5545）也记载了来自沙什鲁姆和沙鲁特胡姆的战利品，表明在该年阿马尔辛发动了对这两地的战争。而在阿马尔辛6年，阿马尔辛再一次对这两地作战。

舒鲁特胡姆使节出访乌尔，都发生在阿马尔辛4年，很可能是与该年两国的战争有关。在文献中，至少有两次围绕这次战争胜利的庆祝活动。当阿马尔辛摧毁沙什鲁姆和舒鲁特胡姆时，有8头牛、102只羊、2只鹿、2只羚羊，在阿马尔辛4年第7月（文献 RA 010, 209 BM 103435）作为南那神庙宴会食用，有72只动物（4头牛、2只鹿、66只羊）在第8月（文献 Trouvaille 02）作为恩利尔和宁利尔神庙的宴会食用。在阿马尔辛4年第10月第8日（文献 AUCT 1, 414, 其月账见 MVN 11, 182），舒鲁特胡姆的统治者迪卜希普奈加曼（Dibhipnegaman）接收了1只育肥羊，此外还有来自孜达努姆、西马什基、沙什鲁姆的使节，外事官卢伽尔伊尼姆基纳总监，阿巴萨伽支出。

---

① K. M. Ahmed, "The Beginnings of Ancient Kurdistan (c. 2500–1500 BC): A Historical and Cultural Synthesis", PhD dissertation, Universiteit Leiden, 2012, pp. 155, 287.

② K. M. Ahmed, "The Beginnings of Ancient Kurdistan (c. 2500–1500 BC): A Historical and Cultural Synthesis", PhD dissertation, Universiteit Leiden, 2012, p. 263.

③ 有学者认为，经济文献中记录的沙里普胡姆是年名中舒鲁特胡姆的变体，参见 M. F. Walker, "The Tigris Frontier from Sargon to Hammurabi-A Philologic and Historical Synthesis", PhD dissertation, Yale University, 1985, p. 130. 也有学者认为，不能排除沙里普胡姆不等于舒鲁特胡姆的可能，沙里普胡姆位于更东部地区，可能等于埃兰地区的舍里胡姆（Sherihum），参见 I. J. Gelb, *Hurrians and Subarians*, SAOC 22, Chicago: University of Chicago Press, 1944, p. 59。

④ 原文：mu^{d}Amar-^{d}Suen lugal-e Ša-aš-ru-um^{ki} a-ra$_2$ 2-kam u$_3$ Šu-ru-ut-hu-um^{ki} mu-hul.

此外，还有 3 篇文献记载了沙里特胡姆。在阿马尔辛 8 年第 10 月第 17 日（文献 TCL 02，5500），有 1 只育肥羊，赠给沙里特胡姆的统治者基达尼（Kidani），还有包括沙什鲁姆在内的若干国家的使节也接收了牛羊，由外事官南纳卡姆经办，阿拉德姆总监，阿巴萨伽支出。有 2 篇文献（Amorites 22 和 SA 085）记载了在舒辛 6 年，沙里特胡姆的统治者接收了啤酒和面粉作为路资。

（十）沙什鲁姆

沙什鲁姆（拼写形式为 Ša-aš-ru^{ki}），又名沙舒鲁姆（Shashurum），位于大、小扎布河之间，乌尔比隆的东南部。其具体位置一般认为是今小扎布河上游右岸、拉尼亚平原的塞姆沙拉遗址。[1] 一说等同于古巴比伦时期的沙沙拉（Shasharra）。[2]

据乌尔第三王朝年名和记载战利品的文献记载，[3] 乌尔第三王朝在舒尔吉 42 年、阿马尔辛 4 年和 6 年发动对沙什鲁姆的战争。

在乌尔第三王朝的经济文献中，记载了阿马尔辛 4 年、8 年、舒辛 2 年，沙什鲁姆的统治者阿里杜布克（Aridubuk）出访乌尔，每次接收 1 只育肥羊。第一，在阿马尔辛 4 年第 10 月第 8 日（文献 AUCT 1，414；月账见 MVN 11，182），沙什鲁姆的统治者阿里杜布克接收了 1 只育肥羊，此外还有来自舒鲁特胡姆等国的使节，外事官卢伽尔伊尼姆基纳总监，阿巴萨伽支出。第二，在阿马尔辛 8 年第 10 月第 17 日（TCL 02，5500），沙什鲁姆的统治者阿里杜布克接收 1 只育肥羊，还有包括沙里特胡姆（舒鲁特胡姆）在内的若干国家的使节也接收了牛羊，由外事官南纳卡姆经办，阿拉德姆总监，阿巴萨伽支出。第三，在舒辛 2 年 11 月 24 日（文献 Babyloniaca 08，pl. 07，Pupil 30），沙什鲁姆的统治者阿

---

[1] M. C. Astour, "A Reconstruction of the History of Ebla (Part 2)", in C. H. Gordon and G. A. Rendsburg (eds.), *Eblaitica: Essays on the Ebla Archives and Eblaite Language*, Volume 4, Winona Lake: Eisenbrauns, 2002, p. 97; W. Sallaberger and I. Schrakamp, "Philological Data for a Historical Chronology of Mesopotamia in the 3rd Millennium", in W. Sallaberger and I. Schrakamp (eds.), *ARCANE Ⅲ: History & Philology*, Turnhout: Brepols, 2015, p. 132; J. Eidem, *The Shemshāra Archives 2: The Administrative Texts*, Copenhagen: Royal Danish Academy of Sciences and Letters, 1992, p. 13; M. Hilgert, "Šaš(u)rum", *Reallexikon der Assyriologie und Vorderasiatischen Archäologie*, Vol. 12 (2009), pp. 88-89.

[2] M. F. Walker, "The Tigris Frontier from Sargon to Hammurabi-A Philologic and Historical Synthesis", PhD dissertation, Yale University, 1985, p. 128.

[3] 文献 Trouvaille 02；RA 010, 209 BM 103435；TCL 02, 5545.

里杜布克接收 1 只育肥羊，外事官拉齐普姆经办，阿拉德姆总监，阿胡威尔支出。

在舒辛 7 年和 9 年，沙什鲁姆的统治者阿里杜布克两次出访乌尔。第一次，在舒辛 7 年 11 月 7 日（文献 JCS 57，114 1），沙什鲁姆的统治者阿里杜布克接收 1 头育肥牛，在他刚进入城市时，外事官南纳卡姆总监，普朱尔恩利尔（Puzur-Enlil）支出。第二次，在舒辛 9 年 11 月 14 日（文献 CST 455），沙什鲁姆的统治者阿里杜布克接收 5 只育肥羊，在他刚进入城市时，外事官南纳卡姆经办，阿拉德姆总监，舒尔吉伊里支出。

（十一）阿里努姆

阿里努姆（Arinum，拼写形式为 A-ri$_2$-nu-um^{ki}）可能位于小扎布河附近或靠北（跨底格里斯河地区），阿拉普胡姆的附近。① 其具体位置不详。

在乌尔第三王朝，只有 1 篇文献（JCS 31，035 BMC 2）记载了阿里努斯的使节出访乌尔。在舒尔吉 46 年 9 月 4 日，阿里努斯或阿里比乌姆（Aribium）的统治者（lu$_2$ A-ri$_2$-bi/nu-um^{ki}）接收 1 头育肥牛、5 只育肥羊，阿拉德姆总监，匿名官员支出。

（十二）巴尔巴纳祖

巴尔巴纳祖（拼写形式为 Bar-ba-na-zu^{ki}）的具体位置不详，可能位于大、小扎布河之间，靠近小扎布河的拉尼亚平原，今拉尼亚平原西北 20 公里的巴尔迪-桑吉安（Bardi Sanjian）村。②

在乌尔第三王朝，只有 1 篇文献（JCS 31，035 BMC 2）记载了巴尔巴纳祖的使节出访乌尔。在舒尔吉 46 年 9 月 4 日，巴尔巴纳祖的匿名统治者

---

① M. C. Astour, "Semites and Hurrians in Northern Transtigris", in D. I. Owen and M. A. Morrison (eds.), *Studies on the Civilization and Culture of Nuzi and the Hurrians*, Volume 2: *General Studies and Excavations at Nuzi 9/1*, SCCNH 2, Winona Lake: Eisenbrauns, 1987, p. 22.

② D. Frayne, "The Zagros Campaigns of Šulgi and Amar-Suena", in D. I. Owen and G. Wilhelm (eds.), *Studies on the Civilization and Culture of Nuzi and the Hurrians*, Volume 10: *Nuzi at Seventy-Five*, SCCNH 10, Bethesda: CDL Press, 1999, p. 176; M. C. Astour, "Semites and Hurrians in Northern Transtigris", in D. I. Owen and M. A. Morrison (eds.), *Studies on the Civilization and Culture of Nuzi and the Hurrians*, Volume 2: *General Studies and Excavations at Nuzi 9/1*, SCCNH 2, Winona Lake: Eisenbrauns, 1987, p. 23. 注意，拉尼亚平原位于小扎布河稍北，靠近杜坎湖，参见 A. Shaffer and N. Wasserman, "Iddi (n)-Sîn, King of Simurrum: A New Rock-Relief Inscription and a Reverential Seal", *Zeitschrift für Assyriologie und Vorderasiatische Archäologie*, Vol. 93 (2003), p. 27.

接收 1 头育肥牛、5 只育肥羊，阿拉德姆总监，匿名官员支出。

（十三）吉吉比尼乌姆

吉吉比尼乌姆（拼写形式为 Gi-gi-bi-ni-um^{ki}，Gi-gi-ib-ni^{ki}）具体位置不详，可能位于小扎布河以北，即跨底格里斯河地区。①

在乌尔第三王朝，吉吉比尼乌姆的使节出访乌尔只有两次，分别发生在舒尔吉 47 年和舒辛 2 年。在舒尔吉 47 年 3 月 9 日（文献 OLP 08, 09 06），有 2 头育肥牛、20 只育肥羊，被送入厨房屠宰，提供给来自马尔达曼、哈布拉、吉吉比尼乌姆、杜杜里等国家的使节，阿拉德姆总监，在尼普尔，卢丁吉尔拉支出。

在舒辛 2 年 11 月 24 日（文献 Babyloniaca 08, pl. 07, Pupil 30），吉吉比尼乌姆的统治者塞德帕塔尔（Sheidpatal）接收了 1 只育肥羊，外事官拉拉姆经办，阿拉德姆总监，阿胡威尔支出。

（十四）哈舒安努姆

哈舒安努姆（拼写形式为 Ha-šu-an-num$_2$^{ki}）位于摩苏尔北部或东北，今伊拉克尼尼微省的比拉（Tell Billa）遗址附近，靠近大、小扎布河之间的卡克米。②

在乌尔第三王朝，只有 1 篇文献记载了哈舒安努姆使节出访乌尔。在舒尔吉 47 年 6 月 15 日（文献 CST 178），有 1 头育肥牛、5 只育肥羊，送入厨房屠宰，提供给哈舒安努姆的统治者达里纳姆（Darinam）和行者们，③ 阿拉德姆总监，在尼普尔，卢丁吉尔拉支出。

---

① K. M. Ahmed, "The Beginnings of Ancient Kurdistan (c. 2500-1500 BC): A Historical and Cultural Synthesis", PhD dissertation, Universiteit Leiden, 2012, p. 180; A. Goetze, "Hulibar of Duddul", *Journal of Near Eastern Studies*, Vol. 12, No. 2 (1953), pp. 120-121; I. J. Gelb, *Hurrians and Subarians*, SAOC 22, Chicago: University of Chicago Press, 1944, p. 41; D. O. Edzard and G. Farber, *Répertoire Géographique des Textes Cunéiformes* II: *Die Orts-und Gewässernamen der Zeit der 3. Dynastie von Ur*, Wiesbaden: Dr. Ludwig Reichert Verlag, 1974, p. 54.

② D. O. Edzard and G. Farber, *Répertoire Géographique des Textes Cunéiformes* II: *Die Orts-und Gewässernamen der Zeit der 3. Dynastie von Ur*, Wiesbaden: Dr. Ludwig Reichert Verlag, 1974, p. 75; M. C. Astour, "Semites and Hurrians in Northern Transtigris", in D. I. Owen and M. A. Morrison (eds.), *Studies on the Civilization and Culture of Nuzi and the Hurrians*, Volume 2: *General Studies and Excavations at Nuzi 9/1*, SCCNH 2, Winona Lake: Eisenbrauns, 1987, p. 11.

③ 原文：mu Da-ri-na-am lu$_2$ Ha-šu-an-num$_2$^{ki} u$_3$ kas$_4$-ke$_4$-ne-še$_3$。

(十五) 希比拉特

希比拉特，拼写形式为：Hi-bi₂-la-at^ki，Hi-bi₂-la-ti^ki，Hi-bi₂-la-a-at^ki，Hi-bi-la-tum^ki。可能位于跨底格里斯河地区，具体位置不详。[1]

在乌尔第三王朝，希比拉特使节出访乌尔，主要发生在从阿马尔辛4年至8年。在阿马尔辛4年，出访乌尔的希比拉特统治者是孜努基（Zinugi），从阿马尔辛6年开始，希比拉特的统治者更替为伊特哈普阿塔尔（Ithapatal）或伊特希普阿塔尔（Ithipatal）或阿哈普阿塔尔（Ahapatal）。

在阿马尔辛4年7月1日（文献 CTMMA 1，017），有174只牛羊，被提供给各类邀请人员，参加新年庆典仪式（a₂-ki-ti šu-numun），包括希比拉特的统治者孜努基在内。

在阿马尔辛6年8月，阿马尔辛8年7月，希比拉特的统治者伊特哈普阿塔尔两次出访乌尔。其中，在阿马尔辛6年出访吐玛尔，在阿马尔辛8年出访乌尔城，并且参加立誓仪式，宣誓对乌尔效忠。详情列举如下：

表 3-8　　　　　出访乌尔第三王朝的希比拉特使节统计

日期、文献	动物	经办人、总监	支出
AS 6 viii 5 SA 026	1 牛	卢伽尔伊尼姆基纳经办 外事官伊鲁姆丹监办	在吐玛尔 阿胡威尔
AS 6 viii 10 Hermitage 3，317	1 羊	外事官南那伊吉经办 外事官乌尔沙鲁金监办	在吐玛尔 恩丁吉尔姆
AS 6 viii 29 CDLJ 2012/1 §4.38	1 羊	外事官乌尔沙鲁金监办	在吐玛尔 恩丁吉尔姆
AS 8 vii 2 PDT 1，0548	1 牛 5 羊	外事官纳拉姆伊什库尔经办 阿拉德姆监办	阿巴萨伽

---

[1] I. J. Gelb, *Hurrians and Subarians*, SAOC 22, Chicago：University of Chicago Press, 1944, p. 112；T. Richter, "Die Ausbreitung der Hurriter bis zur altbabylonischen Zeit：eine Kurze Zwischenbilanz", in J. W. Meyer and W. Sommerfeld（eds.）, *2000 v. Chr., politische, wirtschaftliche und kulturelle Entwicklung im Zeichen einer Jahrtausendwende, 3. Internationales Colloquium der Deutschen Orient-Gesellschaft 4. –7. April 2000 in Frankfurt/Main und Marburg/Lahn*, CDOG 3, Saarbrücken：Saarbrücker Druckerei und Verlag, 2004, pp. 295, 300；K. M. Ahmed, "The Beginnings of Ancient Kurdistan（c. 2500–1500 BC）：A Historical and Cultural Synthesis", PhD dissertation, Universiteit Leiden, 2012, p. 180.

续表

日期、文献	动物	经办人、总监	支出
AS 8 vii 7 SAT 2, 1075	4 羊	外事官巴扎扎经办 阿拉德姆监办	在乌尔 因塔埃阿

希比拉特对乌尔王国的宣誓，表明了希比拉特很可能成为乌尔王国的附属国，甚或是边缘区。[1] 在一篇日期破损（可能是阿马尔辛时期）的文献（PPAC 4, 230）中，记载了希比拉特的统治者伊特哈普阿塔尔向乌尔进贡的情况，由普兹瑞什达干中心机构官员阿巴萨伽接收。[2] 此外，在舒辛 3 年（该年舒辛设立面向边缘区征收的古恩马达税）3 月 23 日（文献 SDSU 1），希比拉特的军队（$erin_2$ Hi_2-bi_2-la-at^{ki}）进贡（"带来" mu-DU）5 头牛，由匿名官员接收。

（十六）舍提尔沙

舍提尔沙（拼写形式为 $Še_{(2)}$-ti-ir-$ša^{ki}$）是胡里人聚集地，在今伊拉克基尔库克附近的跨底格里斯河地区，[3] 其具体位置不详。

在乌尔第三王朝，舍提尔沙向乌尔王国进贡牛羊，作为其向乌尔缴纳的古恩马达税。在阿马尔辛 5 年 7 月 11 日（文献 OIP 121, 092），舍提尔沙的统治者塔希塞恩带来 1 头牛，舍提尔沙的军队带来 5 头牛，塔希塞恩作为监督官，阿巴萨伽接收。另外，在舒辛 7 年 8 月 13 日（文献 CHEU 006），塔希塞恩带

---

[1] 关于乌尔第三王朝的宣誓活动，参加 P. Steinkeller, "The Sargonic and Ur Ⅲ Empires", in P. F. Bang, C. A. Bayly and W. Scheidel (eds.), *The Oxford World History of Empire*, *Volume 2: The History of Empires*, Oxford: Oxford University Press, 2021, p. 64. 见文献 SAT 2 1075, Hermitage 3 359, JCS 14 111 14, SACT 1 172, AUCT 3 413, MVN 13 128 = 829。

[2] 注意，阿巴萨伽接收进贡（mu-DU）动物的时间从阿马尔辛 1 至 9 年，故此推断该文献位于阿马尔辛时期。

[3] I. J. Gelb, *Hurrians and Subarians*, SAOC 22, Chicago: University of Chicago Press, 1944, p. 113; D. O. Edzard and G. Farber, *Répertoire Géographique des Textes Cunéiformes* Ⅱ: *Die Orts-und Gewässernamen der Zeit der 3. Dynastie von Ur*, Wiesbaden: Dr. Ludwig Reichert Verlag, 1974, p. 180; T. Richter, "Die Ausbreitung der Hurriter bis zur altbabylonischen Zeit: eine Kurze Zwischenbilanz", in J. W. Meyer and W. Sommerfeld (eds.), *2000 v. Chr., politische, wirtschaftliche und kulturelle Entwicklung im Zeichen einer Jahrtausendwende, 3. Internationales Colloquium der Deutschen Orient-Gesellschaft 4.–7. April 2000 in Frankfurt/ Main und Marburg/Lahn*, CDOG 3, Saarbrücken: Saarbrücker Druckerei und Verlag, 2004, pp. 295, 300; K. M. Ahmed, "The Beginnings of Ancient Kurdistan (c. 2500–1500 BC): A Historical and Cultural Synthesis", PhD dissertation, Universiteit Leiden, 2012, p. 180; D. I. Owen, The Nesbit Tablets, Nisaba 30, Winona Lake: Eisenbrauns, 2016, p. 53.

来1头牛,其军队带来4头牛,塔希塞恩经办,阿拉德姆作为监督官,这些是作为古恩马达税,因塔埃阿接收。除了进贡牛羊之外,舍提尔沙还向乌尔进贡其他物品。在舒辛7年8月14日(文献 TCL 02, 5515),舍提尔沙的统治者塔希塞恩之子带来2个刀柄头镶嵌黄金的屠羊青铜短刀(gir$_2$ udu uš$_2$ zabar na-tu-um ku$_3$-sig$_{17}$ sag-bi),在尼普尔,卢丁吉尔拉接收。

同时,舍提尔沙也从乌尔获取赠礼。在阿马尔辛7年10月(文献 Fs Astour Ⅱ 372),舍提尔沙的统治者塔希塞恩出访乌尔,接收了2只羊,阿拉德姆总监,阿巴萨伽支出。

三 小扎布河与迪亚拉河之间以及西马什基地区

这一区域位于底格里斯河中游,小扎布河与迪亚拉河之间,以及迪亚拉河上游至扎格罗斯山脉的西马什基地区,今伊朗卢里斯坦省的卡尔赫河(Karkheh)上游地区,共包括13个异域地名,细分为:扎格罗斯山脉中

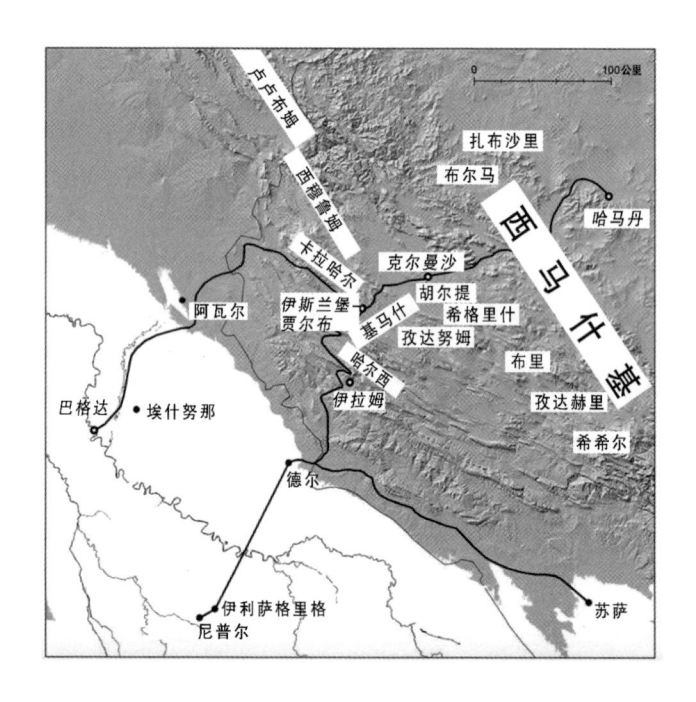

图3-4 乌尔第三王朝迪亚拉河与西马什基地区示意图

(资料来源:D. I. Owen, *Cuneiform Texts Primarily from Iri-Saĝrig/Āl-Šarrākī and the History of the Ur Ⅲ Period*, Nisaba 15/1, Bethesda:CDL Press, 2013, p.153.)

部与锡尔万河（Sirwan）、呼罗珊大道一带6个地名，即卢卢布姆、西穆鲁姆、卡拉哈尔、胡尔提、基马什、哈尔西；以及西马什基地区、呼罗珊大道以南的扎格罗斯山脉南部7个地名，即西马什基、扎布沙里、西格里什、孜达努姆、布里、孜达赫里、希希尔。

（一）卢卢布姆

卢卢布姆（拼写形式为 Lu-lu-bu$^{(ki)}$ 或其阿卡德语化形式 Lu-lu-bu-um^{ki}）位于西穆鲁姆北部，小扎布河与迪亚拉河之间，今伊拉克苏莱曼尼亚地区一带。[1]有的学者认为，卢卢布姆位于今伊朗西部库尔德斯坦省兹来巴尔湖（Zrebar）西南部的哈拉卜贾（Halabjah，位于今伊拉克东北部，与伊朗边界处）省，其核心区域位于沙尔佐尔（Shahrzor）山谷。[2]

在乌尔第三王朝的年名中，舒尔吉44年的年名为"西穆鲁姆和卢卢布姆第9次被毁"，第45年的年名为"乌尔比隆、西穆鲁姆、卢卢布姆和卡拉哈尔被毁"。这表明在舒尔吉20—45年，卢卢布姆至少被毁10次，即与乌尔王国爆发了10次战争。

舒尔吉44年的年名中记载的第9次卢卢布姆战役，很可能发生在舒尔吉43年，因为在舒尔吉44年第2月第26日的一篇文献（BPOA 07, 2875）中，记载了卢卢布姆的牧人（sipa Lu-lu-bu-me）进贡33头牛，（在25日，基马什军队进贡10头牛），（普兹瑞什达干机构的负责管理牛的官员）恩利拉（Enlila）接收。据斯坦凯勒的观点，在舒尔吉45年之后，包括乌尔比隆、西穆鲁姆、卢卢布姆和卡拉哈尔在内的国家都被乌尔王国征服，成为其边缘区。此说虽有合理之处（关于年名中 hul 一词是否意指"毁灭""征服"，还是"袭击"，学术界尚存在争议），但是笔者更倾向于理解为这些地区成为乌尔王国的附属国，或者牲畜主要来源地之一，定期

---

[1] M. F. Walker, "The Tigris Frontier from Sargon to Hammurabi-A Philologic and Historical Synthesis", PhD dissertation, Yale University, 1985, p. 24; D. R. Frayne, "The Zagros Campaigns of the Ur Ⅲ Kings", *The Canadian Society for Mesopotamian Studies Journal*, Vol. 3 (2008), p. 47; K. M. Ahmed, "The Beginnings of Ancient Kurdistan (c. 2500–1500 BC): A Historical and Cultural Synthesis", PhD dissertation, Universiteit Leiden, 2012, p. 158; D. I. Owen, *Cuneiform Texts Primarily from Iri-Saĝrig/Āl-Šarrākī and the History of the Ur Ⅲ Period*, Nisaba 15/1, Bethesda: CDL Press, 2013, p. 153.

[2] D. R. Frayne, *The Early Dynastic List of Geographical Names*, AOS 74, New Haven: American Oriental Society, 1992, p. 61. 关于沙尔佐尔山谷的地理位置，参见 C. E. Bosworth, E. van Donzel and W. P. Heinrichs (eds.), *The Encyclopedia of Islam-New Edition*, Vol. Ⅸ, Leiden: Brill Publishers, 1997, p. 218.

向乌尔进贡牲畜（而未征服的国家虽然也"带来"动物，却是偶然的行为，不是一种附属义务）。据文献记载（BPOA 07, 2912），在阿马尔辛 2 年 7 月 14 日，有多达 474 只羊，作为"舒基德"贡（šu-gid$_2$）[①]，来自卢卢布姆，（从）乌尔宁苏处（可能是国王的儿子）带来。[②] 卢卢布姆在这一时期由乌尔王国的王室成员（王子）负责管理。另一证据是阿马尔辛 8 年 5 月 8 日（文献 JCS 31, 166），卢卢布姆的军队进贡 10 头牛，由国王的儿子达达（Dada）监管。

卢卢布姆正式摆脱乌尔王国的直接统治，即由边缘区变为附属国（或外交国），大约发生在舒辛时期。在舒辛 2 年（文献 Ontario 1, 132），卢卢布姆的恩西伊里卜（Irib）进贡 383 只羊，王室信使努尔辛（Nur-Suen）经办。注意，这时卢卢布姆不再由王子直接管理，而是由其统治者（或乌尔国王任命）"恩西"管理。卢卢布姆需要参加在乌尔举行的宣誓仪式，表明其附属于乌尔王国。在舒辛 9 年 11 月（文献 AUCT 3, 413），2 只羊用于尼努尔塔（Ninurta）神庙的宣誓仪式，提供给卢卢布姆的军尉们（mu nu-banda$_3$ Lu-lu-bu^{ki}-ke$_4$-ne-še$_3$）。

（二）西穆鲁姆

西穆鲁姆（拼写形式为 Si-mu-ru-um^{ki}）的具体位置存在争议。艾哈迈德在其著作中列出了学术界关于这一地名的不同观点，认为弗雷恩将西穆鲁姆位于迪亚拉河（今克雷·锡尔万纳 Qlay Shirwana）一说更有可能，具体位置表述为，在锡尔万河与其支流蓬拉河（Pungla）交会处，距离卡拉哈尔不远，北至阿拉普胡姆或阿拉普哈（Arrapha），南达尼库姆（今哈纳钦地区）和美图兰（Meturan）之间。[③] 其他学者的观点也各有差异，一说西穆鲁姆位于扎格罗斯山脚的迪亚拉河附近，今伊拉克库尔德自治区的沙米兰（Shamiran）西北 7 公里的阿扎坂（Azaban）村，即迪亚拉河和蓬拉

[①] 关于这一术语的准确含义，尚不清楚，可能指一种"贡赋"或者表示被屠宰的动物。参见 M. Sigrist, *Drehem*, Bethesda: CDL Press, 1992, pp. 40-42; C. Tsouparopoulou, "Killing and Skinning Animals in the Ur Ⅲ Period: The Puzriš-Dagan (Drehem) Office Managing of Dead Animals and Slaughter By-products", *Altorientalische Forschungen*, Vol. 40 (2013), pp. 150-182。

[②] 文献 P205024; DAS 150; DAS 154; ITT 2, 00756; Michigan Museums AAB 15, 96-99; Nisaba 03/2, 03; 参见 A. Goetze, "Šakkanakkus of the Ur Ⅲ Empire", *Journal of Cuneiform Studies*, Vol. 17, No. 1 (1963), pp. 1-31。

[③] K. M. Ahmed, "The Beginnings of Ancient Kurdistan (*c.* 2500-1500 BC): A Historical and Cultural Synthesis", PhD dissertation, Universiteit Leiden, 2012, pp. 230, 237, 297, 328。

河的交汇处。① 一说位于今伊拉克库尔德自治区的贾劳拉（Galawla）镇东北部、位于迪亚拉河流域的卡拉特-锡尔瓦纳（Qalat Shirvana）市。② 沃克则讨论了阿卡德时期王室铭文关于西穆鲁姆的记载。③ 综上所述，笔者同意斯坦凯勒和欧文的观点，认为西穆鲁姆位于扎格罗斯山脉，迪亚拉河（和锡尔万河）上游，基马什的北部和卢卢布姆的南部。④

在乌尔第三王朝的年名中，西穆鲁姆被多次记载，分别为：舒尔吉25年、舒尔吉26年（第二次）、舒尔吉32年（第三次）、舒尔吉44年（第九次）、舒尔吉45年、伊比辛3年。可见，西穆鲁姆是乌尔王国对外战争的主要目标之一。

据滚印铭文记载，在舒尔吉时期，西穆鲁姆的统治者（恩西）是塞卢什达干。⑤ 一篇日期不详的普兹瑞什达干文献（PPAC 4，117 + 123）记载

---

① D. R. Frayne, "Simurrum", *Reallexikon der Assyriologie und Vorderasiatischen Archäologie*, Vol. 12 (2009), pp. 508-511; J. Glassner, "L'abdication de Šulgi", in K. Kleber, G. Neumann and S. Paulus (eds.), *Grenzüberschreitungen Studien zur Kulturgeschichte des Alten Orients：Festschrift für Hans Neumann zum 65. Geburtstag am 9. Mai 2018*, Münster: Zaphon, 2018, p. 248。

② D. R. Frayne, "On the Location of Simurrum", in G. D. Young, M. W. Chavalas and R. E. Averbeck (eds.), *Crossing Boundaries and Linking Horizons：Studies in Honor of Michael C. Astour on His 80th Birthday*, Bethesda: CDL Press, 1997, pp. 243-269.

③ M. F. Walker, "The Tigris Frontier from Sargon to Hammurabi-A Philologic and Historical Synthesis", PhD dissertation, Yale University, 1985, p. 18.

④ D. I. Owen, *Cuneiform Texts Primarily from Iri-Saĝrig/Āl-Šarrākī and the History of the Ur III Period*, Nisaba 15/1, Bethesda: CDL Press, 2013, p. 153; D. I. Owen, *The Nesbit Tablets*, Nisaba 30, Winona Lake: Eisenbrauns, 2016, p. 27.

⑤ 原文：Ṣe-lu-uš-^{d}Da-gan ensi$_2$ Si-mu-ru-um^{ki}，见文献 P430204；P430440；P456735；RA 023, 036-037 4；PDT 2, 1355；PDT 2, 1365；PDT 2, 1327；PDT 2, 1375；参见 D. Frayne, *Ur III Period (2112-2004 BC)*, RIME 3/2, Toronto: University of Toronto Press, 1997, pp. 281, 425-426; C. Tsouparopoulou, "The Material Face of Bureaucracy：Writing, Sealing and Archiving Tablets for the Ur III State at Drehem", PhD dissertation, University of Cambridge, 2008, p. 105; C. Tsouparopoulou, *The Ur III Seals Impressed on Documents from Puzriš-Dagan (Drehem)*, HSAO 16, Heidelberg: Heidelberger Orientverlag, 2015, p. 99; B. Buchanan, *Early Near Eastern Seals in the Yale Babylonian Collection*, New Haven and London: Yale University Press, 1981, p. 261 (no. 679); D. I. Owen, *The Nesbit Tablets*, Nisaba 30, Winona Lake: Eisenbrauns, 2016, p. 7; D. I. Owen, "The Royal Gift Seal of Ṣilluš-Dagan, Governor of Simurrum", in S. Graziani (ed.), *Studi sul Vicino Oriente Antico dedicati alla memoria di Luigi Cagni*, Napoli: Istituto Orientale di Napoli DSA, 2000, p. 839; R. H. Mayr and D. I. Owen, "The Royal Gift Seal in the Ur III Period", in H. Waetzoldt (ed.), *Von Sumer nach Ebla und Zurück：Festschrift Giovanni Pettinato zum 27. September 1999 gewidmet von Freunden, Kollegen und Schülern*, HSAO 9, Heidelberg: Heidelberger Orientverlag, 2004, pp. 164, 167, 169; R. Mayr, "The Depiction of Ordinary Men and Women on the Seals of the Ur III Kingdom", in S. Parpola and R. M. Whiting (eds.), *Sex and Gender in the Ancient Near East：Proceedings of the 47th Rencontre Assyriologique Internationale*, Helsinki, July 2-6, 2001, Part II, Helsinki: The Neo-Assyrian Text Corpus Project, 2002, p. 366.

了西穆鲁姆统治者是乌拉姆申（Ullam-shen）。另一篇日期不详的温马文献（JCS 57，029 10）记载了一个可能叫作阿马加乌（lu₂ ama-ga-u₁₈! Si-mu-ru-um）的西穆鲁姆人，其具体身份尚不清楚。

在明确记载了日期的西穆鲁姆文献中，除了一篇文献为舒尔吉41年（TCL 02，5502 = 5503），[①] 其余文献都位于从阿马尔辛8年至舒辛2年之间，记载的都是西穆鲁姆使节出访乌尔，从乌尔接收牲畜。列举如下：

表3-9　　　　　出访乌尔第三王朝的西穆鲁姆使节统计

日期、文献	动物	接收人	经办人、总监	支出
AS 8 ix 14 BIN 03，173	1羊	基里布尔美	外事官胡兹里 阿拉德姆 在普兹瑞什达干	朱巴伽
AS 8 ix 16 BCT 1，083	2羊	基里布尔美	外事官南纳伊里 阿拉德姆	朱巴伽
AS 8 ix 17 Hermitage 3，344	1羊	基里布尔美，当他去游历纳卡布图姆时	外事官南纳卡姆 阿拉德姆	伊吉恩利尔塞
AS 8 x 13 PDT 2，1147	1羊	基里布尔美	外事官南纳卡姆 阿拉德姆，在乌尔	杜伽
AS 8 x 17 TCL 02，5500	1牛5羊	基里布尔美	外事官南纳卡姆 阿拉德姆	阿巴萨伽
AS 9 ii 26 SET 066	2羊	基里布尔美	外事官巴扎扎 阿拉德姆	朱巴伽
AS 9 xi 3 OIP 121，575	1羊	基里布尔美	外事官胡兹里 阿拉德姆	朱巴伽

---

① 该文献记载：在舒尔吉41年从恩利拉支出若干头牛，在9月15日，8头牛，被屠宰，经"筛选"或在最优级（ša₃ Ni-is-qum，阿卡德语 nisqum 意为"选择，最好质量"），以及是西穆鲁姆的 mašdarea 税（u₃ maš-da-re-a Si-mu-ru-um^{ki}-ma），被送入仓库（e₂-kišib₃-ba-še₃）。关于 a-ša₃ ni-is-qum "为选择（官员）的土地"，参见 D. Frayne, *Ur Ⅲ Period (2112-2004 BC)*, RIME 3/2, Toronto: University of Toronto Press, 1997, pp. 43-49; M. Civil, "The Law Collection of Ur-Namma", in A. R. George (ed.), *Cuneiform Royal Inscriptions and Related Texts in the Schøyen Collection*, CUSAS 17, Bethesda: CDL Press, 2011, pp. 211-286; C. Wilcke, "Gesetze in sumerischer Sprache", in N. Koslova, E. Vizirova and G. Zólyomi (eds.), *Studies in Sumerian Language and Literature: Festschrift für Joachim Krecher*, Winona Lake: Eisenbrauns, 2015, pp. 529-573.

第三章　外国使节来访

续表

日期、文献	动物	接收人	经办人、总监	支出
AS 9 xi 4 Tavolette 203	1羊	基里布尔美	外事官胡兹里 阿拉德姆	朱巴伽
AS 9 xi 7 SACT 1, 169	1羊	基里布尔美	外事官胡兹里 阿拉德姆	朱巴伽
SS 1 i 24 BIN 03, 217	1羊	基里布尔美	外事官伊里贝里 阿拉德姆，在尼普尔	伊吉恩利尔塞
SS 1 iv 18 PDT 1, 0567	1羊	塔潘塔拉赫	外事官埃拉亚 　阿拉德姆，在尼普尔	朱巴伽
SS 1 iv-- PDT 1, 0605	5羊	塔潘塔拉赫	【破损】	【破损】
SS 1 x 20 SNAT 271	1羊 1羊	塔潘塔拉赫 基里布尔美	外事官阿瓦尔卡 外事官纳拉姆阿达德 阿拉德姆，在乌尔	纳鲁
SS 2 ix 9 Princeton 1, 083	1羊	塔潘塔拉赫	外事官辛伊尔舒	阿胡威尔
SS 2 ix 17 PDT 2, 0904	1羊	塔潘塔拉赫	外事官哈尼 阿拉德姆	阿胡威尔
SS 2 ix 19 BIN 03, 442	1羊	塔潘塔拉赫	外事官哈尼 阿拉德姆	阿胡威尔
SS 2 ix 20 BIN 03, 551	1羊	塔潘塔拉赫	外事官哈尼 阿拉德姆	阿胡威尔
SS 2 ix 23 BIN 03, 559	1羊	塔潘塔拉赫	外事官哈尼 阿拉德姆	阿胡威尔
SS 2 ix-- OrSP 47-49, 036	1羊	塔潘塔拉赫	外事官哈尼 阿拉德姆	【破损】
SS 2 xi 24 Babyloniaca 08, pl. 07, Pupil 30	1羊	基里布尔美	外事官舒库布姆 阿拉德姆	阿胡威尔

出访乌尔的西穆鲁姆使节是其统治者基里布尔美（Kiribulme），从阿马尔辛8年至舒辛1年，其中阿马尔辛8年9月14日在普兹瑞什达干，到17日去游历纳卡布图姆，到10月时到达乌尔，结束此次出访。第二次发

生在阿马尔辛 9 年 2 月，第三次在 11 月直到舒辛 1 年 1 月。在舒辛 1 年 4 月时，出访乌尔的西穆鲁姆的统治者是塔潘塔拉赫，出访尼普尔；在同年 10 月，塔潘塔拉赫和基里布尔美同时出访乌尔，可能他们二人共同统治西穆鲁姆（二王制）。在舒辛 2 年 9 月，又是塔潘塔拉赫单独出访乌尔，和提基廷希的使节一起出访，本月共有 6 次连续接收各 1 只羊食用（分别发生在第 9、17、19、20、23、某日）。但是，到同年 11 月，基里布尔美再次单独出访乌尔。关于基里布尔美和塔潘塔拉赫是什么关系？他们之间是共同执掌西穆鲁姆，还是之间发生过统治权的争执？由于缺乏直接证据，我们不得而知。

值得注意的是，虽然西穆鲁姆位于卢卢布姆的南部，更加靠近于乌尔王国的边界，但是不同于卢卢布姆还有向乌尔王国进贡的情况，从现有文献中，我们并没有发现西穆鲁姆向乌尔进贡的记录。很可能的原因是，西穆鲁姆虽然多次与乌尔王国发生战争，甚至据年名记载被"袭击或摧毁"，但是实际上西穆鲁姆并没有被乌尔征服，而是一直与乌尔王国保持着外交关系，尤其是从阿马尔辛统治晚期到舒辛统治初期这段时间，西穆鲁姆多次出访乌尔，很可能是为了加强两国之间的外交联系。但是，这种外交联系并没有维持多久，在伊比辛统治初年，再次爆发乌尔与西穆鲁姆之间的战争，据学者考据，这次战争乌尔很可能并没有取得胜利。由于没有证据互补，我们对于乌尔王国与西穆鲁姆的具体外交关系仍然不清楚。

（三）卡拉哈尔

卡拉哈尔［拼写形式为 $Kar_x(GAN_2)\text{-}har^{ki}$，$Kar_2\text{-}har^{ki}$］位于西穆鲁姆的南部。威廉认为，卡拉哈尔与西穆鲁姆都位于哈姆林山脉东北部，而其更北部的卢卢布姆则位于今苏莱曼尼亚地区。不过也有观点认为卡拉哈尔等同于亚述文献中的哈尔哈尔（Harhar）城，位于迪亚拉河上游。[①] 艾哈迈德认为，卡拉哈尔位于或者靠近今伊朗西部克尔曼沙省的卡斯里-希林

[①] G. Wilhelm, *The Hurrians*, Warminster: Aris & Phillips, 1989, pp. 10–12; D. O. Edzard and G. Farber, *Répertoire Géographique des Textes Cunéiformes* II: *Die Orts-und Gewässernamen der Zeit der 3. Dynastie von Ur*, Wiesbaden: Dr. Ludwig Reichert Verlag, 1974, p. 91.

(Qasr-i-Shirin) 地区。① 沃克认为，卡拉哈尔位于更北部地区，靠近尼尼微，认为文献中记载的卡拉哈尔人提什阿塔尔等同于尼尼微人提什阿塔尔，是同一个人。② 但是，这一观点在学术界存在争议。哈罗认为，卡拉哈尔和哈马孜都位于乌尔比隆（今埃尔比勒）地区之内。但是，莱文则反对将其等同于新亚述的哈尔哈尔。③ 不过，也有许多学者接受这种等同关系。④ 笔者同意欧文关于卡拉哈尔的定位，认为其位于基马什与西穆鲁姆之间，即迪亚拉河上游山区，今伊朗克尔曼沙省的伊斯兰堡–贾尔布（Is-lamabad-e Gharb）的北部地区。⑤

和西穆鲁姆一样，卡拉哈尔在乌尔第三王朝的年名中被多次记载，包括：舒尔吉24年、31年（第二次）、33年（第三次）、45年。

在乌尔第三王朝中，记载卡拉哈尔的文献日期从阿马尔辛4年至伊比辛1年。⑥ 卡拉哈尔在阿马尔辛4年和5年，两次向乌尔王国进贡大量的牲畜。在阿马尔辛4年9月2日（文献 Princeton 1，044），卡拉哈尔的统治者（恩西）埃阿拉比（Ea-rabi）向乌尔进贡了3头牛、6头驴（dusu$_2$），作为"舒基德"贡品，他的"人"（使节）埃拉乌尔萨格（Erra-ursag）作为经办人，阿巴萨伽接收。在阿马尔辛5年9月22日（文献 OIP 121，097），埃阿拉比又向乌尔进贡45头牛、450只羊，阿巴萨伽接收。这里牛羊的比例为1比10，符合学者们关于古恩马达税牛羊比例的

---

① K. M. Ahmed, "The Beginnings of Ancient Kurdistan (c. 2500–1500 BC): A Historical and Cultural Synthesis", PhD dissertation, Universiteit Leiden, 2012, pp. 197, 304; D. Frayne, "The Zagros Campaigns of Šulgi and Amar-Suena", in D. I. Owen and G. Wilhelm (eds.), *Studies on the Civilization and Culture of Nuzi and the Hurrians, Volume 10: Nuzi at Seventy-Five*, SCCNH 10, Bethesda: CDL Press, 1999, p. 148.

② M. F. Walker, "The Tigris Frontier from Sargon to Hammurabi-A Philologic and Historical Synthesis", PhD dissertation, Yale University, 1985, pp. 144, 161.

③ L. D. Levine, "Geographical Studies in the Neo-Assyrian Zagros-II", *Iran*, Vol. 12 (1974), p. 116.

④ D. O. Edzard and G. Farber, *Répertoire Géographique des Textes Cunéiformes II: Die Orts-und Gewässernamen der Zeit der 3. Dynastie von Ur*, Wiesbaden: Dr. Ludwig Reichert Verlag, 1974, p. 91; D. I. Owen, *The Nesbit Tablets*, Nisaba 30, Winona Lake: Eisenbrauns, 2016, p. 53.

⑤ D. I. Owen, *Cuneiform Texts Primarily from Iri-Saĝrig/Āl-Šarrākī and the History of the Ur III Period*, Nisaba 15/1, Bethesda: CDL Press, 2013, p. 153.

⑥ 包括4篇文献日期不详或残损，见文献 PDT 2, 1222; SET 114; PDT 2, 0959; 注意，还有一篇文献可能是乌尔纳姆时期的（文献 P341960）。

观点，属于卡拉哈尔向乌尔缴纳的古恩马达税，据此判断至少在这一时期，卡拉哈尔属于乌尔第三王朝的边缘区。但是由于其由恩西统治，不同于由将军和军队管理的边缘区，卡拉哈尔很可能作为乌尔第三王朝的附属国，具有一定的自治权，需要每年固定时间向乌尔缴纳古恩马达税。在舒辛 1 年（文献 AUCT 1，080），有 257 只羊，在卡拉哈尔（ša₃ Kar₂-har-ra^{ki}），从王室信使乌尔拉玛（Ur-Lamma），埃拉巴尼（Erra-bani）接收。

除了向乌尔进贡之外，卡拉哈尔也从乌尔接收少量牲畜作为出访乌尔期间的路费。在阿马尔辛 7 年（文献 Fs Astour Ⅱ 372），卡拉哈尔统治者或使节舒伊什塔尔接收 2 只羊，此外接收牲畜的还有来自舍提尔沙、哈布拉等国的外国使节，阿巴萨伽支出。

值得注意的是，在舒辛 9 年（文献 MVN 03，299）和伊比辛 1 年（文献 SAT 3，1937），文献记载了大量的芝麻（še-geš-i₃），作为驻扎在边塞军队的配给品（i₃-ba erin₂ a-ša₃ ku-da-bad₃-da-ka tuš-a）。这些芝麻可能是来自卡拉哈尔的进贡或者通过贸易所得。

（四）胡尔提

胡尔提（拼写形式为 Hu-ur₅-ti^{ki}，Hu-ur-ti，Hu-ur-ti^{ki}，Hur-ti^{ki}）的具体位置存在诸多争议。[①] 一般认为，胡尔提、哈尔西、基马什位于乌尔第三王朝东北部的同一方向，彼此距离邻近，据舒尔吉 46 年年名记载"基马什和胡尔提被毁"，第 48 年的年名记载，"哈尔西、基马什和胡尔提（第二次）被毁"，可以推断哈尔西、基马什、胡尔提距离乌尔王国的距离逐渐变远。不过，也有学者认为基马什和胡尔提位于乌尔王国的东南部，靠近苏萨地区。[②] 这一观点没有得到认可。笔者同意欧文和斯坦凯勒的观点，认为胡尔提、基马什和哈尔西都是位于乌尔王国通往伊朗高原（今哈马

---

① 关于基马什和胡尔提位置的详细讨论，参见 P. Steinkeller, "Puzur-Inšušinak at Susa", in K. De Graef and J. Tavernier (eds.), *Susa and Elam. Archaeological, Philological, Historical and Geographical Perspectives: Proceedings of the International Congress Held at Ghent University, December 14-17, 2009*, MDP 58, Leiden and Boston: Brill, 2013, pp. 304-312; K. M. Ahmed, "The Beginnings of Ancient Kurdistan (c. 2500-1500 BC): A Historical and Cultural Synthesis", PhD dissertation, Universiteit Leiden, 2012, p. 198.

② M. F. Walker, "The Tigris Frontier from Sargon to Hammurabi-A Philologic and Historical Synthesis", PhD dissertation, Yale University, 1985, p. 126.

第三章　外国使节来访

丹）的呼罗珊大道上的重要据点。其中，胡尔提位于今伊朗的克尔曼沙地区。[①]

关于年名中所记载的舒尔吉46年乌尔与胡尔提的战争，据普兹瑞什达干的经济文献记载，在舒尔吉46年4月14日（文献 MVN 15, 201），有6头牛给士兵乌乌姆（Uwumu）、埃阿伊里（Ea-ili）监管，这些动物是（来自）胡尔提的战利品（ša₃ nam-ra-ak Hu-ur₅-ri^{ki}），匿名官员支出。另外，文献中还记载了舒尔吉46年为了庆祝胡尔提战争胜利所举行的宴会和圣餐仪式。例如，在舒尔吉46年3月（文献 AUCT 1, 683），51头牛被用于庆祝乌尔战胜胡尔提的宴会（kaš-de₂-a u₄ Hu-ur₅-ti^{ki} ba-hul-a），恩利拉支出。在舒尔吉46年4月23日（文献 SAT 2, 0517），有7+只羊献给宁利尔神庙中的宁利尔、辛（Suen）、宁提乌加（Nintiugga）、杜牧孜（Dumuzi）、尼萨巴（Nisaba）诸神，4只羊献给圣坛（du₆-ku₃）；在同年4月24日（文献 Ontario 1, 044），2只羊献给宁利尔神；这些动物都是提供给在恩利尔神庙举行的圣餐仪式（gešbun₂ ša₃ e₂ ^{d}En-lil₂），为了庆祝胡尔提第二次被毁（u₄ Hu-ur₅-ti^{ki} a-ra₂ 2-kam-aš ba-hul），卢丁吉尔拉支出。[②] 这里需要注意的是，该文献中所记载的"胡尔提第二次被毁"可能的解释是，胡尔提在舒尔吉46年之前第一次被毁，在舒尔吉46年第二次被毁。

胡尔提使节出访乌尔，被记载于普兹瑞什达干的经济文献和伊利萨格里格、吉尔苏的信使文献中（信使文献同时记载了乌尔的使节出访胡尔提的内容）。

除了阿马尔辛1年1月12日（文献 PDT 1, 0356），胡尔提的军队进贡7头牛，那萨接收。其余胡尔提使节出访乌尔，都是接收乌尔赠予的礼物（主要是牛羊牲畜），供其出访期间消费。比较有趣的是，在舒尔吉47年12月（文献 Tavolette 363），胡尔提的统治者（恩西）巴扎姆（Ba-

---

① D. I. Owen, *Cuneiform Texts Primarily from Iri-Saĝrig/Āl-Šarrākī and the History of the Ur III Period*, Nisaba 15/1, Bethesda: CDL Press, 2013, p. 153. 最新观点认为胡尔提位于库赫达什特-鲁美什堪（Kuhdasht-Rumeshkan）地区，参见 H. Ghobadizadeh and W. Sallaberger, "Šulgi in the Kuhdasht Plain: Bricks from a Battle Monument at the Crossroads of Western Pish-e Kuh and the Localisation of Kimaš and Hurti", *Zeitschrift für Assyriologie und vorderasiatische Archäologie*, Vol. 113, No. 1 (2023), p. 25.

② 注意，还有一篇日期破损的文献也记载了"胡尔提第二次被毁，在尼普尔的圣餐"，见文献 BPOA 07, 2852。

zamu）接收了 10 双不同的鞋子，在尼普尔从埃阿伊里支出。①

在信使文献中，记载了大量乌尔使节出访胡尔提（详见第四章），以及胡尔提使节出访乌尔的情况。列举如下：

表 3-10　　　　　　出访乌尔第三王朝的胡尔提使节统计

日期	支出物	接收人	文献
AS 1 vii 吉	啤酒、面包、油	胡尔提的埃兰人	Nisaba 22, 129
AS 7 xii 吉	啤酒、面粉、油	胡尔提的埃兰人，军尉乌卡亚（Ukaya）经办，当他们从胡尔提来	Ontario 2, 458
AS 8 i	罐子	被装上船，胡尔提人，当他们去胡尔提	CUSAS 40, 0662
AS 8 i	啤酒，面包	胡尔提人，当他们去胡尔提 行者埃拉巴尼经办	CUSAS 40, 0918
AS 8 ii	汤，鱼	胡尔提军队，当他们从胡尔提到国王之地，王室信使努尔伊里（Nur-ili）经办②	Nisaba 15, 0086
AS 9 i	汤，鱼	胡尔提人，当他们从胡尔提到国王之地 王室信使伊丁埃拉（Idin-Erra）经办 由于没有加印，所以国王名义（发誓）	Nisaba 15, 0156
SS 6 viii	烤羊，汤，鱼	胡尔提人，当他们去胡尔提 王室信使萨阿卡姆（Sa'akam）经办	CUSAS 40, 0999
SS 8	大麦	作为胡尔提男女奴的配给，在德尔 从乌尔梅斯（Ur-mes）支出，巴巴提加印	Nisaba 15, 0467
IS 1 xi	啤酒，面包（在城中，在途上）	提供给西格里什、布里、孜提安、胡尔提人，当他们到王地 王室信使伊丁辛经办，当大执政官的印章从城里被带到城里，支出	CUSAS 40, 0033
IS 2 iii	啤酒，面包	胡尔提人，当他们从胡尔提到王地 王室信使普苏（Pusu）经办	Nisaba 15, 0848

---

① 注意这篇文献中的胡尔提拼写形式为 Hur-ti^{ki}，因为该文献目前只能看到临摹件，临摹中只有 hur 和 ti 两个符号，但是笔者怀疑临摹人很可能遗漏了 HU 的符号，所以应该拼写为一般的形式 Hu-ur$_5$(HUR)-ti。

② 注意，据文献 CUSAS 40, 0833 记载，在阿马尔辛 8 年 3 月 2 日，即下一个月，原来的经办人王室信使努尔伊里，出访胡尔提，从胡尔提回到国王之地。

续表

日期	支出物	接收人	文献
IS 2 iv	烤羊，汤	胡尔提人，当他们去胡尔提 王室信使阿胡杜（Ahudu）经办 当大执政官的印章从城里被带到城里，支出	Nisaba 15, 0763
IS 2 x	啤酒，面包	胡尔提人，当他们去胡尔提 王室信使努尔伊里经办 当大执政官的印章从城里被带到城里，支出	Nisaba 15, 0862

在普兹瑞什达干文献中，从阿马尔辛 4 年至舒辛 7 年，记载了胡尔提的使节出访乌尔，接收牲畜在出使期间消费。在阿马尔辛 4 年 9 月 2 日，2 只育肥羊被送入厨房屠宰，提供给胡尔提的统治者古恩达（Gunda，原文 Gu-un-da），当他从胡尔提来时，外事官伊特拉克伊里经办，将军舒鲁什金总监，舒尔吉阿亚姆支出。[①] 在同年 10 月 28 日 [文献 RA 009, 051 SA 200（pl. 5）]，胡尔提统治者古乌特（Guwut，原文 Gu-u$_2$-ut lu$_2$ Hu-ur-ti）接收 2 只育肥羊，外事官卢伽尔伊尼姆基纳经办，在舒鲁帕克，舒尔吉阿亚姆支出。[②]

第二次出访乌尔发生在舒辛 1 年 7 月，在第 14 日（文献 PPAC 4, 190），胡尔提统治者（恩西）胡巴尼姆吉尔西尼（Huba-nimgirsini，这是第一次出现胡尔提恩西称呼，可能表明胡尔提成为乌尔的附属国或具有一定的自治权）接收 1 牛 5 羊，外事官卡拉（Kalla）经办，伊吉恩利尔塞支出。在 18 日（文献 YOS 04, 063），胡尔提统治者（恩西）胡巴尼姆吉尔西尼接收 1 只羊，外事官穆卢瓦（Muruwa）经办，阿拉德姆总监，伊吉恩利尔塞支出。

第三次发生在舒辛 2 年 9 月 20 日（BIN 03, 551），胡尔提人的女子孜里里（Zilili）接收 1 只羊，外事官穆卢瓦经办，阿拉德姆总监，阿胡威尔支出。

---

① e$_2$-muhaldim mu Gu-un-da lu$_2$ Hu-ur$_5$-ti^{ki}-še$_3$ u$_4$ Hu-ur$_5$-ti^{ki}-ta i$_3$-im-gen-na-a. 文献 Fs Pettinato 042, 1。

② Gu-un-da 和 Gu-u$_2$-ut 应该指同一个人，un 可以读为 u1$_2$，而 ut 或 ud 可以读为 da$_7$，所以可以拼写为 Gu-u$_{12}$-da 和 Gu-u$_2$-da$_7$（古乌达）。此外，后一篇文献中的地名胡尔提拼写为 Hu-ur-ti，其中 ur 而非常见的 ur$_5$，并且省略后置地点限定词 ki。

在舒辛 7 年 8 月 26 日（文献 ASJ 09, 270 78），胡尔提统治者胡恩胡尔提（Hun-hurti）接收 5 只羊，外事官南纳卡姆经办，阿拉德姆总监，努尔阿达德（Nur-Adad）支出。

值得注意的是，有两篇文献记载了舒辛 6 年，2 个劳动力，从 2 希拉啤酒、2 希拉面粉，给胡尔提人（文献 Amorites 22；SA 085），其具体含义不详。

（五）基马什

基马什（拼写形式为 Ki-maš^{ki}）和哈尔西、胡尔提都位于扎格罗斯山脚某地，东至锡尔万河，北至哈姆林山脉的东北部，小扎布河与迪亚拉河之间，最北部接近阿拉普哈或扎姆阿（Zamua，今伊拉克库尔德自治区的沙赫拉祖尔 Shahrazur 地区）。[1] 关于基马什的位置有许多争议。[2]沃克有不同的意见，认为基马什和胡尔提位于更南部，靠近苏萨地区，其中基马什更加靠近马德伽（Madga，今伊拉克迪亚拉省的基夫里 Kifri，盛产沥青）。[3] 笔者同意斯坦凯勒和欧文的观点，认为基马什位于今伊朗克尔曼沙省的伊斯兰堡-贾尔布。[4]

据乌尔第三王朝年名记载，舒尔吉 46 年"基马什、胡尔提被毁"，舒

---

[1] K. M. Ahmed, "The Beginnings of Ancient Kurdistan (c. 2500–1500 BC): A Historical and Cultural Synthesis", PhD dissertation, Universiteit Leiden, 2012, pp. 198, 218.

[2] H. Neumann, "Remarks on the History of West Iran in the Context of its Relations with Mesopotamia in the Late 3RD and Early 2ND Millennium BCE (according to the cuneiform cources)", in T. Daryaee and R. Rollinger (eds.), Iran and its Histories, From the Beginnings through the Achaemenid Empire Book Subtitle: Proceedings of the First and Second Payravi Lectures on Ancient Iranian History, UC Irvine, March 23rd, 2018, & March 11th–12th, 2019, Wiesbaden: Harrassowitz Verlag, 2021, p. 105; 关于基马什和胡尔提位置的详细讨论，参见 P. Steinkeller, "Puzur-Inšušinak at Susa: A Pivotal Episode of Early Elamite History Reconsidered", in K. De Graef and J. Tavernier (eds.), Susa and Elam. Archaeological, Philological, Historical and Geographical Perspectives: Proceedings of the International Congress Held at Ghent University, December 14–17, 2009, MDP 58, Leiden and Boston: Brill, 2013, pp. 304–312.

[3] M. F. Walker, "The Tigris Frontier from Sargon to Hammurabi-A Philologic and Historical Synthesis", PhD dissertation, Yale University, 1985, pp. 33, 126–127.

[4] D. I. Owen, Cuneiform Texts Primarily from Iri-Saĝrig/Āl-Šarrākī and the History of the Ur Ⅲ Period, Nisaba 15/1, Bethesda: CDL Press, 2013, p. 153. 最新观点认为基马什位于霍拉马巴德（Khorramabad）附近的德赫侯赛因（Deh Hosein）矿区，参见 H. Ghobadizadeh and W. Sallaberger, "Šulgi in the Kuhdasht Plain: Bricks from a Battle Monument at the Crossroads of Western Pish-e Kuh and the Localisation of Kimaš and Hurti", Zeitschrift für Assyriologie und vorderasiatische Archäologie, Vol. 113, No. 1 (2023), p. 25.

第三章 外国使节来访

尔吉 48 年"哈尔西、基马什和胡尔提被毁"或"基马什第二次被毁"。由此可知，乌尔王国与基马什分别在舒尔吉 46 年发生第一次战争，舒尔吉 48 年发生第二次战争。

在乌尔第三王朝，记载基马什的文献共有 258 篇，其中大部分属于信使文献，115 篇文献的日期缺失或者破损，其余 143 篇文献从舒尔吉 33 年至伊比辛 2 年。

在普兹瑞什达干文献中，关于战利品的记载如下：舒尔吉 46 年 2 月 24 日（文献 HSS 68, 209），乌尔库努纳支出 39 只羊，为恩利尔神庙的宴会，庆祝基马什被毁（阿穆尔辛，Amur-Suen 的巴拉税补偿）。舒尔吉 46 年 2 月某日（文献 YOS 04, 074），恩利拉支出 29 头牛，为宴会，庆祝基马什被毁，作为巴比伦、普什、库阿拉恩西的巴拉税补偿。舒尔吉 48 年 7 月（文献 Princeton 1, 060），有多达 231 头牛、10736 只羊，作为基马什和哈尔西的战利品。[①]

基马什向乌尔王国进贡的情况如下。[②]

舒尔吉 40 年 1 月 9 日（文献 YOS 04, 303），213 只羊可能是由基马什进贡。

舒尔吉 44 年闰 2 月 26 日（文献 BPOA 07, 2875），基马什军队进贡 10 头牛。

舒尔吉 45 年闰 4 月 27 日（文献 TRU 144），基马什军队进贡 16 头牛，恩利拉接收。

舒尔吉 46 年 3 月 17 日（文献 Hirose 050），基马什军队进贡 5 头牛，匿名官员接收。

舒尔吉 47 年 2 月 15 日（文献 OIP 115, 273），基马什人伊沙尔阿尼什苏（Ishar-anishsu），那萨接收。

阿马尔辛 5 年 7 月 4 日（文献 Tavolette 140），基马什人胡恩希里（Hun-hili）和拉希希（Rashishi）各进贡 2 头牛、1 只羊，阿巴萨伽接收。

舒辛 3 年 9 月 4 日（文献 AUCT 1, 446），基马什人普朱尔马马进贡 6 只野生羊，因塔埃阿接收。

---

① 还有一篇破损严重的文献（AUCT 2, 364）记载了若干数量的动物（破损，数量不详）作为哈尔西和基马什的战利品，但是由于破损严重，信息不足，故没有参考价值。
② 注意，一篇文献记载（Princeton 2, 205），1 只基马什人（带来）的黑色育肥绵羊种类（1 udu ge$_6$ lu$_2$ Ki-maš^{ki} niga），这种羊是唯一的纪录。

阿马尔辛 6 年 12 月 28 日（文献 Syracuse 328），基马什人乌杜（Udu）进贡 1 头牛，阿巴萨伽接收。

除了进贡大量的牛羊牲畜之外，基马什还向乌尔进贡其他物品。阿马尔辛 1 年 7 月（文献 BPOA 07，2869），基马什人乌杜进贡 4⅚津白银（ki-la$_2$ kam-kam-ma-tum 1-a），在乌鲁克，普朱尔埃拉（Puzur-Erra）接收。这些由基马什进贡的物品的用途，在文献中也有所提示。例如，在乌鲁克，在阿马尔辛 4 年闰 12 月（文献 AUCT 1，078），1 个镶嵌白银的由青铜和黄铜制作的 ma-sa$_2$-ab 物件（来自基马什），① 被献给乌鲁克的伊南娜神，普朱尔埃拉支出；在埃利都，同年 12 月（文献 AUCT 2，162），同样的物件，② 献给埃利都的恩基神。③

基马什使节出访乌尔王国，接收牲畜的情况。

舒尔吉 46 年 4 月 6 日（文献 Hermitage 3，158），基马什人希尔哈哈（Silhaha）接收 9 只羊，阿拉德姆总监，匿名官员支出。舒尔吉 46 年 9 月（JCS 31，035 BMC 2），基马什人（lu$_2$ Ki-maš^{ki}）接收 1+只羊。

舒尔吉 47 年 2 月 23 日（文献 Hermitage 3，177），基马什人基马尼（Kimani）接收 1 只羊，（此外还有来自若干国王的使节），送入"农村"（埃杜鲁），（外事官）卢伽尔伊尼姆基纳经办，阿拉德姆总监，卢丁吉尔拉支出。

阿马尔辛 8 年 8 月 5 日（文献 PPAC 5，1775），基马什人尼什特尼（Nishteni）接收 1 班啤酒、1 班面粉、2 捆芦苇，（这些来自温马缴纳的巴拉税）。

一篇破损文献记载，舒辛 5 年 1 月（文献 Princeton 2，002），（西马什基）人雅布拉特、基马什人接收若干只羊（破损）。

伊比辛 2 年 10 月 25 日（文献 MVN 13，128 = 829），2 只羊，为尼努

---

① 原文：1 ma-sa$_2$-ab zabar uruda Ki-maš^{ki} ur$_2$ ^{d}Nin-kas$_4$ HU uruda ku$_3$-babbar šub-ba si-ga。

② 原文：1 ma-sa$_2$-ab u$_4$ iti x uruda Ki-maš^{ki} ur$_2$-ra la-ha-ma ku$_3$-babbar igi KA x ku$_3$-sig$_{17}$ nig$_2$-gur$_{11}$ si-ga。

③ 翻译和分析参见 W. Sallaberger and A. Westenholz, *Mesopotamien：Akkade-Zeit und Ur Ⅲ-Zeit*, OBO 160/3, Freiburg, Schweiz：Universitätsverlag / Göttingen：Vandenhoeck und Ruprecht, 1999, p. 248.

尔塔神庙的宣誓仪式准备，提供给来访的基马什人们（nam-erim₂ e₂ᵈNin-urta mu lu₂ Ki-maš^{ki}-ke₄-e-ne-še₃）。这些羊来自伊利萨格里格恩西乌尔梅斯缴纳的巴拉税。

信使文献关于基马什人到乌尔的记载（日期不详或破损的不计）：注意，大量的伊利萨格里格文献，记载的是乌尔使节（王室信使）出访基马什（来、往）。

表 3-11　信使文献记载出访乌尔第三王朝的基马什使节统计

日期	支出物	接收人	文献
SH 33 i 吉	面粉	基马什人	MVN 07, 251
SH 46 温	ᵍⁱkaskal ninda i₃ de₂-a-aš	从卢伊吉萨萨（Lu-igisasa）卢萨伽（Lu-saga）加印基马什人，在乌鲁克	Aleppo 015
AS 2 xii 吉	啤酒，面粉，油	基马什（和扎乌什）的埃兰人当他们去乌尔，被带来	Nisaba 22, 053
AS 8 viii	不详	基马什军队当他们从基马什到王地	CUSAS 40, 0067
AS 8 xi	面包	基马什人普朱尔马马	CUSAS 40, 0061
IS 2 x	啤酒，面包	基马什人当他们去基马什，王室信使经办当大执政官从城市到城市带来印章	Mohammed diss, SM 1220

（六）哈尔西

哈尔西（拼写形式为 Ha-ar-ši^{ki}）的具体位置存有争议。艾哈迈德认为，哈尔西、基马什位于扎格罗斯山脚某地，东到锡尔万河，北达哈姆林山。[①] 其他学者认为，哈尔西位于乌尔王国东南部的埃兰地区。一说哈尔西和孜达赫里位于东部的埃兰地区，处于核心区之外，常有使节到

---

① K. M. Ahmed, "The Beginnings of Ancient Kurdistan (c. 2500-1500 BC): A Historical and Cultural Synthesis", PhD dissertation, Universiteit Leiden, 2012, p. 198.

巴比伦尼亚参加节日庆典。① 一说哈尔西远离西穆鲁姆、卢卢布姆、卡拉哈尔和乌尔比隆，而靠近基马什和胡尔提，并且认为这两地靠近苏萨。② 笔者同意斯坦凯勒和欧文的观点，认为哈尔西位于今伊朗西南部的伊拉姆地区。③

据乌尔第三王朝年名记载，舒尔吉 27 年为"哈尔西被毁"，舒尔吉 48 年为"哈尔西、基马什和胡尔提被毁"。所以可以推知，乌尔和哈尔西至少发生过两次战争。据普兹瑞什达干记载战利品的文献记载，在舒尔吉 47 年 6 月（文献 SMM 12），有 10 头牛、14 只羊是来自哈尔西的战利品。在舒尔吉 48 年 7 月（文献 Princeton 1,060），有多达 231 头牛、10736 只羊，作为基马什和哈尔西的战利品。在舒尔吉 48 年 7 月，分别有 2 头牛（文献 SAT 2,0611）和 1 头牛（文献 TCL 02,5485）是哈尔西的战利品剩余。

在普兹瑞什达干文献中，除了两篇文献日期不详，④ 其余文献在时间上从舒尔吉 44 年至舒辛 7 年。据文献记载，哈尔西使节出访乌尔，既有向乌尔进贡牲畜，也有从乌尔接收牲畜以供出访期间的消费。

哈尔西向乌尔王国进贡，从舒尔吉 46 年至舒辛 7 年。列举如下：

表 3-12　　　　　　哈尔西向乌尔第三王朝进贡统计

日期、文献	动物	使节	接收人
SH 46 i 13 TRU 030	1 熊	哈尔西人沙鲁（Shalu）	匿名
SH 46 iii 6 SANTAG 7, 108	2 牛	哈尔西人	恩利拉
SH 47 iv 14 BPOA 07, 2603	3 羊	哈尔西军队	那萨

---

① A. H. Podany, *The Ancient Near East: A Very Short Introduction*, Oxford: Oxford University Press, 2014, p. 60.
② M. F. Walker, "The Tigris Frontier from Sargon to Hammurabi-A Philologic and Historical Synthesis", PhD dissertation, Yale University, 1985, pp. 124, 126.
③ D. I. Owen, *Cuneiform Texts Primarily from Iri-Saĝrig/Āl-Šarrākī and the History of the Ur Ⅲ Period*, Nisaba 15/1, Bethesda: CDL Press, 2013, p. 153.
④ 文献 AUCT 2, 364; TJA pl. 68, IES 337。

续表

日期、文献	动物	使节	接收人
AS 2 iv 18 Iraq 41, 125 3	10 羊	哈尔西人基乌苏赫（Kiusuh）	阿巴萨伽
AS 5 viii 7 Tavolette 146	1 羊	哈尔西恩西阿达基纳（Adda-gina）	阿巴萨伽
SS 1 ix 6 后宣誓 MVN 03, 338	1700 西马什基羊, 2 熊	哈尔西恩西伊西威尔（Ishi-Wer）	因塔埃阿
SS 7 ii 14 MVN 05, 127	30 羊	城市长老和哈尔西人	因塔埃阿

哈尔西使节出访乌尔，接收牲畜的时间是从舒尔吉44年至舒辛1年。具体情况列举如下。

表 3-13　　出访乌尔第三王朝的哈尔西使节统计

日期、文献	动物	使节	经办，总监	支出
SH 44 ix X AUCT 2, 344	1 羊	厨房，给古马拉西人、哈尔西人	（破损）	纳鲁
SH 46 ix 4 JCS 31, 035 BMC 2	1 牛 5 羊	哈尔西人	（破损）	匿名
SH 47 ii 23 Hermitage 3, 177	1 羊	哈尔西人古巴（Guba）	送入农村，（外事官）卢伽尔伊尼姆基纳经办 阿拉德姆监办	卢丁吉尔拉
AS 1 vi 27 HUCA 29, 075 04	6 羊（3 天）	厨房，为马尔胡尼和军队，哈尔西人	外事官吉里尼（Girini）监办	阿胡尼
AS 1 viii 17 MVN 01, 124	1 羊	哈尔西人马尔胡尼	阿拉德姆监办	在吐玛尔 恩丁吉尔姆
AS 1 xi 2 AUCT 1, 110	2 羊	哈尔西人某某	阿拉德姆监办	阿巴萨伽
AS 2 xi 11 CUSAS 16, 296	1 羊	哈尔西人马尔胡尼	阿拉德姆监办	舒尔吉阿亚姆

续表

日期、文献	动物	使节	经办，总监	支出
AS 3 ii 12 SANTAG 7，123	（缺）	哈尔西人马尔胡尼	外事官卢伽尔伊尼姆基纳经办 阿拉德姆监办	卢丁吉尔拉
AS 3 vii 18 Ontario 1，111	2羊（2天）	哈尔西人马尔胡尼	阿拉德姆监办	舒尔吉阿亚姆
AS 3 xi 3 Babyloniaca 07，pl. 21 14	1羊	哈尔西人马尔胡尼	外事官穆拉乌埃（Mu-raue）经办 阿拉德姆监办	舒尔吉阿亚姆
AS 5 viii 12 MVN 15，199	1羊	哈尔西恩西阿达基纳	阿拉德姆监办	在吐玛尔 恩丁吉尔姆
AS 6 viii 5 SA 026	1牛	哈尔西人马尔胡尼	卢伽尔伊尼姆基纳经办 外事官伊鲁姆丹监办	在吐玛尔 阿胡威尔
AS 6 viii 10 Hermitage 3，317	1羊	哈尔西人马尔胡尼	外事官南那伊吉（Nanna-igi）经办 外事官乌尔沙鲁金监办	在吐玛尔 恩丁吉尔姆
AS 6 viii 29 CDLJ 2012/1 §4.38	（破损）	哈尔西人马尔胡尼	外事官乌尔沙鲁金监办	在吐玛尔 恩丁吉尔姆
AS 7 vi 10 BIN 03，402	1羊	哈尔西人马尔胡尼	外事官尼阿（Nia）经办 阿拉德姆监办	朱巴伽
AS 7 viii 5 MVN 20，028	1羊	哈尔西人马尔胡尼	外事官哈尼经办 阿拉德姆监办	在吐玛尔 恩丁吉尔姆
AS 7 viii 7 PDT 2，1170	1羊	哈尔西人马尔胡尼	外事官拉布胡提经办 阿拉德姆监办	在吐玛尔 恩丁吉尔姆
AS 7 viii 14 ASJ 04，067 14	1羊	哈尔西人马尔胡尼	外事官拉布胡提经办 阿拉德姆监办	在吐玛尔 恩丁吉尔姆
AS 7 viii 16 HUCA 29，077 06	1羊	哈尔西人马尔胡尼	外事官拉布胡提经办 阿拉德姆监办	在吐玛尔 恩丁吉尔姆
AS 8 i X MVN 13，636	1羊	哈尔西恩西阿达基纳	某某经办	在尼普尔 （缺）

续表

日期、文献	动物	使节	经办，总监	支出
AS 8 vi 4 OIP 121, 553	1 羊	哈尔西人马尔胡尼	外事官利布胡提（Ribhuti）经办 阿拉德姆监办	朱巴伽
AS 8 vi 16 BPOA 06, 0646	1 羊	哈尔西人马尔胡尼	外事官利布胡提经办 阿拉德姆监办	在乌鲁克 朱巴伽
AS 8 vii 2 若干国 PDT 1, 0548	1 羊	哈尔西人阿达基纳的使节	外事官纳拉阿达德经办，阿拉德姆监办	阿巴萨伽
AS 8 ix 13 OIP 121, 555	1 羊	哈尔西人阿达基纳之子伊沙威尔（Isha-Wer）	外事官利布胡提经办 阿拉德姆监办	朱巴伽
AS 8 ix 14 BIN 03, 173	1 羊	哈尔西人阿达基纳之子伊沙威尔	外事官利布胡提经办 阿拉德姆监办	在普兹瑞什达干，朱巴伽
AS 8 ix 16 BCT 1, 083	1 羊	哈尔西人阿达基纳之子伊沙威尔	外事官利布胡提经办 阿拉德姆监办	朱巴伽
AS 9 ix 14 JAOS 108, 119 2	1 羊	哈尔西恩西阿达基纳之子伊沙威尔	外事官利布胡提经办 外事官库南那监办	朱巴伽
SS 1 ix 23 Hermitage 3, 359	2 羊	给哈尔西人在尼努尔塔神庙宣誓	外事官利布胡提经办（来自埃什努那的bala）	（缺）
SS 1 xii 10 PDT 2, 1119	1 羊	哈尔西人萨比（Sabi）	外事官拉拉姆（Lalamu）经办 阿拉德姆监办	在尼普尔 纳鲁

此外，在信使文件中，记载了哈尔西使节出访乌尔的情况。注意，在文献中，记载了哈尔西的两个恩西，与普兹瑞什达干文献可以进行互补，这两个人可以同时作为哈尔西的恩西，即二王制。[①]

（七）西马什基

西马什基，拼写形式为 Šimaški（LU₂.SU），Šimaški₂（LU₂.SU.A），Šimaški^{ki}，Šimaški₂^{ki}，[②] 指的是一个地区名称，而非一个城市名称。注意，

[①] 文献 CUSAS 40, 0484; CUSAS 40, 1708; CUSAS 40, 0607; CUSAS 40, 0168; Nisaba 15, 0399。

[②] 有的学者拼写其为 Šimašgi，认为发 g 音而非 k 音，不过笔者不同意这一观点。

在伊利萨格里格文献中拼写形式为 Si-maš-kum^{ki}，也可能指一个城市，而非一个地区。关于西马什基位置，许多学者的意见不一。① 有的学者认为，西马什基位于今伊朗西部扎格罗斯山脉支脉卡比尔-库赫（Kabir Kuh）山较远处的皮希-库赫（Pish-i Kuh）地区。② 还有的学者认为，西马什基位于东南部，靠近胡赫努里和苏萨。③ 斯坦凯勒对西马什基地区的位置以及西马什基与雅布拉特或埃巴拉特（Ebarat）王国之间的关系做了大量的研究。他认为，西马什基位于从伊朗西南部法尔斯省边界到里海或乌尔米湖之间。④ 埃巴拉特统治的区域与安珊（今伊朗马尔延）接壤，西南部3个国家（马尔哈西、安珊和西马什基）与乌尔联盟。在文献中提到16个西马什基小国：扎布沙里、西格里什、雅布尔马特（Yabulmat）、阿卢米达图姆（Alumidatum）、卡尔达、沙提卢（Shatilu）等。作者认为，Yabrat 加上 KI 是书吏误解，与 Yabru 混淆。所以 Yabrat 不是地名而是人名，意思是"以人名 Yabrat 指代地名"⑤。此外，普兹瑞什达干文献中还有大量关于西马什基羊的记载。为什么记为"埃巴拉特+西马什基"，而没有给出具体的地名，是因为他的国家是狭义上的西马什基，或者西马什基的核心区？西马什基中心区具体位置不详。埃巴拉特控制安珊，与安珊边界，文献中安珊的使节与埃巴拉特的使节一同出访乌尔。作者认为，埃巴拉特的国家（西马什基中心国）位于胡赫努里（今伊朗胡齐斯坦省拉姆霍尔木兹境内的博尔米遗址）和安珊（今伊朗法尔斯省的马尔延遗址）之间。所以，西马什基地区（含西

---

① K. M. Ahmed, "The Beginnings of Ancient Kurdistan (*c.* 2500–1500 BC): A Historical and Cultural Synthesis", PhD dissertation, Universiteit Leiden, 2012, p. 273.

② D. Patterson, "Elements of the Neo-Sumerian Military", PhD dissertation, University of Pennsylvania, 2018, p. 463.

③ M. F. Walker, "The Tigris Frontier from Sargon to Hammurabi-A Philologic and Historical Synthesis", PhD dissertation, Yale University, 1985, p. 139.

④ P. Michalowski, "Šimaški", *Reallexikon der Assyriologie und Vorderasiatischen Archäologie*, Vol. 12 (2009), pp. 503–505; D. I. Owen, *The Nesbit Tablets*, Nisaba 30, Winona Lake: Eisenbrauns, 2016, p. 67.

⑤ D. Frayne, *Ur III Period (2112–2004 BC)*, RIME 3/2, Toronto: University of Toronto Press, 1997, pp. 301–306; P. Steinkeller, "New Light on Šimaški and Its Rulers", *Zeitschrift für Assyriologie und Vorderasiatische Archäologie*, Vol. 97 (2007), pp. 216–217; P. Steinkeller, "On the Dynasty of Šimaški: Twenty Years (or so) After", in M. Kozuh, et al. (eds.), *Extraction & Control: Studies in Honor of Matthew W. Stolper*, SAOC 68, Chicago: The Oriental Institute of the University of Chicago, 2014, p. 291.

马什基中心国）东南部延伸至安珊边界，西北部到达里海沿岸。① 作者强调，从文献中记录的西马什基的位置，不一定准确，只是反映巴比伦尼亚人的视角。西马什基区域是一个地理概念（或族群、语言概念），类似于胡里的地理概念（如沙什鲁姆和乌尔比隆）。西马什基很可能是巴比伦尼亚人对山区诸民族的统称，类似于罗马时期的"日耳曼人"概念。波茨认为，西马什基源于巴克特里亚（Bactria）或马尔吉亚纳（Margiana）。斯坦凯勒不同意此说，认为这一理论可以被完全否决。② 据一篇铭文记载，恩利尔将西马什基地区赐予舒辛，包括：扎布沙里、西格里什、雅布尔马特、阿卢米达图姆、卡尔达、沙提卢六个国家。其中，扎布沙里是其中最重要、最大的国家。最近，扎多克认为西马什基指一个泛大的地区范围，其南边与安珊接壤，北边到达里海南岸，西到扎格罗斯山脉中部，由若干小国组成，最北部是扎布沙里，以及西格里什（米底，Media，西部），雅布尔马特（可能等于孜达赫里），布尔马（Bulma）、希希尔图姆（Sisirtum，米底东南部）等。③

至少在舒尔吉47年或者稍前时间，乌尔与西马什基发生过一次战争。据一篇普兹瑞什达干文献记载，舒尔吉47年2月（文献JCS 31，175 H），2只西马什基羊是来自西马什基的战利品，这次战争并没有被记录在年名中。另一篇文献记载，舒尔吉47年闰1月（文献MVN 13，672），埃阿伊里在基苏拉（Kisurra）支出1双鞋给国王的儿子舒恩利尔（Shu-Enlil），当西马什基被击败时。④

西马什基使节出访乌尔的时间从舒尔吉44年至伊比辛2年。主要包括西马什基使节接收牲畜作为出访期间消费，以及向乌尔进贡牲畜（以西马

---

① P. Steinkeller, "On the Dynasty of Šimaški: Twenty Years (or so) After", in M. Kozuh, et al. (eds.), *Extraction & Control: Studies in Honor of Matthew W. Stolper*, SAOC 68, Chicago: The Oriental Institute of the University of Chicago, 2014, p. 292.

② P. Steinkeller, "On the Dynasty of Šimaški: Twenty Years (or so) After", in M. Kozuh, et al. (eds.), *Extraction & Control: Studies in Honor of Matthew W. Stolper*, SAOC 68, Chicago: The Oriental Institute of the University of Chicago, 2014, p. 293.

③ R. Zadok, "Issues in the Historical Geography and the Ethno-Linguistic Character of the Zagros and Adjacent Regions", in D. R. Katz, N. Hacham, G. Herman and L. Sagiv (eds.), *A Question of Identity: Social, Political, and Historical Aspects of Identity Dynamics in Jewish and Other Contexts*, Berlin: De Gruyter, 2019, pp. 84-85.

④ 原文：u$_4$ Šimaški$_2^{ki}$ mu-da$_6$-da$_6$-a in-de$_6$-e-eš$_2$。

什基羊为特色)。①

表 3-14　西马什基向乌尔进贡牲畜和其他产品统计

日期、文献	动物	使节	接收人
SS 44 x 13 OIP 115, 171	9 gu$_2$-gur$_5$ nita$_2$ 4 gu$_2$-gur$_5$ munus	西马什基人雅布拉特	匿名
SH 46--20 Ontario 1, 053	4 牛	西马什基人巴达杜（Badadu）	匿名
AS 5 viii 24 MVN 01, 142②	1 牛 55 羊	西马什基人美沙努努（Meshanunu）进贡	阿巴萨伽（用于各种支出）
AS 5 ix 9 MVN 11, 140	200 西马什基羊	西马什基人巴克提（Bakti）之子卢什达姆（Rushdam）	阿巴萨伽
AS 6 xii AUCT 2, 280	白银，环	西马什基人雅布提（Yabti）之子巴图克拉特（Batukrat）	在尼普尔 卢丁吉尔拉
SS 7 ix 14 TCL 02, 5515	白银	某某之子舒哈卢恩杜（Shuhalundu） 美西阿德（Meshiad）之兄舒库克（Shukuk） 他们是西马什基人	在尼普尔 卢丁吉尔拉

此外，西马什基使节出访乌尔王国，并且接收礼物和配给品的记录如下所示。

表 3-15　出访乌尔第三王朝的西马什基使节统计

日期、文献	动物	使节	经办，总监	支出
－－－ MVN 11, 144	2 羊	西马什基人雅布拉特的使节朱布什	外事官乌尔哈亚（Ur-Haia）经办 阿拉德姆监办	在尼普尔 （破损）

---

① 注意，文献中还有一些没有记载西马什基地名的，只记载了其统治者雅布拉特（有的在该人名后面加表示地名的限定符 KI），即 Ia$_3$-ab-ra-at$^{(ki)}$，参见 D. O. Edzard and G. Farber, *Répertoire Géographique des Textes Cunéiformes* Ⅱ: *Die Orts-und Gewässernamen der Zeit der 3. Dynastie von Ur*, Wiesbaden: Dr. Ludwig Reichert Verlag, 1974, p. 82; D. T. Potts, *The Archaeology of Elam: Formation and Transformation of an Ancient Iranian State*, Cambridge: Cambridge University Press, 2004, 136.

② 原文：ša$_3$ mu-DU Me-ša-nu-nu Šimaški，见文献 Amorites 21; OIP 121 164。

第三章　外国使节来访

续表

日期、文献	动物	使节	经办，总监	支出
-- -- PDT 2, 0807	1牛5羊	雅布拉特人拉巴纳姆孜（Labanamzi）	（破损）	（破损）
-- --11 PDT 1, 0411	5羊 5羊 3羊	到厨房 到他的住处 西马什基人胡恩舒尔吉 到西马什基人古杜美里什（Gudumerish）的住处	阿拉德姆监办	在吐玛尔 恩利拉
SH 46 i 6 DoCu 274	3羊	到西马什基人巴尔巴纳祖（Barbanazu）的使节达拉（Dala）的住处	舒阿达德（Shu-A-dad）经办 阿拉德姆监办	卢丁吉尔拉
SH 46 v 27 BIN 03, 502	1牛10羊? （含3西马什基羊）	到厨房，给西马什基人巴尔库纳祖的使节布舒杜（Bushudu），因布的使节，和诸多行使	阿拉德姆监办	在乌鲁克 卢丁吉尔拉
SH 46 ix 4 JCS 31, 035 BMC 2	1牛5羊	雅布拉特人	（破损） 阿拉德姆监办	匿名
SH 47 ii 23 Hermitage 3, 177	1羊	西马什基人古拉达杜（Guradadu）	到农村，卢伽尔伊尼姆基纳经办 阿拉德姆监办	卢丁吉尔拉
AS 1 ix 21 MVN 13, 529	5羊	西马什基人比卜拉（Bibra）	到农村，外事官卢伽尔伊尼姆基纳经办 阿拉德姆监办	卢丁吉尔拉
AS 4 i 6 TCL 02, 5508	1羊 1羊	巴达提纳（Badatina） 布尔巴特（Bulbat） 是西马什基人	卢伽尔伊尼姆基纳经办 阿拉德姆监办 参加新年仪式	阿巴萨伽
AS 4 ii 2 PDT 2, 1120	N羊	西马什基人巴达提纳	外事官阿纳提（Anati）经办 阿拉德姆监办	因塔埃阿
AS 4 x 8 AUCT 1, 414 = MVN 11, 182	1羊	西马什基人伽拉达杜（Garadadu）	外事官卢伽尔伊尼姆基纳监办	阿巴萨伽

259

续表

日期、文献	动物	使节	经办,总监	支出
AS 4 x 28 RA 009, 051 SA 200 (pl. 5)	1羊	西马什基人伽拉达杜	外事官卢伽尔伊尼姆基纳经办	在舒鲁帕克 舒尔吉阿亚姆
AS 5 vii Trouvaille 83	2个银环,每个重8津	西马什基人达舒格（Dashug）当他从西马什基来	大执政官阿拉德姆监办	在普兹瑞什达干 卢丁吉尔拉
AS 5 xii 22 AUCT 2, 318	2羊	西马什基人雅布拉特的使节朱布什	外事官乌尔沙鲁金经办 外事官乌尔萨伽（Ur-saga）监办	在尼普尔 纳鲁
AS 6 ii 16 Ontario 1, 048	1羊	西马什基人雅布拉特的使节朱布什	外事官乌尔哈亚经办 阿拉德姆监办	在尼普尔 阿胡威尔
AS 6 ii 23 StLouis 137	1羊	西马什基人雅布拉特的使节朱布什	外事官纳拉姆伊什库尔经办 外事官纳姆哈尼监办	阿胡威尔
AS 6 ii 24 CST 466	1羊	西马什基人雅布拉特的使节朱布什	外事官纳拉姆伊什库尔经办 （外事官纳姆哈尼）监办	阿胡威尔
AS 7 v 21 Ebla 1975－1985, 267	1羊 1羊	伽拉达杜 雅布拉特的使节朱布什是西马什基人	外事官南那伊吉经办 阿拉德姆监办	阿胡威尔
AS 7 vi 12 Tavolette 229	1羊	西马什基人雅布拉特的使节杜里阿（Dulia）	外事官舒尔吉经办 外事官伊鲁姆丹监办	阿胡威尔
AS 7 vi 13 RA 008, 191 12	1羊	西马什基人雅布拉特的使节杜里阿	（外事官）舒舒尔吉经办 外事官［伊鲁姆丹］监办	在乌鲁克 阿胡威尔
AS 8 i 18 BIN 03, 477	1牛5羊	西马什基人雅布拉特的使节达布杜克（Dabuduk）	外事官乌尔沙鲁金经办 外事官伊鲁姆丹监办	舒马马

第三章 外国使节来访

续表

日期、文献	动物	使节	经办，总监	支出
AS 8 i-- MVN 13, 636	N 羊	西马什基人雅布拉特的使节达布杜克	外事官拉拉姆经办 （破损）	在尼普尔 （破损）
AS 8 xii SA 057	2 个 8 津银环	西马什基人布舒特（Bushut） 当他从西马什基来 被赠予	大执政官阿拉德南那监办	在尼普尔 卢丁吉尔拉
AS 9 ii 26 SET 066	1 羊	西马什基人雅布拉特的使节巴布杜沙（Babdusha）	外事官舒舒尔吉经办 阿拉德姆监办	朱巴伽
SS 1 iii 9 Syracuse 480	1 牛 5 羊 3 羊 3 羊	美沙努努（Meshanunu）之子伊乌沙纳格（Iushanag） 雅布尼舒（Iabnishu） 尼姆孜纳（Nimzina） 是西马什基人	外事官南纳卡姆经办 阿拉德姆监办	伊吉恩利尔塞
SS 1 ix 17 JCS 14, 111 14	2 羊	尼努尔塔神庙宣誓 为西马什基人和孜达赫里人	外事官布沙姆经办 （来自埃什努那的 bala）	杜伽
SS 2 ii-- YOS 04, 071	1 羊	西马什基人伊乌沙纳格	阿巴尔达（Abarda）经办 阿拉德姆监办	阿胡威尔
SS 2 xi 24 Babyloniaca 08, pl. 07, Pupil 30	1 羊	西马什基人雅布拉特的使节巴布杜沙	外事官巴扎扎（Bazaza）经办 阿拉德姆监办	阿胡威尔
SS 2 xii 14 Fs Astour II 375	2 羊	西马什基人雅布拉特的使节巴布杜沙	外事官巴扎扎经办 阿拉德姆监办	阿胡威尔
SS 3 iv 12 Ontario 1, 149	2 羊 1 羊 1 羊	某某 巴布杜沙 西马什基人雅布拉特的使节 西马什基人基尔纳美的使节舒图恩古（Shutungu）	外事官巴扎扎经办 外事官乌尔苏卡尔（Ur-sukkal）经办 阿拉德姆监办	杜伽
SS 3 vi 10 Rochester 086	1 羊	西马什基人雅布拉特的使节尼姆孜（Nimzi）	乌什姆（Ushmu）监办	在乌尔 （破损）

续表

日期、文献	动物	使节	经办，总监	支出
SS 5 i-- Princeton 2，002	3 羊	雅布拉特的使节尼姆孜，是基马什人	（破损）	在尼普尔 （破损）
SS 6 ii 6 CTNMC 07	6 羊	到西马什基人雅布拉特的使节祖尔祖拉（Zurzura）	无	杜乌杜（Duwudu）
SS 6 ix 14 Amorites 21	5 羊	西马什基人美沙努努之子伊乌沙纳格	某某经办 阿拉德姆监办	在尼普尔 阿巴恩利尔金
SS 6--20 Amorites 22 （见 SA 085）	劳动力，啤酒，面粉 啤酒，面粉 芦苇	为西马什基人雅布拉特人尼姆孜		

此外，在信使文献中也有大量关于西马什基的记载，包括吉尔苏信使文件和伊利萨格里格信使文件。在吉尔苏文献中，西马什基的拼写形式为 Ši-ma-aš-gi$_{4/5}^{ki}$，而在伊利萨格里格文献中，西马什基的书写形式为 Si-maš-kum^{ki}。在信使文件中，记载了固定的配给品给诸多西马什基人[1]和西马什基的埃兰人[2]，当他们来往于乌尔王国，一般由乌尔的使节经办。这些西马什基人都是匿名的，很可能是来到乌尔王国从事雇佣劳动力。不过，也有一些信使文件中记载了有名字的西马什基人，如西马什基人布卡卡（Bukaka）、西马什基恩西卢萨纳（Lu-sana）、恩西伊美特努努（Imetenunu）。[3] 注意，还有西马什基人基里姆孜纳克（Girimzinak）接收配给品，受大执政官之命，从埃什努那的恩西伊图里亚（Ituria）支出，[4] 表明乌尔

---

[1] lu$_2$ Shimashki，见文献 MVN 07，251；TÉL 216；PPAC 5，0540；Amherst 102；DAS 232；Nisaba 15，0081；CUSAS 40，0157；CUSAS 40，1274；New IM 3，040；Nisaba 15，0357；CUSAS 40，0647；CUSAS 40，0642；CUSAS 40，1170；Nisaba 15，0624；Nisaba 15，0605；CUSAS 40，0497；Nisaba 15，0662；Nisaba 15，0709；Nisaba 15，0782；CUSAS 40，0604；Nisaba 15，0830. 具体关于乌尔第三王朝的信使文件，详见本书第四章。

[2] elam Shimashki，见文献 MVN 07，305；Nisaba 22，071；Nisaba 22，103；AuOr 16，206，21；AuOr 16，209，28；Ontario 2，458；Nisaba 22，059；DAS 041；ITT 2，00718；SAT 1，208. 此外，还有雅布拉特的埃兰人（elam Ia$_3$-ab-ra-at^{ki}-me），见文献 TÉL 046。

[3] 见文献 HSS 04，087（lu$_2$）；Nisaba 22，075（lu$_2$）；CUSAS 40，0357（ensi$_2$）；CUSAS 40，0060（ensi$_2$）.

[4] 文献 JAOS 108，120 3.

王国的行省也协助中央负责王国的外交事务。

（八）扎布沙里

扎布沙里（拼写形式为 Za-ab-ša-li^{ki}）位于安珊北部与里海（或乌尔米湖）之间，靠近今伊朗的伊斯法罕（Isfahan）市，在锡尔万河和扎里巴尔湖（Zaribar）之间。① 在乌尔第三王朝年名中，舒辛 7 年的年名为"扎布沙里地区被毁"。

在乌尔第三王朝，关于扎布沙里使节出访乌尔的记载十分稀少。据一篇日期破损的文献（AAICAB 1/4，Bod S 573）记载，扎布沙里人（lu$_2$ Za-ab-ša-li^{ki}）接收 1 班啤酒，作为"常规供应"（sa$_2$-du$_{11}$），其他信息不详。另外一篇吉尔苏信使文献（日期不详，文献 MVN 15，066），记载扎布沙里的行使（kas$_4$ Za-ab-ša-li^{ki}）接收 2 班（啤酒）。

据一篇温马的信使文献记载，伊比辛 1 年 12 月（文献 UTI 5，3472），4 巴里格优质啤酒（dug dida lugal）、4 巴里格面粉、4 只羊、4 希拉油，（提供给）安珊和扎布沙里的使节。

（九）西格里什

西格里什（拼写形式为 Ši-ig-ri$_2$-iš^{ki}，Ši-ig-ri$_2$-šum^{ki}，Ši-ig-ri-ši^{ki}，Ši-ig-ri-šum^{ki}），信使文献中拼写为西格拉什（Sigrash，拼写形式为 Si-ig-ri-iš^{ki}，Si-ig-ra-aš$_2$^{ki}）。西格里什是西马什基地区的一个小国，靠近孜达努姆，在基马什、胡尔提一带，沿着呼罗珊大道，穿越扎格罗斯山脉。卢卢布姆位于今伊拉克库尔德自治区的苏莱曼尼亚地区，靠近伊拉克与伊朗的边界。孜达赫里、布里、孜达努姆都是西马什基的一个小国。② 据文献记载，西格里什派遣使节到乌尔。同时，乌尔派遣使节经由伊利萨格里格至德尔的通道到西格里什。此外，西格里什还给乌尔提供埃兰雇佣兵，并且与乌尔进行政治联姻。斯托尔佩将西格里什等同于新亚述铭文中的米底地区，并且

---

① I. Schrakamp, "Zabšali", *Reallexikon der Assyriologie und Vorderasiatischen Archäologie*, Vol. 15 (2016–2018), pp. 174–175.

② P. Steinkeller, "On the Dynasty of Šimaški: Twenty Years (or so) After", in M. Kozuh, et al. (eds.), *Extraction & Control: Studies in Honor of Matthew W. Stolper*, SAOC 68, Chicago: The Oriental Institute of the University of Chicago, 2014, p. 289; C. Paladre, "Glyptic Art from the Ur Ⅲ to the Šimaški Periods: Heritage and Overtaking of the Models", in G. Frame, J. Jeffers and H. Pittman (eds.), *Ur in the Twenty-First Century CE: Proceedings of the 62nd Rencontre Assyriologique Internationale at Philadelphia, July 11–15, 2016*, University Park: Penn State University Press, 2021, p. 343.

认为西格里什与孜达努姆邻近，位于基马什和胡尔提一带，即呼罗珊大道通往扎格罗斯山脉的沿线。① 也有学者认为，西格里什一词是提格里什（Tigrish）的变体。②

在乌尔第三王朝，西格里什使节出访乌尔，都是接收乌尔的赠礼，作为其间的消费，没有向乌尔进贡的记载。相关事迹主要记载于普兹瑞什达干经济文献（舒尔吉47年、48年，还有1篇舒辛6年）和伊利萨格里格的信使文献（都是伊比辛1年）。

据一篇日期破损的文献记载（MVN 15, 142），10只羊作为礼物（nig$_2$-ba）给西格里什人。更多的接收都没有标注"礼物"的术语。舒尔吉47年2月23日（文献 Hermitage 3, 177），西格里什人纳比（Nabi）之子库图（Kutu）接收8只羊，送入农村，（外事官）卢伽尔伊尼姆基纳经办，阿拉德姆总监，卢丁吉尔拉支出。舒尔吉48年6月5日（文献 BIN 03, 518），西格里什人库图接收1头牛，阿拉德姆总监，那萨支出。很可能这一年或者47年，库图取代其父纳比，成为西格里什的统治者。除此，乌尔第三王朝与西格里什之间进行政治婚姻。舒尔吉48年8月22日（文献 Nisaba 08, 371），西格里什统治者的妻子、国王（舒尔吉）的女儿舒尔吉尼尼卜马马（Shulgi-ninib-Mama）接收若干只羊（数目破损），外事官卢伽尔伊尼姆基纳经办，阿拉德姆总监，卢丁吉尔拉支出。除了牲畜外，西格里什使节也接收其他物品。例如，一篇舒辛6年的文献（Amorites 22）记载了西格里什人阿尔提（Arti）接收2班面粉。

有4篇伊利萨格里格信使文献，也记载了西格里什使节来访乌尔的情况，都发生在伊比辛1年。西格里什人和布里人、孜提安人和胡图姆（Huttum）人一起接收若干配给，当他们去王地，经办人为王室信使伊丁辛，当他们带着苏卡尔马赫的印章从城市到城市。③ 还有，伊比辛1年10月（文献 CUSAS 40, 0639），西格里什人单独接收1个烤羊、5希拉汤、10条鱼、3个容量为2班的罐子，当他们从西马什基到王地，王室信使伊丁辛经办。

---

① P. Steinkeller, "On the Dynasty of Šimaški: Twenty Years (or so) After", in M. Kozuh, et al. (eds.), *Extraction & Control: Studies in Honor of Matthew W. Stolper*, SAOC 68, Chicago: The Oriental Institute of the University of Chicago, 2014, pp. 291-292.

② K. M. Ahmed, "The Beginnings of Ancient Kurdistan (*c.* 2500-1500 BC): A Historical and Cultural Synthesis", PhD dissertation, Universiteit Leiden, 2012, p. 172.

③ 文献 Nisaba 15, 0618; CUSAS 40, 0712; CUSAS 40, 0033.

第三章 外国使节来访

（十）孜达努姆

孜达努姆（拼写形式为 Zi-da-num$_2^{ki}$，Zi-da-nu-um^{ki}，Zi-da-ni-num$_2^{ki}$，Zi-da-ni-um^{ki}，Zi$_2$-da-num$_2^{ki}$），一般认为其等同于孜提安（拼写形式为 Zi-ti-an^{ki}），位于底格里斯河西岸。[①] 斯坦凯勒认为，孜达努姆属于西马什基地区的一个小国，位于或靠近阿布拉特（Abullat），在基马什附近。[②] 扎多克不同意此说，认为孜达努姆不属于西马什基地区，而是靠近基马什和西马什基。[③] 也有学者认为，孜达努姆位于马格达（Magda）与阿瓦尔之间区域。[④] 笔者同意斯坦凯勒的观点。

在乌尔第三王朝，孜达努姆使节出访乌尔的记载，主要见于普兹瑞什达干的经济文献和伊利萨格里格的信使文献。在普兹瑞什达干的经济文献中，全部记载的是孜达努姆使节从乌尔接收牲畜作为出访期间的消费（从阿马尔辛1年至4年），而没有向乌尔进贡的记载。在伊利萨格里格信使文献中，主要记载的是乌尔使节出访孜达努姆，但是也有文献记载孜达努

[①] 关于孜达努姆等同于孜提安，即孜达努姆是孜提安的阿卡德语化形式，参见 M. C. Astour, "A Reconstruction of the History of Ebla (Part 2)", in C. H. Gordon and G. A. Rendsburg (eds.), *Eblaitica: Essays on the Ebla Archives and Eblaite Language*, Volume 4, Winona Lake: Eisenbrauns, 2002, pp. 88, 91; K. De Graef, "Annus Simaškensis: L'Usage des Noms d'Année Pendant la Période Simaškéenne (ca. 1930–1880 av. Notre ère) à Suse", *Iranica Antiqua*, Vol. 43 (2008), p. 74; P. Steinkeller, "Puzur-Inšušinak at Susa: A Pivotal Episode of Early Elamite History Reconsidered", in K. De Graef and J. Tavernier (eds.), *Susa and Elam. Archaeological, Philological, Historical and Geographical Perspectives: Proceedings of the International Congress Held at Ghent University, December 14–17, 2009*, MDP 58, Leiden and Boston: Brill, 2013, pp. 309–310; D. I. Owen, *Cuneiform Texts Primarily from Iri-Saĝrig/Āl-Šarrākī and the History of the Ur Ⅲ Period*, Nisaba 15/1, Bethesda: CDL Press, 2013, p. 554; P. Steinkeller, "On the Dynasty of Šimaški: Twenty Years (or so) After", in M. Kozuh, et al. (eds.), *Extraction & Control: Studies in Honor of Matthew W. Stolper*, SAOC 68, Chicago: The Oriental Institute of the University of Chicago, 2014, pp. 14–15.

[②] P. Steinkeller, "On the Dynasty of Šimaški: Twenty Years (or so) After", in M. Kozuh, et al. (eds.), *Extraction & Control: Studies in Honor of Matthew W. Stolper*, SAOC 68, Chicago: The Oriental Institute of the University of Chicago, 2014, pp. 289–292.

[③] R. Zadok, "Issues in the Historical Geography and the Ethno-Linguistic Character of the Zagros and Adjacent Regions", in D. R. Katz, N. Hacham, G. Herman and L. Sagiv (eds.), *A Question of Identity: Social, Political, and Historical Aspects of Identity Dynamics in Jewish and Other Contexts*, Berlin: De Gruyter, 2019, p. 99.

[④] D. Frayne, "The Zagros Campaigns of Šulgi and Amar-Suena", in D. I. Owen and G. Wilhelm (eds.), *Studies on the Civilization and Culture of Nuzi and the Hurrians*, Volume 10: *Nuzi at Seventy-Five*, SCCNH 10, Bethesda: CDL Press, 1999, p. 155.

姆使节出访乌尔（从阿马尔辛 7 年至伊比辛 1 年），并且获得配给。

表 3-16　　　　　出访乌尔第三王朝的孜达努姆使节统计

日期、文献	动物	使节	经办，总监	支出
AS 1 i 16 PDT 1, 0473	2 羊	孜达努姆人的使节阿卜米拉丁（Abmiradin）	到农村，外事官卢伽尔伊尼姆基纳经办 阿拉德姆监办	在乌鲁克 卢丁吉尔拉
AS 1 xi 2 AUCT 1, 110	1 牛 10 羊	孜达努姆人拉西（Rashi）	阿拉德姆监办	阿巴萨伽
AS 1 xi 3 RA 009, 046 SA 72（pl. 3）	1 羊	孜达努姆人拉西	阿拉德姆监办	舒尔吉阿亚姆
AS 1 xii 4 JCS 46, 017 01	1 羊	孜达努姆人拉西	到农村，外事官卢伽尔伊尼姆基纳经办 阿拉德姆监办	卢丁吉尔拉
AS 1 xii 12 Ontario 2, 205	1 羊	孜达努姆人拉西	到农村，外事官乌乌经办 阿拉德姆监办	在尼普尔 卢丁吉尔拉
AS 2 v 16 LAOS 1, 28	1 羊	孜达努姆人拉西	阿拉德姆监办	舒尔吉阿亚姆
AS 2 vi 3 CST 254	1 羊	孜达努姆人拉西	外事官卢伽尔伊尼姆基纳经办 卢伽尔马古莱监办	卢丁吉尔拉
AS 2 vi 4 TRU 305	1 羊	孜达努姆人拉西	外事官卢伽尔伊尼姆基纳经办 卢伽尔马古莱监办	卢丁吉尔拉
AS 2 vi 5 P453367	1 羊	孜达努姆人拉西	外事官卢伽尔伊尼姆基纳经办 卢伽尔马古莱监办	卢丁吉尔拉
AS 2 vi 8 Ebla 1975 – 1985, 287 A	1 羊	孜达努姆人拉西	卢伽尔马古莱监办	卢丁吉尔拉
AS 2 xi 15 TCND 232	1 羊	孜达努姆人拉西	阿拉德姆监办	舒尔吉阿亚姆
AS 2 xi 19 OIP 121, 039	1 羊	孜达努姆人拉西	阿拉德姆监办	舒尔吉阿亚姆
AS 2 xi 20 Aegyptus 17, 058 119	1 羊	孜达努姆人拉西	阿拉德姆监办	舒尔吉阿亚姆

第三章 外国使节来访

续表

日期、文献	动物	使节	经办，总监	支出
AS 2 xii 10 OIP 121, 009	1 羊	孜达努姆人拉西	外事官卢伽尔伊尼姆基纳经办 卢伽尔马古莱监办	卢丁吉尔拉
AS 3 i 3 SET 059	1 羊	孜达努姆人拉西	阿拉德姆监办	纳鲁
AS 3 i 15 TRU 325	1 羊	孜达努姆人拉西	外事官卢伽尔伊尼姆基纳监办	在乌鲁克，舒尔吉阿亚姆
AS 3 i 29 Hirose 138	1 羊	孜达努姆人拉西	卢伽尔马古莱经办	舒尔吉阿亚姆
AS 3 ii 12 SANTAG 7, 123	1 羊	孜达努姆人拉西	外事官卢伽尔伊尼姆基纳经办 阿拉德姆监办	卢丁吉尔拉
AS 3 ii 15 STA 31	1 羊	孜达努姆人拉西	外事官卢伽尔伊尼姆基纳经办 阿拉德姆监办	卢丁吉尔拉
AS 3 ii 16 MVN 11, 160	1 羊	孜达努姆人拉西	外事官卢伽尔伊尼姆基纳经办 阿拉德姆监办	卢丁吉尔拉
AS 4 x 8 AUCT 1, 414（月账 MVN 11, 182）	1 羊	孜达努姆人拉西	外事官卢伽尔伊尼姆基纳监办	阿巴萨伽
AS 4 x 22 Hermitage 3, 240	1 羊	孜达努姆人拉西	外事官卢伽尔伊尼姆基纳经办 阿拉德姆监办	在乌鲁克，舒尔吉阿亚姆
AS 4 x 22 MVN 08, 206	1 羊	孜提安人拉西	阿拉德姆监办	阿胡威尔
AS 4 x 25 PDT 1, 0466	1 羊	孜提安人拉西	阿拉德姆监办	阿胡威尔
AS 4 x 28 RA 009, 051 SA 200 (pl. 5)	1 羊	孜达努姆人拉西	外事官卢伽尔伊尼姆基纳经办	在舒鲁帕克舒尔吉阿亚姆
AS 4 xi 1 P393060	1 羊	孜达努姆人拉西	外事官拉姆经办 阿拉德姆监办	舒尔吉阿亚姆
AS 4 xi 3 SACT 1, 154	1 羊	孜达努姆人拉西	外事官拉姆经办 阿拉德姆监办	舒尔吉阿亚姆

此外，据伊利萨格里格的信使文献记载，孜提安（孜达努姆）人接收固定配给品，当他们去"王地"（ki lugal），经办人为乌尔的王室信使

(lu₂-kin-gi₄-a lugal，其印章铭文中的职业为"行使"lu₂-kas₄）舒杜姆孜（Shu-Dumuzi）、伊丁辛，① 有别于普兹瑞什达干文献的经办人头衔外事官（sukkal）。

（十一）布里

布里（拼写形式为 Bu-li^ki 或 Pu-li^ki），等同于伊利萨格里格文献中的阿卡德语化的名称布鲁姆（Bulum，拼写形式为 Bu-lu-um^ki），属于西马什基地区的一个小国。② 其具体位置不详。

在乌尔第三王朝记载中，布里出现的次数十分稀少。只有一篇普兹瑞什达干文献（Trouvaille 83），记载了阿马尔辛 5 年 7 月（或者伊比辛 2 年，mu en Unu^ki-ga ba-hun），布里人塞巴（Shebba）之子茨里（Ṣeri）③ 接收 1 个重 10 津的银环，当他从布里来时，同时还有来自西马什基、纳瓦尔的使节，苏卡尔马赫阿拉德南那总监，在普兹瑞什达干，卢丁吉尔拉支出。

此外，还有 3 篇文献记载了伊比辛 1 年，布里人和西格里什人、孜提安（孜达努姆）人、胡图姆人一起出访乌尔，接收植物油（文献 Nisaba 15，0618；CUSAS 40，0712）、啤酒和面包（文献 CUSAS 40，0033）配给。

（十二）孜达赫里

孜达赫里（拼写形式为 Zi-da-ah-ri^ki）位于扎格罗斯山脉的西马什基地

---

① 文献 CUSAS 40，0521（AS 7 vii）；Nisaba 15，0618（IS 1 viii 13）；CUSAS 40，0712（IS 1 xi）；CUSAS 40，0033（IS 1 xi）；CUSAS 40，0809（IS 1 xii d）．

② D. O. Edzard and G. Farber, *Répertoire Géographique des Textes Cunéiformes* Ⅱ：*Die Orts-und Gewässernamen der Zeit der 3. Dynastie von Ur*, Wiesbaden：Dr. Ludwig Reichert Verlag, 1974, p. 28；D. I. Owen, *Cuneiform Texts Primarily from Iri-Saĝrig/Āl-Šarrākī and the History of the Ur Ⅲ Period*, Nisaba 15/1, Bethesda：CDL Press, 2013, p. 549；P. Steinkeller, "On the Dynasty of Šimaški：Twenty Years（or so）After", in M. Kozuh, et al.（eds.）, *Extraction & Control：Studies in Honor of Matthew W. Stolper*, SAOC 68, Chicago：The Oriental Institute of the University of Chicago, 2014, p. 292.

③ 原文：Ṣe-ri dumu Še-eb-ba lu₂ Bu-li^ki。注意，关于布里的统治者塞巴的记载，还有一篇文献（TCL 02，5508）记载了 Ad-da-bu-ni lu₂-kin-gi₄-a Še-eb-ba，没有记录来源地，但是应该是布里无疑，同样该文献中记载的拉西的信使塞比（Shebi），虽没有记载来源地，但是这里拉西应该是孜达努姆的统治者。这里为何不加其来源地，可能是这些人对于乌尔第三王朝书吏而言十分熟悉，或者是以人名来代表地区。

区，属于西马什基地区的一个国家。① 一说位于乌尔第三王朝东部的埃兰地区，属于乌尔王国核心区之外。孜达赫里使节带外交使命，并且在巴比伦尼亚参加节日。②

据普兹瑞什达干文献记载，除了舒尔吉46年（文献SANTAG 7, 108），孜达赫里人伊里茨里（Ili-ṣeli）进贡1头牛之外，其他的记载都是孜达赫里使节接收牲畜作为出访期间消费。

表 3-17　　　　　出访乌尔第三王朝的孜达赫里使节统计

日期、文献	动物	使节	经办，总监	支出
AS 4 vii 1 CTMMA 1, 017	1牛5羊	孜达赫里人希巴拉克（Shibaraq）	外事官奈尼拉（Nenila）经办 阿拉德姆监办 参加新年庆典	阿巴萨伽
AS 7 viii 1 SACT 1, 160	2羊	孜达赫里人舒尔伽德（Shulgad）	外事官舒舒尔吉经办 阿拉德姆监办	在吐玛尔 恩丁吉尔姆
AS 7 viii 2 SumRecDreh 17	2羊	孜达赫里人舒尔伽德	外事官舒舒尔吉经办 阿拉德姆监办	在吐玛尔 恩丁吉尔姆
AS 7 viii 5 MVN 20, 028	2羊	孜达赫里人舒尔伽德	外事官舒舒尔吉经办 阿拉德姆监办	在吐玛尔 恩丁吉尔姆
AS 7 viii 7 PDT 2, 1170	2羊	孜达赫里人舒尔伽德	外事官舒舒尔吉经办 阿拉德姆监办	在吐玛尔 恩丁吉尔姆
AS 7 viii 16 HUCA 29, 077 06	2羊	孜达赫里人舒尔伽德	外事官舒舒尔吉经办 阿拉德姆监办	在吐玛尔 恩丁吉尔姆

---

① D. O. Edzard and G. Farber, *Répertoire Géographique des Textes Cunéiformes* Ⅱ: *Die Orts-und Gewässernamen der Zeit der 3. Dynastie von Ur*, Wiesbaden: Dr. Ludwig Reichert Verlag, 1974, p. 244; D. I. Owen, *Cuneiform Texts Primarily from Iri-Saĝrig/Āl-Šarrākī and the History of the Ur Ⅲ Period*, Nisaba 15/1, Bethesda: CDL Press, 2013, p. 554; P. Steinkeller, "On the Dynasty of Šimaški: Twenty Years (or so) After", in M. Kozuh, et al. (eds.), *Extraction & Control: Studies in Honor of Matthew W. Stolper*, SAOC 68, Chicago: The Oriental Institute of the University of Chicago, 2014, p. 292; D. I. Owen, *The Nesbit Tablets*, Nisaba 30, Winona Lake: Eisenbrauns, 2016, p. 51.

② A. H. Podany, *The Ancient Near East: A Very Short Introduction*, Oxford: Oxford University Press, 2014, p. 60.

续表

日期、文献	动物	使节	经办，总监	支出
AS 8 ix CUSAS 40, 0832	烤羊，汤，鱼	孜达赫里人当他们从孜达赫里到王地	王室信使拉乌吉乌姆（Laugium）经办	伊利萨格里格信使文献
AS 8 ix 3 HSS 68, 095	1 羊	孜达赫里人舒尔伽德	外事官南纳卡姆经办 阿拉德姆监办	朱巴伽
AS 8 ix 5 MVN 11, 161	1 羊	孜达赫里人舒尔伽德	外事官拉拉姆经办 阿拉德姆监办	在尼普尔 杜伽
AS 8 ix 12 JCS 57, 028 05	2 羊	孜达赫里人舒尔伽德	外事官拉拉姆经办 阿拉德姆监办	朱巴伽
AS 8 ix 13 OIP 121, 555	2 羊	孜达赫里人舒尔伽德	外事官拉拉姆经办 阿拉德姆监办	朱巴伽
AS 8 ix 14 BIN 03, 173	2 羊	孜达赫里人舒尔伽德	外事官拉拉姆经办 阿拉德姆监办	在普兹瑞什达干，朱巴伽
SS 1 ix 17 JCS 14, 111 14	2 羊	为尼努尔塔神庙宣誓西马什基人和孜达赫里人	外事官布沙姆监办	杜伽
SS 7 ix 9 ASJ 03, 092 2	1 羊	孜达赫里人伽卜卢卢（Gablulu）	阿拉德姆监办	普朱尔恩利尔

（十三）希希尔

希希尔（拼写形式为 Še-še-il^{ki}，Ši-ši-il^{ki}，可能有的文献写为 Ši-ši-il-la-ab^{ki}），位于扎格罗斯山脉中段，萨布姆和扎布沙里之间，今伊朗胡齐斯坦省的卡尔赫河中游。[1] 有学者认为，希希尔位于迪亚拉河流域，南与埃什努那接壤，北连尼库姆和卡拉哈尔，[2] 或者位于马尔哈西的北部，埃兰的

---

[1] D. O. Edzard and G. Farber, *Répertoire Géographique des Textes Cunéiformes* II: *Die Orts-und Gewässernamen der Zeit der 3. Dynastie von Ur*, Wiesbaden: Dr. Ludwig Reichert Verlag, 1974, pp. 318-319; M. C. Astour, "Semites and Hurrians in Northern Transtigris", in D. I. Owen and M. A. Morrison (eds.), *Studies on the Civilization and Culture of Nuzi and the Hurrians*, Volume 2: *General Studies and Excavations at Nuzi 9/1*, SCCNH 2, Winona Lake: Eisenbrauns, 1987, p. 35.

[2] K. M. Ahmed, "The Beginnings of Ancient Kurdistan (c. 2500-1500 BC): A Historical and Cultural Synthesis", PhD dissertation, Universiteit Leiden, 2012, p. 88.

西北部地区。①

在乌尔第三王朝，希希尔只记录在普兹瑞什达干文献中，位于舒尔吉46年和48年。除了一篇文献（PDT 2, 1163）记载了希希尔军队向乌尔进贡10头牛，阿皮尔金（Abil-kin）督办，另外阿皮尔金进贡6牛1鹿1羊，其余文献都是记载希希尔使节出访乌尔接收牲畜作为其间消费。

舒尔吉46年9月4日（文献 JCS 31, 035 BMC 2），希希尔人接收1牛5羊，与众多国家使节一起，基本上都是接收1牛5羊配给（其余信息文献破损不详）。同年8年6月（文献 RA 008, 183 01），2头牛、19只羊，被送入厨房屠宰，提供给萨拉（Salla）、舒鲁什金、②马尔哈西人的使节和希希尔人，卢丁吉尔拉支出。此外，舒尔吉48年6月26日（文献 OrSP 18, pl. 04 14），1牛10羊被送入厨房屠宰，提供给希希尔人努尔伊里和诸多行使。③

第五节　东南方诸国使节来访

乌尔第三王朝的东南方国家，主要包括埃兰地区（今伊朗西南部的胡齐斯坦省、法尔斯省），向东到伊朗东南部的马尔哈西（克尔曼省），向南直到波斯湾南部的马干（今阿曼）。胡齐斯坦地区包括乌鲁阿、萨布姆、帕西美、阿丹顿、胡赫努里等国。④斯坦凯勒认为，这一地区由于在文献中

---

① D. O. Edzard and G. Farber, *Répertoire Géographique des Textes Cunéiformes* Ⅱ: *Die Orts-und Gewässernamen der Zeit der 3. Dynastie von Ur*, Wiesbaden: Dr. Ludwig Reichert Verlag, 1974, p. 181.

② 舒鲁什金在文献记载中几乎没有带有身份和来源地信息，但是根据现有资料可以推知，他的身份是埃巴尔（边缘区）的将军，并且可能与乌尔第三王朝进行政治联姻。例如，将军舒鲁什金（文献 Fs Pettinato 042, 1）；舒鲁什金的军队（erin$_2$ Šu-ru-uš-ki-in），见文献 MVN 11, 212，这里以人名代表其所在地区，该文献其他都是"地名+军队"形式。另外3篇文献（SET 010; MVN 03, 338; PDT 2, 0959）记载了舒鲁什金带来牛羊，埃巴尔军队带来牛羊，并且由舒鲁什金督办（ugula），表明舒鲁什金是埃巴尔的首领。还有一篇文献（HSS 68, 449）记载舒鲁什金的儿媳妇是美努图姆（Menutum）。

③ 注意，该文献已遗失（不在原藏地卢森堡，数据库只有早期的临摹件），这里的希希尔拼写为 Ši-ši-il-la-ab^{ki}，并且仅在该例提到努尔伊里的希希尔人，在该泥板背面第一行是 Arad$_2$-mu maškim，第二行是 giri$_3$ Lugal-inim-gi-na sukkal，二者的位置顺序不符合常规，故此笔者怀疑该泥板的真伪性。

④ D. Patterson, "Elements of the Neo-Sumerian Military", PhD dissertation, University of Pennsylvania, 2018, p. 445.

没有提到军事行动，所以学者们认为该地区早在乌尔纳姆时期已被合并入乌尔，被乌尔王国所征服。帕特森倾向于认为，在舒尔吉统治早期，这一地区才被合并入乌尔王国。他也对"合并"的程度提出了质疑。一般认为，苏萨是在舒尔吉统治时期被乌尔征服，马基西则认为苏萨是被乌尔纳姆所征服，这一观点不被学界所认可。在古地亚的铭文中提到，胡齐斯坦地区在乌尔第三王朝早期已被征服（与古地亚统治同期）。乌尔纳姆与古地亚联盟，打败苏萨首领普朱尔因舒西纳克。但是明确证据表明，舒尔吉时期完全控制苏萨。① 此外，乌尔第三王朝的南部国家可能还有乌鲁阿或阿拉瓦（Arawa）和舍里胡姆等。

在乌尔第三王朝文献中，记载了大量东南方国家出访乌尔的信息，这些国家按照地理位置自北向南包括：

1. 乌鲁阿（位于苏萨西部）
2. 萨布姆（今伊朗伊拉姆省的普什提库赫 Pusht-i Kuh）
3. 帕西美（今阿布舍贾）
4. 沙孜比（可能位于帕西美附近）
5. 阿丹顿（今伊朗胡齐斯坦省的苏尔凯干 Tepe Surkhegan）
6. 胡赫努里（今伊朗胡齐斯坦省的博尔米）
7. 埃古拉（或读为阿卡德语化名称比图姆拉比乌姆）
8. 雅布鲁（今伊朗胡齐斯坦省，具体位置不详）
9. 杜杜里（位于安珊附近）
10. 安珊（今伊朗法尔斯省的马尔延）
11. 马尔哈西（可能位于今伊朗克尔曼省的吉罗夫特地区）
12. 马干（位于今阿曼）

一 乌鲁阿

乌鲁阿位于苏萨的西部。莫利纳认为，乌鲁阿是乌尔第三王朝的一个行省，位于今伊朗西南部德赫卢兰（Deh Luran）平原的穆西延（Musiyan

---

① Steinkeller, "On the Dynasty of Šimaški: Twenty Years (or so) After", in M. Kozuh, et al. (eds.), *Extraction & Control: Studies in Honor of Matthew W. Stolper*, SAOC 68, Chicago: The Oriental Institute of the University of Chicago, 2014, p. 289.

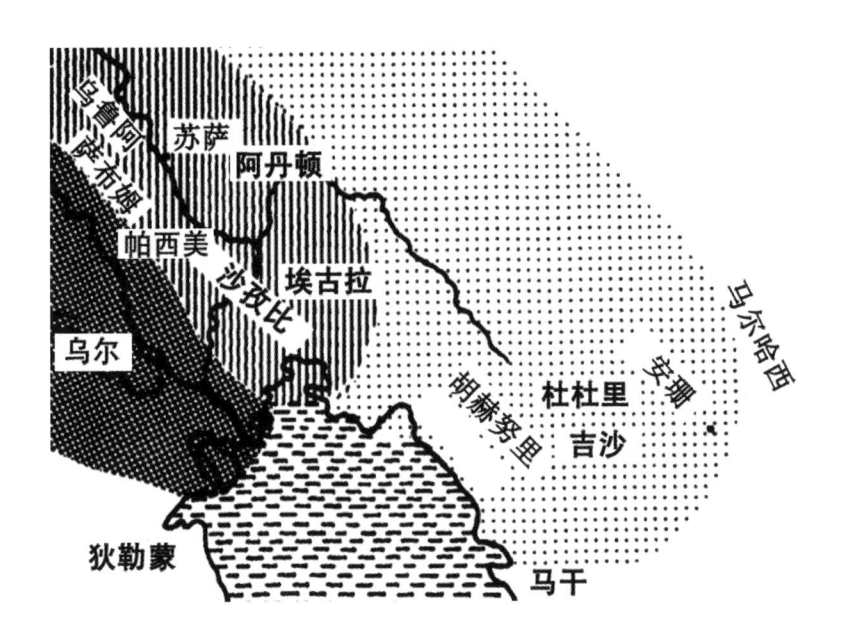

图 3-5　乌尔第三王朝的东南部外交国分布示意图

（资料来源：P. Steinkeller, "The Administrative and Economic Organization of the Ur III State: The Core and the Periphery", in M. Gibson, R. D. Biggs (eds.), *The Organization of Power: Aspects of Bureaucracy in the Ancient Near East*, Chicago: The Oriental Institute of the University of Chicago, 1987, p. 31; F. Pomponio and L. Verderame, "L'economia neo-sumerica", *Rivista di Storia Economica*, Vol. 31, No. 1 (2015), p. 27.）

地区。① 同阿丹顿一样，乌鲁阿也向乌尔第三王朝提供大量动物，同时从乌尔获取回赠。据一篇破损文献（ITT 3, 06382）记载，大量粮食和油支付给乌鲁阿。此外，乌鲁阿也向乌尔中央缴纳古恩税，课税形式不仅包括动物，还有其他许多不同形式的物产。据普兹瑞什达干文献记载，乌鲁阿作为乌尔第三王朝重要的牲畜供应地，向乌尔进贡大量的牛羊牲畜。但是，并没有关于乌鲁阿使节从乌尔接收牲畜作为出访期间消费的记录。据文献（JCS 35, 185 3）记载，在舒尔吉 40 年 2 月 29 日，有 821 只羊来自乌鲁阿，为了新年节（mu-DU a$_2$-ki-ti）被带到乌尔。舒尔

---

① M. Molina, "Urua", *Reallexikon der Assyriologie und vorderasiatischen Archaeologie*, Vol. 14 (2015), p. 444; D. Patterson, "Elements of the Neo-Sumerian Military", PhD dissertation, University of Pennsylvania, 2018, pp. 468-470.

吉 46 年 6 月（文献 PDT 2, 0781），1974 只羊作为乌鲁阿缴纳的"舒基德"贡赋，由育牲官米特哈尔（Mithar）负责进贡。在阿马尔辛 6 年 9 月 13 日（文献 SAT 2, 0914），3 头牛、180 只羊，由乌鲁阿军队进贡给乌尔王后阿比西姆提。

乌鲁阿进贡动物到乌尔，是由其首领舒尔吉孜姆（Shulgi-zimu）负责运送，首领除了自己进贡牲畜之外，还担任其军队进贡任务的督办（ugula）。例如，在舒尔吉 45 年 6 月 30 日（文献 MVN 13, 517），乌鲁阿军队进贡 2 牛 148 羊，舒尔吉孜姆进贡 1 牛 11 羊；阿马尔辛 6 年 11 月某日（文献 PDT 1, 0234），15 只羊作为乌鲁阿人的"舒基德"贡赋，从舒尔吉孜姆，王室信使经办。阿马尔辛 8 年 9 月 18 日（文献 TRU 126），3 牛 180 羊，由乌鲁阿军队进贡，舒尔吉孜姆督办。从另一篇文献可知舒尔吉孜姆的身份，该文献记载舒辛 7 年 9 月 14 日（TCL 02, 5515），1 米纳白银，作为"城市"的古恩贡赋（gu$_2$-iri-ki），由乌鲁阿的恩西舒尔吉孜姆（进贡）。一种解释是，舒尔吉孜姆一直都是乌鲁阿的恩西，另一种解释是舒尔吉孜姆到舒辛时期成为乌鲁阿的恩西，而在此之前还没有被乌尔第三王朝"册封"。另外一篇在苏萨出土的文献（MDP 28, 424，日期不详）可能记载了乌鲁阿人舒尔吉孜姆（[…] -gi-zi-mu […] lu$_2$ Urua^{ki}）。另据一篇日期破损文献记载（BPOA 07, 2350），1 牛 10 羊，由乌鲁阿的士兵们（aga$_3$-us$_2$）进贡，塞什卡拉（Shesh-kala）督办。据考证，塞什卡拉的身份是将军（šagina），很可能是乌鲁阿的将军。至于塞什卡拉和舒尔吉孜姆孰早孰晚，由于记录塞什卡拉的文献日期不详，且没有其他佐证材料，我们不得而知，笔者推测可能是塞什卡拉要早于舒尔吉孜姆。

二　萨布姆

萨布姆的位置有争议，传统观点认为其位于波斯湾的普什提库赫（今伊朗西南部的卢里斯坦省境内）地区附近。① 麦克尼尔认为，萨布姆和帕

---

① D. O. Edzard and G. Farber, *Répertoire Géographique des Textes Cunéiformes* Ⅱ: *Die Orts-und Gewässernamen der Zeit der 3. Dynastie von Ur*, Wiesbaden: Dr. Ludwig Reichert Verlag, 1974, pp. 159-161.

第三章 外国使节来访

西美都位于库提地区。① 迪谢纳则认为，萨布姆与胡赫努里相连。② 斯坦凯勒同意此说。但是，诺蒂兹亚坚持认为，萨布姆应位于普什提库赫遗址，并且与杜杜里有着密切联系。③ 关于萨布姆的属性，帕特森认为，萨布姆是处于乌尔第三王朝统治下的一个边缘区，向乌尔交付大量古恩马达税，有大量乌尔军队驻扎于此。④ 笔者认为，萨布姆较之苏萨而言，更可能是乌尔第三王朝的附庸国，可能在一段时间属于乌尔第三王朝的边缘区，但是更多属于附庸国的范畴。

在乌尔第三王朝，有 288 篇文献记载了萨布姆，但是有 246 篇文献（85.4%）的年份不详（大多为吉尔苏的信使文献）。主要被记载在吉尔苏的信使文献（276 篇）、1 篇伊利萨格里格文献、3 篇普兹瑞什达干文献、7 篇温马信使文献。在时间上从舒尔吉 34 年至伊比辛 3 年。

在吉尔苏信使文献中，记载了固定的配给品（啤酒、面包和植物油）支付给萨布姆的埃兰人，当他们来往于萨布姆和乌尔之间，由乌尔使节负责经办。⑤ 萨布姆的恩西（统治者）出访乌尔时，也接收配给品。⑥ 注意，和苏萨的作用类似，萨布姆也作为连接乌尔王国与东南部国家的中转站。例如，舒辛 1 年 1 月，萨布姆恩西阿布姆伊鲁姆（Abum-ilum）汇报，杜杜里的恩西胡里巴尔的埃兰人从萨布姆来到吉尔苏行省。⑦

萨布姆的军事人员也经常往返于乌尔与萨布姆之间。舒尔吉 34 年 10 月（文献 RTC 327），萨布姆的将军沙尔胡尼（Shalhuni）接收 15 希拉优质啤酒，1 罐 10 希拉普通啤酒。舒尔吉 35 年 2 月（文献 TLB 03, 145），

---

① R. C. McNeil, "The 'Messenger Texts' of the Third Ur Dynasty", PhD dissertation, University of Pennsylvania, 1971, p. 70.

② J. Duchene, "La Localisation de Huhnur", in L. De Meyer, H. Gasche and F. Vallat (eds.), *Fragmenta Historiae Elamicae*: *Mélanges Offerts à M. J. Steve*, Paris: Éditions Recherche sur les Civilisations, 1986, pp. 65-73.

③ P. Notizia, "Hulibar, Duhduh (u) ni e la Frontiera Orientale", *Quaderni di Vicino Oriente*, Vol. 5 (2010), pp. 269-291.

④ D. Patterson, "Elements of the Neo-Sumerian Military", PhD dissertation, University of Pennsylvania, 2018, p. 466.

⑤ 见文献 Hirose 355 (SH 48 iii 17); Nisaba 22, 071 (SH 48 xii); MVN 15, 191 (AS 7 iii 14); Nisaba 01, 192 (AS 7 v 18); TÉL 058 (SS 1, 4322 古尔大麦); BM Messenger 028 (SS 7 v); TÉL 046 (SS 8 xii).

⑥ 见文献 STA 08 (AS 5 x); Ontario 2, 458 (AS 7 xii); MVN 15, 187 (SS 8 x).

⑦ 文献 Nisaba 22, 010 (SS 1 i).

26 个木制战车部件（gab₂-il₂），苏卡尔马赫加印，被送入萨布姆。舒辛 5 年 10 月，萨布姆军尉布伽库姆（Bugakum）从吉尔苏行省的总督那里，加印接收了大麦。①

萨布姆作为乌尔第三王朝十分重要的牲畜来源地，文献中记载了大量的牛羊等牲畜从萨布姆被运送到乌尔王国。例如，吉尔苏文献记载了许多羊被标记为"萨布姆羊"②。信使文献中还记载了从吉尔苏驿站支出若干大麦和燕麦，作为从萨布姆运送来的牛羊的饲料，由乌尔王国的外事官或军事人员负责经办。③ 此外，在普兹瑞什达干文献中，记载了萨布姆的军队向乌尔进贡大量牲畜。舒尔吉 48 年 9 月 19 日（文献 AUCT 1, 743），萨布姆军队进贡 29 头牛。阿马尔辛 1 年 8 月 3 日（文献 AUCT 2, 179），有 3 牛 6 羊，属于萨布姆缴纳的古恩贡赋。阿马尔辛 4 年 6 月 22 日（文献 JCS 32, 172 2），有 600 只黑色绵羊，献给伊利萨格里格的宁胡尔萨格神庙的仪式（a-ri-a），这些属于萨布姆军队的进贡品。除了萨布姆向乌尔王国提供大量牲畜之外，乌尔也会向萨布姆支付大麦、芦苇或纺织品，④ 作为交易或者回赠，体现了乌尔王国与萨布姆之间的贸易和外交往来。例如，伊比辛 3 年大麦被支付给萨布姆人，由大执政官阿拉德姆督办，从伊利萨格里格行省总督乌尔梅斯处支出。

文献 CUSAS 40, 0834（IS 3, Irisagrig）
obv.
1) 559. 1. 0 še gur   559 古尔 1 巴里格大麦
2) še-ba lu₂ Sa-bu-um^ki-ke₄-ne   是萨布姆人的大麦
3) iti 12-kam   12 个月
4) ugula Arad₂-mu   阿拉德姆督办

---

① 文献 RTC 428（SS 5 x）.
② 如"死的萨布姆育肥绵羊"（udu niga Sa-bu-um^ki ba-ug₇），见文献 Berens 045；PPAC 5, 0425；以及"萨布姆绵羊"（udu Sa-bu-um^ki），见文献 ITT 3, 05003；JCS 71, 033 19；MVN 02, 149；AAICAB 1/2, pl. 083, 1933-0389e；MVN 05, 205；MVN 05, 279；SAT 1, 191；TCTI 2, 02607；TÉL 094；TCTI 2, 04274；SANTAG 7, 197；TCTI 2, 03187。
③ 文献 TCTI 2, 03359（SS 1 viii）；SAT 1, 031（SS 2 ix）.
④ 文献 PPAC 5, 0944（SS 3 v, 纺织品）；CUSAS 40, 0834（IS 3, 大麦）；BPOA 02, 2453（IS 3, 芦苇）.

5) giri₃ Da-da 达达经办，
rev.
1) ki Ur-mes ensi₂-ta 从（伊利萨格里格）恩西乌尔梅斯
2) ba-zi 支出
3) mu ᵈI-bi₂-ᵈSuen lugal Uri₅ᵏⁱ- 伊比辛3年。
ma-ke₄ Si-mu-ru-umᵏⁱ mu-hul

三　帕西美

帕西美（拼写形式为 Ba-šim-eᵏⁱ）的传统观点认为位于胡齐斯坦南部的波斯湾沿岸、西到安珊的地区。[①] 一说位于胡齐斯坦的西北方。[②] 不过，通过考古发掘证明，帕西美位于今苏萨西北部的阿布舍贾遗址。[③] 在此出土的一篇文献记载，这个遗址就是帕西美。[④] 不过，帕西美位于波斯湾的说法依然被一些学者支持，乌尔王国与帕西美的交往开始于舒尔吉34年。[⑤] 据文献记载（P114985），舒尔吉在其统治第48年，将其女嫁于帕西美。由此认为，早在舒尔吉40年左右，帕西美并入了乌尔王国，并且通过外交联姻来巩固，但是其何种程度上的合并尚不清楚。

文献中记载的帕西美使节出访乌尔的情况较为少见。据一篇普兹瑞什达干文献（TLB 03, 137）记载，阿马尔辛1年，11头驴被屠宰，赠给帕

[①] D. Patterson, "Elements of the Neo-Sumerian Military", PhD dissertation, University of Pennsylvania, 2018, p. 472.

[②] P. Steinkeller, "The Question of Marhaši: A Contribution to the Historical Geography of Iran in the Third Millennium B. C.", *Zeitschrift für Assyriologie und Vorderasiatische Archäologie*, Vol. 72 (1982), pp. 240-243; D. Patterson, "Elements of the Neo-Sumerian Military", PhD dissertation, University of Pennsylvania, 2018, p. 463.

[③] D. I. Owen, *The Nesbit Tablets*, Nisaba 30, Winona Lake: Eisenbrauns, 2016, p. 79; E. Carter, "Anshan from Ally of the Ur Ⅲ State to Outpost of Lowland Middle Elamite Kings", in T. Daryaee and R. Rollinger (eds.), *Iran and its Histories. From the Beginnings through the Achaemenid Empire Book Subtitle: Proceedings of the First and Second Payravi Lectures on Ancient Iranian History, UC Irvine, March 23rd, 2018, & March 11th-12th, 2019*, Wiesbaden: Harrassowitz Verlag, 2021, p. 112.

[④] A. M. Hussein, et al., "Tell Abu Sheeja/Ancient Pašime: Report on the First Season of Excavations, 2007", *Akkadica*, Vol. 131 (2010), pp. 56-58.

[⑤] P. Notizia, "Hulibar, Duhduh(u)ni e la Frontiera Orientale", *Quaderni di Vicino Oriente*, Vol. 5 (2010), p. 276.

西美人。此外，信使文件中也有关于帕西美的记载，不过基本上都是关于帕西美的埃兰人来乌尔作为雇佣劳动力，[1] 也有帕西美的恩西接收配给品的记载。[2] 另据一篇伊利萨格里格信使文献记载，伊比辛 3 年（JCEUW 45，188），有 7 古尔 4 巴里格 1 班 7⅔希拉大麦，作为食物，王室支出给帕西美人的穆什根努（牧羊人），由王室信使加印。

帕西美是乌尔第三王朝重要的牲畜来源地之一。据一篇破损文献记载（TLB 03，034），在舒辛 6 年闰 12 月，大约有 518 只羊来自帕西美。帕西美向乌尔进贡，主要由其军队（erin$_2$）负责运输。舒尔吉 43 年 6 月 10 日（文献 Ontario 1，020），帕西美的军队进贡 3 牛 180 羊。帕西美的军队负责完纳贡之后，可以获得固定配给品作为路资。伊比辛 4 年 10 月（文献 Berens 069），60 古尔大麦，作为食物配给，给帕西美的军队。

除了军队负责之外，帕西美的统治者（lu$_2$）也负责向乌尔进贡牲畜。主要是一个叫库尔比拉克（Kurbilak）的人，他的身份是帕西美的"人"（统治者）。舒尔吉 46 年 7 月 15 日 [文献 RA 009，043 SA 25（pl. 2）]，帕西美人库尔比拉克进贡 5 只山羊，赠给阿摩利人米达努姆（Midanum）。舒尔吉 48 年 7 月（文献 Amorites 12），帕西美人库尔比拉克进贡 11 只羊。舒辛 4 年 7 月 21 日（文献 Nisaba 30，67），帕西美人库尔比拉克进贡 11 只羊。

此外，帕西美与乌尔第三王朝进行政治联姻。例如，舒尔吉 48 年 8 月 2 日（文献 ZA 072，241 n. 16），10 只羊被赠给帕西美人舒达巴尼（Shudabani）的妻子、国王（舒尔吉）的女儿塔兰舒尔吉（Taram-Shulgi）的住处。[3]

---

[1] 据吉尔苏信使文献记载，帕西美的埃兰人出访乌尔，接收不同的配给。例如，一篇日期不详的文献（P295468）记载 1 班啤酒、1 个面包给埃兰人（骑使），当他们从帕西美来时。舒尔吉 34 年 8 月（MVN 07，054），20 希拉啤酒给 20 个埃兰人，当他们从帕西美来时。另据文献记载（ITT 5，08212），2 班啤酒、2 班面包，给伊孜因舒尔吉（Izin-Shulgi），1 巴里格 1 班 5 希拉啤酒、1 巴里格 1 班 5 希拉面包、1 希拉植物油，给胡赫努里和帕西美的埃兰人，当他们到胡赫努里时，伊孜因舒尔吉担任经办人。

[2] 见温马信使文献 Nisaba 24，29。

[3] 原文：e$_2$ Ta$_2$-ra-am-^{d}Šul-gi dumu-munus lugal dam Šu-da-ba-ni lu$_2$ Ba-šim-e^{ki}-ka-še$_3$。具体的讨论，详见本书第五章。

四　沙孜比

沙孜比（拼写形式为 Ša-zi-bi$_{(2)}$^{ki}）可能位于帕西美附近，其具体位置不详。[1]

据乌尔第三王朝文献记载，沙孜比使节出访乌尔只发生在舒尔吉48年8月2日。在吐玛尔，沙孜比人塞尔哈哈（Sheil-haha）[2]从恩丁吉尔姆接收5只羊（文献 ZA 072，241 n. 16），从卢丁吉尔拉（文献 TLB 03，096）接收1头牛，外事官卢伽尔伊尼姆基纳经办，由阿拉德姆监办。

五　阿丹顿

阿丹顿[3]位于今伊朗胡齐斯坦省的舒什塔尔（Shushtar）附近的苏尔凯干遗址，靠近卡伦河。关于阿丹顿的属性，即属于乌尔第三王朝的边缘区还是附属国，在学术界有诸多争议。有的学者认为，阿丹顿是一个由本土统治者的未被合并的附庸国。阿丹顿交付的动物数量十分庞大，大量军队驻扎在此。有的则认为，阿丹顿属于边缘区，但不是一个典型的边缘区，

---

[1]　F. Vallat, "Éléments de géographie élamite (résumé)", *Paléorient*, Vol. 11, No. 2 (1985), p. 50; R. Zadon, "Elamite Onomastics", *Studi Epigrafici e Linguistici sul Vicino Oriente Antico*, Vol. 8 (1991), p. 228; D. T. Potts, *The Archaeology of Elam: Formation and Transformation of an Ancient Iranian State*, Cambridge: Cambridge University Press, 2004, p. 136.

[2]　注意，塞尔哈哈这一人名还出现在另一篇文献（OIP 115, 253），其身份是乌尔辛之人（Še-il-ha-ha lu$_2$ Ur-^{d}Suen，在舒尔吉46年）。乌尔辛很可能是舒尔吉的儿子，见文献 CDLB 2012/002 § 2.2（Ur-^{d}Suen dumu-lugal，舒尔吉46年），或者是乌鲁姆的恩西，见文献 Aegyptus 17, 058 121（Ur-^{d}Suen ensi$_2$ Urum$_2$^{ki}，舒尔吉43年）；或者是乌鲁克和德尔的将军（也是舒尔吉之子），见文献 ASJ 09, 266 68；P430383（Ur-^{d}Suen šagina Unu^{ki}-ga u$_3$ BAD$_3$.AN^{ki}，阿马尔辛2年）。

[3]　D. I. Owen, *The Nesbit Tablets*, Nisaba 30, Winona Lake: Eisenbrauns, 2016, p. 14; M. Krebernik, "Philologische Aspekte elamisch-mesopotamischer Beziehungen im Überblick", in L. Kogan, et al. (eds.), *Babel und Bibel 3: Annual of Ancient Near Eastern, Old Testament and Semitic Studies*, Winona Lake: Eisenbrauns, 2006, p. 74; P. Steinkeller, "Puzur-Inšušinak at Susa: A Pivotal Episode of Early Elamite History Reconsidered", in K. De Graef and J. Tavernier (eds.), *Susa and Elam, Archaeological, Philological, Historical and Geographical Perspectives: Proceedings of the International Congress Held at Ghent University, December 14-17, 2009*, MDP 58, Leiden and Boston: Brill, 2013, pp. 297-299.

很可能是乌尔军队进军扎格罗斯山脉的聚集地或补给站。① 此外，阿丹顿不同于其他边缘区，不像伊西姆舒尔吉的恩西与负责边缘区军队的官员相分离，阿丹顿的恩西乌巴亚有双重身份。在普兹瑞什达干文献中，乌巴亚一般作为督办或监办，专门负责具体的动物交付。在信使文献中，乌巴亚或者自己，或者派官员来往于乌尔与阿丹顿之间。不过，乌巴亚从未接收动物，表明阿丹顿是乌尔王国的一部分。但是不同于巴比伦尼亚的行省总督。乌巴亚不是缴纳巴拉税，而是缴纳古恩马达税，是一个重要的军事行动补给站，有大量的巴比伦尼亚人居住于此。大约伊比辛 9—14 年间，乌尔失去阿丹顿。米哈洛夫斯基认为，阿丹顿可能是一个附属国，是舒尔吉军事远征的重要集结地。苏萨和阿丹顿不同于其他东部被乌尔控制的地区。②

在乌尔第三王朝，记载阿丹顿的文献包括普兹瑞什达干的经济文献，吉尔苏的信使文献（多数没有年份，具体日期不详），以及少数的加尔沙纳文献、伊利萨格里格信使文献、温马的信使文献和乌尔的经济文献。时间上从舒尔吉 32 年至伊比辛 3 年。

阿丹顿向乌尔进贡的物品不仅包括牲畜，还是各种物品，比如羊毛。例如，舒尔吉 32 年 6 月（文献 Rochester 008），10 塔兰特羊毛，是（来自）阿丹顿的羊毛。舒尔吉 34 年 12 月（文献 SumRecDreh 04），466 个（船）底板（^{giš}eme-sig）、216 个木板（^{giš}e$_2$-da）、43 个木耙，这些木制品由阿丹顿进贡。在舒辛 3 年（文献 ITT 3，05114），有 8910 块木板条（^{giš}eme-sig），来自阿丹顿，从沙比（Shabi）处，被送入军用仓库［mar-sa ba-

---

① D. Patterson, "Elements of the Neo-Sumerian Military", PhD dissertation, University of Pennsylvania, 2018, pp. 455-459; P. Michalowski, "Observations on 'Elamites' and 'Elam' in Ur Ⅲ Times", in P. Michalowski (ed.), On the Third Dynasty of Ur: Studies in Honor of Marcel Sigrist, JCSSS 1, Boston: American Schools of Oriental Research, 2008, p. 120.

② 关于阿丹顿（A-dan-dun^{ki}）读作阿丹沙赫（A-dan-šah$_2$^{ki}），参见 P. Michalowski, "Observations on 'Elamites' and 'Elam' in Ur Ⅲ Times", in P. Michalowski (ed.), On the Third Dynasty of Ur: Studies in Honor of Marcel Sigrist, JCSSS 1, Boston: American Schools of Oriental Research, 2008, p. 115；关于阿万和阿丹顿的关系，参见 P. Michalowski, "Observations on 'Elamites' and 'Elam' in Ur Ⅲ Times", in P. Michalowski (ed.), On the Third Dynasty of Ur: Studies in Honor of Marcel Sigrist, JCSSS 1, Boston: American Schools of Oriental Research, 2008, p. 120。

第三章 外国使节来访

an-ku$_x$（KWU147）]。①

阿丹顿向乌尔进贡，一般是由其恩西乌巴亚②负责。舒尔吉43年6月（文献TRU 384），阿丹顿恩西乌巴亚运输1个木弓（^{giš}ban e$_2$-a）。舒尔吉44年8月17日（文献AnOr 07, 148），阿丹顿恩西乌巴亚进贡20只绵羊。同年某月（破损文献TRU 024），阿丹顿恩西乌巴亚进贡11头牛、120只羊。舒尔吉45年12月6日（文献Amorites 06），阿丹顿进贡超过30头牛、1680只羊，由（其恩西）乌巴亚督办（负责运输）。舒尔吉46年8月（文献Nik 2, 483），阿丹顿恩西乌巴亚进贡多达6190只羊，作为"舒基德"贡赋。同月（文献TRU 107），阿丹顿恩西乌巴亚还进贡384只被屠宰的羊，那萨接收。另一篇文献记载了同一件事情（文献TRU 277）。384只羊，被屠宰，是阿丹顿的羊，从乌巴亚，由布乌达基（Buwudaki）经办，白条羊（ad$_7$-bi）由乌尔尼伽尔接收，它们的皮，被送入加工场，从那萨支出。另一文献记载（文献PDT 1, 0039），这些羊的384张羊皮（kuš udu）、384只白条羊（ad$_6$ udu），这些属于阿丹顿的羊，从那萨，被送入普兹瑞什达干的仓库，乌巴亚的兄弟吉达基（Giddaki）经办。舒尔吉47年4月25日（文献Anavian 59，复件ASJ 09, 318 13两篇文献记载格式不同），阿丹顿恩西乌巴亚进贡1只羊羔。

阿丹顿向乌尔进贡大量的牲畜，作为古恩税。在舒尔吉47年9月30日（文献ZA 068, 042 Smith 475），7200头牛、1393只活羊，225只白条羊，是阿丹顿缴纳的古恩税，从乌巴亚被带来。舒尔吉47年9月（文献PDT 1, 0018），225只羊被屠宰，属于阿丹顿缴纳的古恩税，它们的皮被送入加工场，白条羊被送入仓库。③ 在阿马尔辛9年8月26日［文献StOr

---

① 关于军用仓库mar-sa，参见S. Alivernini, *La Struttura Amministrativa del Mar-sa nella Documentazione della III Dinastia di Ur*, RSO 86 Sup 1, Pisa and Roma: Fabrizio Serra Editore, 2013; S. Alivernini, "Some Considerations on the Management of an Administrative Structure in Ur III Mesopotamia: The Case of mar-sa", in S. Garfinkle and M. Molina (eds.), *From the 21st Century B. C. to the 21st Century A. D.: Proceedings of the International Conference on Sumerian Studies Held in Madrid 22–24 July 2010*, Winona Lake: Eisenbrauns, 2013, pp. 105–114。

② 注意，这个人名有多种误读的拼写形式，正确的形式有两种U$_{18}$-ba-a, U$_3$-ba-a，误读的形式有Ri$_2$-ba-a, Ur-ba-a, E$_2$-ba-a, x sila$_4$ ba-a; Ba-ba-a; x-ba-a。

③ Michalowski, "Observations on 'Elamites' and 'Elam' in Ur III Times", in P. Michalowski (ed.), *On the Third Dynasty of Ur: Studies in Honor of Marcel Sigrist*, JCSSS 1, Boston: American Schools of Oriental Research, 2008, p. 118.

09-1 30（pl. 11）]，有 1200 只羊作为阿马尔辛 8 年的古恩贡赋，1200 只羊作为阿马尔辛 9 年的古恩贡赋，由阿丹顿的军队带来，经办人为骑使丹舒尔吉，由（阿丹顿恩西）乌巴亚督办。

阿丹顿恩西承担运输来自其他地区战利品的义务。舒尔吉 33 年 11 月（文献 AOAT 240, 80, 6），44 只被屠宰的羊，是来自安珊的战利品（即乌尔与安珊战争之后），从阿丹顿恩西乌尔吉吉尔（Ur-gigir），由阿巴纳卡（Abbanaka）经办。

信使文献中也记载了来自阿丹顿的埃兰人接收各种配给。在阿马尔辛 6 年 1 月 11 日（文献 Nik 2, 363），来自阿丹顿的埃兰人接收 1 个容量 2 班的（盛放啤酒）麦芽的罐子、4 班的粗面粉（粗粒小麦粉）；在阿马尔辛 7 年 1 月 20 日（文献 Nisaba 01, 283），接收 1 个容量 2 班的（盛放啤酒）麦芽的罐子、① 2 班的粗面粉（粗粒小麦粉）。据一篇加尔沙纳文献记载，舒辛 2 年 8 月（文献 P412108，复件 Fs Pomponio 204, 03），1 古尔涂房沥青（esir-e₂-a），20 塔兰特棕榈纤维（mangaga），作为净礼所用之物（nig₂-šu-luh-a），给阿丹顿恩西乌巴亚，由苏萨人辛巴尼（Suen-bani）经办。在伊比辛 3 年 1 月（文献 Nik 2, 340），温马恩西支出 2 巴里格普通麦芽啤酒（kaš dida du）、2 巴里格面粉、4 只羊、5 希拉植物油，给从阿丹顿而来的埃兰人，经办人是王室信使哈孜（Hazi）。

六　胡赫努里

胡赫努里（拼写形式为 Hu-uh₂-nu-ri^ki）位于胡齐斯坦南部拉姆霍尔木兹地区的博尔米遗址。② 一说胡赫努里位于伊朗胡齐斯坦省的马拉米尔

---

① 原文：1 kaš dida 2（ban₂），笔者怀疑不是 kaš 而是 dug，见文献 Nik 2, 363。
② B. Mofidi-Nasrabadi, "Eine Steininschrift des Amar-Suena aus Tappe Bormi（Iran）", *Zeitschrift für Assyriologie und Vorderasiatische Archäologie*, Vol. 95（2005）, pp. 161-171; D. Patterson, "Elements of the Neo-Sumerian Military", PhD dissertation, University of Pennsylvania, 2018, pp. 463, 475; K. Radner, N. Moeller and D. T. Potts（eds.）, *The Oxford History of the Ancient Near East: Volume III: From the Hyksos to the Late Second Millennium BC*, Oxford: Oxford University Press, 2022, p. 888. 关于胡赫努里位于博尔米的质疑，参见 R. Zadok, "Issues in the Historical Geography and the Ethno-Linguistic Character of the Zagros and Adjacent Regions", in D. R. Katz, N. Hacham, G. Herman and L. Sagiv（eds.）, *A Question of Identity: Social, Political, and Historical Aspects of Identity Dynamics in Jewish and Other Contexts*, Berlin: De Gruyter, 2019, pp. 81-82.

（*Malamir* 或伊泽赫 *Izeh*）的南部，即今卡莱耶托尔（*Qal'e-ye Toll*）村。[①] 不同于苏萨、阿丹顿、萨布姆、乌鲁阿，胡赫努里没有缴纳古恩马达税。虽然胡赫努里文献记载阿马尔辛重建了胡赫努里的保护神的神庙，并且重名为比特阿马尔辛，但是没有其他文献证据说胡赫努里被并入乌尔王国。胡赫努里也没有纳贡记载。胡赫努里是胡齐斯坦几个国家中最为独立的，肯定没有并入乌尔，不清楚是否作为附庸国。[②]

在乌尔第三王朝文献中，记录胡赫努里的有吉尔苏信使文献（大多数没有年份，不计），温马的信使文献（大量），以及 2 篇普兹瑞什达干文献。时间上从舒尔吉 48 年至舒辛 8 年。

据温马信使文献（及少数吉尔苏文献）记载，来自胡赫努里的埃兰人接收啤酒、面粉和植物油等固定配给品，当他们从胡赫努里来往乌尔王国，由乌尔外交人员负责经办。[③] 有时，苏萨的恩西也负责经办胡赫努里的埃兰人接收配给品（文献 Nisaba 22，001）。据一篇文献（UTI 5，3428）记载，胡赫努里人接收的芦苇配给品，来源于温马行省缴纳的巴拉税。此外，胡赫努里的恩西（统治者）出访乌尔王国，接收啤酒、面粉和器皿等配给品，一般是由乌尔王国的大执政官负责监办，由温马行省总督加印，体现了其地位的对等接待原则。[④] 除了胡赫努里的埃兰人之外，胡赫努里的行使（kas$_4$）出访乌尔王国，接收固定的配给品。[⑤]

据普兹瑞什达干文献记载，阿马尔辛 7 年 6 月 10 日（文献 BIN 03，402），有 1 只羊，献给乌尔萨格伊明（Ursag-imin）神的祭台，它的肉被

---

① D. T. Potts, *The Archaeology of Elam: Formation and Transformation of an Ancient Iranian State*, Second Edition, Cambridge: Cambridge University Press, 2016, p. 116.

② D. Patterson, "Elements of the Neo-Sumerian Military", PhD dissertation, University of Pennsylvania, 2018, p. 482.

③ 文献 Nisaba 22，071（SH 48 xii）；Nisaba 22，103（AS--xii）；Tavolette 312（AS 7 ii）；MVN 04，244（AS 7 xi）；ITT 2，00922（AS 8 xi）；TCTI 3，06454（AS 8 xii）；BPOA 01，0494（AS 9 viii）；ITT 5，08212（SS 1 和帕西美埃兰人一起）；AnOr 07，306（SS 3 iii 21）；Nisaba 01，003（SS 4 viii 16）；Nisaba 01，204（SS 4 xi 22）；Nisaba 27，081（SS 4 xi 28）；MVN 21，380（SS 4 xi 29）；BPOA 06，1307（SS 5 ii）；Nisaba 27，186（SS 5 iv 19）；Nisaba 03/1，109（SS 5 vi）；Nisaba 16，126（SS 5 viii 9）；Nisaba 16，118（SS 5 viii 21）；Nisaba 27，095（SS 6 i 5）；MVN 14，0256（SS 6 ii）；TÉL 046（SS 8 xii）．

④ 见文献 BPOA 07，2295（AS 7 i）。

⑤ 见文献 Nisaba 16，102（SS 3 iv 22）；CDLN 2013/001 no. 1（SS 3 xi 2）；Nisaba 03/1，116（SS 4 vi 6）．

提供给胡赫努里的伽尔杜士兵食用，经办人为持杯者达达，持杯者阿图（Atu）总监，朱巴伽支出。在阿马尔辛 7 年 4 月 10 日（文献 BPOA 02，2681），有 1 个乐器（za$_3$-mi-ri$_2$-tum）给胡赫努里人布祖（Buzu）之子某某，当他去温马恩西处。

七　埃古拉

埃古拉（拼写形式为 E$_2$-gu-la^{ki}）或称其阿卡德语化的名称比图姆拉比乌姆（拼写形式为 Bi$_2$-tum-ra-bi$_2$-um^{ki}），记录在乌尔第三王朝阿马尔辛 7 年的年名中，与胡赫努里靠近。

在乌尔第三王朝，只有 2 篇文献记载埃古拉使节出访乌尔。据普兹瑞什达干文献记载，在阿马尔辛 9 年 2 月 26 日（文献 SET 066），1 只羊给埃古拉的恩西庇利巴（Bilibba）之子伊达杜（Idadu），外事官拉齐普（Laqip）经办，阿拉德姆总监，朱巴伽支出。另据一篇伊利萨格里格信使文献记载，在舒辛 7 年 3 月（文献 CUSAS 40，1110），3 希拉汤，提供给埃古拉的恩西庇利巴的使节阿达（Adda），当他从埃古拉到王地，经办人为王室信使阿达拉尔（Adalal）。

八　雅布鲁

雅布鲁（拼写形式为 Ia$_3$-a-ab-ru^{ki}）记录在乌尔第三王朝阿马尔辛 7 年的年名中，与胡赫努里靠近。[①]

在乌尔第三王朝，只有一篇文献记载了雅布鲁使节出访乌尔。舒辛 1 年 3 月 9 日（文献 Syracuse 480），雅布鲁统治者苏苏瓦达尔（Susuwadar）的使节比利（Billi）接收 1 只羊，经办人为尼阿，阿拉德姆总监，伊吉恩利尔塞支出。

九　杜杜里

杜杜里（拼写形式为 Du$_8$-du$_8$-li$_2$^{ki}）[②]或其阿卡德语化的名称杜杜里乌

[①] K. M. Ahmed, "The Beginnings of Ancient Kurdistan (*c.* 2500–1500 BC): A Historical and Cultural Synthesis", PhD dissertation, Universiteit Leiden, 2012, p. 188.

[②] P. Notizia, "Hulibar, Duhduh(u)ni e la Frontiera Orientale", *Quaderni di Vicino Oriente*, Vol. 5 (2010), pp. 271–272; D. I. Owen, *The Nesbit Tablets*, Nisaba 30, Winona Lake: Eisenbrauns, 2016, p. 67.

第三章　外国使节来访

姆（Du$_8$-du$_8$-li$_2$-um^{ki}），具体位置不详，大约位于乌尔第三王朝的东南方或扎格罗斯山脉中部地区。关于杜杜里是位于乌尔第三王朝的东北部还是东南部，历来存在诸多争执。早期有学者错误认为杜杜里位于底格里斯河上游，在今土耳其南部的迪亚尔贝吉尔（Diyarbekir）和耶孜拉特-伊布恩-乌马尔（Jezirat-ibn-Umar）之间。[1] 有学者认为，杜杜里位于苏美尔东北部的扎格罗斯山脉。[2] 弗雷恩认为，杜杜里位于乌尔第三王朝的东北部，迪亚拉河上游，哈尔西、基马什、扎乌尔（Za'ul）和西乌（Si'u）附近，今伊拉克苏莱曼尼亚地区的扎拉腊什（Zalarash）西北2.5公里的萨伊提兰-伊克瓦鲁（Saitilan-i-khwaru）遗址。[3] 意大利学者诺蒂兹亚专门讨论了杜杜里及其统治者胡里巴尔，他将杜杜里读为杜赫杜赫尼（Duhduh-NI）或杜赫杜胡尼（Duhduhu-NI），认为杜杜里应该位于萨布姆（今普什提库赫）和西马什基地区之间，并且不需要向乌尔王国纳贡。[4] 此外，他还认为，杜杜里的战略位置十分重要，如同雅布拉特王国一样，胡里巴尔既指人名（杜杜里的统治者），也指地名（杜杜里联合体的中心王国），但是杜杜里需要向乌尔王国宣誓，不过后来联合乌尔向西马什基用兵，是乌尔王国的盟友。[5] 帕特森对诺蒂兹亚的观点进行了评价，认为杜杜里位于萨布姆与西马什基之间，因其不向乌尔纳贡，所以是一个独立国（independent state），在舒尔吉和阿马尔辛的扎格罗斯战争中扮演重要角色。[6] 斯坦凯勒则认为，杜杜里位于乌尔第三王朝的东南部或中部，邻近安珊，是乌尔在伊朗重要的附庸国。在舒尔吉、阿马尔辛、舒辛时期，杜杜里的统治者胡里巴尔提供给乌尔大量的士兵，甚至自己到过巴比伦尼亚。由于他从未自

---

[1] A. Goetze, "Hulibar of Duddul", *Journal of Near Eastern Studies*, Vol. 12, No. 2 (1953), p. 122; M. F. Walker, "The Tigris Frontier from Sargon to Hammurabi-A Philologic and Historical Synthesis", PhD dissertation, Yale University, 1985.

[2] A. Pitts, "The Cult of the Deified King in Ur Ⅲ Mesopotamia", PhD dissertation, Harvard University, 2015, p. 49.

[3] D. R. Frayne, "The Zagros Campaigns of the Ur Ⅲ Kings", *The Canadian Society for Mesopotamian Studies Journal*, Vol. 3 (2008), pp. 47-48.

[4] 他认为，其他东南部国家如吉沙（Gisha）、马赫里、胡赫努里也不需要纳贡，而萨布姆、乌鲁阿、苏萨和阿丹顿则需要纳贡。

[5] P. Notizia, "Hulibar, Duhduh(u)NI e la Frontiera Orientale", *Quaderni di Vicino Oriente*, Vol. 5 (2010), pp. 269-291.

[6] D. Patterson, "Elements of the Neo-Sumerian Military", PhD dissertation, University of Pennsylvania, 2018, p. 463.

称西马什基人，所以斯坦凯勒推断，杜杜里可能不是西马什基诸国之一。在舒辛时期，杜杜里加入反乌尔的扎布沙里联盟。① 笔者同意斯坦凯勒的观点，认为杜杜里位于乌尔第三王朝的东南部，属于独立国家，但是与乌尔第三王朝之间保持着密切的外交关系。

杜杜里使节出访乌尔第三王朝，主要被记录在普兹瑞什达干的经济文献和吉尔苏的信使文献（共89篇，含1篇温马信使文献）。在48篇吉尔苏信使文献中，有45篇文献没有年份记录，记录的是大量的配给提供给杜杜里的埃兰人，以及给出访杜杜里的乌尔使节（由于年份不详，在此姑且不谈）。日期明确的文献，时间上从舒尔吉47年至舒辛5年（主要是普兹瑞什达干文献）。

据普兹瑞什达干文献记载，杜杜里使节出访乌尔，主要接收牛羊作为其间消费，偶尔也向乌尔进贡。杜杜里出访乌尔的使节基本上是由其统治者（或称 lu_2，或称恩西 $ensi_2$）胡里巴尔（拼写形式为 Hu-li-bar 或 Hu-li-ba-ar，在吉尔苏和温马文献中常写为 Hu-li$_2$-bar）负责，此外还有胡里巴尔委派的使节（lu_2-kin-gi$_4$-a）。

表 3-18　　　　出访乌尔第三王朝的杜杜里使节统计

日期/文献	牲畜	杜杜里使节	乌尔的经办或监办
SH 47 iii 9 OLP 08, 09 06	2牛20羊	杜杜里人的使节	阿拉德姆监办 在尼普尔
SH 47 xii d 14 SAT 2, 0536	1牛10羊	杜杜里人舒巴尼姆（Shu-banim）	
SH 48 vii 23 OrSP 05, 53 17 Wengler 25	24牛199羊	杜杜里人胡里巴尔	带来
AS--vi 21 ASJ 19, 204 13	1羊	杜杜里人胡里巴尔的使节到农村	在乌鲁克 行者卢伽尔伊尼基纳经办 阿拉德姆监办
AS 1 iii 4 PDT 1, 0594	2羊	杜杜里人胡里巴尔的使节到农村	舒阿达德经办 阿拉德姆监办 在尼普尔

---

① P. Steinkeller, "The Birth of Elam in History", in J. Álvarez-Mon, G. P. Basello and Y. Wicks (eds.), *The Elamite World*, London: Routledge, 2018, pp. 194–199.

第三章　外国使节来访

续表

日期/文献	牲畜	杜杜里使节	乌尔的经办或监办
AS 1 vi 8 RSO 83, 344 09	1 羊	杜杜里人胡里巴尔的使节 到农村	卢伽尔伊尼姆基纳经办 卢伽尔马古莱监办
AS 1 xii 12 Ontario 2, 205	1 羊	杜杜里人基韦（Kiwi） 到农村	外事官乌乌（Wuwu）经办 阿拉德姆监办 在尼普尔
AS 6 ii 16 Ontario 1, 048	1 羊	杜杜里人胡里巴尔的使节丹 纳里（Dannali）	外事官拉拉姆经办 阿拉德姆监办
AS 6 ix 16 Tavolette 237	5 羊	杜杜里恩西胡里巴尔	外事官西格特里经办 阿拉德姆监办
AS 6 ix 31？ Oppenheim Nachlass no. 13	400 羊	杜杜里人胡里巴尔	带来
AS 6 xii 19 Nisaba 30, 39	1 羊	杜杜里恩西胡里巴尔之子丹 阿马尔辛（Dan-Amar-Suen）	外事官乌尔沙鲁金经办 阿拉德姆监办
AS 7 i 9 MVN 05, 095 复件 SAT 2, 0316	4 羊	杜杜里恩西胡里巴尔 到厨房	乌尔沙鲁金经办 阿拉德姆监办
AS 7 iv 23 MVN 08, 126	N 牛	杜杜里恩西胡里巴尔	王室使节安提亚（Antia）经办 阿拉德姆监办
AS 7 viii 20 CUCT 117	5 羊	杜杜里人胡里巴尔	王室信使安提亚经办 阿拉德姆监办
AS 8 v 9 SANTAG 7, 114	4 羊	杜杜里人胡里巴尔	外事官西格特里经办 （阿拉德姆）监办
AS 8 vii 2 PDT 1, 0548	1 羊	杜杜里人胡里巴尔的使节 （还有若干国家）	外事官纳拉姆伊什库尔经办 阿拉德姆监办
AS 8 x 13 PDT 2, 1147	1 羊	杜杜里人胡里巴尔 （还有若干国家）在乌尔	外事官南纳卡姆经办 阿拉德姆监办
AS 8 xi 4 JNES 12, 114, 1	4 羊	杜杜里人胡里巴尔 在尼普尔	外事官纳拉姆伊什库尔经办 阿拉德姆监办
AS 9 vii 19 OIP 121, 428	4 羊	杜杜里人胡里巴尔	外事官吉里尼萨（Girinisa）经办 阿拉德姆监办
AS 9 viii 21 MVN 15, 190	4 羊	杜杜里恩西胡里巴尔 当他到他的城市，被装上船	吉里尼萨经办 阿拉德姆监办

续表

日期/文献	牲畜	杜杜里使节	乌尔的经办或监办
SS X ii 7 PDT 1, 0597	1 羊	杜杜里恩西胡里巴尔	带来
SS 1 iii 9 Syracuse 480	1 牛 6 羊	杜杜里恩西胡里巴尔	外事官南纳卡姆经办 阿拉德姆监办
SS 1 x 13 RSO 83, 346 20	4 羊	杜杜里恩西胡里巴尔 在加埃什	外事官纳拉姆伊什库尔经办 阿拉德姆监办
SS 2 ii 16 Princeton 2, 321	1 羊	杜杜里恩西胡里巴尔	外事官乌尔哈亚经办 阿拉德姆监办
SS 2 ii 24 HSS 68, 487	4 羊	杜杜里恩西胡里巴尔	外事官乌尔哈亚经办 阿拉德姆监办
SS 2 ii -- YOS 04, 071	1 羊	杜杜里恩西胡里巴尔	外事官乌尔哈亚经办 阿拉德姆监办
SS 2 viii 14 Fs Astour Ⅱ 375	1 羊	杜杜里恩西胡里巴尔	外事官哈尼经办 阿拉德姆监办
SS 3 i 19 CST 415	1 羊	杜杜里恩西胡里巴尔	外事官哈尼经办 外事官南纳卡姆监办
SS 3 i 25 PDT 1, 0487	4 羊	杜杜里恩西胡里巴尔	外事官哈尼经办 阿拉德姆监办
SS 3 ii 1 SACT 1, 173	4 羊	杜杜里恩西胡里巴尔	外事官哈尼经办 阿拉德姆监办
SS 3 v 8 SAT 3, 1401	4 羊	杜杜里恩西胡里巴尔	外事官辛卡希德经办 阿拉德姆监办
SS 3 v 17 PDT 2, 1152	4 羊	杜杜里恩西胡里巴尔	外事官辛卡希德经办 阿拉德姆监办
SS 3 v 28 Hermitage 3, 370	4 羊	杜杜里恩西胡里巴尔	外事官辛卡希德经办 阿拉德姆监办
SS 3 vi 12 BIN 03, 561	4 羊	杜杜里恩西胡里巴尔	外事官辛卡希德经办 阿拉德姆监办
SS 3 vi 16 PDT 2, 1238	1 羊	杜杜里人胡里巴尔	外事官辛卡希德经办 阿拉德姆监办
SS 3 vi 27 BIN 03, 562	4 羊	杜杜里恩西胡里巴尔	外事官辛卡希德经办 阿拉德姆监办

续表

日期/文献	牲畜	杜杜里使节	乌尔的经办或监办
SS 3 vii 22 JNES 12, 115, 2	4 羊	杜杜里恩西胡里巴尔	外事官南那伊吉恩（Nanna-igin）经办 外事官南纳卡姆监办
SS 3 vii 25 TRU 351	4 羊	杜杜里恩西胡里巴尔	外事官南那伊吉恩经办 外事官南纳卡姆监办
SS 3 viii 18 CST 423	1 羊	杜杜里恩西胡里巴尔	外事官南那伊吉恩经办 阿拉德姆监办

吉尔苏信使文献记载，啤酒、面粉、植物油被提供给杜杜里的埃兰人。[1] 据一篇温马信使文献记载，舒辛 5 年 12 月（文献 Nisaba 03/1, 065），杜杜里人阿布姆伊鲁姆接收 1 罐 3 班的普通麦芽啤酒、1 罐 1 班 5 希拉的优质麦芽啤酒、1 班优质"孜古"面粉、5 班粗面粉、1 希拉油、1 只食草绵羊、1 个容量 1 巴格利的篮子。

十 安珊

安珊（拼写形式为 An-ša-an^{ki}）一般认为位于今伊朗法尔斯省的马尔延遗址。[2] 据乌尔第三王朝年名记载，舒尔吉 30 年，舒尔吉的女儿嫁给安珊国王，两国缔结政治婚姻，可是到舒尔吉 34 年，安珊被乌尔摧毁，两国爆发战争。此后，两国的使节频繁出访，似乎安珊与乌尔王国之间保持和平关系。安珊与乌尔的战争应该发生在舒尔吉 33 年。舒尔吉 33 年 8 月（文献 MVN 15, 162），安珊人在乌尔接收 360 捆芦苇。据一篇普兹瑞什达干文献（AOAT 240, 80, 6）记载，舒尔吉 33 年 11 月，44 只羊是来自安珊的战利品。另据一篇吉尔苏文献（MVN 10, 149）记载，舒尔吉 34 年 8 月，30 个劳动力工作 1 天，运送来自安珊的军队，这里应该指的是参与安

---

[1] 文献 Nisaba 22, 103 (AS--xii); Nisaba 22, 003 (AS 5 vi); TCTI 2, 03403 (AS 9 xii 28)。
[2] D. I. Owen, *The Nesbit Tablets*, Nisaba 30, Winona Lake: Eisenbrauns, 2016, p. 67; J. Glassner, "L'abdication de Šulgi", in K. Kleber, G. Neumann and S. Paulus (eds.), *Grenzüberschreitungen Studien zur Kulturgeschichte des Alten Orients: Festschrift für Hans Neumann zum 65. Geburtstag am 9. Mai 2018*, Münster: Zaphon, 2018, p. 248; W. Sallaberger and I. Schrakamp, "Philological Data for a Historical Chronology of Mesopotamia in the 3rd Millennium", in W. Sallaberger and I. Schrakamp (eds.), *ARCANE Ⅲ: History & Philology*, Turnhout: Brepols, 2015, p. 51.

珊战争的乌尔军队。乌尔镇压安珊的战争取得了胜利，此后安珊与乌尔保持和平关系，而且维持着政治联姻。据一篇吉尔苏信使文献记载（BCT 2, 166），在舒尔吉44年，国王（舒尔吉）的女儿当去安珊时，接收5希拉油、1巴里格奶油，这些很可能是舒尔吉的女儿回到乌尔探亲，在回安珊时获赠的礼物。此外，据一篇吉尔苏信使文献（TÉL 046a）记载，在舒辛某年1月，国王的女儿接收1巴里格酥油，1巴里格奶油，1巴里格4希拉植物油、15个盛放乳制品的罐子，20个白苹果，7塔兰特葱，7塔兰特蒜，当她去安珊时。

目前，共有345篇乌尔第三王朝文献记载安珊，其中有319篇文献（占92.5%）的年份缺失或破损。包括327篇吉尔苏信使文献（大多数没有年名，只有10篇有年名），6篇普兹瑞什达干文献，11篇温马信使文献，以及1篇乌尔文献。已知年份的文献的时间从舒尔吉33年至伊比辛1年。[①]

信使文献主要记载了安珊使节在出访乌尔时，接收啤酒、面粉、植物油等各类配给。[②] 但是，温马的信使文献一般记载的是具体的安珊人或行使，而不是安珊的埃兰人接收配给。例如，在舒辛4年（文献 UCP 09-02-1, 077），安珊人接收1个（盛放泥土和砖的芦苇制）篮子（^{gi}dupsik）。舒辛4年8月17日（文献 Nisaba 01, 177），安珊人奈拉克（NE-lak）接收啤酒、面粉和油。舒辛4年11月29日（文献 MVN 21, 380），安珊的行使接收啤酒、面粉和油。舒辛5年6月（文献 UTI 4, 2889），安珊人接收啤酒、面粉、粗面粉、绵羊和油。在伊比辛1年12月（UTI 5, 3472），安珊和扎布沙里的使节接收4巴里格王室麦芽啤酒、4巴里格面粉、4只绵羊、4希拉油，从温马恩西支出，王室信使马提里（Matili）加印。

普兹瑞什达干文献记载的是安珊向乌尔进贡。舒尔吉44年10月13日（文献 OIP 115, 171），安珊人胡恩达希舍尔（Hun-dahisher）进贡2只公

---

① 注意，还有1篇乌尔文献（UET 3, 1290）的时间是伊比辛15年。
② 配给安珊的埃兰人，见文献 Nisaba 22, 071 (SH 48 xii); Nisaba 22, 103 (AS X xii); Quaderno 05, 278 (AS 3); MCS 5, 32 AOTc 317 (AS 7 vii); SA 123 (AS 7 ix); Nisaba 03/1, 086 (AS 7 xi 23); TÉL 046 (SS 8 xii); MVN 16, 0793 (IS 1 vii 温马); 关于配给乌尔使节出访安珊，见文献 CTPSM 1, 134 (AS 5 vii); Nisaba 03/2, 51 (AS 8 x 1, Arad$_2$-mu An-ša-an^{ki}-ta gen-na);

"古古尔"动物。①

普兹瑞什达干文献还记载了安珊使节出访乌尔，接收赠礼。例如，阿马尔辛 8 年 1 月 18 日（文献 BIN 03, 477），5 只羊给安珊人达亚孜（Dayazi）的使节吉里（Girri），外事官乌尔沙鲁金经办，外事官伊鲁姆丹监办。在舒辛 2 年 11 月 24 日（文献 Babyloniaca 08, pl. 07, Pupil 30）和 12 月 14 日（文献 Fs Astour II 375），安珊人达亚孜特（Dayazite）的使节希拉提尔（Shilatir）各接收 1 只羊，经办人为巴扎扎，阿拉德姆总监，阿胡威尔支出。

十一 马尔哈西

马尔哈西（拼写形式为 Mar$^{(ar)}$-ha-ši^{ki}）的具体位置不详，在学术界存在争议。一般认为马尔哈西位于今伊朗克尔曼省的吉罗夫特遗址，属于所谓的奥克苏斯文明。② 马尔哈西距离乌尔第三王朝首都乌尔的直线距离大

---

① 原文：2（aš）gu$_2$-gur$_5$ nita$_2$。注意，本文献还记载了从舒阿达德带来的 14 只老的动物"古古尔"；来自西马什基人雅布拉特的 13 只动物："古古尔"。"古古尔"这种动物在乌尔第三王朝文献中出现十分稀少。关于这种动物，见其他文献 RA 063, 102；OIP 115, 171；参见 D. Calvot, "Deux Documents Inédits de ṣelluš-Dagan", *Revue d'Assyriologie et d'Archéologie Orientale*, Vol. 63 (1969), p. 110; M. Hilgert, *Cuneiform Texts from the Ur III Period in the Oriental Institute Volume 1: Drehem Administrative Documents from the Reign of Šulgi*, OIP 115, Chicago：The Oriental Institute of the University of Chicago, 1998, p. 14; W. Heimpel, "Review: Cuneiform Texts from the Ur III Period in the Oriental Institute, Vol. 1: Drehem Administrative Documents from the Reign of Šulgi by Markus Hilgert", *Journal of the American Oriental Society*, Vol. 119, No. 3 (1999), pp. 522-524.

② P. Steinkeller, "The Question of Marhaši: A Contribution to the Historical Geography of Iran in the Third Millennium B. C. ", *Zeitschrift für Assyriologie und Vorderasiatische Archäologie*, Vol. 72 (1982), pp. 237-265; P. Steinkeller, "New Light on Marhaši and Its Contacts with Makkan and Babylonia", *Journal of Magan Studies*, Vol. 1 (2006), pp. 1-17; D. Potts, "Puzur-Inšušinak and the Oxus Civilization (BMAC): Reflections on Šimaški and the geo-political landscape of Iran and Central Asia in the Ur III period", *Zeitschrift für Assyriologie und Vorderasiatische Archäologie*, Vol. 98 (2008), pp. 165-194; H. Francfort and X. Tremblay, "Marhaši et la Civilisation de l'Oxus", *Iranica Antiqua*, Vol. 45 (2010), pp. 51-224; P. Steinkeller, "New Light on Marhaši and Its Contacts with Makkan and Babylonia", in J. Giraud and G. Gernez (eds.), *Aux marges de l'archéologie. Hommage à Serge Cleuziou*, Paris: De Boccard, 2012, pp. 261-274; P. Steinkeller, "Marhaši and Beyond: The Jiroft Civilization in a Historical Perspective", in C. C. Lamberg-Karlovsky and B. Genito (eds.), *"My Life Is Like a Summer Rose": Marizio Tosi e l'Archaeologia Come Mode di Vivere, Papers in Honour of Maurizio Tosi for his 70th Birthday*, Oxford: Oxford University Press, 2014, pp. 691-707; W. Sallaberger and I. Schrakamp, "Philological Data for a Historical Chronology of Mesopotamia in the 3rd Millennium", in W. Sallaberger and I. Schrakamp (eds.), *ARCANE III: History & Philology*, Turnhout: Brepols, 2015, p. 51; J. Glassner, "L'abdication de Šulgi", in K. Kleber, G. Neumann and S. Paulus (eds.), *Grenzüberschreitungen Studien zur Kulturgeschichte des Alten Orients: Festschrift für Hans Neumann zum 65. Geburtstag am 9. Mai 2018*, Münster: Zaphon, 2018, p. 248.

约为 1500 公里,虽然相隔遥远,但是在乌尔第三王朝文献中记载了马尔哈西使节频繁出访乌尔。

乌尔第三王朝文献关于马尔哈西的记载,主要包括普兹瑞什达干的经济文献,吉尔苏和温马的信使文献(大多数没有年名),以及少量的伊利萨格里格文献和乌尔文献。在时间上,从舒尔吉 46 年至伊比辛 3 年。

据伊利萨格里格文献记载,在舒尔吉 46 年(文献 Nisaba 15,0892),马尔哈西人乌图基提(Utu-kiti)(接收)土地(gan_2)。

在普兹瑞什达干文献中,记载的都是马尔哈西使节出访乌尔,接收牲畜作为赠礼。而没有关于马尔哈西向乌尔进贡牲畜的记载。

表 3-19　　　　出访乌尔第三王朝的马尔哈西使节统计

日期/文献	牲畜	马尔哈西使节	乌尔经办或监办
SH 46 viii 6 RA 008, 183 01	2 牛 19 羊	送入厨房 给萨拉、舒鲁什金、马尔哈西人和希希尔人的使节	舒尔吉卡拉马美特比(Shulgi-kalama-metebi)监办
SH 46 ix 4 JCS 31, 035 BMC 2	5 羊	马尔哈西人	阿拉德姆监办
SH 46 ix 18 BIN 03, 012	5 羊	送入厨房 提供给马尔哈西人哈西普阿塔尔和吉赛尔(Kisher)的母亲	阿拉德姆监办
AS X v 29 MVN 15, 194	1 羊 1 羊	马尔哈西人阿尔韦卢格比(Arwilugbi)的使节 马尔哈西人阿尔韦卢格比的儿子的使节	外事官卢伽尔伊尼姆基纳经办 外事官卢伽尔马古莱监办
AS X vi 21 ASJ 19, 204 13	1 羊 1 羊	马尔哈西人阿尔韦卢格比的使节 马尔哈西人阿尔韦卢格比的儿子的使节	在乌鲁克,到农村 行使卢伽尔伊尼姆基纳经办 阿拉德姆监办
AS 1 v 28 JCS 57, 028 07	1 羊 1 羊	马尔哈西人阿尔韦卢格比的儿子的使节 马尔哈西人阿尔韦卢格比的使节	到农村 外事官卢伽尔伊尼姆基纳经办 外事官卢伽尔马莱监办
AS 1 vi 8 PDT 1, 0401	24 牛	马尔哈西人	

第三章　外国使节来访

续表

日期/文献	牲畜	马尔哈西使节	乌尔经办或监办
AS 1 vi 8 RSO 83, 344 09	1 羊 1 羊	马尔哈西人阿尔韦卢格比的使节 马尔哈西人阿尔韦卢格比的儿子的使节	到农村 外事官卢伽尔伊尼姆基纳经办 外事官卢伽尔马古莱监办
AS 1 viii 17 CST 235	2 牛	马尔哈西人阿尔韦卢格比的儿子的使节 当他去马尔哈西	某某经办 阿拉德姆监办
AS 1 viii 17 MVN 01, 124	1 羊 1 羊	马尔哈西人阿尔韦卢格比的使节 马尔哈西人阿尔韦卢格比的儿子的使节	阿拉德姆监办 在吐玛尔
AS 2 v NYPL 345	36 羊	马尔哈西人的财产	
AS 3 vi 3 OrSP 47-49, 024 复件 TRU 318	2 牛	从马尔哈西来的人巴里阿舒姆（Bariashum）	
AS 3 xii 28 CST 286	1 羊	从马尔哈西来的使节阿穆尔伊鲁姆	外事官纳姆哈尼监办 外事官舒达达（Shu-Dada）经办
AS 4 i 6 TCL 02, 5508	1 牛 5 羊	马尔哈西恩西里巴努克沙巴什（Libanukshabash）的使节阿穆尔伊鲁姆	(外事官) 卢伽尔伊尼姆基纳经办 阿拉德姆监办
AS 4 i 14 MVN 03, 228	1 羊	马尔哈西恩西里巴努克沙巴什的使节阿穆尔伊鲁姆	外事官卢伽尔伊尼姆基纳监办 在乌尔
AS 4 i 23 OIP 121, 020	1 羊	马尔哈西恩西里巴努克沙巴什的使节阿穆尔伊鲁姆	外事官卢伽尔伊尼姆基纳经办 阿拉德姆监办 在乌鲁克
AS 4 i 27 SAT 2, 0806	1 羊	马尔哈西恩西里巴努克沙巴什的使节阿穆尔伊鲁姆	外事官卢伽尔伊尼姆基纳经办 阿拉德姆监办
AS 4 ii 25 AUCT 2, 278	1 牛 10 羊	马尔哈西恩西里巴努克沙巴什的使节阿穆尔伊鲁姆	外事官卢伽尔伊尼姆基纳经办 外事官纳姆哈尼监办

续表

日期/文献	牲畜	马尔哈西使节	乌尔经办或监办
AS 4 iii 16 CDLJ 2012/1 §4.35	1 羊	马尔哈西恩西里巴努克沙巴什的使节阿穆尔伊鲁姆	外事官卢达姆经办 阿拉德姆监办
AS 4 iii 22 TLB 03, 025	1 羊	马尔哈西恩西里巴努克沙巴什的使节阿穆尔伊鲁姆	外事官胡兹里经办 阿拉德姆监办
AS 4 v 6 AnOr 07, 099	1 羊	马尔哈西恩西里巴努克沙巴什的使节阿穆尔伊鲁姆	外事官胡兹里经办 阿拉德姆监办
AS 4 v 9 MVN 05, 111	1 羊	马尔哈西恩西里巴努克沙巴什的使节阿穆尔伊鲁姆	布沙姆经办 阿拉德姆监办
AS 4 v 15 BCT 1, 090	1 羊	马尔哈西恩西里巴努克沙巴什的使节阿穆尔伊鲁姆	外事官卢达姆经办 阿拉德姆监办
AS 5 i X Trouvaille 27	1 牛 10 羊	马尔哈西恩西里巴努克沙巴什的使节里巴纳什古比	外事官乌尔沙鲁金经办
AS 5 v 9 PDT 2, 1171	1 羊	马尔哈西恩西里巴努克沙巴什的使节里巴纳什古比	外事官哈尼经办 阿拉德姆监办
AS 5 vii 5 MVN 05, 113	1 羊	马尔哈西恩西里巴努克沙巴什的使节里巴纳什古比	外事官乌尔沙鲁金经办
AS 5 viii 3 ZA 080, 028	1 羊	马尔哈西恩西里巴努克沙巴什的使节里巴纳什古比	外事官卢达姆经办 阿拉德姆监办
AS 5 viii 11 PDT 1, 0126	1 牛 10 羊	马尔哈西人里巴努克沙巴什的使节里巴纳什古比	外事官乌尔沙鲁金监办
AS 5 viii 12 MVN 15, 199	1 羊	马尔哈西恩西里巴努克沙巴什的使节里巴纳什古比	阿拉德姆监办 在吐玛尔
AS 5 viii 24 MVN 01, 142	1 牛 10 羊	马尔哈西人里巴努克沙巴什的使节里巴纳什古比	外事官卢恩基经办 阿拉德姆监办
AS 5 ix 1 MVN 11, 154	10 羊	马尔哈西恩西里巴努克沙巴什的使节里巴纳什古比	阿拉德姆监办
AS 5 ix 24 Nik 2, 484	60 羊	马尔哈西的卫兵	督办阿布尼（Abuni） 伊鲁姆丹监办
AS 5 xi 13 Hermitage 3, 297	1 羊	马尔哈西恩西里巴努克沙巴什的使节里巴纳什古比	外事官乌尔沙鲁金经办 阿拉德姆监办
AS 6 ii 16 Ontario 1, 048	1 羊	马尔哈西恩西里巴努克沙巴什的使节里巴纳什古比	外事官舒舒尔吉经办 外事官纳姆哈尼监办

第三章　外国使节来访

续表

日期/文献	牲畜	马尔哈西使节	乌尔经办或监办
AS 6 ii 23 StLouis 137	1羊	马尔哈西恩西里巴努克沙巴什的使节里巴纳什古比	外事官舒舒尔吉经办 外事官纳姆哈尼监办
AS 6 ii 24 CST 466	1羊	马尔哈西恩西里巴努克沙巴什的使节里巴纳什古比	外事官舒舒尔吉经办 外事官纳姆哈尼监办
AS 6 iv 1 CST 468	1羊	马尔哈西恩西里巴努克沙巴什的使节里巴纳什古比	外事官舒舒尔吉经办 阿拉德姆监办
AS 6 iv 5 MVN 13, 635	1羊	马尔哈西恩西里巴努克沙巴什的使节里巴纳什古比	外事官舒舒尔吉经办 阿拉德姆监办
AS 6 iv 6 TRU 344	1羊	马尔哈西恩西里巴努克沙巴什的使节里巴纳什古比	外事官舒舒尔吉经办 阿拉德姆监办
AS 6 iv 9 JCS 07, 104 Smith College 473	1羊	马尔哈西恩西里巴努克沙巴什的使节里巴纳什古比	外事官舒舒尔吉经办 外事官伊鲁姆丹监办
AS 6 iv 23 Hirose 231	1羊	马尔哈西恩西里巴努克沙巴什的使节里巴纳什古比	外事官卢达姆经办 阿拉德姆监办
AS 6 iv 26 MVN 11, 146	1羊	马尔哈西恩西里巴努克沙巴什的使节里巴纳什古比	外事官卢达姆经办 阿拉德姆监办
AS 6 v X	1羊	马尔哈西恩西里巴努克沙巴什的使节里巴纳什古比	外事官舒舒尔吉经办 阿拉德姆监办
AS 6 vii 1 BPOA 07, 2202	[1]羊	马尔哈西恩西里巴努克沙巴什的使节里巴纳什古比	外事官乌尔沙鲁金经办 外事官伊鲁姆丹监办 在乌尔
AS 6 viii 2 MVN 13, 539	1羊	马尔哈西恩西里巴努克沙巴什的使节里巴纳什古比	（破损）经办
AS 6 viii 5 SA 026	1羊	马尔哈西恩西里巴努克沙巴什的使节里巴纳什古比	外事官卢达姆经办 外事官伊鲁姆丹监办
AS 8 i X MVN 13, 636	1羊	马尔哈西恩西马尔胡尼	（破损）经办 在尼普尔
AS 8 v 26 SAT 2, 1067 复件 SAT 2, 1116	2牛	（厨房）马尔哈西人	
SS 1 xi 3 Hermitage 3, 361	2羊	马尔哈西人比尔苏赫（Bilsuh）参加哀悼仪式（nam-gala）	阿拉德姆监办

续表

日期/文献	牲畜	马尔哈西使节	乌尔经办或监办
SS 2 iv AUCT 1, 069	95 羊	送入厨房，给马尔哈西人在纳卡布图姆	阿亚丁吉尔（Aya-dingir）经办
SS 3 x 1 AUCT 2, 154	1 羊	马尔哈西人的使节巴纳纳	卡拉姆（Kallamu）经办 阿拉德姆监办 在乌尔
SS 5 iii 29 CST 436	29 羊	马尔哈西人巴纳纳的供应	
SS 6 X X SA 085	啤酒，面粉，芦苇，木材；劳动力，啤酒，面粉	马尔哈西人巴纳纳 马尔哈西人的翻译官兼使节	
SS 6 X 20 Amorites 22	劳动力，啤酒，面粉	马尔哈西翻译官兼使节	
SS 6 i 30 CTNMC 07	30 羊	马尔哈西恩西的使节巴纳纳	
SS 7 v 26 SET 078	2 牛	送入厨房，给马尔哈西人	
SS 9 v 25 SAT 3, 1878	114 羊	马尔哈西人的财产	
IS 1 iii 25 JCS 10, 028 05	5 羊	马尔哈西人巴纳纳 当他到乌鲁克，被装上船	阿拉德姆监办 在普兹瑞什达干

注意，据一篇文献（MVN 13, 695）记载，阿马尔辛某年 5 月 27 日，羊被支出诸多埃兰人（elam-me），为了马尔哈西人的节日（ezem lu$_2$ Marha-ši^{ki}-ke$_4$-ne），由阿布尼、塞什卡拉和杜克拉负责督办。

马尔哈西人接收的牲畜以小型牲畜羊为主，但是也接收大型牲畜牛。例如，据文献（AnOr 07, 019）记载，在阿马尔辛 1 年 6 月，124 头牛被马尔哈西人接收，由普兹瑞什达干牲畜中心的两位官员负责支付，其中 28 头牛来自阿胡尼；26 头牛来自卢丁吉尔拉；从中心主管阿巴萨伽，恩利拉负责转运。

此外，信使文献中也有马尔哈西人的记载。据吉尔苏信使文献记载，啤酒和面包被支付给从乌尔到马尔哈西的埃兰人（文献 BPOA 01, 0309）。

另外，啤酒、面包和油被支付给马尔哈西人西姆（Simu）。① 温马文献记载了马尔哈西负责经办劳动力工作以及接收大麦等事务。在阿马尔辛 5 年，劳动力工作 4 天，由王室委派任务，哈卜鲁沙（Habrusha）和马尔哈西人是经办人（文献 BPOA 01，0380；MVN 21，061）。舒辛 3 年（文献 PDT 2，1372），50 捆芦苇属于温马缴纳的巴拉税（$ša_3$ bala-a），通过交易换成大麦，支付给马尔哈西人。② 据一篇乌尔文献（UET 9，0204）记载，伊比辛 3 年 8 月，有 1 件"古扎杜塔"衣服（tug_2 guz-za du-ta）作为赠给马尔哈西人的礼物（nig_2-ba lu_2 Mar-ha-$ši^{ki}$-ke_4-ne），1 件第三级别"尼格拉姆"衣服（tug_2 nig_2-lam_2 3-kam-us_2）赠给马尔哈西人的使节拉齐普，在宁玛尔神庙，经办人为外事官南纳卡姆。

十二　马干

马干（拼写形式为 Ma_2-gan^{ki}）位于波斯湾沿岸（今阿曼）。③ 据文献记载和考古证据，马干与两河流域有着贸易往来。④ 舒尔吉很可能在其统治时期试图征服过马干。据吉尔苏文献记载，在舒尔吉 34 年 8 月（文献 MVN 10，149），70 个劳动力工作一天，用来（拖船）运送（乌尔）军队到马干（$ugnim_x^{ki}$ Ma_2-gan^{ki}-$še_3$ bala-a）。在舒尔吉 35 年 2 月（文献 TLB 03，145），有若干物资被送入宁玛尔神庙，运送给到马干的军队（e_2^dNin-mar^{ki}-$še_3$ $erin_2$ Ma_2-gan^{ki}-$še_3$ bala-a）。另有两篇普兹瑞什达干文献记载，舒辛时期，来自（马尔哈西人）阿穆尔伊鲁姆的马干芦苇床（$^{giš}na_2$ gi Ma_2-gan^{ki}），其床腿部由橡木制成（umbin gu_4-bi ^{giš}ha-lu-ub_2），镶嵌黄金，其脚部镶嵌白银赠送给国王，卢伽尔库朱（Lugal-kuzu）在普兹瑞什达干接收（文献 PDT 1，0543；PDT 1，0628）。还有一篇普兹瑞什达干文献记载了 1 个来自马干的王座（^{giš}gu-za Ma_2-gan^{ki}）。

在乌尔第三王朝，马干使节出访乌尔的次数稀少。只有一篇文献记载，阿马尔辛 4 年 7 月 1 日（文献 CTMMA 1，017），1 头牛、5 只羊赠给

---

① 文献 HSS 04，087（SH 48 xii，Si-im-mu lu_2 Ba！(IGI)-ra-ah-$ši^{ki}$）；Nisaba 22，075（AS 1 vi，Si-mu lu_2 Ba！-ra-ah:$ši^{ki}$）；SAT 3，1726（SS 6 xii）。
② 类似文献见 UTI 4，2389（SS 5 vi 3）；UTI 6，3676（SS 5 vi 7）；MVN 14，0341（SS 5 vi 15）。
③ D. I. Owen，*The Nesbit Tablets*，Nisaba 30，Winona Lake：Eisenbrauns，2016，p. 24.
④ 关于乌尔第三王朝与马干的对外贸易，详见本书第六章。

马干的恩西纳杜贝利（Nadubeli）的使节韦杜姆（Wedum）。该文献还记载了其他若干外国使节，他们受邀参加新年庆典仪式（a₂-ki-ti šu-numun）。由于文献中马干的统治者被称为"恩西"，很可能表明马干在阿马尔辛时期名义上属于乌尔第三王朝的附属国。

外国使节来访，是乌尔第三王朝外交活动的重要组成部分。来访乌尔的外交使节主要来自三个方向：一是西北方13个国家和地区，包括底格里斯河以西，直到地中海东岸之间的区域，二是东北方36个国家和地区，包括底格里斯河以东，德尔以北，直到扎格罗斯山脉的区域，三是东南方12个国家和地区，包括底格里斯河以东，德尔以南，直到波斯湾沿岸的区域。外国使节来访乌尔第三王朝，主要集中于从舒尔吉统治最后几年至舒辛统治的前几年这一段时期内，以阿马尔辛统治时期为最盛。来访的国家中，西北方向以埃卜拉、乌尔舒和马里为最频繁，而穆基什（阿马尔辛9年）、古布拉（阿马尔辛4年）、阿巴尔尼乌姆（阿马尔辛6年）、塔尔哈特（舒辛2年）等国家只有一年出访过乌尔王国。东北方向以北部西马努姆、哈马孜，中部的胡尔提、基马什和哈尔西以及西马什基为主。东南方向以杜杜里和马尔哈西为主。

来访的外国使节中既有外国统治者委派的信使，也有亲自来访的外国统治者及其家庭成员。外国使节有时是组团来访，尤其是位置相近的外交国之间，例如马里、乌尔舒与埃卜拉这三个西北方国家一起受邀出访乌尔王国。外国使节来到乌尔王国之后，暂住于"埃杜鲁"或者"阿沙"客栈，由普兹瑞什达干机构负责支出给他们牲畜等日常消费品。在出访期间，外国使节不仅访问首都乌尔，而且还会去乌尔王国其他行省或城市访问，比如尼普尔、乌鲁克、埃利都等。外国使节来访的一个主要目的是作为受邀请的外宾，参加乌尔的新王登基大典，或者参加在巴比伦尼亚举行的重大节日庆典活动。

此外，乌尔第三王朝设置完备的外交管理与服务机构，由大执政官统一领导，下设不同的外事部门，主要由外事官负责管理。外事官负责经办外交国使节来访事务，主要集中于从舒尔吉47年至舒辛3年这段时间，这也是乌尔第三王朝的外交盛世，在舒辛2—3年，来访乌尔的主要是来自杜杜里和西马什基的使节，自舒辛4年之后，来访乌尔王国的外国使节渐渐减少，并且直接由大执政官监办，基本上不再通过外事官经办。值得

第三章　外国使节来访

注意的是，每个外事官有具体负责的外交国事务，例如在舒尔吉 47 年至阿马尔辛 4 年期间，主要是由外事官卢伽尔伊尼姆基纳经办外国使节来访，在阿马尔辛统治时期，由于来自各方向的外国使节数量众多，且往返频繁，乌尔王国的外交机构内分工更加明细，每位外事官都有各自负责的一个外交国或几个外交国，比如外事官乌尔沙鲁金、舒舒尔吉主要负责马尔哈西来访使节，纳比辛主要负责埃卜拉来访使节，西格特里主要负责马里来访使节，拉布胡提主要负责哈尔西来访使节，在舒辛统治时期，哈尼主要负责西穆鲁姆来访使节，舒伊什塔尔主要负责西马努姆来访使节，乌尔哈亚主要负责杜杜里来访使节，等等。乌尔第三王朝的外交人员除了负责管理外交国来访的使节之外，也作为使节出访不同的外交国。

第四章　乌尔使节出访

除了外国使节来访乌尔王国之外，文献中记载了大量的乌尔第三王朝的使节出访外国，记载这些外交活动的文献被称为"信使文件"（Messenger Text），主要来自吉尔苏、温马、伊利萨格里格三个行省。① 出访外国的乌尔使节的身份，既包括信使、行使、骑使（船使）等外交人员，也包括士兵、军尉随从、将军等军事人员。出访的主要国家位于乌尔第三王朝的东北部和东南部两个方向。

第一节　文献来源

信使文件（英语：Messenger text，德语：Botentexte）是乌尔第三王朝行政文献中体系最大的一类文献之一，记载的是通过行省的驿站（e_2-kas_4）体系，根据一定规律列举出若干的配给品，为诸多不同职业背景的人员（大多数是信使的身份）提供食物供应，支出给他们消费。目前已经发现的信使文件大约有数千篇，基本上来自两河流域南部的三个遗址：吉尔苏、温马和伊利萨格里格。据 BDTNS 数据库统计，共有信使文件 7053 篇，其中吉尔苏 3207 篇（舒尔吉 28 年至伊比辛 3 年），② 伊利萨格里格 643 篇（阿马尔辛 7 年至伊比辛 3 年），③ 温马 2798 篇（舒尔吉 47 年至伊

---

① 可能埃什努那也有信使文件，参见 D. Patterson, "Elements of the Neo-Sumerian Military", PhD dissertation, University of Pennsylvania, 2018, p.390。
② 文献 MVN 7 73（SH 28）；BPOA 1 126（IS 3）.
③ 文献 CUSAS 40 484（AS 7）；UCTIS 45（IS 3）.

比辛 5 年）。①

关于"信使文件"的准确定义存在争议。这一术语是对这一文献类型的传统命名，许多学者认为，这一命名具有误导性，更为合适的命名应该是"口粮配给品发放账目"（ration distribution accounts）或者"差使（任务）记录"（errand records）。② 但是也有学者坚持使用这一传统的命名。有的学者指出，使用术语"信使"来标记吉尔苏的这一同类经济文献是不成功的，因为它没有准确描述这些泥板的真正特性和内容。③ "信使"一词用于指这些文献，主要是基于两点考虑：首先，吉尔苏文献记载了较少数量的各类食品和饮品给大量的国家工作人员，他们的头衔是外事官（sukkal）、骑使（ra-gaba）、行使（lu$_2$-kas$_4$），这些头衔一般被认为是"信使"（messenger 或 courier）。这些有头衔的人员和无头衔的人员是在去往外国或从外国回来的途中，接收固定数量的配给品。有的学者称这些活动为"使命"或任务（mission）。④ 但是可惜的是，没有文献记载他们从一人或一地到另外一人或一地传递信息，所以理论上说这不符合"信使"（传递信息）本身的功能。其次，外事官、骑使、行使等外事人员的活动复杂多样，以至于不能简单地将其翻译为"信使"。最后，许多其他职业人员（头衔），如"携带武器之人"（lu$_2$-^{giš}tukul）、卫兵（aga$_3$-us$_2$）、阿摩利人（mar-tu）、监办（maškim）等不能简单理解为"信使"。吉尔苏的信使文件记录的是供给品或配给品支付给国家的官员和雇员，当他们在首都、拉伽什-吉尔苏行省（中转站或驿站）以及国家外部之间旅途时。麦克尼尔认为，可以将"信使"限定为"一个去办差事的人"。这些信使文件的意

---

① 文献 Nisaba 1 114（SH 47）；CUSAS 40 1136（IS 5，只有一篇，次晚的是伊比辛 2 年 Nisaba 27 26）。参见网址，http：//bdtns. filol. csic. es/，检索日期：2024 年 10 月 1 日。还有 405 篇文献地点不详或者其他出土地。

② R. C. McNeil, "The 'Messenger Texts' of the Third Ur Dynasty", PhD dissertation, University of Pennsylvania, 1971, pp. 23-29；D. I. Owen, *Cuneiform Texts Primarily from Iri-Saĝrig / Āl-Šarrākī and the History of the Ur Ⅲ Period*, Volume I：Commentary and Indexes, Nisaba 15/1, Bethesda：CDL Press, 2013, p. 128.

③ R. C. McNeil, "The 'Messenger Texts' of the Third Ur Dynasty", PhD dissertation, University of Pennsylvania, 1971, p. 23.

④ T. Fish, "Towards a Study of Lagash 'Mission' or 'Messenger' Texts", *Manchester Cuneiform Studies*, Vol. 4, No. 4（1954）, pp. 81-88.

思不是描述从一人或一地到另外一人或一地进行传递信息的人。[1] 施耐德使用德语单词 Botenlohnurkunden（差事酬金文件）来标记温马的信使文件，出于两个原因：首先，在温马的王室仓库支出的食物（供给品）的数量和种类表面上类似于吉尔苏"差事"（errand）文件中记录的配给品。其次，温马文献中记载了外事官（sukkal）和"行使"（lu$_2$-kas$_4$）。[2] 温马文献和吉尔苏文献的不同之处是：第一，泥板的物理特征不难区分；第二，吉尔苏文献记载大量的头衔，而温马文献只有外事官（sukkal）、监办（maškim）、行使（lu$_2$-kas$_4$）几个头衔；第三，很多吉尔苏文献记载了国家官员或雇员往返于许多地方，以及具体的差事，但是温马文献很少提到这些。

综上所述，信使文件记载的是使节通过行省的驿站（e$_2$-kas$_4$）来接收必需的供给品。术语 e$_2$-kas$_4$ 的字面意思为"行使之房"，记载于吉尔苏和温马文献中。在温马行省，驿站位于行省中心温马城市，以及安扎伽尔-伊德-吉尔苏（Anzagar-id-Girsu）、阿皮萨尔、帕西美"对岸"（gaba）。[3] 吉尔苏行省的驿站位于行省中心城市吉尔苏，以及卡拉姆萨伽（Kalamsaga）、基马达萨拉（Kimadasala）、基努尼尔、拉伽什、尼那、古阿巴、胡里姆（Hurim）。[4] 伊利萨格里格文献中记载驿站的术语不是 e$_2$-kas$_4$，而是 e$_2$-kaskal（客栈，直译为"途中的房屋"）或 e$_2$-kaskal lugal（王室客栈）。在伊利萨格里格文献中，一般都是记录为王室客栈，表明其与王室之间的密切关系。注意，在普兹瑞什达干文献中也有 e$_2$-kaskal 的记载，所以应该也存在客栈。

在内容上，信使文件的组成部分一般包括：配给品、使节（接收者）、

---

[1] R. C. McNeil, "The 'Messenger Texts' of the Third Ur Dynasty", PhD dissertation, University of Pennsylvania, 1971, p. 28.

[2] N. Schneider, *Die Drehem-und Djoha-Urkunden: Der Strassburger Universitäts und Landesbibliothek in Autographie und mit Systematischen Wörterverzeichnissen*, AnOr 1, Roma: Pontificio Istituto Biblico, 1931, p. 16; I. J. Gelb, "The Ancient Mesopotamian Ration System", *Journal of Near Eastern Studies*, Vol. 24, No. 3 (1965), p. 230.

[3] D. Patterson, "Elements of the Neo-Sumerian Military", PhD dissertation, University of Pennsylvania, 2018, p. 391.

[4] 参见李智《苏美尔人驿站系统的形成及其作用》，《世界历史》2021 年第 1 期；Z. Li, "Support for Messengers: Road Stations in the Ur III Period", PhD dissertation, Ludwig-Maximilians-Universität, 2021。

第四章　乌尔使节出访

任务、其他信息（年名、月名、日名等）。需要注意的是，信使文件是一类支出文献，使用术语 zi-ga（扣除、支出）表示支出啤酒、粮食、油等给带有外交任务的人员，在吉尔苏文献中最多的是信使官（sukkal，外事行政官员，级别高于一般的信使 lu₂-kin-gi₄-a），信使活动的总负责人是大执政官（sukkal-mah，意为"大外事官"或音译为"苏卡尔马赫"），这一官职是国家的最高世俗官员，负责管理国家的行政和外交事务，与最高宗教官员大祭司官（zabar-dab₅，直译为"手握青铜［的人］"）相对应。[①]吉尔苏的恩西（总督）阿拉德南那，兼任乌尔第三王朝的大执政官，这体现了吉尔苏行省在乌尔王国中的特殊地位。

信使文件列举了大量的配给品接收人员的头衔（或职业），出现频率最多的是"信使"（或使节，messengers）一类，包括外事官（sukkal）、行使（lu₂-kas₄）、信使（lu₂-kin-gi₄-a）、骑使（ra₂-gaba，有学者认为非骑马出使，而是乘船出使，或为乘使）。他们在不同的信使文件中出现的频率是不同的，统计如下：

表 4-1　　　　信使文件中记载配给品接收人员头衔统计

行省	外事官（sukkal）	行使（lu₂-kas₄）	信使（lu₂-kin-gi₄-a）	骑使（ra₂-gaba）
温马	71%	21%	7%	1%
吉尔苏	65%	30%	1%	4%
伊利萨格里格	6%	0%	91%	3%

除了信使类人员之外，在其余头衔的人员中，吉尔苏文献次多的是军事类人员，如士兵或"携带武器之人"（lu₂-ᵍᶦˢtukul）、士兵长（lu₂-ᵍᶦˢtukul gu-la）、卫兵（aga₃-us₂）、卫兵长（aga₃-us₂ gal）、副军尉或"军尉之子"（dumu nu-banda₃）；而在温马文献中出现次多的是宪兵（KA-us₂-sa）。

每个行省的信使文件记录的内容和格式具有特殊性。在日期格式记录方面，温马和伊利萨格里格文献一般记录有配给品被支出的日期、月份、年份。温马信使文件记载的时间是从舒尔吉 47 年到伊比辛 2 年，但是奇

[①] W. Sallaberger and A. Westenholz, *Mesopotamien：Akkade-Zeit und Ur Ⅲ-Zeit*, OBO 160/3, Freiburg, Schweiz：Universitätsverlag / Göttingen：Vandenhoeck und Ruprecht, 1999, pp. 186-188.

怪的是在阿马尔辛 9 年和舒辛 1 年几乎没有文献记载。伊利萨格里格信使文件的时间要晚得多，从阿马尔辛 7 年至伊比辛 3 年。然而，吉尔苏文献大多只记录有月份，部分记载日期，很少记载年份（即年名），这对于我们从年代学上复原吉尔苏信使文件造成了很大的困难。① 在有年份的吉尔苏信使文件中，时间是从舒尔吉 31 年到伊比辛 3 年，大多数处于阿马尔辛 8 年至舒辛 1 年之间。② 除了日期的区分之外，每个档案还有其他的特殊性。

关于信使文件的记录频率与时限，琼斯等学者认为每天只可能有一篇信使文件，③ 但是麦克尼尔认为这是错误的，而是一天可以记录 2—3 篇不同的文献，记载不同种类的配给品支付给同一批人员，④ 这一现象后来被诺蒂兹亚称之为"互补文献"⑤。温马和吉尔苏信使文件的一个重要区分是日期格式，温马文献一般都有月份和年份，除了 F 组文献之外；⑥ 而吉尔苏文献一般只有月份，日名出现也较多，但是年份文献只占约 20%。即使

---

① 大量温马文献有完整的日期（年份），而只有大约 8.6% 的吉尔苏文献有完整的日期。有些无日期的吉尔苏文献可以根据一些人名出现的规律来确定日期，但是对于大多数无日期文献，确定其日期基本上不可能，参见 R. C. McNeil, "The 'Messenger Texts' of the Third Ur Dynasty", PhD dissertation, University of Pennsylvania, 1971, p. 33。这些无年名的文献为何没有加年名，而只有月名，目前具体原因不详。但是学者们试图为无年名的文献确定具体的年份，参见 W. Sallaberger and A. Westenholz, *Mesopotamien: Akkade-Zeit und Ur Ⅲ-Zeit*, OBO 160/3, Freiburg, Schweiz: Universitätsverlag / Göttingen: Vandenhoeck und Ruprecht, 1999, pp. 295-314；不过也有学者认为这些尝试是徒劳无功的，参见 P. Notizia, "Messenger Texts from Ĝirsu: for a New Classification", *Orientalia, Nova Series*, Vol. 75, No. 4 (2006), pp. 317-333；P. Notizia, *I testi dei messaggeri da Ĝirsu-Lagaš della Terza Dinastia di Ur*, Nisaba 22, Messina: Di. Sc. A. M, 2009。在时间上，吉尔苏信使文件从舒尔吉 30 年至舒辛 9 年。在舒尔吉 30—35 年，文献中只记载了一类配给品。只有 20% 的文献（约 250 篇）有年名。75% 的文献（约 940 篇）有月名或/和日期，其中约 610 篇（49%）只有月名。大约 50 篇（4%）无任何日期。主要集中于阿马尔辛末期和舒辛初期。

② 这一时期文献数量的变化，参见 D. Patterson, "Elements of the Neo-Sumerian Military", PhD dissertation, University of Pennsylvania, 2018, p. 399.

③ T. B. Jones and J. W. Snyder, *Sumerian Economic Texts from the Third Ur Dynasty: A Catalogue and Discussion of Documents from Various Collections*, Minneapolis: University of Minnesota Press, 1961, p. 284.

④ R. C. McNeil, "The 'Messenger Texts' of the Third Ur Dynasty", PhD dissertation, University of Pennsylvania, 1971, pp. 36-37.

⑤ F. D'Agostino and F. Pomponio, *Umma Messenger Texts in the British Museum, Part One (UMT-BM 1)*, Nisaba 1, Messina: Di. Sc. A. M, 2002, p. 11.

⑥ R. C. McNeil, "The 'Messenger Texts' of the Third Ur Dynasty", PhD dissertation, University of Pennsylvania, 1971, pp. 128-132.

第四章　乌尔使节出访

带有日名，但是不代表这些配给品支出给使节只在一天内消费，而是在一个差事过程中消费，可能是一天，也可能是数日。另外一种情况是，一篇文献可能没有记录某个使节在一天的所有配给品，有的配给品分在2—3篇文献中记载，实际上这种"互补"配给品情况十分常见。①

还有一种情况是，两篇记载单一种类配给品的文献之间可以互补，即共同支出给相同人员不同种类的配给品，如一篇文献记载支出给人员PN食物类配给品，而另一篇文献记载支出给该人员饮料类配给品，而且这些配给品都是该人员在同一次任务中所接收的。② 这些互补信息，可以为一些无年名的文献确定可能的年份。③

例如，文献ABTR 9和HLC 356是互补文献，都是无年名文献，支出给相同的使节，以及相同的任务。其中，文献ABTR 9支出的配给品是啤酒和麦精，文献HLC 356支出的配给品是脂油和植物油，两篇文献具有相同的接收者，各个接收者的次序也完全一样，那么可以推测，这两篇文献指的是同一批使节的同一次任务。此外，使节"在城里或驿站"（ša$_3$ iri）接收的配给品的种类和"为旅途中"（kaskal-še$_3$）所接收的配给品种类是不同的。④ 一般用于旅途中配给品的特征是，易于保存和使用的食物。例如，啤酒一般供给"在城里"（或驿站）饮用的使节，而固体啤酒（麦精）一般供给"在途"的使节。⑤

---

① F. D'Agostino and F. Pomponio, *Umma Messenger Texts in the British Museum*, *Part One* (*UMT-BM 1*), Nisaba 1, Messina: Di. Sc. A. M, 2002, p. 11.

② P. Notizia, "Messenger Texts from Ĝirsu: for a New Classification", *Orientalia*, *Nova Series*, Vol. 75, No. 4 (2006), pp. 324-325; W. Sallaberger and A. Westenholz, *Mesopotamien: Akkade-Zeit und Ur Ⅲ-Zeit*, OBO 160/3, Freiburg, Schweiz: Universitätsverlag / Göttingen: Vandenhoeck und Ruprecht, 1999, p. 298.

③ 例如，如果文献A有年名，记录了食物类配给品支出给人员P；而文献B无年名，记录了饮料类配给品支出给人员P，通过上下文及月名和日名等信息如果可以确定这两次支出指的是人员P的同一次任务，那么可以通过文献A的年名来确定文献B的年份。

④ P. Notizia, *I testi dei messaggeri da Ĝirsu-Lagaš della Terza Dinastia di Ur*, Nisaba 22, Messina: Di. Sc. A. M, 2009, pp. 24-25.

⑤ 相关的互补文献分列如下：ABTR 9饮料——HLC 356油，SAT 1 120食物——SAT 1 145油，MVN 17 152食物——Durand, RA 73, No. 20油，MVN 20 122饮料——SAT 1 142油，SAT 1 158饮料——UDT 81食物，SAT 1 151饮料——Szlechter, RA 59, FM 56食物，RTC 343（?）——RTC 342油。互补文献中的配给品一般遵循如下的规则进行互补：饮料——食物，食物——油脂，饮料——油脂。此外，记载单一种类配给品文献（MT1）和记载多种类配给品文献（MT2）的互补，见文献MVN 9 128和HLC 290 (pl. 128)。

一 吉尔苏信使文件

记载吉尔苏信使文件的泥板在尺寸上较小，行列十分紧凑，一般是单栏，分为若干行，每行文字排列较为密集，在行末及侧面也连续记有文字。一般单栏泥板的尺寸，长约 5 厘米，宽约 3 厘米。吉尔苏的信使文件是最早引起学者关注的信使文件。早在 1922 年，法国学者让最早尝试对吉尔苏信使文件进行系统分析，注意到吉尔苏信使文件的一般特征，记录的是给承担任务的特派员（役使）支出特定的配给品，他们拥有具体的职业头衔。他将这些文献划分为两个类别：A 类和 B 类。他的划分依据主要是基于泥板的物理特征，即尺寸和颜色。关于泥板尺寸，A 类泥板的尺寸非常小（2×2.5 厘米），记录的是给 1 或 2 个人（最多 3 个人）的配给品，B 类泥板的尺寸较大（5×3 厘米），记录的是给 5 个人或者更多人的配给品。后者记录各种类别的配给品。在颜色上，他将灰色泥板归为 A 类，砖红色泥板归为 B 类。[1] 但是，他没有关注泥板的形制和书写特征，他的分类法后来受到学者们的诸多质疑，早已过时。[2]德国亚述学家扎拉贝格尔注意到，吉尔苏"信使文件"是单栏泥板，文字字迹较小，只记载了支出（zi-ga）类。他根据支出的配给品种类的不同，将吉尔苏信使文件分为两类：一类是支出同一类配给品（A 类），一类是支出不同种类的配给品（B 类）。[3] 此外，吉尔苏信使文件其他的特征还包括：[1] 与任务、使命相关的动词形式（gin/du "去"，tuš "住、待"）；[2] 配给品的种类；[3] 埃兰人（NIM 或 Elam）术语频繁出现在文献中。[4]

吉尔苏信使文件的物理特征有四：一是泥板的尺寸；二是泥板的形状；三是书写特征；四是泥板一般每行都有横线分隔。在内容上，吉尔苏信使文件包括 6 个组成部分：[1] 只记录供给品的支出；[2] 配给品的接

---

[1] C. Jean, "L'Elam sous Ia dynastie d'Ur: Les indemnites allouees aux 'Charges de Mission' des Rois d'Ur", *Revue d'Assyriologie et d'Archéologie Orientale*, Vol. 19 (1922), pp. 2, 10.

[2] P. Notizia, "Messenger Texts from Ĝirsu: for a New Classification", *Orientalia*, Nova Series, Vol. 75, No. 4 (2006), pp. 318-319.

[3] W. Sallaberger and A. Westenholz, *Mesopotamien: Akkade-Zeit und Ur Ⅲ-Zeit*, OBO 160/3, Freiburg, Schweiz: Universitätsverlag / Göttingen: Vandenhoeck und Ruprecht, 1999, p. 296.

[4] W. Sallaberger and A. Westenholz, *Mesopotamien: Akkade-Zeit und Ur Ⅲ-Zeit*, OBO 160/3, Freiburg, Schweiz: Universitätsverlag / Göttingen: Vandenhoeck und Ruprecht, 1999, p. 295.

第四章 乌尔使节出访

收者冠以特定的头衔或职业，或者是不同的族群；[3] 配给品的特定组合搭配，一篇文献记载的配给品支出，或是一类，或是多类；[4] 接收者或者去某地，或者从某地（回）来，或者待在某地；[5] 有些文献提到委派的任务的具体原因；[6] 文献的日期大多只有月名，有些还带有日名，但是只有少数文献带有年名。

此外，有的学者还指出了吉尔苏信使文件的不足之处，包括：第一，支出配给品的总数缺失（不像温马信使文件结尾有总结）；第二，泥板没有加印（温马文献也没有）；第三，年名较少出现；第四，配给品的支出方（个人或机构）较少提到。[①]

吉尔苏信使文件记载的配给品主要包括三类：食物类或谷物粮食类（ninda 面包、zi_3 面粉、dabin 粗磨面粉，阿卡德语 *tappinum*，粗粒大麦面粉[②]）、饮料类（kaš 啤酒，有的文献次分为优质啤酒 sig_5，普通啤酒 gen/du；dida 麦精，阿卡德语 *billatu*，指一种麦芽提取物，与其他成分混合后用水稀释，可能是一种固体啤酒）、油脂类（i_3 油，i_3-giš 植物油，i_3-udu 羊脂），以及较少出现的碱类（naga，盐或草碱 *Salicornia*）和羊肉（udu）。[③] 这些配给品支出给不同的使节，各种配给品有固定的定量与搭配，需要遵循既定的标准。[④]

不像温马信使文件那样有机地将各类配给品一起记录，吉尔苏信使文件在记载配给品被支出给不同人员时，有不同的记录格式。有些文献只记载单一配给品种类，如饮料类、食物类，而有些文献记载的是两类或多类配给品。[⑤]

---

① 少数提到支出方的文献，如文献 MVN 7 10（zi-ga PN 某人支出），文献 Jean 1922 44 MIO 8738（zi-ga di-ku_5 法官支出），文献 Jean 1922 40 20（zi-ga e_2-kas_4 在驿站支出）。

② L. Milano, "Mehl", *Reallexikon der Assyriologie und vorderasiatischen Archaeologie*, Vol. 8 (1993), p. 25.

③ P. Notizia, "Messenger texts from Ĝirsu: for a new classification", *Orientalia, Nova Series*, Vol. 75, No. 4 (2006), pp. 317-333; P. Notizia, *I testi dei messaggeri da Ĝirsu-Lagaš della Terza Dinastia di Ur*, Nisaba 22, Messina: Di. Sc. A. M, 2009, pp. 23-24.

④ B. Lafont, *Documents Administratifs Sumériens, provenant du site de Tello et conservés au Musée du Louvre*, Paris: Editions Recherche sur les Civilisations, 1985, p. 43; M. E. Capitani and G. Spada, *Umma Messenger Texts in the British Museum, Part Two (UMTBM 2): Girsu Messenger Texts in the British Museum*, Nisaba 3, Messina: Di. Sc. A. M, 2003, p. 184.

⑤ P. Notizia, "Messenger texts from Ĝirsu: for a new classification", *Orientalia, Nova Series*, Vol. 75, No. 4 (2006), pp. 317-333.

诺蒂兹亚将只支出给某个使节一类配给品的文献称为"单一供给品"文献（MT1s），支出给某个使节多种类别配给品的文献称为"多类供给品"文献（MT2s），以及其他类型的文献（MTx）。[①]

第一种情况，使节接收单一类型的配给品，有年名的文献标记为MT1s yn（占20%），无年名的文献标记为MT1s nyn（占80%）。其中，在有年名的文献中，除了2篇（RTC 357和MVN 7 202）外，其余的都位于舒尔吉时期。几乎所有的文献都来自以下4个档案（或者称为支出者zi-ga）：阿卡拉（Akalla）、迪库（Diku）、乌尔宁图（Ur-Nintu）、卡姆（Kamu）。关于单一配给品类支出，诺蒂兹亚认为，无年名文献的具体年份，可能在最早的"多类供给品"文献（舒尔吉44年）出现之后。[②] 扎拉贝格尔进一步解释道，所有的单一配给品类支出（MT1s）是作为来自制造中心或仓库的收据，分配单一类供给品给使节。这类文献都是舒尔吉时期的，归属于4个档案（阿卡拉、迪库、乌尔宁图、卡姆）。其中，阿卡拉档案几乎都来自基努尼尔驿站，其特征是：给使节的食用油几乎都是植物油（i₃-giš），面包（ninda）有的加上了"被烤的"（du₈-a）修饰术语；所有的文献都有年名。阿卡拉档案还可以分为两个组：从舒尔吉33年至39年的文献都是单一配给品类文献，而阿马尔辛5年至舒辛1年的文献都是多类配给品文献。同样，迪库档案也遵循这一规律，即舒尔吉33年至46年的所有文献都是单一配给品类文献，而阿马尔辛3年至舒辛1年的所有文献都是多类配给品文献。[③] 所以，这两类配给品支出在时间上没有重合，表明了其随着时间的推进，其记录格式也发生了变化，由记录单一类配给品支出逐渐发展到记录多种类别配给品支出的文献。

吉尔苏信使文件记载的接收配给品的使节，一般都记录有其头衔或职业，及其来源地或目的地，或者其要完成的任务使命。[④] 头衔一般包括：

---

① 例如文献MVN 7 251, MVN 7 349, 啤酒支出给PN1，面粉支出给PN2；或者啤酒支出给PN1，啤酒、面粉、油支出给PN2，属于其他类型的文献。

② P. Notizia, "Messenger texts from Ĝirsu: for a new classification", *Orientalia*, Nova Series, Vol. 75, No. 4 (2006), p. 328, 见文献MVN 7 305, 585。

③ W. Sallaberger and A. Westenholz, *Mesopotamien: Akkade-Zeit und Ur Ⅲ-Zeit*, OBO 160/3, Freiburg, Schweiz: Universitätsverlag / Göttingen: Vandenhoeck und Ruprecht, 1999, p. 298.

④ P. Notizia, *I testi dei messaggeri da Ĝirsu-Lagaš della Terza Dinastia di Ur*, Nisaba 22, Messina: Di. Sc. A. M, 2009, pp. 31-36, 109-111.

外事官（sukkal）、骑使（ra$_2$-gaba）、行使（lu$_2$-kas$_4$）、士兵（lu$_2$-^{giš}tukul）、士兵长（lu$_2$-^{giš}tukul-gu-la，直译为"大的士兵"）、卫兵（aga$_3$-us$_2$）、卫兵长（aga$_3$-us$_2$-gal，直译为"大的卫兵"）、监办（maškim），也有劳动力（guruš）、副军尉（dumu-nu-banda$_3$，直译为"军尉的附属或儿子"）、牧羊官（sipa），以及表述族群的术语，如阿摩利人（mar-tu）和埃兰人（NIM 或 elam）。①

二　温马信使文件

最早研究温马"信使文件"的是德国亚述学家施耐德。他将这些文献称为"差事酬金文献"（Botenlohnurkunden），主要基于标准化的配给品支出的规律序列，根据配给品的数量和类型，最早对温马信使文件进行了分类，分为9组，以及第10组（其余类别）。此外，他还对温马和吉尔苏的信使文件进行了比较研究。② 更为全面和清楚的研究是琼斯和斯奈德，他们的分类主要基于两点：一是关于支出供给品的数量和种类的限定；二是区分配给品的接收者，分为3个类别：只有名字；有名有头衔；只有功能的一组人员（其食物被称为"饲料"ša$_3$-gal）。③ 由于他们当时搜集到的信使文件只占目前已知信使文件的20%，并且他们的划分组别，主要基于差事的类型，所以许多分类还存在重合或错误。1974年，麦克尼尔的博士论

---

① 关于术语 NIM 或 elam（埃兰人或高地人），许多学者的观点不一。麦克尼尔将 NIM 译为埃兰人，他们在文献中一般和经办人（giri$_3$）连用，认为他们是用于政府重要建设项目、灌溉、筑路项目的劳动力，不是指一种族群，而是指"非本土""非巴比伦尼亚"即野蛮人的概念，参见 R. C. McNeil, "The 'Messenger Texts' of the Third Ur Dynasty", PhD dissertation, University of Pennsylvania, 1971, p.66。琼斯和斯奈德认为，经办人（giri$_3$）一般自己也接收配给品，所以他们应该是陪同埃兰人，作为埃兰人的头领（foreman）或指挥官（长官）（commander），参见 T. B. Jones and J. W. Snyder, *Sumerian Economic Texts from the Third Ur Dynasty: A Catalogue and Discussion of Documents from Various Collections*, Minneapolis: University of Minnesota Press, 1961, p.300。格策将 NIM 理解为雇佣兵（mercenaries），参见 A. Goetze, "Hulibar of Duddul", *Journal of Near Eastern Studies*, Vol.12, No.2 (1953), p.116。

② N. Schneider, *Die Drehem-und Djoha-Urkunden: Der Strassburger Universitäts und Landesbibliothek in Autographie und mit Systematischen Wörterverzeichnissen*, AnOr 1, Roma: Pontificio Istituto Biblico, 1931, pp.16-21.

③ T. B. Jones and J. W. Snyder, *Sumerian Economic Texts from the Third Ur Dynasty: A Catalogue and Discussion of Documents from Various Collections*, Minneapolis: University of Minnesota Press, 1961, pp.280-292.

文为温马信使文件的研究奠定了基础。在文中，他将这些文献分成 13 个类别，每个类别有固定的配给品组合。他发现，在温马文献中没有记录具体的差事任务和平均的配给品数量。此外，他还分析了如何判定无头衔的人员的身份和级别，主要是根据其接收的配给品数量的多寡，比如外事官（sukkal）一般接收 5 希拉啤酒，而监办（maškim）只接收 3 希拉啤酒，这表明外事官的职位要高于监办。[1] 1999 年，扎拉贝格尔基于麦克尼尔的研究，对温马信使文件进行了综合讨论。[2] 麦克尼尔对温马信使文件的分类法被学者们继承了下来，虽然有的分类后来时有更新。

对于温马文献的日期，类别 A、B、E、H、I、J、K、L 几乎都有完整的日期，而类别 C、D、G 只有大约一半或 2/3 文献有完整的日期格式，类别 F 则没有完整的日期格式。在不同时间里，泥板的数量分布也不平均，其中阿马尔辛 7—8 年、舒辛 3—6 年的文献占据大多数，其余时间的文献较少。出现年代学上这些空白的原因是，这些年份的泥板还未出版或未出土，而不是文献没有记录这些年份。[3]

温马信使文件的"总结性文献"或汇总账目（Sammelurkunden）被认为是一种加印玺文（*bullae*），具有权威性和长久保存性，这类文献的记录一般由温马官员卢卡拉（Lu-kalla）或乌尔努恩伽拉（Ur-Nungala）以及温马总督乌尔里希（Ur-Lisi）负责。[4] 从阿马尔辛 7 年至舒辛 9 年（其中阿马尔辛 9 年和舒辛 1 年空缺），主要是月账记录，日期格式是每月的第 29 日或第 30 日。配给品被描述为"给温马信使的固定供给"（sa_2-du_{11} kas_4 $ša_3$ Umma^{ki}）。

温马信使文件的一大特点是，记载了标准化的食物供应配给品，一般固定包括 6 种：啤酒（kaš 或 dida）、面包（ninda）、食油（i_3）、洋葱

---

[1] R. C. McNeil, "The 'Messenger Texts' of the Third Ur Dynasty", PhD dissertation, University of Pennsylvania, 1971, pp. 45-46.

[2] W. Sallaberger and A. Westenholz, *Mesopotamien: Akkade-Zeit und Ur Ⅲ-Zeit*, OBO 160/3, Freiburg, Schweiz: Universitätsverlag / Göttingen: Vandenhoeck und Ruprecht, 1999, pp. 298-299.

[3] R. C. McNeil, "The 'Messenger Texts' of the Third Ur Dynasty", PhD dissertation, University of Pennsylvania, 1971, p. 35.

[4] F. Pomponio, "Lukalla of Umma", *Zeitschrift für Assyriologie und Vorderasiatische Archäologie*, Vol. 82, No. 2 (1992), pp. 172-179.

第四章 乌尔使节出访

(sum)、草碱(naga)、鱼(ku_6),以及少数绵羊、山羊及其肉类。① 这 6 种基本配给品以固定的数额搭配,具有十分规律性的组合排列,数量搭配的规律是:前两种(啤酒和面包)一般是 3 希拉至 5 希拉,油脂和洋葱一般是 3 津至 5 津,草碱固定为 2 津,鱼(很可能是腌鱼,只在 G 组中出现)从 1 至 3 条不等。

这些供给品的接收者大部分只有人名,少部分带有头衔或官职,出现最多的头衔是外事官(sukkal)、"到(幼发拉底河)对岸去的人员"(gaba-aš)、"从(幼发拉底河)对岸来的人员"(gaba-ta)、宪兵($KA\text{-}us_2\text{-}sa_2$)等。其中,术语 gaba-aš, gaba-ta 只出现在温马信使文件中(具体只出现在 G 和 H 组类别中),有的学者解释这些人员是去往或者从"(底格里斯河)对岸(即埃兰)来"②。sukkal 也几乎只出现在 G 和 H 组类别,和 gaba-aš, gaba-ta 一起连用。sukkal, gaba-aš, gaba-ta, $KA\text{-}us_2\text{-}sa_2$ 很可能指的是不同种类的使节。其中,sukkal 被翻译为"信使",很可能是不同的、更为重要的一种官职。③ $KA\text{-}us_2\text{-}sa_2$ 同样只出现在 G 和 H 组类别中,很可能与 sukkal 有关,$KA\text{-}us_2\text{-}sa_2$ 的具体意思未知,可能是一种宪兵(gendarm),起到护卫信使的作用,类似于吉尔苏文献中的"士兵"或"士兵长"[lu_2-^{giš}tukul-(gu-la)]身份。④ $aga_3\text{-}us_2$ 一般译为"卫兵",在文献中出现

---

① 参见 R. C. McNeil, "The 'Messenger Texts' of the Third Ur Dynasty", PhD dissertation, University of Pennsylvania, 1971; F. D'Agostino and F. Pomponio, *Umma Messenger Texts in the British Museum*, *Part One* (*UMTBM 1*), Nisaba 1, Messina: Di. Sc. A. M, 2002; M. E. Capitani and G. Spada, *Umma Messenger Texts in the British Museum*, *Part Two* (*UMTBM 2*): *Girsu Messenger Texts in the British Museum*, Nisaba 3, Messina: Di. Sc. A. M, 2003; F. D'Agostino and L. Verderame, *Umma Messenger Texts in the British Museum*, *Part Three* (*UMTBM 3*), Supp. RSO 76, Pisa and Roma: Istituti Editoriali e Poligrafici Internationali, 2003; F. D'Agostino and J. Politi, *Umma Messenger Texts in the British Museum*, *Part Four* (*UMTBM 4*), Nisaba 16, Messina: Di. Sc. A. M, 2006; N. Borrelli, *The Umma Messenger Texts from the Harvard Semitic Museum and the Yale Babylonian Collection*, *Part 1*, Winona Lake: Eisenbrauns, 2015。

② M. Yoshikawa, "GABA-aš and GABA-ta in the Ur Ⅲ Umma Texts", *Acta Sumerologica*, Vol. 10 (1988), pp. 231-241.

③ J. Grégoire, *Aechives Administratives Sumériennes*, Paris: Librairie Orientaliste Paul Geuthner, 1970, p. 201; F. D'Agostino and F. Pomponio, *Umma Messenger Texts in the British Museum*, *Part One* (*UMTBM 1*), Nisaba 1, Messina: Di. Sc. A. M, 2002, p. 12.

④ F. D'Agostino and F. Pomponio, *Umma Messenger Texts in the British Museum*, *Part One* (*UMTBM 1*), Nisaba 1, Messina: Di. Sc. A. M, 2002, p. 12.

得较少。① 另外两个出现更少的头衔是 lu₂-maškim 和 lu₂-kin-gi₄-a，前者只出现在 I, J, K, L 组别中，指的是监办（commissary，术语 maškim）的随从；后者的字面意思是"信件的人"。配给品的接收者除了单个的人员之外，还有以一组人员形式出现的（没有单个人员的名字），被统称为"行使"（kas₄），常与 gaba-ta 和 gaba-aš 连用。其他较少出现的人员还有将军（šagina）、占卜师（maš-šu-gid₂-gid₂）、"携带或搬运王座之人"（gu-za-la₂）、书吏（dub-sar）等。

温马信使文件几乎没有提到接收配给品人员的来源地或目的地信息，除了一些一般的术语 gaba-ta 和 gaba-aš，可能意思是"从/到（底格里斯河的）对岸"②。列举的这些人员一般只有名字，缺乏其头衔或职业，并且很少带有其具体任务。③ 这些简单的信息对于我们分析乌尔使节出访外交国帮助不大。

虽然很少带有头衔，但是我们可以从接收配给品的种类和数量，大致确定不同人员的级别。温马信使文件记载配给品支出给使节，十分具有规律性，并且高低不同职务或任务重要性不同的人员接收配给品的数量也不同。而且，不同时期配给品的数量和种类也发生了一些变革。主要包括以下四种分配方式（以及1个变体）。④

---

① H. Limet, "Documents administratifs datés de la 3e Dynastie d'Ur", *Akkadica* 114–115 (1999), pp. 86–87.

② M. Yoshikawa, "GABA-aš and GABA-ta in the Ur III Umma Texts", *Acta Sumerologica*, Vol. 10 (1988), pp. 231–241; W. Sallaberger and A. Westenholz, *Mesopotamien: Akkade-Zeit und Ur III-Zeit*, OBO 160/3, Freiburg, Schweiz: Universitätsverlag / Göttingen: Vandenhoeck und Ruprecht, 1999, p. 298.

③ 关于其头衔和配给品，参见 R. C. McNeil, "The 'Messenger Texts' of the Third Ur Dynasty", PhD dissertation, University of Pennsylvania, 1971, pp. 38–63.

④ 具体参见 McNeil 的分类，这些配给品可以分为 13 个类别（从 A 到 M）。Nisaba 中的 UMT-BM 系列和 Nisaba 27 中有更新与补充。基于麦克尼尔的 13 个组别的分类法，蓬波尼奥进行了简化，将配给品分为 3 个大组别：大组别 I（舒辛 2 年至 6 年）A-B，配给品种类包括：啤酒、面包、洋葱、油、碱；大组别 II（舒吉 48 年至伊比辛 2 年）C-D-E-F-I-J-K-L-M，配给品种类包括：啤酒（优质、普通）、面包（优质、普通）、洋葱、油、碱；大组别 III（阿马尔辛 5 年至伊比辛 2 年）G-H，配给品种类包括：麦精、啤酒、面包、油、碱、鱼、洋葱。参见 F. Pomponio, "The Ur III Administration: Workers, Messengers, and Sons", in S. Garfinkle and M. Molina (eds.), *From the 21st Century B. C. to the 21st Century A. D.: Proceedings of the International Conference on Sumerian Studies Held in Madrid 22–24 July 2010*, Winona Lake: Eisenbrauns, 2013, pp. 221–232。但是，麦克尼尔的分类法时至今日仍然有效。

第四章 乌尔使节出访

第Ⅰ种分配方式，配给品种类是啤酒、面包、洋葱、油、碱这5类，每一类的数量在不同时期略有差异，接收者根据配给品数量不同可以分为两个级别。具体而言，从舒尔吉48年至阿马尔辛7年，第一级别和第二级别的使节接收配给品的差异主要表现在啤酒（分别是5希拉和3希拉）和面包（分别是5希拉和2希拉）两类，而洋葱、油和碱的数量相同。从阿马尔辛6年至舒辛4年，和前一阶段相比的变化是洋葱的计量单位由数量（2束sa）改为容量（5津gin_2）。其中，在舒辛2年至4年期间，第一级别人员接收的面包既有5希拉（D组）、又有3希拉（B组）两种情况（可能同一级别下又细分出差异），第二级别人员接收配给品的数量不变。从舒辛4年至6年，和前一阶段相比（B组），接收的洋葱都由5津变为3津。依据时间顺序，这些组别列举如下：

F组（舒尔吉48年至阿马尔辛7年）
①5希拉啤酒、5希拉面包、2束洋葱、3津油、2津碱
②3希拉啤酒、2希拉面包、2束洋葱、3津油、2津碱
D组（阿马尔辛6年至舒辛4年）
①5希拉啤酒、5希拉面包、5津洋葱、3津油、2津碱
②3希拉啤酒、2希拉面包、5津洋葱、3津油、2津碱
B组（舒辛2年至4年）
①5希拉啤酒、3希拉面包、5津洋葱、3津油、2津碱
②3希拉啤酒、2希拉面包、5津洋葱、3津油、2津碱
A组（舒辛4年至6年）
①5希拉啤酒、3希拉面包、3津洋葱、3津油、2津碱
②3希拉啤酒、2希拉面包、3津洋葱、3津油、2津碱

第Ⅰa种分配方式是第Ⅰ种的变体，配给品种类是啤酒、面包、洋葱、油、碱这5类，其中啤酒细分为优质啤酒和（普通）啤酒，配给品的接收人员也相应分为三个级别。从阿马尔辛7年至舒辛9年，第一级别人员接收的啤酒是优质啤酒，二、三级别人员接收的配给品和第Ⅰ种分配方式（阿马尔辛6年至舒辛4年间）的一、二级别相同（D组）。不过，在舒辛4年至7年期间，另外一种分配情况的变体是，第一、二级别人员接收面包的数量由5希拉变为3希拉，其他都不变。

313

E组（阿马尔辛7年至舒辛9年）
① 5希拉优质啤酒、5希拉面包、5津洋葱、3津油、2津碱
② 5希拉啤酒、5希拉面包、5津洋葱、3津油、2津碱
③ 3希拉啤酒、2希拉面包、5津洋葱、3津油、2津碱
C组（舒辛4年至7年）
① 5希拉优质啤酒、3希拉面包、5津洋葱、3津油、2津碱
② 5希拉啤酒、3希拉面包、5津洋葱、3津油、2津碱
③ 3希拉啤酒、2希拉面包、5津洋葱、3津油、2津碱

第Ⅱ种分配方式，从舒辛6年至伊比辛2年，配给品种类依然是啤酒、面包、洋葱、油、碱这5类，但是啤酒或面包细分为优质和普通的等级。同时，一个重要的变化是，具体给出了接收人员的头衔或职业，一般以分类汇总的方式记录。首先，从舒辛6年至9年，第一级别配给品N个接收者的头衔是外事官（sukkal-me"［他们］是外事官"），第二级别配给品N个接收者的头衔也是外事官（可能级别稍低），只是啤酒的等级由优质啤酒变为普通啤酒，数量不变，而第三级别配给品N个接收者的头衔是行使（lu_2-kas_4-me"［他们］是行使"），啤酒（由5希拉变为3希拉）和面包（由3希拉变为2希拉）的数量相应减少。其次，从舒辛9年至伊比辛2年，配给品分为两个级别，区别是：第一级别（外事官）接收的是优质啤酒，第二级别（行使）接收的是普通啤酒，二者数量相同。注意，从伊比辛1年开始，一种新的分配方式出现，其特点是，外事官和行使接收的配给品分别是优质面包和普通面包（都是2希拉），而啤酒不再区分优质或普通啤酒（L组）。

J组（舒辛6年至9年）
① 5希拉优质啤酒、3希拉面包、5津洋葱、3津油、2津碱（给sukkal-me）
② 5希拉啤酒、3希拉面包、5津洋葱、3津油、2津碱（给sukkal-me）
③ 3希拉啤酒、2希拉面包、5津洋葱、3津油、2津碱（给lu_2-kas_4-me）
（接收者列表中，前两类分别列出，后3类最后统一列出）
I组（舒辛9年）
① 5希拉优质啤酒、3希拉面包、5津洋葱、3津油、2津碱（PN1，PN2，sukkal-me）

第四章　乌尔使节出访

② 5 希拉啤酒、3 希拉面包、5 津洋葱、3 津油、2 津碱（PN1，PN2，sukkal-me）

③ 3 希拉啤酒、2 希拉面包、5 津洋葱、3 津油、2 津碱（PN1，PN2，lu$_2$-kas$_4$-me）

（排列特点：配给品为每个接收者，同类的后面加 sukkal-me 汇总；接着下一组接收者）

K 组（舒辛 9 年至伊比辛 2 年）

① 3 希拉优质啤酒、2 希拉面包、5 津洋葱、3 津油、2 津碱（给 sukkal-me）

② 3 希拉啤酒、2 希拉面包、5 津洋葱、3 津油、2 津碱（给 lu$_2$-kas$_4$-me）

L 组（伊比辛 1 年至 2 年）

① 3 希拉啤酒、2 希拉优质面包、5 津洋葱、3 津油、2 津碱（给 sukkal-me）

② 3 希拉啤酒、2 希拉普通面包、5 津洋葱、3 津油、2 津碱（给 lu$_2$-kas$_4$-me）

第Ⅲ种分配方式，从阿马尔辛 5 年至伊比辛 2 年，其中从阿马尔辛 5 年至舒辛 5 年，配给品种类依然是麦精、啤酒、面包、油、碱、鱼、洋葱这 7 类（G 组）；而从舒辛 3 年至伊比辛 2 年，配给品中除去了鱼（H 组），其余供给品数量和种类不变。共分为 5 个级别。

G 组（阿马尔辛 5 年至舒辛 3 年）

① 1 个麦精、5 希拉啤酒、10 希拉面包、2 津油、2 津碱、3 条鱼、3 束洋葱

② 1 个麦精、3 希拉啤酒、10 希拉面包、2 津油、2 津碱、3 条鱼、3 束洋葱

③ 5 希拉啤酒、5 希拉面包、2 津油、2 津碱、1 条鱼、1 束洋葱

④ 5 希拉啤酒、3 希拉面包、2 津油、2 津碱、1 条鱼、1 束洋葱

⑤ 3 希拉啤酒、2 希拉面包、2 津油、2 津碱、1 条鱼、1 束洋葱

H 组（舒辛 3 年至伊比辛 2 年）

① 1 个麦精、5 希拉啤酒、10 希拉面包、2 津油、2 津碱、3 束洋葱

② 1 个麦精、3 希拉啤酒、10 希拉面包、2 津油、2 津碱、3 束洋葱

③ 5 希拉啤酒、5 希拉面包、2 津油、2 津碱、3 束洋葱

④ 5 希拉啤酒、3 希拉面包、2 津油、2 津碱、3 束洋葱

⑤ 3 希拉啤酒、2 希拉面包、2 津油、2 津碱、3 束洋葱

第Ⅳ种分配方式，是除了以上三种方式之外的其余分配方式（M 组，阿马尔辛 7 年至伊比辛 1 年），基本的配给品种类是啤酒（一般为 2 巴里

格 3 班)、面包(一般为 2 巴里格 3 班)、燕麦面包(ninda nig$_2$-ar$_3$-ra, 一般为 3 古尔 3 巴里格)、麸皮(duh, 一般为 6 古尔 2 巴里格 3 班)、粗制面粉(dabin, 一般为 4 班)、大麦(1 古尔)、油(1 希拉)、芝麻油(1 希拉)、洋葱(2 希拉或 15 束)、碱(1 希拉)、鱼等,一般数量比较多。接收人员中有的带有头衔,还有的接收者是埃兰人或者一组人员(群体,而非个人)。

三 伊利萨格里格文献

不像吉尔苏和温马的信使文件,伊利萨格里格的信使文献是 21 世纪以来才开始陆续被学者们关注。其中,欧文、西格里斯特和尾崎亨三位学者共出版了约 600 篇伊利萨格里格信使文献(约占已出版的伊利萨格里格信使文献 90%)。[1] 欧文认为,伊利萨格里格的信使文件应该称为"配给品分发账目"或者"差事文献"[2]。伊利萨格里格信使文献的时间比较晚,从阿马尔辛 7 年至伊比辛 3 年。在物理特征上,不像温马和吉尔苏文献,记录伊利萨格里格信使文件的是较大的泥板,目前还没有发现尺寸较小的泥板,信使文件的泥板和乌尔第三王朝的经济泥板都是单栏的,呈菱形,泥板大约包括 10—20 行,最长的约有 50 行,较大的长方形泥板为双栏,最长约 100 行。[3] 在内容上,接收配给品的人员大多数是王室信使,并且文献记载了较为详细的差事任务,以及接收者的头衔和级别。不同头衔的人员接收的配给品的数量和种类也不同。配给品的数量多少,似乎与接收者的职务高低、差事的时长或重要性、旅途时长或者其他因素相关。互补泥板(复制文献)表明,有不同的机构(或驿站)提供不同类型的供给品,所以要分成两个账目(文献)记账。这些配给品很可能是在使节被委派差事之前或之后被发放,并且在执行任务期间消费。这些文件是何时被

---

[1] D. I. Owen, *Cuneiform Texts Primarily from Iri-Saĝrig / Āl-Šarrākī and the History of the Ur Ⅲ Period*, Nisaba 15/1-2, Bethesda: CDL Press, 2013; M. Sigrist and T. Ozaki, *Tablets from the Irisaĝrig Archive*, Part Ⅰ-Ⅱ, CUSAS 40, University Park: Eisenbrauns, 2019; T. Ozaki, M. Sigrist and P. Steinkeller, "New Light on the History of Irisaĝrig in Post-Ur Ⅲ Times", *Zeitschrift für Assyriologie und Vorderasiatische Archäologie*, Vol. 111 (2021), pp. 28-37.

[2] D. I. Owen, *Cuneiform Texts Primarily from Iri-Saĝrig / Āl-Šarrākī and the History of the Ur Ⅲ Period*, Volume Ⅰ: Commentary and Indexes, Nisaba 15/1, Bethesda: CDL Press, 2013, p. 128.

[3] 如文献 Nisaba 15 128; Nisaba 15 146; Nisaba 15 360。

第四章 乌尔使节出访

记录的？首先，我们应该排除的是，这些使节为了途中在驿站获得补给，随身携带泥板进行记录。而应该是，这些文件是作为配给品被支出的总结性账目，或在委派差事之前、期间或者之后被记录。在文献格式方面，几乎所有的文献都有具体的日名、月名和年名，日期信息完备（除少数泥板现已破损无法得知日期）。此外，大多数委派给信使和其他官员的差事是在当地完成，而不是到德尔、迪尼克图姆（Diniktum）或埃兰地区或者苏美尔的其他地区。这些信使主要是从伊利萨格里格行省出发，而不是从尼普尔附近、首都乌尔或王国的其他城市出发。信使文件中记录的王室信使，大多数都是在当地被任命的。这些信使直接听命于行省治下的一个特定机构，另外国家的许多高级官员，也会被临时任命为王室信使来负责相关任务。

伊利萨格里格信使文件的配给品支出不同于吉尔苏和温马信使文件。在伊利萨格里格信使文件中，支出给使节的配给品分为两类，一类是啤酒（kaš）和面包（ninda），以容量（希拉 $sila_3$）计量，此外还偶有甜酱（nig_2-i_3-de_2-a）和"油酥面包"（或蛋糕）（ninda-i_3），这两种配给以容量（希拉）或数量计算，不见于其他信使文件中。[①] 第二类是肉类和汤类，包括鱼（ku_6，虽少见于温马文献，但未见于吉尔苏文献）、羊肉块（ma-la-ku udu）、烤羊肉（udu $šeg_6$-ga_2）、汤类（tu_7，一般译为"汤"[soup]，或译为"炖菜"[stew]），其中汤类一般以容量（希拉 $sila_3$）计量，而鱼和羊肉类以数量计算（条、块）。[②] 需要注意的是，在一篇信使文件中，配给品种类要么属于第一类的，要么属于第二类的搭配，不可能同时出现第一、二类混合搭配的情况，比如啤酒和汤不可能一起搭配。此外，这些配给品每次支出的都是以整数计算，没有出现例如 1/2 希拉、1/3 希拉这样

[①] 这些配给品的翻译和解释，参见 H. Brunke, "Excursus D: Rations in the Āl-Šarrākī Messenger Texts", in D. I. Owen, *Cuneiform Texts Primarily from Iri-Saĝrig / Āl-Šarrākī and the History of the Ur Ⅲ Period*, Volume I: Commentary and Indexes, Nisaba 15/1, Bethesda: CDL Press, 2013, p. 209.

[②] H. Brunke, "Excursus D: Rations in the Āl-Šarrākī Messenger Texts", in D. I. Owen, *Cuneiform Texts Primarily from Iri-Saĝrig / Āl-Šarrākī and the History of the Ur Ⅲ Period*, Volume I: Commentary and Indexes, Nisaba 15/1, Bethesda: CDL Press, 2013, pp. 207-209. 注意，这里的"汤类"更可能指一种炖煮的菜肴或一种稀释的浓稠的粥状物，而不是今天一般概念上的汤汁。

的配给品数量。①

伊利萨格里格信使文件一般列举多类供应品,但是少有汇总性账目,如储存若干泥板的档案封条(pisan dub-ba,直译为"泥板篮签"),以及总结性泥板(月账、多月账或年账)。

伊利萨格里格信使文件记载的配给品接收者的头衔或职业,及其来源地、目的地或者任务使命等信息,一般在文献都有记载。配给品接收者主要是外交使节,包括信使(lu₂-kin-gi₄-a)或王室信使(lu₂-kin-gi₄-a lugal)、外事官(sukkal)、骑使(ra₂-gaba),但是没有行使(lu₂-kas₄)。其他的头衔较少出现,包括:育兽师(kuš₇)、持杯者(sagi)、理发师(šu-i)、书吏(dub-sar)、驾车员(kir₄-dab₅)、磨香料师(lu₂-ur₃-ra)、卫兵(aga₃-us₂)、大执政官的随从(dumu sukkal-mah)、军尉(nu-banda₃)等。②

此外,还有一种情况,即集中记载一组接收者的头衔,没有单个人的名字和数量,他们作为一个集体接收配给品,共同执行任务。③

伊利萨格里格信使文件另一个不同于吉尔苏和温马文献的特点,是较为详细地记载了使节们的差事或任务。这些任务包括在国内从事的差事,以及作为外交人员从事的出访外交国的任务。例如:去寻找或获取各类产品或动物,去往其他城市或从其他城市到国王之处(ki lugal,直译为"国王的地方"),作为国王或王后的旅途的随从负责准备王室供应,去行省总督处执行任务,去俘虏或杀死逃犯或强盗,去为民兵队伍安排各种(农业)任务等。④ 履行这些差事有固定的期限,有的可能一天完成,有的往

---

① 除了一个例外,即半块烤羊肉(1/2 udu šeg₆-ga₂),如文献 Nisaba 15, 0065; Nisaba 15, 0259; Nisaba 15, 1076。

② 关于详细的接收者头衔清单,参见 D. I. Owen, *Cuneiform Texts Primarily from Iri-Saĝrig / Āl-Šarrākī and the History of the Ur III Period, Volume I: Commentary and Indexes*, Nisaba 15/1, Bethesda: CDL Press, 2013; D. Patterson, "Elements of the Neo-Sumerian Military", PhD dissertation, University of Pennsylvania, 2018, p. 415.

③ 例如,文献 Nisaba 15 90: 3 sila₃ tu₇ 3 ku₆/ muhaldim-lugal-me "3 希拉汤、3 条鱼,为王室厨师"。

④ 关于详细的差事(或任务)清单,参见 D. I. Owen, *Cuneiform Texts Primarily from Iri-Saĝrig / Āl-Šarrākī and the History of the Ur III Period, Volume I: Commentary and Indexes*, Nisaba 15/1, Bethesda: CDL Press, 2013, pp. 165 - 182。

往需要数天，甚至一个月才能完成。[1]

在文献格式记录中，伊利萨格里格信使文件的结构可以分为：支出的配给品种类和数量，接收配给品的人员及其头衔（一般另起一行），有时一次差事或任务可能由多于一人去执行，即每个接收者都按照这种格式来记录，最后记录此次具体的差事任务（使用从句短语 u_4 … -a "当……之时"）。具体的格式如下所示：

配给品种类与数量
接收人员（人名+职业）
（配给品2）
（接收人员2）
具体任务或差事
日期信息

还有一种简化情况，即若干相同头衔的人员出现在同一次任务中，在文献记录中使用"汇总"的方式，如："配给品1、接收者1、配给品2、接收者2……配给品n、接收者n、头衔-me"。

此外，在有的文献记载中，没有记录接收者的头衔，以及没有记录具体的差事任务。这可能是书吏的一种错误，也可能是由于执行差事的人员被解雇，所以书吏故意省略其具体头衔和差事。[2] 注意，在文献中不可能出现只记载接收者、不记载其配给品的情况。

第二节　信使文件中记载的外国地名

在信使文件记载的配给品接收者的诸多任务中，有一类任务是乌尔使节出访外交国（包括途经中转站苏萨和德尔），这一类任务主要被记录包含异域地名（即非巴比伦尼亚地名）的信使文件中，共有1706篇文献，

---

[1] 例如，文献 Nisaba 15 247, Nisaba 15 111（u_4 1-kam u_4 30-še$_3$）。

[2] H. Brunke, "Excursus D: Rations in the Āl-Šarrākī Messenger Texts", in D. I. Owen, *Cuneiform Texts Primarily from Iri-Saĝrig / Āl-Šarrākī and the History of the Ur III Period*, *Volume I: Commentary and Indexes*, Nisaba 15/1, Bethesda: CDL Press, 2013, pp. 207-209.

其中有明确年名或年份信息的文献有 663 篇（约占 39%），没有年名格式（主要是吉尔苏文献）或者年名现已破损的文献有 1043 篇（约占 61%）。其中，吉尔苏文献共有 1129 篇，舒尔吉 32 年至伊比辛 3 年，年份不详的文献有 1026 篇）、伊利萨格里格（540 篇，阿马尔辛 7 年至伊比辛 3 年，13 篇年份不详）、温马（37 篇，都是 McNeil 分类法中的 M 组，舒尔吉 48 年至伊比辛 1 年，4 篇年份不详）。

表 4-2　　　　　记载外国地名的信使文件数量年份统计

日期	吉尔苏	伊利萨格里格	温马
SH 32	1	—	—
SH 33	4	—	—
SH 34	3	—	—
SH 35	—	—	—
SH 36	—	—	—
SH 37	—	—	—
SH 38	—	—	—
SH 39	—	—	—
SH 40	—	—	—
SH 41	—	—	—
SH 42	2	—	—
SH 43	—	—	—
SH 44	2	—	—
SH 45	—	—	—
SH 46	—	—	—
SH 47	2	—	—
SH 48	3	—	1
AS 1	13	—	—
AS 2	4	—	—
AS 3	3	—	—

续表

日期	吉尔苏	伊利萨格里格	温马
AS 4	8	—	—
AS 5	14	—	—
AS 6	1	—	1
AS 7	4	42	7
AS 8	10	72	—
AS 9	5	9	—
SS 1	11	3	—
SS 2	2	10	—
SS 3	—	19	3
SS 4	1	6	6
SS 5	—	18	9
SS 6	—	15	4
SS 7	1	52	—
SS 8	6	14	—
SS 9	—	13	—
IS 1	—	76	2
IS 2	—	172	—
IS 3	1	5	—
不详	1026	13	4

三个地点的信使文件里关于乌尔使节出访外交国的记录格式有所差异。不过，一般的记录格式包括三个基本要素，"配给品，接收者，任务"。这些主要见于吉尔苏和伊利萨格里格信使文件，而温马信使文件较少有乌尔使节出访外交国的记载。使节的出访任务在文献中记载比较简单，信息量有限，更多的是对路径的描述，比如：到某地去（GN-še$_3$），从某地来（GN-ta），从某地到"国王的地方"（GN-ta ki lugal-še$_3$，只见于伊利萨格里格文献）。文中使用的动词短语为定语从句形式，在吉尔苏文

献和伊利萨格里格文献中这一术语有所区别。比较如下：[①]

① 吉尔苏文献记录为：
未完成时（现在时或将来时）
  单数：GN-še₃/ta du-ni "当他将去某地时／当他将从某地来时"
  复数：GN-še₃/ta du-ne-ne "当他们将去某地时／当他们将从某地来时"
完成时（过去时）
  单数：GN-še₃/ta gen-na "当他已去某地时／当他已从某地来时"
  复数：GN-še₃/ta gen-na-ne-ne "当他们已去某地时／当他们已从某地来时"
② 伊利萨格里格文献记录使用的动词都是完成时，表示为：
  单数：u₄ GN-še₃/ta ba-gen-na-a 或 im-gen-na-a "当他已去某地时／当他已从某地来时"[②]
  复数：u₄ GN-še₃/ta ba-e-re-ša-a 或 im-e-re-ša-a "当他们已去某地时／当他们已从某地来时"
  单数：u₄ GN-ta ki lugal-še₃ ba-gen-na-a "当他已从某地到王地时"
  复数：u₄ GN-ta ki lugal-še₃ ba-e-re-ša-a "当他们已从某地到王地时"

  根据使节级别的高低，他们接收的配给品数量不同。在吉尔苏信使文件中，配给品的种类主要是啤酒、面包、芝麻油3大类，此外还有麦精（固体啤酒）、面粉、粗制面粉、奶酪、大麦等。虽然吉尔苏信使文件绝大多数是没有年名的，其年份不清楚，但是根据已知年份的文献记载，在舒尔吉42年以前，使节每次只接收一种配给品（如啤酒、面包）。从舒尔吉42年开始，使节接收多种组合的配给品，并且在不同时期，即使相同头衔的使节接收的配给品数量也会有所差异。另外，从阿马尔辛9年开始，油的配给品容量单位由"津"（gin₂）或舍客勒变为"桶"（id-gur₂ 或 a₂-gam），可能是因为国家量器标准发生了变革。具体的统计表如下所示：

---

① 关于苏美尔语动词 DU "去往"，未完成时为 du，完成时为 gen，参见 D. O. Edzard, *Sumerian Grammar*, Atlanta: Society of Biblical Literature, 2003, pp. 140-141。
② 注意，伊利萨格里格信使文件中记载乌尔使节出访，主要使用的动词短语前缀是 ba-，但是也有一些文献使用动词前缀 -im，而动词前缀 -im 更多的是被用于表示配给品接收者所承担的其他任务中。

表 4-3　吉尔苏信使文件记载不同头衔接收配给品统计

职业（头衔）	配给品（数量、种类）	日期
a-zu lugal	1 优酒，10 普酒，11 烤面包，1 植油	SH 42
aga$_3$-us$_2$-lugal	5（包）	SH 33
aga$_3$-us$_2$-gal-gal	10（酒）	SH 34
dumu-lugal	60 王酒 60 粗面	AS 5
dumu-nu-banda$_3$	3（王面）	SH 32
dumu-nu-banda$_3$	4 桶（油）（4 日）	SS 8
dumu-nu-banda$_3$	1 桶（油）（4 日）	SS 8
lu$_2$-kas$_4$	3（普）酒 2 包 4（植）油	SH 47，S 48，AS 1-5
lu$_2$-kas$_4$	5 酒 5 包 4 植油	AS 4
lu$_2$-kas$_4$	2 酒 2 包 2 植油	AS 4，AS 8，AS 9，SS 1
lu$_2$-kas$_4$	5 酒 3 包 4 植油	AS 5
lu$_2$-kas$_4$	20 酒 20 包 15 油（4 日）	AS 7
lu$_2$-^{giš}tukul	3 酒 2 包 4 植油	AS 1
lu$_2$-^{giš}tukul	2 酒 2 包 2 植油	AS 4，AS 8
lu$_2$-^{giš}tukul	3 酒 2 包 2 油	AS 8
lu$_2$-^{giš}tukul	2 酒 2 包 1 桶油	AS 9，SS 1，SS 2
lu$_2$-^{giš}tukul	2 酒 2 包 1 桶油在城里，1 罐固 5 粗面在途中	AS 9，SS 1，SS 2
lu$_2$-^{giš}tukul	5 酒 3 包 2 油	SS 8
lu$_2$-^{giš}tukul-gu-la	5 酒 3 包 4（植）油	SH 42，AS 3，AS 5
lu$_2$-^{giš}tukul-gu-la	5 酒 5 包 4（植）油	SH 44，AS 2
lu$_2$-^{giš}tukul-gu-la	5 酒 5 包 5 植油	SS 8
lu$_2$-^{giš}tukul-gu-la	10 酒+包，5 油	SS 8
nu-banda$_3$	5 优酒	SH 34
ra-gaba	2 酒 2 包 1 桶油	SS 1

续表

职业（头衔）	配给品（数量、种类）	日期
sukkal	10 王包	SH 33
sukkal	5 包	SH 33
sukkal	5（酒）	SH 34
sukkal	5（普）酒 5 包 4（植）油	SH 44, AS 1
sukkal	5（普）酒 3 包 4（植）油	AS 1, AS 2, AS 4, AS 5
sukkal	3 酒 2 包 4 植油	AS 4
sukkal	15 酒 15 包 x 油（3 日）20 酒 20 包 15 油（4 日）	AS 7
sukkal	3 酒 2 包 2 油	AS 8
sukkal	5 酒 3 包 2 油	AS 8
sukkal	10 酒 6 包 4 油（2 日）	AS 8
sukkal lugal	5 酒 3 包 4 油	AS 3
šar$_2$-ra-ab-du	5 王面常	SH 32

由于年份明确的文献数量只占吉尔苏信使文件的较少部分（约 20%），所以上述的统计只能从年代学上大致复原不同头衔的使节在不同时间段接收的配给品数量与种类的差异。但是还有大量年份不清楚文献，记载了更多头衔的使节接收配给品的情况，由于无法按照时间顺序进行分析，我们只能根据不同头衔的使节和其接收配给品的种类数量进行排列，然后根据上述年份明确文献所记载的年代学信息，彼此进行信息互补与完善。另外，一般使节去某地时（GN-še$_3$），所接收的配给品分为两部分，一部分是"在城里（消费）"（ša$_3$ iri），一部分是"为途中（消费）"（kaskal-še$_3$）。

所有的职业头衔大概可以分为两个级别，第一级别包括卫官或卫兵长（aga$_3$-us$_2$-gal）、副军尉或"军尉之子"（dumu-nu-banda$_3$）、士官或士兵长（lu$_2$-^{giš}tukul-gu-la）、骑使（ra-gaba）、"卢库尔"女祭司之兄（šeš-lukur）、外事官（sukkal）、"乌库尔"官（u$_3$-kul），他们接收的配给品种类"在城里"的包括：饮料类（5 希拉啤酒 kaš 或普通啤酒 kaš du）、食物类（3 或 5 希拉面粉 zi$_3$、粗制面粉 dabin、"古"粗制面粉或小麦粉 zi$_3$-gu、面包 ninda）、油（1 桶芝麻油 id-gur$_2$ i$_3$-[giš]，或 4 津油 gin$_2$ i$_3$）；"在途"的配给

第四章 乌尔使节出访

品包括：1 罐固体啤酒（麦精）（dug dida）或普通固体啤酒（dug dida du）、5 希拉面粉（zi₃）或粗面粉（dabin）。第二级别主要是指行使（lu₂-kas₄）和士兵（lu₂-ᵍⁱˢtukul，直译为"带武器的人"），他们在城里的配给品包括 2 或 3 希拉啤酒（或普通啤酒），食物类（2 希拉"古"粗面粉、面粉、面包），油脂类（1 桶油或 2 津油）；在途的配给品包括 1 罐固体啤酒，5 希拉面包（或面粉、粗面粉）。

关于一篇吉尔苏信使文件的记录格式，大致包括三个要素：配给品、使节（配给品接收者）、任务（GN-ta "从……来"，GN-še₃ "到……去"）。此外，有的文献还有配给品支出机构（一般是驿站）或支出者（驿站官员）信息，日期信息（日名、月名、年名）。前文提到，大多数的吉尔苏信使文件只有月名（及日名），而缺少年名。所以，我们可以将其分为年份不明确文献（MT nyn）和年份明确文献（MT yn）。

其中，年份不明确文献大部分只有月名，没有日名。见下面一个例子。

文献 BM Messenger 194（--ii, Girsu）
obv.
1) 3 sila₃ kaš du 2 sila₃ zi₃-gu 1 id-gur₂   3 希拉普通啤酒，2 希拉粗面粉，
   i₃-giš Nu-ur₂-i₃-li₂ lu₂-kas₄   1 桶植物油，给行使努尔伊里
rev.
1) Šušinᵏⁱ-ta du-ni   当他从苏萨来时
2) iti gu₄-ra₂-bi₂-mu₂-mu₂   第 2 月

不过，有的年份不明确文献也带有日名，如下所示：

文献 TCTI 2, 03642（--i 25, Girsu）
obv.
1) 2 sila₃ kaš 2 sila₃ ninda   2 希拉啤酒，2 希拉面包
2) 2 gin₂ i₃   2 津油
3) Ur-ᵈNin-giš-zi-da lu₂-ᵍⁱˢtukul   给士兵乌尔宁吉什孜达
4) ᵘ²Uruaᵏⁱ-ta du-ni   当他从乌鲁阿来时
rev.
1) iti gan₂-maš u₄ 25 ba-zal   第 1 月，第 25 日

在吉尔苏信使文件中，有年名的文献大约只占20%，但是对我们分析使节的出访活动十分重要。见下面一个例子（带有年名、月名）。

文献 RA 019, 044 MIO 8738（SH 33 iv, Girsu）
obv.

1) 0.0.1 ninda lugal　　　　　　　1 班王室面包
2) Šu-gu-gu sukkal　　　　　　　给外事官舒古古
3) Šušin^{ki}-še$_3$ gen-na　　　　　当他已去苏萨时

rev.

1) zi-ga Di-ku$_5$　　　　　　　　由迪库，支出
2) iti šu-numun　　　　　　　　 第 4 月
3) mu Kar$_2$-har^{ki} a-ra$_2$ 3-kam-aš ba-hul　舒尔吉 33 年

有些年份明确文献除了有年名和月名之外，还有日名，包括两种格式："u$_4$ n-kam +月名"（例如文献 TCTI 2, 03607）和"月名+ u$_4$ n ba-zal"（例如文献 ITT 3, 05133）。如下所示：

文献 ITT 3, 05133（SS 1 i 21, Girsu）
obv.

1) 2 sila$_3$ kaš 2 sila$_3$ ninda　　　　2 希拉啤酒，2 希拉面包
2) 1 id-gur$_2$ i$_3$　　　　　　　　　1 桶油
3) Šu-^{d}En-lil$_2$-la$_2$ lu$_2$-^{giš}tukul　　给士兵舒恩利拉
4) Šušin^{ki}-ta du-ni　　　　　　 当他从苏萨来时，
5) 2 sila$_3$ kaš 2 sila$_3$ ninda　　　　2 希拉啤酒，2 希拉面包

rev.

1) 1 id-gur$_2$ i$_3$　　　　　　　　　1 桶油
2) Šar-ru-um-i$_3$-li$_2$ lu$_2$-^{giš}tukul　给士兵沙鲁姆伊里
3) A-dam-dun^{ki}-ta du-ni　　　　当他从阿丹顿来时，
4) iti gan$_2$-maš u$_4$ 21 ba-zal　　　第 1 月，第 21 日
5) mu us$_2$-sa en ^{d}Nanna Kar-zi-da ba-hun　舒辛 1 年。

第四章　乌尔使节出访

在一篇文献记录中，支出给使节的配给品种类和数量是有规律的，有不同的记录格式。一是支出同一种类的配给品给一个使节。二是支出不同种类的配给品一次性给一个使节，很可能是在驿站（城里）消费。三是配给品分为"在城里"（驿站）（ša$_3$ iri）和"为途中"（GN-še$_3$）两种分别被支出给一个使节。四是支出给一个使节的配给品供其多日食用。五是一份配给品支出给两个使节，两个人共同消费。这五种配给品情况的例子汇总如下。

第一种：文献 Nisaba 03/2, 34（--i）
obv.

1) 5 sila$_3$ zi$_3$-gu　　　　　　　　5 希拉小麦粉
2) Šu-Ma-ma sukkal　　　　　　给外事官舒马马

第二种：文献 Nisaba 13, 108（SS 1 vii 29, Girsu）
obv.

1) 2 sila$_3$ kaš 2 sila$_3$ ninda　　　2 希拉啤酒，2 希拉面包
2) 1 id-gur$_2$ i$_3$　　　　　　　　1 桶油
3) Ma-at-i$_3$-li$_2$ lu$_2$-^{giš}tukul　　　给士兵马特伊里

第三种：文献 MVN 02, 223（--ix 5, Girsu）
obv.

1) 2 sila$_3$ kaš 2 sila$_3$ ninda　　　2 希拉啤酒，2 希拉面包
2) 1 id-gur$_2$ i$_3$　　　　　　　　1 桶油
3) ša$_3$-iri　　　　　　　　　　在城里
4) 1 dug dida 5 sila$_3$ dabin　　　1 罐麦精，5 希拉粗面粉
5) kaskal-še$_3$　　　　　　　　为途中
6) Puzur$_4$-^{d}En-lil$_2$-la$_2$ lu$_2$-^{giš}tukul　给士兵普朱尔恩利拉

第四种：文献 Nisaba 13, 102（--ii, Girsu）
obv.

5) 0.0.1 zi$_3$ u$_4$ 2-kam　　　　　1 班面粉，供两天
6) Lu$_2$-^{d}Nanna aga$_3$-us$_2$-gal　　给士兵长卢南那

327

第五种：文献 HLC 106（pl. 094）（--iii, Girsu）
rev.

5) 0.0.1 kaš 0.0.1 zi$_3$ 2 id-gur$_2$　　　　1 班啤酒，1 班面粉，2 桶（油）

6) Lu$_2$-^{d}Nanna sukkal　　　　　　　　给外事官卢南那

7) u$_3$ Igi-sa$_6$-sa$_6$ aga$_3$-us$_2$-gal　　　　和士兵长伊吉萨萨

在吉尔苏信使文件中，关于使节任务（差事）的记录十分简单，使用的主要术语是"从……来"（GN-ta du-ni）或"到……去"（GN-še$_3$ du-ni），完成时的表达方式是"已从……来"（GN-ta gen-na）或"已到……去"（GN-še$_3$ gen-na）。动词短语的复数形式分别为 du-ne-ne 和 gen-na-ne-ne，但是 du-ni 和 gen-na 两种术语也出现在文献中表示动词复数含义。还有一种表达方式是"从……到……"（GN1-ta GN2-še$_3$ gen-na）。例如：

文献 BM Messenger 048（--v, Girsu）
obv.

1) 5 sila$_3$ kaš du 3 sila$_3$ ninda du$_8$-a　　　5 希拉普通啤酒，3 希拉烤面包

4 gin$_2$ i$_3$-giš Šu-i$_3$-li$_2$ sukkal　　　　　4 津植物油，给外事官舒伊里

Šušin^{ki}-ta Uri$_5$^{ki}-še$_3$ gen-na　　　　　　当他已从苏萨到乌尔时，

2) 3 sila$_3$ kaš du　　　　　　　　　　　　3 希拉普通啤酒

rev.

1) 2 sila$_3$ ninda du$_8$-a 4 gin$_2$ i$_3$-giš　　　2 希拉烤面包，4 津植物油

Hu-hu-ne-mu lu$_2$ Ki-nu-nir^{ki}　　　　　　给基努尼尔人胡胡奈姆

dam-gar$_3$-še$_3$ gen-na　　　　　　　　　　当他已到商人（住处）时，

2) iti munu$_4$-gu$_7$　　　　　　　　　　　　第 5 日

注意，还有一种特殊的表达方式，即"从安珊和从尼普尔来（吉尔苏）"，表达方式有：Anshan-ta u$_3$ Nippur-ta gen-na（如文献 MVN 19, 012），Nippur-ta gen-na u$_3$ Anshan-ta gen-na（如文献 Fs Sigrist 028, no. 07），以及 Anshan-ta du-ni Nippur-ta du-ni（如文献 Kaskal 04, 071 06）。如下所示：

第四章 乌尔使节出访

文献 MVN 19, 012 (--ii, Girsu)

obv.

1) 5 sila₃ kaš 5 sila₃ ninda　　　5 希拉啤酒，5 希拉面包
2) 1 i₃-giš id-gur₂　　　1 桶植物油
3) Šu-e-li sukkal　　　给外事官舒埃里，
4) 5 sila₃ kaš 5 sila₃ ninda　　　5 希拉啤酒，5 希拉面包
5) 1 i₃-giš id-gur₂　　　1 桶植物油
6) Ur-ᵈNanna sukkal　　　给外事官乌尔南那，
7) 3 sila₃ kaš 2 sila₃ ninda　　　3 希拉啤酒，2 希拉面包
8) 1 i₃-giš id-gur₂　　　1 桶植物油
9) A₂-bi₂-la-num₂　　　给阿比拉努姆，

rev.

1) 5 sila₃ kaš 5 sila₃ ninda　　　5 希拉啤酒，5 希拉面包
2) 1 i₃-giš id-gur₂　　　1 桶植物油
3) Puzur₄-ra-bi₂　　　给普朱尔拉比
4) 3 sila₃ kaš 2 sila₃ ninda　　　3 希拉啤酒，2 希拉面包
5) 1 i₃-giš id-gur₂　　　1 桶植物油
6) Ni-ku-um lu₂-kas₄　　　给行使尼库姆
7) 5 sila₃ kaš 5 sila₃ ninda　　　5 希拉啤酒，5 希拉面包
8) 1 i₃-giš id-gur₂　　　1 桶植物油
9) ᵈNanna-kam sukkal　　　给外事官南纳卡姆
10) An-ša-anᵏⁱ-ta　　　当他已从安珊
11) u₃ Nibruᵏⁱ-ta gen-na　　　和从尼普尔来时
12) iti gu₄-ra₂-bi₂-mu₂-mu₂　　　第 2 月

上述表达形式指的是同一批使节都"从安珊和从尼普尔来（吉尔苏）"。还有一种变体形式，即"从尼普尔来"和"从安珊来"两个术语分别表示两批不同的使节。例如：

文献 NATN 409 (--v, Girsu)

obv.

1) 5 sila₃ kaš 5 sila₃ ninda　　　5 希拉啤酒，5 希拉面包

2) 1 id-gur$_2$ i$_3$-giš　　　　　　　　1 桶植物油

3) a-ra$_2$ 1-kam　　　　　　　　　第一次

4) 5 sila$_3$ kaš 5 sila$_3$ ninda　　　　5 希拉啤酒，5 希拉面包

5) 1 id-gur$_2$ i$_3$-giš　　　　　　　　1 桶植物油

6) a-ra$_2$ 2-kam　　　　　　　　　第二次

7) Lu$_2$-^{d}Ba-ba$_6$　　　　　　　　给卢巴巴

8) inim-inim-ma-še$_3$ gen-na　　　当他已去（传话）

rev.

1) Nibru^{ki}-ta gen-na　　　　　　已从尼普尔来，

2) 5 sila$_3$ kaš 5 sila$_3$ ninda　　　　5 希拉啤酒，5 希拉面包

3) 1 id-gur$_2$ i$_3$-giš　　　　　　　　1 桶植物油

4) An-gar$_3$ sukkal　　　　　　　　给外事官安伽尔

5) An-ša-an^{ki}-ta gen-na　　　　　当他已从安珊来时

6) iti munu$_4$-gu$_7$　　　　　　　　第 5 月

根据学者们的研究，这种特殊的表示行程的术语，并不是真正意义上的"从安珊和从尼普尔来"，而是泛指乌尔使节往返于东部外交国与乌尔核心区之间，并不是代表具体的地名，被归为同一类档案，所以据此不能认为是乌尔使节出访安珊的证据。

一般在年份明确的吉尔苏信使文件（少数年份不明确的文献）末尾，会记录支出机构或支出官员的信息，标记为 zi-ga PN"（由）某人支出"（无日名如文献 RA 019，044 MIO 8738；有日名如文献 MVN 07，211）或者 zi-ga ki PN-ta"从某人处支出"（如文献 BM Messenger 061），或者是 zi-ga sa$_3$ GN"在某地（驿站）支出"（如文献 MVN 22，101）或者简写形式 zi-ga"支出"，即省略支出官员信息（如文献 BM Messenger 033）。

文献 RA 019，044 MIO 8738（SH 33 iv, Girsu）

obv.

1) 0.0.1 ninda lugal　　　　　　　1 班王室面包

2) Šu-gu-gu sukkal　　　　　　　给外事官舒古古

3) Šušin^{ki}-še$_3$ gen-na　　　　　　当他已去苏萨时

rev.
1) zi-ga Di-ku₅　　　　　　　　　　　　由迪库，支出
2) iti šu-numun　　　　　　　　　　　　第 4 月
3) mu Kar₂-har^ki a-ra₂ 3-kam-aš ba-hul　　舒尔吉 33 年

根据时间顺序，我们将支出官员和支出机构列举如下：

乌尔宁图：Ur-^dNin-tu（SH 32）
阿卡拉：A-kal-la（SH 33，34，AS 4，5，9，SS 1）更多 AS 5
迪库：Di-ku₅（SH 33，AS 8，SS 8）
在基努尼尔：ša₃ Ki-nu-nir^ki（SH 42，MVN 22，101）
在胡里姆：ša₃ Hu-rim₃^ki（MVN 07，386）
在驿站：e₂-kas₄（RA 019，040 020；MVN 02，222）
在拉伽什：ša₃ Lagaš^ki（TCTI 2，03740）

更多的年份不明确文献则没有 zi-ga 信息。从阿马尔辛 1 年开始，吉尔苏信使文件中记录使节任务时，出现了一种新的格式 GN-ta GN-še₃ gen-na，(giri₃) lugal Uri₅^ki tuš-a "从……到……，经由住在乌尔的国王（负责）"（如文献 CTPSM 1，120；Nisaba 22，047）。

吉尔苏信使文件记录乌尔使节出访任务时，一般在一篇文献中，不仅仅记载一人次的出访，更多的是一篇文献中记载了多人次的出访任务，其中往返于苏萨的使节的人次数和文献数量最多，例如：

文献 HSS 04，065（--iii，Girsu）
obv.
1) 0.0.1 kaš 0.0.1 zi₃ 2 id-gur₂ i₃　　　　1 班啤酒，1 班面粉，2 桶油
2) A-gu-a lu₂-^giš tukul-gu-la　　　　　　给士兵长阿古亚
3) Šušin^ki-ta du-ni　　　　　　　　　　当他从苏萨来时，
4) 3 sila₃ kaš 5 sila₃ zi₃ 1 id-gur₂ i₃　　　3 希拉啤酒，5 希拉面粉，1 桶油
5) Ad-da-na-bir₃ lu₂-^giš tukul-gu-la　　　给士兵长阿达纳比尔
6) Šušin^ki-še₃ du-ni　　　　　　　　　当他去苏萨时，
7) 5 sila₃ kaš 5 sila₃ zi₃ 1 id-gur₂ i₃　　　5 希拉啤酒，5 希拉面粉，1 桶油

8) Lugal-nesag-e lu$_2$-^{giš}tukul-gu-la　　　给士兵长卢伽尔奈萨吉

9) Šušin^{ki}-ta du-ni　　　当他从苏萨来时，

10) 5 sila$_3$ kaš 5 sila$_3$ zi$_3$ 1 id-gur$_2$ i$_3$　　　5 希拉啤酒，5 希拉面粉，1 桶油

rev.

1) A$_2$-bi$_2$-la-num$_2$ sukkal　　　给外事官阿比拉努姆

2) Šušin^{ki}-še$_3$ du-ni　　　当他去苏萨时，

3) 0.0.1 kaš 0.0.1 zi$_3$ 2 id-gur$_2$ i$_3$　　　1 班啤酒，1 班面粉，2 桶油

4) Puzur$_4$-Ka$_3$-ka$_3$ lu$_2$-^{giš}tukul-gu-la　　　给士兵长普朱尔卡卡

5) Šušin^{ki}-še$_3$ du-ni　　　当他去苏萨时，

6) 5 sila$_3$ kaš 5 sila$_3$ zi$_3$ 1 id-gur$_2$ i$_3$　　　5 希拉啤酒，5 希拉面粉，1 桶油

7) Lugal-a$_2$-zi-da lu$_2$-^{giš}tukul-gu-la　　　给士兵长卢伽尔阿孜达

8) Šušin^{ki}-ta du-ni　　　当他从苏萨来时，

9) 5 sila$_3$ kaš 5 sila$_3$ zi$_3$ 1 id-gur$_2$ i$_3$　　　5 希拉啤酒，5 希拉面粉，1 桶油

10) Bur-Ma-ma lu$_2$-^{giš}tukul-gu-la　　　给士兵长布尔马马，

left

1) iti ezem ^{d}Li$_9$-si$_4$　　　第 3 月。

注意，上文中末尾提到的使节布尔马马接收配给品，但是并没有记录其相关的出访任务和目的地，具体的原因不详，可能的解释有二，一是属于尚未安排的出访任务，二是书吏的有意为之，可能表示无效的或者删除的，我们也不能排除当时背景下的一种尚不可知的约定俗成。除此，更多的文献记载的是多人次出访不同的外交国，例如下面这篇文献记录了 5 个外交国和苏萨共计 6 个异域地名。

文献 JAOS 033, 024 1 (--ii, Girsu)

obv.

1) 0.0.1 zi$_3$ u$_4$ 2-kam ša$_3$ iri　　　1 班面粉，供两天，在城里

2) 5 sila$_3$ zi$_3$ kaskal-še$_3$　　　5 希拉面粉，为途中

3) I-me-ta sukkal　　　给外事官伊美塔

4) An-ša-an^{ki}-še$_3$ du-ni　　　当他去安珊时，

5) 0.0.1 zi$_3$ u$_4$ 2-kam ša$_3$ iri　　　1 班面粉，供两天，在城里

6) 5 sila$_3$ zi$_3$ kaskal-še$_3$　　　5 希拉面粉，为途中

7）Lu$_2$-na-ba-a aga$_3$-us$_2$ 给卫兵卢纳巴亚

8）Sa-bu-um^{ki}-še$_3$ du-ni 当他去萨布姆时，

9）5 sila$_3$ zi$_3$ Lugal-ma$_2$-gur$_8$-re sukkal 5 希拉面粉，给外事官卢伽尔马古莱

10）Šušin^{ki}-ta du-ni 当他从苏萨来时，

11）0.0.1 zi$_3$ u$_4$ 2-kam ša$_3$ iri 1 班面粉，供两天，在城里

rev.

1）5 sila$_3$ zi$_3$ kaskal-še$_3$ 5 希拉面粉，为途中

2）I-di$_3$-da sukkal 给外事官伊迪达

3）Ši-ma-aš-gi$_5$-še$_3$ du-ni 当他去西马什基时，

4）5 sila$_3$ zi$_3$ DINGIR-ra-bi$_2$ sukkal 5 希拉面粉，给外事官伊鲁姆拉比

5）Hu-hu-nu-ri-ta du-ni 当他从胡赫努里来时，

6）5 sila$_3$ zi$_3$ A$_2$-bi$_2$-li$_2$ sukkal 5 希拉面粉，给外事官阿比里

7）A-dam-dun^{ki}-ta du-ni 当他从阿丹顿来时，

8）iti gu$_4$-ra$_2$-bi$_2$-mu$_2$-mu$_2$ 第2月。

除了这一类为使节直接支出供给品之外，在信使文件中还记载了乌尔使节担任经办官员（giri$_3$）的身份，负责外交国的埃兰人来乌尔或者从乌尔回外交国的差事。例如：

文献 MVN 19，007（--xi diri, Girsu）

obv.

1）5 sila$_3$ kaš 5 sila$_3$ dabin 5 希拉啤酒，5 希拉粗面粉

2）1 id-gur$_2$ i$_3$ 1 桶油

3）Šu-Ma-ma ra-gaba 给骑使舒马马

4）Šušin^{ki}-ta du-ni 当他从苏萨来时，

5）5 sila$_3$ kaš 5 sila$_3$ dabin 5 希拉啤酒，5 希拉粗面粉

6）1 id-gur$_2$ i$_3$ ša3 iri 1 桶油，在城里

7）1 dug dida du 1 罐普通麦精

8）5 sila$_3$ dabin kaskal-še$_3$ 5 希拉粗面粉，为途中

9）La-muš-e lu$_2$-^{giš}tukul-gu-la 给士兵长拉姆塞

rev.

1）0.1.0 kaš du lugal 1 巴里格普通王室啤酒

2）0.1.0 dabin 1 sila$_3$ i$_3$-giš 1 巴里格粗面粉，1 希拉植物油

333

3) elam Sa-bu-um^(ki)-me　　　　　　　给萨布姆的埃兰人

4) giri₃ La-muš-e lu₂-^(giš)tukul-gu-la　由士兵长拉姆塞经办

5) Sa-bu-um^(ki)-še₃ du-ni　　　　　　当他们去萨布姆时

6) iti diri še-sag₁₁-ku₅　　　　　　　闰 11 月

　　这些埃兰人的属性在学术界存在争议，有的学者认为他们是雇佣兵，目前流行的观点认为他们是雇佣劳动力，来乌尔王国从事雇佣工作，工作完成后回各自的国家或者去往其他地方。

　　与吉尔苏文献不同，伊利萨格里格信使文件基本上都有年名（年份不明确的情况基本上都是由于文献中年名破损导致）。其文献记录的格式包括如下要素：

① 配给品

② 使节

③ 出访任务（来去某地，GN-ta/še₃ 或者 GN1-ta ki lugal-še₃）

④（其他任务：配给品+使节+任务；位置可在出访任务之前或之后）

⑤ 总计（šu-nigin₂）

⑥ 支出（zi-ga）

⑦ 日期：月名（mu）

⑧ 年名（iti）

⑨ 日名（左侧，u₄ n-kam）

　　例如，下面这篇文献记载。

文献 CUSAS 40, 0653（IS 1 x 21, Irisagrig）

obv.

1) 1 sila₃ tu₇ 1 ku₆　　　　　　　　　1 希拉汤，1 条鱼

2) I-di₃-^dSuen lu₂-kin-gi₄-a lugal　　给王室信使伊丁辛

3) u₄ Si-ig-ra-aš₂^(ki)-ta　　　　　　当他已从西格里什

4) ki lugal-še₃ ba-gen-na-a　　　　　到王地时，

5) 1 sila₃ tu₇ 1 ku₆　　　　　　　　　1 希拉汤，1 条鱼

6) Šu-Eš₁₈-tar₂ lu₂-kin-gi₄-a lugal　　给王室信使舒伊什塔尔

第四章　乌尔使节出访

7) u$_4$ erin$_2$ zah$_3$ arad$_2$ e$_2$-gal dab$_5$-ba-de$_3$　　　当他已将逃兵和逃奴带到王宫时，
　　im-gen-na-a

rev.

1) 1 sila$_3$ tu$_7$ 1 ku$_6$　　　　　　　　　　　　　　1 希拉汤，1 条鱼

2) Lu-lu-ba-ni lu$_2$-kin-gi$_4$-a lugal　　　　　　　给王室信使卢卢巴尼

3) u$_4$ Hu-ur-tum^{ki}-še$_3$ ba-gen-na-a　　　　　　当他已去胡尔提时，

4) 1 sila$_3$ tu$_7$ 1 ku$_6$　　　　　　　　　　　　　　1 希拉汤，1 条鱼

5) A-hu-ba-qar lu$_2$-kin-gi$_4$-a lugal　　　　　　　给王室信使阿胡巴卡尔

6) u$_4$ maškim lu$_2$ di-da-ka-še$_3$ im-gen-na-a　　当他已去诉讼的监督官（住处）时，

7) 1 sila$_3$ tu$_7$ 1 ku$_6$　　　　　　　　　　　　　　1 希拉汤，1 条鱼

8) Šu-^{d}IŠKUR šu-i　　　　　　　　　　　　　　　给理发师舒阿达德

9) u$_4$ ^{giš}ma-nu-še$_3$ im-gen-na-a　　　　　　　当他已去（收集）柳木时，

10) zi-ga　　　　　　　　　　　　　　　　　　　　被支出

11) iti nig$_2$-e-ga　　　　　　　　　　　　　　　　第 10 月

12) mu ^{d}I-bi$_2$-^{d}Suen lugal　　　　　　　　　　伊比辛 1 年

left

1) u$_4$ 21-kam　　　　　　　　　　　　　　　　　　第 21 日。

关于伊利萨格里格信使文件中的配给品种类，主要包括 6 大类：啤酒（sila$_3$ kaš）、面包（sila$_3$ ninda）、烤羊（udu še$_6$-ga$_2$）、汤（sila$_3$ tu$_7$）、鱼（ku$_6$）、羊排（ma-la-ku udu）。[①] 这些配给品的搭配也是有规律可循的。一般情况是，一篇文献记载汤和鱼作为一组，一次性支出给使节；而另一篇文献记载啤酒和面包作为一组，支出给同一位使节，作为其同一次出访任务所接收的补充配给品。例如，上文所列的文献（CUSAS 40，0653）和下一篇文献（CUSAS 40，0184）就属于补充文献。

文献 CUSAS 40，0184（IS 1 x 21，Irisagrig）

obv.

1) 3 sila$_3$ kaš 2 sila$_3$ ninda　　　　　　　　　　3 希拉啤酒，2 希拉面包

2) I-di$_3$-^{d}Suen lu$_2$-kin-gi$_4$-a lugal　　　　　给王室信使伊丁辛

[①] 极少出现的还有：油酥面包（sila$_3$ ninda i$_3$-de$_2$-a，出现在 ugula lu$_2$-kin-gi$_4$-a lugal）、皮水袋（^{kuš}ummu$_3$ šu-la$_2$-a）和皮鞋（^{kuš}e-sir$_2$ e$_2$-ba-an）（见文献 Nisaba 15，0479）。

335

3) u₄ Si-ig-ra-aš₂ki-ta　　　　　当他已从西格里什
4) ki lugal-še₃ ba-gen-na-a　　　到王地时
5) 3 sila₃ kaš 2 sila₃ ninda　　　3 希拉啤酒，2 希拉面包
6) Šu-Eš₁₈-tar₂ lu₂-kin-gi₄-a lugal　给王室信使舒伊什塔尔
7) u₄ erin₂ zah₃ arad₂ e₂-gal dab₅-ba-de₃ im-gen-na-a　当他已将逃兵和逃奴带到王宫时

rev.

1) 3 sila₃ kaš 2 sila₃ ninda　　　3 希拉啤酒，2 希拉面包
2) Lu-lu-ba-ni lu₂-kin-gi₄-a lugal　给王室信使卢卢巴尼
3) u₄ Hu-ur-tumki-še₃ ba-gen-na-a　当他已去胡尔提时
4) 3 sila₃ kaš 2 sila₃ ninda　　　3 希拉啤酒，2 希拉面包
5) A-hu-ba-qar lu₂-kin-gi₄-a lugal　给王室信使阿胡巴卡尔
6) u₄ maškim lu₂ di-da-ka-še₃ im-gen-na-a　当他已去诉讼的监督官（住处）时
7) 2 sila₃ kaš 2 sila₃ ninda　　　2 希拉啤酒，2 希拉面包
8) Šu-dIŠKUR šu-i　　　　　　给理发师舒阿达德
9) u₄ gišma-nu-še₃ im-gen-na-a　当他已去（收集）柳木时
10) zi-ga　　　　　　　　　被支出
11) iti nig₂-e-ga　　　　　　　第 10 月
12) mu dI-bi₂-dSuen lugal　　　伊比辛 1 年

left

1) u₄ 21-kam　　　　　　　　第 21 日。

担任出访任务的乌尔使节的头衔大多数都是"王室信使"（lu₂-kin-gi₄-a lugal），每人接收的配给品固定配额一般为：1 块羊肉（ma-la-ku udu，或羊排）、1 希拉汤、1 条鱼；以及 3 希拉啤酒、2 希拉面包。除了王室信使的头衔外，还有一些王室信使的各部门长官，他们接收的配给品数量都要比普通的王室信使要多，主要包括：骑使（ra₂-gaba）、[①]"清理院子"的骑使（ra₂-gaba kisal-luh）、建筑师（šitim）、将军（šagina）、行使督办（ugula lu₂-kas₄）、军尉（nu-banda₃）等。此外，诸如木匠（nagar）、持杯

[①] M. Such-Gutiérrez, "Das ra₍₂₎-gaba-Amt anhand der schriftlichen Quellen des 3. Jahrtausends", *Archiv für Orientforschung*, Vol. 53（2015），pp. 19-39.

者（sagi）、理发师（šu-i）等职业人员接收的配给品等于或者少于普通的王室信使。我们根据其接收配给品多少大致可以恢复其级别的高低，列举如下：①

表 4-4　伊利萨格里格信使文件记载乌尔使节头衔及接收配给品统计

头衔	烤羊	羊排	啤酒	面包	汤	鱼
zabar-dab$_5$ ②			300③			
šagina	1/0.5	1	30	30	5	5
dumu PN šagina		2			10	10
ugula lu$_2$-kin-gi$_4$-a lugal			30	30		
nu-banda$_3$ lu$_2$-kin-gi$_4$-a lugal	0.5				5	5
nu-banda$_3$	0.5		15	15	5	
sagi lu$_2$-kin-gi$_4$-a lugal		2			5	
ra$_2$-gaba	0.5	2			3/10	3/10
šitim		1			3	3
ra$_2$-gaba lu$_2$-kin-gi$_4$-a lugal			10/5	10/5	2	2
kuš$_7$ lu$_2$-kin-gi$_4$-a lugal			10	10		
kurušda lu$_2$-kin-gi$_4$-a lugal			10	10		
sukkal lu$_2$-kin-gi$_4$-a lugal		1	5	5	2/1	2/1
a-zu lu$_2$-kin-gi$_4$-a lugal			5	5		
nar lu$_2$-kin-gi$_4$-a lugal					2	2
ugula lu$_2$-kas$_4$		1			2	2
ra$_2$-gaba kisal-luh					2	2

---

① 特殊的配给品数量及其接收者，见文献 CUSAS 40, 0098；Nisaba 15, 0954；Nisaba 15, 0212；Nisaba 15, 0596；CUSAS 40, 0229。
② 见文献 CUSAS 40, 0611。
③ 0.0.3 kaš sig$_5$, 0.4.3 kaš du.

337

续表

头衔	烤羊	羊排	啤酒	面包	汤	鱼
lu$_2$-kin-gi$_4$-a lugal①		1	3	2	1	1
nagar					1	1
sagi			2	2	1	1
šu-i			2	2	1	1

由上表可以得出，接收配给品最多的是将军，其次是王室信使督办和军尉等高级官吏，最少的是持杯者和理发师等低级官吏。值得注意的是，与吉尔苏文献中记载有大量外事官（sukkal）和行使（lu$_2$-kas$_4$）出访外交国不同，伊利萨格里格文献几乎没有记载这两类官员出访外交国，只有记载"王室信使外事官"和少数"行使督办"出访外交国。极少数情况下，配给品分为"在城里"（ša$_3$ iri^{ki}，注意有 KI 限定符，而吉尔苏文献中类似记载则没有 KI 限定符）、"为途中"（kaskal-še$_3$）。②

在伊利萨格里格信使文件中，记载使节出访任务的格式是十分有规律的，基本上使用的是统一的格式，与吉尔苏文献一样，都是定语从句形式，但是与吉尔苏文献不同的是，伊利萨格里格文献使用比较完整的从句形式，即包括从句开头的副词"当……时"（u$_4$）和动词前缀，③ 动词一般都使用完成时"已去、已来"（gen），动词前缀（conjugation-prefix）一般使用 ba-，少数使用 im-（注意 im-前缀主要用于记录其他任务差事）。④

根据单复数不同可以分为：

---

① 王室信使这一头衔接收的配给品有许多变体，包括：3 sila$_3$ tu$_7$ 2 ku$_6$（文献 CUSAS 40, 0514）2 sila$_3$ tu$_7$ 2 ku$_6$（文献 CUSAS 40, 1593）5 sila$_3$ kaš / 5 sila$_3$ ninda（文献 Nisaba 15, 0591）2 sila$_3$ kaš / 2 sila$_3$ ninda（文献 CUSAS 40, 1520）10 sila$_3$ kaš / 10 sila$_3$ ninda // 3 sila$_3$ kaš 2 sila$_3$ ninda ša$_3$ ki iri 10 kaš 10 ninda kaskal-še$_3$（文献 Nisaba 15, 0562）

② 如文献 CUSAS 40, 0020。

③ 如前所述，吉尔苏信使文件表示乌尔使节任务，一般使用非限定性动词形式，即没有动词前缀，如未完成时单数形式的 du-ni 和完成时单数形式的 gen-na。

④ 见文献 CUSAS 40, 0873；Nisaba 15, 0699；Nisaba 15, 0788。

第四章　乌尔使节出访

单数：

u₄ GN-ta ba-gen-na-a "当他已从某地（回）来"

u₄ GN-še₃ ba-gen-na-a "当他已到某地（回）去"

u₄ GN-ta ki lugal-še₃ ba-gen-na-a "当他已从某地到国王之地去"

复数：

u₄ GN-ta ba-e-re-ša-a "当他们已从某地（回）来"

u₄ GN-še₃ ba-e-re-ša-a "当他们已到某地（回）去"

u₄ GN-ta ki lugal-še₃ ba-e-re-ša-a "当他们已从某地到国王之地去"

除了一般的往返于乌尔王国与外交国之间的任务之外，乌尔使节还负责将扎布沙里的羊、[①] 西马什基的牛、[②] 以及德尔的驴[③]等牲畜运送至乌尔王宫。此外，在阿马尔辛8年和9年的文献中，还记载了王室成员的出行活动，由乌尔使节负责陪同。[④]

在记载乌尔使节出访的伊利萨格里格信使文件中，记录配给品汇总（共计）格式的文献只出现在阿马尔辛8年和9年，以及伊比辛2年，以阿马尔辛8年为最多（50篇，占该年文献约70%）。其他年份的文献中则没有出现。

乌尔使节除了出访外交国之外，还作为经办（giri₃）官员负责外国人（lu₂ GN-me）接收供给品，当他们从外交国来到"国王之地"时。这些外交国包括：基马什、孜提安、胡尔提、西马什基、哈尔西、孜达赫里、胡图姆、西格里什（或西格拉什）、布里、马扎（Maza）。其中，西格里什、布里、孜提安和胡图姆的人一起去往国王之地，由一个乌尔使节经办。[⑤] 这些文献的记录格式为：

---

① u₄ udu Zabshali-ta e₂-gal-še₃ ba-la-he-ša-a（文献 CUSAS 40, 0020）.

② u₄ gu₄ Simashkum-ta e₂-gal-se₃ mu-la-ha-a（文献 CUSAS 40, 0631；CUSAS 40, 0748）.

③ u₄ ᵃⁿˢᵉkunga₂ Der-ta e₂-gal-še₃ mu-la-ha-a（文献 Nisaba 15, 0746）.

④ 例如，不同的配给品（鞋），给国王女儿，去西格里什，见文献 CUSAS 40, 0111；CUSAS 40, 1853；当巴巴提从德尔去王地，乌尔使节接收不同配给品，见文献 CUSAS 40, 1384；王后阿比西姆提，乌尔使节接收不同的配给品，见文献 Nisaba 15, 0455；Nisaba 15, 0458；国王的女儿，乌尔使节接收不同配给品，见文献 CUSAS 40, 0444；New IM 3, 038 = Nisaba 15, 0058.

⑤ 见文献 Nisaba 15, 0618（IS 1 viii 13）；CUSAS 40, 0712（IS 1 xi）；CUSAS 40, 0033（IS 1 xi）.

N	供给品
(ma₂-a ba-a-gar)	（被装上船）
lu₂ GN-me①	给 GN 的人
u₄ GN-še₃ im/ba-e-re-ša-a②	（当他们去 GN 时）
giri₃ PN	经办人 PN
(mu kišib₃ sukkal-mah iri^{ki}-ta iri^{ki}-še₃ mu-de₆-ša-a)③	（当大执政官的加印文件从一城到另一城被带来）
zi-ga	支出
MN/YN	月名/年名

与吉尔苏文献相仿，这些人很可能是雇佣劳动力，这些乌尔使节作为陪同人员，负责外国雇佣劳动力往返乌尔王国。④

在吉尔苏和伊利萨格里格（以及少数温马）信使文件中，记录了乌尔使节出访东部的外交国，或者作为经办（giri₃）官员负责陪同外交国劳动力或使节往返乌尔与外交国之间。其中，吉尔苏信使文件主要记载乌尔王国的使节出访东南部外交国（以苏萨为中转站），而伊利萨格里格信使文件主要记载乌尔使节出访东北部外交国（以德尔为中转站）。关于记录这些外交国（含苏萨和德尔）的现存文献数量，见表4-5的统计。

根据吉尔苏、伊利萨格里格、温马的信使文件记载，乌尔第三王朝的使节出访的国家基本上都位于王朝的东北部和东南部两个方向。其中，位于王朝偏南的吉尔苏，其信使文件记载的乌尔使节出访的国家主要位于王朝东南部，以苏萨作为中转站；而位于王朝偏北的伊利萨格里格，其信使文件记载的乌尔使节出访的国家主要位于王朝东北部，以德尔作为中转

---

① 变体包括：PN1 u₃ PN2 ensi₂ GN-me（给 GN 的恩西 PN1 和 PN2）；PN ensi₂ GN-me（给 GN 的恩西 PN）；PN ensi₂ GN u₃ aga₃-us₂-a-ni（给 GN 的恩西 PN 和他的士兵）；PN ensi₂ GN u₃ lu₂ GN-me（给 GN 的恩西 PN 和他的士兵）；erin₂ GN-me（给 GN 的军队/雇佣劳动力）。

② 变体为：u₄ GN-ta ki lugal-še₃ ba-e-re-ša-a（当他们从 GN 到国王之地时）。

③ 变体为：mu DUB nu-tuku-še₃ mu lugal pa₃。

④ 另外还有 6 篇文献记载了西马努姆的劳动力，见文献 CUSAS 40, 0035（SS 4 ii）；CUSAS 40, 0990（SS 6 iii）；CUSAS 40, 1533（SS 7 iii）；CUSAS 40, 0675（SS 7 vii）；Nisaba 15, 0623（IS 1 viii）；CUSAS 40, 0673（IS 2 viii）。

第四章　乌尔使节出访

站。下文根据不同的方位，对乌尔第三王朝使节出访的每个主要国家逐一讨论。①

表 4-5　　　　记载异域地名的信使文件数量统计

地名	吉尔苏 Girsu	伊利萨格里格 Irisagrig	温马 Umma	共计
德尔	—	383	—	383
哈尔西	3	17	—	20
基马什	110	123	—	233
胡尔提	6	41	—	47
西马什基	159	3+53	2	164+53
扎布沙里	1	2	1	4
布尔马	—	1	—	1
西格里什	—	4+14	—	4+14
孜提安＝孜达努姆	—	14	—	14
布里	—	3+2	—	3+2
孜达赫里＝孜达赫鲁姆（Zidahrum）	—	10	—	10
迪尼克图姆	—	14	—	14
胡图姆	1	5	—	5

---

① 注意，除了王朝东北部和东南部已经明确大致地理位置的外国地名外，在信使中还记载有少数异域地名，其地理位置不详，且只见于1—2篇文献中，包括：阿拉奈（Arane）、胡达库姆（Hudakum）、胡姆丁吉尔（Humdingir）、伊姆迪卢姆（Imdilum）、马扎、孜里姆（Zirimu）、美阿尔图姆（Mealtum）、乌什卢（Ushlu）、西廷鲁布姆（Sitinrubum）、伊吉尼玛（Iginimma）、舒尔布姆（Shurbum）等。参见 J. G. Westenholz and A. Westenholz, *Cuneiform Inscriptions in the Collection of the Bible Lands Museum Jerusalem: The Old Babylonian Inscriptions*, CM 33, Leiden and Boston: Brill, 2006, p. 109; K. De Graef, "Susa in the Late 3rd Millennium: From a Mesopotamian Colony to an Independent State (MC 2110-1980)", in W. Sallaberger and I. Schrakamp (eds.), *ARCANE* Ⅲ: *History & Philology*, Turnhout: Brepols, 2015, p. 296; D. Patterson, "Elements of the Neo-Sumerian Military", PhD dissertation, University of Pennsylvania, 2018, pp. 422-423; R. Zadok, "Review: Mountain Peoples in the Ancient Near East. The Case of the Zagros in the First Millennium BCE by S. Balatti", *Bibliotheca Orientalis*, Vol. 76, No. 3-4 (2019), p. 381.

续表

地名	吉尔苏 Girsu	伊利萨格里格 Irisagrig	温马 Umma	共计
希尔曼（Sirman）	—	2+1	—	2+1
苏萨	599	7	3	609
乌鲁阿	118	—	—	118
萨布姆	250	—	4	254
帕西美	4	1	—	5
阿丹顿	203	3	4	210
胡布姆	5	1	—	6
胡赫努里	60	—	18	78
杜杜里	48	—	1	49
吉沙	28	—	1	29
安珊	322	—	7	329
马尔哈西	18	—	1	19
希乌	22	—	—	22
扎乌尔	42	—	1	43
巴尔巴拉胡巴（Barbarahuba）	1	—	—	1
吉孜里（Gizili）	3	—	—	3

第三节　乌尔使节出访东北部外交国

乌尔王国的使节出访东北部外交国，主要被记录在伊利萨格里格的信使文件中，乌尔使节很可能从伊利萨格里格行省出发去往外交国，途经德尔进行中转，以及从外交国返回到伊利萨格里格行省。伊利萨格里格除了具有一般行省的性质之外，更重要的是，它还是乌尔王国的重要王室驻地之一，王室成员频繁往返于伊利萨格里格与乌尔城之间，这体现了伊利萨格里格的特殊地位。据信使文件记载，乌尔王国的使节出访的东北部外交国主要包括10个。其中，呼罗珊大道沿线有3个，分别是（距离乌尔王国由近及远）：哈尔西、基马什、胡尔提。其余 7 个位于扎格罗斯山脉的西马什基地区，包括（自北向南）：扎布沙里、布尔马、西格里什（或西格拉什）、孜达努姆（或孜提安）、布里（或布鲁姆）、孜达赫里（或孜达赫鲁姆），以及西马什基的雅布拉特王国。注意，只有西马什基地名在吉尔苏和伊利萨格里格信使文件中都有多次记载，所以推断其地理位置很可能介于乌尔王国东北部和东南部之间，更偏向于东南部。此外还有 3 个地名的地理位置不详，分别是迪尼克图姆（很可能是边缘区）、胡图姆、希尔曼，它们很少在文献中出现。

一 哈尔西

哈尔西是从伊利萨格里格途经德尔到达扎格罗斯山脉的第一站，从哈尔西出发，沿基马什、胡尔提，最终到达哈马丹，是为呼罗珊大道，也是两河流域通往伊朗高原陆路的重要通道。因此，哈尔西成为乌尔第三王朝重要的作战对象，战略地位十分重要。在乌尔第三王朝，共有 64 篇文献记载哈尔西，其中 44 篇来自普兹瑞什达干（主要记载哈尔西使节来访乌尔以及关于战利品和贡品），17 篇伊利萨格里格信使文件，3 篇吉尔苏信使文件[①]（年份不详，记载哈尔西埃兰人接收配给品）。所以，记载乌尔使节出访哈尔西的文献主要是伊利萨格里格信使文件。

在伊利萨格里格文献中，有 5 篇文献记载了哈尔西恩西或哈尔西人从哈尔西来或者回到哈尔西时接收配给品，均由王室信使等官员负责经办（$giri_3$）。在时间上，哈尔西人来到乌尔王国大致分为两次，一次发生在阿马尔辛 8 年，来访的是哈尔西的恩西阿达金（Adda-gen）和马尔胡尼，可见，哈尔西实行的是双恩西制（双首领制度），负责经办的乌尔使节是王室信使乌尔尼萨巴；第二次发生在舒辛 6 年 12 月至舒辛 7 年 1 月，来访的是哈尔西恩西萨加（Saga）及其卫兵（aga_3-us_2），此时可能哈尔西的双恩西制废止（或者另一个恩西驻守在哈尔西），负责经办的乌尔使节是王室信使扎里库姆和王室信使兼行使督办伊美阿（Imea）。需要注意的是，与吉尔苏文献不同，这些负责经办的乌尔使节并没有接收配给品。

[①] 文献 BM Messenger 123；NYPL 316；RTC 372。

表 4-6　　　　　　　乌尔使节作为经办人出访哈尔西统计

日期	经办的乌尔使节（giri₃）	被经办人	从……到……	文献
AS 8 i	乌尔尼萨巴，王室信使	哈尔西恩西阿达金和马尔胡尼	从哈尔西到王地	CUSAS 40, 0484
AS 8 i	乌尔尼萨巴，王室信使	哈尔西恩西阿达金和马尔胡尼	从哈尔西到王地	CUSAS 40, 1708
SS 6 xii d	扎里库姆，王室信使	哈尔西人	从哈尔西到王地	CUSAS 40, 0607
SS 7 i	伊美阿，行使督办	哈尔西恩西萨加及其卫兵	从哈尔西到王地	Nisaba 15, 0399
SS 7 i	伊美阿，王室信使兼行使督办	哈尔西人	去哈尔西	CUSAS 40, 0168

其余 12 篇文献记载的是乌尔使节出访哈尔西，在时间上从舒辛 3 年至伊比辛 2 年。在阿马尔辛统治时期没有乌尔使节出访哈尔西的记载，只是如上文所述记载有乌尔使节负责经办哈尔西人来访乌尔，此外在舒辛 6 年和 7 年也没有乌尔使节出访哈尔西，而此时正好是乌尔使节负责经办哈尔西人来访乌尔之时，这是一种巧合还是刻意安排，抑或还有相关文献记载尚未被发现，我们不得而知。乌尔使节出访哈尔西的文献列举如下：

表 4-7　　　　　　　　出访哈尔西的乌尔使节统计

日期	物品①	乌尔使节②	从……到……	文献
SS 3 iii 15	1 汤 1 鱼 1 汤 1 鱼	恩乌姆伊里（Enum-ili） 舒美美（Shu-meme）	去哈尔西	Nisaba 15, 0252
SS 4 v 2	1 汤 1 鱼	伊丁伊鲁姆（Idin-ilum）	去哈尔西	CUSAS 40, 0877
SS 4 x 6	1 汤 1 鱼	孜扎马（Zizama）	去哈尔西	Nisaba 15, 0328

---

① 注意，"1 肉"表示 1 块羊肉，"1 汤"表示 1 希拉汤，"1 鱼"表示 1 条鱼，"3 酒"表示 3 希拉啤酒，"3 包"表示 3 希拉面包。下同。

② 注意，由于这些人名的头衔多是"王室信使"（lu₂-kin-gi₄-a lugal），在表格统计中，所有的王室信使只写出其名字，省略该头衔，但是其余的头衔在人名后面需标注出，例如：sukkal LL 表示 sukkal lu₂-kin-gi₄-a lugal（王室信使外事官），kuš₇ LL 表示 kuš₇ lu₂-kin-gi₄-a lugal（王室信使侍从官）。其中的省略符号 LL 表示 lu₂-kin-gi₄-a lugal（王室信使），L 表示 lu₂-kin-gi₄-a（信使）。下同。

续表

日期	物品	乌尔使节	从……到……	文献
SS 5 xii 4	2 汤 2 鱼	乌尔图尔图拉（Ur-turtur-ra）	去哈尔西	Nisaba 15, 0335
SS 9 vii 28	3 酒 2 包 2 酒 2 包 3 酒 2 包	伊姆提达（Imtida） 阿胡杜 伊扎（Iza）	从哈尔西到王地	Nisaba 15, 0513
IS 1 i 11	1 汤 1 鱼	阿胡尼	从哈尔西到王地	Nisaba 15, 0558
IS 1 i 24	10 酒 10 包 3 酒 2 包 3 酒 2 包在城市；10 酒 10 包在途中	伊里希普提（Ili-shipti） 奈帕拉（NE-parra） 乌巴拉（Ubarra）	去哈尔西	Nisaba 15, 0562
IS 1 i 27	1 汤 1 鱼 1 汤 1 鱼	舒宁舒布尔（Shu-Nin-shubur） 阿布杜	从哈尔西到王地	CUSAS 40, 0005
IS 1 v 15	5 酒 5 包	阿巴（Aba）	从哈尔西到王地	Nisaba 15, 0591
IS 1 v 16	1 汤 1 鱼	库鲁德萨（Qurudsa）	去哈尔西	CUSAS 40, 0318
IS 1 viii 29	1 汤 1 鱼	舒阿巴	从哈尔西到王地	CUSAS 40, 0398
IS 2 x n	1 汤 1 鱼	萨加	去哈尔西	Nisaba 15, 0856

根据上表统计可知，一共有 18 位乌尔使节出访过哈尔西，他们的身份都是王室信使（lu$_2$-kin-gi$_4$-a lugal）。接收的配给品的一般份额为每人每天 3 希拉啤酒、2 希拉面包，以及 1 希拉汤、1 条鱼。其中，在旅途中的配给品为 10 希拉啤酒和 10 希拉面包。但是也有一些例外，比如舒辛 5 年乌尔图尔图拉接收 2 希拉汤和 2 条鱼（文献 Nisaba 15, 0335），很可能是他两天的配给品；再如，伊比辛 1 年阿巴接收了 5 希拉啤酒和 5 希拉面包（文献 Nisaba 15, 0591），这种配给品数量相当于王室信使外事官（sukkal lu$_2$-kin-gi$_4$-a lugal）的配给量。另外，需要注意的是，虽然目前关于哈尔西的信使文件数量不多，但是从仅有的文献可以推断，乌尔使节出访哈尔西是比较频繁的。例如，在伊比辛 1 年 1 月 24 日，乌尔的三位使节伊里希普提、奈帕拉、乌巴拉出访哈尔西（文献 Nisaba 15, 0562），然而在三天后（伊比辛 1 年 1 月 27 日），乌尔的另外两位使节舒宁舒布尔和阿布杜从哈尔西到国王之地（文献 CUSAS 40, 0005）。再如，在

伊比辛 1 年 5 月 15 日，乌尔使节阿巴从哈尔西到国王之地（文献 Nisaba 15, 0591），而在第二天（伊比辛 1 年 5 月 16 日），另一位乌尔使节库鲁德萨去哈尔西（文献 CUSAS 40, 0318）。

二 基马什

在乌尔第三王朝文献中，记载基马什的文献共有 261 篇，包括 111 篇吉尔苏信使文件、124 篇伊利萨格里格信使文件、22 篇普兹瑞什达干经济文献，以及 3 篇温马信使文件和 1 篇乌尔文献（UET 3, 0090，破损，内容不详）。3 篇温马信使文件记载基马什人接收物品（文献 BPOA 01, 1234; Aleppo 015），均未出现乌尔使节，与乌尔使节出访基马什无关。其中 1 篇较长的文献记载了基马什的将军吉赛尔之妻接收了 3 只羊，由伊尼姆沙拉（Inim-Shara）之子卡拉姆监办，温马总督和达达伽（Dadaga）负责加印（文献 YOS 04, 207）。其次，普兹瑞什达干文献主要记载基马什人来访乌尔王国，以及向乌尔王国纳贡和战利品等，均与乌尔使节出访基马什无关。所以，记载乌尔使节出访基马什的文献主要是吉尔苏和伊利萨格里格的信使文件。

在 110 篇吉尔苏信使文件中，只有 3 篇文献的年份明确，其余文献缺少年份信息。在这 3 篇文献中，有 1 篇文献（MVN 17, 004；舒尔吉 47 年 8 月）记载乌尔的 384 名王室士兵（aga$_3$-us$_2$ lugal）去基马什，接收 8 古尔 2 巴里格 4 班 6 希拉的粗面粉（dabin）作为配给品，这些配给品很可能是给去基马什参加战争的士兵的补给（军饷），而非乌尔使节出访基马什。另外两篇文献记载了配给品被提供给基马什人和基马什的埃兰人（文献 MVN 07, 251; Nisaba 22, 053）。其余 106 篇文献的年份不详，记载的是往返基马什的乌尔使节。

这些文献的内容大致可以分为两类：一类是配给品支出给往返基马什的乌尔使节，格式为"配给品、乌尔使节、任务差事"；另一类是配给品支出给基马什的埃兰人（或雇佣劳动力），由乌尔使节经办（giri$_3$），陪同埃兰人一起往返乌尔王国与外国之间。[1]

第一类毫无疑问属于乌尔使节出访基马什的内容，例如下面这篇文献。

---

[1] 注意，有一篇信使文件（HSS 04, 066）记载了国王的女儿去基马什，接收配给品，由卢库尔女祭司之兄伊丁乌图（Idin-Utu）负责经办。这可能表明乌尔王国与基马什有过政治联姻。关于乌尔第三王朝的政治联姻，详见本书第五章。

第四章 乌尔使节出访

文献 Berens 015（--v, Girsu）

obv.

1) 1 id-gur₂ i₃-giš　　　　　1 桶植物油
2) A-mur-ᵈIŠKUR lu₂-kas₄　　给行使阿穆尔阿达德
3) Ki-mašᵏⁱ-ta du-ni　　　　当他将从基马什回来时

rev.

1) zi-ga　　　　　　　　　被支出
2) iti munu₄-gu₇　　　　　　第 5 月

由于吉尔苏信使文件大多数缺少年份信息，我们无法恢复乌尔使节出访的时间线索，只能通过收集出访基马什的乌尔使节的名字，试图从中找出一些有用信息。据统计，出访基马什的乌尔使节的身份主要是外交和军事人员，包括：卫兵（aga₃-us₂）、卫兵长（aga₃-us₂-gal）、副军尉（dumu nu-banda₃）、行使（lu₂-kas₄）、骑使（ra-gaba）、外事官（sukkal），以及与宗教相关人员，如古拉神庙之人（lu₂ᵈGu-la）、卢库尔女祭司之兄（šeš-lukur）、"乌库尔"官员（u₃-kul）。

具体而言，在吉尔苏文献中记载的出访基马什的乌尔使节包括：

表 4-8　　　　吉尔苏文献记载出访基马什的乌尔使节统计

职业类别	职业（身份头衔）	乌尔使节	人数
军事人员	副军尉 dumu-nu-banda₃	阿达亚（Adaya）、阿穆尔伊鲁姆、埃阿库尼格（Ea-kunig）、安奈巴杜（Annebadu）、达亚亚（Dayaya）、丹伊里（Dan-ili）、恩乌阿（Enua）、卡达达（Kadada）、舒阿达德、乌尔恩利拉（Ur-Enlila）、乌尔尼萨巴、西姆卡尔（Simukal）、伊库卢姆（Iqulum）	13
	士兵长 lu₂-ᵍⁱštukul-gu-la	伊鲁姆巴尼、伊鲁姆丹、埃拉丹（Erra-dan）、奈穆尔（Nemur）、努尔辛、伊提布姆（Itibum）	6
	卫兵长 aga₃-us₂-gal	阿布尼、埃莱卜（Erreb）、卢南塞（Lu-Nanshe）、舒阿达德、舒乌图（Shu-Utu）、乌尔尼萨巴、乌尔苏卡尔、伊鲁姆米迪（Ilum-midi）、伊提亚（Itia）	9

347

续表

职业类别	职业（身份头衔）	乌尔使节	人数
外交行政人员	外事官 sukkal	阿胡尼、巴巴亚（Babaya）、埃拉舒姆（Errashum）、卡拉亚（Kalaya）、卡萨萨（Kasasa）、卢南塞、卢宁舒布尔（Lu-Ninshubur）、卢卢尼（Luluni）、舒阿达德、舒马马、舒乌图、乌巴鲁姆（Ubarum）、乌尔马米（Ur-Mami）、伊丁埃阿（Idin-Ea）	14
	骑使 ra-gaba	伊图莱（Iture）	1
	行使 lu_2-kas_4	阿穆尔阿达德（Amur-Adad）、比比亚（Bibia）、达达亚（Dadaya）、卢伽尔乌图（Lugal-Utu）、舒乌图、辛巴尼	6
宗教人员	古拉神庙之人 $lu_2{}^d$Gu-la	卢恩基（Lu-Enki）	1
	卢库尔女祭司之兄 šeš-lukur	哈提（Hati）、舒恩利拉（Shu-Enlila）	2
	乌库尔官 u_3-kul	阿布尼、埃莱卜、安奈巴杜、卢沙拉（Lu-Shara）	4
共计			56

乌尔使节从吉尔苏出访基马什，一般每人只接收一天的配给量。但是也有接收多天配给品的记载。例如，乌尔使节、副军尉阿达亚和乌库尔官员安奈巴杜一次接收了6天的配给品，共计3班（＝30希拉）面粉。如下所示：

文献 StLouis 155（--iii, Girsu）

obv.

11）0.0.3 zi_3 u_4 6-kam　　　　　　3班面粉，共计6天

12）A-da-a dumu-nu-$banda_3$　　　给副军尉阿达亚

13）u_3 An-ne_2-ba-du_7 u_3-kul　　和"乌库尔"官员安奈巴杜

rev.

1）Ki-maš^{ki}-ta du-ni　　　　　　当他们将从基马什回来时

……

13）iti ezem ^{d}Li_9-si_4　　　　　　第3月。

348

注意，从上述统计列表中，我们发现了许多重名的人，他们的身份（头衔）不同，比如舒阿达德这一人名的头衔有卫兵长（aga$_3$-us$_2$-gal，文献 HSS 04，058）、副军尉（dumu-nu-banda$_3$，文献 CTPSM 1，189）、外事官（sukkal，文献 RTC 355）；舒乌图有卫兵长（文献 MVN 07，377）、行使（lu$_2$-kas$_4$，文献 SAT 1，113）、外事官（文献 CTPSM 1，189）。针对这些同名的人，大致有两种解释：一是他们不是同一人，二是他们是同一人，而在不同时期有不同的官职或身份。目前来看，第一种可能性较大。

此外，基马什的埃兰人来到乌尔王国，接收配给品，由乌尔官员负责经办（giri$_3$）。[①] 从文献记录方式上，大概有三种不同的情况：

第一种是基马什的埃兰人接收配给品，但是没有经办的官员（giri$_3$），这种情况一般出现在所谓的"从安珊和从尼普尔"档案中，肯定不涉及乌尔使节出访基马什事务。例如，

文献 Nisaba 03/2, 49（--iii, Girsu）
obv.
1）5 sila$_3$ kaš 5 sila$_3$ ninda   5 希拉啤酒，5 希拉面包
2）1 i$_3$-giš id-gur$_2$ 1 桶植物油
3）Šu-^{d}IŠKUR sukkal   给外事官舒阿达德
4）2 dug dida   2 罐麦精
5）0.0.3 5 sila$_3$ zi$_3$ ninda lugal   3 班 5 希拉王室做面包的面粉
6）3 i$_3$-giš id-gur$_2$ 3 桶植物油

[①] 见文献 ABTR 12；BM Messenger 039；BM Messenger 069；BM Messenger 070；BM Messenger 091；BM Messenger 097；BM Messenger 102；BM Messenger 120；BM Messenger 128；BM Messenger 129；BM Messenger 137；BM Messenger 148；BM Messenger 156；CTPSM 1, 149；CTPSM 1, 164；CTPSM 1, 175；CTPSM 1, 213；CTPSM 1, 249；Fs Neumann 375 no. 1.7；HLC 125（pl. 095）；HLC 135（pl. 099）；HLC 162（pl. 103）；ITT 2, 00875；Kaskal 04, 072 08；MVN 05, 233；MVN 05, 237；MVN 07, 251（lu$_2$ GN）；MVN 11, 110；MVN 13, 736；MVN 22, 100；MVN 22, 220；Nisaba 03/2, 01；Nisaba 03/2, 08；Nisaba 03/2, 18；Nisaba 03/2, 20；Nisaba 03/2, 33；Nisaba 03/2, 41；Nisaba 03/2, 42；Nisaba 03/2, 49；Nisaba 13, 090；Nisaba 13, 107；Nisaba 13, 110；Nisaba 22, 053；Nisaba 22, 074；Nisaba 22, 090；Nisaba 22, 112；Nisaba 22, 141；Nisaba 22, 148；OTR 057（elam ne-ra-aš ak GN）；OTR 109；OTR 127（ne-ra-aš ak GN）；OTR 235；PPAC 5, 0136；PPAC 5, 0185（lu2 GN）；PPAC 5, 1762；RA 059, 145 FM 56；SAT 1, 151；SAT 1, 158；TSU 100；TUT 212；TUT 220；UDT 081。

7）elam Ki-maš^{ki}-ke$_4$ šu ba-ab-ti　　　　基马什的埃兰人收到了

8）5 sila$_3$ kaš 5 sila$_3$ ninda　　　　5 希拉啤酒，5 希拉面包

9）1 i$_3$-giš id-gur$_2$　　　　1 桶植物油

10）NE-NE sukkal　　　　给外事官奈奈

11）5 sila$_3$ kaš 5 sila$_3$ ninda　　　　5 希拉啤酒，5 希拉面包

rev.

1）1 i$_3$-giš id-gur$_2$　　　　1 桶植物油

2）Bu$_3$-lu$_5$ sukkal　　　　给外事官布卢

3）5 sila$_3$ kaš 5 sila$_3$ ninda　　　　5 希拉啤酒，5 希拉面包

4）1 i$_3$-giš id-gur$_2$　　　　1 桶植物油

5）Lugal-siskur$_2$-re sukkal　　　　给外事官卢伽尔西斯库莱

6）5 sila$_3$ kaš 5 sila$_3$ ninda　　　　5 希拉啤酒，5 希拉面包

7）1 i$_3$-giš id-gur$_2$　　　　1 桶植物油

8）Ku$_3$-^{d}Nanna sukkal　　　　给外事官库南那

9）An-ša-an^{ki}-ta u$_3$ Nibru^{ki}-ta du-ni　　　　（当他们）从安珊和从尼普尔来时

10）iti ezem ^{d}Li$_9$-si$_4$　　　　第 3 月。

注意，比较下面这篇文献，不仅有基马什的埃兰人接收配给品，紧接着后来还有经办人员的信息，经办人也接收配给品，这里的经办人应该是负责埃兰人接收配给品以及来往行程的事情。

文献 Nisaba 03/2, 18（--v, Girsu）

obv.

1）5 sila$_3$ kaš 5 sila$_3$ ninda　　　　5 希拉啤酒，5 希拉面包

2）1 i$_3$-giš id-gur$_2$　　　　1 桶植物油

3）Šu-^{d}Nin-šubur sukkal　　　　给外事官舒宁舒布尔

4）0.1.0 kaš 0.1.0 ninda lugal　　　　1 巴里格啤酒，1 巴里格王室面包

5）1/3 sila$_3$ i3-giš　　　　1/3 希拉植物油

6）elam Ki-maš^{ki} šu ba-ti　　　　基马什的埃兰人收到了

7）5 sila$_3$ kaš 5 sila$_3$ ninda　　　　5 希拉啤酒，5 希拉面包

8）1 i$_3$-giš id-gur$_2$　　　　1 桶植物油

9）giri$_3$ Nu-ri$_2$-li$_2$ sukkal　　　　由外事官努里利

10）0.0.1 kaš 0.0.1 ninda lugal　　　　1 班啤酒，1 班王室面包

第四章　乌尔使节出访

rev.

1）2 i$_3$-giš id-gur$_2$　　　　　　　2 桶植物油
2）sa$_2$-du$_{11}$ u$_4$ 2-kam　　　　　作为 2 日的固定供给
3）Šeš-kal-la sukkal　　　　　给外事官塞什卡拉
4）DIŠ NI ^{d}En-ki-še$_3$ gen-na　已去恩基（神庙）
5）5 sila$_3$ kaš 5 sila$_3$ ninda　5 希拉啤酒，5 希拉面包
6）1 i$_3$-giš id-gur$_2$　　　　　　　1 桶植物油
7）Lugal-u$_2$-šim-e　　　　　　给卢伽尔乌西美
8）3 sila$_3$ kaš 2 sila$_3$ ninda　3 希拉啤酒，2 希拉面包
9）En$_3$-du lu$_2$-kas$_4$　　　　　　给行使恩杜
10）An-ša-an^{ki}-ta u$_3$ Nibru^{ki}-<ta> gen-na　已从安珊和从尼普尔来

left

1）iti munu$_4$-gu$_7$　　　　　　　第 5 月。

　　第二种情况是基马什的埃兰人接收配给品，由乌尔使节负责经办，但是乌尔使节没有接收配给品。这种记录也主要出现在所谓的"从安珊和从尼普尔"档案中。如下所示：

文献 BM Messenger 137（-- --，Girsu）

obv.

1）0.0.1 kaš 0.0.1 ninda lugal 1　1 班啤酒，1 班王室面包，
　i$_3$-giš id-gur$_2$ Lu$_2$-^{d}Šul-gi　1 桶植物油，给卢舒尔吉
2）5 sila$_3$ kaš 5 sila$_3$ ninda 1 i$_3$-giš　5 希拉啤酒，5 希拉面包，1 桶植物
　id-gur$_2$ Dingir-ga$_2$ sukkal　油，给外事官丁吉尔伽
3）5 sila$_3$ kaš 5 sila$_3$ ninda　　5 希拉啤酒，5 希拉面包

rev.

1）1 i$_3$-giš id-gur$_2$ Šu-^{d}IŠKUR sukkal　1 桶植物油，给外事官舒阿达德
2）0.0.2 kaš 0.0.2 ninda lugal 2 i$_3$-giš　2 班啤酒，2 班王室面包，2 桶植物
　id-gur$_2$ elam Ki-maš^{ki}-ke$_4$ šu ba-ti　油，基马什的埃兰人收到了
3）giri$_3$ Lu$_2$-banda^{da}　　　　由卢班达经办
4）An-ša-an^{ki}-ta u$_3$ Nibru^{ki}-ta gen-na　已从安珊和从尼普尔来

　　第三种情况是乌尔使节既负责经办，同时也接收配给品。比如下面这

351

篇文献记载。

文献 Nisaba 22, 112（--xii, Girsu）
obv.

1) 5 sila₃ kaš ša₃-iri	5 希拉啤酒，在城里
2) 1 dug dida kaskal-še₃	1 罐麦精，为途中
3) Zi-du ra-gaba	给骑使孜杜
4) 0.1.0 kaš du lugal	1 巴里格王室普通啤酒
5) elam A-dam-dun^ki-me	给阿丹顿的埃兰人
6) giri₃ Zi-du ra-gaba	由骑使孜杜经办
7) A-dam-dun^ki-še₃ du-ni	当他们将去阿丹顿时，
8) 5 sila₃ kaš ša₃-iri	5 希拉啤酒，在城里
9) 1 dug dida kaskal-še₃	1 罐麦精，为途中
10) I₃-li₂-la aga₃-us₂-gal	给卫兵长伊里拉
11) 0.1.0 kaš du lugal	1 巴里格王室普通啤酒

rev.

1) elam［Ki-maš^ki-me］	给基马什的埃兰人
2) giri₃［I₃-li₂-la aga₃-us₂-gal］	由卫兵长伊里拉经办
3) Ki-maš^ki-še₃ du-ni	当他们去基马什时，
4) 0.1.0 kaš du lugal	1 巴里格王室普通啤酒
5) Arad₂-hul₃-la šagina	给将军阿拉德胡拉
6) Du₈-du₈^ki-ta du-ni	当他从杜杜里来时，
7) iti še-il₂-la	第 12 月。

在文献记载中，埃兰人一般是往返于乌尔王国与自己的来源地之间，但是对于距离较远来源地的埃兰人，他们很可能不是直接的两地来往，而是要先途经中转站，然后才能往返于乌尔王国与其来源地之间。但是，也有可能是这些埃兰人去其他外交国从事某种雇佣劳动或者其他任务。例如，下面这篇文献记载了安珊的埃兰人接收配给品，当他们去基马什时。

文献 ZA 012, 267 66（-- --, Girsu）
［…］
1') Šu-^dEn-lil₂ aga₃-us₂-gal　　　给卫兵长舒恩利尔

第四章 乌尔使节出访

2') 1 sila$_3$ i$_3$-giš ša$_3$-iri		1希拉植物油，在城里
3') 1 sila$_3$ i$_3$-giš kaskal-še$_3$		1希拉植物油，为途中
4') elam An-ša-an^{ki}-me		给安珊的埃兰人
5') giri$_3$ Šu-^{d}En-lil$_2$ aga$_3$-us$_2$-gal		由卫兵长舒恩利尔经办
6') Ki-maš^{ki}-še$_3$ du-ni		当他们去基马什时

从地理位置上看，安珊人如果要往返于安珊与乌尔之间，不需要经过基马什，因为基马什位于乌尔王国的东北部，而安珊位于东南部地区，所以这里不可能是途经中转站的意思，而是这些安珊人带有某种任务去基马什。值得注意的是，这些负责经办（giri$_3$）的乌尔官员是否作为使节身份出访基马什，然后陪同这些埃兰人一起回到乌尔，由于没有直接证据，我们无法确定，故不做详细讨论。

伊利萨格里格信使文件共有122篇，除了3篇文献[①]记载了基马什人从基马什来访乌尔之外，其余文献都是记载乌尔使节出访基马什。在时间上，从阿马尔辛7年至伊比辛2年。[②] 依据时间顺序，115篇有年份的记载乌尔使节出访基马什的伊利萨格里格信使文件列举如下。

表4-9 伊利萨格里格文献记载出访基马什的乌尔使节统计

日期	物品	乌尔使节	从……到……	文献
AS 7 vii X	1肉1汤1鱼	舒乌图	去基马什	Nisaba 15, 0035
AS 7 vii 3	1汤1鱼	卢某某	去基马什	CUSAS 40, 1481
AS 7 vii 20	3酒3包	舒乌图	去基马什	CUSAS 40, 0864
AS 7 vii 20	1汤1鱼	舒乌图	去基马什	CUSAS 40, 1242
AS 7 viii 13	3酒2包	阿什吉阿尔苏（Ashgi-alsu）	去基马什	Nisaba 15, 0041
AS 7 ix 16	1汤1鱼	阿拉努姆（Allanum）	去基马什	CUSAS 40, 0140
AS 7 ix 23	3酒2包	阿什吉阿尔苏	去基马什	Nisaba 15, 0023

---

① 文献 P412050；Mohammed diss, SM 1220；CUSAS 40, 0067；CUSAS 40, 0061。
② 还有4篇文献（CUSAS 40, 0191；CUSAS 40, 1457；New IM 3, 016；Nisaba 15, 1005）的年名破损。

续表

日期	物品	乌尔使节	从……到……	文献
AS 7 xi 30	3酒2包	沙鲁姆伊里	去基马什	CUSAS 40, 0947
AS 8--24	3酒2包 3酒2包 3酒2包	里布尔伊杜尼（Libur-iduni） 乌尔尼伽尔 乌尔宁姆格（Ur-Ninmug）	去基马什	CUSAS 40, 0367
AS 8 i--	3酒2包	达达	去基马什 im①	Nisaba 15, 0079
AS 8 i 2	3酒2包 3酒2包	阿胡伊鲁姆（Ahu-ilum）kuš₇ LL 舒伊什塔尔	去基马什	Nisaba 15, 0075
AS 8 i 25	3酒2包	舒伊什塔尔	去基马什	CUSAS 40, 0350
AS 8 i 26	3酒2包	哈拉亚（Halaya）	去基马什	CUSAS 40, 0200
AS 8 ii--	3酒2包 3酒2包	某某 阿古簇尔（Aguṣum）	去基马什	CUSAS 40, 0084
AS 8 ii 2	3酒2包 3酒2包	哈孜	从基马什到王地	CUSAS 40, 0606
AS 8 ii 5	1肉2汤2鱼	马舒姆（Mashum, sukkal LL）	从基马什到王地	New IM 3, 009
AS 8 ii 10	1汤1鱼	乌尔萨伽姆（Ur-sagamu）	去基马什	CUSAS 40, 1516
AS 8 iv	5酒5包	乌巴鲁姆（sukkal LL）	去基马什	Nisaba 15, 0100
AS 8 iv 3	5酒5包	乌巴鲁姆（sukkal LL）	去基马什	Nisaba 15, 0095
AS 8 iv 4	1汤1鱼 1汤1鱼	舒纳鲁阿（Shu-Narua） 纳姆哈尼	去基马什	CUSAS 40, 0544
AS 8 iv 17	1汤1鱼 1汤1鱼 1汤1鱼	纳姆哈尼 卢舒尔吉（Lu-Shulgi） 某某	去基马什	Nisaba 15, 0099
AS 8 vi 19	3酒2包	努尔伊里	去基马什	CUSAS 40, 0010
AS 8 vi 29	3酒2包	乌尔宁姆格	从基马什到王地	Nisaba 15, 0106
AS 8 vii 6	3酒2包	阿图拉比（Aturabi）	去基马什	CUSAS 40, 1431

---

① 注意，表示使节行程的动词短语一般是 ba-gen-na-a，使用的是 ba-动词前缀，但是也有少数使用 im-gen-na-a，即 im-的动词前缀；在此 im 表示后者情况，其余都是前者情况。下同。

第四章 乌尔使节出访

续表

日期	物品	乌尔使节	从……到……	文献
AS 8 viii 14	1汤1鱼 1汤1鱼	迪库伊里（Diku-ili） 沙里姆阿胡姆（Shalim-ahum）	去基马什	Nisaba 15, 0115
AS 8 viii 17	1汤1鱼	伊鲁姆伊拉特苏（Ilum-illat-su）	去基马什	CUSAS 40, 0142
AS 8 ix 20	3酒2包	伊丁伊鲁姆	去基马什	CUSAS 40, 0838
AS 8 xi 3	3酒2包	努尔伊里	去基马什	CUSAS 40, 0703
AS 8 xi 18	5酒5包	阿提亚（Attia, sukkal LL）	去基马什	CUSAS 40, 0270
AS 8 xii 1	2酒2包	乌尔希尔吉（Ur-SHIR-GI L）	去基马什	New IM 3, 030
AS 8 xii 1	3酒2包	乌尔宁姆格	去基马什	Nisaba 15, 0127
AS 8 xii 12	[...] 3酒2包	乌尔某某 塞什卡拉	去基马什	CUSAS 40, 1850
AS 8 xii 16	3酒2包 3酒2包 3酒2包	伊布尼伊鲁姆（Ibni-ilum） 阿达亚 乌尔达姆（Ur-Damu）	去基马什	CUSAS 40, 0360
AS 9 i 18	1汤1鱼 1汤1鱼 1汤1鱼	拉拉亚（Lalaya） 卢伽尔哈马提（Lugal-hamati） 安某某	去基马什	Nisaba 15, 0145
SS 1 xiid 4	1汤1鱼	舒阿达德	去基马什	CUSAS 40, 0346
SS 3 ii 8	2汤2鱼	卡卢（Kallu）sukkal LL	去基马什	Nisaba 15, 0230
SS 3 iii 11	1汤1鱼	阿达德伊拉特（Adad-illat）	去基马什	Nisaba 15, 0250
SS 3 iv --	1汤1鱼	舒宁舒布尔	从基马什到王地	CUSAS 40, 0267
SS 4 vi 19	1汤1鱼 1汤1鱼	普朱尔阿达德（Puzur-Adad） 普朱尔舒比（Puzur-shubi）	去基马什	Nisaba 15, 0277
SS 5 iii 3	1汤1鱼 1汤1鱼	阿胡巴卡尔（Ahu-baqar） 某某	去基马什 im	Nisaba 15, 0322
SS 5 iii 19	1汤1鱼	达哈卜（Dahab）	去基马什	Nisaba 15, 0325
SS 5 x 27	1汤1鱼	阿胡尼	去基马什	CUSAS 40, 1479
SS 6 v 28	1汤1鱼	苏胡什金（Suhush-kin）	去基马什	CUSAS 40, 0693

续表

日期	物品	乌尔使节	从……到……	文献
SS 6 ix 28	2汤2鱼	伊里美提（Ili-meti, sukkal LL）	去基马什	Nisaba 15, 0362
SS 6 xiid 2	1汤1鱼	马特伊里（Mat-ili）	去基马什	CUSAS 40, 0986
SS 7 i 8	5酒5包	纳比辛 sukkal LL	去基马什	CUSAS 40, 0881
SS 7 ii 22	1汤1鱼	卢沙里姆（Lu-shalim）	去基马什	CUSAS 40, 0417
SS 7 vi 27	3酒2包	伊里丹	去基马什	CUSAS 40, 0948
SS 7 vii 17	1汤1鱼	乌巴鲁姆	去基马什	CUSAS 40, 0355
SS 7 ix 9	3酒2包	阿胡舒尼（Ahushuni）	去基马什	CUSAS 40, 0612
SS 7 ix 10	3酒2包	舒伊里（Shu-ili）	去基马什	CUSAS 40, 0556
SS 7 x 23	3酒2包	舒伊什塔尔	去基马什	CUSAS 40, 0028
SS 7 x 25	1汤1鱼	萨亚卡姆（Sayakam）	去基马什	CUSAS 40, 0008
SS 7 xii 10	3汤2鱼	乌舒吉努（Ushuginu）	去基马什	CUSAS 40, 0514
SS 7 xii 13	3酒2包 3酒2包	埃拉努伊德（Erra-nuid） 阿比埃（Abie）	去基马什	CUSAS 40, 0421
SS 8 iv --	2汤2鱼	马舒姆（sukkal LL）	去基马什	CUSAS 40, 0632
SS 9 i	2水袋2皮鞋	丹伊里	去基马什	Nisaba 15, 0479
SS 9 vii	1酒1包1 i_3	扎某某	从基马什到王地	New IM 3, 011
SS 9 vii 28	2酒2包	哈拉提（Halati）	去基马什	Nisaba 15, 0513
IS 1 i 16	3酒3包	伊沙尔马提苏（Ishar-matissu）	从基马什到王地	Nisaba 15, 0560
IS 1 iii 27	5酒5包	乌尔杜卜拉马赫（Ur-du-blamah）	去基马什	CUSAS 40, 0774
IS 1 vi --	10酒10包	卢吉纳（kuš$_7$ LL）	从基马什到王地	New IM 3, 035
IS 1 vi 13	5酒5包	伊里希普提	去基马什	Nisaba 15, 0595
IS 1 vi 14	140酒90包 10酒10包 10酒10包	布沙卢姆（Bushalum, šagina） 卢吉纳（kuš$_7$ LL） giri$_{17}$-dab$_5$-me	去基马什	Nisaba 15, 0596
IS 1 vi 17	10酒10包	卢吉纳（kuš$_7$ LL）	从基马什到王地	Nisaba 15, 0597

第四章　乌尔使节出访

续表

日期	物品	乌尔使节	从……到……	文献
IS 1 vi 28	3 酒 2 包	卢丁吉尔拉	从基马什到王地	Nisaba 15, 0600
IS 1 vii 10	3 酒 2 包 3 酒 2 包	马特伊里 拉齐普姆	从基马什到王地	CUSAS 40, 0615
IS 1 vii 25	1 汤 1 鱼	阿胡尼	去基马什	CUSAS 40, 0006
IS 1 viii 2	3 酒 2 包	乌簇尔帕舒（Uṣur-pashu）	去基马什	CUSAS 40, 0542
IS 1 viii 4	5 酒 5 包	伊美阿	从基马什到王地	CUSAS 40, 0004
IS 1 viii 5	3 酒 2 包 3 酒 2 包	沙鲁姆巴尼（Sharrum-bani） 阿胡尼	从基马什到王地 去基马什	CUSAS 40, 0099
IS 1 viii 7	3 酒 2 包 3 酒 2 包 3 酒 2 包 3 酒 2 包	阿胡杜 伊阿（Ia） 伊姆提达 普朱尔恩利尔	去基马什	CUSAS 40, 0317
IS 1 viii 14	3 酒 2 包	马特伊里	从基马什到王地	CUSAS 40, 0635
IS 1 viii 18	1 汤 1 鱼	阿胡尼	从基马什到王地	CUSAS 40, 0564
IS 1 viii 18	3 酒 2 包	阿胡尼	从基马什到王地	Nisaba 15, 0619
IS 1 ix 17	10 酒 10 包	达亚亚（kurušda LL）	从基马什到王地	Nisaba 15, 0575
IS 1 xii 28	5 酒 5 包	乌尔恩利拉	从基马什到王地	New IM 3, 036
IS 1 xiid--	5 酒 5 包 3 酒 2 包 3 酒 2 包	伊鲁姆丹 伽达拉（GA-dala） 巴某某	从基马什到王地	P521813
IS 1 xiid 11	1 肉 2 汤 1 肉 2 汤 1 肉 2 汤	伊里希普提 卢伊什塔兰（Lu-Ishtaran） 普朱尔伊什塔尔（Puzur-Eshtar）	从基马什到王地 去基马什	Nisaba 15, 0651
IS 1 xiid 24	2 汤 2 汤	舒伊什塔尔 沙鲁姆伊里	去基马什，在城市 从基马什到王地	Nisaba 15, 0653
IS 1 xiid 26	5 酒 5 包	舒辛纳拉姆伊什塔兰（Shu-Suen-naram-Ishtaran）	从基马什到王地	Nisaba 15, 0654
IS 1 xiid 28	5 酒 5 包	乌尔恩利拉	从基马什到王地	Nisaba 15, 0655 复制 New IM 3, 036

续表

日期	物品	乌尔使节	从……到……	文献
IS 1 xiid 28	1肉2汤	乌尔恩利拉	从基马什到王地	CUSAS 40，0290
IS 2-- --	5酒5包 5酒5包 5酒5包 2酒2包	某某 奈帕拉 伊沙尔帕丹（Ishar-padan） 沙里姆阿胡姆	去基马什	New IM 3，017
IS 2 i--	1肉1汤 1肉1汤	某某 某某	从基马什到王地，在城市	Nisaba 15，0706
IS 2 i 5	1肉2汤 1肉2汤	舒伊什塔尔 普苏	去基马什	Nisaba 15，0693
IS 2 i 21	1肉2汤	因朱（Inzu）	去基马什	Nisaba 15，0701
IS 2 i 22	5酒5包	舒伊什塔尔	去基马什	Nisaba 15，0702
IS 2 i 25	3酒2包	南那伊萨	去基马什	Nisaba 15，0704
IS 2 ii--	3酒2包	普苏阿（Pusua）	从基马什到王地	Nisaba 15，0733
IS 2 ii	劳动力，酒包		从基马什到王地 $giri_3$	Nisaba 15，0735
IS 2 ii 2	5酒5包 3酒2包 3酒2包 3酒2包	舒辛伊沙尔拉马什（Shu-Suen-ishar-ramash） 普朱尔拉巴 沙鲁姆巴尼 阿什南伊里姆（Ashnan-irimu）	去基马什	Nisaba 15，0720
IS 2 ii 4	1肉2汤 1肉2汤	舒伊什塔尔 普苏	去基马什	P521729
IS 2 ii 6	5酒5包	埃卢马埃（Elummae）	从基马什到王地	Nisaba 15，0723
IS 2 ii 7	5酒5包 5酒5包	埃卢马埃 阿比里（Abili）	去基马什	Nisaba 15，0724
IS 2 ii 25	1肉2汤2鱼	伊纳赫伊鲁姆（Inah-ilum）	去基马什	Nisaba 15，0729
IS 2 ii 30	1肉2汤2鱼	伊米阿（Imia）	去基马什	Nisaba 15，0731
IS 2 ii 30	5酒5包	伊米阿	去基马什	Nisaba 15，0732
IS 2 iii 7	1肉2汤2鱼 1肉2汤2鱼	埃卢马埃 阿比里	去基马什	CUSAS 40，0587

续表

日期	物品	乌尔使节	从……到……	文献
IS 2 iii 7	3 酒 2 包 3 酒 2 包	埃卢马埃 乌尔舒尔帕埃	从基马什到王地	CUSAS 40, 0103
IS 2 iii 9	3 汤 2 鱼	伊里美提	去基马什	CUSAS 40, 0406
IS 2 iii 18	3 酒 2 包 3 酒 2 包	纳威尔伊里（Nawer-ili） 库鲁卜乌图（Kurub-Utu）	去基马什	CUSAS 40, 1199
IS 2 iv	5 酒 5 包 3 酒 2 包 3 酒 2 包	普朱尔埃拉 L 纳普里斯伊鲁姆（Naplis-ilum）L 埃泽尔努（Ezernu）	去基马什	New IM 3, 010
IS 2 iv	3 酒 2 包	伊米阿	去基马什	Nisaba 15, 0760
IS 2 iv	2 酒 2 包	基乌尔阿亚（Kiur-aya）	去基马什	Nisaba 15, 0762
IS 2 iv 3	3 酒 2 包	乌尔杜卜拉马赫	去基马什	Nisaba 15, 0751
IS 2 iv 5	3 酒 2 包 3 酒 2 包	埃泽尔努 纳普里斯伊鲁姆	从基马什到王地	Nisaba 15, 0752
IS 2 iv 10	5 酒 5 包	伊鲁姆丹	从基马什到王地	Fs Civil 90, 313-314 02
IS 2 iv 15	1 汤 1 鱼 1 汤 1 鱼	沙鲁姆巴尼 巴拉拉（Balala）	从基马什到王地	Nisaba 15, 0753
IS 2 iv 18	5 酒 5 包 5 酒 5 包 5 酒 5 包 5 酒 5 包	伊鲁姆丹 图拉亚（Turaya） 舒尔吉伊里 舒宁舒布尔	从基马什到王地 去基马什	Nisaba 15, 0754
IS 2 iv 24	3 酒 2 包	伊什坤埃阿（Ishkun-Ea）	从基马什到王地	CUSAS 40, 0519
IS 2 v 3	1 肉 2 汤 2 鱼	卢卢巴尼（Lulubani）	去基马什	New IM 3, 006
IS 2 v 10	5 酒 5 包	卢卢巴尼	从基马什到王地	Nisaba 15, 0767
IS 2 v 10	1 肉 2 汤 2 鱼	伊鲁姆丹	从基马什到王地	Nisaba 15, 0804
IS 2 xii--	3 酒 2 包	伊鲁姆巴尼	去基马什	Nisaba 15, 0876

乌尔使节从伊利萨格里格驿站出访基马什，主要集中于阿马尔辛 8 年、伊比辛 1—2 年，以及舒辛 7 年。出访基马什的乌尔使节大多数的身份是王室信使（lu$_2$-kin-gi$_4$-a lugal），他们接收的配给品数量一般是 3 希拉啤

酒、2 希拉面包、1 希拉汤、1 条鱼。从伊比辛 1 年开始，他们接收的配给品也可以是 5 希拉啤酒、5 希拉面包、2 希拉汤、2 条鱼、1 块羊排。除此，还是王室信使外事官（sukkal lu$_2$-kin-gi$_4$-a lugal），他们接收的配给品一般是王室信使的 2 倍，即 5 希拉啤酒、5 希拉面包、1 块羊排、2 希拉汤、2 条鱼；王室信使侍从官（kuš$_7$ lu$_2$-kin-gi$_4$-a lugal），他们接收的配给品开始与王室信使一样，即 3 希拉啤酒、2 希拉面包，在伊比辛 1 年之后增加至 10 希拉啤酒、10 希拉面包；王室信使育肥官（kurušda lu$_2$-kin-gi$_4$-a lugal），他们在伊比辛 1 年接收的配给品是 10 希拉啤酒、10 希拉面包。此外，还有将军（šagina）接收的配给品是 140 希拉啤酒、90 希拉面包。

需要注意的是，这些配给品一般是分成两批在同一天被支出的，一批是啤酒、面包搭配，另一批是汤、鱼搭配，有时还有羊排。这样安排的原因，很可能是发放两批不同配给品的是两个不同的驿站，各自有负责的特定配给品种类。例如，在伊比辛 1 年 8 月 18 日，乌尔王室信使阿胡尼从基马什到国王之地时，一篇文献记载他们接收 3 希拉啤酒、2 希拉面包。如下所示：

文献 Nisaba 15, 0619 (IS 1 viii 18, Irisagrig)
obv.

1) 5 sila$_3$ kaš 5 sila$_3$ ninda	5 希拉啤酒，5 希拉面包
2) Šu-na-da lu$_2$-kin-gi$_4$-a lugal	给王室信使舒纳达
3) u$_4$ Si-maš-kum^{ki}-še$_3$ ba-gen-na-a	当他去西马什基时，
4) 5 sila$_3$ kaš 5 sila$_3$ ninda	5 希拉啤酒，5 希拉面包
5) Šar-ru-um-i$_3$-li$_2$ lu$_2$-kin-gi$_4$-a lugal	给王室信使沙鲁姆伊里
6) u$_4$ a-ša$_3$ nigin-de$_3$ im-gen-na-a	当他去勘测土地时，
7) 3 sila$_3$ kaš 2 sila$_3$ ninda	3 希拉啤酒，2 希拉面包
8) A-hu-ni lu$_2$-kin-gi$_4$-a lugal	给王室信使阿胡尼

rev.

1) u$_4$ Ki-maš^{ki}-ta	当他从基马什
2) ki lugal-še$_3$ ba-gen-na-a	到国王之地时，
3) 3 sila$_3$ kaš 2 sila$_3$ ninda	3 希拉啤酒，2 希拉面包
4) I-di$_3$-^{d}Suen lu$_2$-kin-gi$_4$-a lugal	给王室信使伊丁辛
5) u$_4$ gu$_4$ Si-maš-kum^{ki}-ta e$_2$-gal-še$_3$ mu-la-ha-a	当他将牛从西马什基带到王宫时

第四章　乌尔使节出访

6) zi-ga　　　　　　　　　　　　　　　被支出
7) iti nig$_2$-^{d}En-lil$_2$-la$_2$　　　　　　　第 8 月
8) mu ^{d}I-bi$_2$-^{d}Suen lugal　　　　　　伊比辛 1 年
left
1) u$_4$ 18-kam　　　　　　　　　　　　第 18 日。

另一篇文献记载他们接收 1 希拉汤、1 条鱼。例如：

文献 CUSAS 40, 0564（IS 1 viii 18, Irisagrig）
obv.
1) 2 sila$_3$ tu$_7$ 2 ku$_6$　　　　　　　　　2 希拉汤，2 条鱼
2) Šu-na-da lu$_2$-kin-gi$_4$-a lugal　　　　给王室信使舒纳达
3) u$_4$ Si-maš-kum^{ki}-še$_3$ ba-gen-na-a　当他去西马什基时，
4) 2 sila$_3$ tu$_7$ 2 ku$_6$　　　　　　　　　2 希拉汤，2 条鱼
5) Šar-ru-um-i$_3$-li$_2$ lu$_2$-kin-gi$_4$-a lugal　给王室信使沙鲁姆伊里
6) u$_4$ a-ša$_3$ nigin-de$_3$ im-gen-na-a　　当他去勘测土地时，
7) 1 sila$_3$ tu$_7$ 1 ku$_6$　　　　　　　　　1 希拉汤，1 条鱼
rev.
1) A-hu-ni lu$_2$-kin-gi$_4$-a lugal　　　　　给王室信使阿胡尼
2) u$_4$ Ki-maš^{ki}-ta　　　　　　　　　　当他从基马什
3) ki lugal-še$_3$ ba-gen-na-a　　　　　　到国王之地时，
4) 1 sila$_3$ tu$_7$ 1 ku$_6$　　　　　　　　　1 希拉汤，1 条鱼
5) I-di$_3$-^{d}Suen lu$_2$-kin-gi$_4$-a lugal　　给王室信使伊丁辛
6) u$_4$ gu$_4$ Si-maš-kum^{ki}-ta e$_2$-gal-še$_3$ mu-lu-ha-a　当他将牛从西马什基带到王官时
7) zi-ga　　　　　　　　　　　　　　　被支出
8) iti nig$_2$-^{d}En-lil$_2$-la$_2$　　　　　　　第 8 月
9) mu ^{d}I-bi$_2$-^{d}Suen lugal　　　　　　伊比辛 1 年
left
1) u$_4$ 18-kam　　　　　　　　　　　　第 18 日。

　　乌尔使节往返基马什和伊利萨格里格需要花费的时间以及出访基马什一共需要的时间，可以通过文献的记载大致推断出来。例如，王室信使侍从官卢吉纳在伊比辛 1 年 6 月 14 日将要去基马什，而在该月 17 日就要从

基马什返回国王之地，在基马什驻留时间以及途中时间一共只有三天。

第 14 日的文献如下所示：

文献 Nisaba 15, 0596 (IS 1 vi 14, Irisagrig)
obv.

1) 0.2.2 kaš 0.1.3 ninda	2 巴里格 2 班啤酒，1 巴里格 3 班面包
2) Bu-ša-lum šagina	给将军布沙卢姆
3) 0.0.1 kaš 0.0.1 ninda	1 班啤酒，1 班面包
4) Lu$_2$-gi-na kuš$_7$ lu$_2$-kin-gi$_4$-a lugal	给王室信使侍从官卢吉纳
5) 0.0.1 kaš 0.0.1 ninda giri$_{17}$-dab$_5$-me	1 班啤酒，1 班面包，给驭车者
6) u$_4$ Ki-maš^{ki}-še$_3$ ba-e-re-ša-a	当他们去基马什时

……

rev.

| 13) zi-ga iti gi-sig-ga | 被支出，第 6 月 |
| 14) mu ^{d}I-bi$_2$-^{d}Suen lugal | 伊比辛 1 年 |

left

| 1) u$_4$ 14-kam | 第 14 日。 |

第 17 日的文献如下所示：

文献 Nisaba 15, 0597 (IS 1 vi 17, Irisagrig)
obv.

1) 0.0.1 kaš 0.0.1 ninda	1 班啤酒，1 班面包
2) Lu$_2$-gi-na kuš$_7$ lu$_2$-kin-gi$_4$-a lugal	给王室信使侍从官卢吉纳
3) u$_4$ Ki-maš^{ki}-ta	当他从基马什
4) ki lugal-še$_3$ ba-gen-na-a	到国王之地时

……

rev.

21) zi-ga	被支出
22) iti gi-sig-ga	第 6 月
23) mu ^{d}I-bi$_2$-^{d}Suen lugal	伊比辛 1 年

left

| 1) u$_4$ 17-kam | 第 17 日。 |

再如，伊比辛 2 年 5 月 3 日，王室信使卢卢巴尼去基马什，到该月 10 日将要从基马什到国王之地，出访时间一共是 7 天。① 不过，也有一些情况比较难以理解。例如，在伊比辛 2 年 2 月 6 日，王室信使埃卢马埃将从基马什到国王之地，而在第二天（2 月 7 日）的文献记载，他又将去往基马什，一共只花费了 1 天时间。②

三 胡尔提

记录胡尔提的乌尔第三王朝文献共有 63 篇，包括：16 篇普兹瑞什达干的经济文献、6 篇吉尔苏的信使文件、41 篇伊利萨格里格的信使文件三类。其中，普兹瑞什达干经济文献记载的都是胡尔提使节来访乌尔的情况。吉尔苏信使文件记载都是胡尔提的埃兰人到乌尔，没有关于乌尔使节出访胡尔提的记载。③

在伊利萨格里格信使文件中，胡尔提的名称是一种阿卡德语化的名称胡尔图姆（Hurtum）。④ 伊利萨格里格信使文件有两类涉及胡尔提的记载，一类记载了配给品支出给胡尔提人（lu$_2$ GN）、胡尔提军队（erin$_2$ GN），当他们往返胡尔提时，由乌尔王室信使负责经办（giri$_3$）。⑤ 值得注意的是，这些胡尔提人并没有标记是埃兰人，很有可能他们不是埃兰人。⑥ 第二类记载了固定配给品支出给乌尔的王室信使，当他们去（出访）胡尔提时，或者当他们从胡尔提回来时，在时间上从阿马尔辛 7 年至伊比辛 2 年。⑦ 这些文献按照时间顺序排列如下。

---

① 文献 New IM 3，006；Nisaba 15，0767。
② 文献 Nisaba 15，0723；Nisaba 15，0724。
③ 见文献 HLC 321（pl. 131）（--i）；HLC 108（pl. 095）（--v）；PPAC 5，0127（--xi）；Nisaba 22，037（SH 42 x）；Nisaba 22，129（AS 1 vii）。
④ 一篇文献记载的名称是 Hu-ur-ti-um^{ki}，见 Nisaba 15，0467（SS 8）。
⑤ 见文献 CUSAS 40，0033；CUSAS 40，0662；CUSAS 40，0918；CUSAS 40，0999；Nisaba 15，0086；Nisaba 15，0156；Nisaba 15，0467；Nisaba 15，0763；Nisaba 15，0848；Nisaba 15，0862。
⑥ 注意，在伊利萨格里格文献中，并没有"胡尔提埃兰人"的记载，但是在吉尔苏文献中有 5 篇相关记载，见文献 elam Hu-ur$_5$-ti^{ki}：HLC 108（pl. 095）；Ontario 2，458；Nisaba 22，129；elam Hu-ur-ti^{ki}：HLC 321（pl. 131）；PPAC 5，0127。很可能，胡尔提并非埃兰人的集聚地。
⑦ 含 1 篇年份信息破损文献 Nisaba 15，1021。

表 4-10　　　　　　　　　出访胡尔提的乌尔使节统计

日期/文献	物品	乌尔使节	从……到……	文献
AS 7 iii	1 汤 1 鱼	阿拉德某某	去胡尔提	Nisaba 15, 0047
AS 7 viii 3	1 汤 1 鱼	孜基尔提（Zikilti）	去胡尔提①	CUSAS 40, 0217
AS 7 viii 3	3 酒 2 包	孜基尔提	去胡尔提	Nisaba 15, 0039
AS 7 ix 15	1 汤 1 鱼	埃拉巴德利（Erra-badri）	为去胡尔提的人准备礼物	CUSAS 40, 0965
AS 7 xii--	1/2 烤 5 汤 5 鱼	舒尔吉伊里 nu-banda$_3$ LL	从胡尔提到王地	CUSAS 40, 1861
AS 8 i 1	2 酒 2 包	乌尔南那（Ur-Nanna）	去胡尔提	CUSAS 40, 1592
AS 8 iii 2	1 汤 1 鱼	努尔伊里	从胡尔提到王地	CUSAS 40, 0833
AS 8 iii 9	1/2 烤 1 汤 1 鱼	伊丁辛 šagina	去胡尔提	CUSAS 40, 0684
AS 8 vii 26	3 酒 2 包	舒伊里	去胡尔提	CUSAS 40, 0487
—	5 酒 5 包	胡卡尔萨尔（Hukalsar）sukkal LL	从胡尔提到王地	Nisaba 15, 1021
AS 8 ix 3	1 羊肉 2 汤 2 鱼	胡卡尔萨尔 sukkal LL	从胡尔提到王地	CUSAS 40, 0232
SS 3 ii 8	2 汤 2 鱼	布拉卢姆 sukkal LL	从胡尔提到王地	Nisaba 15, 0230
SS 3 iv--	1 汤 1 鱼	努尔辛	去胡尔提	CUSAS 40, 0267
SS 3 ix 9	2 汤 2 鱼 1 汤 1 鱼	伊鲁姆丹 sukkal LL 舒伽图姆（Shugatum）	去胡尔提	CUSAS 40, 0285
SS 4 x 20	1 汤 1 鱼	伊里巴尼	去胡尔提	CUSAS 40, 0050
SS 5 v 15	1 汤 1 鱼	伊鲁姆丹	去胡尔提	Nisaba 15, 0317
SS 5 ix 3	1 汤 1 鱼 1 汤 1 鱼	伊布尼乌姆伊鲁姆（Ibnium-ilum） 苏苏埃（Susue）	从胡尔提到王地	Nisaba 15, 0313
SS 5 x--	1 羊肉 5 汤 5 鱼 1 羊肉 2 汤 2 鱼	胡恩舒尔吉 šagina 胡拉尔（Hulal）dumu-lugal	去胡尔提（im-）	Nisaba 15, 0331
SS 5 xii 4	1 汤 1 鱼	舒阿达德	去胡尔提	Nisaba 15, 0335
SS 7 ii 22	1 汤 1 鱼	基纳姆塞（Kinamushe）	去胡尔提	CUSAS 40, 0417
SS 7 v 10	3 酒 2 包	库拉德伊里（Qurad-ili）	去胡尔提（im-）	CUSAS 40, 0011

---

① 应该是 2 个人，但是使用了 ba-gen-na-a，所以这里只列出了一个人。

续表

日期/文献	物品	乌尔使节	从……到……	文献
SS 7 vii 17	1汤1鱼	阿胡马（Ahuma）	去胡尔提	CUSAS 40, 0355
SS 7 vii 28	1汤1鱼	舒乌图	去胡尔提	CUSAS 40, 0626
SS 8 vi 22	1汤1鱼	卢伽尔美兰（Lugal-mel-am）①	从胡尔提到王地	Fs Milano 341-342 05
IS 1 i 6	3酒2包 3酒2包	某某 布尔马马（Bur-Mama）	从胡尔提到王地	Nisaba 15, 0557
IS 1 x 21	3酒2包	卢卢巴尼	去胡尔提	CUSAS 40, 0184
IS 1 x 21	1汤1鱼	卢卢巴尼	去胡尔提	CUSAS 40, 0653
IS 2 i 9	1汤	舒宁舒布尔	去胡尔提	Nisaba 15, 0118
IS 2 i 9	3酒2包	舒宁舒布尔	去胡尔提	Nisaba 15, 0697
IS 2 i 24	3酒2包	努尔辛	去胡尔提	Nisaba 15, 0703
IS 2 iv--	3酒2包	阿胡杜	去胡尔提	New IM 3, 010

出访胡尔提的乌尔使节基本上都是王室信使的身份，此外还有王室信使外事官、王室信使军尉（nu-banda₃ lu₂-kin-gi₄-a lugal）、将军（伊丁辛，阿马尔辛 8 年；胡恩舒尔吉，舒辛 5 年）。王室信使接收的配给品种类和配额都是标准的配置，即 3 希拉啤酒、2 希拉面包为一组，1 希拉汤、1 条鱼为另一组，分两次发放。例如：孜基尔提、卢卢巴尼分别于阿马尔辛 7 年 8 月 3 日、伊比辛 1 年 10 月 21 日，都是分两批接收以上的配给品，当其去胡尔提时。② 不过，也有一些配给品的配额不符合上述标准。例如，伊比辛 2 年 1 月 9 日，舒宁舒布尔一次接收了 3 希拉啤酒、2 希拉面包，另一次接收了 1 希拉汤，但是并没有接收鱼。如下所示：

文献 Nisaba 15, 0697（IS 2 i 9, Irisagrig）

rev.

13) 3 sila₃ kaš 2 sila₃ ninda   3 希拉啤酒，2 希拉面包

14) Šu-ᵈNin-šubur lu₂-kin-gi₄-a lugal   给王室信使舒宁舒布尔

---

① 应该是 3 个人，但是使用了 im-gen-na-a，所以这里只列出了一个人。
② 文献 CUSAS 40, 0217；Nisaba 15, 0039；CUSAS 40, 0184；CUSAS 40, 0653。

15) u₄ Hu-ur-tumᵏⁱ-še₃ ba-gen-na-a　　　当他去胡尔提时

文献 Nisaba 15, 0118（IS 2 i 9, Irisagrig）
rev.
11) 1 sila₃ tu₇　　　　　　　　　　　　1 希拉汤
12) Šu-ᵈNin-šubur lu₂-kin-gi₄-a lugal　　给王室信使舒宁舒布尔
13) u₄ Hu-ur-tumᵏⁱ-še₃ ba-gen-na-a　　　当他去胡尔提时

需要注意的是，一位使节并不是只能出访一个外交国，或者特定负责一个外交国，而是在不同时期可以出访不同的外交国。以王室信使舒宁舒布尔为例，我们根据现有文献梳理他从伊比辛 1 年至 2 年的差事线索。除了出访外交国之外，舒宁舒布尔还经常往返于德尔与"国王之地"① 之间，此外还有一些其他差事。如下所示：

伊比辛 1 年 1 月 27 日，从哈尔西到国王之地（文献 CUSAS 40, 0005）；
伊比辛 1 年 8 月某日，当他为了装大麦的船而来②（文献 Fs Salvini 371-375 01）
伊比辛 1 年 7 月 25 日，当他来为了杀强盗③（文献 CUSAS 40, 0006）
伊比辛 2 年 1 月 9 日，去胡尔提（文献 Nisaba 15, 0118 和 Nisaba 15, 0697）；
伊比辛 2 年 1 月 16 日，去德尔（文献 Nisaba 15, 0699）
伊比辛 2 年 4 月 18 日，去基马什（文献 Nisaba 15, 0754）
伊比辛 2 月 5 日某日，从德尔去国王之地（文献 Nisaba 15, 0777）
伊比辛 2 年 5 月 29 日，去德尔（文献 Nisaba 15, 1019）
伊比辛 2 年 6 月 24 日，去德尔（文献 Nisaba 15, 0791）
伊比辛 2 年 7 月 26 日，从德尔去国王之地（文献 Nisaba 15, 0805）

---

① 可能是王室在伊利萨格里格行省的类似"行宫"或驿站。
② 原文为：u₄ ma₂ še la₂-še₃ im-gen-na-a，翻译参见 D. I. Owen, *Cuneiform Texts Primarily from Iri-Saĝrig / Āl-Šarrākī and the History of the Ur III Period*, Volume I: *Commentary and Indexes*, Nisaba 15/1, Bethesda: CDL Press, 2013, p. 175.
③ 原文为：u₄ lu₂-sa-gaz gaz-de₃ im-gen-na-a，翻译参见 D. I. Owen, *Cuneiform Texts Primarily from Iri-Saĝrig / Āl-Šarrākī and the History of the Ur III Period*, Volume I: *Commentary and Indexes*, Nisaba 15/1, Bethesda: CDL Press, 2013, p. 175.

第四章 乌尔使节出访

伊比辛 2 年 12 月 23 日，当他为了（收集）柳木而来①（文献 Nisaba 15, 0872）

另外，以努尔伊里为例，在伊利萨格里格信使文件中，他的头衔是王室信使，但是这一头衔应该不是固定的官职，而是临时差事性质的头衔。根据他的印章信息，他的固定官职为：在阿马尔辛 8 年是行使（lu$_2$-kas$_4$，文献 Nisaba 15, 0081），到伊比辛 2 年时升职为王室将军（šagina lugal，文献 Nisaba 15, 0862）。

文献 Nisaba 15, 0081
seal

1）Nu-ur$_2$-i$_3$-li$_2$　　　努尔伊里
2）lu$_2$-kas$_4$　　　行使
3）dumu A-gu-［x］　　　阿古某之子

文献 Nisaba 15, 0862
seal

1）Nu-ur$_2$-i$_3$-li$_2$　　　努尔伊里
2）šagina lugal　　　王室将军
3）dumu［…］　　　某某之子

另外，在吉尔苏信使文件中，也有关于行使努尔伊里的记载，该人与伊利萨格里格文献中的并非同一人，只是重名重官职。②据吉尔苏文献（DAS 041）记载，努尔伊里的临时官职是王室信使，印章中记载了其固定官职为行使，但是与伊利萨格里格文献中记载的其父是阿古某，吉尔苏文献中其父则是西帕伊里，可见这二人并非指同一人，虽然官职相同。在普

---

① 原文为：u$_4$ ^{giš}ma-nu-še$_3$ im-gen-na-a，翻译参见 D. I. Owen, *Cuneiform Texts Primarily from Iri-Saĝrig / Āl-Šarrākī and the History of the Ur Ⅲ Period*, Volume I: *Commentary and Indexes*, Nisaba 15/1, Bethesda: CDL Press, 2013, p. 175.
② 据年份信息缺失的吉尔苏文献记载，行使努尔伊里接收配给品去阿丹顿（文献 RA 019, 042 086），从苏萨来（文献 HLC 131（pl. 099）；BCT 2, 240；BM Messenger 194；MVN 09, 139），去苏萨（文献 PPAC 5, 0126），负责经办安珊的埃兰人（文献 MVN 05, 233）。在吉尔苏文献中，努尔伊里一名还有其他头衔，如中尉（dumu-nu-banda$_3$）、外事官（sukkal）、卫兵长（aga$_3$-us$_2$-gal）、士兵长（lu$_2$-^{giš}tukul-gu-la），或无头衔，可能是不同的人。

兹瑞什达干文献中，也有行使努尔伊里的记载，阿马尔辛 1 年，4 只黑羊从那萨处被支出给在伊利萨格里格的宁胡尔萨格神，由行使努尔伊里经办。如下所示：

文献 AUCT 2, 179（AS 1, PD）
obv.
5）4 udu gi₆ᵈNin-hur-sag　　　　4 只黑色绵羊，给宁胡尔萨格
6）Iri-sag-rig₇ᵏⁱ-še₃　　　　　　到伊利萨格里格
7）giri₃ Nu-ur₂-i₃-li₂ lu₂-kas₄　　由行使努尔伊里经办

这里的信使努尔伊里很可能与伊利萨格里格信使文件中的信使努尔伊里是同一人。

四　扎布沙里

记载扎布沙里的文献只有 5 篇，其中普兹瑞什达干经济文献、温马信使文件、吉尔苏信使文件各 1 篇，分别记载了扎布沙里人（lu₂ GN）或信使（lu₂-kin-gi₄-a GN）来到乌尔王国时，接收配给品。①

只有 2 篇伊利萨格里格信使文件记载了乌尔使节出访扎布沙里的情况，都位于舒辛 7 年。列举如下。

表 4-11　　　　　　　出访扎布沙里的乌尔使节统计

日期	物品	乌尔使节	从……到……	文献
SS 7 vi 7	3 酒 2 包 3 酒 2 包 3 酒 2 包	贝里伊里（Beli-ili） 伊布尼阿达德（Ibni-Adad） 沙鲁姆伊里	他们把绵羊从扎布沙里带到王宫	CUSAS 40, 0020
SS 7 x--	3 酒 2 包	贝里伊里	去扎布沙里	New IM 3, 012

文献中记载了乌尔使节出访扎布沙里的具体任务。在舒辛 7 年 6 月 7 日，三位乌尔王室信使贝里伊里、伊布尼阿达德、沙鲁姆伊里的任务是将绵羊从扎布沙里带到（乌尔的）王宫。例如：

---

①　AAICAB 1/4, Bod S 573（--, PD）；UTI 5, 3472（IS 1 xii, Umma）；MVN 15, 066（-- -- 29, Girsu）。

第四章 乌尔使节出访

文献 CUSAS 40, 0020 (SS 7 vi 7, Irisagrig)

obv.

1) 5 sila₃ kaš 5 sila₃ ninda — 5 希拉啤酒，5 希拉面包
2) ša₃-iri — 在城里
3) 5 sila₃ kaš 5 sila₃ ninda — 5 希拉啤酒，5 希拉面包
4) kaskal-še₃ — 为途中
5) Lugal-ezem lu₂-kin-gi₄-a lugal — 给王室信使卢伽尔埃泽姆
6) u₄ ᵍⁱˢha-lu-ub₂-še₃ im-gen-na-a — 当他去（收集）栎木时①
7) 5 sila₃ kaš 5 sila₃ ninda — 5 希拉啤酒，5 希拉面包
8) ša₃-iri — 在城里
9) 5 sila₃ kaš 5 sila₃ ninda — 5 希拉啤酒，5 希拉面包
10) Ma-za-ti-a sukkal lu₂-kin-gi₄-a lugal — 给王室信使外事官马扎提
11) u₄ BAD.ANki-še₃ ba-gen-na-a — 当他去德尔时

rev.

1) 3 sila₃ kaš 2 sila₃ ninda — 3 希拉啤酒，2 希拉面包
2) Be-li₂-DINGIR lu₂-kin-gi₄-a lugal — 给王室信使贝里伊里
3) 3 sila₃ kaš 2 sila₃ ninda — 3 希拉啤酒，2 希拉面包
4) Ib-ni-ᵈIŠKUR lu₂-kin-gi₄-a lugal — 给王室信使伊布尼阿达德
5) 3 sila₃ kaš 2 sila₃ ninda — 3 希拉啤酒，2 希拉面包
6) Šar-ru-um-i₃-li₂ lu₂-kin-gi₄-a lugal — 给沙鲁姆伊里
7) u₄ udu Za-ab-ša-liki-ta — 当他从扎布沙里
8) e₂-gal-še₃ ba-la-he-ša-a — 将绵羊带到王宫时
9) zi-ga — 被支出
10) iti gi-sig-ga — 第 6 月
11) mu ᵈŠu-ᵈSuen lugal Uri₅ki-ma-ke₄ ma-da Za-ab-ša-liki mu-hul — 舒辛 7 年

left

1) u₄ 7-kam — 第 7 月

---

① 关于术语ᵍⁱˢha-lu-ub₂的意思可能指栎木，参见 M. A. Powell, "The tree section of ur₅ (= HAR)-ra = hubullu", *Bulletin on Sumerian Agriculture*, Vol. 3 (1987), p. 146; M. van de Mieroop, "Wood in the Old Babylonian texts from Southern Babylonia", *Bulletin on Sumerian Agriculture*, Vol. 6 (1992), p. 159.

而且，上文中信使之一的贝里伊里在同年 10 月再一次出访扎布沙里，这一次的具体任务不详。Be-li₂-DINGIR 的拼写只出现在这两篇文献中，其余文献记载的都是 Be-li₂-i₃-li₂ 的阿卡德语拼写形式。贝里伊里这一人名常见于普兹瑞什达干文献（重要中心官员）和加尔沙纳文献（担任督办职务 ugula，文献 CUSAS 3）。

五　布尔马

布尔马位于西马什基地区。在乌尔第三王朝王室铭文中，布尔马属于西马什基地区的六个主要国家之一。[①] 一说属于扎布沙里的一个地区。[②] 目前只发现有一篇伊利萨格里格信使文献记载乌尔使节出访布尔马。据该文献记载，在舒辛 7 年 9 月 13 日，王室信使普朱尔沙拉（Puzur-Shara）接收 3 希拉啤酒和 2 希拉面包，当他去布尔马时。详细记载如下所示：

文献 CUSAS 40，0994（SS 7 ix 13, Irisagrig）
obv.
1. 3 sila₃ kaš 3 sila₃ ninda　　　　　3 希拉啤酒，3 希拉面包
2. Ku₃-ᵈNanna lu₂-kin-gi₄-a lugal　　给王室信使库南那
3. 3 sila₃ kaš 3 sila₃ ninda　　　　　3 希拉啤酒，3 希拉面包
4. Ur-ᵈŠul-gi-ra dub-sar lugal　　　 给王室书吏乌尔舒尔吉拉
5. 3 sila₃ kaš 3 sila₃ ninda　　　　　3 希拉啤酒，3 希拉面包
6. Lu₂-dingir-ra dub-sar lugal　　　 给王室书吏卢丁吉尔拉
7. u₄ i₃-giš-še₃ im-e-re-ša-a　　　　当他们去（准备）植物油时，
rev.
1. 3 sila₃ kaš 2 sila₃ ninda　　　　　3 希拉啤酒，2 希拉面包
2. En-nam-ᵈSuen lu₂-kin-gi₄-a lugal　给王室信使恩纳姆辛
3. u₄ Hu-bu-umᵏⁱ-še₃ ba-gen-na-a　　当他去胡布姆时，
4. 3 sila₃ kaš 2 sila₃ ninda　　　　　3 希拉啤酒，2 希拉面包
5. Puzur₄-ᵈŠara₂ lu₂-kin-gi₄-a lugal　给王室信使普朱尔沙拉

---

① D. Frayne, *Ur Ⅲ Period (2112-2004 BC)*, RIME 3/2, Toronto: University of Toronto Press, 1997, p. 305 (E3/2.1.4.3, col. vi 8-v 18).

② K. M. Ahmed, "The Beginnings of Ancient Kurdistan (c. 2500-1500 BC): A Historical and Cultural Synthesis", PhD dissertation, Universiteit Leiden, 2012, p. 194.

第四章　乌尔使节出访

6. u$_4$ Bu-ul-ma^{ki}-še$_3$ ba-gen-na-a　　　当他去布尔马时，
7. zi-ga　　　被支出；
8. iti kir$_{11}$-si-ak　　　第 9 月
9. mu^{d}Šu-^{d}Suen lugal Uri$_5^{ki}$-ma-ke$_4$　　　舒辛 7 年
　　ma-da Za-ab-ša-li^{ki} mu-hul
left
1. u$_4$ 13-kam　　　第 13 日。

关于出访布尔马的乌尔信使普朱尔沙拉，我们还发现他出访西格里什。在舒辛 8 年 5 月 3 日，他从西格里什到国王之地。

文献 CUSAS 40, 1584（SS 8 v 3, Irisagrig）
obv.
1. 2 sila$_3$ tu$_7$ 2 ku$_{62}$　　　希拉汤，2 条鱼
2. Lu$_2$-sa$_6$-ga lu$_2$-kin-gi$_4$-a lugal　　　给王室信使卢萨伽
3. u$_4$ ur-mah e$_2$-gal-še$_3$ ba-la-ha-a　　　当他将狮子带到王宫时
4. 1 sila$_3$ tu$_7$ 1 ku$_6$1　　　希拉汤，1 条鱼
5. Puzur$_4$-^{d}Šara$_2$ lu$_2$-kin-gi$_4$-a lugal　　　给王室信使普朱尔沙拉
rev.
1. u$_4$ Si-ig-ra-aš$_2^{ki}$-ta　　　当他从西格里什
2. ki lugal-še$_3$ ba-gen-na-a　　　到国王之地时
3. [zi]-ga　　　被支出；
4. [iti] ezem-a-bi　　　第 5 月
5. [mu^d] Šu-^{d}Suen lugal Uri$_5^{ki}$-ma-ke$_4$ ma$_2$-gur$_8$-　　　舒辛 8 年
　　mah ^{d}En-lil$_2$ ^{d}Nin-lil$_2$-[ra] mu-ne-dim$_2$
left
1. u$_4$ 3-kam　　　第 3 日。

六　西格里什

记载西格里什的乌尔第三王朝文献共有 23 篇，[①] 有 5 篇来自普兹瑞什

[①] 注意，有一篇吉尔苏信使文件记载了一个地名 elam Se-ge-re-eš^{ki}，可能指的是西格里什，但是也是唯一记载埃兰人的（文献 Nisaba 03/2, 40）。

371

达干（拼写形式为：Ši-ig-ri$_{(2)}$-šum^{ki}，Ši-ig-ri$_2$-iš^{ki}，Ši-ig-ri-ši^{ki}，Ši-ig-ri^{ki}），18篇是伊利萨格里格的信使文件（拼写形式为：Si-ig-ri-iš^{ki}，Si-ig-ra-aš$_2^{ki}$，Si-ig-ra-še$_3^{ki}$①）。其中，有7篇文献（6篇伊比辛1年，1篇伊比辛2年）记载的是西格里什人（lu$_2$ GN）接收礼物或配给品，当他们到"国王之地"时。② 负责经办的乌尔王室信使是伊丁辛（其子萨阿加 Sa'aga 的印章官职是行使）、舒伊什塔尔（在印章中其固定官职为外事官 sukkal）或努尔辛（其在印章中的固定官职为行使）。并且，西格里什人一般是和布里、孜提安、胡尔提人一起来到乌尔。

表 4-12　　　　　　　　出访西格里什的乌尔使节统计

日期	物品	乌尔使节	从……到……	文献
AS 8 xii 1	5 酒 5 包 10 酒 10 包 3 酒 2 包 3 酒 2 包	舒阿达德（sukkal L） 努尔伊里 伊鲁姆伊拉特苏	去西格里什	New IM 3,030
AS 9 ix 21	1 汤 1 鱼	萨阿加	去西格里什	Nisaba 15,0170
SS 8 v 3	1 汤 1 鱼	普朱尔沙拉	从西格里什到王地	CUSAS 40,1584
SS 8 vii 政治婚姻	30 鞋 3 鞋 2 鞋 10 鞋	伊鲁姆丹（šagina） 恩利拉比杜（Enlila-bidu）ra$_2$-gaba 伊里美提 某某（LL šu ba-ab-ti）	国王的女儿去西格里什	CUSAS 40,0111
SS 8 vii 4	5 羊 7 鸟 1 猪	国王之女舒辛纳拉姆伊什塔尔（Shu-Suen-naram-Eshtar）及其行使的宴会（kaš-de$_2$-a）	去西格里什，经办	CUSAS 40,1853
IS 1 iv 26	5 酒 5 包 3 酒 2 包	萨阿加 乌簇尔帕舒	去西格里什	CUSAS 40,0325

---

① Si-ig-ra-še$_3^{ki}$（文献 CUSAS 40）中的 še$_3$ 怀疑为 aš$_2$，因为其余的文献都是。其中 ig 亦可读为 ik，即该人名应读为"希克里什"。

② 文献 Nisaba 15,0618（IS 1 viii 13）；CUSAS 40,0639（IS 1 x）；CUSAS 40,0033（IS 1 xi）；CUSAS 40,0435（IS 1 xi）；CUSAS 40,0712（IS 1 xi）；CUSAS 40,0809（IS 1 xiid）；Nisaba 15,0708（IS 2 i）.

第四章 乌尔使节出访

续表

日期	物品	乌尔使节	从……到……	文献
IS 1 ix 17	5 酒 5 包 2 酒 2 包	伊丁辛 舒伊什塔尔	去西格里什	Nisaba 15, 0575
IS 1 x 21	3 酒 2 包	伊丁辛	从西格里什到王地	CUSAS 40, 0184
IS 1 x 21	1 汤 1 鱼	伊丁辛	从西格里什到王地	CUSAS 40, 0653
IS 2 i 24	3 酒 2 包	萨阿加	去西格里什	Nisaba 15, 0703
IS 2 v 10	3 酒 2 包	阿胡杜	从西格里什到王地	Nisaba 15, 0767

从阿马尔辛8年至伊比辛2年，乌尔使节出访西格里什。使节的身份主要是王室信使，标准的配给品为3希拉啤酒、2希拉面包、1希拉汤和1条鱼，从伊比辛1年开始，啤酒和面包的配额都增加到5希拉，但是也有维持之前配给量的情况。例如，在伊比辛1年10月21日，伊丁辛分两次分别接收3希拉啤酒、2希拉面包，以及1希拉汤、1条鱼。[①]

从文献中可以看出，父子二人也可以共同担任乌尔使节，一起出访西格里什。不过，在目前文献中，我们没有发现在同一天里父子二人一同出访外交国的记录，而是分在不同的时间段出访外交国。例如，伊丁辛与其子萨阿加一同出访西格里什，都是被安排在不同的时间段。[②] 我们将二人的活动轨迹按照时间顺序列举如下。

```
AS 9 ix 21        萨阿加到西格里什
SS 2 viii 23      伊丁辛去诉讼检察官那里
SS 8 iv 27        伊丁辛去船工那里
SS 8 vi 7         伊丁辛到德尔
IS 1 iii          萨阿加经办西马什基人到西马什基
IS 1 iv 26        萨阿加到西格里什
IS 1 ix 17        伊丁辛到西格里什
IS 1 viii         伊丁辛经办西格里什、布里、孜提安、胡图姆人到王地
```

---

① 文献 CUSAS 40, 0184; CUSAS 40, 0653。
② 据文献里的印章（Nisaba 15, 0763）记载，阿胡杜是行使努尔辛之子（A-hu-du$_{10}$ dumu Nu-ur$_2$-^{d}Suen lu$_2$-kas$_4$）。

373

IS 1 viii 18	伊丁辛将牛从西马什基带到王宫
IS 1 ix 20	伊丁辛到德尔
IS 1 ix 20	萨阿加从西马什基到王地
IS 1 ix	萨阿加经办西马什基人从西马什基到王地
IS 1 x 21	伊丁辛从西格里什到王地
IS 1 x	伊丁辛经办西格里什人从西格里什到王地
IS 1 xi	伊丁辛经办西格里什、布里、孜提安、胡图姆人（到王地）
IS 1 xiid	伊丁辛经办西格里什、孜提安人从孜提安到王地
IS 1 xiid	萨阿加经办西马什基人到西马什基
IS 2 i 21	伊丁辛到德尔
IS 2 i 24	萨阿加到西格里什
IS 2 i	萨阿加经办西马什基人从西马什基到王地
IS 2 v 10	萨阿加到西马什基
IS 2 v 18	萨阿加从西马什基到王地
IS 2 v	萨阿加经办西马什基人到西马什基
IS 2 ix 27	萨阿加将驴从德尔带到王宫
IS 2 xii 29	伊丁辛从德尔到王地

从上述统计中，我们可以得出如下结论。第一，伊丁辛及其子萨阿加主要的差事是出访外交国，很少被委派其他差事。第二，他们出访的外交国主要是在西马什基地区，其中父亲伊丁辛主要出访西格里什，其子萨阿加主要出访西马什基（西马什库姆），也出访西格里什。二人都经常到德尔。第三，二人从未一起出访外交国，即使在同一天出访，也是去不同的外交国，例如在伊比辛1年9月20日，伊丁辛到德尔，而其子萨阿加从西马什基到国王之地，二人在同一天完全接收的是不同的任务。最后，关于乌尔使节出访的目的和具体任务，我们也可以从文献记载只言片语中得到某些信息。其中一个重要的任务是将牲畜从外交国（和德尔）带到（乌尔的）王宫。另一个重要的任务是去外交国，很可能去协商雇佣劳动力，然后随同从外交国雇佣的劳动力一起回到乌尔王国。一般乌尔使节去外交国的时间可能是在一个月的月初，而从外交国回来的时间一般是一个月的月末。

例如，在伊比辛1年10月21日，乌尔使节萨阿加从西格里什到国王之地。

第四章 乌尔使节出访

文献 CUSAS 40, 0184 (IS 1 x 21, Irisagrig)

obv.

1) 3 sila$_3$ kaš 2 sila$_3$ ninda　　　　3希拉啤酒，2希拉面包
2) I-di$_3$-^{d}Suen lu$_2$-kin-gi$_4$-a lugal　　给王室信使伊丁辛
3) u$_4$ Si-ig-ra-še$_3$^{ki}-ta　　　　当他从西格里什
4) ki lugal-še$_3$ ba-gen-na-a　　　　到国王之地时

文献 CUSAS 40, 0653 (IS 1 x 21, Irisagrig)

obv.

1) 1 sila$_3$ tu$_7$ 1 ku$_6$　　　　1希拉汤，1条鱼
2) I-di$_3$-^{d}Suen lu$_2$-kin-gi$_4$-a lugal　　给王室信使伊丁辛
3) u$_4$ Si-ig-ra-aš$_2$^{ki}-ta　　　　当他从西格里什
4) ki lugal-še$_3$ ba-gen-na-a　　　　到国王之地时

而另一篇文献记载，在该月萨阿加负责经办西格里什人从西格里什到国王之地。[①] 如下所示：

文献 CUSAS 40, 0639 (IS 1 x--)

obv.

1) 1 udu še$_6$-ga$_2$　　　　1只烤羊
2) 5 sila$_3$ tu$_7$　　　　5希拉汤
3) 10 ku$_6$　　　　10条鱼
4) 3 dug 0.0.2-ta　　　　3个罐子，每个2班容量
5) lu$_2$ Si-ig-ri-iš^{ki}　　　　给西格里什人
6) u$_4$ Si-ig-ri-iš^{ki}-ta　　　　当他们从西格里什

rev.

1) ki lugal-še$_3$ ba-e-re-ša-a　　　　到国王之地时
2) giri$_3$ I-di$_3$-^{d}Suen lu$_2$-kin-gi$_4$-a lugal　　由王室信使伊丁辛经办

---

① 另据文献记载，伊比辛2年5月10日（文献 Nisaba 15, 0767），乌尔使节萨阿加到西马什基；5月18日（文献 Nisaba 15, 0771），萨阿加从西马什基到王地；本月（文献 Nisaba 15, 0782），萨阿加经办西马什基人到王地。

3）zi-ga　　　　　　　　　　　　被支出

4）iti nig$_2$-e-ga　　　　　　　　　第 10 月

5）mu ^{d}I-bi$_2$-^{d}Suen lugal　　　　　伊比辛 1 年。

七　孜达努姆（孜提安）

孜达努姆或孜提安出现于乌尔第三王朝的普兹瑞什达干文献（28 篇，大多数读音为孜达努姆 Zi-da-ni-num$_2$^{ki}，Zi-da-ni-um^{ki}，Zi-da-num$_2$^{ki}，Zi$_2$-da-num$_2$^{ki}，Zi-da-nu-um^{ki}，少数读音为孜提安 Zi-ti-an^{ki}）和伊利萨格里格信使文件（14 篇，都是孜提安 Zi-ti-an^{ki}的形式）。在伊利萨格里格文献中，有 5 篇文献记载的是孜提安人来到乌尔，由王室信使舒杜牧孜（阿马尔辛 7 年）、①伊丁辛（伊比辛 1 年）②负责经办。另外 9 篇记载的是乌尔使节出访孜提安的情况。列举如下：

表 4-13　　　　　　　　　出访孜达努姆的乌尔使节统计

日期	物品	乌尔使节	从……到……	文献
AS 8 iii 26	1 汤 1 鱼	舒宁舒布尔	从孜提安到王地	CUSAS 40, 0104
AS 8 xii 9	5 酒 5 包	伊普库沙（Ipqusha）	去孜提安	Nisaba 15, 0128
AS 8 xii 9	3 酒 2 包	伊普库沙	去孜提安	Nisaba 15, 0129
AS 8 xii 12	3 酒 2 包	库库纳图姆（Kuku-natum）	去孜提安	CUSAS 40, 1850
AS 8 xii 16	3 酒 2 包 3 酒 2 包 3 酒 2 包	库拉德伊里 阿达图姆 库尔比阿达德（Kurbi-Adad）	去孜提安	CUSAS 40, 0360
SS 1 xiid 4	1 汤 1 鱼	舒利姆库姆（Shurimkum）	去孜提安	CUSAS 40, 0346
SS 5 iii 7	1 汤 1 鱼 1 汤 1 鱼	阿胡尼 伊萨尔杜（Isardu）	去孜提安	Nisaba 15, 0324
SS 6 xiid 20	1 酒 1 包	伊里卡提（Ili-qati）	去孜提安	CUSAS 40, 0021
IS 1 iii--	3 酒 2 包	拉齐普姆	去孜提安	Fs Salvini 371-375 01

---

① giri$_3$ Šu-^{d}Dumu-zi，文献 CUSAS 40, 0521（AS 7 vii）。

② giri$_3$ I-di$_3$-^{d}Suen，文献 Nisaba 15, 0618（IS 1 viii）；CUSAS 40, 0712（IS 1 xi）；CUSAS 40, 0033（IS 1 xi）；CUSAS 40, 0809（IS 1 xii d）。

第四章　乌尔使节出访

值得注意的是，在阿马尔辛 8 年 12 月 9 日，王室信使伊普库沙去孜提安，接收啤酒和面包。在两篇记载相似内容的文献中（Nisaba 15，0128；Nisaba 15，0129）和，伊普库沙接收的配给品数量不相同，其中的原因不清楚，可能有一篇文献是伪作，或者伊普库沙是重名的两个人。另外，以王室信使拉齐普姆为例，我们猜测很可能存在两个重名并且都是王室信使的叫拉齐普姆的人。比如下面这篇文献。

文献 Fs Salvini 371-375 01（IS 1 iii--，Irisagrig）
obv.

1) 0.1.0 kaš 0.1.0 ninda　　　　　　　　1 巴里格啤酒，1 巴里格面包
2) 1 sila$_3$ nig$_2$-i$_3$-de$_2$-a　　　　　　　　1 希拉点心
3) Šu-^{d}Suen-ba-ni ra$_2$-gaba lu$_2$-kin-gi$_4$-a lugal　给王室信使骑使舒辛巴尼
4) 3 sila$_3$ kaš 2 sila$_3$ ninda　　　　　　　3 希拉啤酒，2 希拉面包
5) Šu-Eš$_{18}$-tar$_2$ lu$_2$-kin-gi$_4$-a lugal　　　给王室信使舒伊什塔尔
6) 3 sila$_3$ kaš 2 sila$_3$ ninda　　　　　　　3 希拉啤酒，2 希拉面包
7) I$_3$-li$_2$-ba-ni lu$_2$-kin-gi$_4$-a lugal　　　　给王室信使伊里巴尼
8) 3 sila$_3$ kaš 2 sila$_3$ ninda　　　　　　　3 希拉啤酒，2 希拉面包
9) Lugal-^{d}En-lil$_2$ lu$_2$-kin-gi$_4$-a lugal　　　给王室信使卢伽尔恩利尔
10) 3 sila$_3$ kaš 2 sila$_3$ ninda　　　　　　3 希拉啤酒，2 希拉面包
11) Ur-^{d}Ba-ba$_6$ lu$_2$-kin-gi$_4$-a lugal　　　　给王室信使乌尔巴巴
12) 5 sila$_3$ kaš 5 sila$_3$ ninda　　　　　　5 希拉啤酒，5 希拉面包
13) E-li$_2$-bu-ni lu$_2$-kin-gi$_4$-a lugal Lugal-a$_2$-zi-da　给卢伽尔阿孜达的王室信使埃里布尼
14) u$_4$ še-še$_3$ im-e-re-ša-a　　　　　　　当他们去（收集）大麦时
15) 0.0.1 kaš 0.0.1 ninda　　　　　　　　1 班啤酒，1 班面包
16) Ur-^{d}Šul-gi-ra lu$_2$-kin-gi$_4$-a lugal　　　给王室信使乌尔舒尔吉拉
17) u$_4$ maškim a-ša$_3$ ^{d}Nanna-še$_3$ im-gen-na-a　当他去南那神庙土地的监办时
18) 0.0.1 kaš 0.0.1 ninda　　　　　　　　1 班啤酒，1 班面包
19) Na-ra-am-E$_2$-a nu-banda$_3$　　　　　给军尉纳拉姆埃阿
20) u$_4$ še-giš-ra zi-zi-de$_3$ im-gen-na-a　　当他去召集劳动力（军民）打谷时
21) 3 sila$_3$ kaš 2 sila$_3$ ninda　　　　　　3 希拉啤酒，2 希拉面包
22) Hu-la-li$_2$ lu$_2$-kin-gi$_4$-a lugal　　　　　给王室信使胡拉里

377

23）3 sila₃ kaš 2 sila₃ ninda　　　　　　　3 希拉啤酒，2 希拉面包

rev.

1）U₃-sur-ba-šu lu₂-kin-gi₄-a lugal　　　给王室信使乌簌尔巴舒
2）u₄ Hu-ut-tum^ki-še₃ ba-gen-na-a　　　当他去胡图姆时
3）3 sila₃ kaš 2 sila₃ ninda　　　　　　　3 希拉啤酒，2 希拉面包
4）Šu-^dNin-šubur lu₂-kin-gi₄-a lugal　　给王室信使舒宁舒布尔
5）u₄ ma₂ še la₂-še₃ im-gen-na-a　　　　当他去装大麦的船时
6）3 sila₃ kaš 2 sila₃ ninda　　　　　　　3 希拉啤酒，2 希拉面包
7）Ša-lim-^dŠul-gi lu₂-kin-gi₄-a lugal　　给王室信使沙里姆舒尔吉
8）u₄ Šu-ur-bu-um^ki-še₃ ba-gen-na-a　　当他去舒尔布姆时
9）3 sila₃ kaš 2 sila₃ ninda　　　　　　　3 希拉啤酒，2 希拉面包
10）La-qi₃-pu-um lu₂-kin-gi₄-a lugal　　　给王室信使拉齐普姆
11）u₄ Zi-ti-an^ki-še₃ ba-gen-na-a　　　　当他去孜提安时
12）3 sila₃ kaš 2 sila₃ ninda　　　　　　　3 希拉啤酒，2 希拉面包
13）La-qi₃-pu-um lu₂-kin-gi₄-a lugal　　　给王室信使拉齐普姆
14）3 sila₃ kaš 2 sila₃ ninda　　　　　　　3 希拉啤酒，2 希拉面包
15）Nu-ur₂-i₃-li₂ lu₂-kin-gi₄-a lugal　　　给王室信使努尔伊里
16）2 sila₃ kaš 2 sila₃ ninda　　　　　　　2 希拉啤酒，2 希拉面包
17）A-AN-DU-DU kuš₇　　　　　　　　　　　给侍从官阿安杜杜
18）u₄ kaskal giri₃-lugal-še₃ im-e-re-ša-a　当他们去国王巡游的路时
19）2 sila₃ kaš 2 sila₃ ninda　　　　　　　2 希拉啤酒，2 希拉面包
20）I-bi₂-lu-lu lu₂-^gišgu-za　　　　　　　给持座官伊比卢卢
21）2 sila₃ kaš 2 sila₃ ninda　　　　　　　2 希拉啤酒，2 希拉面包
22）Puzur₄-^dIŠKUR lu₂-^gišgu-za　　　　　给持座官普朱尔阿达德
23）2 sila₃ kaš 2 sila₃ ninda　　　　　　　2 希拉啤酒，2 希拉面包
24）Šu-^dNin-šubur lu₂-^gišgu-za　　　　　给持座官舒宁舒布尔
25）2 sila₃ kaš 2 sila₃ ninda　　　　　　　2 希拉啤酒，2 希拉面包
26）Šu-^dIŠKUR šu-i　　　　　　　　　　　给医生舒阿达德
27）u₄ giri₃-lugal-še₃ im-e-re-ša-a　　　当他们去（随从）国王的巡游时
28）2 sila₃ kaš 2 sila₃ ninda　　　　　　　2 希拉啤酒，2 希拉面包
29）^dNanna-uri₃ lu₂-ur₃-ra　　　　　　　给磨香料官南那乌利
30）zi-ga iti ^gišapin　　　　　　　　　　被支出，第 3 月
31）mu ^dI-bi₂-^dSuen lugal　　　　　　　伊比辛 1 年

left

1) u₄ n-kam　　　　　　　　　　　　　第某日。

注意，在上文中出现了两个王室信使拉齐普姆，都是接收 3 希拉啤酒、2 希拉面包作为配给品，第一位拉齐普姆的任务是去孜提安，第二位拉齐普姆的任务是（和王室信使努尔伊里、侍从官阿安杜杜一起）为了国王旅行的拖车而来。由此可见，这里出现的两个拉齐普姆应该指的不是同一人。很可能，他们中一个人的任务是出访外交国（从基马什到王地，文献 CUSAS 40，0615；去德尔，文献 CUSAS 40，1786），另一个重名的人的差事是执行国内事务，比如"去（收集）葱类植物种子"[1]，以及"去测量土地"[2]。

八　布里（布鲁姆）

布里（拼写形式为 Bu-li^{ki}或 Pu-li^{ki}）有 3 篇伊利萨格里格信使文件记载，在伊比辛 1 年，布里人（和西格里什、孜提安、胡图姆人一起）来到乌尔，由王室信使伊丁辛经办。[3] 还有 1 篇普兹瑞什达干文献记载（Trouvaille 83），布里人塞巴之子茨里从布里来时，接收白银。这一地名的另一读音为布鲁姆（拼写形式为 Bu-lu-um^{ki}）记载于 2 篇伊利萨格里格信使文件，都是关于乌尔使节出访布鲁姆。

表 4-14　　　　　　　　出访布里的乌尔使节统计

日期	物品	乌尔使节	从……到……	文献
AS 7 viii 25	[……]	埃拉巴尼 sukkal LL	去布鲁姆	P521724
AS 7 viii 25	5 酒 5 包	埃拉巴尼 sukkal LL	去布鲁姆	Nisaba 15，0043
AS 7 viii	60 酒 60 包	伊提比（Itibi），埃拉巴尼经办		CUSAS 40，0387

乌尔使节出访布鲁姆，只记载于两篇伊利萨格里格信使文件，而且是

---

[1] u₄ numun šum₂-sikil-še₃ im-e-re-ša-a，文献 CUSAS 40，0367。
[2] u₄ a-ša₃ ni₁₀-ni₁₀-de₃ im-e-re-ša-a，文献 Nisaba 15，0756。
[3] 文献 Nisaba 15，0618（IS 1 viii 13）；CUSAS 40，0712（IS 1 xi）；CUSAS 40，0033（IS 1 xi）。

在阿马尔辛 7 年 8 月 25 日，王室文献外事官埃拉巴尼的同一次出访任务的两次不同的配给品发放。其中一篇文献记载埃拉巴尼接收 5 希拉啤酒、5 希拉面包的配给品，另一篇未发表的文献中记载的关于埃拉巴尼接收的配给品部分已破损不清，但是根据王室文献外事官这一官职的固定配给品量应该恢复为 2 希拉汤和 2 条鱼。如下所示：

文献 Nisaba 15, 0043（AS 7 viii 25, Irisagrig）
obv.

11）5 sila₃ kaš 5 sila₃ ninda	5 希拉啤酒，5 希拉面包
12）Er₃-ra-ba-ni sukkal lu₂-kin-gi₄-a lugal	给王室信使外事官埃拉巴尼
13）u₄ Bu-lu-um^{ki}-še₃ ba-gen-na-a	当他去布鲁姆时

文献 P521724（AS 7 viii 25, Irisagrig）
obv.

［…］（配给品）

rev.

1）Er₃-ra-ba-ni [sukkal lu₂-kin-gi₄-a lugal]	给王室信使外事官埃拉巴尼
2）u₄ Bu-lu-um^{ki}-še₃ ba-gen-na-a	当他去布鲁姆时

值得注意的是，有一篇伊利萨格里格信使文件记载了阿马尔辛 7 年 8 月，埃拉巴尼负责经办某某人，从布鲁姆而来，很可能指的就是这次出访任务。

文献 CUSAS 40, 0387（AS 7 viii, Irisagrig）
obv.

1）0.1.0 kaš	1 巴里格啤酒
2）1 ku₆	1 条鱼
3）I-ti-bi	给伊提比
4）lu₂ ša₃-du Pu-lu-um^{ki}-ta	是从布鲁姆来的人？

rev.

1）giri₃ Er₃-ra-ba-ni lu₂-kin-gi₄-a lugal	由王室信使埃拉巴尼经办
2）zi-ga	被支出
3）iti nig₂-^{d}En-lil₂-la₂	第 8 月
4）mu Hu-uh₂-nu-ri^{ki} ba-hul	阿马尔辛 7 年。

在该文献中，地名被拼写为 i-ti-bi / lu₂ ša₃-du Pu-lu-um^{ki}-ta，即地名为"沙杜普鲁姆"，但是这一拼写未见于其他文献。所以应该是布鲁姆，但是这里埃拉巴尼的官职是王室信使，而不是王室信使外事官，[①] 所以是否和前文提到的出访布鲁姆的埃拉巴尼是同一人，颇值得怀疑。我们将王室信使埃拉巴尼的活动轨迹收集列举如下：

AS 7 viii 25（P521724）	去布鲁姆（王室信使外事官）
AS 7 viii（CUSAS 40，0387）	经办从布鲁姆……
AS 8 iii 4（CUSAS 40，1558）	从德尔到王地
AS 8 iv（CUSAS 40，0157）	经办西马什基人去西马什基
AS 8 v 27（Nisaba 15，0103）	从西马什基到王地
AS 8 xii 16（CUSAS 40，0360）	从德尔到王地，以及去育肥羊处
AS 9 i 4（Nisaba 15，0143）	去德尔

从上述列表中，除了阿马尔辛 7 年 8 月的一篇不确定文献（CUSAS 40，0387），埃拉巴尼经办可能从布鲁姆来的某某。其他文献记载的是阿马尔辛 8 年和 9 年，埃拉巴尼的身份都是普通的王室信使，而不是王室信使外事官，并且其出访的轨迹是德尔和西马什基，由此判断这两个叫埃拉巴尼的人很可能不是同一个人。

九　孜达赫里（孜达赫鲁姆）

在乌尔第三王朝，记载孜达赫里（孜达赫鲁姆）的文献共有 24 篇。其中，普兹瑞什达干经济文献 14 篇，记载的是都是孜达赫里，内容是孜达赫里使节来访乌尔。伊利萨格里格信使文件 10 篇，记载的是阿卡德语化的名称孜达赫鲁姆的，除了 1 篇文献记载孜达赫里人来到乌尔（文献 CUSAS 40，0832；AS 8 ix），其他 9 篇记载乌尔使节出访孜达赫里，时间从阿马尔辛 7 年至伊比辛 1 年。

[①] 另外，还只有一篇文献记载王室信使外事官埃拉巴尼，舒辛 7 年 12 月 20 日去德尔，文献 CUSAS 40，0510。

表 4-15　　　　　　　　　　出访孜达赫里的乌尔使节统计

日期	物品	乌尔使节	从……到……	文献
—	5 酒 5 包	乌尔埃什里拉（Ur-eshlila）sukkal LL	从孜达赫鲁姆到王地	Nisaba 15, 1021
AS 7 vii 15	3 酒 2 包	普朱尔辛（Puzur-Suen）	从孜达赫鲁姆到王地	Nisaba 15, 0034
AS 8 iv 4	1 汤 1 鱼	普朱尔辛	去孜达赫鲁姆	CUSAS 40, 0544
AS 8 iv 8	3 酒 2 包	普朱尔哈亚（Puzur-Haia）	从孜达赫鲁姆到王地	CUSAS 40, 0201
AS 8 ix 3	1 肉 2 汤 2 鱼	乌尔埃什里拉	从孜达赫鲁姆到王地	CUSAS 40, 0232
AS 8 ix		拉乌吉乌姆（经办）	经办孜达赫里人从孜达赫鲁姆到王地	CUSAS 40, 0832
SS 5 x 4	1 汤 1 鱼	卢丁吉尔拉	从孜达赫鲁姆到王地	Nisaba 15, 0327
SS 7 vi 30	3 酒 2 包	阿库阿（Akua）	去孜达赫鲁姆	CUSAS 40, 1610
SS 7 xii 7	3 酒 2 包 3 酒 2 包	埃纳赫西纳什（Enah-si-nash） 伊尔舒巴尼（Ilshu-bani）	去孜达赫鲁姆	CUSAS 40, 1733
IS 1 iii 2	3 酒 2 包	阿胡尼	去孜达赫鲁姆	CUSAS 40, 0213

出访孜达赫里的乌尔使节除了乌尔埃什里拉是王室信使外事官之外，其余的使节身份都是王室信使，接收的配给品都是标准的 3 希拉啤酒、2 希拉面包、1 希拉汤、1 条鱼。王室信使外事官的配给品是 5 希拉啤酒、5 希拉面包、2 希拉汤、2 条鱼、1 块羊排。注意，据文献记载（CUSAS 40, 0232），乌尔埃什里拉的头衔是王室信使，根据该文中他获得的配给量符合王室信使外事官，以及另一篇文献的记载，该文中的乌尔埃什里拉的头衔应该不是王室信使，而是王室信使外事官。此外，文献 Nisaba 15, 0034 记载的王室信使普朱尔辛获得的配给品是 2 希拉啤酒，但是从该文献的图片可以看出配给品应该是 3 希拉啤酒。

十 西马什基

记载西马什基的乌尔第三王朝文献共有263篇，其中吉尔苏文献162篇（拼写形式为 Ši-ma-aš-gi$_5$，Ši-ma-aš-gi$_4$$^{(ki)}$，日期明确的17篇），伊利萨格里格文献57篇（拼写形式为 Si-maš-ku-um^{ki}，Si-maš-kum^{ki}），普兹瑞什达干文献42篇（拼写形式为 Šimašgi$_{(2)}$$^{(ki)}$ = LU$_2$.SU^{ki} = LU$_2$.SU.A^{ki}），还有2篇温马文献（Ši-ma-aš-gi$_5$，Ši-ma-aš-gi$_4$，记载西马什基人的埃兰人接收配给品）。[①]

在吉尔苏文献中，17篇日期明确的文献都是记载西马什基的埃兰人来到乌尔接收配给品，由乌尔使节经办。其他无日期格式的文献大部分也是记载此类内容，而记载乌尔使节出访西马什基的文献都是无年份信息的，按照其使节名字列举如下。

表4-16　　吉尔苏文献记载出访西马什基的乌尔使节统计

职业类别	职业（身份头衔）	乌尔使节	人数
军事人员	副军尉 dumu-nu-banda$_3$	舒拉亚（Shulaya）、舒宁舒布尔、舒伊里	3
	士兵长 lu$_2$-^{giš}tukul-gu-la	阿布尼阿（Abunia）、阿达	2
	士兵 lu$_2$-^{giš}tukul	伊朱（Izu）	1
	卫兵长 aga$_3$-us$_2$-gal	阿古阿（Agua）、纳拉美（Narame）、伊鲁姆巴尼	3
外交行政人员	外事官 sukkal	阿亚尼舒（Aya-nishu）、普朱尔舒巴（Puzur-shuba）、沙鲁姆达德（Sharum-dad）、舒古杜（Shugudu）、乌尔辛、伊簇尔伊里（Iṣur-ili）、伊迪达（Idida）、伊鲁姆巴尼	8
	行使 lu$_2$-kas$_4$	伊簇尔伊里、马赫金（Mah-gin）、舒阿达德、乌尔尼伽尔、伊鲁姆马朱（Ilum-mazu）、伊普胡尔（Iphur）	6

---

① 文献 Nisaba 27, 134（SS 5 vii 7）；Nisaba 03/1, 112（SS 6 i）。

续表

职业类别	职业（身份头衔）	乌尔使节	人数
宗教人员	卢库尔女祭司之兄 šeš-lukur	埃拉努伊德	1
其他	无头衔	努尔伊里	1
共计			25

在吉尔苏信使文件中，出访西马什基的乌尔使节包括：外事官（sukkal）、卫兵长（aga$_3$-us$_2$-gal）、士兵长（lu$_2$^{geš}tukul-gu-la）、行使（lu$_2$-kas$_4$）、卢库尔女祭司之兄（šeš lukur）、副军尉（dumu nu-banda$_3$）等。有的文献还记载两位乌尔使节一起出访西马什基，共同接收配给品。如下面这篇文献。

文献 SAT 1, 144（--v, Girsu）

obv.

1) 2 id-gur$_2$ i$_3$-giš u$_4$ 2-kam ša$_3$-iri A$_2$-bi$_2$-la-num$_2$ sukkal Hu-hu-nu-ri^{ki}-še$_3$ du-ni

2 桶植物油，供 2 日，在城里，给外事官阿比拉努姆，当他去胡赫努里时

2) 4 id-gur$_2$ i$_3$-giš u$_4$ 2-kam Šu-la-a dumu nu-banda$_3$ u$_3$ DINGIR-ba-ni aga$_3$-us$_2$-gal Ši-ma-aš-gi$_5$-ta du-ni

4 桶植物油，供 2 日，给副军尉舒拉亚和卫兵长伊鲁姆巴尼，当他们从西马什基来时

3) 1 id-gur$_2$ i$_3$ ša$_3$-iri Lugal-ku$_3$-zu lu$_2$-^{geš}tukul-gu-la A-dam-dun^{ki}-še$_3$ du-ni

1 桶植物油，在城里，给士兵长卢伽尔库朱，当他去阿丹顿时

rev.

1) 3 id-gur$_2$ i$_3$ u$_4$ 3-kam Ip-hur sukkal Šušin^{ki}-ta du-ni

3 桶油，供 3 日，给外事官伊普胡尔，当他从苏萨来时

2) 2 id-gur$_2$ i$_3$ u$_4$ 2-kam Šu-Eš-tar$_2$ aga$_3$-us$_2$-gal ^{u2}Urua$^{a.\,ki}$-še$_3$ du-ni

2 桶油，供 2 日，给卫兵长舒伊什塔尔，当他去乌鲁阿时

3) 3 id-gur$_2$ i$_3$ u$_4$ 3-kam Kal-i$_3$-li$_2$ dumu nu-banda$_3$ Hu-hu-nu-ri^{ki}-ta du-ni

3 桶油，供 3 日，给副军尉卡尔伊里，当他从胡赫努里来时

4) 2 id-gur$_2$ i$_3$ u$_4$ 2-kam Lu$_2$-^{d}Nanna sukkal ^{u2}Urua$^{a.\,ki}$-še$_3$ du-ni

2 桶油，供 2 日，给外事官卢南那，当他去乌鲁阿时

5) iti munu$_4$-gu$_7$

第 5 月。

第四章 乌尔使节出访

在伊利萨格里格信使文件中，记载西马什基人或恩西[①]来到乌尔，接收配给品，由乌尔的王室信使经办。另外，更多的文献记载的是乌尔使节出访西马什基。

表 4-17　伊利萨格里格文献记载出访西马什基的乌尔使节统计

日期	物品	乌尔使节	从……到……	文献
-- --16	3 酒 2 包	乌簇尔帕舒	从西马什基到王地	CUSAS 40, 1712
AS 8 i 25	3 酒 2 包	马特伊里	到西马什基	CUSAS 40, 0350
AS 8 i		努尔伊里（经办）	西马什基人从西马什基到王地	Nisaba 15, 0081
AS 8 iv		埃拉巴尼（经办）	西马什基人到西马什基	CUSAS 40, 0157
AS 8 v 27	3 酒 2 包 3 酒 2 包	埃拉巴尼 南塞巴尼（Nanshe-ba-ni）	从西马什基到王地	Nisaba 15, 0103
AS 8 ix		舒伊什塔尔（经办）	西马什基恩西卢萨纳从西马什基到王地	CUSAS 40, 0357
AS 8 xii 1	3 酒 2 包 3 酒 2 包	努尔阿达德 阿达德伊拉特	到西马什基	Nisaba 15, 0127
AS 8 xii		乌尔某某（经办）	西马什基人到西马什基	CUSAS 40, 1274
SS 1 x		某某（经办）	西马什基人从西马什基到王地	New IM 3, 040
SS 3 iii 12	1 汤 1 鱼 1 汤 1 鱼	布拉卢姆 库库（Kuku, kuš₇ LL）	到西马什基	Nisaba 15, 0251
SS 3 iii 18	2 汤 2 鱼 1 汤 1 鱼	阿穆尔辛（sukkal LL） 阿拉德姆	到西马什基	Nisaba 15, 0254
SS 4 vi 1	1 肉 2 汤 2 鱼	伊美阿（ugula lu₂-kas₄）	从西马什基到王地	CUSAS 40, 0783
SS 4 vi 25	1 汤 1 鱼	普朱尔伊南娜（Puzur-Inana）	到西马什基	Nisaba 15, 0278
SS 6 i 22	1 汤 1 鱼	伊里茨里	到西马什基	CUSAS 40, 0274
SS 6 i		图兰伊里（经办）	西马什基人到西马什基	Nisaba 15, 0357

---

① 记载恩西的文献有：CUSAS 40, 0357（AS 8 ix）: Lu₂-sa-na；CUSAS 40, 0060（IS 2 xii）: I-me-te-nu-nu。

续表

日期	物品	乌尔使节	从……到……	文献
SS 6 ii 17	1汤1鱼 1汤1鱼	努尔伊里 舒杜姆孜	到西马什基	CUSAS 40, 1478
SS 6 xiid 2	1汤1鱼	努尔伊里	从西马什基到王地	CUSAS 40, 0986
SS 7 iii		沙鲁姆伊里（经办）	西马什基人从西马什基到王地	CUSAS 40, 0647
SS 7 vi		努希伊鲁姆（Nuhi-ilum）（经办）	西马什基人从西马什基到王地	CUSAS 40, 0642
SS 7 vii	1肉3汤	伊西姆舒尔吉（Ishim-Shulgi）	到西马什基	CUSAS 40, 0452
SS 7 ix 12	30酒30包1酥油	伊美阿（ugula LL）	从西马什基到王地	CUSAS 40, 1541
SS 7 x 25	1汤1鱼	卢伽尔安奈（Lugal-anne）	到西马什基	CUSAS 40, 0008
SS 7 xii 15	3酒3包	沙马赫巴巴（Shamah-Baba）	到西马什基	CUSAS 40, 0624
SS 7 xii 15	1汤1鱼	沙马赫巴巴	到西马什基	CUSAS 40, 0755
SS 8 vi 7	1汤1鱼	乌尔吉尔伽美什（Ur-Bilgames）	到西马什基	CUSAS 40, 0566
SS 9 ii 10	5酒5包	努尔伊里（sukkal LL）	从西马什基到王地	CUSAS 40, 0623
IS 1 iii		萨阿加（经办）	西马什基人到西马什基	Nisaba 15, 0624
IS 1 vi 20	5酒5包 3酒2包 3酒2包	努尔伊里 卢某某 伊鲁姆阿苏（Ilum-asu）	到西马什基	Nisaba 15, 0598
IS 1 vi		乌簇尔帕舒（经办）	西马什基人到西马什基	Nisaba 15, 0605
IS 1 vii	3酒2包	伊提亚	从西马什基到王地	Nisaba 15, 0617
IS 1 viii 11	2汤2鱼 1汤1鱼	努尔伊里 阿达拉尔	从西马什基到王地	CUSAS 40, 0261
IS 1 viii 18	2汤2鱼 1汤1鱼	舒纳达（Shunada） 伊丁辛	到西马什基 牛从西马什基带到王宫	CUSAS 40, 0564
IS 1 viii 18	5酒5包 3酒2包	舒纳达 伊丁辛	到西马什基 牛从西马什基带到王宫	Nisaba 15, 0619
IS 1 viii 23	5酒5包 3酒2包	舒纳达 伊尔苏帕里尔（Ilsu-palil）	从西马什基到王地 牛从西马什基带到王宫	CUSAS 40, 0631

第四章 乌尔使节出访

续表

日期	物品	乌尔使节	从……到……	文献
IS 1 viii 25	1汤1鱼	伊尔舒穆巴里特（Ilshu-mubaliṭ）	牛从西马什基带到王宫	CUSAS 40, 0748
IS 1 ix 20	1汤1鱼	萨阿加	从西马什基到王地	CUSAS 40, 0199
IS 1 ix 28	3酒2包	伊沙尔尼沙（Isharnisha）	到西马什基	Nisaba 15, 0576
IS 1 ix		萨阿加（经办）	西马什基人从西马什基到王地	CUSAS 40, 0497
IS 1 xiid 14	3酒2包	扎里库姆	从西马什基到王地 im	CUSAS 40, 0873
IS 1 xiid		萨阿加（经办）	西马什基人到西马什基	Nisaba 15, 0662
IS 2 i 9	1汤	伊沙尔尼希（Ishar-ni-si）	从西马什基到王地	Nisaba 15, 0118
IS 2 i 9	3酒2包	伊沙尔尼希	从西马什基到王地	Nisaba 15, 0697
IS 2 i 11	3酒2包	卢卢巴尼［sukkal LL］	从西马什基到王地 im	CUSAS 40, 0291
IS 2 i		萨阿加（经办）	西马什基人从西马什基到王地	Nisaba 15, 0709
IS 2 v--	5酒5包	卢南那	到西马什基	Nisaba 15, 0777
IS 2 v--	1汤1鱼	卢南那	到西马什基	Nisaba 15, 0778
IS 2 v 10	5酒5包	萨阿加	到西马什基	Nisaba 15, 0767
IS 2 v 11	5酒5包	库尔比辛（Kurbi-Suen）	从西马什基到王地	Nisaba 15, 0768
IS 2 v 18	3酒2包 3酒2包	达亚亚 萨阿加	到西马什基 从西马什基到王地	Nisaba 15, 0771
IS 2 v		萨阿加（经办）	西马什基人到西马什基	Nisaba 15, 0782
IS 2 vi 7	3酒2包	阿哈尼舒（Ahanishu）	到西马什基	Nisaba 15, 0785
IS 2 vi		阿哈尼舒（经办）	西马什基人到西马什基	CUSAS 40, 0604
IS 2 viii		簌拉卢姆（Sulalum）（经办）	西马什基人从西马什基到王地	Nisaba 15, 0830
IS 2 xi		哈马提希（Hamatishi）	西马什基人吉里姆孜纳克	JAOS 108, 120 3
IS 2 xii--	3酒2包	乌尔尼伽尔	到西马什基	Nisaba 15, 0876
IS 2 xii		舒恩利尔（经办）	西马什基恩西伊美特努努及西马什基人到西马什基	CUSAS 40, 0060
IS--i		卢杜姆孜（Lu-Dumuzi）（经办）	西马什基人从西马什基到王地	CUSAS 40, 1170

从上述统计列表中，我们可以得出如下结论。第一，乌尔使节出访西马什基在时间上从阿马尔辛 8 年到伊比辛 2 年，主要集中于伊比辛 1 年和 2 年。第二，出访西马什基的乌尔使节主要是王室信使（lu$_2$-kin-gi$_4$-a lugal），他们接收的配给品标准配给是 3 希拉啤酒、2 希拉面包、1 希拉汤、1 条鱼，从伊比辛 1 年开始，有的王室信使接收的配给量增加至 5 希拉啤酒、5 希拉面包、2 希拉汤、2 条鱼、1 块羊排，基本上增加了一倍的量，但是原先的配给量也没有废止，即两种配给量同时用于不同的王室信使。除此，其他官职还有王室信使外事官（sukkal lu$_2$-kin-gi$_4$-a lugal）、王室信使侍从官（kuš$_7$ lu$_2$-kin-gi$_4$-a lugal）、王室信使督办（ugula lu$_2$-kin-gi$_4$-a lugal）、行使督办（ugula lu$_2$-kas$_4$）。他们接收的配给量都是固定的，分为：

职务	配给
王室信使督办	30 酒、30 包、1 酥油面包
王室信使外事官	5 酒、5 包；2 汤、2 鱼
行使督办	2 汤、2 鱼、1 块羊排
王室信使	3 酒、2 包；1 汤、1 鱼（AS 8-IS 2）
	5 酒、5 包；2 汤、2 鱼、1 块羊排（IS 1–2）
王室信使侍从官	1 汤、1 鱼

注意，王室信使督办除了常规的配给品外，还额外增加了 1 希拉酥油面包或点心（文献 CUSAS 40，1541），这种配给品一般只支出给高级官员。另外，王室信使外事官所接收的配给品一般是普通王室信使的两倍，啤酒和面包配给品量固定为 5 希拉，但是文献（CUSAS 40，0291）记载了王室信使外事官卢卢巴尼接收了 3 希拉啤酒和 2 希拉面包，这一配给品量不符合王室信使外事官的固定配给品，通过检查该文献的泥板，我们发现卢卢巴尼的官职"王室信使外事官"一栏已破损，所以笔者怀疑这里应该是"王室信使"（lu$_2$-kin-gi$_4$-a lugal），而非"王室信使外事官"（sukkal lu$_2$-kin-gi$_4$-a lugal），这里应该没有术语 sukkal 的符号。

第三，和出访其他外交国的使节配给品量规律一样，乌尔使节出访西马什基的配给品量也是分为两批进行发放，一批是啤酒和面包，另一批是

第四章 乌尔使节出访

汤和鱼。例如，舒辛 7 年 12 月 15 日，王室信使沙马赫巴巴到西马什基，一次接收 3 希拉啤酒、2 希拉面包（原文作者错误写为 3），另一次接收 1 希拉汤和 1 条鱼。如下所示：

文献 CUSAS 40, 0624（SS 7 xii 15, Irisagrig）

obv.

1) 3 sila₃ kaš 2!（3）sila₃ ninda	3 希拉啤酒，2 希拉面包
2) E-na-ah-si-na-aš₂ lu₂-kin-gi₄-a lugal	给王室信使埃纳赫希纳什
3) u₄ ki ensi₂-ka-še₃ im-gen-na-a	当他去恩西之地时，
4) 3 sila₃ kaš 2!（3）sila₃ ninda	3 希拉啤酒，2 希拉面包
5) Ša₃-mah-ᵈBa-ba₆ lu₂-kin-gi₄-a lugal	给王室信使沙马赫巴巴

rev.

1) u₄ Si-maš-ku-umᵏⁱ-še₃ ba-gen-na-a	当他去西马什基时
2) zi-ga	被支出
3) iti še-sag₁₁-ku₅	第 12 月
4) mu ᵈŠu-ᵈSuen lugal Uri₅ᵏⁱ-ma-ke₄ ma-da Za-ab-ša-liᵏⁱ mu-hul	舒辛 7 年

left

1) u₄ 15-kam	第 15 日。

文献 CUSAS 40, 0755（SS 7 xii 15, Irisagrig）

obv.

1) 1 sila₃ tu₇ 1 ku₆	1 希拉汤，1 条鱼
2) E-na-ah-si-na-aš₂ lu₂-kin-gi₄-a lugal	给王室信使埃纳赫希纳什
3) u₄ ki ensi₂-ka-še₃ im-gen-na-a	当他去恩西之地时
4) 1 sila₃ tu₇ 1 ku₆	1 希拉汤，1 条鱼
5) Ša₃-mah-ᵈBa-ba₆ lu₂-kin-gi₄-a lugal	给王室信使沙马赫巴巴

rev.

1) u₄ Si-maš-ku-umᵏⁱ-še₃ ba-gen-na-a	当他去西马什基时
2) zi-ga	被支出
3) iti še-sag₁₁-ku₅	第 12 月
4) mu ᵈŠu-ᵈSuen lugal Uri₅ᵏⁱ-ma-ke₄ ma-da Za-ab-ša-liᵏⁱ mu-hul	舒辛 7 年

left

1) u₄ 15-kam　　　　　　　　　　　　第 15 日。

当然，使节两次接收的配给量和固定配给品也会有一些出入。例如，在伊比辛 2 年 1 月 9 日，王室信使伊沙尔尼希从西马什基到国王之地，一次接收了 1 希拉汤（文献 Nisaba 15, 0118），另一次接收了 3 希拉啤酒和 2 希拉面包（文献 Nisaba 15, 0697）。

第四，乌尔使节出访西马什基的任务之一是经办西马什基人（雇佣劳动力）到乌尔从事雇佣工作。以王室信使萨阿加为例。在伊比辛 1 年 9 月 20 日（文献 CUSAS 40, 0199），萨阿加从西马什基到国王之地，接收 1 希拉汤和 1 条鱼的配给品。他的任务是经办西马什基人从西马什基到国王之地（文献 CUSAS 40, 0497），这一类记载乌尔使节担任经办人的文献一般都是月记，而不是日记。不过也要注意该月 28 日，王室信使伊萨尔尼沙出访西马什基（文献 Nisaba 15, 0576），其具体任务不清楚。另一个关于萨阿加出访西马什基的例子发生在伊比辛 2 年 5 月 10 日。据一篇文献（Nisaba 15, 0767）记载，萨阿加到西马什基，接收 5 希拉啤酒和 5 希拉面包的配给品。而据另一篇月记文献记载，在该月，萨阿加经办西马什基人到西马什基的差事（文献 Nisaba 15, 0782），即此次萨阿加出访西马什基的任务是陪同（或护送）西马什基人回到西马什基。萨阿加执行完此次任务，回到乌尔国内的时间是该月 18 日（文献 Nisaba 15, 0771）。不过也要注意的是，在同一月，还有其他王室信使也有出访西马什基的任务。比如 11 日，库尔比辛（Kurbi-Suen）从西马什基到国王之地（文献 Nisaba 15, 0768），以及在萨阿加回国的同一日（18 日），另一位王室信使达亚亚到西马什基（文献 Nisaba 15, 0771）。由此可见，乌尔王国派了不同的使节频繁往返于乌尔与西马什基之间执行外交任务，体现了尤其在伊比辛统治初年乌尔王国与西马什基之间的密切的外交联系。

第五，乌尔使节出访西马什基的另一个任务是将牲畜从西马什基带到乌尔。在文献中记载的来自西马什基的牲畜都是牛。例如，在伊比辛 1 年 8 月 18 日，王室信使伊丁辛将牛从西马什基带到王宫，接收到 1 希拉汤、1 条鱼（文献 CUSAS 40, 0564），以及 3 希拉啤酒、2 希拉面包的配给品（文献 Nisaba 15, 0619），同一文献还记载了当日另一位王室信

第四章　乌尔使节出访

使舒纳达到西马什基，而当月23日，舒纳达从西马什基回到国王之地，当日另一王室信使伊尔苏帕里尔将牛从西马什基带到王宫（文献CUSAS 40，0631）。

十一　迪尼克图姆、胡图姆（胡提）、希尔曼（希尼曼）

迪尼克图姆、胡图姆（胡提，Huti）、希尔曼（希尼曼）[①]这三个地名基本上只见于伊利萨格里格信使文件，但是其具体地理位置不详。由于它们的位置不明确，加之记载的文献数量较少，难以形成系统的分析，所以我们将三者归在一起，进行简单粗略的分析。

迪尼克图姆很可能位于迪亚拉河流域，属于乌尔第三王朝的边缘区，而非附庸国。有学者认为，迪尼克图姆位于今巴格达附近的穆罕默德（Tell Muhammed）或者胡尔马遗址。[②] 斯坦凯勒依据古巴比伦文献记载，认为迪尼克图姆不是位于迪亚拉河流域，而是位于迪亚拉河流域以东地区，在从伊利萨格里格到德尔的商路沿线。[③] 在文献方面，记载迪尼克图姆的文献主要是伊利萨格里格的信使文件，共有19篇，还有3篇温马文献（记载劳动力去迪尼克图姆从事劳役）。[④] 在伊利萨格里格文献中，有13篇文献记载的是乌尔使节出访迪尼克图姆的情况。[⑤]

[①] 关于胡图姆和希尔曼，参见 R. Zadok, "Issues in the Historical Geography and the Ethno-Linguistic Character of the Zagros and Adjacent Regions", in D. R. Katz, N. Hacham, G. Herman and L. Sagiv (eds.), *A Question of Identity: Social, Political, and Historical Aspects of Identity Dynamics in Jewish and Other Contexts*, Berlin: De Gruyter, 2019, pp. 95, 100.

[②] D. O. Edzard and G. Farber, *Répertoire Géographique des Textes Cunéiformes* II: *Die Orts-und Gewässernamen der Zeit der 3. Dynastie von Ur*, Wiesbaden: Dr. Ludwig Reichert Verlag, 1974, p. 54; D. Frayne, *Old Babylonian Period (2003-1595 BC)*, RIME 4, Toronto: University of Toronto Press, 1990, p. 682; P. Gentili, "Where is Diniktum? Remarks on the Situation and a Supposition", *Rivista degli studi orientali*, Vol. 79 (2006), pp. 231-238; K. M. Ahmed, "The Beginnings of Ancient Kurdistan (c. 2500-1500 BC): A Historical and Cultural Synthesis", PhD dissertation, Universiteit Leiden, 2012, p. 300.

[③] P. Steinkeller, "Puzur-Inšušinak at Susa: A Pivotal Episode of Early Elamite History Reconsidered", in K. De Graef and J. Tavernier (eds.), *Susa and Elam. Archaeological, Philological, Historical and Geographical Perspectives: Proceedings of the International Congress Held at Ghent University, December 14-17, 2009*, MDP 58, Leiden and Boston: Brill, 2013, p. 306.

[④] 文献 MVN 21, 090 (SS 4); UTI 5, 3131 (SS 4); UTI 5, 3149 (SS 4).

[⑤] 有一篇记载劳动力的文献，见 Nisaba 15, 0236 (SS 3 ix)。

表 4-18　出访迪尼克图姆、胡图姆和希尼曼的乌尔使节统计

日期	物品	乌尔使节	从……到……	文献
-- ---8	1汤1鱼	努尔伊里	去迪尼克图姆	Nisaba 15, 1018
AS 8 ii 8	2酒2包	努尔伊里	去迪尼克图姆	CUSAS 40, 0741
IS 2 i 9	2汤	舒恩利尔	去迪尼克图姆	Nisaba 15, 0118
IS 2 i 9	5酒5包	舒恩利尔	去迪尼克图姆	Nisaba 15, 0697
IS 2 i 16	5酒5包	舒辛某某舒	去迪尼克图姆	Nisaba 15, 0699
IS 2 iii 15	2汤2鱼	卢伽尔阿孜达（Lugal-azida）	去迪尼克图姆	Nisaba 15, 0834
IS 2 iii 25	1汤1鱼	阿布尼	去迪尼克图姆	Nisaba 15, 0840
IS 2 vi 12	3酒2包	舒尔吉伊里	去迪尼克图姆	Nisaba 15, 0787
IS 2 vi 12	1汤1鱼	舒尔吉伊里	去迪尼克图姆	Nisaba 15, 0788
IS 2 ix 25	3酒2包	伊布尼阿达德	去迪尼克图姆	Nisaba 15, 0745
IS 2 x--	1汤1鱼	阿布姆伊鲁姆	从迪尼克图姆到王地	Nisaba 15, 0856
IS 2 xii 2	3酒2包	努尔辛	去迪尼克图姆	Nisaba 15, 0866
SS 8 iv 24	1汤1鱼	伊丁伊鲁姆	去胡图姆	CUSAS 40, 1786
SS 9 v		萨阿卡姆（经办）	经办胡图姆人到胡图姆	Nisaba 15, 0507①
IS 1 iii--	3酒2包	乌簇尔帕舒	去胡图姆	Fs Salvini 371-475 01
IS 1 viii		伊丁辛（经办）	胡图姆人到王地	Nisaba 15, 0618
IS 1 xi		伊丁辛（经办）	胡图姆人到王地	CUSAS 40, 0712
IS 1 xi		伊丁辛（经办）	胡图姆人到王地	CUSAS 40, 0033②
AS 8 xi	30酒30包 2个油面包	伊比伊鲁姆（Ibi-ilum, lu$_2$ geštin）	去希尼曼	CUSAS 40, 1424
SS 2 viii 23	2汤2鱼 2汤2鱼	沙里姆贝里（Shalim-beli, sukkal LL） 阿达拉尔（sukkal LL）	去希尼曼（Si-ir-ma-an^{ki}）	Nisaba 15, 0215

---

① 注意，该文献印章为：Giri$_3$-sa$_6$-a-kam，这里 giri$_3$ 不是"经办"之义，而是人名的一部分。但是如果这样理解，那么文献的格式不符合一般的格式。此外，配给品的种类和数量为 1 sila$_3$ i$_3$-giš（1 希拉植物油）。

② 注意，该文献中 lu$_2$ Hu-ur-tum^{ki}，应该为 lu$_2$ Hu-ut-tum^{ki}。

续表

日期	物品	乌尔使节	从……到……	文献
SS 3 iii 30	1汤1鱼 1汤1鱼 1汤1鱼	沙鲁姆伊里 舒伊里 库尔辛	去希尼曼	CUSAS 40, 0399

值得注意的是，有6篇文献记载诸多物品作为在迪尼克图姆神庙的财产（nig$_2$-gur$_{11}$ DN ša$_3$ Di$_3$-ni-ik-tum^{ki}）、常规供应（sa$_2$-du$_{11}$）或王室税（maš-da-re-a lugal），以及数量众多的大麦被存入迪尼克图姆的仓库（i$_3$-dub）。[1] 另外，尤其到了伊比辛2年，乌尔使节出访的外交国数量和次数剧减，更多的出访地是德尔，其次是迪尼克图姆，而且很多文献中只记载了乌尔使节去往或从德尔、迪尼克图姆回来。这表明迪尼克图姆很可能不是乌尔王国的外交国，而是与德尔、苏萨性质相近的边疆区，或者是中转站。

记载胡图姆的文献共计5篇，都是来自伊利萨格里格的信使文件，其中3篇文献记载胡图姆人来到乌尔王国，[2] 2篇文献记载了乌尔使节出访胡图姆。此外，还有一篇吉尔苏文献记载了一个地名胡提可能是胡图姆的苏美尔语读音。[3]

记载希尼曼（希尔曼）的文献只有2篇，都来自伊利萨格里格信使文件，记载乌尔使节出访希尼曼。另外，还有1篇伊利萨格里格文献记载一个地名希尔曼很可能是希尼曼的误读，同样记载了乌尔使节出访希尔曼。

第四节　乌尔使节出访东南部外交国

乌尔使节出访的东南部外交国，主要被记载于吉尔苏的信使文件中。这些外交国主要有10个，包括：乌鲁阿、萨布姆、帕西美、阿丹顿、胡布姆、胡赫努里、杜杜里、吉沙、安珊和马尔哈西，此外还有若干地理位

---

[1] 文献 Nisaba 15, 0176（AS 8 xii）；Nisaba 15, 0178（AS 9 xii）；Nisaba 15, 0674（IS 1）；Nisaba 15, 0897（IS 2）；Nisaba 15, 0918（IS 2）；CUSAS 40, 1275（IS 3）.

[2] 文献 Nisaba 15, 0507（SS 9 v）；Nisaba 15, 0618（IS 1 viii 13）；CUSAS 40, 0033（IS 1 xi）；CUSAS 40, 0712（IS 1 xi）.

[3] 文献 ZA 018, 253 08（AS 9 vi）. 该文献记载了胡提的埃兰人在基努尼尔驿站以及到乌尔途中接收配给品，由卢伽尔伊吉巴巴尔（Lugal-igibabbar）负责经办。

置不详的外交国。① 其中，在吉尔苏信使文件中，记载乌尔使节往返苏萨的数量和次数最多，和德尔一样，苏萨很可能是乌尔王国联系东南部外交国的重要中转站。

一　乌鲁阿

记载乌鲁阿的乌尔第三王朝文献共有131篇，其中吉尔苏文献121篇（只有1篇有年份信息），普兹瑞什达干文献8篇（从舒尔吉40年至舒辛7年），还有2篇温马文献（无年份信息）。

记载乌尔使节出访乌鲁阿的文献，是吉尔苏信使文件中最多的文献之一。记载该类文献最多的地名是苏萨，其次是萨布姆和阿丹顿。在内容上，乌鲁阿一般和苏萨、萨布姆、阿丹顿一起被记载于一篇吉尔苏信使文件中，例如下面这篇文献：

文献 SAT 1, 138 (--iv, Girsu)

obv.

1) 1 id-gur$_2$ i$_3$ ša$_3$-iri DINGIR-ra-bi$_2$ dumu-nu-banda$_3$ Šušin^{ki}-ta du-ni　　1桶油，在城里，给副军尉伊鲁姆拉比，当他从苏萨来时

2) 2 id-gur$_2$ i$_3$-giš u$_4$ 2-kam Šu-Er$_3$-ra lu$_2$-^{giš}tukul-gu-la A-dam-dun^{ki}-še$_3$ du-ni　　2桶植物油，供2日，给士兵长舒埃拉，当他去阿丹顿时

3) 1 id-gur$_2$ i$_3$ Igi-sa$_6$-mu lu$_2$-kas$_4$ Šušin^{ki}-ta du-ni　　1桶油，给行使伊吉萨姆，当他从苏萨来时

4) 1 id-gur$_2$ i$_3$ ša$_3$-iri　　1桶油，在城里

---

① 在吉尔苏信使文件中还记载了一些地名，它们的具体位置不详，许多地名只见于一篇文献中，这些地名常常与埃兰人连用，表示该地区的埃兰人（elam GN），包括：西乌、扎乌尔、巴尔巴拉胡巴、吉孜里、马希里、簌尔巴提（Surbati）、希里（Siri）、阿拉乌埃（Araue）、乌卢姆（Ulum）、胡沙乌姆图姆（Hushaumtum）、希丁卢布姆（Sidin-rubum）、阿尼基（A-NI-gi）、色吉莱什（Segeresh）、胡里巴（Huliba）、迪乌姆（DI-um）、塔卜拉拉、奈胡奈（Nehune）、朱尔巴图姆（Zurbatum），以及没有埃兰人的地名包括：孜里姆、哈加尔苏尔（Hagarsur）、杜鲁恩（Durun）和穆什埃林（MUSH.ERIN）。参见 R. Zadok, "Issues in the Historical Geography and the Ethno-Linguistic Character of the Zagros and Adjacent Regions", in D. R. Katz, N. Hacham, G. Herman and L. Sagiv (eds.), *A Question of Identity: Social, Political, and Historical Aspects of Identity Dynamics in Jewish and Other Contexts*, Berlin: De Gruyter, 2019, pp. 71-110.

第四章 乌尔使节出访

rev.

1) DINGIR-ra-mu lu₂-^{giš}tukul-gu-la Sa-bu-um^{ki}-še₃ du-ni　　给士兵长伊鲁姆拉姆，当他去萨布姆时

2) 2 id-gur₂ i₃ u₄ 2-kam Ur-^{d}Šul-gi sukkal　　2 桶油，供 2 日，给外事官乌尔舒尔吉

3) 2 id-gur₂ i₃ u₄ 2-kam Lu₂-ša-lim sukkal ^{u2}Urua$^{a.\,ki}$-ta du-ni　　2 桶油，供 2 日，给外事官卢沙里姆，当他从乌鲁阿来时

4) 1 id-gur₂ i₃ ša₃-iri Ur-ku₃-nun dumu-nu-banda₃ Sa-bu-um^{ki}-še₃ du-ni　　1 桶油，在城里，给副军尉乌尔库努纳，当他去萨布姆时

5) 2 id-gur₂ i₃ Šu-Er₃-ra aga₃-us₂ u₃ Lu₂-^{d}Nanna šeš-lukur Šušin^{ki}-ta du-ni　　2 桶油，给卫兵舒埃拉和卢库尔女祭司之兄卢南那，当他从苏萨来时

6) 1 id-gur₂ i₃ ša₃-iri Lu₂-^{d}Inana sukkal Šušin^{ki}-še₃ du-ni　　1 桶油，在城里，给外事官卢伊南娜，当他去苏萨时

7) iti šu-numun　　第 4 月。

当然，也有一篇文献只记载了乌鲁阿一个地名，例如：

文献 TCTI 2，03642（--i 25，Girsu）

obv.

1) 2 sila₃ kaš 2 sila₃ ninda　　2 希拉啤酒，2 希拉面包

2) 2 gin₂ i₃　　2 津油

3) Ur-^{d}Nin-giš-zi-da lu₂-^{giš}tukul　　给士兵乌尔宁吉什孜达

4) ^{u2}Urua^{ki}-ta du-ni　　当他从乌鲁阿来时

rev.

1) iti GAN₂-maš u₄ 25 ba-zal　　第 1 月，第 25 日。

另外，在一篇文献中，还记载了不止一位乌尔使节出访乌鲁阿。例如：

文献 MVN 17，050（--iii，Girsu）

obv.

6) 0.0.1 zi₃ u₄ 2-kam　　1 班面粉，供 2 日

7) Šu-^{d}Suen dumu nu-banda₃　　给副军尉舒辛

8) 0.0.1 zi₃ u₄ 2-kam　　1 班面粉，供 2 日

395

9) Lu₂-ᵈInana aga₃-us₂　　　　给卫兵卢伊南娜
10) ᵘ²Uruaᵏⁱ-ta du-ni　　　　当他从乌鲁阿来时。

同一篇文献不仅记载了乌尔使节出访乌鲁阿，还记载了另一位使节从乌鲁阿出访结束回来，例如：

文献 HSS 04, 058 (--i, Girsu)
obv.
4) 5 sila₃ kaš 5 sila₃ zi₃ 1 id-gur₂　　　5 希拉啤酒, 5 希拉面粉, 1 桶（油）
5) I₃-di₃-iš dumu nu-banda₃　　　　给副军尉伊迪什
6) ᵘ²Uruaᵃ·ᵏⁱ-še₃ gen-na　　　　当他已去乌鲁阿时
….
rev.
1) 3 sila₃ kaš 2 sila₃ zi₃ 1 id-gur₂　　　3 希拉啤酒, 2 希拉面粉, 1 桶（油）
2) E₂-ki-bi lu₂-kas₄　　　　给行使埃吉比
3) ᵘ²Uruaᵃ·ᵏⁱ-ta du-ni　　　　当他从乌鲁阿来时。

乌尔使节接收的配给品一般是一天的量，没有特别标记。但是也有特别标记"两天""N 天"的量。例子：

文献 Berens 092 (--xi, Girsu)
obv.
7) 2 id-gur₂ i₃ u₄ 2-kam　　　　2 桶油, 供 2 日
8) A-hu-a sukkal　　　　给外事官阿胡阿
9) ᵘ²Uruaᵃ·ᵏⁱ-še₃ du-ni　　　　当他去乌鲁阿时。

乌尔使节出访乌鲁阿，除了大量文献记载使节到乌鲁阿或者从乌鲁阿回来（并没有说明具体的任务）之外，还有一些文献记载了乌尔使节的具体差事，包括以下不同的任务。

第一，负责征收粮食。乌鲁阿很可能是乌尔王国的一个重要粮食来源地或储存地（粮仓）。据一篇吉尔苏 ša₃-bi-ta 文献（ASJ 02, 031 87）记载，舒尔吉 42 年，（卢库尔女祭司）宁卡拉（Nin-kala）关于乌鲁阿大麦的平衡账

目,一共记载了1819古尔4巴里格4班2希拉王室大麦。① 另据一篇文献记载(Nisaba 22, 111),5名乌尔使节每人接收3天的配给品(都是15希拉啤酒),当他们从乌鲁阿将大麦用船运过来时(^{u2}Urua$^{a.ki}$-ta ma$_2$ še-da gen-na-ne-ne)。此外,3班啤酒支出给阿摩利人纳姆哈尼,当他已经去征收乌鲁阿的面粉。②

第二,为来往乌鲁阿的团体提供物资帮助。据一篇文献记载(TCTI 2, 03952),士兵胡布提亚(Hubutia)接收了两天的配给品共计4希拉啤酒、4希拉面包、4津油,当他给乌鲁阿的旅途队伍提供葡萄酒(geštin ^{u2}Urua$^{a.ki}$ anše/giri$_3$ šum$_2$-de$_3$ du-ni)。另据文献记载(MVN 11, 110),3班啤酒、3班面粉、4班"给驴吃的大麦"(še anše gu$_7$),支出给国王的儿子埃特阿尔普达干(Etealpu-Dagan),当他给乌鲁阿的卫兵们送羊毛时(siki ^{u2}Urua$^{a.ki}$ aga$_3$-us$_2$ šum$_2$-mu-de$_3$ gen-na)。由于埃特阿尔普达干是舒尔吉的儿子,所以这篇无年份的文献很可能是在舒尔吉统治时期。③ 此外,外事官卢恩基接收了两天的配给品,负责让剩余乌鲁阿牧羊人的行程。④

第三,负责经办战俘的转运。据一篇文献(OTR 127)记载,35个劳动力每人接收2希拉面粉,他们是基马什的战俘,由行使纳斯里姆负责经办,当他们要从乌鲁阿来时。

出访乌鲁阿的乌尔使节的身份(官职)包括王子(dumu-lugal)、卫兵长(aga$_3$-us$_2$-gal)、副军尉(dumu-nu-banda$_3$)、行使(lu$_2$-kas$_4$)、士兵(lu$_2$-^{giš}tukul)、士兵长(lu$_2$-^{giš}tukul-gu-la)、阿摩利人(mar-tu)、骑使(ra-gaba)、外事官(sukkal)、卢库尔女祭司之兄(šeš-lukur)、乌库尔官员

---

① 关于卢库尔宁卡拉,见文献 Aleppo 057; P209262;许多文献记载其身份是"王后"(nin),见文献 ASJ 11, 129 59; P203831; CT 07, pl. 27, BM 018376; Fs Neumann 773-775 01; MVN 22, 108。另外根据王室铭文记载,宁卡拉是舒尔吉的卢库尔妻子,参见 D. Frayne, *Ur Ⅲ Period (2112-2004 BC)*, RIME 3/2, Toronto: University of Toronto Press, 1997, pp. 167, 181。

② 原文:3 ban$_2$ kaš Nam-ha-ni mar-tu zi$_3$ ^{u2}Urua$^{a.ki}$ zi-zi-de$_3$ gen-na,文献 SAT 1, 160。

③ D. Frayne, *Ur Ⅲ Period (2112-2004 BC)*, RIME 3/2, Toronto: University of Toronto Press, 1997, p. xxxviii; P. Notizia, "Prince Etel-pū-Dagān, Son of Šulgi", in S. J. Garfinkle and M. Molina (eds.), *From the 21st Century B. C. to the 21st Century A. D.: Proceedings of the International Conference on Neo-Sumerian Studies Held in Madrid, 22-24 July 2010*, Winona Lake: Eisenbrauns, 2013, pp. 207-220。

④ 原文:Lu$_2$-^{d}En-ki sukkal la$_2$-ia$_3$ sipa ^{u2}Urua$^{a.ki}$-ke$_4$-ne-ne e$_3$-e$_3$-de$_3$ gen-na,文献 Mes 08-09, 162 19。

(u_3-kul) 等。详细名单列举如下。[①]

表 4-19　　　　　　　　　出访乌鲁阿的乌尔使节统计

职业类别	职业（身份头衔）	乌尔使节	人数
王室成员	国王的儿子 dumu-lugal	埃胡普达吉（Ehupu-dagi）、埃特阿尔普达干、纳比恩利拉（Nabi-Enlila）、普朱尔伊什塔尔	4
军事人员	副军尉 dumu-nu-banda$_3$	达亚古尼尔（Dayagunir）、伽卜伽卜（Gabgab）、拉拉亚、卢南那、卢伽尔安杜尔（Lugal-andul）、卢伽尔赫伽尔（Lugal-hegal）、沙鲁姆伊里、舒埃拉（Shu-Erra）、舒乌图、舒辛、伊迪什（Idish）	11
	士兵长 lu_2-^{giš}tukul-gu-la	布尔马马、拉拉亚、努尔伊里	3
	士兵 lu_2-^{giš}tukul	阿胡塔卜（Ahu-ṭab）、胡布提（Hubuti）、胡布提亚、卢南那、卢南塞、尼格巴巴（Nig-Baba）、舒乌图、舒乌乌（Shu-wuwu）、乌尔宁吉什孜达（Ur-Ningishzida）、乌图萨加（Utu-saga）、伊里比拉尼（Ili-bilani）	11
	卫兵长 aga$_3$-us$_2$-gal	阿胡阿、阿卡拉、巴萨伽（Basaga）、布沙（Busha）、恩乌姆伊里、卢丁吉尔拉、卢杜姆孜、卢南那、卢伊南娜（Lu-Inana）、米哈尔（Mi-HAR）、努尔奈（Nur-NE）、努尔苏（Nursu）、努尔伊里、沙鲁姆伊里、舒埃阿（Shu-Ea）、舒伊里、舒伊什塔尔、乌尔沙拉（Ur-Shara）、伊丁阿达德（Idin-Adad）、伊马尔伊里（Imar-ili）、伊姆提达	20
	卫兵 aga$_3$-us$_2$	巴拉亚（Ballaya）、舒伊什塔尔	2
外交行政人员	外事官 sukkal	阿布尼、阿胡阿、阿拉德南那、埃拉巴尼、库南那、卢巴巴、卢伽尔希萨（Lugal-sisa）、卢南那、卢沙里姆、努尔阿达德、普朱尔伊什塔尔、塞达（Sheda）、沙乌姆贝里（Shaum-beli）、舒恩利尔、舒马米图姆（Shu-Mamitum）、舒宁舒布尔、舒伊里、乌巴尔（Ubar）、乌尔尼伽尔、乌尔沙拉、乌尔舒尔吉（Ur-Shulgi）、乌尔伊什塔兰（Ur-Ishtaran）、伊丁舒尼姆（Idin-shunim）、伊鲁姆丹	23

[①] 注意，人名残缺不全者未统计在内。下同。

续表

职业类别	职业（身份头衔）	乌尔使节	人数
	骑使 ra-gaba	安杜尔（Andul）、普朱尔塞（Puzur-she）	2
	行使 lu$_2$-kas$_4$	阿布尼、阿达德巴尼（Adad-bani）、阿胡巴卡尔、阿胡马、阿胡阿、埃吉比（Ekibi）、吉里尼萨、拉比阿（Rabia）、卢沙里姆、米哈尔、纳比阿（Nabia）、沙鲁姆伊里、舒阿达德、舒库布（Shukubu）、舒马马、舒宁舒布尔、舒乌图、舒伊里、乌巴尔、乌尔哈亚、乌尔尼伽尔、乌尔努恩伽尔（Ur-Nungal）、乌尔乌图、乌尔伊什塔兰、伊吉阿亚（Igi-Aya）、伊里丹、伊鲁姆巴尼、伊姆提达、伊什美阿（Ishmea）、伊朱阿（Izua）、朱伽里（Zugali）	31
宗教人员	卢库尔女祭司之兄 šeš-lukur	马马希尔（Mamahir）、舒纳亚（Shunaya）、舒伊什塔尔	3
	乌库尔官 u$_3$-kul	阿胡杜、达达尼（Dadani）、沙尔吉里（Shargiri）、舒马马、乌尔尼伽尔、伊鲁姆巴尼	6
其他	阿摩利人 mar-tu	阿达拉尔、乌尔巴巴	2
共计			118

需要注意的是，我们没有发现乌尔使节负责经办（giri$_3$）乌鲁阿人来往乌尔的任务，也没有发现乌鲁阿的埃兰人的纪录。很可能乌鲁阿并不是埃兰人的集聚地。此外，乌鲁阿很可能与苏萨的性质一样，是乌尔王国的一个中转站，或者是一个特殊的外交国或边疆区。

在吉尔苏信使文件中，记载苏萨地名的文献是最多的，同样记载乌尔使节去往苏萨（或从苏萨回来）的文献也是最多的。不过，并没有关于苏萨的埃兰人的记录，也没有关于乌尔使节经办苏萨埃兰人来往乌尔王国的记录。关于苏萨人来到乌尔王国行省（吉尔苏），主要是苏萨的恩西。吉尔苏文献有关于"苏萨土地"（a-ša$_3$ GN 或 ša$_3$ GN）、苏萨的大麦（še GN）、苏萨的应征人员（dab$_5$-ba GN, lu$_2$ GN）、苏萨的粮仓（i$_3$-dub GN）、苏萨码头（kar GN）。123个劳动力，工作4个月，从古阿巴到苏萨（文献 RT 22, 151 1）。许多文献还记载了大量劳动力从苏萨来。

表 4-20　　　　　　人员来往苏萨与乌尔之间的记录统计

人员	活动	文献
苏萨恩西贝里阿里克（Beli-arik）	从苏萨来	ITT 5，06779
苏萨恩西贝里阿里克	去苏萨，经办	RT 22，153 3
苏萨恩西贝里阿里克	已从尼普尔来，经办	TCTI 2，03561
苏萨恩西贝里阿里克	去苏萨	ITT 3，05241
雅布拉特的埃兰人、安珊的埃兰人、苏萨的恩西贝里阿里克、胡赫努里的埃兰人、巴尔巴拉胡巴的埃兰人、萨布姆的埃兰人	在古阿巴的驿站	TEL 046
苏萨恩西扎里克		Amherst 060
苏萨恩西扎里克	去苏萨	MVN 22，143
阿丹顿恩西纳布达（Nabuda）的人巴伽（Baga） 苏萨恩西扎里克的人伊姆提达	已从尼普尔来	RTC 325
苏萨恩西扎里克的人舒朱伽尔（Shuzugar）	已从苏萨来	RTC 326
苏萨恩西扎里克的人普朱拉（Puzura）和伊迪亚（Idia）	已从安珊来	MVN 07，210
苏萨恩西乌尔基乌姆（Urkium）	去苏萨	MVN 06，561
苏萨恩西乌尔基乌姆	去苏萨	RTC 322
苏萨恩西乌尔基乌姆	去苏萨	RTC 323
苏萨恩西乌尔基乌姆		RTC 329
苏萨恩西的妻子	督办；已去苏萨	MVN 05，249
从苏萨来的人		RTC 350
（杜杜里）胡里巴尔的埃兰人	经办，去苏萨	TCTI 2，02638
（杜杜里）胡里巴尔的埃兰人 西马什基的骑使	经办，从苏萨来 经办，去苏萨	ITT 2，00653
（杜杜里）胡里巴尔的埃兰人	经办，去苏萨	TCTI 2，03166
（杜杜里）胡里巴尔的埃兰人	经办，从苏萨来	RA 019，041 046
（杜杜里）胡里巴尔的埃兰人	经办，从苏萨来	TUT 228
（杜杜里）胡里巴尔的埃兰人	经办，从苏萨来	ITT 2，00779

续表

人员	活动	文献
（杜杜里）胡里巴尔的埃兰人	经办，从苏萨来	ICP varia 53
（杜杜里）胡里巴尔的埃兰人	经办，去苏萨	RTC 396
（杜杜里）胡里巴尔的埃兰人	经办，去苏萨	ITT 2，00772
（杜杜里）胡里巴尔的埃兰人	经办，去苏萨	Berens 080
（杜杜里）胡里巴尔的埃兰人	经办，去苏萨	ICP varia 26
杜杜里的埃兰人	经办，去苏萨	YOS 15，124
（杜杜里）胡里巴尔的骑使	从苏萨来	RA 019，040 018
（杜杜里）胡里巴尔的骑使	从苏萨来	ICP varia 18
应征的埃兰人 （杜杜里）胡里巴尔的埃兰人	经办，去苏萨 经办，从苏萨来	RA 019，042 085
安珊的埃兰人	经办，去苏萨	MVN 07，470
安珊的埃兰人	经办，从苏萨来	HLC 212（pl. 107）
某杜阿什的埃兰人接收	已从苏萨来	MVN 19，010
萨布姆的埃兰人，11个	经办，从苏萨来	RTC 368
萨布姆的恩西阿布姆伊里（Abum-ili）	去苏萨	ITT 2，00641
萨布姆的恩西塞莱布姆（Shelebum）	经办，从苏萨来	Fs Neumann 371 no. 1.5
胡布姆的埃兰人	经办，去苏萨	RTC 369
吉沙的埃兰人，13人	经办，去苏萨	RTC 358
马赫里的恩西西达古古尔（Shidaggugur）和马赫里的埃兰人	经办，去苏萨	RA 019，043 095
马赫里的埃兰人	经办，去苏萨	ITT 2，00684
西马什基的埃兰人	经办，去苏萨	ITT 2，00666
西马什基的埃兰人	经办，从苏萨来	ITT 2，00674
西马什基的埃兰人	经办，从苏萨来	RA 019，043 098
阿丹顿的埃兰人接收	经办，从苏萨来	SAT 1，134
胡赫努里的埃兰人，普朱尔卡（Puzur-ka）	苏萨恩西经办	Nisaba 22，001
gu-za-la_2-bi 3-am_3	经办，已去苏萨	RA 019，039 009

续表

人员	活动	文献
朱尔巴图姆的埃兰人	经办，从苏萨来	ITT 2，00803
苏萨的埃兰人	经办	PPAC 5，0187
西马什基人、孜里姆人、马尔哈西人、30个埃兰人	已从乌尔到苏萨，经办	Nisaba 22，075
埃兰人，苏萨之子接收		SNAT 200
埃兰人	已从苏萨来，接收，经办	BPOA 01，0126

文献中记载了大量的来自杜杜里、安珊、萨布姆、吉沙、马赫里、西马什基、阿丹顿、胡赫努里等地的埃兰人，去往苏萨或者从苏萨来到（吉尔苏），但是并没有关于苏萨的埃兰人的记载，[①] 说明苏萨是乌尔王国与东部外交国之间联系的一个重要中转站。尤其值得注意的是，乌尔王国从东部外交国雇佣埃兰人作为劳动力，一般是以苏萨作为中转站补给（驿站），当然也有文献记载这些外交国的埃兰人直接从其外交国来到乌尔王国（吉尔苏驿站）或者从吉尔苏直接回到他们自己的国家。这些活动一般都是由乌尔使节来经办（giri$_3$），经办人一般也接收固定的配给品，和埃兰人一起往返乌尔与外交国之间。

二　萨布姆

记载萨布姆的乌尔第三王朝文献目前共发现有289篇。其中大多数来自吉尔苏（277篇），其余包括7篇温马文献、4篇普兹瑞什达干文献和1篇伊利萨格里格文献。

据伊利萨格里格文献（CUSAS 40，0834）记载，在伊比辛3年，559古尔1巴里格大麦，作为给萨布姆人（劳动力）12个月的工资，由（大执政官）阿拉德姆督办，达达经办，从（伊利萨格里格行省）总督乌尔梅斯处支出。

普兹瑞什达干文献记载了萨布姆向乌尔王国缴纳大量的牲畜贡赋。包

---

① 唯一的例外，见文献 PPAC 5，0187。

第四章 乌尔使节出访

括 29 头牛（文献 AUCT 1, 743; SH 48 ix 19），3 头牛和 10 只羊包含在萨布姆缴纳的古恩税中（ša₃ gu₂ Sa-bu-um^ki, AUCT 2, 179; AS 1 viii 3），600 只黑绵羊在萨布姆军队缴纳的贡赋中（文献 JCS 32, 172 2; AS 4 vi 22），72 只羊（文献 PDT 2, 1222）。

温马文献记载的是固定配给品支出给从萨布姆来的埃兰人，有的文献还记录经办的乌尔使节。① 也有文献记载萨布姆的恩西，如萨布姆恩西的信使接收配给品，由外事官普朱尔伊里（Puzur-ili）监办;② 一篇文献记载了萨布姆的恩西负责经办埃兰人接收配给品。如下所示：

文献 AnOr 01, 299 (--ii, Umma)
obverse

1) 3 dug dida du	3 罐普通麦精
2) 0.0.1 5 sila₃-ta	每罐容量为 1 班 5 希拉
3) 0.1.0 dabin	1 巴里格粗面粉
4) 1 sila₃ i₃-giš	1 希拉植物油
5) elam šu ba-ab-ti	埃兰人接收,
6) 0.0.1 kaš 0.0.1 ninda 2 sa šum₂	1 班啤酒, 1 班面包, 2 束洋葱

reverse

1) 3 gin₂ i₃ 2 gin₂ naga	3 津油, 2 津盐
2) giri₃ Ta-la-bu	经办人：塔拉布（或沙拉布）③
3) ensi₂ Sa-bu-um-ma	萨布姆的恩西
4) iti sig₄-^giš i₃-šub-ba-ga₂-ra	第 2 月。

---

① PPAC 4, 279; Hirose 322 (giri₃ A-da-lal₃); Hirose 355 (SH 48 iii 17, elam lu₂ Sa-bu-um-ta); Nisaba 01, 192 (AS 7 v 18); BPOA 02, 2453 (IS 3, lu₂ Sa-bu-um-ma^ki-me-eš₂). 注意，温马文献中记载的萨布姆的拼写形式，很多缺少地点限定符 KI，包括：Sa-bu-um-ma, Sa-bu-um-ma^ki, Sa-bu-um, elam Sa-bu-um^ki-ma。

② 文献 CHEU 056.

③ 注意，这里的萨布姆的恩西也可能读作 Ša-la-bu，是 Še-le-bu-um（萨布姆的恩西）的变体。但是从泥板图片中，这一人名的第一个符号更可能是 TA（而非 ŠA），不过 Ta-la-bu 这一人名只出现在这一篇文献中。关于 Še-le-bu-um 是萨布姆的恩西，见文献 Ontario 2, 458; MVN 22, 148; OTR 125; DCS 079; ITT 5, 06987; HLC 136 (pl. 099); BM Messenger 076; Nisaba 22, 074; Nisaba 22, 110; Fs Neumann 371 no. 1.5。

这些埃兰人可能也是来自萨布姆，在乌尔王国（吉尔苏）接收配给品，由萨布姆的统治者（恩西）亲自经办。萨布姆的恩西主要被记载于吉尔苏文献中，包括：阿布姆伊里、[①] 塞莱布姆、舒辛巴尼（Shu-Suen-bani）。

在吉尔苏信使文件中，记载了大量关于萨布姆统治者（恩西）的信息。萨布姆的恩西频繁来往乌尔王国，甚至亲自负责埃兰人劳动力的行程以及雇佣工资发放等事情。第一，萨布姆恩西负责加印文献。[②] 例如，面粉被支出给安珊的埃兰人，由萨布姆恩西阿布姆伊里加印（文献 MVN 22, 269）。第二，萨布姆恩西命令本国埃兰人或其他国家埃兰人去往乌尔进行雇佣劳动。[③] 例如，支出给胡赫努里的埃兰人固定配给品，当他们从胡赫努里来时，奉萨布姆的恩西阿布姆伊里之命（u$_3$-na-a-du$_{11}$），由士兵伊鲁姆巴尼经办。[④]

此外，固定的配给品支出给萨布姆的恩西，无经办人员的信息。[⑤] 有的文献记录萨布姆恩西的行程信息，即"从萨布姆来"或"去萨布姆"[⑥]。例如：

文献 ITT 5, 06987（--, Girsu）

obv.

1）1 sila$_3$ kaš du lugal　　　　　　1 希拉王室普通啤酒

2）1 sila$_3$ zi$_3$-gu　　　　　　　　1 希拉小麦粉

3）1 sila$_3$ i$_3$-giš　　　　　　　　1 希拉植物油

4）Še-le-bu-um ensi$_2$ Sa-bu-um^{ki}　　给萨布姆的恩西塞莱布姆

---

① 其不同的拼写形式包括：A-bu-um-i$_3$-li$_2$；A-bu-um-DINGIR；A-bu-um-mi-lum；A-bu-um-DINGIR-lum；A-bu-um-i$_3$-lum；A-bu-DINGIR；A-bu-i$_3$-lum；A-hu-um-me-lum。

② 文献 ITT 2, 00756 记载"（杜杜里）胡里巴尔的埃兰人，萨布姆的恩西的后裔卢萨伽加印。"

③ 除了受到萨布姆恩西的命令，在乌尔王国发布命令的一般是大执政官（sukkal-mah），例如，受到了乌尔王国大执政官的命令（u$_3$-na-a-du$_{11}$ sukkal-mah-ta）（RTC 382；DAS 079）。

④ 文献 P295905；P295906；Nisaba 22, 010。

⑤ 见文献：SET 297；DAS 179（elam giri$_3$ A-bu-um-i$_3$-lum）；TCTI 2, 04158；ITT 2, 00875；RA 019, 043 116；ITT 2, 00640（A-bu-um-i$_3$-lum ensi$_2$ Sabum；elam Sabum-me, kišib sukkal-mah）；AAS 172（--xi 13）

⑥ 文献 Berens 079；ITT 2, 00641；ITT 2, 00773；ITT 2, 00868；ITT 3, 06062（A-bu-um-mi-lum！临摹是 LUGAL 符号）；ITT 5, 06783；MVN 22, 148；Nisaba 22, 110；ITT 2, 03782；TCTI 2, 03437

第四章 乌尔使节出访

5) Sa-bu-um^{ki}-ta du-ni　　　　当他从萨布姆来时。

乌尔使节出访萨布姆的任务之一,是商讨、接送或护卫萨布姆恩西来往乌尔的行程。有的文献不仅记载了萨布姆恩西的行程信息,还记载了负责这次行程的经办人,即乌尔使节的信息,一般他们也会接收固定的配给品。例如:[①]

文献 HLC 136（pl. 099）（--ix, Girsu）
obv.
5) 1 id-gur$_2$ i$_3$　　　　　　　　1 桶油
6) Za-na-ti sukkal　　　　　　给外事官扎纳提
7) 2 sila$_3$ i$_3$-giš　　　　　　　2 希拉植物油
8) Še-le-bu-um ensi$_2$ Sa-bu-um^{ki}　给萨布姆的恩西塞莱布姆
9) giri$_3$ Za-na-ti sukkal　　　　由扎纳提经办
reverse
1) Sa-bu-um^{ki}-še$_3$ du-ni　　　当他（们）去萨布姆时。

另外一种记录格式属于所谓的"从尼普尔和从安珊来"档案,没有记载具体的来往行程信息。[②] 例如:

文献 BM Messenger 076（--x, Girsu）
obv.
1) 0.1.2 {sila$_3$} kaš 0.1.0 {sila$_3$} zi$_3$　1 巴里格 2 班啤酒,1 巴里格王室
   lugal Še-le-bu-um ensi$_2$ Sa-bu-　　　面粉,萨布姆的恩西塞莱布姆接收
   um^{ki} šu ba-ti
2) 5 sila$_3$ kaš 3 sila$_3$ ninda 1 i$_3$ id-gur$_2$　5 希拉啤酒,3 希拉面包,1 桶油,
   giri$_3$ I$_3$-ku-num$_2$-ma　　　　　　给经办人伊库努马
3) 5 sila$_3$ kaš 3 sila$_3$ ninda　　　　　5 希拉啤酒,3 希拉面包

[①] 文献 HLC 136 (pl. 099); MVN 15, 191 (AS 7 iii 14).
[②] 格式为:N, ensi$_2$ GN šu ba-ti; N, giri$_3$ PN; N, PN; Nippur-ta gen-na u$_3$ Anshan-ta gen-na "配给品由萨布姆恩西接收,配给品为经办人,配给品为其他乌尔使节,当他们已从尼普尔和从安珊来时（支付）"。

rev.

1) 1 i₃ id-gur₂ Ad-da sukkal　　　　　　　1 桶油，给外事官阿达

2) 5 sila₃ kaš 3 sila₃ ninda 1 i₃ id-gur₂　　5 希拉啤酒，3 希拉面包，1 桶油，
　　Šu-ᵈUtu sukkal　　　　　　　　　　　给外事官舒乌图

3) 5 sila₃ kaš 3 sila₃ ninda 1 i₃ id-gur₂　　5 希拉啤酒，3 希拉面包，1 桶油，
　　A-hu-ba-qar sukkal Nibruᵏⁱ-ta gen-na　给外事官阿胡巴卡尔，当他（们）
　　u₃ An-ša-anᵏⁱ-ta gen-na　　　　　　　已从尼普尔和从安珊来时

4) iti amar-a-a-si　　　　　　　　　　　　第 10 月。

除了护送或陪同萨布姆恩西往返乌尔王国之外，乌尔使节出访萨布姆的另一个重要任务，是作为经办人（giri₃），负责（护送）萨布姆的埃兰人（雇佣劳动力）往返萨布姆和乌尔之间。大多数文献都是无年份信息的，少数有年份信息的文献在时间上从舒尔吉 34 年至伊比辛 2 年，基本上都是关于萨布姆埃兰人来往乌尔，并且由乌尔使节经办的。① 例如：

文献 BM Messenger 022 (--ii 19, Girsu)
obv.

1) 3 sila₃ kaš 2 sila₃ ninda 2 gin₂ i₃　　　3 希拉啤酒，2 希拉面包，2 津油，
　　Puzur₄-i₃-li₂　　　　　　　　　　　　给普朱尔伊里

2) 0.1.2 kaš 0.1.2 ninda lugal 1 sila₃　　　1 巴里格 2 班啤酒，1 巴里格 2 班王室
　　i₃-giš elam Sa-bu-umᵏⁱ-ta giri₃　　　面包，1 希拉植物油，给来自萨布姆
　　Puzur₄-i₃-li₂　　　　　　　　　　　　的埃兰人，由普朱尔伊里经办

乌尔使节经办关于埃兰人来往乌尔王国和萨布姆之间，很可能是受到了大执政官的命令。除了萨布姆的埃兰人之外，乌尔使节还受大执政官之命经办其他外国人（如阿摩利人、杜杜里的统治者胡里巴尔之妻)② 到萨布姆的行程。例如：

---

① 其基本格式为：N1, PN1; N2, elam GN / ensi₂ GN / lu₂ GN, giri₃ PN1, GN-ta/še₃ du-ni "配给品，乌尔使节 A；配给品，埃兰人或恩西或人，经办人 A，行程"。

② 文献 TCTI 2, 03443; Nisaba 13, 089.

第四章　乌尔使节出访

文献 TCTI 2, 03203（--viii, Girsu）

obv.

1) 1.0.0 dabin gur　　　　　　　1 古尔粗面粉
2) elam Sa-bu-um^{ki}-me　　　　给萨布姆的埃兰人
3) u$_3$-na-a-du$_{11}$ sukkal-mah-ta　奉大执政官的命令

rev.

1) giri$_3$ Da-num$_2$-ma-zi-ad　　由达努马孜阿德经办
2) Sa-bu-um^{ki}-x du-ni　　　　当他……萨布姆时
3) iti ezem ^{d}Ba-ba$_6$　　　　　第 8 月。

萨布姆的埃兰人或恩西并非都是直接从萨布姆来到乌尔王国（吉尔苏），而是途中经过若干驿站，其中苏萨是十分重要的中转站之一。据一篇文献记载，萨布姆的埃兰人从苏萨而来，由乌尔使节经办。例如：

文献 RTC 368（--ii, Girsu）

obv.

1) 3 sila$_3$ kaš　　　　　　　　3 希拉啤酒
2) Lu$_2$-ša-lim lu$_2$-kas$_4$　　　给行使卢沙里姆
3) 11 elam 1 sila$_3$ kaš-ta　　　11 个埃兰人，每人 1 希拉啤酒
4) elam Sa-bu-um^{ki}-me　　　　他们是萨布姆的埃兰人
5) giri$_3$ Lu$_2$-ša-lim lu$_2$-kas$_4$　由行使卢沙里姆经办

rev.

1) Šušin^{ki}-ta du-ni　　　　　当他（们）从苏萨来时
2) zi-ga　　　　　　　　　　　被支出；
3) iti gu$_4$-ra$_2$-bi$_2$-mu$_2$-mu$_2$　第 2 月。

值得注意的是，一篇破损的大文献记载了某年 12 个月的萨布姆人员来往乌尔王国的情况汇总。包括萨布姆的恩西、埃兰人、长老、阿摩利人行使等，都是由不同的乌尔使节经办。如下所示：

407

文献 ITT 2，01030（--i-xii, Girsu）

obv.

col. 1

1）1 udu Sa-bu-um^{ki}-ta du-ni　　　　　1 只绵羊，当他从萨布姆来

2）1 udu Sa-bu-um^{ki}-še$_3$ du-ni　　　　1 只绵羊，当他去萨布姆

3）^{d}Šu-^{d}Suen-ba-ni ensi$_2$ Sa-bu-um^{ki}　给萨布姆的恩西舒辛巴尼

4）iti GAN$_2$-maš　　　　　　　　　　第 1 月；

5）2 udu elam An-ša-an^{ki}-ta gen-na-me　2 只绵羊，给已从安珊来的埃兰人

6）giri$_3$ ^{d}Nanna-i$_3$-［……］　　　　　经办人：南那伊某

［……］

col. 2

1）1 udu ab-ba-ab-ba　　　　　　　　1 只绵羊，给长老们

2）1 udu ^{d}Šu-^{d}Suen-ba-ni ensi$_2$　　　　1 只绵羊，给恩西舒辛巴尼

3）Sa-bu-um^{ki}-ta du-ne-ne　　　　　当他们从萨布姆来时

4）iti gu$_4$-ra$_2$-bi$_2$-mu$_2$-mu$_2$　　　　　第 2 月；

5）1 udu ab-ba-ab-ba-me　　　　　　1 只绵羊，给长老们

6）1 udu ^{d}Šu-^{d}Suen-ba-ni ensi$_2$ Sa-bu-um^{ki}　1 只绵羊，给萨布姆的恩西舒辛巴尼

［……］

rev.

col. 1

［……］

1'）giri$_3$ Šu-i$_3$-li$_2$［……］　　　　　经办人：舒伊里……

2'）1 maš$_2$ siskur$_2$［……］　　　　　1 只山羊，……仪式

3'）Ha-ba-ad-da-kum［……］　　　　哈巴达库姆……

4'）ki! -hul lugal DU　　　　　　　去王室……之地

5'）iti mu-šu-du$_7$　　　　　　　　　第 9 月；

6'）1 maš$_2$ mar-tu lu$_2$-kas$_4$-me　　　　1 只山羊，给阿摩利人行使

7'）Sa-bu-um^{ki}-še$_3$ DU-bi　　　　　当他们去萨布姆时

8'）giri$_3$ ^{d}Šul-gi-i$_3$-li$_2$ sukkal　　　　　经办人：外事官舒尔吉伊里

col. 2

［……］

408

第四章　乌尔使节出访

1') iti še-sag₁₁-ku₅	第 11 月；
2') 1 udu ab-ba-ab-ba Sa-bu-um^ki-me	1 只绵羊，给萨布姆的长老们
3') giri₃ Šu-i₃-li₂	经办人：舒伊里
4') 1 udu mar-tu lu₂-kas₄-me	1 只绵羊，给阿摩利人行使
5') giri₃ Mu-ta₂-lum	经办人：穆塔卢姆
6') Sa-bu-um^ki-še₃ DU-bi	当他们去萨布姆时
7') iti še-sag₁₁-ku₅	（闰）11 月；
8') 1 udu mar-tu lu₂-kas₄	1 只绵羊，给阿摩利人行使
9') Sa-bu-um^ki-ta DU-bi	当他们从萨布姆来时
left	
1) iti še-il₂-la udu 30-la₂-1〔…〕	第 12 月，29 只绵羊……
2) kišib₃ Ur-〔…〕	加印人：乌尔某某。

另外，还有一种情况也是乌尔使节和萨布姆埃兰人或恩西一起来往于萨布姆和乌尔之间，但是乌尔使节并没有担任经办人（giri₃）的角色，可能是担任护卫或随从的作用。例如：

文献 ITT 2，00868（--iii，Girsu）
obv.

1) 5 sila₃ kaš 3 sila₃ ninda	5 希拉啤酒，3 希拉面包
2) 5 gin₂ i₃-giš	5 津植物油
3) Al-la-mu sukkal	给外事官阿拉姆
4) 0.1.0 kaš lugal	1 巴里格王室啤酒
5) 0.1.0 ninda	1 巴里格面包
6) 1 sila₃ i₃-giš	1 希拉植物油
rev.	
1) A-bu-um-DINGIR^lum ensi₂	给恩西阿布姆伊鲁姆
2) Sa-bu-um^ki-ta du-ne-ne	当他们从萨布姆来时
3) iti ezem ^dLi₉-si₄	第 3 月。

乌尔使节出访萨布姆的另一项任务，可能是处理朝贡或贸易相关的事情。萨布姆作为乌尔王国重要的牲畜来源地，和乌尔之间有着密切的朝贡

409

贸易。除了普兹瑞什达干文献中记载的大量牲畜作为贡品被带到乌尔，在吉尔苏文献中，也有大量关于萨布姆品种的牲畜记载，如萨布姆羊（udu Sa-bu-um^{ki}）①、萨布姆牛（gu$_4$ Sa-bu-um^{ki}），②以及记录大麦、燕麦作为来自萨布姆的牲畜（牛羊）的饲料，从吉尔苏官方机构支出，由乌尔使节经办。③

乌尔王国可能将粮食和纺织品作为交换物或工资，与萨布姆之间进行相关贸易与交换。据有的文献记载，大麦作为工资支付给萨布姆的埃兰人劳动力。例如，60个劳动力，每人1巴里格大麦，他们的工资共计12王室古尔大麦（即60巴里格），他们是征收萨布姆器具的装船工（文献MVN 06，166）。再如，大麦从吉尔苏恩西处，由军尉加印，作为有息大麦偿还给萨布姆（文献 RTC 428）。另外，有文献记载，羊毛和纺织品被运送到萨布姆，可能是作为贸易形式。例如，乌尔使节的任务，沿运河运输萨布姆羊毛（文献 From the 21st Century BC，p.217）；以及纺织品送到萨布姆（文献 PPAC 5，0944）。

但是，有些文献中只记载了配给品支出给萨布姆的埃兰人（elam Sa-bu-um$^{(ki)}$），没有记载经办的乌尔使节信息，或者因为文献破损导致经办人的信息残缺。有的记载了这些埃兰人的行程（从萨布姆来，去萨布姆），

---

① 文献 Berens 05（SS 1 x 29，udu niga Sa-bu-um^{ki}）；PPAC 5，0425（SS 1 xi 26）；ITT 3，05003（SS 4 viii 27）；JCS 71，033 19（SS 7 v，giri$_3$ Da-num$_2$-ma-an-zi-da）；MVN 02，149（SS 8 ii 18，maš$_2$ nita$_2$，Nibru^{ki}-še$_3$ DU-bi，giri$_3$ Da-num$_2$-ma-an-zi-at）；AAICAB 1/2，pl. 083，1933-0389e（SS 8 iv 1）；TCTI 2，04274（IS 1 iii，maš$_2$ Sa-bu-um^{ki}，kišib$_3$ Ur-^{d}Da-mu dumu Ur-^{d}Suen kurušda）；TCTI 2，03187（IS 2 xi，giri$_3$ Er$_3$-ra-ba-ni lu$_2$-^{giš}tukul）

② 文献 SAT 1，191（SS 9 i）；TCTI 2，02607（SS 9 i）；TÉL 094（SS 9 i）；MVN 05，205（SS 9）.

③ 燕麦与麦麸作为萨布姆小牛的饲料，由乌尔伊格阿里姆与其兄卢乌图经办（文献 SANTAG 7，197）。大麦与燕麦作为从萨布姆来的牛羊的饲料，王室外事官卢吉里扎尔（Lu-girizal）经办（文献 TCTI 2，03359），士兵舒辛经办（文献 TCTI 2，03653），士兵伊沙尔舒尔吉（Ishar-Shulgi）和育肥师阿比里亚（Abilia）加印（文献 TCTI2，03760）。燕麦与大麦，作为已从萨布姆来的牛羊的饲料，加印者士兵舒恩利拉（在印章中的官职是行使）（文献 SAT 1，031）。大麦作为萨布姆羊的饲料，被带入吉尔苏的神庙供食用，经办人为纳姆孜塔拉（Namzitara，文献 MVN 05，279）。大麦作为萨布姆育肥牛的饲料，经办人是外事官伊鲁姆丹，从萨布姆来，接受军尉卢伽尔马古莱的命令（文献 Nisaba 17，009）。大麦作为从萨布姆到吉尔苏的牛羊的饲料，经办人为丹努姆马吉阿特（Dannum-magiat，文献 TCTI 2，03731）。见文献 ITT 2，03782；TCTI 2，03203。

第四章　乌尔使节出访

有的则没有记载他们的行程。①

关于这些乌尔使节出访萨布姆的具体目的尚不清楚。这类文献记录格式为："配给品，乌尔使节，行程（去萨布姆或从萨布姆来）"（N, PN, GN-še₃/ta du-ni）。有的配给品还分为"在城里（消费）"（ša₃-iri）和"为途中（消费）"（kaskal-še₃）两类。如果配给品分别给多个人，表示行程的动词短语有时会使用复数形式（du-ne-ne），但有的文献也使用一般的单数形式（du-ni）。例如下面这篇文献记载了给两位使节的配给品，一位在城里消费，一位在途中消费。

文献 ICP varia 14（--，Girsu）
rev.

1）2 sila₃ kaš 2 sila₃ ninda	2希拉啤酒，2希拉面包
2）2 gin₂ i₃ 2 gin₂ i₃ udu	2津油，2津羊脂
3）ša₃-iri	在城里
4）1 dug dida 5 sila₃ zi₃	1罐麦精，5希拉面粉
5）Da-a-a lu₂-ᵍⁱˢtukul	给士兵达亚亚
6）2 sila₃ kaš 2 sila₃ ninda	2希拉啤酒，2希拉面包
7）2 gin₂ i₃ 2 gin₂ i₃ udu	2津油，2津羊脂
8）1 dug dida 5 sila₃ zi₃	1罐麦精，5希拉面粉
9）kaskal-še₃	为途中
10）ᵈŠul-gi-i₃-li₂ lu₂-ᵍⁱˢtukul	给士兵舒尔吉伊里
11）Sa-bu-umᵏⁱ-še₃ du-ne-ne	当他们去萨布姆时。

---

① 文献 BM Messenger 183；CTPSM 1, 145；ITT 2, 00893；ITT 2, 01021 + 01022；ITT 5, 10004；Kennelmen no. 06（giri₃ Lu₂-gur₄-ša）；MVN 02, 223；MVN 15, 066（U₂-lu-lu lu₂ Sabum）；RA 019, 043 092；RA 080, 010 03；RTC 382（elam Hu-li₂-bar-me）；TCTI 2, 02757；TCTI 2, 03740（--v 2, ša₃ Lagašᵏⁱ）；TCTI 2, 03952；TCTI 2, 03771（elam dab₅-ba Sa-bu-um-maᵏⁱ-me）；TÉL 058（SS 1, ki Al-la-mu-ta）；BM Messenger 028（SS 7 v）；TÉL 046（SS 8 xii）. 除了埃兰人，其他支出的没有经办人的是：ITT 2, 00682（aga₃-us₂ lu₂ Sa-bu-um；Amherst 068（AS 3 x, munus Sa-bu-umᵏⁱ-me）；STA 08（AS 5 x, dumu ensi₂ Sa-bu-umᵏⁱ）；PPAC 5, 0251（Ur-ᵈBa-ba₆ lu₂ Sa-bu-um）。此外，文献（文献 TCTI 2, 03740）并排列举了大量的配给品接收者，包括一个埃兰人、其他无头衔的人、外事官、阿摩利人、萨布姆埃兰人团队、骑使等，这些配给品在拉伽什驿站被支出。这些人从哪里来，到哪里去，执行什么任务，是否指同一次行程，还是不同的行程记载于同一份档案？这些问题暂时无法回答。

411

文献 HLC 264（pl. 123）（--i, Girsu）
obv.

6) 5 sila₃ kaš 5 sila₃ zi₃ 1 id-gur₂ i₃　　　5 希拉啤酒，5 希拉面粉，1 桶油
7) La-ni-a lu₂-ᵍⁱˢtukul-gu-la　　　　　　　给士兵长拉尼亚
8) 5 sila₃ kaš 5 sila₃ zi₃ 1 id-gur₂ i₃　　　5 希拉啤酒，5 希拉面粉，1 桶油
9) E₂-dar-ki-ni sukkal　　　　　　　　　给外事官埃达尔吉尼
10) 5 sila₃ kaš 5 sila₃ zi₃ 1 id-gur₂ i₃　　5 希拉啤酒，5 希拉面粉，1 桶油
11) Eš-tar₂-DINGIR-šu dumu-nu-banda₃　给副军尉伊什塔尔伊尔舒
12) Sa-bu-um-ta du-ni　　　　　　　　当他（们）从萨布姆来时。

但是，配给品也可以是一次性共同支出给两位使节，他们可能是平分或共享这些配给品，有时文献中也会标注这些配给品是供几日消费的，一般没有标注的配给品默认为是供一日消费。例如：

文献 SAT 1, 117（--, Girsu）
obv.

3) 0.0.2 zi₃ u₄ 2-kam ša₃-iri　　　　　　2 班面粉，供 2 日，在城里
4) 0.0.1 zi₃ kaskal-še₃ Puzur₄-Eš-tar₂　　1 班面粉，为途中，给副军尉普朱
   dumu-nu-banda₃ u₃ Ka₅-i₃-sa₆ sukkal　尔伊什塔尔和外事官卡伊萨，当他
   Sa-bu-umᵏⁱ-še₃ du-ni　　　　　　　　（们）去萨布姆时。

在一篇无年份的文献中，如果表示行程的动词短语是未完成时态（du-ni），一般为月记，只有月名，没有具体哪一日（文献 ICP varia 33）；也有一些文献记载了日名，使用的格式是 u₄ n ba-zal（文献 ITT 2, 00656）。如果表示行程的动词短语是完成时态（gen-na），一般为日记（有日名 u₄ n-kam 和 zi-ga 支出术语）（文献 MVN 19, 025）。针对这些文献，我们无法从年代学上来进行分析，只能暂时将这些乌尔使节列举出来（根据官职、名字排列）。

第四章 乌尔使节出访

表 4-21　　　　　　　　　出访萨布姆的乌尔使节统计

职业类别	职业（身份头衔）	乌尔使节	人数
军事人员	将军 šagina	卢萨沙巴尼（Lusasha-bani）、沙尔胡尼	2
	军尉 nu-banda₃	舒乌图	1
	副军尉 dumu-nu-banda₃	阿胡尼、布尔马姆（Burmam）、达达尼、埃吉比、埃沙鲁姆（Esharum）、卡姆、拉拉亚、卢沙堪（Lu-Shakkan）、努尔伊里、普朱尔伊什塔尔、舒埃阿、提尼提（Tiniti）、乌尔库努恩（Ur-kunun）、伊什塔尔伊尔舒（Eshtar-ilshu）、伊沙尔伊鲁姆（Ishar-ilum）、伊里丹、伊吉阿亚、伊什美埃阿（Ishme-Ea）、伊什美里（Ishmeli）	19
	士兵长 lu₂-ᵍⁱˢtukul-gu-la	阿达拉尔、阿亚卡拉（Aya-kalla）、比拉亚（Billaya）、达达亚、丹努姆（Dannum）、拉卢姆（Lalum）、拉姆塞（Lamushe）、拉姆什（Lamush）、拉尼阿（Lania）、普朱尔阿沙（Puzur-asha）、舒阿达德、舒杜姆孜、乌巴尔、乌尔宁古巴拉格（Ur-Ningubalag）、伊尔马朱（Ilmazu）、伊鲁姆拉姆（Ilum-ramu）、伊普胡尔	17
	士兵 lu₂-ᵍⁱˢtukul	阿比里、阿比里亚、阿布姆伊鲁姆、阿布尼、阿达拉尔、阿德尼阿德（Ad-NI-ad）、阿哈尼舒、阿希马（Ahima）、埃拉努伊德、埃莱卜、安伽扎尼（Angazani）、布布阿（Bubua）、布乌卡拉（Buwu-kalla）、达姆伽尔努恩卡尼萨（Damgal-nunkanisa）、达努姆马孜阿特（Danum-maziat）、达亚亚、卡尔沙沙（Kal-shasha）、拉齐普、拉提尼（Latini）、里布尔舒尔吉（Libur-Shulgi）、卢苏纳、卢伊尔美兰、卢宁舒尔尼、马什（Mash）、马什塔格（Mash-TAG）、马舒（Mashu）、马舒姆、南那曼舒姆（Nanna-manshum）、努尔辛、努希伊鲁姆、普朱尔辛、普朱尔伊什塔尔、舒阿达德、舒尔吉阿德拉尔（Shulgi-adlal）、舒尔吉伊里、舒卡卜塔（Shu-kabta）、舒马马、舒普图姆（Shuputum）、舒伊尔图姆（Shu-iltum）、舒伊里、乌巴尔、乌尔库（Urku）、乌尔因达赫（Urindah）、乌乌阿（Wuwua）、伊巴尼（Ibani）、伊布尼埃阿（Ibni-Ea）、伊丁埃阿、伊鲁姆巴尼、伊沙尔帕丹、伊沙尔舒尔吉、伊提吉阿（Itigea）	51
	卫兵长 aga₃-us₂-gal	阿达拉尔、阿胡杜、阿胡阿、阿穆尔辛、巴姆（Bamu）、巴扎（Baza）、巴扎姆、茨拉亚（Ṣelaya）、丁吉尔苏卡尔（Dingir-sukkal）、卡尔伊吉阿（Kal-igia）、库卢阿（Kulua）、卢沙里姆、马亚提（Mayati）、南纳卡姆、努尔伊里、普朱尔阿比（Puzur-abi）、普朱尔伊什塔尔、舒阿孜（Shu-azi）、舒舒吉、舒尔吉伊里、伊里阿卢姆（Ili-alum）、伊鲁姆阿里克（Ilum-alik）、伊马尔伊里、伊姆提达、伊普胡尔、伊什美里	26

413

续表

职业类别	职业（身份头衔）	乌尔使节	人数
军事人员	卫兵 aga$_3$-us$_2$	卢纳巴亚（Lu-nabaya）、乌尔库努恩	2
	持武器者 lu$_2$-^{giš}ar-gi$_4$-bi$_2$-lum-ma	哈胡沙（Hahusha）	1
外交行政人员	外事官 sukkal	阿布杜、阿达姆（Addamu）、阿拉姆（Allamu）、阿亚卡拉、埃达尔基尼（Edar-kini）、安奈巴杜、比比（Bibi）、布尔马马、达达、达亚亚、丹伊里、卡亚（Kaya）、卡伊萨（Kaisa）、库宁伽尔（Ku-Ningal）、卢班达（Lu-banda）、卢伽尔阿孜达、卢伽尔安纳图姆（Lugal-annatum）、卢南那、马舒姆、纳比辛、纳姆哈尼、纳纳利（Nanari）、南那达拉（Nanna-dalla）、南纳卡姆、尼格卡拉（Nig-kalla）、努尔伊里、普朱尔阿卢姆（Puzur-alum）、普尔拉巴、沙姆西拉特（Shamshi-lat）、舒埃拉、舒恩利尔、舒尔吉伊里、舒马马、舒辛、舒乌图、舒伊里、苏卡里阿（Sukalia）、乌巴尔、乌巴尔尼（Ubarni）、乌尔巴伽拉（Ur-bagara）、乌尔达姆、乌尔顿（Ur-dun）、乌尔南那、乌尔萨伽、伊迪里阿（Idilia）、伊古莱（Igure）、伊里阿卢姆、伊鲁姆丹、伊鲁姆马苏（Ilum-masu）、扎纳提（Zanati）	50
	士兵的外事官 sukkal lu$_2$-^{giš}tukul	阿胡杜、布卢卢（Bululu）、达亚亚	3
	骑使 ra-gaba	舒伊尔图姆、伊库卢姆	2
	行使 lu$_2$-kas$_4$	阿亚卡拉、阿比里亚、阿达拉尔、阿古阿、阿胡马、阿胡尼、埃拉努伊德、安达伽尼（Andagani）、布尔马姆、布卡里阿（Bukalia）、达达、恩乌阿、胡胡尼（Huhuni）、拉普朱尔（La-puzur）、卢伽尔达拉（Lugal-dalla）、卢南那、卢沙里姆、努尔伊里、沙尔马赫（Shalmah）、沙里姆贝里、舒阿德、舒埃阿、舒埃拉、舒乌图、舒伊什塔尔、乌巴尔、伊尔基比利（Ilkibiri）	27
	车库督办 ugula zi-gum$_2$-ma	阿卡拉	1
宗教人员	卢库尔女祭司之兄 šeš-lukur	卢伽尔库朱、舒伊什塔尔、舒乌图、伊朱阿	4
	乌库尔官 u$_3$-kul	埃吉比、巴亚亚、马乌基尼（Maukini）、伊古努姆（Igunum）、扎纳亚（Zanaya）	5

第四章　乌尔使节出访

续表

职业类别	职业（身份头衔）	乌尔使节	人数
	阿摩利人 mar-tu	纳尼阿（Nania）	1
其他	无头衔人员	阿达拉尔、埃拉比阿克（Elabiak）、达努姆马孜阿特、恩努姆伊里（Ennum-ili）、恩乌姆伊里、拉齐普、卢杜姆孜达（Lu-Dumuzida）、卢古尔沙（Lu-gursha）、卢塞尔达（Lu-sherda）、卢沙里姆、穆塔卢姆（Mutalum）、纳比阿、纳比恩利尔（Nabi-Enlil）、努尔阿达德、普朱尔卡塔尔（Puzur-katar）、普朱尔伊里、沙乌姆伊里（Shaum-ili）、沙伊里（Sha-ili）、舒恩利尔、舒伊里、塔丁埃阿（Tadin-Ea）、乌尔阿什南（Ur-Ashnan）、乌尔恩基（Ur-Enki）、乌尔乌图、乌图卡拉美（Utu-kal-ame）、伊巴沙（Ibbasha）、伊达拉基里（Idara-kili）、伊库卢姆、朱胡特（Zuhut）	29
共计			241

即使年份不详，我们也可以通过乌尔使节的行程，部分还原一些使节的路线轨迹。例如，下面两篇文献的月份都是 5 月，一篇文献记载了士兵长卡尔伊吉阿去萨布姆（文献 OTR 067）；另一篇文献记载了该人从萨布姆回来（文献 OMRO 66, 55 20）。其在萨布姆驻访的时间大约在一个月之内，甚至只是短短几日。再如，在同一篇月记文献中，既记载了使节 A 从萨布姆回来，又接着记载了同一人去萨布姆，那么这是他的同一次往返行程，还是回到吉尔苏之后的又一次行程呢？我们不得而知，第一种可能性比较大。如下所示：

文献 ICP varia 24（--v, Girsu）

obv.

8) 2 sila₃ kaš 2 sila₃ ninda　　　　2 希拉啤酒，2 希拉面包

9) 2 gin₂ i₃　　　　　　　　　　　2 津油

10) ᵈŠul-gi-i₃-li₂ lu₂-ᵍⁱˢtukul　　　　给士兵舒尔吉伊里

rev.

1) 5 sila₃ kaš 3 sila₃ ninda　　　　5 希拉啤酒，3 希拉面包

2) 2 gin₂ i₃ 2 gin₂ i₃-udu　　　　　2 津油，2 津羊脂

3) Da-a-a sukkal lu₂-ᵍⁱˢtukul　　　给士兵外事官达亚亚

4) Sa-bu-umᵏⁱ-ta du-ne-ne　　　　当他们从萨布姆来时；

5) 5 sila₃ kaš sig₅ 5 sila₃ kaš　　　5希拉优质啤酒，5希拉（普通）啤酒
6) 0.0.1 ninda 5 gin₂ i₃ 2 gin₂ i₃-udu　　1班面包，5津油，2津羊脂
7) ša₃-iri　　　在城里
8) 2 dug dida 0.0.1 zi₃　　2罐麦精，1班面粉
9) kaskal-še₃　　为途中
10) ᵈŠul-gi-i₃-li₂ lu₂-ᵍⁱˢtukul　　给士兵舒尔吉伊里
11) Sa-bu-umᵏⁱ-še₃ du-ni　　当他去萨布姆时。

另一篇文献里记载了不同的使节从萨布姆回来以及去萨布姆。

文献 ICP varia 06（--v，Girsu）
obv.
4) 5 sila₃ kaš 5 sila₃ ninda　　5希拉啤酒，5希拉面包
5) 2 gin₂ i₃ ša₃-iri　　2津油，在城里
6) 1 dug dida 5 sila₃ ninda kaskal-še₃　　1罐麦精，5希拉面包，为途中
7) I-din-E₂-a lu₂-ᵍⁱˢtukul　　给士兵伊丁埃阿
8) Sa-bu-umᵏⁱ-še₃ du-ni　　当他去萨布姆时
9) 5 sila₃ kaš 5 sila₃ ninda　　5希拉啤酒，5希拉面包
10) 2 gin₂ i₃　　2津油
rev.
1) A-da-lal₃ lu₂-ᵍⁱˢtukul　　给士兵阿达拉尔
2) Sa-bu-umᵏⁱ-ta du-ni　　当他从萨布姆来时。

我们还发现，上述两篇文献记载的乌尔使节及其任务是完全相同的，不同的是他们接收的配给品，这与伊利萨格里格信使文件相同，属于乌尔使节在不同的驿站或机构接收了不同的配给品，被称为"互补文献"，这些文献的发现为我们还原无年份的吉尔苏文献提供了一种思路，同时对于我们进一步研究乌尔王国的驿站与配给品体系提供了重要资料。[①]

三　帕西美

记载帕西美（拼写为 Pa-šim-eᵏⁱ，Pa₂-šim-eᵏⁱ）的乌尔第三王朝的文献

---

① 见文献 Kaskal 04, 072 08 = TSU 100；ABTR 09 = HLC 356 (pl. 134)；ITT 5, 06783 (A-bu-um-DINGIR) = ITT 3, 06062 (A-bu-um-mi-lum)；PPAC 5, 1762 = MVN 22, 220。

第四章 乌尔使节出访

共有 27 篇，其中，12 篇吉尔苏文献，8 篇普兹瑞什达干文献（记载帕西美向乌尔纳贡），[1] 5 篇温马文献（记载帕西美人或恩西接收配给品）[2] 以及 2 篇伊利萨格里格文献。[3]

乌尔使节出访帕西美只记载于吉尔苏信使文件中。[4] 据一篇文献记载，胡赫努里和帕西美的埃兰人接收配给品，当他们去胡赫努里时，由伊孜因舒尔吉经办。如下所示：

文献 ITT 5, 08212 (SS 1--, Girsu)
obverse

1. 0.0.2 kaš 0.0.2 ninda	2 班啤酒，2 班面包
2. I-zi-in-^{d}Šul-gi	给伊孜因舒尔吉
3. 0.1.1 5 sila$_3$ kaš 0.1.1 5 sila$_3$ ninda	1 巴里格 1 班 5 希拉啤酒，1 巴里格 1 班 5 希拉面包
4. 1 sila$_3$ i$_3$-giš	1 希拉植物油
5. elam Hu-hu-nu-ri^{ki} u$_3$ Pa-šim-e^{ki}-me	给胡赫努里和帕西美的埃兰人

reverse

1. Hu-hu-nu-ri^{ki}-še$_3$ du-ne-ne giri$_3$ I-zi-in-^{d}Šul-gi	当他们去胡赫努里时，由伊孜因舒尔吉经办。

据另一篇文献记载，副军尉纳西里姆（Na-silim）接收配给品，当他从帕西美回来时。但是其出访的具体任务不详。[5] 如下所示：

文献 SAT 1, 107 (--ii, Girsu)
reverse

4. 6 sila$_3$ zi$_3$ u$_4$ 3-kam Šu-^{d}Utu lu$_2$-kas$_4$	6 希拉面粉，供 3 日，给行使舒乌图

---

[1] 文献 Amorites 12; Berens 069; Nisaba 30, 67; Ontario 1, 020; RA 009, 043 SA 25 (pl. 2); TLB 03, 034; TLB 03, 137; ZA 072, 241 n. 16.
[2] 文献 JCS 57, 029 10; Nisaba 24, 29; OrSP 47-49, 221; TCL 05, 6038; BCT 2, 050.
[3] 文献 CUSAS 40, 0030 (SS 4 vii); JCEUW 45, 188 (IS 3).
[4] 有几篇文献只记载了帕西美的埃兰人接收配给品，没有其行程信息和乌尔使节经办的记录，见文献 MVN 07, 054; P295468.
[5] 其他相关文献见 Nisaba 03/2, 34 (Na-a-na lu$_2$-kas$_4$); RA 019, 042 090 (Ba-za-za lu$_2$-^{giš}tukul); CST 034 (Nu-ur$_2$-^{d}Suen).

5. 0.0.1 5 sila$_3$ zi$_3$ u$_4$ 3-kam Na-silim dumu nu-banda$_3$ Ba-šim-e-ta du-ni

1 班 5 希拉面粉，供 3 日，给副军尉纳西里姆，当他（们）从帕西美来时。

四 阿丹顿

记载阿丹顿这一地名的乌尔第三王朝文献共有 238 篇。其中吉尔苏信使文件有 206 篇，其余为 3 篇加尔沙纳文献，3 篇伊利萨格里格信使文件，18 篇普兹瑞什达干文献，5 篇温马信使文件，以及 3 篇乌尔文献。①

加尔沙纳文献记载了阿丹顿的恩西乌巴亚，接收沥青、纤维、铜制品等。② 普兹瑞什达干文献记载了阿丹顿的恩西和军队（erin$_2$，或劳动力）。这一人名有多种拼写形式，许多现代学者的音译存在错误。阿丹顿向乌尔缴纳大量的贡赋，数量庞大的牲畜和各种其他贡物。③ 温马文献记载了从阿丹顿而来的埃兰人接收固定的配给品。④ 另一篇日期不详的温马文献记载了固定配给品为（阿丹顿恩西）乌巴亚之人胡巴（Huba），当他从阿丹顿去乌姆鲁姆（Ummulum，可能是温马?）。⑤ 注意，地名乌姆鲁姆只见于这一篇文献，其具体位置不详。这些文献记载的内容都是阿丹顿使节或者阿丹顿人来访乌尔，而关于乌尔使节出访阿丹顿的记载主要见于信使文件中。

目前发现有 3 篇伊利萨格里格信使文件（舒辛 4 年至 7 年），记载了乌尔使节出访阿丹顿的情况，分别为：舒辛 4 年 6 月某日，王室信使某某从阿丹顿到国王之地（文献 Nisaba 15, 0278）；舒辛 5 年 6 月 5 日，王室信使外事官乌沙克（Ushak）从阿丹顿到国王之地（文献 Nisaba 15, 0319）；以及舒辛 7 年 10 月某日，王室信使伊里马赫利（Ili-mahri）到阿丹顿（文献 New IM 3, 014）。如下所示：

---

① 乌尔文献见 UET 9, 0348 (undated)；UET 3, 1284 (IS 1 xi)；UET 3, 1057 (IS 3 vi).

② 加尔沙纳文献见 CUSAS 06, pp. 233-334 1529 (AS 4 ii)；P412108 (SS 2 viii)；Fs Pomponio 204, 03 (SS 2 ix).

③ 文献 SACT 1, 189；UDT 091；Rochester 008 (SH 32 vi)；AOAT 240, 80, 6 (SH 33 xi)；SumRecDreh 04 (SH 34 xii)；TRU 384 (SH 43 vi)；AnOr 07, 148 (SH 44 viii 17)；TRU 024 (SH 44--)；Amorites 06 (SH 45 xii 6)；Nik 2, 483 (SH 46 viii)；PDT 1, 0039 (SH 46 viii)；TRU 107 (SH 46 viii)；TRU 277 (SH 46 viii)；Anavian 59 (SH 47 iv 25)；ASJ 09, 318 13 (SH 47 iv 25)；PDT 1, 0018 (SH 47 ix)；ZA 068, 042 Smith 475 (SH 47 ix)；StOr 09-1 30 (pl. 11) (AS 9 viii 26)。关于乌巴亚，正确的写法为：U$_3$-ba-a 或 U$_{18}$-ba-a；错误的写法为：E$_2$-ba-za, Ri$_2$-ba-a, Ba-a, E$_2$-ba-a, Ur-ba-a。

④ elam A-dam-dunki-ta gen-na šu ba-ab-ti, 文献 Nik 2, 363 (AS 6 i 11)；Nisaba 01, 283 (AS 7 i 20)；Nisaba 01, 003 (SS 4 viii 16)；Nik 2, 340 (IS 3 i).

⑤ Hu-ba lu$_2$ U$_3$-ba-a A-dam-dun^{ki}-ta Um-mu-lum^{ki}-še$_3$ du-ne, 文献 SAT 3, 2162。

第四章　乌尔使节出访

文献 New IM 3, 014 (SS 7 x--, Irisagrig)

obv.

1) 3 sila$_3$ kaš 2 sila$_3$ ninda	3 希拉啤酒，2 希拉面包
2) I$_3$-li$_2$-mah-ri lu$_2$-kin-gi$_4$-a lugal	给王室信使伊里马赫利
3) u$_4$ A$_2$-dam-dun^{ki}-še$_3$ ba-gen-na-a	当他去阿丹顿时
4) 3 sila$_3$ kaš 2 sila$_3$ ninda	3 希拉啤酒，2 希拉面包
5) Puzur$_4$-^{d}IŠKUR lu$_2$-kin-gi$_4$-a lugal	给王室信使普朱尔阿达德

rev.

1) u$_4$ ki ensi$_2$-še$_3$ im-gen-na-a	当他去恩西之地时
2) zi-ga	被支出；
3) iti nig$_2$-e-ga	第 10 月
4) mu Šu-^{d}Suen Uri$_5^{ki}$-ma-ke$_4$ ma-da Za-ab-ša-li^{ki} mu-hul	舒辛 7 年。

值得注意的是，这两位使节均未见于其他文献中，他们出访阿丹顿的目的尚不明确。因此，根据仅有的伊利萨格里格文献，我们无法分析乌尔使节出访阿丹顿的具体情况，以及乌尔王国与阿丹顿的外交关系。而数量较多的吉尔苏信使文件（年份信息不详）似乎为我们探讨该问题提供了路径。

记载阿丹顿地名的吉尔苏信使文件共有 206 篇。[①] 其中大多数文献记载的内容是乌尔使节出访阿丹顿。他们出访阿丹顿的任务或目的是什么呢？根据现有的信息，我们可以大致归纳以下几点。首先，乌尔使节出访阿丹顿的目的是负责经办埃兰人（雇佣劳动力）来乌尔从事雇佣劳动工作，包括招募和护送埃兰劳动力往返乌尔和东部的外交国之间。例如，有的文献记载阿丹顿的埃兰人从阿丹顿而来，接收固定配给品，由乌尔使节经办。如下所示：

文献 Kaskal 04, 071 07 (--vi, Girsu)

obv.

1) 5 sila$_3$ zi$_3$ ša$_3$-iri　　　　　　5 希拉面粉，在城里

[①] 吉尔苏信使文件记载阿丹顿恩西乌巴亚，包括：文献 ITT 5, 06774；CTPSM 1, 151 记载，给阿丹顿的恩西乌巴亚，当他去阿丹顿；文献 MVN 11, M 记载，给阿丹顿的恩西乌巴亚，当他去阿丹顿。还记载了 2 个使节，不是 giri$_3$；文献 ITT 2, 00677 记载，给阿丹顿恩西乌巴亚的骑使，当他去阿丹顿；文献 JAOS 033, 028 3 记载，给阿丹顿的恩西乌巴亚，从阿丹顿来。

2) 5 sila₃ zi₃ kaskal-še₃　　　　　5希拉面粉，为途中
3) La-muš-e lu₂-ᵍⁱˢtukul　　　　　给士兵拉姆塞
4) Nibruᵏⁱ-še₃ du-ni　　　　　　　当他去尼普尔时
5) 0.0.1 zi₃ ša₃-iri　　　　　　　1班面粉，在城里
6) 0.0.1 zi₃ kaskal-še₃　　　　　1班面粉，为途中
7) ᵈŠul-gi-da-ga-da lu₂-ᵍⁱˢtukul　给士兵舒尔吉达伽达
8) 1.0.0 dabin kaskal-še₃　　　　1古尔粗面粉，为途中
rev.
1) elam An-ša-anᵏⁱ-me　　　　　　给安珊的埃兰人
2) giri₃ ᵈŠul-gi-da-ga-da lu₂-ᵍⁱˢtukul　由士兵舒尔吉达伽达经办
3) An-ša-anᵏⁱ-še₃ du-ni　　　　　当他（们）去安珊时
4) Ki-NE-NE ra-gaba　　　　　　　（配给品）给骑使基奈奈
5) 0.3.3 zi₃-gu　　　　　　　　　3巴里格3班小麦粉
6) elam A-dam-dunᵏⁱ-me　　　　　给阿丹顿的埃兰人
7) giri₃ Ki-NE-NE ra-gaba　　　　由骑使基奈奈经办
8) A-dam-dunᵏⁱ-ta du-ni　　　　　当他（们）从阿丹顿来时；
9) iti ezem ᵈDumu-zi　　　　　　　第6月。

除了阿丹顿的埃兰人，文献中也记载了其他外交国（如胡赫努里、希里）的埃兰人，从阿丹顿来到乌尔王国，阿丹顿可能作为一个中转站。例如，据文献（RTC 354）记载，乌尔使节阿布尼经办应征的胡赫努里埃兰人从阿丹顿来。乌尔使节埃尼舒经办希里埃兰人骑使和劳动力从阿丹顿来（文献 RTC 351）。

注意，在所谓的"从尼普尔和从安珊来"档案中，还有关于阿丹顿的埃兰人接收配给品的记载，由乌尔使节经办，但是他们的具体行程不清楚。例如：[①]

文献 CTPSM 1, 175 (--iii, Girsu)
rev.
1') 0.0.3 kaš 0.0.3 ninda lugal　　3班啤酒，3班王室面包

---

① 另外两篇类似文献见 BM Messenger 131 (giri₃ Ga-du lu₂-kas₄); Nisaba 13, 098 (giri₃ Bi-li-ia₃, 注意该文献阿丹顿为 elam dam-dun-ke₄ šu ba-ti, 少了一个 a 符号以及地点限定符 ki); OTR 074 (giri₃ Puzur₄-ra-bi₂ sukkal, An-ša-anᵏⁱ-ta u₃ Nibruᵏⁱ-ta)。

2') 3 i$_3$-giš id-gur$_2$　　　　　　　3 桶植物油

3') elam A-dam-dun-ke$_4$ šu ba-ti　　阿丹顿的埃兰人接收

4') 5 sila$_3$ kaš 5 sila$_3$ ninda　　　　5 希拉啤酒，5 希拉面包

5') 1 i$_3$-giš id-gur$_2$　　　　　　　1 桶植物油

6') giri$_3$ E$_2$-sa-ra-du$_{10}$　　　　　　给经办人埃萨拉杜

7') Nibru^{ki}-ta gen-na　　　　　　当他（们）从尼普尔（乌尔王国）来时；

left

1) iti ezem^{d}Li$_9$-si$_4$　　　　　　　第 3 月。

这些埃兰人很可能是在乌尔王国境内从事雇佣工作，工作结束后到吉尔苏的驿站，然后从吉尔苏返回阿丹顿或其他地方。例如，下面这篇文献记载了埃兰人回到阿丹顿。①

文献 DAS 074（--ix，Girsu）

obv.

1) 2 sila$_3$ kaš 2 sila$_3$ ninda　　　　2 希拉啤酒，2 希拉面包

2) 1 id-gur$_2$ i$_3$　　　　　　　　　1 桶油

3) ša$_3$-iri　　　　　　　　　　　　在城里

4) 1 dug dida　　　　　　　　　　1 罐麦精

5) 5 sila$_3$ ninda　　　　　　　　　5 希拉面包

6) kaskal-še$_3$　　　　　　　　　　为途中

rev.

1) elam lu$_2$-kin-gi$_4$-a ensi$_2$ A-dam-dun^{ki}　给阿丹顿的恩西的信使和埃兰人

2) inim E-lak-ra-ad-ta　　　　　　从埃拉克拉德的话②

3) A-dam-dun^{ki}-še$_3$ du-ni　　　　　当他们去阿丹顿时；

4) iti mu-šu-du$_8$　　　　　　　　　第 9 月。

---

① 另一篇文献见 Nisaba 22, 112（giri$_3$ Zi-du ra-gaba, A-dam-dun^{ki}-še$_3$）；有的文献虽然没有记载埃兰人，但是记载了劳动力去阿丹顿见文献 TCTI 2, 03859；MVN 07, 208；TEL 216；TCTI 2, 03793。

② 注意，这一人名 E-lak-ra-ad 只见于这一篇文献。另有一人名 E-lak-ra，见于其他文献记载，包括：E-lak-ra lu$_2$-^{giš}tukul-gu-la，文献 TCTI 2, 03304；TCTI 2, 04165；TCTI 2, 04021；DAS 124；ITT 2, 00640；E-lak-ra sukkal，文献 TCTI 2, 0259；DAS 155；DAS 204；ITT 2, 00875。此外，E-LAK-ra-ad 可能读为 E-laq-ra-ad，是另一人名 El$_3$-qu$_2$-ra-ad 的变体（文献 MVN 13, 411）。

其次，乌尔使节出访阿丹顿的任务之二，是负责经办将阿丹顿的物资运送到乌尔王国。阿丹顿可能是作为乌尔王国重要的物资供应地。文献中记载了大量的粮食、木材等从阿丹顿被运输到乌尔王国，都是由乌尔使节负责经办。据文献记载，280 希拉大麦作为鸭子的饲料从阿丹顿被运到（吉尔苏），经办人与加印人是士兵卡古提（Kaguti，文献 ITT 5，06794）；8910 块木板（^{giš}eme-sig）从阿丹顿被送入（吉尔苏的）船坞，经办人是乌尔萨伽姆和古地亚（文献 ITT 3，05114）。此外，文献中还记载了士兵舒尔吉阿古尼（Shulgi-aguni）去征收阿丹顿的木材，以及骑使达马扎赫舒（Damazahshu）去将阿丹顿的木制品用船运到吉尔苏（文献 TCTI 3，05441）。这些从阿丹顿运来的木材很可能是祭祀仪式所需物品（木制品）。①

再次，乌尔使节出访阿丹顿是为了经办与护送乌尔公主往返乌尔与阿丹顿，体现了乌尔与阿丹顿之间存在政治联姻。② 例如，一篇文献记载了乌尔公主从阿丹顿回来，由乌尔使节经办。

文献 ITT 2，04097（--v 12，Girsu）
obv.

1）5 sila$_3$ kaš 5 sila$_3$ ninda	5 希拉啤酒，5 希拉面包
2）5 gin$_2$ i$_3$-giš 2 gin$_2$ i$_3$-udu	5 津植物油，2 津动物油③
3）A-ma-an-ne-en lu$_2$-^{giš}tukul-gu-la	给士兵长阿曼奈恩
4）2 sila$_3$ kaš 2 sila$_3$ ninda	2 希拉啤酒
5）2 gin$_2$ i$_3$-giš	2 津植物油
6）Šu-Ma-ma lu$_2$-^{giš}tukul	给士兵舒马马
7）0.0.2 kaš sig$_5$ lugal	2 班王室优质啤酒

rev.

1）0.0.2 kaš du	2 班普通啤酒

---

① 见文献 SAT 1，106（siskur$_2$ ma$_2$ GN giri$_3$ PN GN-še$_3$ gen-na-ne-ne）；Nisaba 22，155（nig$_2$-siskur$_2$-ra GN，giri$_3$ PN，GN-se$_3$ ma$_2$ giš-da gen-na）。

② 关于乌尔第三王朝与阿丹顿的政治联姻，详见本书第五章。

③ 注意，该文献临摹图中，这一行的符号为 i$_3$-KU，但是笔者怀疑应该读为 i$_3$-udu，第二个符号不是 KU，而是 LU（udu），很可能是临摹人的笔误。i$_3$-udu（羊油，羊脂）在吉尔苏和伊利萨格里格的信使文件中有大量的记载，例如文献 RTC 390；CUSAS 40，1842；Nisaba 33，1009；TCTI 3，06268；Nisaba 15，0365；NMSA 3787。

第四章 乌尔使节出访

2) 0.0.3 ninda   3 班面包
3) 1/2 sila₃ i₃-giš   0.5 希拉植物油
4) dumu-munus lugal   给国王的女儿
5) giri₃ A-ma-an-ne-en lu₂-giš tukul-gu-la   由士兵长阿曼奈恩经办
6) A-dam-dun^ki-ta du-ne-ne   当他们从阿丹顿来时；
7) iti munu₄-gu₇ u₄ 12 ba-zal   第5月，第12日。

除了以上这些文献记载了较为具体的出使任务之外，更多的吉尔苏信使文件只是简单记载了乌尔使节出访阿丹顿，约有178篇，其中只有8篇文献的年份明确，在时间上从阿马尔辛9年至舒辛2年，根据时间顺序列举如下。

表 4-22   出访阿丹顿的乌尔使节年份统计

日期	配给品	乌尔使节	行程	文献出处
AS 9 xii 29	2酒2包1桶油	舒阿达德，士兵	从阿丹顿来	TCTI 2, 04150
SS 1 i 19	2酒2包1桶油	沙鲁姆伊里，士兵	从阿丹顿来	ITT 3, 05133
SS 1 iii--	2酒2包1桶油在城里，1罐固5粗面在途中；[2]酒[2]包1桶油在城里，1罐固5粗面在途中	普舒金（Pushu-kin），士兵 巴某某	阿丹顿……	TCTI 2, 03794
SS 1 v 3	2酒2包1桶油	乌里（Uli），骑使	去阿丹顿	TCTI 2, 02712
SS 1 v 23	2酒2包1桶油 2酒2包1桶油	恩利拉拉比（Enlila-ra-bi），士兵 乌塞赫杜（Ushe-hedu），骑使	从阿丹顿来 du-ne-ne	ICP varia 31
SS 1 vii 29	2酒2包1桶油	乌里，骑使	从阿丹顿来	Nisaba 13, 108
SS 2 i	5王室古尔面粉与麦芽混合物，装船	恩乌姆伊里，骑使 阿拉姆（经办）	已从阿丹顿来 zi-ga	OTR 151
SS 2 ii 13	2酒2包1桶油在城里，1罐固5粗面在途中	埃拉努伊德，士兵	去阿丹顿	ITT 2, 00801

注意，更多的记载乌尔使节出访阿丹顿的吉尔苏文献是无年名的，即年份信息不清楚。这些文献的记录格式统一为："配给品、使节、从阿丹顿来（或去阿丹顿）。"这些出访阿丹顿的乌尔使节的官职或身份可以分为军事人员、外交行政人员和其他人员。包括：

军事人员

将军	šagina
将军之子	dumu šagina
副军尉	dumu-nu-banda$_3$
士兵长	lu$_2$-^{giš}tukul-gu-la
士兵	lu$_2$-^{giš}tukul
卫兵长	aga$_3$-us$_2$-gal

外交行政人员

大执政官之兄	šeš sukkal-mah
外事官	sukkal
骑使	ra-gaba
行使	lu$_2$-kas$_4$
法警	lu$_2$ maškim
侍从官	kuš$_7$

其他人员

卢库尔女祭司之兄	šeš-lukur
乌库尔官	u$_3$-kul
编织工	ad-kup$_4$
阿摩利人	mar-tu

这些文献虽然没有年名（mu），但是基本上都有月名（iti），表示"去、到（某地）"的动词短语是完成时态（单数：gen-na；复数：gen-na-ne-ne）时，还带有日名（u$_4$ n-kam）以及表示配给品支出机构（zi-ga 或 zi-ga PN），即具体到乌尔使节去往某地的具体日期，而当动词短语是未完成时（单数：du-ni；复数：du-ne 或 du-ne-ne），则没有日名，表示该文献或该任务在一个月内发生，即月记文献。例如下面两篇文献的比较。

第四章　乌尔使节出访

文献 BM Messenger 067（--i 24, Girsu）完成时

obv.

1) 3 sila$_3$ kaš 2 sila$_3$ ninda 2 gin$_2$ i$_3$　　3 希拉啤酒，2 希拉面包，2 津油，
   Lugal-gal-zu lu$_2$-kas$_4$ ki ensi$_2$-še$_3$　　给行使卢伽尔伽尔祖，当他
   gen-na　　去恩西之地时，

2) 3 sila$_3$ kaš 2 sila$_3$ ninda 2 gin$_2$ i$_3$　　3 希拉啤酒，2 希拉面包，2 津油

rev.

1) Na-silim lu$_2$-kas$_4$ A-dam-dun^{ki}-ta　　给行使纳西里姆，当他从阿丹顿来时，
   gen-na

2) 3 sila$_3$ kaš 2 sila$_3$ ninda 2 gin$_2$ i$_3$　　3 希拉啤酒，2 希拉面包，2 津油，给
   A-bu-ṭa-ab$_2$ Gu$_2$-ab-ba^{ki}-ta gen-na　　阿布塔布，当他从古阿巴来时

3) zi-ga u$_4$ 24-kam　　被支出，第 24 日，

4) iti GAN$_2$-maš　　第 1 月。

文献 BM Messenger 016（--vii, Girsu）未完成时

obv.

1) 0.0.1 kaš sig$_5$ lugal 0.0.1 ninda 10 gin$_2$　　1 班王室优质啤酒，1 班面包，10
   i$_3$ ša$_3$-iri 1 dug dida sig$_5$ 0.0.1 zi$_3$-gu　　津油，在城里；1 罐优质麦精，1
   kaskal-še$_3$ A-a-kal-la nu-banda$_3$　　班小麦粉，为途中；给车库军尉
   zi-gum$_2$-ma Šušin^{ki}-še$_3$ du-ni　　阿亚卡拉，当他去苏萨时

2) 2 sila$_3$ kaš 2 sila$_3$ ninda 1 id-gur$_2$ i$_3$　　2 希拉啤酒，2 希拉面包，1 桶
   ša$_3$-iri 1 dug dida 5 sila$_3$ ninda　　油，在城里；1 罐麦精，5 希拉面
   kaskal-še$_3$ Na-silim lu$_2$-^{giš}tukul　　包，为途中；给士兵纳西里姆

rev.

1) A-dam-dun^{ki}-še$_3$ du-ni　　当他去阿丹顿时

2) 2 sila$_3$ kaš 2 sila$_3$ ninda 1 id-gur$_2$ i$_3$　　2 希拉啤酒，2 希拉面包，1 桶
   ša$_3$-iri 1 dug dida 5 sila$_3$ ninda　　油，在城里；1 罐麦精，5 希拉面
   kaskal-še$_3$ Al-ba-ni lu$_2$-^{giš}tukul　　包，为途中；给士兵阿尔巴尼

3) Hu-hu-nu-ri^{ki}-še$_3$ du-ni　　当他去胡赫努里时

4) iti ezem ^{d}Šul-gi　　第 7 月。

但是，目前还没有发现同一个人（相同的官职）既出现在完成时中，也出现在未完成时情况下。

不同的乌尔使节来往阿丹顿，接收配给品，可能被记录一篇文献中。例如：

文献 Berens 084 （--i 30, Girsu）
rev.

3') 2 sila$_3$ kaš 2 sila$_3$ ninda   2 希拉啤酒，2 希拉面包

4') 1 id-gur$_2$ i$_3$ 1 桶油

5') A-da-lal$_3$ lu$_2$-^{giš}tukul   给士兵阿达拉尔

6') A-dam-dun^{ki}-ta du-ni   当他从阿丹顿来时

7') 2 sila$_3$ kaš 2 sila$_3$ ninda   2 希拉啤酒，2 希拉面包

8') 1 id-gur$_2$ i$_3$ ša$_3$-iri   1 桶油，为途中

9') 1 dug dida 5 sila$_3$ ninda   1 罐麦精，5 希拉面包

10') In-da lu$_2$-^{giš}tukul   给士兵因达

11') A-dam-dun^{ki}-še$_3$ du-ni   当他去阿丹顿时

left

1) iti GAN$_2$-maš u$_4$ 30 ba-zal   第 1 月，第 30 日。

乌尔使节接收的配给品如果是多日的，会标注是几日里消费（u$_4$ n-kam），一般根据日数会加倍发放配给品。另外，有些配给品标注了"在城里（消费）"以及"为途中（消费）"的区别。在一篇文献中，可能会记载固定配给品分多次分别发放给多人，也可能会记载配给品一次共同发放给多人（可能几人平分）。例如下面这篇文献：

文献 ABTR 13 （--vii, Girsu）
obv.

1) 4 sila$_3$ zi$_3$-gu ša$_3$-iri   4 希拉小麦粉，在城里

2) 0.0.1 zi$_3$ kaskal-še$_3$ 1 班面粉，为途中

3) Ba-sa$_6$-ga lu$_2$-^{giš}tukul-gu-la   给士兵长巴萨伽

4) A-dam-dun^{ki}-še$_3$ du-ni   当他去阿丹顿时

……

第四章　乌尔使节出访

10) 0.0.2 zi$_3$ u$_4$ 2-kam ša$_3$-iri　　　　2 班面粉，供 2 日，在城里
11) 0.0.1 zi$_3$ kaskal-še$_3$　　　　　　　1 班面粉，为途中
12) Šu-ni-tum aga$_3$-us$_2$-gal　　　　　给卫兵长舒尼图姆

rev.

1) u$_3$ Lu$_2$-^{d}Šakkan$_2$ dumu nu-banda$_3$　　和副军尉卢沙堪
2) 5 sila$_3$ zi$_3$-gu ša$_3$-iri　　　　　　5 希拉小麦粉，在城里
3) 5 sila$_3$ zi$_3$ kaskal-še$_3$　　　　　　5 希拉面粉，为途中
4) Er$_3$-ra-šum šeš-lukur　　　　　　给卢库尔女祭司之兄埃拉舒姆
5) A-dam-dun^{ki}-še$_3$ du-ne-ne　　　当他们去阿丹顿时。

当表示多人时，动词短语使用了复数形式 du-ne-ne，但是很多情况下即使是多人，也只是标注单数情况（du-ni）。例如：

文献 Berens 091（--vi, Girsu）

obv.

1) 3 sila$_3$ ninda ša$_3$-iri　　　　　　3 希拉面包，在城里
2) 5 sila$_3$ kaskal-še$_3$　　　　　　　5 希拉（面包），为途中
3) Ur-sa$_6$-ga sukkal　　　　　　　给外事官乌尔萨伽
4) 3 sila$_3$ ša$_3$-iri　　　　　　　　3 希拉（面包），在城里
5) 5 sila$_3$ kaskal-še$_3$　　　　　　　5 希拉（面包），为途中
6) Nu-ur$_2$-i$_3$-li$_2$ sukkal　　　　　　给外事官努尔伊里
7) A-dam-dun^{ki}-še$_3$ du-ni　　　　当他（们）去阿丹顿时。

对此，有两种解释：一种是 du-NI 拼写为 du-ne$_2$，也是复数形式；另一种是并非多人都是与这次行动相关，而只是一个人与该行程有关，所以使用了单数形式，笔者认为第一种情况比较合理。注意，第 2 行、第 4 行、第 5 行分别省略了 ninda，是书吏故意而为，或者是一种约定俗成的书写方式。

另外，我们尚不清楚这些乌尔使节出访阿丹顿的具体目的。针对这些文献，我们无法从年代学上来进行分析，只能暂时将这些乌尔使节列举出来。

427

表 4-23　　　　　　　　　　出访阿丹顿的乌尔使节统计

职业类别	职业（身份头衔）	乌尔使节	人数
军事人员	将军 šagina	胡巴	1
	将军之子 dumu šagina	卢巴巴	1
	副军尉 dumu-nu-banda₃	阿布姆（Abum）、阿胡阿、阿胡阿卡尔（Ahu-aqar）、埃拉阿（Ela'a）、埃拉卡拉德（Elaqar-ad）、安奈巴杜、巴卢阿（Balua）、古纳尼（Gunani）、拉比伊鲁姆（Rabi-ilum）、卢南那、卢沙堪、努阿提（Nuati）、努尔奈、塞什卡拉、舒阿孜、舒库布姆（Shukubum）、舒乌图、伊迪亚、伊鲁姆巴尼、伊鲁姆拉比（Ilum-rabi）、因纳茨尔（Innaṣir）、扎纳提	22
	士兵长 lu₂-ᵍⁱˢtukul-gu-la	阿布姆、阿曼奈恩、巴萨伽、达达、卢伽尔库朱、卢沙里姆、南那萨伽（Nanna-saga）、舒埃拉、伊尔舒拉拉比（Ilshu-rarabi）、伊鲁姆丹	10
	士兵 lu₂-ᵍⁱˢtukul	阿比里、阿比里亚、阿达拉尔、阿赫达姆伊里（Ahdam-ili）、阿卡拉、阿图、埃拉安杜尔（Erra-andul）、埃拉努伊德、布尔马马、布卡（Buka）、布卡伊里（Buka-ili）、丹伊里、恩利拉拉比、哈孜、胡朱希（Huzuhi）、卡古提、卡拉阿亚（Kalla-Aya）、库尔比拉克、库卢阿亚提（Kuluayati）、卢沙里姆、马特伊里、纳西里姆、南那基阿格（Nanna-kiag）、努尔伊什塔尔（Nur-Eshtar）、普舒金、普朱尔恩利拉（Puzur-Enlila）、塞什卡拉、沙鲁姆伊里、舒阿达德、舒尔吉伊迪什（Shulgi-idish）、舒尔吉沙姆西（Shulgi-Shamshi）、舒尔吉伊里、舒尔吉伊里姆、舒马马、舒伊里、舒伊什塔尔、乌埃里（Ueli）、乌巴鲁姆、乌簇尔帕舒、乌尔舒尔帕埃、乌尔因达赫、辛伊尔（Suen-il）、伊迪卢卢（Idi-lulu）、伊尔舒巴尼、伊库美沙尔（Ikumeshar）、伊里阿什拉尼（Ili-ashrani）、伊沙尔帕丹、因达（Inda）、因达塞尔（Indasher）、因杜塞尔（Indusher）	50

第四章　乌尔使节出访

续表

职业类别	职业（身份头衔）	乌尔使节	人数
军事人员	卫兵长 aga₃-us₂-gal	阿胡尼、阿拉德南那、阿穆尔乌图（Amur-Utu）、阿伊里舒（A-ilishu）、布马马、达达亚、卢巴里斯（Lu-balis）、卢南那、美利什（Merish）、奈奈阿（Nenea）、南那萨伽、尼姆吉尔伊尼姆吉纳（Nimgir-inim-gina）、努尔乌图（Nur-Utu）、努拉亚（Nuraya）、沙尔伊里（Shar-ili）、舒阿达德、舒马马、舒尼图姆（Shunitum）、舒宁舒布尔、舒乌图、乌尔舒尔帕埃、乌尔乌图、希希克（Sisik）、伊吉沙杜（Igi-shadu）、伊里阿卢姆、伊鲁姆巴尼、伊鲁姆马苏	27
外交行政人员	大执政官之兄 šeš sukkal-mah	阿胡尼	1
	外事官 sukkal	阿比里、阿布杜、阿卡拉、埃拉努伊德、埃拉乌尔萨格、布卡卡、茨鲁姆（Serum）、达达亚、恩利拉、恩努姆伊里、古卜乌图（Gub-Utu）、拉卢姆、卢达伽（Lu-daga）、卢伽尔阿什尼（Lugal-ashni）、卢南那、卢乌图（Lu-Utu）、奈穆尔、努尔伊里、普朱尔舒（Puzur-shu）、舒阿达德、舒乌图、舒伊里、舒伊什塔尔、乌巴尔、乌尔吉吉尔、乌尔萨伽、乌尔舒尔吉拉、乌尔乌图、西姆、辛巴尼、伊丁辛、伊里什塔卡尔（Ilishtakal）、伊鲁姆丹、伊米辛（Imi-Suen）	34
	骑使 ra-gaba	丹舒尔吉（Dan-Shulgi）、丹乌埃（Dan-ue）、杜古姆（Dugum）、恩乌姆伊里、胡巴、卢苏卡尔（Lu-sukkal）、乌里、乌塞赫杜、乌尔因达赫	9
	行使 lu₂-kas₄	阿达德巴尼、阿达拉尔、阿里阿赫（Aliah）、阿穆尔埃阿（Amur-Ea）、布拉卢姆、达达伽、达古（Dagu）、丹伊里、杜伽伽（Dugaga）、吉纳比里（Ginabili）、卡尔基伊里（Kalki-ili）、卢吉纳、卢伽尔帕埃、纳美（Name）、纳西里姆、努尔伊里、努尔朱（Nurzu）、沙达（Sha-da）、沙马赫（Shamah）、舒阿达德、舒埃阿、舒伊里、乌尔马马、西胡尔阿穆尔（Shihur-a-mur）、伊吉阿亚、伊姆巴德（IM-bad）、朱尼（Zuni）	27

429

续表

职业类别	职业（身份头衔）	乌尔使节	人数
外交行政人员	侍从官 kuš₇	阿拉姆	1
	法警 lu₂ maškim	伊丁埃拉 舒伊什塔尔	2
宗教人员	卢库尔女祭司之兄 šeš-lukur	阿比里、阿比里亚、阿布尼、阿纳提、埃拉舒姆、巴巴亚、巴卢阿、库达努姆（Kudanum）、舒尼奈（Shu-NI-NE）、乌巴鲁姆、伊丁埃阿	11
	乌库尔官 u₃-kul	巴扎姆、达达亚、卢恩基、卢伽尔马苏（Lugal-massu）、卢南那、普朱尔舒	6
其他	阿摩利人 mar-tu	巴哈鲁姆（Baharum）、乌尔巴巴、乌尔吉吉尔	3
	编制工 ad-kup₄	古卜希（Gubsi）	1
	无头衔人员	安奈杜（Annedu）、埃拉巴杜（Erra-badu）、古地亚、卢伽尔库吉（Lugal-kuge）、沙拉卡姆（Sharakam）、舒埃拉、舒杜姆孜、舒宁舒布尔、舒乌图、舒伊什塔尔、乌尔巴巴、乌尔因达赫、西姆达姆（Shimdam）、辛伊尔、伊尼姆舒尔吉（Inim-Shulgi）、伊普库沙	16
	共计		222

五 胡布姆

胡布姆这一地名的拼写方式为 Hu-bu-um^{ki}，注意在一篇吉尔苏文献中，胡布姆的拼写为 Hu-bu/pu-um-ma^{ki}（文献 Nisaba 22，004）。胡布姆可能位于苏萨的附近。据一篇破损的普兹瑞什达干 ša-bi-ta 文献记载（SACT 1, 189），有 40 头牛、675 只羊由苏萨的恩西贝里阿里克进贡，20 头牛、210 只羊以阿丹顿的名义，2 头牛、20 只羊以胡布姆的名义，由（阿丹顿恩西）乌巴亚进贡。由于乌巴亚的身份是阿丹顿的恩西，他负责督办将阿丹顿和胡布姆的牲畜进贡到乌尔，加之阿丹顿进贡的牲畜数量大约是胡布姆的 10 倍，由此我们可以推断，胡布姆很可能隶属于阿丹顿下辖的一个区。

第四章 乌尔使节出访

记载胡布姆的文献只有 7 篇，其中 1 篇普兹瑞什达干文献，1 篇伊利萨格里格信使文献。另外 5 篇是吉尔苏信使文件（3 篇有年份信息，从阿马尔辛 1 年至 8 年），记载的是胡布姆的埃兰人来到乌尔。经办埃兰人来往乌尔的使节列举如下。

表 4-24　　乌尔使节经办胡布姆埃兰人来往乌尔统计

乌尔使节（giri$_3$）	任务	文献出处
乌尔哈亚，行使	胡布姆的埃兰人到苏萨	RTC 369
马马希尔，行使	胡布姆的埃兰人到胡布姆	OTR 235
卢伽尔伽尔杜（Lugal-galdu）	胡布姆的埃兰人接收	BPOA 02, 1847
阿德班吉（Adbangi）	胡布姆的埃兰人	Nisaba 22, 004（AS 5 x）
—	已从胡布姆而来的埃兰人	TCTI 2, 03300

胡布姆的埃兰人除了往返胡布姆和乌尔之间，还会去其他地方接收（雇佣）任务。据一篇文献记载，胡布姆的埃兰人去苏萨。

文献 RTC 369（--iii, Girsu）

obverse

1) 6 sila$_3$ kaš ša$_3$-iri　　　　　6 希拉啤酒，在城里
2) 6 sila$_3$ kaš kaskal-še$_3$　　　6 希拉啤酒，为途中
3) Ur-^{d}Ha-ia$_3$ lu$_2$-kas$_4$　　给行使乌尔哈亚
4) u$_3$ Ka$_5$-a ra-gaba　　　　　和骑使卡亚
5) 15 elam 1 sila$_3$ kaš-ta　　　 15 个埃兰人，每人 1 希拉啤酒

reverse

1) elam Hu-bu-um^{ki}-me　　　　他们是胡布姆的埃兰人
2) giri$_3$ Ur-^{d}Ha-ia$_3$ lu$_2$-kas$_4$　由行使乌尔哈亚经办
3) Šušin^{ki}-še$_3$ du-ni　　　　当他（们）去苏萨时
4) zi-ga　　　　　　　　　　　　被支出；
5) iti ezem ^{d}Li$_9$-si$_4$　　　　第 3 月。

在上文中，胡布姆的埃兰人去苏萨的差事和目的尚不清楚。随同的乌

尔使节有两位，行使乌尔哈亚和骑使卡亚，但是经办此事的只有行使乌尔哈亚，他们都接收固定的配给品。

只有一篇伊利萨格里格文献（舒辛7年）记载乌尔使节出访胡布姆。据该文献记载，舒辛7年9月13日，王室信使恩纳姆辛（Enam-Suen）接收3希拉啤酒、2希拉面包，当他去胡布姆时。

文献 CUSAS 40, 0994（SS 7 ix 13, Irisagrig）

obv.

1）3 sila₃ kaš 3 sila₃ ninda	3希拉啤酒，3希拉面包
2）Ku₃-ᵈNanna lu₂-kin-gi₄-a lugal	给王室信使库南那
3）3 sila₃ kaš 3 sila₃ ninda	3希拉啤酒，3希拉面包
4）Ur-ᵈŠul-gi-ra dub-sar lugal	给王室书吏乌尔舒尔吉拉
5）3 sila₃ kaš 3 sila₃ ninda	3希拉啤酒，3希拉面包
6）Lu₂-dingir-ra dub-sar lugal	给王室书吏卢丁吉尔拉
7）u₄ i₃-giš-še₃ im-e-re-ša-a	当他们去（运输）植物油时

rev.

1）3 sila₃ kaš 2 sila₃ ninda	3希拉啤酒，2希拉面包
2）En-nam-ᵈSuen lu₂-kin-gi₄-a lugal	给王室信使恩纳姆辛
3）u₄ Hu-bu-umᵏⁱ-še₃ ba-gen-na-a	当他去胡布姆时
4）3 sila₃ kaš 2 sila₃ ninda	3希拉啤酒，2希拉面包
5）Puzur₄-ᵈŠara₂ lu₂-kin-gi₄-a lugal	给王室信使普朱尔沙拉
6）u₄ Bu-ul-maᵏⁱ-še₃ ba-gen-na-a	当他去布尔马时
7）zi-ga	被支出；
8）iti kir₁₁-si-ak	第9月
9）mu ᵈŠu-ᵈSuen lugal Uri₅ᵏⁱ-ma-ke₄ ma-da Za-ab-ša-liᵏⁱ mu-hul	舒辛7年

left

1）u₄ 13-kam	第13日。

六 胡赫努里

记载胡赫努里地名的乌尔第三王朝文献目前共发现有89篇（年名除

第四章 乌尔使节出访

外)。其中，2 篇普兹瑞什达干文献（与乌尔使节出访胡赫努里无关）、① 21 篇温马文献②和 65 篇吉尔苏文献。

温马文献（阿马尔辛 7 年至舒辛 6 年）记载的是来自胡赫努里的埃兰人（elam）、③ 行使（kas₄）、④ 恩西（ensi₂）、⑤ 军队（erin₂）⑥ 接收固定配给品，主要的记录格式为"配给品、(来自) 胡赫努里的埃兰人（或军队、恩西、行使）（接收）"，有时乌尔使节还担任经办人（giri₃）或者监办人（maškim）。⑦ 例如：

文献 Nisaba 03/1, 116（SS 4 vi 6, Umma）
obv.

1) 5 sila₃ kaš 3 sila₃ ninda 3 gin₂ šum₂　　5 希拉啤酒, 3 希拉面包, 3 津洋
   3 gin₂ i₃ 2 gin₂ naga　　　　　　　　　葱, 3 津油, 2 津盐
2) A-hu-šu-ni　　　　　　　　　　　　　给阿胡舒尼
3) 5 sila₃ kaš 3 sila₃ ninda 3 gin₂ šum₂　　5 希拉啤酒, 3 希拉面包, 3 津洋
   3 gin₂ i₃ 2 gin₂ naga　　　　　　　　　葱, 3 津油, 2 津盐
4) Arad₂-hu-la　　　　　　　　　　　　　给阿拉德胡拉

---

① 一篇文献记载了 1 个乐器（za₃-mi-ri₂-tum）给胡赫努里的人布祖的儿子达达某，阿达德南那监办（BPOA 02, 2681; AS 7 iv 10）。另一篇文献记载 1 只羊献给神祭台，其肉供胡赫努里人的伽尔杜卫兵食用，持杯官达达经办，持杯官阿图监办，在阿马尔辛恩伽尔恩利拉（Amar-Suen-engar-Enlila）地区（BIN 03, 402; AS 8 vi 10）。

② 注意，温马信使文件记载外国地名较少，其中记载胡赫努里地名是其中最多的。

③ Tavolette 312（AS 7 ii, giri₃ Bu₃-ka-na-a）; MVN 04, 244（AS 7 xi, giri₃ Šu-ᵈInana）; AnOr 07, 306（SS 3 iii 21）; Nisaba 01, 003（SS 4 viii 16）; Nisaba 01, 204（SS 4 xi 22）; Nisaba 27, 081（SS 4 xi 28）; MVN 21, 380（SS 4 xi 29）; BPOA 06, 1307（SS 5 ii）; Nisaba 27, 186（SS 5 iv 19）; Nisaba 03/1, 109（SS 5 vi）; Nisaba 16, 126（SS 5 viii 9）; Nisaba 16, 118（SS 5 viii 21）; Nisaba 27, 095（SS 6 i 5, giri₃ In-zu）; MVN 14, 0256（SS 6 ii）.

④ Nisaba 16, 102（SS 3 iv 22）; CDLN 2013/001 no. 1（SS 3 xi 2）; Nisaba 03/1, 116（SS 4 vi 6, giri₃ A-hu-šu-ni）.

⑤ BPOA 07, 2295（AS 7 i, sukkal-mah maškim）.

⑥ Nisaba 16, 081（--vi 30）.

⑦ 格式包括以下几种：① N erin₂ GN šu ba-ti; ② N ensi₂ GN-ke₄ šu ba-ti, PN maškim; ③ N elam GN gen-na šu ba-(ab)-ti, giri₃ PN; ④ N elam GN-ta gen-na; ⑤ N elam GN-ta er-ra šu ba-ab-ti; ⑥ N elam GN šu ba-(ab)-ti; ⑦ N elam GN, giri₃ PN; ⑧ N kas₄ GN-ta gen-na; ⑨ N kas₄ GN-ta er-ra; ⑩ N kas₄ GN, giri₃ PN。

5) 5 sila₃ kaš 3 sila₃ ninda 3 gin₂ šum₂ 3 gin₂ i₃ 2 gin₂ naga　　5 希拉啤酒，3 希拉面包，3 津洋葱，3 津油，2 津盐

6) Ur-ᵈŠul-pa-e₃　　给乌尔舒尔帕埃

7) 5 sila₃ kaš 3 sila₃ ninda 3 gin₂ šum₂ 3 gin₂ i₃ 2 gin₂ naga　　5 希拉啤酒，3 希拉面包，3 津洋葱，3 津油，2 津盐

8) Nu-ur₂-i₃-li₂　　给努尔伊里

9) 5 sila₃ kaš 3 sila₃ ninda 3 gin₂ šum₂ 3 gin₂ i₃ 2 gin₂ naga　　5 希拉啤酒，3 希拉面包，3 津洋葱，3 津油，2 津盐

10) Ad-da　　给阿达

11) 5 sila₃ kaš 3 sila₃ ninda 3 gin₂ šum₂ 3 gin₂ i₃ 2 gin₂ naga　　5 希拉啤酒，3 希拉面包，3 津洋葱，3 津油，2 津盐

12) Lu₂-gi-na　　给卢吉纳

13) 5 sila₃ kaš 3 sila₃ ninda 3 gin₂ šum₂ 3 gin₂ i₃ 2 gin₂ naga　　5 希拉啤酒，3 希拉面包，3 津洋葱，3 津油，2 津盐

14) Šu-ga-tum　　给舒伽图姆

15) 5 sila₃ kaš 3 sila₃ ninda 3 gin₂ šum₂ 3 gin₂ i₃ 2 gin₂ naga　　5 希拉啤酒，3 希拉面包，3 津洋葱，3 津油，2 津盐

16) Na-ba-sa₆　　给纳巴萨

17) 5 sila₃ kaš 3 sila₃ ninda 3 gin₂ šum₂ 3 gin₂ i₃ 2 gin₂ naga　　5 希拉啤酒，3 希拉面包，3 津洋葱，3 津油，2 津盐

18) Ur-ᵈDa-mu　　给乌尔达姆

19) 5 sila₃ kaš 3 sila₃ ninda 3 gin₂ šum₂ 3 gin₂ i₃ 2 gin₂ naga　　5 希拉啤酒，3 希拉面包，3 津洋葱，3 津油，2 津盐

20) Lu₂-sa₆-ga　　给卢萨伽

21) 5 sila₃ kaš 3 sila₃ ninda 3 gin₂ šum₂ 3 gin₂ i₃ 2 gin₂ naga　　5 希拉啤酒，3 希拉面包，3 津洋葱，3 津油，2 津盐

22) A-hu-ni　　给阿胡尼

rev.

1) 5 sila₃ kaš 3 sila₃ ninda 3 gin₂ šum₂ 3 gin₂ i₃ 2 gin₂ naga　　5 希拉啤酒，3 希拉面包，3 津洋葱，3 津油，2 津盐

2) Šu-ᵈNin-šubur　　给舒宁舒布尔

3) 3 sila₃ kaš 2 sila₃ ninda 3 gin₂ šum₂ 2 gin₂ i₃ 2 gin₂ naga　　3 希拉啤酒，2 希拉面包，3 津洋葱，2 津油，2 津盐

4) A-da-lal₃　　给阿达拉尔

第四章 乌尔使节出访

5) 3 sila₃ kaš 2 sila₃ ninda 3 gin₂ šum₂ 2 gin₂ i₃ 2 gin₂ naga　　3 希拉啤酒，2 希拉面包，3 津洋葱，2 津油，2 津盐

6) Ur-ab-zu　　给乌尔阿卜祖

7) 3 sila₃ kaš 2 sila₃ ninda 3 gin₂ šum₂ 2 gin₂ i₃ 2 gin₂ naga　　3 希拉啤酒，2 希拉面包，3 津洋葱，2 津油，2 津盐

8) Hu-la-al　　给胡拉尔

9) 3 sila₃ kaš 2 sila₃ ninda 3 gin₂ šum₂ 2 gin₂ i₃ 2 gin₂ naga　　3 希拉啤酒，2 希拉面包，3 津洋葱，2 津油，2 津盐

10) Ur-^{d}Ba-ba₆　　给乌尔巴巴

11) 3 sila₃ kaš 2 sila₃ ninda 3 gin₂ šum₂ 2 gin₂ i₃ 2 gin₂ naga　　3 希拉啤酒，2 希拉面包，3 津洋葱，2 津油，2 津盐

12) Tur-am₃-i₃-li₂　　给图拉姆伊里

13) 3 sila₃ kaš 2 sila₃ ninda 3 gin₂ šum₂ 2 gin₂ i₃ 2 gin₂ naga　　3 希拉啤酒，2 希拉面包，3 津洋葱，2 津油，2 津盐

14) Giri₃-ni-i₃-sa₆　　给基里尼伊萨

15) 0.0.2 kaš 0.0.2 ninda 1/3 sila₃ šum₂ 3 gin₂ i₃ 2 gin₂ naga　　2 班啤酒，2 班面包，1/3 希拉洋葱，3 津油，2 津盐

16) Nu-ur₂-^{d}Utu　　给努尔乌图

17) 0.0.1 kaš 2 dug dida du 0.0.3 0.1.3 dabin 1 gin₂ naga 2 sila₃ i₃-giš　　1 班啤酒，2 罐普通麦精容量为 3 班，1 巴里格 3 班粗面粉（加 1 津盐），2 希拉植物油

18) kas₄ Hu-hu-nu-ri^{ki} giri₃ A-hu-šu-ni　　给胡赫努里的行使，由阿胡舒尼经办

19) šu-nigin₂ 0.1.4 8 sila₃ kaš 2 dug dida du 0.0.3　　共计：1 巴里格 4 班 8 希拉啤酒，2 罐普通麦精容量为 3 班

20) šu-nigin₂ 0.1.0 8 sila₃ ninda šu-nigin₂ 0.1.3 dabin 1 gin₂ naga　　共计：1 巴里格 8 希拉面包，共计：1 巴里格 3 班粗面粉（加 1 津盐）

21) šu-nigin₂ 1 sila₃ 14 gin₂ šum₂ šu-nigin₂ 5/6 sila₃ 1 gin₂ i₃ šu-nigin₂ 2 sila₃ i₃-giš šu-nigin₂ 1/2 sila₃ 8 gin₂ naga　　共计：1 希拉 14 津洋葱，共计：5/6 希拉 1 津油，共计：2 希拉植物油，共计：1/2 希拉 8 津盐

left

1) u₄ 6-kam　　第 6 日

2) iti šu-numun　　第 6 月

3) mu us₂-sa Si-ma-num₂^{ki} ba-hul　　舒辛 4 年

在该文献中，经办人阿胡舒尼也出现在文献 AnOr 07，306 中，和埃兰人并列作为配给品的接收者。另外还有文献记载了许多来自胡赫努里的物资，如 105 希拉面粉（文献 BPOA 01，0494）、240 束芦苇（文献 UTI 5，3428）从胡赫努里人（被带来），以及 5 古尔大麦作为绵羊的饲料，从胡赫努里被运到王宫，由王室信使伊里沙尔经办。如下所示：

文献 Nisaba 09，345（SS 5 xii，Umma）
obv.
1）5.0.0 še gur   5 古尔大麦
2）$ša_3$-gal udu Hu-hu-nu-ri^{ki}-ta e_2-gal-$še_3$ er-ra   作为从胡赫努里到王宫去的绵羊的饲料
3）$giri_3$ I_3-li_2-šar   由王室信使伊里沙尔经办
4）lu_2-kin-gi_4-a lugal
rev.
1）iti ^{d}Dumu-zi   第 12 月
2）mu us_2-sa ^{d}Šu-^{d}Suen lugal Uri_5^{ki}-ma-ke_4 bad_3 舒辛 5 年
  mar-tu Mu-ri-iq-ti_3-i_3-di$_3$-ni-im mu-du_3

乌尔使节出访胡赫努里主要被记载于吉尔苏信使文件（一般写为：Hu-hu-nu-ri^{ki}）中。一共有 60 篇文献，[①] 其中只有 8 篇文献有年名（从舒尔吉 48 年至舒辛 8 年），记载的基本上都是胡赫努里的埃兰人来往乌尔，并且接收固定配给品，由乌尔使节负责经办。根据年代顺序列表如下。

[①] 此外，在吉尔苏文献中，有 5 篇文献记载了"船，胡赫努里人"（1 ma_2 60 lu_2 Hu-hu-nu-ri^{ki}），这些船可能是应征负责运输行省巴拉税的。见文献 ITT 2，01007（--）；TCTI 3，06420（--）；TCTI 3，06425（--）；ITT 2，00922（AS 8 xi）；TCTI 3，06454（AS8 xii）. 关于吉尔苏信使文件中的"船档案"，参见 T. M. Sharlach, *Provincial Taxation and the Ur III State*, CM 26, Leiden and Boston: Brill, 2004, pp. 86-90；B. Lafont, "Sur quelques dossiers des archives de Girsu", in A. Kleinerman and J. M. Sasson（eds.）, *Why Should Someone Who Knows Something Conceal It? Cuneiform Studies in Honor of David I. Owen on His 70th Birthday*, Bethesda: CDL Press, 2010, pp. 167-180。

第四章　乌尔使节出访

表 4-25　　　　　　　　出访胡赫努里的乌尔使节年份统计

日期	配给品	乌尔使节	行程	文献出处
S 48 xii	30 酒 30 面 30 油 30 酒 30 面 8 油	胡赫努里埃兰人，士兵长普朱尔马马经办 胡赫努里埃兰人，士兵纳纳赫达尔（Nanahdar）经办	将从胡赫努里来 将从胡赫努里来	Nisaba 22 71
AS-xii		胡赫努里埃兰人	ša₃^{kuš}du₁₀-gan 1-kam	Nisaba 22 103
AS 1 iii	5 普酒 5 包 4 植油从 2 酒 2 包 1 罐普固 10 王粗面为途中	外事官卢伽尔奈萨吉（Lugal-nesage）10 个埃兰人 外事官卢伽尔奈萨吉经办	已从胡赫努里去乌尔	PPAC 5 436
AS 5 vi		胡赫努里埃兰人 普朱尔卡，苏萨恩西经办	zi-ga A-kal-la	Nisaba 22 1
SS 1—	20 酒 20 包 75 酒 75 包 60 植油	伊孜因舒尔吉 胡赫努里和帕西美的埃兰人 伊孜因舒尔吉经办	去胡赫努里 du-ne-ne	ITT 5 8212
SS 1 iii	2 酒 2 包 1 桶油 30 粗面 30 大麦	士兵阿纳希里（Anahili） 作为鸟食，士兵阿纳希里经办	从胡赫努里来 从胡赫努里来 er-ra	TCTI 2 3794
SS 1 v 3	2 酒 2 包 1 桶油在城里，1 罐固 5 粗面在途中	士兵埃阿拉比	去胡赫努里	TCTI 2 2712
SS 8 xii	60 酒 10 包	胡赫努里埃兰人	（大文献，破损）	TÉL 46

乌尔使节出访胡赫努里的一个重要的任务是经办（或护送）胡赫努里的埃兰人往返乌尔王国与胡赫努里之间。一般都是负责经办的乌尔使节接收配给品，胡赫努里的埃兰人也接收配给品。并且不仅是胡赫努里的埃兰人，还有其他外交国的埃兰人也一同去胡赫努里。例如：

文献 ITT 5，08212（SS 1--，Girsu）

obv.

1) 0.0.2 kaš 0.0.2 ninda　　　　　　2 班啤酒，2 班面包
2) I-zi-in-^{d}Šul-gi　　　　　　给伊孜因舒尔吉

437

3）0.1.5 sila$_3$ kaš 0.1.5 sila$_3$ ninda　　1巴里格1班5希拉啤酒，1巴里格1班5希拉面包

4）1 sila$_3$ i$_3$-giš　　1希拉植物油

5）elam Hu-hu-nu-ri^{ki} u$_3$ Pa-šim-e^{ki}-me　　给胡赫努里和帕西美的埃兰人

rev.

1）Hu-hu-nu-ri^{ki}-še$_3$ du-ne-ne giri$_3$ I-zi-in-^{d}Šul-gi　　当他们去胡赫努里时，由伊孜因舒尔吉经办

不过也有的文献中没有记载经办的乌尔使节接收配给品。例如：

文献 Nisaba 22, 071（SH 48 xii, Girsu）
obv.
col. 1

17）0.0.3 kaš 0.0.3 zi$_3$ 1/2 sila$_3$ i$_3$　　3班啤酒，3班面粉，1/2希拉油

18）elam Hu-hu-nu-ri^{ki}-me　　给胡赫努里的埃兰人

19）giri$_3$ Puzur$_4$-Ma-ma lu$_2$-^{giš}tukul-gu-la　　由士兵长普朱尔马马经办

20）Hu-hu-nu-ri^{ki}-ta du-ni　　当他（们）从胡赫努里来时

……

col. 3

13）0.0.3 kaš 0.0.3 zi$_3$ 8 gin$_2$ i$_3$　　3班啤酒，3班面粉，8津油

14）elam Hu-hu-nu-ri^{ki}-me　　给胡赫努里的埃兰人

15）giri$_3$ Na-na-ah-dar lu$_2$-^{giš}tukul　　由士兵纳纳赫达尔经办

16）Hu-hu-nu-ri^{ki}-ta du-ni　　当他（们）从胡赫努里来时。

除此之外，其余文献的年份尚不清楚。根据不同的格式和内容，我们分为两类进行梳理，一类讲述了乌尔使节出访的具体任务，其格式为"配给品，胡赫努里埃兰人，乌尔使节经办，行程路线"或者"配给品，乌尔使节，配给品，胡赫努里埃兰人，乌尔使节经办，行程路线"[①]；另一类没有给出乌尔使节出访的目的，其格式为"配给品，乌尔使节，行程路线"。

---

① 文献 TCTI 2, 03363；TCTI 2, 04151；TCTI 2, 04179 记载胡赫努里埃兰人，但是没有记载经办人。

第四章 乌尔使节出访

表 4-26　　　　　　　　　出访胡赫努里的乌尔使节统计

职业类别	职业（身份头衔）	乌尔使节	人数
军事人员	将军 šagina	拉齐普、马什巴卢姆（Mashbalum）	2
	副军尉 dumu-nu-banda₃	阿比里亚、丹伊里、卢萨伽、舒阿孜、舒伊里	5
	士兵长 lu₂-ᵍⁱˢtukul-gu-la	拉姆什、普朱尔马马	2
	士兵 lu₂-ᵍⁱˢtukul	阿尔巴尼（Albani）、阿基阿（Akia）、阿纳希里、埃阿拉比、茨阿拉舒（Ṣialashu）、达伽（Daga）、卡姆、马特伊里、纳纳赫达尔、塞什卡拉、沙尔伊里、沙鲁伊里（Sharru-ili）、乌巴尔、乌茨努鲁姆（Uṣinurum）、乌尔恩利拉、伊鲁姆巴尼、因达塞尔、因杜塞（Indushe）	18
	士兵的外事官 sukkal lu₂-ᵍⁱˢtukul	乌尔舒尔帕埃	1
	卫兵长 aga₃-us₂-gal	阿古阿、巴巴亚、拉亚姆（Layamu）、南那基阿格、沙伊里、伊提舒尼姆（Itishunim）	6
外交行政人员	外事官 sukkal	阿比拉努姆（Abilanum）、阿胡舒尼、埃阿尼舒（Ea-nishu）、伽杜（Gadu）、卢伽尔安纳图姆、卢伽尔奈萨吉、舒杜姆孜、舒恩基（Shu-Enki）、舒萨伽（Shu-saga）、舒伊什塔尔、伊鲁姆拉比	11
	骑使 ra-gaba	提尼提	1
	行使 lu₂-kas₄	阿布尼、茨阿达德（Ṣi-Adad）、达亚亚、卢伽尔乌图、伊什美阿、扎纳提	6
	王室书吏 dub-sar lugal	尼姆吉尔伊尼姆吉纳、乌尔尼格（Ur-nig）	2

续表

职业类别	职业（身份头衔）	乌尔使节	人数
宗教人员	乌库尔女祭司之兄 šeš-lukur	乌达沙（Uddasha）	1
	乌库尔官 u$_3$-kul	卢伽尔马苏	1
其他	无头衔人员	阿古阿、努尔伊里、舒杜姆孜、乌尔恩利拉、伊比伊朱（Ibi-izu）、伊鲁姆基比利（Ilum-kibi-ri）、伊孜因舒尔吉、因达帕（Indapa）	8
共计			64

在一篇文献中，配给品支出给2个人或更多时，一般有两种记录方式，一种是配给品一次性共同支出给2个人，即"配给品，（给）使节A和使节B"（N，PN1 u$_3$ PN2），另一种是分多次分别支出给不同的使节，格式为"配给品A，（给）使节A；配给品B，给使节B"（N1，PN1；N2，PN2）。例如下面两篇文献记载。

文献 SAT 1, 114（--ii, Girsu）
rev.

2）0.0.1 zi$_3$ u$_4$ 2-kam kaskal 　1 班面粉，供2日，为途中（在城里）

3）0.0.1 zi$_3$ kaskal-še$_3$ Lu$_2$-sa$_6$-ga 　1 班面粉，为途中，给副军尉卢萨伽和
　　dumu nu-banda$_3$ u$_3$ I-bi$_2$-i$_3$-zu 　伊比伊祖

4）5 sila$_3$ zi$_3$ Hu-hu-nu-ri^{ki}-še$_3$ du-ni 　当他（们）去胡赫努里时，5希拉面粉，
　　<…> Dingir-dan sukkal Šušin^{ki}-ta 　给外事官伊鲁姆丹，当他去苏萨时
　　du-ni

文献 SAT 1, 144（--v, Girsu）
obv.

1）2 id-gur$_2$ i$_3$-giš u$_4$ 2-kam ša$_3$-iri A$_2$- 　2桶植物油，供2日，在城里，给
　　bi$_2$-la-num$_2$ sukkal Hu-hu-nu-ri^{ki}-še$_3$ 　外事官阿比拉努姆，当他去胡赫努
　　du-ni 　里时

第四章　乌尔使节出访

    rev.

3）3 id-gur$_2$ i$_3$ u$_4$ 3-kam Kal-i$_3$-li$_2$ dumu　　　3 桶油，供 3 日，给副军尉卡尔伊
   nu-banda$_3$ Hu-hu-nu-ri^{ki}-ta du-ni　　　里，当他从胡赫努里来时

    乌尔使节出访胡赫努里的一个重要任务是负责经办胡赫努里埃兰人（雇佣劳动力）来到乌尔王国从事雇佣工作，以及护送他们回到胡赫努里。除了胡赫努里的埃兰人之外，还有其他外交国（如帕西美）的埃兰人也被护送回胡赫努里。①

    从文献中我们发现，这些埃兰人有些是被乌尔王国征募的雇佣劳动力，有些则是战俘，也被带回乌尔王国从事劳役。例如下面这两篇文献。

征募的劳动力身份：文献 RTC 354（--xii, Girsu）

    rev.

6）2 sila$_3$ A-bu-ni lu$_2$-kas$_4$　　　　　　　2 希拉（面粉），给行使阿布尼
7）13 guruš 2 sila$_3$ zi$_3$-ta　　　　　　　　13 个劳动力，每人 2 希拉面粉
8）elam dab$_5$-ba Hu-hu-nu-ru^{ki}-me　　他们是从胡赫努里应召的埃兰人
9）giri$_3$ A-bu-ni lu$_2$-kas$_4$　　　　　　　由行使阿布尼经办

    left

1）A-dam-dun^{ki}-ta du-ni　　　　　　　当他（们）从阿丹顿来时
2）iti še-il$_2$-la　　　　　　　　　　　　　第 12 月。

战俘身份：文献 JAOS 033, 028 3（--viii, Girsu）

    rev.

6）3 sila$_3$ kaš 2 sila$_3$ ninda　　　　　　　3 希拉啤酒，2 希拉面包
7）1 id-gur$_2$ i$_3$-giš　　　　　　　　　　　1 桶植物油
8）Iš-me-a lu$_2$-kas$_4$　　　　　　　　　　给行使伊什美阿
9）30 geme$_2$ 3 sila$_3$ dabin 5 gin$_2$ i$_3$-　　30 个女劳力，每人 3 希拉粗面粉、5
   giš-ta　　　　　　　　　　　　　　　　津植物油
10）ne-ra-aš ak Hu-hu-nu-ri^{ki}-me　　　他们是来自胡赫努里的战俘
11）giri$_3$ Iš-me-a lu$_2$-kas$_4$　　　　　　　由行省伊什美阿经办
12）Hu-hu-nu-ri^{ki}-ta du-ni　　　　　　　当他（们）从胡赫努里来时。

---

① 文献 ITT 5，08212。

除了乌尔王国的使节负责胡赫努里埃兰人的往返行程外，苏萨和萨布姆的恩西也介入到这些外交活动中。例如，一篇文献记载（P295905，日期破损），胡赫努里埃兰人和乌尔使节（护送人）——士兵伊鲁姆巴尼，从胡赫努里来（到吉尔苏之后），（在吉尔苏驿站）接收配给品，接受萨布姆的恩西阿布姆伊里的命令。另一篇文献记载（Nisaba 22，001），阿马尔辛5年6月，苏萨的恩西（总督）直接作为胡赫努里埃兰人接收配给品的经办人（giri$_3$ ensi$_2$ Šušin^{ki}），从阿卡拉处被支出。

乌尔使节出访胡赫努里的另一项任务是护送物资或动物从胡赫努里到乌尔，使节的身份一般都是军事人员。例如，据一篇文献记载（TCTI 2，03794），在舒辛1年3月某日，乌尔使节士兵阿纳希里接收啤酒、面包和油配给品，当他将要从胡赫努里回来时，此外还记载了3班粗面粉、3班大麦作为鸽子的饲料，当它们已经从胡赫努里来时，由阿纳希里负责经办。

七 杜杜里

记载杜杜里这一地名的乌尔第三王朝文献共有188篇。其中，吉尔苏文献114篇，普兹瑞什达干文献50篇，温马文献24篇。注意，有97篇文献只记载了杜杜里的恩西胡里巴尔的名字，并没有记载地名杜杜里。

吉尔苏文献有101篇无年份信息，其余13篇已知年份的文献在时间上从舒尔吉42年至舒辛1年。普兹瑞什达干文献除了1篇文献（P390072）年名破损之外，其余文献都有年份信息，从舒尔吉47年至舒辛3年。温马文献也是除了1篇文献（AAICAB 1/4，Bod S 500）年名破损之外，其余文献的时间从阿马尔辛5年至舒辛5年。

杜杜里的拼写形式有些差别，普兹瑞什达干文献中主要有两种不同的拼写形式：常见的是Du$_8$-du$_8$-li$_2$^{ki}，以及较少出现的阿卡德语化的名称Du$_8$-du$_8$-li$_2$-um^{ki}。

吉尔苏文献中有若干种不同的拼写形式：常用的是Du$_8$-du$_8$-li$_2$^{ki}，其他几种较少出现的是：

Du$_8$-du$_8$^{ki}（文献Nisaba 22，112；Nisaba 22，114；SAT 1，157；SAT 1，159）

Du$_8$-du$_8$-li$_9$（NE）^{ki}（文献TSU 101；HLC 218 (pl. 108)；TUT 204；Nisaba 22，074）

第四章　乌尔使节出访

Du$_8$-du$_8$-he$_2$-li$_2$^{ki}（文献 Nisaba 22, 076）

Du$_8$-du$_8$-hi-li$_2$^{ki}（文献 CTPSM 1, 224）

Du$_8$-du$_8$-hu-li$_2$^{ki}（文献 Nisaba 22, 072; MVN 05, 233）

根据后三种读音中出现的 h 音素，有的学者建议这一地名正确读音为杜赫杜赫尼或杜赫杜胡尼，拼写为 Duh-duh-NI^{ki}，[1] 但是也有学者坚持传统的读法，或者约定俗成。

在温马文献中，除了一篇文献（Nisaba 03/1, 065）记载了地名杜杜里之外，其余文献只记录了胡里巴尔这一人名。在乌尔第三王朝文献中，杜杜里的恩西胡里巴尔的拼写形式也有 Hu-li-bar 和 Hu-li$_2$-bar 两种（另有一篇文献为 Hu-ul-li-bar, Syracuse 480）。

根据时间顺序，杜杜里的统治者在文献中的记载如下：

舒巴尼姆或埃兰人舒巴：Šu-ba-nim lu$_2$ Du$_8$-du$_8$-li$_2$^{ki}（SH 47）或 Šu-ba elam

胡里巴尔：Hu-li-ba-ar lu$_2$ Du$_8$-du$_8$-li$_2$^{ki}（SH 48）

胡恩提巴：Hu-un-ti-ba lu$_2$ Du$_8$-du$_8$-li$_2$^{ki}（AS 1 iii）可能是 Hu-li-bar 无图

基韦：Ki-wi lu$_2$ Du$_8$-du$_8$-li$_2$-um^{ki}（AS 1 xii）可能是使节

胡里巴尔：Hu-li-bar lu$_2$ Du$_8$-du$_8$-li$_2$^{ki}（AS 1 vi, AS 6, AS 7, AS 8, AS 9, SS 3）

恩西胡里巴尔：Hu-li-bar ensi$_2$ Du$_8$-du$_8$-li$_2$^{ki}（AS 6, AS 7, AS 9, SS 1, SS 2, SS 3）

阿布姆伊鲁姆：A-bu-um-i$_3$-lum lu$_2$ Du$_8$-du$_8$-li$_2$^{ki}（SS 5）

在内容上，普兹瑞什达干文献记载的是杜杜里的恩西（或其信使，或其家属来访乌尔王国），接收牲畜等配给品（或礼物）。注意，还有几篇文献只记载了胡里巴尔（无杜杜里地名），内容是面包、啤酒、羊和植物油，支出给胡里巴尔的信使，由王室信使经办。[2] 这些文献记载的内容均与乌尔使节出访杜杜里无关。

---

[1] P. Notizia, "Hulibar, Duhduh (u) ni e la Frontiera Orientale", *Quaderni di Vicino Oriente*, Vol. 5 (2010), pp. 269-291.

[2] 格式为 "N, mu lu$_2$-kin-gi$_4$-a Hu-li-bar-še$_3$, giri$_3$ PN lu$_2$-kin-gi$_4$-a lugal, MN, YN", 见文献 Nisaba 33, 0607 (AS 3 iii, giri$_3$ Su-sa$_6$); TCND 411 (AS 5 ii, giri$_3$ A-za); PDT 2, 1269 (AS 9 xi, giri$_3$ I$_3$-li$_2$-ba-ni)。特殊格式的见 CST 384 (AS 8 viii 29); TRU 335 (SS 2 v 12); AUCT 1, 858 (SS 2 xi 3)。

在温马文献中，除了一篇文献记载地名杜杜里之外，① 其余文献只记载了胡里巴尔这一人名。文献记载的内容都是关于配给品，或配给品支出给胡里巴尔本人或其关系人，② 有的文献中还记载了经办人，但是都没有记录这些配给品接收者的具体行程，即不清楚他们来自哪里，到哪里去。另外，这里的胡里巴尔是否就是杜杜里恩西，也颇值得怀疑。所以，这些文献记载的内容也与乌尔使节出访杜杜里没有关联。

因此，关于乌尔使节出访杜杜里的记载只能从吉尔苏文献中寻找。在目前已发现的114篇记载杜杜里（胡里巴尔）的文献中，只有50篇文献记载有地名杜杜里，其余文献中只记载了胡里巴尔这一人名。③

吉尔苏文献大多记载的是杜杜里的埃兰人（雇佣劳动力）来到乌尔以及从乌尔到杜杜里，由乌尔使节负责经办，主要是担任陪同、护送等任务，一般以苏萨作为中转站，乌尔使节在苏萨迎接杜杜里的埃兰人，或者将其护送至苏萨。这些埃兰人的身份有的是雇佣劳动力，有的是战俘。例如：

---

① 文献 Nisaba 03/1, 065；SS 5 xii, 记载两个杜杜里人（lu$_2$ Du$_8$-du$_8$-li$_2^{ki}$-me）接收配给品，即埃兰人达纳阿达（Da-na-a-da elam）和阿布姆伊鲁姆（A-bu-um-i$_3$-lum），注意阿布姆伊鲁姆这一人名和萨布姆恩西同名，不清楚是否为同一人。

② 胡里巴尔本人，文献 JRAS 1939, 32（AS 5）；NYPL 073（AS 6 ix 24）；SA 122（AS 7 i）；UTI 3, 1604（AS 9 viii 18）；MVN 16, 0880（SS 2）；UTI 6, 3708（SS 3）；UTI 3, 1840（SS 3）；Babyloniaca 08, pl. 03, Pupil 02（SS 3 viii）；埃兰人胡里巴尔（Hu-li$_2$-bar elam），文献 BPOA 07, 1866（AS 7）；将军胡里巴尔经办（giri$_3$ Hu-li-bar šagina），文献 NYPL 113（AS 6 xii）；胡里巴尔及其妻子（dam Hu-li$_2$-bar），文献 JCS 57, 029 11（AS 8 iv）；UTI 4, 2492（AS 8 v）；AnOr 01, 138（AS 8 xi）。胡里巴尔的信使（lu$_2$-kin-gi$_4$-a），文献 AAICAB 1/4, Bod S 500（--iii 29）；Nisaba 01, 288（AS 7 iii 2）；Nisaba 03/1, 155（AS 7 iii 26, giri$_3$ Šu-Eš$_{18}$-tar$_2$）；Nisaba 01, 142（AS 7 iv 1）；MVN 04, 157（SS 2 iii--）；Or-SP 18, pl. 10 28（SS 3 iii 18）；UTI 3, 1993（SS 3 vii）；胡里巴尔的人（PN lu$_2$ Hu-li$_2$-bar-ra），文献 MVN 01, 146（SS 2 i 4, Ab-še-la-ah）；胡里巴尔的埃兰人（PN elam Hu-li$_2$-bar-ra），文献 Nisaba 01, 004（SS 2 ix 12, Ab-x-ha-ni）；Nisaba 27, 232（Ši-dam-ku$_3$-ge）；Nisaba 16, 058（SS 3 vi 20）。

③ 以人名代表地名的现象，还见于西马什基的统治者雅布拉特，有的文献中只出现雅布拉特这一人名，未见西马什基，斯坦凯勒认为是雅布拉特王国。雅布拉特的拼写形式为：Ia$_3$-ab-ti, Ia$_3$-ab-ra-ad, Ia$_3$-a-ab-ra-ad, Ab-ra-ad。参见 P. Steinkeller, "New Light on Šimaški and Its Rulers", *Zeitschrift für Assyriologie und Vorderasiatische Archäologie*, Vol. 97 (2007), pp. 215-232; P. Steinkeller, "On the Dynasty of Šimaški: Twenty Years (or so) After", in M. Kozuh, et al. (eds.), *Extraction & Control: Studies in Honor of Matthew W. Stolper*, SAOC 68, Chicago: The Oriental Institute of the University of Chicago, 2014, pp. 287-296。

第四章　乌尔使节出访

文献 Quaderno 05，278（AS 3）
obv.
1）30 ad$_7$ udu ba-ug$_7$　　　　　　　　　30 只死羊尸体
2）elam NE-ra-aš-ak Hu-li$_2$-bar-me　　　给胡里巴尔的埃兰人战俘
3）giri$_3$ Im-ti-da sukkal lu$_2$-kin-gi$_4$-a lugal　经办人：王室信使外事官伊姆提达
4）13 ad$_7$ udu　　　　　　　　　　　　13 只羊尸
5）elam An-ša-an^{ki}-me　　　　　　　　给安珊的埃兰人
reverse
1）giri$_3$ Šu-e$_3$-a lu$_2$-kin-gi$_4$-a lugal　　经办人：王室信使舒埃阿
2）ki lu$_2$ Hu-rim$_3^{ki}$-ta　　　　　　　从胡里姆人
3）mu gu-za^{d}En-lil$_2$-la$_2$ ba-dim$_2$　　阿马尔辛 3 年。

根据文献记载的格式，大致分为以下几种情况。

第一，乌尔使节直接出访杜杜里。格式为：配给品，乌尔使节，行程信息。这一类文献虽然记载了乌尔使节出访的行程，但是其具体任务不详。例如：

文献 Nisaba 22，112（--xii, Girsu）
rev.
4）0.1.0 kaš du lugal　　　　　　　　1 巴里格王室普通啤酒
5）Arad$_2$-hul$_3$-la šagina　　　　　　给将军阿拉德胡拉
6）Du$_8$-du$_8^{ki}$-ta du-ni　　　　　　当他从杜杜里来时。

第二，乌尔使节出访杜杜里的一个重要任务是，负责经办（giri$_3$）杜杜里的埃兰人雇佣劳动力来往乌尔王国，并且护送、陪同他们的行程。更为详细的记载是，乌尔使节接收配给品，作为杜杜里埃兰人来往乌尔的经办人，并且有具体的行程信息。其文献格式为："配给品，乌尔使节 A；配给品，杜杜里的埃兰人；乌尔使节 A 经办；行程。"例如，乌尔使节经办杜杜里的埃兰人从杜杜里来（吉尔苏）。

445

文献 Nisaba 22, 114 (--iv)

obv.

1) 5 sila₃ kaš　　　　　　　5 希拉啤酒
2) Gu-lu-lu sukkal　　　　　给外事官古卢卢
3) 1.3.0 kaš gur lugal　　　　1 王室古尔 3 巴里格啤酒
4) elam Du₈-du₈ᵏⁱ-me　　　　给杜杜里的埃兰人
5) giri₃ Gu-lu-lu sukkal　　　经办人：外事官古卢卢
6) Du₈-du₈ᵏⁱ-ta du-ni　　　　当他（们）从杜杜里来时。

或者，乌尔使节经办杜杜里埃兰人到杜杜里去。

文献 Fs Neumann 371 no. 1.5 (--vi, Girsu)

obv.

1) 1 id-gur₂ i₃-giš　　　　　　1 桶植物油
2) DINGIR-šu-ra-bi₂ sukkal　　 给外事官伊尔舒拉比
3) 1 sila₃ i₃-giš　　　　　　　1 希拉植物油
4) elam ra-gaba Hu-li₂-bar-me　给胡里巴尔的埃兰人骑使①
5) giri₃ DINGIR-ra-bi₂ sukkal　 经办人：外事官伊尔（舒）拉比
6) Du₈-du₈-li₂ᵏⁱ-še₃ du-ni　　　当他（们）去杜杜里时。

乌尔使节经办胡里巴尔的埃兰人到乌尔，以及从乌尔来（吉尔苏）。② 有的文献直接以（杜杜里的恩西）胡里巴尔代表杜杜里的地名，即"胡里巴尔的埃兰人"，而非"杜杜里的埃兰人"。例如：

文献 RTC 389 (--xii)

obv.

7) 2 sila₃ kaš 2 sila₃ zi₃　　　2 希拉啤酒，2 希拉面粉
8) 1 id-gur₂ i₃　　　　　　　　1 桶油
9) Maš-um lu₂-ᵍⁱˢtukul　　　　 给士兵马舒姆
10) 0.0.4 kaš 0.0.4 zi₃　　　　 4 班啤酒，4 班面粉

---

① 见一篇类似文献记载 HLC 218 (pl. 108)：elam Du₈-du₈-li₉ᵏⁱ-me（杜杜里的埃兰人）。
② 文献 DAS 122；Nisaba 22, 030。

11) 1 sila₃ i₃-giš 1希拉植物油
12) elam Hu-li₂-bar-me 给胡里巴尔的埃兰人

rev.

1) giri₃ Maš-um lu₂-^giš tukul 经办人：士兵马舒姆
2) Du₈-du₈-li₂^ki-ta du-ni 当他（们）从杜杜里来时。

另有一种变体格式为："配给品，乌尔使节 A；配给品，杜杜里的埃兰人；行程；乌尔使节 A 经办"。即经办人与行程在文中的位置互换。有时，担任经办人的乌尔使节不止一人。例如：

文献 TCTI 2, 02779（--ii）

obv.

1) 4 sila₃ kaš 4 sila₃ ninda 4希拉啤酒，4希拉面包
2) 1 id-gur₂ i₃ ša₃-iri 1桶油，在城里
3) 1 dug dida du 1罐普通麦精
4) 5 sila₃ dabin kaskal-še₃ 5希拉粗面粉，为途中
5) Ku-ku-ri-dah lu₂-^giš tukul 给士兵库库里达赫
6) 4 sila₃ kaš 4 sila₃ ninda 4希拉啤酒，4希拉面包
7) 1 id-gur₂ i₃ ša₃-iri 1桶油，在城里
8) 1 dug dida du 1罐普通麦精
9) 5 sila₃ dabin kaskal-še₃ 5希拉粗面粉，为途中
10) Mu-uš-da-an lu₂-^giš tukul 给士兵穆什丹
11) 0.3.0 kaš du lugal 3巴里格王室普通啤酒
12) 0.2.0 dabin 2巴里格粗面粉
13) 2 udu 2只绵羊
14) elam Du₈-du₈-li₂^ki-me 给杜杜里的埃兰人
15) Du₈-du₈-li₂^ki-še₃ du-ni 当他（们）去杜杜里时
16) giri₃ Ku-ku-ri-dah u₃ giri₃ 经办人：库库里达赫和经办人：
17) Mu-uš-da-an lu₂-^giš tukul 士兵穆什丹。

有的文献直接提到了乌尔使节与埃兰人一起出行（elam-da gen-na），在驿站接收配给品，并且经办埃兰人在途中接收配给品的事情。[①] 例如：

---

① 文献 MVN 11, P.

文献 Nisaba 22, 003（AS 5 vi, Girsu）
obv.
1) 0.1.3 kaš lugal　　　　　　　　　1 巴里格 3 班王室啤酒
2) 0.1.3 ninda du$_8$-a　　　　　　　1 巴里格 3 班烤面包
3) 1/3 i$_3$-giš　　　　　　　　　　1/3（希拉）植物油
4) elam Du$_8$-du$_8$-li$_2$^{ki} šu ba-ti　　杜杜里的埃兰人接收
5) 5 sila$_3$ kaš 5 sila$_3$ ninda　　　　5 希拉啤酒，5 希拉面包
6) Lu$_2$-^{d}Nanna sukkal lugal elam-da gen-na　　给王室外事官卢南那，和埃兰人一起去
rev.
1) ša$_3$ Ki-nu-nir^{ki}　　　　　　　在基努尼尔
2) 3 dug dida du　　　　　　　　　3 罐普通麦精
3) 0.1.0 dabin　　　　　　　　　　1 巴里格粗面粉
4) kaskal-še$_3$ elam Du$_8$-du$_8$-li$_2$^{ki} šu ba-ti　　为途中，杜杜里的埃兰人接收
5) giri$_3$ Lu$_2$-^{d}Nanna sukkal　　　　经办人：外事官卢南那；
6) zi-ga A-kal-la　　　　　　　　　从阿卡拉，被支出
7) iti ezem^{d}Dumu-zi　　　　　　　第 6 月
8) mu En-unu$_6$-gal-an-na en ^{d}Inana ba-hun　　阿马尔辛 5 年。

第三，乌尔使节经办杜杜里的埃兰人来到乌尔之后，还负责护送他们回到杜杜里，但是一般乌尔使节只会护送杜杜里埃兰人到苏萨为止，表明苏萨是乌尔王国与东南部外交国之间的一个重要中转站。[①] 例如：

文献 Berens 080 (--vi)
rev.
8) 0.0.1 kaš 0.0.1 zi$_3$-gu　　　　　1 班啤酒，1 班小麦粉
9) 1/3 sila$_3$ i$_3$-giš　　　　　　　　1/3 希拉植物油

---

① 杜杜里或胡里巴尔的埃兰人从苏萨来：ICP varia 02（ra-gaba Hu-li-bar）；ICP varia 18（ra-gaba Hu-li-bar）；ICP varia 53；ITT 2, 00653（ra-gaba Hu-li-bar）；ITT 2, 00779；RA 019, 040 018（ra-gaba Hu-li2-bar）；RA 019, 041 046；RA 019, 042 085（ra-gaba Hu-li2-bar）；TUT 228；去苏萨：Berens 080；CTPSM 1, 221；ICP varia 04；ICP vaira 22；ICP varia 26；ITT 2, 00772；RTC 396；TCTI 2, 03166；TCTI 2, 02638；YOS 15, 124。

第四章　乌尔使节出访

10) elam Hu-li₂-bar-me　　　　　　给胡里巴尔的埃兰人

11) giri₃ Šu-il₂-tum ra-gaba　　　　经办人：骑使舒伊尔图姆，

12) 3 sila₃ kaš 2 sila₃ zi₃-gu　　　3 希拉啤酒，2 希拉小麦粉

13) 1 id-gur₂ i₃　　　　　　　　　1 桶油

14) Šu-il₂-tum ra-gaba　　　　　　给骑使舒伊尔图姆

15) Šušin^(ki)-še₃ du-ni　　　　　　当他（们）去苏萨时。

又如，杜杜里的埃兰人从苏萨来（吉尔苏），由乌尔使节负责经办。

文献 ICP varia 53（--i）

obv.

8) 3 sila₃ kaš 2 sila₃ zi₃-gu　　　　3 希拉啤酒，2 希拉小麦粉

9) 1 id-gur₂ i₃　　　　　　　　　1 桶油

10) Lu₂-^dNanna lu₂-kas₄　　　　　给行使卢南那，

11) 0.0.2 kaš du lugal　　　　　　2 班王室普通啤酒

12) 0.0.1 dabin　　　　　　　　　1 班粗面粉

13) n sila₃ i₃-giš　　　　　　　　　某希拉植物油

14) elam Hu-li-bar-me　　　　　　给胡里巴尔的埃兰人

rev.

1) giri₃ Lu₂-^dNanna lu₂-kas₄　　　由行使卢南那经办

2) Šušin^(ki)-ta du-ni　　　　　　　当他（们）从苏萨来时。

乌尔使节经办杜杜里埃兰人往返乌尔王国的行程，还是奉乌尔王国大执政官之命。例如：

文献 DAS 082（--xii 17）

obv.

1. 2 sila₃ kaš 2 sila₃ ninda　　　　2 希拉啤酒，2 希拉面包

2. 1 id-gur₂ i₃　　　　　　　　　1 桶油

3. DINGIR-mi-li₂-ti lu₂-^(giš)tukul　　给士兵伊尔米里提

4. 0.0.3 kaš du lugal　　　　　　3 班王室普通啤酒

5. 0.0.3 dabin x　　　　　　　　3 班粗面粉

6. 1/2 sila3 i₃ x　　　　　　　　1/2 希拉油

reverse

1. elam Hu-li$_2$-bar-me　　　　　　给胡里巴尔的埃兰人
2. Du$_8$-du$_8$-li$_2^{ki}$-<ta> gen-na　　当他（们）已从杜杜里来时
3. u$_3$-na-a-du$_{11}$　　　　　　　　受命于
4. sukkal-mah-ta　　　　　　　　大执政官
5. giri$_3$ DINGIR-mi-li$_2$-ti lu$_2$-^{giš}tukul　由士兵伊尔米里提经办
6. iti še-il$_2$-la u$_4$ 17 ba-zal　　　第12月，第17日。

但是有的文献中没有记载乌尔使节担任经办人的信息。例如：

文献 DAS 075 (--ii 28)

obv.

7. 0.0.1 kaš 0.0.1 ninda lugal　　1班啤酒，1班王室面包
8. elam Hu-li$_2$-bar-me　　　　　给胡里巴尔的埃兰人
9. Du$_8$-du$_8$-li$_2^{ki}$-ta gen-na　　当他们从杜杜里来时
10. u$_3$-na-a-du$_{11}$　　　　　　　受命于

reverse

1. sukkal-mah-ta　　　　　　　大执政官。

也有一类文献只记载了杜杜里或胡里巴尔的埃兰人接收配给品，由大执政官加印（确认支出）。例如：[1]

文献 RA 019, 040 035 (--iv 22, Girsu)

obv.

4. 0.0.1 kaš sig$_5$ 3 sila$_3$ ninda　　1班优质啤酒，3希拉面包
5. 2 gin$_2$ i$_3$　　　　　　　　　2津油
6. A-dar-šen sukkal　　　　　　给外事官阿达尔辛
7. 0.0.2 kaš 0.0.2 ninda 10 gin$_2$ i$_3$-giš　2班啤酒，2班面包，10津植物油
8. elam Hu-hu-li$_2$-bar kišib sukkal-mah　给胡里巴尔的埃兰人，由大执政官加印
9. 3 sila$_3$ kaš 2 sila$_3$ ninda　　　3希拉啤酒，2希拉面包
10. 2 gin$_2$ i$_3$　　　　　　　　　2津油

---

[1] 文献 ITT 2, 00683; ITT 2, 00708; MVN 02, 220; Nisaba 22, 077; RTC 386; StLouis 163.

第四章　乌尔使节出访

11. Ṣi-^{d}IŠKUR lu$_2$-kas$_4$	给行使茨阿达德
rev.	
1. 3 sila$_3$ kaš 2 sila$_3$ ninda	3 希拉啤酒，2 希拉面包
2. 2 gin$_2$ i$_3$	2 津油
3. Lugal-^{d}Utu lu$_2$-kas$_4$	给行使卢伽尔乌图
4. Hu-hu-nu-ri^{ki}-ta gen-na	当他（们）从胡赫努里来时

此外，有的文献只是简单记载了配给品支出给杜杜里的埃兰人，没有其日程和经办人的信息。这类文献对于我们认识乌尔使节出访杜杜里作用不大。例如：

文献 MVN 02, 238（--xii 25, Girsu）
obv.

9. 0.0.1 kaš 0.0.1 ninda 1 sila$_3$ i$_3$-giš	1 巴里格啤酒，1 巴里格面包，1 希拉植物油
10. elam Du$_8$-du$_8$-li$_2$^{ki}-me	给杜杜里的埃兰人。

另外还有一种类似的文献，记载了一位乌尔使节接收配给品，但是他并不是经办人，可能是和杜杜里埃兰人一起往返乌尔与杜杜里的乌尔随从人员。例如下面这篇文献。

文献 ICP varia 47（--xii 25）
obv.

7. 2 sila$_3$ kaš 2 sila$_3$ ninda	2 希拉啤酒，2 希拉面包
8. 1 id-gur$_2$ i$_3$	1 桶油
9. ša$_3$-iri	在城里
10. 1 dug dida 5 sila$_3$ dabin	1 罐麦精，5 希拉粗面粉
11. kaskal-še$_3$	为途中
rev.	
1. Šu-^{d}En-lil$_2$ lu$_2$-^{giš}tukul	给士兵舒恩利尔
2. 0.0.4 5 sila$_3$ kaš	4 班 5 希拉啤酒
3. 0.0.4 5 sila$_3$ ninda	4 班 5 希拉面包
4. 1/2 sila$_3$ i$_3$-giš	1/2 希拉植物油
5. elam Hu-li$_2$-bar-me	给胡里巴尔的埃兰人

6. Du$_8$-du$_8$-li$_2$^{ki}-še$_3$ du-ne-ne　　　当他们去杜杜里时
7. u$_3$-na-a-du$_{11}$ sukkal-mah　　　受命于大执政官
8. iti še-il$_2$-la　　　第12月
9. u$_4$ 25 ba-zal　　　第25日。

  第四，有一类文献只知道埃兰人及其经办人，却不清楚其具体行程，被称为"从安珊和尼普尔来"档案。这一类文献在文末统一标注"已从安珊和从尼普尔来"（An-ša-an^{ki}-ta u$_3$ Nibru^{ki}-ta gen-na），也有一些变体格式，文中列举了大量人员（包括外国人、埃兰人）接收配给品，并不是说这些人是来自安珊和尼普尔，而是表示这些人经历了从乌尔王国到东部外交国的行程，其具体的行程不清楚，记录埃兰人时一般的格式为"某国的埃兰人接收"（elam GN šu ba-ti），其后还有经办人的信息（也接收配给品）。① 例如：

文献 Nisaba 22, 076（--xii）
obv.

1. 5 sila$_3$ kaš 5 sila$_3$ ninda　　　5希拉啤酒，5希拉面包
2. 1 i$_3$-giš id-gur$_2$　　　1桶植物油
3. Šu-e-li sukkal　　　给外事官舒埃里
4. 5 sila$_3$ kaš 5 sila$_3$ ninda　　　5希拉啤酒，5希拉面包
5. 1 i$_3$-giš id-gur$_2$　　　1桶植物油
6. DINGIR-dan ugula zi-gum$_2$　　　给车库督办伊鲁姆丹
7. 0.0.2 kaš 0.0.2 ninda lugal　　　2班啤酒，2班王室面包
8. 1/3 sila$_3$ i$_3$-giš　　　1/3希拉植物油
9. elam Du$_8$-du$_8$-he$_2$-li$_2$^{ki} šu ba-ti　　　杜杜里的埃兰人接收
10. 5 sila$_3$ kaš 5 sila$_3$ ninda　　　5希拉啤酒，5希拉面包
11. 1 i$_3$-giš id-gur$_2$　　　1桶植物油
reverse
1. giri$_3$ I$_3$-ku-num$_2$ sukkal　　　由外事官伊库努姆经办

---

① 该文献的一般格式为：N, PN; N, elam GN šu ba-ti; N, giri$_3$ PN; An-ša-an^{ki}-ta u$_3$ Nibru^{ki}-ta gen-na; YN "配给品，乌尔使节；配给品，某国埃兰人接收；配给品，乌尔使节经办人；（当他们）已从安珊和尼普尔来时；月名"。

2. 5 sila₃ kaš 5 sila₃ ninda	5希拉啤酒，5希拉面包
3. 1 i₃-giš id-gur₂	1桶植物油
4. Šu-ᵈEn-ki lu₂-ᵍⁱˢtukul-gu-la	给士兵长舒恩基
5. 0. 0. 3 kaš 0. 0. 3 ninda lugal	3班啤酒，3班王室面包
6. 1/2 sila₃ i₃-giš	1/2希拉植物油
7. elam Ši-ma-aš-gi₅ šu ba-ti	西马什基的埃兰人接收
8. 5 sila₃ kaš 5 sila₃ ninda	5希拉啤酒，5希拉面包
9. 1 i₃-giš id-gur₂	1桶植物油
10. giri₃ Nu-ri₂-li₂	由努里利
11. An-ša-anᵏⁱ-ta u₃ Nibruᵏⁱ-ta gen-na left	当他（们）已从安珊和从尼普尔来时；
1. iti še-il₂-la	第12月。

第五，除了记载杜杜里的埃兰人，很多文献还记载了杜杜里统治者（恩西）的信息。但是并没有乌尔使节担任经办人的信息。例如：

文献 ITT 3, 06062（--ix）

obv.

1. 3 udu	3只绵羊
2. Hu-li₂-bar	给胡里巴尔
3. Du₈-du₈-li₂ᵏⁱ-ta du-ni	当他从杜杜里来时
4. 1 udu	1只绵羊

rev.

1. A-bu-um-mi-lum ensi₂ Sa-bu-umᵏⁱ	给萨布姆的恩西阿布姆伊鲁姆
2. Sa-bu-umᵏⁱ-ta du-ni	当他从萨布姆来时
3. iti mu-šu-du₇	第9月。

另一篇文献记载了同一月的配给品情况，接收者和顺序是一样的，只是不同的配给品种类，可能是和上面这篇文献的属于"互补文献"，可能是在两个不同的驿站补给。如下所示：

文献 ITT 5, 06783（--ix, Girsu）

obv.

1. 0. 0. 4 kaš sig₅ lugal	4班王室优质啤酒

453

2. 0.2.2 kaš du 2 巴里格 2 班普通啤酒
3. 0.0.4 zi$_3$-gu sig$_5$ 4 班优质小麦粉
4. 0.2.2 zi$_3$-gu us$_2$ 2 巴里格 2 班次级小麦粉
5. 0.4.0 i$_3$-giš 4 巴里格植物油
6. Hu-li$_2$-bar ensi$_2$ Du$_8$-du$_8$-li$_2^{ki}$ 给杜杜里的恩西胡里巴尔

rev.

1. Du$_8$-du$_8$-li$_2^{ki}$-ta du-ni 当他从杜杜里来时
2. 0.1.0 kaš 0.1.0 zi$_3$-gu 1 巴里格啤酒，1 巴里格小麦粉
3. 1 sila$_3$ i$_3$-giš 1 希拉植物油
4. A-bu-um-dingir ensi$_2$ Sa-bu-um^{ki} 给萨布姆的恩西阿布姆伊鲁姆
5. Sa-bu-um^{ki}-ta du-ni 当他从萨布姆来时
6. iti mu-šu-du$_7$ 第 9 月。

第六，乌尔使节还负责经办杜杜里人去往其他外交国（附属国）的事情，原因可能有二：一是乌尔王国的附属国的部分外交事务由乌尔负责，二是杜杜里人出访乌尔期间（或前后）又出访其他外交国，乌尔使节负责护送与安排路资。除了杜杜里恩西之外，文献中还记载了杜杜里恩西胡里巴尔的妻子接收配给品，奉大执政官之命，由乌尔使节经办，当他们去萨布姆时。例如：

文献 Nisaba 13, 089 (--xi d 4)
obv.

1. 5 sila$_3$ kaš 5 sila$_3$ ninda 5 希拉啤酒，5 希拉面包
2. 10 gin$_2$ i$_3$-giš ša$_3$-iri 10 津植物油，在城里
3. 1 dug dida 0.0.1 ninda lugal 1 罐麦精，1 班王室面包
4. kaskal-še$_3$ 为途中
5. La-qi$_3$-ip šagina 给将军拉齐普
6. Hu-hu-nu-ri^{ki}-še$_3$ du-ni 当他去胡赫努里时，
7. 2 sila$_3$ kaš 2 sila$_3$ ninda 2 希拉啤酒，2 希拉面包
8. 1 id-gur$_2$ i$_3$ ša$_3$-iri 1 桶油，在城里
9. 1 dug dida 5 sila$_3$ dabin 1 罐麦精，5 希拉粗面粉
10. Ur-šu lu$_2$-^{giš}tukul 给士兵乌尔舒

11. 2 sila₃ kaš 2 sila₃ ninda	2 希拉啤酒，2 希拉面包
12. 1 id-gur₂ i₃ ša₃-iri	1 桶油，在城里
13. 1 dug dida 5 sila₃ dabin kaskal-še₃	1 罐麦精，5 希拉粗面粉，为途中
14. Da-num₂-ma-zi-ad lu₂-ᵍⁱˢtukul	给士兵达努马孜阿德
rev.	
1. 0.0.1 kaš 0.0.1 ninda	1 班啤酒，1 班面包
2. 1/3 sila₃ i₃-giš	1/3 希拉植物油
3. damHu-li₂-bar	给胡里巴尔之妻
4. u₃-na-a-du₁₁ sukkal-mah	奉大执政官之命
5. giri₃ Da-num₂-ma-zi-ad lu₂-ᵍⁱˢtukul	由士兵达努马孜阿德经办
6. Sa-bu-umᵏⁱ-še₃ du-ne-ne	当他们去萨布姆时
7. 4 sila₃ kaš 3 sila₃ ninda	4 希拉啤酒，3 希拉面包
8. 1 id-gur₂ i₃ ša₃-iri	1 桶油，在城里
9. 1 dug dida 5 sila₃ dabin	1 罐麦精，5 希拉粗面粉
10. Ep-qu₂-ša lu₂-ᵍⁱˢtukul	给士兵埃普库沙
11. Du₈-du₈-li₂ᵏⁱ-še₃ anše di-de₃ gen-na	当他去杜杜里处理驴案时
12. 3 sila₃ kaš 2 sila₃ ninda	3 希拉啤酒，2 希拉面包
13. 1 id-gur₂ i₃	1 桶油
14. x-NI-ak lu₂-ᵍⁱˢtukul	给士兵某尼阿克
15. ša₃-gal anše-še₃ anše šum₂-de₃ gen-na	当他给驴准备饲料时
16. iti diri še-sag₁₁-ku₅ u₄ 4-kam	闰 11 月，第 4 日。

可见，杜杜里与萨布姆之间维持良好的外交关系。另据文献记载，（杜杜里的恩西）胡里巴尔的埃兰人接收了配给品，由萨布姆恩西的后代卢萨伽（文献 ITT 2，00756）或者（萨布姆的恩西）阿布姆伊里（文献 TCTI 2，04158）负责加印。此外，杜杜里的埃兰人从萨布姆而来，是奉了萨布姆恩西的命令（或者听了……的话）（文献 Nisaba 22，010；RTC 382）。

我们将出访杜杜里的乌尔使节根据官职排列如表 4-27。大多数是作为经办人，负责杜杜里的埃兰人、恩西或骑使等往返乌尔王国与东南部外交国之间的行程。

注意，在较长的记年文献中（很多都已残缺破损），记载了各个月份配给品的发放情况，应该是吉尔苏驿站配给品发放的年终汇总清单，一般只记录

"配给品，某地的埃兰人"，一般没有记载经办人、具体行程的信息。①

表 4-27　　　　　　　　　出访杜杜里的乌尔使节统计

职业类别	职业（身份头衔）	乌尔使节	人数
军事人员	将军 šagina	阿拉德胡拉（Arad-hulla）	1
	副军尉 dumu-nu-banda₃	乌尔恩利拉、辛伊尔舒（Suen-ilshu）、伊米辛	3
	士兵长 lu₂-^giš tukul-gu-la	阿达拉尔、库尔比拉克、纳亚纳（Nayana）	3
	士兵 lu₂-^giš tukul	阿胡尼、阿纳提、安奈巴（Anneba）、巴尔图沙鲁姆（Bal ṭu₂-sharum）、达埃达（Daeda）、丹努马吉阿特、胡巴、库库里达赫（Kukuridah）、库拉德伊里、马舒姆、穆什丹（Mushdan）、南那比杜（Nanna-bidu）、舒尔吉孜姆、伊鲁姆巴尼、伊鲁姆米里提（Ilum-militi）、伊普库沙、朱阿（Zua）	17
	卫兵长 aga₃-us₂-gal	阿达德巴尼、阿达拉尔、阿穆尔乌图、恩乌姆伊里、卢南那、舒埃阿、伊纳孜（Inazi）	7
外交行政人员	外事官 sukkal	阿达德巴尼、阿穆尔乌图、安提亚、古卢卢（Gululu）、卢南那、努尔阿苏（Nur-asu）、努尔伊里、努尔伊什塔尔、普朱尔阿比、乌杜马马（Udu-Mama）、伊迪亚、伊鲁姆拉比、伊库卢姆、伊米辛、伊什美阿尼（Ishme-ani）、扎伽（Zaga）	16
	王室信使外事官 sukkal lu₂-kin-gi₄-a lugal	伊姆提达	1
	骑使 ra-gaba	丹伊里、舒伊尔图姆、孜杜（Zidu）	3
	行使 lu₂-kas₄	阿布杜、布卡里阿、卢丁吉尔拉、卢南那、米达亚（Midaya）、普朱尔马马、舒伊尔图姆、乌巴尔、伊丁阿达德、伊丁舒马（Idin-shuma）、伊鲁姆米迪、伊姆提达、伊普库沙	13
其他	无头衔人员	埃泽姆舒尔吉（Ezem-Shulgi）、普朱尔舒巴、朱胡特	3
		共计	67

---

① 文献 MVN 05, 233；Nisaba 22, 072；Nisaba 22, 074；ITT 2, 00875；ITT 2, 01021 + 01022；TÉL 063.

八　吉沙

吉沙位于西马什基和安珊之间。[①] 记载这一地名的一共有29篇文献，除一篇温马信使文件（UTI 4, 2889，舒辛5年）外，其余都是吉尔苏信使文件，只有2篇有年份信息，分别位于舒尔吉33年（MVN 07, 506）和舒尔吉42年（Nisaba 22, 037）。

据温马文献记载，（西马什基的）雅布拉特（王国）、安珊、扎乌尔和吉沙等国的人（lu$_2$）（在温马的驿站）接收固定配给品，由王室信使舒尔吉安伽达（Shulgi-Angada）经办，但是并没有提到他们的具体行程。如下所示：

文献 UTI 4, 2889（SS 5 vi, Umma）

obv.

1. 0.0.2 kaš sig$_5$ 0.0.4 kaš　　　　2班优质啤酒，4班（普通）啤酒
2. 5 sila$_3$ zi$_3$ sig$_{15}$ 0.0.4 5 dabin　　5希拉优质面粉，4班5（希拉）粗面粉
3. 1 udu 1 sila$_3$ i$_3$　　　　　　1只绵羊，1希拉油
4. lu$_2$ Ia$_3$-a-ab-ra-at　　　　　给（西马什基的）雅布拉特人，
5. 0.0.2 kaš sig$_5$ 0.0.4 kaš du　　2班优质啤酒，4班普通啤酒
6. 5 sila$_3$ zi$_3$ sig$_{15}$ 0.0.4 5 sila$_3$ dabin　5希拉优质面粉，4班5希拉粗面粉
7. 1 udu 1 sila$_3$ i$_3$　　　　　　1只绵羊，1希拉油
8. lu$_2$ An-ša-na^{ki}　　　　　　给安珊人
9. 0.0.2 kaš 0.0.2 ninda　　　　　2班啤酒，2班面包
10. lu$_2$ Za-ul u$_3$ Gi-ša^{ki}-aš　　给扎乌尔人和吉沙人
11. 0.0.2 kaš sig$_5$ 0.0.4 kaš du　　2班优质啤酒，4班普通啤酒
12. 0.0.1 zi$_3$ sig$_{15}$ 0.0.5 dabin　　1班优质面粉，5班粗面粉
13. 1 udu 1 sila$_3$ i$_3$　　　　　　1只绵羊，1希拉油
14. Zu-hu-tum　　　　　　　　　给朱胡图姆
15. 0.0.2 kaš sig$_5$ 0.0.4 kaš du　　2班优质啤酒，4班普通啤酒

[①] R. Zadok, "Issues in the Historical Geography and the Ethno-Linguistic Character of the Zagros and Adjacent Regions", in D. R. Katz, N. Hacham, G. Herman and L. Sagiv (eds.), *A Question of Identity: Social, Political, and Historical Aspects of Identity Dynamics in Jewish and Other Contexts*, Berlin: De Gruyter, 2019, p. 83.

rev.

1. 0.0.1 zi₃ sig₁₅ 0.0.5 dabin	1 班优质面粉，5 班粗面粉
2. 1 maš₂ 1 sila₃ i₃	1 只山羊，1 希拉油
3. Ha-ab-ru-ša	给哈卜鲁沙，
4. 0.0.2 kaš sig₅ 0.0.4 kaš du	2 班优质啤酒，4 班普通啤酒
5. 0.0.1 zi₃ sig₁₅ 0.0.5 dabin	1 班优质面粉，5 班粗面粉
6. 1 sila₃ i₃ A-bi₂-zu	1 希拉油，给阿比祖，
7. 0.2.0 kaš 0.2.0 dabin	2 巴里格啤酒，2 巴里格粗面粉
8. 4 sila₃ i₃	4 希拉油
9. aga₃-us₂ lugal-me	给王室卫兵
10. 0.0.3 kaš 0.0.3 dabin	3 班啤酒，3 班粗面粉
11. 1 sila₃ i₃	1 希拉油
12. sukkal-me	给外事官
13. 0.0.3 dabin Ur-mes	3 班粗面粉，给乌尔梅斯，
14. 0.0.1 nig₂-ar₃-ra sig₅	1 班优质燕麦
15. giri₃ ᵈŠul-gi-ᵈAn-ga-da lu₂-kin-gi₄-a lugal	由王室信使舒尔吉安伽达经办；
16. iti šu-numun	第 6 月

left

1. mu us₂-sa ᵈŠu-ᵈSuen lugal Uri₅ᵏⁱ-ma-ke₄ bad₃ mar-tu mu-du₃   舒辛 5 年。

该文献中将扎乌尔和吉沙一起提到，即"扎乌尔和吉沙人"，而不同于"雅布拉特人"和"安珊人"单独提到，一则解释是吉沙和扎乌尔可能作为小国，故合并在一起共同接收配给品，二则原因是吉沙可能与扎乌尔在地理位置上相近或相邻，所以两国的使节一同来访乌尔。不过，这些推断需要进一步佐证。

乌尔使节出访吉沙的情况，被记载于吉尔苏信使文件中。最主要的一类文献是月记文献。月记文献（或日记文献）既记载配给品支出给吉沙埃兰人及其具体行程，又记载经办人或信息传递者。一般格式为"配给品，接收者，行程，月名（iti）"。有的文献还记载了该次配给品发放是受到了大执政官之命（u₃-na-a-du₁₁ sukkal-mah-ta）。一篇文献中记载了不止一次配给品发放事件，往往还包括其他的分配发放情况。[①] 有的文献还记载了具体的日期（格式为 u_4 n ba-zal），即日记文献。[②]

注意，乌尔使节出访期间接收固定配给品的啤酒和面包是分开发放的，分两次从两个不同的驿站接收种类不同的配给品。一次接收的都是啤酒（文献 SAT 1, 158），另一次接收的都是面包（文献 UDT 081）。乌尔使节除了经办吉沙的埃兰人从吉沙来或者去吉沙，有时还经办吉沙埃兰人去苏萨或者从苏萨来，体现了苏萨的中转站地位。[③] 在这一类文献中，接收配给品并且负责经办的乌尔使节根据不同的官职，列举如下：

表 4-28　　　　　　　　　出访吉沙的乌尔使节统计

职业类别	职业（身份头衔）	乌尔使节	人数
军事人员	士兵长 lu_2-^{giš}tukul-gu-la	舒杜姆孜、舒马希（Shu-masi）、舒宁舒布尔、舒伊里、伊杜卜西纳（Idubshina）	5
外交行政人员	外事官 sukkal	阿胡舒尼、布卡纳亚（Bukanaya）、达布马（Dabuma）、卢班达、普朱尔舒、沙尔伊里、乌朱努鲁姆（Uzunurum）、伊里阿卢姆、伊提亚	9
外交行政人员	行使 lu_2-kas_4	舒杜姆孜、乌尔埃什库伽（Ur-eshkuga）	2
宗教人员	卢库尔女祭司之兄 šeš-lukur	西姆	1
其他	阿摩利人 mar-tu	卢伽尔乌图	1
共计			18

只有一篇文献记载了乌尔使节出访吉沙，从吉沙回来接收配给品，没有提到出访的具体任务。这篇文献的日期为舒尔吉 33 年。记录如下：

[①] 例如，文献 Nisaba 22, 148 (--ii)。
[②] 例如，文献 RA 019, 039 001 (--i 13)。
[③] 例如，文献 RTC 358 (--iv)。

文献 MVN 07, 506 (SH 33 v, Girsu)
obv.
1. 5 sila₃ ninda　　　　　　　　　5 希拉面包
2. Mi-ir-ia₃ sukkal　　　　　　　 给外事官米尔亚
3. 5 sila₃ Zu₂-ga-li aga₃-us₂ lugal　5 希拉（面包），给王室卫兵朱伽里
4. Gi-ša^ki-ta gen-na　　　　　　 当他（们）从吉沙来时
rev.
1. zi-ga Di-ku₅　　　　　　　　　从迪库，被支出；
2. iti munu₄-gu₇　　　　　　　　 第 5 月
3. mu Kar₂-har^ki a-ra₂ 3-kam-aš ba-hul　舒尔吉 33 年。

有些文献并没有记载乌尔使节担任经办人以及具体行程。有一类文献记载了"配给品，吉沙的埃兰人接收了"，一般没有经办人，属于"从安珊和从尼普尔"档案。① 在大的年记文献中，记载了每个月配给品支出给各国的埃兰人和不同的使节汇总。其中配给品支出吉沙的埃兰人，有的支出发放会带有经办人（或信息传递人）。② 但是并没有其具体的行程。

九　安珊

记载安珊地名的乌尔第三王朝文献共有 345 篇，其中 325 篇吉尔苏文献、6 篇普兹瑞什达干文献，③ 11 篇温马文献和 1 篇乌尔文献，④ 还有 2 篇文献来源地不详⑤。关于乌尔使节出访安珊的记载，基本上只见于吉尔苏

---

① 文献 BM Messenger 038；CTPSM 1, 196；Nisaba 13, 096。已从安珊来（An-ša-an^ki-ta gen-na），文献 TUT 194；去乌尔（Uri₅^ki-še₃ du-ni），文献 OTR 033。
② 文献 CTPSM 1, 249；MVN 05, 233；Nisaba 22, 074；Nisaba 22, 072。
③ 记载的都是安珊使节来访或者安珊的战利品被带到乌尔，与乌尔使节出访无关，见文献 P341941；AOAT 240, 80, 6；OIP 115, 171；BIN 03, 477；Babyloniaca 08, pl. 07, Pupil 30；Fs Astour Ⅱ 375。
④ 可能记载皮制品给安珊人，无乌尔官员经办，与乌尔使节出访无关，见文献 UET 3, 1290（IS 15 ii）。
⑤ 文献 P341941；MDP 18, 236。

第四章 乌尔使节出访

信使文件。[①] 吉尔苏文献大部分是无年份的, 共 315 篇, 有年份信息的文献只有 10 篇, 时间上从舒尔吉 34 年至舒辛 8 年。

乌尔使节出访安珊的主要任务是经办 (传递) 安珊的埃兰人来往乌尔王国, 并且接收配给品, 一般乌尔使节也接收配给品。例如:

文献 Fs Neumann 373 no. 1.6 (--xii)

obv.

7. 2 sila₃ kaš 2 sila₃ zi₃	2 希拉啤酒, 2 希拉面粉
8. 1 id-gur₂ i₃-giš	1 桶植物油
9. Ur-^{d}Nin-gubalag lu₂-^{giš}tukul	给士兵乌尔宁古巴拉格
10. 0.2.2 kaš 0.2.2 zi₃	2 巴里格 2 班啤酒, 2 巴里格 2 班面粉
11. 2 sila₃ i₃-giš	2 希拉植物油

rev.

1. elam An-ša-an^{ki}-me	给安珊的埃兰人
2. giri₃ Ur-^{d}Nin-gubalag lu₂-^{giš}tukul	由士兵乌尔宁古巴拉格经办
3. An-ša-an^{ki}-ta du-ni	当他 (们) 从安珊来时。

苏萨作为安珊与乌尔王国外交往来的重要中转站。据文献记载, 两位乌尔使节接收配给品, 但是只有第一位负责使节经办安珊埃兰人接收配给品去往苏萨。例如:

文献 MVN 07, 470 (--i)

obv.

1. 8 sila₃ zi₃-gu ku₃	8 希拉小麦粉
2. u₄ 2-kam ša₃-iri	供 2 日, 在城里
3. 0.0.1 zi₃ kaskal-še₃	1 班面粉, 为途中
4. Ur-nigar^{gar} lu₂-kas₄	给行使乌尔尼伽尔

[①] 除了一篇温马文献记载了乌尔使节伊尔米提经办 (giri₃ Il-mi-ti) 埃兰人从安珊来接收配给品 (文献 SA 123; AS 7 ix), 其余温马文献记载的都是安珊埃兰人接收配给品或安珊的战利品, 见文献 Fs Sigrist 131, 04 (--); MVN 15, 162 (SH 33 viii); South Dakota 53 (SH 35); Nisaba 03/1, 086 (AS 7 xi 23); UCP 09-02-1, 077 (SS 4); Nisaba 01, 177; MVN 21, 380 (SS 4 xi 29); UTI 4, 2889 (SS 5 vi); MVN 16, 0793 (IS 1 vii); UTI 5, 3472 (IS 1 xii)。

5. u₃ Lugal-he₂-gal₂ lu₂-kas₄   和行使卢伽尔赫伽尔

rev.

1. 0.0.1 zi₃-gu   1 班小麦粉
2. elam An-ša-an^(ki)-me   给安珊的埃兰人
3. giri₃ Ur-nigar^(gar) lu₂-kas₄   由行使乌尔尼伽尔经办
4. Šušin^(ki)-še₃ du-ni... NE AN   当他（们）去苏萨时
5. iti GAN₂-maš   第 1 月

值得注意的是，有一篇有问题的文献（1897年出版，只有临摹图片且破损，原件已失）记载了乌尔使节经办安珊的埃兰人去往基马什。从地理位置上看，基马什位于安珊与乌尔王国的北部，并非两国之间的途经地，所以这些安珊的埃兰人为何去基马什？存在许多疑问，可能是去从事雇佣劳动？或者鉴于基马什位于呼罗珊商路上，他们可能去从事商业贸易活动？这些疑惑目前没有办法证明。

文献 ZA 012, 267 66 (-- --, Girsu)

obv.

1´. ...   （配给品）
2´. Šu-^dEn-lil₂ aga₃-us₂-gal   给卫兵长舒恩利尔
3´. 1 sila₃ i₃-giš ša₃-iri   1 希拉植物油，在城里
4´. 1 sila₃ i₃-giš kaskal-še₃   1 希拉植物油，为途中
5´. elam An-ša-an^(ki)-me   给安珊的埃兰人
6´. giri₃ Šu-^dEn-lil₂ aga₃-us₂-gal   由卫兵长舒恩利尔经办
7´. Ki-maš^(ki)-še₃ du-ni   当他（们）去基马什

有的文献记载的经办安珊埃兰人来往乌尔的乌尔使节并没有接收配给品。例如下面这篇文献记载：

文献 HLC 166 (pl. 104) (--iii, Girsu)

rev.

15. 0.0.4 kaš 0.0.4 zi₃   4 班啤酒，4 班面粉
16. elam An-ša-an^(ki)-me   给安珊的埃兰人

第四章　乌尔使节出访

17. giri₃ Ki-ni ra₂-gaba　　　　　　由骑使基尼经办
left
1. An-ša-an^ki-še₃ du-ni　　　　　　当他（们）去安珊时。

乌尔使节出访安珊的另一个任务是进行政治联姻，护送乌尔公主去安珊。① 例如下面这篇文献记载。

文献 TÉL 046a（SS--i, Girsu）
obv.
1. [...]　　　　　　　　　　　　　（配给品）
2. 0.1.0 i₃-nun-na　　　　　　　　1 巴里格奶油
3. 0.1.0 ga-ar₃　　　　　　　　　 1 巴里格奶酪
4. 0.1.n 4 sila₃ i₃-giš　　　　　　 1 巴里格 4 希拉植物油
5. 15 dug ga-šeₓ（SIG₇）-a　　　　 15 个奶罐
6. 20^giš hašhur had₂　　　　　　　20 个苹果
7. 7 gu₂ šum₂-sikil　　　　　　　 7 塔兰特葱
8. 7 gu₂ šum₂ gaz　　　　　　　　 7 塔兰特蒜
rev.
1. dumu-munus lugal　　　　　　　 给国王的女儿
2. An-ša-an^ki-še₃ du-ni　　　　　 当她去安珊时，
3. giri₃ Da-a-a sal-hu-ba　　　　　由达亚亚
4. dumu A-gu-da　　　　　　　　　 阿古达之子经办
5. iti GAN₂-maš　　　　　　　　　 第 1 月
6. mu us₂-sa ^dŠu-^dSuen lugal Uri₅^ki-ma-ke₄...　　舒辛某年。

有趣的是，有一篇文献记载了乌尔使节出访的一项任务是将芦苇席子（KA-giri₃）② 给安珊的埃兰人，同时，该文献还记载了另一位乌尔使节去安珊，但是并没有提到其任务，以及第三位使节去安珊，其任务是经办或

---
① 另一篇文献见 BCT 2, 166 (SH 44)。关于乌尔王国与安珊的政治婚姻，详细参见第五章。
② 其他拼写形式为 KA-gir₃；KA-gir；KA-gir₄ "一种芦苇席子"，参见 M. van de Mieroop, *Crafts in the Early Isin Period: A Study of the Isin Craft Archive from the Reigns of Išbi-Erra and Šū-ilišu*, OLA 24, Leuven: Departement Orientalistiek, 1987, p. 142.

463

传递信息为安珊的埃兰人,他们都接收配给品。如下所示:

文献 HLC 148（pl. 101）（--i, Girsu）
obv.

1. 5 sila₃ kaš 5 sila₃ zi₃ 1 id-gur₂ i₃　　　　5 希拉啤酒,5 希拉面粉,1 桶油
2. Šu-ku-gu-um sukkal　　　　　　　　　　给外事官舒库古姆
3. An-ša-an^ki-še₃ du-ni　　　　　　　　　　当他去安珊时
4. 5 sila₃ kaš 5 sila₃ zi₃ 1 id-gur₂ i₃　　　　5 希拉啤酒,5 希拉面粉,1 桶油
5. ᵈŠul-gi-iri-mu sukkal　　　　　　　　　　给外事官舒尔吉伊里姆
6. elam An-ša-an^ki ka-giri₃ šum₂-de₃ gen-na 当他将芦苇席子给安珊的埃兰人时,
7. 6 sila₃ kaš 4 sila₃ zi₃ 1 id-gur₂ i₃　　　　6 希拉啤酒,4 希拉面粉,1 桶油
8. Šu-ᵈNin-šubur lu₂-kas₄　　　　　　　　　给行使舒宁舒布尔
9. u₃ I₃-li₂-a-zu lu₂-kas₄　　　　　　　　　和行使伊里阿祖
10. Šušin^ki-še₃ du-ni　　　　　　　　　　　当他（们）去苏萨时,
11. 6 sila₃ kaš 4 sila₃ zi₃ 1 id-gur₂ i₃　　　6 希拉啤酒,4 希拉面粉,1 桶油
12. Iš-me-a lu₂-kas₄ u₃ Na-bi₂-a lu₂-kas₄　　给行使伊什美阿和行使纳比亚
13. Urua^ki-še₃ du-ni　　　　　　　　　　　当他（们）去乌鲁阿时

rev.

1. 5 sila₃ kaš 5 sila₃ zi₃ 1 id-gur₂ i₃　　　　5 希拉啤酒,5 希拉面粉,1 桶油
2. Puzur₄-šuba₃ sukkal　　　　　　　　　　给外事官普朱尔舒巴
3. 0.1.0 kaš 0.1.0 zi₃ 1 sila₃ i₃　　　　　　1 巴里格啤酒,1 巴里格面粉,1 希拉油
4. elam An-ša-an^ki-me　　　　　　　　　　给安珊的埃兰人
5. giri₃ Puzur₄-šuba₃ sukkal　　　　　　　　由外事官普朱尔舒巴经办
6. An-ša-an^ki-še₃ du-ni　　　　　　　　　　当他（们）去安珊时
7. 5 sila₃ kaš 5 sila₃ zi₃ 1 id-gur₂ i₃　　　　5 希拉啤酒,5 希拉面粉,1 桶油
8. A-bu-ni aga₃-us₂-gal　　　　　　　　　　给卫兵长阿布尼
9. 0.1.0 kaš 0.1.0 zi₃ 1 sila₃ i₃　　　　　　1 巴里格啤酒,1 巴里格面粉,1 希拉油
10. elam Si-u₃^ki-me　　　　　　　　　　　给希乌的埃兰人
11. giri₃ A-bu-ni sukkal　　　　　　　　　　由外事官阿布尼经办
12. Si-u₃^ki-še₃ du-ni　　　　　　　　　　　当他（们）去希乌时
13. 5 sila₃ kaš 5 sila₃ zi₃ 1 id-gur₂ i₃　　　　5 希拉啤酒,5 希拉面粉,1 桶油

第四章　乌尔使节出访

14. A$_2$-bi$_2$-li$_2$ sukkal	给外事官阿比里
15. Šušin^{ki}-ta du-ni	当他从苏萨来时；
16. iti GAN$_2$-maš	第1月。

另一类文献只记载了乌尔使节出访安珊，或者从安珊回来，接收配给品。但是并没有记载他们出访安珊的具体任务。接收的配给品分为"在城里"（或驿站）和"为途中"（旅途中）消费两类。例如：

文献 AJSL 29, 133, no. 2（--v, Girsu）
rev.

1. 5 sila$_3$ kaš ša$_3$-iri	5希拉啤酒，在城里
2. 1 dug dida kaskal-še$_3$	1罐麦精，为途中
3. A-mur-^{d}Utu lu$_2$-^{giš}tukul-gu-la	给士兵长阿穆尔乌图
4. An-ša-an^{ki}-še$_3$ du-ni	当他去安珊时。

有的文献不仅记载一位乌尔使节出访安珊，还可能一次记载多位乌尔使节。例如：

文献 Nisaba 13, 097（--i, Girsu）
left

2. 5 sila$_3$ zi$_3$ Ma-li$_2$-ik dumu-nu-banda$_3$	5希拉面粉，给副军尉马里克
3. 5 sila$_3$ zi$_3$ Šu-^{d}IŠKUR aga$_3$-us$_2$	5希拉面粉，给卫兵舒阿达德
4. An-ša-an^{ki}-ta du-ni	当他（们）从安珊来时。

此外，有4位王室信使奉大执政官之命，从安珊回来，并且接收配给品。例如：

文献 ITT 2, 00786（--x, Girsu）
obv.

1. 0.0.4 kaš du lugal	4班王室普通啤酒
2. 0.0.4 ninda lugal	4班王室面包
3. 1 sila$_3$ i$_3$-geš	1希拉植物油

4. A-da-lal₃   给阿达拉尔
5. I-di₃-li₂   伊迪里
6. Še-le-bu   赛莱布

rev.

1. u₃ Su-hu-tum   和苏胡图姆
2. lu₂-kin-gi₄-a lugal-me   他们都是王室信使
3. An-ša-an-na^ki-ta gen-na-me   当他们从安珊来时,
4. u₃-na-du₁₁ sukkal-mah-ta   奉大执政官之命;
5. iti amar-a-a-si   第10月。

表 4-29　　　　　　　　出访安珊的乌尔使节统计

职业类别	职业（身份头衔）	乌尔使节	人数
王室成员	王子 dumu lugal	乌尔宁荪	1
军事人员	将军 šagina	阿布杜、古布提阿（Gubutia）、哈布沙伽（Ha-bushaga）	3
	军尉 nu-banda₃	阿布杜	1
	副军尉 dumu-nu-banda₃	阿古阿、卢恩基、卢南那、马里克（Malik）、塞莱布姆、舒伊里、伊里阿卢姆、伊沙尔阿希（Ishar-ahi）	8
	士兵长 lu₂-^giš tukul-gu-la	阿穆尔乌图、卢恩基、卢伽尔孜姆（Lugal-zimu）、普朱尔伊里、舒尔吉丹伽达（Shulgi-dangada）、舒伊里	6
	士兵 lu₂-^giš tukul	阿马拉卢姆（Amalalum）、达亚亚、丹伊里、拉齐普、舒尔吉达伽达（Shulgi-dagada）、乌尔宁古巴拉格、乌朱努鲁姆、伊苏巴尼（Isubani）、因达达胡（Indadahhu）	9
	卫兵长 aga₃-us₂-gal	阿拉（Alla）、恩乌姆伊里、普朱尔舒、舒阿达德、舒恩利尔、伊姆提达	6
外交行政人员	外事官 sukkal	阿达亚、埃拉巴尼、努尔辛、普朱尔舒巴、西阿亚、辛伊尔舒、舒埃拉、舒达班（Shudaban）、舒恩利尔、舒尔吉伊里姆、舒库古姆（Shukugum）、舒姆（Shum）、舒乌图、乌巴尔、乌朱努鲁姆、伊美塔（Imeta）	16

466

第四章　乌尔使节出访

续表

职业类别	职业（身份头衔）	乌尔使节	人数
外交行政人员	骑使 ra-gaba	基尼（Kini）、基尼基（Kiniki）、普朱尔舒巴金（Puzur-shubagin）、提提（Titi）、伊库卢姆	5
	行使 lu$_2$-kas$_4$	阿纳纳（Anana）、恩努姆伊里、卢伽尔赫伽尔、沙尔马赫、舒乌图、乌尔尼伽尔、乌朱努鲁姆、西阿阿（Shi-a'a）	8
	王室信使 lu$_2$-kin-gi$_4$-a lugal	阿达拉尔、塞莱布（Shelebu）、舒埃阿、苏胡图姆（Suhutum）、伊迪里（Idili）	5
宗教人员	卢库尔女祭司之兄 šeš-lukur	达古	1
	乌库尔官 u$_3$-kul	阿穆尔伊里姆（Amur-ilim）	1
其他	无头衔人员	努尔辛、舒阿达德、乌努鲁姆（Unurum）	3
		共计	73

注意，有一类文献虽然记载了"已从安珊（和从尼普尔）来"（An-ša-an^{ki}-ta u$_3$ Nibru^{ki}-ta gen-na），但是并不是真正的指乌尔使节或埃兰人从安珊和从尼普尔来，而且这里泛指来往于乌尔王国东部国家和从乌尔王国腹地之间。所以，这一类文献并非讲述的是乌尔使节出访安珊，也不是关于埃兰人从安珊来或者去安珊，所以不在本讨论范围内。

还有一类文献只记载了配给品支出给安珊的埃兰人，和支出给其他埃兰人、乌尔使节一起并列记载于一篇文献，应该类似于配给品支出清单，并没有详细说明这些接收者的行程与具体任务。[①]

[①] 见文献 BM Messenger 175（--xi 12）；MVN 22, 269（--）；ITT 2, 00640；HLC 122（pl. 097）；MVN 07, 228；Nisaba 22, 103（AS--xii）；DAS 083；RA 019, 040 025；TÉL 063. 有一些年记大文献提到了若干地名的埃兰人，以及经办人，接收配给品在古阿巴驿站支出（ša$_3$ Gu$_2$-ab-ba^{ki}）或者"在皮袋里支出，由行使经办"（ša$_3$^{kuš}du$_{10}$-gan-na zi-ga giri$_3$ kas$_4$-ke$_4$-ne），见文献 MVN 05, 233；Nisaba 22, 072；ITT 2, 01030；Nisaba 22, 071；TÉL 046；OTT 2, 00875；ITT 2, 01021 + 01022。

十 马尔哈西

记载马尔哈西地名的乌尔第三王朝文献共有 99 篇，其中吉尔苏文献 19 篇，伊里萨格文献 1 篇（Nisaba 15,0892），普兹瑞什达干 68 篇，温马文献 8 篇，乌尔文献 1 篇（UET 9,0204），以及 1 篇文献来源地不详（P341941）。除了吉尔苏文献之外，其余文献记载的都与乌尔使节出访马尔哈西无关。①

在吉尔苏文献中，只有 4 篇文献有年份信息，从舒尔吉 48 年至阿马尔辛 5 年。② 马尔哈西的拼写形式主要是 Mar-ha-ši^{ki}，其他较少出现的形式还有 Ma-ra-ah-ši^{ki}（文献 RTC 385；Kaskal 04,075 13；HSS 04,087）和 Mar^{ar}-ha-ši^{ki}（文献 HSS 04,069）两种。③

乌尔使节出访马尔哈西，经办马尔哈西埃兰人去往马尔哈西时接收配给品。例如：

文献 CTPSM 1,249（-- --, Girsu）
rev.
1. 0.1.0 kaš 0.1.0 zi$_3$ 1 巴里格啤酒，1 巴里格面粉
2. 1 sila$_3$ i$_3$ 1 希拉油
3. elam Mar-ha-ši^{ki}-me   给马尔哈西的埃兰人
4. giri$_3$ Si-mu dumu nu-banda$_3$ 由副军尉西姆经办
5. Mar-ha-ši^{ki}-še$_3$ DU-x   当他（们）去马尔哈西时。

在这一例子中，经办人西姆并没有接收配给品。不过，也有西姆作为

---

① 普兹瑞什达干文献记载的都是马尔哈西使节来访乌尔王国（见第三章）。温马文献记载的是配给品给马尔哈西人（lu$_2$ Mar-ha-ši^{ki}），多次出现哈卜鲁沙作为经办人（giri$_3$ Ha-ab-ru-ša u$_3$ lu$_2$ Mar-ha-ši^{ki}-ka），很可能是马尔哈西人（含埃兰人）来到乌尔王国之后，接收配给品，见文献 Nisaba 23,028（-- --）；AAICAB 1/4, Bod S 383（-- --）；BPOA 01,0380（AS 5）；MVN 21,061（AS 5）；PDT 2,1372（SS 3 vi 5）；UTI 4,2389（SS 5 vi 3）；UTI 6,3676（SS 5 vi 7）；MVN 14,0341（SS 5 vi 15）；SAT 3,1726（SS 6 xii）。

② 文献 HSS 04,087（SH 48 xii）；Nisaba 22,075（AS 1 vi）；BPOA 01,0309（AS 1 vi）；Hirose 403（AS 5）。

③ 普兹瑞什达干文献有两种形式：Mar-ha-ši^{ki}（多数）、Mar^{ar}-ha-ši^{ki}（少数）。其他文献都只有一种形式 Mar-ha-ši^{ki}。

第四章 乌尔使节出访

经办人还接收配给品的情况。例如：

文献 HSS 04, 069 （--viii, Girsu）
obv.

7. 5 sila$_3$ kaš 5 sila$_3$ zi$_3$ 1 id-gur$_2$ i$_3$	5希拉啤酒，5希拉面粉，1桶油
8. Si-mu dumu nu-banda$_3$	给副军尉西姆
9. 0.1.0 kaš 0.1.0 zi$_3$ 1 sila$_3$ i$_3$-giš	1巴里格啤酒，1巴里格面粉，1希拉植物油
10. elam Mar^{ar}-ha-ši^{ki}-me	给马尔哈西的埃兰人
11. giri$_3$ Si-mu dumu nu-banda$_3$①	由副军尉西姆经办
12. Mar^{ar}-ha-ši^{ki}-še$_3$ du-ni	当他（们）去马尔哈西时。

除了马尔哈西埃兰人去往马尔哈西之外，还有马尔哈西的埃兰人从马尔哈西来时接收配给品。例如下面这篇文献。

文献 RTC 385 （--v 5, Girsu）
rev.

2. 0.0.2 kaš 0.0.2 ninda lugal	2班啤酒，2班王室面包
3. 1/3 sila$_3$ i$_3$-giš	1/3希拉植物油
4. elam Ma-ra-ah-ši^{ki}-me	给马尔哈西的埃兰人
5. giri$_3$ Bu$_3$-u$_2$-da-ge ra-gaba	由骑使布乌达吉经办
6. Ma-ra-ah-ši^{ki}-ta du-ni	当他（们）从马尔哈西来时。

此外，在阿马尔辛1年，44个埃兰人和2个骑使埃兰人从乌尔到马尔哈西，接收配给品，由将军阿达德胡拉负责经办。如下所示：

文献 BPOA 01, 0309 （AS 1 vi, Girsu）
obv.

1. 44 elam 2 sila$_3$ kaš 2 sila$_3$ ninda-ta	44个埃兰人，每人2希拉啤酒、2希拉面包

---

① 注意，这里 Si-mu 是经办人（dumu nu-banda$_3$），但是在另外两篇文献中记载了同名的人是"马尔哈西人"，HSS 04, 087（Si-im-mu lu$_2$ GN）；Nisaba 22, 075（Si-mu lu$_2$ GN）。

469

2. kaš-bi 0.1.2 8 sila₃ lugal　　　　其啤酒为：1 巴里格 2 班 8 希拉王室（单位）

3. ninda-bi 0.1.2 8 sila₃　　　　　其面包为：1 巴里格 2 班 8 希拉

4. elam-me　　　　　　　　　　　他们是埃兰人，

5. 2 ra₂-gaba 0.0.1 kaš 0.0.1 dabin-ta　2 个骑使，每人 1 班啤酒、1 班面包

rev.

1. elam Uri₅ᵏⁱ-ta　　　　　　　当这些埃兰人从乌尔

2. Mar-ha-šiᵏⁱ-še₃ gen-na　　　　到马尔哈西时

3. giri₃ Arad-hu-la šagina　　　　由将军阿拉德胡拉经办；

4. iti ezem ᵈDumu-zi　　　　　　第 6 月

5. mu ᵈAmar-ᵈSuen lugal　　　　阿马尔辛 1 年。

出访马尔哈西的还有许多王室卫队（aga₃-us₂ lugal），当他们从马尔哈西回来后接收配给品（文献 RTC 361）。

文献记载乌尔使节出访马尔哈西时接收配给品，其出访的任务不详。例如：

文献 CTPSM 1, 250（-- --, Girsu）

obv.

1´. ... -ta du-ni　　　　　　　当他从……来时

2´. ... ša₃ iri　　　　　　　　（配给品）在城里

3´. 5 sila₃ kaskal-še₃　　　　　5 希拉（配给品），为途中

4´. ᵈŠul-gi-i₃-li₂ u₃-kul　　　　给乌库尔官舒尔吉伊里

5´. u₃ Er₃-ra-ba-ni sukkal　　　和外事官埃拉巴尼

6´. Mar-ha-šiᵏⁱ-<še₃> du-ni　　当他（们）去马尔哈西时。

文献只记载了配给品给马尔哈西的埃兰人。[①] 有的文献属于所谓的"从安珊（和从尼普尔）"档案，格式为"配给品，马尔哈西的埃兰人接

---

① 文献 YOS 15, 129（elam lu₂ Mar-ha-šiᵏⁱ）；ITT 2, 00875；HSS 04, 087（Si-im-mu lu₂ GN）；Nisaba 22, 075（Si-mu lu₂ GN）；SAT 1, 325.

第四章　乌尔使节出访

收（šu ba-ti）"①。

最后，我们总结一下出访马尔哈西的乌尔使节，包括：

表 4-30　　　　　　　　出访马尔哈西的乌尔使节统计

职业类别	职业（身份头衔）	乌尔使节	人数
军事人员	将军 šagina	阿拉德胡拉（经办）	1
	副军尉 dumu-nu-banda₃	西姆（经办）	1
外交行政 人员	外事官 sukkal	埃拉巴尼、伊鲁姆马苏（经办）	2
	骑使 ra-gaba	布乌达基（经办）	1
宗教人员	乌库尔官 u₃-kul	舒尔吉伊里	1
		共计	6

乌尔使节出访活动，直接受命于大执政官，是乌尔第三王朝外交活动另一个重要组成部分。出访的主要国家包括乌尔第三王朝的东北部 10 国和东南部 10 国，其中伊利萨格里格信使文件记载的主要是乌尔使节出访东北部国家，主要集中于阿马尔辛 7 年至伊比辛 2 年这段时间内，主要出访的国家是呼罗珊大道沿线的哈尔西、胡尔提和基马什以及西马什基地区，而吉尔苏信使文件主要记载的是乌尔使节出访东南部国家，主要是从舒尔吉 40 年之后直到舒辛时期，② 主要的出访国家包括胡赫努里、杜杜里、安珊等独立国家。出访外国的乌尔使节的身份，既包括信使、行使、骑使（船使）等外交人员，也包括士兵、军尉随从、将军等军事人员。出

---

①　文献 BM Messenger 132；BM Messenger 116；MVN 19, 009；Nisaba 22, 143；BM Messenger 126；Kaskal 04, 075 13.

②　注意，因吉尔苏文献大多数都没有年份信息，故依据极少数有年份信息文献的统计不一定能够反映事实。

471

访东南部外交国的乌尔使节，以外事官和各级军事人员为主，而出访东北方外交国的乌尔使节，以信使（尤其王室信使）为主。乌尔使节出访东北方外交国，从伊利萨格里格驿站出发，以德尔作为中转站，出访东南方外交国，从吉尔苏驿站出发，以苏萨作为中转站。乌尔使节依据不同的级别，在各个驿站领取固定数量的配给品，作为路资或者口粮。使节们领取的配给品，还分为在城里或驿站消费、在旅途中消费两种，一般在旅途中消费的配给品便于携带和保存。以啤酒为例，使节在驿站消费的是液态啤酒，而在旅途中消费的是固体啤酒。

需要注意的是，一位使节并不是只能出访一个外交国，或者特定负责一个外交国，而是在不同时期可以出访不同的外交国。例如，王室信使舒宁舒布尔在不同时间分别出访过哈尔西、基马什、胡尔提三个国家。还有，出访外国的乌尔使节也有父子继承的情况，如伊丁辛与其子萨阿加都负责出访西格里什的外交任务。乌尔使节出访的主要任务，乌尔使节出访西马什基的任务之一是经办西马什基人（雇佣劳动力）到乌尔从事雇佣工作。另一个任务是将牲畜从西马什基带到乌尔。

乌尔使节出访的任务依据目的地的不同而存在差异。对于东北方外交国，乌尔使节主要是作为信使来往乌尔王国与东北方外交国之间传递信息，或者作为外交代表处理王朝与这些国家的贸易关系。然而，对于东南方外交国，乌尔使节出访的目的较为复杂。首先，乌尔使节出访如乌鲁阿、萨布姆、阿丹顿、帕西美等附庸国，一是为了负责征收粮食、牲畜和其他贡品，二是为了商讨、接送或护卫当地恩西来往乌尔的行程。其次，乌尔使节出访杜杜里、安珊、马尔哈西等独立国家，一是为了负责经办从这些国家征召埃兰人雇佣劳动力来往乌尔王国，并且护送、陪同他们的行程，二是为了保持与发展同这些国家的贸易往来。最后，乌尔使节出访的一个重要的任务是护送乌尔公主去往这些国家，进行政治联姻，体现了乌尔第三王朝与这些外交国之间的外交婚姻。

第五章　外交婚姻

婚姻，通常被作为一种表示社会制度的术语，指"得到习俗或法律承认的一男或数男与一女或数女相结合的关系，并包括他们在婚配期间相互所具有的以及他们对所生子女所具有的一定的权利和义务"[1]。婚姻起源于原始氏族时代，人类为了对性行为加以规范，建立了最初的性关系禁规，即结婚。在一夫一妻制的社会背景下，婚姻成为保障性关系合法性和排他性的制度形式。当出现了部落和国家等社会组织之后，婚姻又成为一种政治筹码。从部族的通婚，到国家统治者之间的"联姻"，都是试图通过婚姻这种媒介来达到彼此的政治目的。

政治婚姻（Political Marriage）是指男女双方为了某一方或某一方所属的集团的政治利益而结婚，多指没有感情或爱情基础，或者受到长辈强制而非出于自身意愿的情况下，因单方或双方利益驱使下结成的婚姻形式。因此，政治婚姻完全是出于政治目的，基本上不会考虑婚姻男女双方的个人情感因素。关于政治婚姻的描述，恩格斯的《家庭、私有制和国家的起源》一文讲得极为透彻："对于骑士或男爵，像对于王公一样，结婚是一种政治行为，是一种借新的联姻来扩大自己势力的机会；起决定作用的是家族的利益，而决不是个人的意愿。"[2] 恩格斯还说："在整个古代，婚姻都是由父母为当事人缔结的，当事人则安心顺从。古代所仅有的那一点夫妇之爱，并不是主观的爱好，而是客观的义务；不是婚姻的基础，而是婚姻的附加物。"[3]

---

[1] ［芬兰］E. A. 韦斯特马克:《人类婚姻史》，李彬、李毅夫、欧阳觉亚译，商务印书馆2002年版，第35页。

[2] 《马克思恩格斯选集》第4卷，人民出版社2012年版，第89页。

[3] 《马克思恩格斯选集》第4卷，人民出版社2012年版，第87页。

战争、外交与贸易：两河流域乌尔第三王朝对外关系研究

古代两河流域文明绵延三千年的发展历史，产生了无数政治联姻的案例，虽然这些政治婚姻都是特定历史条件下政治目的的产物，但是它们有着不同的类型、不同的特征，古代两河流域的政治婚姻有些与古代中国的和亲形式很相似，有些与和亲则全然不同。古代两河流域作为丝绸之路沿线国家和地区，是"一带一路"倡议的重要组成部分，研究它们的政治外交史，对于深入认识和揭露古代两河流域文明的发展特征以及对古代世界历史规律的认识有着深远的影响。在古代两河流域历史发展过程中，主要存在有三种政治婚姻类型：王朝内部婚姻（dynastic marriage）、王朝之间的外交婚姻（diplomatic marriage）、附属国与宗主国之间的婚姻。[1]

乌尔第三王朝时期主要有两种政治婚姻：王朝外部婚姻（外交婚姻）和王朝内部联姻。其中，外交婚姻在类型上大概有两种：一种是外邦的公主嫁于乌尔王朝的国王或王子，另一种是外邦的君主娶了乌尔王朝的公主，这在形式上与我国古代的"和亲"类似，都带有明确的政治目的。这一时期政治婚姻主要是以乌尔第三王朝为中心视角，为了乌尔的政治利益采用的一种外交手段，不管是内部联姻还是外部联姻，乌尔王室都在其中发挥了核心作用。而这种以中央王朝为主轴的政治婚姻形式在古巴比伦时期首先得到了改变。

我们对于乌尔第三王朝的外交婚姻的认识，主要来源于乌尔第三王朝的年名中。年名是古代两河流域的一种纪年方式，适用于从阿卡德王朝直到古巴比伦时期，后来被亚述帝国的名年官纪年方式所取代。乌尔第三王朝的年名记录了当年乌尔国家内所发生的最主要的事件，每一年一个年名，如果该年没有重大事件发生，就再用一次上一年的事件，记录为"某某（上一年的）事件（发生的）下一年"，这也可以是为了突出上一年的事件之重要程度，需要在下一年继续强调或纪念。有时在下一年的下一年，还用前面的年名，称为"某某（上一年再上一年的）事件（发生的）的下一年之次年"，比如舒尔吉统治的第39年的年名为"普兹瑞什达干司建立之年"，而其第40年为"普兹瑞什达干司建立之次年"，其第41年则为"普兹瑞什达干司建

---

[1] S. C. Melville, "Royal Women and the Exercise of Power in the Ancient Near East", in D. C. Snell (ed.), *A Companion to the Ancient Near East*, Oxford: Blackwell Publishing, 2005, p. 224.

第五章 外交婚姻

立之次年的下一年"①。

乌尔第三王朝的周边地区存在有多股政治势力，主要包括西北部的阿摩利人（如马里）和东部的埃兰人。② 乌尔第三王朝对这两个地区所采取的政策也不尽相同，③ 对于阿摩利人，乌尔第三王朝采取了一味友好和平的外交态度，对阿摩利人大量移民两河流域的乌尔第三王朝境内不仅不反对禁止，反而一味纵容，同时，乌尔还和马里保持着友好的外交关系，马里也从未被乌尔征服过，始终保持着独立的状态。相反，乌尔第三王朝把对外征服的重心转到了东方的埃兰地区，在历代的乌尔第三王朝国王的年名中，都有对埃兰地区大肆用兵的记录，虽然偶尔乌尔也和埃兰有过和平的外交关系，但是战争是这两个战争实体之间更加常见的关系状态，甚至直到乌尔第三王朝末年，也是东部的埃兰人最终攻克乌尔，成为乌尔第三王朝的掘墓人。乌尔第三王朝外交婚姻的重要特点是：在西部（马里、埃卜拉）和北部（埃什努那、尼尼微）地区，主要是乌尔国王娶外国的公主或权贵的女儿为妻（为王后）；而在东部（埃兰）地区，主要是乌尔的公主外嫁给外国的统治者或其子。

具体讲来，涉及乌尔第三王朝的外部政治婚姻的国家或城邦，在空间方位角度可以划分为以下三个类别，我们也将按照这个顺序来开始下面的描述。

表 5-1　　　　　　　乌尔第三王朝政治婚姻对象国统计

方位		国家
西北方		马里
东北方	大扎布河以北	西马努姆、尼尼微
	大、小扎布河之间	乌尔比隆、哈马孜
	小扎布河与迪亚拉河之间	扎卜沙里、西格里什

---

① 有关乌尔第三王朝的年名，参见 M. Sigrist and T. Gomi, *The Comprehensive Catalogue of Published Ur III Tablets*, Bethesda: CDL Press, 1991; D. Frayne, *Ur III Period (2112-2004 BC)*, RIME 3/2, Toronto: University of Toronto Press, 1997.

② 关于乌尔第三王朝的外国人，参见 H. Limet, "L'étranger dans la société sumérienne", in D. O. Edzard (ed.), *Gesellschaftsklassen im Alten Zweistromland und in den angrenzenden Gebieten- XVIII. Rencontre assyriologique internationale*, München, 29. Juni bis 3. Juli 1970, München: Verlag der Bayerischen Akademie der Wissenschaften, 1972, pp. 123-138.

③ 刘昌玉：《乌尔第三王朝行省制度探析》，《社会科学》2017年第1期。

续表

方位		国家
东南方		帕西美、阿丹顿、马尔哈西、安珊
其他	迪亚拉河流域	埃什努那
	位置不详	乌扎尔伊米卢姆（Uzar-imilum）

第一节　乌尔第三王朝与西北方国家的政治婚姻

据文献记载，与乌尔第三王朝建立政治联姻的西北方外交国只有马里。马里位于叙利亚地区，早王朝时期马里是一个小的城邦。在阿卡德王朝时期，马里隶属于阿卡德帝国，是阿卡德帝国治下的一个行省，阿卡德灭亡之后，马里独立，一直到乌尔第三王朝时期仍然保持独立，[①]马里的首领被称为沙基那（šagina），这一称谓一直沿用到乌尔第三王朝时期。在乌尔第三王朝时期，至今还没有在马里遗址发现有任何文献资料，所以我们对乌尔第三王朝时期的马里城邦的重建工作主要依据的是来自乌尔第三王朝普兹瑞什达干的大量经济文献以及少量的后期的苏美尔文学作品。

一　舒尔吉与塔兰乌兰

塔兰乌兰是马里的统治者阿皮尔金的女儿。舒尔吉在成为国王之前，即身为王子的时候，遵照其父乌尔纳姆的旨意，迎娶了塔兰乌兰，她很可能是舒尔吉的第一位或首任妻子或王后，也是阿马尔辛的母亲。[②] 而塔兰

[①] J. Kupper, "Roi et šakkanakku", *Journal of Cuneiform Studies*, Vol. 21 (1967), pp. 123–125.

[②] W. Sallaberger and A. Westenholz, *Mesopotamien: Akkade-Zeit und Ur Ⅲ-Zeit*, OBO 160/3, Freiburg, Schweiz: Universitätsverlag / Göttingen: Vandenhoeck und Ruprecht, 1999, p. 161; J. Boese and W. Sallaberger, "Apil-kīn von Mari und die Könige der Ⅲ. Dynastie von Ur", *Altorientalische Forschungen*, Vol. 23 (1996), pp. 24–39; P. Michalowski, "The Men from Mari", in K. van Lerberghe and A. Schoors (eds.), *Immigration and Emigration within the Ancient Near East: Festschrift E. Lipiński*, OLA 65, Leuven: Peeters Publishers, 1995, pp. 181–188; T. M. Sharlach, "Beyond Chronology. The šakkanakkus of Mari and the King of Ur", in W. W. Hallo and I. J. Winter (eds.), *Seals and Seal Impressions: Proceedings of the XLVᵉ Rencontre Assyriologique Internationale*, Part Ⅱ, Yale University, Bethesda: CDL Press, 2001, pp. 59–70. 另外一说塔兰乌兰很可能不是舒尔吉的妻子，而是乌尔纳姆的妻子，参见 D. Frayne, *Ur Ⅲ Period (2112-2004 BC)*, RIME 3/2, Toronto: University of Toronto Press, 1997, pp. 86 (RIME 3/2.01.01.52), 295–300 (RIME 3/2.01.04.01).

第五章 外交婚姻

乌兰即成为乌尔纳姆的儿媳妇（e$_2$-gi$_4$-a），这段政治婚姻主要见于古巴比伦时期尼普尔书吏的手抄本，这里称呼阿皮尔金不再是马里统治者的统称"沙基那"，而是象征国王的"卢伽尔"（lugal）。

文献 RIME 3/2.1.1.51（Ur-Nammu, uncertain）

1'）[…]	【为某某女神】
2'）nin-a-ni-ir	她（塔兰乌兰）的女主人
3'）Ta$_2$-ra-am-uri$_5$^{ki}-am	塔兰乌兰
4'）dumu-munus A-pil-ki-in	阿皮尔金的女儿
5'）lugal Ma-ri$_2$^{ki}-ka	马里的国王
6'）e$_2$-gi$_4$-a	儿媳妇
7'）Ur-^{d}Nammu	乌尔纳姆
8'）lugal Uri$_5$^{ki}-ma	乌尔的国王
[…]	【……】

不过略为奇怪的是，在数十万之巨的乌尔第三王朝经济文献（尤其是普兹瑞什达干的文献）中，却没有丝毫有关塔兰乌兰的记载，这只能有以下几种可能的解释，一是塔兰乌兰在舒尔吉统治的前半期已经去世了，而普兹瑞什达干的文献最早的有关舒尔吉的另一位妻子舒尔吉西姆提的记载，或者塔兰乌兰已经不知什么原因离开了乌尔，再或者是她可能改了名字。[①]

这次政治婚姻是有据可查的乌尔第三王朝最早的一次外交婚姻，也是乌尔第三王朝唯一的一次由外国公主嫁入乌尔的王室。[②] 通过这段政治婚姻，马里的统治者阿皮尔金，也成为乌尔第三王朝的王室成员，在他死后受到了乌尔第三王朝的祭祀与敬奉。自这场政治婚姻之后，在乌尔第三王朝的经济文献中出现了一系列的马里人名，一直持续到乌尔王朝的末期，其格式是：PN lu$_2$ Mari^{ki} "马里的人某某"，比如阿达图姆、伊特拉克伊里、阿米尔舒尔吉、舒尔吉帕里尔、阿克巴尼和伊里什提卡尔（Ilish-

---

[①] P. Michalowski, "The Men from Mari", in K. van Lerberghe, A. Schoors (eds.), *Immigration and Emigration within the Ancient Near East: Festschrift E. Lipiński*, OLA 65, Leuven: Peeters Publishers, 1995, p. 188.

[②] P. Michalowski, "News of a Mari Defeat from the Time of King Šulgi", *Nouvelles Assyriologiques Brèves et Utilitaires* 2013/23.

tikal），他们很可能不是作为马里的统治者（lu₂），[1] 有的人还作为马里的信使（kas₄或 lu₂-kin-gi₄-a），这说明了乌尔第三王朝与马里保持着持久的友好联盟关系。

乌尔与马里的政治婚姻也有其他目的。马里位于西北两河流域的核心区域，控制着从幼发拉底河到叙利亚地区的主要商业贸易通道，由于其重要的经济战略位置，可能是乌尔第三王朝与其联盟的主要原因之一。乌尔第三王朝和马里之间保持了和平友好的外交关系，很可能阿摩利人大规模移民到乌尔王朝境内这一事件也与两国友好相关。这种两国间的友好关系主要表现在，乌尔第三王朝的经济文献中记载了对阿皮尔金的宗教仪式与祭酒仪式（ki-a-nag），这种祭祀活动只用于乌尔第三王朝的王室成员（主要是国王与王后），由此可见，阿皮尔金其实已经被当作乌尔王朝的王室成员，这一祭祀活动从阿马尔辛6年一直持续到伊比辛1年。

另一件表明两国友好关系的事件是阿皮尔金的儿子普朱尔埃拉王子的另一层身份是作为拉尔萨的太阳神乌图（Utu）神庙的高级管理人员（sanga），[2] 其地位相当于乌尔第三王朝其他行省的总督（恩西），这很可能是由于乌尔与马里两国之间的裙带联姻，乌尔国王任命马里的王子担任乌尔的重要祭司地拉尔萨神庙的管理人员。而乌尔与马里之间的"和亲"似乎也起到了积极的作用，在乌尔王朝百余年的历史中，我们没有看到马里和乌尔之间有敌对状态，更没有发生过战争，而乌尔在西北局势稳定的前提下，可以抽出全部力量来对付东部的埃兰人，这也可能是乌尔王朝之所以与西北部的马里一直保持友好关系的深刻原因所在。[3]

---

[1] 关于乌尔第三王朝经济文献中出现的这种格式，lu₂等同于"统治者"之意，参见 T. Maeda, "The Defense Zone during the Rule of the Ur Ⅲ Dynasty", *Acta Sumerologica*, Vol. 14（1992）, pp. 135–172.

[2] T. M. Sharlach, "Beyond Chronology. The šakkanakkus of Mari and the King of Ur", in W. W. Hallo, I. J. Winter（eds.）, *Seals and Seal Impressions: Proceedings of the XLVᵉ Rencontre Assyriologique Internationale*, Part Ⅱ, Yale University, Bethesda: CDL Press, 2001, pp. 62–65.

[3] P. Michalowski, "Love or Death? Observations on the Role of the Gala in Ur Ⅲ Ceremonial Life", *Journal of Cuneiform Studies*, Vol. 58（2006）, pp. 49–61. 文中作者重点强调了乌尔与马里联盟的亲密性："有些人通过和亲进入到乌尔的王室家族，另一些人则象征性地被并入到马里和乌尔这两大家族的亲属中去。"（第60页）

二 阿马尔辛与阿比西姆提

阿马尔辛与阿比西姆提的政治婚姻是乌尔和马里继舒尔吉和塔兰乌兰之后进行的第二次成功的政治外交联姻。阿比西姆提来自马里的伊丁达干家族，她的父亲是伊丁达干，哥哥是巴巴提，姐姐是比朱亚（Bizua），当阿比西姆提被嫁给乌尔第三王朝的第三位国王阿马尔辛的时候，他们三个人也随阿比西姆提从马里来到了乌尔。①

文献 TLB 3 24（SS 1 xii d, PD）

obv.

1）	1 udu niga ki-a-nag I-din-^{d}Da-gan	1只食大麦绵羊，为伊丁达干的祭祀活动
2）	iti u$_4$ 10 ba-zal	在第10日
3）	1 gu$_4$ niga 4 udu niga	1只食大麦牛、4只食大麦绵羊
4）	5 udu	5只绵羊
5）	ki-a-nag I-din-^{d}Da-gan	为伊丁达干的祭祀活动
6）	2 udu niga Bi$_2$-zu-a	2只食大麦绵羊，为比朱亚
7）	2 udu niga Ba-ba-ti	2只食大麦绵羊，为巴巴提
8）	2 udu niga Lugal-ku$_3$-zu	2只食大麦绵羊，为卢伽尔库朱
9）	1 udu niga ［…］	1只食大麦绵羊，【为某某】；

rev.

1'）	ki Zu-ba-ga-ta ba-zi	从朱巴伽处，支出
2'）	ša$_3$ Unu^{ki}-ga	在乌鲁克。
3'）	iti diri še-sag$_{11}$-ku$_5$	第12月，闰月。
4'）	mu ^{d}Šu-^{d}Suen lugal	舒辛1年。

left

1）	2 gu$_4$ 10+［n udu］	共计：2头牛、10+只绵羊。

伊丁达干凭借着自己女儿是乌尔王后的这一身份成为乌尔的王室成

---

① 一说阿比西姆提不仅是阿马尔辛的妻子，还是舒尔吉的妻子，参见 P. Michalowski, "Of Bears and Men: Thoughts on the End of Šulgi's Reign and on the Ensuing Succession", in D. S. Vanderhooft, A. Winitzer (eds.), *Literature as Politics, Politics as Literature: Essays on the Ancient Near East in Honor of Peter Machinist*, Winona Lake: Eisenbrauns, 2013, pp. 285-320.

479

员，他后来被任命为西帕尔的恩西。① 伊丁达干去世后的祭祀活动（ki-a-nag）被记录在一篇舒辛1年的普兹瑞什达干文献中（TLB 3 24），该文献除了记录伊丁达干的祭祀活动之外，还连着记录了比朱亚、巴巴提和卢伽尔库朱等人，前两个人分别是王后阿比西姆提的姐姐和哥哥，第三个人卢伽尔库朱的身份是埃什努那的总督，他也有可能是阿比西姆提的兄弟。

巴巴提作为阿马尔辛的妻子阿比西姆提的兄弟（哥哥），他凭借王室亲属的关系，得到了许多身份或职称，包括马什勘沙鲁姆的将军（šagina）、阿巴尔的总督（恩西）、档案管理主管（pisan-dub-ba）以及王室账目管理员（ša₃-tam lugal）。② 阿比西姆提和阿马尔辛的儿子是舒辛，阿比西姆提与巴巴提、比朱亚最早出现于阿马尔辛统治时期的经济文献，从文献中我们发现了舒辛9年12月17日提到的阿比西姆提的葬礼献祭（ki-a-nag，见文献ASJ 3 92 3），不知道是巧合还是人为，阿比西姆提和她的儿子舒辛几乎同时去世，这一点目前我们还无法得到明确的解释，另外，舒辛的妻子库巴图姆（Kubatum）死于舒辛6年。③

此外，乌尔第三王朝还与可能也位于西北方的乌扎尔伊米卢姆（楔形文字：U₂-za-ar-i-mi-lum^ki 或者 U₂-za-ar-i-mi-il₃^ki）建立过政治联姻。乌扎尔伊米卢姆的具体位置不详，根据它的名称的 *I-mi-ilum* 部分是阿摩利语专有名词，④ 可以推测乌扎尔伊米卢姆可能是位于阿摩利人的活动区域，即乌尔第三王朝的西部地区。根据一篇乌尔第三王朝的经济文献记载，在阿马尔辛6年，阿马尔辛的女儿宁利莱马纳格（Ninlile-manag，楔形文字：ᵈNin-lil₂-le-ma-an-aĝ₂）的嫁妆被送到了乌扎尔伊米卢姆城。

---

① T. M. Sharlach, "Beyond Chronology. The šakkanakkus of Mari and the King of Ur", in W. W. Hallo, I. J. Winter (eds.), *Proceedings of the 45 RAI, Part Ⅱ*, *Yale University*, Bethesda: CDL Press, 2001, pp. 67-68; P. Michalowski, "Iddin-Dagan and his Family", *Zeitschrift für Assyriologie und Vorderasiatische Archäologie*, Vol. 95 (2005), pp. 65-76.

② R. M. Whiting, "Tiš-Atal of Niniveh and Babati, Uncle of Šu-Sin", *Journal of Cuneiform Studies*, Vol. 28 (1976), pp. 173-182.

③ G. Frame, "A New Wife for Šu-Sîn", *Annual Review of the RIM Project*, Vol. 2 (1988), p. 3.

④ A. Goetze, "Šakkanakkus of the Ur Ⅲ Empire", *Journal of Cuneiform Studies*, Vol. 17 (1963), p. 4.

第五章 外交婚姻

文献 AUCT 2 367 (AS 6 i, PD)

obv.

1) 1 šu-gur ku$_3$-babbar 1 gin$_2$ 1 卷白银（的重量是）1 津

2) ^{d}Nin-lil$_2$-tum-nu-ri sa$_{12}$-rig$_7$ ^{d}Nin-lil$_2$-le-ma-an-ag$_2$ dumu-munus lugal-ra   给宁利尔图姆努里，作为国王的女儿宁利尔马纳格的嫁妆

3) U$_2$-za-ar-i-mi-lum^{ki}-še$_3$ （被送到）乌扎尔伊米卢姆

4) A-na-a ra$_2$-gaba-ni   （由）阿那亚，她的骑使，

rev.

1) i$_3$-na-an-de$_6$ 带来；

2) Nu-ur$_2$-^{d}IŠKUR sukkal maškim   监管人：使节努尔阿达德。

3) ki Lu$_2$-dingir-ra-ta   从卢丁吉尔拉处

4) ba-zi   支出

5) ša$_3$ Nibru^{ki} 在尼普尔。

6) iti maš-da$_3$-ku$_3$-gu$_7$ 第1月。

7) mu Ša-aš-ru^{ki} ba-hul   阿马尔辛6年。

left

1) 1 共计：1   （卷白银）。

可以推测，很可能宁利莱马纳格被嫁给了乌扎尔伊米卢姆的统治者或王子。此外，在阿马尔辛7年，文献中出现了乌扎尔伊米卢姆的服务人员或士兵（erin$_2$ U$_2$-za-ar-i-mi-DIGIR^{ki}）。[1]

第二节　乌尔第三王朝与东北方国家的政治婚姻

据文献记载，与乌尔第三王朝建立政治联姻的东北方国家共有6个，根据其地理位置可以分为三小类：大扎布河以北两国（西马努姆、尼尼微）；大、小扎布河之间两国（乌尔比隆、哈马孜）；小扎布河与迪亚拉河之间两国（扎卜沙里、西格里什）。

---

[1] A. Goetze, "Šakkanakkus of the Ur Ⅲ Empire", *Journal of Cuneiform Studies*, Vol. 17 (1963), p. 1.

一　西马努姆

西马努姆（苏美尔语有 4 种不同表述：Ši-ma-nu-um^{ki}或 Ši-ma-num$_2$^{ki}或 Si-ma-nu-um^{ki}或 Si-ma-num$_2$^{ki}）是一个由胡里人统治的地区，位于两河流域北部，底格里斯河上游西岸地区一直延伸至哈布尔河上游地区，很可能是在尼尼微的更北方的一个独立城邦或国家。

据一篇文献（BCT 1 68）记载，舒尔吉 47 年，牲畜被先送到厨房，然后再支出给西马努姆和尼尼微（苏美尔语：Ni-nu-a）的统治者（lu$_2$），由此可知西马努姆应该距离尼尼微不远。另一块文献（CST 193）记载了也是舒尔吉 47 年牲畜被送到厨房，然后再支出给以下几人：阿淑尔的统治者扎里克、舒舒尔吉、提沙达希与西马努姆的统治者（lu$_2$），可见西马努姆应该也和阿淑尔城距离不算太远，所以西马努姆应该是位于亚述地区附近的一个独立城邦或国家。西马努姆的统治者大致包括：[①] 布沙姆（自阿马尔辛 5 年至 8 年）、阿里卜阿塔尔（自阿马尔辛 9 年至舒辛 1 年）、舒辛乌朱姆伊沙里（舒辛 2 年）、伊普胡哈（伊比辛 1 年）。

据文献记载，乌尔第三王朝的第四位国王舒辛的一个女儿昆西马图姆嫁给了西马努姆的统治者之子，成为其儿媳妇，这段政治婚姻很可能是发生在舒辛 1 年之前，但是在舒辛 3 年的年名就记载了该年乌尔毁灭了西马努姆。[②] 当时，西马努姆的君主是布沙姆，他有两个儿子：大儿子是阿里卜阿塔尔，小儿子是伊普胡哈。昆西马图姆可能本来是打算嫁给布沙姆的小儿子伊普胡哈的，但是在布沙姆缺席（可能退隐）的情况下，他的大儿子阿里卜阿塔尔监国，作为昆西马图姆的监护人。据一块普兹瑞什达干出土的经济泥板记载，在舒辛统治第 1

[①] 注意一块泥板文献记载在舒尔吉 45 年的西马努姆"之人"（lu$_2$）是阿里卜阿塔尔，但是他是布沙姆的儿子，几乎不可能先于其父布沙姆成为西马努姆的统治者，所以这里的 lu$_2$ 可能不是指统治者，而是指西马努姆的人（外国人之义）；或者这里的阿里卜阿塔尔与布沙姆的儿子不是指同一个人（见文献 MVN 13 710）。

[②] D. Frayne, *Ur III Period* (2112–2004 BC), RIME 3/2, Toronto: University of Toronto Press, 1997, pp. 288–289; P. Michalowski, "The Bride of Simanum", *Journal of the American Oriental Society*, Vol. 95 (1975), pp. 716–719.

第五章　外交婚姻

年，昆西马图姆作为西马努姆的统治者（lu$_2$）阿里卜阿塔尔的儿媳妇，和阿里卜阿塔尔一起从朱加巴（Zugaba）处，接收食大麦（育肥）绵羊（udu niga）。

文献 AUCT 3 294（SS 1 iv 1, PD）

obv.

1) 1 gu$_4$ niga 4-［kam-us$_2$］　　　　1 头四级食大麦育肥牛
2) ^{d}En-lil$_2$　　　　　　　　　　　　为恩利尔
3) 1 gu$_4$ niga 4-kam-［us$_2$］　　　　1 头四级食大麦育肥牛
4) ^{d}Nin-lil$_2$　　　　　　　　　　　为宁利尔
5) siskur$_2$ Gu-［la］　　　　　　　　在古拉祭祀仪式上
6) lugal ku$_4$-［ra］　　　　　　　　国王在场；
7) 1 gu$_4$ niga a-tu$_5$-［a］^{d}Nin-ti$_2$-　1 头食大麦育肥牛，为宁提乌伽的祭酒
　　ug$_5$-［ga］　　　　　　　　　　仪式
8) šu-a-gi-na
9) 1 udu niga Ar-pa$_2$-tal lu$_2$　　　　1 只食大麦育肥绵羊，为西马努姆人阿
　　［Ši-ma-num$_2^{ki}$］　　　　　　　里卜阿塔尔
10) 1 udu niga gu$_4$-e-us$_2$-sa　　　　1 只食大麦"次于牛"育肥绵羊
11) Ku-un-ši-ma-tum e$_2$-gi$_4$-［a］　　为西马努姆人阿里卜阿塔尔的儿媳妇昆
　　Ar-pa$_2$-tal lu$_2$ Ši-ma-num$_2^{ki}$　西马图姆
12) giri$_3$ Er$_3$-ra-a sukkal　　　　　经办人：使节埃拉亚
13) ša$_3$ Nibru^{ki}　　　　　　　　　在尼普尔；
14) 1 udu niga ^{d}Geštin-an-na　　　　1 只食大麦育肥绵羊，为盖什廷安娜

rev.

1) 1 udu Pu-ga-sur-ra　　　　　　　　1 只绵羊，为普伽苏拉
2) 1 udu niga ^{d}Nun-gal　　　　　　　1 只食大麦育肥绵羊，为努恩伽尔
3) A-tu sagi maškim　　　　　　　　　监管人：持杯者阿图；
4) 1 udu niga 4-kam-us$_2$　　　　　　1 只食大麦四级育肥绵羊
5) 2 udu niga gu$_4$-e-us$_2$-sa　　　　2 只食大麦"次于牛"育肥绵羊
6) 3 sila$_4$ Me-^{d}Ištaran　　　　　　3 只绵羊羔，为美伊什塔兰
7) Nu-ur$_2$-^{d}Utu ra$_2$-gaba maškim　　监管人：骑使努尔乌图；
8) 1 udu niga KA-izi-še$_3$　　　　　　1 只食大麦育肥绵羊，为"卡伊兹"仪式
9) ša$_3$ e$_2$-duru$_5$-še$_3$　　　　　　在农村

10）giri₃ Ur-šu muhaldim　　　　　经办人：厨师乌尔舒；
11）1 udu niga A-bu-du₁₀ lu₂ Ma-ri₂ᵏⁱ　1只食大麦育肥绵羊，为马里人阿布杜，
12）giri₃ I₃-li₂-be-li₂ sukkal　　　经办人：使节伊里贝利
13）Arad₂-mu maškim　　　　　　　监管人：阿拉德姆。
14）iti u₄ 1 ba-[zal]　　　　　　　第1日。
15）ki Zu-ba-ga-ta ba-[zi]　　　　从朱巴伽处，支出；
16）giri₃ Ad-da-kal-[la]　　　　　总经办人：阿达卡拉。
17）iti ki-siki ᵈNin-[a-zu]　　　　第4月。
18）mu ᵈŠu-ᵈSuen [lugal]　　　　　舒辛1年。
left
1）3 gu₄ 3 udu　　　　　　　　　共计：3头牛、3只羊。
seal
1）Ad-da-kal-la　　　　　　　　阿达卡拉
2）dub-sar　　　　　　　　　　书吏
3）dumu Nig₂-erim₂-ga-ru-ga　　尼格埃里姆伽卢伽之子。

由此可知，在舒辛统治第 2 年，西马努姆的王权很可能从布沙姆转移到了阿里卜阿塔尔那里。这次西马努姆最高权力的更替很可能不是和平的继承方式，而是流血与篡位。不过，乌尔国王舒辛对待此次难得的入侵机会，绝不想轻易错过，即使他知道自己的女儿还身在西马努姆身为王妃。舒辛第 3 年的年名就是"乌尔之王舒辛摧毁西马努姆之年"（mu ᵈŠu-ᵈEN.ZU lugal Uri₅ᵏⁱ-ma-ke₄ Si-ma-num₂ᵏⁱ mu-hul）或者其缩略形式"西马努姆被毁之年"（mu Si-ma-num₂ᵏⁱ ba-hul）。此战之后，昆西马图姆和布沙姆又恢复了原来的位置。[①]

所以，布沙姆之前很可能是被他的大儿子阿里卜阿塔尔软禁了，而昆西马图姆被阿里卜阿塔尔据为己有，可能是布沙姆向乌尔求救，舒辛为了女儿的安危，才派兵击败阿里卜阿塔尔。这种推论同样是值得怀疑的。据另一块泥板文献记载，在阿马尔辛 5 年，有鹿被支出给布沙姆，他（布沙姆）的儿子伊普胡哈，以及他（布沙姆）的儿媳妇昆西马图姆。

---

① D. Frayne, *Ur Ⅲ Period* (*2112-2004 BC*), RIME 3/2, Toronto: University of Toronto Press, 1997, p.288.

第五章 外交婚姻

文献 SA 35（AS 5 vi 12，PD）

obv.

1) 8 lulim nita$_2$ — 8 只公鹿
2) 2 lulim munus — 2 只母鹿
3) 1 amar lulim munus ga — 1 只母鹿崽
4) 1 ^{anše}si$_2$-si$_2$ munus — 1 匹母马
5) Bu-ša-am — 为布沙姆
6) 3 lulim nita$_2$ 2 lulim munus — 3 只公鹿、2 只母鹿
7) Ip-hu-ha dumu-ni — 为他（布沙姆）的儿子伊普胡哈；
8) 1 lulim nita$_2$ 3 lulim munus — 1 只公鹿、3 只母鹿
9) 1 šeg$_9$-bar munus 7 az 1 gukkal — 1 只母野鹿、7 只熊、1 只肥尾公绵羊
10) 1 gukkal giš-du$_3$ 1 udu a-lum — 1 只繁殖肥尾公绵羊、1 只长尾公绵羊
11) 1 U$_8$+HUL$_2$ 16 maš$_2$-gal — 1 只肥尾母绵羊、16 只公山羊
12) Ku-un-si-ma-tum e$_2$-gi$_4$-a-ni — 为他（布沙姆或伊普胡哈）的儿媳妇昆西马图姆；

rev.

1) 1 gu$_4$ 5 udu 5 maš$_2$-gal — 1 头牛、5 只绵羊、5 只山羊
2) Pu-hi-i$_3$-zi mu$_{10}$-us$_2$-sa$_2$-a-ni — 为他的女婿普希伊兹；
3) 1 amar maš-da$_3$ Ha-ab-ru-ša — 1 只羚羊崽，为哈布卢沙；
4) 1 amar maš-da$_3$ Puzur$_4$-Eš$_{18}$-tar$_2$ — 1 只羚羊崽，为普朱尔埃什塔尔；
5) 1 sila$_4$ Iq-bi$_2$-DINGIR — 1 只绵羊羔，为伊齐比伊鲁姆；
6) 1 sila$_4$ Id-da-a — 1 只绵羊羔，为伊达亚；
7) 1 sila$_4$ ensi$_2$ Mar$_2$-da^{ki} — 1 只绵羊羔，为马腊德的恩西；
8) 8 dara$_4$ nita$_2$ 2 dara$_4$ nita$_2$ šu-gid$_2$ — 8 只公野山羊、2 只"舒基德"公野山羊
9) Nir-i$_3$-da-gal$_2$ — 为尼里达伽尔。
10) u$_4$ 12-kam — 在第 12 日。
11) mu-DU — 带来
12) Ab-ba-sa$_6$-ga i$_3$-dab$_5$ — 阿巴萨伽接收了。
13) iti a$_2$-ki-ti — 第 6 月。
14) mu En-unu$_6$-gal ^{d}Inana ba-hun — 阿马尔辛 5 年。

left

1) 75 总计： — 75（动物）。

由此可见，昆西马图姆不是布沙姆之子阿里卜阿塔尔的儿媳妇，而是

布沙姆的儿媳妇。但是不管到底是谁的儿媳妇,从中我们可以窥探,乌尔与西马努姆的外交关系并不是一帆风顺的,而是在和平与战争之间徘徊,乌尔对待西马努姆的外交态度,不同于其与马里的关系,这一点更加突出了乌尔第三王朝的多元外交政策。

二 尼尼微

尼尼微(位于今伊拉克摩苏尔市郊附近)是古代两河流域最重要的城市之一,是亚述帝国的首都之一,但是在新苏美尔时期,尼尼微还只是一个普通的小城邦,主要居民可能是胡里人,他们处于乌尔第三王朝的影响范围之内。在乌尔第三王朝的经济文献中有不少关于尼尼微与尼尼微人的记录,这些记录为我们更加深入了解尼尼微的早期历史提供了宝贵的资料。

尼尼微在乌尔第三王朝的文献中出现的次数比较少,在目前已出版的经济文献中只有两次出现,一篇记于舒辛3年的文献提到了尼尼微的一位统治者(lu_2)是提什阿塔尔(见文献 JCS 28 179),从这个人名可以推断他是胡里人,而提阿马特巴什提(Tiamat-bashti)很可能是他的妹妹;另一篇记于舒尔吉46年的文献提到了尼尼微的一位神沙乌沙(原文:^{d}Ša-u_{18}-ša Ni-nu-a^{ki},见文献 AnOr 7 79),其被认为等同于两河流域的伊什塔尔(Ishtar)女神。[1]

提阿马特巴什提(楔形文字为:A. AB. BA-ba-aš-ti 或 A. AB. BA-ba-aš$_2$-ti)的身份是尼尼微城邦的公主,据乌鲁克出土的一颗玛瑙珠上的铭文记载,她嫁给了乌尔第三王朝的国王舒辛,成为舒辛的"卢库尔"(lukur,一种祭司妻子)。[2]

文献 RIME 3/2. 1. 4. 29(SS, uncertain)

1)A. AB. BA-ba-aš$_2$-ti   提阿马特巴什提

---

[1] C. Wilcke, "A note on Ti'amat-bašti and the goddess Ša(w)uš(k)a of Nineveh", *Drevnii Vostok*, Vol. 5 (1988), pp. 21-26, 225-227; C. Wilcke, "Ti' āmat-bāštī", *Nouvelles Assyriologiques Brèves et Utilitaires* 1990/36; D. Collon, "The life and times of Teheš-atal", *Revue d'Assyriologie et d'archéologie orientale*, Vol. 84 (1990), p. 129; D. Matthews, J. Eidem, "Tell Brak and Nagar", *Iraq*, Vol. 55 (1993), p. 203; R. M. Whiting, "Tiš-atal of Niniveh and Babati, Uncle of Šu-Sin", *Journal of Cuneiform Studies*, Vol. 28 (1976), pp. 173-182.

[2] D. Frayne, *Ur III Period (2112-2004 BC)*, RIME 3/2, Toronto: University of Toronto Press, 1997, p. 338 (E3/2. 1. 4. 29).

2) lukur ki-aĝ₂　　　　　　　　　挚爱的"卢库尔"（祭司妻子）

3) ᵈŠu-ᵈSuen　　　　　　　　　　舒辛

4) lugal Uri₅ᵏⁱ-ma-ka　　　　　　乌尔的国王

译文："提阿马特巴什提，（是）乌尔国王舒辛挚爱的'卢库尔'（祭司妻子）。"

此外，提阿马特巴什提在乌尔第三王朝的经济文献中也多次被提及。一篇出自温马的文献记载了芦苇作为定期的贡品，赠给提阿马特巴什提，送到舒尔吉巴尼之地，经办人是伊卜尼辛（Ibni-Suen，文献出处：UTI 5 3495）。另一篇出自温马的文献提到了提阿马特巴什提，同时还提到了库巴图姆、医生普朱尔伊什塔尔（原文：PU₃.ŠA-Eš₁₈-tar₂ šu-i）以及阿比西姆提等其他几位王室成员（文献出处：UTI 6 3800），注意在两篇温马文献里的提阿马特巴什提名字的楔形文字表述为 A. AB. BA-ba-aš₂-ti，而在普兹瑞什达干文献中的提阿马特巴什提名字的楔形文字都表述为 A. AB. BA-ba-aš-ti。

这次乌尔与尼尼微的政治婚姻很可能与乌尔征服尼尼微的政治活动有关联，尼尼微成为乌尔第三王朝的附属国或在乌尔第三王朝的影响范围之内，为了表示对乌尔宗主权的尊重与承认，尼尼微将公主提阿马特巴什提远嫁于乌尔，这种策略使得尼尼微与乌尔可以在以后保持着长久的和平友好关系。

三　乌尔比隆

乌尔比隆（今伊拉克库尔德地区的埃尔比勒，距离首都巴格达约350公里）位于两河流域北部、底格里斯河上游东岸的大扎布河与小扎布河之间，靠近尼尼微和阿淑尔城邦，是胡里人传统的活动区域。乌尔比隆的历史可以追溯到公元前5000年左右，最早有文献记载是在乌尔第三王朝时期，舒尔吉45年和阿马尔辛2年的年名是乌尔比隆城被毁。[①] 乌尔第三王

---

① 舒尔吉45年的年名：mu ᵈŠul-gi nita kala-ga lugal Uri₅ᵏⁱ-ma lugal an ub-da 4-ba-ke₄ Ur-bi₂-lumᵏⁱ Si-mu-ru-umᵏⁱ Lu-lu-buᵏⁱ u₃ Kar₂-harᵏⁱ 1/aš-še₃ saĝ-du-bi šu-tibir-ra im-mi-ra / bi₂-ra-a "舒尔吉，伟大的男人，乌尔之王，天地四方之王，在一次战役里粉碎了乌尔比隆、西穆鲁姆、卢卢布姆和卡拉哈尔之年"或者简称 mu Ur-bi₂-lumᵏⁱ ba-hul "乌尔比隆被毁灭之年"；阿马尔辛2年的年名是：mu ᵈAmar-ᵈEN. ZU lugal-e Ur-bi₂-lumᵏⁱ mu-hul "国王阿马尔辛毁灭乌尔比隆之年"或者简称 mu Ur-bi₂-lumᵏⁱ ba-hul "乌尔比隆被毁灭之年"，参见 M. Sigrist, T. Gomi, *The Comprehensive Catalogue of Published Ur Ⅲ Tablets*, Bethesda：CDL Press, 1991；D. Frayne, *Ur Ⅲ Period*（2112-2004 BC）, RIME 3/2, Toronto：University of Toronto Press, 1997.

朝灭亡后，乌尔比隆成为亚述的一部分（自公元前 21 世纪至公元前 7 世纪末），后来陆续被米底、阿黑门尼德波斯、马其顿、塞琉古、帕提亚、罗马、萨珊波斯与阿拉伯人统治。

在乌尔第三王朝的经济文献中记录了名叫纳尼普阿塔尔（苏美尔语：Na-ni-pa$_2$-tal）的胡里人，他的儿媳妇是米吉尔宁利尔图姆（Migir-Ninlil-tum），她可能是一位乌尔王室成员，而文献中记载了赠给他的贡品被运送到了乌尔比隆，① 由此推断纳尼普阿塔尔很可能来源于乌尔比隆，并且很可能是乌尔比隆的统治者，他娶了乌尔的公主米吉尔宁利尔图姆，作为乌尔与乌尔比隆两国之间的外交婚姻。

文献 Hirose 297（AS 9 xi 16, PD）

obv.

1）1 udu niga gu$_4$-e-us$_2$-sa　　　　　1 只食大麦"次于牛"育肥绵羊

2）e$_2$-muhaldim　　　　　　　　　　（到）厨房

3）igi-kar$_2$ mu dam Be-li$_2$-a-ri$_2$-ik-še$_3$　　（作为）贝里阿里克的妻子的供给

4）Ri-is-DINGIR ra$_2$-gaba maškim　　监管人：骑使里斯伊鲁姆；

5）1 udu niga　　　　　　　　　　　1 只食大麦育肥绵羊

6）Mi-gir-^{d}Nin-lil$_2$-tum　　　　　　为米吉尔宁利尔图姆

rev.

1）e$_2$-gi$_4$-a Na-ni-pa$_2$-tal　　　　　纳尼普阿塔尔的儿媳妇

2）giri$_3$ Ba-za-za kuš$_7$　　　　　　经办人：动物驯养师巴扎扎

3）Arad$_2$-mu maškim　　　　　　　监管人：阿拉德姆。

4）iti u$_4$ 16 ba-zal　　　　　　　　第 16 日。

5）ki Zu-ba-ga-ta ba-zi　　　　　　　从朱巴伽处，支出。

6）giri$_3$ Ad-da-kal-la dub-sar　　　　总经办人：书吏阿达卡拉。

7）iti ezem Me-ki-gal$_2$　　　　　　　第 11 月。

8）［mu en^{d}Nanna Kar-zi］-da ba-hun　阿马尔辛 9 年。

left

1）2 udu 共计：　　　　　　　　　　2 只绵羊。

---

① e$_2$-gi$_4$-a Na-ni-pa$_2$-tal, Ur-bi$_2$-lum^{ki}-še$_3$（Nisaba 8 70, AS 7 PD, P453103 AS 7 PD）; Mi-gir-^{d}Nin-lil$_2$-tum e$_2$-gi$_4$-a Na-ni-pa$_2$-tal（Hirose 297, AS 9 PD, SNAT 271 SS 1 PD）.

四 哈马孜

哈马孜是位于乌尔第三王朝东北部的一个城邦，具体位置不详，可能是位于扎格罗斯山西部，迪亚拉河上游地区，靠近加苏尔（Gasur，今称努孜 Nuzi）、卢卢布姆、西穆鲁姆。哈马孜最早出现于早王朝时期的文献《恩美卡与阿拉塔之王》。根据《苏美尔王表》，哈马孜的国王哈达尼什（Hadanish）灭亡了基什第二王朝，统治了两河流域，后被乌鲁克第二王朝所灭。在乌尔第三王朝的经济文献中只出现有两位哈马孜的统治者（ensi$_2$），分别是纳姆哈尼（阿马尔辛 1 年至 2 年）和乌尔伊什库尔（阿马尔辛 5 年至舒辛 2 年）。

塔布尔哈图姆（Tabur-hattum）很可能是乌尔第三王朝的一位公主。她嫁给了哈马孜恩西乌尔伊什库尔的儿子（名字不详），作为哈马孜恩西的儿媳（e$_2$-gi$_4$-a）。[①]

文献 Trouvaille 87 (SS 2 xii d, PD)
obv.

1) 1 šen-dili$_2$ šunigin zabar　　　　1 个青铜制平底锅
2) Ta$_2$-bur-PA-tum e$_2$-gi$_4$-a Ur-^{d}Iškur ensi$_2$　　为（哈马孜的）恩西乌尔伊什库尔的儿媳妇塔布尔哈图姆
3) in-ba　　　　赠给；
4) Wa-qar-^{d}Šu-^{d}Suen ba-za maškim　　监管人：跛子瓦卡尔舒辛。

rev.

1) ki Lu$_2$-dingir-ra-ta　　从卢丁吉尔拉处
2) ba-zi　　支出
3) ša$_3$ Nibru^{ki}　　在尼普尔。
4) iti diri še-sag$_{11}$-ku$_5$　　第 12 月，闰月。
5) mu ^{d}Šu-^{d}Suen lugal-e ma$_2$ ^{d}En-ki-ka in-dim$_2$　　舒辛 2 年。

left

1) 1　　共计：1（个）。

[①] P. Michalowski, "The Bride of Simanum", *Journal of the American Oriental Society*, Vol. 95 (1975), pp. 718-719; A. Goetze, "Hulibar of Duddul", *Journal of Near Eastern Studies*, Vol. 12 (1953), p. 121 (n. 58).

在阿马尔辛 9 年,哈马孜的恩西乌尔伊什库尔的儿媳妇的名字还没有出现在文献中,而到了舒辛 2 年和 7 年,乌尔伊什库尔的儿媳妇的名字是塔布尔哈图姆,她一直住在了哈马孜。乌尔通过与哈马孜的政治联姻,将哈马孜纳入了边远行省的范畴,哈马孜需要向乌尔中央缴纳古恩马达税。①

五 扎卜沙里

扎卜沙里是古代伊朗的一个地区,位于扎格罗斯山中部地区,与埃兰接壤,在公元前 3 千纪晚期的两河流域(尤其是乌尔第三王朝)文献中有所记载。在乌尔第三王朝时期,扎卜沙里是一个强大的独立王国,其北方领土一直延伸至里海沿岸,也有文献将扎卜沙里作为西马什基王朝的一部分,也有观点认为扎卜沙里是这一地区实力最强大的王国。② 扎卜沙里王国的已知统治者包括三位:孜润古(Ziringu,舒辛时期)、③ 因达苏(Indasu,舒辛时期)④ 与一位匿名国王(伊比辛时期)。

乌尔第三王朝与扎卜沙里的关系错综复杂。在舒辛统治时期,两国之间发生了战争。⑤ 舒辛统治第 7 年的年名是 mu ^{d}Šu-^{d}EN.ZU lugal Uri$_5^{ki}$-ma-ke$_4$ ma-da Za-ab-ša-li^{ki} mu-hul "乌尔国王舒辛毁灭扎卜沙里地区之年",简称 mu ma-da Za-ab-ša-li^{ki} ba-hul "扎卜沙里地区被毁之年"。这次战役很可能加强了两国间的进一步联系,两国领导人开始渐渐由敌对向友好发展。到了乌尔末王伊比辛统治时期,乌尔与扎卜沙里的关系开始好转,伊比辛统治的第 5 年,他将自己的女儿图金哈提米格丽莎(Tukin-hatti-migrisha)

---

① T. Maeda, "The Defense Zone during the Rule of the Ur Ⅲ Dynasty", *Acta Sumerologica*, Vol. 14 (1992), pp. 135-172.

② D. T. Potts, *The Archaeology of Elam: Formation and Transformation of an Ancient Iranian State*, Cambridge: Cambridge University Press, 2004; H. R. Ghashghai, *Chronicle of early Iran history*, Tehran: Avegan press, 2011.

③ Zi-ri$_2$-in-gu ensi$_2$ ma-da Za-ab-ša-li^{ki}, RIME 3/2.01.04.03.

④ In-da-su$_2$ ensi$_2$ Za-ab-ša-li^{ki}, RIME 3/2.01.04.03, ex. 01; RIME 3/2.01.04.05, ex. 01; RIME 3/2.01.04.07, ex. 01.

⑤ A. Goetze, "An Old Babylonian Itinerary", *Journal of Cuneiform Studies*, Vol. 7 (1953), p. 37.

第五章 外交婚姻

公主嫁给了扎卜沙里的统治者（ensi₂），[①] 这位统治者的名字我们不知道，但是应该不是孜润古或因达苏任一人。这次乌尔与扎卜沙里的政治联姻被记录在了伊比辛在位第 5 年的年名中，原文为：mu Tu-ki-in-PA-mi-ig-ri-ša dumu-munus lugal ensi₂ Za-ab-ša-li^{ki}-ke₄ ba-an-tuku "扎卜沙里的恩西迎娶（乌尔）国王的女儿图金哈提米格丽莎之年"，或者其简称形式 mu dumu-(munus) lugal ensi₂ Za-ab-ša-li^{ki}-ke₄ ba-(an)-tuku "扎卜沙里的恩西迎娶（乌尔）国王的女儿之年"。

关于这段政治婚姻的背景，大概可以包括以下几个要素：一是舒辛时期乌尔与扎卜沙里的战争在新王伊比辛上台之后被放弃，转而变为和平友好的外交关系；二是乌尔第三王朝在伊比辛统治初期，王朝面临着内忧外患的严重危机，不仅有来自西北阿摩利人的威胁，更有甚者东边的埃兰人早就对乌尔第三王朝虎视眈眈，为了缓解与周边国家的关系，被迫采取政治联姻方式也不失为一个不错的做法。至于这段政治婚姻的影响，我们很难从目前仅有的文献资料中得出确切的答案，只能说这次发生在乌尔第三王朝末期的政治联姻是乌尔第三王朝的最后一次外交婚姻，可能还没来得及发挥它拥有的价值，乌尔第三王朝就草草地被埃兰人灭亡了。

六 西格里什

西格里什大概位于扎格罗斯山附近或埃兰附近的区域，其具体位置不详，据文献记载，乌尔第三王朝的国王舒辛毁灭了扎卜沙里、西格里什、尼布尔马特（Nibulmat）、阿卢米达图姆、加尔塔（Garta）和沙提卢这 6

[①] P. Steinkeller, "The Question of Marhaši: A Contribution to the Historical Geography of Iran in the Third Millennium B. C.", *Zeitschrift für Assyriologie und Vorderasiatische Archäologie*, Vol. 72 (1982), pp. 72, 243; M. W. Stolper, "On the Dynasty of Šimaški and the Early Sukkalmahs", *Zeitschrift für Assyriologie und Vorderasiatische Archäologie*, Vol. 72 (1982), p. 53. 注意：这里的恩西不是指直属中央的地方行省总督，而是指独立的城邦或国家君主，类似于早王朝时期的恩西。注意在乌尔第三王朝时期，存在三种不同的恩西：一种是隶属于乌尔第三王朝的地方行省的最高行政长官，意为"总督"，他们直接由乌尔国王任命，直属于乌尔王朝中央的"大苏卡尔"（sukkal-mah）或意为"首相"，然后"大苏卡尔"直接听命于国王，这些恩西多是当地有名的望族或原来的首领，但是实际上就是地方行政长官；第二种恩西也是地方最高长官，他们是乌尔第三王朝名义上的附属国的首领，虽然也听命于乌尔国王，但是自身权力较之第一种更多更自由；第三种恩西即不隶属于乌尔第三王朝的其他国家或城邦的首领，他们和乌尔国王之间是平等的国与国之间的外交关系，比如马里，他们不用听命于乌尔第三王朝，与乌尔第三王朝保持着时常友好时常敌对的关系。

个地区（阿卡德语：*ma-at*），这 6 个地区原则上应该是相互毗邻的或者彼此之间相距不是太远。由于第一个地名扎卜沙里我们已经很清楚其位于乌尔第三王朝的东北部的扎格罗斯山脉地区，而尼布尔马特和加尔塔位于乌尔王朝东南部的埃兰地区。

如同扎卜沙里一样，西格里什很可能指的不是一个城市，而是一个地区。西格里什的统治者"恩西"目前知道的仅有一位，即布尼尔尼（Bunirni，原文：Bu-ni-ir-ni ensi$_2$ Si-ig-ri$_2$-iš^{ki}）。①

西格里什这个地名在乌尔第三王朝的文献中极少出现，有三篇文献简单记载了西格里什的匿名统治者（lu$_2$），② 从中我们没有得到有用的信息。另外一篇舒尔吉 48 年来自普兹瑞什达干的经济文献记载国王舒尔吉的女儿舒尔吉尼尼卜马马的另一层身份是西格里什统治者的妻子。

文献 Nisaba 8 371 (SH 48 viii 22, PD)
obv.

1)	13 udu niga	13 只食大麦公绵羊
2)	6 u$_8$ niga	6 只食大麦母绵羊
3)	7 maš$_2$-gal niga	7 只食大麦公山羊
4)	4 maš$_2$ KU saga niga	4 只食大麦"头级"山羊羔
5)	gag-gu-la$_2$-še$_3$	为"伽古拉"仪式，
6)	Ur-nigar^{gar} maškim	监管人：乌尔尼伽尔；
7)	2 u$_8$ niga	2 只食大麦母绵羊
8)	1 sila$_4$ ga niga	1 只食大麦绵羊羔
9)	a-ra$_2$ 1-kam	第一次
10)	1 gu$_4$ niga	1 只食大麦公牛
11)	2 udu niga	2 只食大麦公绵羊
12)	1 sila$_4$ niga	1 只食大麦绵羊羔
13)	2 maš$_2$-gal niga	2 只食大麦公山羊
14)	a-ra$_2$ 2-kam	第二次，

---

① D. Frayne, *Ur III Period (2112–2004 BC)*, RIME 3/2, Toronto：University of Toronto Press, 1997, p. 311（E3/2.1.4.5）.
② niĝ$_2$-ba lu$_2$ Ši-ig-ri-šum^{ki}, MVN 15 142（Š），CUSAS 15 30（XX）；lu$_2$ Si-ig-ri-iš^{ki}, Nisaba 15 618（IS 1）.

15) […] -še₃ 为【某某目的】
[…]
rev.
[…]
1') [x] ud₅ KU saga niga Šimaški^ki 【某】只食大麦"顶级"西马什基母山羊
2') [x] udu niga 【某】只食大麦公绵羊
3') 6 maš₂-gal niga 6 只食大麦公山羊
4') e₂ ^dŠul-gi-NI-i-ni-ib₂-ma-ma 为国王的女儿舒尔吉尼尼卜马马
　　dumu-munus lugal
5') dam lu₂ Ši-ig-ri-ši^ki 西格里什人（统治者）的妻子；
6') giri₃ Lugal-inim-gi-na sukkal 经办人：使节卢伽尔伊尼姆基纳，
7') Arad₂-mu maškim 监管人：阿拉德姆。
8') iti u₄ 22 ba-zal 第 22 日。
9') ki Lu₂-dingir-ra-ta 从卢丁吉尔拉处
10') ba-zi 支出。
11') iti šu-eš₅-ša 第 8 月。
12') mu Ha-ar-ši^ki Ki-maš^ki u₃ 舒尔吉 48 年。
　　Hur-ti^ki ba-hul

这位西格里什统治者的名字不详，我们不清楚他是否就是已知的布尼尔尼还是另有他人。这次乌尔与西格里什的政治婚姻发生在舒尔吉统治的最后一年，在阿马尔辛和舒辛统治时期，西格里什几乎没有出现在乌尔第三王朝的文献中，只有伊比辛时期又出现过一次，所以可见这次政治联姻似乎是两国继续维持的和平局面。

第三节　乌尔第三王朝与东南方国家的政治婚姻

据文献记载，与乌尔第三王朝建立政治联姻的东南方外交国共有 4 个：帕西美、阿丹顿、马尔哈西、安珊。

一　帕西美
帕西美是古代伊朗地区的一个城邦，位于波斯湾的东北海岸（今伊拉克的阿布舍贾遗址），伊拉克和伊朗的边境地区，扎格罗斯山的西部，提卜河（River Tieb）的西岸，其势力范围从伊朗的南胡齐斯坦向下一直延伸到今伊朗西南部的布什尔（Bushire）地区，是古代两河流域与埃兰贸易商路与文化交流的重要站点。①

据乌尔第三王朝的文献记载，帕西美的统治者共有两位：库尔比拉克和舒达巴尼。根据一块舒尔吉第 48 年的普兹瑞什达干的牲畜支出文献记载，舒尔吉将自己的女儿塔兰舒尔吉嫁给了帕西美的统治者（lu$_2$）舒达巴尼。②

文献 ZA 72 241 n. 16（SH 48 viii 2, PD）

1) 2 udu niga saga	2 只食大麦"头级"绵羊
2) 3 udu niga	3 只食大麦绵羊
3) ^{d}En-lil$_2$ ^{d}Nin-lil$_2$	为恩利尔和宁利尔
4) 1 udu niga ^{d}Nanna	1 只食大麦绵羊，为南那
5) zabar-dab$_5$ maškim	监管人："扎巴尔达布"；
6) 1 udu niga ^{giš}gag-gu-la$_2$-še$_3$	1 只食大麦绵羊，为"伽古拉"仪式
7) A-a-[kal]-la maškim	监管人：阿亚卡拉；
8) 5 udu niga e$_2$-muhaldim	5 只食大麦绵羊，到厨房
9) mu Šu-sal-la-še$_3$	为舒萨拉；
10) 4 udu niga sig$_5$-us$_2$	4 只食大麦"次头级"绵羊
11) 1 maš$_2$-gal niga	1 只食大麦山羊
12) e$_2$ Še-il-ha-ha lu$_2$ Ša-zi-bi$_2$-ki-ka-še$_3$	到沙兹比吉卡的统治者塞尔哈哈家；
13) 10-la$_2$-1 udu niga 1 maš$_2$-gal niga	9 只食大麦绵羊、1 只食大麦山羊
14) e$_2$ Ta$_2$-ra-am-^{d}Šul-gi dumu-munus lugal dam Šu-da-ba-ni	到帕西美的统治者舒达巴尼的妻子、
15) lu$_2$ Ba-šim-e^{ki}-ka-še$_3$	国王的女儿塔兰舒尔吉的家；
16) Arad$_2$-mu maškim	监管人：阿拉德姆。
17) iti u$_4$ 2 ba-zal	第 2 日。

---

① 关于帕西美遗址的考古发掘，参见 A. M. Hussein, etc., "Tell Abu Sheeja/Ancient Pašime: Report on the First Season of Excavations, 2007", *Akkadica*, Vol. 131, No. 1 (2010), pp. 47-103.
② P. Steinkeller, "The Question of Marhaši: A Contribution to the Historical Geography of Iran in the Third Millennium B. C.", *Zeitschrift für Assyriologie und Vorderasiatische Archäologie*, Vol. 72 (1982), p. 241 (n. 16); J. van Dijk, "Ishbi'erra, Kindattu, l'homme d'Elam, et la chute de la ville d'Ur", *Journal of Cuneiform Studies*, Vol. 30 (1978), pp. 189-208.

18) zi-ga ša₃ Tum-ma-al　　　　　　　被支出，在吐玛尔
19) ki En-dingir-mu　　　　　　　　　从恩丁吉尔姆处。
20) iti šu-eš-ša　　　　　　　　　　　第8月。
21) mu Ha-ar-ši^ki u₃ Ki-maš^ki ba-hul　舒尔吉48年。

这次乌尔与帕西美的外交联姻似乎起到了两国和平友好的作用，而在舒尔吉的继承者阿马尔辛或舒辛统治时期，帕西美被合并到乌尔第三王朝的势力范围中，成为乌尔王朝的一个附属国。

二　阿丹顿

阿丹顿是古代伊朗西部埃兰的一个地区（elam A-dam-dun^ki）。在乌尔第三王朝的经济文献中有大量有关阿丹顿的记载，尤其是吉尔苏的信使文献中记载了大量去阿丹顿的信使人员。在伊比辛统治时期的王铭与伊比辛14年的年名中把阿丹顿和苏萨、阿万一起记载，表明了这三个地区应该相距不远。[1] 阿丹顿很可能在舒尔吉47年后成为乌尔第三王朝的附属国或者边远行省，它定期向乌尔王朝缴纳古恩税。[2] 阿丹顿的统治者被称为"恩西"（ensi₂），目前已知的一共有三位：乌尔吉吉尔（舒尔吉33年）、乌巴亚（舒尔吉43年至47年）、纳布达（任期不详）。

根据一件乌尔第三王朝来自吉尔苏的经济文献记载，当国王的女儿去阿丹顿时（dumu-munus lugal A-^da dam-dun-ta gen-na，见文献 RTC 384），很可能有一位乌尔公主被嫁到了阿丹顿，而对于这段政治联姻由于资料缺乏我们不能进行过多的描述。

三　马尔哈西

马尔哈西是古代伊朗地区的一个独立王国，位于两河流域的东南方

---

[1] D. Frayne, *Ur Ⅲ Period（2112-2004 BC）*, RIME 3/2, Toronto: University of Toronto Press, 1997, 3/2.1.5.2, 3/2.1.5.3；伊比辛14年的年名是：mu ^dI-bi₂-^dEN.ZU lugal Uri₅^ki-ma-ke₄ Šušin^ki A-dam-dun^ki ma-da A-wa-an^ki-ka u₄-gin₇ ra bi₂-in-gi₄ u₄ aš-a mu-un-gur₂u₃ en-bi šaga-a mi-ni-in-dab₅-ba-a.

[2] P. Michalowski, "Observations on 'Elamites' and 'Elam' in Ur Ⅲ Times", in P. Michalowski (ed.), *On the Third Dynasty of Ur: Studies in Honor of Marcel Sigrist*, JCSSS 1, Boston: American Schools of Oriental Research, 2008, pp.109-124; M. Civil, "'Adamdun,' the Hippopotanus, and the Crocodile", *Journal of Cuneiform Studies*, Vol.50 (1998), pp.11-14.

(今伊朗克尔曼省的吉罗夫特地区)，安珊的东部，处于两河流域通向麦鲁哈（印度河流域）商路的必经之地，战略位置十分重要。马尔哈西的影响范围北达伊朗克尔曼省的沙赫达德（Shahdad）地区，其中心地带是哈利勒河（Halil）的河谷，非常适宜农业发展，在南部和马干（今阿曼）有着长久的贸易与文化往来。[①] 马尔哈西在两河流域的楔形文字文献中从阿卡德王朝一直到古巴比伦时期都有出现，存在至少了 500 年的时间。

马尔哈西国王娶了乌尔国王舒尔吉的女儿里韦尔米塔舒（Liwwir-miṭṭashu），这次乌尔与马尔哈西的政治联姻被记录在了舒尔吉统治第 18 年的年名中：mu Li$_2$-wir(GIR$_3$)-mi-ṭa-šu dumu-munus lugal nam-nin Mar-ha-ši^{ki} ba-il$_2$ "（乌尔）国王的女儿里韦尔米塔舒被提升为马尔哈西的王后之年"。乌尔的公主里韦尔米塔舒的名字本意是"他的（国王的）闪亮权杖"，她是舒尔吉的女儿。马尔哈西的这位统治者的名字不清楚。从乌尔第三王朝的经济文献中所间接反映出，这次政治联姻加强了乌尔与马尔哈西两国之间的联盟与和平友好关系，在这次联姻之后，马尔哈西的使节经常到乌尔王朝，两国间的官方交流也十分活跃，此外文献中还记载了马尔哈西带来的外交礼物"麦鲁哈豹"（ur gun$_3$-a Me-luh-ha^{ki}），[②] 麦鲁哈是位于印度河流域的一个地区，可见马尔哈西在联接两河流域与印度河流域商贸与文化交流中发挥着重要的作用，这一点或许也是乌尔力争与马尔哈西建立长远的友好关系的真实目的之一。

在乌尔第三王朝灭亡之后，两河流域与马尔哈西的联盟暂时中断了，不过在后来的古巴比伦时期马尔哈西又再次出现在了两河流域的楔形文字文献中。

[①] P. Steinkeller, "The Question of Marhaši: A Contribution to the Historical Geography of Iran in the Third Millennium B. C.", *Zeitschrift für Assyriologie und Vorderasiatische Archäologie*, Vol. 72 (1982), pp. 237-265; P. Steinkeller, "New Light on Marhaši and Its Contacts with Makkan and Babylonia", *Journal of Magan Studies*, Vol. 1 (2006), pp. 1-17.

[②] P. Michalowski, "Iddin-Dagan and his Family", *Zeitschrift für Assyriologie und Vorderasiatische Archäologie*, Vol. 95 (2005), pp. 73-74; P. Steinkeller, "The Question of Marhaši: A Contribution to the Historical Geography of Iran in the Third Millennium B. C.", *Zeitschrift für Assyriologie und Vorderasiatische Archäologie*, Vol. 72 (1982), p. 253; D. T. Potts, "Total Presention in Marhashi-Ur Relations", *Iranica Antiqua*, Vol. 37 (2002), pp. 343-357.

四 安珊

安珊是古代伊朗西南部的一个地区，位于今伊朗法尔斯省西部的马尔延遗址，在扎格罗斯山的中部位置。[1] 在原始埃兰时期（公元前 4 千纪），安珊是埃兰地区的主要城市之一，位于重要的商路上。早王朝时期，安珊出现在苏美尔史诗《恩美卡与阿拉塔之王》，作为乌鲁克与阿拉塔（Aratta）的沿途之地，到阿卡德王国时期，玛尼什吐苏（Manishtusu）宣称他征服了安珊，后来安珊被伊朗的阿万王朝所统治，接下来拉伽什第二王朝的古地亚、乌尔第三王朝的舒尔吉和舒辛、拉尔萨王朝的衮古努（Gungunum）都曾征服过安珊。公元前 15 世纪，埃兰的统治者开始使用"安珊与苏萨之王"的称号，可能在中埃兰时期安珊和苏萨已经合并，安珊最后被波斯帝国的居鲁士所征服，并入到了波斯帝国的版图。

（一）舒尔吉之女与安珊统治者

根据舒尔吉统治第 30 年的年名：mu dumu-munus lugal ensi$_2$ An-ša-an^{ki}-ke$_4$ ba-tuku "（乌尔）国王（舒尔吉）的女儿被嫁于安珊恩西之年"，舒尔吉将自己的女儿嫁给了安珊的统治者（恩西），新郎与新娘的名字没有给出，我们也无从考究。可是，舒尔吉将这个女儿嫁给安珊恩西之后的第 4 年，即舒尔吉统治的第 34 年，他就突然不知何缘故出兵安珊，发生了与安珊的战争，并且最终打败了安珊。舒尔吉统治的第 34 年的年名为：mu An-ša-an^{ki} ba-hul "安珊被毁之年"。可见这次政治联姻没有能够起到维持两国和平友好的外交关系，反而很快就被战争的硝烟所吞没，其中原因值得后人深究。

但是根据文献记载，舒尔吉与安珊的战争其实要远远早于这一年，两国的首次战争很可能要早于舒尔吉统治第 21 年。[2] 由此可见，舒尔吉对安珊用兵很可能是遇到了困难，或者难以征服安珊，所以后来才采取"和亲"的方式，将自己的女儿嫁于安珊，表面上与安珊和好，背地里备战。似乎被"和亲"的公主的处境都是十分危险的，不知道何时就作了政治婚

---

[1] E. Reiner, "The Location of Anšan", *Revue d'Assyriologie et d'archéologie orientale*, Vol. 67 (1973), pp. 57–62; J. Hansman, "Elamites, Achaemenians and Anshan", *Iran*, Vol. 10 (1972), pp. 101–124.

[2] D. Frayne, *Ur III Period (2112–2004 BC)*, RIME 3/2, Toronto: University of Toronto Press, 1997, p. 105.

姻的嫁衣，何时就进了政治婚姻安排的坟墓。据文献记载，舒尔吉 44 年，奶油品被赠给"国王的女儿"，当她去安珊的时候。

文献 BCT 2 166（SH 44，uncertain）
obv.
1）5 sila$_3$ i$_3$-[x]　　　　　　　　　5 希拉植物油
2）0.0.1 ga-ar$_3$　　　　　　　　　1 班奶酪
3）dumu-munus lugal　　　　　　　为国王的女儿
4）An-ša-an^{ki}-še$_3$ du-ni　　　　　当她去安珊时
rev.
1）šu ba-ti　　　　　　　　　　　　收到了。
2）giri$_3$ Ur-^{d}Nin-[x]-e　　　　　　经办人：乌尔宁某埃
3）mu Si-mu-ru-um [Lu]-lu-bu-um a-ra$_2$ [⋯]　　舒尔吉 44 年。

这里的"国王的女儿"很可能就是指舒尔吉 30 年通过外交联姻被嫁到安珊的那位舒尔吉的女儿。后来她很可能在安珊安度晚年，也为乌尔与安珊之间的和平关系默默无闻地做着贡献。

（二）舒辛之女与安珊统治者

在舒辛统治时期，也有一篇 1 来自吉尔苏的文献记载了"国王的女儿，当她（嫁）去安珊的时候"。

文献 TÉL 46a（SS--i，Girsu）
obv.
1）[⋯]
2）0.0.1 i$_3$-nun-na　　　　　　　　1 班奶油
3）0.0.1 ga-ar$_3$　　　　　　　　　1 班奶酪
4）0.1.0 4 sila$_3$ i$_3$-giš　　　　　　1 巴里格、4 希拉植物油
5）15 dug ga-še$_x$(SIG$_7$)-a　　　　　15 罐奶制品
6）7 gu$_2$ šum$_2$-siki　　　　　　　17 古"西吉尔"葱蒜类蔬菜
7）7 gu$_2$ šum$_2$ gaz　　　　　　　7 古"伽孜"葱蒜类蔬菜
rev.
1）dumu-munus lugal　　　　　　　为国王的女儿
2）An-ša-an^{ki}-še$_3$ du-ni　　　　　当她去安珊时；

3）giri₃ Da-a-a sal-hu-ba　　　　　　　经办人："萨尔胡巴"达亚亚
4）dumu A-gu-da　　　　　　　　　　阿古达之子。
5）iti gan₂-maš　　　　　　　　　　　第1月。
6）mu us₂-sa ᵈŠu-ᵈSuen lugal Uri₅ᵏⁱ-ma-ke₄［…］　舒辛某年。

这篇文献的时间是舒辛统治第2年以后。① 根据这篇文献的时间是舒辛统治期间，所以这位"国王的女儿"很可能不是指之前嫁到安珊的舒尔吉的那位女儿，而是指舒辛的一位女儿。很可能在舒辛时期，舒辛的女儿又被嫁到安珊，从舒尔吉到舒辛，乌尔与安珊可能保持着友好的和亲关系。

此外，乌尔第三王朝初期，还与迪亚拉河流域的埃什努那建立了政治联姻。埃什努那很可能尚处独立状况，但是乌尔纳姆或者舒尔吉的北方军事行动征服了包括埃什努那在内的迪亚拉河流域诸城邦，最终埃什努那隶属于乌尔王朝的核心行省，向乌尔中央缴纳巴拉税。伊比辛2年，埃什努那成为第一个独立的乌尔王朝行省。② 在乌尔第三王朝时期，埃什努那的行政长官被称为"恩西"，包括巴姆（舒尔吉44—46年）、卡拉姆（舒尔吉47年—阿马尔辛7年）、卢伽尔库朱（舒辛1年）和伊图里亚（舒辛9年—伊比辛2年）。

埃什努那与乌尔王朝的政治联姻主要是指舒尔吉西姆提与乌尔国王舒尔吉的联姻，舒尔吉西姆提成为舒尔吉的王后，从经济文献中记载的两位来自埃什努那的女神贝拉特苏赫尼尔和贝拉特达拉班来看，舒尔吉西姆提来自埃什努那。③ 这次政治婚姻很可能发生于舒尔吉统治前期或者乌尔纳

---

① 文献的年名为：mu us₂-sa ᵈŠu-ᵈ EN. ZU lugal Uri₅ᵏⁱ-ma-ke₄［…］，参见 C. Virolleaud, "Quelques textes cunéiformes inédits", *Zeitschrift für Assyriologie und Verwandte Gebiete*, Vol. 19（1905-1906）, p. 384; C. Virolleaud, *Tablettes Économiques de Lagash（Époque de la Ⅲe Dynastie d'Ur）: Copiées en 1900 au Musée Impérial Ottoman*, Paris: Imprimerie Nationale, 1968.

② C. Reichel, "Political Changes and Cultural Continuity in the Palace of the Rulers at Eshnunna (Tell Asmar): From the Ur Ⅲ Period to the Isin-Larsa Period (CA. 2070-1850 B. C.)", PhD dissertation, University of Chicago, 2001, pp. 13-42.

③ W. Sallaberger, *Der kultische Kalender der Ur Ⅲ-Zeit*, Berlin: Walter de Gruyter, 1993, p. 19; P. Steinkeller, "The Administrative and Economic Organization of the Ur Ⅲ State: the Core and the Periphery", in McG. Gibson, R. Biggs (eds.), *The Organization of Power Aspects of Bureaucracy in the Ancient Near East*, Chicago: The Oriental Institute of the University of Chicago, 1987, p. 19. 另外一说舒尔吉西姆提等同于阿比西姆提，参见 Y. Wu, J. Wang, "The Identifications of Šulgi-simti, Wife of Šulgi, with Abi-simti, Mother of Amar-Sin nad Šu-Sin, and of Ur-Sin, the Crown Prince, with Amar-Sin", *Journal of Ancient Civilizations*, Vol. 27 (2012), pp. 99-130.

姆统治时期,当时埃什努那很可能还没有被乌尔征服,通过这次联姻,埃什努那成为乌尔王朝的行省。

综上所述,乌尔第三王朝的政治婚姻政策贯穿王朝发展的始终,是王朝统治的一项重要策略。从政治婚姻的目的来看,王朝外部政治婚姻主要是为外交关系和对外征服战争服务,乌尔第三王朝通过政治联姻的方式来结交军事同盟,实现其外交策略,乌尔与马里的政治联姻很好地证明了这一点。不过,乌尔与东部埃兰诸国的政治联姻,似乎更多的是一种缓兵之计,或者说是一种暂时的、不牢固的外交策略,埃兰地区和乌尔第三王朝的关系错综复杂,时战时和,一时的政治联姻或许只能维持一段时间,甚至是很短的时间,比如舒尔吉在其第 30 年和埃兰地区的安珊缔结政治联姻,但是在短短的 4 年之后,舒尔吉即出兵埃兰,两国关系破裂,政治联姻显然没有起到其应有的目的和作用。此外,对于王朝内部政治婚姻而言,其主要的目的无非是加强中央与地方的联系,将有权势的地方势力通过政治联姻的方式拉拢到乌尔王庭,加强中央政府对地方的控制,这一政策在第三位国王阿马尔辛统治时期表现得尤为突出,阿马尔辛将自己的诸多女儿不是远嫁到外国,而是嫁给了地方权贵,此外他也令自己的儿子娶地方权贵的女儿,通过这两种联姻方式来加强乌尔王庭同地方权贵的关系,达到对其控制的目的。

乌尔第三王朝的政治婚姻还有其自身的特点。一是多元化,即王朝外部政治婚姻和王朝内部政治婚姻并存,同时乌尔的国王、王子以及公主都参与到了政治婚姻中,不但乌尔的公主外嫁邻国或嫁于乌尔权贵,而且乌尔的国王自身也迎娶外国公主,并且给其子即乌尔王子也许配外国公主或地方权贵之女,多种政治联姻方式一同构成了乌尔第三王朝的主要外交和内政策略。二是全方位,涉及乌尔第三王朝的外部政治婚姻的国家或城邦,按空间方位可以划分为以下几个类别,即西北部的马里,北部的西马努姆、尼尼微和乌尔比隆,东北部的扎卜沙里、哈马孜和西格里什,东南部的马尔哈西、安珊、帕西美和阿丹顿等。通过政治联姻的方式,乌尔第三王朝对周边地区采取了不同的外交政策,对于阿摩利人聚集的叙利亚地区,它采取了一味友好和平的外交态度,对阿摩利人大量移民两河流域不仅不禁止,反而一味纵容。同时,乌尔还同叙利亚地区的马里保持着友好的外交关系，马里也从未被乌尔征服过，始终保持着独立状态。相反，乌尔第三王朝把对外征服的重心转到了东方的埃兰地区，在历代的乌尔第三王朝国王的年名中，都有对埃兰地区大肆用兵的记录，虽然偶尔乌尔也和埃兰有过和平的外交关系，但是战争是这两个实体之间更加常见的关系状态，甚至直到乌尔第三王朝末年，也是东部的埃兰人最终攻克乌尔，成为乌尔第三王朝的掘墓人。在政治联姻的方式上，西部（马里）和北部（埃什努那、尼尼微）地区，主要方式是乌尔国王迎娶外国的公主或权贵的女儿为妻（王后）。而在东部埃兰地区，主要方式则是乌尔的公主外嫁给外国的统治者或其子。三是不稳定性，主要表现为外部联姻，尤其是乌尔与埃兰地区诸国的联姻，并没有完全达到和亲的目的，没有发挥足够的作用，同时乌尔对这些地区常年进行征服战争，可以说，在对待埃兰的问题上，战争是主流，而政治联姻只是为了战争服务，甚至有时是不得已而为之的下策，所以表现出不稳定性也不足为怪。最后，乌尔第三王朝的政治婚姻严重受到王朝内政外交方针的影响。当舒尔吉时期王朝百废待兴时，采取外部政治联姻缓和同邻国之间的外交关系，以避免四面受敌的局面。到了阿马尔辛时期，王朝国力强盛，不再担心外部势力，于是政治联姻由外转内，处理国内矛盾。而到舒辛和伊比辛时期，外部威胁再次增强，同时乌尔国力渐微，不得不再次采取外部政治联姻，以达到处理外交关系的目的。

第六章　对外贸易

两河流域地区是一个自然资源匮乏的地区，不仅缺乏石材、金属等矿藏资源，也缺乏大型木材，两河平原为冲积平原，灌溉农业和畜牧业发达，盛产小麦、大麦、椰枣、无花果等农作物，以及牛羊等牲畜，正是由于其独特的自然条件，决定了自远古开始，两河流域人们不得不与外界进行物品交易，从周围进口自然资源，这是两河流域乃至整个近东地区贸易发生的根本原因，这就自然形成了商品流通和贸易的产生。

古代两河流域商路和贸易起源于公元前7千纪的史前时代的黑曜石贸易，经乌鲁克文化时期的"世界体系"贸易，到早王朝时期、阿卡德王国和乌尔第三王朝时期的海上波斯湾贸易、陆上伊朗高原贸易为典型的国际跨区域贸易体系，又到古巴比伦-古亚述、中巴比伦-中亚述时期的围绕两河流域东西南北各线贸易的总体框架结构的建立，最后到新亚述时期的亚述御道、波斯帝国的波斯御道的帝国体系框架下的机构有组织多功能商路贸易体系的运转，及其后来与丝绸之路西线的历史性"重合"，也为上古世界贸易画上了比较圆满的句号，之后开启了以丝绸之路为中心的中古世界贸易体系。

自大约公元前7千纪的史前时代至公元前2千纪晚期，亚洲西段的跨区域贸易以和平贸易为主，辅之以战争征服所获战利品。在文字发明之前的史前时代，考古发现和遗迹成为认识当时贸易的唯一手段，自楔形文字被发明之后，文献资料和考古资料一同成为我们复原当时贸易的重要依据。[1]

---

[1] 由于印度河流域的印章文字和克里特文明的线形文字A尚未被破译，所以有关两河流域与这两个地区的跨区域贸易情况只能从两河流域的楔形文字资料来得到片面的认识。楔形文字文献中关于贸易的记载十分零散，甚至只有进口商品和物产的简单记载，而对于贸易的详细路线、贸易双方的具体身份，尤其是跨区域贸易的组织和管理机构等，我们只能从文献资料和考古资料中间接来推测。

第六章 对外贸易

贸易从类型上可以分为长途贸易（远途贸易、跨区域贸易）和短途贸易（地区贸易、区域内贸易）两种，[1] 短途贸易是一种分销贸易，指商品被直接销售给使用者，本书中所论述的两河流域商路主要指的是长途贸易。长途贸易指商品从一国或一地区被交易到另一国或地区，并不一定直接送达消费者（最终目的地）。长途贸易又可以分为两类，即直接贸易和中转贸易，前者的贸易形式为 A-B 型（分为进口贸易和出口贸易），即商人亲自携带商品从一地区到达另一地区（最终目的地）走完长距离进行贸易，后者的贸易形式为 A-C-B 型，即若干商人分别走一段短距离，在每个节点处形成接力，这两种长途贸易形式在两河流域历史上并不是一成不变的，在不同的时期它们也可能互相转变。在这种贸易形式中，贸易与运输同步，又被称为"运输贸易"（carrying-trade）。后来，贸易与运输相分离，形成新的贸易形式。一国其运输贸易占据多半比例则是典型的贸易国，即贸易是该国经济的主要依据。[2] 对外贸易是国家之间交往的一种重要手段，不同国家和地区之间的人们通过贸易彼此加强了联系，同时贸易也是传递文明和文化（如语言文字）的一种手段，在文明的传播中显得尤为重要。

首先，根据自由市场理论，贸易的产生实际上是依赖于需求，随着时代的不同，需要也会有所变化，比如史前时代人们对黑曜石有极大需求，但当青铜时代来临之际，人们对铜和锡这两种金属的需求则逐渐上升，而对黑曜石的需求逐渐下降，而当铁器时代到来前夕，人们对于铁矿石的需求又逐渐取代铜和锡，所以说，通过对贸易的研究，我们也可以间接窥见文明的发展规律。

其次，贸易还依赖于文化成就及文化影响，文化或文明较高级的民族和地区会影响较低级的，这样的影响都是在贸易过程中潜移默化形成的。

---

[1] W. F. Leemans, "The Importance of Trade, Some Introductory Remarks", *Iraq*, Vol. 39, No. 1 (1977), pp. 1–10.

[2] K. Polanyi, *Trade and Market in the Early Empires*, Washington D. C.: Regnery Publishing, 1971, p. 260; K. Polanyi, "Traders and Trade", in J. A. Sabloff and C. C. Lamberg-Karlovsky (eds.), *Ancient Civilization and Trade*, Albuquerque: University of New Mexico Press, 1975, pp. 142–143; C. C. Lamberg-Karlovsky, "Third Millennium Modes of Exchange and Modes of Production", in J. A. Sabloff and C. C. Lamberg-Karlovsky (eds.), *Ancient Civilization and Trade*, Albuquerque: University of New Mexico Press, 1975, pp. 350–362.

再次，贸易依赖于专门机构和组织，这种组织不同于今天国家控制经济或者垄断市场，而只是相当于国家加强了对贸易的重视，并且从贸易中获取税收等利润。

西亚的两河流域地区是丝绸之路的重要贸易站点。在汉朝丝绸之路开辟以前，以西亚两河流域地区为中心，就已经存在了若干条商业贸易路线和发达的国际贸易商路网络。

第一节　商人阶层的兴起

两河流域的南部被称为巴比伦尼亚。巴比伦尼亚被认为是古代的贸易国家，可与古典时期的希腊相媲美。巴比伦尼亚这一名字源自贸易。[1] 在早期两河流域，随着社会财富的不断增长，商人阶层在促进社会经济活动方面发挥着十分重要的作用。王室和神庙两大集团掌控了国家的农业和畜牧业，并且借助于商人集团来处理这些社会财富的盈余。商人也代表政府机构，负责管理国家的对外贸易事务，尤其是重要的战略资源（如铜）。政府对商人的依赖，贯穿于古代两河流域发展始终，不因王朝的更替而消失，商人在经济上具有独立性。[2]

一　商人的术语

在古代两河流域，表示"商人"含义的术语有若干个。其中最常用、最普通的一个术语是苏美尔语 dam-gar₃，它由 dam（妻子）和 gar₃（有多个基本意思，包括"一种烘焙食品""一种头饰""一种测量单位""英雄的"等）两个符号组成，其词源学不确定，可能来源于其对应的阿卡德语

---

[1] W. F. Leemans, *The Old-Babylonian Merchant: His Business and His Social Position*, SD 3, Leiden: Brill, 1950, p. 1.
[2] S. J. Garfinkle, "The House of Ur-saga: Ur Ⅲ Merchants in Their Non-Institutional Context", in J. Mas and P. Notizia (eds.), *Working at Home in the Ancient Near East*, AANEA 7, Oxford: Archaeopress, 2020, pp. 71–82.

tamkārum（动词不定式为 *makārum*"做生意"）。[1] 这一术语在不同时期和不同语境下的含义有细微的差别。关于 dam-gar₃ 的解释，一种观点认为，没有证据可以证明，在乌尔第三王朝，苏美尔语 dam-gar₃ 对应于阿卡德语的 *tamkarum*，无法确定 dam-gar₃ 是否应该翻译为"商人"[2]。dam-gar₃ 这一

---

[1] J. A. Halloran, *Sumerian Lexicon: A Dictionary Guide to the Ancient Sumerian Language*, Los Angeles: Logogram Publishing, 2006, p. 40. 关于阿卡德语"商人"词源学的分析，参见 W. F. Leemans, *The Old-Babylonian Merchant: His Business and His Social Position*, SD 3, Leiden: Brill, 1950, p. 4. 在古巴比伦时期，*tamkārum* 既可以指行商，也可以指放贷人，参见 F. R. Kraus, "Neue Rechtsurkunden der altbabylonischen Zeit. Bemerkungen zu Ur Excavations, Texts 5", *Die Welt des Orients*, Vol. 2, No. 2 (1955), p. 127。作为神的修饰语，见 M. Civil, "Enlil, the Merchant: Notes to CT 15 10", *Journal of Cuneiform Studies*, Vol. 28, No. 2 (1976), pp. 74, 81. 阿卡德时期的商人，见 B. R. Foster, "Commercial Activity in Sargonic Mesopotamia", *Iraq*, Vol. 39, No. 1 (1977), p. 34. 关于商人为官方使用白银购买商品，见 D. C. Snell, *Ledgers and Prices: Early Mesopotamian Merchant Accounts*, YNER 8, New Haven and London: Yale University Press, 1982。关于拉伽什的"大商人"乌尔埃穆什（Ur-Emush），见 M. Lambert, "Ur-Emush 'Grand-Marchand' de Lagash", *Oriens Antiquus*, Vol. 20 (1981), pp. 175-185. 关于乌尔第三王朝商人研究史、双语文献、术语，见 R. K. Englund, *Organisation und Verwaltung der Ur III-Fischerei*, BBVO 10, Berlin: Dietrich Reimer Verlag, 1990, p. 14; R. K. Englund, "Hard Work-Where Will It Get You? Labor Management in Ur III Mesopotamia", *Journal of Near Eastern Studies*, Vol. 50, No. 4. (1991), p. 257. 关于卢伽尔乌簌尔（Lugal-usur₃），见 R. L. Zettler, *The Ur III Temple of Inanna at Nippur: The Operation and Organization of Urban Religious Institutions in Mesopotamia in the Late Third Millennium B. C.*, BBVO 11, Berlin: Dietrich Reimer Verlag, 1992, p. 220. 关于埃卜拉的商人，见 A. Archi, "Trade and Administrative Practice: The Case of Ebla", *Altorientalische Forschungen*, Vol. 20, No. 1 (1993), p. 53. 关于阿卡德语 *tamkārum* 的词源学，见 W. W. Hallo, "Trade and traders in the Ancient Near East: some new Perspectives", in D. Charpin and F. Joannès (eds.), *La Circulation des Biens, des Personnes et des Idées dans le Proche-Orient Ancien: Actes de la XXXVIIIe Rencontre Assyriologique Internationale (Paris, 8-10 juillet 1991)*, Paris: Editions Recherche sur les Civilisations, 1992, p. 352. 关于借贷业中的商人，见 H. Neumann, "Zur privaten Geschäftstätigkeit in Nippur in der Ur III-Zeit", in M. deJong Ellis (ed.), *Nippur at the Centennial: Papers Read at the 35e Rencontre Assyriologique Internationale, Philadelphia, 1988*, Philadelphia: The University Museum, 1992, p. 173. 商业活动中的商人，见 H. Neumann, "Nochmals zum Kaufmann in neusumerischer Zeit: die Geschäfte des Ur-DUN und anderer Kaufleute aus Nippur", in D. Charpin and F. Joannès (eds.), *La Circulation des Biens, des Personnes et des Idées dans le Proche-Orient Ancien: Actes de la XXXVIIIe Rencontre Assyriologique Internationale (Paris, 8-10 juillet 1991)*, Paris: Editions Recherche sur les Civilisations, 1992, p. 83.

[2] N. W. Forde, "The Sumerian dam-kar-e-ne of the Third Ur Dynasty", PhD dissertation, University of Minnesota, 1964, p. 4.

术语最早出现于早王朝Ⅲa时期（约公元前2600—前2500年）文献中，[1]尤其是舒鲁帕克（今法拉 Tell Fara）文献，以及出现于早王朝Ⅲb时期（约公元前2500—前2340年）的吉尔苏文献。在术语 dam-gar$_3$ 基础上，加上一定的修饰语，可以表示与"商人"相关的含义或身份，尤其是表示"商人头领"或"商队队长"这一职称的术语有以下几个。第一个是 gal-dam-gar$_3$ 或 dam-gar$_3$-gal（直译为"大商人"），[2] 主要见于早王朝Ⅲa时期的舒鲁帕克文献，又被拼写为 gal-dam-gara$_3$。[3] 其中术语 gal-dam-gar$_3$ 只见于早王朝Ⅲa时期（全部都来源于舒鲁帕克），而术语 dam-gar$_3$-gal 主要见于早王朝Ⅲb时期（拉伽什、阿达布、温马、扎巴拉、吉尔苏、尼普尔），还见于早王朝Ⅲa时期（尼普尔、舒鲁帕克）和阿卡德时期。第二个衍生术语是 ugula dam-gar$_3$，即"商人督办"，最早见于早王朝Ⅲb时期的一篇法律文献中（BIN 08, 166），主要出现在乌尔第三王朝和古巴比伦时期的文献中，直到中巴比伦时期（Syria 12 234, 08 + 13, 236, 11, 乌加里特文献）为止。在乌尔第三王朝时期，术语 ugula dam-gar$_3$ 类似于商人长官，属

---

[1] 注意，只有一篇词表文献（P499147）是在早王朝Ⅰ-Ⅱ时期。见 M. G. Biga, "Le Attività Commerciali e i Commercianti nella Città di Šuruppak (Fara)", *Oriens Antiquus*, Vol. 17 (1978), pp. 87, 105; G. Visicato, *The Power and the Writing: The Early Scribes of Mesopotamia*, Bethesda: CDL Press, 2000, p. 30; C. Schmidt, "Überregionale Austauschsysteme und Fernhandelswaren in der Ur Ⅲ-Zeit", *Baghdader Mitteilungen*, Vol. 36 (2005), p. 20; P. Steinkeller, "Toward a Definition of Private Economic Activity in Third Millennium Babylonia", in R. Rollinger and C. Ulf (eds.), *Commerce and Monetary Systems in the Ancient World: Means of Transmission and Cultural Interaction. Proceedings of the Fifth Annual Symposium of the Assyrian and Babylonian Intellectual Heritage Project Held in Innsbruck, Austria, October 3rd-8th 2002*, Stuttgart: Franz Steiner Verlag, 2004, p. 92.

[2] 文献 FAOS 6 126 (dam-gar$_3$-gal). 参见 D. O. Edzard, *Sumerische Rechtsurkunden des Ⅲ. Jahrtausends aus der Zeit vor der Ⅲ. Dynastie von Ur*, ABAW NF 67, München: Verlag der Bayerischen Akademie der Wissenschaften, 1968, p. 219; P. Steinkeller, *Sale Documents of the Ur-Ⅲ-Period*, FAOS 17, Stuttgart: Franz Steiner Verlag, 1989, p. 175; J. Krecher, "Morphemless Syntax in Sumerian as Seen on the Background of World-composition in Chukchee", *Acta Sumerologica*, Vol. 9 (1987), p. 71; G. Visicato, *The Bureaucracy of Šuruppak: Administrative Centres, Central Offices, Intermediate Structures and Hierarchies in the Economic Documentation of Fara*, ALASPM 10, Münster: Ugarit-Verlag, 1995, p. 101.

[3] D. O. Edzard, *Sumerische Rechtsurkunden des Ⅲ. Jahrtausends aus der Zeit vor der Ⅲ. Dynastie von Ur*, ABAW NF 67, München: Verlag der Bayerischen Akademie der Wissenschaften, 1968, p. 66.

第六章 对外贸易

于管理商人阶层的官职。① 第三个术语是 dam-gar₃-U 或 dam-gar₃-U-U，译为"十个或二十个（商人一组）的商人（头领）"，表明在乌尔第三王朝时期，商人为了职业目的，以10人或20人为组织构成了商人社团（商会或商队），商会或商队首领的头衔对应于另一个表示商人头领的头衔"商人督办"②。此外，还有一个术语是 ha-za-num₂ dam-gar₃-ne（直译为"商人们的市长"），类似于"商会会长"职位。

其他表示"商人"含义的术语还有：ibira 或 ibira₂（对应的阿卡德语也是 *tamkārum*）、šagan-la₂ 或 šagan（阿卡德语为 *šamallûm*，主要指从事商业的学徒、助手，或者保管钱财的人）、ga-eš₈ 或 ga-eš（阿卡德语为 *ga'iššum*，主要指从事长途贸易的商人，也可以指收税官员，尤其指收关税的职业）。③ 术语 ga-eš₍₈₎ 主要指的是从事对外贸易的商人，尤其是负责波斯湾贸易，包括乌尔王国与狄勒蒙、马干和麦鲁哈以及埃兰地区的贸易。④

---

① J. Durand, "Documents pour l'Histoire du Royaume de Haute-Mésopotamie, I", *MARI. Annales de Recherches Interdisciplinaires*, Vol. 5 (1987), p. 209; D. Charpin, "Notices prosopographiques, 4: le 《prévôt des marchands》 de Nērebtum", *Nouvelles Assyriologiques Brèves et Utilitaires*, Vol. 1, No. 33 (1991), p. 25; C. Janssen, "Samsu-iluna and the Hungry *naditums* R. C. Warburton & D. A. Warburton: Ein Achämenidischer Töpferstempel von Abu Qubur und einige Vergleichstücke aus Mesopotamien", *Northern Akkad Project Reports*, Vol. 5 (1987–1996), p. 3; D. Charpin, "Le point sur les deux Sippar", *Nouvelles Assyriologiques Brèves et Utilitaires*, Vol. 4, No. 114 (1992), pp. 84–85; C. Michel, "Le Comerce dans les textes de Mari", in J. Durand (ed.), *Amurru 1. Mari, Ebla et les Hourrites dix ans de travaux Première partie: Actes du colloque international (Paris, mai 1993)*, Paris: Editions Recherche sur les Civilisations, 1996, p. 420; A. Goddeeris, *Economy and Society in Northern Babylonia in the Early Old Babylonian Period (ca. 2000–1800 BC)*, OLA 109, Leuven: Uitgeverij, 2002, p. 426. 其复数形式写为 ugula dam-gar₃ᵐᵉš，见 K. R. Veenhof, "The Sequence of the 'Overseers of the Merchants' at Sippar and the Date of the Year-Eponymy of Habil-Kēnum", *Jaarbericht Ex Oriente Lux*, Vol. 30 (1987–1988), pp. 32–35. 以及形式 ugula-dam-gara₃，见 L. Matouš, "Einige Bemerkungen zu altsumerische Rechtsurkünden", *Archiv Orientalni*, Vol. 39 (1971), p. 11.

② 在古代两河流域历史上的其他时期，由数量固定的商人组成的商队或社团也出现过，例如：古巴比伦时期的5人商队，古亚述贸易中的10人商队，乌加里特文献中的5或10人商队。此外还要注意早王朝时期出现的 gal-dam-gar₃ 术语，意指"大商人"，类似于商人头领的意思。参见 P. Steinkeller, *Sale Documents of the Ur-III-Period*, FAOS 17, Stuttgart: Franz Steiner Verlag, 1989, p. 175.

③ H. Neumann, "Ur-Dumuzida and Ur-dun: Reflections on the Relationship between State-initiated Foreign Trade and Private Economic Activity in Mesopotamia towards the End of the Third Millennium BC", in G. Dercksen (ed.), *Trade and Finance in Ancient Mesopotamia. Proceedings of the 1st MOS Symposium*, Leiden December 19–20 1997, Leiden and Istanbul: Nederlands Instituut voor het Nabije Oosten, 1999, p. 44.

④ H. Neumann, "Handel und Händler in der Zeit der III. Dynastie von Ur", *Altorientalische Forschungen*, Vol. 6 (1979), p. 56.

在伊比辛时期，商人卢恩利拉作为乌尔城对外贸易的督办。据其印章铭文记载，其官职为"海上贸易商人"（ga-es$_8$ a-ab-ba-ka）。海商的数量是有限的。在吉尔苏文献记载了一个地方叫"海商之家"（e$_2$-duru$_5$-ga-es$_8$）。

二 商人的性质和职能

在不同的时期，商人在不同的经济体系中发挥着不同的作用。但是可以肯定的是，商人与国家和政府之间有着密切的连系，被称为"商业政治"[1]。乌尔第三王朝经济被称为"家庭经济"（*oikoi*），商人集团是这一体系的重要组成部分。关于公元前3千纪两河流域商人的性质，学术界存在两种观点。一种观点认为，基于公元前3千纪两河流域的王室和神庙对商业贸易的垄断地位，商人不可能具有独立性，而是王室或神庙的商业代理人。[2] 另一种观点认为，乌尔第三王朝的商人属于独立的以盈利为目的的私商，政府机构是商人的客户和保护人，但是并不依附于政府。[3] 更多的学者则倾向于认为，乌尔第三王朝既存在私商，也存在官商，只是在孰轻孰重、孰多孰少问题上存有争议。例如，菲施认为，若干商人是王室或神庙机构的雇员，依附于王室或神庙，属于官商范畴，同时也有一些职业商人，脱离于王室或神庙，属于私商范畴。[4] 莱曼斯基本同意菲施的结论，进一步认为私商还具有另一重身份，即放贷人，主要来自尼普尔文献的记载。但是，国家或者官方行为上的借贷活动在当时不一定盛行。[5]

福德再次总结了学术界关于商人的三种不同性质，一种认为乌尔第三王朝的商人属于私商；另一种观点认为商人服务于神庙，为了宗教目的，将外国的商品交易到本国，但是这一结论也缺乏证据；第三种是折中观点，认为

---

[1] J. Renger, "Trade and Market in the Ancient Near East. Theoretical and Factual Implications", in C. Zaccagnini (ed.), *Merchanti e Politica nel Mondo Antico*, Rome: L'Erma di Bretschneider, 2003, p. 22.

[2] R. K. Englund, *Organisation und Verwaltung der Ur III-Fischerei*, BBVO 10, Berlin: Dietrich Reimer Verlag, 1990, p. 17.

[3] M. A. Powell, "Sumerian Merchants and the Problem of Profit", *Iraq*, Vol. 39, No. 1 (1977), p. 27.

[4] T. Fish, "Aspect of Sumerian Civilisation in the Third Dynasty of Ur. Ⅶ. The dam-qar (trader?) in Ancient Mesopotamia", *Bulletin of the John Rylands Library*, Vol. 22 (1938), pp. 160–174.

[5] W. F. Leemans, *The Old-Babylonian Merchant: His Business and His Social Position*, SD 3, Leiden: Brill, 1950.

第六章 对外贸易

乌尔第三王朝商人中有些是私商，有些是服务于国家（王室），有些服务于神庙。[1] 乌尔第三王朝商人的身份，首先是作为从事商业活动的群体，但是他们并不是自己去外国交易商品，只是在王国之内进行，他们更多的是作为经济活动的中间人或者批发商（merchant），而不是零售商或商贩（trader）。商人需要向国家或神庙缴纳各项税。在目前已知的文献中，记载官商的文献明显要多于私商文献。虽然私商可能人数较少，地位较低，但是他们的自由权更大，可以进行民间放贷，属于放贷人，还可以购买土地。官商文献有一类是结算账目（balanced accounts），[2] 记载的是一月或一年的物品进出项。温马文献中记载了商人负责征收巴拉税。吉尔苏文献中商人阶层更加分工化，细分为金融商人、不动产商人、动产商人、陆运行商等。水运商业是一个独立部门，由代理商负责，他们将商品转运给温马或吉尔苏的批发商。乌尔第三王朝的商人集团并不依附于神庙，二者之间不是主仆关系，而是雇佣关系。同时，王室与商人集团之间也是雇佣关系，商人是独立的、富裕的、纳税的一个群体。虽然商人在政治上与地方的总督和高级祭司不能并列，但是他们在经济和法律上享有独立的特权。[3]

在20世纪后半叶，对乌尔第三王朝商人研究最深入的是德国亚述学家诺依曼。他认为，乌尔第三王朝商人的社会地位问题，首先要解决的是他们属于什么社会阶层或阶级。[4] 通过列举不同文献中出现的商

---

[1] N. W. Forde, "The Sumerian dam-kar-e-ne of the Third Ur Dynasty", PhD dissertation, University of Minnesota, 1964, p. 4.

[2] 最早对乌尔第三王朝商人的结算账目进行分析，参见 J. B. Curtis and W. W. Hallo, "Money and Merchants in Ur III", *Hebrew Union College Annual*, Vol. 30 (1959), pp. 103-139; M. A. Powell, "Sumerian Merchants and the Problem of Profit", *Iraq*, Vol. 39, No. 1 (1977), pp. 23-29; 关于温马结算账目的研究，参见 D. C. Snell, "The Activities of Some Merchants of Umma", *Iraq*, Vol. 39, No. 1 (1977), pp. 45-50.

[3] N. W. Forde, "The Sumerian dam-kar-e-ne of the Third Ur Dynasty", PhD dissertation, University of Minnesota, 1964, pp. 148-153.

[4] 在此之前，菲施认为商人是社会经济产业分工的一个普通成员。但是对于商人是否代表一种统一的社会阶层，学者们存在争议。莱曼斯认为商人属于一个群体、一个职业阶层，而不是个体，并且在不同的城市里，商人的地位也不同，在尼普尔有许多私商身兼放贷人角色，而在吉尔苏、普兹瑞什达干和温马文献中，商人主要是依附于神庙或王室的一个群体，即官商。但是对于私商和官商的区别以及在不同城市的特征，作者没有给出明确解释。参见 T. Fish, "Aspect of Sumerian Civilisation in the Third Dynasty of Ur. VII. The dam-qar (trader?) in Ancient Mesopotamia", *Bulletin of the John Rylands Library*, Vol. 22 (1938), pp. 160-174; W. F. Leemans, *The Old-Babylonian Merchant: His Business and His Social Position*, SD 3, Leiden: Brill, 1950.

人，他还讨论了商人在经济机构中的地位，认为大多数商人已经并入中央集权的经济体系中，细分为不同机构的商人。神庙雇佣自己的商人，依据不同级别，商人阶层之间也有不同的分层，他们的工资有差别。作为王室（国家）的雇员，商人可以承担与贸易无关的工作，比如作为信使或者外交使节。此外，商人代表王室和神庙进行贸易，主要见于商人的结算账目。① 他在其代表作《乌尔第三王朝的商业与商人》一文中，不仅回顾了乌尔第三王朝商人研究的学术史，② 而且还对商人的性质与作用进行了系统研究。他认为，不应该采用二分法的观点来评价商人的地位和性质，作者认为乌尔第三王朝既存在依附于王室和神庙的官商阶层，也存在以营利为目的的私商集团，而且他们并不是一个刻板的社会阶层。即使依附于政府机构的商人阶层，其社会地位也不是统一的，有一些是完全依附于机构的官商，还有一些保有一定自主权的独立

---

① 参见 H. Neumann, "Handel und Händler in der Zeit der Ⅲ. Dynastie von Ur", *Altorientalische Forschungen*, Vol. 6 (1979), pp. 15-67。在此之前，柯蒂斯和哈罗认为，白银用作货币，商人使用白银支付进口商品的费用。当地则使用羊毛、大麦和干鱼作为白银的替代物。作者对此持怀疑态度，作为认为羊毛、大麦和干鱼是作为出口商品，而不是一般等价物，在对外贸易中，白银作为一般等价物。商品还包括：牲畜、芦苇杆（造船使用）、贵金属、宝石等。此外，商人还有私人的贸易，拥有私人土地和果园，甚至还拥有奴隶。在尼普尔的借贷文献中，商人还作为放贷人。参见 J. B. Curtis and W. W. Hallo, "Money and Merchants in Ur Ⅲ", *Hebrew Union College Annual*, Vol. 30 (1959), pp. 103-139。

② 在此之前，菲施首次尝试探讨了乌尔第三王朝商人的作用和职能，参见 T. Fish, "Aspect of Sumerian Civilisation in the Third Dynasty of Ur. Ⅶ. The dam-qar (trader?) in Ancient Mesopotamia", *Bulletin of the John Rylands Library*, Vol. 22 (1938), pp. 160-174。莱曼斯在集中讨论古巴比伦商人之前，对乌尔第三王朝商人进行了探讨，参见 W. F. Leemans, *The Old-Babylonian Merchant: His Business and His Social Position*, SD 3, Leiden: Brill, 1950。黎迈研究乌尔第三王朝的金属贸易中，也对商人阶层进行了探讨，参见 H. Limet, *Le Travail du Métal au Pays de Sumer: Au Temps de la Ⅲe Dynastie d'Ur*, Paris: Société d'Édition《Les Belles Lettres》, 1960。福德主要研究了乌尔第三王朝商人的社会、经济和政治地位，参见 N. W. Forde, "The Sumerian dam-kar-e-ne of the Third Ur Dynasty", PhD dissertation, University of Minnesota, 1964。韦措尔特主要研究商人在羊毛和纺织品贸易中的作用，参见 H. Waetzoldt, *Untersuchtungen zur neusumerischen Textilindustrie*, Roma: Centro per le antichita e la storia dell'arte del Vicino Oriente, 1972。奥本海姆和莱曼斯从对外贸易入手，比较了乌尔第三王朝与古巴比伦时期的波斯湾贸易，参见 A. L. Oppenheim, "The Seafaring Merchants of Ur", *Journal of the American Oriental Society*, Vol. 74, No. 1 (1954), pp. 6-17; W. F. Leemans, *Foreign Trade in the Old Babylonian Period: As Revealed by Texts from Southern Mesopotamia*, Leiden: Brill, 1960。奥本海姆还认为，古代近东贸易与军事扩张的联系尤其以对外贸易（长途贸易）为最典型，称其为"中心导向"。军事扩张一方面是为了获取战利品，另一方面"在政治和军事上控制海外商路"。参见 A. L. Oppenheim, "Trade in the Ancient Near East", in H. Van der Wee (ed.), *Fifth International Congress of Economic History*, Leningard 1970. Vol. V, The Hague: Mouton, 1970, pp. 125-149。

第六章 对外贸易

商人，他们和政府机构之间更多的是雇佣关系，而不是完全依附关系。[①]

理清了乌尔第三王朝商人的性质之后，我们来探讨商人的职能。第一个基本职能是作为官方机构（王室或神庙）的雇员或代理人，商人代表王室或神庙机构从事贸易活动，主要是对外贸易。乌尔第三王朝的对外贸易，被王室和神庙所垄断，他们雇佣商人从事对外贸易活动。乌尔和拉伽什（吉尔苏）是乌尔第三王朝对外贸易的两大中心。伦格尔通过商人账目文献，认为乌尔第三王朝商人作为政府机构的代理人，为其所委托的机构获取所需的商品，这些商品大多数是两河流域缺少的，如香料、稀有矿物等，他们通过出售两河流域所产的大麦或羊毛给外国来获取。他不清楚商人是扮演对外贸易的行商，还是通过其他行商中转获取所需商品。商人作为政府机构的人员，负责管理商品的交易活动，并且受命于他们的行政主管。商人只是这些行政命令的执行者。他们更多扮演着交易代理的角色，而不是一个真正意义上的商人。他还认为，商人的社会地位和角色，是由其在家庭经济体系中的作用决定。[②] 可以说，乌尔第三王朝的商人阶层是机构性家庭的成员。很难确定他们的独立性有多少，尤其是长途贸易需要个人积极性和承担风险的意愿，不仅在经济方面，而且在生命安全方面（如海难、谋杀、抢劫等）。私商和官商活动及其之间的关系仍然是一个棘手的问题。商人有足够的储存机构，他们的存货完全可以满足政府的需要。商人的职责只有从事贸易活动一项，在城邦恩西的授权下，代表城邦的官方利益。当然，他们从事的这一贸易活动包括对外贸易。例如，据一篇文献（VS 14, 030）记载，商人乌尔恩基从狄勒蒙带来 234 米纳的铜合金。

[①] H. Neumann, "Ur-Dumuzida and Ur-dun: Reflections on the Relationship between State-initiated Foreign Trade and Private Economic Activity in Mesopotamia towards the End of the Third Millennium BC", in G. Dercksen (ed.), *Trade and Finance in Ancient Mesopotamia. Proceedings of the 1st MOS Symposium, Leiden December 19-20 1997*, Leiden and Istanbul: Nederlands Instituut voor het Nabije Oosten, 1999, pp. 44-45.

[②] J. Renger, "Trade and Market in the Ancient Near East. Theoretttical and Factual Implications", in C. Zaccagnini (ed.), *Merchanti e Politica nel Mondo Antico*, Rome: L'Erma di Bretschneider, 2003, pp. 23-24.

文献 VS 14, 030（ED Ⅲb, Girsu）
obv.
col. 1

1. 240-la₂-6 ma-na uruda a-ru₁₂-da　　　　234 米纳铜合金
2. uruda a-ru₁₂-da u₂-rum　　　　　　　　铜合金物品

col. 2

1. dim₃-tur　　　　　　　　　　　　　　小物品
2. Ur-ᵈEn-ki　　　　　　　　　　　　　　乌尔恩基
3. dam-gar₃　　　　　　　　　　　　　　商人
4. kur Dilmunᵏⁱ-ta　　　　　　　　　　　从狄勒蒙山（国）

rev.
col. 1

1. mu-de₆-a-am₆　　　　　　　　　　　　带来
2. Lugal-an-da　　　　　　　　　　　　　卢伽尔安达
3. ensi₂　　　　　　　　　　　　　　　　恩西
4. Lagašᵏⁱ-ke₄　　　　　　　　　　　　　拉伽什

col. 2

1. e₂-gal-la　　　　　　　　　　　　　　带到王宫。
2. e-la₂ 1

乌尔第三王朝商人的第二个职能，是协助、代表官方机构（王室中央机构或地方行省机构）征收或管理赋税，这一职责被称为包税制。官方机构利用商人不仅是为了从事对外贸易，获取所需海外商品，而且还雇佣商人来从事征税活动。王室将征税权转让给私人或团体。商人的职责之一是参与巴拉税的征收与管理，涉及行省内和国家层面的。巴拉税是乌尔中央政府向地方行省征收的一种常规税种，税额约占行省总收入的一半。[①] 在当地行省，商人协助行省总督安排巴拉税的征收事项，在国家层面，商人负责征集各地上缴的巴拉税，并且代表中央政府管理巴拉税账目。例如，图兰伊里作为商人督办，致力于代理巴拉税的征收与管理。图兰伊里的职

---

① T. M. Sharlach, *Provincial Taxation and the Ur Ⅲ State*, CM 26, Leiden and Boston: Brill, 2004；刘昌玉：《古代两河流域乌尔第三王朝赋税制度研究》，中国社会科学出版社2021年版。

第六章　对外贸易

能是作为商人的督办，负责将巴拉税物资分发给其管辖的商人。在具体操作上，他接收的是货物类型的巴拉税，先将其换算成白银，再分发给商人。[1] 再如，商人乌尔萨伽代理拉伽什-吉尔苏行省机构，负责收缴巴拉税。如下所示：

文献 MVN 09，077

obv.

1. 12 gin$_2$ la$_2$ igi-4-gal$_2$ ku$_3$-babbar　　　11 3/4 津白银
2. ku$_3$ bala-še$_3$　　　作为巴拉税的白银
3. ki A$_2$-i$_3$-li$_2$-ta　　　从阿伊里
4. Ur-sa$_6$-ga　　　乌尔萨伽

rev.

1. šu ba-ti　　　接收；
2. iti munu$_4$-gu$_7$
3. mu Ša-aš-ru-um^{ki} ba-hul　　　阿马尔辛 6 年。

seal 1

1. Ur-sa$_6$-ga　　　乌尔萨伽
2. dumu E$_2$-ki　　　埃吉之子
3. dam-gar$_3$　　　商人。

乌尔第三王朝商人的第三个职能是从事私人借贷业务，具体私商的属性。[2] 首先，商人作为债权人进行放贷活动。除了留够资本用于购买商品之外，商人还将剩余资本用于其他投资，主要是放贷，以获取利息。商人

---

[1] S. J. Garfinkle, "Merchants and State Formation in Early Mesopotamia", in S. Melville and A. Slotsky (eds.), *Opening the Tablet Box: Near Eastern Studies in Honor of Benjamin R. Foster*, CHANE 42, Leiden: Brill, 2010, pp. 188-192.

[2] 加芬克尔认为，没有证据表明商人是国家的直接雇员。同时，文献表明中心行政机构是商人的最大和最密切的客户。这两个特征体现了乌尔第三王朝商人的社会经济地位。商人最主要的角色是交易者，他们的任务是便利商品交换。国家政府既作为生产者也作为消费者，在商业活动中发挥重要作用。商人对中央机构的依附性并不是绝对的，私人档案的发现提供了反证。作者强调，商人虽然一定程度上依赖于国家，但是国家也同时依靠商人。这种依赖性是双向的，彼此的。商人从事海外贸易，并且比公共机构从事海外贸易更加有效适合。参见 S. J. Garfinkle, "Private Enterprise in Babylonia at the End of the Third Millennium BC", PhD dissertation, Columbia University, 2000, p. 236。

兼营放贷，以温马和尼普尔两个行省的商人最为典型。[①] 例如，尼普尔的两位知名私人乌尔努斯库（Ur-Nusku）和阿达亚也是十分出名的放贷人。其次，商人为了及时取得流动资金用于贸易活动，也会作为债务人向其他人借贷，或者作为代理人帮助其他官员借款。例如，商人乌尔宁姆格以军尉阿拉德南那的名义，向债权人阿达借款 5 古尔大麦（文献 BPOA 01，1748）。而且，商人还作为证人，为借贷活动或契约作证。例如，商人乌图尔马马（Utul-Mama）作为证人，为西阿亚有息放贷 1 古尔大麦给伊加加之子达亚亚作证（文献 ZA 093，177，08）。

文献 ZA 093, 177, 08 (SS 7, Irisagrig)

obv.

1. 1 še gur	1 古尔大麦
2. še ur$_5$-ra maš$_2$ tuku	有息贷款
3. ki SI-A-a-ta	从西阿亚
4. Da-a-a dumu I-ga-ga	伊伽伽之子达亚亚
5. šu ba-ti	收到
6. Wa-wa-ti	瓦瓦提

rev.

1. U$_2$-tul$_2$-Ma-ma dam-gar$_3$	商人乌图尔马马
2. Nu-ur$_2$-i$_3$-li$_2$	努尔伊里
3. I-di$_3$-Er$_3$-ra	伊丁埃拉
4. lu$_2$-inim-ma-bi-me	是证人
5. mu ^{d}Šu-^{d}Suen lugal Urim$_5^{ki}$-ma-ke$_4$ ma-da Za-ab-ša-li^{ki} mu-hul	舒辛 7 年。

seal 1

1. Da-a-a	达亚亚
2. dumu I-ga-ga	伊伽伽之子。

[①] P. Steinkeller, "Toward a Definition of Private Economic Activity in Third Millennium Babylonia", in R. Rollinger and C. Ulf (eds.), *Commerce and Monetary Systems in the Ancient World: Means of Transmission and Cultural Interaction. Proceedings of the Fifth Annual Symposium of the Assyrian and Babylonian Intellectual Heritage Project Held in Innsbruck, Austria, October 3rd-8th 2002*, Stuttgart: Franz Steiner Verlag, 2004, p. 105.

第六章　对外贸易

需要补充的是，乌尔第三王朝的借贷行业分为私人借贷和官方（机构）借贷两种。有的学者注意到，古代的借贷不同于今天的借贷，需要根据特定的历史环境来理解。① 借贷活动在公元前 3 千纪晚期两河流域南部的官方和非官方经济中都发挥了十分重要的作用。在乌尔第三王朝，有三种主要的借贷方式：常规借贷（有息借贷）、无息借贷（免息借贷）、抵押借贷。其中，常规借贷是最多的，借贷的物品包括：白银、大麦和羊毛，需要付息。无息借贷一般指短期借贷，通常不超过一个月。抵押借贷一般指借款人以劳动作为利息进行抵押。债权人放贷不是以获取利息为目的，而是为了使借贷人为其从事劳动以此作为抵押，尤其是在农忙劳动力短缺时。② 借贷除了获取劳动力，更一般的目的是获取利息。例如，尼普尔商人乌尔努斯库的档案记载，放贷人收回他放贷的本金和利息，如果借款人没有全额偿还，将会受到相应的处罚（比如双倍偿还）。在乌尔第三王朝，借贷的利率大约是：大麦借贷 33%，白银借贷 20%，其中大麦借贷的期限比较短。作为中央集权制的国家，乌尔第三王朝的统治者利用中央权力使借贷活动的许多方面标准化，但是也保留了一些地区和私人特色。

此外，商人还兼任其他职能，比如担任信使、法官、证人等。在伊比辛时期，商人卢恩利拉是乌尔城对外贸易的督办。其印章表明其官职为"海上贸易商人"（ga-es$_8$ a-ab-ba-ka）。海商的数量是有限的。在吉尔苏文献记载了一个地方叫"海商之家"（e$_2$-duru$_5$-ga-es$_8$）。如同dam-gar$_3$商人一样，海商也可以被雇佣从事信使任务。有的海商处理王朝的对外贸易，所以其社会地位应该不低。卢恩利拉的印章还显示其另一重身份是法官（di-ku$_5$），也印证了海商具有较高的社会地位。乌尔第三王朝灭亡之后，海商集团不再存在，被"狄勒蒙商人"（ālik tilmun）取

---

① P. Steinkeller, "The Ur Ⅲ Period", in R. Westbrook and R. Jasnow, eds., *Debt and Economic Renewal in the Ancient Near East*, Bethesda: CDL Press, 2001, p. 48.

② P. Steinkeller, "Money-Lending Practices in Ur Ⅲ Babylonia: The Issue of Economic Motivation", in M. Hudson and M. Van De Mieroop（eds.）, *Debt and Economic Renewal in the Ancient Near East*, Bethesda: CDL Press, 2002, p. 118；但是，也有学者认为，更一般的借贷目的是获取利息，参见 S. J. Garfinkle, "Shepherds, Merchants, and Credit: Some Observations on Lending Practices in Ur Ⅲ Mesopotamia", *Journal of the Economic and Social History of the Orient*, Vol. 47, No. 1（2004）, p. 6。

代，二者的区别是前者代表的是王室和神庙，属于官商；而后者属于私商。理论上，乌尔第三王朝与西部和西北部的贸易应该同与东部的贸易同等重要，但是尤其西部和西北部的贸易缺乏文献证据支撑，我们只能讨论其与东部的贸易。

值得注意的是，商人职业大部分是可以世袭的，因此形成了许多商人世家。例如，尼普尔的乌尔努斯库，吉尔苏的乌尔萨伽。① 温马的乌尔杜姆孜达（Ur-Dumuzida），尼普尔的乌尔顿，② 阿达布的埃西杜姆（Esidum）档案，③ 以

---

① S. J. Garfinkle, "Merchants and State Formation in Early Mesopotamia", in S. Melville and A. Slotsky (eds.), *Opening the Tablet Box: Near Eastern Studies in Honor of Benjamin R. Foster*, CHANE 42, Leiden: Brill, 2010, pp. 185-202; S. J. Garfinkle, "The House of Ur-saga: Ur Ⅲ Merchants in Their Non-Institutional Context", in J. Mas and P. Notizia (eds.), *Working at Home in the Ancient Near East*, AANEA 7, Oxford: Archaeopress, 2020, pp. 71-82.

② H. Neumann, "Zu den Geschäften des Kaufmanns Ur-Dumuzida aus Umma", *Altorientalische Forschungen*, Vol. 20 (1993), pp. 69-86; H. Neumann, "Ur-Dumuzida and Ur-dun: Reflections on the Relationship between State-initiated Foreign Trade and Private Economic Activity in Mesopotamia towards the End of the Third Millennium BC", in G. Dercksen (ed.), *Trade and Finance in Ancient Mesopotamia. Proceedings of the 1st MOS Symposium, Leiden December 19-20 1997*, Leiden and Istanbul: Nederlands Instituut voor het Nabije Oosten, 1999, pp. 43-53; P. Notizia, "How to 'Institutionalize' a Household in Ur Ⅲ Ĝirsu/Lagaš: The Case of the House of Ur-dun", *Journal of Cuneiform Studies*, Vol. 71 (2019), pp. 11-34. 据文献记载，乌尔杜姆孜达的活动时间从舒尔吉 36 年至伊比辛 1 年。有的学者认为，在温马行省存在一个重要的商人组织。主要的包括三个商人：塞什卡拉、帕达（Pada）、乌尔杜姆孜达，参见 N. W. Forde, "The Sumerian dam-kar-e-ne of the Third Ur Dynasty", PhD dissertation, University of Minnesota, 1964; D. C. Snell, *Ledgers and Prices: Early Mesopotamian Merchant Accounts*, YNER 8, New Haven and London: Yale University Press, 1982, p. 99; R. K. Englund, "Ur Ⅲ Sundries", *Acta Sumerologica*, Vol. 14 (1992), p. 85; H. Neumann, "Zu den Geschäften des Kaufmanns Ur-Dumuzida aus Umma", *Altorientalische Forschungen*, Vol. 20 (1993), p. 77. 其中，乌尔杜姆孜达是最重要的一位商人，可能是商人的头领。在文献中，他被称为"非常忙的商人"。R. K. Englund, *Organisation und Verwaltung der Ur Ⅲ-Fischerei*, BBVO 10, Berlin: Dietrich Reimer Verlag, 1990, p. 48, no 166. 在其印章中，他的职位为"沙拉神庙的商人"（文献 MVN 13 860）。有的学者认为，乌尔杜姆孜达可能是商人塞什卡拉的儿子，也是商人乌尔舒尔帕埃和卢赫伽尔（Lu-hegal）的父亲，可见这是一个商人家族。Snell, YNER 8, 101-102. 但是他的论断遭到了一些质疑，参见 H. Neumann, "Zu den Geschäften des Kaufmanns Ur-Dumuzida aus Umma", *Altorientalische Forschungen*, Vol. 20 (1993), p. 78。

③ A. Kāmil, "L'archive d'Esidum, un entrepreneur du temps du rois d'Ur (XXI av. J.-C.). D'après les textes cunéiformes inédits conserves au musée de Suleymaniyeh (Kurdistan Irakien)", PhD dissertation, Université de Sorbonne, Paris 1, 2015.

及可能位于伊利萨格里格行省的商人督办图兰伊里档案。① 通过对这些商人档案的梳理研究，我们可以窥探乌尔第三王朝时期的波斯湾贸易。

第二节 波斯湾贸易

由于缺乏矿产与木材等自然资源，两河流域依赖对外贸易从外部世界获取所缺的资源。在两河流域王室铭文中，统治者往往自诩恢复了对外贸易和商路。在公元前3千纪末期，两河流域的对外贸易对象主要是波斯湾。乌尔第三王朝建立者乌尔纳姆自称恢复了波斯湾海上贸易，马干来的船只停泊在乌尔港口。在乌尔纳姆的铭文中（UET I 50），记载了波斯湾贸易的重要性，他们自夸对外贸易的中心由之前的吉尔苏（拉伽什）转到乌尔，马干船的记载。在《乌尔纳姆法典》中提到了贸易问题的重要性（143—149行），"他制定了青铜希拉容量单位。他标准化米纳重量单位。他标准化白银和石头津与米纳单位的关系"。统一度量衡促进了贸易发展。同时，贸易发展也与军事扩张有关。乌尔纳姆的继承人舒尔吉效仿前朝先例，也自称为神以及"四方之王"，他将狄勒蒙纳入王朝的势力范围，并且与狄勒蒙互派使节。② 舒辛铭文记载了，黄金、白银和铜作为战利品。③

一 狄勒蒙

狄勒蒙位于今巴林岛，一说也包括今科威特的法拉卡岛（Failaka）以

---

① S. J. Garfinkle, "Turam-ili and the Community of Merchants in the Ur III Period", *Journal of Cuneiform Studies*, Vol. 54 (2002), pp. 29-48; S. J. Garfinkle, *Entrepreneurs and Enterprise in Early Mesopotamia: A Study of Three Archives from the Third Dynasty of Ur*, CUSAS 22, Bethesda: CDL Press, 2012; D. I. Owen, *Cuneiform Texts Primarily from Iri-Saĝrig / Āl-Šarrākī and the History of the Ur III Period*, Volume I: *Commentary and Indexes*, Nisaba 15/1, Bethesda: CDL Press, 2013, pp. 64-65, 103; M. Molina, "On the Location of Irisaĝrig", in S. Garfinkle and M. Molina (eds.), *From the 21st Century B. C. to the 21st Century A. D.: Proceedings of the International Conference on Sumerian Studies Held in Madrid 22-24 July 2010*, Winona Lake: Eisenbrauns, 2013, p. 72.

② 文献 AO 3474. 参见 A. L. Oppenheim, "The Seafaring Merchants of Ur", *Journal of the American Oriental Society*, Vol. 74 (1954), p. 16.

③ C. J. Gadd, "Babylonia c. 2120-1800 B. C.", in I. E. S. Edwards, C. J. Gadd and N. G. L. Hammond (eds.), *The Cambridge Ancient History*, Third Edition Volume I Part 2, Cambridge: Cambridge University Press, 1971, pp. 599-600.

战争、外交与贸易：两河流域乌尔第三王朝对外关系研究

及沙特阿拉伯的塔鲁特岛（Tarut）等地区。① 在早王朝时期，狄勒蒙文化主要集中于塔鲁特岛，且已经成为波斯湾贸易的中心。狄勒蒙最早出现于约公元前2500年早王朝Ⅲa时期的楔形文字文献中。② 在拉伽什城邦首领乌尔南舍的铭文中，他自称制造了狄勒蒙船，从狄勒蒙为他运输商品。③ 两河流域的商人从狄勒蒙进口铜和锡等贵重金属，出口的商品包括大麦、二粒小麦、雪松树脂、植物油、动物油脂、纺织品，通常以白银作为一般等价物。从文献记载推知，在早王朝时期，两河流域从事的波斯湾贸易仅限于狄勒蒙，以塔鲁特岛为主要的贸易地。在阿卡德王国时期，狄勒蒙依然以塔鲁特岛为中心，考古证据显示，塔鲁特岛作为马尔哈西商品出口至两河流域的海上贸易重要中转站。据文献证据记载，随着萨尔贡对外扩张政策的推进，阿卡德王国的势力范围达到了"从上海（地中海）到下海（波斯湾）"的广大范围，并且影响波及马干、马尔哈西和麦鲁哈等遥远之地。④ 例如，萨尔贡在其铭文中自诩，"越过海的土地已被征服；包括海洋边的马干，他在下海（波斯湾）清洗武器"⑤。此外，萨尔贡还宣称，"来自麦鲁哈、马干和狄勒蒙的船停泊在阿卡德的港口"，表明远至印度河

---

① S. Laursen and P. Steinkeller, *Babylonia, the Gulf Region, and the Indus: Archaeological and Textual Evidence for Contact in the Third and Early Second Millennium B. C.*, MC 21, Winona Lake: Eisenbrauns, 2017, pp. 10-11. 关于法拉卡岛的考古发掘，参见 A. Andersson, "Beads, pendants and other ornaments from late 3rd-2nd millennium BC occupation on Failaka, Kuwait", *Polish Archaeology in the Mediterranean*, Vol. 23, No. 2 (2014), pp. 209-224; H. J. Ashkanani, "Interregional Interaction and Dilmun Power in the Bronze Age: A Characterization Study of Ceramics from Bronze Age Sites in Kuwait", PhD dissertation, University of South Florida, 2014.

② 注意，在更早的乌鲁克文化Ⅲ期（约公元前3200年）的文献中，提到了ZAG.DILMUN和GIN$_2$：DILMUN的术语，目前学术界不清楚它们是否指的是狄勒蒙地名，参见 S. Laursen and P. Steinkeller, *Babylonia, the Gulf Region, and the Indus: Archaeological and Textual Evidence for Contact in the Third and Early Second Millennium B. C.*, MC 21, Winona Lake: Eisenbrauns, 2017, p. 21.

③ 原文：ma$_2$ Dilmun kur-ta gu$_2$ giš mu-gal$_2$，参见 D. R. Frayne, *Presargonic Period (2700-2350 BC)*, RIME 1, Toronto: University of Toronto Press, 1998, pp. 83-84 (Ur-Nanše 1 c: 4-6), 103-104 (Ur-Nanše 17 v 3-5), 106-107 (Ur-Nanše 20 iv 1-3), 108-109 (Ur-Nanše 22: 16-18), 109-110 (Ur-Nanše 23: 16-18), 111-112 (Ur-Nanše 25: 1'-3').

④ D. Frayne, *Sargonic and Gutian Periods (2334-2113 BC)*, RIME 2, Toronto: University of Toronto Press, 1998, pp. 9-12 (Sargon 1: 68-73 = 73-78), 27-29 (Sargon 11: 14-28 = 17-35).

⑤ C. Wilcke, "Amar-girids Revolte gegen Narām-Su'en", *Zeitschrift für Assyriologie und Vorderasiatische Archäologie*, Vol. 87 (1997), pp. 25 (x 15-28), 28.

流域的麦鲁哈也被纳入波斯湾贸易圈中。① 阿卡德王国灭亡后，两河流域北部被库提人占据，成立库提王国。在库提人统治下，两河流域与周边地区的贸易暂时中断，据当时铭文记载，"在北部，他（库提人）关闭了商路，使得国道上杂草丛生"②。

在乌尔第三王朝时期，在两河流域文献中几乎很少有关于狄勒蒙的记载。③ 但是从考古和文献证据来看，乌尔王国的商人与狄勒蒙之间的贸易活动则更加有组织性和进行大宗贸易。即使两河流域商人可以直接航行至更远的马干等地直接贸易，狄勒蒙也依然作为两者之间的一个重要中转站。④ 例如，在今巴林的卡拉特-艾尔巴林（Qala'at al-Bahrain）出土了一个器皿上刻有 167 希拉的容量单位，这种量器很显然来自乌尔王国。⑤ 另一个证据也是出土于卡拉特-艾尔巴林遗址的一件 2 津（约 16.4 克）重的赤铁矿权重。⑥

随着拉伽什-吉尔苏行省的海港城市古阿巴港口的发展以及造船技术的进步（"大船"的制造），乌尔王国已经具备远航的条件，这也导致了原先狄勒蒙中转站地位的下降。⑦ 据古气象学家研究证明，在大约公元前

---

① D. Frayne, *Sargonic and Gutian Periods (2334-2113 BC)*, RIME 2, Toronto: University of Toronto Press, 1998, pp. 27-29 (Sargon 11: 9-13 = 11-16).

② D. Frayne, *Sargonic and Gutian Periods (2334-2113 BC)*, RIME 2, Toronto: University of Toronto Press, 1998, pp. 283-293 (Utu-hegal 4: 43-45).

③ 注意，有的学者认为，乌尔第三王朝文献中之所以较少记载狄勒蒙，是因为此时狄勒蒙被合并到乌尔第三王朝版图中，尤其是位于今科威特的法拉卡岛，学者们提出了两个证据，一个是舒尔吉 34 年的一篇信件提到："我的主人，您已给我关于每件事的指示，从海上和狄勒蒙之地到西穆鲁姆边界。"表明狄勒蒙合并入舒尔吉的王国中。另一个证据是阿马尔辛 1 年的经济文献中提到"马干的恩西"。参见 D. T. Potts, *The Arabian Gulf in Antiquity, Volume I*, Oxford: Clarendon Press, 1990, p. 144; R. Carter, "Sumerians and the Gulf", in H. Crawford (ed.), *The Sumerian World*, London and New York: Routledge, 2013, pp. 593-594。

④ R. Carter, "Sumerians and the Gulf", in H. Crawford (ed.), *The Sumerian World*, London and New York: Routledge, 2013, p. 592.

⑤ F. Højlund and H. Hellmuth Andersen, *Qala' at al-Bahrain, volume 1: The Northern City Wall and the Islamic Fortress*, Jutland Archaeological Society Publications 30, Højbjerg: Jutland Archaeological Society, 1994, pp. 301-302.

⑥ F. Højlund and H. Hellmuth Andersen, *Qala' at al-Bahrain, volume 1: The Northern City Wall and the Islamic Fortress*, Jutland Archaeological Society Publications 30, Højbjerg: Jutland Archaeological Society, 1994, p. 396.

⑦ 关于乌尔第三王朝时期狄勒蒙商业地位的衰落，有的学者认为是由于阿摩利人的介入，参见 S. Laursen and P. Steinkeller, *Babylonia, the Gulf Region, and the Indus: Archaeological and Textual Evidence for Contact in the Third and Early Second Millennium B. C.*, MC 21, Winona Lake: Eisenbrauns, 2017, pp. 60-62.

2200年，波斯湾沿岸遭遇极端干旱气候，这对贸易的影响也不能忽视。[1]此外，狄勒蒙的中心从塔鲁特岛转移到巴林岛，并且形成了城市国家的建构（大约公元前2050年），[2]甚至被有的学者称为"狄勒蒙第一王朝"[3]。据考古证据表明，这一时期的巴林岛大约有1万人口，整个狄勒蒙文化圈大约有2万人口。狄勒蒙社会由若干个家族构成，每个家族拥有一定的自治权，社会等级制度已经建立起来。

在乌尔第三王朝时期，狄勒蒙文化的另一个重要据点——今科威特法拉卡岛，也开始作为波斯湾贸易据点发展起来。在该遗址，考古发现了许多来自马干和麦鲁哈的物件，以及来自乌尔王国的滚筒印章。有的学者认为，法拉卡岛很可能是作为乌尔王国从事波斯湾贸易的一个重要驿站。[4]

舒辛统治时期，其最高行政首脑阿拉德南那有一个头衔是狄勒蒙行政长官（gir nita），表明了乌尔王朝对狄勒蒙的政治影响力。[5]从乌尔出土的泥板（UET 3 1507）提到羊毛出口至狄勒蒙。

文献 UET 3 1507 (IS 1 vi 14, Ur)

obv.

1. 10 gu$_2$ siki hi-a du　　　　　10塔兰特普通级混合羊毛

---

[1] 又称"4.2千年事件"，参见 H. Weiss, et al., "The Genesis and Collapse of North Mesopotamian Civilization", *Science*, Vol. 261, No. 5124 (1993), pp. 995-1004; H. M. Cullen, et al., "Climate Change and the Collapse of the Akkadian Empire: Evidence from the Deep Sea", *Geology*, Vol. 28 (2000), pp. 379-382; H. Weiss, "Quantifying Collapse: The Late Third Millennium Khabur Plains", in H. Weiss (ed.), *Seven Generations Since the Fall of Akkad*, Studia Chaburensia 3, Wiesbaden: Harrassowitz, 2012, p. 1。

[2] F. Højlund, "The Formation of the Dilmun State and the Amorite Tribes", *Proceedings of the Seminar for Arabian Studies*, Vol. 19 (1989), pp. 45-59.

[3] F. Højlund, *The Burial Mounds of Bahrain-Social Complexity in Early Dilmun*, Aarhus: Jutland Archaeological Society, 2007; S. T. Laursen, "Early Dilmun and Its Rulers: New Evidence of the Burial Mounds of the Elite and the Development of Social Complexity, c. 2200-1750 BC", *Arabian Archaeology and Epigraphy*, Vol. 19 (2008), pp. 156-167.

[4] F. Højlund and A. Abu-Laban, *Tell F6 on Falaika Island-Kuwaiti-Danish Excavations 2008-2012*, Jutland Archaeological Society Publications 92, Aarhus: Kuwaiti National Council for Culture, Arts and Letters / Jutland Archaeological Society and Moesgaard Museum, 2016.

[5] C. J. Gadd, "Babylonia c. 2120-1800 B. C.", in I. E. S. Edwards, C. J. Gadd and N. G. L. Hammond (eds.), *The Cambridge Ancient History, Third Edition Volume I Part 2*, Cambridge: Cambridge University Press, 1971, pp. 605, 609; P. B. Cornwall, "Dilmun: The History of Bahrein Island before Cyrus", PhD dissertation, Harvard University, 1944, p. 70.

2. siki tug₂ mu-tag-ta　　　　　用来织布的羊毛
3. ma₂-a gar-ra Dilmunki-še₃　　用船运到狄勒蒙
4. Ur-gur lu₂ ma₂-da [x]　　　　由船员乌尔伽尔
rev.
1. šu ba-an-ti　　　　　　　　　收到了;
2. iti ki-siki dNin-a-zu u₄ 14-kam　第 6 月, 第 14 日
3. mu dI-bi₂-dSuen lugal　　　　伊比辛 1 年。
left
1. [x] dNanna-an-dul₃ dub-sar　　南那安杜尔, 书吏。

苏美尔文献中提到的许多狄勒蒙商品,其原产地不在狄勒蒙,而在印度河流域或阿富汗,这说明狄勒蒙作为一个贸易中转港和集散中心,连接两河流域和印度河流域及其他地区的远途贸易。[①] 这时期来自狄勒蒙的朝贡品也被运到两河流域的神庙中,作为神庙税收组成部分,两河流域专门派遣使节或贸易代表到狄勒蒙去,文献中多次出现"到狄勒蒙的旅途"[②]。文献中也记载有商人身份的信息。据文献记载,神庙纳税者是伊丁宁因扎克(Idin-Nin-inzak),[③] 这是一个狄勒蒙人名,说明此时来自狄勒蒙的水手或商人航海到达乌尔。

二　马干

传统的观点认为,马干位于阿曼半岛(今阿曼和阿联酋)。[④] 在乌尔第

[①] H. Crawford, *Dilmun and its Gulf neighbours*, Cambridge: Cambridge University Press, 1998; 吴宇虹、国洪更:《古代两河流域和巴林的海上国际贸易》,《东北师大学报》(哲学社会科学版) 2004 年第 5 期。

[②] A. L. Oppenheim, "The Seafaring Merchants of Ur", *Journal of the American Oriental Society*, Vol. 74 (1954), pp. 7-8.

[③] 参见 D. Potts, "The Late Prehistoric, Protohistoric, and Early Historic Periods in Eastern Arabia (ca. 5000-1200 B. C.)", *Journal of World Prehistory*, Vol. 7, No. 2 (1993), p. 193; D. Potts and S. Blau, "Identities in the East Arabian Region", *Mediterranean Archaeology*, Vol. 11 (1998), p. 30.

[④] W. Heimpel, "Das Untere Meer", *Zeitschrift für Assyriologie und Vorderasiatische Archäologie*, Vol. 77 (1987), pp. 22-99; K. Maekawa and W. Mori, "Dilmun, Magan and Meluhha in Early Mesopotamian History: 2500-1600 BC", in T. Osada and M. Witzel (eds.), *Cultural Relations between the Indus and the Iranian Plateau during the Third Millennium BCE: Indus Project, Research Institute for Humanities and Nature, June 7-8, 2008*, Cambridge: Department of South Asian Studies, Harvard University, 2011, pp. 245-269.

三王朝文献中提到了一个"大马干"（Ma₂-gan^ki gu-la，见文献 UET 3 1193）的地理含义，可能指的是广义上的马干概念，至整个阿曼半岛（亦包括也门）以及伊朗西南部的霍尔木兹海峡北岸地区（今伊朗的霍尔木兹甘省）。以伊朗西南部的马干地区作为中转站，沟通两河流域与马尔哈西和麦鲁哈等地区的贸易往来。在政体上，马干并不是一个统一的王国政权，而是由若干小的、分散的部落组成的联盟，没有一位强大的首领。① 但是，有的学者持不同的观点，认为在阿卡德王国时期，马干已经形成了一个单一的地域性国家。② 笔者认为，至少在乌尔第三王朝时期，马干作为一个统一的政体，其统治者在两河流域楔形文字文献中被称为"国王"（lugal，有时亦称"恩西"ensi₂，公侯）。例如，据舒尔吉时期的文献记载，一位匿名的马干国王发送了一个黄金制品给舒尔吉作为外交礼物（文献 UET 3 299）。

文献 UET 3 299 (SH 28 iv, Ur)

obv.

1. [1 x]-im ku₃-sig₁₇ lugal Ma₂-gan^ki　　1+黄金制品，由马干国王
2. mu-DU　　带来
3. ki Šu-ku₈-bu-um-ma-ta　　从舒库布姆
4. KA-ge-na　　卡吉纳

rev.

1. šu ba-ti　　收到了。
2. iti šu-numun-na　　第4月
3. mu en ᵈEn-ki ba-hun　　舒尔吉28年。

---

① S. Cleuziou, "The Emergence of Oases and Towns in Eastern and Southern Arabian", in G. Afanas'ev, et al. (eds.), *The Prehistory of Asia and Oceania*, XIII *International Congress of Prehistoric and Protohistoric Sciences, Forlì, Italia, 8–14 sept. 1996*, Forlì: A. B. A. C. O. Edizioni, 1996, pp. 161-162; J. Reade, "The Indus-Mesopotamia Relationship Reconsidered", in E. Olijdam and R. H. Spoor (eds.), *Intercultural Relations between South and Southwest Asia*: *Studies in Commemoration of E. C. L. During Caspers (1934–1996)*, Oxford: Archaeopress, 2008, p. 17.

② F. Begemann, et al., "Lead Isotope and Chemical Signature of Copper from Oman and its Occurrence in Mesopotamia and Sites on the Arabian Gulf Coast", *Arabian Archaeology and Epigraphy*, Vol. 21 (2010), p. 163.

第六章　对外贸易

另据阿马尔辛时期的文献（CTMMA 1 17）记载，一位名叫纳杜贝里的马干恩西派了使节出访乌尔。

文献 CTMMA 1 17（AS 4 vii, PD）
obv.
col. 1

1. 1 udu niga gu₄-e-us₂-sa　　　　　1 只次于牛级育肥绵羊
2. 1 maš₂-gal　　　　　　　　　　　1 只山羊
3. ᵍⁱˢgu-za ᵈŠul-gi-ra　　　　　　　　给舒尔吉的王座
4. Ša₃-ta-ku₃-zu maškim　　　　　　沙塔库朱监办；
5. 1 gu₄ niga　　　　　　　　　　　1 头育肥牛
6. 3 udu niga gu₄-e-us₂-sa　　　　　3 只次于牛级育肥绵羊
7. 7 udu　　　　　　　　　　　　　7 只绵羊
8. Ta₂-din-Eš₁₈-tar₂　　　　　　　　给塔丁伊什塔尔
9. 1 gu₄ niga　　　　　　　　　　　1 头育肥牛
10. 2 udu niga gu₄-e-us₂-sa　　　　2 只次于牛级育肥绵羊
11. 1 udu 2 maš₂-gal　　　　　　　1 只绵羊，2 只山羊
12. ᵈNin-lil₂-tu-kul-ti　　　　　　　 给宁利尔图库尔提
13. 1 gu₄ niga　　　　　　　　　　1 头育肥牛
14. 2 udu niga gu₄-e-us₂-sa　　　　2 只次于牛级育肥绵羊
15. 1 udu 2 maš₂-gal　　　　　　　1 只绵羊，2 只山羊
16. Geme₂-ᵈNanna　　　　　　　　给吉美南那
17. 1 gu₄ niga　　　　　　　　　　1 头育肥牛
18. 2 udu niga gu₄-e-us₂-sa　　　　2 只次于牛级育肥绵羊
19. 1 udu 2 maš₂-gal　　　　　　　1 只绵羊，2 只山羊
20. Pa₄-ki-na-na　　　　　　　　　给帕基娜娜
21. 1 gu₄ niga　　　　　　　　　　1 头育肥牛
22. 2 udu niga gu₄-e-us₂-sa　　　　2 只次于牛级育肥绵羊
23. 1 udu 2 maš₂-gal　　　　　　　1 只绵羊，2 只山羊
24. Ša-at-ᵈMa-mi　　　　　　　　 给沙特马米
25. 1 gu₄ niga　　　　　　　　　　1 头育肥牛
26. 2 udu niga gu₄-e-us₂-sa　　　　2 只次于牛级育肥绵羊
27. 1 udu 2 maš₂-gal　　　　　　　1 只绵羊，2 只山羊

28. Nin-he₂-du₇　　　　　　　　　　给宁海杜
29. 1 gu₄ niga　　　　　　　　　　　1 头育肥牛
30. 2 udu niga gu₄-e-us₂-sa　　　　　2 只次于牛级育肥绵羊
31. 1 udu 2 maš₂-gal　　　　　　　　1 只绵羊，2 只山羊
col. 2
1. Geme₂-E₂-an-[na]　　　　　　　 给吉美埃安纳
2. 1 gu₄ niga 2 udu niga [...]　　　　 1 头育肥牛，2 只（次于牛级）育肥绵羊
3. 1 udu 2 maš₂-[gal]　　　　　　　 1 只绵羊，2 只山羊
4. Te-ze₂-en₆-Ma-ma!　　　　　　　给特泽恩马马
5. 1 gu₄ niga 2 udu niga gu₄-e-us₂-sa　1 头育肥牛，2 只次于牛级育肥绵羊
6. 1 udu 2 maš₂-gal　　　　　　　　1 只绵羊，2 只山羊
7. dam Lugal-ma₂-gur₈-re　　　　　　给卢伽尔马古莱之妻
8. 1 gu₄ niga 2 udu niga gu₄-e-us₂-sa　1 头育肥牛，2 只次于牛级育肥绵羊
9. 1 udu 2 maš₂-gal　　　　　　　　1 只绵羊，2 只山羊
10. Me-ᵈIštaran　　　　　　　　　　 给美伊什塔兰
11. 1 gu₄ niga 2 udu niga gu₄-e-us₂-sa　1 头育肥牛，2 只次于牛级育肥绵羊
12. 2 udu 1 maš₂-gal　　　　　　　　2 只绵羊，1 只山羊
13. dam Šar-ru-um-ba-ni　　　　　　 给沙鲁姆巴尼之妻
14. 1 gu₄ niga 2 udu niga gu₄-e-us₂-sa　1 头育肥牛，2 只次于牛级育肥绵羊
15. 2 udu 1 maš₂-gal　　　　　　　　2 只绵羊，1 只山羊
16. dam Lu₂-ᵈNanna dumu Ur-nigarᵍᵃʳ　给乌尔尼伽尔之子卢南那之妻，
17. dumu-munus lugal-me　　　　　　她们是国王的女儿；
18. 2 udu niga gu₄-e-us₂-sa　　　　　　2 只次于牛级育肥绵羊
19. 2 udu 1 maš₂-gal　　　　　　　　2 只绵羊，1 只山羊
20. Ki-na-at-nu-nu　　　　　　　　　给基纳特努努
21. 2 udu niga gu₄-e-us₂-sa　　　　　　2 只次于牛级育肥绵羊
22. 2 udu 1 maš₂-gal　　　　　　　　2 只绵羊，1 只山羊
23. Ku₈-ba-tum　　　　　　　　　　给库巴图姆
24. ummedaᵈᵃ lugal-me　　　　　　　她们是王室乳母；
25. Ri-is, -DINGIR ra₂-gaba maškim　　骑使利茨伊鲁姆监办。
26. 2 gu₄ niga 2 udu niga saga　　　　2 头育肥牛，2 只优级育肥绵羊
27. 5 udu niga gu₄-e-us₂-sa　　　　　　5 只次于牛级育肥绵羊
28. 3 udu 2 maš₂-gal　　　　　　　　3 只绵羊，2 只山羊
29. Na-ap-la-nu-um　　　　　　　　　给纳普拉努姆，

第六章 对外贸易

30. 2 udu A-bi$_2$-iš-ki-il	2只绵羊，给阿比什基尔
31. 2 udu Dan-num$_2$ šeš-a-ni	2只绵羊，给其兄丹努姆
rev.	
col. 1	
1. 2 udu^{d}Šul-gi-a-bi$_2$	2只绵羊，给舒尔吉阿比
2. mar-tu-me	他们是阿摩利人；
3. 1 maš$_2$-gal I-šar-li-bur	1只山羊，给伊沙尔里布尔
4. 1 udu Ki-ma-ni	1只绵羊，给基马尼
5. 1 maš$_2$-gal Si-i$_3$-li$_2$	1只山羊，给希伊里
6. 1 maš$_2$-gal Ba-da-ti-na	1只山羊，给巴达提纳
7. 1 maš$_2$-gal Pu-ul-ba-at	1只山羊，给普尔巴特
8. 1 maš$_2$-gal Dan-ha-la-ah	1只山羊，给丹哈拉赫
9. 1 udu Hu-un-ki-ib-ri	1只绵羊，给胡恩基卜利
10. 1 udu Hu-un-^{d}Šul-gi	1只绵羊，给胡恩舒尔吉
11. 1 maš$_2$-gal ^{d}Šul-gi-i$_3$-li$_2$	1只山羊，给舒尔吉伊里
12. 2 udu 1 maš$_2$-gal	2只绵羊，1只山羊
13. A-mur-^{d}Šul-gi	给阿穆尔舒尔吉
14. 1 udu 1 maš$_2$-gal	1只绵羊，1只山羊
15. ^{d}Šul-gi-pa-li$_2$-il	给舒尔吉帕里尔
16. 1 udu 1 maš$_2$-gal	1只绵羊，1只山羊
17. Aq-ba-ni	给阿克巴尼，
18. 1 udu Ba-ša-an-ti-ba-at	1只绵羊，给巴山提巴特
19. 1 udu Mu-lu-uš	1只绵羊，给穆卢什
20. 1 gu$_4$ niga	1头育肥牛
21. 3 udu 2 maš$_2$-gal	3只绵羊，2只山羊
22. We-du-um lu$_2$ kin-gi$_4$-a Na-du-be-li$_2$ ensi$_2$ Ma$_2$-gan^{ki}	给马干的恩西纳杜贝里的信使韦杜姆
23. 3 udu 2 maš$_2$-gal	3只绵羊，2只山羊
24. Ma$_2$-za lu$_2$ kin-gi$_4$-a I$_3$-še-bu lu$_2$ Da-ri-ba^{ki}	给达利巴人伊塞布的信使马扎
25. 1 gu$_4$ niga	1头育肥牛
26. 3 udu 2 maš$_2$-gal	3只绵羊，2只山羊
27. Ši-ba-ra-aq lu$_2$ Zi-da-<ah>-ri^{ki}	给孜达赫里人西巴拉克

525

col. 2

1. 1 gu₄ niga	1 头育肥牛
2. 3〔udu〕2 maš₂-gal	3 只绵羊，2 只山羊
3. Še-da-ku-ku lu₂ Ma-ri₂^ki	给马里人塞达库库
4. 1 udu 1 maš₂-gal	1 只绵羊，1 只山羊
5. Zi-nu-gi lu₂ Hi-bi₂-la-ti^ki	给希比拉提人孜努吉
6. giri₃ Ne-〔ni〕-la sukkal	外事官奈尼拉经办；
7. 1 gu₄ niga 10 udu	1 头育肥牛，10 只绵羊
8. Ur-^dBa-ba₆ maškim	乌尔巴巴监办；
9. 1 gu₄ niga	1 头育肥牛
10. 2 udu niga saga	2 只优级育肥绵羊
11. 3 udu niga gu₄-e-us₂-sa	3 只次于牛级育肥绵羊
12. 5 udu	5 只绵羊
13. en^dInanna	给伊南娜神庙女祭司
14. Arad₂-mu maškim	阿拉德姆监办；
15. ša₃ mu-DU a₂-ki-ti šu-numun	在为新年所带来的贡赋中
16. u₄ 1-kam	第 1 日
17. ki Ab-ba-sa₆-ga-ta	从阿巴萨伽
18. ba-zi	支出。
19. iti ezem-^dŠul-gi	第 7 月
20. mu En-mah-gal-an-na en^dNanna ba-hun	阿马尔辛 4 年。
left	
1. 174	（共计：）174。

最早记载马干的两河流域楔形文字文献出现在阿卡德王国时期。在早王朝时期，两河流域的波斯湾贸易仅限于狄勒蒙，虽然考古证据显示这一时期马干可能受到了两河流域文化的影响，但是文献中并没有关于马干和麦鲁哈的记载。不过，可以推断，这一时期两河流域与马干之间至少存在间接联系，在其中狄勒蒙商人扮演着中间人的角色。[①] 狄勒蒙商人购买马

---

① S. Laursen and P. Steinkeller, *Babylonia, the Gulf Region, and the Indus: Archaeological and Textual Evidence for Contact in the Third and Early Second Millennium B. C.*, MC 21, Winona Lake: Eisenbrauns, 2017, p. 23.

第六章 对外贸易

干产的铜，以及从马尔哈西（伊朗东南部）和麦鲁哈（印度河流域）运输到马干的青金石、红玉髓、黄金等。有据可考的马干与两河流域直接联系最早出现于阿卡德王国时期。据萨尔贡的王室铭文记载，"麦鲁哈、马干和狄勒蒙的船停泊在阿卡德港口"[1]。在纳拉姆辛的铭文中，记载了他们征服马干，囚禁了马干的首领（en/*bēlum*）马尼乌姆（Manium），将闪长岩运回阿卡德，作为马干的战利品。[2] 古地亚铭文记载，他的雕像是由来自马干的闪长岩制成。[3]

文献 Gudea E3/1.1.7.StA (Lagash Ⅱ, Girsu)

caption

1.	Gu₃-de₂-a	古地亚
2.	ensi₂	拉伽什的恩西
3.	Lagaš^{ki}	
4.	lu₂ E₂-ninnu	建造
5.	^{d}Nin-gir₂-su-ka	宁吉尔苏的埃宁努神庙之人，
6.	in-du₃-a	

col. 1

1.	Nin-hur-sag	为了宁胡尔萨格
2.	nin iri-da mu₂-a	与城市一起成长的女主人
3.	ama-dumu-dumu-ne	众孩子的母亲
4.	nin-a-ni	他的女主人
5.	Gu₃-de₂-a	古地亚
6.	ensi₂	拉伽什的恩西
7.	Lagaš^{ki}-ke₄	
8.	e₂-iri-Gir₂-su^{ki}-ka-ni	建造了她的吉尔苏城之房。

---

[1] D. Frayne, *Sargonic and Gutian Periods (2334-2113 BC)*, RIME 2, Toronto: University of Toronto Press, 1998, pp. 27-29 (Sargon 11: 9-13 = 11-16).

[2] D. Frayne, *Sargonic and Gutian Periods (2334-2113 BC)*, RIME 2, Toronto: University of Toronto Press, 1998, pp. 99-100 (Naram-Sin 4, Ex. 1, 2, 3 and 4); 116-118 (Naram-Sin 13 ii 1-14).

[3] D. O. Edzard, *Gudea and His Dynasty*, RIME 3/1, Toronto: Univeristy of Toronto Press, 1997 (Gudea Statues A, B, C, D, E, G, H, K, and Z); C. Wilcke, "Eine Weihinschrift Gudeas von Lagaš mit altbabylonischen Übersetzung", in A. R. George (ed.), *Cuneiform Royal Inscriptions and Related Texts in the Schøyen Collection*, CUSAS 17, Bethesda: CDL Press, 2011, pp. 29-47.

9. mu-na-du₃

col. 2

1. dub-šen-ku₃-ga-ni　　　　　他为她制作了漂亮的财宝箱

2. mu-na-dim₂

3. ᵍⁱˢdur₂-gar-mah-nam-nin-ka-ni　他为她制作了高耸的座椅

4. mu-na-dim₂

5. e₂-mah-ni-a mu-na-ni-ku₄　　他使它们进入她的大房中

6. kur Ma₂-gan^ki-ta　　　　　从马干山国

col. 3

1. ⁿᵃ⁴esi im-ta-e₁₁　　　　　他带下闪长岩

2. alan-na-ni-še₃　　　　　　用其为自己做雕像，

3. mu-tu

4. nin an-ki-a nam-tar-re-de₃　女主人，为天地立命

5. ᵈNin-tu　　　　　　　　　宁图

6. ama-dingir-re-ne-ke₄　　　众神之母

7. Gu₃-de₂-a　　　　　　　让古地亚

col. 4

1. lu₂ e₂-du₃-a-ka　　　　　建造神庙之人

2. nam-ti-la-ni mu-su₃　　　有长的生命

3. mu-še₃ mu-na-sa₄　　　　他以此为（该雕像）命此名，

4. e₂-a mu-na-ni-ku₄　　　　并且将其带到她的房子。

在经济文献中也记载了，船运的纺织品驶向马干（文献 MVN 7 407；ITT 5 6806；MVN 6 437）。

文献 MVN 7 407（Lagash Ⅱ，Girsu）

obv.

1. 1 ᵗᵘᵍ²na-aš₂-pa₂-ru-um　　1 套"纳什帕鲁姆"衣服

2. 240 ᵗᵘᵍ²bar-dul₅　　　　　240 套"巴尔杜尔"衣服

3. 80 ᵗᵘᵍ²aktum　　　　　　　80 套"阿克图姆"衣服

4. 156 ᵗᵘᵍ²nig₂-lam₂ uš-bar　 156 套"尼格拉姆乌什巴尔"礼服

5. 60 ᵗᵘᵍ²nig₂-lam₂ us₂　　　 60 套"尼格拉什乌斯"礼服

第六章 对外贸易

rev.

1. Ma₂-gan^ki-še₃   被送到马干
2. Lugal-inim-du₁₀-ra   为了卢伽尔伊尼姆杜
3. sag-nig₂-gur₁₁-ka ba-na-gar   从可用资产
4. zi-ga   由沙拉伊萨支出。
5. ᵈŠara₂-i₃-sa₆
6. mu e₂ Ba-gara₂ ba-du₃-a   巴伽拉之房被建造之年。

在乌尔第三王朝时期，马干取代狄勒蒙和麦鲁哈，成为波斯湾贸易的主角，仅次于两河流域在波斯湾贸易中所扮演的角色地位。麦鲁哈和狄勒蒙在乌尔第三王朝文献中很少出现。马尔哈西与马干之间在政治和经济上保持密切的联系。① 较之阿卡德王国，乌尔第三王朝的波斯湾贸易的主要不同是，波斯湾贸易更加由两河流域所支配。

乌尔第三王朝的波斯湾贸易主要有两条路线：一条是以古阿巴港口为起点，沿波斯湾南岸航行，中途经停狄勒蒙等地区，最终到达目的地马干。另一条也是以古阿巴为起点，沿波斯湾北岸航行，到达卡伦河河口沿岸，然后由海运转河运，沿卡伦河而上，到达苏萨和阿丹顿等地区。从两河流域出口的商品包括大麦、纺织品、羊毛和植物油，从马干进口的商品有铜和闪长岩，从麦鲁哈和伊朗地区进口的商品有红玉髓、青金石、绿泥石等石材或制品，以及黄金、锡、象牙、红树木、黄檀木和黑檀木等。②

---

① S. Laursen and P. Steinkeller, *Babylonia, the Gulf Region, and the Indus: Archaeological and Textual Evidence for Contact in the Third and Early Second Millennium B. C.*, MC 21, Winona Lake: Eisenbrauns, 2017, p. 35.

② 文献 UET 3 751；UET 3 341；ITT 2 3802；CUSAS 3 1113；CUSAS 3 1168. 参见 P. Steinkeller, "New Light on Marhaši and its Contacts with Makkan and Babylonia", in J. Giraud and G. Gernez (eds.), *Aux marges de l'archéologie: Hommage à Serge Cleuziou*, Paris: De Boccard, 2012, pp. 263-266; P. Steinkeller, "Toward a Definition of Private Economic Activity in Third Millennium Babylonia", in R. Rollinger and C. Ulf (eds.), *Commerce and Monetary Systems in the Ancient World: Means of Transmission and Cultural Interaction. Proceedings of the Fifth Annual Symposium of the Assyrian and Babylonian Intellectual Heritage Project Held in Innsbruck, Austria, October 3rd-8th 2002*, Stuttgart: Franz Steiner Verlag, 2004, p. 104; K. Maekawa and W. Mori, "Dilmun, Magan and Meluhha in Early Mesopotamian History: 2500-1600 BC", in T. Osada and M. Witzel (eds.), *Cultural Relations between the Indus and the Iranian Plateau during the Third Millennium BCE: Indus Project, Research Institute for Humanities and Nature, June 7-8, 2008*, Cambridge: Department of South Asian Studies, Harvard University, 2011, p. 257.

在乌尔纳姆时期，马干船到达两河流域港口，据乌尔纳姆的王室铭文记载，他宣称"已经将马干的船驶回了南那神（即乌尔城）"，以及"使海上贸易在海边繁荣。"①

文献 RIME 3/2.1.1.17（Ur-Nammu，Ur）

1.	^{d}Nanna	为了南那神
2.	dumu-sag	恩利尔的长子
3.	^{d}En-lil$_2$-la$_2$	
4.	lugal-a-ni	他的主人
5.	Ur-^{d}Nammu	乌尔纳姆
6.	nita kalag-ga	强大的男人
7.	lugal Urim$_5$^{ki}-ma	乌尔之王
8.	lugal ki-en-gi ki-uri-ke$_4$	苏美尔与阿卡德之王
9.	lu$_2$ e$_2$ ^{d}Nanna	建造南那神庙之人
10.	in-du$_3$-a	
11.	ni$_3$-ul-li$_2$-a-ke$_4$ pa mu-na-e$_3$	实现了古代国家大事
12.	gaba-a-ab-ka-ka	在海岸
13.	Ki-sar-a nam-ga-eš$_8$ bi$_2$-sa$_2$	他使贸易到达基萨拉
14.	ma$_2$ Ma$_2$-gan šu-na mu-ni-gi$_4$	并且使船重新驶往马干。

文献 RIME 3/2.1.1.20（Ur-Nammu，Nippur）

79.	Ki-sar-ra	我使马干的船
80.	ma$_2$ Ma$_2$-gan^{ki}-na	重新驶往
81.	^{d}Nanna	来自南那神
82.	a$_2$ ^{d}Nanna	通过南那神的力量
83.	lugal-ga$_2$-ta	我的主人
84.	he$_2$-mi-gi$_4$	
85.	Urim$_5$^{ki}-ma	我使它在乌尔繁荣。

---

① 参见 P. Steinkeller, "Puzur-Inšušinak at Susa", in K. De Graef and J. Tavernier (eds.), *Susa and Elam. Archaeological, Philological, Historical and Geographical Perspectives: Proceedings of the International Congress Held at Ghent University, December 14-17, 2009*, MDP 58, Leiden and Boston: Brill, 2013, p. 302, n. 58; D. Frayne, *Ur Ⅲ Period (2112-2004 BC)*, RIME 3/2, Toronto: University of Toronto Press, 1997, pp. 41, 47.

86. ha-ba-zalag₂

但是，乌尔纳姆之后的乌尔第三王朝文献中不再有类似的记载。乌尔王国在东方的盟友除了马尔哈西和安珊之外，还有波斯湾沿岸的马干。两国最早的外交证据是舒尔吉 28 年，马干统治者发送一个黄金礼物给乌尔（文献 UET 3 299），还赠送马干山羊（maš₂ Ma₂-gan^{ki}）给乌尔。[1]

文献 PDT 1 130（AS 5 ii 7, PD）
obv.

1. 1 maš₂ Ma₂-gan	1 只马干山羊
2. e₂ Puzur₄-iš-^{d}Da-gan gub-ba	被送到普兹瑞什达干机构，
3. u₄ 7-kam	第 7 日
4. ki Ab-ba-sa₆-ga-ta	从阿巴萨伽
5. U₂-ta₂-mi-šar-ra-am	乌塔米沙拉姆

rev.

1. i₃-dab₅	接管了。
2. iti ses-da-gu₇	第 2 月
3. mu En-unu₆-gal ^{d}Inanna ba-hun	阿马尔辛 5 年。

left

1. 1	（共计：）1（只羊）。

据乌尔第三王朝第四王舒辛时期文献记载，从吉尔苏出口大麦至马干。[2] 最后一王伊比辛时期，来自乌尔的经济文献有大量关于外国商品的记录，在卢恩利拉（Lu-Enlila）官员档案中，有大量乌尔与马干铜贸易的记录。[3] 乌尔王国与马干之间除了有商业交往，[4] 还有着友好的外交关系，通过商业贸易合作与军事结盟来达成这些外交关系。很可能，马干也与马尔哈西结盟（文献

---

[1] 文献 AAICAB 1/2 pl. 120 1967-1496; AUCT 1 786; BECPL 4; Hirose 28; PDT 1 130; SANTAG 7 17; TAD 13; Tavolette 287; TCL 2 5632; TRU 210。

[2] W. F. Leemans, *Foreign Trade in the Old Babylonian Period: As Revealed by Texts from Southern Mesopotamia*, Leiden: Brill, 1960, p. 22.

[3] W. F. Leemans, *Foreign Trade in the Old Babylonian Period: As Revealed by Texts from Southern Mesopotamia*, Leiden: Brill, 1960, p. 21.

[4] 文献 UET 3 1511; UET 3 1689; UET 3 1193; ITT 2 776; TCTI 2 2768。

PPAC 5 59)。马干作为沟通两河流域与马尔哈西及其更东部地区的中转站。

值得注意的是，在乌尔第三王朝时期，阿摩利人移民到马干和波斯湾其他地区，他们很快定居于此，并且逐渐被同化。例如，马干的统治者或使节纳杜贝里和韦杜姆都拥有阿摩利语名字。① 在普兹瑞什达干文献中记载了，动物被支出给"阿摩利人（和）来自狄勒蒙的驱魔师"②。

马干很可能在与麦鲁哈的贸易中占有先手，即马干商队驶往麦鲁哈港口从事贸易活动。在尼普尔出土一些肥胖裸体男性小雕像，其神态和形状是典型的哈拉帕文化风格，在印度河流域遗址出土过。③ 乌尔第三王朝的波斯湾贸易考古证据相对稀少，青金石可能不从波斯湾运到两河流域，而是跨过伊朗高原从陆路到达两河流域。

在乌尔第三王朝时期，两河流域商人从事波斯湾贸易，受乌尔国家的对外贸易官方机构所控制，该机构由一个名叫布乌杜（Buwudu）的商人负责管理，其管辖的包括：8个"大船"军尉（nu-banda$_3$ ma$_2$-gal-gal-me）以及6个"六十人组督办官"（ugula-giš$_2$-da）。④ 如下所示：

文献 OIP 115 210（SH 47 vi 18, PD）
obv.

1. 3 udu niga 1 sila$_4$ Bu-u$_2$-du   3只育肥绵羊，1只绵羊羔，给布乌杜
2. 2 udu 1 sila$_4$ Šeš-kal-la   2只绵羊，1只绵羊羔，给塞什卡拉
3. 2 udu 1 maš$_2$ Gu-za-ni   2只绵羊，1只山羊，给古扎尼
4. 2 udu 1 maš$_2$ ^{d}Nanna-ki-ag$_2$ 2只绵羊，1只山羊，给南那基阿格

---

① P. Steinkeller, "Sheep and Goat Terminology in Ur Ⅲ sources from Drehem", *Bulletin on Sumerian Agriculture*, Vol. 8 (1995), p. 62, n. 13.
② 文献 RA 5 93 AO 3474; CST 254: 1-2; TRU 305: 1-3; Ebla 1975-1985 287 A: 1-3。
③ G. F. Dalas, "Of Dice and Men", in W. W. Hallo (ed.), *Essays in Memory of E. A. Speiser*, AOS 53, New Haven: American Oriental Society, 1968, p. 21.
④ P. Steinkeller, "Toward a Definition of Private Economic Activity in Third Millennium Babylonia", in R. Rollinger and C. Ulf (eds.), *Commerce and Monetary Systems in the Ancient World: Means of Transmission and Cultural Interaction. Proceedings of the Fifth Annual Symposium of the Assyrian and Babylonian Intellectual Heritage Project Held in Innsbruck, Austria, October 3rd-8th 2002*, Stuttgart: Franz Steiner Verlag, 2004, p. 104; P. Steinkeller, "Trade Routes and Commercial Networks in the Persian Gulf during the Third Millennium BC", in C. Faizee (ed.), *Collection of Papers presented at the Third International Biennial Conference of the Persian Gulf (History, Culture, and Civilization)*, Tehran: University of Tehran Press, 2013, p. 417.

5. 2 udu 1 maš₂ Ad-da-gu-la 　　2 只绵羊，1 只山羊，给阿达古拉

6. 1 udu 1 maš₂-gal 1 sila₄ 　　1 只绵羊，1 只山羊，1 只绵羊糕

7. Ad-[x]-[x] 　　给阿达某某

8. ugula-giš₂-da-me 　　他们是六十人组督办官；

9. 2 udu 1 sila₄ Ur-mes 　　2 只绵羊，1 只绵羊羔，给乌尔梅斯

10. 2 udu 1 sila₄ Šu-na 　　2 只绵羊，1 只绵羊羔，给舒纳

11. [x] udu 1 sila₄ ᵈUtu-ba-e₃ 　　n 只绵羊，1 只绵羊羔，给乌图巴埃

12. 1 [x] 1 udu 1 sila₄ Ur-ᵈLamma 　　1 只某，1 只绵羊，1 只绵羊羔，给乌尔兰马

13. 3 udu Ku-li 　　3 只绵羊，给库里

14. 3 udu Al-la-mu 　　3 只绵羊，给阿拉姆

15. 2 udu 1 maš₂ Ur-sa₆ 　　2 只绵羊，1 只山羊，给乌尔萨

16. 3 udu Ur-gu-la-mu 　　3 只绵羊，给乌尔古拉姆

17. nu-banda₃ ma₂ gal-gal-me 　　他们是大船军尉；

18. ugula Bu-u₂-du 　　布乌杜督办。

19. 1 sila₄ Šu-ᵈUtu nu-banda₃ 　　1 只绵羊羔，给军尉舒乌图

20. 2 maš₂ dumu Šu-ᵈUtu nu-banda₃ 　　2 只山羊羔，给军尉舒乌图之子

21. 5 udu 1 maš₂ […] 　　5 只绵羊，1 只山羊……

rev.

1. 4 udu 5 […] 　　4 只绵羊，5 只……

2. Šu-ᵈEn-lil₂ […] 　　给舒恩利尔，

3. 4 udu niga 1 sila₄ niga Ur-[…] 　　4 只育肥绵羊，1 只育肥绵羊羔，给乌尔某某

4. 1 sila₄ Ba-mu nu-banda₃ 　　1 只绵羊羔，给军尉巴姆

5. 1 maš₂ Lugal-ezem nu-banda₃ 　　1 只山羊羔，给军尉卢伽尔埃泽姆

6. 1 sila₄ Ur-nig₂ 　　1 只绵羊羔，给乌尔尼格

7. 1 sila₄ Na-[…] 　　1 只绵羊羔，给纳某某

8. 2 maš₂-gal gun₃-a Ku-IGI-TUG₂ 　　2 只斑点山羊，给库伊吉图格

9. 1 kir₁₁ Lu₂-ma₂-gan 　　1 只母绵羊羔，给卢马干

10. 1 sila₄ Al-la-mu PA […] 　　1 只绵羊羔，给阿拉姆

11. 2 udu 1 sila₄ Nu-ur₂-ib-[…] 　　2 只绵羊，1 只绵羊羔，给努尔伊卜某某

12. 1 sila₄ niga Lu₂-ᵈNin-[…] 　　1 只育肥绵羊羔，给卢宁某某

13. 1 sila₄ niga ensi₂ Nibruᵏⁱ 　　1 只育肥绵羊羔，给尼普尔的恩西

14. […] 1 sila₄ Ur-gu-[x] ……1 只绵羊羔，给乌尔古某某
15. [n^munus] aš₂-gar₃ niga Ur-^dEN-[…] n 只育肥母山羊羔，给乌尔恩某某
16. 4 udu niga 2 sila₄ Šeš-Da-da sanga 4 只育肥绵羊，2 只绵羊羔，给神庙主管塞什达达
17. 1 sila₄ ^dNanna-lu₂-du₁₀ 1 只绵羊羔，给南那卢杜
18. 1^munus aš₂-gar₃ Šar-ru-um-i₃-li₂ kuš₇ 1 只母山羊羔，给侍从官沙鲁姆伊里
19. 1 sila₄ Du₁₁-ga-zi-da kuš₇ 1 只绵羊羔，给侍从官杜伽孜达
20. 1 sila₄ A-a-mu 1 只绵羊羔，给阿亚姆
21. 1 sila₄ Lu₂-^dAsar-lu₂-hi 1 只绵羊羔，给卢阿萨尔卢希
22. mu-DU iti a₂-ki-ti 被带来。第 6 月
23. mu us₂-sa Ki-maš^ki u₃ Hu-ur₅-ti^ki ba-hul 舒尔吉 47 年

left

1. u₄ 18-kam 第 18 日。

据此推测，布乌杜至少能够管理 360 人。布乌杜的机构总部在拉伽什-吉尔苏行省的海港城市古阿巴。① 布乌杜家族在乌尔第三王朝具有较高的社会地位，其儿子库南那娶了乌尔的公主，与乌尔王室联姻，另一个儿子卢恩利拉也参与波斯湾贸易，并且最后接替其父布乌杜，管理乌尔王国的对外贸易机构。卢恩利拉的头衔是"航海商人"（ga-eš₈ a-ab-ba-ka），另一个头衔是王室法官。②

以粮食出口为例，两河流域出口到马干的大麦的量是巨大的。例如，布乌杜被委派运送到马干 600 古尔大麦，甚至更多（文献 ITT 2 776；TCTI 2 2768）。

---

① 据一篇文献（BPOA 6 37）记载，在拉伽什-吉尔苏行省有一支由 223 艘船组成的国家船队，这些船大多是 60 古尔（约等于 18000 升）容量的船，还有 11 艘 180 古尔（约等于 54000 升）的大船，很可能是从事波斯湾贸易的船队。

② P. Steinkeller, "Toward a Definition of Private Economic Activity in Third Millennium Babylonia", in R. Rollinger and C. Ulf (eds.), *Commerce and Monetary Systems in the Ancient World: Means of Transmission and Cultural Interaction. Proceedings of the Fifth Annual Symposium of the Assyrian and Babylonian Intellectual Heritage Project Held in Innsbruck, Austria, October 3rd-8th 2002*, Stuttgart: Franz Steiner Verlag, 2004, p. 104; K. Maekawa and W. Mori, "Dilmun, Magan and Meluhha in Early Mesopotamian History: 2500-1600 BC", in T. Osada and M. Witzel (eds.), *Cultural Relations between the Indus and the Iranian Plateau during the Third Millennium BCE: Indus Project, Research Institute for Humanities and Nature, June 7-8, 2008*, Cambridge: Department of South Asian Studies, Harvard University, 2011, pp. 255-257.

第六章 对外贸易

文献 ITT 2 776（SS 8 xi, Girsu）
obv.

1. 600 še gur   600 古尔大麦
2. gu_2 Ma_2-gan-$še_3$ 到马干沿岸
3. ki $ensi_2$ Gir_2-su^{ki}-ta   从吉尔苏的恩西
4. Bu_3-u_2-du   布乌杜
5. šu ba-ti   收到了
6. $kišib_3$ Ur-ge_6-par_4 加印者：乌尔吉帕尔

rev.

1. dumu Šu-na-ka   舒纳卡之子
2. i_3-dub a-$ša_3$ I_3-si_2-na   来自伊新之地的谷仓。
3. iti še-KIN-ku_5 第 11 月
4. mu ^{d}Šu-^{d}Suen lugal $Urim_5^{ki}$-ma-ke_4 ma_2-gur_8-   舒辛 8 年。
   mah ^{d}En-lil_2 ^{d}Nin-lil_2-ra mu-ne-du_8

其子卢恩利拉发送到马干 1800 古尔大麦，大约需要 10 艘容量为 180 古尔的大船才能运输。如下所示：

文献 TCTI 2 2768（IS 3, Girsu）
obv.

1. 1800 še gur   1800 古尔大麦
2. numun gub-ba Ma_2-gan-na   作为种子，被带到马干
3. ki $ensi_2$ Gir_2-su^{ki}-ta   从吉尔苏的恩西
4. Lu_2-^{d}En-lil_2-la_2 卢恩利拉
5. šu ba-ti   收到了。
6. mu Lu_2-^{d}En-lil_2-la_2-$še_3$ 伊比辛 3 年。

rev.

1. $kišib_3$ Ur-kisal dumu Lugal-mug   加印者：卢伽尔姆格之子乌尔基萨尔
2. gur-bi su-su-dam   被偿还。
3. mu［…］

seal

1. Ur-kisal   乌尔基萨尔

2. dub-sar　　　　　　　　　　　　书吏

3. dumu Lugal-mug　　　　　　　　卢伽尔姆格之子。

两河流域出口到马干的另一项大宗产品是纺织品，这些纺织品是在古阿巴的加工场生产，这里是乌尔王国最大的纺织品生产中心，大约雇佣有1万名纺织工进行工作，大多数是女工。[1]

波斯湾商品进口到两河流域，需要缴纳关税，被称为"海上贸易什一税"（zag-u nam-ga-eš a-ab-ba-ka），缴纳给乌尔城的南那和宁伽尔（Ningal）神庙（见文献 UET 3 341）。

文献 UET 3 341（SS 4 vii, Ur）

obv.

1. 955 ellag$_2^{na4}$gug　　　　　　　955个红玉髓念珠

2. ki-la$_2$-bi 1 ma-na 3 gin$_2$ igi-3-gal$_2$　　其重量为1米纳3⅓津

3. a-ru-a didli　　　　　　　　　　为了各种仪式准备；

4. [x] +55 ellag$_2^{na4}$gug　　　　　55+个红玉髓念珠

5. ki-la$_2$-bi 9 gin$_2$ 2/3　　　　　　其重量为9⅔津

6. za$_3$-u nam-ga-eš a-ab-ba-ka　　　作为海上贸易的什一税；

rev.

1. e$_2$-kišib-ba Ga$_2$-nun-mah-ta　　来自伽努恩马赫的仓库

2. za-gaba ^{d}Nanna　　　　　　　被加入南那神庙的"扎伽巴"库房

3. u$_3$ za-gaba ^{d}Nin-gal-ke$_4$　　　和宁伽尔神庙的"扎伽巴"库房。

4. ba-ab-dah

5. iti a$_2$-ki-ti　　　　　　　　　　第7月

6. mu us$_2$-sa Si-ma-num$_2^{ki}$ ba-hul　舒辛4年。

---

[1] 参见 P. Vermaak, "Guabba, The Meluhhan Village in Mesopotamia", *Journal of Semitics*, Vol. 17, No. 2 (2008), pp. 454-471; B. Lafont, "Women at Work and Women in Economy and Society during the Neo-Sumerian Period", in B. Lion and C. Michel (eds.), *The Role of Women in Work and Society in the Ancient Near East*, SANER 13, Berlin: De Gruyter, 2016, pp. 149-173; P. Notizia, "Wealth and Status in 3rd Millennium Babylonia: The Household Inventory RTC 304 and the Career of Lugal-irida, Superintendent of Weavers", in J. Mas and P. Notizia (eds.), *Working at Home in the Ancient Near East: New Insights and Avenues of Research*, Oxford: Archaeopress, 2020, pp. 83-105.

乌尔第三王朝重新开展了自阿卡德王国之后一度暂停的波斯湾贸易，并且其商业政策体现了更加强烈的国家参与精神。贸易网络的建立，是以军事支撑为保障，并且主要依赖于外交联系。

三　麦鲁哈

古代两河流域楔形文字文献中所记载的异域地名"麦鲁哈"（me-luh-ha），在不同的历史阶段指代不同的地理位置。"麦鲁哈"在公元前3千纪大概指印度河流域，[1] 在公元前1千纪中后期指的是东非。麦鲁哈的地理位置发生了变迁。[2]

麦鲁哈的楔形文字拼写为 me-luh-ha，在苏美尔语中，符号 me 的本义为"人类智慧的结晶"，动词 luh 本义为"清洗"。me-luh-ha 这个词可能是苏美尔语，意为"纯净力量（之地）"，不过从词源学上，我们无法解释这个地名的准确含义，它可能是一个外来词。[3] 需要注意的是，"麦鲁哈"这个地名只出现在古代近东的楔形文字文献中，在古埃及象形文字文献、古希腊文学以及圣经文献等其他文献中并没有出现。

---

[1] 关于早期麦鲁哈位于印度河流域的论述，主要参见 W. F. Leemans, *Foreign Trade in the Old Babylonian Period: As Revealed by Texts from Southern Mesopotamia*, Leiden: Brill, 1960, p. 159; J. Hansman, "A 'Periplus' of Magan and Meluuha", *Bulletin of the School of Oriental and African Studies, University of London*, Vol. 36, No. 3 (1973), pp. 554-587; R. Thapar, "A Possible Identication of Meluhha, Dilmun and Makan", *Journal of the Economic and Social History of the Orient*, Vol. 18, No. 1 (1975), pp. 1-42; G. L. Possehl, "Meluhha", in J. Reade (ed.), *The Indian Ocean in Antiquity*, Devon: Kegan Paul International, 1996, pp. 133-208; S. H. Levitt, "The Ancient Mesopotamian Place Name 'Meluhha'", *Studia Orientalia Electronica*, Vol. 107 (2009), pp. 135-176; K. Maekawa and W. Mori, "Dilmun, Magan and Meluhha in Early Mesopotamian History: 2500-1600 BC", in T. Osada and M. Witzel (eds.), *Cultural Relations between the Indus and the Iranian Plateau during the Third Millennium BCE*, Cambridge: Harvard University, 2011, pp. 245-269. 亦可参见刘昌玉《麦鲁哈与上古印度洋—波斯湾海上贸易》，《浙江师范大学学报》（社会科学版）2016年第5期。

[2] 参见刘昌玉《从印度到东非：古代两河流域文献中的"麦鲁哈"地名变迁探析》，《史林》2021年第6期。注意，有学者对麦鲁哈地名变迁的观点持反对意见，认为麦鲁哈自始至终都是位于非洲，参见 D. Michaux-Colombot, "Bronze Age Reed Boats of Magan and Magillum Boats of Meluhha in Cuneiform Literature", in A. Manzo, C. Zazzaro and D. J. de Falco (eds.), *Stories of Globalisation: The Red Sea and the Persian Gulf from Late Prehistory to Early Modernity: Selected Papers of Red Sea Project Ⅶ*, Leiden: Brill, 2018, pp. 119-153. 该文还将 me-luh-ha 与古埃及努比亚的一个部落名称迈扎（Medja）等同，他的这一理论目前并没有得到学术界的认同。

[3] 参见 W. Heimpel, "Das Untere Meer", *Zeitschrift für Assyriologie und Vorderasiatische Archäologie*, Vol. 77 (1987), p. 26. 关于苏美尔语 me 最新被解释为"道"，参见拱玉书《论苏美尔文明中的"道"》，《北京大学学报》（哲学社会科学版）2017年第3期。

战争、外交与贸易：两河流域乌尔第三王朝对外关系研究

麦鲁哈这一地名最早见于阿卡德王朝的楔形文字文献中，主要包括王室铭文、滚印铭文、文学作品和经济文献。阿卡德王朝建立者萨尔贡的苏美尔语-阿卡德语王室铭文提到："萨尔贡，世界之王，取得了34次战役的胜利。他摧毁了城墙，势力到达海岸。他使来自麦鲁哈、马干和狄勒蒙的船停泊在阿卡德的港口。"① 萨尔贡统治时期有来自麦鲁哈的船，说明这一时期两河流域和印度河流域（麦鲁哈）之间的贸易繁荣，二者之间的贸易可能在更早时期就开始了。萨尔贡的后代继承者里姆辛的铭文记录："（里姆辛，世界之王），在战役中战胜了帕拉赫舒姆（Parahshum）的国王阿巴尔伽马什（Abalgamash），扎哈尔（Zahar）、埃兰、古宾（Gupin）和麦鲁哈（的军队）在帕拉赫舒姆集合备战。"② 由于双方语言不通，所以两河流域与麦鲁哈之间的贸易往来离不开翻译人员。阿卡德时期的一个滚印铭文，记载了一个叫舒伊利苏（Shu-ilisu，阿卡德语人名）的人，他的身份是麦鲁哈的翻译员（eme-bal Me-luh-ha），③ 他很可能既懂麦鲁哈语、又懂阿卡德语（和苏美尔语），麦鲁哈翻译人员的出现进一步证实了阿卡德王朝与印度河流域的往来。在阿卡德文学作品中，也有关于麦鲁哈的记载。据《阿卡德之咒》记载，在纳拉姆辛时期，来自"黑山"的麦鲁哈人为伊南娜女神带来了猴子、大象、水牛等外来动物以及各种奇珍异宝。④ 这里的"黑山"是苏美尔语 kur gi$_6$的直译，也可译为"黑地、黑国"。除此，阿卡德时期的经济文献中有不少关于麦鲁哈的记录，但只是简单的人名和地名，信息量极少，主要来自阿达布遗址，其中许多文献记录了"麦鲁哈船"（ma$_2$ me-luh-ha），包括许多物品被

---

① D. Frayne, *Sargonic and Gutian Periods (2334-2113 BC)*, RIME 2, Toronto: University of Toronto Press, 1998, p. 28.

② D. Frayne, *Sargonic and Gutian Periods (2334-2113 BC)*, RIME 2, Toronto: University of Toronto Press, 1998, pp. 57-58. 注意原文中的"麦鲁哈"一词残缺（[me]-luh-ha^{ki}）。

③ D. O. Edzard, "Die Inschriften der altakkadischen Rollsiegel", *Archiv für Orientforschung*, Vol. 22 (1968/1969), p. 15; G. L. Possehl, "Shu-ilishu's Cylinder Seal", *Expedition*, Vol. 48, No. 1 (2006), pp. 42-43. 关于术语"麦鲁哈（地区）的翻译者"（eme-bal Me-luh-ha），对照"阿摩利（地区）的翻译者"（eme-bal Mar-tu），参见 S. Seminara, "Beyong the Words. Some Considerations about the Word 'To Translate' in Sumerian", *Vicino Oriente*, Vol. 18 (2014), pp. 7-13.

④ J. S. Cooper, *The Curse of Agade*, Baltimore: Johns Hopkins University Press, 1983, pp. 52-53. 该文献连同麦鲁哈（东方）一起，还记载了来自苏美尔（南方）、阿摩利（西方）和苏巴尔图（北方）的供品，有学者认为这是两河流域人们以自己为中心所建构的"心理地图"，如同两河流域诸多统治者所使用的"四方之王"，参见 C. C. Lamberg-Karlovsky, "Structure, Agency and Commerce in the Ancient Near East", *Iranica Antiqua*, Vol. 44 (2009), p. 57.

第六章　对外贸易

带上麦鲁哈船，支付给麦鲁哈船的船长和船员等信息。① 麦鲁哈船的记载，表明了麦鲁哈与两河流域之间的海上贸易活动频繁。

阿卡德王朝被库提人灭亡后，两河流域历史陷入分裂，库提人大概只统治了两河流域北部地区，南部的苏美尔城邦趁机独立，以拉伽什第二王朝最为著名，因其最有名的统治者名叫古地亚，该王朝又称古地亚王朝。据《古地亚滚筒铭文》（Gudea Cylinder A & B）② 和两个雕像铭文（Gudea Statue B & D）记载，古地亚从麦鲁哈进口大量建筑材料和珍贵物品。虽然文献中没有关于钱财支付的记载，但是这些物品可能不是战利品或外国贡品。③ 据古地亚雕像铭文 B 记载："从麦鲁哈山，他（古地亚）带下来闪长岩，用它为宁吉尔苏神建筑（神像），他带下来 hulālu 石块，用它们为宁吉尔苏神制造三头狮权杖。"④ "他从麦鲁哈山的金矿带下来黄金，用于为宁吉尔苏神制造剑鞘。"⑤ 另据古地亚雕像铭文 D 记载："马干、麦鲁哈、古宾和狄勒蒙之地供应给他（古地亚）木材，这些木材被装船运到拉伽什。"⑥

这两篇铭文至少包括以下信息：麦鲁哈是闪长岩、木材、黄金的产地或来源地，麦鲁哈与马干、古宾和狄勒蒙处于同一贸易路线，至少位于两河流域的同侧。著名的古地亚滚筒铭文记载了来自麦鲁哈的红玉髓（gug-gi-rin）。⑦ 在古地亚王朝，有关麦鲁哈的记录主要来源于古地亚建筑铭文，但在经济文献中也有少量记载。有一篇文献（RTC 222）记载了一种麦鲁哈桌子（^{giš}banšur me-luh-ha），像这样带有"麦鲁哈"术语的物品或植物，在后来的辞典文献中有大量例子。还有一篇文献（DCS 17）记载了一个名叫乌尔阿巴

---

① 文献 Adab 712, TCBI 1 102, CUSAS 20 153, CUSAS 19 135.
② W. H. Ph. Römer, *Die Zylinderinschriften von Gudea*, AOAT 376, Münster: Ugarit-Verlag, 2010；刘健：《苏美尔神庙建筑仪式探析——以古迪亚滚筒铭文 A 和 B 为例》，《古代文明》2014 年第 4 期。
③ D. O. Edzard, *Gudea and His Dynasty*, RIME 3/1, Toronto: Univeristy of Toronto Press, 1997, p. 26.
④ D. O. Edzard, *Gudea and His Dynasty*, RIME 3/1, Toronto: Univeristy of Toronto Press, 1997, p. 34（Gudea Statue B Col. vi 26-32）.
⑤ D. O. Edzard, *Gudea and His Dynasty*, RIME 3/1, Toronto: Univeristy of Toronto Press, 1997, p. 34（Gudea Statue B Col. vi 38-42）.
⑥ D. O. Edzard, *Gudea and His Dynasty*, RIME 3/1, Toronto: Univeristy of Toronto Press, 1997, p. 42（Gudea Statue D Col. iv 7-14）.
⑦ D. O. Edzard, *Gudea and His Dynasty*, RIME 3/1, Toronto: Univeristy of Toronto Press, 1997, pp. 79（Gudea Cylinder A col. xvi 22），96（Gudea Cylinder B col. xiv 13）.

(Ur-abba)的麦鲁哈信使,说明了古地亚王朝与麦鲁哈之间存在人员往来。

在乌尔第三王朝,麦鲁哈地名几乎从文献记录中消失,表明麦鲁哈已经中止了与两河流域的没有直接往来。虽然有一些麦鲁哈来源的商品见于乌尔第三王朝的文献中,绝大多数文献是经济文献,其中关于麦鲁哈的记录主要来自吉尔苏和乌尔的文献,此外还有少量来自温马和伊利萨格里格的文献,但是不再有关于麦鲁哈船到达两河流域的记载,甚至也没有任何证据表明麦鲁哈商人继续活跃于波斯湾贸易中。麦鲁哈的商品可能只运到马干,再经马干的中转运到两河流域等地。

乌尔第三王朝时期,两河流域与印度河流域的海上贸易由直接贸易转为间接贸易,位于波斯湾巴林岛的狄勒蒙成为二者贸易的纽带。① 乌尔第三王朝在时间上大致对应于印度河流域文明的晚期,可能随着印度河流域文明的衰亡,它与两河流域长达几百年的直接海上贸易往来突然中断。② 当然少数证据表明,有限的海上贸易依然保持,主要分布在今印度西海岸的古吉拉特,这里可能是印度河流域文明的余晖。虽然在乌尔第三王朝时期麦鲁哈中断了与两河流域的直接海上贸易,但是麦鲁哈和麦鲁哈民族并没有从楔形文字文献中彻底消失。值得注意的是,在乌尔第三王朝,许多来自印度河流域的麦鲁哈人渐渐地在两河流域苏美尔地区定居下来,他们居住在吉尔苏-拉伽什行省下设港口城市古阿巴的一个村庄里,这个村庄被称为"麦鲁哈村庄"(苏美尔语:e_2-duru$_5$ me-luh-ha)③,是麦鲁哈人及

---

① A. L. Oppenheim, "The Seafaring Merchants of Ur", *Journal of the American Oriental Society*, Vol. 74 (1954), p. 6.

② R. H. Brunswig, "Radiocarbon Dating and the Indus Civilization", *East and West*, Vol. 25 (1975), pp. 111-145.

③ 麦鲁哈村庄的苏美尔语写法分为全称和简称。全称写法是 e_2-duru$_5$ me-luh-ha "麦鲁哈村庄",见文献 ITT 4 7157,MVN 6 154,MVN 7 420,Nisaba 18 41,PPAC 5 830;简写省略了"村庄"术语,即 me-luh-ha "麦鲁哈(村庄)",见文献 HLC 3 368,UCP 9-2-1 65。以上文献均来自吉尔苏,时间跨度从舒尔吉 32 年至舒辛 1 年,文献 PPAC 5 830,Nisaba 18 41,MVN 7 42。参见 M. Vidale, "Growing in a Foreign World: For a History of the 'Meluhha Villages' in Mesopotamia in the 3rd Millennium BC", in A. Panaino and A. Piras (eds.), *Melammu Symposia* Ⅳ: *Schools of Oriental Studies and the Development of Modern Historiography*, Milan: Università di Bologna & Islao, 2004, pp. 261-280; P. S. Vermaak, "Guabba, The Meluhhan Village in Mesopotamia", *Journal of Semitics*, Vol. 17, No. 2 (2008), pp. 553-570. 关于"麦鲁哈农村"的最新解释,参见 S. Laursen and P. Steinkeller, *Babylonia, the Gulf Region, and the Indus: Archaeological and Textual Evidence for Contact in the Third and Early Second Millennium B. C.*, MC 21, Winona Lake: Eisenbrauns, 2017, pp. 79-81.

其后裔的定居点，他们起了苏美尔语的名字，甚至会说苏美尔语。

  文献 ITT 4 7157（SH 32 xi, Girsu）
  obv.
  1. 42.2.0 še gur lugal   42 王室古尔、2 巴里格大麦
  2. ki Nin-a-na-ta   从宁阿纳处
  3. e$_2$-duru$_5$ Me-luh-ta   来自麦鲁哈村
  4. mu šidim-e-ne-še$_3$ 以建筑师的名义
  5. Ur-sa$_6$-ga dub-sar šidim   书吏兼建筑师乌尔萨伽
  6. šu ba-ti iti še-KIN-[ku$_5$]   收到了。第 11 月
  7. mu a-ra$_2$ 3-kam Si-mu-ru-um^{ki} ba-hul   舒尔吉 32 年。
  rev.
  （space）
  seal
  1. Ur-sa$_6$-ga   乌尔萨伽
  2. dub-sar šidim   书吏兼建筑师
  3. dumu Du$_{11}$-ga-AN   杜伽安之子。

  麦鲁哈村庄大约存在了 45 年，村庄内还设有专门的粮仓（i$_3$-dub）[1]，作为吉尔苏行省大麦的重要生产地和供货地，是行省和国家税收的重要保证之一，同时大麦作为工资支付给工匠和其他服务人员，保证了国家财政与薪酬制度的完善。除了麦鲁哈村庄和粮仓的记载外，在楔形文字文献中还记载了一个"麦鲁哈花园"（^{giš}kiri$_6$ me-luh-ha）[2]，盛产各类水果花卉，作为献给吉尔苏女神宁玛尔的贡品，麦鲁哈花园隶属于宁玛尔神庙，它的出现表明了麦鲁哈人开始信仰两河流域的神灵，是麦鲁哈人"苏美尔化"（Sumerianized）的重要体现。

---

[1] 麦鲁哈粮仓的苏美尔语写法分为全称和简称。全称写法是 i$_3$-dub e$_2$-duru$_5$ me-luh-ha^{ki} "麦鲁哈村庄粮仓"，见文献 CT 5 pl 36-37 BM 017751, Santag 7 167；简称写法省略了"村庄"术语，即 i$_3$-dub me-luh-ha "麦鲁哈粮仓"，见文献 Amberst 54, MVN 12 371, OTR 75, ASJ 3 152 107, BPOA 2 1881, ITT 2 705, TCTI 2 3666, MVN 13 223。以上文献均来自吉尔苏，时间跨度从舒尔吉 48 年至舒辛 9 年。

[2] ^{giš}kiri$_6$ me-luh-ha ^{d}Nin-mar^{ki}-ka "神宁玛尔的麦鲁哈花园"，见文献 STA 19。

541

文献 SANTAG 7 167（SH 48 viii, Girsu）

obv.
1. 15.0.0 še gur lugal	15 王室古尔大麦
2. še-numun a-ša₃ he-gal₂-gu-la-še₃	作为"赫伽尔古拉"土地的种子
3. i₃-dub e₂-duru₅ Me-luh-ha-ta	来自麦鲁哈村的谷仓
4. ki Ur-ᵈBa-ba₆ šabra-ta	从神庙主管乌尔巴巴处
5. Du₁₁-ga-ni-zi	杜伽尼孜

rev.
1. šu ba-ti	收到了。
2. iti ezem-ᵈBa-ba₆	第 8 月
3. mu us₂-sa Ki-mašᵏⁱ mu us₂-sa-a-bi	舒尔吉 48 年。

此外，许多麦鲁哈人自己或者为子孙起了苏美尔语名字。[1] 作为两河流域的新移民，麦鲁哈人在乌尔第三王朝时期逐渐消失了原有的民族性，加速了与苏美尔民族的融合及同化过程，这一现象被学界称为"麦鲁哈的苏美尔化"[2]。上述关于麦鲁哈村庄、麦鲁哈粮仓、麦鲁哈花园，以及带有苏美尔语人名的麦鲁哈人的记载，均出自乌尔第三王朝吉尔苏行省文献。在乌尔第三王朝其他地点出土文献中，有许多关于麦鲁哈的其他不同记载。

在乌尔出土的文献中，记载有麦鲁哈的物产，主要见于乌尔第三王朝末王伊比辛统治的第 15 年，这些物产包括：红树木（"阿巴"木，ᵍⁱšab-ba

---

[1] Ur-ᵈLama dumu Me-luh-ha "麦鲁哈之子乌尔兰马"（文献 OBTR 242, PPAC 5 612, UDT 64, ASJ 13 230 74, CT 3 pl 17 BM 14594, PPAC 5 323, MVN 22 181），其中乌尔兰马是一个苏美尔语名字，这里的麦鲁哈不是一个人名，而是特指乌尔兰马的父亲或母亲是麦鲁哈人或麦鲁哈裔；同理，Ur-ᵈIg-alim dumu Me-luh-ha "麦鲁哈之子乌尔伊格阿里姆"（文献 Orient 16 88 131），乌尔伊格阿里姆是苏美尔语人名，而麦鲁哈非指人名，而指族裔；dumu me-luh-ha "麦鲁哈之子（某某）"（文献 TUT 154 1）；me-luh-ha dumu Ur-ᵈNa-ru₂-a "乌尔纳如阿之子麦鲁哈"（文献 ITT 1 1426, JESHO 20 145 12），在这里麦鲁哈也不是指人名，而是指族裔，乌尔纳如阿是一个苏美尔语人名，虽然他也是一个麦鲁哈人。以上文献均来自吉尔苏。

[2] S. Parpola, A. Parpola, R. H. Brunswig, "The Meluhha Village: Evidence of Acculturation of Harappan Traders in Late Third Millennium Mesopotamia?" *Journal of the Economic and Social History of the Orient*, Vol. 20, No. 2 (1977), pp. 150-152.

me-luh-ha)①、黄檀木（mes me-luh-ha）②、黑鹧鸪（dar^{mušen} me-luh-ha）③、黄铜（uruda me-luh-ha）④ 等。温马文献中记载用麦鲁哈"阿巴"木制成的王座。⑤ 温马行省下设城市伊里萨格里格文献记载用大麦或香油给麦鲁哈人作为工资。⑥ 乌尔第三王朝首都乌尔出土的经济文献记载了末王伊比辛统治时期（尤其是伊比辛 15 年）来自麦鲁哈的特产⑦，其中包括：铜⑧、红树木⑨、黄檀木（^{giš}mes）⑩ 和黑鹧鸪（dar）⑪。是否到了乌尔第三王朝，麦鲁哈与两河流域之间的直接贸易联系中断了呢？据一篇来自乌玛的经济文献（CM 26 136）记载，一个名叫乌图伊拉特的信使去麦鲁哈，接收了纺织品。

---

① 文献 UET 3 752, UET 3 660, UET 3 430, Nisaba 7 40, UTI 4 2849。

② 文献 UET 3 818, UET 3 1241, UET 3 1498. 关于这种树木定义为黄檀树，参见 I. Gershevitch, "Sissoo at Susa", *Bulletin of the School of Oriental and African Studies*, Vol. 19 (1957), pp. 317-320.

③ dar me-luh-ha tur：文献 UET 3 770, UET 3 761, UET 3 764, UET 3 768. dar^{mušen} me-luh-ha tur：文献 UET 3 757. 关于 dar 译为"鹧鸪"，参见 S. H. Levitt, "The Ancient Mesopotamian Place Name 'Meluhha'", *Studia Orientalia Electronica*, Vol. 107 (2009), p. 156. 因为 gun$_3$ 和 dar 的符号相同，一说译为 gun$_3$-mušen me-luh-ha "（象牙制）麦鲁哈的多彩鸟（小雕像）"，这些手工制品从麦鲁哈进口，参见 W. F. Leemans, *Foreign Trade in the Old Babylonian Period: As Revealed by Texts from Southern Mesopotamia*, Leiden: Brill, 1960, p. 33.

④ 文献 UET 3 368.

⑤ ^{giš}gu-za ^{giš}ab-ba me-luh-ha，见文献 UTI 4 2849；AAICAB 1/3 pl 206-207 Bod S 138；Buffalo SNS11-2 125 2。

⑥ lu$_2$ me-luh-ha^{ki}-me "麦鲁哈人们"，见文献 Nisaba 15 371；Nisaba 15 951。

⑦ W. F. Leemans, *Foreign Trade in the Old Babylonian Period: As Revealed by Texts from Southern Mesopotamia*, Leiden: Brill, 1960, p. 161.

⑧ uruda me-luh-ha：文献 UET 3 368。

⑨ ^{giš}ab-ba me-luh-ha：用来制作王座和剑鞘，文献 UET 3 430, UET 3 660, UET 3 703, UET 3 752, UET 3 828。

⑩ mes me-luh-ha：UET 3 818；UET 3 1498；UET 3 1241。关于 mes 木定义为黄檀木，参见 I. Gershevitch, "Sissoo at Susa", *Bulletin of the School of Oriental and African Studies*, University of London, Vol. 19, No. 2 (1957), pp. 317-320.

⑪ dar me-luh-ha：文献 UET 3 757；UET 3 761；UET 3 764；UET 3 768；UET 3 770。关于 dar 定义为黑鹧鸪，参见 N. Veldhuis, *Religion, Literature, and Scholarship: The Sumerian Composition Nanše and the Birds*, Leiden: Brill, 2004, pp. 233-234. 一说这种鸟读作 gun$_3$ me-luh-ha "麦鲁哈多彩鸟"，其中苏美尔语符号 gun$_3$ 等于 dar，参见 E. During Caspers, "And Multi-Coloured Birds of Meluhha", *Proceedings of the Seminar for Arabian Studies*, Vol. 20 (1990), pp. 9-16.

文献 CM 26 136 (SH 41 v 28, PD)

obv.

1. 2 ^{tug2}guz-za 4-kam us$_2$　　　　　　　2 套四级"古扎"衣服

2. ^{d}Utu-tillat sukkal u$_4$ Me-luḫ-ḫa!　　给外事官乌图提拉特，当他去麦
　　(TI)^{ki}-še$_3$ i$_3$-gen-na　　　　　　　鲁哈时

3. sukkal-mah maškim　　　　　　　　　大执政官监办；

4. 1 ^{tug2}guz-za du　　　　　　　　　　1 套普通级"古扎"衣服

5. I$_3$-li$_2$-dan mušen dab$_5$-ba　　　　　给"携鸟者"伊里丹

6. A-hu-ni sukkal maškim　　　　　　　　外事官阿胡尼监办；

7. 1 ^{tug2}nig$_2$-lam$_2$ du　　　　　　　　1 套普通级礼服

8. nig$_2$-pi-lu$_5$-da-še$_3$　　　　　　　　为"皮卢达"仪式准备

9. Lu$_2$-Sukkal-an-ka　　　　　　　　　给卢苏卡尔安卡

10. 1 ^{tug2}guz-za du　　　　　　　　　　1 套普通级"古扎"衣服

rev.

1. ^{d}Utu-ba-ni ^{lu2}lunga　　　　　　　　给酿酒师乌图巴尼

2. Lu$_2$-kal-la sagi maškim　　　　　　持杯官卢卡拉监办；

3. zi-ga bala u$_4$ 30-la$_2$-2-kam　　　　作为巴拉税被支出，第 28 日

4. ki ensi$_2$ Umma^{ki}-ta　　　　　　　从温马恩西处。

5. iti ⌈ezem？⌉-^{d}Nin-a-zu　　　　　　第 5 月

6. m[u us$_2$-s] a e$_2$ Puzur$_4$-iš-[^{d}Da-ga] n　舒尔吉 41 年
　　ba-du$_3$ mu us$_2$-sa-bi

另一篇伊利萨格里格文献（Nisaba 15 371）记载，三个"麦鲁哈人"——纳纳扎（Nanaza）、萨马尔（Samar）和阿里阿希（Aliahi）——接收乌尔王室赠送的芝麻油，说明这一时期两河流域和印度河流域还有人员往来。

文献 Nisaba 15 371 (SS 6 xii, Irisagrig)

obv.

1. 1 sila$_3$ i$_3$-giš　　　　　　　　　　　1 希拉芝麻油

2. Na-na-za　　　　　　　　　　　　　为纳纳扎

3. 1 sila$_3$ Sa$_6$-ma-ar　　　　　　　　　1 希拉（芝麻油）为萨马尔

第六章 对外贸易

4. 1/2 sila₃ A-li-a-hi dam-a-ni	1/2 希拉（芝麻油）为他的妻子阿里阿希
5. i₃-ba lu₂ Me-luh-ha^{ki}-me	（它们）是麦鲁哈人的油配给品；
rev.	
1. a-ru-a lugal	由王室提供
2. sipa a-dara₄-me	山羊牧人
3. zi-ga	支出；
4. iti še-KIN-ku₅	第 12 月
5. mu ^dŠu-^dSuen lugal Urim₅^{ki}-ma-ke₄ na-ru₂-a-mah ^dEn-lil₂ ^dNin-lil₂-ra mu-ne-dim₂	舒辛 6 年。

麦鲁哈作为印度洋-波斯湾贸易的最东端和起点，不仅直接出口本地物产，还在阿富汗的绍图盖伊建立商业居民点，垄断青金石和锡矿等珍贵资源，并转手出口到两河流域，赚取高额利润。

除了经济文献之外，乌尔第三王朝的王室铭文也有关于麦鲁哈的零星记录。在伊比辛统治时期，一只像"有斑点的麦鲁哈狗"（ur gun₃-a me-luh-ha^{ki}）的雕刻品作为献给月神南那的供品，从马尔哈西被带到乌尔（文献 RIME 3/2.01.05.04）。

文献 RIME 3/2.01.05.04（OB copy，Ur）

1. ^dNanna amar-ban₃-da An-na	为了南那神，天神安的鲁莽小牛
2. en dumu-sag ^dEn-lil₂-la₂	主人，恩利尔神的长子
3. lugal-a-ni-ir	他的主人
4. ^dI-bi₂-^dSuen	伊比辛
5. dingir kalam-ma-na	他的国家之神
6. lugal kalag-ga	强大的国王
7. lugal Urim₅^{ki}-ma	乌尔之王
8. lugal an-ub-da limmu₂-ba-ke₄	四方之王
9. ur-gun₃-a Me-luh-ha^{ki}	麦鲁哈斑点狗
10. Mar-ha-ši^{ki}-ta	来自麦鲁哈
11. gu₂-un-še₃ mu-na-ab-tum₂-ma-ni	作为贡赋，被带来给他
12. tam-ši-lum-bi	制作了这一雕像

13. mu-dim₂
14. nam-ti-la-ni-še₃　　　　　　为了他的生命
15. a mu-na-ru　　　　　　　　奉献了（此物），
16. ur-gun₃-a-ba　　　　　　　将此斑点狗
17. he₂-dab₅　　　　　　　　　命名为"让他抓住（敌人）"。
18. mu-bi-im

  而在乌尔第三王朝的文学作品中，有关麦鲁哈的记载延续了前期的描述。据《舒尔吉赞美诗》记载，麦鲁哈被描绘为"黑色之山"或"黑人之地"，这与古地亚时期的描述是一致的。此外，该作品还提到，舒尔吉很有语言天赋，会多种外语，其中包括来自麦鲁哈黑人之地的语言。[①] 这一时期，包括麦鲁哈移民在内的两河流域人们逐渐遗忘了麦鲁哈的地理位置，对麦鲁哈的文化记忆愈加模糊。

  公元前2004年，乌尔第三王朝灭亡，两河流域与麦鲁哈的直接海上国际贸易中止，转为间接贸易，即需要通过狄勒蒙的中转站，狄勒蒙在这条贸易路线中的作用显得越来越重要，不过狄勒蒙的辉煌也没有持续很长时间。从大约公元前1800年开始，由于印度河流域文明衰落并最终灭亡，加上两河流域政治重心由南部转到北部，巴比伦和亚述的地位日益突出，昔日繁荣的波斯湾-印度洋海上国际贸易不久后终止。

[①] G. Rubio, "Šulgi and the death of Sumerian", in P. Michalowski and N. Veldhuis (eds.), *Approaches to Sumerian Literature: Studies in Honour of Stip (H. L. J. Vanstiphout)*, Leiden: Brill, 2006, pp. 167-179; L. Vacin, "Šulgi of Ur: Life, Deeds, Ideology and Legacy of a Mesopotamian Ruler as Reflected Primarily in Literary Texts", PhD dissertation, University of London, 2011, p. 240.

结　　语

　　乌尔第三王朝的对外关系始于其对外战争，主要是王朝第一王乌尔纳姆和第二王舒尔吉统治时期。在乌尔纳姆统治时期，乌尔第三王朝的主要对外政策是完成巴比伦尼亚的统一，乌尔纳姆承袭乌鲁克第五王朝，首先肃清库提人余孽，通过驱逐埃兰人，统一迪亚拉河流域以南地区，又打败拉伽什第二王朝，完成对巴比伦尼亚南部重要城邦拉伽什和吉尔苏的统一，至此乌尔第三王朝的核心区逐渐形成，即巴比伦尼亚的王朝本土区域，以及迪亚拉河流域和埃兰的苏西亚纳地区的苏萨城邦。可以说，乌尔纳姆的统一战争奠定了王朝核心区的基本区域范围，而王朝的边缘区则是由其子舒尔吉完成。第二王舒尔吉共在位48年，是古代两河流域历史上统治时间最长的君主之一，舒尔吉统治的前20年力主发展国内经济，进行政治经济改革，将神庙经济收归国有，加强王室权力，在地方上承袭阿卡德王国建立的行省制，并且加以创新，建立总督-将军二元制行省管理体制，设立行省巴拉税，加强中央集权统治。在其统治的后半期，舒尔吉开启了连年征战的对外战争之路，作战方向主要是王朝东北部的国家，舒尔吉的征服战争具有反复性，如西穆鲁姆和卢卢布姆等邦国第9次被乌尔第三王朝所毁，具有明显的洗劫特性，战争的目的是掠夺战利品和战俘。至其统治的最后一年（即第48年），舒尔吉基本上完成了对王朝东北部国家的征服，这些国家或城邦被纳入乌尔第三王朝的边缘区或附庸国。

　　在第三王阿马尔辛和第四王舒辛统治时期（各在位9年），是乌尔第三王朝和平外交的盛世。王朝一改武力征服的对外政策，不断加强同周围国家的外交关系，这些外交活动包括外国使节来访乌尔王朝，以及乌尔王朝派遣使节出访外交国。前者主要记载于普兹瑞什达干的王室档案中，而后来主要记载于吉尔苏和伊利萨格里格行省的信使文件中。尤其以阿马尔辛统治时期为甚，有数量众多的外交国从乌尔王国的西北方、东北方和东南方不同方向遣使来访，乌尔王国设置专门的外交服务机构，隶属于王国的大执政官（音译为"苏卡尔马赫"sukkal-mah）总负责（maškim），具体事项由大执政官下设的各个外事部门负责管理，外事部门的管理官员主要是外事官（音译为"苏卡尔"sukkal），他们负责经办（giri$_3$）外国使节来访期间的一切事项，例如负责分发给外国使节在乌尔王国访问期间所需的一切个人消费品，以及使节游历乌尔王国不同城市的日程安排与陪同。来访乌尔王国外国使节主要是外国统治者派遣的信使（lu$_2$-kin-gi$_4$-a），当然也有的外国统治者亲自来访乌尔王国。外国使节来访乌尔王国的一个重要目的是作为应邀外宾，出席在乌尔王国各地举办的节日庆典和宗教仪式等活动，他们在乌尔王国暂居的场所被称为"埃杜鲁"（e$_2$-duru）或"阿沙"（a-ša$_3$），类似于驿馆的功能。乌尔第三王朝外交政策的第三个举措是和周边国家进行政治联姻，这一外交手段始于王朝第一王乌尔纳姆统治时期，主要是指王朝西北方和东南方的外交国，乌尔第三王朝的外交婚姻政策也具有不同，对于王朝西北方的外交国，主要方式是乌尔君主迎娶外国公主，而对于王朝东南部的外交国，主要方式是乌尔公主外嫁给外国君主或王子。

同时，在阿马尔辛统治时期，乌尔第三王朝加强同东南部外交国的商业贸易往来，重开波斯湾贸易，并且在吉尔苏行省的沿海港口城市古阿巴、基努尼尔等设立驿站和羊毛加工场，雇用大量的劳动力（尤其是女工），专门加工用于出口的羊毛和各类纺织品。对外贸易活动由乌尔政府雇佣的商人负责经营，在不同的城市由几大商人家族把持，这些商人集团具有官商的性质，同时他们也可以从事私人放贷业务，具有私商的特征。乌尔第三王朝在波斯湾贸易的主要对象是马干，以狄勒蒙为中转站，文献中记载有乌尔的船队往返马干，以及马干船来到乌尔王国的记载，表明了当时海上贸易之盛，同时来自印度河流域（麦鲁哈）的商品，沿着印度洋-波斯湾商路，经由马干的中转到达两河流域。

至第四王舒辛统治时期，虽然乌尔第三王朝依然维持和平外交政策大方针，但是外部的威胁已经悄悄逼近，尤其是来自北方的阿摩利人的威胁。为此，舒辛在其统治第4年，修筑了阿摩利墙，名曰"穆里克提德尼姆"（直译为"使提德努姆部落［阿摩利人别称］退回"）。同时，一向与乌尔王国联姻结盟的北方国家西马努姆、西马什基地区的大国扎布沙里与乌尔王国爆发战争。这些国家都不是舒尔吉时期对外战争的计划目标，属于偶然的、计划外的突发事件，打乱了王朝既定的对外政策。舒辛统治时期的另一个重要特点是，乌尔王国派遣大量的使节出访王朝东北方的外交国，尤其是沿着呼罗珊大道一线诸国（如哈尔西、基马什和胡尔提），以及西马什基地区诸国，这些使节从伊利萨格里格行省的驿站出发，以德尔为中转站，沿着迪亚拉河流域向上，穿过扎格罗斯山脉，乌尔使节出访的目的主要是为了加强同这些国家的贸易往来，以及打通与东部的陆上贸易。除了东北方外交国之外，乌尔使节还出访东南方外交国，以吉尔苏行省的驿站为起点，经由苏萨的中转站，到达埃兰地区诸国，远及安珊和马尔哈西。

最后一王伊比辛统治时期，乌尔第三王朝的国内危机凸显，对外关系土崩瓦解，原先的边疆区、附庸国不断脱离乌尔中央独立，阿摩利人和埃兰人的威胁不断加剧，王朝已无力挽回衰败局面。自伊比辛统治第3年开始，首先是迪亚拉河流域的埃什努那和埃兰地区的苏萨独立。温马（伊比辛4年）、拉伽什（伊比辛5年）和尼普尔（伊比辛8年），核心区统治土崩瓦解，王朝所能统治的区域仅局限于首都乌尔城及周边区域，乌尔第三王朝名存实亡。公元前2004年（伊比辛24年），伊朗西部埃兰人的西马什基-安珊王朝在统治者金达图的率领下攻克乌尔城，俘虏乌尔第三王朝最后一位国王伊比辛至苏萨，标志着乌尔第三王朝的灭亡。埃兰人洗劫乌尔城之后，并未在此停留很长时间，而是返回苏萨，伊新王朝以乌尔第三王朝的合法继承者自居，延续苏美尔文明，但是两河流域又陷入国家分裂局面。经过一系列的区域国家混战，最后由巴比伦的统治者汉谟拉比再次完成两河流域的统一，古代两河流域文明从苏美尔时代进入到巴比伦时代。乌尔第三王朝的文化成就被效仿和称颂，文化遗产被后来的两河流域王朝所记忆，也被逐渐遗忘。例如，编制于古巴比伦时期的文学作品《乌尔城陷哀歌》，以现王朝评价前王朝历史的口吻，将乌尔第三王朝的灭亡归咎为"神的旨意"：众神决定抛弃和摧毁这座城市，于是降下饥荒，引来埃兰人，虽然乌尔保护神南那之妻宁伽尔为了挽救乌尔免遭毁灭，在众神面前哭诉，但是未能挽回灭亡的

战争、外交与贸易：两河流域乌尔第三王朝对外关系研究

宿命，诸神纷纷抛弃乌尔神庙，远离这座被诅咒的城市。①

乌尔第三王朝存在的短短一百余年时间（公元前 2112—前 2004 年），是两河流域的苏美尔人从城邦体制尝试向区域性帝国体制过渡的一个关键时期。这一王朝是建立在驱逐外族势力（库提人、埃兰人）入侵的基础上，继阿卡德王国之后再一次完成了对两河流域南部（巴比伦尼亚）的统一。在经济方面，乌尔统治者不仅积极开展对外贸易，发展国内经济，将神庙经济收归国有，而且还为此制定了详细的贡税收政策。在政治和军事方面，乌尔第三王朝的统治者采取战争（对外征服）与和平（外交）两种政治手腕，不断扩张和巩固王国的势力范围，建立了行省、边疆、外交国三层政治区域模式，成为乌尔第三王朝国家治理的重要手段，同时对于乌尔第三王朝的兴衰也具有十分重要的引导作用。

通过以上各章对乌尔第三王朝对外关系的梳理和研究，我们对这一重要问题的内容有了一个较为全面的认知，发现乌尔第三王朝的对外政策在不同时期对不同方向的国家具有一些突出的特点，其总体对外关系以巴比伦尼亚中心观为主导，呈现出"方针目的性、方略渐变性、方式多样性"的特征。

首先，乌尔第三王朝的对外关系坚持"东战西和"的总体方针，对于不同方向的外交国采取不同的对外政策，具有明显的目的性。乌尔第三王朝对外战争的常规方向是王朝的东北部国家，这一区域在舒尔吉统治之后逐渐演变成为乌尔第三王朝的边疆区（边缘区）或者附庸国，成为乌尔王国的势力范围。王朝的东南部（如胡赫努里、安珊）和最北部（如西马努姆）国家偶尔与乌尔发生战争冲突，或是为了解决政治联姻出现的问题，或是为了平息边疆威胁，属于偶然性、非常规性的操作。总体上，乌尔第三王朝与其西北部、东南部外交国之间长期保持着和平外交关系，双方互派使节出访，通过政治联姻加强彼此外交关系，体现了公元前 3 千纪晚期中东国际关系的盛况。除此，乌尔第三王朝对外关系的目的性还体现在对外战争的目的性，战争不是为了彻底征服，而是为了获取战利品和战俘，以及东北部丰富的畜牧资源，将该区域变为王朝的主要放牧区，为王朝提

---

① P. Michalowski, *The Lamentation over the Destruction of Sumer and Ur*, MC 1, Winona Lake: Eisenbrauns, 1989.

结　语

供源源不断的牲畜供应。同时，战争的另一个目的是打通与控制连接两河流域与伊朗高原的陆上商路，经营与发展长途贸易。对于王朝东南部国家，乌尔第三王朝通过海上贸易，即波斯湾贸易，加强同这些外交国的联系。可以说，乌尔第三王朝的对外政策是有选择的目的性，这种选择性同样也是乌尔第三王朝在对外关系中采取的主动策略，这一方针政策贯穿于第一王乌尔纳姆时期直到最后一位伊比辛时期始终，成为乌尔第三王朝进行国家内部与外部治理的总方针。

其次，乌尔第三王朝的对外关系的具体方略不是一成不变的，而是在不同时期、不同区域采取不同的对外政策，在总体上呈现出"前期以战争为主、后期以和平为主"，以及"前期主动扩张、后期被动防御"的特征。乌尔第三王朝的对外关系开始于对外战争，从乌尔纳姆时期的统一战争到舒尔吉时期的扩张战争，再到舒辛时期的防御战争，最后到伊比辛时期的保卫战争，这一连串的战争史体现了王朝从主动进攻到被动防御的演变，其转折点是舒辛4年阿摩利墙的修筑，也是王朝由盛而衰的转折点。不过，战争史并不能概况乌尔第三王朝对外关系的全貌，尤其是王朝统治后半期，对外关系主要以和平外交关系为主，以阿马尔辛统治时期为最盛，王朝各个方向的外交国（包括附庸国和独立国家）频繁来访乌尔，大有"万国来朝"的盛况。在乌尔第三王朝文献记载中，这些外交国的统治者被称为"恩西"（ensi$_2$），这一称呼或者指城邦的统治者，或者指统一王国下设的行省总督，其地位低于表示区域性王国的君主头衔"卢伽尔"（lugal），甚至许多文献中直接称呼外国统治者为"某地人"（lu$_2$）。这一称呼上的差异，体现了乌尔第三王朝君主"天下四方之王"的观念，名义上作为所有这些来访国的盟主，同样也是乌尔王国在对外关系中主体地位的表现。在乌尔第三王朝的文献中，记载了乌尔君主赠送大量礼物给来访的外国使节和外国君主，一是作为外交礼仪的一部分，二是展现了乌尔第三王朝的富裕辽阔与慷慨友善。乌尔王国派出的使节，主要集中于第三王阿马尔辛、第四王舒辛和末王伊比辛统治前两年这一区间，既有外交人员，也有军事人员，他们构成了一支兼具外交服务与护卫功能于一身的团队，乌尔使节出访有多个目的，一是作为信使传递乌尔统治者的外交书信，二是作为经办人负责征召与遣返东部外交国的埃兰人雇佣劳动力，三是作为军事人员护卫、陪同外来使节与外国劳动力，此外还有处理运送商品或贡品来往乌尔与东部外交国之间等事项。

　　复次,乌尔第三王朝的对外关系是多种国际关系的结合,是王朝多种对外政策的复合体,包括对外战争、外交、联姻、对外贸易等,体现了乌尔第三王朝对外关系的方式多样性。乌尔第三王朝统治者在处理对外关系事务时,并不局限于采用单一的方式和手段,而是综合运用多种方式。例如,北方的外交国西马努姆与乌尔第三王朝的关系错综复杂,既有两国之间的战争,也有通婚联姻,以及西马努姆的使节出访乌尔王国。东南方的安珊和马尔哈西与乌尔第三王朝的关系,既有战争、联姻、互派使节访问之外,它们与乌尔王国之间还有密切的贸易往来。值得注意的是,这几种处理对外关系的方式之间有着密切的联系,对外战争的目的是打通和控制商路,发展对外贸易,当对外战争无法达到既定目的或者无力发动对外战争时,外交联姻则是一个不错的选择,两国间的和平外交关系不仅有利于其经济文化的发展,也普惠于两国民众的日常生活,包括免除战争劳役、缴纳额外赋税、避免战乱等。同时也要注意,乌尔第三王朝的对外政策与对内政策之间也有着密切的关联,乌尔王国行省、边疆、外交国政治区域划分体制的确立,是其处理对外关系的基础,边疆区和附庸国作为沟通乌尔王国与周边独立国家的中转站和桥梁,在乌尔王国的对外关系中发挥的重要作用不可被低估。可以说,乌尔第三王朝的统治者通过综合运用战争、外交、贸易等手段和方式,发挥三者的互相作用力量,从而达到最终的既定对外关系和国家治理的总方针。

　　最后需要指出的是,与公元前3千纪早期埃卜拉外交条约、公元前2千纪早期马里外交书信和公元前2千纪晚期阿马尔那外交档案等档案文献的丰富性和体系性相比,处于公元前3千纪晚期的乌尔第三王朝不仅缺乏对外政策的档案文献,如外交条约、外交书信、外交联姻文书,也缺少专门的军事战争档案、贸易法、商业法等文件性资料。尽管乌尔第三王朝的建立者乌尔纳姆颁布了目前已知最早的法典《乌尔纳姆法典》,说明乌尔第三王朝至少有法制传统,但是在该法典中并没有发现与对外关系或对外政策相关的条文和规定,截至目前,我们也没有发现专门记载对外关系法令和条文的相关乌尔第三王朝文献。

　　乌尔第三王朝对外关系是古代两河流域早期国际关系的典型代表,不仅体现了早期两河流域文明的政治、经济、外交、军事制度的特征,而且

结 语

对于两河流域后来的历史发展，尤其是近东国际体系的演变具有重要的影响和启示。作为古代两河流域对外关系发展的重要阶段，乌尔第三王朝的对外关系扮演着承上启下的角色。乌尔第三王朝的统治者利用军事、外交、联姻、贸易等手段来调节国家政治经济的发展，达到治理国家的目的，对于后来的两河流域历史发展具有重要的引导和借鉴价值。乌尔第三王朝对外政策与国家治理的密切关系，反映了其"天下四方之王"的巴比伦尼亚中心主义观念。

乌尔第三王朝的目的性、渐变性、多样性对外政策，为后来的两河流域王朝提供了一个借鉴摹本。乌尔第三王朝时期与西北部国家的和平友好关系，经古巴比伦时期的短暂统一后，到阿马尔那时代西北部的古叙利亚地区成为周边大国互相争夺的对象，成为中东新的"火药桶"，直到亚述帝国再次统一叙利亚地区，叙利亚地区后来陆续被异族文化统治，使其同质文明发展逐渐向异质化转变。南部的波斯湾贸易，在乌尔第三王朝之后虽然依旧得到发展，但是遥远的麦鲁哈逐渐被两河流域遗忘，当它再次出现时，已不再指印度河流域，而是指东非地区。东北部是两河流域通往伊朗高原，连接东部世界的主要通道，乌尔第三王朝时期致力于经营的迪亚拉河流域通往扎格罗斯山脉的商路，在后来发展成为呼罗珊大道的西端，最后成为丝绸之路西段的主要组成部分。

综上所述，乌尔第三王朝的对外关系是一个内容广泛的统一体，是乌尔第三王朝的政治、经济和文化发展的高度凝聚的结果，也是古代两河流域文明历史发展长河中的光辉杰作，深入研究这一问题无疑对于研究古代两河流域乃至古代西亚的政治史、经济史和文明史都具有极为重要的意义。我们对于这一问题的研究并没有彻底结束，随着既有材料的重新解读，原有术语含义的进一步诠释，尤其是新考古发掘、新资料的出土与整理，学界会不断取得新的研究成果，许多目前的困惑和谜团也将陆续被解开。我们对此满怀期待，并将不懈努力。

附　　录

附录一：古代两河流域历史框架[①]

巴比伦尼亚			亚述	
时期	朝代	时间	时期	时间
古苏美尔时期	早王朝	约公元前3200—前2350年		
	早王朝Ⅰ期	约公元前2900—前2700年		
	早王朝Ⅱ期	约公元前2700—前2600年		
	早王朝Ⅲa期	约公元前2600—前2500年		
	早王朝Ⅲb期	约公元前2600—前2350年		
	阿卡德王国	公元前2334—前2154年		
	库提王朝	约公元前2210—前2119年		

[①] 参考 A. L. Oppenheim, *Ancient Mesopotamia*, Chicago and London: The University of Chicago Press, 1964; G. Roux, *Ancient Iraq*, Middlesex: Penguin Books, 1966; M. Van de Mieroop, *A History of the Ancient Near East (ca. 3000-323 BC)*, Malden: Blackwell Publishing, 2004; D. O. Edzard, *Geschichte Mesopotamiens: Von den Sumerern bis zu Alexander dem Großen*, München: Verlag C. H. Beck, 2004.

续表

	巴比伦尼亚		亚述	
新苏美尔时期	拉伽什第二王朝（古地亚王朝）	约公元前2200—前2110年		
	乌鲁克第五王朝	公元前2119—前2112年		
	乌尔第三王朝	公元前2112—前2004年		
古巴比伦时期	伊新王朝	公元前2017—前1794年		
	拉尔萨王朝	公元前2025—前1763年	古亚述/阿淑尔城邦	约公元前2000—前1809年
	巴比伦第一王朝/古巴比伦王国	公元前1894—前1595年	上美索不达米亚王国	公元前1809—前1741年
	巴比伦第二王朝/海国王朝	公元前1732—前1460年	米坦尼王国	约公元前1500—前1335年
中巴比伦时期	巴比伦第三王朝/加喜特王朝	公元前1570—前1157年		
	巴比伦第四王朝/伊新第二王朝	公元前1156—前1025年	中亚述	约公元前1400—前1050年
	巴比伦第五王朝	公元前1024—前1004年		
	巴比伦第六王朝	公元前1003—前984年		
	巴比伦第七王朝	公元前983—前978年		
	巴比伦第八王朝	公元前977—前941年		
	巴比伦第九王朝	公元前977—前732年	新亚述	公元前934—前612年
	亚述统治时期	公元前731—前627年		

续表

	巴比伦尼亚		亚述
新巴比伦时期	巴比伦第十王朝/新巴比伦王国	公元前626—前539年	

附录二：乌尔第三王朝年名[①]

国王	年	年名（楔文原文）	年名（中文译文）
乌尔纳姆	1	mu Ur-^{d}Nammu lugal	乌尔纳姆称王之年
	b	mu en ^{d}Nanna maš-e ba-pad$_3$-da	南那神庙最高女祭司被选中之年
	c	mu KIB. KIB še Lagaš^{ki} giš bi$_2$-ra-a	拉伽什的大麦打谷之年
	d		驱逐库提人之年
	e/i		"乌尔城墙"首次被建之年
	e/ii		埃利都的恩基神庙、库阿尔的宁苏神庙和乌尔的伊南娜-宁库努纳神庙被建之年
	f		乌尔纳姆到尼普尔巡游之年
	g	mu e$_2$ ^{d}Nanna ba-du$_3$-a	南那神庙被建之年
	h	mu Ur-^{d}Nammu lugal-e sig-ta IGI. NIM-še$_3$ gir$_3$ si bi$_2$-sa$_2$-a	国王乌尔纳姆从下到上检修"道路"之年
	h/i		马干恢复与乌尔贸易之年
	h/ii		"乌尔纳姆法典"颁布之年
	h/iii		新的领土合并到乌尔王国之年
	i	mu en ^{d}Inana Unug^{ki}-a dumu Ur-^{d}Nammu lugal-a maš-e ba-pad$_3$-da	乌鲁克的伊南娜神庙最高女祭司、乌尔纳姆的后裔被选中之年
	j	mu ^{giš}gigir ^{d}Nin-lil$_2$ ba-dim$_2$-ma	宁利尔的战车被制造之年
	k	mu e$_2$ ^{d}Nin-sun$_5$ Uri^{ki}-a ba-du$_3$-a	乌尔的宁苏神庙被建之年
	l	mu e$_2$ ^{d}En-lil$_2$-la$_2$ ba-du$_3$-a	恩利尔神庙被建之年
	m	mu I$_7$. EN. EREN$_2$. NUN ba-al	伊图尔温伽尔水渠被挖掘之年

[①] 参见 D. Frayne, *Ur III Period* (2112-2004 BC), RIME 3/2, Toronto: University of Toronto Press, 1997; M. Sigrist, T. Gomi, *The Comprehensive Catalogue of Published Ur III Tablets*, Bethesda: CDL Press, 1991.

续表

国王	年	年名（楔文原文）	年名（中文译文）
乌尔纳姆	n	mu nin-dingir ^{d}Iškur maš-e pad$_3$-da	伊什库尔神庙的"宁丁吉尔"祭司被选中之年
	o	mu uš e$_2$ ^{d}Nin-gublaga ki ba-a-gar	宁古布拉加神庙的地基被立之年
	p	mu bad$_3$ Uri$_5$^{ki}-ma ba-du$_3$-a	"乌尔城墙"被建之年
	q	mu I$_7$-a-^{d}Nin-tu ba-al	阿宁图水渠被挖掘之年
	r		乌尔纳姆在迪亚拉地区的远征；乌尔纳姆之死
舒尔吉	1	mu Šul-gi lugal	舒尔吉称王之年
	2	mu Šul-gi lugal Uri$_5$^{ki}-ma-ke$_4$ ^{giš}gu-za za-gin$_3$ ^{d}En-lil$_2$-ra i$_3$-na-ku$_4$-ra	乌尔国王舒尔吉为恩利尔进献青金石神座之年
	3	mu e$_2$-muhaldim ^{d}Nin-šubur ba-du$_3$-a	宁舒布尔神庙的厨房被建之年
	4		（不清楚）
	5	mu uš e$_2$ ^{d}Nin-urta ki ba-a-gar	尼努尔塔神庙的地基被立之年
	6	mu BAD$_3$.GAL.AN^{ki} ki-bi-gi$_4$-a	德尔被毁之年
	6a	mu us$_2$-sa uš e$_2$ ^{d}Nin-urta ki-a bi$_2$-gar	尼努尔塔神庙的地基被立之次年
	7	mu gir$_3$ Nibru^{ki} si bi$_2$-sa$_2$-a	尼普尔道路被铺设之年
	7a	mu lugal-e Uri$_5$^{ki}-ta	国王从乌尔而来之年
	8	mu ma$_2$ ^{d}Nin-lil$_2$-la$_2$ ba-du$_8$	宁利尔的船被补漏缝之年
	9	mu ^{d}Nanna Kar-zi-da e$_2$-a ba-ku$_4$	卡那孜达的南那被带入神庙之年
	10	mu e$_2$-hur-sag lugal ba-du$_3$	国王的"山房"被建之年
	11	mu ^{d}Ištaran BAD$_3$.GAL.AN^{ki} e$_2$-a ba-ku$_4$	德尔的伊什塔兰被带入神庙之年
	12	mu Nu-^{umuš}muš-da Ka-zal-lu^{ki} e$_2$-a ba-ku$_4$	卡扎鲁的努姆什达被带入神庙之年
	12a	mu lugal Ba-gara$_2$ e$_2$-a-na ku$_4$-ra	"巴加拉"的王（宁吉尔苏）被带入神庙之年
	13	mu e$_2$-hal-bi lugal ba-du$_3$	国王的"冰房"被建之年
	13a	mu lugal Ba-gara$_2$ e$_2$-a ku$_4$-ra us$_2$-sa	"巴加拉"的王（宁吉尔苏）被带入神庙之次年

续表

国王	年	年名（楔文原文）	年名（中文译文）
舒尔吉	14	mu ^{d}Nanna Nibru^{ki} e$_2$-a ba-ku$_4$	尼普尔的南那被带入神庙之年
	15	mu En-nir-zi-an-na en ^{d}Nanna maš$_2$-e i$_3$-pad$_3$	恩尼尔孜安娜被选为南那神庙最高女祭司之年
	16	mu na$_2$ ^{d}Nin-lil$_2$-la$_2$ ba-dim$_2$	宁利尔的"床"被建之年
	17	mu En-nir-zi-an-na en ^{d}Nanna ba-hun-ga$_2$	恩尼尔孜安娜被任命为南那神庙最高女祭司之年
	18	mu Li$_2$-wir-mi-ṭa-šu dumu-lugal nam-nin Mar-ha-ši^{ki} ba-il$_2$	国王的女儿利维尔米塔苏被提升为马尔哈西的王后之年
	19	mu EZENxKASKAL^{ki} ki-bi ba-ab-gi$_4$	埃金卡斯卡尔被毁之年
	20	mu dumu Uri$_5^{ki}$-ma lu$_2$-giš-gid$_2$-še$_3$ KA ba-ab-kešda	乌尔公民被征召为长矛兵之年
	20a	mu ^{d}Nin-hur-sag-ga$_2$ nu-tur e$_2$-a-na ba-an-ku$_4$	努图尔的宁胡尔萨格被带入神庙之年
	21	mu ^{d}Nin-urta ensi$_2$-gal ^{d}En-lil$_2$-la$_2$-ke$_4$ e$_2$ ^{d}En-lil$_2$ ^{d}Nin-lil$_2$-la$_2$-ke$_4$ eš-bar-kin ba-an-du$_{11}$-ga ^{d}Šul-gi lugal Uri$_5^{ki}$-ma-ke$_4$ gan$_2$ nig$_2$-kas$_7$ šuku e$_2$ ^{d}En-lil$_2$ ^{d}Nin-lil$_2$-la$_2$-ke$_4$ si bi$_2$-sa$_2$-a	恩利尔的重要"土地管理员"尼努尔塔在恩利尔和宁利尔神庙发布圣谕：乌尔国王舒尔吉整顿恩利尔和宁利尔神庙的土地和账目
	21a	mu BAD$_3$.AN^{ki} ba-hul	德尔被毁之年
	22	mu us$_2$-sa BAD$_3$.AN^{ki} ba-hul	德尔被毁之次年
	23	mu ^{d}Šul-gi lugal-e a$_2$-mah ^{d}En-lil$_2$ sum-ma-ni […]	恩利尔授予国王舒尔吉最高权力
	24	mu Kara$_2$-har^{ki} ba-hul	卡拉哈尔被毁之年
	25	mu Si-mu-ru-um^{ki} ba-hul	西穆鲁姆被毁之年
	26	mu Si-mu-ru-um^{ki} a-ra$_2$ 2-kam-ma-aš ba-hul	西穆鲁姆第二次被毁之年
	27	mu Ha-ar-ši^{ki} ba-hul	哈尔西被毁之年
	28	mu en Eridu^{ki}-ga ba-hun-ga$_2$	埃利都的最高女祭司被任命之年
	29	mu us$_2$-sa en Eridu^{ki}-ga ba-hun-ga$_2$	埃利都的最高女祭司被任命之次年

续表

国王	年	年名（楔文原文）	年名（中文译文）
舒尔吉	30	mu dumu-munus lugal ensi$_2$ An-ša-an^{ki}-ke$_4$ ba-tuku	国王的女儿嫁给安珊恩西之年
	31	mu Kara$_2$-har^{ki} a-ra$_2$ 2-kam-ma-aš ba-hul	卡拉哈尔第二次被毁之年
	32	mu Si-mu-ru-um^{ki} a-ra$_2$ 3-kam-ma-aš ba-hul	西穆鲁姆第三次被毁之年
	33	mu us$_2$-sa Si-mu-ru-um^{ki} a-ra$_2$ 3-kam-ma-aš ba-hul	西穆鲁姆第三次被毁之次年
	34	mu An-ša-an^{ki} ba-hul	安珊被毁之年
	35	mu us$_2$-sa An-ša-an^{ki} ba-hul	安珊被毁之次年
	36	mu ^{d}Nanna Kar-zi-da^{ki} a-ra$_2$ 2-kam-aš e$_2$-a ba-ku$_4$	卡尔孜达的南那第二次进入神庙之年
	37	mu bad$_3$ ma-da ba-du$_3$	（乌尔）国家的长墙被建之年
	38	mu us$_2$-sa mu bad$_3$ ma-da ba-du$_3$	（乌尔）国家的长墙被建之次年
	39	mu e$_2$ Puzur$_4$-iš-^{d}Da-gan-na ba-du$_3$	普兹瑞什达干被建之年
	40	mu us$_2$-sa e$_2$ Puzur$_4$-iš-^{d}Da-gan-na ba-du$_3$	普兹瑞什达干被建之次年
	41	mu us$_2$-sa e$_2$ Puzur$_4$-iš-^{d}Da-gan-na ba-du$_3$ mu us$_2$-sa-a-bi	普兹瑞什达干被建之次年的次年
	42	mu Ša-aš-ru^{ki} ba-hul	沙什卢姆被毁之年
	43	mu En-ubur-zi-an-na en ^{d}Nanna maš-e i$_3$-pad$_3$	恩乌布尔孜安娜被选为南那神庙最高女祭司之年
	44	mu Si-mu-ru-um^{ki} u$_3$ Lu-lu-bi^{ki} a-ra$_2$ 10-la$_2$-1-kam-aš ba-hul	西穆鲁姆和卢卢布第九次被毁之年
	45	mu ^{d}Šul-gi nita kala-ga lugal Uri$_5^{ki}$-ma lugal an-ub-da-limmu$_2$-ba-ke$_4$ Ur-bi$_2$-lum^{ki} Si-mu-ru-um^{ki} Lu-lu-bu^{ki} u$_3$ Kara$_2$-har^{ki}-ra aš-eš šu du$_{11}$-ga šu-tibir-ra im-mi-ra	强大的男人、乌尔之王、四方之王舒尔吉同时征服乌尔比隆、西穆鲁姆、卢卢布和卡拉哈尔之年

续表

国王	年	年名（楔文原文）	年名（中文译文）
舒尔吉	46	mu ^{d}Šul-gi nita kala-ga lugal Uri$_5^{ki}$-ma lugal an-ub-da-limmu$_2$-ba-ke$_4$ Ki-maš^{ki} Hu-ur$_5$-ti^{ki} u$_3$ ma-da-bi u$_4$-aš-a mu-hul	强大的男人、乌尔之王、四方之王舒尔吉在同一天摧毁基马什、胡尔提及其地区之年
	47	mu ^{d}Šul-gi nita kala-ga lugal Uri$_5^{ki}$-ma lugal an-ub-da-limmu$_2$-ba-ke$_4$ Ki-maš^{ki} Hu-ur$_5$-ti^{ki} u$_3$ ma-da-bi u$_4$ aš-a mu-hul-a mu us$_2$-sa-a-bi	强大的男人、乌尔之王、四方之王舒尔吉在同一天摧毁基马什、胡尔提及其地区之次年
	48	mu Ha-ar-ši^{ki} Ki-maš^{ki} Hu-ur$_5$-ti^{ki} u$_3$ ma-da-bi u$_4$ aš-a ba-hul	哈尔西、基马什、胡尔提及其地区在同一天被毁之年
阿马尔辛	1	mu ^{d}Amar-^{d}Suen lugal	阿马尔辛称王之年
	2	mu Ur-bi$_2$-lum^{ki} ba-hul	乌尔比隆被毁之年
	3	mu ^{d}gu-za ^{d}En-lil$_2$-la$_2$ ba-dim$_2$	恩利尔的神座被制造之年
	3a	mu En-mah-gal-an-na en ^{d}Nanna maš$_2$-e i$_3$-pad$_3$	恩马赫伽尔安娜被选为南那神庙最高女祭司之年
	4	mu En-mah-gal-an-na en ^{d}Nanna ba-hun	恩马赫伽尔安娜被任命为南那神庙最高女祭司之年
	5	mu En-unu$_6$-gal ^{d}Inana Unug^{ki} ba-hun	恩乌努伽尔（安娜）被任命为乌鲁克的伊南娜神庙最高女祭司之年
	6	mu Ša-aš-ru-um^{ki} a-ra$_2$ 2-kam ba-hul	沙什卢姆第二次被毁之年
	6a	mu Ša-aš-ru^{ki} ba-hul	沙什卢姆被毁之年
	7	mu Hu-uh$_2$-nu-ri^{ki} ba-hul	胡赫努里被毁之年
	8	mu en Eridu^{ki} ba-hun	埃利都的最高女祭司被任命之年
	9	mu En-^{d}Nanna-^{d}Amar-^{d}Suen-ra-ki-ag$_2$ en ^{d}Nanna Kar-zi-da-ka ba-hun	恩南那阿马尔辛拉吉阿格被任命为卡尔孜达的南那神庙最高女祭司之年

续表

国王	年	年名（楔文原文）	年名（中文译文）
舒辛	1	mu ^{d}Šu-^{d}Suen lugal	舒辛称王之年
	2	mu ^{d}Šu-^{d}Suen lugal Uri$_5$^{ki}-ma-ke$_4$ ma$_2$ dara$_3$-abzu ^{d}En-ki in-dim$_2$	乌尔之王舒辛为恩基建造"阿布祖野山羊"船之年
	3	mu ^{d}Šu-^{d}Suen lugal Uri$_5$^{ki}-ma-ke$_4$ Si-ma-num$_2$^{ki} mu-hul	乌尔之王舒辛摧毁西马努姆之年
	4	mu ^{d}Šu-^{d}Suen lugal Uri$_5$^{ki}-ma-ke$_4$ bad$_3$ mar-tu Mu-ri-iq-ti-id-ni-im mu-du$_3$	乌尔之王舒辛建造阿摩利墙"疏远提德努姆"之年
	5	mu us$_2$-sa ^{d}Šu-^{d}Suen lugal Uri$_5$^{ki}-ma-ke$_4$ bad$_3$ mar-tu Mu-ri-iq-ti-id-ni-im mu-du$_3$	乌尔之王舒辛建造阿摩利墙"疏远提德努姆"之次年
	6	mu ^{d}Šu-^{d}Suen lugal Uri$_5$^{ki}-ma-ke$_4$ na-ru$_2$-a mah ^{d}En-lil$_2$ ^{d}Nin-lil$_2$-ra mu-ne-du$_3$	乌尔之王舒辛为恩利尔和宁利尔建造圣碑之年
	7	mu ^{d}Šu-^{d}Suen lugal Uri$_5$^{ki}-ma-ke$_4$ ma-da Za-ab-ša-li^{ki} mu-hul	乌尔之王舒辛摧毁扎布沙里地区之年
	8	mu ^{d}Šu-^{d}Suen lugal Uri$_5$^{ki}-ma-ke$_4$ ma$_2$-gur$_8$ mah ^{d}En-lil$_2$ ^{d}Nin-lil$_2$-ra mu-ne-dim$_2$	乌尔之王舒辛为恩利尔和宁利尔建造圣船"马古尔"之年
	9	mu ^{d}Šu-^{d}Suen lugal Uri$_5$^{ki}-ma-ke$_4$ e$_2$ ^{d}Šara$_2$ Umma^{ki} mu-du$_3$	乌尔之王舒辛建造温马的沙拉神庙之年
伊比辛	1	mu ^{d}I-bi$_2$-^{d}Suen lugal	伊比辛称王之年
	2	mu en ^{d}Inana maš$_2$-e i$_3$-pad$_3$	伊南娜神庙最高女祭司被选中之年
	3	mu ^{d}I-bi$_2$-^{d}Suen lugal Uri$_5$^{ki}-ma-ke$_4$ Si-mu-ru-um^{ki} mu-hul	乌尔之王伊比辛摧毁西穆鲁姆之年
	4	mu En-am-gal-an-na en ^{d}Inana ba-hun	恩阿姆伽尔安娜被任命为伊南娜神庙最高女祭司之年
	5	mu Tu-ki-in-PA-mi-ig-ri-ša dumu-munus lugal ensi$_2$ Za-ab-ša-li^{ki}-ke$_4$ ba-an-tuku	扎布沙里恩西迎娶（乌尔）国王女儿图金哈提米格丽莎之年
	6	mu ^{d}I-bi$_2$-^{d}Suen lugal Uri$_5$^{ki}-ma-ke$_4$ Nibru^{ki} Uri$_5$^{ki}-ma bad$_3$ gal-bi mu-du$_3$	乌尔之王伊比辛建造尼普尔和乌尔的宏伟城墙之年

续表

国王	年	年名（楔文原文）	年名（中文译文）
伊比辛	7	mu us$_2$-sa ^{d}I-bi$_2$-^{d}Suen lugal Uri$_5^{ki}$-ma-ke$_4$ Nibru^{ki} Uri$_5^{ki}$-ma bad$_3$ gal-bi mu-du$_3$	乌尔之王伊比辛建造尼普尔和乌尔的宏伟城墙之次年
	8	mu us$_2$-sa ^{d}I-bi$_2$-^{d}Suen lugal Uri$_5^{ki}$-ma-ke$_4$ Nibru^{ki} Uri$_5^{ki}$-ma bad$_3$ gal-bi mu-du$_3$-a mu us$_2$-sa-bi	乌尔之王伊比辛建造尼普尔和乌尔的宏伟城墙之次年的次年
	9	mu ^{d}I-bi$_2$-^{d}Suen lugal Uri$_5^{ki}$-ma-ke$_4$ Hu-uh$_2$-nu-ri KA. BAD ma-da An-ša-an^{ki}-še$_3$ a$_2$-dugud ba-ši-in-gin […]-ra-gin$_7$ a$_2$-mah si$_3$-bi sa bi$_2$-in-gar	乌尔之王伊比辛带领重装军队进军胡赫努里，安珊地区的"开口"，如……一样，将其包围，用网将其抓住
	10	mu En-nir-si$_3$-an-na en ^{d}Nanna maš$_2$-e in-pad$_3$	恩尼尔希安娜被选为南那神庙最高女祭司之年
	11	mu En-nam-ti-^{d}I-bi$_2$-^{d}Suen-ka-še$_3$ kiri$_3$ šu-gal$_2$ x-unu en ^{d}En-ki-ka maš$_2$-e i$_3$-pad$_3$	恩纳姆提伊比辛卡塞被选为恩基神庙最高女祭司之年
	12	mu ^{d}I-bi$_2$-^{d}Suen lugal Uri$_5^{ki}$-ma-ke$_4$ gu-za an ^{d}Nanna-ra mu-na-dim$_2$	乌尔之王伊比辛为南那建造神座之年
	13	mu us$_2$-sa ^{d}I-bi$_2$-^{d}Suen lugal Uri$_5^{ki}$-ma-ke$_4$ gu-za an ^{d}Nanna-ra mu-na-dim$_2$	乌尔之王伊比辛为南那建造神座之次年
	14	mu ^{d}I-bi$_2$-^{d}Suen lugal Uri$_5^{ki}$-ma-ke$_4$ Šušin^{ki} A-dam-dun^{ki} ma-da A-wa-an^{ki}-ka u$_4$-gin$_7$ ŠID bi$_2$-in-gi$_7$ u$_4$-AŠ-a mu-un-GAM u$_3$ en-bi LU$_2$xKAR$_2$-a mi-ni-in-dab$_5$-ba-a	乌尔之王伊比辛席卷苏萨、阿丹顿和阿万地区，在一天内使他们投降，将他们的统帅作为俘虏抓获之年
	15	mu ^{d}I-bi$_2$-^{d}Suen lugal Uri$_5^{ki}$-ma-ra ^{d}Inana-a ša$_3$-ki-ag$_2$-ga$_2$-ni dalla mu-un-na-an-e$_3$-a	南那通过仁慈之心，使乌尔之王伊比辛壮丽前行之年

续表

国王	年	年名（楔文原文）	年名（中文译文）
伊比辛	16	mu ^{d}I-bi$_2$-^{d}Suen lugal Uri$_5$^{ki}-ma-ke$_4$ ^{d}Nanna- ar ^{d}Nun-me-te-an-na mu-na-dim$_2$	乌尔之王伊比辛为南那制造"王子，天之装饰"之年
	17	mu ^{d}I-bi$_2$-^{d}Suen lugal Uri$_5$^{ki}-ma-ra mar-tu a$_2$-IM-ulu$_3$ ul-ta uru^{ki} nu-zu gu$_2$ im-ma-na-na-ga$_2$-ar	南方边界的阿摩利人，自古至今没有城市，向乌尔之王伊比辛屈服之年
	18	mu ^{d}I-bi$_2$-^{d}Suen lugal Uri$_5$^{ki}-ma-ke$_4$ ^{d}Nin-lil$_2$ u$_3$ ^{d}Inana-ra e$_2$ šutum$_2$-ku$_3$ mu-ne-du$_3$	乌尔之王伊比辛为宁利尔和伊南娜建造华丽的储藏房之年
	19	mu us$_2$-sa ^{d}I-bi$_2$-^{d}Suen lugal Uri$_5$^{ki}-ma-ke$_4$ ^{d}Nin-lil$_2$ u$_3$ ^{d}Inana-ra e$_2$ šutum$_2$-ku$_3$ mu-ne-du$_3$	乌尔之王伊比辛为宁利尔和伊南娜建造华丽的储藏房之次年
	20	mu ^{d}I-bi$_2$-^{d}Suen lugal Uri$_5$^{ki}-ma ^{d}En-lil$_2$-le me-lam$_2$-a-ni kur-kur-ra bi$_2$-in-dul$_4$	恩利尔使乌尔之王伊比辛的可怕光辉笼罩周边土地之年
	21	mu ^{d}I-bi$_2$-^{d}Suen lugal Uri$_5$^{ki}-ma-ke$_4$ ^{d}Nin-igi-zi-bar-ra balag ^{d}Inana-ra mu-na-dim$_2$	乌尔之王伊比辛为伊南娜建造"宁伊吉孜巴拉"竖琴之年
	22	mu ^{d}I-bi$_2$-^{d}Suen lugal Uri$_5$^{ki}-ma-ke$_4$ a-ma-ru nig$_2$-du$_{11}$-ga dingir-re-ne-ke$_4$ za$_3$-an-ki im-suh$_3$-suh$_3$-a Uri$_5$^{ki} URU×UD^{ki} tab-ba bi$_2$-in-ge-en	乌尔之王伊比辛加固被诸神下令的洪水以及整个世界的震动所毁坏的乌尔城和乌鲁乌德城之年
	23	mu ^{d}I-bi$_2$-^{d}Suen lugal Uri$_5$^{ki}-ma-ra ugu$_2$^{ku}-bi-dugud kur-bi mu-na-e-ra	外国人给乌尔之王伊比辛带来一只"蠢猴"之年
	24	mu […] bi$_2$-ra	（乌尔或伊比辛被击败之年？）
	25	[…]	（无年名）

563

附录三：乌尔第三王朝月名[①]

月份	语义符	汉译
I. 普兹瑞什达干月名		
普兹瑞什达干月名（舒辛3年及之前）		
1	iti maš-da₃/ku₃-gu₇	食羚羊月／食圣羊月
2	iti ses-da/šah₂-ku₃-gu₇	食"赛思达"猪月／食圣猪月
3	iti u₅-bi₂^(mušen)-gu₇	食"乌比"鸟月
4	iti ki-siki ᵈNin-a-zu	宁阿祖的羊毛地月
5	iti ezem ᵈNin-a-zu	宁阿祖节月
6	iti a₂-ki-ti	阿基图节月
7	iti ezem ᵈŠul-gi	舒尔吉节月
8	iti šu-eš₍₅₎-ša	"三只手"月
9	iti ezem mah	盛大节月
10	iti ezem An-na	安节月
11	iti (ezem)^(d)Me-ki-gal₂	美吉伽尔节月
12	iti še-sag₍₁₁₎-ku₅	大麦收割月
普兹瑞什达干月名（舒辛3年之后）		
1	iti še-sag₍₁₁₎-ku₅	大麦收割月

[①] 参见 H. Hunger, "Kalender", *Reallexikonder Assyriologie und Vorderasiatischen Archäologie*, Vol. 5 (1976–1980), pp. 297-303; R. M. Whiting, "Some Observations on the Drehem Calendar", *Zeitschrift für Assyriologie und Vorderasiatische Archäologie*, Vol. 69 (1979), pp. 6-33; T. Gomi, "The Calendars of Ur and Puzriš-Dagān in the Early Ur-Ⅲ Period", *Acta Sumeriologica*, Vol. 1 (1979), pp. 1-11; F. Pomponio, "The Reichskalender of Ur Ⅲ in the Umma Texts", *Zeitschrift für Assyriologie und Vorderasiatische Archäologie*, Vol. 79 (1989), pp. 10-13; W. Sallaberger, *Der kultische Kalender der Ur Ⅲ-Zeit*, UAVA 7/1, Berlin and New York: Walter de Gruyter, 1993, pp. 7-11; M. Cohen, *The Cultic Calendars of the Ancient Near East*, Bethesda: CDL Press, 1993, pp. 23-224; M. Such-Gutiérrez, "Der Kalendar von Adab im 3. Jahrtausend", in L. Feliu, et al. (eds.), *Time and History in the Ancient Near East: Proceedings of the 56th Rencontre Assyriologique Internationale at Barcelona 26-30 July 2010*, Winona Lake: Eisenbrauns, 2013, pp. 325-340.

续表

月份	语义符	汉译
2	iti maš-da$_3$/ku$_3$-gu$_7$	食羚羊月／食圣羊月
3	iti ses-da/šah$_2$-ku$_3$-gu$_7$	食"赛思达"猪月／食圣猪月
4	iti u$_5$-bi$_2$$^{(mušen)}$-gu$_7$	食"乌比"鸟月
5	iti ki-siki ^{d}Nin-a-zu	宁阿祖的羊毛地月
6	iti ezem ^{d}Nin-a-zu	宁阿祖节月
7	iti a$_2$-ki-ti	阿基图节月
8	iti ezem ^{d}Šul-gi	舒尔吉节月
9	iti ezem ^{d}Šu-^{d}Suen	舒辛节月
10	iti ezem mah	盛大节月
11	iti ezem An-na	安节月
12	iti (ezem)$^{(d)}$Me-ki-gal$_2$	美吉伽尔节月

Ⅱ. 乌尔月名

月份	语义符	汉译
1	iti še-sag$_{(11)}$-ku$_5$	大麦收割月
2	iti maš-da$_3$/ku$_3$-gu$_7$	食羚羊月／食圣羊月
3	iti ses-da/šah$_2$-ku$_3$-gu$_7$	食"赛思达"猪月／食圣猪月
4	iti u$_5$-bi$_2$$^{(mušen)}$-gu$_7$	食"乌比"鸟月
5	iti ki-siki ^{d}Nin-a-zu	宁阿祖的羊毛地月
6	iti ezem ^{d}Nin-a-zu	宁阿祖节月
7	iti a$_2$-ki-ti	阿基图节月
8	iti ezem ^{d}Šul-gi	舒尔吉节月
9	iti šu-eš$_{(5)}$-ša	"三只手"月
10	iti ezem mah	盛大节月
11	iti ezem An-na	安节月

续表

月份	语义符	汉译
12	iti (ezem)^(d)Me-ki-gal$_2$	美吉伽尔节月

Ⅲ. 尼普尔月名

月份	语义符	汉译
1	iti bara$_2$-za$_3$-gar	圣座月
2	iti gu$_4$-si-su	公牛角月
3	iti sig$_4$-(g)a	泥砖月
4	iti šu-numun	播种月
5	iti ne-ne-gar	放火月
6	iti kin ^{d}Inana	伊南娜工作月
7	iti du$_6$-ku$_3$	圣丘月
8	iti apin-du$_8$-a	犁耕月
9	iti gan-gan-e$_3$	"甘甘埃"月
10	iti ku$_3$ ab-e$_3$	"库阿布埃"月
11	iti udru^{duru5}	"乌德鲁"月
12	iti še-sag$_{(11)}$-ku$_5$	大麦收割月

Ⅳ. 吉尔苏月名

吉尔苏月名(舒尔吉12年及之前)

月份	语义符	汉译
1	iti GAN$_2$-maš	灌溉地月
2	iti gu$_4$-ra$_2$-bi$_2$-mu$_2$-mu$_2$	公牛生长月
3	iti ezem ^{d}Li$_9$-si$_4$	里希节月
4	iti šu-numun	播种月
5	iti munu$_4$-gu$_7$	食麦芽月
6	iti ezem ^{d}Dumu-zi	杜牧孜节月
7	iti UR	"乌尔"月

续表

月份	语义符	汉译
8	iti ezem ^{d}Ba-ba$_6$	巴巴节月
9	iti mu-šu-du$_7$	"穆舒杜"月
10	iti amar-a-a-si	安置牛仔月
11	iti še-sag$_{(11)}$-ku$_5$	大麦收割月
12	iti še-il$_2$-la	大麦生长月

吉尔苏月名（舒尔吉12年之后）

1	iti GAN$_2$-maš	灌溉地月
2	iti gu$_4$-ra$_2$-bi$_2$-mu$_2$-mu$_2$	公牛生长月
3	iti ezem ^{d}Li$_9$-si$_4$	里希节月
4	iti šu-numun	播种月
5	iti munu$_4$-gu$_7$	食麦芽月
6	iti ezem ^{d}Dumu-zi	杜牧孜节月
7	iti ezem ^{d}Šul-gi	舒尔吉节月
8	iti ezem ^{d}Ba-ba$_6$	巴巴节月
9	iti mu-šu-du$_7$	"穆舒杜"月
10	iti amar-a-a-si	安置牛仔月
11	iti še-sag$_{(11)}$-ku$_5$	大麦收割月
12	iti še-il$_2$-la	大麦生长月

V. 温马月名

温马月名（舒尔吉30年之前）

1	iti še-sag$_{(11)}$-ku$_5$	大麦收割月
2	iti sig$_4$ ^{giš}i/u$_3$-šub-ba-gar	砖模铺砖月
3	iti še-kar-ra-gal$_2$-la	大麦入市月

续表

月份	语义符	汉译
4	iti nesag	第一果月
5	iti dal	占卜师月
6	iti šu-numun	播种月
7	iti min$_{(3)}$-eš$_3$	双神殿月
8	iti e$_2$-iti-6	六个月神庙月
9	iti ^{d}Li$_9$-si$_4$	里希月
10	iti UR	"乌尔"月
11	iti Pa$_{4/5}$-u$_2$-e	（神）帕乌埃月
12	iti ^{d}Dumu-zi	杜牧孜月

温马月名（舒尔吉30年——阿马尔辛6年）

1	iti še-sag$_{(11)}$-ku$_5$	大麦收割月
2	iti sig$_4$ ^{giš}i/u$_3$-šub-ba-gar	砖模铺砖月
3	iti še-kar-ra-gal$_2$-la	大麦入市月
4	iti nesag	第一果月
5	iti dal	占卜师月
6	iti šu-numun	播种月
7	iti min$_{(3)}$-eš$_3$	双神殿月
8	iti e$_2$-iti-6	六个月神庙月
9	iti ^{d}Li$_9$-si$_4$	里希月
10	iti ezem ^{d}Šul-gi	舒尔吉节月
11	iti Pa$_{4/5}$-u$_2$-e	（神）帕乌埃月
12	iti ^{d}Dumu-zi	杜牧孜月

温马月名（阿马尔辛7年——舒辛2年）

1	iti še-sag$_{(11)}$-ku$_5$	大麦收割月

续表

月份	语义符	汉译
2	iti sig$_4$ ^{giš}i/u$_3$-šub-ba-gar	砖模铺砖月
3	iti še-kar-ra-gal$_2$-la	大麦入市月
4	iti nesag	第一果月
5	iti dal	占卜师月
6	iti šu-numun	播种月
7	iti ezem ^{d}Amar-^{d}Suen	阿马尔辛节月
8	iti e$_2$-iti-6	六个月神庙月
9	iti ^{d}Li$_9$-si$_4$	里希月
10	iti ezem ^{d}Šul-gi	舒尔吉节月
11	iti Pa$_{4/5}$-u$_2$-e	（神）帕乌埃月
12	iti ^{d}Dumu-zi	杜牧孜月

温马月名（舒辛3年之后）

月份	语义符	汉译
1	iti še-sag$_{(11)}$-ku$_5$	大麦收割月
2	iti sig$_4$ ^{giš}i/u$_3$-šub-ba-gar	砖模铺砖月
3	iti še-kar-ra-gal$_2$-la	大麦入市月
4	iti nesag	第一果月
5	iti dal	占卜师月
6	iti šu-numun	播种月
7	iti min$_{(3)}$-eš$_3$	双神殿月
8	iti e$_2$-iti-6	六个月神庙月
9	iti ^{d}Li$_9$-si$_4$	里希月
10	iti ezem ^{d}Šul-gi	舒尔吉节月
11	iti Pa$_{4/5}$-u$_2$-e	（神）帕乌埃月
12	iti ^{d}Dumu-zi	杜牧孜月

续表

月份	语义符	汉译
VI. 伊利萨格里格月名		
伊利萨格里格月名（Owen）		
1	iti šu-gar-ra	任务完成月
2	iti ^{giš}apin	犁耕月
3	iti kir$_{11}$-si-ak	调整母绵羊羔月
4	iti ezem ^{d}Li$_9$-si$_4$	里希节月
5	iti ezem a-bi	阿比节月
6	iti gi-sig-ga	削芦苇月
7	iti ezem ^{d}Šul-gi	舒尔吉节月
8	iti nig$_2$ ^{d}En-lil$_2$-la$_2$	恩利尔财产月
9	iti ezem a-dara$_4$	野山羊节月
10	iti nig$_2$-e-ga	"埃加"财产月
11	iti ezem An-na	安节月
12	iti še-sag$_{(11)}$-ku$_5$	大麦收割月
伊利萨格里格月名（Ozaki）		
1	iti šu-gar-ra	任务完成月
2	iti šu-gar-gal	任务圆满完成月
3	iti ^{giš}apin	犁耕月
4	iti ezem ^{d}Li$_9$-si$_4$	里希节月
5	iti ezem a-bi	阿比节月
6	iti gi-sig-ga	削芦苇月
7	iti ezem ^{d}Šul-gi	舒尔吉节月
8	iti nig$_2$ ^{d}En-lil$_2$-la$_2$	恩利尔财产月
9	iti kir$_{11}$-si-ak	调整母绵羊羔月
10	iti nig$_2$-e-ga	"埃加"财产月

续表

月份	语义符	汉译
11	iti ezem a-dara$_4$	野山羊节月
12	iti še-sag$_{(11)}$-ku$_5$	大麦收割月

Ⅶ. 阿达布月名

月份	语义符	汉译
1	iti šu-gar-ra	任务完成月
2	—	
3	iti a$_2$-ki-ti	阿基图月
4	iti ku$_3$ ab-e$_3$	"库阿布埃"月
5	iti ga$_2$-udu-ur$_4$	绵羊房丰收月
6	iti ezem ^{d}Dumu-zi	杜牧孜节月
7	—	
8	—	
9	iti ezem ^{d}Šuba$_3$-nun-na	舒巴努纳节月
10	iti ezem ^{d}Nin-mug	宁姆格节月
11	iti še-sag$_{(11)}$-ku$_5$	大麦收割月
12	iti du$_6$-ku$_3$	圣丘月

Ⅷ. 伽尔沙纳月名（同乌尔月名）

月份	语义符	汉译
1	iti še-sag$_{(11)}$-ku$_5$	大麦收割月
2	iti maš-da$_3$/ku$_3$-gu$_7$	食羚羊月／食圣羊月
3	iti ses-da/šah$_2$-ku$_3$-gu$_7$	食"赛思达"猪月／食圣猪月
4	iti u$_5$-bi$_2$$^{(mušen)}$-gu$_7$	食"乌比"鸟月
5	iti ki-siki ^{d}Nin-a-zu	宁阿祖的羊毛地月
6	iti ezem ^{d}Nin-a-zu	宁阿祖节月
7	iti a$_2$-ki-ti	阿基图节月
8	iti ezem ^{d}Šul-gi	舒尔吉节月

续表

月份	语义符	汉译
9	iti šu-eš$_{(5)}$-ša	"三只手"月
10	iti ezem mah	盛大节月
11	iti ezem An-na	安节月
12	iti (ezem)$^{(d)}$Me-ki-gal$_2$	美吉伽尔节月

附录四：度量衡、尺寸单位①

重量单位

名称			进制	现代重量
苏美尔语	英译	汉译		
še	grain	麦		约 0.046 克
gin$_2$	shekel	津/舍客勒	180 še	约 8.3 克
ma-na	mina	米纳	60 gin$_2$	约 500 克
gu$_2$	talent	塔兰特	60 ma-na	约 30 公斤

长度单位

名称			进制	现代长度
苏美尔语	英译	汉译		
šu-si	finger	指		约 1.66 厘米
kuš$_3$	cubit	库比特	20 šu-si	约 33 厘米
gi	reed	里德	6 kuš$_3$	约 3 米
ninda			12 kuš$_3$	约 6 米
gar-du	cord	考德	2 gi	约 6 米
eš$_2$			10 gar-du	约 60 米
uš			6 eš$_2$	约 360 米
danna			30 uš	约 11 千米

---

① 参见 J. Høyrup, *Lengths, Widths, Surfaces: A Portrait of Old Babylonian Algebra and Its Kin*, New York: Springer, 2002.

续表

重量单位

面积单位

名称			进制	现代面积
苏美尔语	英译	汉译		
sar	garden	加顿		约 36 平方米
iku	field	场	100 sar	约 3600 平方米
bur$_3$^{iku}		布尔	18 iku	约 64800 平方米
bur$_3$'u^{iku}		布尔乌	10 bur$_3$^{iku}	约 648000 平方米
šar$_2$^{iku}		沙尔	6 bur$_3$'u^{iku}	约 3.8 平方千米
šar$_2$'u^{iku}		沙尔乌	10 šar$_2$^{iku}	约 38 平方千米

容积单位

名称			进制	现代容积
苏美尔语	英译	汉译		
gin$_2$	shekel	津		
sila$_3$	quart	希拉	60 gin$_2$	约 1 升
ban$_2$	seah	班	10 sila$_3$	约 10 升
nigida / barig		巴里格	6 ban$_2$	约 60 升
gur	Kor	古尔	5 nigida / barig	约 300 升
guru$_7$	grain-heap	筒仓	3600 gur	约 1080000 升

附录五：缩写词

AAICAB	J. -P. Grégoire, *Archives Administratives et Inscriptions Cunéiformes*: *Ashmolean Museum Bodleian Collection Oxford*, I/1-4 (Paris, 1996-2002)
AAS	J. -P. Grégoire, *Archives administratives sumériennes* (Paris 1970)
ABTR	W. R. Arnold, *Ancient-Babylonian temple records in the Columbia University library* (New York, 1896)
Aegyptus	Aegyptus: Rivista italiana di Egittologia e di Papirologia

Aevum	Aevum
Akkadica	Akkadica. Périodique bimestriel de la Fondation Assyriologique Georges Dossin
Aleppo	M. Touzalin, *L'Administration palatiale à l'époque de la troisième dynastie d'Ur: Textes inédits du Musée d'Alep* (Thèse de doctorat de troisième cycle soutenue à l'Université de Tours, 1982)
Amherst	Th. G. Pinches, *The Amherst Tablets. Part I: Texts of the Period extending to and including the reign of Bur-Sin* (London, 1908)
AnOr	Analecta Orientalia
AnOr 1	N. Schneider, *Die Drehem-und Djoha-Urkunden: Der Strassburger Universitäts-und Landesbibliothek* (Roma, 1931)
AnOr 7	N. Schneider, *Die Drehem-und Djohatexte: Im Kloster Montserrat (Barcelona)* (Roma, 1932)
ArOr	Archiv Orientalni
AR RIM	Annual Review of the Royal Inscriptions of Mesopotamia Project
ASJ	Acta Sumerologica
Atiqot	Journal of the Israel Department of Antiquities
AUCT	Andrews University Cuneiform Texts
AUCT 1	M. Sigrist, *Neo-Sumerian Account Texts in the Horn Archaeological Museum*, Volume 1 (Berrien Springs, 1984)
AUCT 2	M. Sigrist, *Neo-Sumerian Account Texts in the Horn Archaeological Museum*, Volume 2 (Berrien Springs, 1988)
AUCT 3	M. Sigrist, *Neo-Sumerian Account Texts in the Horn Archaeological Museum*, Volume 3 (Berrien Springs, 1988)
AuOr	Aula Orientalis
Babyloniaca	Babyloniaca: Études de philologie assyrobabylonienne
BAOM	Bulletin of the Ancient Orient Museum
BBVO	Berliner Beiträge zum Vorderer Orient
BBVO 11	R. L. Zettler, *The Ur III Temple of Inanna at Nippur: The Operation and Organization of Urban Religious Institutions in Mesopotamia in the Late Third Millennium B. C.* (Berlin, 1992)
BCT	Catalogue of cuneiform tablets in Birmingham City Museum

续表

BCT 1	P. J. Watson, *Neo-Sumerian Texts from Drehem* (Warminster, 1986)
BCT 2	P. J. Watson, *Neo-Sumerian Texts from Umma and Other Sites* (Warminster, 1993)
BIN	Babylonian Inscriptions in the Collection of J. B. Nies
BIN 3	C. E. Keiser, *Neo-Sumerian Account Texts from Drehem* (New Haven and London, 1971)
BIN 5	G. G. Hackman, *Temple Documents of the Third Dynasty of Ur from Umma* (New Haven and London, 1937)
BJPL	Bulletin of the John Rylands Library
BM Messenger	M. Sigrist, *Messenger Texts from the British Museum* (Ann Arbor, 1990)
BMC Roma	Bollettino dei Musei Comunali di Roma
BPOA	Biblioteca del Proximo Oriente Antiguo
BPOA 1	T. Ozaki, M. Sigrist, *Ur III Administrative Tablets from the British Museum. Part One* (Madrid, 2006)
BPOA 2	T. Ozaki, M. Sigrist, *Ur III Administrative Tablets from the British Museum. Part Two* (Madrid, 2006)
BPOA 6	M. Sigrist, T. Ozaki, *Neo-Sumerian Administrative Tablets from the Yale Babylonian Collection. Part One* (Madrid, 2009)
BPOA 7	M. Sigrist, T. Ozaki, *Neo-Sumerian Administrative Tablets from the Yale Babylonian Collection. Part Two* (Madrid, 2009)
BRM	Babylonian Records in the Library of J. Pierpont Morgan
BRM 3	C. E. Keiser, *Cuneiform Bullae of the Third Millennium B. C.* (New Haven, 1914)
CDLB	Cuneiform Digital Library Bulletin
CDLJ	Cuneiform Digital Library Journal
CDLN	Cuneiform Digital Library Notes
CHEU	G. Contenau, *Contribution à l'histoire économique d'Umma* (Paris, 1915)
CM	Cuneiform Monographs
CM 26	T. M. Sharlach, *Provincial taxation and the Ur III state* (Leiden, 2004)
CST	T. Fish, *Catalogue of Sumerian Tablets in the John Rylands Library* (Manchester 1932)

续表

CT	Cuneiform Texts from Babylonian Tablets in the British Museum
CT 9	L. W. King, *Cuneiform Texts from Babylonian Tablets*, &c., *in the British Museum*, Part IX (CT 9) (London, 1900)
CT 32	L. W. King, *Cuneiform Texts from Babylonian Tablets*, &c., *in the British Museum*, Part XXXII (CT 32) (London, 1912)
CTPSM	Cuneiform Texts in the Collection of the Pushkin State Museum of Fine Arts
CTPSM 1	B. Perlov, Y. Saveliev, *Cuneiform Texts in the Collection of the Pushkin State Museum of Fine Arts. I. Administrative Texts from Tello from the Ur III Period* (Moscow, 2014)
CUSAS	Cornell University Studies in Assyriology and Sumerology
CUSAS 16	S. J. Garfinkle, H. Sauren, M. Van De Mieroop, *Ur III Tablets from the Columbia University Library* (Bethesda, 2010)
DAS	B. Lafont, *Documents Administratifs Sumériens, provenant du site de Tello et conservés au Musée du Louvre* (Paris, 1985)
Dissertation Cooper	M. Cooper, *Studies in Neo-Sumerian Administrative Procedures*, Ph. D. Diss. (University of Minnesota, 1979)
DoCu	J.-M. Durand, *Documents cunéiformés de la IVe Section de l'École pratique des Hautes Etudes, vol. 1: catalogue et copies cunéiformés* (Geneva, 1982)
Frühe Schrift	H. Nissen, P. Damerow, R. Englund, *Frühe Schrift und Techniken der Wirtschaftsverwaltung im alten Vorderen Orient* (Berlin, 1990)
Fs Hruška	L. Vacín (ed.), *U4 du11-ga-ni sá mu-ni-ib-du11. Ancient Near Eastern Studies in Memory of Blahoslav Hruška* (Dresden, 2011)
Fs Klengel	J. M. Córdoba (ed.), *Actas del I Symposium Internacional "Una década de estudios sobre el Oriente antiguo (1986-1996)". Homenaje al Prof. Dr. Horst Klengel*, ISIMU 1 (Madrid, 1998)
Fs Leichty	A. K. Guinan, et al. (eds.), *If a Man Builds a Joyful House: Assyriological Studies in Honor of Erle Verdun Leichty* (Leiden, 2006)
Fs Lenoble	V. Rondot, F. Alpi, F. Villeneuve (eds.), *La pioche et la plume. Autour du Soudan, du Liban et de la Jordanie. Hommages archéologiques à Patrice Lenoble* (Paris, 2011)
Fs Sigrist	Piotr Michalowski (ed.), *On the Third Dynasty of Ur: Studies in Honor of Marcel Sigrist* (Boson, 2008)

续表

Fs Součková-Siegelová	Š. Velhartická (ed.), *Audias fabulas veteres. Anatolian Studies in Honor of Jana Součková-Siegelová* (Leiden, 2016)
Georgica	M. Civil, *The Farmer's Instructions. A Sumerian Agricultural Manual*, Aula Orientalis-Supplementa 5 (Sabadell, 1994)
Hirose	T. Gomi, Y. Hirose, K. Hirose, *Neo-Sumerian Administrative Texts of the Hirose Collection* (Potomac, 1990)
HSS	Harvard Semitic Series
HSS 4	M. I. Hussey, *Sumerian Tablets in the Harvard Semitic Museum* (II) *from the Time of the Dynasty of Ur* (Cambridge, 1915)
HUCA	Hebrew Union College Annual
IOS	Israel Oriental Studies
ITT	Inventaire des Tablettes de Tello conservées au Musée Impérial Ottoman
ITT 2	H. de Genouillac, *Textes de l'Époque d'Agadé et de l'Époque d'Ur* (Paris, 1910)
ITT 3	H. de Genouillac, *Textes de l'Époque d'Ur* (Paris, 1912)
ITT 5	H. de Genouillac, *Époque Présargonique, Époque d'Agadé, Époque d'Ur* (Paris, 1921)
JANES	Journal of the Ancient Near Eastern Society
JAOS	Journal of the American Oriental Society
JCS	Journal of Cuneiform Studies
JNES	Journal of Near Eastern Studies
JRAS	Journal of the Royal Asiatic Society of Great Britain and Ireland
JSOR	Journal of the Society of Oriental Research
Kyoto	Y. Nakahara, *The Sumerian Tablets in the Imperial Library of Kyoto* (Tokyo 1928)
LAOS	Leipziger Altorientalische Studien
LAOS 1	M. P. Streck (ed.), *Die Keilschrifttexte des Altorientalischen Instituts der Universität Leipzig* (Wiesbaden, 2011)
L'uomo	G. Pettinato, *L'uomo cominciò a scrivere. Iscrizioni cuneiformi della Collezione Michail* (Milan, 1997)

续表

MCS	Manchester Cuneiform Studies
MDP	Mémoires de la Délégation en Perse
MDP 10	V. Scheil, *Textes Élamites-Sémitiques. Quatrième Série* (Paris, 1908)
MVN	Materiali per il Vocabulario Neosumerico
MVN 1	G. Pettinato, H. Waetzoldt, *La collezione Schollmeyer*, Materiali per il Vocabulario Neosumerico 1 (Rome, 1974)
MVN 2	H. Sauren, *Wirtschaftsurkunden des Musée d'Art et d'Histoire in Genf*, Materiali per il Vocabolario Neosumerico 2 (Rome, 1975)
MVN 3	D. I. Owen, *The John Frederick Lewis Collection*, Materiali per il Vocabulario Neosumerico 3 (Rome, 1975)
MVN 4	L. Cagni, G. Pettinato, *La collezione del Pontificio Istituto Biblico-Rome. La collezione della Collegiata dei SS. Pietro e Orso-Aosta*, Materiali per il Vocabulario Neosumerico 4 (Rome, 1976)
MVN 5	E. Sollberger, *The Pinches Manuscript*, Materiali per il Vocabulario Neosumerico 5 (Rome, 1978)
MVN 6	G. Pettinato, *Testi economici di Lagaš del Museo di Istanbul. Parte I: La. 7001-7600*, Materiali per il Vocabulario Neosumerico 6 (Rome, 1977)
MVN 7	G. Pettinato, S. A. Picchioni, *Testi economici di Lagash del Museo di Istanbul. Parte II: La. 7601-8200*, Materiali per il Vocabulario Neosumerico 7 (Rome, 1978)
MVN 8	D. Calvot, G. Pettinato, S. A. Picchioni, F. Reschid, *Textes économiques du Selluš-Dagan du Musée du Louvre et du College de France* (D. Calvot); *Testi economici dell' Iraq Museum Baghdad* (G. Pettinato-S. A. Picchioni-F. Reschid), Materiali per il Vocabulario Neosumerico 8 (Rome, 1979)
MVN 9	D. C. Snell, *The E. A. Hoffman Collection and Other American Collections*, Materiali per il Vocabulario Neosumerico 9 (Rome, 1979)
MVN 10	J.-P. Grégoire, *Inscriptions et archives administratives cunéiformes-Ie Partie*, Materiali per il Vocabulario Neosumerico 10 (Rome, 1981)
MVN 11	D. I. Owen, *Selected Ur III Texts from the Harvard Semitic Museum*, Materiali per il Vocabulario Neosumerico 11 (Rome, 1982)
MVN 12	T. Gomi, *Wirtschaftstexte der Ur III-Zeit aus dem British Museum*, Materiali per il Vocabulario Neosumerico 12 (Rome, 1982)

附　录

续表

MVN 13	M. Sigrist, D. I. Owen, G. D. Young, *The John Frederick Lewis Collection-Part II*, Materiali per il Vocabolario Neosumerico 13 (Rome, 1984)
MVN 14	F. Yildiz, H. Waetzoldt, H. Renner, *Die Umma-Texte aus den Archäologischen Museen zu Istanbul. Nr. 1-600*, Materiali per il Vocabolario Neosumerico 14 (Rome, 1988)
MVN 15	D. I. Owen, *Neo-Sumerian Texts from American Collections*, Materiali per il Vocabolario Neosumerico 15 (Rome, 1991)
MVN 16	H. Waetzoldt, F. Yildiz, *Die Umma-Texte aus den Archäologischen Museen zu Istanbul. Band II. Nr. 601-1600*, Materiali per il Vocabolario Neosumerico 16 (Rome, 1994)
MVN 17	G. Pettinato, *Testi economici Neo-Sumerici del British Museum (BM 12230-BM 12390)*, Materiali per il Vocabolario Neosumerico 17 (Rome, 1993)
MVN 18	M. Molina, *Tablillas administrativas neosumerias de la Abadía de Montserrat (Barcelona). Copias Cuneiformes*, Materiali per il Vocabolario Neosumerico 18 (Rome, 1993)
MVN 20	F. D'Agostino, *Testi amministrativi della III Dinastia di Ur dal Museo Statale Ermitage San Pietroburgo-Russia*, Materiali per il Vocabolario Neosumerico 20 (Rome, 1997)
MVN 21	N. Koslova, *Neusumerische Verwaltungstexte aus Umma aus der Sammlung der Ermitage zu St. Petersburg-Rußland*, Materiali per il Vocabolario Neosumerico 21 (Rome, 2000)
MVN 22	M. Molina, *Testi amministrativi neosumerici del British Museum. BM 13601-14300*, Materiali per il Vocabolario Neosumerico 22 (Rome, 2003)
NABU	Nouvelles Assyriologiques Brèves et Utilitaires
NATN	D. l. Owen, *Neo-Sumerian Archival Texts primarily from Nippur* (Winona Lake, 1982)
Nebraska	N. W. Forde, *Nebraska Cuneiform Texts of the Sumerian Ur III Dynasty* (Lawrence, 1967)
Nik 2	M. Nikol'skij, *Dokumenty chozjajstvennoj otcetnosti drevnejšej epochi Chaldei iz sobranija N. P. Lichaceva cast' II : Epoch dinastii Agade i epocha dinastii Ura, Drevnosti Vostocnya 5* (Moskou, 1915)
Nisaba	Nisaba : Studi Assiriologici Messinesi
Nisaba 3/1	M. E. Milone, G. Spada, M. Capitani, *Umma Messenger Texts in the British Museum, Part Two (UMTBM 2). Girsu Messenger Texts in the British Museum* (Messina, 2003)
Nisaba 6	F. al-Rawi, F. D'Agostino, *Neo-Sumerian Administrative Texts from Umma kept in the British Museum. Part One (NATU I)* (Messina, 2005)
Nisaba 9	M. Molina, M. Such-Gutiérrez, *Neo-Sumerian Administrative Texts in the British Museum. BM 107926-108315* (Messina, 2005)

续表

Nisaba 11	F. al-Rawi, L. Verderame, *Documenti amministrativi neo-sumerici da Umma conservati al British Museum* (*NATU II*) (Messina, 2006)
Nisaba 13	P. Notizia, *Testi amministrativi Neo-Sumerici da Girsu nel British Museum* (*BM 98119–BM 98240*) (Messina, 2006)
Nisaba 15	D. I. Owen, *Cuneiform Texts Primarily from Iri-Saĝrig/Āl-Šarrākī and the History of the Ur III Period. 2. Catalogue and Texts* (Bethesda, 2013)
Nisaba 17	F. Pomponio, L. Verderame, *Neo-Sumerian Girsu Texts of Barley and Cereal Products, kept in the British Museum* (*with an Appendix by E. Santagati, and Cylinder Seal Impresions by S. Altavilla*) (Messina, 2007)
Nisaba 18	A. Anastasi, F. Pomponio, *Neo-Sumerian Girsu Texts of Various Contents kept in the British Museum* (*with an Appendix of Stefania Altavilla*) (Messina, 2009)
Nisaba 23	F. al-Rawi, L. Verderame, *Neo-Sumerian Administrative Texts from Umma kept in the British Museum. Part Three* (*NATU III*) (Messina, 2009)
Nisaba 24	F. al-Rawi, F. D'Agostino, J. Taylor, *Neo-Sumerian Administrative Texts from Umma kept in the British Museum, Part Four* (*NATU IV*) (Messina, 2009)
Nisaba 26	F. al-Rawi, F. Gorello, P. Notizia, *Neo-Sumerian Administrative Texts from Umma kept in the British Museum. Part Five* (*NATU V*) (Messina, 2013)
NYPL	H. Sauren, *Les tablettes cunéiformes de l'époque d'Ur des collections de la New York Public Library*, Publications de l'Institut Orientaliste de Louvain 19 (Louvain, 1978)
OBO	Orbis Biblicus et Orientalis
OBO 200	H. Keel-Leu, B. Teissier, *Die vorderasiatischen Rollsiegel der Sammlungen "Bibel + Orient" der Universität Freiburg Schweiz*, Orbis Biblicus et Orientalis 200 (Göttingen, 2004)
OIP	Oriental Institute Publications
OIP 115	M. Hilgert, *Cuneiform Texts from the Ur III Period in the Oriental Institute, vol. 1: Drehem Administrative Documents from the Reign of Šulgi*, Oriental Institute Publications 115 (Chicago, 1998)
OIP 121	M. Hilgert, *Cuneiform Texts from the Ur III Period in the Oriental Institute, vol. 2: Drehem Administrative Documents from the Reign of Amar-Suena*, Oriental Institute Publications 121 (Chicago, 2003)
OLP	Orientalia Lovaniensia Periodica
OLZ	Orientalistische Literaturzeitung
OMRO	Oudheidkundige Mededelingen uit het Rijksmuseum van Oudheden te Leiden

Ontario 1	M. Sigrist, *Neo-Sumerian Texts from the Royal Ontario Museum. I. The Administration at Drehem* (Bethesda, 1995)
Ontario 2	M. Sigrist, *Neo-Sumerian Texts from the Royal Ontario Museum. II. Administrative Texts Mainly from Umma* (Bethesda, 2004)
Orient	Orient. Report of the Society for Near Eastern Studies in Japan
OrNS	Orientalia, NS = Nova Series
OrSP	Orientalia, SP = Series Prior
OTR 3	R. Lau, *Old Babylonian Temple Records, Columbia University Oriental Studies 3* (New York, 1906)
P	Cuneiform Digital Library Initiative, Number
PDT 1	M. Çig, H. Kizilyay, A. Salonen, *Die Puzriš-Dagan-Texte der Istanbuler Archäologischen Museen Teil I: Nrr. 1–725* (Helsinki, 1954)
PDT 2	F. Yildiz, T. Gomi, *Die Puzriš-Dagan-Texte der Istanbuler Archäologischen Museen II: Nr. 726–1379*, Freiburger Altorientalische Studien 16 (Stuttgart, 1988)
PPAC	Periodic Publications on Ancient Civilisations
PPAC 4	T. Ozaki, M. Sigrist, *Tablets in Jerusalem: Sainte-Anne and Saint-Étienne* (Changchun, 2010)
PPAC 5	M. Sigrist, T. Ozaki, *Administrative Ur III Texts in the British Museum* (*AUTBM*) (Changchun, 2013)
Prima del' alfabeto	F. M. Fales, *Prima dell'alfabeto La storia della scrittura attraverso testi cuneiformi inediti* (Venice, 1989)
Princeton 1	M. Sigrist, *Tablettes du Princeton Theological Seminary. Époque d'Ur III*, Occasional Publications of the Samuel Noah Kramer Fund 10 (Philadelphia, 1990)
Princeton 2	M. Sigrist, *Tablets from the Princeton Theological Seminary. Ur III Period. Part 2*. Occasional Publications of the Samuel Noah Kramer Fund 18 (Philadelphia, 2005)
RA	Revue d'Assyriologie et d'Archéologie Orientale
RIME	The Royal Inscriptions of Mesopotamia, Early Periods
RIME 3/2	D. Frayne, *Ur III Period (2112–2004 BC), RIME 3/2* (Toronto-Buffalo-London, 1997)

续表

Rochester	M. Sigrist, *Documents from Tablet Collections in Rochester, New York* (Bethesda, Maryland 1991)
RSO	Rivista degli Studi Orientali
RTC	F. Thureau-Dangin, *Recueil des tablettes chaldéennes* (Paris, 1903)
SA	C. -F. Jean, *Shumer et Akkad, contribution a l' histoire de la civilisation dans la Basse-Mésopotamie* (Paris, 1923)
SACT 1	S. T. Kang, *Sumerian Economic Texts from the Drehem Archive, Sumerian and Akkadian Cuneiform Texts in the Collection of the World Heritage Museum of the University of Illinois I* (Urbana-Chicago-London, 1972)
SACT 2	S. T. Kang, *Sumerian Economic Texts from the Umma Archive, Sumerian and Akkadian Cuneiform Texts in the Collection of the World Heritage Museum of the University of Illinois II* (Urbana-Chicago-London, 1973)
SAKF	K. Oberhuber, *Sumerische und akkadische Keilschriftdenkmäler des Archäologischen Museums zu Florenz* (Innsbruck, 1958–1960)
Santag 6	N. Koslova, *Ur III-Texte der St. Petersburger Eremitage*, Santag 6 (Wiesbaden, 2000)
Santag 7	T. Ozaki, *Keilschrifttexte aus japanischen Sammlungen*, Santag 7 (Wiesbaden, 2002)
SAT 1	M. Sigrist, *Texts from the British Museum*, Sumerian Archival Texts 1 (Bethesda, 1993)
SAT 2	M. Sigrist, *Texts from the Yale Babylonian Collections. I*, Sumerian Archival Texts 2 (Bethesda, 2000)
SAT 3	M. Sigrist, *Texts from the Yale Babylonian Collections. II*, Sumerian Archival Texts 3 (Bethesda, 2000)
SET	T. B. Jones, J. W Snyder, *Sumerian Economic Texts from the Third Ur Dynasty* (Minneapolis, 1961)
SNAT	T. Gomi, S. Sato, *Selected Neo-Sumerian Administrative Texts from the British Museum* (Chiba, 1990)
South Dakota	N. W. Forde, *Neo-Sumerian texts from South Dakota University, Luther and Union Colleges* (Lawrence, 1987)
STA	E. Chiera, *Selected Temple Accounts (from Telloh, Yokha and Drehem)* (Philadelphia, 1922)
StOr	Studia Orientalia

附　录

续表

StOr 9-1	A. Holma, A. Salonen, *Some Cuneiform Tablets from the Time of the Third Ur Dynasty* (*Holma Collection Nos. 11-39*), Studia Orientalia 9/1 (Helsinki, 1940)
STU	C. L. Bedale, *Sumerian tablets from Umma in the John Rylands Library* (New York, 1915)
Syracuse	M. Sigrist, *Textes Économiques Néo-Sumeriens de l'Université de Syracuse*, ERC 29 (Paris, 1983)
TAD	S. Langdon, *Tablets from the Archives of Drehem* (Paris, 1911)
Tavolette	G. Boson, *Tavolette cuneiformi sumere, degli archivi di Drehem e di Djoha, dell' Ultima Dinastia di Ur*, Publicazioni della Università Catholica del Sacro Cuore 2 (Milan, 1936)
TCBI 2	F. Pomponio, M. Stol, A. Westenholz, *Tavolette cuneiformi di varia provenienza delle collezioni della Banca d'Italia* (Rome, 2006)
TCL	Textes cunéiformes, Musées du Louvre
TCL 2	H. de Genouillac, *Tablettes de Drehem publiées avec inventaire et tables*, Textes Cunéiformes-Musée du Louvre 2 (Paris, 1911)
TCL 5	H. de Genouillac, *Textes économiques d'Oumma à l'époque d'Our*, Textes Cunéiformes du Musée du Louvre 5 (Paris, 1922)
TCNU	A. Archi, F. Pomponio, G. Bergamini. *Testi Cuneiformi Neo-Sumerici da Umma*, NN. 0413-1723. Catalogo del Museo Egizio di Torino. Serie seconda. Collezioni 8. (Torino, 1995)
TCS 1	E. Sollberger, *The Business and Administrative Correspondence under the Kings of Ur*, Texts from Cuneiform Sources 1 (Locust Valley, 1966)
TCTI 2	B. Lafont, F. Yildiz, *Tablettes cunéiformes de Tello au Musée d'Istanbul, datant de l'époque de la IIIe Dynastie d'Ur. Tome II. ITT II/1, 2544-2819, 3158-4342, 4708-4714*, PIHANS 77 (Leiden, 1996)
TCUR	L. Boulay, *Mémoire sur des Tablettes de la 3e Dynastie d'Ur à Rouen* (Rouen, 1920)
TEL	C. Virolleaud, M. Lambert, *Tablettes écomomiques de Lagash* (Paris, 1968)
TJA	E. Szlechter, *Tablettes juridiques et administratives de la IIIe Dynastie d'Ur et de la Ière dynastie de Babylone, conservées au Musée de l'Université de Manchester, à Cambridge, au Musée Fitzwilliam, à l'Institut d'Études Orientales et à l'Institut d'Egyptologie* (Paris, 1963)
TLB	Tabulae Cuneiformes a F. M. Th. de Liagre Böhl collectae
TLB 3	W. W. Hallo, *Sumerian Archival Texts*, Tabulae Cuneiformes a F. M. Th. de Liagre Böhl Collectae, Leidae Conservatae 3 (Leiden, 1963)

续表

TMH NF 1-2		A. Pohl, *Rechts-und Verwaltungsurkunden der III. Dynastie von Ur, Neue Folge 1-2* (Leipzig, 1937)
TRU		L. Legrain, *Le temps des rois d'Ur*, Bibliothèque de l'École des Hautes Études 199 (Paris, 1912)
TSU		H. Limet, *Textes sumériens de la IIIe dynastie d'Ur*, Documents du Proche Orient Ancien-Épigaphie 1 (Gembloux, 1973)
TUT		G. Reisner, *Tempelurkunden aus Telloh* (Berlin, 1901)
UCP 9-2		H. Lutz, *Sumerian Temple Records of the Late Ur Dynasty*, University of California Publications in Semitic Philology 9/2, 1-2 (Berkeley, 1928)
UDT		J. Nies, *Ur Dynasty Tablets. Texts Chiefly from Tello and Drehem Written during the Reigns of Dungi, Bur-Sin, Gimil-Sin and Ibi-Sin* (Leipzig, 1920)
UET		Ur Excavations Texts
UET 3		L. Legrain, *Business Documents of the Third Dynasty of Ur*, Ur Excavations Texts 3 (London, 1937)
UET 9		D. Loding, *Economic Texts from the Third Dynasty*, Ur Excavations Texts 9 (Pennsylvania-London, 1976)
Umma		G. Contenau, *Umma sous la dynaste d'Ur* (Paris, 1916)
UNT		H. Waetzoldt, *Untersuchtungen zur neusumerischen Textilindustrie* (Rome, 1972)
UTI 3		F. Yildiz, T. Gomi, *Die Umma-Texte aus den Archäologischen Museen zu Istanbul. Band III (Nr. 1601-2300)* (Bethesda, 1993)
UTI 4		T. Gomi, F. Yildiz, *Die Umma-Texte aus den Archäologischen Museen zu Istanbul. Band IV (Nr. 2301-3000)* (Bethesda, 1997)
UTI 5		F. Yildiz, T. Ozaki, *Die Umma-Texte aus den Archäologischen Museen zu Istanbul. Band V (Nr. 3001-3500)* (Bethesda, 2000)
UTI 6		F. Yildiz, T. Ozaki, *Die Umma-Texte aus den Archäologischen Museen zu Istanbul. Band VI (Nr. 3501-3834)* (Bethesda, 2001)
VDI		Vestnik drevnej istorii
ViOr		Vicino Oriente. Annuario dell'Istituto di Studi del Vicino Oriente, Università; di Roma
YNER		Yale Near Eastern Researches

续表

YNER 8	D. C. Snell, *Ledgers and Prices: Early Mesopotamian Merchant Accounts*, Yale Near Eastern Researches 8, (New Haven-London, 1982)
YOS	Yale Oriental Series, Babylonian Texts
YOS 4	C. E. Keiser, *Selected Temple Documents of the Ur Dynasty*, Yale Oriental Series 4 (New Haven, 1919)
YOS 15	A. Goetze, *Cuneiform Texts from Various Collections*, Yale Oriental Series 15 (New Haven-London, 2009)
YOS 18	D. C. Snell, C. Lager, *Economic Texts from Sumer*, Yale Oriental Series 18 (New Haven-London, 1991)
ZA	Zeitschrift für Assyriologie und Vorderasiatische Archäologie

附录六：原始档案目录
I. 吉尔苏文献

AAICAB 1/2, pl. 082, 1933-0389b
AAICAB 1/2, pl. 083, 1933-0389e
AAICAB 1/2, pl. 116, 1951-082
AAICAB 1/2, pl. 117, 1951-086
AAS 166
AAS 167
AAS 169
AAS 172
ABTR 09
ABTR 10
ABTR 12
ABTR 13
ABTR 15
ABTR 18
ABTR 19
ABTR 20
AJSL 29, 133, no. 2
Amherst 060
Amherst 068
Amherst 070
Amherst 071
Amherst 077
Amherst 095
Amherst 102
Amherst 115
ASJ 02, 031 87
ASJ 03, 162 132
ASJ 03, 189 3
ASJ 04, 118 19
ASJ 10, 257 07
ASJ 10, 257 14
ASJ 17, 228 117

ASJ 19, 142 127
Atiqot 4, pl. 10 15
Atiqot 4, pl. 10 16
Atiqot 4, pl. 11 18
AuOr 16, 206, 21
AuOr 16, 209, 28
BCT 2, 070
BCT 2, 166
BCT 2, 240
Berens 015
Berens 016
Berens 045
Berens 077
Berens 079
Berens 080
Berens 081
Berens 084
Berens 085
Berens 091
Berens 092
BM 021479 (P205022)
BM Messenger 001
BM Messenger 002
BM Messenger 005
BM Messenger 010
BM Messenger 012
BM Messenger 015
BM Messenger 016
BM Messenger 018
BM Messenger 022
BM Messenger 023

BM Messenger 027
BM Messenger 028
BM Messenger 033
BM Messenger 038
BM Messenger 039
BM Messenger 040
BM Messenger 042
BM Messenger 043
BM Messenger 044
BM Messenger 048
BM Messenger 052
BM Messenger 058
BM Messenger 061
BM Messenger 067
BM Messenger 068
BM Messenger 069
BM Messenger 070
BM Messenger 071
BM Messenger 072
BM Messenger 073
BM Messenger 074
BM Messenger 075
BM Messenger 076
BM Messenger 078
BM Messenger 079
BM Messenger 080
BM Messenger 081
BM Messenger 083
BM Messenger 084
BM Messenger 085
BM Messenger 086

附　录

BM Messenger 087	BM Messenger 121
BM Messenger 088	BM Messenger 123
BM Messenger 089	BM Messenger 125
BM Messenger 090	BM Messenger 126
BM Messenger 091	BM Messenger 127
BM Messenger 094	BM Messenger 128
BM Messenger 095	BM Messenger 129
BM Messenger 096	BM Messenger 130
BM Messenger 097	BM Messenger 131
BM Messenger 098	BM Messenger 132
BM Messenger 099	BM Messenger 133
BM Messenger 101	BM Messenger 134
BM Messenger 102	BM Messenger 135
BM Messenger 103	BM Messenger 137
BM Messenger 104	BM Messenger 138
BM Messenger 105	BM Messenger 141
BM Messenger 106	BM Messenger 143
BM Messenger 107	BM Messenger 147
BM Messenger 108	BM Messenger 148
BM Messenger 109	BM Messenger 151
BM Messenger 110	BM Messenger 152
BM Messenger 111	BM Messenger 154
BM Messenger 112	BM Messenger 155
BM Messenger 113	BM Messenger 156
BM Messenger 114	BM Messenger 157
BM Messenger 115	BM Messenger 160
BM Messenger 116	BM Messenger 163
BM Messenger 117	BM Messenger 164
BM Messenger 118	BM Messenger 165
BM Messenger 119	BM Messenger 167
BM Messenger 120	BM Messenger 170

BM Messenger 171	CTPSM 1, 112
BM Messenger 173	CTPSM 1, 120
BM Messenger 175	CTPSM 1, 134
BM Messenger 179	CTPSM 1, 145
BM Messenger 183	CTPSM 1, 149
BM Messenger 186	CTPSM 1, 150
BM Messenger 188	CTPSM 1, 151
BM Messenger 189	CTPSM 1, 159
BM Messenger 191	CTPSM 1, 161
BM Messenger 193	CTPSM 1, 162
BM Messenger 194	CTPSM 1, 163
BM Messenger 195	CTPSM 1, 164
BM Messenger 196	CTPSM 1, 168
BM Messenger 332	CTPSM 1, 174
BPOA 01, 0003	CTPSM 1, 175
BPOA 01, 0126	CTPSM 1, 188
BPOA 01, 0165	CTPSM 1, 189
BPOA 01, 0172	CTPSM 1, 190
BPOA 01, 0220	CTPSM 1, 194
BPOA 01, 0244	CTPSM 1, 195
BPOA 01, 0269	CTPSM 1, 196
BPOA 01, 0276	CTPSM 1, 201
BPOA 01, 0309	CTPSM 1, 202
BPOA 01, 0342	CTPSM 1, 203
BPOA 02, 1847	CTPSM 1, 205
BPOA 02, 1971	CTPSM 1, 211
CDLB 2021/005 11	CTPSM 1, 212
Comptabilité 074	CTPSM 1, 213
CST 034	CTPSM 1, 214
CT 01, pl. 04-05, BM 017744	CTPSM 1, 215
CT 09, pl. 35, BM 021251	CTPSM 1, 217

附　录

CTPSM 1, 221	DAS 179
CTPSM 1, 222	DAS 191
CTPSM 1, 223	DAS 232
CTPSM 1, 224	DAS 346
CTPSM 1, 225	DCS 076
CTPSM 1, 228	DCS 077
CTPSM 1, 249	DCS 078
CTPSM 1, 250	DCS 079
CTPSM 1, 251	DoCu 599
CUSAS 06, p. 233-334 1529	From the 21st Century BC, p. 217
CUSAS 06, p. 233-334 1530	Fs Hilprecht 140 4
CUSAS 06, p. 233-334 1531	Fs Hilprecht 140 5
CUSAS 06, p. 233-334 1533	Fs Neumann 371 no. 1.5
CUSAS 06, p. 233-334 1537	Fs Neumann 373 no. 1.6
CUSAS 40, 1169	Fs Neumann 375 no. 1.7
DAS 041	Fs Pomponio 204, 03
DAS 070	Fs Sigrist 027, no. 04
DAS 071	Fs Sigrist 028, no. 07
DAS 072	Fs Sigrist 029, no. 10
DAS 074	Fs Sigrist 029, no. 11
DAS 075	Hermitage 3, 041
DAS 077	Hermitage 3, 048
DAS 079	Hermitage 3, 049
DAS 081	Hermitage 3, 050
DAS 082	Hermitage 3, 051
DAS 083	Hirose 403
DAS 118	HLC 085 (pl. 058)
DAS 122	HLC 101 (pl. 093)
DAS 151	HLC 106 (pl. 094)
DAS 153	HLC 108 (pl. 095)
DAS 169	HLC 111 (pl. 095)

HLC 115（pl. 095）
HLC 122（pl. 097）
HLC 124（pl. 097）
HLC 125（pl. 095）
HLC 127（pl. 098）
HLC 131（pl. 099）
HLC 132（pl. 099）
HLC 135（pl. 099）
HLC 136（pl. 099）
HLC 138（pl. 099）
HLC 148（pl. 101）
HLC 151（pl. 102）
HLC 155（pl. 102）
HLC 161（pl. 103）
HLC 162（pl. 103）
HLC 163（pl. 103）
HLC 165（pl. 106）
HLC 166（pl. 104）
HLC 168（pl. 104）
HLC 203（pl. 107）
HLC 211（pl. 107）
HLC 212（pl. 107）
HLC 218（pl. 108）
HLC 222（pl. 109）
HLC 227（pl. 109）
HLC 233（pl. 110）
HLC 264（pl. 123）
HLC 280（pl. 125）
HLC 284（pl. 127）
HLC 288（pl. 030）
HLC 290（pl. 128）

HLC 302（pl. 129）
HLC 304（pl. 129）
HLC 310（pl. 130）
HLC 313（pl. 130）
HLC 321（pl. 131）
HLC 325（pl. 131）
HLC 338（pl. 132）
HLC 344（pl. 133）
HLC 354（pl. 134）
HLC 356（pl. 134）
HLC 361（pl. 048）
HLC 403（pl. 100）
HSS 04, 056
HSS 04, 057
HSS 04, 058
HSS 04, 059
HSS 04, 060
HSS 04, 061
HSS 04, 062
HSS 04, 063
HSS 04, 064
HSS 04, 065
HSS 04, 066
HSS 04, 067
HSS 04, 068
HSS 04, 069
HSS 04, 070
HSS 04, 074
HSS 04, 077
HSS 04, 078
HSS 04, 082

HSS 04, 083
HSS 04, 084
HSS 04, 085
HSS 04, 086
HSS 04, 087
HSS 04, 088
HSS 04, 090
HSS 04, 096
HSS 04, 097
ICP varia 02
ICP varia 03
ICP varia 04
ICP varia 06
ICP varia 07
ICP varia 08
ICP varia 09
ICP varia 14
ICP varia 15
ICP varia 16
ICP varia 17
ICP varia 18
ICP varia 19
ICP varia 21
ICP varia 22
ICP varia 23
ICP varia 24
ICP varia 26
ICP varia 31
ICP varia 32
ICP varia 33
ICP varia 39

ICP varia 40
ICP varia 41
ICP varia 42
ICP varia 43
ICP varia 44
ICP varia 45
ICP varia 46
ICP varia 47
ICP varia 48
ICP varia 49
ICP varia 50
ICP varia 51
ICP varia 52
ICP varia 53
ICP varia 54
ICP varia 55
ICP varia 56
Iraq 79, 114-115 11
ITT 2, 00638
ITT 2, 00640
ITT 2, 00641
ITT 2, 00643
ITT 2, 00645
ITT 2, 00653
ITT 2, 00656
ITT 2, 00665
ITT 2, 00666
ITT 2, 00667
ITT 2, 00668
ITT 2, 00674
ITT 2, 00677

ITT 2, 00682	ITT 2, 04097
ITT 2, 00683	ITT 3, 04939
ITT 2, 00684	ITT 3, 05003
ITT 2, 00708	ITT 3, 05065
ITT 2, 00718	ITT 3, 05114
ITT 2, 00756	ITT 3, 05133
ITT 2, 00763	ITT 3, 05155
ITT 2, 00772	ITT 3, 05174
ITT 2, 00773	ITT 3, 05241
ITT 2, 00778	ITT 3, 06062
ITT 2, 00779	ITT 3, 06332
ITT 2, 00786	ITT 3, 06382
ITT 2, 00801	ITT 3, 06586
ITT 2, 00803	ITT 5, 06774
ITT 2, 00815	ITT 5, 06779
ITT 2, 00827	ITT 5, 06782
ITT 2, 00868	ITT 5, 06783
ITT 2, 00875	ITT 5, 06790
ITT 2, 00885	ITT 5, 06794
ITT 2, 00893	ITT 5, 06919
ITT 2, 00922	ITT 5, 06987
ITT 2, 00966	ITT 5, 06990
ITT 2, 00971	ITT 5, 08212
ITT 2, 01007	ITT 5, 10004
ITT 2, 01021 + 01022	JAOS 033, 024 1
ITT 2, 01024	JAOS 033, 026 2
ITT 2, 01030	JAOS 033, 028 3
ITT 2, 02737	JCS 13, 104
ITT 2, 03193	JCS 71, 033 19
ITT 2, 03390	Kaskal 04, 067 01
ITT 2, 03782	Kaskal 04, 068 02

Kaskal 04, 069 03	MVN 02, 236
Kaskal 04, 069 04	MVN 02, 238
Kaskal 04, 070 05	MVN 02, 278
Kaskal 04, 071 06	MVN 05, 205
Kaskal 04, 071 07	MVN 05, 233
Kaskal 04, 072 08	MVN 05, 234
Kaskal 04, 073 09	MVN 05, 235
Kaskal 04, 073 10	MVN 05, 236
Kaskal 04, 075 13	MVN 05, 237
Kaskal 04, 076 14	MVN 05, 243
Kaskal 04, 077 15	MVN 05, 244
Kennelmen no. 06	MVN 05, 245
LAOS 1, 03	MVN 05, 246
MCS 4, 107 AOTc 140	MVN 05, 248
MCS 5, 27, HSM 6367	MVN 05, 249
MCS 5, 32 AOTc 317	MVN 05, 256
MCS 5, 32 Liv 63	MVN 05, 258
MCS 7, 23 Liv 51 63 94	MVN 05, 279
Mes 08-09, 162 19	MVN 05, 284
Michigan Museums AAB 15, 96-99	MVN 06, 066
MVN 02, 088	MVN 06, 092
MVN 02, 149	MVN 06, 126
MVN 02, 215	MVN 06, 130
MVN 02, 217	MVN 06, 166
MVN 02, 218	MVN 06, 418
MVN 02, 219	MVN 06, 447
MVN 02, 220	MVN 06, 549
MVN 02, 221	MVN 06, 550
MVN 02, 222	MVN 06, 551
MVN 02, 223	MVN 06, 552
MVN 02, 225	MVN 06, 553

MVN 06, 554	MVN 07, 305
MVN 06, 555	MVN 07, 345
MVN 06, 557	MVN 07, 355
MVN 06, 558	MVN 07, 367
MVN 06, 559	MVN 07, 375
MVN 06, 560	MVN 07, 377
MVN 06, 561	MVN 07, 386
MVN 07, 005	MVN 07, 419
MVN 07, 009	MVN 07, 427
MVN 07, 032	MVN 07, 470
MVN 07, 041	MVN 07, 493
MVN 07, 048	MVN 07, 506
MVN 07, 050	MVN 07, 559
MVN 07, 054	MVN 09, 128
MVN 07, 080	MVN 09, 129
MVN 07, 110	MVN 09, 130
MVN 07, 156	MVN 09, 131
MVN 07, 165	MVN 09, 132
MVN 07, 206	MVN 09, 133
MVN 07, 208	MVN 09, 135
MVN 07, 210	MVN 09, 136
MVN 07, 211	MVN 09, 138
MVN 07, 217	MVN 09, 139
MVN 07, 221	MVN 10, 149
MVN 07, 228	MVN 10, 164
MVN 07, 236	MVN 11, 108
MVN 07, 238	MVN 11, 110
MVN 07, 251	MVN 11, K
MVN 07, 260	MVN 11, M
MVN 07, 262	MVN 11, N
MVN 07, 296	MVN 11, P

MVN 12,069	MVN 19,014
MVN 13,685	MVN 19,017
MVN 13,711	MVN 19,019
MVN 13,735	MVN 19,021
MVN 13,736	MVN 19,022
MVN 14,0593	MVN 19,024
MVN 15,066	MVN 19,025
MVN 15,187	MVN 19,027
MVN 15,191	MVN 19,028
MVN 17,004	MVN 19,029
MVN 17,012	MVN 19,031
MVN 17,050	MVN 19,032
MVN 17,087	MVN 19,153
MVN 17,107	MVN 20,122
MVN 17,120	MVN 20,125
MVN 17,128	MVN 20,128
MVN 17,132	MVN 22,007
MVN 17,135	MVN 22,068
MVN 17,152	MVN 22,071
MVN 18,389	MVN 22,073
MVN 18,391	MVN 22,078
MVN 18,402	MVN 22,100
MVN 18,622	MVN 22,101
MVN 19,002	MVN 22,102
MVN 19,004	MVN 22,106
MVN 19,006	MVN 22,109
MVN 19,007	MVN 22,117
MVN 19,009	MVN 22,130
MVN 19,010	MVN 22,132
MVN 19,011	MVN 22,133
MVN 19,012	MVN 22,134

MVN 22, 138
MVN 22, 143
MVN 22, 148
MVN 22, 158
MVN 22, 163
MVN 22, 165
MVN 22, 220
MVN 22, 269
NABU 1997/057
NATN 407
NATN 409
Nisaba 03/2, 01
Nisaba 03/2, 03
Nisaba 03/2, 04
Nisaba 03/2, 06
Nisaba 03/2, 07
Nisaba 03/2, 08
Nisaba 03/2, 09
Nisaba 03/2, 10
Nisaba 03/2, 11
Nisaba 03/2, 12
Nisaba 03/2, 14
Nisaba 03/2, 15
Nisaba 03/2, 16
Nisaba 03/2, 18
Nisaba 03/2, 19
Nisaba 03/2, 20
Nisaba 03/2, 21
Nisaba 03/2, 22
Nisaba 03/2, 23
Nisaba 03/2, 24

Nisaba 03/2, 25
Nisaba 03/2, 26
Nisaba 03/2, 27
Nisaba 03/2, 29
Nisaba 03/2, 30
Nisaba 03/2, 33
Nisaba 03/2, 34
Nisaba 03/2, 35
Nisaba 03/2, 37
Nisaba 03/2, 38
Nisaba 03/2, 39
Nisaba 03/2, 40
Nisaba 03/2, 41
Nisaba 03/2, 42
Nisaba 03/2, 43
Nisaba 03/2, 44
Nisaba 03/2, 45
Nisaba 03/2, 46
Nisaba 03/2, 48
Nisaba 03/2, 49
Nisaba 03/2, 51
Nisaba 03/2, 52
Nisaba 03/2, 56
Nisaba 13, 088
Nisaba 13, 089
Nisaba 13, 090
Nisaba 13, 093
Nisaba 13, 094
Nisaba 13, 095
Nisaba 13, 096
Nisaba 13, 097

Nisaba 13, 098
Nisaba 13, 099
Nisaba 13, 101
Nisaba 13, 102
Nisaba 13, 103
Nisaba 13, 106
Nisaba 13, 107
Nisaba 13, 108
Nisaba 13, 109
Nisaba 13, 110
Nisaba 13, 111
Nisaba 13, 112
Nisaba 13, 114
Nisaba 13, 116
Nisaba 13, 118
Nisaba 13, 119
Nisaba 13, 120
Nisaba 13, 122
Nisaba 13, 129
Nisaba 17, 009
Nisaba 18, 153
Nisaba 22, 001
Nisaba 22, 002
Nisaba 22, 003
Nisaba 22, 004
Nisaba 22, 006
Nisaba 22, 008
Nisaba 22, 010
Nisaba 22, 030
Nisaba 22, 037
Nisaba 22, 041

Nisaba 22, 046
Nisaba 22, 047
Nisaba 22, 049
Nisaba 22, 051
Nisaba 22, 053
Nisaba 22, 056
Nisaba 22, 058
Nisaba 22, 059
Nisaba 22, 060
Nisaba 22, 071
Nisaba 22, 072
Nisaba 22, 074
Nisaba 22, 075
Nisaba 22, 076
Nisaba 22, 077
Nisaba 22, 079
Nisaba 22, 080
Nisaba 22, 081
Nisaba 22, 083
Nisaba 22, 084
Nisaba 22, 086
Nisaba 22, 087
Nisaba 22, 088
Nisaba 22, 089
Nisaba 22, 090
Nisaba 22, 091
Nisaba 22, 093
Nisaba 22, 095
Nisaba 22, 098
Nisaba 22, 101
Nisaba 22, 102

Nisaba 22, 103	Nisaba 22, 148
Nisaba 22, 105	Nisaba 22, 149
Nisaba 22, 107	Nisaba 22, 153
Nisaba 22, 108	Nisaba 22, 154
Nisaba 22, 110	Nisaba 22, 155
Nisaba 22, 111	Nisaba 22, 162
Nisaba 22, 112	Nisaba 33, 1013
Nisaba 22, 113	NYPL 315
Nisaba 22, 114	NYPL 316
Nisaba 22, 115	NYPL 317
Nisaba 22, 116	OMRO 56, 10
Nisaba 22, 117	OMRO 66, 55 20
Nisaba 22, 118	Ontario 2, 458
Nisaba 22, 119	OTR 014
Nisaba 22, 120	OTR 019
Nisaba 22, 125	OTR 022
Nisaba 22, 127	OTR 029
Nisaba 22, 129	OTR 033
Nisaba 22, 131	OTR 035
Nisaba 22, 132	OTR 038
Nisaba 22, 133	OTR 039
Nisaba 22, 135	OTR 041
Nisaba 22, 137	OTR 050
Nisaba 22, 138	OTR 051
Nisaba 22, 139	OTR 052
Nisaba 22, 140	OTR 053
Nisaba 22, 141	OTR 054
Nisaba 22, 143	OTR 055
Nisaba 22, 144	OTR 057
Nisaba 22, 145	OTR 058
Nisaba 22, 147	OTR 066

OTR 067	P205802
OTR 068	P207599
OTR 073	P295468
OTR 074	P295801
OTR 076	P295828
OTR 080	P295848
OTR 109	P295903
OTR 111	P295905
OTR 112	P295906
OTR 113	P295935
OTR 114	P295937
OTR 116	P341960
OTR 121	P412108
OTR 122	P499513
OTR 123	P499514
OTR 124	PPAC 5, 0034
OTR 125	PPAC 5, 0035
OTR 127	PPAC 5, 0037
OTR 128	PPAC 5, 0045
OTR 129	PPAC 5, 0047
OTR 144	PPAC 5, 0054
OTR 151	PPAC 5, 0055
OTR 190	PPAC 5, 0073
OTR 191	PPAC 5, 0074
OTR 226	PPAC 5, 0107
OTR 227	PPAC 5, 0126
OTR 229	PPAC 5, 0127
OTR 231	PPAC 5, 0132
OTR 235	PPAC 5, 0136
OTR 239	PPAC 5, 0142
P200611	PPAC 5, 0181

PPAC 5, 0185	RA 010, 065 029
PPAC 5, 0187	RA 019, 039 001
PPAC 5, 0207	RA 019, 039 002
PPAC 5, 0227	RA 019, 039 003
PPAC 5, 0251	RA 019, 039 006
PPAC 5, 0380	RA 019, 039 009
PPAC 5, 0417	RA 019, 040 018
PPAC 5, 0425	RA 019, 040 020
PPAC 5, 0436	RA 019, 040 025
PPAC 5, 0540	RA 019, 040 035
PPAC 5, 0728	RA 019, 040 039
PPAC 5, 0944	RA 019, 041 042
PPAC 5, 1026	RA 019, 041 046
PPAC 5, 1211	RA 019, 041 046a
PPAC 5, 1219	RA 019, 041 056
PPAC 5, 1429	RA 019, 041 059
PPAC 5, 1711	RA 019, 042 073
PPAC 5, 1739	RA 019, 042 085
PPAC 5, 1760	RA 019, 042 086
PPAC 5, 1761	RA 019, 042 088
PPAC 5, 1762	RA 019, 042 089
PPAC 5, 1763	RA 019, 042 090
Princeton 2, 256	RA 019, 043 092
Princeton 2, 272	RA 019, 043 095
Princeton 2, 274	RA 019, 043 098
Princeton 2, 276	RA 019, 043 102
Princeton 2, 285	RA 019, 043 103
Princeton 2, 287	RA 019, 043 113
Princeton 2, 293	RA 019, 043 116
Princeton 2, 296	RA 019, 043 117
Quaderno 05, 278	RA 019, 044 118

附 录

RA 019, 044 MIO 10543
RA 019, 044 MIO 8678
RA 019, 044 MIO 8738
RA 059, 145 FM 56
RA 059, 147 FM 57
RA 071, 176
RA 073, 027 05
RA 073, 029 17
RA 073, 029 19
RA 073, 029 20
RA 080, 010 03
RO 05, 17 16
RT 22, 151 1
RT 22, 152 2
RT 22, 153 3
RTC 322
RTC 323
RTC 325
RTC 326
RTC 327
RTC 328
RTC 329
RTC 330
RTC 339
RTC 345
RTC 346
RTC 347
RTC 348
RTC 349
RTC 350
RTC 351

RTC 352
RTC 353
RTC 354
RTC 355
RTC 356
RTC 358
RTC 360
RTC 361
RTC 362
RTC 364
RTC 368
RTC 369
RTC 370
RTC 371
RTC 372
RTC 373
RTC 374
RTC 375
RTC 376
RTC 377
RTC 380
RTC 381
RTC 382
RTC 383
RTC 385
RTC 386
RTC 389
RTC 394
RTC 396
RTC 428
SANTAG 7, 117

SANTAG 7, 197
SANTAG 7, 200
SAT 1, 031
SAT 1, 106
SAT 1, 107
SAT 1, 111
SAT 1, 112
SAT 1, 113
SAT 1, 114
SAT 1, 115
SAT 1, 116
SAT 1, 117
SAT 1, 120
SAT 1, 122
SAT 1, 123
SAT 1, 124
SAT 1, 125
SAT 1, 134
SAT 1, 136
SAT 1, 137
SAT 1, 138
SAT 1, 139
SAT 1, 140
SAT 1, 141
SAT 1, 142
SAT 1, 143
SAT 1, 144
SAT 1, 145
SAT 1, 146
SAT 1, 147
SAT 1, 148

SAT 1, 151
SAT 1, 152
SAT 1, 153
SAT 1, 154
SAT 1, 156
SAT 1, 157
SAT 1, 158
SAT 1, 159
SAT 1, 160
SAT 1, 161
SAT 1, 165
SAT 1, 180
SAT 1, 191
SAT 1, 208
SAT 1, 299
SAT 1, 325
SET 210
SET 211
SET 212
SET 297
SNAT 200
SNAT 252
STA 08
StLouis 155
StLouis 163
TCS 1, 257
TCT-SAMA 30
TCTI 2, 02607
TCTI 2, 02621
TCTI 2, 02623
TCTI 2, 02638

TCTI 2, 02660
TCTI 2, 02666
TCTI 2, 02674
TCTI 2, 02686
TCTI 2, 02690
TCTI 2, 02694
TCTI 2, 02712
TCTI 2, 02726
TCTI 2, 02757
TCTI 2, 02759
TCTI 2, 02761
TCTI 2, 02763
TCTI 2, 02765
TCTI 2, 02767
TCTI 2, 02779
TCTI 2, 03166
TCTI 2, 03169
TCTI 2, 03185
TCTI 2, 03187
TCTI 2, 03200
TCTI 2, 03203
TCTI 2, 03204
TCTI 2, 03214
TCTI 2, 03238
TCTI 2, 03242
TCTI 2, 03300
TCTI 2, 03305
TCTI 2, 03328
TCTI 2, 03330
TCTI 2, 03359
TCTI 2, 03363

TCTI 2, 03397
TCTI 2, 03403
TCTI 2, 03417
TCTI 2, 03429
TCTI 2, 03436
TCTI 2, 03437
TCTI 2, 03438
TCTI 2, 03443
TCTI 2, 03444
TCTI 2, 03446
TCTI 2, 03502
TCTI 2, 03505
TCTI 2, 03522
TCTI 2, 03524
TCTI 2, 03549
TCTI 2, 03561
TCTI 2, 03565
TCTI 2, 03573
TCTI 2, 03580
TCTI 2, 03607
TCTI 2, 03642
TCTI 2, 03653
TCTI 2, 03682
TCTI 2, 03711
TCTI 2, 03713
TCTI 2, 03718
TCTI 2, 03729
TCTI 2, 03731
TCTI 2, 03740
TCTI 2, 03741
TCTI 2, 03743

TCTI 2, 03746	TCTI 2, 04249
TCTI 2, 03760	TCTI 2, 04274
TCTI 2, 03771	TCTI 3, 05441
TCTI 2, 03783	TCTI 3, 06420
TCTI 2, 03791	TCTI 3, 06425
TCTI 2, 03793	TCTI 3, 06454
TCTI 2, 03794	TÉL 046
TCTI 2, 03795	TÉL 046a
TCTI 2, 03859	TÉL 049
TCTI 2, 03897	TÉL 051
TCTI 2, 03917	TÉL 052
TCTI 2, 03928	TÉL 053
TCTI 2, 03952	TÉL 054
TCTI 2, 03963	TÉL 056
TCTI 2, 03996	TÉL 057
TCTI 2, 04005	TÉL 058
TCTI 2, 04008	TÉL 063
TCTI 2, 04009	TÉL 094
TCTI 2, 04021	TÉL 116
TCTI 2, 04083	TÉL 216
TCTI 2, 04112	TÉL 255
TCTI 2, 04127	TLB 03, 066
TCTI 2, 04150	TLB 03, 145
TCTI 2, 04151	TMH NF 1-2, 154
TCTI 2, 04155	TSU 098
TCTI 2, 04158	TSU 100
TCTI 2, 04161	TSU 101
TCTI 2, 04171	TUT 105
TCTI 2, 04179	TUT 193
TCTI 2, 04185	TUT 194
TCTI 2, 04186	TUT 195

TUT 196
TUT 197
TUT 198
TUT 199
TUT 202
TUT 203
TUT 204
TUT 205
TUT 211
TUT 212
TUT 213
TUT 214
TUT 215
TUT 216
TUT 218
TUT 219

TUT 220
TUT 221
TUT 223
TUT 228
UCP 09-02-1, 064
UDT 029
UDT 081
UDT 082
UDT 084
YOS 15, 121
YOS 15, 122
YOS 15, 124
YOS 15, 129
ZA 012, 267 66
ZA 018, 253 08

Ⅱ. 普兹瑞什达干文献

AAICAB 1/2, pl. 119, 1967-1486
AAICAB 1/2, pl. 144, 1971-363
AAICAB 1/2, pl. 155, 1971-395
AAICAB 1/4, Bod S 322
AAICAB 1/4, Bod S 327
AAICAB 1/4, Bod S 573
AAICAB 1/4, Bod S 584
AAICAB 1/4, TCICA 33
Aegyptus 17, 053 070
Aegyptus 17, 058 119
AJSL 39, 65
Amorites 06
Amorites 12

Amorites 18
Amorites 21
Amorites 22
Anavian 59
AnOr 07, 019
AnOr 07, 079
AnOr 07, 099
AnOr 07, 148
AnOr 12, 277
AOAT 240, 80, 6
ASJ 03, 068 01
ASJ 03, 074
ASJ 03, 075

ASJ 03, 092 2
ASJ 04, 067 14
ASJ 04, 140 01
ASJ 04, 140 02
ASJ 09, 270 78
ASJ 09, 318 13
ASJ 19, 204 13
AUCT 1, 004
AUCT 1, 069
AUCT 1, 078
AUCT 1, 080
AUCT 1, 093
AUCT 1, 110
AUCT 1, 244
AUCT 1, 414
AUCT 1, 446
AUCT 1, 494
AUCT 1, 604
AUCT 1, 683
AUCT 1, 743
AUCT 1, 798
AUCT 1, 858
AUCT 1, 954
AUCT 2, 154
AUCT 2, 162
AUCT 2, 179
AUCT 2, 278
AUCT 2, 280
AUCT 2, 285
AUCT 2, 316
AUCT 2, 318

AUCT 2, 326 + 336
AUCT 2, 344
AUCT 2, 364
AUCT 2, 384
AUCT 3, 084
AUCT 3, 188
AUCT 3, 198
AUCT 3, 294
AUCT 3, 413
AUCT 3, 480
Babyloniaca 07, pl. 21 14
Babyloniaca 08, pl. 07, Pupil 30
BCT 1, 004
BCT 1, 077
BCT 1, 083
BCT 1, 090
BCT 1, 095
BCT 1, 117
Berens 069
BiMes 25, 143
BIN 03, 012
BIN 03, 018
BIN 03, 053
BIN 03, 101
BIN 03, 139
BIN 03, 173
BIN 03, 217
BIN 03, 221
BIN 03, 329
BIN 03, 382
BIN 03, 402

附　录

BIN 03, 419	BPOA 07, 2912
BIN 03, 442	BPOA 07, 2916
BIN 03, 465	BPOA 07, 2927
BIN 03, 474	BRM 3, 037
BIN 03, 477	BRM 3, 038
BIN 03, 491	CDLB 2021/005 24
BIN 03, 502	CDLJ 2007/1 § 3.16
BIN 03, 505	CDLJ 2012/1 § 4.35
BIN 03, 518	CDLJ 2012/1 § 4.38
BIN 03, 528	CHEU 006
BIN 03, 532	CRRAI 45-2, 064
BIN 03, 534	CST 124
BIN 03, 551	CST 168
BIN 03, 558	CST 178
BIN 03, 559	CST 187
BIN 03, 561	CST 190
BIN 03, 562	CST 191
BJRL 64, 111 68	CST 193
BPOA 02, 2681	CST 235
BPOA 06, 0298	CST 254
BPOA 06, 0644	CST 286
BPOA 06, 0646	CST 354
BPOA 07, 2202	CST 384
BPOA 07, 2232	CST 415
BPOA 07, 2350	CST 423
BPOA 07, 2418	CST 428
BPOA 07, 2488	CST 436
BPOA 07, 2603	CST 455
BPOA 07, 2852	CST 466
BPOA 07, 2869	CST 468
BPOA 07, 2875	CT 32, pl. 19-22 BM 103398

CT 32, pl. 26-29 BM 103450	Hermitage 3, 344
CT 32, pl. 47 BM 104443	Hermitage 3, 359
CTMMA 1, 009	Hermitage 3, 361
CTMMA 1, 017	Hermitage 3, 367
CTNMC 07	Hermitage 3, 370
CUCT 117	Hirose 050
CUSAS 16, 296	Hirose 138
DoCu 267	Hirose 231
DoCu 274	HSS 68, 095
Ebla 1975-1985, 267	HSS 68, 162
Ebla 1975-1985, 287 A	HSS 68, 209
Ebla 1975-1985, 287 B	HSS 68, 487
Ebla 1975-1985, 289 K	HUCA 29, 075 04
Fs Astour II 369	HUCA 29, 077 06
Fs Astour II 371	Iraq 41, 125 3
Fs Astour II 372	Iraq 74, 129, W 22
Fs Astour II 375	JAC 29, 023-030 01
Fs Hallo 182	JAOS 108, 119 2
Fs Levine 115-119, 148ff.	JAOS 108, 119 3
Fs Lipinski 215 Kerr 1	JCS 07, 104 SLAM 61: 1927
Fs Pettinato 042, 1	JCS 07, 104 Smith College 473
Gratianusstiftung 021-023	JCS 07, 105 NBCT 01593
Hermitage 3, 158	JCS 10, 028 05
Hermitage 3, 177	JCS 10, 029 07
Hermitage 3, 188	JCS 10, 031 11
Hermitage 3, 194	JCS 10, 031 12
Hermitage 3, 212	JCS 14, 109 09
Hermitage 3, 216	JCS 14, 111 14
Hermitage 3, 240	JCS 14, 111 15
Hermitage 3, 297	JCS 29, 118 2
Hermitage 3, 317	JCS 31, 035 BMC 2

JCS 31, 166	MVN 03, 299
JCS 31, 175 H	MVN 03, 338
JCS 32, 172 2	MVN 03, 384
JCS 35, 185 3	MVN 04, 096
JCS 39, 122 06	MVN 05, 095
JCS 46, 017 01	MVN 05, 111
JCS 52, 035 06	MVN 05, 113
JCS 54, 007, 52	MVN 05, 116
JCS 54, 012, 82	MVN 05, 127
JCS 57, 028 04	MVN 08, 126
JCS 57, 028 05	MVN 08, 129
JCS 57, 028 06	MVN 08, 195
JCS 57, 028 07	MVN 08, 206
JCS 57, 114 1	MVN 08, 222
JEOL 33, 114, 02	MVN 10, 147
JNES 12, 114, 1	MVN 11, 140
JNES 12, 115, 2	MVN 11, 144
Kyoto 15	MVN 11, 145
LAOS 1, 28	MVN 11, 146
LB 3003（P390072）	MVN 11, 152
MCS 7, 19 Liv 51 63 51	MVN 11, 154
MCS 7, 24 Liv 51 63 81	MVN 11, 156
Mes 12, 093 A	MVN 11, 160
MMFM 2005, 20, 03	MVN 11, 161
MVN 01, 113	MVN 11, 180
MVN 01, 124	MVN 11, 181
MVN 01, 142	MVN 11, 182
MVN 02, 099	MVN 11, 210
MVN 03, 217	MVN 11, 212
MVN 03, 228	MVN 11, 214
MVN 03, 235	MVN 13, 128 = 829

MVN 13, 423	Nik 2, 484
MVN 13, 517	Nisaba 08, 048
MVN 13, 529	Nisaba 08, 100
MVN 13, 539	Nisaba 08, 156
MVN 13, 635	Nisaba 08, 371
MVN 13, 636	Nisaba 30, 39
MVN 13, 639	Nisaba 30, 67
MVN 13, 672	Nisaba 33, 0607
MVN 13, 695	Nisaba 33, 1062
MVN 13, 706	NYPL 005
MVN 13, 710	NYPL 228
MVN 13, 726	NYPL 236
MVN 13, 868	NYPL 274
MVN 15, 015	NYPL 345
MVN 15, 142	OIP 115, 158
MVN 15, 179	OIP 115, 171
MVN 15, 189	OIP 115, 174
MVN 15, 190	OIP 115, 181
MVN 15, 194	OIP 115, 185
MVN 15, 199	OIP 115, 195
MVN 15, 201	OIP 115, 263
MVN 15, 204	OIP 115, 273
MVN 15, 350	OIP 115, 275
MVN 15, 358	OIP 115, 324
MVN 15, 360	OIP 115, 343
MVN 18, 715	OIP 115, 345
MVN 20, 028	OIP 115, 493
MVN 20, 193	OIP 121, 009
Nik 2, 454	OIP 121, 020
Nik 2, 479	OIP 121, 039
Nik 2, 483	OIP 121, 072

附　录

OIP 121, 073	OrSP 05, 53 17 Wengler 25
OIP 121, 092	OrSP 18, pl. 04 12
OIP 121, 093	OrSP 18, pl. 04 14
OIP 121, 094	OrSP 18, pl. 05 17
OIP 121, 097	OrSP 47-49, 009
OIP 121, 105	OrSP 47-49, 017
OIP 121, 428	OrSP 47-49, 024
OIP 121, 472	OrSP 47-49, 032
OIP 121, 553	OrSP 47-49, 036
OIP 121, 555	OrSP 47-49, 038
OIP 121, 575	OrSP 47-49, 142
OIP 121, 576	P234987
OLP 08, 09 06	P235549
Ontario 1, 020	P341941
Ontario 1, 025	P393060
Ontario 1, 032	P424375
Ontario 1, 044	P429765
Ontario 1, 048	P429950
Ontario 1, 053	P430204
Ontario 1, 084	P430383
Ontario 1, 087	P430427
Ontario 1, 111	P430435
Ontario 1, 132	P430439
Ontario 1, 149	P430440
Ontario 1, 160	P430478
Ontario 1, 168	P453103
Ontario 2, 205	P453367
Oppenheim Nachlass no. 13	P456735
OrAnt 16, 290 5	P523756
Orient 16, 042 10	PDT 1, 0018
OrSP 02, 62 6 Wengler 22	PDT 1, 0039

PDT 1, 0126
PDT 1, 0161
PDT 1, 0166
PDT 1, 0171
PDT 1, 0180
PDT 1, 0234
PDT 1, 0356
PDT 1, 0401
PDT 1, 0411
PDT 1, 0419
PDT 1, 0448
PDT 1, 0449
PDT 1, 0454
PDT 1, 0466
PDT 1, 0473
PDT 1, 0487
PDT 1, 0529
PDT 1, 0538
PDT 1, 0543
PDT 1, 0548
PDT 1, 0557
PDT 1, 0567
PDT 1, 0572
PDT 1, 0594
PDT 1, 0597
PDT 1, 0605
PDT 1, 0628
PDT 1, 0657
PDT 1, 0702
PDT 2, 0781
PDT 2, 0807

PDT 2, 0811
PDT 2, 0904
PDT 2, 0959
PDT 2, 1051
PDT 2, 1092
PDT 2, 1113
PDT 2, 1119
PDT 2, 1120
PDT 2, 1147
PDT 2, 1151
PDT 2, 1152
PDT 2, 1163
PDT 2, 1170
PDT 2, 1171
PDT 2, 1200
PDT 2, 1222
PDT 2, 1237
PDT 2, 1238
PDT 2, 1266
PDT 2, 1269
PDT 2, 1327
PDT 2, 1355
PDT 2, 1365
PDT 2, 1375
PPAC 4, 117 + 123
PPAC 4, 190
PPAC 4, 230
PPAC 4, 257
PPAC 5, 1775
Princeton 1, 044
Princeton 1, 060

附　录

Princeton 1, 073
Princeton 1, 083
Princeton 1, 086
Princeton 1, 129
Princeton 2, 002
Princeton 2, 205
Princeton 2, 321
RA 008, 183 01
RA 008, 191 12
RA 009, 042 SA 12 (pl. 1)
RA 009, 043 SA 25 (pl. 2)
RA 009, 046 SA 72 (pl. 3)
RA 009, 051 SA 200 (pl. 5)
RA 009, 054 AM 14 (pl. 7)
RA 009, 056 SA 239
RA 010, 209 BM 103435
RA 013, 021 7
RA 023, 036-037 4
RA 074, 047 116
RA 098, 004, 04
Rochester 008
Rochester 086
RSO 09, 472 P368
RSO 83, 344 09
RSO 83, 346 20
RT 37, 134
SA 001e
SA 002
SA 004
SA 007
SA 026

SA 057
SA 085
SACT 1, 065
SACT 1, 154
SACT 1, 160
SACT 1, 169
SACT 1, 172
SACT 1, 173
SACT 1, 185
SACT 1, 189
SAKF 112
SANTAG 7, 108
SANTAG 7, 114
SANTAG 7, 123
SAT 2, 0316
SAT 2, 0517
SAT 2, 0536
SAT 2, 0551
SAT 2, 0611
SAT 2, 0663
SAT 2, 0724
SAT 2, 0796
SAT 2, 0806
SAT 2, 0914
SAT 2, 1067
SAT 2, 1075
SAT 2, 1081
SAT 2, 1116
SAT 3, 1401
SAT 3, 1878
SAT 3, 1922

SAT 3, 1933
SAT 3, 1937
SDSU 1
SET 010
SET 059
SET 066
SET 078
SET 091
SET 096
SET 114
SMM 12
SNAT 271
STA 31
StLouis 137
StOr 09-1 30 (pl. 11)
Sumer 59, 098 03
SumRecDreh 03
SumRecDreh 04
SumRecDreh 17
Syracuse 328
Syracuse 480
TAD 53
TAD 54
TAD 66
TAD 67
Tavolette 140
Tavolette 146
Tavolette 203
Tavolette 229
Tavolette 237
Tavolette 363

TCL 02, 5485
TCL 02, 5500
TCL 02, 5502 = 5503
TCL 02, 5506
TCL 02, 5508
TCL 02, 5515
TCL 02, 5545
TCL 02, 5565
TCL 05, 6041
TCND 232
TCND 411
TCT-SAMA 14
TCT-SAMA 17
TIM 06, 06
TJA pl. 68, IES 337
TLB 03, 025
TLB 03, 034
TLB 03, 039
TLB 03, 096
TLB 03, 137
Trouvaille 02
Trouvaille 18
Trouvaille 27
Trouvaille 50
Trouvaille 54
Trouvaille 69
Trouvaille 74
Trouvaille 83
Trouvaille 84
Trouvaille 86
TRU 009

TRU 024
TRU 030
TRU 107
TRU 126
TRU 144
TRU 277
TRU 305
TRU 318
TRU 325
TRU 335
TRU 344
TRU 351
TRU 384
UCP 09-02-2, 038
UDT 091

Ⅲ. 温马文献

AAICAB 1/4, Bod S 383
AAICAB 1/4, Bod S 500
Aleppo 015
AnOr 01, 138
AnOr 01, 299
AnOr 07, 306
AUCT 3, 223
Babyloniaca 08, pl. 03, Pupil 02
BCT 2, 050
BIN 05, 316
BPOA 01, 0380
BPOA 01, 0387
BPOA 01, 0494
BPOA 01, 0851
BPOA 01, 1234

UDT 092
VAMZ 3, 26-27 130 4
YOS 04, 063
YOS 04, 071
YOS 04, 074
YOS 04, 301
YOS 04, 303
YOS 15, 171
YOS 18, 012
ZA 068, 037 NCBT 1628
ZA 068, 040 YBC 6805
ZA 068, 042 Smith 475
ZA 072, 241 n. 16
ZA 080, 028
ZA 095, 067

BPOA 02, 2453
BPOA 06, 0295
BPOA 06, 1261
BPOA 06, 1307
BPOA 07, 1866
BPOA 07, 2295
CDLN 2013/001 no. 1
CHEU 056
Fs Sigrist 131, 04
Hirose 322
Hirose 355
ICP varia 63
JCS 57, 029 10
JCS 57, 029 11
JRAS 1939, 32

MVN 01, 146
MVN 04, 071
MVN 04, 157
MVN 04, 244
MVN 14, 0256
MVN 14, 0327
MVN 14, 0341
MVN 15, 162
MVN 16, 0716
MVN 16, 0793
MVN 16, 0880
MVN 21, 061
MVN 21, 090
MVN 21, 380
Nik 2, 340
Nik 2, 363
Nisaba 01, 003
Nisaba 01, 004
Nisaba 01, 142
Nisaba 01, 177
Nisaba 01, 192
Nisaba 01, 204
Nisaba 01, 283
Nisaba 01, 288
Nisaba 03/1, 065
Nisaba 03/1, 086
Nisaba 03/1, 091
Nisaba 03/1, 109
Nisaba 03/1, 112
Nisaba 03/1, 116
Nisaba 03/1, 155

Nisaba 09, 345
Nisaba 16, 058
Nisaba 16, 081
Nisaba 16, 102
Nisaba 16, 118
Nisaba 16, 126
Nisaba 23, 028
Nisaba 24, 29
Nisaba 27, 081
Nisaba 27, 095
Nisaba 27, 134
Nisaba 27, 186
Nisaba 27, 232
Nisaba 32, 150
NYPL 073
NYPL 113
NYPL 366
OrSP 18, pl. 10 28
OrSP 47-49, 221
PDT 2, 1372
PPAC 4, 279
Princeton 2, 395
RA 014, 182
SA 122
SA 123
SANTAG 6, 127
SAT 2, 0386
SAT 3, 1726
SAT 3, 2162
SAT 3, 2183
South Dakota 53

Tavolette 312
TCL 05, 6038
UCP 09-02-1, 077
UTI 3, 1604
UTI 3, 1840
UTI 3, 1993
UTI 4, 2341
UTI 4, 2389
UTI 4, 2492
UTI 4, 2889

UTI 4, 2948
UTI 5, 3131
UTI 5, 3149
UTI 5, 3403
UTI 5, 3428
UTI 5, 3472
UTI 6, 3676
UTI 6, 3708
YOS 04, 207
YOS 04, 216

Ⅳ. 伊利萨格里格文献

CUSAS 03, 1478
CUSAS 03, 1490
CUSAS 40, 0002
CUSAS 40, 0004
CUSAS 40, 0005
CUSAS 40, 0006
CUSAS 40, 0008
CUSAS 40, 0010
CUSAS 40, 0011
CUSAS 40, 0013
CUSAS 40, 0019
CUSAS 40, 0020
CUSAS 40, 0021
CUSAS 40, 0023
CUSAS 40, 0024
CUSAS 40, 0028
CUSAS 40, 0030
CUSAS 40, 0032
CUSAS 40, 0033
CUSAS 40, 0035

CUSAS 40, 0050
CUSAS 40, 0054
CUSAS 40, 0055
CUSAS 40, 0056
CUSAS 40, 0058
CUSAS 40, 0060
CUSAS 40, 0061
CUSAS 40, 0062
CUSAS 40, 0065
CUSAS 40, 0067
CUSAS 40, 0069
CUSAS 40, 0074
CUSAS 40, 0077
CUSAS 40, 0084
CUSAS 40, 0093
CUSAS 40, 0095
CUSAS 40, 0097
CUSAS 40, 0098
CUSAS 40, 0099
CUSAS 40, 0102

CUSAS 40, 0103	CUSAS 40, 0270
CUSAS 40, 0104	CUSAS 40, 0274
CUSAS 40, 0105	CUSAS 40, 0285
CUSAS 40, 0111	CUSAS 40, 0287
CUSAS 40, 0140	CUSAS 40, 0290
CUSAS 40, 0142	CUSAS 40, 0291
CUSAS 40, 0143	CUSAS 40, 0314
CUSAS 40, 0145	CUSAS 40, 0316
CUSAS 40, 0148	CUSAS 40, 0317
CUSAS 40, 0157	CUSAS 40, 0318
CUSAS 40, 0163	CUSAS 40, 0325
CUSAS 40, 0167	CUSAS 40, 0326
CUSAS 40, 0168	CUSAS 40, 0346
CUSAS 40, 0169	CUSAS 40, 0350
CUSAS 40, 0170	CUSAS 40, 0355
CUSAS 40, 0184	CUSAS 40, 0357
CUSAS 40, 0191	CUSAS 40, 0360
CUSAS 40, 0192	CUSAS 40, 0367
CUSAS 40, 0199	CUSAS 40, 0372
CUSAS 40, 0200	CUSAS 40, 0398
CUSAS 40, 0201	CUSAS 40, 0399
CUSAS 40, 0213	CUSAS 40, 0406
CUSAS 40, 0214	CUSAS 40, 0417
CUSAS 40, 0216	CUSAS 40, 0421
CUSAS 40, 0217	CUSAS 40, 0424
CUSAS 40, 0218	CUSAS 40, 0435
CUSAS 40, 0229	CUSAS 40, 0444
CUSAS 40, 0232	CUSAS 40, 0452
CUSAS 40, 0239	CUSAS 40, 0453
CUSAS 40, 0261	CUSAS 40, 0454
CUSAS 40, 0267	CUSAS 40, 0470

附　录

CUSAS 40, 0477
CUSAS 40, 0484
CUSAS 40, 0486
CUSAS 40, 0487
CUSAS 40, 0496
CUSAS 40, 0497
CUSAS 40, 0510
CUSAS 40, 0514
CUSAS 40, 0519
CUSAS 40, 0521
CUSAS 40, 0542
CUSAS 40, 0544
CUSAS 40, 0556
CUSAS 40, 0564
CUSAS 40, 0566
CUSAS 40, 0586
CUSAS 40, 0587
CUSAS 40, 0590
CUSAS 40, 0592
CUSAS 40, 0599
CUSAS 40, 0604
CUSAS 40, 0606
CUSAS 40, 0607
CUSAS 40, 0611
CUSAS 40, 0612
CUSAS 40, 0615
CUSAS 40, 0623
CUSAS 40, 0624
CUSAS 40, 0625
CUSAS 40, 0626
CUSAS 40, 0627

CUSAS 40, 0631
CUSAS 40, 0632
CUSAS 40, 0635
CUSAS 40, 0639
CUSAS 40, 0641
CUSAS 40, 0642
CUSAS 40, 0647
CUSAS 40, 0653
CUSAS 40, 0658
CUSAS 40, 0662
CUSAS 40, 0673
CUSAS 40, 0675
CUSAS 40, 0681
CUSAS 40, 0683
CUSAS 40, 0684
CUSAS 40, 0693
CUSAS 40, 0695
CUSAS 40, 0697
CUSAS 40, 0703
CUSAS 40, 0712
CUSAS 40, 0734
CUSAS 40, 0735
CUSAS 40, 0741
CUSAS 40, 0742
CUSAS 40, 0748
CUSAS 40, 0755
CUSAS 40, 0774
CUSAS 40, 0777
CUSAS 40, 0783
CUSAS 40, 0809
CUSAS 40, 0830

CUSAS 40, 0832	CUSAS 40, 1014
CUSAS 40, 0833	CUSAS 40, 1017
CUSAS 40, 0834	CUSAS 40, 1063
CUSAS 40, 0838	CUSAS 40, 1101
CUSAS 40, 0843	CUSAS 40, 1110
CUSAS 40, 0864	CUSAS 40, 1112
CUSAS 40, 0873	CUSAS 40, 1122
CUSAS 40, 0877	CUSAS 40, 1131
CUSAS 40, 0881	CUSAS 40, 1170
CUSAS 40, 0884	CUSAS 40, 1199
CUSAS 40, 0892	CUSAS 40, 1227
CUSAS 40, 0918	CUSAS 40, 1240
CUSAS 40, 0938	CUSAS 40, 1242
CUSAS 40, 0947	CUSAS 40, 1259
CUSAS 40, 0948	CUSAS 40, 1274
CUSAS 40, 0949	CUSAS 40, 1275
CUSAS 40, 0953	CUSAS 40, 1375
CUSAS 40, 0956	CUSAS 40, 1382
CUSAS 40, 0965	CUSAS 40, 1384
CUSAS 40, 0971	CUSAS 40, 1424
CUSAS 40, 0978	CUSAS 40, 1428
CUSAS 40, 0979	CUSAS 40, 1429
CUSAS 40, 0981	CUSAS 40, 1431
CUSAS 40, 0985	CUSAS 40, 1445
CUSAS 40, 0986	CUSAS 40, 1448
CUSAS 40, 0990	CUSAS 40, 1454
CUSAS 40, 0994	CUSAS 40, 1457
CUSAS 40, 0995	CUSAS 40, 1465
CUSAS 40, 0996	CUSAS 40, 1479
CUSAS 40, 0999	CUSAS 40, 1481
CUSAS 40, 1009	CUSAS 40, 1516

附　录

CUSAS 40, 1520
CUSAS 40, 1533
CUSAS 40, 1534
CUSAS 40, 1541
CUSAS 40, 1558
CUSAS 40, 1570
CUSAS 40, 1581
CUSAS 40, 1584
CUSAS 40, 1590
CUSAS 40, 1591
CUSAS 40, 1592
CUSAS 40, 1593
CUSAS 40, 1599
CUSAS 40, 1602
CUSAS 40, 1606
CUSAS 40, 1610
CUSAS 40, 1612
CUSAS 40, 1615
CUSAS 40, 1621
CUSAS 40, 1707
CUSAS 40, 1708
CUSAS 40, 1712
CUSAS 40, 1733
CUSAS 40, 1782
CUSAS 40, 1783
CUSAS 40, 1786
CUSAS 40, 1791
CUSAS 40, 1793
CUSAS 40, 1795
CUSAS 40, 1812
CUSAS 40, 1823

CUSAS 40, 1825
CUSAS 40, 1826
CUSAS 40, 1850
CUSAS 40, 1853
CUSAS 40, 1861
CUSAS 40, 1863
CUSAS 40, 1869
CUSAS 40, 1910
CUSAS 40, 1923
Fs Civil90, 313-314 02
Fs Milano 341-342 05
Fs Salvini 371-375 01
Fs Salvini 375-376 02
JAC 29, 023-030 02
JAOS 108, 120 3
JCEUW 45, 188
Mohammed diss, SM 1220
New IM 3, 006
New IM 3, 009
New IM 3, 010
New IM 3, 011
New IM 3, 012
New IM 3, 014
New IM 3, 016
New IM 3, 017
New IM 3, 018
New IM 3, 022
New IM 3, 030
New IM 3, 031
New IM 3, 034
New IM 3, 035

New IM 3, 036
New IM 3, 038
New IM 3, 039
New IM 3, 040
New IM 3, 045
Nisaba 15, 0021
Nisaba 15, 0022
Nisaba 15, 0023
Nisaba 15, 0034
Nisaba 15, 0035
Nisaba 15, 0039
Nisaba 15, 0041
Nisaba 15, 0042
Nisaba 15, 0043
Nisaba 15, 0045
Nisaba 15, 0047
Nisaba 15, 0051
Nisaba 15, 0057
Nisaba 15, 0058
Nisaba 15, 0059
Nisaba 15, 0060
Nisaba 15, 0062
Nisaba 15, 0075
Nisaba 15, 0079
Nisaba 15, 0081
Nisaba 15, 0086
Nisaba 15, 0091
Nisaba 15, 0092
Nisaba 15, 0095
Nisaba 15, 0097
Nisaba 15, 0099

Nisaba 15, 0100
Nisaba 15, 0103
Nisaba 15, 0106
Nisaba 15, 0111
Nisaba 15, 0115
Nisaba 15, 0118
Nisaba 15, 0127
Nisaba 15, 0128
Nisaba 15, 0129
Nisaba 15, 0130
Nisaba 15, 0142
Nisaba 15, 0143
Nisaba 15, 0144
Nisaba 15, 0145
Nisaba 15, 0156
Nisaba 15, 0170
Nisaba 15, 0174
Nisaba 15, 0176
Nisaba 15, 0178
Nisaba 15, 0196
Nisaba 15, 0207
Nisaba 15, 0212
Nisaba 15, 0215
Nisaba 15, 0216
Nisaba 15, 0217
Nisaba 15, 0222
Nisaba 15, 0230
Nisaba 15, 0236
Nisaba 15, 0238
Nisaba 15, 0242
Nisaba 15, 0243

附　录

Nisaba 15, 0249	Nisaba 15, 0417
Nisaba 15, 0250	Nisaba 15, 0447
Nisaba 15, 0252	Nisaba 15, 0455
Nisaba 15, 0253	Nisaba 15, 0458
Nisaba 15, 0254	Nisaba 15, 0467
Nisaba 15, 0255	Nisaba 15, 0479
Nisaba 15, 0256	Nisaba 15, 0507
Nisaba 15, 0257	Nisaba 15, 0511
Nisaba 15, 0259	Nisaba 15, 0512
Nisaba 15, 0277	Nisaba 15, 0513
Nisaba 15, 0278	Nisaba 15, 0514
Nisaba 15, 0313	Nisaba 15, 0520
Nisaba 15, 0315	Nisaba 15, 0551
Nisaba 15, 0317	Nisaba 15, 0557
Nisaba 15, 0319	Nisaba 15, 0558
Nisaba 15, 0322	Nisaba 15, 0559
Nisaba 15, 0323	Nisaba 15, 0560
Nisaba 15, 0324	Nisaba 15, 0562
Nisaba 15, 0325	Nisaba 15, 0563
Nisaba 15, 0327	Nisaba 15, 0575
Nisaba 15, 0328	Nisaba 15, 0576
Nisaba 15, 0331	Nisaba 15, 0591
Nisaba 15, 0335	Nisaba 15, 0593
Nisaba 15, 0336	Nisaba 15, 0594
Nisaba 15, 0346	Nisaba 15, 0595
Nisaba 15, 0357	Nisaba 15, 0596
Nisaba 15, 0361	Nisaba 15, 0597
Nisaba 15, 0362	Nisaba 15, 0598
Nisaba 15, 0369	Nisaba 15, 0600
Nisaba 15, 0399	Nisaba 15, 0605
Nisaba 15, 0413	Nisaba 15, 0617

Nisaba 15, 0618
Nisaba 15, 0619
Nisaba 15, 0620
Nisaba 15, 0623
Nisaba 15, 0624
Nisaba 15, 0628
Nisaba 15, 0638
Nisaba 15, 0650
Nisaba 15, 0651
Nisaba 15, 0653
Nisaba 15, 0654
Nisaba 15, 0655
Nisaba 15, 0662
Nisaba 15, 0674
Nisaba 15, 0691
Nisaba 15, 0692
Nisaba 15, 0693
Nisaba 15, 0696
Nisaba 15, 0697
Nisaba 15, 0698
Nisaba 15, 0699
Nisaba 15, 0700
Nisaba 15, 0701
Nisaba 15, 0702
Nisaba 15, 0703
Nisaba 15, 0704
Nisaba 15, 0706
Nisaba 15, 0708
Nisaba 15, 0709
Nisaba 15, 0720
Nisaba 15, 0721

Nisaba 15, 0723
Nisaba 15, 0724
Nisaba 15, 0725
Nisaba 15, 0726
Nisaba 15, 0727
Nisaba 15, 0728
Nisaba 15, 0729
Nisaba 15, 0730
Nisaba 15, 0731
Nisaba 15, 0732
Nisaba 15, 0733
Nisaba 15, 0735
Nisaba 15, 0742
Nisaba 15, 0743
Nisaba 15, 0744
Nisaba 15, 0745
Nisaba 15, 0746
Nisaba 15, 0747
Nisaba 15, 0751
Nisaba 15, 0752
Nisaba 15, 0753
Nisaba 15, 0754
Nisaba 15, 0755
Nisaba 15, 0760
Nisaba 15, 0762
Nisaba 15, 0763
Nisaba 15, 0765
Nisaba 15, 0766
Nisaba 15, 0767
Nisaba 15, 0768
Nisaba 15, 0769

附 录

Nisaba 15, 0770
Nisaba 15, 0771
Nisaba 15, 0772
Nisaba 15, 0773
Nisaba 15, 0774
Nisaba 15, 0775
Nisaba 15, 0776
Nisaba 15, 0777
Nisaba 15, 0778
Nisaba 15, 0779
Nisaba 15, 0780
Nisaba 15, 0782
Nisaba 15, 0783
Nisaba 15, 0784
Nisaba 15, 0785
Nisaba 15, 0787
Nisaba 15, 0788
Nisaba 15, 0789
Nisaba 15, 0790
Nisaba 15, 0791
Nisaba 15, 0801
Nisaba 15, 0802
Nisaba 15, 0803
Nisaba 15, 0804
Nisaba 15, 0805
Nisaba 15, 0806
Nisaba 15, 0807
Nisaba 15, 0808
Nisaba 15, 0809
Nisaba 15, 0816
Nisaba 15, 0817

Nisaba 15, 0820
Nisaba 15, 0821
Nisaba 15, 0822
Nisaba 15, 0823
Nisaba 15, 0830
Nisaba 15, 0832
Nisaba 15, 0833
Nisaba 15, 0834
Nisaba 15, 0835
Nisaba 15, 0836
Nisaba 15, 0837
Nisaba 15, 0838
Nisaba 15, 0839
Nisaba 15, 0840
Nisaba 15, 0842
Nisaba 15, 0843
Nisaba 15, 0845
Nisaba 15, 0848
Nisaba 15, 0850
Nisaba 15, 0851
Nisaba 15, 0852
Nisaba 15, 0853
Nisaba 15, 0854
Nisaba 15, 0855
Nisaba 15, 0856
Nisaba 15, 0857
Nisaba 15, 0858
Nisaba 15, 0862
Nisaba 15, 0866
Nisaba 15, 0867
Nisaba 15, 0868

Nisaba 15, 0869
Nisaba 15, 0871
Nisaba 15, 0872
Nisaba 15, 0873
Nisaba 15, 0874
Nisaba 15, 0876
Nisaba 15, 0883
Nisaba 15, 0887
Nisaba 15, 0888
Nisaba 15, 0892
Nisaba 15, 0897
Nisaba 15, 0918

Nisaba 15, 0927
Nisaba 15, 0954
Nisaba 15, 1005
Nisaba 15, 1018
Nisaba 15, 1019
Nisaba 15, 1020
Nisaba 15, 1021
Nisaba 15, 1159
P412050
P521724
P521729
P521813

V. 其他文献

CUSAS 06, p. 233-334 1529
CUSAS 06, p. 233-334 1530
CUSAS 06, p. 233-334 1531
CUSAS 06, p. 233-334 1533
CUSAS 06, p. 233-334 1537
CUSAS 39, 237
CUSAS 40, 1169
Fs Pomponio 204, 03
JCS 28, 179
JCSSS 5, 003
JCSSS 5, 011
JCSSS 5, 016
JCSSS 5, 038
JCSSS 5, 040
JCSSS 5, 070
MDP 18, 236
MDP 28, 424

MDP 54, 012
MDP 54, 020
MVN 15, 367
NATN 108
P341941
P412108
RIME 3/2. 01. 03. 2001 composite
RIME 3/2. 01. 03. 2001, ex. 01
TMH NF 1-2, 313
UET 3, 0090
UET 3, 1057
UET 3, 1284
UET 3, 1290
UET 9, 0204
UET 9, 0218
UET 9, 0348

参考文献

(按照作者姓氏首字母顺序)

一 外文参考书目

R. Adams, *Heartland of Cities. Surveys of Ancient Settlement and Land Use on the Central Floodplain of the Euphrates*, Chicago: University of Chicago Press, 1981.

S. Alivernini, *La Struttura Amministrativa del Mar-sa nella Documentazione della Ⅲ Dinastia di Ur*, RSO 86 Sup 1, Pisa and Roma: Fabrizio Serra Editore, 2013

B. Alster, *Proverbs of Ancient Sumer: The World's Earliest Proverb Collections*, Volume Ⅰ-Ⅱ, Bethesda: CDL Press, 1997.

B. Alster, *Wisdom of Ancient Sumer*, Bethesda: CDL Press, 2005.

J. Álvarez-Mon and M. B. Garrison (eds.), *Elam and Persia*, Winona Lake: Eisenbrauns, 2011.

A. Archi, et al., *Archivi Reali di Ebla*, Ⅰ-Ⅺ, Rome: Missione Archeologica Italiana in Siria, 1985-1993.

R. Barston, *Modern diplomacy*, London: Pearson, 2006.

G. A. Barton, *The Royal Inscriptions of Sumer and Akkad*, London: Milford, 1929.

S. Bertman, *Handbook to Life in Ancient Mesopotamia*, New York: Facts On File, 2003.

J. Black, et al., *The Literature of Ancient Sumer*, Oxford: Oxford University Press, 2004.

P. Bordreuil and D. Pardee, *La trouvaille épigraphique de l'Ougarit 1. Concordance*, Paris: Éditions Recherche sur les civilisations, 1989.

N. Borrelli, *The Umma Messenger Texts from the Harvard Semitic Museum and the Yale Babylonian Collection*, Part 1, Winona Lake: Eisenbrauns, 2015.

C. E. Bosworth, E. van Donzel and W. P. Heinrichs (eds.), *The Encyclopedia of Islam-New Edition*, Vol. IX, Leiden: Brill Publishers, 1997.

H. Brunke, *Essen in Sumer: Metrologie, Herstellung und Terminologie nach Zeugnis der Ur III-zeitlichen Wirtschaftsurkunden*, München: Herbert Utz Verlag, 2011.

T. Bryce, *The Routledge Handbook of the Peoples and Places of Ancient Western Asia: The Near East from the Early Bronze Age to the fall of the Persian Empire*, London: Routledge, 2009.

G. Buccellati, *The Amorites of the Ur III Period*, Naples: Istituto Orientale di Napoli, 1966.

B. Buchanan, *Early Near Eastern Seals in the Yale Babylonian Collection*, New Haven and London: Yale University Press, 1981.

M. E. Capitani and G. Spada, *Umma Messenger Texts in the British Museum, Part Two (UMTBM 2): Girsu Messenger Texts in the British Museum*, Nisaba 3, Messina: Di. Sc. A. M, 2003.

R. Cohen and R. Westbrook (eds.), *Amarna Diplomacy: The Beginnings of International Relations*, Baltimore: Johns Hopkins University Press, 2000.

P. Collins, *Mountains and Lowlands: Ancient Iran and Mesopotamia*, Oxford: Ashmolean Museum, 2016.

J. S. Cooper, *The Curse of Agade*, Baltimore: Johns Hopkins University Press, 1983.

J. S. Cooper, *Sumerian and Akkadian Royal Inscriptions*, New Haven, Connecticut: American Oriental Society, 1986.

H. Crawford, *Dilmun and its Gulf neighbours*, Cambridge: Cambridge University Press, 1998.

F. D'Agostino and J. Politi, *Umma Messenger Texts in the British Museum, Part Four (UMTBM 4)*, Nisaba 16, Messina: Di. Sc. A. M, 2006.

F. D'Agostino and F. Pomponio, *Umma Messenger Texts in the British Museum, Part One (UMTBM 1)*, Nisaba 1, Messina: Di. Sc. A. M, 2002.

F. D'Agostino and L. Verderame, *Umma Messenger Texts in the British Museum, Part Three (UMTBM 3)*, Supp. RSO 76, Pisa and Roma: Istituti Editoriali e Poligrafici Internationali, 2003.

J. L. Dahl, *The Ruling Family of Ur III Umma: A Prosopographical Analysis of an Elite Family in Southern Iraq 4000 Years Ago*, PIHANS 108, Leiden: Nederlands Instituut voor het Nabije Oosten, 2007.

K. De Graef and J. Tavernier (eds.), *Susa and Elam. Archaeological, Philological, Historical and Geographical Perspectives: Proceedings of the International Congress Held at Ghent University, December 14-17, 2009*, MDP 58, Leiden and Boston: Brill, 2013.

J. G. Dercksen (ed.), *Trade and Finance in Ancient Mesopotamia*, Leiden: Nederlands Instuut voor het Nabije Oosten, 1999.

J. Durand, *Les documents épistolaires du palais de Mari*, Tome Ⅰ-Ⅲ, Paris: Les Éditions du Cerf, 1997-2000.

I. E. S. Edwards, C. J. Gadd and N. G. L. Hammond (eds.), *The Cambridge Ancient History, Third Edition Volume I Part 2*, Cambridge: Cambridge University Press, 1971.

D. O. Edzard, *Sumerische Rechtsurkunden des Ⅲ. Jahrtausends aus der Zeit vor der Ⅲ. Dynastie von Ur*, ABAW NF 67, München: Verlag der Bayerischen Akademie der Wissenschaften, 1968.

D. O. Edzard, *Gudea and His Dynasty*, RIME 3/1, Toronto: Univeristy of Toronto Press, 1997.

D. O. Edzard, *Sumerian Grammar*, Atlanta: Society of Biblical Literature, 2003.

D. O. Edzard and G. Farber, *Répertoire Géographique des Textes Cunéiformes Ⅱ: Die Orts-und Gewässernamen der Zeit der 3. Dynastie von Ur*, Wiesbaden: Dr. Ludwig Reichert Verlag, 1974.

J. Eidem, *The Shemshāra Archives 2: The Administrative Texts*, Copenhagen: Royal Danish Academy of Sciences and Letters, 1992.

J. Eidem and J. Læssøe, *The Shemshara Archives, Vol. 1 The Letters*, Copenhagen: Royal Danish Academy of Sciences and Letters, 2001.

R. K. Englund, *Organisation und Verwaltung der Ur Ⅲ-Fischerei*, BBVO 10,

Berlin: Dietrich Reimer Verlag, 1990.

A. Falkenstein, *Die neusumerischen Gerichtsurkunden*, Munich: Verlag der Bayerischen Akademie der Wissenschaften, 1956–1957.

E. Flückiger-Hawker, *Urnamma of Ur in Sumerian Literary Tradition*, OBO 166, Fribourg/Göttingen: University Press/Vandenhoeck & Ruprecht, 1999.

B. R. Foster, *From Distant Days: Myths, Tales, and Poetry of Ancient Mesopotamia*, Bethesda: CDL Press, 1995.

G. Frame, *The Royal Inscriptions of Sargon II, King of Assyria (721–705 BC)*, RINAP 2, University Park: Eisenbrauns, 2021.

H. Frankfort, S. Lloyd and T. Jacobsen, *The Gimilsin Temple and the Palace of the Rulers at Tell Asmar*, Chicago: University of Chicago Press, 1940.

D. Frayne, *Old Babylonian Period (2003–1595 BC)*, RIME 4, Toronto: University of Toronto Press, 1990.

D. R. Frayne, *The Early Dynastic List of Geographical Names*, AOS 74, New Haven: American Oriental Society, 1992.

D. Frayne, *Sargonic and Gutian Periods (2334–2113 BC)*, RIME 2, Toronto: University of Toronto Press, 1993.

D. Frayne, *Ur III Period (2112–2004 BC)*, RIME 3/2, Toronto: University of Toronto Press, 1997.

D. Frayne and J. Stuckey, *A Handbook of Gods and Goddesses of the Ancient Near East: Three Thousand Deities of Anatolia, Syria, Israel, Sumer, Babylonia, Assyria, and Elam*, University Park: Eisenbrauns, 2021.

S. Garfinkle, *Entrepreneurs and Enterprise in Early Mesopotamia: A Study of three Archives from the Third Dynasty of Ur*, CUSAS 22, Bethesda: CDL Press, 2012.

I. J. Gelb, *Hurrians and Subarians*, SAOC 22, Chicago: University of Chicago Press, 1944.

I. J. Gelb and B. Kienast, *Die altakkadischen Konigsinschriften des dritten Jahrtausends v. Chr.*, FAOS 7, Stuttgart: Franz Steiner Verlag Stuttgart, 1990.

A. R. George, *Cuneiform Royal Inscriptions and Related Texts in the Schøyen Collection*, CUSAS 17, Bethesda: CDL Press, 2011.

J.-J. Glassner, *Chroniques mésopotamiennes*, Paris: Les Belles Lettres, 1993.

A. Goddeeris, *Economy and Society in Northern Babylonia in the Early Old Babylonian Period (ca. 2000-1800 BC)*, OLA 109, Leuven: Uitgeverij, 2002.

T. Gomi and F. Yıldız, *Die Umma-Texte aus den Archäologischen Museen zu Istanbul. Band IV (Nr. 2301-3000)*, UTI 4, Bethesda 1997.

A. K. Grayson, *Assyrian Rulers 3rd and 2nd Millenia BC (to 1115 BC)*, RIMA 1, Toronto: University of Toronto Press, 1987.

A. K. Grayson, *Assyrian Rulers of the Early First Millennium BC I (1114-859 BC)*, RIMA 2, Toronto: University of Toronto Press, 1991.

A. K. Grayson, *Assyrian Rulers of the Early First Millennium BC II (858-745 BC)*, RIMA 3, Toronto: University of Toronto Press, 1996.

A. K. Grayson and J. Novotny, *The Royal Inscriptions of Sennacherib, King of Assyria (704-681 BC), Part 1*, RINAP 3/1, Winona Lake: Eisenbrauns, 2012.

A. K. Grayson and J. Novotny, *The Royal Inscriptions of Sennacherib, King of Assyria (704-681 BC), Part 2*, RINAP 3/2, Winona Lake: Eisenbrauns, 2014.

J. Grégoire, *Aechives Administratives Sumériennes*, Paris: Librairie Orientaliste Paul Geuthner, 1970.

S. Günther, W. Horowitz and M. Widell (eds.), *Of Rabid Dogs, Hunchbacked Oxen, and Infertile Goats in Ancient Babylonia: Studies Presented to Wu Yuhong on the Occasion of his 70th Birthday*, Changchun: Institute for the History of Ancient Civilizations, 2021.

W. W. Hallo, *Early Mesopotamian Royal Titles: A Philologic and Historical Analysis*, New Haven: American Oriental Society, 1957.

J. A. Halloran, *Sumerian Lexicon: A Dictionary Guide to the Ancient Sumerian Language*, Los Angeles: Logogram Publishing, 2006.

W. J. Hamblin, *Warfare in the Ancient Near East to 1600 BC: Holy Warriors at the Dawn of History*, London and New York: Routledge, 2006.

J. D. Hawkins (ed.), *Trade in the Ancient Near East: Papers presented to the XXIII Rencontre Assyriologique Internationale University of Birmingham 5-9 July, 1976*, London: British School of Archaeology in Iraq, 1977.

J. L. Hayes, *A Manual of Sumerian Grammar and Texts: Third, Revised and Expanded, Edition*, Malibu: Undena Publications, 2018.

M. Hilgert, *Cuneiform Texts from the Ur III Period in the Oriental Institute, Volume 1: Drehem Administrative Documents from the Reign of Šulgi*, OIP 115, Chicago: The Oriental Institute of the University of Chicago, 1998.

M. Hilgert, *Cuneiform Texts from the Ur III Period in the Oriental Institute, Volume 2: Drehem Administrative Documents from the Reign of Amar-Suena*, OIP 121, Chicago: The Oriental Institute of the University of Chicago, 2003.

F. Højlund, *The Burial Mounds of Bahrain-Social Complexity in Early Dilmun*, Aarhus: Jutland Archaeological Society, 2007.

F. Højlund and A. Abu-Laban, *Tell F6 on Failaka Island-Kuwaiti-Danish Excavations 2008-2012*, Jutland Archaeological Society Publications 92, Aarhus: Kuwaiti National Council for Culture, Arts and Letters / Jutland Archaeological Society and Moesgaard Museum, 2016.

F. Højlund and H. Hellmuth Andersen, *Qala'at al-Bahrain, volume 1: The Northern City Wall and the Islamic Fortress*, Jutland Archaeological Society Publications 30, Højbjerg: Jutland Archaeological Society, 1994.

H. Hunger, *Spätbabylonische Texte aus Uruk*, I, Berlin: Mann Verlag, 1976.

T. Jacobsen, *The Sumerian King List*, AS 11, Chicago: University of Chicago Press, 1939.

T. Jacobsen, *The Harps That Once⋯: Sumerian Poetry in Translation*, New Haven and London: Yale University Press, 1987.

J. Jeffers and J. Novotny, *The Royal Inscriptions of Ashurbanipal (668-631 BC), Aššur-etel-ilaⁿni (630-627 BC), and Sîn-šarra-iškun (626-612 BC), Kings of Assyria, Part 2*, RINAP 5/2, Univeristy Park: Pennsylvania State University Press, 2023.

T. B. Jones and J. W. Snyder, *Sumerian Economic Texts from the Third Ur Dynasty: A Catalogue and Discussion of Documents from Various Collections*, Minneapolis: University of Minnesota Press, 1961.

C. E. Keiser, *Patesis of the Ur Dynasty*, New Haven: Yale University Press, 1919.

B. Kienast and K. Volk, *Die sumerischen und akkadischen Briefe des III. Jahrtausends aus der Zeit vor der III. Dynastie von Ur*, FAOS 19, Stuttgart: Steiner, 1995.

参考文献

A. Kleinerman, D. I. Owen, *Analytical Concordance to the Garšana Archives*, CUSAS 4, Bethesda: CDL Press, 2009.

P. Kousoulis and K. Magliveras (eds.), *Moving Across Borders: Foreign Relations, Religion and Cultural Interactions in the Ancient Mediterranean*, OLA 159, Leuven: Peeters, 2007.

S. N. Kramer, *Sumerian Mythology: A Study of Spiritual and Literary Achievement in the Third Millennium B. C.*, Philadelphia: University of Pennsylvania Press, 1972.

B. Lafont, *Documents Administratifs Sumériens, provenant du site de Tello et conservés au Musée du Louvre*, Paris: Editions Recherche sur les Civilisations, 1985.

S. Langdon, *Tablets from the Archives of Drehem: With a Complete Account of the Origin of the Sumerian Calendar, Translation, Commentary and 23 Plates*, Paris: Librairie Paul Geuthner, 1911.

E. Laroche, *Catalogue des textes hittites*, Paris: Klincksieck, 1971.

S. Laursen and P. Steinkeller, *Babylonia, the Gulf Region, and the Indus: Archaeological and Textual Evidence for Contact in the Third and Early Second Millennium B. C.*, MC 21, Winona Lake: Eisenbrauns, 2017.

W. F. Leemans, *The Old-Babylonian Merchant: His Business and His Social Position*, SD 3, Leiden: Brill, 1950.

W. F. Leemans, *Foreign Trade in the Old Babylonian Period: As Revealed by Texts from Southern Mesopotamia*, Leiden: Brill, 1960.

E. Leichty, *The Royal Inscriptions of Esarhaddon, King of Assyria (680–669 BC)*, RINAP 4, Winona Lake: Eisenbrauns, 2011.

H. Limet, *Le Travail du Métal au Pays de Sumer: Au Temps de la Ⅲ^e Dynastie d'Ur*, Paris: Société d'Édition 《Les Belles Lettres》, 1960.

C. Liu, *Organization, Administrative Practices and Written Documentation in Mesopotamia during the Ur Ⅲ Period (c. 2112–2004 BC): A Case Study of Puzriš-Dagan in the Reign of Amar-Suen*, KEF 3, Münster: Ugarit-Verlag, 2017.

C. Liu, *The Ur Ⅲ Administrative Texts from Puzrish-Dagan Kept in the Harvard Museum of the Ancient Near East*, HSS 68, Leiden: Brill, 2021.

M. Liverani, *Prestige and Interest*, Padova: Sargon, 1992.

M. Liverani, *Le lettere di el-Amarna*, Ⅰ-Ⅱ, Brescia: Paideia, 1998-1999.

M. Liverani, *International Relations in the Ancient Near East, 1600-1100 BC*, New York: Palgrave, 2001.

M. Liverani, *The Ancient Near East: History, society and economy*, London and New York: Routledge, 2014.

J. MacGinnis, *A City from the Dawn of History: Erbil in the Cuneiform Sources*, Oxford: Oxbow Books, 2014.

J. Margueron, *Mari, métropole de l' Euphrate aux Ⅲ^e et Ⅱ^e millénaires*, Paris: Picard, 2004.

P. Matthiae, *Ebla. Un impero ritrovato*, Torino: Giulio Einaudi editore, 1977.

P. Matthiae, *Ebla: Archaeology and History*, Abingdon: Routledge, 2021.

P. Matthiae and N. Marchetti (eds.), *Ebla and Its Landscape: Early State Formation in the Ancient Near East*, Walnut Creek: Left Coast Press, 2013.

S. Meier, *The Messenger in the Ancient Semitic World*, Atlanta: Scholars Press, 1988.

P. Michalowski, *Letters from Early Mesopotamia*, Atlanta: Scholars Press, 1993.

P. Michalowski, *The Correspondence of the Kings of Ur: An Epistolary History of an Ancient Mesopotamian Kingdom*, MC 15, Winona Lake: Eisenbrauns, 2011.

A. Millard, *The Eponyms of the Assyrian Empire: 910-612 BC*, Helsinki: The University of Helsinki Press, 1994.

W. L. Moran, *The Amarna Letters*, Baltimore: Johns Hopkins University Press, 1992.

P. Notizia, *I testi dei messaggeri da Ĝirsu-Lagaš della Terza Dinastia di Ur*, Nisaba 22, Messina: Di. Sc. A. M, 2009.

J. Novotny and J. Jeffers, *The Royal Inscriptions of Ashurbanipal (668-631 BC), Aššur-etel-ilāni (630-627 BC), and Sîn-šarra-iškun (626-612 BC), Kings of Assyria, Part 1*, RINAP 5/1, Univeristy Park: Eisenbrauns, 2018.

D. Oates (ed.), *Excavations at Tell Brak Volume 2: Nagar in the 3rd Millennium BC*, London: British School of Archaeology in Iraq, 2011.

A. L. Oppenheim, *Ancient Mesopotamia: Portrait of a Dead Civilization*, Chicago: University of Chicago Press, 1964.

V. Orsi, *Crisi e Rigenerazione nella valle dell' Alto Khabur (Siria): La produzione ceramica nel passaggio dal Bronzo Antico al Bronzo Medio*, Volume Ⅱ, Firenze: Firenze University Press, 2011.

X. Ouyang, *Monetary Role of Silver and Its Administration in Mesopotamia during the Ur Ⅲ Period (c. 2112-2004 BCE): A Case Study of the Umma Province*, BPOA 11, Madrid: CSIC, 2013.

D. I. Owen, *Garšana Studies*, CUSAS 6, Bethesda: CDL Press, 2011.

D. I. Owen, *Cuneiform Texts Primarily from Iri-Saĝrig/Āl-Šarrākī and the History of the Ur Ⅲ Period*, Nisaba 15/1-2, Bethesda: CDL Press, 2013.

D. I. Owen, *The Nesbit Tablets*, Nisaba 30, Winona Lake: Eisenbrauns, 2015.

D. I. Owen and R. Mayr, *The Garšana Archives*, CUSAS 3, Bethesda: CDL Press, 2007.

T. Paffrath, *Zur Götterlehre in den altbabylonischen Königsinschriften*, Paderborn: F. Schöningh, 1913.

P. Paoletti, *Der König und sein Kries: Das staatliche Schatzarchiv der Ⅲ. Dynastie von Ur*, BPOA 10, Madrid: Consejo Superior de Investigaciones Cientificas, 2012.

A. Parrot, *Mission Archéologique de Mari*, Vol. Ⅰ-Ⅳ, Paris: Librairie Orientaliste Paul Geuthner, 1956-1968.

G. Pettinato, *Ebla, a new look at history*, Baltimore: Johns Hopkins University Press, 1991.

A. H. Podany, *The Ancient Near East: A Very Short Introduction*, Oxford: Oxford University Press, 2014.

K. Polanyi, *Trade and Market in the Early Empires*, Washington D. C.: Regnery Publishing, 1971.

K. Polanyi, et al. (eds.), *Trade and Market in the Early Empire*, Chicago: Regnery, 1957.

F. Pomponio and G. Visicato, *Early Dynastic Administrative Tablets of Šuruppak*, Napoli: Istituto Universitario Orientalo di Napoli, 1994.

B. Pongratz-Leisten, *Religion and Ideology in Assyria*, SANER 6, Berlin: De Gruyter, 2015.

D. T. Potts, *The Arabian Gulf in Antiquity*, Volume I, Oxford: Clarendon Press, 1990.

D. T. Potts, *The Archaeology of Elam: Formation and Transformation of an Ancient Iranian State*, Cambridge: Cambridge University Press, 2004.

T. F. Potts, *Mesopotamia and the East: An Archaeological and Historical Study of Foreign Relations ca. 3400–2000 BC*, Oxford: Oxford University Committee for Archaeology, 1994.

K. Radner, N. Moeller and D. T. Potts (eds.), *The Oxford History of the Ancient Near East: Volume III: From the Hyksos to the Late Second Millennium BC*, Oxford: Oxford University Press, 2022.

A. F. Rainey and W. M. Schniedewind, *The El-Amarna Correspondence: A New Edition of the Cuneiform Letters From the Site of El-Amarna Based On Collations of All Extant Tablets*, Boston: Brill, 2014.

W. H. Ph. Römer, *Die Zylinderinschriften von Gudea*, AOAT 376, Münster: Ugarit-Verlag, 2010.

M. T. Roth, *Law Collections from Mesopotamia and Asia Minor*, Atlanta: Scholars Press, 1997.

W. Sallaberger, *Der kultische Kalender der Ur III-Zeit*, Berlin and New York: Walter de Gruyter, 1993.

W. Sallaberger and A. Westenholz, *Mesopotamien: Akkade-Zeit und Ur III-Zeit*, OBO 160/3, Freiburg, Schweiz: Universitätsverlag / Göttingen: Vandenhoeck und Ruprecht, 1999.

N. Samet, *The Lamentation over the Destruction of Ur*, Mesopotamian Civilizations 18, Winona Lake: Eisenbrauns, 2014.

J. M. Sasson (ed.), *Civilizations of the Ancient Near East*, Vol. 3, New York: Charles Scribner's Sons, 1995.

E. Scarpa, *The City of Ebla: A Complete Bibliography of Its Archaeological and Textual Remains*, Venezia: Edizioni Ca'Foscari, 2017.

N. Schneider, *Die Drehem-und Djoha-Urkunden: Der Strassburger Universitäts und Landesbibliothek in Autographie und mit Systematischen Wörterverzeichnissen*, AnOr 1, Roma: Pontificio Istituto Biblico, 1931.

T. M. Sharlach, *Provincial Taxation and the Ur Ⅲ State*, CM 26, Leiden and Boston: Brill, 2004.

T. M. Sharlach, *An Ox of Ones Own: Royal Wives and Religion at the Court of the Third Dynasty of Ur*, SANER 18, Berlin: De Gruyter, 2017.

M. Sigirst, *Drehem*, Bethesda: CDL Press, 1992.

M. Sigrist and T. Gomi, *The Comprehensive Catalogue of Published Ur Ⅲ Tablets*, Bethesda: CDL Press, 1991.

M. Sigrist and T. Ozaki, *Tablets from the Irisaĝrig Archive*, Part Ⅰ-Ⅱ, CUSAS 40, University Park: Eisenbrauns, 2019.

D. C. Snell, *Ledgers and Prices: Early Mesopotamian Merchant Accounts*, YNER 8, New Haven and London: Yale University Press, 1982.

E. A. Speiser, *Mesopotamian Origins: The Basic Population of the Near East*, Philadelphia: University of Pennsylvania Press, 1930.

H. Steible, *Die Neusumerischen Bau-und Weihinschriften, Teil 2: Kommentar zu den Gudea-Statuen Inschriften der Ⅲ. Dynastie von Ur Inschriften der Ⅳ. und „Ⅴ." Dynastie von Uruk Varia*, FAOS 9/2, Stuttgart: Franz Steiner Verlag Stuttgart, 1991.

P. Steinkeller, *Sale Documents of the Ur-Ⅲ-Period*, FAOS 17, Stuttgart: Franz Steiner Verlag Wiesbaden, 1989.

P. Steinkeller, *The Grand Strategy of the Ur Ⅲ Empire: Babylonia's Foreign Policy and Territorial Expansion at the End of the Third Millennium BC*, Forthcoming.

P. Steinkeller, J. N. Postgate, *Third-Millennium Legal and Administrative Texts in the Iraq Museum, Baghdad*, MC 4, Winona Lake: Eisenbrauns, 1992.

M. Stepien, *Animal Husbandry in the Ancient Near East*, Bethesda: CDL Press, 1996.

M. Stepien, *Ensi w czasach Ⅲ dynastii z Ur: aspekty ekonomiczne i administracyjne pozycji namiestnika prowincji w swietle archiwum z Ummy*, Warsaw: Wydawnictwa Uniwersytetu Warszawskiego, 2006.

M. Stepien, *From the History of State System in Mesopotamia-The Kingdom of the Third Dynasty of Ur*, Warsaw: Department of Graphic Design, University of Warsaw, 2009.

E. Strommenger and K. Kohlmeyer, *Tall Bi'a / Tuttul / Die altorientalischen Bestattungen*, WVDOG 96, Wiesbaden: Harrassowitz Verlag, 1998.

E. Strommenger and K. Kohlmeyer, *Tall Bi'a / Tuttul-III: Die Schichten Des 3. Jahrtausends V. Chr. Im Zentralhugel*, Wiesbaden: Harrassowitz Verlag, 2000.

H. Tadmor and S. Yamada, *The Royal Inscriptions of Tiglath-Pileser III (744–727 BC) and Shalmaneser V (726–722 BC), Kings of Assyria*, RINAP 1, Winona Lake: Eisenbrauns, 2011.

J. Tavernier, E. Gorris and K. De Graef, eds., *Susa and Elam II: History, Language, Religion and Culture*, Leiden: Brill, 2023.

F. Thureau-Dangin, *Les inscriptions de Sumer et d'Akkad*, Paris: Ernest Leroux, 1905.

F. Thureau-Dangin, *Die sumerischen und akkadischen Königschriften*, Leipzig: J. C. Hinrichs'sche Buchhandlung, 1907.

C. Tsouparopoulou, *The Ur III Seals Impressed on Documents from Puzriš-Dagan (Drehem)*, HSAO 16, Heidelberg: Heidelberger Orientverlag, 2015.

M. Van de Mieroop, *A History of the Ancient Near East, ca. 3000–323 BC*, Third Edition, West Sussex: Wiley Blackwell, 2016.

K. R. Veenhof, *Aspects of Old Assyrian Trade and Its Terminology*, Leiden: Brill, 1972.

K. R. Veenhof and J. Eidem, *Mesopotamia: The Old Assyrian Period*, OBO 160/5, Göttingen: Academic Press Fribourg Vandenhoeck and Ruprecht, 2008.

N. Veldhuis, *Religion, Literature, and Scholarship: The Sumerian Composition Nanše and the Birds*, Leiden: Brill, 2004.

C. Virolleaud, *Tablettes Économiques de Lagash (Époque de la IIIe Dynastie d'Ur): Copiées en 1900 au Musée Impérial Ottoman*, Paris: Imprimerie Nationale, 1968.

G. Visicato, *The Bureaucracy of Šuruppak: Administrative Centres, Central Offices, Intermediate Structures and Hierarchies in the Economic Documentation of Fara*, ALASPM 10, Münster: Ugarit-Verlag, 1995.

G. Visicato, *The Power and the Writing: The Early Scribes of Mesopotamia*, Bethesda: CDL Press, 2000.

K. Volk, *A Sumerian Reader, Second Edition, Revised*, Rome: Biblical Institute Press, 1999.

H. Waetzoldt, *Untersuchtungen zur neusumerischen Textilindustrie*, Roma: Centro per le antichita e la storia dell'arte del Vicino Oriente, 1972.

X. Wang, *The Metamorphosis of Enlil in Early Mesopotamia*, AOAT 385, Münster: Ugarit-Verlag, 2011.

F. Weiershäuser, *Die königlichen Frauen der Ⅲ. Dynastie von Ur*, GBAO 1, Göttingen: Universitätsverlag Göttingen, 2008.

J. G. Westenholz and A. Westenholz, *Cuneiform Inscriptions in the Collection of the Bible Lands Museum Jerusalem: The Old Babylonian Inscriptions*, CM 33, Leiden and Boston: Brill, 2006.

C. Wilcke, *Isin-Išan Bahriyat Ⅲ*, BAW 94, München: Verlag der Bayerischen Akademie der Wissenschaften, 1987.

G. Wilhelm, *The Hurrians*, Warminster: Aris & Phillips, 1989.

Y. Wu, *A Political History of Eshnunna, Mari and Assyria during the Early Old Babylonian Period (From the End of Ur Ⅲ to the Death of Šamši-Adad)*, Changchun: Institute of History of Ancient Civizations, 1994.

F. Yıldız and T. Gomi, *Die Umma-Texte aus den Archäologischen Museen zu Istanbul. Band Ⅲ (Nr. 1601-2300)*, UTI 3, Bethesda 1993.

F. Yıldız and T. Ozaki, *Die Umma-Texte aus den Archäologischen Museen zu Istanbul. Band Ⅴ (Nr. 3001-3500)*, UTI 5, Bethesda 2000.

F. Yıldız and T. Ozaki, *Die Umma-Texte aus den Archäologischen Museen zu Istanbul. Band Ⅵ (Nr. 3501-3834)*, UTI 6, Bethesda 2001.

R. L. Zettler, *The Ur Ⅲ Temple of Inanna at Nippur: The Operation and Organization of Urban Religious Institutions in Mesopotamia in the Late Third Millennium B. C.*, BBVO 11, Berlin: Dietrich Reimer Verlag, 1992.

二 外文参考论文

A. Aarab, M. E. Esmaeili Jelodar and A. Khosrowzadeh, "A Suggestion for the

Toponymy of Several Elamite Regions Including Zabshali, Tukrish and LU. SU", *DTCF Dergisi*, Vol. 57, No. 1 (2017), pp. 50-70.

K. M. Ahmed, "The Beginnings of Ancient Kurdistan (*c.* 2500-1500 BC): A Historical and Cultural Synthesis", PhD dissertation, Universiteit Leiden, 2012.

A. I. Aissaoui, "Diplomacy in Ancient Times: The Figure of Udjahorresnet: An International Relations Perspective", *Journal of Ancient Egyptian Interconnections*, Vol. 26 (2020), pp. 12-34.

A. H. Al-Fouadi, "Bassetki statue with an Old Akkadian royal inscription of Naram-Sin of Agade, B. C. 2291-2255", *Sumer*, Vol. 32 (1976), pp. 63-76.

F. A. Ali, "Sumerian Letters: Two Collections from the Old Babylonian Schools", PhD dissertation, University of Pennsylvania, 1964.

S. Alivernini, "Some Considerations on the Management of an Administrative Structure in Ur Ⅲ Mesopotamia: The Case of mar-sa", in S. Garfinkle and M. Molina (eds.), *From the 21st Century B. C. to the 21st Century A. D.: Proceedings of the International Conference on Sumerian Studies Held in Madrid 22-24 July 2010*, Winona Lake: Eisenbrauns, 2013, pp. 105-114.

A. Alizadeh, "The Rise of the Highland Elamite State in Southwestern Iran: "Enclosed" or Enclosing Nomadism?" *Current Anthropology*, Vol. 51, No. 3 (2010), pp. 353-383.

A. Alizadeh, "The Problem of Locating Ancient *Huhnuri* in the Ram Hormuz Region", *Nouvelles Assyriologiques Brèves et Utilitaires*, No. 37 (2013), p. 65.

L. Allred, "The Tenure of Provincial Governors: Some Observations", in S. Garfinkle and M. Molina (eds.), *From the 21st Century B. C. to the 21st Century A. D.: Proceedings of the International Conference on Sumerian Studies Held in Madrid 22-24 July 2010*, Winona Lake: Eisenbrauns, 2013, pp. 115-123.

N. A. Al-Mutawalli, "An Introduction to the Foreign Trade of Mesopotamia: In the Light of Cuneiform Documentation of the Third and Second Millennium BC." *Al-Adab Journal*, No. 120 (2017), pp. 91-104.

N. Al-Mutawalli and W. Sallaberger, "The Cuneiform Documents from the Iraqi Excavation at Drehem", *Zeitschrift für Assyriologie und Vorderasiatische Archäologie*, Vol. 107 (2017), pp. 151-217.

J. Álvarez-Mon, "Elam: Iran's First Empire", in D. T. Potts (ed.), *A Companion to the Archaeology of the Ancient Near East*, Oxford: Blackwell, 2012, pp. 740-757.

C. Ambos, "Reconsidering the nature of the contacts between the cuneiform cultures of the Near East and India", *Die Welt des Orients*, Vol. 50, No. 1 (2020), pp. 31-78.

A. Andersson, "Beads, pendants and other ornaments from late 3rd-2nd millennium BC occupation on Failaka, Kuwait", *Polish Archaeology in the Mediterranean*, Vol. 23, No. 2 (2014), pp. 209-224.

A. Archi, "Trade and Administrative Practice: The Case of Ebla", *Altorientalische Forschungen*, Vol. 20, No. 1 (1993), pp. 43-58.

H. J. Ashkanani, "Interregional Interaction and Dilmun Power in the Bronze Age: A Characterization Study of Ceramics from Bronze Age Sites in Kuwait", PhD dissertation, University of South Florida, 2014.

M. C. Astour, "Semites and Hurrians in Northern Transtigris", in D. I. Owen and M. A. Morrison (eds.), *Studies on the Civilization and Culture of Nuzi and the Hurrians, Volume 2: General Studies and Excavations at Nuzi 9/1*, SCCNH 2, Winona Lake: Eisenbrauns, 1987, pp. 3-68.

M. C. Astour, "Toponymy of Ebla and Ethnohistory of Northern Syria: A Preliminary Survey", *Journal of the American Oriental Society*, Vol. 108, No. 4 (1988), pp. 545-555.

M. C. Astour, "Overland Trade Routes in Ancient Western Asia", in J. M. Sasson (ed.), *Civilizations of the Ancient Near East, Volume Ⅲ*, New York: Charles Schribner's Sons, 1995, pp. 1401-1420.

M. C. Astour, "A Reconstruction of the History of Ebla (Part 2)", in C. H. Gordon and G. A. Rendsburg (eds.), *Eblaitica: Essays on the Ebla Archives and Eblaite Language, Volume 4*, Winona Lake: Eisenbrauns, 2002, pp. 57-195.

T. W. Beale, "Early Trade in Highland Iran: A View from a Source Area", *World Archaeology*, Vol. 5, No. 2 (1973), pp. 133-148.

F. Begemann, et al., "Lead Isotope and Chemical Signature of Copper from Oman and its Occurrence in Mesopotamia and Sites on the Arabian Gulf Coast", *Arabian Archaeology and Epigraphy*, Vol. 21 (2010), pp. 135-169.

A. Ben-Tor, "The Trade Relations of Palestine in the Early Bronze Age", *Journal of the Economic and Social History of the Orient*, Vol. 29, No. 1 (1986), pp. 1-27.

G. R. Berridge, "Amarna Diplomacy: A Full-fledged Diplomatic System?" in R. Cohen and R. Westbrook (eds.), *Amarna Diplomacy: The Beginnings of International Relations*, Baltimore and London: Johns Hopkinds University Press, 2000, pp. 212-224.

M. G. Biga, "Le Attività Commerciali e i Commercianti nella Città di Šuruppak (Fara)", *Oriens Antiquus*, Vol. 17 (1978), pp. 85-105.

R. D. Biggs, "Šulgi in Simurrum", in G. D. Young, M. W. Chavalas and R. E. Averbeck (eds.), *Crossing Boundaries and Linking Horizons: Studies in Honor of Michael C. Astour on His 80th Birthday*, Bethesda: CDL Press, 1997, pp. 169-178.

J. Boese and W. Sallaberger, "Apil-kīn von Mari und die Könige der III. Dynastie von Ur", *Altorientalische Forschungen*, Vol. 23 (1996), pp. 24-39.

M. Bonechi, "Remarks on the III Millennium Geographical Names of the Syrian Upper Mesopotamia", in M. Lebeau (ed.), *Subartu IV, 1: About Subartu. Studies Devoted to Upper Mesopotamia, Vol. 1-Landscape, Archaeology, Settlement*, Turnhout: Brepols, 1998, pp. 219-241.

J. Bottéro, "Relations with Mesopotamia. Syria during the Third Dynasty of Ur", in I. E. S. Edwards, C. J. Gadd and N. G. L. Hammond (eds.), *The Cambridge Ancient History, Volume I Part 2: Early History of the Middle East*, Cambridge: Cambridge University Press, 1971, pp. 559-566.

N. Britsch, "The Priestess and the King: The Divine Kingship of Šū-Sîn of Ur", *Journal of the American Oriental Society*, Vol. 126 (2006), pp. 161-176.

N. Brisch, "Rebellions and Peripheries in Sumerian Royal Literature", in S.

Richardson (ed.), *Rebellions and Peripheries in the Cuneiform World*, AOS 91, New Haven: American Oriental Society, 2010, pp. 29-45.

H. Brunke, "Excursus D: Rations in the Āl-Šarrākī Messenger Texts", in D. I. Owen, *Cuneiform Texts Primarily from Iri-Saĝrig / Āl-Šarrākī and the History of the Ur Ⅲ Period, Volume Ⅰ: Commentary and Indexes*, Nisaba 15/1, Bethesda: CDL Press, 2013, pp. 207-334.

R. H. Brunswig, "Radiocarbon Dating and the Indus Civilization", *East and West*, Vol. 25 (1975), pp. 111-145.

G. Buccellati and M. Kelly-Buccellati, "The Identification of Urkeš with Tell Mozan," *Orient Express*, Vol. 3 (1995), pp. 67-70.

G. Buccellati and M. Kelly-Buccellati, "The Royal Storehouse of Urkesh: The Glyptic Evidence from the Southwestern Wing", *Archiv für Orientforschung*, Vol. 42-43 (1995-1996), pp. 1-36.

G. Buccellati and M. Kelly-Buccellati, "The Seals of the King of Urkesh: Evidence from the Western Wing of the Royal Storehouse AK", *Wiener Zeitschrift für die Kunde des Morgenlandes*, Vol. 86 (1996), pp. 65-99.

G. Buccellati and M. Kelly-Buccellati, "The Courtiers of the Queen of Urkesh: Glyptic Evidence from the Western Wing of the Royal Storehouse AK", in M. Lebeau (ed.), *About Subartu. Studies devoted to Upper Mesopotamia. Vol. 2-Culture, Society, Image*, Subartu 4/2, Turnhout: Brepols, 1998, pp. 195-216.

G. Buccellati and M. Kelly-Buccellati, "Urkesh and the Question of the Hurrian Homeland", *Bulletin of the Georgian National Academy of Sciences*, Vol. 175, No. 2 (2007), pp. 141-150.

A. Butt, P. Tabassum and F. S. Imran, "Exploring the Mesopotamian Trade (c. 6000-539 BCE): Types, Organization, and Expansion", *PalArch's Journal of Archaeology of Egypt / Egyptology*, Vol. 20, No. 1 (2023), pp. 241-261.

D. Calvot, "Deux Documents Inédits de Ṣelluš-Dagan", *Revue d'Assyriologie et d'Archéologie Orientale*, Vol. 63 (1969), pp. 101-114.

R. Carter, "The Sumerians and the Gulf", in H. Crawford (ed.), *The Sumerian World*, London and New York: Routledge, 2013, pp. 579-599.

E. Carter, "Anshan from Ally of the Ur Ⅲ State to Outpost of Lowland Middle E-lamite Kings", in T. Daryaee and R. Rollinger (eds.), *Iran and its Histories. From the Beginnings through the Achaemenid Empire Book Subtitle: Proceedings of the First and Second Payravi Lectures on Ancient Iranian History, UC Irvine, March 23rd, 2018, & March 11th-12th, 2019*, Wiesbaden: Harrassowitz Verlag, 2021, pp. 111-129.

D. Charpin, "Notices prosopographiques, 4: le 《prévôt des marchands》de Nērebtum", *Nouvelles Assyriologiques Brèves et Utilitaires*, Vol. 1, No. 33 (1991), p. 25.

D. Charpin, "Le point sur les deux Sippar", *Nouvelles Assyriologiques Brèves et Utilitaires*, Vol. 4, No. 114 (1992), pp. 84-85.

M. Civil, "Šū-Sîn's Historical Inscriptions: Collection B", *Journal of Cuneiform Studies*, Vol. 21 (1967), pp. 24-38.

M. Civil, "Enlil, the Merchant: Notes to CT 15 10", *Journal of Cuneiform Studies*, Vol. 28, No. 2 (1976), pp. 72-81.

M. Civil, "On Some Texts Mentioning Ur-Namma", *Orientalia, Nova Series*, Vol. 54 (1985), pp. 27-45.

M. Civil, "'Adamdun,' the Hippopotamus, and the Crocodile", *Journal of Cuneiform Studies*, Vol. 50 (1998), pp. 11-14.

S. Cleuziou, "The Emergence of Oases and Towns in Eastern and Southern Arabian", in G. Afanas' ev, et al. (eds.), *The Prehistory of Asia and Oceania, ⅩⅢ International Congress of Prehistoric and Protohistoric Sciences, Forlì, Italia, 8-14 sept. 1996*, Forlì: A. B. A. C. O. Edizioni, 1996, pp. 161-162.

D. Collon, "The Life and Times of Teheš-atal", *Revue d'Assyriologie et d'archéologie orientale*, Vol. 84, No. 2 (1990), pp. 129-136.

P. B. Cornwall, "Dilmun: The History of Bahrein Island before Cyrus", PhD dissertation, Harvard University, 1944.

P. B. Cornwall, "Two Letters from Dilmun", *Journal of Cuneiform Studies*, Vol. 6, No. 4 (1952), pp. 137-145.

E. Cortesi, et al., "Cultural Relationships beyond the Iranian Plateau: The Helmand Civilization, Baluchistan and the Indus Valley in the 3rd Millennium

BCE", *Paléorient*, Vol. 34, No. 2 (2008), pp. 5-35.

H. Crawford, "Dilmun, victim of world recession", *Proceedings of the Seminar for Arabian Studies*, Vol. 26 (1996), pp. 13-22.

H. Crawford, "Mesopotamia and the Gulf: The History of a Relationship", *Iraq*, Vol. 67, No. 2 (2005), pp. 41-46.

H. M. Cullen, et al., "Climate Change and the Collapse of the Akkadian Empire: Evidence from the Deep Sea", *Geology*, Vol. 28 (2000), pp. 379-382.

J. B. Curtis and W. W. Hallo, "Money and Merchants in Ur III", *Hebrew Union College Annual*, Vol. 30 (1959), pp. 103-139.

F. D'Agostino and F. Pomponio, "The Umma 'messenger texts'", in S. J. Garfinkle and J. C. Johnson (eds.), *The Growth of an Early State in Mesopotamia: Studies in Ur III Administion*, BPOA 5, Madrid: Consejo Superior de Investigaciones Cientificas, 2008, pp. 125-128.

J. L. Dahl, "Naming Ur III Years", in A. Kleinerman and J. M. Sasson (eds.), *Why Should Someone Who Knows Something Conceal It? Cuneiform Studies in Honor of David I. Owen on His 70th Birthday*, Bethesda: CDL Press, 2010, pp. 85-93.

G. F. Dalas, "Of Dice and Men", in W. W. Hallo (ed.), *Essays in Memory of E. A. Speiser*, AOS 53, New Haven: American Oriental Society, 1968, pp. 14-23.

K. De Graef, "Annus Simaškensis: L'Usage des Noms d'Année Pendant la Période Simaškéenne (ca. 1930-1880 av. Notre ère) à Suse", *Iranica Antiqua*, Vol. 43 (2008), pp. 67-87.

K. De Graef, "Dual power in Susa: Chronicle of a transitional period from Ur III via Šimaški to the Sukkalmas", Bulletin of the School of Oriental and African Studies, Vol. 75, No. 3 (2012), pp. 525-546.

K. De Graef, "Susa in the Late 3rd Millennium: From a Mesopotamian Colony to an Independent State (MC 2110-1980)", in W. Sallaberger and I. Schrakamp (eds.), *ARCANE III: History & Philology*, Turnhout: Brepols, 2015, pp. 289-296.

J. G. Dercksen, "Die Stadt Assur als Wirtschaftsmacht", in J. Meyer and W. Sommerfeld (eds.), *2000 v. Chr. Politische, Wirtschaftliche und Kulturelle Entwicklung im Zeichen einer Jahrtausendwende: 3. Internationales Colloquium der Deutschen Orient-Gesellschaft 4. – 7. April 2000 in Frankfurt/Main und Marburg/Lahn*, CDOG 3, Saarbrücker: Saarbrücker Druckerei und Verlag, 2004, pp. 155–169.

B. De Shong Meador, "Nisaba of Eresh: Goddess of Grain, Goddess of Writing", in P. Monaghan (ed.), *Goddesses in World Culture, Volume 2: Eastern Mediterranean and Europe*, Santa Barbara: Praeger, 2011, pp. 1–2.

F. Desset, "Here ends the history of Elam: Toponomy, linguistics and cultural identity in Susa and south-western Iran, ca. 2400–1800 BC", *Studia Mesopotamica*, Vol. 4 (2017), pp. 1–32.

N. De Zorzi, "The Death of Utu-hegal and Other Historical Omens", *Journal of Cuneiform Studies*, Vol. 68 (2016), pp. 129–151.

R. Dolce, "Political Supremacy and Cultural Supermacy. A Hypothesis of Symmetrical Alternations between Upper Mesopotamia and Northern Syria in the Fourth and Third Millennium BC", in L. Milano, et al. (eds.), *Landscapes. Territories, Frontiers and Horizons in the Ancient Near East: Papers presented to the XLIV Rencontre Assyriologique Internationale Venezia, 7–11 July 1997, Part II Geography and Cultural Landscapes*, HAMEM 3/2, Padova: Sargon, 2000, pp. 103–122.

X. Dong, "Warfare in Ur III Dynasty A Comprehensive Study about Military and Diplomacy", PhD dissertation, University of Liverpool, 2022.

G. Dossin, "Les Archives épistolaires du Palais de Mari", *Syria*, Vol. 19, No. 2 (1938), pp. 105–126.

G. Dossin, "Apil-kîn, šakkanakku de Mari", *Syria*, Vol. 25 (1946–1948), pp. 322–323.

J. Duchene, "La Localisation de Huhnur", in L. De Meyer, H. Gasche and F. Vallat (eds.), *Fragmenta Historiae Elamicae: Mélanges Offerts à M. J. Steve*, Paris: Éditions Recherche sur les Civilisations, 1986, pp. 65–73.

J. Durand, "Documents pour l'Histoire du Royaume de Haute-Mésopotamie,

I", *MARI. Annales de Recherches Interdisciplinaires*, Vol. 5 (1987), pp. 155-234.

J. Durand, "Šikšabum: An Elusive City", *Nouvelles Assyriologiques Brèves et Utilitaires*, Vol. 4, No. 68 (1988), pp. 47-48.

J. Durand, "L'emploi des toponymes dans l'onomastique d'époque amorrite (I): les noms en*mut*-", *Studi Epigrafici e Linguistici sul Vicino Oriente Antico*, Vol. 8 (1991), pp. 81-97.

J. Durand, "Šakkanakku. A. Philologisch", *Reallexikon der Assyriologie und Vorderasiatischen Archäologie*, Vol. 11 (2006-2008), pp. 560-565.

E. During Caspers, "Harappan Trade in the Arabian Gulf in the Third Millennium B. C.", *Proceedings of the Seminar for Arabian Studies*, Vol. 3 (1973), pp. 3-20.

E. During Caspers, "And Multi-Coloured Birds of Meluhha", *Proceedings of the Seminar for Arabian Studies*, Vol. 20 (1990), pp. 9-16.

C. Edens, "Dynamics of Trade in the Ancient Mesopotamian 'World System'", *American Anthropologist, New Series*, Vol. 94, No. 1 (1992), pp. 118-139.

D. O. Edzard, "Die Inschriften der altakkadischen Rollsiegel", *Archiv für Orientforschung*, Vol. 22 (1968/1969), pp. 12-20.

D. O. Edzard, "Hamazi", *Reallexikon der Assyriologie und Vorderasiatischen Archäologie*, Vol. 4 (1972-1975), pp. 70-71.

D. O. Edzard, "Puzriš-Dagān—Silluš-Dagān", *Zeitschrift für Assyriologie und Vorderasiatische Archäologie*, Vol. 63 (1973), pp. 288-294.

D. O. Edzard, "Königsinschriften. A. Sumerisch", *Reallexikon der Assyriologie und vorderasiatischen Archaologie*, Vol. 6 (1980-1983), pp. 59-65.

D. O. Edzard, "Mah(i)li", *Reallexikon der Assyriologie und Vorderasiatischen Archäologie*, Vol. 7 (1987-1990), pp. 258-259.

D. O. Edzard, "Mardaman", *Reallexikon der Assyriologie und Vorderasiatischen Archäologie*, Vol. 7 (1987-1990), pp. 357-358.

R. K. Englund, "Hard Work-Where Will It Get You? Labor Management in Ur III Mesopotamia", *Journal of Near Eastern Studies*, Vol. 50, No. 4. (1991), pp. 255-280.

R. K. Englund, "Ur Ⅲ Sundries", *Acta Sumerologica*, Vol. 14 (1992), pp. 77-102.

M. Eppihimer, "Representing Ashur: The Old Assyrian Rulers' Seals and Their Ur Ⅲ Prototype", *Journal of Near Eastern Studies*, Vol. 72, No. 1 (2013), pp. 35-49.

S. Fink, "Battle and War in the Royal Self-Representation of the Ur Ⅲ Period," in T. R. Kämmerer, M. Kõiv and V. Sazonov, eds., *Kings, Gods and People. Establishing Monarchies in the Ancient World*, Münster: Ugarit Verlag, 2016, pp. 109-134.

J. J. Finkelstein, "The Law of Ur-Nammu", *Journal of Cuneiform Studies*, Vol. 22 (1968), pp. 66-82.

T. Fish, "Aspect of Sumerian Civilisation in the Third Dynasty of Ur. Ⅶ. The dam-qar (trader?) in Ancient Mesopotamia", *Bulletin of the John Rylands Library*, Vol. 22 (1938), pp. 160-174.

T. Fish, "Towards a Study of Lagash 'Mission' or 'Messenger' Texts", *Manchester Cuneiform Studies*, Vol. 4, No. 4 (1954), pp. 81-88.

N. W. Forde, "The Sumerian dam-kar-e-ne of the Third Ur Dynasty", PhD dissertation, University of Minnesota, 1964.

B. R. Foster, "Commercial Activity in Sargonic Mesopotamia", *Iraq*, Vol. 39, No. 1 (1977), pp. 31-43.

G. Frame, "A New Wife for Šu-Sîn", *Annual Review of the RIM Project*, Vol. 2 (1988), pp. 3-4.

H. Francfort, "Iran and Central Asia: The Grand' Route of Khorasan (Great Khorasan Road) during the third millennium BC and the 'dark stone' artefacts", in J. Meyer, et al. (eds.), *The Iranian Plateau during the Bronze Age: Development of Urbanisation, Production and Trade*, Lyon: Maison de l'Orient et de la Méditerranée-Jean Pouilloux, 2019, pp. 247-266.

H. Francfort and X. Tremblay, "Marhaši et la Civilisation de l'Oxus", *Iranica Antiqua*, Vol. 45 (2010), pp. 51-224.

D. R. Frayne, "On the Location of Simurrum", in G. D. Young, M. W.

Chavalas and R. E. Averbeck (eds.), *Crossing Boundaries and Linking Horizons: Studies in Honor of Michael C. Astour on His 80th Birthday*, Bethesda: CDL Press, 1997, pp. 243-269.

D. R. Frayne, "The Zagros Campaigns of Šulgi and Amar-Suena", in D. I. Owen and G. Wilhelm (eds.), *Studies on the Civilization and Culture of Nuzi and the Hurrians*, Volume 10: *Nuzi at Seventy-Five*, SCCNH 10, Bethesda: CDL Press, 1999, pp. 141-201.

D. R. Frayne, "The Zagros Campaigns of the Ur III Kings", *The Canadian Society for Mesopotamian Studies Journal*, Vol. 3 (2008), pp. 33-56.

B. Gandulla, "The Concept of Frontier in the Historical Process of Ancient Mesopotamia", in L. Milano, et al. (eds.), *Landscapes. Territories, Frontiers and Horizons in the Ancient Near East: Papers presented to the XLIV Rencontre Assyriologique Internationale, Venezia, 7-11 July 1997*, Padova: Sargon, 1999, pp. 39-43.

A. Garcia-Ventura, "Women, Work and War. A Proposal to Analyze Their Relationship During the Neo-Sumerian Period," in H. von Hans Neumann, et al. (eds.), *Krieg und Frieden im Alten Vorderasien*, Münster: Ugarit Verlag, 2006, pp. 345-352.

A. Garcia-Ventura, "Ur III Studies: Bibliography 1997-2014", *Studia Orientalia*, Vol. 3 (2015), pp. 22-47.

S. J. Garfinkle, "Private Enterprise in Babylonia at the End of the Third Millennium BC", PhD dissertation, Columbia University, 2000.

S. J. Garfinkle, "Turam-ili and the Community of Merchants in the Ur III Period", *Journal of Cuneiform Studies*, Vol. 54 (2002), pp. 29-48.

S. J. Garfinkle, "The Economy of Warfare in Southern Iraq at the End of the Third Millennium BC", in H. von Hans Neumann, et al. (eds.), *Krieg und Frieden im Alten Vorderasien*, Münster: Ugarit Verlag, 2006, pp. 353-362.

S. J. Garfinkle, "Merchants and State Formation in Early Mesopotamia", in S. Melville and A. Slotsky (eds.), *Opening the Tablet Box: Near Eastern Studies in Honor of Benjamin R. Foster*, CHANE 42, Leiden: Brill, 2010, pp. 188-192.

S. Garfinkle, "The Third Dynasty of Ur and the Limits of State Power in Early Mesopotamia", in S. Garfinkle and M. Molina (eds.), *From the 21st Century B. C. to the 21st Century A. D.: Proceedings of the International Conference on Sumerian Studies Held in Madrid 22 - 24 July 2010*, Winona Lake: Eisenbrauns, 2013, pp. 153-167.

S. J. Garfinkle, "The Economy of Warfare in Southern Iraq at the End of the Third Millennium BC", in H. Neumann, et al. (eds.), *Krieg und Frieden im Alten Vorderasien: 52e Recontre Assyriologique Internationale International Congress of Assyriology and Near Eastern Archaeology Münster, 17. -21. Juli 2006*, AOAT 401, Münster: Ugarit-Verlag, 2014, pp. 353-362.

S. J. Garfinkle, "The House of Ur-saga: Ur Ⅲ Merchants in Their Non-Institutional Context", in J. Mas and P. Notizia (eds.), *Working at Home in the Ancient Near East*, AANEA 7, Oxford: Archaeopress, 2020, pp. 71-82.

S. Garfinkle, "Co-Option and Patronage: The Mechanics of Extraction in Southern Mesopotamia under the Third Dynasty of Ur," in Jonathan Valk, Irene Soto Marin, eds., *Ancient Taxation: The Mechanics of Extraction in Comparative Perspective*, New York University Press, 2021, pp. 71-92.

S. J. Garfinkle, "The Kingsom as Sheepfold: Frontier Strategy Under the Third Dynasty of Ur: A View from the Center," in G. Frame, J. Jeffers and H. Pittman (eds.), *Ur in the Twenty-First Century CE: Proceedings of the 62nd Recontre Assyriologique Internationale at Philadelphia, July 11-15, 2016*, University Park: Eisenbrauns, 2021, pp. 245-251.

I. J. Gelb, "The Ancient Mesopotamian Ration System", *Journal of Near Eastern Studies*, Vol. 24, No. 3 (1965), pp. 230-243.

I. J. Gelb, "Makkan and Meluhha in Early Mesopotamian Sources", *Ruvue d' Assyriologie et d' Archéologie Orientale*, Vol. 64, No. 1 (1970), pp. 1-8.

I. J. Gelb, "Prisoners of war in early Mesopotamia," *Journal of Near Eastern Studies*, Vol. 32, No. 1/2 (1973), pp. 70-98.

P. Gentili, "Where is Diniktum? Remarks on the Situation and a Supposition", *Rivista degli studi orientali*, Vol. 79 (2006), pp. 231-238.

I. Gershevitch, "Sissoo at Susa", *Bulletin of the School of Oriental and African*

Studies, Vol. 19 (1957), pp. 317–320.

H. Ghobadizadeh and W. Sallaberger, "Šulgi in the Kuhdasht Plain: Bricks from a Battle Monument at the Crossroads of Western Pish-e Kuh and the Localisation of Kimaš and Hurti", *Zeitschrift für Assyriologie und vorderasiatische Archäologie*, Vol. 113, No. 1 (2023), pp. 3–33.

J. Glassner, "L'abdication de Šulgi", in K. Kleber, G. Neumann and S. Paulus (eds.), *Grenzüberschreitungen Studien zur Kulturgeschichte des Alten Orients: Festschrift für Hans Neumann zum 65. Geburtstag am 9. Mai 2018*, Münster: Zaphon, 2018, pp. 245–266.

A. Goetze, "Hulibar of Duddul", *Journal of Near Eastern Studies*, Vol. 12, No. 2 (1953), pp. 114–123.

A. Goetze, "An Old Babylonian Itinerary", *Journal of Cuneiform Studies*, Vol. 7 (1953), pp. 51–72.

A. Goetze, "Šakkanakkus of the Ur III Empire", *Journal of Cuneiform Studies*, Vol. 17, No. 1 (1963), pp. 1–31.

S. Greengus, "Bridewealth in Sumerian Sources", *Hebrew Union College Annual*, Vol. 61 (1990), pp. 25–88.

S. Grosby, "Borders and States", in D. C. Snell (ed.), *A Companion to the Ancient Near East*, Second Edtion, New York: John Wiley & Sons, 2020, pp. 225–241.

V. G. Gurzadyan, "On the Astronomical Records and Babylonian Chronology", *Akkadica*, Vol. 119–120 (2000), pp. 175–184.

R. Gut, J. Reade and R. M. Boehmer, "Nineve—Das späte 3. Jarhtausend v. Chr.", in J. Meyer, M. Nova'k and A. Pruss (eds.), *Beiträge zur vorderasiatischen Archäologie Winfried Orthmann gewidmet*, Frankfürt am Main: Johann Wolfgang Geothe-Universität, Archäologisches Institut, Archäologie und Kulturgeschichte des Vorderen Orient, 2001, pp. 74–192.

W. W. Hallo, "The Ensi's of the Ur III Dynasty", Master thesis, University of Chicago, 1953.

W. W. Hallo, "Zāriqum", *Journal of Near Eastern Studies*, Vol. 15, No. 4 (1956), pp. 220–225.

W. W. Hallo, "Gutium (Qutium)", *Reallexikon der Assyriologie und Vorderasiatischen Archäologie*, Vol. 3 (1957-1971), pp. 708-720.

W. W. Hallo, "A Sumerian Amphictyony", *Journal of Cuneiform Studies*, Vol. 14, No. 3 (1960), pp. 88-114.

W. W. Hallo, "The Royal Inscriptions of Ur: A Typology", *Hebrew Union College Annual*, Vol. 33 (1962), pp. 1-43.

W. W. Hallo, "Simurrum and the Hurrian Frontier", *Revue Hittite et Asianique*, Vol. 36 (1978), pp. 71-83.

W. W. Hallo, "Trade and traders in the Ancient Near East: some new Perspectives", in D. Charpin and F. Joannès (eds.), *La Circulation des Biens, des Personnes et des Idées dans le Proche-Orient Ancien: Actes de la XXXVIIIe Rencontre Assyriologique Internationale* (Paris, 8 - 10 juillet 1991), Paris: Editions Recherche sur les Civilisations, 1992, pp. 351-376.

W. W. Hallo, "A Sumerian Apocryphon? The Royal Correspondence of Ur Reconsidered", in P. Michalowski and N. Veldhuis (eds.), *Approaches to Sumerian Literature: Studies in Honour of Stip (H. L. J Vanstiphout)*, CM 35, Leiden: Brill, 2006, pp. 85-104.

J. Hansman, "Elamites, Aghaemenians and Anshan", *Iran*, Vol. 10 (1972), pp. 101-125.

J. Hansman, "A 'Periplus' of Magan and Meluhha", *Bulletin of the School of Oriental and African Studies, University of London*, Vol. 36, No. 3 (1973), pp. 554-587.

L. Hebenstreit, "The Sumerian Spoils of War during Ur III," in H. von Hans Neumann, et al. (eds.), *Krieg und Frieden im Alten Vorderasien*, Münster: Ugarit Verlag, 2006, pp. 373-380.

W. Heimpel, "Das Untere Meer", *Zeitschrift für Assyriologie und Vorderasiatische Archäologie*, Vol. 77 (1987), pp. 22-99.

W. Heimpel, "The Location of Madga", *Journal of Cuneiform Studies*, Vol. 61 (2009), pp. 25-61.

M. Heinz, "Public Buildings, Palaces and Temples", in H. Crawford (ed.), *The Sumerian World*, London: Routledge, 2013, pp. 185-192.

F. Hennerbichler, "The Origin of Kurds", *Advances in Anthropology*, Vol. 2, No. 2 (2012), pp. 64–79.

F. Hennerbichler, "Kar-da^{KI}-ka 21st ce. B. C. E. Karda Land of Valiant Mountain People Central Zagros East Terminological Analysis", *Advances in Anthropology*, Vol. 4 (2014), pp. 168–198.

G. Herrmann, "Lapis Lazuli: The Early Phases of Its Trade", *Iraq*, Vol. 30, No. 1 (1968), pp. 21–57.

M. Hilgert, "Šaš (u) rum", *Reallexikon der Assyriologie und Vorderasiatischen Archäologie*, Vol. 12 (2009), pp. 88–89.

F. Højlund, "The Formation of the Dilmun State and the Amorite Tribes", *Proceedings of the Seminar for Arabian Studies*, Vol. 19 (1989), pp. 45–59.

M. J. A. Horsnell, "On the Use of Year-Names in Reconstructing the History of the First Dynasty of Babylon", in G. Frame (ed.), *From the Upper Sea to the Lower Sea: Studies on the History of Assyria and Babylonia in Honour of A. K. Grayson*, Leiden: Nederlands Instituut voor het Nabije Oosten, 2004, pp. 165–186.

T. Howard-Carter, "Dilmun At Sea or Not at Sea?: A Review Article", *Journal of Cuneiform Studies*, Vol. 39, No. 1 (1987), pp. 54–117.

F. Huber, "La Correspondance Royale d'Ur: un corpus apocryphe", *Zeitschrift für Assyriologie und Vorderasiatische Archäologie*, Vol. 91 (2001), pp. 169–206.

P. J. Huber, "Astronomical Dating of Babylon I and Ur Ⅲ", *Monographic Journals of the Near East*, Vol. 1/4 (1982), pp. 1–19.

P. J. Huber, "Astronomical Evidence for the Long and against the Middle and Short Chronologies", in P. Astrom (ed.), *High, Middle or Low? Acts of an International Colloquium on Absolute Chronology held at the University of Gothenburg 20th-22nd August 1987*, Göteborg: Paul Äströms Förlag, 1987/89, pp. 5–17.

A. M. Hussein, et al., "Tell Abu Sheeja/ Ancient Pašime: Report on the First Season of Excavations, 2007", *Akkadica*, Vol. 131 (2010), pp. 47–103.

C. Janssen, "Samsu-iluna and the Hungry *naditums* R. C. Warburton & D. A.

Warburton: Ein Achämenidischer Töpferstempel von Abu Qubur und einige Vergleichsstücke aus Mesopotamien", *Northern Akkad Project Reports*, Vol. 5 (1987–1996), pp. 3–39.

C. Jean, "L'Elam sous la dynastie d'Ur: Les indemnites allouees aux 'Charges de Mission' des Rois d'Ur", *Revue d'Assyriologie et d'Archéologie Orientale*, Vol. 19 (1922), pp. 1–44.

A. Kāmil, "L'archive d'Esidum, un entrepreneur du temps du rois d'Ur (XXI av. J. -C.). D'après les textes cunéiformes inédits conserves au musée de Suleymaniyeh (Kurdistan Irakien) ", PhD dissertation, Université de Sorbonne, Paris 1, 2015.

M. Kelly-Buccellati, "Trade in Metals in the Third Millennium: Northeastern Syria and Eastern Anatolia", in P. Matthiae, M. Van Loon and H. Weiss (eds.), *Resurrecting the Past: A Joint Tribute to Adnan Bounni*, Istanbul: Nederlands Historisch-Archaeologisch Instituut te Istanbul, 1990, pp. 117–131.

M. Kelly-Buccellati, "Uqnitum and Taram-Agade Patronage and Portraiture at Urkesh", in J. C. Fincke (ed.), *Festschrift für Gernot Wilhelm anläßlich seines 65. Geburtstages am 28. Januar 2010*, Dresden: ISLET, 2010, pp. 185–202.

J. M. Kenoyer, "Indus and Mesopotamian Trade Networks: New Insights from Shell and Carnelian Artifacts", in E. Olijdam and R. H. Spoor (eds.), *Intercultural Relations between South and Southwest Asia. Studies in Commemoration of E. C. L. During Caspers (1934–1996)*, Oxford: Archeaopress, 2008, pp. 19–28.

J. M. Kenoyer and D. Frenez, "Stone Beads in Oman during the 3rd to 2nd Millennium BCE: New Approaches to the Study of Trade and Technology", *BEADS: Journal of the Society of Bead Researchers*, Vol. 30 (2018), pp. 63–76.

J. M. Kenoyer, T. D. Price and J. H. Burton, "A new approach to tracking connections between the Indus Valley and Mesopotamia: initial results of strontium isotope analyses from Harappa and Ur", *Journal of Archaeological*

Science, Vol. 40 (2013), pp. 2286-2297.

J. Klein, "Šeleppūtum a hitherto Unknown Ur Ⅲ Princess", *Zeitschrift für Assyriologie und Vorderasiatische Archäologie*, Vol. 80 (1990), pp. 20-39.

J. Klein, "Shulgi of Ur: King of a Neo-Sumerian Empire", in J. M. Sasson (ed.), *Civilizations of the Ancient Near East*, *Volume 2*, New York: Charles Scribner's Sons, 1994, pp. 843-857.

M. Klengel, "Lullubum: Ein Beitrag zur Geschichte der altvorderasiatischen Gebirgsvölker", *Mitteilungen des Instituts für Orientforschung*, Vol. 11 (1965), pp. 349-371.

R. Kolinski, "The Upper Khabur Region in the Second Part of the Third Millennium BC", *Altorientalische Forschungen*, Vol. 34 (2007), pp. 342-369.

G. Komoróczy, "Tilmun als 'speicher des landes' im epos 'enki und ninhursag'", *Iraq*, Vol. 39, No. 1 (1977), pp. 67-70.

S. N. Kramer, "Ur-Nammu Law Code", *Orientalia NOVA SERIES*, Vol. 23, No. 1 (1954), pp. 40-51.

S. N. Kramer, "The death of Ur-Nammu", in M. Mori, et al. (eds.), *Near Eastern Studies Dedicated to H. I. H. Prince Takahito Mikasa*, Wiesbaden: Otto Harrassowitz, 1991, pp. 193-214.

F. R. Kraus, "Zur Chronologie der Könige Ur-Nammu und Šulgi von Ur", *Orientalia Nova Series*, Vol. 20 (1951), pp. 385-398.

F. R. Kraus, "Neue Rechtsurkunden der altbabylonischen Zeit. Bemerkungen zu Ur Excavations, Texts 5", *Die Welt des Orients*, Vol. 2, No. 2 (1955), pp. 120-136.

F. R. Kraus, "Provinzen des neusumerischen Reiches von Ur", *Zeitschrift für Assyriologie und Vorderasiatische Archäologie*, Vol. 51 (1955), pp. 45-75.

M. Krebernik, "Philologische Aspekte elamisch-mesopotamischer Beziehungen im Überblick", in L. Kogan, et al. (eds.), *Babel und Bibel 3: Annual of Ancient Near Eastern, Old Testament and Semitic Studies*, Winona Lake: Eisenbrauns, 2006, pp. 59-99.

J. Krecher, "DU = ku$_x$ (-r), eintreten',, hineinbringen'", *Zeitschrift für Assyriologie und Vorderasiatische Archäologie*, Vol. 77 (1987), pp. 7-21.

J. Krecher, "Morphemless Syntax in Sumerian as Seen on the Background of World-composition in Chukchee", *Acta Sumerologica*, Vol. 9 (1987), pp. 67-88.

J. Kupper, "Roi et šakkanakku", *Journal of Cuneiform Studies*, Vol. 21 (1967), pp. 123-125.

J. Kupper, "Mari. A. Philologisch", *Reallexikon der Assyriologie und Vorderasiatischen Archäologie*, Vol. 7 (1987-1990), pp. 382-390.

J. Kupper, "Notes de lecture: Šikšabbum Again", *Mari Annales de Recherches Interdisciplinaires*, Vol. 8 (1997), pp. 785-786.

R. Kutscher, "A Note on the Early Careers of Zariqum and Šamši-illat", *Revue d'Assyriologie et d'Archéologie Orientale*, Vol. 73 (1979), pp. 81-82.

B. Lafont, "Zabar. dab$_5$ et le culte d'après les textes de Drehem", *Revue d'assyriologie et d'arche'ologie orientale*, Vol. 77 (1983), pp. 97-117.

B. Lafont, "zabar-dab$_5$, zab/mardabbum", *Nouvelles Assyriologiques Brèves et Utilitaires*, No. 94 (1987), pp. 51-52.

B. Lafont, "Messagerset ambassadeursdans les archivesde Mari", in D. Charpin (ed.), *La circulationdes biens, des personnes et des idees dans le Proche-Orientancien*, Paris: Editions Recherchesur les Civilisations, 1992, pp. 174-175.

B. Lafont, "The Army of the Kings of Ur: The Textual Evidence", *Cuneiform Digital Library Journal*, No. 5 (2009), pp. 1-25.

B. Lafont, "Représentation et légitimation du pouvoir royal aux époques néo-sumérienne et amorrite", in P. Charvat and P. M. Vlckova (eds.), *Who Was King? Who Was Not King? The Rulers and the Ruled in the Ancient Near East*, Prague: Institute of Archaeology of the Academy of Sciences of the Czech Republic, 2010, pp. 23-37.

B. Lafont, "Sur quelques dossiers des archives de Girsu", in A. Kleinerman and J. M. Sasson (eds.), *Why Should Someone Who Knows Something Conceal It? Cuneiform Studies in Honor of David I. Owen on His 70th Birthday*, Bethesda: CDL Press, 2010, pp. 167-180.

B. Lafont, "The Garšana Soldiers", in D. I. Owen (ed.), *Garšana Studies*, CUSAS 6, Bethesda: CDL Press, 2011, pp. 213-219.

C. C. Lamberg-Karlovsky, "Trade Mechanisms in Indus-Mesopotamian Interrelations", *Journal of the American Oriental Society*, Vol. 92, No. 2 (1972), pp. 222-229.

C. C. Lamberg-Karlovsky, "Third Millennium Modes of Exchange and Modes of Production", in J. A. Sabloff and C. C. Lamberg-Karlovsky (eds.), *Ancient Civilization and Trade*, Albuquerque: University of New Mexico Press, 1975, pp. 350-362.

C. C. Lamberg-Karlovsky, "Structure, Agency and Commerce in the Ancient Near East", *Iranica Antiqua*, Vol. 44 (2009), pp. 47-88.

M. Lambert, "Ur-Emush 'Grand-Marchand' de Lagash", *Oriens Antiquus*, Vol. 20 (1981), pp. 175-185.

C. Langa-Morales, "Der Feldzugsbericht in Šū-Sîns Königsinschriften im Vergleich zu Verwaltungsurkunden: Die Grenze zwischen Erzählung und Geschichte im Rahmen der Königsdarstellung", in E. Wagner-Durand and J. Linke (eds.), *Tales of Royalty: Notions of Kingship in Visual and Textual Narration in the Ancient Near East*, Berlin: De Gruyter, 2020, pp. 139-154.

S. Lange, "The distribution of graves and the food within: Evidence from late 3rd to 2nd millennia BC Mari, Syria", in J. Bradbury and C. Scarre (eds.), *Engaging with the Dead: Exploring Changing Human Beliefs about Death, Mortality and the Human Body*, Oxford: Oxbow Books, 2017, pp. 174-187.

M. T. Larsen, "Commercial networks in the Ancient Near East", in M. Rowlands, M. Larsen and K. Kristiansen (eds.), *Centre and Periphery in the Ancient World*, Cambridge: Cambridge University Press, 1987, pp. 47-56.

J. Lassøe, "Šikšabbum: An Elusive City", *Orientalia, Nova Series*, Vol. 54 (1985), pp. 182-188.

S. T. Laursen, "Early Dilmun and Its Rulers: New Evidence of the Burial Mounds of the Elite and the Development of Social Complexity, c. 2200-1750 BC", *Arabian Archaeology and Epigraphy*, Vol. 19 (2008), pp. 156-167.

S. T. Laursen, "The decline of Magan and the rise of Dilmun: Umm an-Nar ceramics from the burial mounds of Bahrain, c. 2250-2000 BC", *Arabian Archaeology and Epigraphy*, Vol. 20 (2009), pp. 134-155.

S. T. Laursen, "The westward transmission of Indus Valley sealing technology: origin and development of the 'Gulf Type' seal and other administrative technologies in Early Dilmun, c. 2100-2000 BC", *Arabian Archaeology and Epigraphy*, Vol. 21 (2010), pp. 96-134.

S. T. Laursen, "Dilmun Boat shaped votive bowls for the Moon-god Nanna?" *Arabian Archaeology and Epigraphy*, Vol. 32 (2021), pp. 291-300.

C. Lecompe, "Zu Dörfern, Weilern und Ländlichen Siedlungen in vorsargonischer Zeit: Die Entwicklung der Bezeichnungen e$_2$ und e$_2$-duru$_5$", *Rivista degli Studi Orientali*, Vol. 86 (2013), pp. 103-120.

W. F. Leemans, "The Importance of Trade. Some Introductory Remarks", *Iraq*, Vol. 39, No. 1 (1977), pp. 1-10.

H. Leira, "A Conceptual History of Diplomacy", in C. Constantinou, P. Kerr and P. Sharp (eds.), *The SAGE Handbook of Diplomacy*, London: SAGE, 2016, pp. 31-32.

S. H. Levitt, "The Ancient Mesopotamian Place Name 'Meluhha'", *Studia Orientalia*, Vol. 107 (2009), pp. 135-176.

Z. Li, "Support for Messengers: Road Stations in the Ur Ⅲ Period", PhD dissertation, Ludwig-Maximilians-Universität, 2021.

H. Limet, "L'étranger dans la société sumérienne", in D. O. Edzard (ed.), *Gesellschaftsklassen im Alten Zweistromland und in den angrenzenden Gebieten-XVIII. Rencontre assyriologique internationale, München, 29. Juni bis 3. Juli 1970*, München: Verlag der Bayerischen Akademie der Wissenschaften, 1972, pp. 123-138.

H. Limet, "Les schemas du commerce neo-sumerien", *Iraq*, Vol. 39, No. 1 (1977), pp. 51-58.

H. Limet, "Étude sémantique de MA. DA, KUR, KALAM", *Revue d'Assyriologie et d'Archéologie Orientale*, Vol. 72 (1978), pp. 1-12.

H. Limet, "Documents administratifs datés de la 3e Dynastie d'Ur", *Akkadica* 114-115 (1999), pp. 86-87.

H. Limet, "Les conséquences des guerres sumériennes", *Res Antiquae*, Vol. 4 (2007), pp. 77-89.

C. Liu, "An Ur Ⅲ Tablet from Southwestern University", *Aula Orientalia*, Vol. 32, No. 1 (2014), pp. 175-176.

C. Liu, "Cuneiform Texts in Lithuania", *Aula Orientalis*, Vol. 33, No. 2 (2015), pp. 215-219.

C. Liu, "Idadu, son of the governor of Egula", *Nouvelles Assyriologiques Bréves et Utilitaires*, No. 90 (2015), p. 152.

C. Liu, "Aba-saga's Activities during the Reign of Sulgi in the Ur Ⅲ Dynasty", *Journal of Ancient Civilizations*, Vol. 31 (2016), pp. 1-6.

C. Liu, "On a personal name Kiššer in Ur Ⅲ source", *Nouvelles Assyriologiques Bréves et Utilitaires*, No. 32 (2017), pp. 58-59.

C. Liu, "Lu-Nanna son of Ur-niĝar and Lu-Nanna from Hamazi not the same person", *Nouvelles Assyriologiques Bréves et Utilitaires*, No. 63 (2017), pp. 118-119.

C. Liu, "An Edition of Twelve Ur Ⅲ Administrative Cuneiform Tablets from United States Collections", *Archiv Orientalni*, Vol. 87, No. 1 (2019), pp. 1-25.

C. Liu, "Assyriology in China", in A. Garcia-Ventura and L. Verderame (eds.), *Perspectives on the History of Ancient Near Eastern Studies*, University Park: Eisenbrauns, 2020, pp. 283-288.

C. Liu, "The Neo-Sumerian Texts in the Williams College Museum of Arts", *Orient*, Vol. 55 (2020), pp. 155-172.

C. Liu, "Six Neo-Sumerian Texts in the Boston Public Library", *Cuneiform Digital Library Bulletin*, No. 1 (2021), pp. 1-11.

C. Liu, "New Ur Ⅲ Administrative Texts from the University of Missouri-Columbia", in S. Günther, W. Horowitz and M. Widell (eds.), *Of Rabid Dogs, Hunchbacked Oxen, and Infertile Goats in Ancient Babylonia: Studies Presented to Wu Yuhong on the Occasion of his 70th Birthday*, Changchun: Institute for the History of Ancient Civilizations, 2021, pp. 105-118.

C. Liu, "Prosopography of individuals delivering animals to Puzriš-Dagan in Ur Ⅲ Mesopotamia", *Akkadica*, Vol. 142 (2021), pp. 1-30.

C. Liu, "Eastward Warfare and Westward Peace: the 'One-Sided' Foreign Policy of the Ur Ⅲ Dynasty (2112-2004 BC)," *The Digital Archive of Brief Notes & Iran Review* (*DABIR*), No. 9 (2022), pp. 53-57.

C. Liu, "Twenty-Three Ur Ⅲ Texts from Detroit Institute of Arts", *Bulletin of the John Rylands Library*, Vol. 98, No. 2 (2022), pp. 1-47.

C. Liu, "The Female Fat-tailed Sheep in Palaeography and the Administration of Drehem during the Ur Ⅲ Period", *Archiv Orientalni*, Vol. 90 (2022), pp. 1-19.

C. Liu, "One Neo-Sumerian Tablet in a Chinese Private Collection", *Cuneiform Digital Library Notes* 2024/1.

C. Liu and E. Jiménez, "Cuneiform Texts at the University of Wyoming", *Akkadica*, Vol. 137, No. 2 (2016), pp. 195-202.

C. Liu and K. Kleber, "Cuneiform Texts in the Creighton University", *Altorientalische Forschungen*, Vol. 43, No. 1/2 (2016), pp. 1-10.

C. Liu and C. Lecompte, "The Cuneiform Tablet Collection of Truman State University", *Akkadica*, Vol. 134, No. 1 (2013), pp. 85-101.

C. Liu and J. P. Nielsen, "Cuneiform Tablets in the Logan Museum of Anthropology, Beloit College", *Akkadica*, Vol. 140 (2019), pp. 73-102.

M. Liverani, "The Fire of Hahhum", *Oriens Antiquus*, Vol. 27 (1988), pp. 165-172.

M. Mäder, "War Elam eine Nation?" PhD dissertation, Universität Bern, 2014.

T. Maeda, "King of the Four Regions in the Dynasty of Akkade", *Orient*, Vol. 20 (1984), pp. 67-82.

T. Maeda, "Bringing (mu-túm) Livestock and the Puzuriš-Dagan Organization in the Ur Ⅲ Dynasty", *Acta Sumerologica*, Vol. 11 (1989), pp. 69-111.

T. Maeda, "The Defense Zone during the Rule of the Ur Ⅲ Dynasty", *Acta Sumerologica*, Vol. 14 (1992), pp. 135-172.

K. Maekawa, "Agricultural Production in Ancient Sumer", *Zinbun*, Vol. 13 (1974), pp. 1-60.

K. Maekawa and W. Mori, "Dilmun, Magan and Meluhha in Early Mesopotamian History: 2500-1600 BC", in T. Osada and M. Witzel (eds.), *Cultural Relations between the Indus and the Iranian Plateau during* the Third Millennium BCE*, Indus Project, Research Institute for Humanities and Nature, June 7-8, 2008*, Cambridge: Department of South Asian Studies, Harvard University, 2011, pp. 245-269.

Y. Majidzadeh, "Lapis Lazuli and the Great Khorasan Road", *Paléorient*, Vol. 8, No. 1 (1982), pp. 59-69.

A. Malamat, "Mari", *The Biblical Archaeologist*, Vol. 34, No. 1 (1971), pp. 1-22.

M. E. L. Mallowan, "The Mechanics of Ancient Trade in Western Asia: Reflections on the Location of Magan and Meluhha", *Iran*, Vol. 3 (1965), pp. 1-7.

P. Mander, "The 'messenger texts' from Girsu", in S. J. Garfinkle and J. C. Johnson (eds.), *The Growth of an Early State in Mesopotamia: Studies in Ur III Administion*, BPOA 5, Madrid: Consejo Superior de Investigaciones Cientificas, 2008, pp. 119-124.

G. Marchesi, "Ur-Namma(k)'s Conquest of Susa", in K. De Graef and J. Tavernier (eds.), *Susa and Elam. Archaeological, Philological, Historical and Geographical Perspectives: Proceedings of the International Congress Held at Ghent University, December 14-17, 2009*, MDP 58, Leiden and Boston: Brill, 2013, pp. 285-291.

J. Margueron, "Mari, reflet du monde syro-mésopotamien au IIIe millénaire", *Akkadica*, Vol. 98 (1996), pp. 11-27.

L. Matouš, "Einige Bemerkungen zu altsumerische Rechtsurkünden", *Archiv Orientalni*, Vol. 39 (1971), pp. 1-13.

D. Matthews, J. Eidem, "Tell Brak and Nagar", *Iraq*, Vol. 55 (1993), pp. 201-207.

R. H. Mayr, "The Depiction of Ordinary Men and Women on the Seals of the Ur III Kingdom", in S. Parpola and R. M. Whiting (eds.), *Sex and Gender in the Ancient Near East: Proceedings of the 47th Rencontre Assyriologique Internationale, Helsinki, July 2-6, 2001, Part II*, Helsinki: The Neo-Assyrian Text Corpus Project, 2002, pp. 359-366.

R. H. Mayr and D. I. Owen, "The Royal Gift Seal in the Ur III Period", in H.

Waetzoldt (ed.), *Von Sumer nach Ebla und Zurück: Festschrift Giovanni Pettinato zum 27. September 1999 gewidmet von Freunden, Kollegen und Schülern*, HSAO 9, Heidelberg: Heidelberger Orientverlag, 2004, pp. 146-174.

R. C. McNeil, "The 'Messenger Texts' of the Third Ur Dynasty", PhD dissertation, University of Pennsylvania, 1971.

S. C. Melville, "Royal Women and the Exercise of Power in the Ancient Near East", in D. C. Snell (ed.), *A Companion to the Ancient Near East*, Oxford: Blackwell Publishing, 2005, pp. 219-228.

S. C. Melville, "Warfare in Mesopotamia", in D. C. Snell (ed.), *A Companion to the Ancient Near East*, Second Edition, New York: John Wiley & Sons, 2020, pp. 399-420.

C. Meyer, et al., "From Zanzibar to Zagros: A Copal Pendant from Eshnunna", *Journal of Near Eastern Studies*, Vol. 50 (1991), pp. 289-298.

P. Michalowski, "The Bride of Simanum", *Journal of the American Oriental Society*, Vol. 95, No. 4 (1975), pp. 716-719.

P. Michalowski, "The Royal Correspondence of Ur", PhD dissertation, Yale University, 1976.

P. Michalowski, "Royal Women of the Ur Ⅲ Period Part Ⅰ: The Wife of Shulgi", *Journal of Cuneiform Studies*, Vol. 28 (1976), pp. 169-172.

P. Michalowski, "Dūrum and Uruk During the Ur Ⅲ Period", *Mesopotamia*, Vol. 12 (1977), pp. 83-96.

P. Michalowski, "Foreign Tribute to Sumer during the Ur Ⅲ Period", *Zeitschrift für Assyriologie und Vorderasiatische Archäologie*, Vol. 68 (1978), pp. 34-49.

P. Michalowski, "Royal Women of the Ur Ⅲ Period Part Ⅱ: Geme-Ninlila", *Journal of Cuneiform Studies*, Vol. 31 (1979), pp. 171-176.

P. Michalowski, "Royal Women of the Ur Ⅲ Period Part Ⅲ", *Acta Sumerologica*, Vol. 4 (1982), pp. 129-139.

P. Michalowski, "Third Millennium Contacts: Observations on the Relationships Between Mari and Ebla", *Journal of the American Oriental Society*, Vol. 105 (1985), pp. 293-302.

P. Michalowski, "Mental Maps and Ideology: Reflections on Subartu", in H.

Weiss (ed.) , *Origins of Cities in Dry-Farming Syria and Mesopotamia in the Third Millennium*, Guilford: Four Quarters Publishing, 1986, pp. 129–156.

P. Michalowski, "The Men From Mari", in K. van Lerberghe and A. Schoors (eds.), *Immigration and Emigration within the Ancient Near East: Festschrift E. Lipiński*, Leuven: Peeters, 1995, pp. 181–188.

P. Michalowski, "The Ideological Foundations of the Ur Ⅲ State", in J. Meyer and W. Sommerfeld (eds.), *2000 v. Chr. Politische, Wirtschaftliche und Kulturelle Entwicklung im Zeitchen einer Jahrtausendwende: 3. Internationales Colloquium der Deutschen Orient-Gesellschaft 4. – 7. April 2000 in Frankfurt/ Main und Marburg/Lahn*, CDOG 3, Saarbrücker: Saarbrücker Druckerei und Verlag, 2004, pp. 219–235.

P. Michalowski, "Iddin-Dagan and his Family", *Zeitschrift für Assyriologie und Vorderasiatische Archäologie*, Vol. 95 (2005), pp. 65–76.

P. Michalowski, "Love or Death? Observations on the Role of the Gala in Ur Ⅲ Ceremonial Life", *Journal of Cuneiform Studies*, Vol. 58 (2006), pp. 49–61.

P. Michalowski, "Observations on 'Elamites' and 'Elam' in Ur Ⅲ Times", in P. Michalowski (ed.), *On the Third Dynasty of Ur: Studies in Honor of Marcel Sigrist*, JCSSS 1, Boston: American Schools of Oriental Research, 2008, pp. 109–123.

P. Michalowski, "Aššur during the Ur Ⅲ Period", in O. Drewnowska (ed.), *Here & There Across the Ancient Near East: Studies in Honour of Krystyna Lyczkowska*, Warszawa: Agade, 2009, pp. 149–156.

P. Michalowski, "Šimaški", *Reallexikon der Assyriologie und Vorderasiatischen Archäologie*, Vol. 12 (2009), pp. 503–505.

P. Michalowski, "Masters of the Four Corners of the Heavens: Views of the Universe in Early Mesopotamian Writings", in K. A. Raaflaub and R. J. A. Talbert (eds.), *Geography and Ethnography: Perceptions of the World in Pre-Modern Societies*, Hoboken: Wiley-Blackwell, 2010, pp. 147–168.

P. Michalowski, "News of a Mari Defeat from the Time of King Šulgi", *Nouvelles Assyriologiques Brèves et Utilitaires*, No. 23 (2013), pp. 36–41.

P. Michalowski, "Of Bears and Men: Thoughts on the End of Šulgi's Reign and on the Ensuing Succession", in D. S. Vanderhooft and A. Winitzer (eds.), *Literature as Politics, Politics as Literature: Essays on the Ancient Near East in Honor of Peter Machinist*, Winona Lake: Eisenbrauns, 2013, pp. 285-320.

P. Michalowski, "Networks of Authority and Power in Ur III Times", in S. J. Garfinkle, M. Molina (eds.), *From the 21st Century B. C. to the 21st Century A. D.: Proceedings of the International Conference on Sumerian Studies Held in Madrid 22 - 24 July 2010*, Winona Lake: Eisenbrauns, 2013, pp. 169-206.

P. Michalowski, "Sumerian Royal Women in Motown", in P. Corò, et al. (eds.), *Libiamo ne' lieti calici: Ancient Near Eastern Studies Presented to Lucio Milano on the Occasion of his 65th Birthday by Pupils, Colleagues and Friends*, Münster: Ugarit-Verlag, 2016, pp. 395-403.

P. Michalowski, "Urbilum/Erbil and the Northern Frontier of the Ur III State", in V. Déroche, et al. (eds.), *Études Mésopotamiennes-Mesopotamian Studies: N° 1-2018*, Oxford: Archaeopress, 2018, pp. 178-187.

D. Michaux-Colombot, "Bronze Age Reed Boats of Magan and *Magillum* Boats of Meluhha in Cuneiform Literature", in A. Manzo, C. Zazzaro and D. J. de Falco (eds.), *Stories of Globalisation: The Red Sea and the Persian Gulf from Late Prehistory to Early Modernity*, Leiden and Boston: Brill, 2019, pp. 119-153.

C. Michel, "Le Comerce dans les textes de Mari", in J. Durand (ed.), *Amurru 1. Mari, Ebla et les Hourrites dix ans de travaux Première partie: Actes du colloque international (Paris, mai 1993)*, Paris: Editions Recherche sur les Civilisations, 1996, pp. 385-426.

C. Michel, "Talhayum, Talhat", *Reallexikon der Assyriologie und vorderasiatischen Archaologie*, Vol. 13 (2013), pp. 420-421.

B. Mofidi-Nasrabadi, "Elam: Archaeology and History", in T. Stöllner, R. Slotta and A. Vatandoust (eds.), *Persia's Ancient Splendour, Mining, Handicraft and Archaeology*, Bochum: Deutsches Bergbau-Museum, 2004, pp. 294-309.

B. Mofidi-Nasrabadi, "Eine Steininschrift des Amar-Suena aus Tappe Bormi (Iran)", *Zeitschrift für Assyriologie und Vorderasiatische Archäologie*, Vol. 95 (2005), pp. 161-171.

B. Mofidi-Nasrabadi, "Huhnur", in D. T. Potts, et al. (eds.), *The Encyclopedia of Ancient History: Asia and Africa*, New York: John Wiley & Sons, 2021, pp. 1-2.

M. Molina, "New Ur Ⅲ Court Records Concerning Slavery", in P. Michalowski (ed.), *On the Third Dynasty of Ur: Studies in Honor of Marcel Sigrist*, Boston: American Schools of Oriental Research, 2008, pp. 125-143.

M. Molina, "The Corpus of Neo-Sumerian Tablets: An Overview", in S. J. Garfinkle and J. C. Johnson (eds.), *The Growth of an Early State in Mesopotamia: Studies in Ur Ⅲ Administration*, BPOA 5, Madrid: Consejo Superior de Investigaciones Científicas, 2008, pp. 19-53.

M. Molina, "On the Location of Irisaĝrig", in S. Garfinkle and M. Molina (eds.), *From the 21st Century B. C. to the 21st Century A. D.: Proceedings of the International Conference on Sumerian Studies Held in Madrid 22-24 July 2010*, Winona Lake: Eisenbrauns, 2013, pp. 59-88.

M. Molina, "Archives and Bookkeeping in Southern Mesopotamia during the Ur Ⅲ period", *Comptabilite's*, Vol. 8 (2016), pp. 1-19.

M. Molina, "Who watches the watchers? New evidence on the role of foremen in the Ur Ⅲ administration", in A. Jördens and U. Yiftach (eds.), *Legal Documents in Ancient Societies: Accounts and Bookkeeping in the Ancient World*, Wiesbaden: Harrassowitz Verlag, 2020, pp. 3-25.

J. M. Munn-Rankin, "Diplomacy in Western Asia in the Early Second Millennium B. C.", *Iraq*, Vol. 18, No. 1 (1956), pp. 68-110.

K. Nashef, "The Deities of Dilmun", *Akkadica*, Vol. 38 (1984), pp. 1-33.

B. M. Nasrabadi, "Eine Steinschrift des Amar-Suena aus Tappeh Bormi (Iran)", *Zeitschrift für Assyriologie und Vorderasiatische Archäologie*, Vol. 95 (2005), pp. 161-171.

H. Neumann, "Handel und Händler in der Zeit der Ⅲ. Dynastie von Ur", *Altorientalische Forschungen*, Vol. 6 (1979), pp. 15-67.

H. Neumann, "Zur privaten Geschäftstätigkeit in Nippur in der Ur Ⅲ-Zeit", in

M. deJong Ellis (ed.), *Nippur at the Centennial: Papers Read at the 35ᵉ Rencontre Assyriologique Internationale, Philadelphia, 1988*, Philadelphia: The University Museum, 1992, pp. 161-176.

H. Neumann, "Nochmals zum Kaufmann in neusumerischer Zeit: die Geschäfte des Ur-DUN und anderer Kaufleute aus Nippur", in D. Charpin and F. Joannès (eds.), *La Circulation des Biens, des Personnes et des Idées dans le Proche-Orient Ancien: Actes de la XXXVIIIᵉ Rencontre Assyriologique Internationale (Paris, 8-10 juillet 1991)*, Paris: Editions Recherche sur les Civilisations, 1992, pp. 83-96.

H. Neumann, "Zu den Geschäften des Kaufmanns Ur-Dumuzida aus Umma", *Altorientalische Forschungen*, Vol. 20 (1993), pp. 69-86.

H. Neumann, "Ur-Dumuzida and Ur-dun: Reflections on the Relationship between State-initiated Foreign Trade and Private Economic Activity in Mesopotamia towards the End of the Third Millennium BC", in G. Dercksen (ed.), *Trade and Finance in Ancient Mesopotamia. Proceedings of the 1st MOS Symposium, Leiden December 19 - 20 1997*, Leiden and Istanbul: Nederlands Instituut voor het Nabije Oosten, 1999, pp. 43-53.

H. Neumann, "Remarks on the History of West Iran in the Context of its Relations with Mesopotamia in the Late 3ᴿᴰ and Early 2ᴺᴰ Millennium BCE (according to the cuneiform cources) ", in T. Daryaee and R. Rollinger (eds.), *Iran and its Histories. From the Beginnings through the Achaemenid Empire Book Subtitle: Proceedings of the First and Second Payravi Lectures on Ancient Iranian History, UC Irvine, March 23rd, 2018, & March 11th-12th, 2019*, Wiesbaden: Harrassowitz Verlag, 2021, pp. 99-110.

L. Nigro, "Byblos, an ancient capital of the Levant", in G. Salameh (ed.), *La Revue Phenicienne: Fondation Charles Corm*, Beirut: Raidy, 2020, pp. 61-74.

P. Notizia, "Messenger texts from Ĝirsu: for a new classification", *Orientalia, Nova Series*, Vol. 75, No. 4 (2006), pp. 317-333.

P. Notizia, "Hulibar, Duhduh (u) ni e la Frontiera Orientale", *Quaderni di Vicino Oriente*, Vol. 5 (2010), pp. 269-291.

P. Notizia, "Prince Etel-pū-Dagān, Son of Šulgi", in S. J. Garfinkle and M. Molina (eds.), *From the 21st Century B. C. to the 21st Century A. D.: Proceedings of the International Conference on Neo-Sumerian Studies Held in Madrid, 22-24 July 2010*, Winona Lake: Eisenbrauns, 2013, pp. 207-220.

P. Notizia, "How to 'Institutionalize' a Household in Ur Ⅲ Ĝirsu/Lagaš: The Case of the House of Ur-dun", *Journal of Cuneiform Studies*, Vol. 71 (2019), pp. 11-34.

E. Olijdam, "From rags to riches: three crucial steps in Dilmun's rise to fame (poster)", *Proceedings of the Seminar for Arabian Studies*, Vol. 44 (2014), pp. 277-286.

E. Olijdam, "Humble beginnings? A closer look at social formation during Early Dilmun's formative phase (c. 2200-2050 BC)", *Proceedings of the Seminar for Arabian Studies*, Vol. 46 (2016), pp. 211-225.

A. L. Oppenheim, "The Seafaring Merchants of Ur", *Journal of the American Oriental Society*, Vol. 74, No. 1 (1954), pp. 6-17.

A. L. Oppenheim, "Trade in the Ancient Near East", in H. van der Wee, et al. (eds.), *Vth International Congress of Economic History*, Moscow: Nauka, 1970, pp. 1-37.

X. Ouyang, "Administration of the Irrigation Fee in Umma during the Ur Ⅲ Period (ca. 2112-2004 BCE)", in L. Kogan, et al. (eds.), *City Administration in the Ancient Near East: Proceedings of the 53e Rencontre Assyriologique Internationale Vol. 2*, Winona Lake: Eisenbrauns, 2010, pp. 317-350.

X. Ouyang, "Managing the Treasuries of the Gods-Administration of the KÙ. AN in Ur Ⅲ Umma", *Journal of Ancient Civilizations*, Vol. 35 (2020), pp. 13-32.

X. Ouyang and C. Proust, "Place-Value Notations in the Ur Ⅲ Period: Marginal Numbers in Administrative Texts", in K. Chemla, A. Keller and C. Proust (eds.), *Cultures of Computation and Quantification in the Ancient World: Numbers, Measurements, and Operations in Documents from Mesopotamia, China and South Asia*, Berlin: Springer, 2023, pp. 267-356.

D. I. Owen, "Miscellanea Neo-Sumerica Ⅰ-Ⅲ", in H. A. Hoffner (ed.), *Orient and Occident: Essays presented to Cyrus H. Gordon on the Occasion of his Sixty-fifth Birthday, AOAT 22, Neukirchen-Vluyn: Neukirchener Verlag, 1973, pp. 131-137.

D. I. Owen, "Megum, the First Ur Ⅲ Ensi of Ebla", in L. Cagni (ed.), *Ebla 1975-1985. Dieci anni di studi linguistici e filologici: Atti del Convegno Internazionale (Napoli, 9-11 ottobre 1985)*, Napoli: Istituto Universitario Orientale, 1987, pp. 263-291.

D. I. Owen, "Random Notes on a Recent Ur Ⅲ Volume", *Journal of the American Oriental Society*, Vol. 108 (1988), pp. 113-119.

D. I. Owen, "Syrians in Sumerian Sources from the Ur Ⅲ Period", in M. W. Chavals and J. L. Hayes (eds.), *Bibliotheca Mesopotamica, Volume Twenty-five: New Horizons in the Study of Ancient Syria*, Malibu: Undena Publications, 1992, pp. 107-182.

D. I. Owen, "Ur Ⅲ Geographical and Prosopographical Notes", in G. D. Young, M. W. Chavalas and R. E. Averbeck (eds.), *Crossing Boundaries and Linking Horizons: Studies in Honor of Michael C. Astour on His 80th Birthday*, Bethesda: CDL Press, 1997, pp. 367-398.

D. I. Owen, "The Royal Gift Seal of Silluš-Dagan, Governor of Simurrum", in S. Graziani (ed.), *Studi sul Vicino Oriente Antico dedicati alla memoria di Luigi Cagni*, Napoli: Istituto Orientale di Napoli DSA, 2000, pp. 815-846.

D. I. Owen, "New Iri-Saĝrig Ration Distribution and Related Texts", in P. S. Avetisyan, R. Dan and Y. H. Grekyan (eds.), *Over the Mountains and Far Away: Studies in Near Eastern History and Archaeology presented to Mirjo Salvini on the Occasion of his 80th Birthday*, Oxford: Archaeopress, 2019, pp. 389-398.

T. Ozaki, M. Sigrist and P. Steinkeller, "New Light on the History of Irisaĝrig in Post-Ur Ⅲ Times", *Zeitschrift für Assyriologie und Vorderasiatische Archäologie*, Vol. 111 (2021), pp. 28-37.

C. Paladre, "Glyptic Art from the Ur Ⅲ to the Šimaški Periods: Heritage and Overtaking of the Models", in G. Frame, J. Jeffers and H. Pittman (eds.), *Ur in the Twenty-First Century CE: Proceedings of the 62nd Rencontre Assyriologique Internationale at Philadelphia, July 11-15, 2016, University Park: Penn State University Press, 2021, pp. 341-370.

S. Parpola, A. Parpola and R. H. Brunswig, "The Meluhha Village: Evidence of Acculturation of Harappan Traders in Late Third Millennium Mesopotamia?" *Journal of the Economic and Social History of the Orient*, Vol. 20, No. 2 (1977), pp. 129-165.

A. Parrot, "Les fouilles de Mari Huitième campagne (automne 1952)", *Syria*, Vol. 30, Nos. 3-4 (1953), pp. 196-221.

A. Parrot, "Les fouilles de Mari, seizième campagne (Printemps 1966)", *Syria*, Vol. 44, Nos. 1-2 (1967), pp. 1-26.

D. Patterson, "Elements of the Neo-Sumerian Military", PhD dissertation, University of Pennsylvania, 2018.

C. A. Petrie, A. A. Chaverdi and M. Seyedin, "From Anshan to Dilmun and Magan: The Spatial and Temporal Distribution of Kaftari and Kaftari-Related Ceramic Vessels", *Iran*, Vol. 43 (2005), pp. 49-86.

P. Pfälzner et al., "Urban developments in northeastern Mesopotamia from the ninevite V to the neo-assyrian periods: excavations at Bassetki", *Zeitschrift für Orient-Archäologie*, Vol. 11 (2018), pp. 42-87.

P. Pfälzner and B. Faist, "Eine Geschichte der Stadt Mardama(n)", in J. Baldwin and J. Matuszak (eds.), *mu-zu an-za$_3$-še$_3$ kur-ur$_2$-še$_3$ he$_2$-gal$_2$: Altorientalistische Studien zu Ehren von Konrad Volk*, dubsar 17, Münster: Zaphon, 2020, pp. 347-389.

P. Pfälzner and H. A. Qasim, "The first and second seasons of the german-kurdish excavations at Bassetki in 2015 and 2016", *Zeitschrift für Orient-Archäologie*, Vol. 10 (2017), pp. 10-43.

P. Pfälzner and H. A. Qasim, "From Akkadian Maridaban to Middle-Assyrian Mardama. Excavations at Bassetki in 2018 and 2019", *Zeitschrift für Orient-Archäologie*, Vol. 13 (2020), pp. 12-89.

E. Pfoh, "Feudalism and Vassalage in Twentieth-Century Assyriology", in A. Garcia-Ventura and L. Verderame (eds.), *Perspectives on the History of Ancient Near Eastern Studis*, University Park: Eisenbrauns, 2020, pp. 186-187.

F. Pinnock, "The Lapis Lazuli Trade in the Third Millennium B. C. and the Evidence from the Royal Palace G of Ebla", in M. Kelly-Buccellati (ed.), *Insight throught Images: Studies in Honor of Edith Porada*, BiMes 21, Malibu: Undena Publications, 1986, pp. 221-228.

F. Pinnock, "Ebla and Ur: Relations, Exchanges and Contacts between Two Great Capitals of the Ancient Near East", *Iraq*, Vol. 68 (2006), pp. 85-97.

A. Pitts, "TheCult of the Deified King in Ur III Mesopotamia", PhD dissertation, Harvard University, 2015.

K. Polanyi, "Traders and Trade", in J. A. Sabloff and C. C. Lamberg-Karlovsky (eds.), *Ancient Civilization and Trade*, Albuquerque: University of New Mexico Press, 1975, pp. 142-143.

F. Pomponio, "Lukalla of Umma", *Zeitschrift für Assyriologie und Vorderasiatische Archäologie*, Vol. 82, No. 2 (1992), pp. 172-179.

F. Pomponio, "The Ur III Administration: Workers, Messengers, and Sons", in S. Garfinkle and M. Molina (eds.), *From the 21st Century B. C. to the 21st Century A. D.: Proceedings of the International Conference on Sumerian Studies Held in Madrid 22-24 July 2010*, Winona Lake: Eisenbrauns, 2013, pp. 221-232.

F. Pomponio and L. Verderame, "L'economia neo-sumerica", *Rivista di Storia Economica*, Vol. 31, No. 1 (2015), pp. 25-56.

S. Ponchia, "Legitimation of War and Warriors in Literary Texts", in K. Ruffing, et al. (eds.), *Melammu Symposia 10 Societies at War: Proceedings of the tenth Symposium of the Melammu Project held in Kassel September 26-28 2016 & Proceedings of the eight Symposium of the Melammu Project held in Kiel November 11-15 2014*, Vienna: Austrian Academy of Science Press, 2020, pp. 157-176.

G. L. Possehl, "Meluhha", in J. Reade (ed.), *The Indian Ocean in Antiquity*, Devon: Kegan Paul International, 1996, pp. 133-208.

G. L. Possehl, "Indus-Mesopotamian Trade: The Record in the Indus", *Iranica Antiqua*, Vol. 37 (2002), pp. 325-342.

G. L. Possehl, "Shu-ilishu's Cylinder Seal", *Expedition*, Vol. 48, No. 1 (2006), pp. 42-43.

D. T. Potts, "The Booty of Magan", *Oriens Antiquus*, Vol. 25 (1986), pp. 271-285.

D. T. Potts, "Total Prestation in Marhashi-Ur Relations", *Iranica Antiqua*, Vol. 37 (2002), pp. 343-357.

D. T. Potts, "The Gulf: Dilmun and Magan", in J. Aruz (ed.), *Art of the First Cities: The Third Millennium B. C. from the Mediterranean to the Indus*, New Haven: Yale University Press, 2003, pp. 307-317.

D. T. Potts, "Adamšah, Kimaš and the Miners of Lagaš", in H. D. Baker, E. Robson and G. Zólyomi (eds.), *Your Praise is Sweet: A Memorial Volume for Jeremy Black from Students, Colleagues and Friends*, London: British Institute for the Study of Iraq, 2010, pp. 245-254.

D. T. Potts, "The Elamites", in T. Daryaee (ed.), *The Oxford Handbook of Iranian History*, Oxford: Oxford University Press, 2011, pp. 37-56.

D. T. Potts, "Trade in the Early Ancient Near East", in N. Crüsemann, et al. (eds.), *Uruk: First City of the Ancient World*, Los Angeles: The J. Paul Getty Museum, 2019, pp. 235-241.

D. T. Potts, "Ruhushak", in D. T. Potts, et al. (eds.), *The Encyclopedia of Ancient History: Asia and Africa*, New York: John Wiley & Sons, 2021, pp. 1-2.

D. T. Potts, "The Persian Gulf", in B. Jacobs and R. Rollinger (eds.), *A Companion to the Achaemenid Persian Empire*, Volume I, New York: John Wiley & Sons, 2021, pp. 519-528.

D. T. Potts, "The Zagros Frontier: Physical Feature, Cultural Boundary, Political Divide", in T. Daryaee and R. Rollinger (eds.), *Iran and its Histories: From the Begingings through the Achaemenid Empire: Proceedings of the First and Second Payravi Lectures on Ancient Iranian History, UC Irvine, March 23rd, 2018, & March 11th-12th, 2019*, Classica et Orientalia 29, Wiedbaden: Harrassowitz Verlag, 2021, pp. 45-61.

T. F. Potts, "Patterns of Trade in Third-Millennium BC Mesopotamia and Iran",

World Archaeology, Vol. 24, No. 3 (1993), pp. 379-402.

M. A. Powell, "Sumerian Merchants and the Problem of Profit", *Iraq*, Vol. 39, No. 1 (1977), pp. 23-29.

M. A. Powell, "Karkar, Dabrum, and Tall Ǧidr: An Unresolved Geographical Problem", *Journal of Near Eastern Studies*, Vol. 39, No. 1 (1980), pp. 47-52.

S. Prathapachandran, "The Meluhhans and the Magans: A Look at Their Influences", *Heritage: Journal of Multidisciplinary Studies in Archaeology*, Vol. 1 (2013), pp. 171-180.

J. Reade, "Magan and Meluhhan merchants at Ur? (Plates 43-45)", in U. Finkbeiner, R. Dittmann and H. Hauptmann (eds.), *Beiträge zur Kulturgeschichte Vorderasiens: Festschrift für Rainer Michael Boehmer*, Mainz: Verlag Philipp von Zabern, 1995, pp. 597-600.

J. Reade, "The Indus-Mesopotamia Relationship Reconsidered", in E. Olijdam and R. H. Spoor (eds.), *Intercultural Relations between South and Southwest Asia. Studies in Commemoration of E. C. L. During Caspers (1934-1996)*, Oxford: Archeaopress, 2008, pp. 12-18.

C. Reichel, "Political Changes and Continuity in the Palace of the Rulers at Eshnunna (Tell Asmar) from the Ur III Period to the Isin-Larsa Period (ca. 2070-1850 B. C.)", PhD dissertation, University of Chicago, 2001.

C. Reichel, "The King is Dead, Long Live the King: The Last Days of the Šu-Sîn Cult at Ešnunna and Its Adtermath", in N. Brisch (ed.), *Religion and Power: Divine Kingship in the Ancient World and Beyond*, Chicago: The Oriental Institute of the University of Chicago, 2008, pp. 133-156.

C. Reichel, "Centre andPeriphery—the Role of the 'Palace of the Rulers' at Tell Asmar in the History of Ešnunna (2,100-1,750 BCE)", *Journal of the Canadian Society for Mesopotamian Studies*, Vol. 11-12 (2018), pp. 29-53.

E. Reiner, "The Location of Anšan", *Revue d'Assyriologie et d'archéologie orientale*, Vol. 67 (1973), pp. 57-62.

S. Renette, "The Historical Geography of Western Iran: An Archaeological Perspective on the Location of Kimaš", in J. Tavernier, E. Gorris and K. De Graef, eds., *Susa and Elam II: History, Language, Religion and Culture*,

Leiden: Brill, 2023, pp. 299-339.

J. Renger, "Trade and Market in the Ancient Near East. Theorettical and Factual Implications", in C. Zaccagnini (ed.), *Merchanti e Politica nel Mondo Antico*, Rome: L'Erma di Bretschneider, 2003, pp. 15-39.

S. Richardson, "Mesopotamia and the 'New' Military History", in L. L. Brice and J. T. Roberts (eds.), *Recent Directions in the Military History of the Ancient World*, Claremont: Regina Books, 2011, pp. 11-51.

T. Richter, "Die Ausbreitung der Hurriter bis zur altbabylonischen Zeit: eine Kurze Zwischenbilanz", in J. W. Meyer and W. Sommerfeld (eds.), *2000 v. Chr., politische, wirtschaftliche und kulturelle Entwicklung im Zeichen einer Jahrtausendwende, 3. Internationales Colloquium der Deutschen Orient-Gesellschaft 4. - 7. April 2000 in Frankfurt/ Main und Marburg/Lahn*, CDOG 3, Saarbrücken: Saarbrücker Druckerei und Verlag, 2004, pp. 263-312.

L. Ristvet, "'Assyria' in the Third Millennium BCE", in E. Frahm (ed.), *A Companion to Assyria*, Malden: Wiley Balckwell, 2017, pp. 36-56.

W. Röllig, "Heirat", *Reallexikon der Assyriologie und Vorderasiatischen Archäologie*, Vol. 4 (1972-1975), pp. 282-287.

W. Röllig, "Politische Heiraten im Alten Orient", *Saeculum*, Vol. 25 (1974), pp. 11-23.

W. Röllig, "Kumme", *Reallexikon der Assyriologie und vorderasiatischen Archaologie*, Vol. 6 (1980-1983), p. 336.

M. B. Rowton, "Dimorphic Structure and Topology", *Oriens Antiquus*, Vol. 15 (1976), pp. 17-31.

G. Rubio, "Šulgi and the death of Sumerian", in P. Michalowski and N. Veldhuis (eds.), *Approaches to Sumerian Literature: Studies in Honour of Stip (H. L. J. Vanstiphout)*, Leiden: Brill, 2006, pp. 167-179.

G. Rubio, "Sumerian Literature", in C. S. Ehrlich (ed.), *From an Antique Land: An Introduction To Ancient Near Eastern Literature*, Lanham: Rowman & Littlefield Publishers, 2009, pp. 11-75.

W. Sallaberger, "Nachrichten an den Palast von Ebla. Eine Deutung von níĝ-mul-(an)", in *Semitic and Assyriological Studies Presented to Pelio*

Fronzaroli, Wiesbaden: Harrassowitz Verlag, 2003, pp. 600-625.

W. Sallaberger, "From Urban Culture to Nomadism: A History of Upper Mesopotamia in the Late Third Millennium", in C. Kuzucuoglu and C. Marro (eds.), *Sociétés humaines et changement climatique à la fin du troisième millénaire: une crise a-t-elle eu lieu en Haute Mésopotamie? Actes du Colloque de Lyon (5 - 8 décembre 2005)*, Istanbul: Institut Français d'Études Anatoliennes-Georges Dumézil, 2007, pp. 417-456.

W. Sallaberger, "Who is Elite? Two Exemplary Cases from Early Bronze Age Syro-Mesopotamia", in G. Chambon, M. Guichard and A. Langlois (eds.), *De l'Argile au Numérique: Mélanges Assyriologiques en l'Honneur de Dominique Charpin*, Leuven: Peeters, 2019, pp. 893-922.

W. Sallaberger and I. Schrakamp, "Philological Data for a Historical Chronology of Mesopotamia in the 3rd Millennium", in W. Sallaberger and I. Schrakamp (eds.), *ARCANE III: History & Philology*, Turnhout: Brepols, 2015, pp. 1-136.

W. Sallaberger and J. A. Ur, "Tell Beydar/Nabada in its regional setting", in L. Milano, et al. (eds.), *Third Millennium Cuneiform Texts from Tell Beydar (Season 1996-2002)*, Turnhout: Brepols, 2004, pp. 51-71.

M. Salvini, "Una Lettera di Hattusili relativa alla spedizione contro Hahhum", *Studi Micenei ed Egeo-Anatolici*, Vol. 34 (1994), pp. 61-80.

M. Salvini, "The Earliest Evidences of the Hurrians Before the Formation of the Reign of Mittanni", in G. Buccellati and M. Kelly-Buccellati (eds.), *Urkesh and the Hurrians: Studies in Honor of Lloyd Cotsen*, BiMes 26, Malibu: Undena Publications, 1998, pp. 99-116.

J. M. Sasson, "A Sketch of North Syrian Economic Relations in the Middle Bronze Age", *Journal of the Economic and Social History of the Orient*, Vol. 9, No. 3 (1966), pp. 161-181.

C. Schmidt, "Überregionale Austauschsysteme und Fernhandelswaren in der Ur III-Zeit", *Baghdader Mittelungen*, Vol. 36 (2005), pp. 7-153.

T. P. Schou, "Mobile pastoralist groups and the Palmyrene in the late Early to Middle Bronze Age (c. 2400-1700 BCE): An archaeological synthesis based on a multidisciplinary approach focusing on satellite imagery studies, environmental data, and textual sources", PhD dissertation, University of Bergen, 2014.

I. Schrakamp, "Lullubi", in R. S. Bagnall, et al. (eds.), *The Encyclopedia of Ancient History*, Oxford: Blackwell, 2013, pp. 4166-4167.

I. Schrakamp, "Akkadian Empire", in J. M. MacKenzie (ed.), *The Encyclopedia of Empire*, First Edition, New York: John Wiley & Sons, 2016, p. 6.

I. Schrakamp, "Zabšali", *Reallexikon der Assyriologie und Vorderasiatischen Archäologie*, Vol. 15 (2016-2018), pp. 174-175.

S. Seminara, "Beyong the Words. Some Considerations about the Word 'To Translate' in Sumerian", *Vicino Oriente*, Vol. 18 (2014), pp. 7-13.

A. Shaffer and N. Wasserman, "Iddi(n)-Sîn, King of Simurrum: A New Rock-Relief Inscription and a Reverential Seal", *Zeitschrift für Assyriologie und Vorderasiatische Archäologie*, Vol. 93 (2003), pp. 1-52.

T. M. Sharlach, "Beyond Chronology: The Šakkanakkus of Mari and the Kings of Ur", in W. W. Hallo and I. J. Winter (eds.), *Proceedings of the XLVe Rencontre Assyriologique Internationale*, Part II Yale University: Seals and Seal Impressions, Bethesda: CDL Press, 2001, pp. 59-70.

T. M. Sharlach, "Diplomacy and the Rituals of Politics at the Ur III Court", *Journal of Cuneiform Studies*, Vol. 57 (2005), pp. 17-29.

T. M. Sharlach, "Calendars and Counting", in Harriet Crawford (ed.), *The Sumerian World*, New York: Routledge, 2013, pp. 311-312.

T. M. Sharlach, "Princely Employments in the Reign of Shulgi", *Journal of Ancient Near Eastern History*, Vol. 9, No. 1 (2022), pp. 1-68.

M. Silver, "Climate Change, the Mardu Wall, and the Fall of Ur", in O. Drewnowska and M. Sandowicz (eds.), *Fortune and Misfortune in the Ancient Near East: Proceedings of the 60th Rencontre Assyriologique Internationale Warsaw, 21-25 July 2014*, University Park: Penn State University Press, 2017, pp. 271-295.

D. C. Snell, "The Activities of Some Merchants of Umma", *Iraq*, Vol. 39, No. 1 (1977), pp. 45-50.

D. C. Snell, "Marketless Trading in Our Time", *Journal of the Economic and*

Social History of the Orient, Vol. 34, No. 3 (1991), pp. 129–141.

E. Sollberger, "Sur la chronologie des rois d'Ur et quelques problèmes connexes", *Archiv für Orientforschung*, Vol. 17 (1954–1956), pp. 10–14.

A. Spycket, "Transposition du Modelage au Moulage a Suse a la fin du Ⅲe Millenaire av. J.-C. ", in L. De Meyer, H. Gasche and F. Vallat (eds.), *Fragmenta Historiae Elamicae: Mélanges Offerts à M. J. Steve*, Paris: Éditions Recherche sur les Civilisations, 1986, pp. 79–81.

A. Spycket, "Mari. B. Archäologisch", *Reallexikon der Assyriologie und Vorderasiatischen Archäologie*, Vol. 7 (1987–1990), pp. 390–418.

P. Steinkeller, "The Question of Marhaši: A Contribution to the Historical Geography of Iran in the Third Millennium B. C. ", *Zeitschrift für Assyriologie und Vorderasiatische Archäologie*, Vol. 72 (1982), pp. 237–265.

P. Steinkeller, "The Administrative and Economic Organization of the Ur Ⅲ State: The Core and the Periphery," in M. Gibson, R. D. Biggs (eds.), *The Organization of Power: Aspects of Bureaucracy in the Ancient Near East*, Chicago: The Oriental Institute of the University of Chicago, 1987, pp. 15–33.

P. Steinkeller, "The Date of Gudea and His Dynasty", *Journal of Cuneiform Studies*, Vol. 40, No. 1 (1988), pp. 47–53.

P. Steinkeller, "On the Identity of the Toponym LÚ.Su(.A) ", *Journal of the American Oriental Society*, Vol. 108, No. 2 (1988), pp. 197–202.

P. Steinkeller, "Sheep and Goat Terminology in Ur Ⅲ sources from Drehem", *Bulletin on Sumerian Agriculture*, Vol. 8 (1995), pp. 49–70.

P. Steinkeller, "The Historical Background of Urkesh and the Hurrian Beginnings in Northern Mesopotamia", in G. Buccellati and M. Kelly-Buccellati (eds.), *Urkesh and the Hurrians: Studies in Honor of Lloyd Cotsen*, BiMes 26, Malibu: Undena Publications, 1998, pp. 75–98.

P. Steinkeller, "Money-Lending Practices in Ur Ⅲ Babylonia: The Issue of Economic Motivation", in M. Hudson and M. Van De Mieroop (eds.), *Debt and Economic Renewal in the Ancient Near East*, Bethesda: CDL Press, 2002, pp. 109–138.

P. Steinkeller, "Toward a Definition of Private Economic Activity in Third Millennium Babylonia", in R. Rollinger and C. Ulf (eds.), *Commerce and Monetary Systems in the Ancient World: Means of Transmission and Cultural Interaction. Proceedings of the Fifth Annual Symposium of the Assyrian and Babylonian Intellectual Heritage Project Held in Innsbruck, Austria, October 3rd-8th 2002*, Stuttgart: Franz Steiner Verlag, 2004, pp. 91-111.

P. Steinkeller, "New Light on Marhaši and Its Contacts with Makkan and Babylonia", *Journal of Magan Studies*, Vol. 1 (2006), pp. 1-17.

P. Steinkeller, "New Light on Šimaški and Its Rulers", *Zeitschrift für Assyriologie und Vorderasiatische Archäologie*, Vol. 97 (2007), pp. 215-232.

P. Steinkeller, "Tiš-atal's Visit to Nippur", *Nouvelles Assyriologiques Brèves et Utilitaires*, No. 15 (2007), pp. 14-16.

P. Steinkeller, "City and Countryside in Third-Millennium Southern Babylonia", in E. C. Stone (ed.), *Settlement and Society: Essays Dedicated to Robert McCormick Adams*, Los Angeles: Cotsen Institute of Archaeology Press, 2007, pp. 185-211.

P. Steinkeller, "On Birbirrum, the Alleged Earliest-Documented *rabiānum* Official, and on the End of Ibbi-Suen's Reign", *Nouvelles Assyriologiques Brèves et Utilitaires*, No. 3 (2008), pp. 3-5.

P. Steinkeller, "On the Location of the Towns of Ur-Zababa and Dimat-Enlil and on the Course of the Ara'tum", in J. C. Fincke (ed.), *Festschrift für Gernot Wilhelm anläßlich seines 65. Geburtstages am 28. Januar 2010*, Dresden: ISLET, 2010, pp. 380-382.

P. Steinkeller, "Archival Practices at Babylonia in the Third Millennium", in M. Brosius (ed.), *Ancient Archives and Archival Traditions: Concepts of Record-Keeping in the Ancient World*, Oxford: Oxford University Press, 2011, pp. 37-77.

P. Steinkeller, "New Light on Marhaši and Its Contacts with Makkan and Babylonia", in J. Giraud and G. Gernez (eds.), *Aux marges de l'archéologie. Hommage à Serge Cleuziou*, Paris: De Boccard, 2012, pp. 261-274.

P. Steinkeller, "Puzur-Inšušinak at Susa", in K. De Graef and J. Tavernier (eds.), *Susa and Elam. Archaeological, Philological, Historical and*

Geographical Perspectives: Proceedings of the International Congress Held at Ghent University, December 14-17, 2009, MDP 58, Leiden and Boston: Brill, 2013, pp. 293-318.

P. Steinkeller, "Corvée Labor in Ur Ⅲ Times", in S. Garfinkle and M. Molina (eds.), From the 21st Century B. C. to the 21st Century A. D.: Proceedings of the International Conference on Sumerian Studies Held in Madrid 22-24 July 2010, Winona Lake: Eisenbrauns, 2013, pp. 347-424.

P. Steinkeller, "Trade Routes and Commercial Networks in the Persian Gulf during the Third Millennium BC", in C. Faizee (ed.), Collection of Papers presented at the Third International Biennial Conference of the Persian Gulf (History, Culture, and Civilization), Tehran: University of Tehran Press, 2013, pp. 413-431.

P. Steinkeller, "Marhaši and Beyond: The Jiroft Civilization in a Historical Perspective", in C. C. Lamberg-Karlovsky and B. Genito (eds.), "My Life Is Like a Summer Rose": Marizio Tosi e l'Archaeologia Come Mode di Vivere. Papers in Honour of Maurizio Tosi for his 70th Birthday, Oxford: Oxford University Press, 2014, pp. 691-707.

P. Steinkeller, "On the Dynasty of Šimaški: Twenty Years (or so) After", in M. Kozuh, et al. (eds.), Extraction & Control: Studies in Honor of Matthew W. Stolper, SAOC 68, Chicago: The Oriental Institute of the University of Chicago, 2014, pp. 287-296.

P. Steinkeller, "The Role of Iran in the Inter-Regional Exchange of Metals: Tin, Copper, Silver and Gold in the Second Half of the Third Millennium BC", Ancient Text Studies in the National Museum, Vol. 2 (2016), pp. 127-150.

P. Steinkeller, "The Birth of Elam in History", in J. Álvarez-Mon, G. P. Basello and Y. Wicks (eds.), The Elamite World, London: Routledge, 2018, pp. 177-202.

P. Steinkeller, "The Sargonic and Ur Ⅲ Empires", in P. F. Bang, C. A. Bayly and W. Scheidel (eds.), The Oxford World History of Empire, Volume 2: The History of Empires, Oxford: Oxford University Press, 2021, pp. 43-72.

M. W. Stolper, "On the Dynasty of Šimaški and the Early Sukkalmahs",

Zeitschrift für Assyriologie und Vorderasiatische Archäologie, Vol. 72（1982），pp. 42-67.

M. P. Streck,"Tafel（tablet）", *Reallexikon der Assyriologie und Vorderasiatischen Archäologie*, Vol. 13（2011-2013），pp. 400-401.

M. Such-Gutiérrez,"Das ra$_{(2)}$-gaba-Amt anhand der schriftlichen Quellen des 3. Jahrtausends", *Archiv für Orientforschung*, Vol. 53（2015），pp. 19-39.

M. Such-Gutiérrez,"Year Names as Source for Military Campaigns in the Third Millennium BC," in J. Luggin and S. Fink, eds., *Battle Descriptions as Literary Texts*, Wiesbaden: Springer VS, 2020, pp. 9-29.

É. Szlechter,"Le Code d'Ur-Nammu", *Revue d'Assyriologie et d'archéologie orientale*, Vol. 49, No. 4（1955），pp. 169-177.

J. Taylor,"Hazannum: The Forgotten Mayor", in L. Kogan, et al.（eds.）, *City Administration in the Ancient Near East: Proceedings of the 53e Rencontre Assyriologique Internationale*, Vol. 2, Winona Lake: Eisenbrauns, 2010, pp. 207-222.

R. Thapar,"A Possible Identication of Meluḫḫa, Dilmun and Makan", *Journal of the Economic and Social History of the Orient*, Vol. 18, No. 1（1975），pp. 1-42.

F. Thureau-Dangin,"Troisième Collection de Tablettes", *Revue d'Assyriologie et d'Archéologie Orientale*, Vol. 5, No. 1（1898），pp. 67-102.

F. Thureau-Dangin,"Notes assyriologiques", *Revue d'Assyriologie et d'Archéologie Orientale*, Vol. 7（1910），pp. 186-191.

M. Tosi,"The Lapis Lazuli Trade across the Iranian Plateau in the 3rd Millennium B.C.", in *Gururajamanjarika: Studi in Onore di Giuseppe Tucci*, *Volime I*, Napoli: Istituto Universitario Orientale, 1974, pp. 3-22.

R. Trager,"The Diplomacy of War and Peace", *Annual Review of Political Science*, Vol. 19, No. 1（2016），pp. 205-228.

C. Tsouparopoulou,"The Material Face of Bureaucracy: Writing, Sealing and Archiving Tablets for the Ur Ⅲ State at Drehem", PhD dissertation, University of Cambridge, 2008.

C. Tsouparopoulou,"'Counter-archaeology': Putting the Ur Ⅲ Drehem Archives Back to the Ground", in Y. Heffron and A. Stone (eds.), *At the Dawn of History: Ancient Near Eastern Studies in Honour of J. N. Postgate*, Winona Lake: Eisenbrauns, 2017, pp. 611-630.

O. Tufnell and W. A. Ward, "Relations between Byblos, Egypt and Mesopotamia at the End of the Third Millennium B. C. a Study of the Montet Jar", *Syria*, Vol. 43, No. 3/4 (1966), pp. 165-241.

A. Ungnad, "Datenlisten", *Reallexikon der Assyriologie und Vorderasiatischen Archäologie*, Vol. 2 (1938), pp. 131-194.

J. A. Ur, "Cycles of Civilization in Northern Mesopotamia, 4400—2000 BC", *Journal of Archaeological Research*, Vol. 18, No. 4 (2010), pp. 387-431.

J. A. Ur, "Urban Form at Tell Brak Across Three Millennia", in A. McMahon and H. Crawford (eds.), *Preludes to Urbanism: Studies in the Late Chalcolithic of Mesopotamia in Honour of Joan Oates*, Cambridge: McDonald Institute for Archaeological Research and the British School of Archaeology in Iraq, 2014, pp. 49-62.

L. Vacin, "Šulgi of Ur: Life, Deeds, Ideology and Legacy of a Mesopotamian Ruler as Reflected Primarily in Literary Texts", PhD dissertation, University of London, 2011.

F. Vallat, "Éléments de Géographie Élamite (Résumé)", *Paléorient*, Vol. 11, No. 2 (1985), pp. 49-54.

J. van Dijk, "Ishbi'erra, Kindattu, l'homme d'Elam, et la chute de la ville d'Ur", *Journal of Cuneiform Studies*, Vol. 30 (1978), pp. 189-208.

K. R. Veenhof, "The Sequence of the 'Overseers of the Merchants' at Sippar and the Date of the Year-Eponymy of Habil-Kēnum", *Jaarbericht Ex Oriente Lux*, Vol. 30 (1987-1988), pp. 32-35.

K. R. Veenhof, "Ancient Assur: The City, its Traders, and its Commercial Network", *Journal of the Economic and Social History of the Orient*, Vol. 53, No. 1/2 (2010), pp. 39-82.

K. R. Veenhof, "The Old Assyrian Period (20th-18th Century BCE)", in E. Frahm (ed.), *A Companion to Assyria*, Hoboken: Wiley Blackwell, 2017, pp. 63-69.

L. Verderame, "Mar-tu nel Ⅲ Millennio: Fonti e Interpretazioni", *Rivista degli Studi Orientali*, Vol. 82 (2009), pp. 229-260.

P. Verkinderen, "Les toponymes bàd^{ki} et bàd. an^{ki}", *Akkadica*, Vol. 127 (2006), pp. 109-122.

P. S. Vermaak, "Guabba, The Meluhhan Village in Mesopotamia", *Journal of Semitics*, Vol. 17, No. 2 (2008), pp. 553-570.

M. Vidale, "Growing in a Foreign World: For a History of the 'Meluhha Villages' in Mesopotamia in the 3rd Millennium BC", in A. Panaino and A. Piras (eds.), *Melammu Symposia Ⅳ: Schools of Oriental Studies and the Development of Modern Historiography*, Milan: Università di Bologna & IsIao, 2004, pp. 261-280.

C. Virolleaud, "Quelques textes cunéiformes inédits", *Zeitschrift für Assyriologie und Verwandte Gebiete*, Vol. 19 (1905-1906), pp. 377-385.

T. Vosmer, "The Magan Boat Project: a process of discovery, a discovery of process", *Proceedings of the Seminar for Arabian Studies*, Vol. 33 (2003), pp. 49-58.

H. Waetzoldt and F. Yildiz, "Die Jahresnamen für das 9. und das 36. Regierungsjahr Šulgi's", *Oriens Antiquus*, Vol. 22 (1983), pp. 7-12.

M. F. Walker, "The Tigris Frontier from Sargon to Hammurabi-A Philologic and Historical Synthesis", PhD dissertation, Yale University, 1985.

X. Wang, "State and Empire in Early Mesopotamia", *Social Evolution & History*, Vol. 18, No. 1 (2019), pp. 195-216.

J. Wang, Y. Wu, "A Research on the Incoming (mu-túm) Archive of Queen Šulgi-simti's Animal Institution", *Journal of Ancient Civilizations*, Vol. 26 (2011), pp. 41-60.

F. Weiershäuser, "Die bildliche Darstellung königlicher Frauen der Ⅲ. Dynastie von Ur und ihre sozialpolitische Aussage", in S. Schroer (ed.), *Images and Gender. Contributions to the hermeneutics of reading ancient art*, OBO 220, Fribourg / Göttingen: Academic Press / Vandenhoeck & Ruprecht, 2006, pp. 263-279.

G. Weisgerber, et al., "Trade and the Beginnings of Seafaring in the Indian Ocean", in S. Cleuziou and M. Tosi (eds.), *In the Shadow of the Ancestors: The Prehistoric Foundations of the Early Arabian Civilization in Oman: Second Expanded Edition*, Oxford: Archaeopress, 2020, pp. 269-328.

H. Weiss, "Excavations at Tell Leilan and the Origins of North Mesopotamian Cities in the Third Millennium B. C. ", *Paléorient*, Vol. 9, No. 2 (1983), pp. 39-52.

H. Weiss, "Quantifying Collapse: The Late Third Millennium Khabur Plains", in H. Weiss (ed.), *Seven Generations Since the Fall of Akkad*, Studia Chaburensia 3, Wiesbaden: Harrassowitz, 2012, pp. 1-24.

H. Weiss, et al. , "The Genesis and Collapse of Third Millennium North Mesopotamian Civilization", *Science, New Series*, Vol. 261, No. 5124 (1993), pp. 995-1004.

R. M. Whiting, "Tiš-atal of Nineveh and Babati, Uncle of Šu-Sin", *Journal of Cuneiform Studies*, Vol. 28, No. 3 (1976), pp. 173-182.

M. Widell, "Reconstructing the Early History of the Ur Ⅲ State: Some Methodological Considerations of the Use of Year Formulae", *Journal of Ancient Civilizations*, Vol. 17 (2002), pp. 99-111.

C. Wilcke, "Zur Geschichte der Amurriter in der Ur-Ⅲ-Zeit", *Die Welt des Orients*, Vol. 5, No. 1 (1969), pp. 1-31.

C. Wilcke, "Eine Schicksalsentscheidung für den toten Urnammu", in A. Finet (ed.), *Actes de la XVIIe Recontre Assyriologique Internationale: Université Libre de Bruxelles, 30 juin-4 juillet 1969*, Ham-sur-Heure: Comité belge de recherches en Mésopotamie, 1970, pp. 81-92.

C. Wilcke, "Zum Königtum in der Ur Ⅲ-Zeit", in P. Garelli (ed.), *Le palais et la royauté (Archéologie et civilisation)*, Paris: Librairie Orientaliste Paul Geuthner, 1974, pp. 177-232.

C. Wilcke, "Neue Quellen aus Isin zur Geschichte der Ur Ⅲ-Zeit und der I. Dynastie von Isin", *Orientalia Nova Series*, Vol. 54 (1985), pp. 299-318.

C. Wilcke, "Die Inschriftenfunde der 7. und 8. Kampagnen (1983 und 1984) ", in B. Hrouda (ed.), *Isin-Išān Bahrīyāt Ⅲ. Die Ergebnisse der Ausgrabungen 1983-1984*, München: Verlag der Bayerischen Akademie der

Wissenschaften, 1988, pp. 83-120.

C. Wilcke, "A note on Ti'amat-bašti and the goddess Ša(w)uš(k)a of Nineveh", *Drevnii Vostok*, Vol. 5 (1988), pp. 21-26.

C. Wilcke, "Genealogical and Geographical Thought in the Sumerian King List", in H. Behrens, D. Loding and T. M. Roth (eds.), *DUMU-E$_2$-DUB-BA-A: Studies in Honor of Åke W. Sjöberg*, OPKF 11, Philadelphia: The University Museum, 1989, pp. 563-565.

C. Wilcke, "Ti'āmat-bāštī", *Nouvelles Assyriologiques Brèves et Utilitaires* 1990/36.

C. Wilcke, "É-saĝ-da-na Nibru^{ki}: An Early Administrative Center of the Ur Ⅲ Empire", in M. Ellis (ed.), *Nippur at the Centennial: Papers Read at the 35e Rencontre Assyriologique Internationale, Philadelphia, 1988*, OPSNKF 14, Philadelphia: The University Museum, 1992, pp. 311-324.

C. Wilcke, "Amar-girids Revolte gegen Narām-Su'en", *Zeitschrift für Assyriologie und Vorderasiatische Archäologie*, Vol. 87 (1997), pp. 11-32.

C. Wilcke, "Der Kodex Urnamma (CU): Versuch einer Rekonstruktion", in T. Abusch (ed.), *Riches Hidden in Secret Places: Ancient Near Eastern Studies in Memory of Thorkild Jacobsen*, Winona Lake: Eisenbrauns, 2002, pp. 291-333.

C. Wilcke, "Eine Weihinschrift Gudeas von Lagaš mit altbabylonischen Übersetzung", in A. R. George (ed.), *Cuneiform Royal Inscriptions and Related Texts in the Schøyen Collection*, CUSAS 17, Bethesda: CDL Press, 2011, pp. 29-47.

G. Wilhelm, "Kumme und *Kumar: Zur hurritischen Ortsnamenbildung", in P. Calmeyer, et al. (eds.), *Beiträge zur Altorientalischen Archäologie und Altertumskunde: Festschrift für Barthel Hrouda zum 65. Geburtstag*, Wiesbaden: Harrassowitz, 1994, pp. 315-320.

T. J. Wilkinson, et al., "The Structure and Dynamics of Dry-Farming States in Upper Mesopotamia [and Comments and Reply]", *Current Anthropology*, Vol. 35, No. 5 (1994), pp. 483-520.

R. D. Winters, "Negotiating Exchange: Ebla and the International System of the

Early Bronze Age", PhD dissertation, Harvard University, 2019.

Y. Wu, "The Anonymous Nasa and Nasa of the Animal Center during Šulgi 44–48 and the Wild Camel (gú-gur$_5$), Hunchbacked Ox (gur$_8$-gur$_8$), ubi, habum and the Confusion of the Deer (lulim) with Donkwy (anše) or šeg$_9$", *Journal of Ancient Civilizations*, Vol. 25 (2010), pp. 1–17.

Y. Wu, J. Wang, "The Identifications of Šulgi-simti, Wife of Šulgi, with Abi-simti, Mother of Amar-Sin nad Šu-Sin, and of Ur-Sin, the Crown Prince, with Amar-Sin", *Journal of Ancient Civilizations*, Vol. 27 (2012), pp. 99–130.

M. Yoshikawa, "GABA-aš and GABA-ta in the Ur Ⅲ Umma Texts", *Acta Sumerologica*, Vol. 10 (1988), pp. 231–241.

R. Zadok, "Elamites and Other Peoples from Iran and the Persian Gulf Region in Early Mesopotamian Sources", *Iran*, Vol. 32 (1994), pp. 31–51.

R. Zadok, "Issues in the Historical Geography and the Ethno-Linguistic Character of the Zagros and Adjacent Regions", in D. R. Katz, N. Hacham, G. Herman and L. Sagiv (eds.), *A Question of Identity: Social, Political, and Historical Aspects of Identity Dynamics in Jewish and Other Contexts*, Berlin: De Gruyter, 2019, pp. 71–110.

R. Zadon, "Elamite Onomastics", *Studi Epigrafici e Linguistici sul Vicino Oriente Antico*, Vol. 8 (1991), pp. 225–237.

J. Zarins, "Magan Shipbuilders at the Ur Ⅲ Lagash State Dockyards (2062–2025 B. C.)", in E. Olijdam and R. H. Spoor (eds.), *Intercultural Relations between South and Southwest Asia. Studies in Commemoration of E. C. L. During Caspers (1934–1996)*, Oxford: Archeaopress, 2008, pp. 209–229.

R. L. Zettler, "Tišatal and Nineveh at the End of the 3rd Millennium BCE", in A. K. Guinan, et al. (eds.), *If a Man Builds a Joyful House: Assyriological Studies in Honor of Erle Verdun Leichty*, CM 31, Leiden and Boston: Brill, 2006, pp. 503–514.

N. Ziegler, "Kaknum et le Gutium", in L. Marti, C. Hicolle and K. Shawaly (eds.), *Recherches en Haute-Mésopotamie Ⅱ: Mission Archéologique de Bash Tapa (Campagnes 2012–2013) et les Enjeux de la Recherche dans la Région d'Erbil*, Mémoires de N. A. B. U. 17, Paris: SEPOA, 2015, pp. 23–36.

三 中文参考书目

东北师范大学世界古典文明史研究所编著：《世界诸古代文明年代学研究的历史与现状》，世界图书出版公司1999年版。

［英］M. I. 芬利：《古代世界的政治》，晏绍祥、黄洋译，商务印书馆2019年版。

拱玉书：《日出东方：苏美尔文明探秘》，云南人民出版社2001年版。

拱玉书：《西亚考古史（1842—1939）》，文物出版社2002年版。

郭丹彤：《古代埃及对外关系研究》，黑龙江人民出版社2005年版。

郭丹彤：《埃及与东地中海世界的交往》，社会科学文献出版社2011年版。

郭丹彤、黄薇编著：《古代近东文明文献读本》，中西书局2019年版。

国洪更：《亚述赋役制度考略》，中国社会科学出版社2015年版。

［英］哈里·西德博特姆：《古代战争简史》，晏绍祥译，外语教学与研究出版社2015年版。

蒋家瑜：《不可不知的古代地中海文明史》，华中科技大学出版社2019年版。

［德］卡尔·冯·克劳塞维茨：《战争论》，时殷弘译，商务印书馆2016年版。

李海峰：《古巴比伦时期不动产经济活动研究：以西帕尔地区为考察中心》，社会科学文献出版社2011年版。

李海峰：《古巴比伦时期动产交易活动研究》，上海三联书店2018年版。

李政：《赫梯文明与外来文化》，江西人民出版社1996年版。

李政：《赫梯条约研究》，昆仑出版社2006年版。

刘昌玉：《从"上海"到下海：早期两河流域商路初探》，中国社会科学出版社2019年版。

刘昌玉：《古代两河流域乌尔第三王朝赋税制度研究》，中国社会科学出版社2021年版。

刘昌玉：《无爱之盟：古代两河流域政治婚姻史》，中国社会科学出版社2023年版。

刘家和、廖学盛主编：《世界古代文明史研究导论》，高等教育出版社2001年版。

刘文鹏主编：《古代西亚北非文明》，中国社会科学出版社1999年版。

刘文鹏、吴宇虹、李铁匠：《古代西亚北非文明》，福建教育出版社 2008 年版。

[美] 马克·范·德·米罗普：《希腊前的哲学：古代巴比伦对真理的追求》，刘昌玉译，商务印书馆 2020 年版。

亓佩成：《古代西亚文明》，山东大学出版社 2016 年版。

[英] 塞顿·劳埃德：《美索不达米亚考古》，杨建华译，文物出版社 1990 年版。

施治生、徐建新主编：《古代国家的等级制度》，中国社会科学出版社 2015 年版。

唐均：《苏美尔语格范畴的普遍语法研究》，四川文艺出版社 2010 年版。

王欢：《青铜时代晚期的东地中海世界：以赫梯国家的引渡为中心》，上海书店出版社 2023 年版。

王俊娜：《乌尔第三王朝王后贡牲机构档案重建与研究》，中国社会科学出版社 2017 年版。

吴宇虹等著：《泥板上不朽的苏美尔文明》，北京大学出版社 2013 年版。

吴宇虹等著：《古代两河流域楔形文字经典举要》，黑龙江人民出版社 2006 年版。

[美] T. 雅各布森编著：《苏美尔王表》，郑殿华译，生活·读书·新知三联书店 1989 年版。

杨建华：《两河流域：从农业村落走向城邦国家》，科学出版社 2014 年版。

[芬兰] E. A. 韦斯特马克：《人类婚姻史》，李彬、李毅夫、欧阳觉亚译，商务印书馆 2002 年版。

李安山、易建平：《战争与古代社会》，江西人民出版社 2012 年版。

于殿利：《巴比伦与亚述文明》，北京师范大学出版社 2013 年版。

于殿利：《古代美索不达米亚文明》，北京师范大学出版社 2018 年版。

四　中文参考论文

郭丹彤：《论新王国时期埃及和利比亚的关系》，《东北师大学报》2003 年第 5 期。

郭丹彤：《论新王国时期埃及和巴勒斯坦地区的关系》，《东北师大学报》2004 年第 2 期。

郭丹彤：《论第十八王朝时期埃及和米坦尼王国的关系》，《东北师大学报》2006年第6期。

郭丹彤：《米格都战役·卡代什战役·海上民族入侵——论新王国时期的埃及对外战争》，《历史教学》（高校版）2009年第6期。

郭丹彤：《公元前1600年—前1200年古代东地中海世界的联盟和联姻》，《东北师大学报》（哲学社会科学版）2009年第6期。

郭丹彤：《论公元前1600年至前1100年东地中海世界的战争》，《历史教学》（下半月刊）2011年第2期。

郭丹彤：《古代埃及国王沙桑克一世巴勒斯坦战争考》，《东北师大学报》（哲学社会科学版）2014年第3期。

郭丹彤：《古代埃及文献中的沙苏人》，《世界民族》2014年第4期。

郭丹彤：《论中王国时期埃及与迦南的关系》，《外国问题研究》2016年第2期。

郭丹彤：《埃及与西亚的关系——以古代埃及inw税为中心》，《东北师大学报》（哲学社会科学版）2020年第1期。

郭丹彤：《阿契美尼德王朝对波斯帝国的治理》，《历史研究》2022年第6期。

郭丹彤、李成彬：《新王国时期的对外战争对古代埃及文明的影响》，《东北师大学报》（哲学社会科学版）2007年第6期。

国洪更：《亚述行省制度探析》，《世界历史》2014年第6期。

国洪更：《亚述帝国邮驿制度辨析》，《安徽史学》2016年第3期。

国洪更：《古代两河流域早期王衔的沿革与国家形态的演变》，《史学集刊》2021年第3期。

国洪更：《古代西亚通用语言的形成与演变探析》，《史学集刊》2023年第5期。

国洪更、吴宇虹：《古代两河流域和巴林的海上国际贸易——楔形文字文献和考古发现中的狄勒蒙》，《东北师大学报》2004年第5期。

郭智韫：《实践中的外交：哈图什里三世时期赫梯与埃及外交书信整理与研究》，博士学位论文，东北师范大学，2021年。

拱玉书：《论苏美尔文明中的"道"》，《北京大学学报》（哲学社会科学版）2017年第3期。

拱玉书：《楔形文字文明的特点》，《世界历史》2023 年第 5 期。

韩翔：《托勒密二世时代对外关系研究》，博士学位论文，上海师范大学，2012 年。

黄洋：《摩西·芬利与古代经济史研究》，《世界历史》2013 年第 5 期。

蒋家瑜：《论赫梯王国的流放政策》，《世界历史》2015 年第 5 期。

金寿福：《古埃及最早领土国家形成的路径》，《历史教学》（下半月刊）2021 年第 8 期。

李海峰：《亚述地区的民族冲突与文化融合》，《重庆工商大学学报》（社会科学版）2014 年第 3 期。

李海峰：《论古巴比伦时期的"雇佣劳动"现象》，《求索》2017 年第 7 期。

李海峰：《新亚述时期银钱借贷活动探析》，《社会科学战线》2021 年第 5 期。

李政：《论赫梯国王的对外政策》，《世界历史》2007 年第 2 期。

李智：《苏美尔人驿站系统的形成及其作用》，《世界历史》2021 年第 1 期。

李智：《从驿站运营看乌尔第三王朝国家治理中的二元结构》，《历史教学》（下半月刊）2023 年第 6 期。

刘昌玉：《乌尔第三王朝滚印研究》，《西泠艺丛》2016 年第 12 期。

刘昌玉：《麦鲁哈与上古印度洋—波斯湾海上贸易》，《浙江师范大学学报》（社会科学版）2016 年第 5 期。

刘昌玉：《古代商路沟通中亚与西亚》，《中国社会科学报》2016 年 1 月 25 日。

刘昌玉：《〈乌尔纳姆地籍〉译注》，《古代文明》2017 年第 1 期。

刘昌玉：《乌尔第三王朝行省制度探析》，《社会科学》2017 年第 1 期。

刘昌玉：《古代两河流域的乳母与保姆》，《妇女与性别史研究》2017 年第 2 辑。

刘昌玉：《两河流域乌尔第三王朝灭亡原因初探》，《浙江师范大学学报》（社会科学版）2018 年第 5 期。

刘昌玉：《丝绸之路前的亚洲西段贸易探析》，《新世界史》2018 年第 2 辑。

刘昌玉：《上古时期东地中海贸易活动探析》，《外国问题研究》2018年第3期。

刘昌玉：《上古时期东地中海世界的商路分布与贸易活动》，《光明日报》2018年9月3日。

刘昌玉：《政治婚姻与两河流域乌尔第三王朝的治理》，《社会科学》2018年第8期。

刘昌玉：《丝绸之路开辟前以两河流域为中心的跨区域贸易探析》，《中南大学学报》（社会科学版）2019年第3期。

刘昌玉：《上古西亚文明的交流互鉴》，《光明日报》2019年11月25日。

刘昌玉：《税制与乌尔第三王朝的国家治理》，《古代文明》2021年第1期。

刘昌玉：《排斥还是认同：库提人、阿摩利人与古代两河流域文化》，《社会科学战线》2021年第5期。

刘昌玉：《从印度到东非：古代两河流域文献中的"麦鲁哈"地名变迁探析》，《史林》2021年第6期。

刘昌玉：《何谓两河》，《丝路文明》2021年第6辑。

刘昌玉：《"文明"与"交往"：青铜时代叙利亚文明的特征》，《史学月刊》2022年第8期。

刘昌玉：《历史上最早的国际条约〈埃卜拉—阿巴尔萨条约〉译注》，《世界历史评论》2022年第3期。

刘昌玉：《政治区域划分与乌尔第三王朝的国家治理》，《世界历史》2023年第2期。

刘昌玉：《乌尔第三王朝对外战争的演变及其特征》，《史学集刊》2024年第2期。

刘昌玉、卞晓宇：《丝绸之路开辟前亚洲西端青金石商路探析》，《浙江师范大学学报》（社会科学版）2022年第1期。

刘昌玉、吴宇虹：《乌尔第三王朝温马地区法庭判案文件译注与简析》，《古代文明》2011年第2期。

刘昌玉、徐圣：《边疆观的演变与古代两河流域的国家治理》，《浙江师范大学学报》（社会科学版）2023年第2期。

刘昌玉、朱方云：《古叙利亚埃卜拉城的考古发掘与埃卜拉学研究》，《西北大学学报》（哲学社会科学版）2021 年第 6 期。

刘凤华、袁指挥：《论巴勒斯坦地区的埃及附庸国的对外扩张——以阿马尔那泥板书信为材料》，《历史教学问题》2021 年第 5 期。

刘健：《苏美尔王权观念的演进及特征》，《东方论坛》2013 年第 5 期。

刘健：《苏美尔神庙建筑仪式探析——以古迪亚滚筒铭文 A 和 B 为例》，《古代文明》2014 年第 4 期。

刘健：《苏美尔文明基本特征探析》，《外国问题研究》2016 年第 2 期。

刘健：《古代两河流域新年礼俗、观念及其政治功能的演进》，《贵州社会科学》2017 年第 10 期。

刘健：《古代两河流域国家对海湾政策的演变和调整》，《史林》2021 年第 6 期。

刘健：《古代两河流域文明运河功能探析》，《历史教学问题》2021 年第 4 期。

刘欣如：《印度河文明的对外贸易》，《南亚研究》1987 年第 1 期。

吕厚量：《古典时代西西里文明边疆形象的二重性及其历史源流》，《古代文明》2019 年第 3 期。

马一舟：《第二十六王朝时期埃及对外交往研究》，博士学位论文，东北师范大学，2014 年。

梅华龙：《从阿玛尔纳书信看古代西亚北非大小国家间的关系》，《阿拉伯世界研究》2017 年第 4 期。

欧阳晓莉：《两河流域乌尔第三王朝白银的货币功能探析》，《世界历史》2016 年第 5 期。

欧阳晓莉：《两河流域王权观念的嬗变》，《文汇报》2016 年 6 月 24 日。

欧阳晓莉：《两河流域乌尔第三王朝温马省神庙宝库记录初探》，《古代文明》2018 年第 1 期。

欧阳晓莉：《波兰尼的经济模式与两河流域经济史研究》，《史学理论研究》2018 年第 1 期。

欧阳晓莉：《何谓"中央集权"——两河流域乌尔第三王朝国王舒勒吉改革辨析》，《江海学刊》2019 年第 4 期。

彭博、杨建华：《北部欧贝德文化的形成过程》，《考古》2020 年第 8 期。

亓佩成：《上古时期西亚与中国的经济文化互动》，《史学月刊》2020 年第

9 期。

曲天夫：《略论亚述帝国军制》，《东北师大学报》1999 年第 5 期。

史孝文：《古亚述长途贸易的运营过程、组织形式与发展特征》，《首都师范大学学报》（社会科学版）2022 年第 3 期。

宋娇、李海峰：《古代两河流域人的宇宙观》，《世界历史评论》2021 年第 4 期。

孙宝国：《阿玛纳时代的东地中海世界政治生态》，《上海师范大学学报》（哲学社会科学版）2017 年第 4 期。

孙宝国：《跨文化交流视域下的阿玛纳时代东地中海世界跨境移民活动考略》，《史林》2019 年第 2 期。

王方：《试论古代中东多元文明的流变及其互鉴》，《史学月刊》2024 年第 2 期。

王光胜、吴宇虹：《乌尔第三王朝贡牲中心档案中的"酒宴用牲"研究》，《古代文明》2013 年第 1 期。

王光胜、吴宇虹：《乌尔帝国阿马尔辛王的贡牲中心结构和总管研究》，《历史教学》2013 年第 18 期。

王海利：《古埃及"只娶不嫁"的外交婚姻》，《历史研究》2002 年第 6 期。

王俊娜：《乌尔第三王朝旨尔沙那的职能探析》，《古代文明》2020 年第 3 期。

王俊娜、吴宇虹：《阿比新提太后和舒勒吉新提身份同一研究》，《东北师大学报》（哲学社会科学版）2011 年第 2 期。

王献华：《两河流域早王朝时期作为地理概念的"苏美尔"》，《四川大学学报》（哲学社会科学版）2015 年第 4 期。

王献华：《皇族"恩图"女祭司与阿卡德帝国的治理》，《中山大学学报》（社会科学版）2016 年第 5 期。

王献华：《卢伽尔扎吉西数字标记计时法与早王朝末期南部两河流域年代学》，《历史研究》2016 年第 3 期。

王献华：《"神庙经济"论与早期两河流域研究》，《社会科学研究》2019 年第 4 期。

王献华：《阿卡德帝国研究中的新问题与新方法》，《中国史研究》2022 年第 3 期。

王献华：《早期城市与南部两河流域湾区文明》，《世界历史评论》2023 年第 4 期。

王新刚：《古叙利亚文明的流变和特征》，《史学月刊》2022 年第 8 期。

吴宇虹：《古代两河流域文明史年代学研究的历史与现状》，《历史研究》2002 年第 4 期。

杨巨平：《娜娜女神的传播与演变》，《世界历史》2010 年第 5 期。

尹凌：《古代两河流域新年仪式研究》，《古代文明》2011 年第 3 期。

尹蔚婷：《论赫梯王国附庸国的独立性》，《古代文明》2013 年第 2 期。

于殿利：《古代美索不达米亚的国家治理结构》，《学术研究》2014 年第 1 期。

于殿利：《试论文明初期美索不达米亚国家意识形态管理实践》，《学术研究》2015 年第 9 期。

袁指挥：《阿马尔那泥板中所见的近东大国外交》，博士学位论文，东北师范大学，2006 年。

袁指挥：《阿马尔那泥板书信中所见的古代近东大国外交方式》，《古代文明》2008 年第 3 期。

袁指挥：《阿马尔那时代近东大国外交研究述评》，《西南大学学报》（社会科学版）2011 年第 3 期。

袁指挥：《论胡里安人的起源》，《史学集刊》2016 年第 6 期。

袁指挥：《阿马尔那时代近东外交体系的特征》，《东北师大学报》（哲学社会科学版）2018 年第 1 期。

袁指挥：《阿马尔那时代近东大国的礼物交换》，《东北师大学报》（哲学社会科学版）2019 年第 2 期。

袁指挥：《马里时代西亚战争惯例初探》，《史学集刊》2020 年第 1 期。

袁指挥：《公元前 3 千纪西亚外交初探》，《外国问题研究》2022 年第 1 期。

袁指挥：《古代两河流域的他者形象初探》，《首都师范大学学报》（社会科学版）2023 年第 4 期。

张文安：《古代两河流域神名表与神庙名表的编写传统》，《外国问题研究》2019 年第 2 期。

张文安:《古代两河流域乌鲁克神庙仪式的文化考察》,《中东研究》2022年第1期。

朱承思、董为奋:《〈乌尔纳姆法典〉和乌尔第三王朝早期社会》,《历史研究》1984年第5期。

五 网络资源

美国加利福尼亚大学洛杉矶分校、英国牛津大学和德国马克斯·普朗克历史科学研究所的"楔形文字数字图书馆计划"(Cuneiform Digital Library Initiative,简称CDLI),https://cdli.mpiwg-berlin.mpg.de/。

西班牙马德里高等科学研究院的"新苏美尔语文献数据库"(西班牙语:Base de Datos de Textos Neo-Sumerios,简称BDTNS,英语:Database of Neo-Sumerian Texts),http://bdtns.filol.csic.es/。

英国牛津大学的"苏美尔文学电子文学大全"(The Electronic Text Corpus of Sumerian Literature,简称ETCSL),http://etcsl.orinst.ox.ac.uk/。

美国宾夕法尼亚大学的"电子版宾夕法尼亚苏美尔语词典"(electronic Pennsylvania Sumerian Dictionary,简称ePSD),http://oracc.museum.upenn.edu/epsd2/。

德国图宾根大学的"楔形文字文学目录项目"(Die Keilschrift-Bibliographie,简称KeiBi),http://vergil.uni-tuebingen.de/keibi/。

美国安德鲁·W.梅隆基金会和美国国家科学基金会的"电子工具与古代近东档案"(Electronic Tools and Ancient Near East Archives,简称ETANA),http://www.etana.org/。

德国巴伐利亚科学院的"亚述学与西亚考古学专业词典"(Reallexikon der Assyriologie und Vorderasiatischen Archäologie,简称RlA),https://rla.badw.de/das-projekt.html。

美国芝加哥大学的"东方研究所出版物"(Oriental Institute Publications,简称OIP),https://oi.uchicago.edu/research/oriental-institute-publications-office。

美国加利福尼亚大学伯克利分校的"楔形文字辞典文献数字库"(Digital Corpus of Cuneiform Lexical Texts,简称DCCLT),http://oracc.museum.upenn.edu/dcclt/。

匈牙利科学研究基金会的"苏美尔王室铭文电子文献大全"(The

Electronic Text Corpus of Sumerian Royal Inscriptions），http：//oracc. museum. upenn. edu/etcsri/introduction/index. html。

国际学术界的"分享研究"网，https：//www. academia. edu/。

中国社会科学网，http：//www. cssn. cn/。

中外文专有名词对照表
（按照专有名词首字母顺序）

一　神名

阿达德 Adad
阿拉图姆 Allatum
埃阿 Ea
埃拉 Erra
安 An
安努尼图姆 Annunitum
巴巴 Baba
贝拉特达拉班 Belat-daraban
贝拉特苏赫尼尔 Belat-suhnir
达干 Dagan
杜牧孜 Dumuzi
恩基 Enki
恩利尔 Enlil
卡卡 Kaka
兰马 Lamma
鲁胡拉特尔 Ruhurater
马马 Mama
娜娜娅 Nanaya
纳姆 Nammu
南那 Nanna
南塞 Nanshe

尼努尔塔 Ninurta
尼萨巴 Nisaba
宁阿朱 Ninazu
宁埃伽尔 Ninegal
宁古巴拉格 Nin-gubalag
宁胡尔萨格 Ninhursag
宁吉尔苏 Ningirsu
宁吉什孜达 Ningishzida
宁伽尔 Ningal
宁利尔 Ninlil
宁玛尔 Ninmar
宁舒布尔 Ninshubur
宁荪 Ninsun
宁提乌加 Nintiugga
宁图 Nintu
努恩伽尔 Nungal
沙拉 Shara
沙乌沙 Shausha
舒尔帕埃 Shulpae
特苏普 Tessup
乌尔马希图姆 Ulmashitum
乌尔萨格伊明 Ursag-imin
乌图 Utu

辛 Suen
伊迪姆 Idim
伊南娜 Inanna
伊南娜达巴德 Inana-dabad
伊什哈拉 Ishhara
伊什库尔 Ishkur
伊什塔尔 Ishtar
伊什塔兰 Ishtaran
因舒西纳克 Inshushinak

二　人名

阿巴 Aba
阿巴恩利尔金 Aba-Enlilgin
阿巴尔达 Abarda
阿巴尔伽马什 Abalgamash
阿巴纳卡 Abbanaka
阿巴萨伽 Abba-saga
阿巴亚 Abbaya
阿比埃 Abie
阿比杜 Abidu
阿比尔萨乌姆 Abilsaum
阿比拉努姆 Abilanum
阿比里 Abili
阿比里亚 Abilia
阿比西姆提 Abi-simti
阿比伊鲁姆 Abi-ilum
阿比祖 Abizu
阿布杜 Abudu
阿卜米拉丁 Abmiradin
阿布姆 Abum
阿布姆伊里 Abum-ili

阿布姆伊鲁姆 Abum-ilum
阿布尼 Abuni
阿布尼阿 Abunia
阿达 Adda
阿达德巴尼 Adad-bani
阿达德伊拉特 Adad-illat
阿达尔辛 Adarshen
阿达基纳 Adda-gina
阿达金 Addagen
阿达卡拉 Adda-kala
阿达拉尔 Adalal
阿达姆 Addamu
阿达图姆 Adatum
阿达亚 Adaya
阿德班吉 Adbangi
阿德尼阿德 Ad-NI-ad
阿尔巴尼 Albani
阿尔马努姆 Armanum
阿尔帕塔尔 Arpatal
阿尔提 Arti
阿尔韦卢格比 Arwilugbi
阿尔希阿赫 Arshiah
阿古阿 Agua
阿古簇尔 Agusum
阿哈尼舒 Ahanishu
阿哈普阿塔尔 Ahapatal
阿赫达姆伊里 Ahdam-ili
阿胡阿 Ahua
阿胡阿卡尔 Ahu-aqar
阿胡巴卡尔 Ahu-baqar
阿胡杜 Ahudu

阿胡马 Ahuma
阿胡尼 Ahuni
阿胡舒尼 Ahushuni
阿胡塔卜 Ahu-tab
阿胡瓦卡尔 Ahu-waqar
阿胡威尔 Ahu-Wer
阿胡伊鲁姆 Ahu-ilum
阿基阿 Akia
阿卡拉 Akalla
阿克巴尼 Aqbani
阿库阿 Akua
阿拉 Alla
阿拉德胡拉 Arad-hulla
阿拉德姆 Aradmu
阿拉德南那 Arad-Nanna
阿拉姆 Allamu
阿拉努姆 Allanum
阿里阿赫 Aliah
阿里阿希 Aliahi
阿里卜阿塔尔 Aribatal
阿里卜胡比 Aribhubbi
阿里杜布克 Aridubuk
阿马尔辛 Amar-Suen
阿马拉卢姆 Amalalum
阿曼奈恩 Amannen
阿米尔舒尔吉 Amir-Shulgi
阿穆尔阿达德 Amur-Adad
阿穆尔埃阿 Amur-Ea
阿穆尔舒尔吉 Amur-Shulgi
阿穆尔乌图 Amur-Utu
阿穆尔辛 Amur-Suen

阿穆尔伊里姆 Amur-ilim
阿穆尔伊鲁姆 Amur-ilum
阿姆尼努姆 Amuninum
阿纳纳 Anana
阿纳提 Anati
阿纳希里 Anahili
阿皮尔金 Apil-kin
阿皮拉沙 Apilasha
阿皮拉图姆 Apilatum
阿什吉阿尔苏 Ashgi-alsu
阿什南伊里姆 Ashnan-irimu
阿提 Ati
阿提亚 Attia
阿图 Atu
阿图拉比 Aturabi
阿乌姆 Aum
阿希马 Ahima
阿亚丁吉尔 Aya-dingir
阿亚卡拉 Aya-kalla
阿亚尼舒 Aya-nishu
阿伊里舒 A-ilishu
埃阿布拉 Eabula
埃阿库尼格 Ea-kunig
埃阿拉比 Ea-rabi
埃阿尼舒 Ea-nishu
埃阿伊里 Ea-ili
埃巴拉特 Ebarat
埃达尔基尼 Edar-kini
埃胡普达吉 Ehupu-dagi
埃吉比 Ekibi
埃吉苏 Egissu

埃拉阿 Ela'a
埃拉安杜尔 Erra-andul
埃拉巴德利 Erra-badri
埃拉巴杜 Erra-badu
埃拉巴尼 Erra-bani
埃拉比阿克 Elabiak
埃拉丹 Erra-dan
埃拉卡拉德 Elaqarad
埃拉克拉德 Elakrad
埃拉努伊德 Erra-nuid
埃拉舒姆 Errashum
埃拉乌尔萨格 Erra-ursag
埃拉亚 Erraya
埃莱卜 Erreb
埃莱舒姆 Erreshum
埃卢马埃 Elummae
埃纳赫西纳什 Enah-sinash
埃尼沙古姆 Enishagum
埃普库沙 Epqusha
埃萨拉杜 Esaradu
埃沙鲁姆 Esharum
埃特阿尔普达干 Etealpu-Dagan
埃乌姆 Eum
埃西杜姆 Esidum
埃泽尔努 Ezernu
埃泽姆舒尔吉 Ezem-Shulgi
安达伽尼 Andagani
安杜尔 Andul
安伽扎尼 Angazani
安纳塔尔 Annatal
安奈巴 Anneba

安奈巴杜 Annebadu
安奈杜 Annedu
安提亚 Antia
巴巴 Baba
巴巴提 Babati
巴巴亚 Babaya
巴布杜沙 Babdusha
巴达杜 Badadu
巴达提纳 Badatina
巴尔巴纳祖 Barbanazu
巴尔图沙鲁姆 Baltu-sharum
巴哈鲁姆 Baharum
巴伽 Baga
巴克提 Bakti
巴拉拉 Balala
巴拉亚 Ballaya
巴里阿舒姆 Bariashum
巴卢阿 Balua
巴马努姆 Bamanum
巴姆 Bamu
巴纳纳 Banana
巴萨伽 Basaga
巴图克拉特 Batukrat
巴亚亚 Bayaya
巴依尔 Bair
巴扎 Baza
巴扎姆 Bazamu
巴扎扎 Bazaza
贝里阿里克 Beli-arik
贝里阿祖 Beli-azu
贝里伊里 Beli-ili

698

比比 Bibi
比比亚 Bibia
比卜拉 Bibra
比杜库尔 Bidukul
比尔苏赫 Bilsuh
比拉亚 Billaya
比利 Billi
庇利巴 Bilibba
比利亚 Bilia
比朱亚 Bizua
布布 Bubu
布布阿 Bubua
布德拉 Budra
布杜尔 Budur
布尔巴特 Bulbat
布尔马马 Bur-Mama
布尔马姆 Burmam
布伽库姆 Bugakum
布卡 Buka
布卡卡 Bukaka
布卡里阿 Bukalia
布卡纳亚 Bukanaya
布卡伊里 Buka-ili
布拉卢姆 Bulalum
布卢卢 Bululu
布尼尔尼 Bunirni
布努尼鲁姆 Bununilum
布沙 Busha
布沙卢姆 Bushalum
布沙姆 Busham
布舒杜 Bushudu

布舒特 Bushut
布乌达基 Buwudaki
布乌达祖 Buwudazu
布乌杜 Buwudu
布乌卡拉 Buwu-kalla
布乌拉 Buwula
布祖 Buzu
茨阿达德 Ṣi-Adad
茨阿拉舒 Ṣialashu
茨拉亚 Ṣelaya
茨里 Seri
茨鲁姆 Ṣerum
簇拉卢姆 Ṣulalum
达埃达 Daeda
达布杜克 Dabuduk
达布马 Dabuma
达达 Dada
达达伽 Dadaga
达达尼 Dadani
达达亚 Dadaya
达干阿布 Dagan-abu
达古 Dagu
达哈卜 Dahab
达伽 Daga
达拉 Dala
达里纳姆 Darinam
达马扎赫舒 Damazahshu
达米克图姆 Damiqtum
达姆伽尔努恩卡尼萨 Damgalnunkanisa
达努姆马孜阿特 Danum-maziat
达萨利卜里 Dasalibri

699

达塞 Dashe
达舒格 Dashug
达亚古尼尔 Dayagunir
达亚亚 Dayaya
达亚亚尼 Dayayani
达亚孜 Dayazi
达亚孜特 Dayazite
丹阿马尔辛 Dan-Amar-Suen
丹纳里 Dannali
丹努姆 Dannum
丹努姆马吉阿特 Dannum-magiat
丹舒尔吉 Dan-Shulgi
丹乌埃 Dan-ue
丹伊里 Dan-ili
迪卜希普奈加曼 Dibhipnegaman
迪库 Diku
迪库米沙尔 Diku-mishar
迪库伊里 Diku-ili
丁吉尔苏卡尔 Dingir-sukkal
杜尔加努姆 Dulganum
杜古姆 Dugum
杜伽 Duga
杜伽伽 Dugaga
杜克拉 Dukra
杜里阿 Dulia
杜里比克马 Duribbikma
杜乌杜 Duwudu
恩丁吉尔姆 En-dingirmu
恩利尔兹沙伽尔 Enlil-zishagal
恩利拉 Enlila
恩利拉比杜 Enlila-bidu

恩利拉拉比 Enlila-rabi
恩利拉马赫 Enlilamah
恩纳姆辛 Enam-Suen
恩尼尔伽尔安娜 En-nirgal-anna
恩努姆伊里 Ennum-ili
恩乌阿 Enua
恩乌姆伊里 Enum-ili
恩伊里 En-ili
格布拉塔古 Geblatagu
古巴 Guba
古布提阿 Gubutia
古卜乌图 Gub-Utu
古卜希 Gubsi
古地亚 Gudea
古杜美里什 Gudumerish
古恩达 Gunda
古拉达杜 Guradadu
古拉亚 Guraya
古卢卢 Gululu
古鲁鲁阿 Gururua
古纳尼 Gunani
古乌特 Guwut
古扎尼 Guzani
古朱朱 Guzuzu
衮古努 Gungunum
哈卜鲁沙 Habrusha
哈布沙伽 Habushaga
哈达尼什 Hadanish
哈胡沙 Hahusha
哈拉巴乌 Hala-Bau
哈拉提 Halati

哈拉亚 Halaya
哈马提希 Hamatishi
哈纳姆 Hanam
哈尼 Hani
哈提 Hati
哈图西里一世 Hattusili I
哈西普阿塔尔 Haship-atal
哈孜 Hazi
汉谟拉比 Hammurabi
胡巴 Huba
胡巴尼姆吉尔西尼 Huba-nimgirsini
胡布提 Hubuti
胡布提亚 Hubutia
胡恩达希舍尔 Hun-dahisher
胡恩胡尔提 Hun-hurti
胡恩舒尔吉 Hun-Shulgi
胡恩提巴 Hun-tiba
胡恩希里 Hun-hili
胡胡奈姆 Huhunemu
胡胡尼 Huhuni
胡卡尔萨尔 Hukalsar
胡拉尔 Hulal
胡里巴尔 Hulibar
胡塞里伽孜 Husherigaz
胡朱希 Huzuhi
胡兹里 Huziri
吉达基 Giddaki
基达尼 Kidani
吉尔卜阿塔尔 Girb-atal
吉尔伽美什 Gilgamesh
基尔纳美 Kirname

吉里 Girri
基里布尔美 Kiribulme
基里姆孜纳克 Girimzinak
吉里尼 Girini
吉里尼萨 Girinisa
基马尼 Kimani
吉美宁利拉 Geme-Enlila
吉纳比里 Ginabili
基纳姆塞 Kinamushe
基奈奈 Ki-NE-NE
基尼 Kini
基尼基 Kiniki
吉赛尔 Kisher
基韦 Kiwi
基乌尔阿亚 Kiur-aya
基乌苏赫 Kiusuh
基希尔 Kishir
伽巴巴 Gababa
伽达比 Gadabi
伽达拉 GA-dala
伽卜伽卜 Gabgab
伽卜卢卢 Gablulu
伽达 Gada
伽拉达杜 Garadadu
伽杜 Gadu
伽卢达 Galuda
金瑞林 Zimri-Lim
卡达达 Kadada
卡尔阿马尔辛 Kal-Amar-Suen
卡尔比斯 Kalbisi
卡尔基伊里 Kalki-ili

卡尔沙沙 Kal-shasha
卡尔伊吉阿 Kal-igia
卡古提 Kaguti
卡库 Kaku
卡库努姆 Kakkunum
卡拉 Kalla
卡拉阿亚 Kalla-Aya
卡拉达 Kaladda
卡拉姆 Kallamu
卡拉亚 Kalaya
卡卢 Kallu
卡姆 Kamu
卡萨萨 Kasasa
卡什 Kash
卡亚 Kaya
卡伊萨 Kaisa
库尔比拉克 Kurbilak
库尔比辛 Kurbi-Suen
库巴图姆 Kubatum
库卜扎吉姆 Kubzagium
库达努姆 Kudanum
库杜马 Kuduma
库尔比阿达德 Kurbi-Adad
库尔比拉克 Kurbilak
库尔比辛 Kurbi-Suen
库尔基里尼尼塞 Kurgirininishe
库库 Kuku
库库里达赫 Kukuridah
库库纳图姆 Kuku-natum
库拉德伊里 Qurad-ili
库卢阿 Kulua

库卢阿亚提 Kuluayati
库鲁卜乌图 Kurub-Utu
库鲁德萨 Qurudsa
库南那 Ku-Nanna
库宁伽尔 Ku-Ningal
库提克因舒西纳克 Kutik-Inshushinak
库图 Kutu
昆西马图姆 Kunshi-matum
拉巴纳姆孜 Labanamzi
拉巴提乌姆 Labatium
拉比阿 Rabia
拉比伊鲁姆 Rabi-ilum
拉布胡提 Rabhuti
拉拉姆 Lalamu
拉拉亚 Lalaya
拉卢姆 Lalum
拉姆塞 Lamushe
拉姆什 Lamush
拉尼 La-NI
拉尼阿 Lania
拉普朱尔 La-puzur
拉齐普 Laqip
拉齐普姆 Laqipum
拉提尼 Latini
拉乌吉乌姆 Laugium
拉乌沙 Lausha
拉西 Rashi
拉希希 Rashishi
拉亚姆 Layamu
里巴纳什古比 Libanashgubi
里巴努克沙巴什 Libanukshabash

里布尔尼米特 Libur-nimit
里布尔舒尔吉 Libur-Shulgi
里布尔伊杜尼 Libur-iduni
利布胡提 Ribhuti
利胡卜 Rihub
利马努姆 Rimanum
里韦尔米塔舒 Liwwir-miṭṭashu
卢巴巴 Lu-Baba
卢巴里斯 Lu-balis
卢巴乌姆 Lubaum
卢班达 Lu-banda
卢达伽 Lu-daga
卢达姆 Lu-Damu
卢丁吉尔拉 Lu-dingira
卢杜姆孜 Lu-Dumuzi
卢杜姆孜达 Lu-Dumuzida
卢恩基 Lu-Enki
卢恩利尔 Lu-Enlil
卢恩利拉 Lu-Enlila
卢古尔沙 Lu-gursha
卢古拉 Lugula
卢赫伽尔 Lu-hegal
卢吉里扎尔 Lu-girizal
卢吉纳 Lugina
卢伽尔阿马尔库 Lugal-amarku
卢伽尔阿什尼 Lugal-ashni
卢伽尔阿孜达 Lugal-azida
卢伽尔安杜尔 Lugal-andul
卢伽尔安娜卜图姆 Lugal-annabtum
卢伽尔安纳图姆 Lugal-annatum
卢伽尔安奈 Lugal-anne

卢伽尔达拉 Lugal-dalla
卢伽尔哈马提 Lugal-hamati
卢伽尔赫伽尔 Lugal-hegal
卢伽尔伽尔杜 Lugal-galdu
卢伽尔伽尔朱 Lugal-galzu
卢伽尔库吉 Lugal-kuge
卢伽尔库朱 Lugal-kuzu
卢伽尔马古莱 Lugal-magure
卢伽尔马苏 Lugal-massu
卢伽尔美兰 Lugal-melam
卢伽尔奈萨吉 Lugal-nesage
卢伽尔帕埃 Lugal-pae
卢伽尔乌图 Lugal-Utu
卢伽尔希萨 Lugal-sisa
卢伽尔伊吉巴巴尔 Lugal-igibabbar
卢伽尔伊尼姆基纳 Lugal-inimgina
卢伽尔伊提达 Lugal-itida
卢伽尔孜姆 Lugal-zimu
卢卡拉 Lu-kalla
卢卢巴尼 Lulubani
卢卢尼 Luluni
卢马努姆 Lumanum
卢纳巴亚 Lu-nabaya
卢南那 Lu-Nanna
卢南塞 Lu-Nanshe
卢宁舒布尔 Lu-Ninshubur
卢萨伽 Lu-saga
卢萨纳 Lu-sana
卢萨沙巴尼 Lusasha-bani
卢塞尔达 Lu-sherda
卢沙堪 Lu-Shakkan

卢沙拉 Lu-Shara
卢沙里姆 Lu-shalim
卢什达姆 Rushdam
卢舒尔吉 Lu-Shulgi
卢苏卡尔 Lu-sukkal
卢乌鲁基 Lu-uruki
卢乌图 Lu-Utu
卢伊吉萨萨 Lu-igisasa
卢伊南娜 Lu-Inana
卢伊什塔兰 Lu-Ishtaran
马杜尼 Maduni
马尔胡尼 Marhuni
马赫金 Mah-gin
马里克 Malik
马马希尔 Mamahir
玛尼什吐苏 Manishtusu
马尼乌姆 Manium
马尼祖 Manizu
马什 Mash
马什巴卢姆 Mashbalum
马什塔格 Mash-TAG
马舒 Mashu
马舒姆 Mashum
马特伊里 Mat-ili
马提里 Matili
马乌基尼 Maukini
马亚提 Mayati
麦古姆 Megum
美利什 Merish
美努图姆 Menutum
美沙努努 Meshanunu

美苏杜格 Mesudug
美西阿德 Meshiad
米达努姆 Midanum
米达亚 Midaya
米尔亚 Miria
米哈尔 Mi-HAR
米吉尔宁利尔图姆 Migir-Ninliltum
米尼什 Minnish
米特哈尔 Mithar
穆尔西里一世 Murshili Ⅰ
穆哈亚 Muhaya
穆拉乌埃 Muraue
穆卢瓦 Muruwa
穆什丹 Mushdan
穆塔卢姆 Mutalum
纳巴卢祖 Nabaluzu
纳比 Nabi
纳比阿 Nabia
纳比恩利尔 Nabi-Enlil
纳比恩利拉 Nabi-Enlila
纳比辛 Nabi-Suen
纳布达 Nabuda
纳杜贝利 Nadubeli
纳杜卜埃里 Nadubeli
纳哈普阿塔尔 Nahap-atal
纳克达马里 Nakdamari
纳拉美 Narame
纳拉姆阿达德 Naram-Adad
纳拉姆辛 Naram-Sin
纳拉姆伊里 Naram-ili
纳拉姆伊什库尔 Naram-Ishkur

纳鲁 Nalu
纳鲁克 Naluk
纳美 Name
纳姆哈尼 Namhani
纳姆孜塔拉 Namzitara
纳纳赫达尔 Nanahdar
纳纳利 Nanari
纳纳乌 Nanau
纳纳扎 Nanaza
纳尼阿 Nania
纳尼普阿塔尔 Nanip-atal
纳普拉努姆 Naplanum
纳普里斯伊鲁姆 Naplis-ilum
那萨 Nasa
纳瓦尔辛 Nawar-shen
纳威尔伊里 Nawer-ili
纳西里姆 Na-silim
纳亚纳 Nayana
奈拉克 NE-lak
奈里什阿塔尔 Nerish-atal
奈穆尔 Nemur
奈奈阿 Nenea
奈奈伽尔 Nenegar
奈尼拉 Nenila
奈帕拉 NE-parra
南那比杜 Nanna-bidu
南那达拉 Nanna-dalla
南那基阿格 Nanna-kiag
南纳卡姆 Nanna-kam
南那马巴 Nanna-maba
南那萨伽 Nanna-saga

南那曼舒姆 Nanna-manshum
南那伊吉 Nanna-igi
南那伊吉恩 Nanna-igin
南那伊萨 Nanna-isa
南那兹沙伽尔 Nanna-zishagal
南塞巴尼 Nanshe-bani
南塞乌尔伽尔 Nanshe-ulgal
尼阿 Nia
尼达古 Nidagu
尼格巴巴 Nig-Baba
尼格卡拉 Nig-kalla
尼里达伽尔 Niridagal
尼姆吉尔伊尼姆吉纳 Nimgir-inim-gi-na
尼姆孜 Nimzi
尼姆孜纳 Nimzina
尼什特尼 Nishteni
宁伽 Ninga
宁卡拉 Nin-kala
宁利尔图姆努里 Ninlil-tumnuri
宁利莱马纳格 Ninlile-manag
努阿提 Nuati
努尔阿达德 Nur-Adad
努尔阿苏 Nur-asu
努尔奈 Nur-NE
努尔苏 Nursu
努尔乌图 Nur-Utu
努尔辛 Nur-Suen
努尔伊里 Nur-ili
努尔伊什塔尔 Nur-Eshtar
努尔朱 Nurzu

努拉亚 Nuraya
努里利 Nurili
努尼达 Nunida
努希伊鲁姆 Nuhi-ilum
帕达 Pada
帕帕 Papa
皮里格美 Pirig-me
普舒金 Pushu-kin
普舒伊鲁姆 Pushu-ilum
普苏 Pusu
普苏阿 Pusua
普乌埃阿姆某 Puwueam-x
普朱尔阿比 Puzur-abi
普朱尔阿达德 Puzur-Adad
普朱尔阿卢姆 Puzur-alum
普朱尔阿沙 Puzur-asha
普朱尔阿淑尔 Puzur-Assur
普朱尔达干 Puzur-Dagan
普朱尔埃拉 Puzur-Erra
普朱尔恩利尔 Puzur-Enlil
普朱尔恩利拉 Puzur-Enlila
普朱尔哈亚 Puzur-Haia
普朱尔卡 Puzur-ka
普朱尔卡塔尔 Puzur-katar
普朱尔拉巴 Puzur-laba
普朱尔马马 Puzur-Mama
普朱尔塞 Puzur-she
普朱尔沙拉 Puzur-Shara
普朱尔舒 Puzur-shu
普朱尔舒巴 Puzur-shuba
普朱尔舒巴金 Puzur-shubagin

普朱尔舒比 Puzur-shubi
普朱尔舒尔吉 Puzur-Shulgi
普朱尔辛 Puzur-Suen
普朱尔伊里 Puzur-ili
普朱尔伊南娜 Puzur-Inana
普朱尔伊什塔尔 Puzur-Eshtar
普朱尔因舒西纳克 Puzur-Inshushinak
普朱拉 Puzura
普希伊兹 Puhi-izi
萨阿加 Sa'aga
萨阿卡姆 Sa'akam
萨比 Sabi
萨尔贡 Sargon
萨加 Saga
萨拉 Salla
萨马尔 Samar
萨姆苏伊鲁纳 Samsu-iluna
萨亚卡姆 Sayakam
塞巴 Shebba
塞比 Shebi
塞达 Sheda
塞达克古古 Shedak-gugu
塞达库库 Sheda-kuku
塞德帕塔尔 Sheidpatal
塞尔哈哈 Sheil-haha
塞莱布 Shelebu
塞莱布姆 Shelebum
塞卢什达干 Selush-Dagan
塞什达达 Shesh-Dada
塞什卡拉 Shesh-kala
沙比 Shabi

沙达 Shada
沙达孜 Shadazi
沙尔吉里 Shargiri
沙尔胡尼 Shalhuni
沙尔马赫 Shalmah
沙尔伊里 Shar-ili
沙古卢姆 Shagulum
沙拉卡姆 Sharakam
沙拉亚 Sharaya
沙里姆阿胡姆 Shalim-ahum
沙里姆贝里 Shalim-beli
沙利亚 Sharria
沙鲁 Shalu
沙鲁姆巴尼 Sharrum-bani
沙鲁姆达德 Sharum-dad
沙鲁姆伊里 Sharrum-ili
沙鲁伊里 Sharru-ili
沙马赫 Shamah
沙马赫巴巴 Shamah-Baba
沙姆西阿达德一世 Shamshi-Adad
沙姆西拉特 Shamshi-lat
沙乌姆贝里 Shaum-beli
沙乌姆伊里 Shaum-ili
沙伊里 Sha-ili
舒阿巴 Shu-abba
舒阿达德 Shu-Adad
舒阿孜 Shu-azi
舒埃阿 Shu-Ea
舒埃拉 Shu-Erra
舒埃里 Shu-eli
舒巴尼姆 Shubanim

舒比什胡哈 Shubish-huha
舒达巴尼 Shudabani
舒达班 Shudaban
舒达达 Shu-Dada
舒达干 Shu-Dagan
舒杜姆孜 Shu-Dumuzi
舒恩基 Shu-Enki
舒恩利尔 Shu-Enlil
舒恩利拉 Shu-Enlila
舒尔吉 Shulgi
舒尔吉阿比 Shulgi-abi
舒尔吉阿德拉尔 Shulgi-adlal
舒尔吉阿古尼 Shulgi-aguni
舒尔吉阿亚姆 Shulgi-ayamu
舒尔吉安伽达 Shulgi-Angada
舒尔吉达伽达 Shulgi-dagada
舒尔吉丹伽达 Shulgi-dangada
舒尔吉哈西斯 Shulgi-hasis
舒尔吉卡拉马美特比 Shulgi-kalama-me-tebi
舒尔吉尼尼卜马马 Shulgi-ninib-Mama
舒尔吉帕里尔 Shulgi-palil
舒尔吉沙姆西 Shulgi-Shamshi
舒尔吉西姆提 Shulgi-simti
舒尔吉伊迪什 Shulgi-idish
舒尔吉伊里 Shulgi-ili
舒尔吉伊里姆 Shulgi-irimu
舒尔吉孜姆 Shulgi-zimu
舒尔伽德 Shulgad
舒古杜 Shugudu
舒古古 Shugugu

舒哈卢恩杜 Shuhalundu	舒辛纳拉姆伊什塔尔 Shu-Suen-naram-Eshtar
舒胡尔达 Shuhurda	
舒伽图姆 Shugatum	舒辛纳拉姆伊什塔兰 Shu-Suen-naram-Ishtaran
舒卡卜塔 Shu-kabta	
舒库布 Shukubu	舒辛乌朱姆伊沙里 Shu-Suen-wuzum-isharri
舒库布姆 Shukubum	
舒库古姆 Shukugum	舒辛伊沙尔拉马什 Shu-Suen-ishar-ra-mash
舒库克 Shukuk	
舒拉亚 Shulaya	舒伊尔图姆 Shu-iltum
舒利姆库姆 Shurimkum	舒伊里 Shu-ili
舒鲁什金 Shurush-kin	舒伊利苏 Shu-ilisu
舒马马 Shu-Mama	舒伊利亚 Shu-iliya
舒马米图姆 Shu-Mamitum	舒伊什哈拉 Shu-Ishhara
舒马希 Shu-masi	舒伊什塔尔 Shu-Eshtar
舒美美 Shu-meme	舒朱伽尔 Shuzugar
舒姆 Shum	苏胡什金 Suhush-kin
舒纳达 Shunada	苏胡图姆 Suhutum
舒纳鲁阿 Shu-Narua	苏卡里阿 Sukalia
舒纳亚 Shunaya	苏苏埃 Susue
舒尼奈 Shu-NI-NE	苏苏瓦达尔 Susuwadar
舒尼图姆 Shunitum	塔布尔哈图姆 Tabur-hattum
舒宁舒布尔 Shu-Ninshubur	塔布尔帕图姆 Tabur-patum
舒普图姆 Shuputum	塔丁埃阿 Tadin-Ea
舒萨伽 Shu-saga	塔丁伊什塔尔 Taddin-Eshtar
舒萨拉 Shu-salla	塔兰舒尔吉 Taram-Shulgi
舒舒尔吉 Shu-Shulgi	塔兰乌兰 Taram-Uram
舒图恩古 Shutungu	塔拉亚 Talaya
舒乌图 Shu-Utu	塔潘塔拉赫 Tappan-tarah
舒乌乌 Shu-wuwu	塔希塞恩 Tahishen
舒辛 Shu-Suen	塔希什阿塔尔 Tahish-atal
舒辛巴尼 Shu-Suen-bani	泰赫什阿塔尔 Tehesh-atal

提阿马特巴什提 Tiamat-bashti
提里干 Tirigan
提尼提 Tiniti
提沙达希 Tisha-Dahi
提什达希 Tish-Dahi
提什阿塔尔 Tish-atal
提提 Titi
图金哈提米格丽莎 Tukin-hatti-mig-risha
图拉亚 Turaya
图兰达干 Turam-Dagan
图兰伊里 Turam-ili
图舒 Tushu
瓦拉拉 Walala
瓦塔尔图姆 Watartum
韦杜姆 Wedum
乌埃里 Ueli
乌巴尔 Ubar
乌巴尔尼 Ubarni
乌巴拉 Ubarra
乌巴鲁姆 Ubarum
乌巴亚 Uba'a
乌比尼乌姆 Ubinium
乌茨努鲁姆 Usinurum
乌簇尔帕舒 Usur-pashu
乌达沙 Uddasha
乌杜 Udu
乌杜鲁 Uduru
乌杜马马 Udu-Mama
乌尔阿巴 Ur-abba
乌尔阿马尔辛 Ur-Amar-Suen

乌尔阿什南 Ur-Ashnan
乌尔阿亚巴 Ur-ayabba
乌尔埃什库伽 Ur-eshkuga
乌尔埃什里拉 Ur-eshlila
乌尔巴巴 Ur-Baba
乌尔巴伽拉 Ur-bagara
乌尔达姆 Ur-Damu
乌尔杜卜拉马赫 Ur-dublamah
乌尔杜姆孜达 Ur-Dumuzida
乌尔顿 Ur-dun
乌尔恩基 Ur-Enki
乌尔恩利拉 Ur-Enlila
乌尔哈亚 Ur-Haia
乌尔吉尔伽美什 Ur-Bilgames
乌尔吉吉尔 Ur-gigir
乌尔基乌姆 Urkium
乌尔加尔 Ur-GAR
乌尔库 Urku
乌尔库努恩 Ur-kunun
乌尔库努纳 Ur-kununa
乌尔拉玛 Ur-Lamma
乌尔里希 Ur-Lisi
乌尔卢伽尔班达 Ur-Lugalbanda
乌尔马马 Ur-Mama
乌尔马米 Ur-Mami
乌尔梅斯 Ur-mes
乌尔纳姆 Ur-Nammu
乌尔南那 Ur-Nanna
乌尔尼格 Ur-nig
乌尔尼伽尔 Ur-nigar
乌尔尼萨巴 Ur-Nisaba

乌尔宁古巴拉格 Ur-Ningubalag
乌尔宁吉尔苏二世 Ur-Ningirsu Ⅱ
乌尔宁吉尔苏一世 Ur-Ningirsu Ⅰ
乌尔宁吉什孜达 Ur-Ningishzida
乌尔宁姆格 Ur-Ninmug
乌尔宁荪 Ur-Ninsun
乌尔宁图 Ur-Nintu
乌尔努恩伽尔 Ur-Nungal
乌尔努恩伽拉 Ur-Nungala
乌尔努斯卡 Ur-Nuska
乌尔努斯库 Ur-Nusku
乌尔萨伽 Ur-saga
乌尔萨伽姆 Ur-sagamu
乌尔萨萨伽 Ur-sasaga
乌尔沙拉 Ur-Shara
乌尔沙鲁金 Ur-sharrugin
乌尔舒 Urshu
乌尔舒尔吉 Ur-Shulgi
乌尔舒尔吉拉 Ur-Shulgira
乌尔舒尔帕埃 Ur-Shulpae
乌尔舒加拉马 Ur-shugalama
乌尔苏安纳 Ur-Suanna
乌尔苏卡尔 Ur-sukkal
乌尔图尔图拉 Ur-turturra
乌尔吐玛尔 Ur-Tummal
乌尔乌图 Ur-Utu
乌尔希吉 Ur-SHIR-GI
乌尔辛 Ur-Suen
乌尔伊什库尔 Ur-Ishkur
乌尔伊什塔兰 Ur-Ishtaran
乌尔因达赫 Urindah

乌卡亚 Ukaya
乌拉姆申 Ullam-shen
乌里 Uli
乌纳卜阿塔尔 Unab-atal
乌努鲁姆 Unurum
乌塞赫杜 Ushe-hedu
乌沙克 Ushak
乌什姆 Ushmu
乌舒吉努 Ushuginu
乌塔米沙拉姆 Uta-misharam
乌图尔马马 Utul-Mama
乌图赫伽尔 Utu-hegal
乌图基提 Utu-kiti
乌图卡拉美 Utu-kalame
乌图萨加 Utu-saga
乌图伊拉特 Utu-illat
乌乌 Wuwu
乌乌阿 Wuwua
乌乌姆 Uwumu
乌朱努鲁姆 Uzunurum
西阿阿 Shi-a'a
西阿亚 SI.A-a
希巴拉克 Shibaraq
希比图姆 Hibitum
西达古古尔 Shidaggugur
希尔哈哈 Silhaha
希尔尼基 Shilnigi
西格特里 Sigteli
西胡尔阿穆尔 Shihur-amur
希拉提尔 Shilatir
希里什 Hilish

西姆 Simu
西姆达姆 Shimdam
西姆卡尔 Simukal
西姆皮伊什胡克 Shimpi-ishhuk
希尼纳努姆 Shininanum
希沙里 Hishari
希希克 Sisik
辛巴尼 Suen-bani
辛卡希德 Suen-gashid
辛伊尔 Suen-il
辛伊尔舒 Suen-ilshu
雅布拉特 Yabrat
雅布尼舒 Iabnishu
雅布提 Yabti
雅斯马赫阿杜 Yasmah-Addu
雅西里姆 Iashilim
伊阿 Ia
伊巴尼 Ibani
伊巴沙 Ibbasha
伊巴提 Ibati
伊巴乌姆 Ibaum
伊比辛 Ibbi-Suen
伊比伊鲁姆 Ibi-ilum
伊比伊朱 Ibi-izu
伊布达提 Ibdati
伊布尼阿达德 Ibni-Adad
伊布尼埃阿 Ibni-Ea
伊布尼乌姆伊鲁姆 Ibnium-ilum
伊卜尼辛 Ibni-Suen
伊布尼伊鲁姆 Ibni-ilum
伊簇尔伊里 Iṣur-ili

伊达杜 Idadu
伊达拉基里 Idara-kili
伊达亚 Iddaya
伊迪达 Idida
伊迪里 Idili
伊迪里阿 Idilia
伊迪卢卢 Idi-lulu
伊迪什 Idish
伊迪亚 Idia
伊丁阿达德 Idin-Adad
伊丁阿克 Idin-ak
伊丁埃阿 Idin-Ea
伊丁埃拉 Idin-Erra
伊丁达干 Idin-Dagan
伊丁宁因扎克 Idin-Nin-inzak
伊丁舒马 Idin-shuma
伊丁舒尼姆 Idin-shunim
伊丁乌图 Idin-Utu
伊丁辛 Iddin-Sin
伊丁伊鲁姆 Idin-ilum
伊丁祖 Idin-zu
伊杜卜西纳 Idubshina
伊尔基比利 Ilkibiri
伊尔马朱 Ilmazu
伊尔米里提 Ilmiliti
伊尔米提 Ilmiti
伊尔舒巴尼 Ilshu-bani
伊尔舒拉比 Ilshu-rabi
伊尔舒拉拉比 Ilshu-rarabi
伊尔舒穆巴里特 Ilshu-mubaliṭ
伊尔苏帕里尔 Ilsu-palil

711

伊尔韦米 Ilwimi
伊古莱 Igure
伊古努姆 Igunum
伊吉阿亚 Igi-Aya
伊吉安纳凯祖 Igiannakezu
伊吉恩利尔塞 Igi-Enlilshe
伊吉萨姆 Igi-samu
伊吉萨萨 Igisasa
伊吉沙杜 Igi-shadu
伊库卢姆 Iqulum
伊库美沙尔 Ikumeshar
伊拉卢姆 Ilalum
伊拉提亚 Ilatia
伊里阿卢姆 Ili-alum
伊里阿什拉尼 Ili-ashrani
伊里阿希 Ili-ahi
伊里巴尼 Ili-bani
伊里贝利 Ili-beli
伊里比拉尼 Ili-bilani
伊里卜 Irib
伊里布姆 Iribum
伊里茨里 Ili-ṣeli
伊里达干 Ili-Dagan
伊里丹 Ilidan
伊里卡提 Ili-qati
伊里马赫利 Ili-mahri
伊里美提 Ili-meti
伊里什塔卡尔 Ilishtakal
伊里什提伽尔 Ili-ishtigal
伊里什提卡尔 Ilish-tikal
伊里希普提 Ili-shipti

伊鲁姆阿里克 Ilum-alik
伊鲁姆阿苏 Ilum-asu
伊鲁姆巴尼 Ilum-bani
伊鲁姆丹 Ilum-dan
伊鲁姆基比利 Ilum-kibiri
伊鲁姆拉比 Ilum-rabi
伊鲁姆拉姆 Ilum-ramu
伊鲁姆马苏 Ilum-masu
伊鲁姆马朱 Ilum-mazu
伊鲁姆米迪 Ilum-midi
伊鲁姆米里提 Ilum-militi
伊鲁姆苏帕利尔 Ilum-supalil
伊鲁姆伊拉特苏 Ilum-illatsu
伊马尔伊里 Imar-ili
伊美阿 Imea
伊美塔 Imeta
伊美特努努 Imetenunu
伊米阿 Imia
伊米辛 Imi-Suen
伊姆巴德 IM-bad
伊姆达 Imuda
伊姆提达 Imtida
伊纳赫伊鲁姆 Inah-ilum
伊纳努姆 Inanum
伊纳孜 Inazi
伊尼姆沙拉 Inim-Shara
伊尼姆舒尔吉 Inim-Shulgi
伊帕里斯 Ipalis
伊皮克莱乌 Ipiqreu
伊普胡尔 Iphur
伊普胡哈 Iphuha

伊普库沙 Ipqusha
伊萨尔杜 Isardu
伊沙尔阿尼什苏 Ishar-anishsu
伊沙尔阿希 Ishar-ahi
伊沙尔马提苏 Ishar-matissu
伊沙尔尼沙 Ishar-nisha
伊沙尔尼希 Ishar-nisi
伊沙尔帕丹 Ishar-padan
伊沙尔舒尔吉 Ishar-Shulgi
伊沙尔伊鲁姆 Ishar-ilum
伊沙威尔 Isha-Wer
伊什比达干 Ishbi-Dagan
伊什比埃拉 Ishbi-Erra
伊什坤埃阿 Ishkun-Ea
伊什美阿 Ishmea
伊什美阿尼 Ishme-ani
伊什美埃阿 Ishme-Ea
伊什美达干 Ishme-Dagan
伊什美里 Ishmeli
伊什梅斯 ISH-MES
伊什塔尔伊尔舒 Eshtar-ilshu
伊苏巴尼 Isubani
伊特哈普阿塔尔 Ithapatal
伊特拉克伊里 Itrak-ili
伊特希普阿塔尔 Ithipatal
伊提比 Itibi
伊提布姆 Itibum
伊提吉阿 Itigea
伊提舒尼姆 Itishunim
伊提亚 Itia
伊图莱 Iture
伊图里亚 Ituria
伊乌沙纳格 Iushanag
伊西姆舒尔吉 Ishim-Shulgi
伊西威尔 Ishi-Wer
伊扎 Iza
伊朱 Izu
伊朱阿 Izua
伊孜因达干 Izin-Dagan
伊孜因舒尔吉 Izin-Shulgi
因达 Inda
因达达胡 Indadahhu
因达帕 Indapa
因达塞尔 Indasher
因达苏 Indasu
因杜塞 Indushe
因杜塞尔 Indusher
因纳茨尔 Innasir
因塔埃阿 Intaea
因朱 Inzu
泽纳 Zena
扎伽 Zaga
扎里克 Zariq
扎里库姆 Zariqum
扎里亚 Zalia
扎纳提 Zanati
扎纳亚 Zanaya
朱阿 Zua
朱阿马 Zuamma
朱巴伽 Zubaga
朱布什 Zubush
朱胡图姆 Zuhutum

713

朱胡特 Zuhut
朱加巴 Zugaba
朱伽里 Zugali
朱尼 Zuni
朱朱 Zuzu
孜杜 Zidu
孜基尔提 Zikilti
孜里里 Zilili
孜努基 Zinugi
孜润古 Ziringu
孜扎马 Zizama
孜祖乌 Zizuwu
祖尔祖拉 Zurzura
祖里姆 Zurim

三　地名

阿巴尔 Abal
阿巴尔尼乌姆 Abarnium
阿比巴纳 Abibana
阿布拉特 Abullat
阿布舍贾 Tell Abu Sheeja
阿达布 Adab
阿戴姆河 Adheim
阿丹顿 Adamdun
阿尔曼 Arman
阿尔舒辛 Al-Shu-Suen
阿哈 A. HA
阿哈祖姆 Ahazum
阿胡提 Ahuti
阿加孜 Agaz
阿勒颇 Aleppo

阿卢米达图姆 Alumidatum
阿尼基 A-NI-gi
阿卡德 Akkad
阿克沙克 Akshak
阿拉伯河 Shatt al-Arab
阿拉拉赫 Alalakh
阿拉美 Arame
阿拉米 Arami
阿拉奈 Arane
阿勒颇 Aleppo
阿拉普哈 Arrapha
阿拉普胡姆 Arraphum
阿拉塔 Aratta
阿拉瓦 Arawa
阿拉乌埃 Araue
阿里比乌姆（Aribium）
阿里布姆 Aribum
阿里努姆 Arinum
阿卢米达图姆 Alumidatum
阿鲁努姆 Arunum
阿马尔那 Amarna
阿马尔辛恩伽尔恩利拉 Amar-Suen-engar-Enlila
阿玛努斯山 Amanus
阿米达 Amida
阿米克 Amuq
阿皮萨尔 Apisal
阿皮亚克 Apiak
阿什纳昆 Ashnakkum
阿淑尔 Ashur
阿瓦尔 Awal

阿万 Awan
阿扎坂 Azaban
埃巴尔 Ebal
埃贝赫山 Mount Ebeh
埃卜拉 Ebla
埃杜鲁舒尔吉 Eduru-Shulgi
埃尔比勒 Erbil
埃古拉 Egula
埃卡拉图姆 Ekallatum
埃莱什 Eresh
埃兰 Elam
埃利都 Eridu
埃鲁特 Erut
埃萨格达纳 Esagdana
埃什努那 Eshnuna
安珊 Anshan
安扎伽尔-伊德-吉尔苏 Anzagar-id-Girsu
奥克苏斯 Oxus
巴比伦 Babylon
巴比伦尼亚 Babylonia
巴尔巴拉胡巴 Barbarahuba
巴尔巴纳祖 Barbanazu
巴尔迪-桑吉安 Bardi Sanjian
巴尔曼 Barman
巴克特里亚 Bactria
巴里赫河 Balikh
巴鲁埃 Balue
巴塞特基 Bassetki
巴西特卡 Basitka
巴亚比 Ba'abi

贝巴罕 Behbahan
比布鲁斯 Byblos
比达顿 Bidadun
比尔加 Birga
比拉 Tell Billa
比特阿马尔辛 Bit-Amar-Suen
比图姆拉比乌姆 Bitum-rabium
比亚 Tell Bi'a
博尔米 Tol-e Bormi
布尔马 Bulma
布拉克 Tell Brak
布里 Buli
布鲁姆 Bulum
布什尔 Bushire
布伊尔 Buir
簇尔巴提 Surbati
达巴 Daba
达卜鲁姆 Dabrum
达尔图姆 Daltum
达里巴 Dariba
达温马 Da-Umma
达西比韦 Dashibiwe
大扎布河 Great Zab
德尔 Der
德尔吉孜 Der-kizi
德赫侯赛因 Deh Hosein
德赫卢兰 Deh Luran
德基德胡姆 Degidehum
德莱海姆 Drehem
底格里斯河 Tigris
狄勒蒙 Dilmun

715

迪马特恩利拉 Dimat-Enlila　　哈拉卜贾 Halabjah
迪尼克图姆 Diniktum　　哈利勒河 Halil
迪乌姆 DI-um　　哈里里 Tell Hariri
迪亚尔贝吉尔 Diyarbekir　　哈马丹 Hamadan
迪亚拉河 Diyala　　哈马孜 Hamazi
杜杜里 Duduli　　哈姆林 Hamrin
杜尔埃卜拉 Dur-Ebla　　哈纳钦 Khanaqin
杜尔马什 Durmash　　哈舒安努姆 Hashuanum
杜赫杜赫尼 DuhduhNI　　赫舒姆马 Heshuma
杜赫杜胡尼 DuhduhuNI　　赫梯 Hittie
杜胡克 Dohuk　　胡布姆 Hubum
杜坎 Dukan　　胡布尼 Hubni
杜鲁恩 Durun　　胡达库姆 Hudakum
杜鲁姆 Durum　　胡尔马 Tell Hurma
法尔斯 Fars　　胡尔提 Hurti
法拉 Tell Fara　　胡尔图姆 Hurtum
法拉卡岛 Failaka　　胡尔万 Hulwan
古阿巴 Guabba　　胡赫努里 Huhnuri
古宾 Gupin　　胡里巴 Huliba
古布拉 Gubla　　胡里姆 Hurim
古埃丁纳 Guedena　　胡姆丁吉尔 Humdingir
古马拉西 Gumarashi　　胡齐斯坦 Khuzestan
古赫孜加 Guhziga　　胡沙乌姆图姆 Hushaumtum
古台布姆 Gutebum　　胡提 Huti
哈比德阿塔尔 Habid-atal　　胡图姆 Huttum
哈布尔河 Khabur　　霍拉马巴德 Khorramabad
哈布拉 Habura　　基安 KI. AN
哈尔哈尔 Harhar　　吉尔卡尔 GIRkal
哈尔西 Harshi　　吉尔苏 Girsu
哈胡姆 Hahum　　吉尔塔卜 Girtab
哈加尔苏尔 Hagarsur　　基夫里 Kifri

吉吉比尼乌姆 Gigibinium
吉拉舍尼韦 Kirasheniwe
基里塔卜 Kiritab
基里乌里 Kirriuri
吉罗夫特 Jiroft
基马达萨拉 Kimadasala
基马什 Kimash
基尼胡姆马 Kinihuma
基努尼尔 Kinunir
吉沙 Gisha
基什 Kish
基什加提 Kishgati
基斯马尔 Kismar
基苏拉 Kisurra
吉孜里 Gizili
基孜如 Kiziru
加卜拉什 Gablash
加尔奈奈 Garnene
加尔沙纳 Garshana
加尔塔 Garta
加济安泰普 Gaziantep
贾劳拉 Galawla
加苏尔 Gasur
卡比尔-库赫 Kabir Kuh
卡尔达 Karda
卡尔赫河 Karkheh
卡尔凯美什 Carchemish
卡尔肯 Karkhen
卡法捷 Khafajeh
卡克米 Kakmi
卡克穆姆 Kakmum

卡库拉图姆 Kakkulatum
卡拉迪扎 Qaladiza
卡拉哈尔 Karahar
卡拉克 Qarag
卡拉姆萨伽 Kalamsaga
卡拉特-艾尔巴林 Qala'at al-Bahrain
卡拉特-舍尔卡特 Qal'at Sherqat
卡拉特-锡尔瓦纳 Qalat Shirvana
卡莱耶托尔 Qal'e-ye Toll
卡伦河 Karun
卡尼什 Kanesh
卡斯里-希林 Qasr-i-Shirin
卡扎鲁 Kazallu
凯姆凯马尔 Chemchemal
凯伊-桑雅克 Koi Sanjaq
克尔曼 Kerman
克尔曼沙 Kermanshah
克雷·锡尔万纳 Qlay Shirwana
库阿拉 Kuara
库赫达什特-鲁美什堪 Kuhdasht-Rum-eshkan
库鲁姆 KU-lum
库美 Kumme
库米 Kumi
库特哈 Kutha
跨底格里斯河流域 Trans-Tigridian
拉比 Rabi
拉尔萨 Larsa
拉伽什 Lagash
拉姆霍尔木兹 Ramhormoz
拉尼亚 Rania

717

拉万迪兹 Rawandiz
里比 Libi
里卜利 Libri
里姆什 Rimush
利达尔休余 Lidar Höyük
卢卢比 Lullubi
卢卢布姆 Lullubum
卢鲁鲁 Lululu
洛雷斯坦 Luristan
马德伽 Madga
马尔达曼 Mardaman
马尔迪克 Tell Mardikh
马尔丁 Mardin
马尔哈西 Marhashi
马尔吉亚纳 Margiana
马尔曼 Marman
马尔延 Tall-e Maljan
马干 Magan
马格达 Magda
马哈祖姆 Mahazum
马赫里 Mahli
马腊德 Marad
马拉蒂亚 Malatya
马拉米尔 Malamir
马里 Mari
马沙图姆 Mashatum
马什堪阿比 Mashkan-abi
马什堪比 Mashkam-bi
马什堪杜杜 Mashkan-dudu
马什堪加埃什 Mashkan-gaesh
马什堪加拉图姆 Mashkan-galatum

马什堪沙布拉 Mashkan-shabra
马什堪沙鲁姆 Mashkan-sharrum
马什堪乌舒里 Mashkan-ushure
马希里 Mahili
马扎 Maza
麦鲁哈 Meluhha
美阿尔图姆 Mealtum
美索不达米亚 Mesopotamia
美图兰 Meturan
米底 Media
莫赞 Tell Mozan
穆罕默德 Tell Muhammed
穆基什 Mukish
穆什埃林 MUSH.ERIN
穆什比阿纳 Mushbiana
穆西延 Musiyan
纳胡尔 Nahur
纳伽尔 Nagar
纳卡布图姆 Nakabtum
纳瓦尔 Nawar
奈贝尔阿马尔辛 Neber-Amar-Suen
奈贝鲁姆 Neberum
奈胡奈 Nehune
奈里加尔 Nerigal
尼布尔马特 Nibulmat
尼达拉什皮 Nidarashpi
尼卡卜 NI-kab
尼库姆 Niqum
尼姆孜乌姆 Nimzium
尼那 Nina
尼尼微 Ninua

718

尼普尔 Nippur
尼希 NI. HI
努法尔 Nuffar
努加尔 Nugar
努孜 Nuzi
帕尔萨 Parsa
帕拉赫舒姆 Parahshum
帕西美 Pashime
蓬拉河 Pungla
皮什德尔 Pishder
皮希-库赫 Pish-i Kuh
皮伊尔 PI-il
普赫孜加尔 Puhzigar
普什 Push
普什提库赫 Pusht-i Kuh
普特沙达尔 Putshadar
普图里乌姆 Puttulium
普兹瑞什达干 Puzrish-Dagan
齐尔达哈特 Qirdahat
丘埃拉 Tall Chuera
萨布姆 Sabum
萨拉奈韦 Sallanewi
萨伊提兰-伊克瓦鲁 Saitilan-i-khwaru
塞库布 Shekubu
赛卢什达干 Sellush-Dagan
塞姆沙拉 Shemshara
色吉莱什 Segeresh
沙尔佐尔 Shahrzor
沙哈巴德 Shahabad
沙赫达德 Shahdad
沙赫拉祖尔 Shahrazur

沙胡安 Shahuan
沙里普胡姆 Shariphum
沙里特胡姆 Sharithum
沙米 Shami
沙米兰 Shamiran
沙尼达特 Shanidat
沙沙拉 Shasharra
沙什鲁姆 Shashrum
沙舒鲁姆 Shashurum
沙提卢 Shatilu
沙提乌姆 Shatium
沙孜比 Shazibi
上美索不达米亚 Upper Mesopotamia
舍尔希 Shershi
舍里胡姆 Sherihum
舍沙比 Sheshabi
舍提尔沙 Shetirsha
舒阿赫 Shuahi
舒达埃 Shudae
舒恩提 Shunti
舒尔布 Shurbu
舒尔布姆 Shurbum
舒鲁帕克 Shuruppak
舒鲁特胡姆 Shuruthum
舒米乌姆 Shumium
舒什 Shush
舒什塔尔 Shushtar
舒辛伊杜 Shu-Suen-idu
舒伊尔胡姆 Shu-irhum
苏尔凯干 Tepe Surkhegan
苏莱曼尼亚 Sulaimaniyyah

苏美尔 Sumer
苏萨 Susa
苏西亚纳 Susiana
塔卜腊 Tabra
塔卜拉拉 Tablala
塔尔哈特 Talhat
塔尔哈余姆 Talhayum
塔尔穆什 Talmush
塔克塔克 Taqtaq
塔鲁特岛 Tarut
塔希尔 Tashil
台尔喀 Tisaga
陶鲁斯山脉 Taurus
提卜河 River Tieb
提达努姆 Tidanum
提格里什 Tigrish
提基提胡姆 Tikitihum
提基廷希 Tikitinhi
提兰 Tiran
图堪 Tell Touqan
吐玛尔 Tummal
图姆巴尔 Tumbal
图图布 Tutub
图图勒 Tutul
维兰瑟希 Viransehir
韦努姆 Winum
温马 Umma
乌查尔加尔沙纳 Uṣar-garshana
乌查鲁姆 Uṣarum
乌尔 Ur
乌尔比隆 Urbilum

乌尔古哈拉姆 Urguhalam
乌尔凯什 Urkesh
乌尔珊 Urshan
乌尔舒 Urshu
乌加里特 Ugarit
乌拉埃 Urae
乌拉乌姆 Uraum
乌里 Ulli
乌鲁阿 Urua
乌鲁克 Uruk
乌卢姆 Ulum
乌鲁姆 Urum
乌姆鲁姆 Ummulum
乌什卢 Ushlu
乌乌勒 Uwul
乌扎尔舒尔吉 Uzar-Shulgi
乌扎尔伊米卢姆 Uzar-imilum
希比拉特 Hibilat
希丁卢布姆 Sidin-rubum
希尔曼 Sirman
锡尔万河 Sirwan
西格拉什 Sigrash
西格里什 Shigrish
西格沙比 Shigshabi
西克里 Shikri
西克沙卜 Shikshab
西克沙布姆 Shikshabbum
希里 Siri
西马努姆 Simanum
西马什基 Shimashki
西穆鲁姆 Simurrum

西帕尔 Sippar
希特 Hit
西廷鲁布姆 Sitinrubum
西乌 Si'u
西乌米 Siummi
希希尔 Shishil
希希尔图姆 Sisirtum
小哈布尔河 Little Khabur
小扎布河 Little Zab
谢尔穆克 Çermük
雅比布姆 Iabibum
雅比鲁 Iabilu
雅布尔马特 Yabulmat
雅布鲁 Iabru
雅达乌 Iadau
亚马迪乌姆 Yamadium
雅米什 Iamish
亚普图鲁姆 Japturum
亚述 Assyria
延哈德 Yamhad
耶孜拉特-伊布恩-乌马尔 Jezirat-ibn-Umar
伊德利卜 Idlib
伊吉尼玛 Iginimma
伊拉姆 Ilam
伊利萨格里格 Irisagrig
伊姆迪卢姆 Imdilum
伊什苏 ISH-su
伊什西 ISH.SHI
伊舒尔 Ishur
伊舒姆 Ishum

伊斯法罕 Isfahan
伊斯兰堡-贾尔布 Islamabad-e Gharb
伊西姆舒尔吉 Ishim-Shulgi
伊西姆舒辛 Ishim-Shu-Suen
伊新 Isin
伊泽赫 Izeh
因布 Inbu
因纳巴 Innaba
幼发拉底河 Euphrates
扎巴巴 Zababa
扎巴拉 Zabala
扎布沙里 Zabshali
扎格罗斯山脉 Zagros
扎哈尔 Zahar
扎胡 Zakho
扎拉腊什 Zalarash
扎里巴尔湖 Zaribar
扎姆阿 Zamua
扎图姆 Zatum
扎乌尔 Za'ul
孜比莱 Zibire
孜达赫里 Zidahri
孜达赫鲁姆 Zidahrum
孜达努姆 Zidanum
兹来巴尔湖 Zrebar
孜里姆 Zirimu
孜姆达尔 Zimudar
孜纳姆 Zinam
孜提安 Zitian
朱拜勒 Jubayl
朱尔巴图姆 Zurbatum

后　　记

　　乌尔第三王朝，是我学术生涯的一个重要标签。自 2011 年第一篇乌尔第三王朝相关论文发表，包括硕士学位论文、博士学位论文都是关于乌尔第三王朝研究，至今我已在乌尔第三王朝研究探索十余载，并将继续耕耘下去。乌尔第三王朝（公元前 2112—前 2004 年）在三千年的古代两河流域文明中虽然只占了一百多年，却留下了十余万计的楔形文字泥板文献，是古代两河流域出土文献最为丰富的一个时期。作为亚述学的一个重要方向，在国际亚述学领域有许多专门研究乌尔第三王朝的学者，他们贡献了大量的学术成果，从基础的释读楔形文字文献，建立文献数据库，到对乌尔第三王朝各个领域的专题研究。自 20 世纪初开始，关于乌尔第三王朝的研究已经走过了一百多年的历程。

　　乌尔第三王朝的对外交往史研究一直以来都是亚述学研究的重点问题之一。本书建立在前人研究基础上，对乌尔第三王朝对外关系进行的综合性研究，包括内外政治区域形成、外交活动、外交联姻和对外贸易等方面。研究乌尔第三王朝的对外关系不仅有利于进一步全面了解其对内制度，而且还对于我们正确了解古代文明的交流互鉴有着重要的意义。

　　本书是国家社会科学基金一般项目"两河流域乌尔第三王朝对外关系研究"的结项成果（鉴定等级：优秀）。非常感谢项目评审专家的指导与意见，感谢全国哲学社会科学规划办对本项目的资助。感谢浙江师范大学人文学院、人文社会科学处的支持与资助，感谢海德堡大学亚述学研究所、浙江大学人文高等研究院、西北大学叙利亚研究中心的支持。感谢中国社会科学出版社的编辑们专业、严谨、细致的校对工作。本书的写作得

后　记

到了诸多学界前辈、同行们的指导与关心，在此表示由衷感谢。最后，感谢我的家人们无微不至的关怀与始终如一的支持。

由于笔者的学术水平有限，书中难免有这样那样的纰漏，诚挚地期待专家和读者批评指正。

刘昌玉

2025 年 7 月 1 日

浙江师范大学丽泽小院办公室